Lateinamerikanische Literaturgeschichte

unter Mitarbeit von
Walter Bruno Berg, Vittoria Borsò, Hans Hinterhäuser,
Karl Hölz, Dieter Ingenschay, Christopher Laferl,
Klaus Meyer-Minnemann, Horst Nitschack,
Wolfgang Rössig, Roland Spiller,
Harald Wentzlaff-Eggebert und Gerhard Wild

herausgegeben von Michael Rössner

3., erweiterte Auflage

Mit 370 Abbildungen

Verlag J. B. Metzler
Stuttgart · Weimar

Die einzelnen Kapitel bzw. Abschnitte wurden verfasst von:
S. 1–10: M. Rössner; S. 10–28: W. Rössig; S. 28–54: M. Rössner;
S. 54–103: C. Laferl; S. 105–109: M. Rössner; S. 110–116: M. Rössner/
W. Rössig; S. 116–124: M. Rössner; S. 124–129: C. Laferl;
S. 130–137: M. Rössner; S. 137–149: K. Hölz; S. 149–152: G. Wild;
S. 152–160: D. Ingenschay; S. 160–166: G. Wild; S. 167–176: W. B. Berg;
S. 176–190: H. Hinterhäuser; S. 190–199: G. Wild; S. 200–205: K. Meyer-
Minnemann/V. Borsò/M. Rössner; S. 205–225: K. Meyer-Minnemann;
S. 225–236: M. Rössner; S. 236–254: H. Wentzlaff-Eggebert;
S. 255–263: M. Rössner; S. 263–283: V. Borsò; S. 284–294: G. Wild;
S. 294–308: D. Ingenschay; S. 309–329: V. Borsò/G. Wild;
S. 329–347: W. B. Berg; S. 347–372: M. Rössner; S. 372–393: G. Wild;
S. 394–405: M. Rössner; S. 406–423: V. Borsò; S. 423–433: G. Wild;
S. 433–443: D. Ingenschay; S. 443–454: V. Borsò; S. 454–465: W. B. Berg;
S. 466–481: R. Spiller; S. 482–498: H. Nitschack; S. 499–529: M. Rössner.

Die einleitenden Abschnitte zu den Kapiteln wurden unter Verwendung von
Material der Autoren der jeweiligen Kapitel vom Herausgeber gestaltet.

Bibliografische Information der Deutschen Nationalbibliothek
Die Deutsche Nationalbibliothek verzeichnet diese Publikation in der
Deutschen Nationalbibliografie; detaillierte bibliografische Daten sind
im Internet über http://dnb.d-nb.de abrufbar.

Gedruckt auf chlorfrei gebleichtem, säurefreiem und alterungsbeständigem
Papier

ISBN 978-3-476-02224-0

© 2007 J.B. Metzler'sche Verlagsbuchhandlung
und Carl Ernst Poeschel Verlag GmbH in Stuttgart
www.metzlerverlag.de
info@metzlerverlag.de

Einbandgestaltung: Willy Löffelhardt
Satz: Typomedia, Ostfildern
Druck: Kösel GmbH, Krugzell
www.koeselbuch.de
Printed in Germany
September 2007

Verlag J.B. Metzler Stuttgart · Weimar

Inhaltsverzeichnis

Vorwort

So gebräuchlich uns der Begriff »Lateinamerika« zwecks Unterscheidung vom »großen Bruder« USA geworden ist, so sehr ihn hierzulande ein wachsendes Leserpublikum auch mit einer bestimmten Art von Literatur verbindet, so wenig selbstverständlich ist es, sieht man genauer hin, eine *lateinamerikanische Literaturgeschichte* in deutscher Sprache zu konzipieren. Das beginnt schon mit dem Begriff »lateinamerikanisch« und der Frage nach seinem Umfang und Inhalt. Natürlich wissen wir hierzulande längst, dass damit die Länder des Kontinents südlich des Rio Grande gemeint sind, von Mexiko bis Feuerland, und dass man in den meisten von ihnen Spanisch spricht und schreibt. Aber ist es tatsächlich allgemein bekannt, dass in Brasilien die Landessprache nicht Spanisch, sondern Portugiesisch ist, und dass der sich gegen Ende des 19. Jhs. herausbildende Begriff »Latein-Amerika« unter anderem dem Wunsch entsprungen ist, sich nicht nur gegen das »angelsächsische« Amerika des Nordens abzusetzen, sondern auch von den ehemaligen iberischen Kolonial-Mutterländern zu emanzipieren und stattdessen an das »modernere« Frankreich mit seiner quasi-mythischen Hauptstadt Paris im Geiste einer vagen »Latinität« anzuschließen? *Latein-Amerika*

Hält man sich diese historische Wurzel der im Namen Lateinamerikas enthaltenen »Latinität« vor Augen, dann wird auch deutlich, warum es zu rechtfertigen ist, in einer Geschichte der lateinamerikanischen Literatur französischsprachige Kulturen Amerikas wie die der kanadischen Provinz Québec, Guyanas, Haitis oder der französischen Antillen nicht einzubeziehen. So sehr gerade Haiti für eine Selbstdarstellung der lateinamerikanischen Literatur wie Alejo Carpentiers Konzept des »Wunderbar Wirklichen in Amerika« zum Bezugspunkt geworden ist, so wenige Übereinstimmungen gibt es lange Zeit hindurch im Verhältnis der Haitianer und Antillenbewohner zu der (ehemaligen) Kolonialmacht Frankreich einerseits und dem der »Latein«-Amerikaner zu ihrem europäischen »Kulturmodell-Land« andererseits (für die Québec-Kanadier liegen die Dinge noch einmal anders).

Freilich könnte auch schon die Einbeziehung von Brasilien in einen quasi vereinheitlichten lateinamerikanischen Kulturraum Bedenken hervorrufen. Brasilien teilt zwar die eben angedeutete Perspektive einer Dreiecksbeziehung: iberische Kolonialmetropole – Lateinamerika – Paris, gegen seine Hereinnahme spricht dennoch manches, vor allem die wechselseitige Nichtbeachtung der hispanoamerikanischen und der brasilianischen Literatur, die bis in die 60er Jahre unseres Jahrhunderts reicht. Aber wenngleich die beiden Literaturen lange Zeit hindurch kaum eine direkte Wechselwirkung aufweisen, so sind sie doch in sehr ähnlichen Kontexten entstanden (die spanische und portugiesische Literaturgeschichte sind eng miteinander verzahnt, die Begegnung mit den amerikanischen Realitäten *Die Einbeziehung Brasiliens* ist ebenfalls beiden Literaturen gemeinsam), haben auf ähnliche Herausforderungen zu antworten gehabt und sind daher in sehr produktiver Weise miteinander *vergleichbar*.

Mit der Einbeziehung Brasiliens ist freilich auch ein grundlegendes Problem angesprochen: Schreibt man eine Literaturgeschichte, so schreibt man üblicherweise entweder die Geschichte der »Weltliteratur« oder die einer »Nationalliteratur«, wie das die bisherigen Bände dieser Reihe auch getan haben; eine solche definiert sich entweder durch eine gemeinsame Sprache oder einen gemeinsamen Staat (oder durch beides); die hier behandelte Literatur ist aber in zwei verschiedenen Sprachen und (seit der Unabhängigkeit) in zwanzig verschiedenen Staaten entstanden. Liegt also in der Idee, all diese Literaturen in einer Geschichte zusammenzufassen, nicht eine ziemlich überhebliche, eurozentrisch-kolonialistische Perspektive, sollten wir nicht lieber zwanzig einzelne »Nationalliteraturgeschichten« nebeneinanderstellen, wie das in einigen ähnlichen Versuchen auch geschehen ist?

Nun, so bestechend dieses Argument auf den ersten Blick erscheint: Es übersieht nicht nur das tatsächlich in den Literaturen der lateinamerikanischen Länder ausreichend dokumentierte Gefühl einer kulturellen Gemeinsamkeit, sondern auch historisch dokumentierbare Zusammenhänge, die in den großen Figuren »reisender« Schriftsteller wie Andrés Bello oder Rubén Darío ebenso zum Ausdruck kommen wie in manchen kontinentalen Bewegungen, unter denen an erster Stelle der »Modernismo« der Jahrhundertwende zu nennen ist. Andererseits dürfen diese nachweisbaren Zusammenhänge nicht zum Anlass für eine vollständige und künstliche Homogenisierung der hier behandelten Literaturen genommen werden, wie sie – in tatsächlich eurozentrischer Perspektive – vor noch nicht allzu langer Zeit im deutschen Verlagswesen vorherrschend war, als uns jeder lateinamerikanische Autor als Mischung aus echtem Indio, tropischem Fabulierer, machistischem Latin lover und Guerillero verkauft wurde. Die lateinamerikanischen Literaturen (ab hier sei der Plural erlaubt) weisen bei allen Gemeinsamkeiten doch auch grundlegend verschiedene Traditionen auf, die in Geschichte, Bevölkerungsstruktur, wirtschaftlichen Gegebenheiten, literarischer Infrastruktur und vielen anderen Einzelheiten begründet sind; freilich fallen diese Unterschiede nicht immer mit den Staatsgrenzen zusammen. Eine Vermittlung dieser kulturellen Vielfalt, wie sie eine Literaturgeschichte zu leisten hat, bedarf daher einer gewissen Differenzierung, aber nicht notwendigerweise der Zersplitterung in die zwanzig »Einzelliteraturen«; wir haben deshalb das Konzept von »Großräumen« gewählt. Für das spanischsprachige Amerika entsprechen in der Kolonialzeit diese Großräume den beiden ursprünglichen Vizekönigreichen Mexiko und Peru. In der Zeit nach der Unabhängigkeit sind es dann sechs: Mexiko, Mittelamerika, die spanischsprachige Karibik, Kolumbien und Venezuela, die Andenländer und der sogenannte »Cono Sur«, bestehend aus Paraguay, Chile und den beiden La-Plata-Staaten Argentinien und Uruguay. Als letzter Abschnitt tritt jeweils Brasilien hinzu. Die einzige Ausnahme von diesem Konzept, das dem Leser mit ausgeprägt regionalen Interessen auch eine rasche Orientierung ermöglicht, bildet die erwähnte kontinentübergreifende Strömung der Jahrhundertwende, der Modernismo, der zusammen mit den Avantgardebewegungen synthetisch für ganz Hispanoamerika bzw. Brasilien behandelt wird.

Damit sind wir bei der zweiten Problematik einer lateinamerikanischen Literaturgeschichte angelangt, und die liegt eben in der Frage nach der

*Gliederung
nach Großräumen*

»Geschichte«. Zwar hat es immer wieder Versuche gegeben, lateinamerikanische Literatur darzustellen, aber die meisten im deutschen Sprachraum unternommenen beschränken sich auf das 20. Jh. (allenfalls auf das 19. und 20.), wenn sie nicht überhaupt anstelle der *Geschichte* lieber ein *Panorama* der Literatur seit 1950 zeichnen, eben jener Autoren und Werke, die hierzulande im Gefolge des sogenannten »Booms« besondere Bekanntheit und Beliebtheit erreicht haben. Auch wenn diese Jahre tatsächlich einen gewissen Höhepunkt in der Entwicklung der lateinamerikanischen Literatur darstellen, ist das wiederum eine eurozentrische Perspektive, die sogar um einiges bedenklicher erscheint als die geographische »Homogenisierung«. Es ist nicht nur die in den letzten Jahren zu beobachtende Mode des historischen Romans in Lateinamerika, die uns dazu veranlasst hat, eine solche Optik zu überdenken und in unserer Darstellung den Lateinamerikanern sozusagen »ihre Geschichte zurückzugeben«, wie das vor 25 Jahren schon die erste und bisher einzige vollständige Literaturgeschichte des Kontinents von Rudolf Grossmann versucht hat; es ist auch, ja vor allem, die Erkenntnis, dass ein Verstehen dieser schönen und reichen Literatur gar nicht möglich ist, ohne ihre frühesten Wurzeln, ohne die am Beginn stehenden traumatischen Erfahrungen des »Kulturschocks«, der »Begegnung mit dem Anderen«, zu kennen.

Dieser Erkenntnis Rechnung tragend, haben wir frühen Epochen – insbesondere der Zeit von der Fahrt des Kolumbus bis zur stabilen Eingliederung in den spanischen bzw. portugiesischen Kultur- und Verwaltungsraum in der Mitte des 17. Jhs. – mehr Raum zugestanden, als es selbst in von Lateinamerikanern geschriebenen Literaturgeschichten üblich ist. Natürlich ist die Literatur in der Kolonialzeit *auch* Bestandteil der spanischen bzw. portugiesischen Literatur. Und dennoch: Die Emanzipation von den europäischen Themen beginnt schon mit den Texten des Kolumbus. Die Krise des Selbstverständnisses angesichts der Erfahrung des Anderen, das Erlebnis der Ohnmacht angesichts der Gewalt der Natur sind zwei von vielen dominanten Themen, die immer schon den in diesem Kontinent geschriebenen Texten einen anderen Hintergrund verliehen. Um eine Geschichte des Argentiniers Jorge Luis Borges abzuwandeln: Hätte ein Peruaner in der andinen, noch von indigenen Dorfgemeinschaften geprägten Landschaft den *Don Quijote* Wort für Wort genauso geschrieben, wie es Cervantes in Europa tat, wäre es dennoch nicht dasselbe Buch; der Petrarkismus der »Antarktischen Akademie« von Lima um 1600, der barocke Gongorismus der mexikanischen, peruanischen und brasilianischen Autoren ist nicht dasselbe wie der Petrarkismus oder Gongorismus ihrer europäischen Kollegen, die ähnliche Texte in Florenz, Salamanca oder Coimbra schreiben; er ist ein absurder, fast magisch-realistischer Akt, eine Negation der Umgebung des Schreibenden in einem ästhetischen *credo quia absurdum*.

Man musste also nicht auf den so intensiv vermarkteten »Magischen Realismus« eines Asturias, García Márquez oder einer Isabel Allende warten, um von einer spezifisch lateinamerikanischen Schreibweise sprechen zu können. Deshalb darf man diese Autoren unseres Jahrhunderts auch nicht als »sympathische Naturkinder« missverstehen, sondern sollte sie vor dem Hintergrund der fünfhundertjährigen Entwicklung dieser Schreibweise lesen. Aus durchaus parallelen Erwägungen ist hier übrigens auch die neueste, nach dem »Boom« angesiedelte Entwicklung ausführlicher dargestellt; denn das »Bekannte«, sprich: die großen Autoren und

Vom »Panorama« zur Geschichte der lateinamerikanischen Literaturen

Die Andersartigkeit des Gleichen in Lateinamerika

Werke der Zeit zwischen 1949 und 1975, wird erst dadurch richtig erfassbar und verstehbar, dass es in den ihm eigentümlichen Kontext der Tradition *und* des Fortwirkens gestellt und nicht nur mit europäischen Augen betrachtet wird, so wesentlich Wechselwirkungen mit Europa auch in der Geschichte dieser Literatur stets gewesen sind.

Periodisierung nach lateinamerikanischen Kriterien

Dieser scheinbar paradoxe Versuch, als Europäer auch nicht-europäische Kategorien einzubeziehen und sie zugleich europäischen Lesern zu vermitteln, prägt die Konzeption des vorliegenden Bandes. Er drückt sich auch in der hier verwendeten Periodisierung aus. Es erschien uns nicht sinnvoll – wie es Grossmann 1969 tat –, den *eigenständigen* Charakter der lateinamerikanischen Literatur dadurch vorzuführen, dass man dennoch ausschließlich europäische Periodenbegriffe auf sie anwendet und dann die Abweichungen in »Amero-Romantik«, »Amero-Realismus«, »Amero-Expressionismus« und »Amero-Existentialismus« dokumentiert. Wir haben stattdessen versucht, uns bei den Perioden an dem Kontinent eigenen historischen Zäsuren zu orientieren: die »Conquista« mit ihren psychologischen und literarischen Nachwirkungen; die barocke Hofkultur; die katholische Aufklärung und die Unabhängigkeitskriege; die mexikanische, später die kubanische Revolution, schließlich das Scheitern der Militärregimes in den letzten zehn Jahren. Und wir haben auch versucht, die solchen Periodisierungen innewohnende Willkürlichkeit dadurch ein wenig zu mildern, dass die als Grenze festgesetzten Jahreszahlen fast immer »überlappend« gewählt wurden, sodass jedes Kapitel auch die in der vorherigen Periode gelegenen Anfänge der behandelten Strömungen aufnehmen und ihre Nachwirkungen in der folgenden andeuten kann.

Wenn die Literaturen Lateinamerikas sich in diesem Jahrhundert also endgültig von ihren europäischen Mutterländern emanzipiert haben, dann war es hoch an der Zeit, diesen Versuch einer dem lateinamerikanischen Denken und Schreiben möglichst adäquaten Vermittlung in einer deutschsprachigen Literaturgeschichte zu unternehmen, die sich gleichermaßen an ein akademisches Publikum wie an die vielen Freunde lateinamerikanischer Texte unter den Lesern wenden soll. Wir haben versucht, einen Kompromiss zu finden und trotz der prinzipiellen Offenheit für ein nicht-akademisches Publikum in den einzelnen Beiträgen auch durchaus ein wissenschaftliches Profil sichtbar werden zu lassen. Dennoch musste der Herausgeber aus vierzig Einzeltexten von insgesamt dreizehn Autoren, die fünfhundert Jahre Geschichte der literarischen Produktion von zwanzig Ländern behandeln, ein Buch machen; es galt also, erbarmungslos zu kürzen, Übergänge zu finden, die Texte aufeinander abzustimmen, um sie zu einem einzigen, nicht zu sehr nach Collage klingenden Text werden zu lassen. Die Mitarbeiter haben diese »Vergewaltigung« mit bewundernswerter Gelassenheit und Toleranz ertragen; dem Herausgeber bleibt nur, nun auch vom Leser Verständnis für die Unvollkommenheiten des Resultats zu erbitten: Was man Gutes in diesem Buch findet, ist den Autoren zu danken; die – zahlreichen – Schwächen hat der Herausgeber zu verantworten.

Nicht zuletzt bedarf die Geschichte einer immer noch »fremden« Literatur wie der lateinamerikanischen auch sehr oft der Hintergrundinformation, der Aufzählung von manchen Spezialisten banal erscheinenden Fakten. Auch hier galt es, einen Kompromiss zu finden zwischen der zur Vermittlung notwendigen Information und den Möglichkeiten einer auf begrenztem Raum operierenden Literaturgeschichte. Für eine umfassende Einführung in das Phänomen Lateinamerika ist sicherlich die begleitende

Lektüre eines Geschichtswerkes zu empfehlen. Der erwähnten Orientierung am Leser, der aus Freude an der Literatur liest, wurde durch möglichst umfängliches Bildmaterial und lektüreleitende Randglossen Rechnung getragen, die nicht nur die Literatur selbst, sondern auch die immer noch »fremdartige« Welt Lateinamerikas als Hintergrund der Texte erfahrbar machen sollen. Der Verlag, insbesondere die betreuenden Lektoren und Lektorinnen Petra Wägenbaur, Oliver Schütze, Andrea Rupp und Sybille Paulus sowie Bernd Lutz selbst, hat dabei jede nur mögliche Unterstützung geleistet; immer hilfreich waren auch die Ibero-Amerikanischen Forschungsinstitute in Berlin und Hamburg sowie Thomas Scheerer mit seiner Datenbank BiLA in Augsburg. Ein spezieller Dank gilt schließlich David Lagmanovich und Gustav Siebenmann für ihre Anregungen und meinen Münchner Mitarbeitern Daniela Nardi, Ana Ribeiro-Kügler und Martin Weidlich für ihre unermüdliche Hilfe bei Korrekturlesen, Registererstellung und Komplettierung der Bibliographie.

Die Orientierung dieses Bandes am Leser drückt sich schließlich in dem Bestreben aus, überschaubar zu bleiben: Bei der für jede Literaturgeschichte notwendigen Selektion ist bewusst auf auch nur den Schein enzyklopädischer Vollständigkeit verzichtet worden. Viele Autoren und Werke fehlen; dafür haben wir versucht, statt einer »kommentierten Liste« von Namen und Titeln dem Leser durch die ausführlichere Vorstellung von Autoren und Werken paradigmatischen Charakters ein anschauliches Bild der literarischen Epoche des jeweiligen Raumes mit Ansätzen zu kritischer Betrachtung aus möglichst vielfältiger Perspektive zu liefern. Aus dem Vorstehenden dürfte eines klar geworden sein: Die große Herausforderung bestand darin, einerseits diese Literaturen dem europäischen Leser *näher* zu bringen, andererseits der Versuchung zu widerstehen, sie ausschließlich mit unseren Kategorien, in einer überheblichbelehrenden eurozentrischen Perspektive zu betrachten. Glücklicherweise gibt es dafür einige Vorbilder. So berichtet einer der frühesten deutschen Hispanoamerikanisten, der Münchner Romanist Karl Vossler, über eine vor 60 Jahren absolvierte Vortragsreise nach Argentinien: »Ich, der ich nach Südamerika gekommen war, um einige Vorträge über Themen meines Faches zu halten, bemerkte bald, dass meine vornehme Mission noch einen anderen Aspekt in sich trug, einen bescheideneren zwar, aber auch einen wichtigeren: *Zuhören, Annehmen, mit freundlichem Echo Anregungen geben.*« Dieses kurze Programm war es auch, von dem die Autoren der vorliegenden Literaturgeschichte sich leiten ließen. Lateinamerika hat eine große Zahl von Gesichtern; wir haben versucht, möglichst viele von ihnen für möglichst viele deutschsprachige Leser erfahrbar zu machen.

München, im Juli 1995   Michael Rössner

Vorwort zur zweiten Auflage

Das ungebrochen große Interesse der deutschen Leser an der lateinamerikanischen Literatur hat es notwendig gemacht, nach wenigen Jahren
eine zweite Auflage unserer Literaturgeschichte vorzulegen. Dabei ist die
Erstausgabe von 1995 durch ein Kapitel über das letzte Jahrzehnt ergänzt
worden, gekennzeichnet durch die Eckdaten 1989 (Fall der Berliner
Mauer und Zusammenbruch des »real existierenden Sozialismus«) und
2001, als das »globalisierte Weltsystem« durch das Attentat auf das
New Yorker World Trade Center erstmals grundlegend in Frage gestellt
wurde.

   Eine solche Ergänzung konnte schon wegen des relativ geringen Text-
umfangs nicht in der nach sieben Großräumen gegliederten Form erfolgen; ich denke aber, dass gerade das neue Generationsbewusstsein der
Autoren, die in diesem Jahrzehnt zu führenden Repräsentanten der lateinamerikanischen Literatur geworden sind, wie schon zu Zeiten von Modernismo und Avantgarde eine kontinentübergreifende Betrachtung durchaus
rechtfertigt. Die Welt der lateinamerikanischen Kultur – und damit auch
die der Literatur – war in diesen Jahren gekennzeichnet von einer unerhört starken Präsenz US-amerikanischer Zivilisation in allen Lebensbereichen, aber zugleich auch von einer immer stärkeren Präsenz der »Latin
Culture« in den USA selbst. Diese Hybridisierung, das neue Selbstbewusstsein der Lateinamerikaner und die neuen Ausdrucksformen, vor
allem im Bereich des Films, sind vorrangig Gegenstand der Ergänzungen
dieser Auflage. Der Spaziergang durch die Literatur des letzten Jahrzehnts
ist subjektiv (und der Autor/Herausgeber bekennt sich dazu), er will trotz
der unübersehbaren Fülle der Texte einen Rest von Erzählcharakter und
Anschaulichkeit in der Darstellung erhalten – was impliziert, dass viele,
auch wesentliche Texte ungenannt bleiben müssen. Aber eine Literaturgeschichte, die die Gegenwart mitumfasst, ist immer ein unabgeschlossenes
Unternehmen, und die dritte Auflage in einigen Jahren wird hoffentlich
die ärgsten Lücken schließen – allerdings wohl nur, um dafür wieder neue
aufzureißen.

   Es galt, die enorme Vitalität der neuen und neuesten lateinamerikanischen Literatur darzustellen, die sich programmatisch von den alten Klischees des Magischen Realismus und des Macondismo löst und als eine
hybride »Bastardliteratur« selbstbewusst zu positionieren sucht – mittt-
lerweile durchaus mit beachtlichem internationalen Erfolg, sodass sogar
schon von einem »neuen Boom« gesprochen wurde. So weit sind wir wohl
noch nicht, aber diese neue Auflage unserer Literaturgeschichte kann dem
deutschsprachigen Leser gegenüber der Erstauflage nicht nur eine Ergänzung, sondern durchaus ein verändertes, faszinierendes Bild dieser reichen
und vielgestaltigen Literatur bieten.

München, im Juni 2002   Michael Rössner

Vorwort zur dritten Auflage

Als 2002 die zweite Auflage dieser Literaturgeschichte erschien, waren die seit der Erstausgabe 1995 aufgetretenen Entwicklungen rund um die Jahrtausendwende in der Literatur- und Kulturgeschichte der lateinamerikanischen Länder so bedeutend, dass sie ein eigenes, kontinentübergreifendes Kapitel rechtfertigten. Für die fünf Jahre zwischen 2002 und dem Jahr 2007, in dem das offenbar in den letzten Jahren erneut gestiegene Interesse eine weitere Auflage erforderlich macht, kann man das nicht behaupten. Das gewichtigste Ereignis in dieser Zeit ist wohl der frühe Tod des chilenischen Autors Roberto Bolaño im Jahr 2003 gewesen, der seine zentrale Stellung in der Autorengeneration der Jahrtausendwende noch verstärkt hat, so dass er nun zusammen mit Vertretern der Boom-Generation wie García Márquez, Borges und Rulfo zu den »Klassikern« gezählt und in Kolloquien seiner Autorenkollegen als »Wegbereiter einer neuen Literatur« vorgestellt wird. Ansonsten haben sich 2002 festgestellte Tendenzen zu einer Globalisierung, aber auch zur Diversifizierung der Schreibweisen, verstärkt, der eine oder andere neue Autorenname hat sich aufgedrängt; und so wurde neben einer Durchsicht des Gesamttexts besonders der des letzten Kapitels aktualisiert, ergänzt und mit einigen neuen Akzenten versehen, die auch der in den letzten Jahren deutlich spürbaren stärkeren Präsenz junger Autorinnen und Autoren bei europäischen und speziell deutschen Verlagen Rechnung tragen.

Bei jeder neuen Auflage ist aufs Neue den vielen Freunden, Kollegen, Mitarbeitern und Literaturkennern zu danken, die mir die Aktualisierung durch ihre Anregungen und die praktische Unterstützung bei der Realisierung erst möglich gemacht haben. Besonderen Dank schulde ich diesmal Bernadette Kalz, Astrid Vogel, Piero Salabè, Stephen Uhly und Benjamin Meisnitzer.

München, im Mai 2007   Michael Rössner

Indigene Literaturen und die frühe Kolonialzeit (1492–1650)

Die Reisen des Kolumbus und die Folgen

Wie kaum eine andere hat die lateinamerikanische Literatur einen genau zu bestimmenden Geburtstag: den 3. August 1492, mit dem die erste Eintragung im Bordbuch des Kolumbus datiert ist. Natürlich gab es schon zuvor auf dem amerikanischen Kontinent Literatur, wie auch aus den Beiträgen dieses ersten Abschnitts hervorgehen wird; aber sie war noch nicht von jener konfliktreichen Wechselwirkung der lateinisch-europäischen und der indianischen Kultur getragen, die für die lateinamerikanische Literatur konstitutiv geworden ist. Und natürlich sind die Schriften des Kolumbus ihrerseits nicht aus dem Kontext einer Jahrhunderte alten, von der Suche nach dem irdischen Paradies und vom Streben nach neuen wissenschaftlichen Entdeckungen getragenen europäischen Tradition des Denkens und Schreibens zu lösen. Dadurch aber, dass die darin beschriebene Reise tatsächlich auf das *Andere* trifft, die Spekulation also mit einer – wenn auch durch Vorurteile verzerrten – Erfahrungswirklichkeit konfrontiert werden muss, überwinden sie diese Tradition und begründen eine neue Art des Schreibens, die als lateinamerikanische Literatur angesehen werden kann.

Die Reise des Kolumbus erscheint so als Bindeglied und Bestandteil der Literatur: Selbst ein Produkt der Lektüre der sagenhaften Reisebeschreibungen des Mittelalters von Marco Polo bis zu den Briefen des Presbyters Johannes, dokumentiert sie sich im Akt des Schreibens, in dem die alles Bekannte übersteigenden Erfahrungen im Bordbuch festgehalten werden. Besonders stark ist die Bindung des Entdeckers an mittelalterliche Vorstellungen vom irdischen Paradies, wobei sich in seinem Projekt die beiden wesentlichen Traditionen (die Insel im Westen und der Berg im [indischen] Osten) dadurch idealtypisch verbinden, dass er dachte, in Amerika (»Westindien«) das irdische Paradies gefunden zu haben. Ein Hauptantrieb für die Reise war aber wirtschaftlicher und politischer Natur: Nachdem die Renaissance vor allem in Italien eine Belebung des Handels herbeigeführt hatte, brach durch den Fall Konstantinopels 1453 die kurze Verbindung zum Orient über das östliche Mittelmeer zusammen, auch die Landroute wurde fast unpassierbar. Schon 1474 hatte der florentinische Humanist Paolo Toscanelli dem portugiesischen König Afonso V. deshalb den Westweg nach Indien empfohlen und dabei die Ausdehnung Asiens weit überschätzt; der genuesische Seefahrer Kolumbus steigerte diesen Fehler noch und vertrat so die ganz falsche Überzeugung, man müsste in einigen wenigen Tagen über den Atlantik gelangen. In demselben Jahr, in dem mit Granada das letzte maurische Königreich in Spanien fiel, bot sich ihm nun die Möglichkeit, seine spekulativ-literarische Vorstellung vom

Die erste Reise des Kolumbus

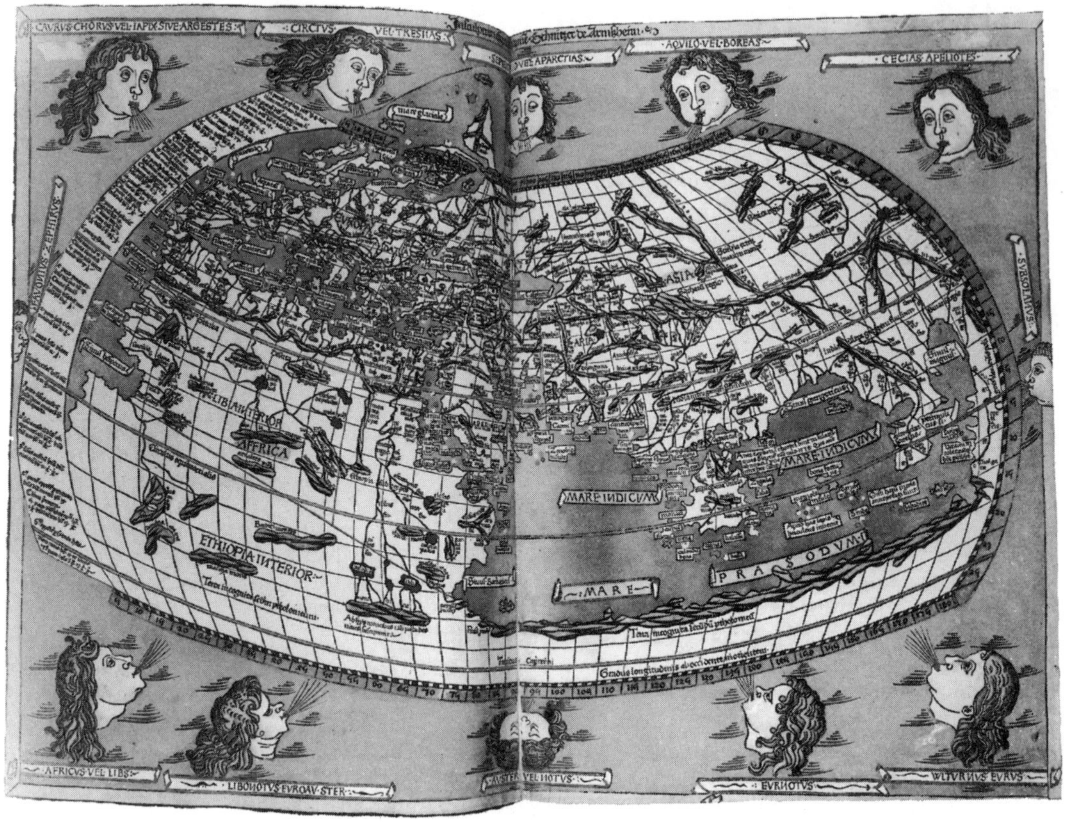

Erdkarte aus Claudius
Ptolemäus'
Cosmographia
(Ulm 1486)

Zeitgenössische
Darstellung des
primitiven Wilden
(um 1590)

Paradies und von außereuropäischen Reichtümern an der Wirklichkeit zu
erproben. Sein Text, das Bordbuch der ersten Reise, liegt uns nicht im
Original, sondern in einer auszugsweisen Transkription des Paters Las
Casas vor, der wohl kein unverdächtiger Herausgeber ist, sondern diese
Schriften auch im Kontext seines Kampfes für die Rechte der Indios
einsetzen wollte.

Das Bordbuch berichtet in eher lakonischer Form von der 33 Tage
dauernden Überfahrt, bis man an dem legendären 12. Oktober im Mor-
gengrauen Land erblickt. Ab dieser Landung wird der Text zum ersten
Dokument der Kulturbegegnung bzw. des Kulturschocks, wenn Kolumbus
schildert, wie er im Angesicht »nackter Eingeborener« durch das Schwen-
ken zweier Fahnen und eine notarielle Erklärung vor Zeugen die Insel für
die spanischen Könige in Besitz nimmt. Die Indios werden dabei als
Paradiesmenschen von »schönem Körperbau« beschrieben, die auch im
Charakter wahrhaft paradiesische Eigenschaften zeigen: »Es kann unmöglich jemals gutherzigere, selbstlosere und dabei so schüchterne Geschöpfe
gegeben haben als jene Eingeborenen.« Stets ist der Entdecker um die
religiöse und ökonomische Rechtfertigung seines Unternehmens bemüht:
So verspricht er einerseits, allen Ertrag der Reisen für die Eroberung
Jerusalems zu spenden, und berichtet andererseits ständig von ganz na-
hen, überaus reichen Goldminen, von Mastix-Harz und verschiedenen
Gewürzen, die er gefunden habe. Schließlich zwingt ihn der Schiffbruch

De Insulis nuper in mari Indico repertis

der *Santa Maria* vor der Insel Haiti/Hispaniola dazu, vierzig Männer zurückzulassen, für die aus dem Holz des gestrandeten Schiffes die Siedlung Villa de la Navidad gebaut wird. Schon beim Aufbruch zur Rückreise bringt Kolumbus auch noch die Abenteuer- und Horrorseite der Neuen Welt ins Spiel, indem er den friedliebenden Paradiesmenschen die wilden Kannibalen entgegenstellt (mit denen es auch zu einem Scharmützel kommt, das zwei Verletzte fordert) und von einer sagenhaften Amazoneninsel erzählt. Dominant bleibt im Bordbuch durchgehend die Entlehnung der fiktiven Reise aus den Texten der mittelalterlichen Reiseliteratur. Alles, was Kolumbus sieht, wird sofort dem »Hauptreiseführer«, Marco Polos *Il milione*, angepasst, sodass der Admiral stets versucht, bekannte Ortsnamen (v. a. das Goldland Cipango = Japan) aus den Äußerungen der Indios herauszuhören, die er als »Untertanen des Großen Khan« betrachtet. Mit der Landung in Lissabon bricht das Bordbuch ab, aber das Märchen geht weiter: Nach einer Art antikem Triumphzug mit Indios und Papageien im Gefolge wird Kolumbus Ende April am Hof in Barcelona ein feierlicher Empfang mit allen Ehren bereitet.

Erste Darstellungen von der Landung des Kolumbus (Basel 1494)

Im Vertrag von Tordesillas (1494) teilen sich Spanien und Portugal die »Neue Welt« auf. Die Entdeckungen finden sofort großes Interesse in ganz Europa, Flugschriften mit Holzschnittillustrationen erscheinen, und während große Unsicherheit über die tatsächliche Gestalt und Lage des Landes herrscht, wird in den populärwissenschaftlichen Berichten eine Reihe von Mythen verbreitet: Amazonen, Fabeltiere, die Legenden von der Quelle der Ewigen Jugend und von El Dorado u. a. m. Kolumbus selbst verspricht in dem im Druck verbreiteten Brief an seinen Financier Santángel (1493) große Reichtümer und lockt damit eine große Zahl von Freiwilligen zu seiner zweiten Reise an, zu der er am 25. September 1493 mit 17 Schiffen und 1200 Teilnehmern aufbricht. Im Februar 1494 schickt Kolumbus von Haiti/Hispaniola 12 Schiffe mit Gewürzen, Holz, etwas

Aufteilung der »Neuen Welt«

Gold und Indio-Sklaven nach Spanien zurück. Mit an Bord ist der wichtigste Text über diese Reise: der *Memorial*, eine Art Liste von Anweisungen für seinen Beauftragten Antonio Torres. Darin wird vorgeschlagen, die notwendige Ausrüstung (Geräte, Saatgut, Tiere) mit Sklaven aus wilden Kannibalen zu bezahlen. Die würde man damit (durch ihre Christianisierung) vor der Hölle retten, die sanften Indios würde man vor ihnen schützen, und das wirtschaftliche Problem wäre auch gelöst.

Das Scheitern des Kolumbus

Eine literarische, an *Don Quijote* gemahnende Szene spielt sich ab, als Kolumbus im April mit drei Schiffen nach Westen über Jamaica zur Südküste Kubas fährt, um endlich das Festland (das Goldreich des Großen Khan) zu finden. 50 Meilen vor der Westspitze der Insel gibt er der rebellierenden Mannschaft nach und kehrt um, weil die Schiffe leck geworden und die Vorräte aufgebraucht sind. Vorher lässt er jedoch alle schriftlich einen Eid ablegen, dass man nun das Festland erreicht habe; wer das Gegenteil behaupten würde, erhalte eine Geldstrafe oder es würde ihm die Zunge abgeschnitten. Die Schwierigkeiten des Admirals (auf Drängen der Siedler unternimmt er Strafexpeditionen gegen die Indios und schickt Hunderte Gefangene nach Europa, gleichzeitig rebellieren die Kolonisten immer offener gegen ihn) sind zwar kaum in seinen Schriften dokumentiert, führen aber zu seiner Entmachtung und Rückkehr nach Spanien. Gouverneur wird nun sein Bruder Bartolomé, die Polizeigewalt übernimmt Francisco Roldán. Die spanische Politik hat durch den Konflikt mit Frankreich mittlerweile wieder andere Interessen, die dritte Fahrt (1498–1500) steht daher unter wesentlich ungünstigeren Vorzeichen: Da sich kaum Freiwillige für eine neue Expedition finden, nimmt Kolumbus Strafgefangene an Bord. Erhalten ist ein kurzer Bericht über den Beginn der Reise, auf der er zur Orinoco-Mündung gelangt, wo der mittlerweile zu spekulativer Theologie neigende Admiral das irdische Paradies vermutet. Konfrontiert mit dem Aufstand Roldáns, muss Kolumbus in einem Vertrag den Siedlern ein *repartimiento* zugestehen, d.h. die faktische Macht über eine gewisse Zahl von Indios, die ihrem Schutz und ihrer Führung anvertraut sind und dafür Arbeitsleistungen erbringen müssen (später mit dem mittelalterlichen Ausdruck *encomienda* bezeichnet). 1499 ersucht der Admiral selbst Spanien um die Entsendung eines Richters, weil er sich gegen die Amerika-Spanier nicht durchsetzen kann. Dieser Richter, Francisco de Bobadilla, lässt dann zuerst die drei Kolumbus-Brüder verhaften und schickt sie nach Spanien zurück, wo Kolumbus sein *Libro de las profecías* schreibt, eine Sammlung von kommentierten Bibelzitaten, die seiner Reise einen mystisch-religiösen Hintergrund verleihen soll.

Don Cristóbal Colón bei der Eroberung der Welt

Mittlerweile kommt es zu einer Flut von Entdeckungen in Mittel- und Südamerika: Nach den Reisen von Ojeda und Vespucci nimmt 1501 Pedro Alvares Cabral Brasilien für Portugal in Besitz. In dieser Situation soll Kolumbus noch einmal versuchen, den Seeweg nach Indien zu finden (das wäre eine Weltumsegelung, die aber erst dem Portugiesen Magalhães (Magellan) 1517 in spanischen Diensten gelingt). Er unternimmt daher die vierte und letzte Fahrt (1502–04). Als man ihm die Landung in Hispaniola verwehrt, sieht er zu, wie seine ärgsten Feinde Roldán und Bobadilla im Sturm untergehen, während nur das Schiff mit dem ihm zustehenden Goldanteil verschont bleibt. Er segelt dann entlang der Küsten von Honduras, Nicaragua und Costa Rica, findet aber keine Durchfahrt und kaum Gold, es gibt immer wieder Kämpfe mit den Indios, die Schiffe sind kaum mehr seetüchtig. Der kleine Trupp schafft es gerade noch bis Jamaica. Einige Leute werden in einem Kanu nach Hispaniola

Südamerika
Entdeckungen

–––––––– Ojeda, Vespucci 1499	–––––––– Kolumbus I. 1492/93
–·–·–·– Pinzon 1499	––––––– Kolumbus II. 1493/96
–··–··– Cabral 1500	–·–·–·– Kolumbus III. 1498
–···–···– Vespucci 1501	–··–··– Kolumbus IV. 1502/04
········· Balboa 1513	
········· Diaz de Solis 1516	**Altamerik. Kulturen**
········· Magalhães 1520	Chibcha
········· Guevara 1526	Caucatal
········· Pizarro 1531–35	Chimú
········· Almagro 1535–37	Inka
········· Federmann 1536–39	Kerngebiet der Inka
········· Orellana 1541–42	▲ Inkastädte
–––––––– La Condamine 1743	▄▀▄ Demarkationslinie nach dem
–––––––– A. v. Humboldt 1799–1801	Vertrag von Tordesillas 1494
········· Wallace 1848–52	Die Jahreszahlen bei den Ortsnamen
········· Musters 1869/70	bedeuten das Gründungsjahr.

Maßstab 1 : 42 000 000

0   250   500   750   1000 km

geschickt, aber erst ein Jahr später trifft Hilfe ein. Die anfangs feindseligen Indios lassen sich jedoch von Kolumbus durch die Vorhersage einer Mondfinsternis beeindrucken und füttern die erschöpften Weißen so lange durch. Das traurige Ende des verarmten Kolumbus nach seiner erneuten Rückkehr und dem Tod seiner Gönnerin Isabella von Kastilien (der Entdecker Amerikas stirbt am 20. Mai 1506 in Valladolid in einer Herberge völlig mittellos) wird später zum Ausgangspunkt einer literarischen Kolumbuslegende vor allem bei katholischen Autoren des 18. bis 20. Jhs.

Unterdessen schafft die Konsolidierung der spanischen Herrschaft auf den Großen Antillen die Möglichkeit, ohne zu lange Anmarschwege auch die Erkundung und Eroberung des Festlands zu wagen, während zugleich die Krone durch die Institution der *capitulaciones de descubrimiento y rescate* viele andalusische Seeleute zu selbst finanzierten und ausgerüsteten Entdeckungsreisen nach den »Inseln und dem Festland des Ozeanischen Meeres«, wie der neue Kontinent zunächst offiziell hieß, anregte.

Beginn der Conquista

Dadurch entstand eine Dynamik, die man unter Rekurs auf die Situation der Reconquista in Spanien mit dem Bild der »Grenze« wiederzugeben versucht hat. Der erste, der in dieser Situation zu einer Verankerung der spanischen Herrschaft auf dem amerikanischen Festland wesentlich beitrug, war Vasco Núñez de Balboa. Als Anführer einer Meuterei der Siedler in Santa María de la Antigua, der ersten spanischen Festlandssiedlung, gelangt er zu einem stabilen Frieden mit den Indios, weitet das spanische Einflussgebiet aus und gelangt als Erster in der Nähe des Isthmus von Panama zum Pazifik, wird aber – weil er nicht rechtzeitig für die Anerkennung seiner Erfolge durch die spanische Krone gesorgt hat – von seinem Schwiegervater, dem neuen Gouverneur Pedrarias Dávila, als Aufrührer hingerichtet.

Hernán Cortés

Hernán Cortés – wie Balboa ein verarmter Hidalgo aus der Extremadura – macht sich diese Erfahrung zunutze und spielt geschickt die spanischen Autoritäten ebenso wie die Indios gegeneinander aus, sodass es ihm gelingt, mit Hilfe der aufständischen Tlaxcalteken und trotz der gegen ihn gerichteten Strafexpedition des Gouverneurs von Cuba zwischen 1519 und 1522 das hochgerüstete Aztekenreich zu erobern. In der Folge unternahm er Expeditionen nach Norden (Kalifornien) und Süden (Honduras) und rüstete sogar eine Flotte zu den für ihre Gewürze berühmten pazifischen Molukken-Inseln aus. Darüber hinaus hatte er auch als Regent der eigenen Eroberungen zumindest anfänglich Erfolge zu verzeichnen, und bereits 1535 begann in Mexiko der erste spanische Vizekönig (Antonio de Mendoza) zu amtieren, der in seiner fünfzehnjährigen Amtszeit in Mexiko (Neu Spanien) eine stabile Verwaltungsordnung installierte.

Die Eroberung des Inka-Reiches

Während in Mittelamerika (»Castilla de Oro«) Pedrarias Dávila nach Gold suchte, begannen Diego de Almagro und Francisco Pizarro 1524 von Panama aus mit Expeditionen in das »Südmeer« (Pazifik) vorzudringen. Jahre hindurch dezimierten Krankheiten und Versorgungsschwierigkeiten immer wieder die Expeditionstrupps, bis Pizarro 1528 mit dem Hafen Túmbez endlich einen der nördlichen Vorposten des Inka-Staates erreichte. Beeindruckt von dem zivilisatorischen Niveau fuhr Pizarro zurück nach Spanien und ließ sich zum *gobernador* des zu »entdeckenden« Landes ernennen, dessen Herrscher Huayna Capac unterdessen der ersten großen Epidemie von Europa eingeschleppter Krankheitserreger zum Opfer fiel. So fand Pizarro bei seiner Rückkehr 1531/32 ein vom Bürgerkrieg zwischen dem legitimen Erben Huascar und dem militärisch erfolgreicheren Bastard Atawallpa zerrüttetes Land vor. In

Cajamarca von den zahlenmäßig hundertfach überlegenen Truppen Atawallpas in eine Falle gelockt, griff Pizarro zu einer Taktik, die in den Grenzkriegen gegen die Mauren erprobt war: Er nahm den unschlüssigen Atawallpa gefangen, worauf dessen Truppen sich auflösten, und verlangte ein hohes Lösegeld. Atawallpa ließ daraufhin den in der Gewalt seiner Truppen befindlichen Huascar und dessen ganze Familie ermorden, damit sie sich nicht mit den Spaniern verbünden könnten, und füllte diesen, wie versprochen, ein ganzes Haus mit Gold an. Dennoch ließ Pizarro ihn hinrichten; ob der Grund dafür eine Intrige des in Atawallpas Frau verliebten Dolmetschers Felipillo, die Goldgier der mittlerweile eingetroffenen Truppen Almagros (die an dem Lösegeld des vor ihrer Ankunft gefangenen Atawallpa keinen Anteil hatten, an neuer Beute nach dessen Tod aber durchaus beteiligt waren) oder politisches Kalkül war, wird sich wohl nicht mehr feststellen lassen. Die Spannungen mit Almagro, der sich um seinen Anteil an der Regierung betrogen fühlt, bestehen fort, obwohl Almagro einstweilen zu neuen »Entdeckungen und Eroberungen« nach Chile geschickt wird. Später ist es dann Pizarros treuer Weggefährte Pedro de Valdivia, dem eine dauerhaftere Eroberung Chiles gelingt, während die atlantischen Küsten Südamerikas zunächst von Spanien aus kaum besiedelt werden: Eine erste Gründung von Buenos Aires (1536) muss angesichts der unwirtlichen Natur und der Indianerüberfälle wieder aufgegeben werden; auf der Suche nach den sagenhaften Silberminen gelangt man bis Asunción in Paraguay, wo die Konquistadoren sich mit den dortigen Guaraní-Indios in der ersten vollständig mestizischen Gesellschaft des Kontinents unter Annahme des Gesetzes der Polygamie verschwägern.

Portugal, das seinen Teil Amerikas zunächst nur als Rohstofflieferant (Brasilholz, später Zucker) nutzen wollte, musste nach mehreren »Säuberungsaktionen« gegen Kolonisten anderer Länder erkennen, dass ohne dauernde Besiedlung Brasilien nicht zu halten war. So wird 1521 in Pernambuco die erste Zuckerrohrsiedlung gegründet, ab 1532 vergibt die portugiesische Krone *capitanias* an Private. Dennoch ist noch 1550 die europäische Besiedlung auf wenige Punkte an der Küste beschränkt.

Das portugiesische Kolonialreich

Venezuela und Kolumbien schließlich sind Schauplatz mehrerer Experimente: Erst versuchen Kleriker, hier eine sanfte Kolonisierung (etwa Las Casas mit seinem »Orden von den goldenen Sporen«) vorzuexerzieren, dann vergibt Karl V. das ganze Gebiet befristet an seine Augsburger Bankiers, die Welser, die 1529–46 dort mit deutschen Landsknechten einen Privatstaat unterhalten und auf der Suche nach »El Dorado« mehrere Expeditionen in das Amazonasgebiet unternehmen. Mit der Einrichtung einer Audiencia (Gericht mit Verwaltungsbefugnissen) in Santa Fé de Bogotá (1550) werden auch die heutigen Länder Kolumbien und Venezuela in die direkte spanische Kolonialverwaltung eingegliedert.

Experimente: Versuch der »friedlichen Kolonisierung« und der »Privatstaat« der Welser

Am längsten dauert der anarchische Zustand in Peru, wo es eine nicht enden wollende Abfolge von Aufständen und Umstürzen gibt: Zunächst versucht der überlebende Bruder Huascars, Manco Inca, der die Spanier anfangs als Helfer gegen den Usurpator Atawallpa begrüßt hatte, sie wieder aus dem Lande zu werfen; Francisco Pizarro wird in der neu gegründeten Stadt Los Reyes (Lima), sein Bruder Hernando in Cuzco belagert, und erst nach zwei Jahren gelingt es den Spaniern, die Indios in die Berge von Vilcabamba zurückzudrängen, wo noch einige Zeit ein Inkastaat bestehen bleibt. Nun nimmt der aus Chile zurückkehrende Almagro Hernando Pizarro gefangen, lässt ihn jedoch nach langen Verhandlungen frei, woraufhin dieser 1538 Almagro in einer Feldschlacht

Andauernder Bürgerkrieg in Peru

besiegt und töten lässt. Sein zum Marqués erhobener Bruder Francisco, der Peru noch kurze Zeit regiert, wird 1541 von Almagro-Anhängern umgebracht, die den Sohn Almagros, den Mestizen Diego de Almagro el Mozo, zum Gouverneur ausrufen; der vom Hof gesandte Visitador Vaca de Castro lässt wiederum diesen hinrichten. Die darauf folgende Erhebung Perus zum Vizekönigtum (1542/43) fällt zusammen mit dem Erlass der auf Las-Casas-Interventionen beruhenden »Nuevas Leyes«, welche die *encomienda* einschränken und die Indios wirksamer schützen sollen. Das löst allerorten Entrüstung bei den spanischen Siedlern aus, aber während in Mexiko ein vorsichtiger Vizekönig durch Hinhaltetaktik Aufstände vermeidet, ist der erste Vizekönig Perus, Blasco Núñez Vela, ein besonders inflexibler und ungeschickter Politiker, der alle Beteiligten durch übertriebene Härte gegen sich aufbringt. In dieser Situation beginnt der dritte Pizarro-Bruder Gonzalo einen erfolgreichen Aufstand, in dessen Verlauf Núñez Vela getötet wird. Auch die weitere Geschichte des Vizekönigreichs Peru ist gekennzeichnet durch ständige Wirren und Unruhen; erst der Vizekönig Francisco de Toledo (1569–81) schafft durch eine Fülle von Gesetzen und Verordnungen, die mit großer Härte vor allem gegen die Indios durchgesetzt werden, eine gewisse Stabilität, zerstört aber gleichzeitig die Reste indianischer Kultur weitgehend. So ist gegen Ende des 16. Jhs. der Übergang von dem Zustand der »Grenze«, d.h. eines der Reconquista-Situation entsprechenden Status wechselnder militärischer Bündnisse und gegenseitiger Überfälle, zu einem neuzeitlich-absolutistischen Verwaltungsstaat weitgehend vollzogen, soweit das die großen Distanzen zulassen. Nur in Chile wehren sich die Araukaner noch lange Zeit hindurch immer wieder erfolgreich, und das Innere des Kontinents, das auf den ersten Blick keine Reichtümer verspricht, ist von den Spaniern praktisch unberührt geblieben.

Instabile Machtsituation

Die frühe Kolonialgesellschaft ist also von einer sehr instabilen, ständig wechselnden Machtsituation gekennzeichnet: Die großen Indioreiche sind zusammengebrochen, ihre Eliten getötet oder an den Rand gedrängt, während die früher von ihnen unterdrückten Ethnien wenigstens zum Teil bereit sind, mit den Eroberern zusammenzuarbeiten. Aber auch die Gruppe dieser Eroberer ist sehr heterogen: Die eigentlichen Konquistadoren verlangen als Lohn für ihre Strapazen einen wirtschaftlichen und sozialen Aufstieg in den Adel; der alte spanische Adel freilich verachtet sie als mit zweifelhaften Methoden aufgestiegene Emporkömmlinge. Die Krone bekämpft die Machtansprüche des Adels an sich und daher auch die der neuadeligen »indianos«. Zweckverbündete dabei findet sie in den engagierten Missionaren der Las-Casas-Schule, die freilich nicht für den ganzen Klerus stehen: Auch im örtlichen Klerus, vor allem bei vielen Mestizen, war ein repressives Herrschaftsdenken gegenüber den Indios festzustellen. Die Indio-Bevölkerung wurde rapide dezimiert, wobei neben den Gemetzeln und der Verzweiflung der Indios vor allem der ungewollt geführte »bakteriologische Krieg« dafür verantwortlich war: Die Eroberer waren selbst offenbar wesentlich resistenter gegen die örtlichen Krankheitskeime als die Indios gegen die eingeschleppten Krankheiten, sodass Blattern- und Grippe-Epidemien Millionen Opfer verursachten und dazu für beide, Eroberer wie Eroberte, wie eine Strafe Gottes bzw. der Götter erschienen. Dadurch bildete sich bei den Verteidigern der Conquista die Meinung heraus, Gott habe die Indios mit der Eroberung und den Krankheiten geschlagen, um sie für ihre Sünden zu bestrafen, als die üblicherweise Sodomie, Menschenopfer und Kannibalismus genannt werden.

Dezimierung der Indios

Dazu kam aber das wirtschaftliche System der rücksichtslosen Ausbeutung der Edelmetallreserven, vor allem des Silbers in Bolivien und später auch in Mexiko. In diesem Rahmen wurde in Peru die unter den Inka im Gemeininteresse eingeführte *Mita* (eine Art Arbeitsdienst) wieder in Kraft gesetzt, die nun Indiokaziken unter Androhung schwerster Strafen zwang, eine große Anzahl arbeitsfähiger Männer auf jeweils ein Jahr in die (über 4000 m hoch gelegenen) Minen von Potosí zu schicken. Dort waren ständig ca. 15 000 Arbeitskräfte erforderlich, da nach einer Woche Arbeit zwei Wochen Erholung nötig waren. Noch schlimmer waren die Zustände in den Quecksilberminen von Huancavelica, wo die giftigen Dämpfe die Arbeiter dezimierten. Andererseits wurde nach Erschöpfung der leichter zugänglichen und ertragreichen Silberadern immer mehr Quecksilber für den Bergbau gebraucht. Da die Kolonialwirtschaft in den ersten Jahrzehnten ausschließlich auf dem Edelmetallexport ins Mutterland basierte, wurde dieses unmenschliche System trotz der Anklagen zahlreicher Chronisten beibehalten. Selbst der Indio-Chronist Waman Puma erkennt im Prinzip die Notwendigkeit der *Mita* an und setzt sich nur für ihre korrekte Durchführung (Einhaltung der Ruhebestimmungen und Schutz der Arbeiter) ein.

Mitayos in der Silbermine von Potosí

Ein weiterer Gegner erwuchs den Indios nur zu oft in den »visitadores«, den ursprünglich zu ihrem Schutz ins Land gesandten kirchlichen Inspektoren, die Übergriffe von Priestern und auch von Encomenderos abstellen und für eine ordentliche Christianisierung der Indios sorgen sollten. Viele von ihnen nahmen den zweiten Auftrag ernster als den ersten und versuchten mit Feuer und Schwert verborgen weiterbestehende Reste früherer Glaubensüberzeugungen auszurotten, in einer Art, die bisweilen an die Hexenverfolgungen des späten Mittelalters oder an das Vorgehen der spanischen Inquisition gegen getaufte Juden erinnert. Manche »Aufstände« waren daher wohl mehr Verzweiflungsakte angesichts einer von allen Seiten bedrohten sozialen und individuellen Existenz als planmäßige politische Handlungen.

Bei alledem gelang es im Lauf des 16. Jhs. in den meisten Gebieten des spanischen und portugiesischen Amerika, trotz aller Wirren allmählich eine funktionierende Verwaltung aufzubauen. In den ehemaligen Indio-Großreichen entstand ein Vizekönigshof nach dem Vorbild des Hofs der Metropole; in anderen Gebieten wurde die lokale Macht von Gerichtspräsidenten (*audiencias*) oder militärischen Führern (*capitanes generales*) ausgeübt. Wirtschaftlich suchten die zahlreichen Handels- und Anbauverbote eine Konkurrenz zwischen Kolonie und Mutterland (etwa bei Wein) zu vermeiden und die überseeischen Gebiete in Unmündigkeit zu halten. So war z.B. auch die Einfuhr und die Produktion von Romanen in Amerika untersagt.

Das System der frühen Kolonialverwaltung

Vor diesem Hintergrund ist verständlich, dass die frühe Literatur vor allem aus Chroniken besteht, in denen die unterschiedlichen Parteiungen und ideologischen Positionen Ausdruck finden und die sich in erster Linie an das Publikum bzw. die Mächtigen im spanischen Mutterland wenden. Daneben blüht die volkstümliche Romanzentradition in amerikanisierter Form auch unter den Soldaten der Conquista. Die Umsetzung der Conquista-Ereignisse in die Gattung des Renaissance-Epos findet vor allem im südlichen Amerika und Hand in Hand mit dem Aufbau literarischer Akademien statt, die nun auch für Lyrik und Theater ein örtliches Publikum schufen, ein Publikum, das mit zunehmender Etablierung der Vizekönigshöfe sich an das höfische Publikum im Sinn der europäischen

Literatur der frühen Kolonialzeit

Spätrenaissance anzugleichen suchte. Romane sind dagegen aufgrund des oben erwähnten Verbots lange Zeit hindurch in Amerika praktisch inexistent. Im Unterschied zu Brasilien, das bis ins 19. Jh. keine Druckmöglichkeiten besaß, entstanden in Hispanoamerika bereits sehr früh die ersten Druckereien: 1539 erhält der Sevillaner Drucker Juan Cromberger das erste Privileg für Mexiko, 1582 etabliert der Turiner Antonio Ricardi die erste Druckerei in Lima. Dadurch konnten ab der Jahrhundertwende einige literarische Werke bereits in den Vizekönigreichen verlegt werden und sich daher auch direkt an ein »amerikanisches« Publikum wenden.

Azteken und Maya / Das Vizekönigreich Neu-Spanien/Mexiko

Beginn der mexikanischen Literatur: die frühen Indianerkulturen

Wenn der oben erwähnte Eintrag im Bordbuch des Kolumbus vom 3. August 1492 als Beginn der lateinamerikanischen Literatur eingefordert wird, so darf ein zweites Datum als erste Manifestation der lateinamerikanischen Literatur des amerikanischen Festlandes gelten: der 10. Juli 1519, mit dem der erste erhaltene Brief des Hernán Cortés – ein früherer ist belegt, jedoch nicht erhalten – an Kaiser Karl V. datiert ist. Eine literarische Tradition, wenn auch nicht unbedingt im europäischen Sinne, hatte es allerdings – im Gegensatz zu den Antillen – schon lange Zeit vorher gegeben. Die ersten Manifestationen einer »Schrift« gehen bis ins 8. Jh. v. Chr. zurück. Damals kommentierten die Olmeken von La Venta (im heutigen mexikanischen Bundesstaat Tabasco), mit denen die mesoamerikanischen Hochkulturen ihren Anfang nehmen, ihre in Stelen geritzten Basreliefs mit den ersten Glyphen, deren Bedeutung die Archäologen bis heute nicht enträtseln konnten. Mit Sicherheit jedoch künden Bild und Schrift von den alten Glaubensvorstellungen dieser nach wie vor von geheimnisvollem Dunkel umhüllten Hochkultur. Zwischen 600 und 500 v. Chr. tauchen in Monte Albán (Oaxaca) die ersten Monumente mit Zeichnungen und Inschriften auf. Neben der berühmten »Tänzergruppe«, die von Glyphen begleitete Personen in seltsamen Verrenkungen zeigt, gibt es auch Stelen, die ausschließlich Schriftzeichen aufweisen. Der Archäologe Alfonso Caso konnte diese als die ersten Kalenderzeichen Amerikas deuten, doch steht auch hier die Entschlüsselung erst am Beginn. Die mesoamerikanischen Kulturen entwickelten in der Folgezeit ein hochkompliziertes Kalendersystem, beruhend auf einer Verschränkung des 365 Tage zählenden Solarkalenders und eines heiligen, auf 260 Tagen beruhenden astrologischen Kalenders. Auf der Basis dieser zwei Systeme vermochten die Maya, ausgehend von einem »Urdatum«, das dem Jahr 3113 v. Chr. entsprach, in der sog. »langen Zählung« in ferner Zukunft liegende Daten mit erstaunlicher Präzision berechnen.

Olmekisches Schriftrelief

Die Entschlüsselung der Maya-Glyphen, die in Ermangelung eines »Steins von Rosette« (wie im Falle der ägyptischen Hieroglyphen) hoffnungslos schien, hat in den letzten Jahren große Fortschritte gemacht. So konnten amerikanische Archäologen Teile der steinernen Inschriften aus der sog. klassischen Zeit (3. bis 9. Jh.) von Palenque, Yaxchilán (beide im mexikanischen Bundesstaat Chiapas) oder Tikal (im heutigen Guatemala) als Berichte über Genealogien, Heldentaten und Blutopferzeremonien von

Maya-Herrschern deuten. Auch die Entschlüsselung der Volutenglyphen (»Sprechblasen«) der Wandmalereien von Teotihuacán, der alten Metropole des mexikanischen Hochlandes, haben in letzter Zeit Fortschritte gemacht.

Aus der Mayakultur sind nur drei Manuskripte dem Glaubenseifer des Fray Diego de Landa entgangen, der auf dem Marktplatz von Maní Tausende solcher Schriften verbrennen ließ: Es sind dies der besonders reiche, in Dresden aufbewahrte *Codex Dresdensis* mit hauptsächlich astronomischem Inhalt, der *Codex Tro-Cortesianus* (Madrid), vermutlich ein Wahrsagebuch, und der *Codex Peresianus* (Paris), der kalendarische Riten schildert. Noch nicht völlig geklärt ist die Authentizität des in Mexiko befindlichen *Codex Grolier*. Die bekannten literarischen Werke der Maya, das berühmte Schöpfungsbuch *Popol Vuh* und die *Chilam Balam* genannten Stammes- und Dorfchroniken, gehen zwar auf mündliche – vermutlich durch Manuskripte gestützte – Überlieferung aus vorspanischer Zeit zurück, wurden jedoch alle erst nach der Conquista schriftlich niedergelegt und sind daher in diesem Kontext zu behandeln. Gleiches gilt für die besonders reiche, von Missionaren wie Andrés de Olmos und Bernardino de Sahagún gesammelte Literatur der Azteken, die aufgrund der spanischen Vermittlung bzw. Deformierung bereits zur lateinamerikanischen Literatur im weitesten Sinne gezählt werden darf. Dies gilt auch für die auf Náhuatl niedergelegten indianischen Kommentare zur spanischen Conquista, deren »Sicht der Besiegten« in die mexikanische Literaturgeschichte eingegangen ist.

Die erste Manifestation spanischsprachiger Literatur auf dem amerikanischen Festland gibt allerdings die Sicht der Sieger wieder, genauer gesagt die des Anführers der Eroberer selbst: Hernán Cortés. Der spanische Konquistador war kein Analphabet wie Francisco Pizarro, der Eroberer des Inka-Reiches, sondern ein gebildeter Mann der Renaissance mit dem Kämpfergeist der Reconquista, der die Feder nicht minder geschickt zu führen wusste als das Schwert. Seine fünf wichtigsten, unter dem Titel *Cartas de relación* zusammengefassten Briefe waren für eine einzige Person bestimmt: Kaiser Karl V. Vier dieser »offiziellen Berichte« tragen die Unterschrift von Cortés; der erste Brief ging schon im 16. Jh. verloren und wurde durch einen anderen, vom Kabilden der Villa Rica de Vera Cruz unterzeichneten ersetzt. Dieser datiert vom 10. Juli 1519 und ist an Königin Doña Juana, Kaiser Karl V. und dessen Sohn gerichtet. Redakteur, wenn nicht Verfasser, war aber höchstwahrscheinlich Cortés selbst, der am 22. April 1519 die Stadt Veracruz gegründet hatte und nun, knapp drei Monate später, vor der Aufgabe stand, sein rechtlich fragwürdiges Tun und sein noch weit illegaleres Vorhaben, nämlich die Eroberung des Aztekenreiches, der Krone gegenüber zu rechtfertigen bzw. ihr schmackhaft zu machen. Schließlich hatte Cortés die ursprünglich mit finanzieller Unterstützung des kubanischen Gouverneurs Diego Velázquez geplante Plünderungsfahrt eigenmächtig zu einem Eroberungsfeldzug umfunktioniert und war mit seiner Flotte heimlich ausgelaufen, kurz nachdem Velázquez Verdacht geschöpft und ihn seines Postens enthoben hatte. Und der im ersten Brief in der dritten Person als »dicho capitán Fernando Cortés« bezeichnete zukünftige Eroberer geht geschickt zu Werke, weckt mit den riesigen Schätzen, die in die Hände des Kaisers fallen würden (dem Cortés mehr abzugeben verspricht als den fälligen Zehnten), die Begehrlichkeit des an notorischer Geldknappheit leidenden Karl V. und verspricht die Errichtung eines neuen spanischen Reichs in den eroberten

Maya-Handschrift aus dem Dresdener Codex

Zweiter Brief von Hernán Cortés an Kaiser Karl V. – Titelseite der Erstausgabe von 1522

Gebieten. Für dieses Vorhaben soll Karl Cortés von den Befehlen des klugerweise der Unterschlagung kaiserlicher Gelder bezichtigten Velázquez befreien, ihn als Gouverneur der neugegründeten Stadt Veracruz bestätigen und die Eroberung des Aztekenreiches »genehmigen«, die durch das spanische Recht nur mit dem Argument der Missionierung zu rechtfertigen ist. Daher die Schilderung der grausamen Opfergewohnheiten der Indios, die durch die Bekehrung zum christlichen Glauben abzustellen seien, denn »nicht ohne Grund hat Gott Unser Herr gefügt, dass diese Gebiete im Namen Eurer Hoheiten entdeckt wurden, [nämlich] damit Eure Majestäten großen Nutzen und den Dank Gottes erlangen würden«. Abgesehen von solchen üblen Gewohnheiten seien die Indios zivilisierter als alle, mit denen man bisher zu tun gehabt habe, allerdings »sind sie allesamt Sodomiten und pflegen diese abscheuliche Sünde«. Die Befreiung von dieser Sexualpraktik wird immer wieder billige Rechtfertigung spanischer Eroberungen sein.

Der zweite Brief an Karl V., auf den 30. Oktober 1520 datiert, wurde bereits 1522 von J. Cromberger in Sevilla gedruckt, für Papst Clemens VII. ins Lateinische (Druck Nürnberg 1524) und bald darauf in weitere Sprachen übersetzt. Er beinhaltet die berühmte Schilderung des Zuges der Spanier von Veracruz nach Tenochtitlán, der Hauptstadt des Moctezuma, sowie mehrere Episoden der Conquista bis zur »Noche Triste«, der »traurigen Nacht«, in der die Spanier aus der Aztekenstadt fliehen mussten. Nicht von ungefähr trägt der an der Grenze zwischen dem Aztekenreich und dem Gebiet der mit den Spaniern verbündeten Tlaxcalteken gelegene Ort, in dem Cortés seinen Brief signiert, den Namen Segura de la Frontera: Den gleichen Zusatz tragen andalusische Orte an der Grenze zum 1492 eroberten muselmanischen Königreich Granada. Cortés stellt seinen Feldzug damit in die Tradition der – religiös motivierten – Reconquista und rechtfertigt die Eroberung theologisch als »Kreuzzug gegen die Ungläubigen«, rechtlich als »Befriedung« aufständischer Untertanen, die der Papst unter die Rechtsprechung Karls V. gestellt habe, welche die Azteken (im Gegensatz zu den verbündeten Tlaxcalteken) nicht anerkennen wollten. Gleichzeitig streicht Cortés den kriegerischen Mut der Indios heraus, womit er nicht nur die Heldentaten der Spanier erhöht, sondern gleichzeitig den Rückschlag der »Noche Triste« entschuldigt. Als Verantwortlicher des Indioaufstands, so legt es Cortés in seinem wohl raffiniertesten Schachzug der Rechtfertigung dar, erscheint nicht Pedro de Alvarado, der das törichte Massaker im Tempel anrichtete, sondern Diego Velázquez, denn dieser habe dem siegreichen Hauptmann Cortés, der das Land bereits befriedet hatte, mit einer nachgesandten Armee das Kommando entziehen wollen. Heikelster Punkt des Berichts ist die Ermordung des gefangenen Moctezuma, die Cortés in Spanien als Königsmord hätte angelastet werden können. In der Version des Cortés, die Díaz del Castillo (widerstrebend) unterstützen, Sahagún aber vehement bestreiten wird, sind es folglich die Azteken, die den um Vermittlung zwischen den Parteien bemühten Herrscher durch Steinwürfe töten. Bezeichnend verläuft die erste »Begegnung zweier Kulturen«, das Zusammentreffen des Cortés mit Moctezuma: Billiger Tand wird gegen göttliche Verehrung getauscht. »In dem Augenblick, als ich den Fürsten erreichte, nahm ich meine Halskette aus gläsernen Diamanten ab und legte sie ihm um den Hals. Kurz darauf erschien einer seiner Diener mit zwei in Stoff eingewickelten Halsbändern aus Camaronen.« Diese Schalen der roten Seemuscheln sind die Insignien des Gottes Quetzalcóatl, als den Moctezuma Cortés begrüßt.

Erste Zusammenkunft
von Moctezuma
und Cortés

Die »Noche Triste« der
Spanier in Tenochtitlán:
Nach der Ermordung
Moctezumas müssen sie
fliehen, Cortés wird in
letzter Sekunde gerettet

Der dritte Brief (Coyoacán 15. Mai 1522; lateinischer Druck Nürnberg 1524), behandelt die Belagerung und Eroberung von Tenochtitlán bis zur Gefangennahme des letzten Aztekenführers Cuauhtémoc. Der siegreiche Cortés fühlt sich hier kaum noch bemüßigt, seine Taten zu rechtfertigen, unterschlägt fundamentale Aspekte der Conquista, die den Heldenglanz trüben könnten (die in Verachtung umgeschlagene Haltung der Indios, die verheerende Pockenepidemie und die unschätzbar wertvolle Unterstützung der Tlaxcalteken, ohne die kein Spanier überlebt hätte), und tritt Kaiser Karl in geradezu arroganter Weise als Triumphator gegenüber, der Spanien ein riesiges Reich zu Füßen legt. Zum Vorteil gereichte ihm diese Hybris nicht, wie der vierte Brief (Tenochtitlán 15. Oktober 1524) offenbart. Er war in der Zeit Cortés' kaum bekannt, da 1527 die Veröffentlichung der Schriften des Conquistadors, in dessen Machtfülle die spanische Krone eine immer größere Gefahr sah, untersagt worden war. Behandelt werden die Anfänge der kolonialen Verwaltung und die Vorstöße nach Mittelamerika (die auch der fünfte Brief von 1526 zum Thema hat). Doch die Krone brauchte keinen selbstherrlichen Eroberer mehr, sondern willfährige Beamte, und so klagt der allmählich ins Abseits gedrängte Cortés über die Konflikte zwischen den Konquistadoren und den von Spanien eingesetzten Bürokraten. Der Konquistador, dessen Eroberungsgelüste nicht einmal vor dem Pazifischen Ozean haltmachten, »wo sich viele Inseln befinden, reich an Gold, Perlen und kostbaren Steinen und Gewürzen, und man viele verborgene und bewundernswerte Dinge finden wird«, muss sich schließlich den gegen ihn gesponnenen Intrigen einer korrupten Bürokratie geschlagen geben. 1547 stirbt er in Sevilla, nachdem ihm sieben Jahre zuvor die Krone die Rückkehr in das von ihm eroberte Neu-Spanien untersagt hatte.

*Eroberung
und Zerstörung
von Tenochtitlán*

»Cuauhtémoc redivivo«
– Fresko von
David Siqueiros

Die »Sicht von unten«: die »Wahrhafte Geschichte« des Bernal Díaz del Castillo

Die »Sicht von oben« konfrontiert die *Historia verdadera de la conquista de la Nueva España* (vor 1568) des Bernal Díaz del Castillo mit der »Sicht von unten«, der des einfachen Soldaten, der nicht nur vor der Krone einen gerechten Anteil an der Beute fordert, sondern auch seine Mitstreiter gegen Geschichtsschreiber und Chronisten verteidigt, die den Erfolg der Conquista Cortés und den himmlischen Heerscharen zuschreiben. Bernals Zorn richtet sich besonders gegen Francisco López de Gómara, der in seiner *Historia de la conquista de México* (1552) mit phantasievollen Berichten den verblassten Heiligenschein von Hernán Cortés aufpoliert, und das, obwohl er, wie es der Chronist Gonzalo Fernández de Oviedo formulierte, »die Plaza de Zocodover von Toledo nie verlassen hat«. Der gleiche Vorwurf Oviedos trifft auch Pedro Mártir de Anglería, einen italienischen Humanisten, der am spanischen Schreibpult zwischen 1494 und 1526 auf Latein mit *De Orbe Novo Decadas* die erste Indienchronik überhaupt verfasst hatte, ein Gemisch aus exotischer Projektion, mythischer Tradition und Tatsachenbericht. Oviedo, der erste offizielle »Cronista de Indias«, hat zwar die Neue Welt gesehen und liefert in seiner *Historia general y natural de las Indias, islas, y tierra firme del mar océano* präzise Beobachtungen von Menschen und Natur, fordert jedoch mit seiner Ansicht, die Indios hätten ihr blutiges Schicksal »für ihre Verbrechen und abscheulichen Sitten« zu Recht erlitten, den erbitterten Widerspruch des Paters Las Casas heraus.

Die Spanier beschenken die Indios

Gegen diese Chroniken schreibt Bernal Díaz del Castillo an, der als einziger an allen drei Feldzügen in das spätere Neu-Spanien teilnahm: an der Expedition des Hernández de Córdoba, der Mexiko entdeckte (1517), an der des Juan de Grijalva (1518) und schließlich an der Eroberung des Aztekenreichs unter Cortés (1519–21). Doch während sich bald die korrupte Verwaltung Neu-Spaniens die Taschen füllt, werden die Hoffnungen der Konquistadoren, die in Erwartung sagenhaften Reichtums ihren Besitz auf den Antillen verkauft hatten, um sich mit Pferd und Waffen der Eroberung anschließen zu können, zumeist bitter enttäuscht. Bernals Manuskript, mit dessen Druck der Autor realistischerweise selbst kaum rechnet, erfährt eine abenteuerliche Behandlung, wird verstümmelt erst 1632 gedruckt, verschwindet und wird nach wundersamem Auftauchen 1904 erstmals vollständig publiziert. Von da an ist der Erfolg nicht mehr aufzuhalten, und zweifelsohne ist die *Wahrhaftige Geschichte* der spannendste, lebendigste und heute noch unmittelbar ansprechendste Bericht über die Eroberung Mexikos. Seine mangelnde Bildung ersetzt der Soldat durch anschauliche Formulierung und dramatische Erzählweise. Als seien sie geradewegs in die Szenerie eines der zu dieser Zeit so beliebten Ritterromane hineingestolpert, so versuchen die Konquistadoren zu begreifen, was sie an Phantastischem erleben: »Unsere Verwunderung stieg in der Tat auf das höchste, und wir sprachen untereinander, dass hier alles den Dingen und Zaubereien gleiche, die im Buch von Amadis erzählt werden; so hoch und stolz und herrlich stiegen die Türme, die Tempel und die Häuser der Stadt in ihrem massiven, steinernen Bauwerk mitten aus dem Wasser empor. Ja manche unserer Leute behaupteten geradezu, dass alles, was sie sähen, nur ein Traumgesicht sei.« Der in Lehmhütten aufgewachsene Eroberer lebt plötzlich in Palästen und vermag die in Mexiko alltägliche Realität nur in den Kategorien des Wunderbaren zu begreifen, als »Dinge, die nie gehört, gesehen und erträumt wurden«. Vier Jahrhunderte später werden Autoren wie Alejo Carpentier und Gabriel García Márquez daraus das Konzept des »Wun-

Das alte Tenochtitlán – Fresko von Diego Rivera

derbar Wirklichen« bzw. »Magischen Realismus« für die lateinamerikanische Literatur ableiten. Bernal stellt die Qualitäten des Anführers Cortés nicht in Frage und schließt sich – allerdings nicht ohne einige entlarvende Kommentare – der offiziellen Verratsversion an, mit der Cortés die Massaker von Cholula und im Templo Mayor entschuldigte. Mit der Ermordung Cuauhtémocs, den Cortés wegen angeblichen Verrats auf dem Feldzug in Honduras aufhängen lässt, möchte Bernal, sprich die gesamte Truppe, allerdings nichts zu tun haben: »Dieser Tod war sehr ungerecht, und er erschien allen schlecht, die dabei waren.« Ebenso heftig wehrt sich Bernal dagegen, den Erfolg der Conquista dem himmlischen Beistand statt dem Wagemut und Opfergeist der Truppe zuzusprechen: Vielleicht weil er ein armer Sünder sei, kommentiert Bernal spitz, habe er in den Schlachten niemals Jungfrauen und himmlische Heerscharen erblicken können, dafür aber umso mehr Indios mit Pfeilen und Steinschleudern sowie Dutzende von Gefährten, die man in den Tempeln des Tezcatlipoca und des Huichilobos geopfert habe. Natürlich ist auch bei Bernal das Wort »wahrhaftig« cum grano salis zu nehmen: Rechnet man alle ihm zufolge in den unzähligen Schlachten gefallenen Gefährten zusammen, so hätten eher zweihunderttausend als zweitausend Soldaten in Mexiko kämpfen müssen. Doch wahrhaftiger als Cortés ist Bernal allemal: In unglaublicher Detailfülle entsteht ein lebendiges Fresko der Conquista, neben dem alle anderen Schilderungen verblassen müssen, auch die 1556 auf Italienisch (das spanische Original ging verloren) erschienene *Relazione d'un gentiluomo di Fernando Cortés* des sogenannten »Anonymen Konquistadors«. Vergleichbar abenteuerlichen Charakter besitzen lediglich die *Naufragios y comentarios* (1545) von Alvar Núñez Cabeza de Vaca, der von seinem fehlgeschlagenen Floridafeldzug berichtet und von seiner Gefangenschaft bei indianischen Nomaden in Nordmexiko, mit denen er als immer höher geachteter Medizinmann sechs Jahre lang durch die Ebenen Mexikos zog, bis er am Golf von Kalifornien wieder auf Spanier traf. Spätere Chroniken behandeln die Geschichte zunehmend als klassische Fabel, in der besonders Cortés geradezu mythische Dimensionen annimmt.

Der spanischen Krone wurden die Konquistadoren bald unbequem, und so schickte sie ihnen fast auf dem Fuß zweierlei Kontrolleure hinterher: Staatsbeamte und Ordensbrüder. Während Erstere Spaniens weltliche Herrschaft sichern sollten, dienten die Missionare nicht zuletzt dazu, den Anspruch auf die eroberten Länder kirchenrechtlich abzusichern, die der Papst als Stellvertreter Christi im Vertrag von Tordesillas Spanien (und Portugal) unter der Bedingung der Missionierung heidnischer Völker anvertraut hatte. Doch nur in der Frühzeit der Evangelisierung vermochten einzelne Gestalten wie Las Casas, Motolinía oder Sahagún ihre Stimme laut zu erheben; das Interesse der Mönche an der Kultur der Indios erschien Philipp II. bald so suspekt, dass er laut königlichem Erlass vom 22. April 1577 verbot, über Dinge zu schreiben, »die Aberglauben und Lebensgewohnheiten dieser Indios behandeln«. Schon vorher war die Arbeit der besonders um das Wohlergehen der indigenen Bevölkerung besorgten Mönche äußerst schwierig gewesen. Ein Sonderfall ist Fray Bartolomé de Las Casas, der trotz seiner flammenden Proteste gegen die unmenschliche Behandlung der Indios durch Konquistadoren und Encomenderos das Wohlwollen der spanischen Krone genoss. Aus gutem Grund, dienten die Vorwürfe doch dazu, die suspekt gewordene Macht der Encomenderos zu beschneiden, die, anstatt die Indios väterlich dem

Der »Apostel der Indios«: Bartolomé de Las Casas

rechten Glauben zuzuführen, diese rücksichtslos ausbeuteten, beraubten und scharenweise massakrierten. Der noch heute als »Beschützer der Indios« verehrte Las Casas hatte 1513 an der Eroberung Cubas teilgenommen und war mit einer *encomienda* belohnt worden, auf die er schon zwei Jahre später verzichtete, um sich mit aller Energie gegen die Versklavung der Indios einzusetzen. Die Brandbriefe, die er an die Krone und den Papst schrieb, beinflussten maßgeblich die humane Gesetzgebung Karls V., der in den *Nuevas leyes* der Ausbeutung der Indios Schranken auferlegte – theoretisch zumindest. Dass auch die Kirche der Position Las Casas' wohlwollend gegenüberstand, zeigt seine Einsetzung als Bischof von Chiapas. Diese Position konnte der streitbare Mönch allerdings nur ein Jahr lang ausüben, bis er vor den aufgebrachten Großgrundbesitzern nach Spanien fliehen musste. Kein Wunder: Las Casas hatte unter anderem die Conquista als ungerecht und tyrannisch bezeichnet und Konquistadoren wie Encomenderos, die das Geraubte nicht zurückgeben wollten, mit Exkommunikation bedroht. Mit dieser Forderung stand er allerdings durchaus auf festem Boden: Papst Paul III. hatte in seiner Bulle *Sublimis Deus* die Versklavung und Beraubung der Indios untersagt und ihre Bekehrung durch gutes Beispiel verlangt.

Las Casas' *Wahrhaftige Beschreibung der Indianischen Länder.* Deutsche Ausgabe von 1665

In der Kürze und Radikalität seiner 1542 verfassten und 1552 erstmals in Sevilla gedruckten *Brevísima relación de la destrucción de las Indias* liegt vermutlich der ungeheure Erfolg, der dieser Klageschrift von Las Casas in ganz Europa beschieden war. Das Werk, das die am 20. November 1542 von Karl V. unterzeichneten *Nuevas leyes* propagandistisch unterstützen sollte, ist eine einzige Aneinanderreihung von Berichten und Beschreibungen von Massakern, Zerstörungswerken und barbarischen Brutalitäten, die Spanier in der gesamten Neuen Welt angerichtet haben. Wie »tollwütige Wölfe in einer friedlichen Schafherde« hätten die Christen unter den Indios gehaust, die ihnen so viel Gastfreundschaft entgegengebracht hätten, und Las Casas findet unzählige Synonyme für die »teuflischen Werke der Christen«, die Mord- und Foltermethoden der Spanier. Besonderen Akzent legt er auf die auf Hispaniola und Cuba begangenen Greueltaten, die er, wie er stets hinzufügt, mit eigenen Augen gesehen habe. Für Berichte aus anderen Gegenden benennt er Augenzeugen oder studiert gewissenhaft schriftliche Berichte über die Conquista. Wesentlich dünner fallen die Kommentare über Peru aus, und bedenklich wird die schwarze Brille im kurzen Kapitel über die La-Plata-Gegend, über die ihm keine Berichte vorliegen, doch »hegen wir keine Zweifel, dass dort die gleichen Werke geschehen sind und noch heute geschehen wie in anderen Teilen, denn es handelt sich um die gleichen Spanier und von ihnen sind einige in anderen Ländern gewesen«.

Las Casas verfährt in immer gleicher Manier; er konfrontiert drastisch die Güte der vertrauensvollen Indios mit der unmotivierten Brutalität der Spanier (»sie gingen ihnen entgegen, um die Spanier mit Geschenken zu begrüßen, da fuhr plötzlich der Teufel in die Christen und in meiner Gegenwart erstachen sie ohne Motiv und Grund 3000 Seelen mit dem Messer«), um daraus die immer gleiche Regel abzuleiten: »In allen Teilen Indiens, in die Christen gekommen sind, fügten sie den Indios stets alle möglichen Grausamkeiten zu.« Bisweilen streut Las Casas in die Schilderungen höchste Dramatik und Emotion ein: Während des Massakers von Cholula (Mexiko) protestieren die unbewaffneten Indios: »O schlechte Menschen! Was haben wir euch getan? Warum tötet ihr uns? Geht nur nach Mexiko, wo unser Herr Moctezuma uns rächen wird.«

Zu Ehren von Jesus Christus und den zwölf Aposteln wurden 13 Indios bei lebendigem Leib verbrannt – Kupferstich aus der Chronik des Bischofs von Chiapas, Bartolomé de Las Casas, 1552

Wer sich übrigens als Deutscher von den Greueln der Conquista unbelastet glaubt, sollte das Kapitel über Venezuela lesen: Die bestialischen Deutschen (Las Casas gebraucht das Wortspiel »animales – alemanes«) hätten sich dort schlimmer als alle anderen aufgeführt.

Der Krone waren die Anschuldigungen von Las Casas sehr opportun gewesen, doch lieferten die Berichte des Dominikanermönchs, die zur Entstehung der »Schwarzen Legende« führten, auch den Gegnern Spaniens willkommene Munition. Als besonders gefährlich erwies sie sich in den spanischen Niederlanden, wo man Las Casas' Beschreibung wörtlich in Werke über Greueltaten der Spanier gegen die Holländer einbaute. Kein Wunder, dass Philipp II. bald die Veröffentlichung weiterer skandalöser Berichte von Mönchen verbot und 1573 sogar den offiziellen Gebrauch des Begriffs »conquista« untersagte. Aber auch viele Kleriker wandten sich entschieden gegen Las Casas. Der Franziskaner Fray Toribio de Benavente Motolinía verurteilte in einer *Carta al emperador* (1555) wütend die Schriften von Las Casas, die er in Neu-Spanien schon vorher hatte konfiszieren und verbrennen lassen. Erstaunlich bleibt, warum Las Casas, der so vehement für die Belange der Indios eintrat, sich nie die Mühe machte, ihre Sprache zu lernen, eine Tatsache, die ihm Motolinía vorwarf. Seine jahrhundertelang ungedruckten historischen Werke, die *Apologética historia* und die *Historia de las Indias*, aus denen sich der Historiker Antonio de Herrera ungeniert bediente, gelten aus diesem Grunde als unzuverlässig, wenngleich die Tatsache, dass Las Casas viele heute verlorengegangene Dokumente auswertete, besonders die *Historia general* zu einer unschätzbaren Geschichtsquelle macht, die durch Las Casas' Verurteilung von Kolonisation und seiner Einforderung von Menschenwürde und Widerstandsrecht gegen ungerechte Tyrannei (»ein

Die »Schwarze Legende«

*Las Casas' inner-
kirchliche Gegner:
Fray Toribio de
Benavente Motolinía*

Recht, das niemals verfällt bis zum Tage des Jüngsten Gerichts«) radikal modern anmutet.

Auf den ersten Blick erscheint paradox, dass ausgerechnet Fray Toribio de Benavente Motolinía, der sich so eingehend mit den Sitten, Gebräuchen, Sprachen und Glaubensvorstellungen der Indios auseinandersetzte, zum erbitterten Gegner von Las Casas wurde. Der Missionar gehörte zu den legendären zwölf Franziskanermönchen, die 1524 in Veracruz landeten, um die eben erst unterworfenen Indios zu bekehren. Der selbstgewählte Zuname Motolinía (náhuatl: »arm«) ist kein Zufall: Die Franziskaner in Mexiko sahen sich als die Vorboten des von Joachim von Fiore im 13. Jh. angekündigten Millenniums, des »Tausendjährigen Reichs«, von dem in der Apokalypse die Rede ist. Dieses von allgemeiner *caritas* geprägte Zeitalter der mönchischen Reinheit und Armut sollte nach der Zerstörung des neuen Babylon und der Bekehrung der Juden und Heiden anbrechen. Ganz folgerichtig gingen die Ambitionen der Franziskaner über Neu-Spanien hinaus; sogar nach China wollten sie ziehen, um dort ohne vorhergehende Eroberung das Evangelium zu predigen. Eigenen Angaben zufolge will Motolinía allein Millionen Indios getauft haben. Im Gegensatz zu Las Casas kommt es Motolinía daher nie in den Sinn, die Rechtmäßigkeit der Conquista in Frage zu stellen, ohne die eine Missionierung nicht möglich gewesen wäre.

Der ursprüngliche Titel seiner 1541 entstandenen, aber erst 1848 in London gedruckten *Historia de los Indios de la Nueva España* macht deutlich, worum es Motolinía geht: »Bericht über die alten Riten, Götzendienste und Menschenopfer der Indios Neu-Spaniens und über die wunderbare Bekehrung, die Gott bei ihnen bewirkt hat«. Dass Motolinía seine Funktion als »Beschützer der Indios« ganz anders versteht als Las Casas, macht die vielzitierte Argumentation gegenüber den aufgebrachten Encomenderos deutlich: »Wenn wir die Indios nicht beschützen würden, hättet ihr bald niemanden mehr, der euch dient. Wenn wir sie begünstigen, geschieht das, um sie euch zu erhalten.« Warnend zitiert Motolinía das Beispiel der Antillen, wo die Spanier bereits alle Indios ausgerottet hätten, doch schreckt er andererseits nicht davor zurück, das biblische Beispiel der Stämme Israels anzuführen, die – wie die Spanier ein auserwähltes Volk – Götzen anbetende Völker vernichtet hätten. Aufschlussreich schildert Motolinía die Probleme bei der Missionierung: Es sei schwierig, das Christentum an die fremde Mentalität der Indios anzupassen und einem Volk, das ständig das schlechte Beispiel habgieriger Konquistadoren vor Augen habe, die hohen ethischen Grundsätze der christlichen Religion verständlich zu machen. Motolinías Wissensdurst, was die Kultur der Indios betrifft, gleicht der Sammelwut eines Geheimdienstchefs, der überall Verrat, verborgene Riten und geheime Götzenanbetung vermutet, der beobachtet, »wie die Indios ihre Götzenbilder verbergen und sie zu Füßen der Kreuze stellen und so tun, als beteten sie das Kreuz an, während sie in Wirklichkeit den Teufel verehrten; so wollten sie in ihrem Götzenleben verharren«. Aber Motolinía weiß Abhilfe, missbraucht die fanatisch der neuen Religion ergebenen Indiosöhne als Spitzel, die Freunde und Verwandte verraten und mit eigener Hand Tempel und Götzenbilder zerstören.

Trotz all dieser negativen Aspekte bleibt Motolinías Werk eine wertvolle ethnologische und kulturgeschichtliche Quelle und ein faszinierendes Dokument zum Prozess der allmählichen Akkulturation, der Kunst und Literatur Neu-Spaniens im 16. Jh. prägte.

Soldaten des Cortés
bei der Zerstörung
aztekischer Idole

Manches über Motolinía Gesagte ließe sich auch auf den größten Enzyklopädisten Neu-Spaniens anwenden: Fray Bernardino de Sahagún, der mit seiner 1585 vollendeten *Historia general de las cosas de Nueva España* das faszinierendste Kompendium über die Kultur der Azteken schrieb. Und doch sind die Voraussetzungen nicht die gleichen. Was bei Motolinía ernstgemeint ist, nämlich den Irrglauben der Indios genauestens auszuforschen, um ihn umso radikaler vernichten zu können, scheint bei Sahagún, dessen Studien die eigenen Ordensbrüder immer wieder behinderten, lediglich vorgetäuscht. Zwar behauptet er im Vorwort seiner *Historia*, das einer Entschuldigung für die betriebenen Studien gleicht, es gelte die Indiokultur genauestens zu erkunden, »um dagegen predigen zu können, und um zu wissen, ob es sie gibt, muss man wissen, wie diese Dinge in den Zeiten des Götzendienstes gehandhabt wurden«. Denn schließlich könnten die Indios die Pfarrer glauben machen, dass es sich nur um »Torheiten und Kindereien«, nicht aber um alte Glaubensvorstellungen handelte. Diese Befürchtung war keineswegs unbegründet. Manches in der neuen Religion war der alten gefährlich ähnlich: das für die Menschen vergossene Blut Christi allzuleicht mit den aztekischen Blutopfern zu verwechseln, die Wiederauferstehung des Heilands mit der Wiedergeburt Quetzalcóatls gleichzusetzen. Doch je weiter Sahagún in seiner *Historia* fortschreitet, desto stärker offenbart sich seine Faszination angesichts der hohen Kultur der Azteken. Diese Passion jedoch konnte ihm gefährlich werden. Die seit 1571 offiziell existierende Inquisition hätte wenig Verständnis für einen der jüdischen Herkunft verdächtigten Ordensbruder gehabt, der die Kultur der Indios verteidigte. Das mag die sichtbaren Brüche im Werk Sahagúns erklären, dessen zwölf Bücher dem Aufbau der Naturgeschichte des Plinius folgen. Sie handeln nacheinander von Göttern, Festen, dem Einfluss der Sterne auf die Menschen und der Wahrsagekunst, Handel, Tugenden und Lastern, Medizin, Zoologie, Botanik und Geologie, enthalten aber auch einen Bericht über die Eroberung Mexikos aus indianischer Sicht (XII). Die spanische Fassung Sahagúns ist eine Art kommentierte Ausgabe der Berichte zahlreicher indianischer Informanten, die auf Náhuatl in den Codizes *Florentino* und *Matritense* überliefert sind. Die Verlässlichkeit der teilweise geradezu grotesk-abscheulichen Schilderungen blutrünstiger religiöser Rituale, inklusive Kannibalismus, gebratener Kinder, gehäuteter Opfer etc., der ersten Bücher ist in doppelter Hinsicht angreifbar: Zum einen dienten sie wohl dazu, den Argwohn der Inquisitoren zu besänftigen, zum anderen lässt sich kaum ermessen, inwieweit die indianischen Informanten ihren neuen Glaubenseifer übertrieben und den Franziskanern genau das erzählten, was diese hören wollten. Zudem war die Schicht der wirklichen Wissensträger – die politische und religiöse Aristokratie, die ihre Kenntnisse eifersüchtig hütete schon in der Conquista ausgelöscht worden. Je weiter man liest, desto stärker vermittelt sich jedoch die Faszination, die Sahagún für die aztekische Kultur empfindet: In ihrer Detailverliebtheit schwingt sich die Sprache zu lyrischen Höhen empor, nimmt gar die aztekische Blumenmetaphorik auf, sodass die Teilnehmer eines kannibalischen Ritus »bei ihrem Tanz Blumen glichen«. Es sind nicht die besiegten, bekehrten Indios, die Sahagún interessieren, die »ebenso wie ihre Dinge so zerstört waren, dass ihnen nicht der Schatten dessen blieb, was sie einst waren«, sondern die Moral und Disziplin der prähispanischen Zeit, die an klassische, altrömische Ideale erinnern. Die im sechsten Buch kompilierten Ermahnungen der Alten an die Jungen (*huehuetlatolli*), die bereits Fray

Bewahrung und Bekämpfung der Indiokultur: Bernardino de Sahagún

Sahagún lässt sich berichten

Xuchipilli, aztekischer Gott der Liebe und des Tanzes

Quetzalcóatl, legendärer
Herrscher des
vorkolumbianischen
Mexiko, als
mythologisch überhöhte
»grüne Federschlange«

Andrés de Olmos gesammelt hatte und die in Manuskripten ab 1547
vorliegen, widersprechen in Verdammung von Alkohol und Sexualität
(»wenn du dich der fleischlichen Lust hingibst, und sei es nur mit deiner
Frau, wirst du vertrocknen und unglücklich werden, mit niemandem wirst
du sprechen wollen und niemand wird mit dir sprechen wollen«) so
frappierend den in den ersten Büchern geschilderten orgiastischen Ritua-
len, dass sich die Frage aufdrängt, inwieweit die Informanten franziskani-
schen Idealen schmeicheln wollten, was Sahagún dann für bare Münze
nahm. In mancherlei Hinsicht erliegt Sahagún dem gleichen Phänomen
wie die Konquistadoren: Können jene die mexikanische Wirklichkeit nur
mit der gelesenen Welt der Ritterbücher begreifen, so wird der Franziska-
nermönch (vielleicht auch seine Informanten) Opfer seiner humanistischen Bildung, die ihn Quetzalcóatl in die Nähe Herkules (»otro Hér-
cules«) rücken oder Tula als mexikanisches Troja begreifen lässt. Manipulation nicht nur zu seinem eigenen, sondern wohl auch zum Schutze der
Indios ist Sahagún nachweislich nicht fremd. So bietet er in spanischer
(und damit den Inquisitoren verständlicher) Fassung das Wahrsagewissen
der Azteken in gekürzter Form dar, während es auf Náhuatl vollständig zu
lesen ist: Informationen über Magie, die damit nur Wissenden zugänglich
sind.

Das am leichtesten zugängliche und spannendste Buch der *Historia
general* ist das zwölfte, in dem Sahagún die indianische Version der
Conquista wiedergibt. Wie brisant dieser Stoff ist, weiß Sahagún nur zu
gut, und so motiviert er die Präsentation nicht mit historischem, sondern
linguistischem Interesse. Es gehe nicht so sehr darum, »einige Wahrheiten
aus dem Bericht jener Indios, die bei der Konquista dabei waren, zu
entnehmen«, sondern »die Sprache über die Dinge des Krieges und der
Waffen niederzuschreiben, welche jene Eingeborenen verwenden, um daraus Vokabeln zum rechten Gebrauch der mexikanischen Sprache zu entnehmen«. Die Informanten sind zwar evangelisierte Indios, die sich in den

*Die »Sicht
der Besiegten«*

großen Zügen brav an die Versionen der Konquistadoren halten. Die Sicht
der Besiegten manifestiert sich in Details, Perspektive und Tonfall. So
fühlt sich Sahagún bemüßigt, in der – wiederum verstümmelten – spanischen Version seines Buches einzugreifen und immer dann kommentierend
zurechtzurücken, wenn, wie im Falle des Massakers von Cholula, die
Perspektive allzu gefährlich wird. Im *Codex Florentino* steht jedoch die
vollständige, unverfälschte Version zu lesen. Breiter Raum wird den düsteren Vorahnungen Moctezumas eingeräumt und seinen verzweifelten
Versuchen, die Spanier von seiner Hauptstadt fernzuhalten. Hier macht
sich die Perspektive der aufständischen Provinz Tlatelolco bemerkbar, bei
der eine gewisse Verachtung gegenüber der Azteken-Metropole Tenochtitlán zum Ausdruck kommt. Aus Tlatelolco stammen auch die ersten
Aufzeichnungen aus der Sicht der Besiegten überhaupt, die bereits sieben
Jahre nach dem Fall von Tenochtitlán einsetzten. Die 1528 entstandenen
Anales de Tlatelolco bieten den wohl erschütterndsten indianischen Kommentar über den Zusammenbruch ihrer Welt: »Man setzte einen Kopf-
preis auf uns alle, / Auf die jungen Männer, die Priester, die Knaben und
Mädchen. / Ein armer Mann war nur zwei Handvoll Mais wert / Oder
zehn Mooskuchen oder zwanzig salzige Queckenkuchen. / Gold, Jade,
wertvolle Kleider, Quetzalfedern, / Alles, was einst kostbar war, / Jetzt ist
es wertlos.«

*Die Literatur
der Azteken*

Das Manuskript von Tlatelolco ist das älteste von insgesamt 28 Co-
dices, die Angel María Garibay in seiner monumentalen *Geschichte der*

Moctezuma und die Erscheinung des Kometen, eines von vielen Vorzeichen der Katastrophe, von denen die Chroniken berichteten

Náhuatl-Literatur (1954) aufzählt. Hier wird zum ersten Mal der ungeheure Reichtum der aztekischen Literatur sichtbar: Mit *cuícatl* bezeichneten die Azteken Gesang und Poesie, mit *tlatolli* Erzählung und Rede, also Prosa. Zur Letzteren gehören u. a. die bereits erwähnten *huehuetlatolli* (Reden und Ermahnungen der Alten), die *teotlatolli* (Göttergeschichten) und *itolloca* (Chroniken). Bei den *cuícatl* unterscheidet man wiederum zwischen Hymnen an die Götter (*teocuícatl*), von Musik begleitete Gedichte (*teponazcuícatl*), Kriegsgesänge (*yaocuícatl*), Frühlingsgesänge (*xopancuícatl*) und die heute noch so bewegenden melancholischen *icnocuícatl*, die von der Vergänglichkeit des Daseins künden. In den *Annalen von Cuauhtitlán* (ab 1558) wird beispielsweise vom kosmogonischen Mythos der fünf Sonnen oder Zeitalter berichtet. Im aktuellen Zeitalter der fünften Sonne, so die Schilderung, »wird es Bewegungen der Erde geben, wird Hunger herrschen, und so werden wir umkommen«. Im *Codex Matritensis* wird von der Schaffung der fünften Sonne in Teotihuacán erzählt, vom Gott Nanaguatzin, der sich in den Scheiterhaufen wirft, um zur Sonne zu werden, und vom Gott Tecuciztécatl, der zögert, und daher nur als Mond seine Bahnen ziehen wird. Die Geschichte Quetzalcóatls, des gütigen Königs von Tula, der Menschenopfer verabscheute und in verschiedenen Versionen mit einem gleichnamigen Priestergott gleichgesetzt wird, überliefern sowohl der *Codex Matritensis* wie die *Anales de Cuauhtitlán*. Vom neidischen Magier Tezcatlipoca verführt, vernachlässigt Quetzalcóatl seine kultischen Pflichten und gibt sich dem Trunk und der Wollust hin. Als ihm seine Sünden bewusst werden, vernichtet er seine Schätze und zieht in ein Land an der Golfküste, wo er sich selbst verbrennt und in den Morgenstern verwandelt wird. Dies geschieht im Jahr 1 Rohr, das seinem Geburtsnamen entspricht. Bei Sahagún und Durán fährt der Gottkönig dagegen mit einer Schlangenbahre auf das Meer hinaus. Cortés, der im Jahr 1 Rohr (1519) an der Golfküste landete, konnte daher von den Azteken als der wiedergekehrte Gott angesehen werden: eine verhängnisvolle Identifikation, welche die Rat- und Tatenlosigkeit Moctezumas verständlich macht.

Der berühmte Kalenderstein der fünften Sonne, ein Monolith von 4 m Durchmesser (Mexiko)

Zeugnisse zutiefst empfundener Religiosität sind die im *Codex Matritensis*, der *Historia tolteca-chichimeca* und im *Codex Florentino* überlieferten, zumeist in Dialogform gehaltenen Hymnen an den Kriegsgott Huitzilopochtli, den Regengott Tlaloc oder Xochipilli, den Gott des Tanzes und des Gesangs. Immer wieder taucht die Blumenmetaphorik der Azteken auf, die auch die weltlichen Gesänge prägt. Letztere sprechen den heutigen Leser wohl am unmittelbarsten an, legen sie doch Zeugnis von der von äußerster Zartfühligkeit geprägten Lyrik der Azteken ab. Schon in die Kriegsgesänge, die eigentlich die heroische Annahme des Opfertodes feiern, mischt sich bisweilen Melancholie: »Könnten wir sie hinüberbringen, die Blumen, die Gesänge – könnte ich mich hüllen in goldene Schmuckfedern, in herrlich duftende Blumen, die wir in unseren Händen halten. / Ach, es gibt keine Rückkehr mehr, niemand kehrt von dort zurück, für immer gehen wir dahin.« Zu ihren kühnsten Höhen schwingt sich die Lyrik jedoch in den Gesängen des Dichterkönigs Nézahualcóyotl (1402–1472) aus Texcoco auf, welche die Freundschaft, die Schönheit der Blumen, den Schöpfer des Lebens besingen und doch oft von Wehmut über die Vergänglichkeit alles Irdischen überschattet sind: »Nur einmal leben wir. Dies ist nicht der Ort, um Dinge zu vollenden. Nicht für immer ist diese Erde – nur für eine kleine Weile. Auch wenn es Jade ist – sie wird zerbrechen. Auch wenn es Gold ist – es wird vernichtet. Auch die Quetzalfeder – sie wird in Stücke zerrissen. Oh, es ist nicht wahr, dass wir hierherkamen, um zu leben. Nur um zu träumen kamen wir hierher.« Unter welchem literarischen Einfluss die Kopisten diese auf Náhuatl verfassten Verse in die Manuskripte *Cantares mexicanos* und *Romances de los señores de Nueva España* schrieben, wie sich der Prozess von mündlicher Überlieferung zu schriftlicher Fixierung vollzog, wird kaum zu klären sein. Immerhin wagte man es, mit dem »Gesang der Frauen von Chalco« des Aquiauhtzin ein frappierend obszönes Gedicht in die *Cantares mexicanos* aufzunehmen, bei dem sich der spanische Einfluss sicher in Grenzen gehalten hat. Hier fordert eine in allen Künsten bewanderte Liebesdienerin (*ahuinani*) den jungen Aztekenfürsten Axayácatl zum Genuss ihrer »Blumenvulva« auf: »Nimitzahuiltico noxochinenetzin, noxochicamopalnenetzin, yao, ohuia!« Wie die allermeiste Literatur Neu-Spaniens blieb auch dieses Poem den Zeitgenossen des 16. Jhs. verborgen, nicht nur der Sprache wegen.

Indigene
Geschichtsschreiber

Eine der wichtigsten Quellen indigener Geschichtsschreibung ist die Mitte des 16. Jhs. von einem Indio auf Náhuatl verfasste Schrift, die heute unter dem Titel *Codex Ramírez* bekannt ist. Sie diente als Grundstock für die Chroniken von Fray Diego Durán und Fernando Alvarado Tezozómoc. Der in Texcoco aufgewachsene Durán beherrschte das Náhuatl besser als Spanisch und liefert in seiner bis 1581 vollendeten *Historia de las Indias de Nueva España e islas de tierra firme* nicht nur die übliche Darstellung der Eroberung und Kolonisierung Neu-Spaniens, sondern fügt einen aztekischen Kalender und eine Zusammenfassung der Geschichte der Azteken hinzu. Dem Text beigegeben sind zahlreiche Federzeichnungen, die nach indianischen Vorlagen angefertigt wurden und das Beschriebene veranschaulichen. Seine in unbeholfenem Stil verfasste *Historia* gilt nach wie vor als eines der verlässlichsten ethnographischen Zeugnisse.

Zugriff auf den *Codex Ramírez* besaß auch der älteste mestizische Chronist Fernando Alvarado Tezozómoc, von dessen drei Werken die auf Náhuatl geschriebene *Crónica mexicáyotl* und die spanische *Crónica*

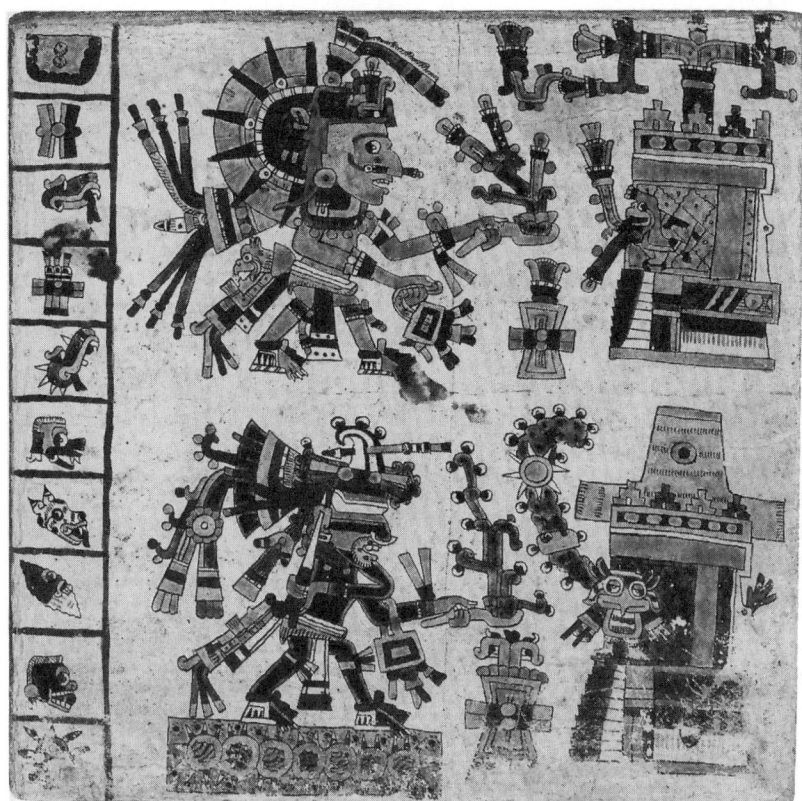

Ritueller aztekischer
Kalender mit dem
Sonnengott Tonatiuh
(oben) und dem Eisgott
Izlacolihqui Ixquimilli

mexicana (um 1598) erhalten blieben: chaotische, aber auch faszinierende
Dokumente der Akkulturation.

Wichtigster mestizischer Chronist war jedoch Fernando de Alva Ixtlilxóchitl, ein Urenkel des letzten Herrschers von Texcoco, dessen zwischen
1615 und 1650 entstandene *Historia chichimeca* zunächst die prähispanische Geschichte, anschließend die Conquista bis zum Zeitraum kurz vor
der spanischen Belagerung von Tenochtitlán schildert – der Rest ging
vermutlich verloren. In seiner aus der Sicht Texcocos, das sich mit den
Spaniern gegen Tenochtitlán verbündete, geschriebenen Chronik greift der
Autor auf alte Bilderhandschriften, indianische Berichte und Gesänge
zurück. Wenngleich er eher die indianische Perspektive vertritt, legt der
gebildete Mestize Wert darauf, das in elegantem Spanisch Geschilderte in
Einklang mit der Bibel zu bringen, präsentiert folgerichtig eine indianische
Schöpfung, eine indianische Sintflut, eine babylonische Sprachverwirrung
der Tolteken und Chichimeken, ja setzt gar seinen Vorfahren Nézahualcóyotl, dessen Gedichte er ins Spanische übersetzt, mit Karl dem
Großen gleich. Im Herrscherlob und -tadel unterscheidet sich Ixtlilxóchitl
wenig von abendländischen Chronisten, und in einzelnen Episoden lassen
sich sogar Einflüsse spanischer Romanzen der Cid-Thematik nachweisen.
Aus der Verherrlichung der Vergangenheit Texcocos, seiner strengen, aber
gerechten Herrscher, deren Regierung er in den Kategorien des europäischen Feudalsystems beschreibt, spricht jedoch die Trauer des Mestizen
aus Texcoco, der nicht verwinden kann, dass seine Stadt trotz der Allianz

*Die Chronik des
Fernando de Alva
Ixtlilxóchitl*

mit den Spaniern mit ihrer marginalen Rolle, in die sie Tenochtitlán gedrängt hatte, leben muss.

Die größte Fülle an Informationen, darunter auch indigene Manuskripte, trug der Jesuit José de Acosta zusammen, der nur ein knappes Jahr (um 1586) in Neu-Spanien verbrachte. Seine *Historia natural y moral de las Indias*, die 1590 in Sevilla erschien, entwickelte sich bald zum Klassiker in ganz Europa. Der Vorwurf an Acosta, ein skrupelloser Plagiator gewesen zu sein, besteht zu Recht und geht doch ins Leere, denn der Jesuit unterwirft seine unzähligen heterogenen Quellen einer rigorosen systematischen Ordnung (»ich kenne bis jetzt keinen Autor, der versucht hätte, in die Ursachen und den Grund dieser Dinge einzudringen«) und leistet eine naturwissenschaftliche Arbeit, die noch Alexander von Humboldt lobend erwähnen sollte. Als seiner Zeit weit voraus erwies sich Acosta mit der auf logischer Schlussfolgerung basierenden Überzeugung, die ersten Indianer – noch auf niedriger Kulturstufe stehend und der Navigation unkundig – seien nicht über die Ozeane in die Neue Welt gelangt, sondern über eine einst bestehende Landverbindung der Kontinente, und hätten erst dort ihre kulturelle Evolution erfahren. Die höchste kulturelle Entwicklungsstufe hätten die zu Unrecht als Barbaren behandelten Azteken und Inka mit ihrer monarchischen Herrschaftsform erreicht: Sie hält Acosta für fähig, nach Unterweisung im Christentum kulturell mit den spanischen Eroberern gleichzuziehen.

Ob Diego de Landa, der Mitte des 16. Jhs. die Maya in Yucatán terrorisierte, der gleichen Meinung gewesen ist, bleibt äußerst zweifelhaft. Immerhin war er es, der fast alle existierenden Maya-Handschriften aufstöbern ließ, »und weil sie nichts enthielten, was von Aberglauben und den Täuschungen des Teufels frei wäre, verbrannten wir sie alle, was die Indios zutiefst bedauerten und beklagten«. Warum gerade dieser christliche Fanatiker, der Indios foltern ließ und in den Tod trieb, wenige Jahre nach dem großen Autodafé von Maní mit der 1565 vollendeten *Relación de las cosas de Yucatán* (»Bericht über die Dinge von Yucatán«) die wertvollste Quelle zur Kultur der Maya verfasste, ist bis heute umstritten. Was die einen als Reue interpretieren, sehen andere als Fortsetzung eines Vernichtungswerkes mit anderen Mitteln: Nach der Zerstörung der schriftlichen Zeugnisse habe Landa mündliche Informationen über geheimes und daher gefährliches Wissen der wissenschaftlichen Systematisierung ausliefern und damit unschädlich machen wollen. Daher der Versuch, eine Korrelation zwischen Maya-Kalender und gregorianischem Kalender herzustellen und in den Maya-Glyphen ein im europäischen Sinne begreifbares Alphabet zu entdecken. Das wird besonders in seinem Versuch deutlich, die rätselhafte Glyphenschrift der Maya als Alphabet zu entschlüsseln. Manche Beschreibungen von Maya-Ritualen sind dagegen trefflich genau, wie beispielsweise die Schilderung der Blutopferzeremonie: »manchmal durchlöcherten sie sich die Zunge mit schrägen seitlichen Stichen, und unter schlimmsten Schmerzen zogen sie Strohhalme durch die Löcher«, deren bildliche Darstellung man in den Fresken von Bonampak oder den Türsturzreliefs von Yaxchilán wiedergefunden hat. Mut, Willenskraft, Mäßigung und Nächstenliebe unter den Maya nimmt Landa durchaus positiv zur Kenntnis, doch wirklich zu begreifen vermag er deren Kultur nicht. »Ma c'ubab than« hatten die Maya auf die Frage der Spanier geantwortet, wo sie sich hier befänden, was die Konquistadoren zu »Yucatán« umdeuteten. In Wirklichkeit bedeutete der Ausspruch: »Wir verstehen eure Worte nicht.«

Die Zerstörung der Maya-Kultur: Diego de Landa

Türsturzrelief aus Yaxchilán (Mexiko)

Von den Glyphenbüchern der Maya mit den langen mythischen Erzählungen blieb kein einziges erhalten, doch transkribierte zwischen 1544 und 1555 ein getaufter Quiché-Indianer in Guatemala das für die Maya-Mythologie so bedeutende *Popol Vuh* – vermutlich unter Verwendung einer bilderschriftlichen Vorlage – als Gedächtnisstütze, wobei bereits christliche Glaubenselemente eingearbeitet wurden. Dieses Manuskript ging verloren, doch kopierte es zu Beginn des 18. Jhs. der Dominikaner Francisco Ximenez getreulich und übersetzte es zunächst wortwörtlich, später noch einmal in freierer Fassung, ins Spanische. In vier Teilen berichtet das »Buch des Rats« zunächst von der Erschaffung der Welt und den drei ersten – gescheiterten – Versuchen der Urgötter, den Menschen zu erschaffen, in einem Zeitsprung dann von den Abenteuern der halbgöttlichen Helden-Zwillinge Hunahpú und Ixbalanqué, die mit List und Witz gegen den überheblichen, zerstörerischen Siebenpapagei und seine Titanenfamilie kämpfen und mit ihrem Selbstopfer die anschließend geschilderte Erschaffung des Menschen aus der Maismasse möglich machen, auf die sich die legendäre Herkunft und Geschichte der Quiché-Maya gründet. Ebenfalls in Quiché geschrieben ist der *Título de los señores de Totonicapán*, der als Kurzform des *Popol Vuh* aufzufassen ist. Als Bestätigung und Ergänzung des *Popol Vuh* dienen auch die wichtigeren *Anales de los Cakchiqueles*, auch *Memorial de Sololá* genannt: Berichte und Anekdoten über Epidemien, Erdbeben, bedeutende Personen und sonstige Ereignisse von Rang, die sich in der Gemeinschaft der Cakchiqueles zugetragen haben. Dorf- und Stammeschroniken der Maya des nördlichen Yucatán sind die *Libros de los Chilam Balam* (Bücher des Jaguarpriesters); die bedeutendsten wurden in Chumayel, Tizimin und Maní in yucatekischer Maya-Sprache verfasst, jedoch erst im Verlauf des 16. und 17. Jhs. in lateinischen Schriftzeichen fixiert. In archaischer, oft schwer verständlich bleibender Sprache vermitteln diese Schriften die geheimnisvolle Weisheit des Jaguarpriesters. Neben prähispanischer Mythologie haben auch Riten und Ratschläge der Konquistadoren und Missionare Eingang gefunden. Von eindringlicher Faszination sind die Prophezeiungstexte; ein unheilvoller Spruch kündigt die Ankunft von Fremden mit blonden Bärten an.

Die »Heiligen Bücher« der Maya

Schöpfungsmythen aus dem *Popol Vuh*, dem »Buch des Rats« der Maya (Zeichnung von Diego Rivera)

Die poetische Ausdruckskraft der Maya erschließen insbesondere die *Cantares de Dzitbalché*, 15 Tanzgesänge, die in einer 1942 aufgefundenen Aufzeichnung überliefert sind. Unter den zahlreichen rituellen Tanzdramen der Maya ist das in einem Manuskript von 1850 in klassischem Quiché überlieferte *Rabinal Achí* zu nennen. Es handelt vom Kampf zweier Quiché-Familien um die Vorherrschaft und stellt die Gefangennahme und die Opferung eines Kriegers dar. Die spanische Conquista hat das in fünf Handschriften (die älteste stammt von 1726) überlieferte Tanzdrama *Zaqui Q'axol* zum Thema, in dem die Indianer Quiché und die Konquistadoren ein Maya-Spanisch sprechen.

Anfänge der kolonialen Lyrik

Bescheiden nehmen sich dagegen die Anfänge der kolonialen Lyrik aus. Díaz del Castillo überliefert einige Romanzen, darunter das erste in Mexiko verfasste Gedicht über die Noche Triste: »In Tacuba ist Cortés / mit seiner tapferen Truppe / traurig war er und voller Leid / traurig und mit großen Sorgen / eine Hand an der Wange / die andere an der Seite.« Neben dieser volkstümlichen Dichtung bildete sich am Vizekönigshof Mexiko in der zweiten Hälfte des 16. Jhs. auch eine vom europäischen Petrarkismus geprägte »gelehrte« Dichtung aus, wie die 359 Texte umfassende Sammlung *Flores de baria poesía* (Blütenlese verschiedener Dichtung, 1577) zeigt. In ihr sind die unterschiedlichsten Autoren vertreten: neben den großen spanischen Petrarkisten wie Boscán, Garcilaso, Herrera und Fray Luis de León, die Mexiko nie betreten haben, auch im Land geborene *criollos* und Spanier, die ständig oder wenigstens eine gewisse Zeit in Neu-Spanien lebten wie Gutierre de Cetina, der den Petrarkismus nach Mexiko brachte, der Dramatiker und Lyriker Juan de la Cueva, der sich von 1574 bis 1577 in Mexiko aufhielt, oder auch der Satiriker Mateo Rosas de Oquendo. Die ihn prägende Perspektive des »desillusionierten« Europäers, der sich über die Missstände in den Kolonien lustig macht, findet sich auch in vielen anderen Texten, wie den anonymen Sonetten »Minas de plata, sin verdad mineros« (Silberminen, Minenbesitzer, denen's an Wahrheit fehlt), die zu Beginn des 17. Jhs. in der Chronik *Sumaria relación de las cosas de la Nueva España* (zwischen 1601 und 1604) des Baltasar Dorantes de Carranza aufgezeichnet wurden.

Epen der Renaissance in Mexiko

Zu diesen »durchreisenden« Spaniern zählt auch Francisco de Terrazas, Sohn eines Mitstreiters von Hernán Cortés, dessen Werke mit Ausnahme weniger petrarkistischer Gedichte verlorengegangen sind. Erhalten ist aber ein Fragment von 75 Oktavenstrophen eines Epos mit dem Titel *Nuevo mundo y conquista*. Die poetische Qualität ist bescheiden, interessant ist jedoch die heterogene Perspektive der wenigen erhaltenen Bruchstucke, denn während eine Episode im Stil der *Araucana* des Alonso de Ercilla die implizit Conquista-kritische Sehweise des von den Spaniern auseinandergerissenen indianischen Liebespaares Huitzel und Quetzal aufnimmt, dem schließlich die Flucht in ein Liebesidyll gelingt, malt eine andere, die Erzählung des Cortés-Dolmetschers Gerónimo de Aguilar, der vom gierigen Auffressen seiner in einem Holzkäfig gemästeten Gefährten durch den teuflischen schwarzen Kaziken Canetabo in Hänsel-und-Gretel-artigen Tönen berichtet, das Kannibalen-Stereotyp in den düstersten Farben. Die wohl auf der Wirkung der *Araucana* beruhende Konjunktur des epischen Oktavengedichts zeigt auch die *Descripción de la laguna de México* aus der *Silva de varia poesía* (vor 1601) des Madriders Eugenio de Salazar y Alarcón, der sich zwischen 1581 und 1598 in der Vizekönigsresidenz aufhält, vor allem aber das Werk des bedeutendsten mexikanischen Renaissanceepikers, Bernardo de Balbuena (1562?–1627). Schon im zarten Alter von zwei Jahren nach Mexiko gelangt, wird Balbuena zu dem dichterisch überzeugendsten Maler der mexikanischen Landschaft mit den Mitteln des literarischen Petrarkismus. *La grandeza mexicana* (Die mexikanische Größe, 1604), ein als Brief an eine Dame des Hofes gerichtetes Terzinenepos in neun Gesängen, schildert in schon fast barocker Liebe zum Detail Häuser, Straßen, Stände, Tiere, Religion, Verwaltung und Kultur des Landes. In dem Abschnitt »Der unsterbliche Frühling« erscheint Mexiko als eine Art Paradieslandschaft, als Inkarnation des im Petrarkismus so beliebten *locus amoenus*, des lieblichen Ortes. Die Vorliebe für das Idyll zeigt sich auch in Balbuenas in Madrid veröffentlichtem Schäferroman *El Siglo de Oro en las selvas de Erífile* (Das Goldene Zeitalter in den Wäldern von Erífile, 1608), der wie das früheste Vorbild der neuzeitlichen Schäferromane, Jacopo Sannazaros *Arcadia* (1502), als Prosimetrum, das heißt als Abfolge von Prosaabschnitten und bukolischen Gedichten, ausgebildet ist. Und wenn Sannazaros Erzähler-Ich unterirdisch vom griechisch-idyllischen Arkadien in das heimatliche Neapel gelangt, so führt Balbuenas Erzähler-Ich ein ebenfalls unterirdischer Weg von den spanischen Ufern des Guadiana ins heimatliche Mexiko, bzw. zu einer Vision der »Mexikanischen Größe«, die er in seinem ersten Werk behandelt hatte. Das reifste, wiederum in epischen Oktaven gehaltene Werk Balbuenas hat gleichfalls kein »amerikanisches«, sondern paradoxerweise ein mittelalterlich-europäisches Thema, nämlich den Rolandsstoff: Es ist das Epos *El Bernardo o Victoria de Roncesvalles* (1624), das er als Bischof von Puerto Rico schreibt. Von den herkömmlichen Rolandsepen unterscheidet sich dieser Text nicht nur dadurch, dass Balbuena jeden der erzählenden Gesänge seines Ritterepos mit einer Prosa-»Allegorie« beschließt, die eben keine Allegorie, sondern eine allegorische Auslegung der eben erzählten Geschichte aus religiöser Perspektive gibt; darüber hinaus bringt Balbuena auch hier einen mexikanischen Aspekt unter: Analog zu der Visionsszene in der Höhle des Zauberers in Ercillas *Araucana* (1568) führt ein Zauberer mit dem Indionamen Tlaxcalán nach einer Flugreise, bei der man ganz Amerika beobachten kann, die Heldentaten des Cortés bei der Eroberung Mexikos als Zukunftsvision vor.

Bernardo de Balbuena

Eine zweite *Araucana* kam jedoch in Mexiko nicht zustande, obwohl der Stoff der Conquista dafür jede Voraussetzung geboten hätte. In seinem Epos über die Conquista, *El peregrino indiano* (1599), das immerhin bei Lope de Vega lobende Erwähnung fand, unternimmt Antonio de Saavedra Guzmán den Versuch, in 2036 Oktavenstrophen die Eroberung Mexikos zu schildern. Über eine eher konventionelle Verherrlichung der Heldentaten des »göttlichen Cortés« mit eingestreuten idyllischen Episoden und Liebesklagen, dem Auftritt Vergils und einiger antiker Götter kommt dieses krause Werk jedoch nicht hinaus.

Antonio de Saavedra Guzmán

Ein anderes amerikanisches Thema dagegen behandelt der *Espejo de paciencia* (ca. 1608) des von den Kanarischen Inseln stammenden und in Kuba ansässigen Silvestre de Balboa Troya: den Kampf der Übersee-Spanier gegen die Piraten anderer europäischer Nationen. Im konkreten Fall ist der Bischof von Kuba von dem französischen Piraten Giron entführt worden; bei der Befreiung wird die Tötung des Piraten durch einen heldenhaften Neger und »criollo« namens Salvador besonders herausgestrichen, was später stets als erste literarische Einbeziehung des afrikanischen Bevölkerungselements in das positive Selbstverständnis der Spanisch-Amerikaner gewertet wurde. Interessant erscheint auch die –

Silvestre de Balboa Troya

Das Theater
in Neu-Spanien

wiederum bukolische – Mischung heidnisch-antiker Nymphen und Faune mit amerikanischen Pflanzen und Früchten.

Ein eigenes Kapitel stellt natürlich die religiöse Dichtung dieser Zeit dar. Besonders auf dem Theater steht sie ganz im Dienst der Missionierung und verwendet daher oft die Eingeborenensprachen. Vor allem die indianischen Studenten der Hochschule von Tlatelolco wirkten darin als Schauspieler, wie etwa in dem 1538 aufgeführten Stück *Adán y Eva* in Náhuatl. Diese Stücke dürften den spätmittelalterlichen Mysterienspielen, die mit äußerst effektvollen Inszenierungen – darunter Teufelsverbrennungen auf offener Bühne – die Menschen in Bann hielten, recht nahe gekommen sein. In den zahlreichen Festen, die noch heute mit grotesken Masken und Tänzen in zahlreichen Dörfern Mexikos gefeiert werden, spiegelt sich diese Tradition wider. Später richtete sich das Theater mit Autos sacramentales, Entremeses, Sainetes und Komödien an die kreolische Schicht. Unter den in spanischer Sprache schreibenden Autoren ist am ehesten Hernán González de Eslava zu erwähnen, dessen 16 dramatische Werke (v. a. Entremeses – Zwischenspiele mit volkstümlichem Hintergrund) zusammen mit seiner Lyrik posthum unter dem Titel *Coloquios espirituales y sacramentales y canciones divinas* (1610) erschienen. Der zu seiner Zeit meistgeschätzte Dramatiker Arias de Villalobos ist dagegen lediglich mit Gedichten im Stil Góngoras überliefert, in denen er die Schönheit Neu-Spaniens preist. Die Heldentaten des Cortés rühmt Villalobos in seiner Festbeschreibung *Obediencia que México dio a Felipe IV.*, in die er einige dramatische Gedichte einstreut. Mit diesem Genre ist aber endgültig die Schwelle zum Barockzeitalter überschritten.

Das Inka-Reich / Das Vizekönigreich Neu-Kastilien/Peru

Die Literatur der Indiokulturen

Die Dichtung
der Inka

Eine Schrift und damit die Grundvoraussetzung für die Aufzeichnung von literarischen Werken fehlt nach dem heutigen Stand der Forschung in den Kulturen des Inka-Reiches, das die heutigen Andenstaaten, Nordwestargentinien und Nordchile umfasste – denn die Khipus, die Inka-Knotenschnüre, mit deren Hilfe die Verwaltungsaufzeichnungen und Archive geführt wurden, waren vermutlich nicht dafür geeignet, neben Information auch jene Redundanz und sprachliche Form aufzuzeichnen, die für Literatur konstitutiv ist. Dennoch gab es nach Aussagen der wesentlichen Chronisten im Inka-Reich Dichter-Philosophen, die sogenannten *Amautas*, und eine Art Epensänger, denen die Bewahrung der eigenen Traditionen in einer den mittelalterlichen Heldenepen verwandten Form aufgetragen war. Dies geschah aber nur durch mündliche Weitergabe innerhalb der Familien dieser »Geschichte-Erzähler« (*Quipucamuyus*), die als Gedächtnisstütze bloß die in den Khipus verzeichneten Daten zur Verfügung hatten. Dazu kommt, dass in Peru eine intensive Beschäftigung mit der

Indiokultur erst gegen Ende des 16. Jhs. unter dem Vizekönig Francisco de Toledo (und dann aus einer ausgesprochen indiofeindlichen Perspektive) einsetzte. Erst zu Beginn des 17. Jhs. wurden dann in einzelnen Werken die wenigen heute noch bekannten Beispiele der Quechua-Dichtung des Inka-Reichs überliefert. Andererseits gibt es im Zuge der langsamen Missionierung noch sehr spät (bis weit ins 18. Jh. hinein) entstandene Werke vor allem religiösen Theaters in Quechua, und schließlich hat im 20. Jh. im Lauf der allgemeinen Rehabilitierung der Indiokultur auch wieder eine moderne Quechua-Dichtung eingesetzt. Die Überlieferung der lyrischen Werke stützt sich auf Transkriptionen in den verschiedenen Chroniken. Diese Texte zeigen, dass in der Inka-Kultur eine große Vielfalt lyrischer Gattungen vorhanden war: von Hymnen und Gebetsliedern (*Jailli* – wörtlich: Triumph) sowie Heldengesängen (*atiy jailli, jaich'a*) über Liebesgedichte (*Arawi*, wörtlich: Gedicht), bei bestimmten Anlässen vorzutragende Dialoggedichte erotischen Inhaltes (*Wawaki*) und Tanzlieder (*Wayñu*, eine Art Inka-Madrigal, und *Qháshwa*, ein Freudenlied mit Reihentanz) bis zu Klageliedern (*Wanka*) und der auf dem Theater, oft durch nicht der abendländischen Tradition entsprechende Tierfiguren (so ist z. B. der Fuchs meist dumm und wird überlistet), vorgetragenen humoristischen Dichtung (*Aranway*) erstreckt sich die Gattungspalette. Auffällig ist die strukturelle Ähnlichkeit der Inka-Lyrik mit frühmittelalterlichen Formen der iberischen Halbinsel, besonders den *cantigas de amigo*, zum Beispiel bezüglich der Inzidenz der Wiederholungsstrukturen. Die Liebesthematik wird in sehr vielfältiger Weise abgehandelt; so finden sich in der Art der europäischen bukolischen Tradition Anklagen gegen Spröde: »Diese Prinzessin, die nicht zu lieben versteht / werden wir in das Süßwasser des Sees werfen / damit sie dort lernt, / wenn sie das Süßwasser trinkt, / dass ich geliebt werden muss, / dass ich geliebt werden muss.« Und während in vielen Texten der Liebende sich der Geliebten gegenüber in einer bisweilen geradezu petrarkistischen Antithesenstruktur erniedrigt, existieren auch satirisch-burleske Liebesgedichte. Wie im Fall Mexikos kann freilich auch in Peru aufgrund der durch mehrere Stationen »vermittelten« Verschriftlichung der Texte bei allzu deutlichen Parallelen zum europäischen Petrarkismus/Antipetrarkismus nicht ausgeschlossen werden, dass hier der »europäische Filter« der Überlieferung fühlbar wird.

Inka spielen zum Tanz

Das Inka-Theater

Die zweite wesentliche Gattung scheint das Theater gewesen zu sein, das auf einem als Bühne dienenden *aranwa* (= offener Platz) stattfindet, auf dem sich der *mallki*, ein künstliches, als Dekoration dienendes Wäldchen befindet. Bei den meisten Chronisten finden sich vage Angaben über Theaterleben, z. B. ein Bericht über eine Theateraufführung 1555 in Villa Imperial mit acht Quechua-Stücken in der *Historia de la villa imperial de Potosí* des Nicolás de Martínez Arzanz y Vela; darunter findet sich auch die in einem erst 1871 aufgezeichneten Manuskript erhaltene *Tragödie vom Ende Atawallpas*. Diese von Monologen und Chorkommentaren dominierte, eher statische Tragödie setzt vor allem das Problem des gegenseitigen Verstehens (oder Nicht-Verstehens) in Szene, was sinnfällig dadurch deutlich gemacht wird, dass die spanischen Figuren nur stumm die Lippen bewegen, während der Dolmetscher Felipillo übersetzt und die Inka kommentieren, sie könnten ihre »seltsame Sprache« nicht verstehen. Der Schluss zeigt eine interessante Angleichung der europäischen Welt an Inka-Vorstellungen, denn der nur als »Spanien« bezeichnete Kaiser (der nun doch Quechua sprechend auftritt) bestraft den auf Lohn hoffenden Pizarro für den Königsmord (die Tötung Atawallpas), indem er entsprechend den Inka-Traditionen nicht nur ihn selbst töten, sondern auch seine Nachkommenschaft und sein Haus verbrennen lässt. Das wohl berühmteste Inka-Drama ist aber das im 18. Jh. aufgezeichnete Stück *Ollantay*. Der Autor des Textes ist unbekannt, und die Kritik ist sich nicht darüber einig, ob der Text vorspanisch, rein kolonial oder auf inkaischen Grundlagen in der Kolonialzeit neu komponiert ist. Eine Version des Textes muss freilich schon zu Conquista-Zeiten existiert haben, denn in vielen Texten der frühen Kolonialzeit finden sich bereits Anspielungen auf Motive aus der Geschichte des jungen Militärs Ollanta, der sich in die Inka-Prinzessin Kusi qoyllur verliebt, aber von ihrem Vater, dem Inka, abgelehnt wird, weil er nicht königlichen Geblüts ist. Ollanta provoziert daraufhin einen Aufstand und macht sich zum Herrscher der Provinz Antisuyu, der Inka lässt Kusi qoyllur ebenso wie ihre und Ollantas Tochter einsperren. Als Pachakútej stirbt, gelingt seinem Nachfolger Túpaj Yupanki die Überwältigung von Ollanta und den Seinen. In der Schlussszene verzeiht der neue Inka Ollanta, macht ihn zum Gouverneur von Cuzco und erlaubt auf Bitten der unehelichen Tochter Ima Súmaj sogar noch die Hochzeit des Paares. Vergleichsweise am wenigsten wissen wir über die Erzählkunst der Inka und der von ihnen unterworfenen Indiokulturen. Von den erwähnten mündlich überlieferten Heldenepen ebenso wie von den Mythen kennen wir fast immer nur eine indirekte Darstellung durch Chronisten und Missionare, vor allem aus der Zeit um 1600, als der Kampf gegen die »alten Aberglauben« verstärkt und daher eine genaue Erforschung der indianischen Mythen betrieben wurde.

Transformationen in der Kolonialzeit

In der Kolonialzeit kommt es zu einer Umdichtung der alten religiösen *jaillis* auf katholischen Inhalt. Der mestizische Klerus mischt gern beide Sprachen, viele Texte sind aber auch nur in Quechua gehalten. Diese neue Quechua-Dichtung wird (auch im profanen Bereich) vor allem von Mestizen getragen, die weitgehend die kastilische Metrik, oft auch spanische Lehnwörter übernehmen, während aus den überlebenden Indiogemeinschaften zumindest keine aufgezeichneten Texte bekannt sind. Auch auf dem Theater wurde die Quechua-Tradition, ins Religiöse übertragen, fortgesetzt, so z. B. mit einer neuen Fassung des Inka-Dramas *Uska Páuqar*: Der Pakt eines unglücklich Liebenden mit einem Dämon, um die Geliebte zu gewinnen, lässt ihn nach der Hochzeit keinen Frieden finden, bis er mit Hilfe Mariens schließlich vom Dämon befreit wird. Darüber hinaus wurde das Quechua-Theater ganz allgemein wie im europäischen Mittelalter als Medium der *propaganda fidei* gegenüber den analphabetischen Laien eingesetzt, und es finden sich zahlreiche Dramatisierungen biblischer Geschichten. Noch Juan de Espinosa Medrano (ca. 1625–1668), der zwar indianischer Abkunft, aber ganz spanisch akkulturiert ist, verfasst im 17. Jh. in Cuzco neben spanischen Werken des Kontinentalbarock auch in Quechua ein Auto sacramental (Fronleichnamsspiel) vom verlorenen Sohn, das sich ganz an europäischen Vorbildern orientiert. Was daher in der ursprünglich indianischen Dichtung fehlt, ist mit Ausnahme der erwähnten *Tragödie vom Ende Atawallpas* und einer anonymen Elegie *Apu Inca Atawallpaman* ein direkter literarischer Niederschlag des traumatischen Zusammenstoßes zweier Kulturen. Erst um 1600 haben sich Mestizen oder hispanisierte Indios wie der Inka Titi Cusi Yupanqui, der 1545 als Nachfolger von Manco II. Inka-Herrscher wurde und sich nach seiner Taufe Diego de Castro nannte (*La instrucción del inca don Diego de Castro*), in Auseinandersetzung mit den inzwischen erschienenen spanischen Chroniken von einem indianischen Standpunkt aus zu den Problemen des Zusammenstoßes der beiden Kulturen geäußert. Über die Dichtung anderer Indiokulturen Südamerikas ist wenig bekannt. Erst im 20. Jh. wurden Mythen und Hymnen einzelner Indiovölker, so der Guaraní im heutigen Paraguay, gesammelt und aufgezeichnet.

Die Erfahrung des »Anderen« in der Literatur

Die früheste spanische Dichtung im südlichen Amerika ist die Liedtradition der erobernden Soldaten und greift daher zunächst auf das archaisierend-volkstümliche europäische Genre der Romanzen zurück. Vor allem die Ritterromanzen werden adaptiert und in den Heeren gesungen bzw. auf die jeweiligen Conquistadores umgedichtet. Ab ca. 1600 lässt sich auch die satirische »Rústico«-Tradition der spanischen *Coplas de Mingo Revulgo* aus dem 15. Jh. nachweisen, die zur Entstehung sogenannter *romances rústicos* in der Karibik und sogar in Argentinien führt. Das zentrale Thema der frühen Prosatexte dagegen ist die von Todorov (*La conquête de l'Amérique*) für Mexiko beschriebene Verstehensproblematik gegenüber dem »Ganz Anderen«, die aus dem erstmaligen Aufeinandertreffen bislang völlig getrennter Hochkulturen resultiert. Dieses Thema prägt zunächst die Ereignisberichte der Chroniken, es wird dann allmählich immer mehr literarisch verarbeitet und transponiert: einerseits zur essayistischen Reflexion über die Identität der neuen Gesellschaft, andererseits zu einer novellenhaften Sammlung verschiedenster Anekdoten, in einigen Fällen auch durch die Komposition in der traditionellen Form des Renaissance-Epos in eine zeitlose, europäisch geprägte Fiktionswelt erhoben.

Die Chronisten der ersten Phase, also der Conquista selbst, beschäftigt dieses »ethnologische« Anliegen freilich noch nicht so sehr wie das juristische, denn es geht auch um die Rechtfertigung des Krieges auf der Grundlage der von der spanischen Völkerrechtsschule ausgearbeiteten *Bellum iustum*-Lehre und damit um die Rechtfertigung der in Form von *repartimientos* und später *encomiendas* angeeigneten Kriegsbeute aus Land und indianischen Hintersassen. Die Indios werden deshalb als »unterdrückte Barbaren« dargestellt, die durch die Spanier von der Herrschaft ihrer Tyrannen (der Inka) befreit wurden. Als Beispiel mag Francisco de Xerez' *Verdadera relación de la conquista del Perú* (Sevilla 1534), der früheste gedruckte Text über die Conquista in diesem Teil Amerikas, gelten. Der Autor, der Pizarro als *escribano* (eine Art Notar, der die rechtsverbindliche Aufzeichnung der Eroberung und Besitzergreifung vorzunehmen hatte) diente, bezeichnet sein Werk im Vorwort noch ganz in dem Ton der Romanzen als »Freude für die Gläubigen und Schrecken für die Ungläubigen« und ergeht sich in Beteuerungen der Einmaligkeit des Unternehmens, bei dem so wenige ein so großes Reich erobert hatten. Francisco Pizarro wird als gütiger Indiofreund dargestellt, der den Eingeborenen stets das vorgeschriebene *requerimiento* (die juristische Formel, mit der die Eroberung gerechtfertigt und die Indios zu friedlicher Unterwerfung und Taufe aufgefordert wurden) vorträgt, ehe er den Befehl zum Angriff gibt. Die zentrale Szene ist hier wie in den meisten anderen Chroniken das Zusammentreffen Pizarros mit Atawallpa in Cajamarca, das zur Gefangennahme des Inkaherrschers führt. Bei Xerez schildert Pizarro ruhig die Macht Karls V. und verspricht, dem Inka die Herrschaft über sein Volk zu belassen, wenn er sich dessen Oberhoheit unterwerfe, denn er suche nur einen Weg zum Meer auf der anderen Seite. Die Episode

Chronisten der ersten Phase: Rechtfertigung der Eroberung und nüchterne Berichterstattung

Chronik von der Eroberung Perus des Francisco de Xerez

mit dem Priester Valverde, der Atawallpa bei dieser Gelegenheit in einer zweiminütigen Rede erklärt, warum er sofort zum Christentum übertreten und Papst und Kaiser als Herren anerkennen müsse, um seine Seele zu retten, wird knapp und nüchtern, eben im Stil eines Notars, referiert. Ähnlich nüchtern versuchen andere Konquistadoren der ersten Generation wie Pedro Pizarro und Diego de Trujillo (beider Chroniken erscheinen 1571) sich gegen die inzwischen erfolgte »Umdeutung durch die Geschichtsschreibung« zur Wehr zu setzen, indem sie beteuern, im Unterschied zu den mittlerweile auf den Plan getretenen Autoren alles selbst erlebt und gesehen zu haben. Dazwischen steht als wahrscheinlich einflussreichster Chronist Agustín de Zárate, dessen sieben Bücher umfassende *Historia del descubrimiento y conquista del Perú* (1553) auf ausdrücklichen Wunsch des Königs 1555 veröffentlicht wurde. Zárate, der die Ereignisse bis zur unmittelbaren Gegenwart (1550) schildert, ist bereits mehr Geschichtsschreiber als »Notar« der Ereignisse, geht aber noch mit besonderer Vorsicht gegenüber allen lebenden Beteiligten vor, die sich als mächtige Feinde erweisen konnten; immerhin ist der größte Teil der Chronik während einer sieben Jahre dauernden Haft in Valladolid entstanden.

Die Chronisten der zweiten Phase: Bewunderung und Interesse für die Inka-Kultur

In der zweiten Phase, die nach vollendeter Conquista einsetzt und bis zum Herrschaftsantritt des Vizekönigs Francisco de Toledo (1569) dauert, tritt dagegen eine Generation von Chronisten auf, die den Indios wesentlich freundlicher gegenübersteht. Oft wird unverhohlene Bewunderung für die Leistungen der Inka auf den Gebieten der staatlichen und sozialen Organisation, des Bauwesens oder der Landwirtschaft spürbar. Die wichtigsten Autoren sind der quechuakundige und mit einer Inka-Prinzessin verheiratete Juan de Betanzos mit *Suma y narración de los incas* (ca. 1551, Erstdruck 1880), vor allem aber Pedro Cieza de León (1518?–1554). Sein vierbändiges Monumentalwerk *La crónica del Perú* wurde 1552 mit Widmung an den Kronprinzen Felipe, den späteren Philipp II., übergeben, später gingen einige Teile des Textes verloren. Cieza ist zwar schon sehr jung als Abenteurer nach Amerika gelangt, zeigt aber – offenbar autodidaktisch angeeignete – literarische Bildung sowohl in seinem elaborierten Stil als auch durch Verweise auf Geschichtsschreiber der Antike und setzt so den ersten Schritt zur Literarisierung des Genres. Der erste Teil seines Werks beinhaltet vor allem landeskundliche Beschreibungen, während der zweite Teil (*Del señorío de los yngas Yupanquis*) erstmals die Geschichte des Inka-Reiches schildert und eine Kurzeinführung in die Ursprungsmythen gibt. Erst der dritte Teil (*Del descubrimiento y conquista deste reino del Perú*) behandelt Pizarros Fahrten und die Entdeckung bzw. Eroberung. Cieza nimmt dazu eine eher zwiespältige Haltung ein: Ist im Vorwort noch einmal ritterromanhaft von »den großen Mühen, welche die Christen zu erdulden hatten, als ihrer dreizehn Peru entdeckten«, die Rede, so schildert Cieza später die Begegnung der Spanier mit den Indios aus einer viel weniger romantischen Perspektive. Von zentraler Bedeutung hierfür sind zwei Episoden, in denen sich das angedeutete Verständnisproblem ausdrückt. Die erste spielt im Jahr 1528, als Pizarro zum ersten Mal mit einem Schiff die Grenzstadt des Inka-Reichs, den Hafen Tumbez im heutigen Ecuador, erreichte. Cieza lässt hier die Spanier verwundert

Pedro Cieza de León: Chronik eines Missverständnisses

den Besuch eines hohen Verwaltungsbeamten (*orejón*) empfangen, der (wie Cortés in Mexiko) ständig von seiner Berichtspflicht gegenüber dem Inka-Herrscher Huayna Capac spricht und Pizarro fragt, »woher sie kämen, woher sie stammten und was der Zweck ihrer Reise wäre«. Über die Antwort der Spanier, sie kämen, um zu bekehren und zu unterwerfen, ist er offenbar sehr »erschreckt«, nimmt sie aber wohl auch nicht allzu ernst, vermutlich nicht mehr als jene Indios in einer anderen Hafenstadt, die Pizarro mangels Priestern auffordert, einstweilen durch dreimaliges Heben der spanischen Fahne ihre Unterwerfung und den Willen zur Taufe zu bekennen. Die Indios tun das laut Cieza »lachend, weil sie alles, was er gesagt hatte, für einen Scherz hielten«, und laden dann die Spanier zu einem Festessen ein. Diese eher lächerliche Begegnung der Überlebenden einer Expedition vorwiegend analphabetischer Spanier mit den Vertretern eines überlegen organisierten Verwaltungsstaates steht in einem kaum schärfer zu denkenden Kontrast zu den Ereignissen der Jahre ab 1531, als Pizarro, ausgestattet mit Rechtstiteln auf das zu entdeckende Land, in ein vom Bürgerkrieg der Söhne Huayna Capacs zerstörtes und auch ideell in seinen Grundfesten erschüttertes Inka-Reich zurückkehrt. Diesmal be-

Francisco Pizarro

gegnen die Indios den Spaniern in Ciezas Darstellung ganz arglos, »denn sie glaubten, dass die Spanier friedfertige Leute nicht ausrauben oder überfallen würden, sie dachten vielmehr, man würde miteinander Feste und Bankette feiern, wie das ehedem der Fall gewesen war, als sich Pizarro auf Entdeckungsfahrt befand«. Die Gefangennahme Atawallpas schildert Cieza als gespenstische Szene: Als Pizarro das Zeichen zu einem von Artillerie und Reitern vorgetragenen Angriff gibt, sind die Inka-Krieger »wie versteinert« und leisten keinen Widerstand. Die weitere Geschichte Atawallpas bis zu seiner Hinrichtung erscheint als eine unglückliche Verkettung von Missverständnissen. Die Hauptschuld dabei schiebt der Autor dem Dolmetscher Felipillo zu, der sich »in eine von Atawallpas Frauen verliebt hatte«. Dieses im barocken Theater Europas so häufige Grundmotiv der »Schandtat aus Leidenschaft« wird in späteren Texten für den allmählichen Übergang von der Chronik im historischen Sinn zur »Chronik« im Sinne der gleichnamigen Spalte unserer Zeitungen verant- wortlich sein, zur Sammlung von »unerhörten Geschichten« in der Art der Novelle. Ciezas conquistakritische Haltung gipfelt in dem Schluss des Kapitels, in dem er berichtet, rund um Atawallpas Tod hätten sich zwei »Sprichwörter« erfüllt: »Wer andere tötet, wird selbst getötet werden« (weil Atawallpa seinen Bruder Huascar umbringen ließ), und »sie werden die töten, die dich getötet haben«, weil alle am Tod des letzten Inka Beteiligten (einschließlich Pizarro, Almagro und dem Priester Valverde) ihrerseits eines gewaltsamen Todes gestorben sind. Dies ist ein Vorgriff auf jene Ereignisse, von denen der vierte Teil (*Las guerras civiles del Perú*, Die peruanischen Bürgerkriege), in fünf Büchern berichtet, die uns nur zum Teil erhalten sind. Sie reichen vom Kampf der Pizarro-Anhänger gegen die Almagro-Anhänger bis zu der Niederlage und Hinrichtung Gonzalo Pi- zarros. Zwei »Kommentare« im Anhang setzen noch fort bis zum Ein- treffen des Vizekönigs Antonio de Mendoza 1551, also in die unmittel- bare Gegenwart des Autors.

Die Chronisten des Vizekönigs Francisco de Toledo

Die Chronisten der dritten Phase schreiben unter dem Vizekönig Francisco de Toledo (1569–81), der den letzten einigermaßen unabhängig in den Bergen von Villcabamba über einen kleinen Hofstaat herrschenden Inka Tupac Amaru töten lässt und den Kolonialstaat straff zu organisieren versucht. Er braucht zur Einigung des zerrissenen Landes ein von allzu starken Las-Casas-Sympathien freies Bild der Conquista und ihrer Rechtfertigung und findet es in den Schriften von Autoren, die er mehr oder minder stark an sich und seinen Hof bindet: dem Jesuitenpater José de Acosta mit seiner enzyklopädischen *Historia natural y moral de las Indias* (1590), Polo de Ondegardo, Juan de Matienzo, Cristóbal de Molina und Pedro Sarmiento de Gamboa. Die Tendenzen dieser neuen Chronistengeneration gehen dahin, das Inka-Reich als durch Gewalt errichtetes, grausames und tyrannisches System mit Menschenopfern dazustellen, dessen Wirtschafts- und Sozialsystem dennoch nicht ohne Bewunderung vorgeführt wird. Es ist auch die Frage, ob und inwieweit man hier noch von »Chroniken« sprechen kann, denn die bereits bei Cieza de León fühlbar werdende Tendenz fort von der Ereignisdarstellung und hin zum enzyklopädischen Traktat über Geographie, Geschichte, Wirtschafts- und Kulturkunde der eroberten Länder führt nun zu einer Neudefinition dieser Gattung. Im Zusammenhang der 1582 stattfindenden Synode in Lima schenkt man besondere Aufmerksamkeit dem System des »Götzenglaubens«. In diesen Zusammenhang gehören der nüchterne Untersuchungsbericht des hohen Verwaltungsbeamten Polo de Ondegaro *Instrucción contra las ceremonias y ritos que usan los indios conforme al tiempo de su infidelidad* (1567) ebenso wie jener des Cristóbal de Molina, eines quechuakundigen Priesters aus Cuzco. Er zeichnet in seiner *Relación de las fábulas y ritos de los incas* (ca. 1575), die im Zusammenhang mit dem Kampf gegen die antichristliche Tanzbewegung *Taqui onquoy* entstanden ist, zahlreiche Gebetshymnen im Original und wichtige Informationen über Mythen und Riten der Inka auf. In allen Details schildert er auch die bei anderen Autoren bestrittenen Menschenopfer an Kindern. Mehr auf die spanisch-imperiale Grundidee stellen demgegenüber seine Zeitgenossen Pedro Sarmiento de Gamboa und Juan de Matienzos ab: Letzterer betont in seinem *Gobierno del Perú* (Die Regierungsform von Peru, 1567) die Tyrannei und Trunksucht der Inka sowie die Dankbarkeit der Indios gegenüber den spanischen Befreiern. In dasselbe Horn stößt Sarmiento de Gamboa in seiner zum Teil auf Befragungen alter Indios beruhenden *Historia de los incas* (um 1580): Im Auftrag von Vizekönig Francisco de Toledo will er damit den Anspruch Spaniens auf die Länder rechtfertigen und allen entgegentreten, die die Inka-Herrscher als rechtmäßige Könige des Landes anerkennen. Die Vorwürfe beziehen sich wieder vor allem auf Menschenopfer einerseits und Sexualpraktiken (Inzest mit Müttern und Schwestern) andererseits: »Schon allein deshalb könnte man zu Recht gegen sie Krieg führen und sie als Tyrannen verfolgen«, meint Gamboa, denn man dürfe auch Fremde zur Einhaltung des »Gesetzes der Natur« zwingen. Entgegenstehende Überlieferungen wischt der Autor mit dem Argument beiseite, die Indios hätten in Ermangelung einer Schrift die Vergangenheit nicht »in geordneter Form« aufbewahrt, sich vom Teufel mit falschen Lehren beirren lassen und so aus verschiedenen wahren und falschen Elementen eine Mixtur gebraut, die er als »ensalada graciosa«, als »spaßigen Salat«, bezeichnet. Aus diesem »Salat« versucht er nun den

Ritualtanz der Inka in einer Darstellung des 19. Jahrhunderts

wahren Kern herauszuinterpretieren, was ihn zu der Theorie führt, es
habe im Anfang eine Epoche der »allgemeinen Freiheit« ohne Obrigkeit
gegeben, bis die Inka die anderen Indios unterjocht hätten. Bei der Schilderung der Geschichte des Inka-Reiches werden die Grausamkeiten stets
besonders betont. Zur Sicherheit hebt Gamboa allerdings auch hervor,
dass durch die Morde Atawallpas an seinem Bruder und dessen Familie
»alle Inka dieses Reiches von Peru vollständig in der Linie, die sie selbst
für die legitime Herrscherlinie ansehen, ausgestorben sind, ohne dass ein
Mann oder eine Frau zurückgeblieben wären, die ein Recht oder einen
Anspruch auf dieses Land hätten, selbst wenn sie die natürlichen und
rechtmäßigen Herren desselben gewesen wären, und nicht einmal dann,
wenn man ihre ungerechten und tyrannischen Gesetze dafür heranziehen
wollte«.

Diesen »Chronisten des Vizekönigs« stellt sich zur Regierungszeit Fran- *Eine Gegenstimme*
cisco de Toledos nur eine einzige Stimme entgegen: die des sogenannten *zur Verteidigung*
»Anonymen Jesuiten«, des Verfassers eines 1578 abgeschlossenen *Be-* *der Indios: der*
richtes über die früheren Gebräuche der Eingeborenen. In ihm wollen *»Anonyme Jesuit«*
manche den Pater Blas Valera, die geheimnisvolle Quelle des Inka Garcilaso de la Vega, erkennen; Tatsache ist, dass der Anonyme Jesuit vor allem
die positiven Seiten der Indios hervorhebt und wie später der Inka die
Gemeinsamkeiten zwischen indianischen Gebräuchen und Katholizismus
(Beichte, Frauenklöster) hervorstreicht, die Vorwürfe (vor allem bezüglich
der Menschenopfer) aber leugnet. Eine weitere Parallele liegt in der Betonung der eigenen philologischen Exaktheit gegenüber den Irrtümern der
des Quechua nur mangelhaft mächtigen Spanier: »Wer nicht auf die
Tropen und Redefiguren achtet, die diese Sprache besitzt, wird immer eine
Sache statt der anderen sagen und alle in die Irre führen, die ihm folgen.«

Zwei Versuche der Kultursynthese: der Mestize Garcilaso de la Vega el Inca und der inkakritische Indio Felipe Waman Puma de Ayala

Damit sind wir bei den beiden großen Stimmen angelangt, die sich zu
Beginn des 17. Jhs. gegen die toledanischen Thesen erheben und in denen
die Chronikliteratur zu ihrem unbestreitbaren Höhepunkt, aber auch über
sich selbst hinaus gelangt: der Mestize Garcilaso de la Vega el Inca und der
christianisierte Indio Felipe Guaman Poma (Waman Puma) de Ayala. Der
Inka Garcilaso de la Vega ist 1539, also im ersten Jahrzehnt der spanischen Herrschaft, in Cuzco als unehelicher Sohn des Konquistadoren und
Encomendero Sebastián Garcilaso de la Vega Vargas und der christiani-
sierten Inka-Prinzessin Isabel Chimpu Ocllo, einer Nichte von Huayna
Capac und Cousine von Atawallpa und Huascar, geboren. Dem jungen
Gómez Suárez de Figueroa, wie der »Inka« ursprünglich heißt, eröffnen
häufige Kontakte zur Inka-Familie den Zugang zur alten Überlieferung.
1560 geht er auf Wunsch des verstorbenen Vaters zum Studium nach
Spanien, von wo er nicht mehr zurückkehren sollte. Aus Gründen des
Erbanspruchs und aus Verehrung für den spanischen Dichter Garcilaso de
la Vega nahm der Inka dann den Namen seines Vaters an und widmete
sich wie sein Vorbild den *Armas* und *Letras,* dem Waffenhandwerk und
der Dichtkunst: Als Soldat nahm er am Morisken-Feldzug 1570 teil, als
Literat debütierte er 1590 mit der Übersetzung eines der Hauptwerke des europäischen Neoplatonismus, der 1535 entstandenen *Dialoghi*

Der Inka Garcilaso
de la Vega

Die Comentarios reales: *Cuzco als »zweites Rom«*

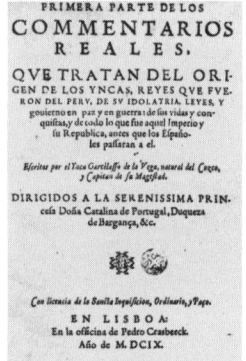

PRIMERA PARTE DE LOS
**COMMENTARIOS
REALES.**
QVE TRATAN DEL ORI-
GEN DE LOS YNCAS, REYES QVE FVE-
RON DEL PERV, DE SV IDOLATRIA, LEYES, Y
goſierno en paz y en guerra: de ſus vidas y con-
quiſtas, y de todo lo que fue aquel Imperio y
ſu Republica, antes que los Eſpaño-
les paſſaran a el.

*Eſcritos por el Inca Garcilaſſo de la Vega, natural del Cozco,
y Capitan de ſu Mageſtad.*

DIRIGIDOS A LA SERENISSIMA PRIN-
ceſa Doña Catalina de Portugal, Duqueza
de Bargança, &c.

Con licencia de la Sancta Inquiſicion, Ordinario, y Paço.

EN LISBOA:
En la oficina de Pedro Crasbeeck.
Año de M. DC IX.

Garcilaso de la Vegas
Comentarios reales,
erster Teil (1609)

d'Amore von Leone Ebreo: *La traduzion del Indio de los tres Dialogos de Amor de Leon Hebreo.* 1592 erscheint dann sein erstes Werk über die amerikanische Conquista: *La Florida del Inca,* eine teilweise romanhafte Schilderung der Expedition Hernán de Sotos durch Florida. 1609 veröffentlicht er, inzwischen in den geistlichen Stand eingetreten, in Lissabon den ersten Teil der *Comentarios reales* (Königliche Kommentare), der ihn nicht zuletzt als Stilist berühmt macht.

Der erste Teil der *Comentarios reales* gilt als Inbegriff des kulturellen *mestizaje* (der geistigen Rassenmischung), denn hier spricht erstmals ein spanisch schreibender, humanistischer Autor von Peru als *patria* und bekennt sich zugleich zu seiner Indioabkunft (»denn ich bin ein Indio«). Sein Buch richtet sich nicht nur gegen die Thesen der »Toledaner Chronisten«, sondern versucht überhaupt frühere Geschichtsschreiber zu korrigieren, die zu wenig wussten und Quechua nicht verstanden, zudem oft aus Unwissenheit mehrere Zeiten verschmelzen und den Inka Missbräuche zuschreiben würden, die diese eben bei den unterworfenen Völkern abgestellt hatten. Als Hauptquelle nennt er das Manuskript des erwähnten mestizischen Jesuiten Blas Valera, das bereits 1596 bei der Plünderung von Cádiz durch die Engländer verlorengegangen war. Dazu aber kommen Renaissance-Elemente: die an den italienischen Humanisten geschulte literarisch-stilistische Perfektion, das Bemühen um verantwortungsvolle Auswertung historischer Quellen, aber auch der Vergleich der Indiokultur mit der europäischen Antike. Die alte Inka-Hauptstadt Cuzco sei »ein zweites Rom in seinem Imperium« gewesen, wobei das europäische Rom Cuzco nur dadurch überlegen sei, dass es eine Schriftkultur ausbildete und dadurch die Taten seiner Söhne verewigen konnte. Trotz dieses Bekenntnisses zur Indiokultur heißt er die Conquista als Vollendung einer von den Inka begonnenen Kulturentwicklung gut. Ähnlich wie die frühen spanischen Chronisten die Inka beschreibt er nun die präinkaischen Indios: Einige wären »nur wenig besser als zahme Tiere und andere viel schlimmer als wilde Bestien« gewesen, bis die Inka als »Morgenstern« sie in die Nähe der christlichen Zivilisation geführt hätten. Vom Ursprung der Inka lässt er zunächst in direkter Rede einen Inka-Onkel die Legenden erzählen und greift erst später ergänzend ein. Aber der Inka präsentiert sein Material nicht nur in geschicktem Spiel der Perspektiven, er fügt auch eine Reflexion über die historische Methode ein: Als Ausgangspunkt diene ihm eigenes Erleben und Augenzeugenberichte von Verwandten und Mitschülern bzw. deren Familien, dann aber komme der Vergleich mit spanischen Geschichtsschreibern, um die legendenhaften Elemente auszuschalten. Wo sie doch referiert werden, deutet er sie im Sinne einer rationalistischen Mytheninterpretation. So heißt es etwa vom Inka-Stammvater Manco Capac: »Er musste wohl ein kluger, voraussehender und vernünftiger Indio gewesen sein, der die Einfältigkeit dieser Völker erkannte und sah, wie dringend sie Anleitung und Unterricht brauchten, und so erfand er schlau und umsichtig diese Legende, um ihre Achtung zu erlangen.« Sein Bestreben, Inka- und spanische Kultur gleichermaßen positiv darzustellen, führt bei der Darstellung der präkolumbianischen Geschichte zu einer durchgängigen Parallelisierung von Inka-Eroberung und spanischer Conquista: Sowohl im religiösen Bereich (wo er den Inka eine Ahnung des monotheistisch-christlichen Gottes und anderer christlicher Glaubensinhalte wie der Unsterblichkeit der Seele zuschreibt) als auch in der Methode der Eroberung der Indiovölker werden die Inka stets als eine Art Prä-Spanier vorgestellt, die die Eingeborenen mit *Requerimientos* zur Unterwerfung unter den »Sohn der Sonne« und zur Aufgabe der »Dämonenopfer und tierischen Sitten« auffordern. Auch bezüglich der Bestrafung abweichender Sexualpraktiken (Sodomie) benehmen sich Garcilasos Inka genau so wie später die Spanier. Bei Eroberungen sind sie in seiner Darstellung stets nach Vitorias *bellum iustum*-Lehre vorgegangen, wobei freilich als Kriegsgrund schon die »Notwendigkeit dieser Barbaren, zu einem menschlichen und politischen Zusammenleben geführt zu werden«, ausreicht.

Eingelegt in die geschichtliche Abfolge der Inka-Herrscher und ihrer Feldzüge berichtet der Autor in der Folge von den Leistungen seiner mütterlichen Ahnen auf dem Gebiet der Wissenschaften, der Medizin, Mathematik, Geographie und Musik, der Dichtung und Philosophie, aber auch der Technik, der Aufteilung und Bearbeitung des Agrarlandes, der Bewässerungs- und Anbautechnik. Im neunten und letzten Buch des ersten Teils thematisiert der Inka schließlich den *mestizaje*, die Rassen- und Kulturmischung, die später zu einem der Topoi der lateinamerikanischen Identitätsdebatte wird. Ursprünglich wäre »Mestize« ein abwertender Begriff gewesen, meint er, aber »weil der Name uns von unseren Vätern gegeben wurde, und um seiner Bedeutung willen, bezeichne ich mich laut mit ihm und rechne es mir zur Ehre an«. In dem Konflikt Huascar–Atawallpa nimmt der Autor die Position der legitimen Inka-Familie ein und stellt den »Bastard« Atawallpa als hinterlistigen, grausamen Usurpator dar, der fast alle rechtmäßigen Inka ausgerottet habe, was es ihm natürlich auch ermöglicht, die Rolle der Spanier als Rächer der rechtmäßigen Könige des Landes positiv zu sehen. Die Aufzählung der überlebenden Inka am Schluss und die Betonung der Ebenbürtigkeit des Inka-Adels zeigen auch durchaus konkrete politische Ziele dieser Schrift, die vermutlich wegen des starken Widerspruchs zum Inka-Bild der offiziellen Kolonialverwaltung in Portugal gedruckt werden musste. Dennoch trug sie ihrem Autor höchste Anerkennung ein.

Die im ersten Teil zum Ausdruck kommende Ideologie der Kultursynthese prägt auch den 1617 postum erschienenen zweiten Teil *Historia general del Perú*, den der Inka mit einem »Prolog an die Indios, Mestizen und criollos« (im Lande geborene Weiße) einleitet und in dem er seine Heimat Peru als »ebenso glücklich ob der Tatsache, dass es von den starken, edlen und tapferen Spaniern unterworfen wurde, wie ob der Tatsache, dass es von seinen alten Fürsten, den peruanischen Inka, wahren Cäsaren in Kriegsglück und Stärke, beherrscht und regiert wurde«, preist. Im ersten Buch dieses zweiten Teils schildert auch Garcilaso das Zusammentreffen Atawallpa–Pizarro in Cajamarca. Bei ihm wird freilich so deutlich wie nie zuvor, dass der Konflikt in erster Linie ein Verständigungsproblem ist, ganz spezifisch sogar ein Dolmetscherproblem: Der Indiodolmetscher Felipillo wäre aus einer ganz plebejischen Familie vom äußersten Rand des Inka-Reichs gekommen und habe schon die Sprache der Inka nur in einer sehr primitiven Dialektform beherrscht; sein Spanisch habe er von Soldaten gelernt und dabei vor allem Flüche und Schimpfwörter aufgeschnappt. Schlecht gedolmetscht habe er aber vor allem, weil er nicht verstand, wovon die Rede war. So habe er zum Beispiel aus dem »einen dreifaltigen Gott« den »Gott Drei und Eins sind Vier« gemacht. Die Rede von Fray Vicente de Valverde an Atawallpa wird im vollen Wortlaut wiedergegeben, und auch die Antwort Atawallpas referiert der Inka Garcilaso: Nach einer Kritik am Dolmetscher fragt der letzte Inka-Herrscher – nicht ohne Berechtigung –, warum er von den fünf

Die Conquista und die Bürgerkriege aus der Perspektive eines Mestizen

Entscheidungsschlacht
zwischen den Spaniern
und den Inka vor Cuzco
– Kupferstich von 1596

Atawallpas Tod

Figuren, die der Priester erwähnt hat (Gott, Adam, Christus, der Papst und Karl V.), gerade dem Letzteren Tribut zahlen soll, wenn der doch offenbar ein Lehensmann des Papstes und daher der Niedrigste der fünf ist. Dieser Disput wird freilich bei Garcilaso dadurch unterbrochen, dass die Spanier sich nicht zurückhalten können und beginnen, den Indios den Goldschmuck aus den Ohren zu reißen bzw. ein goldenes Götterbild zu plündern. Als daraufhin die Indios zu schreien beginnen, gebietet Atawallpa Ruhe, der Priester bekommt es jedoch mit der Angst zu tun und läuft weg, worauf wiederum die Spanier das Zeichen zum Angriff geben. Ein pädagogisch-humanistischer Einschub erscheint schließlich bei der Schilderung der Gefangenschaft Atawallpas, denn der Autor lässt den Inka-Herrscher durch List entdecken, dass Pizarro nicht lesen kann. Das nutzt der Autor zu einem Plädoyer für Bildung, wobei er zwischen den Zeilen durchblicken lässt, dass es unter anderem das Ressentiment des Analphabeten Pizarro gewesen sein könnte, das zur Hinrichtung des letzten Inka-Herrschers geführt hat. Die Schilderung der nachfolgenden Konflikte und Bürgerkriege zwischen den Spaniern ist für den Kleriker Garcilaso de la Vega eine Art Sinnbild des Kampfes zwischen Gott und dem Teufel um die Seelen der Indios: Gott habe die »Heiden« bereit gemacht, »mit Liebe und Sanftmut« die christliche Lehre zu empfangen, der Teufel aber habe das zu verhindern versucht, indem er ständig Bürgerkriege entfachte. Der Inka-Aufstand wird dagegen mit dem mehrfachen Wortbruch der Spanier gerechtfertigt: »Bei Leuten, die so viel Liebe und Begierlichkeit für die Frucht gezeigt haben, ist nicht anzunehmen, dass sie auf die Idee kommen könnten, den Baum seinem Eigentümer zurückzugeben.« Im dritten Buch schließlich nimmt Garcilaso el Inca auch Stellung zu dem Konflikt rund um die Thesen Las Casas': Nachdem endlich Friede zwischen der Partei der Pizarros und Almagros geherrscht habe, wären »einige Leute dahergekommen, die sich sehr besorgt um das Wohlergehen der Indios zeigten, aber nicht die nachteiligen Folgen bedachten, die sie für diejenigen, denen sie zu helfen wollen vorgaben, durch ihren schlechten Rat und ihre mangelnde Voraussicht herbeiführten, als sie dem Indienrat neue Gesetze [eben die *Nuevas leyes*] für die gerechte Verwaltung Mexikos und Perus vorschlugen«. Las Casas wird als dubioses Individuum vorgestellt, das sich vor allem durch Bestechung der »Flamen und Burgunder« am Hof mit Perlen aus der Karibik durchgesetzt habe. Als Argumente gegen die Aufhebung der *encomienda* führt der Autor an, die Indios würden bei Aufhebung der *encomienda* ihre Arbeit und Lebensgrundlage verlieren; zudem könne dann kein Gold mehr nach Europa geliefert werden.

Die restlichen Bücher, die sich mit dem Aufstand Gonzalo Pizarros (und auch mit der Rolle von Garcilasos Vater zwischen den Fronten) befassen, zeigen im Unterschied zu den früheren Teilen eine starke Tendenz zum Anekdotischen, zur Auflösung in novellenhafte Episodenschilderungen wie etwa jene der Reise von 86 früheren Aufständischen als Galeerensträflinge ohne Wachmannschaft (nur mit dem Kommandanten Rodrigo Niño) nach Spanien. Angesichts eines französischen Piratenschiffes lässt der listige Niño sich in mittelalterlicher Rüstung an den Mast binden und eine Musikkapelle dazu spielen, sodass die Seeräuber ihn für eine Vision halten und ihn ziehen lassen. Trotzdem laufen ihm nach und nach alle Sträflinge davon, bis am Ziel in Sevilla nur noch einer übrigbleibt, den Niño aus Mitleid auch noch fortschickt. Im achten und letzten Buch setzt sich diese Tendenz mit einer Fülle von Anekdoten aus dem kolonialen Cuzco fort. Am Ende findet der Text jedoch noch einmal zu der Problematik der Atawallpa-Szenen zurück: Als unter Francisco de Toledo der letzte Inka Tupac Amaru eingesperrt und gefoltert wird, lässt Garcilaso eine Inka-Frau ins Gefängnis eindringen, die alle verflucht, vor allem die Inka-Frauen, weil sie »Verräterinnen an ihrem Inka, ihren Kaziken und Herren um der Liebe der Spanier willen« waren; bei Tupac Amarus Hinrichtung erhebt sich lautes Murren der Indios, und in einer gespenstischen Szene gebietet der Inka ihnen wie zuvor Atawallpa in Cajamarca Schweigen. In einer weiteren Szene scheint der Autor das Ende des oben besprochenen indianischen Atawallpa-Dramas aufzunehmen, denn als der indiofeindliche Vizekönig Francisco de Toledo zurück in Spanien in Erwartung einer Belohnung bei Hof vorspricht, kanzelt Philipp II. ihn ab, er habe »ihn nicht nach Peru geschickt, um Könige umzubringen, sondern um Königen zu dienen«. Die Schlussbemerkung führt auch wieder zurück zu der Ideologie der kulturellen Synthese: Mit dem ersten Teil seiner *Comentarios*, so schreibt der Inka, habe er seine Schuld gegenüber seinem Vaterland und den mütterlichen Verwandten getilgt, mit dem zweiten Buch die gegenüber den »tapferen und wagemutigen Spaniern« der Vaterseite.

In schärfstem Kontrast zu diesem Text eines humanistisch-europäischen Stilkünstlers, der Inka und Spanier gleichermaßen als Zivilisatoren lobt, steht die etwa zur gleichen Zeit entstandene Schrift *Nueva crónica y buen gobierno* (1615, Erstdruck 1936) des hispanisierten Indio Felipe Waman Puma de Ayala. Natürlich steht auch er, dessen Name aus einem spanischen (Felipe de Ayala) und einem indianischen Teil (Waman Puma = Adler-Puma) zusammengesetzt ist, für den Versuch des kulturellen *mestizaje* – aber sozusagen von der anderen Seite her. Denn erstens ist Waman Puma kein Inka, sondern – zumindest eigener Aussage zufolge – ein

Erste Literarisierung der Chronik: die Anekdoten am Schluss der Comentarios reales

Der Brief eines Indio an den spanischen König: ein gerechteres System für die »Neue Welt«?

Felipe de Ayala auf
seiner Reise nach Lima

*Anlehnung an die
biblische Genesis*

Angehöriger des Adels der unterworfenen Andenstämme, sodass er wie viele spanische Chronisten die Inka als Tyrannen betrachtet und mit seiner Schrift auch auf die Wiederherstellung der »alten, präinkaischen Ordnung« hinarbeiten möchte. Und zweitens ist sein Werk nicht nach einer gründlichen humanistischen Bildung in Spanien entstanden, sondern Frucht einer lebenslangen Suche nach Bildung und Ausdrucksmöglichkeiten unter den sehr prekären Bedingungen der frühen Kolonialzeit in den andinen Randgebieten. So verwundert es nicht weiter, dass in Waman Pumas Text sich die verschiedensten Diskurse überkreuzen. Da ist einmal der ursprünglich indianische, der sich vor allem in Bildern ausdrückt, die teils mit einer Art Sprechblasen, teils mit Randglossen – beides wiederum halb in Spanisch, halb in Quechua gehalten – erläutert werden; dann der im Titel angesprochene Chronistendiskurs, in den wiederum verschiedenste religiöse Texttypen eingeflochten sind: von der Predigt und ihrer Parodie (denn Waman Puma ist zwar prochristlich, aber antiklerikal eingestellt) bis zu dem theologischen Diskurs des toleranten und von Waman Puma bewunderten Fray Luis de Granada, der Polemik der Las-Casas-Schule und sogar zu einer Art Utopie, denn Waman Puma entwirft das Bild einer idealen Weltordnung, die (wie im Inka-Reich) auf einer Viergliederung der Reiche unter dem (spanischen) Universalmonarchen beruht: je ein Reich der Indios, der Afrikaner, der Mauren und der Europäer, jeweils unter ihrem eigenen König (wobei er für die Indios einen seiner Söhne empfiehlt).

Steht am Beginn ein Brief an König Philipp III., so kommt der Text immer wieder auf diese Anredefiktion zurück, wendet sich aber sehr häufig auch ganz allgemein (und dann wesentlich kritischer) an *die* Spanier oder einzelne Gruppen von ihnen, indem er den warnenden Ton der Predigten aufnimmt und die Europäer mit Untergang und Gottesstrafen bedroht, wenn sie ihr Verhalten gegenüber den Indios nicht ändern. Das alles geschieht in einem Stil, der unbeholfen, ja radebrechend wirkt – die spanische Grammatik hat Puma de Ayala nie ganz beherrscht, aber er erreicht eben durch manche »Verstöße« bisweilen eine überraschende Expressivität. Der Aufbau dieses Textes, der im wahrsten Sinne des Wortes bei Adam und Eva (nämlich bei der Genesis) beginnt, zeugt einerseits von dem Willen zu einer geradezu pedantischen Logik, andererseits ist er von einer fast chaotischen Absurdität, die als (wohl unfreiwillige) Parodie dieser scholastischen Ordnung wirkt. Der erste, historische Teil stellt die Zeitalter vor den Inka, die einzelnen Inka-Herrscher und ihre Frauen sowie die von ihm als »segundas personas« bezeichneten Vizekönige oder Statthalter vor, die sich historisch nicht nachweisen lassen und wohl in erster Linie der Nobilitierung der eigenen Abstammung dienen, denn unter ihnen finden sich auch sein Vater und Großvater, die er aus diesem Anlass mit den Herzögen von Alba vergleicht. Am Ende dieses wie aller folgenden Abschnitte steht seltsamerweise ein »Prolog«, der im Predigtstil anklagende Ermahnungen an die Leser bringt, die alle mehr oder weniger auf dieselbe Botschaft hinauslaufen: Die Indios waren ursprünglich gut, wurden von den Inka fehlgeleitet, von den Christen aber ganz verdorben. Der zweite Teil des Bandes behandelt die Conquista mit einer sehr eigentümlichen These: Waman Puma zufolge hat sie nämlich gar nicht stattgefunden, weil sein Vater als inkaischer »Vizekönig« in Tumbez bereits mit Pizarro und Almagro Frieden geschlossen haben soll. Infolgedessen hätten die Spanier keinen Rechtstitel auf das Land. Dennoch berichtet er kurz die Geschichte der Kolonie und stellt nun auch die Vizekönige in Porträtform einzeln vor. In ähnlicher Weise kommen danach die Bischöfe, Inquisitoren und Ordensgeneräle an die Reihe, dann die Verwaltungsbeamten und so fort. Unter den Mönchsorden lobt Waman Puma Jesuiten und Franziskaner; die meisten anderen und die Mehrzahl der Weltpriester verdammt er, weil sie Indiofrauen für sich arbeiten ließen und schamlos mit mehreren im Konkubinat lebten. So könnten sich die Indios nicht mehr vermehren, dafür trieben es die korrumpierten und zu »Huren« gewordenen Indias mit Priestern, die oft ein Dutzend Mestizenkinder hätten. Von dieser Art der Rassenmischung hält Waman Puma gar nichts, er empfiehlt – vor allem in der abschließenden Fiktion eines Frage–Antwort-Spiels mit Philipp III., der bei Waman Puma den Autor um Rat bezüglich der peruanischen Zukunft fragt – immer wieder ein striktes System der Rassentrennung. Im Fortgang des fast 1200 Blätter umfassenden Textes finden sich immer mehr Anekdoten, in denen Übergriffe der Priester, Encomenderos und Corregidores (Dorfrichter und Polizeibeamte) gegen die Indios berichtet werden, wobei die Opfer vor allem Angehörige des alten Indioadels sind, während die »indios bajos«, die früheren Unterschichten, durch geschicktes Paktieren mit den neuen Herren zu ihren Handlangern werden und ihrerseits die alten Familien unterdrücken. »Hier siehst du die Welt auf dem Kopf stehen«, kommentiert der Autor, der verzweifelt fragt: »Wo bist du, Gott im Himmel? Wo bist du, Philipp, unser Herr, der du solcherart dein Reich und dein Gut verlierst?« Die Zwangsarbeit in den Minen, die ungerechte Folter, die sexuellen Übergriffe, all das kehrt in stets denselben Formulierungen (»und es gibt keine Abhilfe«, lautet der stereotype Kommentar) wieder und findet am eindrucksvollsten in der Frage Ausdruck, wie die Spanier reagieren würden, wenn ein Indio in Kastilien eindränge, sie Zwangsarbeit verrichten ließe, beschimpfte, ihre Frauen und Töchter vergewaltigte und ihnen Land und Eigentum rauben würde: »Mir will scheinen, ihr würdet ihn bei lebendigem Leib auffressen und wäret noch nicht zufrieden.« Als Gegenmittel empfiehlt er meist, ihn selbst als obersten Ratgeber zu installieren, Indios, Weiße und Neger strikt zu trennen und

Die Aufteilung der vier Reiche in einer Zeichnung Waman Pumas

die alte Sozialordnung der Indios in hispanisiertem Rahmen wiederherzustellen. Diese kühne Indianisierung der spanisch-katholischen Weltordnung hat natürlich nur im Text Gestalt angenommen, das aber in eindrucksvoller Form. Nirgends lässt sich so gut erfassen, welche Verständnisprobleme tatsächlich auftraten, denn Waman Puma will eben zugleich »Musterschüler« des spanisch-katholischen Systems und Restaurator der präinkaisch-indianischen Welt sein. Diese Spannung prägt den Text, zerstört seine Struktur (wenn man diesen Begriff im europäischen Sinne versteht) und macht ihn gleichzeitig trotz der großen Repetitivität zu einem faszinierenden Leseerlebnis.

Späte Chroniken

Nur annähernd vergleichbar ist die *Historia general del Perú* (ca. 1613) des von Waman Puma heftig angegriffenen Mercedarier-Mönchs Martín de Murúa. Murúa widmet zwei seiner drei Bücher den Inka, die er in Toledo-Tradition als »Statthalter Luzifers« angreift, deren Welt er aber gleichzeitig in zum Teil erfundenen Geschichten sehr lebendig schildert. Besonders angetan hat es ihm die Darstellung der weiblichen Schönheit der Inka-Königinnen; und die genussvolle Schilderung erotischer Details aus ihrem Leben lässt vermuten, dass der Vorwurf der Unkeuschheit, den Waman Puma gegen ihn erhoben hat, nicht zu Unrecht bestand. Andererseits ist Murúas Text durch seine stilistische Eleganz und seinen fast romantischen Exotismus in der Schilderung der Episoden aus dem Leben der Inka eine der am stärksten literarisierten Chroniken, die in manchen Aspekten auf den romantischen Indianismo und den Ästhetizismus des Modernismo vorausdeutet.

Chroniken und Epen der Conquista in Chile

Die Chronik Gerónimo de Vivars: Bewunderung für die heldenhaften Araukaner

Eine so intensive Auseinandersetzung mit der anderen Kultur fehlt naturgemäß in den übrigen Gebieten Südamerikas, in denen die vorgefundenen Indiokulturen nicht die Höhe der Inka-Zivilisation erreicht hatten. Die Stoßrichtung der Conquista richtete sich nach der Eroberung Perus zunächst auf Chile, das durch Pedro de Valdivia in den 40er Jahren erobert wurde. Die bekannteste Chronik dieser Ereignisse ist Gerónimo de Vivars *Crónica y relación copiosa y verdadera de los reinos de Chile* (1558, Erstdruck 1966). Der Autor ist ein Kampfgefährte Valdivias und betont die Authentizität seines Berichts: »Und ich werde da nichts hinzufügen und ich werde es auch nicht über das, wie es geschehen ist und wie ich es gesehen habe bzw. wie es sich ereignete – denn einen Teil habe ich nur berichten gehört, ohne es selbst zu sehen –, hinaus aufblähen.« Die Chronik schildert vor allem den Aufstand der Araukaner (1553), bei dem Valdivia schließlich aufgrund des Verrats durch den Überläufer Lautaro in der Provinz Tucapel getötet wird. Ebenso nüchtern wie diesen Tod referiert der Autor dann die Kämpfe von Valdivias Stellvertretern Pedro und Francisco de Villagran, den Tod Lautaros und die Ankunft García Hurtado de Mendozas als neuen Gouverneurs im Jahr 1557. In den wenigen abschließenden Kapiteln zeigt die Chronik Vivars, dass die in den nachfolgenden Epen enthaltene Parallelisierung der Indios mit den Heroen der Antike keine gattungstypische Erfindung ist. Denn selbst in dieser nüchternen Chronik wird nicht nur berichtet, dass der neue Gouverneur nach der Schlacht am Biobio-Fluss befiehlt, den 150 Gefangenen die rechten Hände und die Nasen, einigen sogar beide Hände abzuschneiden, sondern es wird auch ein solcherart verstümmelter Indio vorgeführt, der in der nächsten Schlacht in dramatischer Weise durch sein Leiden die anderen anfeuert, was sogar der trockene Chronist wie folgt kommentiert: »Ich wollte ihn hier erwähnen, weil mir schien, das wäre keine Rede eines Indios, sondern jener alten Numantiner, die sich heldenhaft gegen die Römer verteidigten« – ein Vergleich mit jenen Numantinern also, die wenig später Cervantes in seiner spanischen Nationaltragödie *Numancia* zu den wahren Vertretern spanischen Wesens in Bezug auf Heldenmut und Opferbereitschaft machen sollte. Auch ein zweites Beispiel dieses in den späteren Epen gepriesenen »antiken Heldenmuts« berichtet schon Vivar, nämlich dass die Frau des gefangengenommenen Häuptlings vor Abscheu über seine Feigheit, weil er sich lebend fangen ließ, sein Kind über eine Felswand hinunterwirft: »Wir könnten sie mit jener tapferen Karthagerin vergleichen, die mit zwei Kindern in die Flammen sprang, weil ihr Mann sich den Römern ergeben hatte.«

Diese Szenen erklären, warum gerade der Kampf gegen die zivilisatorisch nicht mit den Inka vergleichbaren chilenischen Indianer als epenwürdig angesehen wurde: Die Tapferkeit und Hartnäckigkeit der Araukaner ermöglichte es viel eher, auf sie die Folie antiker und mittelalterlich-ritterlicher Kampfestugenden zu projizieren als auf das überlegene bürokratische System der Inka. Der Autor, dem diese Episierung des Conquista-Stoffes in so überzeugender Weise gelang, dass sein Werk zu dem spanischen Renaissance-Epos schlechthin wurde, ist Alonso de Ercilla (1533–1594), der am Hof Karls V. erzogen wurde und als Page mit dem jungen Philipp II. alle spanischen Länder bereiste. Die hervorragende Ausbildung durch Humanisten am Hofe machte ihn mit den römischen Geschichtsschreibern ebenso vertraut wie mit Homer, Vergil, Dante, Petrarca, Boccaccio, Ariost und den spanischen Renaissanceautoren. 1557 geht er mit dem eben ernannten Gouverneur für Chile, García Hurtado de Mendoza, nach Amerika, wird nach einem Jahr, in dem er an Kämpfen gegen die Araukaner teilnimmt, im Streit mit dem jungen Gouverneur nach Peru verbannt und kehrt schließlich 1563 nach Spanien zurück, wo er 1568/69 den ersten Teil seines Epos *La Araucana* veröffentlicht. Die 1578 folgende Publikation des zweiten Teils sieht ihn auf dem Höhepunkt des Ruhms, der sich auch in zahlreichen Hofämtern ausdrückt, bis er nach einem diplomatischen Missgeschick in Ungnade fällt. Zurückgezogen vollendet er den dritten Teil seines Epos (1589), als dessen Fortsetzung er in den letzten Lebensjahren noch ein Epos über die Eroberung Portugals plant. Das (wenigstens formale) Vorbild der *Araucana* wie aller Renaissance-Epen ist Homers *Ilias* bzw. Vergils *Aeneis* in der Antike und Ariosts *Orlando furioso* sowie Tassos *Gerusalemme liberata* in der unmittelbaren Gegenwart. Das Bestreben, ein Nationalepos zu schreiben, das ähnlich wie Vergils *Aeneis* gleichzeitig eine Art »Translatio«-Legende für die eigene Kultur aufbaut, ist allerorten vorhanden: In Frankreich scheitert Pierre de Ronsards Versuch *La Franciade*, in Portugal ist Luis de Camões mit *Os Lusíadas* durch Verbindung der Abenteuer- und Kriegsstruktur des italienischen Renaissance-Epos, der identitätsstiftenden Funktion der *Aeneis* und der zeitgenössischen Realität der Entdeckungs- und Eroberungsfahrten erfolgreich. Ercillas Werk stellt dagegen schon im Titel klar, dass es nicht so sehr um die Verherrlichung der Heldentaten der Spanier als vielmehr um die Heroisierung der Indios (Araukaner) geht; von daher ist auch die *Araucana* trotz ihrer Ästhetisierung in traditionell europäischen Formen als ein Beitrag zur angedeuteten Verstehensproblematik zweier Kulturen zu sehen. Tatsächlich sind die Spanier als Menschen (tugendhaft, tapfer, kriegerisch, oft auch grausam und berechnend)

Das nationale Renaissance-Epos der Spanier: ein Lob der Indios in der Araucana *des Alonso de Ercilla*

Alonso de Ercilla y Zúñiga

geschildert, die Indios dagegen als epische Helden (übermenschlich tapfer, stark, opfermutig und ebenfalls grausam). Der einzige Christ, der ebenfalls episch überhöht wird, ist bezeichnenderweise kein Spanier, sondern der Italiener Andrea. Das bedeutet gegenüber der bisher üblichen Darstellung der Indios eine enorme – wenngleich literarisierende – Aufwertung: Wenn die Araukaner sich nicht wie die anderen der spanischen technischen Überlegenheit (Pulver, Pferde, Artillerie etc.) unterwerfen, sondern in den unzähligen Einzelkämpfen mit einer an Cervantes' *Numancia* gemahnenden Todesverachtung bis zum letzten Mann kämpfen, dann sind sie in den ritterlichen Tugenden den Spaniern ebenbürtig, auch wenn ihnen das christliche Fundament fehlt. Schon der Einsatz des 15 Gesänge umfassenden ersten Teils zitiert die literarischen Vorbilder und distanziert sich durch die Negation gleichzeitig von ihnen: »Nicht von Damen, Liebe, Edelmut / verliebter Ritter singe ich hier.« Dieses Problem beschäftigt Ercilla im Fortgang seines Gedichtes immer wieder: das Fehlen von Liebesepisoden in dem bearbeiteten Stoff, dem er in verschiedener Weise abzuhelfen sucht. Einmal wird das Fehlen einer Liebeshandlung als Mangel konstatiert, aber mit dem Zwang zur historischen Treue gerechtfertigt (Ende des ersten Teils), dann werden ab dem zweiten Teil in zunehmendem Maß Liebesgeschichten eingelegt, deren Heldinnen üblicherweise von Ercilla ritterlich beschützte Witwen araukanischer Krieger sind, und schließlich ergreift er eine Möglichkeit des Vergleichs einer solchen mit tugendhaften Frauen der Antike, um seinen Soldaten die Geschichte Didos zu erzählen, wobei er entgegen der Vergil-Version die Keuschheit der karthagischen Königin betont. Darüber hinaus stellt sich ihm ein zweites poetologisches Problem, nämlich die Frage, ob sein Stoff überhaupt eines Epos würdig sei. Dieses Problem ist direkter verbunden mit der Verständnisproblematik, denn es zwingt Ercilla zu einem Lob der Gegner, das er wie folgt rechtfertigt: »Der Sieger wird umso mehr geachtet / je mehr Ruhm auf den Besiegten fällt.« So wächst das Bild der

Araukanisches Liebespaar – Kupferstich in einer *Araucana*-Ausgabe von 1852

Araukaner allmählich von eher primitiven Teufelsanbetern, die nur den Kult der Stärke kennen, (»Leute sind's ohne Gott noch Recht«), zu dem quasi-mythologischer Helden, vor allem in dem großen Lob des zweiten Teils, wo es heißt: »Ein Ding ist's, würdig zu bedenken, dass Leute, die, so unbekannt und abgeschnitten vom Verkehr mit andren Menschen, das erreichten, was nur unter großen Mühen und in blut'gen Kriegen jene erreicht, die auf der Erde sich mit größtem Ruhm bedecken.« Verbunden damit ist ein besonderes Lob ihrer tugendhaften Frauen, die mit den großen Frauengestalten der Antike verglichen werden. Zentrales Thema des Textes aber ist die schwierige Frage nach der Rechtfertigung von Krieg und Schlachtenausgang. Der anfängliche Erfolg des Indioaufstands wird als Himmelsstrafe dargestellt, weil die Spanier das eigentliche Kriegsziel nach der Lehre vom gerechten Krieg, die Verbreitung des Christentums, aus Gier nach Gold vernachlässigt haben; andererseits muss auch – renaissancetypisch – der Wankelmut der Fortuna als Erklärung herhalten, die »stets die Großen stürzen« lässt. Aber selbst als sich, mit Ercillas Ankunft, im zweiten und dritten Teil das Schlachtenglück den Spaniern zuwendet, übt der Autor bisweilen herbe Kritik: »Die Unsren, bis zu diesem Augenblick Christen, überschritten nun die Grenzen des Erlaubten und beschmutzten den großen Sieg durch grausame Waffentat und unmenschliche Handlung. So sträubt mein Geist und meine Feder sich, das große Gemetzel zu beschreiben, das an diesem Tag angerichtet wurd' unter den Verteid'gern ihres Landes.« Dieser Abscheu hindert ihn freilich nicht

Glückliche Ankunft
der Spanier

daran, sowohl die Greueltaten der Indios wie auch die der Spanier mit
krudem Realismus zu schildern: bei den Grausamkeiten der Indios bis hin
zu dem Aufschlitzen der Bäuche bei Schwangeren, wodurch die »Beinchen
der Ungeborenen sichtbar werden«, bei den Spaniern im dritten Teil in
einem fast kubistisch zu nennenden Bild des Schlachtfeldes: »Glieder ohne
Körper, Körper ohne Glieder, in der Ferne Stücke und Fetzen regnend,
Lebern, Därme, zerbrochne Knochen, noch lebend'ge Eingeweide und
zuckende Gehirne.« Dem gegenüber wird die mittelalterliche Welt der
chansons de geste nur ironisch zitiert, wenn einer von vierzehn gegen die
Indios auf verlorenem Posten kämpfenden Spaniern sarkastisch meint, sie
wären leider zwei Leute zu viel, um die zwölf Pairs von Frankreich abzugeben. Umso häufiger finden sich Anspielungen auf antike Epen: Die Plünderung von Concepción wird mit dem Brand Trojas, die Freude der Indios
mit der Neros vor dem brennenden Rom verglichen, der anfängliche Sieg
wird mit einem großen Siegesfest mit Spielen in Art der in der *Aeneis*
und in der bukolischen Literatur so häufigen Wettkämpfe begangen. Die
Traum- und Visionsschilderungen der Renaissance-Epen schließlich erlauben es Ercilla, ab Teil 2 nicht nur das übliche Fürsten- und Frauenlob,
sondern auch die Schilderung europäischer Schlachten der Spanier (gegen
die Franzosen bei St. Quentin, gegen die Türken bei Lepanto) einzubauen.
Gerade diese Schilderungen stützen durch den unwillkürlichen Vergleich
erst recht die Kritik des Autors an der Vorgehensweise der Spanier in
Amerika. Denn während bei St. Quentin die Spanier in ritterlicher Manier
Fliehende nicht verfolgen, springen sie in Chile mit den Gefangenen ganz
und gar nicht ritterlich um: Dem gefangenen Indio Galbarino werden als
abschreckendes Beispiel für die Aufständischen beide Hände abgehackt;
als später unter den Gefangenen zwölf Kaziken ausgesucht werden, um sie
zur Abschreckung aufzuhängen, will Ercilla wenigstens einen retten, richtet aber nichts aus. Der Höhepunkt dieser spanischen »Unritterlichkeit«
ist die abschließende Entscheidungsschlacht, die durch einen »Doppel-
agenten« entschieden wird: Der hispanisierte Indio Andresillo bietet sich
dem Spion Pran als Helfer an, was Ercilla als »hässliche Bosheit« und

*Lob der Spanier
in Europa, Kritik
an den Spaniern
in Amerika*

Araukanischer
Häuptling
(Photographie, 1865)

»Verrat« bezeichnet, obwohl es zum Nutzen der Spanier und auf Befehl der Gouverneurs geschieht. Die betrogenen Indios schleichen durch das offene Tor in die Festung und werden niedergemetzelt, was Ercilla aus Abscheu nicht mehr berichten mag. Stattdessen bringt er sogar eine allgemeine Kritik an der Conquista vor, die wegen des hohen Blutzolls und der ungerechtfertigten Grausamkeit nicht die erhofften Früchte gebracht habe, und vergisst nicht zu erwähnen, dass die größten Helden der Indios in dieser Schlacht eben deshalb überlebt haben, weil sie aus Ritterlichkeit nicht vorne mitmarschierten, da sie es verschmähten, durch den vermeintlichen Verrat die schlafenden Spanier zu töten. Freilich war auch schon der erste spanische Sieg (im ersten Teil) durch Verrat, zugleich jedoch auf melodramatische und an die Maurenromanzen vom Fall Granadas erinnernde Weise zustande gekommen, denn Lautaro schläft da mit der »schönen Guacolda« im Zelt, als ein Verräter die Spanier ins Lager führt, und wird getötet, als er nackt herausstürzt, worauf Guacolda sich ins Schwert stürzen will. Damit ist sie die erste in der erwähnten langen Reihe heroischer Indiofrauen in diesem Epos, die im Übrigen meist nicht realistisch, sondern in ganz europäisch-petrarkistischen Termini als Schönheiten beschrieben werden. Noch häufiger sind diese Frauenbilder im zweiten Teil von 1578, in dem der Autor selbst handelnde Figur ist. Zugleich beginnen mit der Kazikentochter Tegualda, die des Nachts nach der Leiche ihres getöteten Mannes sucht, um ihn zu begraben, die eingeschobenen Geschichten mit ritterromanhaftem Hintergrund. Derselben gattungstypischen Sphäre gehört auch der weise Zauberer Fitón an, zu dem Ercilla »in eine Einöde, in die niemals ein Sonnenstrahl dringt«, pilgert, um sich von ihm in einer Vision die Schlacht von Lepanto und später in einer Kristallkugel alle Länder der Erde zeigen zu lassen. Auch kompositorisch wächst das literarische Geschick des Autors: So bildet den Abschluss des zweiten Teils die Schilderung eines Gigantenduells zwischen den verfeindeten Indios Rengo und Tucapel, das in Art eines mittelalterlichen Turniers auf einem Duellplatz mit Palisaden stattfindet. Dabei erweist Ercilla sich als Meister der Spannung, denn er beendet den Text damit, dass er Tucapel zum tödlichen Streich gegen Rengo ausholen, ihn diesen aber nicht mehr ausführen lässt. Der zeitgenössische Leser musste elf Jahre, bis 1589, auf die Fortsetzung warten, und als im dritten Teil das Schwert endlich herabfällt, trifft Tucapels Schlag doch nicht tödlich. Die schon bei Vivar geschilderte Episode des geflohenen Anführers Caupolicán, dessen Frau Fresia ihm aus Abscheu vor dieser Feigheit seinen Sohn vor die Füße wirft, fasst noch einmal das Bild der ritterlich-heroisch denkenden Indias eindrucksvoll zusammen. Insgesamt repräsentieren also nur Ercilla selbst und die Indios die für das Heldenepos typischen ritterlichen Tugenden, die Masse der Spanier jedoch nicht, und die Schwarzen erscheinen überhaupt durchwegs als Verräter und Auswurf der Gesellschaft. Es ist deshalb keineswegs Zufall, dass sich wesentliche strukturelle Parallelen zwischen der *Araucana* und der *Numancia* des Cervantes ausmachen lassen: In beiden Werken stehen »barbarische«, aber heldenhafte und mittelalterlich-ritterlichen Werten verbundene Verteidiger einer logistisch überlegenen, eher nach dem Kalkül neuzeitlicher Kriegskunst kämpfenden Truppe der »Zivilisierten« gegenüber. In beiden Fällen wählen die Verteidiger lieber die Vernichtung ihrer Habe durch Brand, ja oft sogar den kollektiven Selbstmord, als die Unterwerfung. In beiden Fällen triumphieren daher sozusagen literarisch die Besiegten über die Sieger. Nur: Bei Cervantes sind die besiegten Helden die Spanier bzw. deren

Vorfahren, bei Ercilla sind die Spanier dagegen die verhöhnten Sieger, die noch dazu durch sinnlose Brutalität abstoßend wirken. Von daher ist Ercillas Epos trotz des Lobs der Taten mancher Spanier (insbesondere seiner eigenen Taten) wohl eindeutig in einen kolonialkritischen Zusammenhang einzuordnen.

Trotz dieser Tatsache wurde die *Araucana* zum Ausgangspunkt nicht nur einer Reihe von Epen, sondern eigentlich der gesamten frühen kolonialen Lyrik in petrarkistischen Formen. Unter den Fortsetzern der Epentradition ist vor allem Pedro de Oña zu nennen, ein Schützling von Ercillas Feind García Hurtado de Mendoza, der 1589 Vizekönig von Peru wird. Im selben Jahr erscheint in Europa der dritte Teil der *Araucana*, in dem er kaum erwähnt wird. Oña als Mitglied der sich in Lima unter dem Namen »Antarktische Akademie« konstituierenden Dichtergruppe will (und soll) das richtigstellen, beschreibt also eigentlich dieselben Ereignisse aus anderem Blickwinkel. Von seinem Epos *Arauco domado* (1596) ist nur der erste Teil erschienen, 19 Gesänge mit ca. 2000 Oktaven in dem originellen und nach Oña »octava de Oña« benannten Reimschema AB BAABCC. Von Anfang an definiert der Text sich selbst als Lobgedicht auf den in der *Araucana* vernachlässigten neuen Vizekönig. Schon zu Beginn prophezeit den »allen Todsünden« ergebenen Indios der Höllenkönig, dass der junge Heros Hurtado de Mendoza sie besiegen wird. Der spätere Vizekönig wird als siegreicher Held, aber auch als Beschützer der Indios dargestellt, der gegen Kinder- und Frauenarbeit in den Minen auftritt und für menschliche Behandlung der Arbeiter sorgt. Daneben bietet Oña seinen Lesern auch bukolische Szenen, etwa das Liebesspiel des Indios Caupolicán mit seiner Frau Fresia an einem *locus amoenus*, ein petrarkistisches Idyll, allerdings mit ungewöhnlich starker Erotik. Und auch bei ihm gibt es eine »zweite Dido«, die ihren Mann Tucapel suchende Gualeva, die beim Anblick seines blutigen Körpers im Wald ohnmächtig wird, ehe sie mit ihm gemeinsam einen Löwen tötet, was wiederum in eine erotische Szene mündet. Zusammen mit Tucapels Freund Talgueno suchen sie hernach dessen Frau Quidora, was sie in einer Genreszene unter die Schäfer führt, die im Sinne des bukolischen Topos ihr einfaches Leben vorstellen und in Opposition zum »Leben am Hof« loben. Schließlich finden sie in einer Hütte die schlafende Quidora, die nun einen langen Traum erzählt, in dem sie voraussieht, wie tüchtig Hurtado de Mendoza als Vizekönig in Peru agieren wird. Während in der Schlachtendarstellung der *Ilias*-Vergleich forciert wird, sind die am stärksten individualisierten Figuren des Epos eben diese Indiopaare, die eine bukolische Nebenhandlung tragen. Quidora bringt durch die Erzählung eines zweiten rätselhaften Traums, in dem ein Drache aus einer schwarzen Grotte kommt, plündert und mit seiner Beute aufs Meer flieht, bis ein Löwe ihm dorthin nachzugehen wagt und ihn zerreißt, noch ein neues Thema ein: Der Traum wird als Allegorie des englischen Piraten Richard Atkins erklärt, der die Küstenstädte plündert und schließlich von der Flotte des Vizekönigs geschlagen wird. Interessant ist die gewandelte Perspektive: Nicht die Indios, sondern die Spanier werden heroisiert. Die Indios sind einerseits noch mehr in die petrarkistische und bukolische Tradition des Idylls eingebunden, andererseits noch mehr mit Negativ-Stereotypen (Trunksucht, Aberglaube) identifiziert. Auch bei Oña fehlt jedoch ein Hinweis auf die so oft behauptete Sodomie; im Gegenteil, die Erotik der Indios erscheint in positivem Licht, renaissancehaft plastisch und zugleich idealisiert.

*Fortsetzungen
der erfolgreichen
Araucana*

Titelseite von 1590

Höfische Dichtung der Renaissance im Bereich des Vizekönigshofes: die »Academia Antárctica« von Lima

Weitere Renaissance-Epen: die Armas antárcticas *des Juan de Miramontes y Zuázola*

Die weiteren drei direkten *Araucana*-Imitationen bzw. -Fortsetzungen sind literarisch eher unbedeutend. Die zuletzt angedeutete Tendenz zur Digression in eine von Indios getragene Liebeshandlung und zum Einbau der realen Gefahr der frühen Kolonialzeit, der englischen Piraten, in die Epen der Conquista prägt jedoch auch das am stärksten literarisierte Epos dieser Zeit, die *Armas antárcticas* (ca. 1610, Erstdruck 1921) des Juan de Miramontes y Zuázola. Miramontes, der 1576 als Soldat von Panama aus an einer Strafexpedition gegen Francis Drakes Stellvertreter Oxenham teilnahm, kam um 1586 nach Peru und wurde eines der Mitglieder der erwähnten »Antarktischen Akademie«. Sein dem dichtenden Vizekönig Montes Claros gewidmeter Text umfasst 20 Gesänge mit insgesamt 1698 Oktaven, in die der Autor Anspielungen auf Ariost, Tasso, Ercilla, Oña, die Chroniken, aber auch auf Schäferliteratur einbaut, und erhebt den Anspruch, *das* Heldenepos der Conquista zu sein: »Das Waffenwerk und die militärischen Heldentaten tapferer katholischer Spanier, die durch unbekannte, stolze Meere zur Beherrschung ferner Völker aufbrachen [...], besinge ich«, heißt es in der Eingangsstrophe. Tatsächlich sind der Conquista aber nur zwei von zwanzig Gesängen gewidmet, und die zentralen Szenen um die Gefangennahme und Tötung Atawallpas werden fast beiläufig in wenigen Strophen und unter Verwendung der üblichen Klischees abgehandelt. Im zweiten Gesang werden in aller Eile sämtliche Bürgerkriege und Aufstände berichtet. Insbesondere bei dem Aufstand Gonzalo Pizarros zeigt der Autor eine seiner stilistischen Vorlieben, die unverbundene Reihung (Asyndeton): »Raserei, Hochmut, Skandal, Wahnsinn / Aufruhr, Krieg, Tod, Blut, Feuer« herrschen in diesem »verwirrten Chaos«. Schon im dritten Gesang beginnt die Schilderung der Unternehmungen englischer Piraten mit einer (sehr positiven) Beschreibung Francis Drakes und der Schilderung der Pakte zwischen John Oxenham und den Negersklaven Mittelamerikas, die wegen der persönlichen Beteiligung des Autors am Kampf gegen Oxenham besonders ausführlich ausfällt und auch mit einer an die Stoffe des heroisch-galanten Romans erinnernden Liebesgeschichte garniert wird. Den Hauptteil des Gedichts, die Gesänge 11 bis 17, nimmt jedoch die eingelegte Erzählung der Liebesgeschichte der Indios Chalcuchima und Curicoyllor ein, die zur Inka-Zeit spielt und deutliche Anklänge an den *Ollantay*-Stoff zeigt. Wie in europäischen Texten des bukolischen Genres wird hier eine »reine Hirtenliebe« gegen die mit Zwang durchgesetzte Liebe eines Prinzen ausgespielt; auch ein Fest mit Spielen an einem *locus amoenus* betont diesen bukolischen Hintergrund, der freilich in eine Tragödie mündet: Chalcuchima wird durch gedungene Mörder umgebracht, und Curicoyllor gibt sich daraufhin selbst den Tod. Die verbleibenden Gesänge 18 bis 20 schildern wieder die Beutezüge eines englischen Piraten (Thomas Cavendish) in Chile und die spanischen Feldzüge gegen den »perfiden Calvin«. Dann bricht der Text ziemlich abrupt ab; möglicherweise ist er unvollendet.

Das literarische Leben in seiner ganzen Breite: von religiösen Epen zu petrarkistischen Gedichtsammlungen

Aber auch ganz andere Themen wurden in den Epen dieser »Antarktischen Akademie« behandelt. Zeugnis davon gibt das literarisch gelungenste Epos über das Leben Christi in spanischer Sprache, die *Cristiada* (1611) des Dominikanermönchs Diego de Hojeda. In den zwölf von mystischer Intensität erfüllten Büchern gelingt Hojeda eine von lyrisch überzeugenden Momenten getragene Umdichtung des spanisch-amerikanischen Epos »a lo divino«. Mit diesen immer stärker literarisierenden Epen, die mit Ausnahme von Ercillas Werk auch in und für Peru geschrieben wurden, ist jedoch nur ein kleiner Teil der literarischen Produktion der um 1600 zu einer ungeahnten Blüte gelangenden Dichtung der »Antarktischen Akademie« benannt. Der Stoff der Conquista war vielleicht epentauglich, tatsächlich aber nicht das Material, das die Mitglieder dieser petrarkistisch ausgerichteten Dichtergruppe ausschließlich beschäftigte. In erster Linie ging es ihnen darum zu zeigen, dass man auch hier, so weit entfernt von der Wiege der europäischen Kultur, inmitten einer feindseliger Natur und »unverständiger« Indios, Renaissancedichtung realisieren konnte. Dazu war zunächst einmal Kulturvermittlung erforderlich, und die manifestierte sich in einer umfangreichen Übersetzungstätigkeit: Der Portugiese Enrique Garcés übersetzt in Lima Petrarcas *Canzoniere* (Madrid 1601) und Luis de Camões' *Lusíadas* (1601). Diego Mexía de Fernángil liefert im ersten Teil seines *Parnaso antárctico de obras amatorias* (1608) eine Übersetzung von Ovids *Heroides*, und schon der Inka Garcilaso hatte ja seine Karriere als Übersetzer des Leone Ebreo begonnen. Das eindrucksvollste Beispiel für diesen peruanischen Petrarkismus ist aber Diego Dávalos y Figueroa mit seinem Dialog *Miscelánea austral*, der unter den bukolischen Decknamen Delio und Celia den Autor im Gespräch mit seiner Muse und Gattin, der hochgebildeten Konquistadorenwitwe Francisca de Briviesca, zeigt, die von vielen auch als die Urheberin des Mexía de Fernángils Werk vorgestellten *Discurso en loor de la poesía* gesehen wird (ein Terzinengedicht mit 808 Elfsilbern, das die Dichtung über alle Künste und Wissenschaften stellt und vor allem auch die Dichter*innen* der neuen Welt und die Akademie von Lima rühmt).

Peruanischer Petrarkismus

In der *Miscelánea* übernimmt sie eine eher pragmatische Rolle, indem sie übertriebene Rhetorik in den eingelegten Gedichten ihres Mannes ebenso kritisiert wie sie die zahlreichen Anleihen aus Petrarca und den Petrarkisten zielsicher erkennt und bisweilen sogar tadelt. Dávalos, der seit seiner Heirat mit der fünf Jahre älteren Francisca als wohlhabender Encomendero im heutigen La Paz lebt, verpflanzt die Stimmung der italienischen Renaissancehöfe (etwa im Geist von Baldassare Castigliones *Cortegiano*) in die »Wildnis« der Anden. Unter Zuhilfenahme einiger »Summae« der Renaissancetraktate wie etwa des *Libro de natura de amore* des Mario Equicola (1496) und des *Specchio di scienze e compendio delle cose* (1583) des Orazio Rinaldi, aber auch der kanonischen Werke Petrarcas, Castigliones, Bembos, Ausias Marchs, Garcilasos und anderer, liefert er in den 44 Gesprächen einerseits eine literarisch verbrämte Selbstbiographie, andererseits eine Erörterung der verschiedensten Themen, allen voran natürlich Liebe, Dichtung, Träume, aber auch Fauna und Flora Perus und Kultur der Indios, sowie eine Anthologie eigener Gedichte und Übersetzungen; ein poetisch-enzyklopädisches Werk also, das unter den primitiven Verhältnissen seines Wohnortes geradezu als Wunder erscheinen musste. So dürfte es auch die »Antarktische Akademie« gesehen haben, denn der Neophyt aus den Hochanden wurde geradezu enthusiastisch begrüßt, als er 1601 nach Lima herabstieg, um sein Buch dort veröffentlichen zu lassen: In der Erstausgabe (1603) finden sich nicht weniger als zwanzig hymnische Widmungsgedichte von Dichterkollegen. Der Lyriker Dávalos, der Petrarca und die italienischen Petrarkisten meisterhaft übersetzt und eigene Gedichte in ihrer Tradition, teils auch abwechselnd in italienischen und spanischen Versen, verfasst, hat sich diese Bewunderung durchaus verdient; die in den Prosadialogen

Diego Mexías *Parnaso Antártico*

vorgetragenen Thesen sind dennoch etwas problematisch, insbesondere die von Vorurteilen strotzenden Ausführungen über die Indios, die unfähig zur Liebe, von bescheidenem Verstand, faul und zu großen Taten ungeeignet erscheinen, sodass Dávalos folgerichtig die überwältigenden Bauten von Tiahuanaco nicht ihnen, sondern einem prähistorischen »Geschlecht von Riesen« zuschreibt. Den Abschluss bildet das Oktavengedicht *Defensa de damas* (Verteidigung der Damen), in dessen sechs Gesängen Dávalos die bei seinen Zeitgenossen häufig anklingende Ehrenrettung der Frauen gegen misogyne Traktate des Spätmittelalters zu einem eindrucksvollen Höhepunkt führt.

Satirische Dichtung   Ganz im Gegensatz dazu steht das polemische Gedicht *Sátira de las cosas que pasan en el Pirú año de 1598* des durch Mexiko und Peru reisenden Mateo Rosas de Oquendo alias Juan Sánchez, einer pikaresken Gestalt aus Sevilla, deren Werke erst 1906 veröffentlicht wurden. Rosas de Oquendos Satire im Romanzenvers geißelt unter geschickter ironischer Zitierung der Reconquista-Romanzen Eitelkeit und Geltungssucht der Kolonialgesellschaft, in der jeder geflohene Verbrecher sich plötzlich einen hochadeligen Stammbaum konstruiert, vor allem aber die Untreue und Betrügerei der vergnügungssüchtigen, dem Spiel und ihrer eigenen Geilheit ergebenen Frauen Limas, die putzsüchtig und zugleich flatterhaft sind: »Alle gehen sie herausgeputzt/ und warten doch nur drauf, sich zu entblößen.« Diese Frauenfeindlichkeit relativiert er freilich in einer später in Mexiko geschriebenen kürzeren Romanze mit den Worten: »Letztendlich laufe ich den Frauen nach/ und die Frau ist's, die mich tötet/ die Frau gibt mir den Tod und das Leben/ eine Frau schickt mich fort /und eine Frau ist's, die mich hält/ nun seht, ihr Frauen, ob ihr nicht böse seid.«

Literatur der Randgebiete: Epen und Chroniken

In den Randgebieten des Vizekönigreichs (die heutigen Länder Kolumbien, Venezuela und Ecuador im Norden; Paraguay und der La-Plata-Raum im Südosten) konnte sich mangels eines Hofes, durch die später erfolgende Kolonisierung, aber auch durch das niedrigere Niveau der vorgefundenen Indiokulturen in dem uns hier interessierenden Zeitraum weder die Thematik des Verstehens der Kulturen noch die Literarisierung der Chroniken in demselben Ausmaß realisieren wie in Peru und Chile. Viele der frühen Chroniken sind überhaupt verlorengegangen, so die beiden Berichte *El gran cuaderno* und *Los ratos de Suesca* des wenig vom Glück begünstigten Eroberers von »Neu-Granada« (dem heutigen Kolumbien), Gonzalo Ximénez de Quesada. Erhalten blieb von den Werken des literarisch ambitionierten, ewig dem Mythos von »El Dorado« nachjagenden Konquistadors nur die Kurzchronik *Epítome de la conquista del Nuevo Reino de Granada* (um 1550) und die polemische Streitschrift gegen den Kritiker der kaiserlichen Kriegsführung in Italien, Paolo Jovio (*El antijovio*, 1567). Die Chroniken des Amazonasgebiets können wenigstens mit quasi-mythologischen Sensationen aufwarten: Fray Gaspar de Carvajal in seiner *Relación del nuevo descubrimiento del famoso río grande de las Amazonas* über die Reise Orellanas aus den Jahren 1541/42 mit Spuren der sagenhaften Amazonen; Francisco Vázquez' *Relación de todo lo que sucedió en la jornada de Amagua y Dorado* (1562) mit einem Augenzeugenbericht über die Taten des blasphemischen, sadistischen Wüstlings Lope de Aguirre, der bis in unsere Tage zu den beliebtesten Themen von Film (Werner Herzog) und lateinamerikanischer Literatur

Die Geschichte der Amazonas-Expeditionen und des »Teufels« Lope de Aguirre

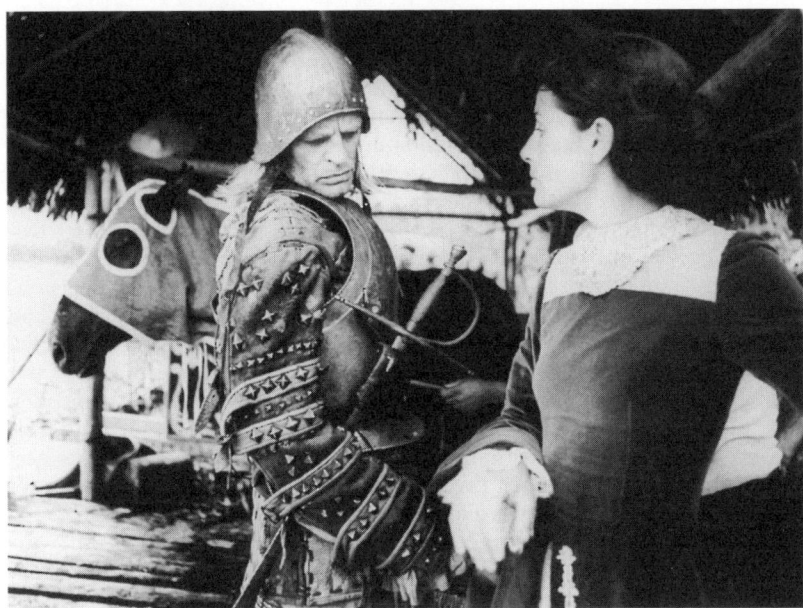

Klaus Kinski in der
Titelrolle des Films
*Aguirre – der Zorn
Gottes* (Werner Herzog,
1972)

gehört. Dieser Text ist nicht nur deshalb interessant, weil hier der historisch erste Versuch einer Abspaltung von der spanischen Krone behandelt wird, sondern auch, weil der Autor Originalbriefe des offensichtlich wahnsinnigen Lope de Aguirre wiedergibt wie jenen an Karl V., in dem er gegen alle Monarchen wütet: »Keiner von euch Königen wird je in den Himmel kommen, denn dort wäret ihr schlimmer als Luzifere, aber ich kümmere mich gar nicht um euch, denn eure Macht ist bloße Luft«, aber auch sehr konkrete Kritik äußert: Karl V. habe Deutschland mit dem Geld erobert, das die Konquistadoren verdient haben, und »Deutschland hat Spanien mit seinen Lastern erobert«.

Später finden sich im Norden des peruanischen Vizekönigtums beide beobachteten Tendenzen der Chronik: einerseits die epische Literarisierung und andererseits die novellenhafte Auflösung in Episoden. Als Beispiel für ersteres lässt sich Juan de Castellanos' *Elegías de varones ilustres de Indias* (1589) anführen. Castellanos hat dieses monumentale Werk aus mehr als 150 000 in Oktaven gruppierten Versen während zwanzig Jahren geschrieben, in denen er als Pfarrer in der Kleinstadt Tunja tätig war. Er behandelt darin genauestens die Geschichte der Conquista in der Karibik, Kolumbien und Venezuela von Kolumbus bis zu seiner Gegenwart, einschließlich der Piratenüberfälle Drakes. Lesbar ist das überdimensionale Gedicht wohl nur noch in Anthologieform, wobei zu den interessanteren Stücken die auch hier sehr negative Auseinandersetzung mit Las Casas und seinem Projekt einer friedlichen Besiedlung in Cumaná gehört, das gegen die Warnungen erfahrener Soldaten von friedlichen spanischen Bauern durchgeführt wird (die Castellanos durch Verwendung typischer Schäfernamen ironisiert) und in einer Katastrophe endet: »Tollwütige Hunde [die Indios] / schlachten die katholische Herde ab.«

Für die zweite Tendenz ist hingegen Juan Rodríguez Freyle mit *El carnero. Conquista y descubrimiento del Nuevo Reino de Granada* (1638)

Juan de Castellanos,
Verfasser eines
»Megaepos« über die
»berühmten Männer
Amerikas«

Frauenfeindlichkeit und Liebe zur novellenhaften Anekdote: der Carnero *des Juan Rodríguez Freyle*

anzuführen. Hinter dem sowohl als »Widder« wie als »Rammbock« und als »Karner, Beinhaus« übersetzbaren Titel verbirgt sich eine Chronik der einhundert Jahre, die zum Zeitpunkt der Beendigung des Manuskripts seit der Eroberung von Neu-Granada verstrichen waren, vor allem aber eine reiche Sammlung von Anekdoten aus der Kolonialzeit, die das Bild einer instabilen, von Leidenschaften beherrschten Gesellschaft vermitteln, in der besonders die Frauen immer wieder Anlass zu Eifersuchtsdelikten geben. Unzählige Gattenmorde, Ehebrüche und Rachetaten berichtet Rodríguez Freyle, um jedes Mal auszurufen: »Oh Schönheit, die du so viel Böses verschuldet hast! Oh Frauen!« Wenn schon Frau, dann wenigstens hässlich: »Selig sind die Hässlichen, denn ich las noch nie, dass um ihretwillen Königreiche und Städte untergingen oder sonst ein Unglück geschah.« In jedem Fall aber ist die Frau »Waffe des Teufels, Haupt der Sünde und Zerstörung des Paradieses«. Dazu werden einige Episoden durch das direkte Eingreifen von Teufeln oder Hexen legendenhaft verbrämt. Auch die Indios kommen schlecht weg, und am Schluss steigert sich der Autor in Art einer Predigt zu einer allgemeinen Geißelung der Sünden, ja der Welt und des Fleisches schlechthin, um mit einem bereits barocken Memento mori zu schließen: Nichts nehme der Mensch aus dieser Welt mit als ein Leichentuch. Dennoch liest sich der Text streckenweise als höchst fesselnde und vom Autor durch kokette Einwürfe an den Leser unterhaltsam gestaltete Novellensammlung.

Die Reiseberichte: Diego de Ocañas pikareske Erlebnisse in der Neuen Welt

Eine ähnliche Tendenz zur Novellistik scheint den späten Reiseberichten innezuwohnen: Das gilt etwa für den Bischof Reginaldo de Lizárraga, der in seiner Reisebeschreibung von Ecuador über Chile bis Nordwestargentinien (*Descripción del Peru, Tucumán, Río de la Plata y Chile*, 1607) kein gutes Haar an den Indios lässt, die man streng behandeln müsse, um nicht Schwäche zu zeigen, wie auch für den reisenden Mönch des Klosters Guadalupe Diego de Ocaña, der in seinem Buch über eine auf einer ähnlichen Route durchgeführte Reise *A través de la América del Sur* (1599–1608) in pikaresk-autobiographischer Weise eindrucksvolle Szenen aneinanderreiht: der hungernde Ocaña, der sich von einem Kleriker gerade rechtzeitig ansprechen lässt, damit dieser ihn zum Essen einlädt, um ihm danach einen unverschämt hohen Preis für ein selbstgemaltes Marienbild abzunehmen; der fast verdurstende Ocaña, der wie in einem Ritterroman in der Küstenwüste Perus plötzlich an ein schlossartiges Gebäude mit einer wunderschönen Frau gelangt, der er »nach Art der Mönche« sofort alle möglichen Schmeicheleien sagt; der in Chile zwischen die Fronten geratene Ocaña, der sich auf der Flucht vor den Indios durch einen Sumpf schlagen muss; der in Bolivien im Schnee der Anden fast erfrierende Ocaña, der dennoch Zeit findet, ein Bild von den Leiden der Minenarbeiter zu zeichnen, die in einem »Porträt der Hölle« ihr Leben verbringen müssen. All das macht aus seinem Reisebuch ein kleines literarisches Meisterwerk, was zu den Qualitäten passt, die auch sein für Potosí geschriebenes Heiligenspiel *Comedia de Nuestra Señora de Guadalupe y sus milagros* (1601) aufweist, eine durchaus professionelle *comedia de santos* der spanischen Barocktradition und eines der frühesten aus dem Vizekönigreich Peru erhaltenen spanischen Dramen.

Erste literarische Zeugnisse im La-Plata-Raum

Für den La-Plata-Raum lässt sich die hier beschriebene große Entwicklung von der nüchternen Chronik zur Literarisierung nur bruchstückhaft und mit Einschränkungen nachvollziehen: Der früheste Text ist tatsächlich keine Chronik, sondern das vermutlich um 1538 entstandene, als *romance* bezeichnete Gedicht aus 135 Acht- und Viersilbern von Luis de

Miranda de Villafaña, in dem die inneren Streitigkeiten der ersten Koloni-
satoren und der entsetzliche Hunger geschildert werden, der sie auch vor
Menschenfresserei nicht zurückschrecken lässt. Nach einer Kurzchronik,
den von Cabeza de Vacas Sekretär Pero Hernández niedergeschriebenen
Comentarios (1555) über seine Zeit als Gouverneur, die mit seiner Gefangennahme durch die Aufständischen Martínez de Iralas endete, erfolgt
der zeitlich nächste Versuch, die Kolonialisierung der La-Plata-Länder
und Paraguays zu beschreiben, bereits in der Form des Epos: Es ist Martín
del Barco Centeneras 28 Gesänge umfassendes Oktavengedicht *Argentina
y conquista del Río de la Plata* (1602). Ausgehend vom Ursprung der
örtlichen Indios und der eindrucksvollen Beschreibung der großen Flüsse
und ihrer Flora und Fauna, die auch mit Anekdoten gespickt wird (etwa
von der Frau, der ein Fisch aus der Bratpfanne heraus den Finger abbeißt),
kommt auch Barco nach der Beschreibung Asuncións als »Paradies Mo-
hammeds« wegen der dort unter Spaniern herrschenden Vielweiberei zur
Schilderung des Hungers im frühen Buenos Aires. Die später entstehende
Notwendigkeit, mehrere Handlungsstränge parallel zu verfolgen, macht
den Text oft unübersichtlich, wenn gleichzeitig Handlungsorte von Bolivien bis zur Magellanstraße und Personen vom Vizekönig in Lima über
die Heerführer im Urwald bis zu Francis Drake im Blickfeld bleiben
sollen. Auch die Haltung des Autors erscheint uneinheitlich: So lobt er im
9. Gesang die Damen und schildert im 12. Gesang die heroische Liebes-
treue zwischen zwei Indios in einer der *Araucana* würdigen Episode, im
22. Gesang heißt es jedoch, nachdem er zuvor zwei Gattenmorde in Art
des *Carnero* berichtet hat: »Von den Frauen wissen wir's ja ohnedies,/
dass sie keinem Ratschlag zugänglich sind,/ denn Vernunft besitzen sie
nicht eben viel.« Nach einem Bericht über das Konzil von Lima endet das
Gedicht mit Episoden des Kampfes gegen die englischen Piraten und der
Versprechung eines nie geschriebenen zweiten Teiles.

Stattdessen verfügen wir über eine zweite, in Prosa abgefasste *Argen-
tina*: Ruy Díaz de Guzmáns Chronik *Anales del descubrimiento, po-
blación y conquista de las provincias del Río de la Plata* stammt aus dem
Jahr 1612, sodass in diesem Fall die Chronik nach der literarischen
Verarbeitung im Epos kommt. Der in Asunción geborene Autor, dessen
Großmutter eine Guaraní-India war, ist Soldat, Sohn und Enkel von
Konquistadoren (sein Großvater ist der Rebell Irala) und königlicher
Beamter, der den Großteil seines Lebens in Asunción verbringt. Seine
Chronik bezweckt einerseits die Verteidigung der Position seines Vaters
und Großvaters und der verbeiteten Vielweiberei, die auf der Tatsache
beruhte, dass man sich dadurch den Schutz der »Schwager« unter den
Indios erkaufte. Andererseits zeigt sich auch in diesem Text bereits der
Hang zur novellenhaften Episode, etwa in der Geschichte der schönen
Lucía de Miranda, in die sich ein Indiokazike verliebt; er entführt sie und
hält sie »als Ehefrau«, bis ihr Mann sich freiwillig gefangennehmen lässt,
um ihr nahe zu sein. Als der Kazike hinter ihren »ehelichen Ehebruch«
kommt, lässt er beide grausam töten. Auch in anderen Geschichten sind
schöne Frauen die positiven Heldinnen, etwa die vor dem Hunger zu den
Indios fliehende Maldonada, die einer in Wehen liegenden »Löwin« bei
der Geburt hilft und dann, als sie der Kommandant der Spanier wegen
ihrer Desertion als Fraß für die wilden Tiere an einen Baum binden lässt,
von eben dieser Löwin beschützt wird. Insgesamt vermitteln die drei
Bücher in ihrer schönen, wenngleich schmucklosen Prosa den Eindruck
einer chaotischen Abfolge von Expeditionen, Städtegründungen, Auf-

*Die Prosachronik
La Argentina des Ruy
Díaz de Guzmán*

ständen und Kämpfen mit Indios; auch hier sind es also vor allem die eindrucksvollen novellesken Episoden, die für den heutigen Leser das Interessante des Textes ausmachen dürften.

Informations- und Missionsliteratur aus Brasilien

Der Beginn einer brasilianischen Literatur

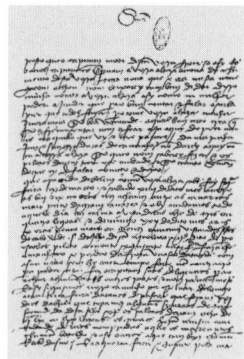

»Brief« des Pero Vaz de Caminha an den portugiesischen König Manuel

Brasilien war am Beginn der Neuzeit nicht das erste Land, das von portugiesischen Seefahrern »entdeckt« wurde, und die *Carta* (der »Brief« vom 1. Mai 1500, veröff. 1817) des Augenzeugen Pero Vaz de Caminha an den portugiesischen König Manuel war nicht der erste Bericht, der Portugal und Europa über vorher nicht bekannte Gebiete informierte. Sowohl die portugiesische Seefahrt als auch die mit ihr verbundene Berichterstattung stehen in einer langen Tradition, die bis zum beginnenden Spätmittelalter zurückreicht. Der erste Text über Brasilien machte deshalb wahrscheinlich auf die Zeitgenossen nicht den sensationellen Eindruck, den der heute übliche Titel »Brief über die Entdeckung Brasiliens« zu evozieren scheint, wobei aber nicht außer Acht gelassen werden darf, dass vor allem die strategische Bedeutung des neuentdeckten Landes schon früh erkannt wurde. Der Brief des Pero Vaz war ein Bericht unter vielen, und es war damals keineswegs abzusehen, dass es sich bei der Entdeckung der Küste südlich des heutigen Porto Seguro um einen Teil des später größten Landes Lateinamerikas handeln würde. Die Bedeutung des Textes ist also selbst in historiographischer Hinsicht im Wesentlichen eine erst später zuerkannte, und ins Gesichtsfeld der Literaturwissenschaft wäre der Text ohne die historische Bedeutung erst gar nicht getreten. Wie viele andere national orientierte Literaturgeschichtsschreibungen suchte auch die brasilianische zu Beginn des 19. Jhs. nach einer Geburtsstunde, die natürlich nicht mehr in den ersten schriftlich bekannten Äußerungen der eigenen Sprache gefunden werden konnte, wie es für europäische Verhältnisse die Regel war, sondern nur der erste Text *über* Brasilien sein konnte. Trotz all dieser Vorbehalte ist es sinnvoll, in einer Geschichte der brasilianischen Literatur mit dem Brief des Pero Vaz zu beginnen, da dieser Text die idealisierende Variante des Umgangs mit dem »Ganz Anderen« anschaulich illustriert und durch seine überschwengliche Darstellung der Schönheiten und Qualitäten des Landes den Beginn einer brasilianischen Tradition markiert, die man für gewöhnlich als »ufanismo« (Großsprecherei) bezeichnet. Pero Vaz ist aber auch ein Berichterstatter, der erkennt, dass seine Darstellung, ja die Realitätswahrnehmung der portugiesischen Mannschaft allgemein, eine konstruierte ist; er bemerkt, dass er und die anderen Portugiesen nur sehen, was sie sehen wollen. So schreibt er etwa im Zusammenhang mit einigen indianischen Gesten, die den Portugiesen auf Gold hinzuweisen schienen: »Isto tomávamos nós assim por assim o desejarmos« (»Das nahmen wir so auf, weil wir es uns so wünschten«). Die offene und reflektierende Geisteshaltung des Verfassers und sein eleganter und flüssiger Stil, der auch Sprachspiele, vor allem mit dem Wort »vergonha« (Scham), zulässt, rechtfertigen die

Aufnahme des Briefes in eine Literaturgeschichte zusätzlich zur traditionell historischen Bedeutung.

Im Gegensatz zu Hispanoamerika setzte in Brasilien in der Zeit unmittelbar nach der »Entdeckung« keine reichhaltige Chronikliteratur ein. Dieses Verstummen nach der *Carta* des Pero Vaz hängt mit dem Desinteresse der portugiesischen Krone an den von Cabral entdeckten Küstengebieten zusammen, die bis 1530 nur für die Ausbeutung des Brasilholzes und als Stützpunkt für die Reise nach Indien benutzt wurden. Als aber die Bedrohung, Brasilien an andere europäische Seemächte, vor allem an Frankreich, zu verlieren, zu groß wurde, entschloss man sich in Portugal, das neue Gebiet abzusichern und zu besiedeln. Martim Afonso de Sousa wurde mit dieser Aufgabe betraut; er segelte die ganze Küste von Pernambuco bis zum Río de la Plata entlang und gründete die erste portugiesische Siedlung Lateinamerikas, São Vicente. Seinem Bruder Pero Lopes de Sousa verdanken wir einen Bericht über diese Expedition, den *Diário de Navegação* (1530/32, veröff. 1839), eine zwar trockene, aber detailreiche Darstellung der Seereise.

Anfängliches Desinteresse der Portugiesen

Die Organisation der Kolonisierung und die Rolle der Jesuiten

Aber auch in der Zeit nach Martim Afonso de Sousa gelang es nicht, die Kolonisierung Brasiliens durch Portugiesen entscheidend voranzutreiben, da die »donatários« (Lehensempfänger) der »capitanias hereditárias« (Erbkapitanien) ihrer Aufgabe, das übertragene Gebiet zu besiedeln, kaum nachkamen. Einzig in den beiden Kapitanien São Vicente und Pernambuco kann von einer tatsächlichen Errichtung portugiesischer Siedlungen gesprochen werden, aber selbst diese waren von sehr bescheidenen Ausmaßen, und ihre Einwohnerzahl dürfte um 1550 kaum das Tausend überschritten haben. Erst die neuen Verordnungen der Krone von 1548, die für Brasilien ein dem spanischen Kolonialreich ähnliches Verwaltungssystem brachten, sollten eine entscheidende Änderung bringen. Man ging dabei vom System der Erbkapitanien ab und setzte einen dem König unterstellten »governador geral« (Generalgouverneur) ein. Schon der erste Amtsinhaber Tomé de Sousa, der mit an die tausend Personen, unter ihnen Soldaten und Beamte, nach Brasilien fuhr, erwies sich als äußerst kompetent und effizient. Er gründete nicht nur die Hauptstadt »Cidade do Salvador« (Stadt des Erlösers) in der »Bahia de Todos os Santos« (Allerheiligenbucht), das zukünftige administrative und kulturelle Zentrum der Kolonie, sondern brachte auch die ersten Jesuiten ins Land. Der Jesuitenorden vollzog 1553 durch die Erhebung Brasiliens zu einer eigenen Ordensprovinz einen Schritt, der durch die damit verbundene Anerkennung der Eigenständigkeit des Landes zukunftsweisend war, und schuf durch die Gründung von Kollegien und von Missionszentren schon sehr früh das Fundament für die zukünftige Monopolstellung des Ordens auf den Gebieten von Erziehung und Kultur. Der Gesellschaft Jesu verdanken wir deshalb auch einen Großteil der Berichte über die Frühzeit der brasilianischen Kolonialgeschichte. Erwähnenswert ist in diesem Zusammenhang vor allem der *Diálogo sobre a Conversão do Gentio* (um 1557) von Manuel da Nóbrega, dem ersten Ordensprovinzial Brasiliens, der vor allem durch die Gründung des Jesuitenkollegs von São Paulo de Piratininga (1554), Kern der späteren Metropole São Paulo, in die Geschichte einging. Ähnliche Berichte, die vor allem der Instruierung zukünftiger Jesuitenmissionare dienten, verfasste einige Jahrzehnte später sein Or-

Gründung der ersten Hauptstadt Salvador de Bahia

densbruder Fernão Cardim. Die erst im 19. Jh. zusammengestellte Textsammlung *Tratados da Terra e da Gente do Brasil* informiert dank ihrer zahlreichen Beispiele anschaulich über die indigene Bevölkerung, aber auch über die Lebensweise der portugiesischen Siedler. Auffällig ist bei ihm auch die Begeisterung für das Land Brasilien, das Portugal an Schönheit und Annehmlichkeiten nicht nur gleichkomme, sondern es sogar noch übertreffe.

Der erste große brasilianische Autor: der Jesuit José de Anchieta

Als der für die Literaturgeschichte bedeutendste Autor des 16. Jhs. muss allerdings der aus Teneriffa stammende Jesuitenpater José de Anchieta (1534–1597) bezeichnet werden, der nicht nur wie seine Ordensbrüder Briefe und Berichte über seine Missionstätigkeit schrieb, sondern

Die Erbkapitanien Brasiliens von 1530

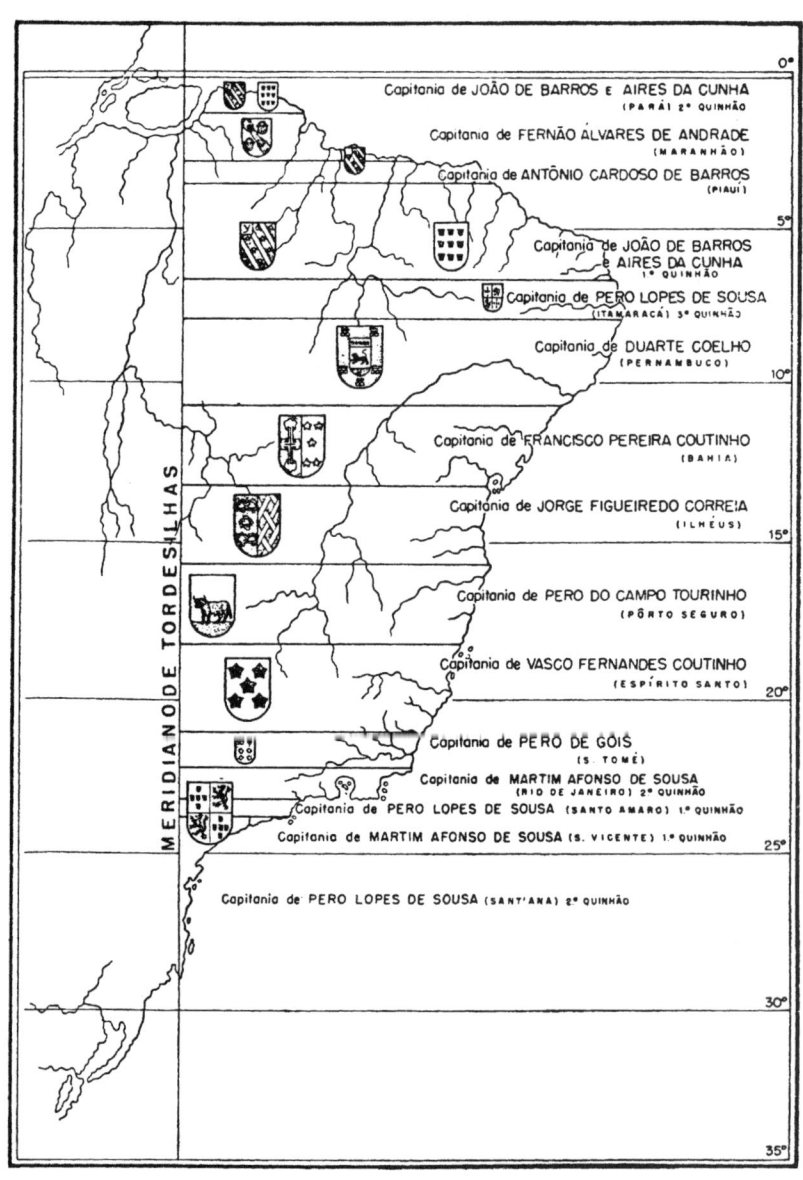

auch lyrische und dramatische Texte verfasste. Seine Dichtung ist ganz der katholischen Glaubenslehre verpflichtet, sei es zur Unterweisung der Portugiesen, sei es zur Missionierung der Indianer. Dementsprechend finden sich bei ihm nicht nur Verse in Portugiesisch, sondern auch in Tupi und Spanisch. Diese Vielsprachigkeit erinnert an den großen Meister des frühen portugiesischen Theaters, Gil Vicente, dessen Stücke Anchieta in seiner Studienzeit in Portugal kennengelernt haben muss. Wie von einem schreibenden Mitglied der Gesellschaft Jesu nicht anders zu erwarten, liegen von ihm auch lateinische Dichtungen vor: *De Beata Virgine Dei Matre Maria* (1563) und *De Gestis Mendi de Saa* (1563), eine Darstellung der Regierung des dritten Generalgouverneurs Mem de Sá. Anchieta verfasste auch eine der ersten Grammatiken einer Indianersprache, die *Arte de Gramática da Língua mais usada na Costa do Brasil* (1595). Von seinen dramatischen Werken, die alle in der Tradition des mittelalterlichen geistlichen Spiels stehen, verdient vor allem der *Auto na Festa de São Lourenço* (Urauff. 1583, veröff. 1948) Erwähnung. Das in drei Sprachen – Portugiesisch, Spanisch, Tupi – verfasste Stück besticht vor allem durch seine kurzen, leicht memorierbaren Metren, die eine musikalische und tänzerische Komponente miteinschließen, als auch durch die Predigten der Allegorien, die die Quintessenz des Stückes anschaulich vor Augen führen. Leider folgte Anchieta in Brasilien kein vergleichbarer Autor, sodass seine lyrische und dramatische Produktion eine Ausnahme in der Literatur der frühen Kolonialzeit darstellt.

Der Großteil des Brasilien betreffenden Schrifttums waren Berichte über die Geographie des Landes, die Sitten der dort lebenden Ethnien oder die Taten der portugiesischen Kolonisten. Neben den Werken der schon erwähnten Autoren aus dem Jesuitenorden sind vor allem der *Tratado da Terra do Brasil* (1570, veröff. 1828), die *História da Província de Santa Cruz a que vulgarmente chamamos Brasil* (1576) von Pero Magalhães Gândavo, der *Tratado descritivo do Brasil* (1587) von Gabriel Soares de

Historiographische und landeskundliche Texte

Tänze der Indios – Kupferstich von 1601

Sousa, die *Diálogos das Grandezas do Brasil* (1618) von Ambrósio Fernandes Brandão und die *História do Brasil* (1627, veröff. 1889) des Franziskanerpaters Frei Vicente do Salvador (vor dem Ordenseintritt Vicente Rodrigues Palha) als wichtigste historio- und ethnographische Quellen der Frühzeit des kolonialen Brasiliens zu nennen. Überwiegt bei den ersten beiden Autoren eine positive, ja fast euphorische Grundeinstellung gegenüber der brasilianischen Welt, deren Schönheiten und Qualitäten in leuchtenden Farben beschrieben werden, so finden sich bei Ambrósio Fernandes Brandão und Frei Vicente do Salvador auch kritische Stellen, die Nachteile im Leben der Kolonie nicht aussparen. Die unterschiedliche Gewichtung entspricht einerseits den verschiedenen persönlichen Realitätszugängen der Verfasser, andererseits dem sich ändernden geistigen Rahmen der Zeit, dem Übergang von Renaissance zu Barock. Pero Magalhães Gândavo, der von seinem Freund Camões in einem Widmungsgedicht am Beginn der *História da Província de Santa Cruz* gelobt wird, schrieb noch ganz im Geiste eines idealistischen und den Fortschritt erhoffenden Humanismus; er wollte seinen portugiesischen Landsleuten genaue Informationen über Brasilien geben und sie durch die Hervorhebung der für ihn überwiegenden positiven Seiten des Landes zur Auswanderung überreden. Gabriel Soares de Sousa, der durchaus als risikofreudiger Unternehmer bezeichnet werden darf, verfasste seinen Traktat über die Reichtümer Brasiliens in Madrid, als er darauf wartete, vom König die Erlaubnis zur Ausbeutung von Silberminen im Hinterland von Bahia zu erhalten. Ihm ging es vor allem darum zu zeigen, dass es sich wirtschaftlich lohne, in die Erschließung des Landes zu investieren. Dass die beiden späteren Autoren Negatives in ihren Beschreibungen nicht aussparten, lässt auf eine gewisse Ernüchterung schließen. Es geht bei ihnen nicht mehr so sehr darum, Leser auf der iberischen Halbinsel von den Vorzügen Brasiliens, die sie keineswegs unerwähnt lassen, zu überzeugen, sondern auch darauf hinzuweisen, dass vieles im Zusammenleben in den Kolonien im Argen liege und es gelte, diese Missstände abzustellen.

Konkurrenz mit anderen europäischen Mächten

Es wäre nicht richtig, würden in einer Darstellung der Literatur des kolonialen Brasilien nur portugiesische Werke Erwähnung finden. Da in der Zeit bis 1650 nicht ganz Brasilien immer unumkämpft unter portugiesischer Herrschaft war, sondern auch Franzosen und Holländer sich festzusetzen versuchten, darf es nicht verwundern, dass es darüber auch Beschreibungen der Teilnehmer dieser Unternehmungen gibt. Eine der frühesten nicht-portugiesischen Berichte stammt allerdings von dem Deutschen Hans von Staden, dessen *Wahrhafftig Historia und Beschreibung eyner Landtschafft der Wilden, Nacketen, Grimmigen Menschenfresser Leuthen* (1557) zu einem wahren Bestseller wurde, erlebte sie doch in den folgenden vier Jahrhunderten über 80 Auflagen. Auf ihn folgten die Darstellungen zweier Franzosen, die an dem Unternehmen des Admirals Villegaignon, der versuchte, sich in der Guanabara-Bucht vor Rio de Janeiro (1555–1560/67) festzusetzen, teilgenommen hatten. Die *Singularitez de la France Antarctique autrement nommé Amérique: et de plusieurs terres et isles decouvertes de nostre temps* (1588) des Franziskanerpaters André Thévet wurden in weiten Teilen der Alten Welt beachtet und zu Lebzeiten des Autors mehrfach aufgelegt. Auch die *Histoire d'un voyage*

Hans von Stadens und Jean de Lérys Berichte über die »wilden Menschenfresser«

»Brasilianische
Menschenfresser« –
Kupferstich von 1592
aus Hans von Stadens
Wahrhafftig Historia

fait en la terre du Brésil (1578) eines anderen Expeditionsteilnehmers, des Calvinisten Jean de Léry, dem die kannibalischen Sitten der Brasilianer als weniger schlimm erscheinen als das Verhalten der Katholiken daheim, stieß in Europa auf reges Interesse. Von längerer Dauer als das französische Unternehmen im Süden Brasiliens war die Herrschaft der Holländer in Pernambuco (1630–1654), wo Graf Moritz von Nassau als Gouverneur von 1637 bis 1644 regierte und wie niemand vor ihm in Brasilien ein kulturelles Leben nach europäischem Muster entfaltete. Er beschäftigte an seinem Hof Maler, Architekten, Wissenschaftler und Dichter. Sein Kaplan Franciscus Plante veröffentlichte schließlich 1647 das den Gouverneur verherrlichende lateinische Heldengedicht *Mauritias*.

Ein portugiesisches Gegenstück zu den lateinischen Epen *Mauritias* und *De Gestis Mendi de Saa* des Padre Anchieta stellt die *Prosopopéia* (1601) von Bento Teixeira dar. Der Autor, ein mehrfach von der Inquisition belangter »cristão novo« (ein vom Judentum zum Christentum übergetretener »Neuchrist«), dürfte das Werk verfasst haben, um die Machthaber in Pernambuco gnädig zu stimmen, nachdem er seine Frau ermordet hatte und deshalb festgenommen worden war. Er starb im Gefängnis von Lissabon, ohne die Publikation seines einzigen Werkes zu erleben. Die von Camões stark beeinflusste *Prosopopéia*, in der der zweite Donatar Pernambucos, Jorge de Albuquerque Coelho, und die Schönheit der Kapitanie gerühmt werden, setzt die »ufanistischen« Tendenzen der deskriptiven Prosa der Berichte am Ende des 16. Jhs. in gebundener Sprache fort. Die zentrale Bedeutung des kurzen Heldengedichtes liegt darin, dass es das erste im engeren Sinne literarische Werk Brasiliens ist. Es erhob die Landschaft von Pernambuco in den Rang des Poetischen und stellte so in Brasilien die Weichen für die Dichtung der Barockepoche.

Ein erstes brasilianisches Renaissance-Epos: Prosopopéia *von Bento Teixeira*

Die Basilika de Nuestra
Señora de Ocotlan in
Tlaxcala – berühmter
mexikanischer
Barockbau

Die Blüte der Kolonialliteratur (1640–1750)

Urbanes Leben und barocke Literatur

Koloniale Literatur und Abhängigkeit von der Metropole

Die Zentren vieler lateinamerikanischer Städte wie Mexiko-Stadt, Lima, Quito, Bogotá oder Salvador/Bahia werden auch heute noch von Bauten geprägt, die im 17. und 18. Jh. entstanden sind. Die barocke Kunst Lateinamerikas, die sich durch Hinzunahme eigener, autochthoner Traditionen vom europäischen Barock unterscheidet, ist sichtbarer Ausdruck der Kolonialzeit. In der barocken Literatur hingegen wird wegen des höheren gattungsspezifischen Abstraktheitsgrades, aber auch wegen der Herkunft der Autoren, die fast ausschließlich Spanier oder Portugiesen waren oder von solchen abstammten, ein den bildenden Künsten ähnlicher kolonialer Charakter nicht sichtbar. Für den gesamten Zeitraum von 1640 bis 1750 lässt sich auf dem Gebiet der Wortkunst eine Konstante feststellen: Die kollektiven Bilder und Vorstellungen der spanisch- und portugiesischsprachigen Autoren Lateinamerikas werden von den auf der iberischen Halbinsel geltenden Normen geprägt. Deshalb müsste man korrekterweise eher von einer spanischen beziehungsweise portugiesischen Barockliteratur in Lateinamerika als von einer eigenen lateinamerikanischen Barockliteratur sprechen. Dies bedeutet aber nicht, dass sich alle kulturellen Phänomene der iberischen Halbinsel direkt auf die von ihr abhängige koloniale Welt übertragen ließen. Auch Unterschiede sind bemerkbar, die sich in der Verzögerung, mit der neue Strömungen aufgenommen werden, der variierten Gestaltung der aus Europa übernommenen Elemente und dem Hinzutreten spezifisch kolonialer Themen manifestieren.

Die Grenzen der Barockliteratur werden hier, abweichend von Periodisierungen der gängigen spanischen und in geringerem Ausmaß auch der portugiesischen Literaturgeschichtsschreibung, mit 1640 und 1750 gesetzt. In einer Darstellung der Entwicklung der spanischen Literatur wäre es unmöglich, das Barock, das für gewöhnlich nicht als eigene Epoche, sondern nur als der um 1600 beginnende zweite Teil des sogenannten »Siglo de Oro« betrachtet wird, erst um 1640 beginnen zu lassen, weil zu diesem Zeitpunkt der Zenit dieser an großen Autoren wie Cervantes, Lope de Vega (1562–1635) oder Quevedo (1580–1645) reichen Epoche schon überschritten war. Einzig Calderón (1600–1681) ragt mit seinem Schaffen noch weit in die zweite Jahrhunderthälfte, aber mit seinem Tod endet das »Goldene Zeitalter« der spanischen Literatur, das mit Garcilaso de la Vega (1501?–1536) begann. In manchen literarhistorischen Darstel-

Periodisierung der Barockliteratur

lungen wird auch ein Ereignis aus der politischen Geschichte zur Epochen-
abgrenzung herangezogen: der Spanische Erbfolgekrieg (1701–14), der
nach fast zweihundertjähriger Herrschaft der Habsburger die Bourbonen
auf den spanischen Königsthron brachte. Die Epochenbezeichnung »Siglo
de Oro« lässt sich nicht ohne weiteres für Hispanoamerika übernehmen,
da die hispanoamerikanische Literatur bis zur Wende vom 16. zum 17. Jh.
mangels einer ausgeprägten kulturellen Infrastruktur überhaupt nicht mit
der spanischen verglichen werden kann. Vieles spricht deshalb dafür, den
Beginn dieser Epoche erst um 1640 anzusetzen, denn erst zu diesem
Zeitpunkt finden sich auf allen Gebieten der Kunst typisch barocke
Formen und Stilmittel. Sie treten in dieser Fülle später auf als in Spanien,
sind aber oft reichhaltiger ausgebildet und haben vor allem eine längere
Wirkung. Da auch der Dynastiewechsel in Spanien zunächst nur geringe
Folgen für die gesellschaftlichen Verhältnisse in den Kolonien hatte, lässt
sich feststellen, dass sowohl in sozialer als auch in ästhetischer Hinsicht
die Zeit der großen Änderungen erst nach der Mitte des 18. Jhs. an-
brach.

Kolonialliteratur
und ihr Publikum:
Abhängigkeit
und Selbstständigkeit

Als Grundvoraussetzung für einen Vergleich zwischen Kolonie und
Mutterland muss klar herausgestrichen werden, dass in Hispanoamerika,
von allen regionalen Unterschieden abgesehen, erst ab dem Beginn des
17. Jhs. ein städtisches Leben ausgebildet war, das einigermaßen demjenigen spanischer kultureller Zentren entsprach und die Voraussetzung für
die Ausbildung eines dem »Mutterland« ähnlichen literarischen Systems
bildete. In diesen städtischen Zentren wird nun nicht mehr ausschließlich
für spanische Adressaten geschrieben, die über die Geschichte der Conquista, den wirtschaftlichen und politischen Nutzen oder die Voraussetzungen für eine effektive und nachhaltige Katechese informiert werden wollen, sondern es wird auch Literatur für die eigenen kolonialen Bedürfnisse
»produziert«. Dies bedeutet allerdings nicht, dass sich schon im 17. Jh.
ein von Spanien unabhängiges Literatursystem herausgebildet hätte; dieses literarische System verselbstständigte sich noch nicht, sondern übernahm in bisweilen variierter Gestalt die kulturellen Normen des Mutterlandes. Für die hispanoamerikanischen Autoren ist Spanien nicht nur
Vorbild, sie sehen sich auch als Teil des spanischen Literatursystems und
schreiben mit dem Blick auf das spanische Publikum; einige Dichter, die
die Mittel dafür fanden, wanderten überhaupt in die prestigereicheren
Städte des Mutterlandes aus. Die kulturelle Abhängigkeit der Kolonie
vom Mutterland wird im Fall Brasilien Portugal noch deutlicher. Im
Unterschied zu Spanien gestand die portugiesische Krone ihren Kolonien
nicht einmal ein Mindestmaß an Eigenständigkeit zu. So blieben etwa in
Brasilien bis zur Übersiedlung des Königshauses nach Rio de Janeiro am
Beginn des 19. Jhs. Druckereien verboten, sodass bis dahin alle Bücher
von in Brasilien schreibenden Autoren in Portugal verlegt werden mussten. Auch die Einrichtung privater Bibliotheken war nicht erlaubt, und die
Gründung von Universitäten blieb ebenfalls dem 19. Jh. vorbehalten.
Jeden, der ein Universitätsstudium anstrebte, führte der Weg nach Coimbra, in das universitäre Zentrum Portugals. Da der Großteil der brasilianischen Autoren der Barockzeit ein Universitätsstudium absolvierte, war
der länger andauernde und in einer meist prägenden Lebensphase stattfin-
dende Kontakt mit der Kultur und Literatur des Mutterlandes ein Phänomen, das eine intensive Verschränkung der portugiesischen mit der brasilianischen Welt mit sich brachte.

Sowohl in Hispanoamerika als auch in Brasilien stellt der Kulteranismus oder Kultismus das beherrschende literarische Phänomen der Barockepoche dar. Der aus Córdoba stammende Dichter Luis de Góngora y Argote (1561–1627) galt im 17. Jh. als der prominenteste Vertreter des Kulteranismus, sodass man in diesem Zusammenhang auch von Gongorismus spricht. In seinen beiden Hauptwerken *Soledades* (1636) und *Fábula de Polifemo y Galatea* (1627), den im 17. Jh. am meisten diskutierten Dichtungen des iberischen Raums, zeigen sich die Eigenarten dieser Kunstgesinnung am deutlichsten. Die von einem extremen Kunstwollen geprägte Sprache Góngoras und seiner Nachfolger ist charakterisiert durch zahlreiche Latinismen sowohl auf lexikalischer als auch auf syntaktischer Ebene, viele kaum auflösbare Metaphern, nur mit profunder Kenntnis der griechischen und römischen Mythologie und der christlichen Symbolik verständliche Anspielungen und Bilder sowie die gehäufte Verwendung von »conceptos«, geistreichen und kompliziert zugespitzten Vergleichen. All diese Merkmale führen zu einer ästhetischen Verselbständigung der Sprache, deren »dunkle« Schönheit nur durch eine intellektuelle Bereitschaft zum nachvollziehenden »Mitspielen« geschätzt werden kann. Vom literatursoziologischen Standpunkt aus stellt der Kulteranismus eine elitäre Dichtungsart dar, die der sozialen und intellektuellen Abgrenzung diente. Schon viele Zeitgenossen Góngoras meinten, dass diese Art zu dichten wegen ihrer »obscuritas«, ihrer schweren Verständlichkeit, jedem vertretbaren Dichtungsideal zuwiderlaufe, und kritisierten ihn heftig, wenn sie ihn nicht überhaupt mit beißendem Spott bedachten. An der Spitze der Kritiker stand Francisco de Quevedo, der sich über den um eine Generation älteren Góngora in vielen Satiren lustig machte. Die Feindschaft der beiden Dichter wurde schon im 17. Jh., vor allem aber in der Literaturgeschichtsschreibung des 19. Jhs. dazu benutzt, Góngoras Kulteranismus eine völlig andere Dichtungsart gegenüberzustellen, die vor allem in der Lyrik Quevedos ihren klarsten Ausdruck fände und die wegen der geschliffenen Wortwahl, der pointierten Gedankenführung und der zentralen Verwendung von »conceptos« Konzeptismus genannt wurde. Die Dichotomie Kulteranismus-Konzeptismus erweist sich aber bei einer Gesamtbetrachtung der Barockepoche als wenig brauchbar, da weder der Kulteranismus ohne »conceptos« auskommt – wie schon im 17. Jh. Baltasar Gracián in seiner *Agudeza y arte de ingenio* (1648) deutlich machte – noch konzeptistische Dichtung auf ästhetisches Gefallen verzichtet. Beide Richtungen unterscheiden sich nicht prinzipiell, sondern nur graduell voneinander und sind letztendlich als zwei Ausprägungen ein und desselben barocken Kunstwollens zu verstehen. Dass dem Gongorismus gerade in Lateinamerika ein so reiches und langes Leben beschieden war, hängt mit der kolonialen und dadurch kulturell peripheren Situation zusammen. Für die koloniale Gesellschaft der Barockzeit war eigene kulteranistische Dichtung der beste Beweis, dass man in der Lage war »mitzuhalten« und dass auch die Dichter Mexiko-Stadts, Limas oder Salvadors jenen der kulturellen Zentren der iberischen Halbinsel Gleichwertiges zu bieten hatten. Dies führte vielfach zu einer Überkompensation und ließ noch kulteranistisch weiterdichten, als in Spanien und Portugal klassizistische Formen die barocken schon verdrängt hatten. Erst in der Epoche der Aufklärung galt der Kulteranismus auch in Lateinamerika als literarisches Symbol des Alten, des zu Überwindenden, schließlich als jene dichterische Grundhaltung, die weitgehend mit dem alten kolonialen Regime identifiziert wurde und deshalb zu verachten war. Dieses Wert-

Kulteranismus und Konzeptismus: der Wettbewerb mit der Metropole

Luis de Góngora

Francisco de Quevedo y Villegas

urteil über gongoristische Dichtung stellt eine Konstante in der lateinamerikanischen Literaturgeschichtsschreibung dar und findet sich sogar
noch in der zweiten Hälfte des 20. Jahrhunderts.

Die endgültige Aufteilung der amerikanischen Länder unter den Kolonialmächten

Die Eckdaten 1640 und 1750

In ereignisgeschichtlicher Hinsicht wird die Barockepoche von zwei Daten
eingegrenzt, die sowohl für die Geschichte Spaniens und Portugals als
auch für die Lateinamerikas von Bedeutung sind, denn 1640 löste sich
Portugal von der spanisch-habsburgischen Herrschaft und 1750 wurden
im Vertrag von Madrid zukunftsweisend die Grenzen zwischen Brasilien
und Hispanoamerika gezogen. Die Zeit zwischen diesen Eckdaten ist
geprägt von den Auseinandersetzungen zwischen den beiden iberischen
Kolonialmächten um das unter spanischer Hoheit stehende Gebiet der
Jesuitenmissionen im heutigen brasilianischen Bundesstaat Rio Grande do
Sul und um die portugiesische Siedlung am Rio de la Plata Colônia do
Santíssimo Sacramento (heute Colonia del Sacramento, Uruguay). Neben
Spanien und Portugal setzten sich aber auch andere Kolonialmächte im
17. Jh. im amerikanischen Raum definitiv fest. Die Niederlande, Großbritannien und Frankreich gefährdeten durch von öffentlicher Seite ge-
duldete, bisweilen sogar geförderte, private Aktionen – meist in Form von
Piraterie, aber auch durch offizielles kriegerisches Eingreifen – den spanischen und portugiesischen Kolonialbesitz. Vor allem in der Karibik konnten sich die genannten Mächte durchsetzen; schon vor 1630 wurden
etliche kleinere Antilleninseln besetzt, 1655 Jamaica von den Engländern
erobert und 1697 im Vertrag von Rijswijk die westliche Hälfte Hispanio-
las Frankreich zugesprochen. In Brasilien war die holländische Herrschaft
in Pernambuco (1630 bis 1654) hingegen nicht von Dauer. Der Vertrag
von Utrecht (1713), der den Spanischen Erbfolgekrieg beendete und in
dem die Kolonien zum ersten Mal in eine größere, allerdings europazen-
trierte Friedensordnung eingebunden wurden, brachte auch für die Kolonien stabilere Verhältnisse, sodass die Grenzen, was den von Portugal und
Spanien beherrschten Teil Amerikas betrifft, im Wesentlichen bis zur Zeit
der Unabhängigkeitskriege, vom Gebietstausch 1750 einmal abgesehen,
feststanden.

1750: der große Wandel in den iberischen Ländern und in ihren Kolonien

Für den Durchbruch einer neuen Geisteshaltung symptomatischer als
der Vertrag von Madrid ist ein anderes Ereignis des Jahres 1750: Sebastião José Carvalho e Melo, besser bekannt unter seinem späteren Titel
Marquês de Pombal, wurde in Portugal Minister. Dieser Reformer steht in
der portugiesischen Geschichte wie kaum ein anderer für die vielen Neuerungen des 18. Jhs. Kurze Zeit später (1759) bestieg in Spanien Karl III.
(1716–1788) den Thron, der als der große Neuerer seines Landes gilt.
In wirtschaftlicher Hinsicht galten die beiden letzten Drittel des 17. Jhs.
lange als Zeit der Krise, die hauptsächlich an den verminderten Edelme-
talleinfuhren in Sevilla und dem Rückgang des Silberbergbaus in Potosí
ablesbar sei. Diese These wurde aber in den letzten Jahrzehnten als
unzulänglich angesehen, weil sie einerseits der unterschiedlichen regionalen Wirtschaftsentwicklung nicht Rechnung trägt – so ist die Lage in den
mexikanischen Minen nicht immer identisch mit jener in Peru – und
andererseits eine durch die Abnahme der Silbereinfuhren in Sevilla ausgelöste Krise Spaniens nicht zugleich eine Krise Hispanoamerikas bedeutet.

Der geringere Import von Edelmetallen in Spanien hat zwei Ursachen. Erstens wollten viele Unternehmer die immer höheren Steuern oder Zölle umgehen, sodass es zu einem Anstieg des Schmuggels beziehungsweise des Direkthandels mit Kaufleuten anderer Nationen kam; zweitens erhöhte sich in Lateinamerika durch das Anwachsen kolonialer Zentren der Eigenbedarf an Edelmetallen, und nicht mehr das gesamte abgebaute Erz wurde exportiert. Der größere lateinamerikanische Binnenmarkt zeigt sich auch an einer vielfältigeren wirtschaftlichen Produktion, vor allem auf den Gebieten der Viehzucht, des Schiffsbaus und der Textilerzeugung. Zum vergrößerten Binnenmarkt kam noch der Handel mit Ostasien hinzu, vor allem durch die ebenfalls zum spanischen Kolonialreich gehörenden Philippinen. Was die wirtschaftliche Entwicklung des 17. Jhs. in Hispanoamerika betrifft, scheint es daher eher angebracht, von einer Transformation als von einer Depression zu sprechen. Parallel zum wirtschaftlichen Aufschwung in der zweiten Hälfte des 17. Jhs. begann auch die indigene Bevölkerung wieder zu wachsen, nachdem sie, wie hinlänglich bekannt ist, in der Zeit davor durch die direkten und indirekten Folgen der Conquista geschrumpft war. Dieses Phänomen ist zunächst in Mexiko zu beobachten und stellt sich in der ersten Hälfte des 18. Jhs. auch in Peru ein.

In Brasilien verlief die Entwicklung anders. Dort ging unmittelbar nach der Zeit der holländischen Herrschaft der sogenannte »Zucker-Zyklus« zu Ende, der vom »Gold-Zyklus« abgelöst wurde. In den Zuckerplantagen Pernambucos lernten die niederländischen Unternehmer die damals modernsten Methoden des Anbaus und der Verarbeitung des Zuckerrohrs kennen und führten diese Techniken in den von ihnen beherrschten Antillen ein, die so schon vor 1700 zu wichtigen Konkurrenten für die brasilianische Zuckererzeugung wurden. Dieser Wirtschaftszweig blieb aber weiterhin die Haupteinkommensquelle für Bahia, Sergipe und Pernambuco. Im 18. Jh. wurde der brasilianische Zucker, ähnlich wie das Silber Hispanoamerikas, am Mutterland vorbeigeschmuggelt und direkt in Amsterdam an nord- und mitteleuropäische Händler weiterverkauft. Kurz vor 1700 wurden in Minas Gerais und später auch in Goiás größere Mengen Gold gefunden, was in der Folge wahre Ströme von Kolonisten anzog und dadurch die zweihundert Jahre andauernde ausschließliche Orientierung auf die Küstengebiete hin brach. Die Goldfunde in Minas Gerais stiegen bis etwa 1750 kontinuierlich an, stagnierten dann aber. Zur bisher dominierenden Schicht der »senhores de engenho«, der Zuckermühlenbesitzer, traten durch diese Entwicklung finanzkräftige Gruppen, die sich in neuen städtischen Zentren wie Vila Rica (heute Ouro Preto) niederließen. Sowohl Zuckerrohranbau und -verarbeitung als auch Goldabbau und -verwertung waren kapital- und arbeitsintensive Wirtschaftszweige, die große demographische und soziale Veränderungen mit sich brachten. Die dafür benötigten Arbeitskräfte konnten nur zu Beginn durch die indigene Bevölkerung aufgebracht werden, und so mussten in der Folge im Unterschied zu den spanischen Gebieten, wo weiterhin genug Indianer zur Zwangsarbeit in den Minen zur Verfügung standen, Sklaven aus Schwarzafrika eingeführt werden. Dieser Sklavenimport währte bis in die Mitte des 19. Jhs. und führte in Brasilien zu einer ethnischen Zusammensetzung, die sich wesentlich von jener Hispanoamerikas, abgesehen von den Gebieten der Karibik, unterscheidet. Andersartige kulturelle Einflüsse, die sich vor allem in den verschiedensten Formen der Populärkultur äußern, haben darin ihren Ursprung.

Brasilien: vom Zucker- zum Gold-Zyklus

Goldwäscher in Brasilien

Die Rechtsordnung in den spanischen Kolonien

Das spanische Kolonialreich wurde durch verschiedene, einander kontrollierende Institutionen verwaltet. Neben der »Casa de la Contratación«, der Handels- und Wirtschaftskammer in Sevilla, die im Laufe des 17 Jhs. immer mehr an Bedeutung verlor, war die wichtigste Hispanoamerika betreffende Einrichtung in Spanien der »Consejo de Indias« (Indienrat). Dieser direkt dem König unterstehende Rat, der im alten Alcázar in Madrid seinen Sitz hatte, galt als die höchste die spanischen Kolonien betreffende legislative und jurisdiktionelle Instanz. Nach der relativ niedrigen Zahl von 44 gesetzlichen Bestimmungen bis ins Jahr 1542 wuchsen die Erlässe in den folgenden Jahrzehnten stetig an, sodass diese Unzahl von Gesetzen schließlich gesammelt und geordnet werden musste. Das Endprodukt einer systematischen Kodifizierung war die 1681 fertiggestellte *Recopilación de leyes de los reinos de Indias*. Von dieser gewaltigen gesetzgeberischen Leistung kann nicht direkt auf die tatsächliche rechtliche Situation in den Kolonien geschlossen werden, weil die Realität dort ganz anders aussah und die in Spanien produzierten Gesetze der Eigendynamik in Hispanoamerika oft nur hinterherhinkten. Um sie überhaupt bekannt zu machen, mussten gewaltige Distanzen überwunden werden, die zu heute unvorstellbar langen Reisezeiten führten. Die Fahrt von Sevilla zu den Städten auf den Antillen dauerte an die sechzig Tage, zu entfernteren Gebieten bis über drei Monate; der Rückweg war wegen der ungünstigeren Winde noch um ein Drittel länger.

In Hispanoamerika selbst stellte die älteste Verwaltungseinheit die »provincia« dar, an deren Spitze ein »gobernador« stand, dem für militärische Aufgaben ein »capitán general« zur Seite stand. Die Anzahl der »provincias« nahm mit dem Fortgang der Conquista zu und betrug in der Mitte des 17. Jhs. um die 40. Um Missbräuchen vorzubeugen, waren die »provincias« in jurisdiktioneller Hinsicht Gerichtshöfen, den »audiencias«, unterstellt. Der Großteil der »audiencias« stammte aus dem 16. Jh.: Santo Domingo, México, Panamá, Lima (ursprünglich »Ciudad de los Reyes«), Guatemala (ursprünglich »Santiago de los Caballeros«), La Plata de los Charcas (auch Chuquisaca genannt; heute Sucre, Bolivien), Santiago de Quito, Santiago de Chile, Santa Fe de Bogotá und Guadalajara; erst im 18. Jh. traten dazu noch Buenos Aires, Caracas und Cuzco. Die »audiencias« bestanden aus vier bis fünf Auditoren und einem »fiscal« (Finanzprokurator), die alle auf Lebenszeit ernannt wurden. Diese sollten keine wirtschaftlichen oder familiären Bindungen an ihren Gerichtsbezirk haben, weshalb zunächst nur Spanier mit diesen Ämtern betraut wurden. Da die hispanoamerikanischen Universitäten aber ab der zweiten Hälfte des 16. Jhs. eigene Juristen hervorbrachten und diese nach politischer Mitbestimmung verlangten, war es ab dem 17. Jh. immer weniger möglich, sie von der Mitgliedschaft in den »audiencias« auszuschließen. Im Kampf um die Teilnahme an Politik und Verwaltung drückt sich am deutlichsten die im 17. Jh. erwachende »identidad criolla« aus. Zunächst versteht man unter dem Begriff »criollo« den in den Kolonien geborenen Spanier, doch ist diese Definition zu wenig aussagekräftig. Das entscheidende Charakteristikum der »criollos« ist nicht der Ort ihrer Geburt, sondern das Bewusstsein, sich in einer Region zu Hause zu fühlen und sich mit den daraus resultierenden Interessen zu identifizieren. Von spanischer Seite her konnte das Streben der »criollos« nach aktiver Teilnahme an der kolonialen Verwaltung nicht verhindert werden, da in den stets leeren Staatskassen dringend Geld benötigt wurde, das man durch Ämterverkauf einzubringen gedachte. Die wirtschaftlich aufstrebende Schicht der kolonialen Bevölkerung war bereit, diesen Preis für politische Mitbestimmung zu bezahlen. Zunächst setzten sich die »criollos« in den kommunalen Gremien durch, später aber auch in den »audiencias«. Als man dann im 18. Jh. von spanischer Seite her versuchte, durch Reformen die entglittene Macht wieder zurückzuerlangen, musste das zu Problemen führen, die auch in der Literatur ihren Niederschlag fanden.

Schon in der Zeit davor sah man, dass es nötig war, in den Kolonien selbst eine Instanz zu schaffen, die unmissverständlich die Macht des spanischen Königs sichtbar machte. So wurde das in Spanien übliche Modell des Vizekönigs eingeführt. Die beiden Provinzen Mexiko und Peru, die wirtschaftlich am bedeutendsten waren und auf eine eigene, vorspanische Zentrumsfunktion zurückblicken konnten, wurden schon in der ersten Hälfte des 16. Jhs. durch den Sitz eines Vizekönigs über die anderen »provincias« gestellt. Der Vizekönig, in der Regel ein Mitglied des spanischen Hochadels, war in seiner Provinz »gobernador« und auch Präsident der »audiencia«. Seine Macht in den anderen »provincias« nahm mit der Entfernung ab und war je nach Durchsetzungsvermögen des Amtsträgers verschieden. Für gewöhnlich blieben die Vizekönige sechs bis sieben Jahre im Amt, und oft wechselten sie von Mexiko nach Peru, dem

Die Verwaltungs-einheiten in Hispanoamerika

Spanischer »criollo« aus Chile – Kupferstich des 18. Jahrhunderts

Die Einrichtung der Vizekönigshöfe

wegen des zunächst größeren Reichtums der Vorrang zukam. Das Vizekönigreich Mexiko (eigentlich »Nueva España«) umfasste alle Festlandgebiete nördlich Panamás, die Antillen und das zur »audiencia« von Santo Domingo gehörende Venezuela. Zu Peru (eigentlich »Nueva Castilla«) gehörten die heutigen Staaten Kolumbien, Ecuador, Peru, Bolivien, Paraguay und die nördlichen Teile Chiles und Argentiniens. Da die spanische Bevölkerung in Südamerika stetig zunahm, versuchte man schon 1717 ein drittes Vizekönigtum mit Sitz in Bogotá zu installieren. Diese Gründung scheiterte aber zunächst, da sich der erste Vizekönig nach seiner Ankunft in Bogotá wegen der seiner Meinung nach für ein Vizekönigreich nicht ausreichenden Infrastruktur weigerte, sein Amt anzutreten. Erst 1739 kam es endgültig zum Entstehen des Vizekönigreiches »Nueva Granada«, weil jetzt die Voraussetzungen für die Hofhaltung eines Vizekönigs gegeben schienen. Neu-Granada umfasste im Wesentlichen die Gebiete der »audiencias« von Bogotá, Quito und Panamá. In der zweiten Hälfte des 18. Jhs. wurde der steigenden Bedeutung des La-Plata-Raumes Rechnung getragen, indem im Jahre 1776 Buenos Aires zu einem Vizekönigreich erhoben wurde. Dieses bestand aus den »audiencias« Buenos Aires und Charcas, also den späteren Ländern Argentinien, Paraguay, Uruguay und Bolivien.

Die brasilianische Kolonialverwaltung

Die Kolonialverwaltung Brasiliens entsprach im Wesentlichen jener Hispanoamerikas, obgleich festgestellt werden muss, dass viele Institutionen erst mit einer Verspätung von 50 bis 100 Jahren eingeführt wurden. Nach dem Scheitern der »capitanias hereditárias« (Erbkapitanien) besaß auch Brasilien ab der zweiten Hälfte des 16. Jhs. einen direkten Vertreter des Königs, den »governador geral« (Generalgouverneur), der in Salvador/Bahia seinen Sitz hatte und erst ab 1720 regelmäßig den Titel »Vizekönig« führte. In den anderen »capitanias« nördlich und südlich von Salvador, die je einem »governador« unterstanden, war seine Macht beschränkt, und 1621 wurden ihm durch die Gründung des »Estado do Maranhão e Grão-Pará«, an dessen Spitze ebenfalls ein »governador geral« mit Sitz in São Luis do Maranhão stand, das Amazonasgebiet und die Region von Belem bis Fortaleza entzogen. Den spanischen »audiencias« entsprachen als höchste Gerichtsinstanz auf brasilianischem Boden die »relações«.

Die Entwicklung der kolonialen Gesellschaft und ihrer Lebenswelt

In sozialer Hinsicht kam im 17. Jh. eine Entwicklung zum Abschluss, die sich schon ab dem Ende des 16. Jhs. angedeutet hatte. Die koloniale Oberschicht wurde homogener und richtete sich ganz nach den spanischen beziehungsweise portugiesischen Normen. Die autochthone indianische Elite wurde nun nicht mehr in die neue herrschende Klasse eingegliedert, und Ehen zwischen spanischen Konquistadoren und indianischen Prinzessinnen, die ja im 16. Jh. sehr häufig waren und oft die Funktion hatten, spanische Ansprüche zu legitimieren, fanden im 17. Jh. kaum mehr statt. Dadurch wurde auch das kulturelle Ideal homogenisiert und europäisiert. Die eher bürgerlichen Mittelschichten setzten sich zum Großteil aus spanischen oder portugiesischen Immigranten und »criollos« zusammen. Die ärmsten und benachteiligtsten Gruppen der Gesellschaft bildeten glücklose spanische Zuwanderer, Indios und aus Schwarzafrika importierte Sklaven. Das Verhältnis dieser drei Gruppen zueinander war je nach Region verschieden und gestaltete sich in der Stadt ganz anders als auf dem Lande. Grundsätzlich lässt sich sagen, dass gleiche materielle Not nicht zu einer Solidarisierung der drei verschiedenen Ethnien führte und Vorurteile ethnischer Natur allenthalben zu finden waren. Die soziale

Situierung der drei Bevölkerungsgruppen Spanier, Indianer und Schwarze samt den aus den verschiedensten Verbindungen hervorgegangenen Mestizen- und Mulattengruppen, den sogenannten »Castas«, waren Gegenstand vielfältiger rassentheoretischer Traktate, im Großen und Ganzen liefen sie aber alle auf eine höhere Wertschätzung der europäischen Ethnie hinaus. Was die Situation der indigenen ländlichen Bevölkerung betrifft, so lässt sich keine allgemeine Regel aufstellen. In Gebieten, in denen die Indianer mit hohen Tributleistungen belegt waren, wie zum Beispiel in Peru, zeigten sich in der Regel eine starke Bevölkerungsabnahme und Abwanderungstendenzen in die größeren Städte, wo die Indianer bald spanisch akkulturiert wurden. Die bedeutendsten Städte der Zeit zwischen 1650 und 1750 waren die schon genannten Sitze der »audiencias«, hinzu kamen wirtschaftlich bedeutende Hafenorte wie La Habana auf Kuba, Cartagena in Neu-Granada oder Vera Cruz in Mexiko. Auf dem Lande findet sich eine stärkere Trennung von Indios und Weißen, wobei aber von der spanischen Krone versucht wurde, auch in den Indiosiedlungen das spanische Verwaltungssystem einzuführen, das von lokalen Eliten getragen werden sollte. Spaniern war das Leben in diesen Indianersiedlungen untersagt – eine Regelung, die wohl nicht immer eingehalten wurde. Neben den größeren Städten, die den Hauptlebensraum der Kolonisten darstellten, fanden sich aber auch kleinere Dörfer, oft nur einzelne Hütten, die von Spaniern oder Portugiesen bewohnt wurden. Diese vom kolonialen Verwaltungssystem nur schwer kontrollierbaren Siedlungen finden sich regelmäßig an den Grenzen zu jenen Gebieten, die noch nicht dem spanischen oder portugiesischen Kolonialreich eingegliedert waren. In diesem Zusammenhang lässt sich feststellen, dass nicht nur für die Geschichte Nordamerikas die Grenze eine bedeutende Rolle spielte, sondern dass sie auch für die Kollektivvorstellungen der in Amerika lebenden portugiesischen und spanischen Kolonisten als dauernde Gefährdung einerseits und als Herausforderung andererseits von Bedeutung war. Die Besitzer der großen Ländereien und Plantagen, der »Haciendas« oder »Estancias« in Hispanoamerika beziehungsweise der »Fazendas« oder »Engenhos« in Brasilien, sind für gewöhnlich nicht in diesen Dörfern zu finden, sondern entweder in den bedeutenden Städten der näheren Umgebung oder in ihren Herrenhäusern, die zusammen mit den umliegenden, nur dürftig ausgestatteten Hütten, in denen meist tributpflichtige oder versklavte, seltener gering entlohnte Arbeitskräfte untergebracht waren, einen eigenen Mikrokosmos bildeten.

Das literarische Leben der Barockepoche spielt sich aber von all den gezeigten geographischen und sozialen Räumen fast ausschließlich innerhalb der Oberschichten einiger weniger Städte ab. Allen voran sind hier Mexiko-Stadt, Lima und Salvador/Bahia zu nennen, in denen der Großteil der heute noch bekannten Dichter lebte. Die barocke Literatur Lateinamerikas, die sich an den spanischen und portugiesischen Normen orientierte, hatte also einen eminent urbanen, höfischen und religiösen Charakter, was sich erst in der zweiten Hälfte des 18. Jhs. ändern sollte.

Tributpflichtige Indiobauern bei der Arbeit (»mita«) in der Mine

»Öffentliche« und »private« Literatur im Vizekönigreich Neu-Spanien

Dichtung als Teil der höfischen und kirchlichen Repräsentation

In den beiden spanischen Vizekönigreichen Peru und Neu-Spanien, die die Repräsentationsformen der beiden wichtigsten Träger gesellschaftlicher Macht im barocken absolutistischen Spanien, Hof und Kirche, übernahmen, konnte der Großteil der im eigenen Verwaltungsbereich »produzierten« und »konsumierten« Literatur nur Gelegenheits- und Auftragsdichtung sein. An der Spitze der Auftraggeber standen in den Kolonien der Vizekönig und sein Hof sowie kirchliche Würdenträger wie Erzbischöfe, Bischöfe und Ordensobere. In geringerem Ausmaß übernahmen Provinzial- oder städtische Behörden und religiöse Bruderschaften diese Funktion.

Gelegenheiten für Auftragsdichtung: die weltlichen und geistigen Feiern

Die Gelegenheiten, für die Dichtung in Auftrag gegeben wurde, waren dieselben wie in Spanien. Einerseits sind hier die weltlichen Feierlichkeiten zu erwähnen, alle besonderen Ereignisse rund um die Person des Monarchen wie Geburt, Hochzeit oder Todesfall eines Mitgliedes des Königshauses, die Thronbesteigung eines Fürsten oder der Abschluss eines wichtigen Friedens; in den Kolonien kam die Ankunft eines neuen Vizekönigs und die feierliche Amtseinführung hinzu. Andererseits gab es viele kirchliche Anlässe, die hohen Feiertage Weihnachten und Ostern, das im hispanischen Raum besonders bedeutsame Fronleichnamsfest und schließlich die von Ort zu Ort variierenden Feste zu Ehren verschiedenster Heiliger. Auch wenn sich die genannten Feste nach ihren Anlässen in weltliche und geistliche unterteilen lassen, kann man diese beiden Sphären nicht voneinander trennen, da durch die Einheit von Staat und Kirche eine Präsenz beider Elemente in fast jeder Feierlichkeit gegeben war. So wurde zum Beispiel die Ankunft eines Vizekönigs immer auch durch einen Gottesdienst »gefeiert«. Auf der anderen Seite fehlten bei vielen kirchlichen Festen weltliche Belustigungen wie zum Beispiel der Stierkampf nicht – eine Tradition, die ja auch heute noch in Spanien und in verschiedenen lateinamerikanischen Ländern lebendig ist. Die Verschränkung der religiösen mit der weltlich-politischen Sphäre drückte sich auch oft in der Verwendung gleicher Gattungen aus. Daneben gab es aber auch Formen, die an einen bestimmten Anlass gebunden waren, wie der »auto sacramental«, der nur am Tag des Fronleichnamsfestes oder unmittelbar danach aufgeführt werden durfte.

Der festliche Einzug des Vizekönigs

Ein für Neu-Spanien typisches Beispiel, das den Formenreichtum des barocken Festes und die Verbundenheit der irdisch-politischen mit der sakralen Sphäre besonders anschaulich zeigt, stellt der ritualisierte Aufstieg des neuen Vizekönigs von Veracruz bis in die hochgelegene Hauptstadt Mexiko-Stadt dar. Nachdem die Flotte des Vizekönigs den Golf von Mexiko erreicht hatte, wurde ein Schiff von Campeche nach Veracruz gesandt, das die Ankunft zu melden hatte. So konnte die gesamte Obrigkeit der Stadt den neuen Vizekönig mit allen Ehren empfangen und ihm feierlich die Schlüssel der Stadt überreichen. Daran anschließend wurde ein Te Deum gefeiert. Mit einer Ehreneskorte wurde der Vizekönig über Jalapa und Tlaxcala nach Puebla begleitet, der zweitwichtigsten Stadt des Königreichs, die sich in ständiger Rivalität mit der Hauptstadt Mexiko-Stadt befand; unterwegs begrüßten ihn immer wieder Indianerhäuptlinge

Einzug des Vizekönigs
von Mexiko (1692)

feierlich in ihrer Sprache und beschenkten ihn mit Blumenketten. In Otumba schließlich trat der neue Vizekönig sein Amt an, indem er vom scheidenden Amtsinhaber den Kommandostab erhielt. Die Hauptstadt selbst erreichte er über Guadalupe, das zentrale, Maria geweihte Heiligtum des Landes. Dort empfingen ihn die geistlichen und weltlichen Honoratioren der Stadt, denen er geloben musste, die Kirche und den katholischen Glauben zu verteidigen, ihre Privilegien zu schützen, dem König die Treue zu halten und in allem ein Vorbild eines christlichen Fürsten sein zu wollen. In der Metropole fanden verschiedenste Feierlichkeiten – Stierkämpfe, Maskeraden und Theateraufführungen – statt, auf die jene in den anderen Städten wohl nur eine Art Vorgeschmack gewesen waren.

Heute wissen wir über das barocke Festgeschehen durch die zahlreichen Berichte (»relaciones«) Bescheid. In der Regel betrauten die auftraggebenden Institutionen die Dichter und Gelehrten, die das Festkonzept zu entwickeln hatten, zugleich auch mit der Beschreibung desselben. Das ikonographische Programm der Triumphbögen, Ehrenpforten, Trauergerüste etc. war immer allegorisch zu lesen und bedurfte zum Verständnis eines Kommentars, der während des Festaktes in der Form von Gedichten verlesen wurde. Es handelte sich dabei also um emblematische Kunst im weitesten Sinne, wenn auch ein Großteil der verbalen Erläuterungen nicht in direkter Verbindung mit der Bildkunst sichtbar war. Die Festrelationen, die in der Regel von den »Verfassern« des Festgeschehens publiziert wurden, dürfen nicht für nachträgliche, gar distanzierte Beschreibungen oder Berichte, wie ihr Titel oft suggeriert, gehalten werden, sondern müssen als integraler Bestandteil des barocken Festgeschehens selbst gesehen werden, das dann unter Umständen gar nicht so ablief, wie im Bericht zu lesen ist. Zwei Beispiele außergewöhnlicher Festberichte sollen diese dem Menschen der Barockzeit ganz vertrauten Formen und Inhalte illustrieren.

*Das Festkonzept,
die Festbeschreibung
als eigene Gattung*

*Zwei Feste
für den Vizekönig
de la Cerda*

Triumphbogen
in Mexiko-Stadt

Der Vizekönig
de la Cerda, einer
der wichtigsten Gönner
Sor Juanas

*Dichterwettstreite
und
Heiligsprechungen*

Zwei Feste für den Vizekönig de la Cerda

Für den feierlichen Einzug des Vizekönigs Tomás Antonio de la Cerda, Marqués de la Laguna, Conde de Paredes, in Mexiko-Stadt im November 1680 waren zwei Triumphbögen errichtet worden, für deren Konzeption man die beiden bedeutendsten Dichter der Zeit, Carlos de Sigüenza y Góngora und Sor Juana Inés de la Cruz (Juana Ramírez de Asbaje), gewonnen hatte. Im Programm Sigüenza y Góngoras, der den Triumphbogen der Stadtobrigkeit auf dem Platz vor der Kirche Santo Domingo übernommen hatte, fällt vor allem der von herkömmlichen Gestaltungen gänzlich abweichende Bezug auf die aztekische Vergangenheit auf. Von Huitzilopochtli bis Cuauhtémoc wird auf altamerikanische Größe verwiesen, die der neue Vizekönig nicht vergessen und der er in seinen zukünftigen Handlungen Rechnung tragen sollte. Die Betonung der amerikanischen Eigenheiten kommt auch im Titel der Festbeschreibung, *Teatro de virtudes políticas que constituyen a un príncipe, advertidas en los monarcas antiguos del mexicano imperio* etc. (1680), deutlich zum Ausdruck. Das etwas schulmeisterlich vorgebrachte Konzept des Triumphbogens illustriert das akzentuierte »criollo«-Bewusstsein des Autors, der sich auch in anderen, heute leider großteils verlorenen historiographischen Werken mit der Geschichte Mexikos vor der Ankunft der Spanier beschäftigte. Dies widerspricht nicht der negativen Einstellung, die er den eigentlichen Nachfahren des Aztekenreiches entgegenbringt, so zum Beispiel in seiner Schrift *Alboroto y motín de los indios de México*, auch bekannt unter dem Titel *Carta dirigida al almirante Pérez*, die er nach den Tumulten und dem Indianeraufstand des Jahres 1692 verfasste. Er sieht nicht seine indianischen Zeitgenossen als die Erben des Aztekenreichs, sondern jene Bevölkerungsgruppe, der er selbst angehörte, die »criollos«, sodass man fast von einer mexikanischen »Translatio imperii«-Idee sprechen könnte, die indirekt auch das Ziel der Abgrenzung von Spanien verfolgte.

Ganz andere Vorstellungen liegen dem Triumphbogen Sor Juanas zugrunde, den das Domkapitel in Auftrag gegeben hatte. Sie konzipierte ein relativ konventionelles Programm, das sich, wie die meisten europäischen Beispiele, an der antiken Mythologie orientierte. Der Marqués de la Laguna wird mit Neptun verglichen, und durch die Anspielung auf die Tugenden des Meeresgottes werden jene des Vizekönigs gefeiert, aber auch gefordert, sollte er doch – und dies ist das praktische Ziel des Bogens – vor allem die kostspieligen Entwässerungsarbeiten der Stadt fortsetzen. Die Beschreibung, unter dem Titel *Neptuno alegórico, océano de colores, simulacro político*, etc. 1689 in dem Sammelband *Inundación castálida* (Überflutung aus der Musenquelle) in Madrid erschienen, endet mit den Gedichten, die dem Marqués de la Laguna beim Einzug vorgetragen wurden. Und wenn auch das Konzept Sigüenza y Góngoras origineller scheint, so übertrifft ihn Sor Juana in literarischer Hinsicht bei weitem.

Dichterwettstreite und Heiligsprechungen

Innerhalb des größeren Rahmens der Feste sind auch die Dichterwettstreite zu situieren, die sich in allen größeren Städten Lateinamerikas seit dem zweiten Drittel des 16. Jhs., vor allem aber in der Barockzeit, großer Beliebtheit erfreuten. Bevorzugt wurden religiöse Themen ausgeschrieben, wie etwa die Überführung von Reliquien aus den römischen Katakomben im Jahre 1578, die Heiligsprechung des Pedro Nolasco 1663 oder jene Francisco Borjas 1673. Einen guten Einblick in die Dimensionen eines solchen Unterfangens gewährt der Wettstreit, den die Universität von Mexiko-Stadt im Jahre 1682 zu Ehren der Unbefleckten Empfängnis Mariä veranstaltete. Daran nahmen über 70 Dichter mit ungefähr fünfhundert Gedichten teil; 68 von ihnen, also fast alle, erhielten einen Preis. Von den Teilnehmern sind heute nur noch einige wenige bekannt; neben den immer wiederkehrenden Namen Sor Juana und Sigüenza y Góngora, dem wir auch die Veröffentlichung der eingereichten Gedichte unter dem Titel *Triunfo parténico* (Jungfrauentriumph, 1683) verdanken, sind gerade noch die Namen Luis de Sandoval Zapata (Mitte 17. Jh.) oder Juan de Guevara, der den zweiten Akt zu Sor Juanas »comedia« *Amor es más laberinto* (Die Liebe, das größere Labyrinth, 1689) verfasste, erwähnenswert.

Gedruckte Literatur und ihr Publikum

Von vielen Festen sind heute keine umfangreichen Berichte, sondern nur kurze Darstellungen in Form von Flugblättern erhalten. Festbeschreibungen bilden neben Darstellungen außergewöhnlicher Naturereignisse, Reiseerzählungen und Kriegsberichten den Großteil des Inhalts dieses im 17. Jh. noch relativ jungen Publikationsmediums. Die Flugschriftenliteratur des 16. und 17. Jhs. stellt den ersten Ansatz zu den späteren periodisch erscheinenden Zeitungen dar, die in Mexiko-Stadt mit der ab 1722 aufgelegten *Gaceta de México y Noticias de Nueva España* beginnen. Die Flugschriften und Festbeschreibungen zählen zu den wenigen Beispielen von in Neu-Spanien gedruckten Texten, die nicht ausschließlich religiösen Inhalts waren. Der Großteil der literarischen Werke musste auch in der Barockepoche wegen der strengen Gesetze, die die Druckerlaubnis regelten, in Spanien verlegt werden. Dies erklärt zum Teil die Tatsache, dass die Gelegenheitsliteratur in den Kolonien neben dem religiösen Schrifttum einen noch höheren Prozentsatz an der Gesamtheit der gedruckten Texte darstellt als in Spanien selbst. Im Königreich Neu-Spanien sind im 16. und 17. Jh. an die zwanzig Drucker namentlich bekannt, von denen aber die Hälfte nur kurze Zeit tätig war. Fast alle arbeiteten in Mexiko-Stadt, daneben gab es noch einige Druckereien in den größeren Städten wie Puebla, Oaxaca oder Guadalajara. Die Anzahl der gedruckten Titel stieg trotz aller gesetzlichen Behinderungen stetig an: Wurden im 16. Jh. nur etwas mehr als einhundert Bücher gedruckt, so betrug die Zahl im folgenden Jahrhundert fast zweitausend und zwischen 1700 und 1800 schon über siebentausend.

Ebenfalls mittels Flugschriften wurden die in Neu-Spanien besonders beliebten »villancicos«, volkstümliche Kirchenlieder, verbreitet. Seit dem 17. Jh. war es an den großen Kirchen des Vizekönigreiches üblich geworden, in den Matutinen (Frühmessen) vor hohen kirchlichen Feiertagen acht bis neun in drei Nokturnen gegliederte »villancicos« zu singen. Bedenkt man die große Anzahl der Feiertage und der bedeutenden Kirchen und Klöster, die mit »villancicos« versorgt sein wollten, so wird deutlich, dass sowohl nach Dichtern als auch nach Komponisten stete Nachfrage herrschte. Die Organisation der Matutinen – wie auch des Fronleichnamsfestes – bedurfte Institutionen, die sowohl für die administrative als auch für die finanzielle Abwicklung zu sorgen hatten. Dies geschah durch Bruderschaften und Stiftungen. Als bedeutendste Vertreterin der Gattung gilt wiederum Sor Juana Inés de la Cruz, deren über 250 »villancicos« in der Hauptstadt, aber auch in Puebla und Oaxaca, gesungen wurden. Hier zeigt sich die Dichterin von ihrer volkstümlichsten Seite, ja selbst »tocotines«, ganz oder teilweise in Náhuatl verfasste Gedichte, finden sich unter ihren »villancicos«. In anderen verwendet sie

»Villancicos« und volkstümliche Lieder

afrikanisch anmutende Verse, in denen bisweilen durch lautmalerische Wendungen eine spielerische Leichtigkeit entwickelt wird, die man in der sonst so kulteranistisch dominierten Literatur der Barockzeit kaum vermuten würde. Die Verwendung von fremden Sprachen und Dialekten ist aber keine mexikanische Eigenheit oder gar eine Sor Juanas; dergleichen findet sich zum Beispiel schon in den »letrillas« Góngoras, eines der großen Vorbilder der mexikanischen Nonne.

Predigtliteratur

Einen großen Teil der gedruckten religiösen Literatur bilden Predigten, deren Autoren zwar namentlich bekannt sind, die heute aber wegen ihrer großen inhaltlichen Redundanz kaum mehr Interesse finden. Ein Beispiel sei dennoch genannt, weil es die politische und gesellschaftliche Relevanz dieser Gattung illustriert. In den Jahren 1691/92 kam es durch verschiedene Naturkatastrophen unter der Bevölkerung Mexiko-Stadts und Pueblas zu Hunger und Elend, die zu den von Sigüenza y Góngora verurteilten Tumulten führten. Ein ausschlaggebendes, ja zündendes Moment war dabei die Predigt des Franziskanerpaters Antonio de Escaray am 7. April 1692 in der Kathedrale der Hauptstadt, die schließlich die Ausschreitungen gegen die vizekönigliche Autorität auslöste.

Das Fronleichnamsspiel (Auto sacramental): Sor Juana Inés de la Cruz, El divino Narciso

Einen ähnlichen Öffentlichkeitsgrad und eine ähnliche moraldidaktische Funktion wie die bisher genannten Gattungen der in offiziellem Auftrag der Kirche geschriebenen Literatur hatte auch der stets einaktige »auto sacramental«. Innerhalb der dramatischen Gattung nimmt er eine Sonderstellung ein; der inhaltliche Zusammenhang mit dem Sakrament der Eucharistie, dem Zentrum des kirchlichen Festtages, war vorgegeben, wurde aber in den meisten Fällen nur indirekt hergestellt. Mexikanische »autos sacramentales« sind schon seit dem zweiten Drittel des 16. Jhs. belegt. Die bekanntesten »autos« stammen aber aus der Barockzeit, und – wie nicht anders zu erwarten – überragt auch in dieser Gattung Sor Juana Inés ihre Zeitgenossen. Sie verfasste drei »autos sacramentales«: *El divino Narciso* (1690), *El mártir del sacramento, San Hermenegildo* (1692) und *El cetro de José* (1692), für die sie auch selbst die »loas«, kurze Vorstücke, verfasste. *El divino Narciso* zählt zu ihren gelungensten Werken und stellt einen Höhepunkt der kolonialen hispanoamerikanischen Literatur dar, der den Vergleich mit Calueróns Fronleichnamsstücken, die ihr in vielfacher Hinsicht Vorbild waren, nicht zu scheuen braucht. Gegenstand der »loa« ist der aztekische Kult Teocualo, der alljährlich im Dezember durch ein grausames Ritual gefeiert worden war: Man vermengte das Blut geopferter Kinder mit Samenkörnern und formte daraus eine Figur des Gottes Huitzilopochtli, die in der Folge verzehrt wurde. Die in der »loa« allegorisch auftretende christliche Religion verwirft einerseits diesen Kult, nützt aber die Ähnlichkeiten mit dem Fest der Eucharistie dazu, die Personifikationen Amerikas und des Okzidents vom Christentum zu überzeugen. Die theologische Basis des Stücks stellen die im 16. und 17. Jh. durch die Bedeutung der außereuropäischen Mission neu belebten, aber schon im frühen Christentum diskutierten Fragen dar, ob Ähnlichkeiten nichtchristlicher Riten mit katholischen Traditionen zu missionarischer Tätigkeit herangezogen werden dürften und ob diesen Ähnlichkeiten nicht eine göttliche Teiloffenbarung, die Christliches präfiguriere, zugrunde liege. Der Jesuitenorden hatte diese Fragen bejaht und das Prinzip der Akkommodation, d.h. der Anpassung des Christentums an gegebene Verhältnisse, in seiner Mission mit großem Erfolg angewendet. Sein Einfluss zeigt sich bei vielen Autoren der Zeit, so neben Sor Juana auch bei Sigüenza y Góngora, der eine kurze Zeit lang sogar der Gesellschaft

Bühnenwagen für die »autos sacramentales« (Spanien)

Die bedeutendste Dichterin des kolonialen Amerika: die mexikanische Nonne Sor Juana Inés de la Cruz

angehörte, wegen eines Vergehens gegen die Ordensdisziplin jedoch ausgeschlossen wurde. Sor Juana hatte einen Beichtvater aus dem Jesuitenorden und war durch ihre ausgedehnte Lektüre mit jesuitischem Gedankengut bestens vertraut. Wie Octavio Paz in seiner profunden Studie über die mexikanische Nonne, *Sor Juana Inés de la Cruz o Las trampas de la fe* (1982), zeigte, übernahm sie in der Frage der Globalität religiöser Offenbarung die Ansichten des deutschen Jesuitenpaters Athanasius Kircher (1602–1680), welche die offizielle Jesuitendoktrin bei weitem überstiegen und sich mit der neuplatonischen hermetischen Lehre überschnitten. Calderón hatte sich in seinem Stück *Aurora en Copacabana* (1651) in Verbindung mit der Christianisierung Amerikas ebenfalls damit auseinandergesetzt. Sor Juana griff das Thema sowohl in der »loa« als auch im »auto« *El divino Narciso* auf; in der »loa« anhand aztekischer Kulte, im Hauptstück durch eine Umdeutung des antiken Narzissus Mythos. Auch hier drängte sich der allegorischen Weltsicht des Barockmenschen die Parallele zwischen Christus und Narziss geradezu auf. So wie sich Narziss, getrieben von der Liebe zu seinem Abbild, in den Tod stürzt, so gibt sich Christus für den Menschen hin, der ja nach seinem Bilde geschaffen ist; und so wie Narziss sich in die nach ihm benannte weiße Blume verwandelt, so hinterlässt sich Christus in der Hostie der Welt. Sor Juana war natürlich nicht die erste Dichterin, die den antiken Mythos allegorisierend aufgriff; ihr gelang es aber, das gestellte Thema, das heute höchst bizarr anmutet, durch innere Folgerichtigkeit und gewandte Versifizierung auch künstlerisch überzeugend umzusetzen.

Das weltliche Theater: die Spielstätten

Das weltliche Theater der Barockzeit, das in einem anderen gesellschaftlichen Kontext stand, diente in erster Linie der Unterhaltung und stellt somit eine ganz andere Art von Literatur dar als die bisher behandelte Gelegenheitsdichtung. Im Wesentlichen erfüllte es in den Kolonien dieselbe gesellschaftsstabilisierende Funktion wie in Spanien, indem es den Wertekodex der herrschenden adeligen Oberschicht in immer neuen Variationen auf die Bühne brachte. Im Gegensatz zum religiösen Theater und zu den Verhältnissen in Spanien scheint in den Kolonien das Schreiben weltlicher Stücke keine Einkommensquelle gewesen zu sein, die das materielle Auskommen der Autoren gesichert hätte. Diese simple Tatsache, die aus der schon genannten offiziellen Bevorzugung religiösen Schrifttums und der strenger als in Spanien gehandhabten Zensur profaner Texte resultiert, dürfte der Grund für die geringe Anzahl von in Lateinamerika geschriebenen Stücken sein. Keinesfalls darf man aber von der geringen Eigenproduktion auf eine nur rudimentär vorhandene Theaterkultur schließen, denn schon gegen Ende des 16. Jhs. sind »comedia«-Aufführungen in »corrales«, eigens für Theateraufführungen adaptierten Innenhöfen, belegt. Schon 1597 wurde eine überdachte »casa de comedias« von Francisco de León in Mexiko-Stadt eingerichtet, die aber lange Zeit hindurch die einzige feste Spielstätte sein sollte. Denn erst 1673 wurde ein Theater mit festem Spielplatz und eigener Truppe im »Hospital Real« installiert, und ungefähr zur selben Zeit begann sich auch ein eigenes Palasttheater zu etablieren. Das »Coliseo del Hospital Real« brannte jedoch im Jahre 1722 ab und wurde durch das »Coliseo Viejo« ersetzt, das kaum dreißig Jahre später, 1753, dem »Coliseo Nuevo«, ab 1826 »Teatro Principal« genannt, Platz machen musste. Diesem Bau folgten in kurzem zeitlichen Abstand feste Spielstätten in Puebla, Guadalajara und anderen Orten; dies zeigt, dass sich das Theater in der Mitte des 18. Jhs. einen festen Ort in der städtischen Kultur der Kolonien gesichert hatte. Der Großteil der gespielten Stücke stammte aus Spanien; so wurden etwa die erfolgreichen »comedias« Lope de Vegas mit nur geringer zeitlicher Verzögerung auch in Mexiko-Stadt und Lima aufgeführt. Die Situation änderte sich in der zweiten Hälfte des 17. Jhs., als eine größere Anzahl hispanoamerikanischer Autoren mit eigenen Stücken hervortrat. Da zu jener Zeit aber schon längst Calderón der tonangebende Dramatiker der spanischsprachigen Welt geworden war, darf es nicht verwundern, wenn es in Lateinamerika keine Beispiele der älteren Lope-Schule gibt, sondern nur Stücke, die in der Nachfolge Calderóns geschrieben wurden.

Mexikos bekanntester Dramatiker lebt in Madrid: Juan Ruiz de Alarcón

Ein bekannter aus Mexiko-Stadt stammender Autor lässt sich nicht in das eben entworfene Bild einfügen: Juan Ruiz de Alarcón y Mendoza. Dieser neben Tirso de Molina sicher bedeutendste Vertreter der Lope-Schule wird in der Literaturgeschichtsschreibung vor allem wegen der verstärkten psychologischen Zeichnung der Charaktere seiner »comedias« hervorgehoben, wie zum Beispiel in seinen bekanntesten Stücken *Las paredes oyen* (1628), *La verdad sospechosa* (1630) oder *Ganar amigos* (1634). Er wurde um 1580 in Mexiko-Stadt geboren, ging 1600 zu Studienzwecken nach Spanien, kehrte 1608 nach Mexiko-Stadt zurück, verließ es 1613 aber wieder, um sich endgültig in Madrid niederzulassen, wo er nach längerem Warten 1625 Mitglied des »Consejo de Indias« wurde. Kurz nach seiner zweiten Ankunft in Spanien wurden seine Stücke mit Erfolg in Madrid aufgeführt. Sein Ansuchen um die Mitgliedschaft in einer »audiencia« in den Kolonien wurde abgelehnt, sodass er bis zu seinem Tode 1639 in Madrid blieb. Wegen seiner mexikanischen Herkunft wurde er in der ersten Hälfte des 20. Jhs. von Autoren wie Pedro Henríquez Ureña oder Alfonso Reyes heftig für die mexikanische Literaturgeschichte reklamiert. Da er aber mit großer Wahrscheinlichkeit alle seine Stücke in Spanien geschrieben hat und dort viel früher bekannt wurde, nimmt er für gewöhnlich auch einen bedeutenden Platz in Darstellungen der spanischen Literatur ein. Seine Stücke sollen hier nicht ausführlich behandelt werden, weil sie nicht primär im literarischen System Mexikos anzusiedeln sind. Erwähnenswert ist aber, dass er unter anderem wegen seiner mexikanischen Herkunft, aber auch, weil er körperlich behindert und rothaarig war, von seinen Dichterkollegen verspottet wurde, was einerseits ein deutliches Licht auf die Geringschätzung der kolonialen Bevölkerung und deren Kultur wirft und andererseits mit Sicherheit Einfluss auf seine eigene Identitätskonzeption hatte.

Juan Ruiz de Alarcón y Mendoza

Bei einem der ersten in Mexiko geschriebenen und auch aufgeführten barocken Theaterstücke, das nicht direkt im Dienst des religiösen Ritus steht, handelt es sich bezeichnenderweise um eine »comedia de santos«, ein dreiaktiges Schauspiel in Versen, das das Leben eines Heiligen zum Inhalt hat. Die *Comedia de San Francisco de Borja* des Jesuitenpaters Matías de Bocanegra wurde anlässlich der Ankunft des Vizekönigs im Jahre 1640 verfasst und von Schülern im Jesuitenkolleg von Puebla aufgeführt. Diese frühe »comedia« Neu-Spaniens hatte also wieder einen religiösen Inhalt, wie es von einem Autor nicht anders zu erwarten war, der der Gesellschaft Jesu angehörte; die Jesuiten verwendeten nicht anders als in Europa auch in den Missionsgebieten in Asien und Amerika das Theater zur Verbreitung und Festigung des katholischen Glaubens. Die *Comedia de San Francisco de Borja* ist sowohl inhaltlich als auch formal ganz der barocken Mentalität verpflichtet. Vor allem im ersten Akt des Stückes, das wichtige Stationen im Leben des Heiligen, des dritten Generals der Gesellschaft Jesu, mit legendären Episoden vermengt, bot sich die Gelegenheit, barocke Vergänglichkeitsthematik auf die Bühne zu bringen. Der aus einer spanischen hochadeligen Familie stammende Francisco de Borja stand vor seinem Eintritt in den Jesuitenorden im Dienste Kaiser Karls V. Seine Berufung in den geistlichen Stand soll dadurch ausgelöst worden sein, dass er als Begleiter des Leichnams der Kaiserin Isabel miterleben musste, wie der Körper der einst schönen Frau verweste. Schon viele Dichter vor Bocanegra hatten das Leben des Heiligen literarisch verarbeitet; am bekanntesten war im 17. Jh. sicher das Gedicht Góngoras »A la beatificación de San Francisco de Borja«. Der mexikanische Jesuit Bocanegra bediente sich also des bekannten »desengaño«-Motivs, eines Desillusionierungserlebnisses, das durch die Gegenüberstellung zweier Extreme, des Nichtig-Irdischen mit dem Ewig-Göttlichen, wie kaum ein anderes barocke Mentalität illustriert. Das berühmteste Werk des Autors, das sich für gewöhnlich in jeder Anthologie lateinamerikanischer kolo

Die erste »comedia« Neu-Spaniens: Comedia de San Francisco de Borja

nialer Lyrik findet, ist die »Canción a la vista de un desengaño« (Lied angesichts einer Enttäuschung). In höchst suggestiven Versen beneidet in diesem Gedicht ein ob seines Lebens in Klausur verzweifelter Mönch einen Fink um seine Freiheit. Plötzlich und im wahrsten Sinne des Wortes aus heiterem Himmel wird das fröhlich trällernde Vöglein von einem Falken getötet. Dieses Erlebnis lässt den Klosterbruder erkennen, dass die Freiheit des irdischen Lebens viele Gefahren in sich berge und es daher besser sei, sich in der irdischen Welt gefangen zu halten, um das ewige Leben zu erwerben. So schlägt der lyrische Ton, der das ganze Gedicht hindurch angehalten hat, am Ende in eine fast biedere Nüchternheit um, die den heutigen Leser überrascht, der sich vielleicht ein »romantisches« Ausbrechen aus dem Kloster um der Freiheit willen erwartet hätte – eine Lösung, die dem barocken Jesuitenpater wohl kaum denkbar erschien.

Sor Juana als Komödienautorin: Los empeños de una casa

Auch unter den wenigen »comedias« des barocken Mexiko finden sich zwei Werke von Sor Juana Inés de la Cruz: *Los empeños de una casa* (1692) und *Amor es más laberinto* (1689). Das zweite Schauspiel, das – wie schon erwähnt – unter Mitwirkung des Dichters Juan de Guevara entstand, wurde 1689 anlässlich des Geburtstags des eben angekommenen Vizekönigs Gaspar de Silva, Conde de Galve, aufgeführt und ist eine kulterane »comedia de capa y espada«, ein Mantel-und-Degen-Stück, das die antike Sage um Theseus und König Minos auf Kreta aufgreift. Weit interessanter und auch heute noch aufführbar erscheinen *Los empeños de una casa* (Die Verwicklungen eines Hauses), ebenfalls eine »comedia de capa y espada«, die ganz unter dem Einfluss Calderóns steht, dessen *Los empeños de un acaso* (Die Verwicklungen eines Zufalls) schon im Titel anklingen. Das Stück, das 1683 zu Ehren des Marqués de la Laguna und des eben in Mexiko-Stadt eingetroffenen neuen Erzbischofs Francisco Aguiar y Seijas im Haus eines hohen Beamten zum ersten Mal aufgeführt wurde, war ganz offensichtlich ein großer Erfolg, wurde es doch noch 25 Jahre später im fernen Manila anlässlich der Geburt des ersten Sohnes Philipps V. aufgeführt. Für dieses Stück schrieb Sor Juana auch alle Vor- und Zwischenspiele, sodass uns in diesem Fall der ganze »festejo« erhalten ist. Typisch barock ist der Kunstgriff, sich in einer dieser kurzen Einlagen auf das Hauptstück zu beziehen, wie es hier im zweiten »sainete« geschieht, das einen Einblick in die koloniale Theaterwelt gibt. Zwei Schauspieler spotten über das Hauptstück, das sie nicht Sor Juana, sondern einem gewissen Acevedo zuschreiben; wahrscheinlich handelt es sich dabei um den zeitgenössischen mexikanischen Autor Francisco de Acevedo (Mitte 17. Jh.), dessen »comedia de santos« *El pregonero de Dios y patriarca de los pobres* (Der Bettler Gottes und Patriarch der Armen; aufgeführt 1684) wegen der angeblich unpassenden Darstellung des heiligen Franz von Assisi von der Inquisition verboten wurde. Weit besser wäre es gewesen – so räsonieren die beiden Komödianten –, ein Stück eines spanischen Autors auszuwählen, von Calderón, Moreto oder Rojas zum Beispiel, das den Erfolg garantieren würde. In der »comedia« selbst werden alle gattungsspezifischen Register gezogen: Liebeskette, Entführungen, Verwechslungen, Verkleidungen, Duelle und schließlich doch das Happy End mit der typischen Doppelhochzeit. In einigen Punkten wandelt Sor Juana das übliche Personal etwas ab: So trägt die Heldin des Stücks, Doña Leonor, stark autobiographische Züge; sie wird von allen wegen ihrer Schönheit und ihrer Intelligenz gelobt und strebt selbst aktiv und bewusst nach Wissen und Erkenntnis, was ihr als Frau das Leben nicht gerade erleichtert. Im Gegensatz dazu heißt es an einer Stelle im

Sor Juanas *Fama y obras postumas*, Madrid 1714 – erste Seite

ersten Akt, dass es für Männer nicht gut sei, zu viel Schönheit zu besitzen. Und abweichend von der gängigen Variante, dass sich Frauen als Männer verkleiden, wie es zum Beispiel des öfteren in Cervantes' *Novelas ejemplares* (1613) oder in einigen Dramen Tirso de Molinas vorkommt, verkleidet sich in *Los empeños de una casa* der männliche »gracioso« Castaño, die lustige Dienerfigur der »comedia«, als Frau, sodass die Autorin auch hier in sehr subtiler Weise traditionelle Geschlechterrollen hinterfragt.

Am Beginn des 18. Jhs. lassen sich auch im Vizekönigreich Neu-Spanien dieselben Tendenzen feststellen, die in Spanien schon in der zweiten Hälfte des vorhergehenden Jahrhunderts auftraten. Einerseits fällt die Vorliebe für die »zarzuela« auf, für das seit Calderón gepflegte Singspiel, und andererseits eine Hinwendung zu Stücken, die einer aufwendigen Bühnenmaschinerie bedürfen. In Neu-Spanien wäre als »zarzuela«-Autor vor allem Manuel Zumaya zu erwähnen, dessen Stücke *El Rodrigo* (1708) und *Parténope* (1711) im Palasttheater aufgeführt wurden. Als einer der erfolgreichsten Autoren des öffentlichen Theaters gilt der 1688 in Toledo geborene Eusebio Vela, der zu einem nicht näher bekannten Zeitpunkt nach Mexiko-Stadt kam, wo er zusammen mit seinem Bruder José 1713 in die Truppe des »Coliseo del Hospital Real« aufgenommen wurde. Er übernahm 1718 die Leitung des Theaters, das er mit einer größeren Anzahl von Stücken versorgte, von denen drei erhalten sind: *Si el amor excede al arte, ni amor ni arte a la prudencia* (Wenn die Liebe die Kunst übertrifft, so weder Liebe noch Kunst die Klugheit), *La pérdida de España*, das wegen des behandelten Stoffs, der schmachvollen Niederlage des letzten Westgotenkönigs, 1770 in Madrid verboten wurde, und *Apostolado en las Indias y martirio de un cacique*, das sich mit der Geschichte Mexikos zur Zeit Hernán Cortés' beschäftigt.

Theater zu Beginn des 18. Jahrhunderts

Im Gegensatz zu den Stücken von Eusebio Vela, die noch voll barocker Schwere sind, steht das ebenfalls im ersten Drittel des 18. Jhs. entstandene Schauspiel *El príncipe jardinero y fingido Cloridano* von Santiago de Pita, dem ersten namentlich bekannten kubanischen Dramatiker. Das sehr lyrische Stück, dessen Schauplatz im entfernten Thrakien angesiedelt ist, handelt von der Liebe des jungen athenischen Prinzen Fadrique zur thrakischen Prinzessin Aurora, von deren Bildnis er so bezaubert ist, dass er sich unter dem Decknamen Cloridano als Gärtner in den Diensten ihres Vaters verdingt, um in ihrer Nähe sein zu können. Seine wahre Identität kann der Protagonist, in den sich neben Aurora noch drei weitere Frauen verlieben, zunächst nicht preisgeben, weil er in einem Duell den Bruder der Prinzessin getötet hat. Nach einem bewegten Handlungsverlauf, der von Lamparón, dem sich selbst mit Sancho Panza vergleichenden Diener Fadriques, derb-komisch kommentiert wird, heiraten schließlich nicht nur Aurora und Fadrique, sondern auch einige weitere Paare. Das Stück ist nicht mehr in der schwer verständlichen kulteranen Sprache geschrieben, sondern zeichnet sich durch einen einfachen Sprachduktus, verbunden mit abwechslungsreicher und eleganter Versifizierung, aus. Sowohl der etwas verspielte Handlungsverlauf als auch die neue formale Handhabung lassen Rokokozüge anklingen. Das Stück hatte in der Folge sowohl in Spanien als auch in Hispanoamerika großen Erfolg und wurde bis ins 19. Jh. immer wieder aufgeführt und verlegt. Dass gerade ein kubanischer Dichter ein so beliebtes Schauspiel verfasste, hat in der Literaturgeschichte immer wieder Zweifel an der Urheberschaft des in Havanna lebenden Autors aufkommen lassen, weil die Hauptstadt Kubas erst ab 1776 eine

Ein Vorgeschmack des Rokoko – Santiago de Pita, El príncipe jardinero

*Theater in den
Indianersprachen*

feste Spielstätte besaß. Die Forschungen der letzten Jahrzehnte haben aber ergeben, dass Santiago de Pita, der vielleicht während eines längeren Aufenthaltes in Spanien neuere Theaterströmungen kennengelernt hatte, mit Sicherheit der Verfasser von *El príncipe jardinero* ist.

Am Ende dieses wegen der geringen Anzahl erhaltener Stücke nur fragmentarischen Bildes der Entwicklung des Barocktheaters in Neu-Spanien soll noch eine andere Facette betrachtet werden, die das Zusammenspiel von spanischer Theaterkultur und autochthonen indianischen Einflüssen zeigt. Die Schwierigkeiten bei der Analyse dieses Phänomens liegen einerseits in der Undatierbarkeit der meisten Stücke, die in Indianersprachen verfasst wurden, und andererseits in ihrer vielfach verfälschten Wiedergabe durch europäische Missionare. Die Hauptproduktion des Missionstheaters fällt zweifelsohne in die Zeit vor 1600, doch auch noch im 17. Jh. finden sich einige religiöse Stücke in Náhuatl, in deren Zentrum die Verehrung der Virgen de Guadalupe steht. Auch Übersetzungen von »comedias« bekannter spanischer Autoren liegen vor, wie zum Beispiel die mexikanischen Versionen zweier Stücke von Lope de Vega und Calderóns *El gran teatro del mundo* (Urauff. 1645, erschienen 1675). Das in diesem Zusammenhang interessanteste und eigentümlichste Werk der Kolonialzeit ist sicher ein *Güegüence* oder auch *Macho Ratón* genanntes Tanzspiel aus Nicaragua (zwischen 1573 und 1787 entstanden). Vom formalen Gesichtspunkt aus betrachtet, stellt das Stück den seltenen Fall einer literarischen »Mestizisierung« dar; es werden aus indianischer Tradition stammende Elemente, etwa in Europa unbekannte Tänze und die Verwendung von Masken, mit Zügen verschmolzen, die den spanischen »entremeses«, den zwischen den »comedia«-Akten eingelegten Zwischenspielen, entliehen sind.

Literatur für einen kleineren Leserkreis

Alle bisher besprochenen literarischen Ausdrucksformen – von den verschiedensten Formen der Gelegenheitsdichtung über in religiös-kultischem Kontext stehende Werke bis hin zu Bühnenstücken – hatten einen gemeinsamen Nenner: Sie wurden von einer größeren Öffentlichkeit, die je nach Darbietungsanlass variierte, rezipiert. Dasselbe lässt sich über die im Folgenden behandelten Texte nicht sagen, da es sich dabei um Literatur handelt, die für eher private Lektüre geschrieben wurde. Über den Umgang mit dieser Art von Literatur wissen wir relativ wenig, oft zirkulierten die Texte nur in Manuskriptform, manche blieben über Jahrhunderte ungelesen, andere wurden bloß in geringer Zahl aufgelegt und waren lediglich einer sehr dünnen gebildeten Oberschicht zugänglich; vielfach erreichten die in Spanien gedruckten Werke ihren Entstehungsort in den Kolonien in so kleiner Stückzahl, dass die eigentlichen Rezipienten auf der iberischen Halbinsel zu suchen sind. Nur in wenigen Beispielen sind wir durch Angaben in anderen Texten über ihre Aufnahme informiert. Als Kriterium für die Behandlung dieser Texte in einer Literaturgeschichte Neu-Spaniens kann nicht mehr das Publikum gelten, sondern nur mehr Ort und Umfeld der Produktion, was aber über das Funktionieren eines literarischen Systems nicht immer Aufschluss gibt.

*Historiographie
um 1650*

Die historiographische Literatur der Zeit ab 1650 lässt sich nicht mit der der vorangehenden Epoche vergleichen, die sowohl vom historischen als auch vom literaturwissenschaftlichen Standpunkt weit interessanter erscheint. Dies liegt in der simplen Tatsache begründet, dass die Zeit der umwälzenden Änderungen schon am Beginn des 17. Jhs. zu Ende gegangen war und die wichtigen Berichte und Chroniken darüber ebenso wie die zu missionarischen Zwecken verfassten Beschreibungen indigener Ethnien schon geschrieben worden waren. Im Vizekönigreich Neu-Spanien lassen sich in diesem Zusammenhang nur noch zwei wichtigere Autoren nennen: der aus Spanien stammende Bischof von Puebla und spätere Vizekönig Juan de Palafox y Mendoza, der wegen einer Kontroverse mit den Jesuiten wieder nach Spanien zurückgeholt wurde, und der Ururenkel von Bernal Díaz del Castillo, Francisco Antonio de Fuentes y Guzmán, der in Guatemala lebte. Palafox y Mendoza, u. a. auch Verfasser des allegorischen Prosawerks *El pastor de Nochebuena* (1644) und einer spirituellen Autobiographie mit dem Titel *Vida interior* (1687), die ihn als Verehrer der heiligen Theresa von Avila ausweist, interessiert in einer Geschichte der lateinamerikanischen Literatur vor allem wegen seines an den König gerichteten Berichtes *De la naturaleza del indio* (1671), in dem er in für die Zeit sehr ungewöhnlichen positiven Tönen über die indianische Bevölkerung Neu-Spaniens schreibt. Eine weniger von der »communis opinio« abweichende Ansicht vertritt Fuentes y Guzmán, der in seiner *Historia de Guatemala*, von ihm selbst auch *Recordación florida* (Blühende Erinnerung) genannt, neben einer detaillierten Beschreibung der Geographie und der präkolumbianischen Geschichte Guatemalas in eher herkömmlicher Weise vor allem die Eroberung durch Pedro de Alvarado schildert. Erst in den fünfziger Jahren unseres Jahrhunderts wurde ein weiteres Werk von ihm entdeckt, die *Preceptos historiales* (um 1695), ein Regelwerk zur Erstellung historischer Abhandlungen. Damit zählt Fuentes y Guzmán zu den ganz wenigen Geschichtstheoretikern seiner Zeit, die in den Kolonien lebten, und beweist durch diese Tatsache, dass die vor allem im 16. und 17. Jh. geführte historiographische Regel-Diskussion auch im entlegenen Guatemala ein Echo fand.

Juan de Palafox
y Mendoza

Was das wissenschaftliche Schrifttum der Zeit betrifft, muss Carlos de Sigüenza y Góngora an erster Stelle genannt werden. Sein Interesse für naturwissenschaftliche Fragen zeigt sich am deutlichsten in seiner *Libra astronómica y filosófica* (1690), deren Genese Aufschluss über das Selbstbild und auch das Prestige der mexikanischen Wissenschaft gibt. Schon im Jahr 1680 reagierte Sigüenza y Góngora auf das Erscheinen eines Kometen, der – als Vorzeichen großen Unglücks gewertet – bei fast allen Teilen der Bevölkerung Entsetzen hervorrief, mit der kurzen Schrift *Manifiesto filosófico contra los cometas despojados del imperio que tenían sobre los tímidos* (1681), die heftige Gegenreaktionen auslöste. Als sich die Diskussion gerade auf ihrem Höhepunkt befand, traf der Tiroler Jesuitenpater Eusebius Kino, eine anerkannte Autorität auf dem Gebiet der Mathematik, in Mexiko-Stadt ein, den Sigüenza y Góngora mit der Hoffnung auf Unterstützung zu sich einlud. In der Folge trat aber Kino nicht nur gegen den Mexikaner auf, dessen Wissen er mit europäischer Überheblichkeit offensichtlich geringschätzte, sondern erwähnte ihn nicht einmal in seiner Gegenschrift. Diese beleidigende Missachtung veranlasste Sigüenza y Góngora, eine ausführliche und engagierte Stellungnahme zu schreiben, eben die *Libra astronómica y filosófica*, in der er sich sowohl mit dem genannten Problem als auch mit der arroganten Haltung der Europäer gegenüber Gelehrten der Neuen Welt auseinandersetzte.

*Wissenschaftsprosa
und der Hochmut
der Europäer*

Carlos de Sigüenza
y Góngora

Von geringerer historischer Aussagekraft, literarisch aber anspruchsvoller als dieser Traktat, ist ein anderes, sehr kurzes Werk Sigüenza y Góngoras, die *Infortunios de Alonso Ramírez* (1690). Es ist vielleicht der

Die Infortunios
de Alonso Ramírez

einzige Text des mexikanischen Polyhistors, der heute für eine weitere, nicht ausschließlich historisch oder philologisch orientierte Leserschaft von Interesse ist. Das keiner Gattung eindeutig zuzuordnende Büchlein ist eigentlich eine Niederschrift der verschiedensten Abenteuer, die der aus Puerto Rico stammende Alonso Ramírez in Ich-Form erzählt. Der Protagonist gibt an, nach einem längeren Aufenthalt in Mexiko-Stadt bis zu den Philippinen gelangt zu sein, wo er in die Gefangenschaft englischer Piraten geriet, von denen er nach geraumer Zeit mit wenigen Begleitern in einem kleinen Schiff auf hoher See ausgesetzt wurde. Schließlich strandete er an der Küste Yucatáns, wo er nach tagelangem orientierungslosen Herumirren mit einigen anderen Überlebenden wieder zu einer spanischen Siedlung kam, deren Behörden ihn zunächst gar nicht gut aufnahmen. Am Ende des Buches erfährt man, dass Alonso Ramírez vor den Vizekönig gebracht wurde, den seine Geschichte so sehr interessierte, dass er sie von seinem Historiographen aufzeichnen ließ – eben Sigüenza y Góngora, der so in seinem eigenen Buch als handelnde Person auftritt. Die Erzählung, die ab der Gefangennahme des Alonso Ramírez durch die Engländer immer ausführlicher wird, gewinnt, je weiter die Handlung fortschreitet, durch höchst anschauliche Beschreibung an Spannung. Der Autor verwendet hier eine erzählerische Technik, die sonst bei kaum einem anderen Werk der kolonialen Literatur festzustellen ist. Noch komplexer wird die Erzählung durch die Tatsache, dass der Bericht eher unglaubwürdig in der Tradition des Schelmenromans einsetzt. Der Ich-Erzähler schildert zunächst in humorvoll-distanzierter Weise sein Elternhaus und seinen Mangel an Arbeitslust, um dann immer realistischer Begebenheiten zu berichten, die ihm nach dem Verlassen seiner Heimat widerfahren sind. So entsteht ein äußerst ambivalentes Werk, das die – nicht eindeutig zu beantwortende – Frage nach der Authentizität des Erzählten aufwirft. Die Absicht des Buches ist hingegen klar: Sigüenza y Góngora wollte anhand der abenteuerlichen Geschichte des Alonso Ramírez Kritik am spanischen Weltreich üben, das, anstatt seine Untertanen zu schützen, diese durch unbewegliche Bürokratie und habsüchtige Beamte quäle.

Sor Juanas Auseinandersetzung mit der kirchlichen Obrigkeit: Respuesta a sor Filotea

Über einen ganz anderen Aspekt der barocken mexikanischen Gesellschaft informiert uns die *Respuesta a sor Filotea* (1700) von Sor Juana Inés de la Cruz, ein sehr persönlicher und doch rhetorisch ausgefeilter Text, der gemeinsam mit Sigüenza y Góngoras *Infortunios* sicherlich den Höhepunkt kolonialer Prosa darstellt. Zum besseren Verständnis des Textes muss erwähnt werden, dass Sor Juana auf Drängen des Bischofs Manuel Fernández de Santa Cruz ein anderes Schreiben, die sogenannte *Carta atenagórica* (Athenengleicher Brief, 1690) verfasst hatte, in der sie den *Sermão do Mandato* (zwischen 1642 und 1652), eine der Gründonnerstagspredigten des berühmten portugiesisch-brasilianischen Jesuitenpaters Antônio Vieira, kritisierte. Fernández de Santa Cruz publizierte unter dem Pseudonym Sor Filotea diesen Brief zusammen mit einem Vorwort, in dem er Sor Juana vorwarf, dass sie, als Frau und Nonne, sich zu sehr mit weltlichem Wissen und Dichten beschäftige. In ihrer *Respuesta* verteidigt sich Sor Juana gegen diese Angriffe, die ihr nicht neu waren – schon acht Jahre zuvor hatte sie sich in einem Brief an ihren Beichtvater Antonio Núñez de Miranda, der erst 1980 wieder entdeckt wurde, ganz ähnlich gerechtfertigt –, und fordert den Zugang der Frauen zu Wissen und Schrift. Im gleichen Kontext stehen auch ihre letzten »villancicos«, nicht zufällig für die entfernte Kathedrale von Oaxaca geschrieben – sie preisen die wegen ihrer Bildung gerühmte frühchristliche

Märtyrerin Katharina von Alexandrien. Diese Texte sind die letzten, welche die Autorin als selbstbewusste Frau zeigen. In den späteren Jahren wurde sie, die das Kloster nur aus Abneigung gegen den Ehestand und als einzige Möglichkeit, der Wissenschaft zu leben, gewählt hatte, Opfer der kirchlichen Hierarchie: Nachdem sie im Verlauf der schon erwähnten apokalyptischen Zustände in Mexiko in den Jahren 1691/92, die zu einer Schwächung der weltlichen Macht zugunsten der geistlichen führte, die Unterstützung des Vizekönigshofes verloren hatte, wandte sie sich wieder an ihren früheren Beichtvater. In der Folge verkaufte sie ihre umfangreiche Bibliothek wie auch ihre große Instrumentensammlung und zog sich von jeder schriftstellerischen Tätigkeit zurück. Sie starb kurz darauf am 17. April 1695 an den Folgen einer in ihrem Konvent grassierenden Krankheit. In älteren Literaturgeschichten wurden die letzten Jahre der Dichterin als Konversion beschrieben, als das Besinnen auf geistliche Werte; spätestens seit dem genannten Buch von Octavio Paz dürfte aber kein Zweifel mehr daran bestehen, dass es sich dabei um keinen friedlichen und freiwilligen Prozess handelte.

Dieser außergewöhnlichen Frau verdanken wir das mit Abstand anspruchsvollste literarische Zeugnis des kolonialen Mexiko, den *Primero sueño* (1692). Neben den an die Marquesa de la Laguna gerichteten Liebesgedichten handelt es sich dabei um ihr bekanntestes lyrisches Werk. Der vollständige Titel verweist eindeutig auf die formale Tradition, in der die 973 Verse umfassende Dichtung steht: *Primero sueño, que así intituló y compuso la madre Juana Inés de la Cruz, imitando a Góngora.* Ähnlichkeiten zu Góngora sind aber nur in der Verwendung des schwer verständlichen kulteranen Stils zu finden, denn inhaltlich steht das Werk, das im Gegensatz zu Góngora nicht nur das ästhetisch-intellektuelle Spiel sucht, in einer anderen Tradition: in jener, die in der platonischen und neuplatonisch-hermetischen Philosophie ihren Ursprung hat und literarisch in der Nachfolge von Ciceros *Somnium Scipionis* zu sehen ist. Es geht um den Aufstieg der von der Körperlast befreiten Seele zur Erkenntnis, oder besser zu der Einsicht in die Unmöglichkeit, diese in ihrer höchsten Anschauung zu gewinnen. Die philosophische Tiefe, gepaart mit der formvollendeten Sprache Góngoras, hebt dieses Werk über seine literarische Umgebung hinaus und macht es zu einem einzigartigen Zeugnis kolonialer spanischer Literatur.

Höhepunkt der kolonialen Literatur Mexikos: der Primero sueño *der Sor Juana Inés de la Cruz*

Kulteranismus und Neoklassizismus im Vizekönigreich Peru

Barocke Kultur in Peru

Neben der Haupstadt Lima gab es im Vizekönigreich Peru noch einige weitere Zentren barocker Kultur: Santa Fe de Bogotá, das ab 1739 zur Residenz des neuen Vizekönigreiches Nueva Granada wurde, Santiago de Quito, Sitz einer »audiencia«, und die alte Inka-Hauptstadt Cuzco. Die Vormachtstellung Limas ist allerdings in der Barockzeit unbestritten, wie sich schon in der simplen Tatsache zeigt, dass es bereits ab 1582 über eine eigene Druckerei verfügte. In Bogotá gelang es 1738 für kurze Zeit, definitiv erst ab 1777, Bücher zu drucken. Ecuador folgte 1754 mit einer

Lima und die weiteren Kulturzentren

Ein später Verteidiger Góngoras: Juan de Espinosa Medrano »El Lunarejo«

Druckerei in Ambato, die 1760 nach Quito verlegt wurde. In diesem Zusammenhang muss erwähnt werden, dass auch die Jesuiten schon um 1700 eine eigene Druckerei in Paraguay errichtet hatten, die der Verbreitung missionarischer Werke diente. Die Gesamtzahl der gedruckten Werke in Peru ist kleiner als jene Mexikos und beträgt für die gesamte Zeit bis zum Ende des 18. Jhs. nur um die dreitausend Bücher, die hauptsächlich religiösen Inhalts waren. Auch was das Erscheinen regelmäßig aufgelegter Zeitungen betrifft, hinkt Peru dem innovativeren Mexiko hinterher; erst ab 1743 informierte die *Gaceta de Lima* regelmäßig über wichtige Feste, Naturkatastrophen oder Kriegsereignisse. Die Auflage eines täglich erscheinenden Blattes blieb genauso wie in Neu-Spanien erst dem Ende des 18. Jhs. vorbehalten. Hier kam aber Lima mit dem *Diario Erudito, Económico y Comercial*, der 1790 bis 1793 aufgelegt wurde, Mexiko-Stadt zuvor.

Der peruanische Gongorismus

Noch bedingungsloser als Neu-Spanien folgte das barocke Peru dem kulteranistischen Stildiktat. Die große Menge und die Vielfalt der Beispiele machen eine detaillierte Beschreibung des peruanischen Kulteranismus fast unmöglich. Hinzu kommt die wohl bekannteste zeitgenössische theoretische Abhandlung, die über den Gongorismus geschrieben wurde, der *Apologético en favor de don Luis de Góngora* (1662) von Juan de Espinosa Medrano. Der aus einer Indianerfamilie stammende, wegen auffallender Muttermale »El Lunarejo« genannte Jesuitenpater gilt wegen dieser Schrift und seiner Predigten, die er in verschiedenen Kirchen Cuzcos hielt (publiziert unter dem Titel *La novena maravilla*, 1695), als der bedeutendste Vertreter kulteraner Prosa in Lateinamerika. Die Entstehungsgeschichte und das Vorwort des *Apologético* geben einen hervorragenden Einblick in die poetologischen Vorstellungen, die in den Kolonien herrschten. Espinosa Medrano antwortete mit der Streitschrift im Jahre 1662 – also über dreißig Jahre nach Góngoras Tod – auf die 1629 in einem Kommentar zu Camões geäußerte Kritik des Portugiesen Faria e Sousa. Sein verspätetes Eingreifen begründet er im Vorwort mit der allgemeinen Verzögerung, mit der Angelegenheiten, hinter denen kein Mitteilungsinteresse der Spanier stünde, in die Kolonien gelangten, und damit, dass er noch nicht geboren war, als Faria e Sousa seine Kritik am bereits verstorbenen Góngora formulierte. Die Anspielung auf die geringe Bereitschaft der Spanier, die Kolonien an der intellektuellen Diskussion der Zeit teilnehmen zu lassen, ist unübersehbar, ebenso jene auf die Geringschätzung, die die Spanier den Einwohnern in den Kolonien entgegenbrachten, stellt er doch noch im Vorwort die rhetorische Frage: »¿Que puede haber bueno en las Indias? ¿Qué puede haber que contente a los europeos, que desta suerte dudan? Sátiros nos juzgan, tritones nos presumen, que brutos de alma, en vano se alientan a desmentirnos máscaras de humanidad« (Was kann denn schon Gutes aus Amerika kommen? Was könnte die derart zweifelnden Europäer zufriedenstellen? Als Satyrn bezeichnen sie uns, für Tritonen, die ihre grobe Seele umsonst mit menschlicher Maske zu verkleiden suchen, halten sie uns). Eigentlich bedürfte es nach diesen Sätzen gar keiner Antwort mehr, denn der Stil der vorgebrachten Worte spricht für sich – Góngora hätte es kaum besser formulieren können. Der Text selbst würde ebenfalls jedes Vorurteil hinsichtlich der Minderwertigkeit kolonialer Kultur Lügen strafen, denn Satz

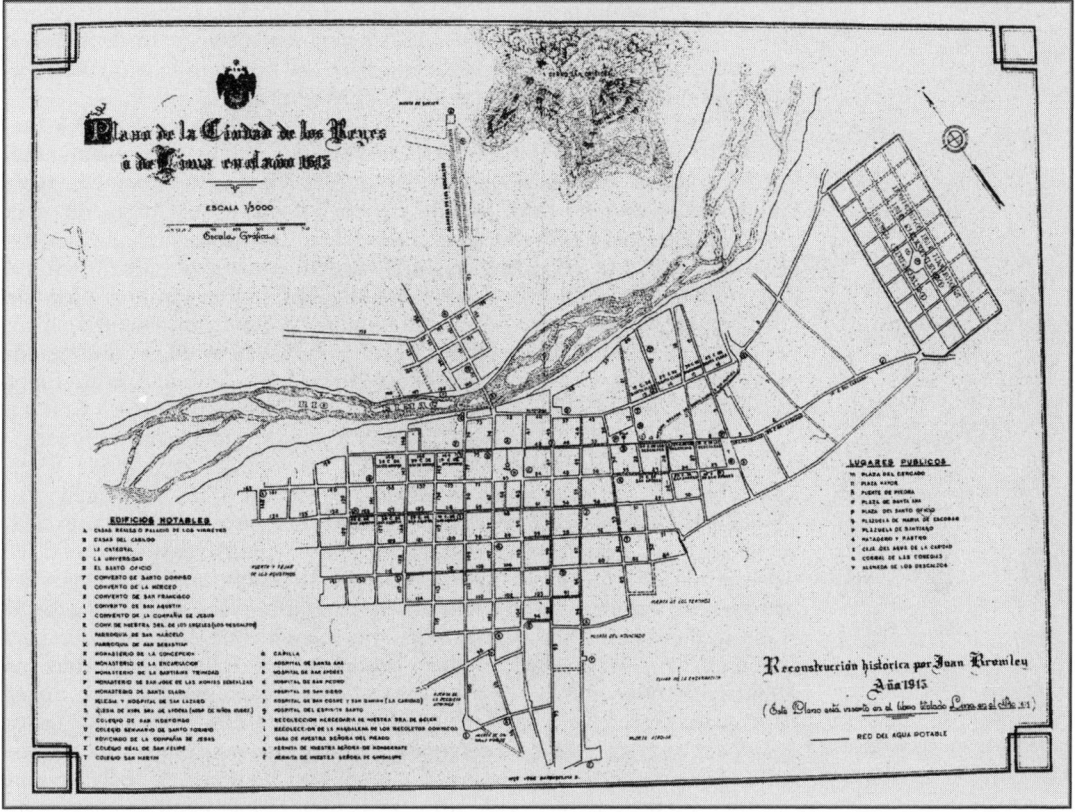

Plan von Lima
im Jahr 1615

für Satz wird Faria e Sousa durch Heranziehung von Autoritäten aus der griechischen, lateinischen und spanischen Literatur widerlegt, würde nicht gerade durch dieses verspätete Insistieren ein subjektiv empfundener kultureller Rückstand unübersehbar. Espinosa Medrano wollte unter Beweis stellen, dass die hispanoamerikanische Kultur der Europas nicht nachstehe, verwechselte aber ähnlich wie Sigüenza y Góngora, den dasselbe Minderwertigkeitsgefühl plagte, Spanien, das schon längst keine kulturelle Vorbildfunktion mehr hatte, mit Europa. Mittels kulteraner Literatur wurde in den Kolonien versucht, es dem Mutterland gleichzutun, ja es vielleicht sogar zu übertreffen. Die Metropole Spanien war durch ihre restriktive Kulturpolitik zur einzigen kulturellen Größe für die Kolonien geworden. Dass Spanien im letzten Drittel des 17. Jhs. seine kulturelle Bedeutung in Europa schon weitgehend eingebüßt hatte und selbst an die Peripherie gerückt war, konnte man in Hispanoamerika, das so zur Peripherie der Peripherie wurde, nicht wissen.

Am deutlichsten sichtbar wird der lateinamerikanische Gongorismus in der lyrischen und epischen Dichtung der Zeit. Das Drama setzte ihm Grenzen durch die der Gattung inhärente Rezeptionsform, die bei der Aufführung ein sofortiges Verständnis verlangt. In dieser Gattung wurde auch erste Kritik am kulteranen Stil geäußert. Der erst dreizehnjährige Fernando Fernández de Valenzuela, der später nach Spanien ging und dort als Kartäusermönch sein Leben verbrachte, verfasste in seiner Schul

*Erste Kritik
am Gongorismus:
Valenzuelas* Láurea
crítica

zeit im Jesuitenkolleg von San Bartolomé in Bogotá das Entremés *Láurea crítica* (Lorbeerkritik; entstanden 1629, erschienen 1961), in dem er sich über die Latinismen und Hyperbata sowie die umständliche Ausdrucksweise des aufkommenden Gongorismus lustig machte.

Gongorismus in barocken Epen

Diese frühe Kritik sollte aber die Ausnahme bleiben; in der Epik und der Lyrik setzten sich kulteranistische Ansätze schon kurz nach 1600 durch, etwa in Bernardo de Balbuenas *Grandeza mexicana*, Diego de Hojedas *La cristiada* oder in zahlreichen lyrischen Gedichten, die eher unbewusst barocke Stiltendenzen aufnehmen und noch nicht in der expliziten Nachfolge Góngoras verfasst wurden. Anders verhält es sich mit den Werken, die nach dem Ausbrechen der Diskussion um die *Soledades* geschrieben wurden. Ihre Verfasser mussten Stellung beziehen, sich als Gongoristen oder Antigongoristen bekennen, was bisweilen – und gerade in Lateinamerika – zu ausgesprochen hybriden Werken führte. Einen Extremfall bildet das Epos *San Ignacio de Loyola, fundador de la Compañía de Jesús* (1666) des Jesuitenpaters Hernando Domínguez Camargo, das zwar an etlichen Stellen durch seine dunkle, ästhetisierende Wortkunst besticht, in seiner Gesamtheit aber für den heutigen, nicht ausschließlich philologisch orientierten Leser als unzumutbar gelten muss. Ja, selbst was die Rezeption in der ohnehin sehr exklusiven kulteranistisch orientierten »Gemeinde« betrifft, müssen angesichts des Umfangs des unvollendet gebliebenen Werkes Zweifel aufkommen; in 1117 »octavas reales«, das sind 8936 Verse, wird die Geschichte des Gründers des Jesuitenordens von seiner Geburt bis zu seiner Ankunft in Rom geschildert. Vergleicht man diesen gigantischen Umfang mit den Dichtungen Góngoras, dessen *Fábula de Polifemo y Galatea* 504 Verse und dessen *Soledades* in zwei Gesängen insgesamt 2065 umfassen, so liegt der Schluss nahe, dass es sich beim Verfassen eines solchen Werkes nur noch um eine bemühte literarische Gewaltleistung gehandelt haben kann – selbst wenn man den unterschiedlichen Erwartungshorizont der Barockepoche in Betracht zieht.

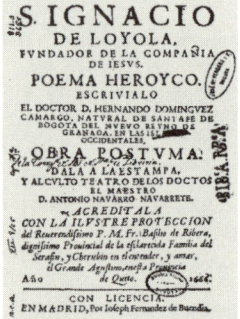

Titelblatt von Camargos Loyola-Epos

An der Wende vom Barock zur Aufklärung: Pedro de Peralta Barnuevo

Peraltas »neues« Epos Lima fundada

Ein deutlicher Einstellungs- und Geschmackswandel zeigt sich bei dem rund fünfzig Jahre später entstandenen Epos *Lima fundada o conquista del Peru. Poema heroico en que se decanta toda la historia del descubrimiento y sujeción de sus provincias por don Francisco Pizarro* etc. (1732). Der Autor war der universal gebildete Peruaner Pedro de Peralta Barnuevo, der als die herausragende Gestalt im Geistesleben Limas in der ersten Hälfte des 18. Jhs. bezeichnet werden kann. In seinem Epos, das die Geschichte Limas bis zu den Vizekönigen des 18. Jhs. zum Inhalt hat, kündigt sich eine neue Auffassung von Dichtung an. Peralta Barnuevo lässt zwar nach wie vor kulteranistisch gefärbte Töne anklingen, er tut dies aber weit behutsamer und zurückhaltender als Domínguez Camargo, indem er einen um Verständlichkeit bemühten Stil über kulteranistische Ideale stellt. Neben dem Anspruch auf »claritas« fällt jener auf »utilitas« auf. Peralta Barnuevo will nicht mehr das ästhetische Wortspiel um seiner selbst willen, sondern er will informieren, was dann allerdings zu einer bisweilen sehr langweiligen Aneinanderreihung von Namen und Begebenheiten führt, die mit belehrenden Kommentaren versehen werden. Diese neuen, rationalistisch orientierten Tendenzen, in denen französischer Ein-

Pedro de Peralta Barnuevo

fluss sichtbar wird, brachten dem Autor auch im Spanien des 18. Jhs.,
etwa bei dem bekannten spanischen Aufklärer Feijoo, Anerkennung und
Hochachtung ein. *Lima fundada* darf als ein Epos des Übergangs angesehen werden, das in Gattung und Stil barocke Tradition mit Neuem
verbindet.

Die Lyrik im barocken Südamerika: Gongorismus, Mystik und antigongoristische Satire

In der lyrischen Dichtung wird durch die größere uns zur Verfügung
stehende Anzahl von Beispielen die Omnipräsenz des Kulteranismus deutlicher als in der Epik. Die von Jacinto de Evia herausgegebene Anthologie
*Ramillete de varias flores poéticas recogidas y cultivadas en los primeros
abriles de sus años* (1676) gibt einen guten Einblick in die Vielfalt kulteraner Dichtung des Vizekönigreiches Peru. Über Evia, von dem 69 Gedichte
des *Ramillete* sind, weiß man nur, dass er aus einer wohlhabenden Familie
in Guayaquil stammte, bei Pater Antonio Bastidas in Quito studierte und
dort 1657 das Doktorat erwarb. Von den übrigen Gedichten stammen 78
von Pater Bastidas, fünf von Domínguez Camargo und weitere acht von
einem nicht näher bekannten Jesuiten. Der Titel der Sammlung, aber auch
die zweier Romanzen von Evia, »A dos arroyos que nacen de una peña«
(Zwei aus einem Fels entspringende Bäche) und »A un manantial del valle
de Lloa« (Eine Quelle des Lloa-Tales), lassen erahnen, wo die Stärke des
Ramillete zu finden ist: in den Naturbeschreibungen. Hier wird der beein-
druckendsten Facette in Góngoras Werk gefolgt, den stilisierten, metaphernreichen und oft synästhetisch empfundenen Darstellungen von klaren Quellen, grünen Ufern oder bunten Blumen in belebter, idealer Landschaft.

Ein Kompendium der kolonialen Lyrik Perus: Ramillete de varias flores poéticas

Dass sich der Gongorismus nicht nur in den größeren Städten als
dominierende Stilform durchsetzte, beweist das Werk von Luis José de
Tejeda y Guzmán, der in der damals entlegenen Stadt Córdoba (heute
Argentinien) lebte. Sein Manuskript *Libro de varios tratados y noticias*,
das er wohl nach seinem Eintritt ins Kloster 1663 verfasst haben dürfte,
zählt zu den wenigen erhaltenen Schriften des 17. Jhs. aus dem Südosten
des Vizekönigreiches Peru. Verglichen mit Domínguez Camargo ist bei
Tejeda der Einfluss Góngoras zwar relativ gering, aber dennoch unübersehbar; vor allem die Romanze »El peregrino de Babilonia«, eine Art
Lebensbeichte, sein bekanntestes Gedicht »Soneto a Santa Rosa de Lima«
und der in der Tradition der Mystik stehende »Soliloquio primero«
weisen Tejeda als gemäßigten Kulteranisten aus.

Gongorismus in Argentinien: Tejeda y Guzmán

Ein sehr später Gongorist ist der lange Zeit in Quito lebende Jesuitenpater Juan Bautista Aguirre, der zu einer Zeit, als schon fast im gesamten
lateinamerikanischen Raum der Klassizismus triumphierte, noch immer
kulteranistische Lyrik verfasste. Der sonst bei seiner Lehrtätigkeit für
iberische Verhältnisse eher moderne Jesuit, der wie sein Zeitgenosse Feijoo für eine rationalistische, von Descartes geprägte Philosophie eintrat,
pflegte aus nicht ganz erklärbaren Gründen den in seiner Zeit schon
längst antiquierten Stil. Ein Rokokoaspekt dabei scheint seine Vorliebe für
kurze Gedichte zu sein; ein Epos im Stile eines Domínguez Camargo wäre
bei ihm schon unvorstellbar. Wegen der Vertreibung seines Ordens aus
den Gebieten der spanischen Krone musste er 1767 nach Italien gehen, wo
er zunächst in Ferrara und später in Tivoli lehrte.

Ein verspäteter Gongorist: Juan Bautista Aguirre

*Die bedeutendste
lateinamerikanische
Mystikerin:
Madre Castillo*

Symptomatisch ist im Gegensatz zu Aguirre das Fehlen kulteranistischer Elemente bei der bekanntesten Mystikerin Lateinamerikas, Francisca Josefa Castillo y Guevara, meist kurz Madre Castillo genannt. Gleichsam ein Gegenbild zu Sor Juana Inés de la Cruz, musste die ungebildete Nonne aus Tunja (heute Kolumbien), deren literarische Bildung einzig auf der Bibel und anderer religiöser Literatur beruhte, von ihrem Beichtvater zum Schreiben aufgefordert werden. Die an die heilige Theresa von Avila erinnernde Klosterschwester aus Neu-Granada schrieb in einfacher und verständlicher Weise. Von ihr sind zwei Werke erhalten, die beide der mystischen Literatur zuzurechnen sind: die *Vida de la venerable Madre Josefa de la Concepción* (um 1720), eine innere, seelische Autobiographie, und die *Sentimientos espirituales* (veröff. 1843).

*Eine antigongo-
ristische Stimme: der
Satiriker Juan del
Valle Caviedes*

Eine andere, angriffslustigere Gegenstimme zum beherrschenden Gongorismus wird mit dem Satiriker Juan del Valle Caviedes hörbar, der sich zwar nicht explizit wie Lope de Vega oder Quevedo über Góngora lustig macht, aber sehr wohl die diesen Stil kultivierende Gesellschaft verspottet und beide, Stil und Gesellschaft, durch eine manchmal sehr derbe Sprache kritisiert. Valle Caviedes, über dessen Leben nur so viel bekannt ist, dass er aus Andalusien stammte und schon in jungen Jahren nach Peru kam, wo er relativ erfolglos blieb, ist wohl die interessanteste Figur des barocken Lima. Er und der Brasilianer Gregório de Matos, dem er in mehr als einem Aspekt ähnelt, sind die großen Satiriker der Zeit. Für beide war sicher Quevedo das literarische Vorbild. Caviedes vertritt im Gegensatz zu dem im Grunde doch sehr konservativen Spanier in mancher Hinsicht weit modernere Ansichten. Dies wird zum Beispiel in der Versepistel an Sor Juana Inés de la Cruz deutlich, in der er vorgibt, dass die mexikanische Nonne Proben seiner Werke erbeten hätte und er ihr deshalb diesen Brief schreibe. Um seine mangelnde Bildung oder besser seine Unkenntnis der Autoritäten zu verteidigen, führt er darin als seinen Lehrmeister das aus der Erfahrung gewonnene Wissen ins Treffen. Die vom Rationalismus geprägte Auffassung des Autors zeigt sich auch in den beiden Romanzen »Al terremoto de Lima el día 20 de octubre de 1687« und »Juicio de un cometa que apareció hecho por el autor«. Kämpft er in der ersten Romanze gegen die Ansicht, dass Erdbeben eine Strafe Gottes darstellen, so widerlegt er in der zweiten wie Sigüenza y Góngora die abergläubische Einstellung, Kometen hätten schicksalhafte Bedeutung für das Leben der Menschen. Von all seinen Gedichten am bekanntesten ist die Satirensammlung *Diente del Parnaso* (Zahn des Parnass), in der er (wie Quevedo) den Ärztestand mit beißendem Spott bedenkt. Das zentrale Motiv dieser Satiren ist die Anklage, dass die Ärzte durch ihr Tun den Tod bei weitem überträfen. So bittet etwa im »Coloquio que tuvo con la muerte un médico estando enfermo de riesgo« ein Arzt den Tod für sich selbst um Gnade, weil er doch sein bester Zuarbeiter sei. Valle Caviedes verspottet nicht nur den Berufsstand in seiner Gesamtheit, sondern macht auch einzelne Vertreter namentlich lächerlich, wobei er auch deren körperliche Eigenarten nicht verschont. Dieser Zug mag heute roh und geschmacklos erscheinen, für die barocke Mentalität war es aber offensichtlich ganz normal, sich über körperliche Gebrechen anderer lustig zu machen. Auch die Dichtung des spanischen Siglo de Oro machte weder vor dem Buckel Alarcóns noch vor der Nase Góngoras halt. Ebenso muten heute die Angriffe auf die nicht rein von Spaniern abstammende Bevölkerung, vor allem auf die Mulatten, befremdend an; dieser Zug tritt bei Gregório de Matos noch deutlicher zu Tage. Wie bei vielen anderen Satirikern handelt

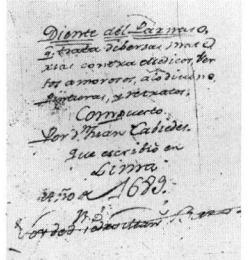

Manuskriptseite
aus *Diente del Parnaso*

es sich auch bei Valle Caviedes und seinem Vorbild Quevedo nicht um von der eigenen Situation unabhängige, objektive Kritik. Der soziale Aufstieg anderer Menschen wird ihnen, die meinen, um den ihnen zustehenden Platz in der Gesellschaft betrogen worden zu sein, zu einem Ärgernis, das mit Hilfe der Satire kritisiert werden muss. Die hinter der Satire stehende Idealvorstellung ist daher nicht der Aufbruch zu Neuem, sondern die Rückkehr zum Idealzustand einer ständisch geordneten Gesellschaft. Wenn man bei Valle Caviedes sozialkritische Anklänge suchen will, so würden sich diese am ehesten in dem Gedicht »Privilegios del pobre« finden, in dem Valle Caviedes nicht auf seine eigene Armut anspielt, sondern das Verhalten der Gesellschaft gegenüber den Armen schlechthin anklagt. Aber dieser Text stellt nur einen Ausnahmefall dar. Auch was die heute leichter verständliche Sprache Valle Caviedes' anlangt, die vordergründig die elitären Sprachformen der kolonialen Gesellschaft zu sprengen scheint, lässt sich bei näherem Hinsehen keine destabilisierende soziale Kraft ausmachen. Mit zum Lachen auffordernden Texten, die das im kulteranistischen Stil Tabuisierte direkt aussprechen – wie zum Beispiel in der Romanze »Defensas que hace un ventoso al pedo« (Verteidigungsrede, die ein von Blähungen Geplagter für den Furz hält) oder in den vielen Gedichten, in denen Volkssprache nachgeahmt wird –, kommt es zwar zum Bruch auf der sprachlichen Ebene in Bachtinschem Sinne, aber dieser Bruch ist systemimmanent, er zeigt nur eine andere, aber gleichfalls von der Gesamtheit der Gesellschaft akzeptierte Facette barocker Kultur. Valle Caviedes stellt keine Ausnahme dar, wenn er sich den oben genannten Themen widmet oder eine Parodie auf Góngoras *Fábula de Polifemo y Galatea* schreibt, denn Góngora selbst hat Ähnliches in seinen Romanzen getan und in seinen Sonetten Esel beschrieben, die in den Manzanares urinieren. Verblüffend ist aber der Registerreichtum im Werk des Peruaners, der neben seinen satirischen Gedichten auch religiöse und Liebesdichtung geschrieben hat, die ganz im Einklang mit dem geltenden barocken Normenkodex steht. Wegen ihrer Vielschichtigkeit entzieht sich die Lyrik des spitzzüngigen Dichters einer kategorischen Beurteilung – eine Tatsache, die den erst im 20. Jh. wiederentdeckten Autor über seine in ihrer literarischen Produktion großteils sehr einförmigen peruanischen Zeitgenossen heraushebt.

Wie in Neu-Spanien so ist auch in Peru, von wenigen Ausnahmen abgesehen, der Ort, an dem barocke Literatur entsteht, in zwei gesellschaftlichen Bereichen angesiedelt: einerseits in der Kirche oder, genauer ausgedrückt, in den Ordensgemeinschaften, und anderseits am Hof des Vizekönigs. Von den bisher erwähnten Autoren stellt in dieser Hinsicht nur Valle Caviedes eine Ausnahme dar. Der überwiegende Teil der Dichter gehörte dem geistlichen Stand an, wobei der Jesuitenorden die bedeutendste Rolle spielte. Von den am Hof in Lima tätigen Dichtern wurde bisher nur Peralta Barnuevo erwähnt. Er gehörte einer wichtigen und für die Zeit typischen Dichtergesellschaft an, der Akademie des Vizekönigs Manuel Oms de Santa Pau, Marqués de Castell-dos-Ríus, die sich in den Jahren 1709 und 1710 wöchentlich versammelte und zu deren wichtigsten Vertretern – neben dem Mäzen selbst und Peralta Barnuevo – der reiche Limeño Pedro José Bermúdez de la Torre und der aus Madrid stammende Adlige Luis Antonio de Oviedo y Herrera, Conde de la Granja, gehörten. Die literarhistorische Bedeutung der Dichterakademie beruht auf der eigenartigen und zaghaften Aufnahme neuer, französisch beeinflusster klassizistischer Strömungen, die manchmal gar nicht recht verstanden

Orte der literarischen Kommunikation: die Akademie des Vizekönigs Marqués de Castell-dos-Ríus

wurden. So stammen zum Beispiel aus der Feder des Conde de la Granja so unterschiedliche Werke wie die in »octavas reales« verfasste barock-opulente Dichtung *Vida de Santa Rosa de Lima* (1712) und der klassizis-tisch gefärbte, in einfacher Romanzenform geschriebene *Poema sacro de la pasión de Nuestro Señor Jesucristo* (1717). Dass dieses Aufeinander-treffen zweier Stile auch den Mitgliedern der Akademie bewusst war, zeigt das Vorwort zum *Poema sacro*, das von Bermúdez de la Torre stammt. In diesem Text, einer Art poetologischem Vorspann, werden nicht nur Aris-toteles und Horaz als Autoritäten angeführt, sondern auch neue klassizis-tische Tendenzen aufgenommen. Durch das Zusammentreffen barocker und klassizistischer Strömungen im Rahmen der Palastakademie, eines Ortes aristokratischer Lebenskultur par excellence, lassen sich die Werke der Mitglieder der Akademie des Vizekönigs Castell-dos-Ríus dem Ro-koko zuordnen. Die Bezeichnung »Rokoko« ist allerdings für die Klassifi-zierung der Literatur des kolonialen Raumes wenig befriedigend, weil kaum ein Werk der ersten Hälfte des 18. Jhs. eindeutig diesem Stil ent-spricht, vielmehr die ganze Epoche durch das Nebeneinander barock-kulteranistisch und klassizistisch geprägter Dichtungen gekennzeichnet ist. Einerseits dominieren in Peru nach wie vor religiöse Themen und die gongoristische Sprache, die, wie bei Aguirre sichtbar wurde, bis in die zweite Hälfte des 18. Jhs. weiterlebt, und andererseits werden schon kurz nach 1700 erste klassizistische Tendenzen sichtbar, die sich in einem neuen Streben nach »nützlicher« und den klassischen Regeln verpflichte-ter Dichtung und klarer Sprache äußern.

Das Theaterleben in Peru

Rokoko-Tendenzen im Bereich des Dramas

Im Bereich des Dramas lassen sich noch am ehesten auch einzelne Werke dem Rokoko zuordnen, wie zum Beispiel Santiago de Pitas *El príncipe jardinero y fingido Cloridano*. Im Vizekönigreich Peru zeigen sich derlei Tendenzen erst bei dem universal begabten und auch in stilistischer Hin-sicht vielseitigen Peralta Barnuevo. Das Theater der Zeit davor ist, wie in Neu-Spanien, von Calderón und seinen spanischen Nachfolgern geprägt. Neben Stücken, die das Publikum durch opulente Ausstattung und spek-takuläre Maschinerie beeindrucken sollten, triumphiert auch auf den Bühnen Limas, wo sich ab 1599 fixe Schauspielertruppen etablierten, und in anderen größeren Städten die »zarzuela«. Feste Spielstätten sind in Lima seit dem Beginn des 17. Jhs. belegt, die führende Rolle kommt den »corrales« des »Hospital de San Andrés« und des »Hospital de Santo Domingo« zu. Der Theaterbetrieb wurde von zahlreichen Spielverboten unterbrochen, die hauptsächlich auf Betreiben des Klerus erfolgten, aber auch infolge eines Todesfalls in der königlichen Familie erlassen werden konnten oder durch die Schäden einer Naturkatastrophe notwendig er-schienen, wie es nach den beiden verheerenden Erdbeben der Jahre 1687 und 1746 der Fall war.

Espinosa Medrano als Dramatiker

Zu den bemerkenswerteren Dramenautoren Perus zählt der schon ge-nannte Jesuitenpater Espinosa Medrano, dem zwei Stücke zugeschrieben werden können, die beide der religiösen Unterweisung dienten. Eines der beiden, das »auto sacramental« *El hijo pródigo* ist in Quechua verfasst und verlegt die dem Neuen Testament entnommene Handlung in india-nisches Ambiente. Neben dem schwer datierbaren *Usca Paucar*, einem Stück, in dem ein verarmter Inka-Fürst dem Teufel für Reichtum und

Macht seine Seele verschreibt, am Ende aber durch ein Gebet zur Jungfrau Maria gerettet wird, und dem *Yauri Titu Inca: El pobre más rico* (1707) von Gabriel Centeno de Osma (17. Jh.), das einen ganz ähnlichen Inhalt hat, gehört *El hijo pródigo* zu den wenigen in dieser Zeit in der Sprache der Inka verfassten Dramen. Das missionarische Ziel der Stücke, die Darstellung des Christentums als einzig heilbringender Kraft, ist eindeutig, und so lässt sich hier eher von einem Theater für Indianer und weniger von einem indigenen Theater sprechen, auch wenn Espinosa Medrano selbst aus einer Indiofamilie stammte. Die Wirkung der Stücke auf die indigene Bevölkerung muss nachhaltig gewesen sein; dies belegen die zahlreichen überlieferten Manuskripte, die auf oftmalige Aufführungen schließen lassen. Da die Dramen tatsächlich vorhandene Identitätsprobleme auf die Bühne brachten, konnte eine Identifizierung der Indios mit den Protagonisten ohne Schwierigkeiten erfolgen, und man konnte beim Publikum mit einem stärkeren Interesse rechnen als bei den rein biblischen, nicht angepassten Stücken.

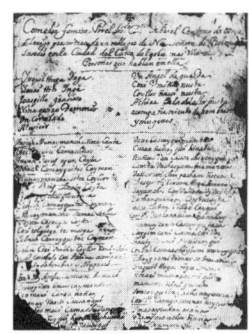

Manuskriptseite aus *El pobre más rico*

Das zweite Stück Espinosa Medranos, *Amar su propia muerte*, dessen Stoff ebenfalls der Bibel, genauer dem vierten Kapitel des Buches der Richter, entnommen ist, wurde ganz offensichtlich für eine andere Zielgruppe geschrieben. Es wurde auf Spanisch verfasst und weist alle Charakteristika des spanischen Barocktheaters auf: abwechslungsreiche Metrik, komplizierten Handlungsverlauf, pathetische Monologe und die lustige Dienerfigur, den »gracioso«. Es ist, wie die meisten anderen Stücke bis zum Beginn des 18. Jhs., der Schule Calderóns verpflichtet. In dieser Tradition schreibt auch der aus Lima stammende Lorenzo de las Llamosas, Autor einer anlässlich der Geburt eines Sohnes des Vizekönigs verfassten »zarzuela« mit dem Titel *También se vengan los dioses* (1689). Llamosas, ein vom Vizekönig protegierter Autor, folgte 1691 seinem Mäzen nach Spanien. Da dieser aber die Überfahrt nicht überlebte, musste sich Llamosas nach seiner Ankunft in Spanien nach neuen Gönnern umsehen, die er am Hof in Madrid fand, wo seine Stücke bald aufgeführt wurden. Auch der erste namentlich bekannte Theaterautor Argentiniens, Antonio Fuentes del Arco, von dem nur eine »loa«, ein kurzes Vorspiel, erhalten ist, muss hinsichtlich des Stiles der calderonianischen Schule zugerechnet werden. Der Anlass und der damit zusammenhängende Inhalt der »loa« sind außergewöhnlich. Die Heimatstadt des Autors, Santa Fe, litt unter einer Steuer, die dem Handel von Mateblättern aufgeschlagen wurde, um die Befestigung von Buenos Aires zu finanzieren. In Madrid wurde schließlich den Bitten der Stadtverwaltung um die Aufhebung dieser Steuer nachgegeben, und so hatte Santa Fe Grund zu feiern. Zu diesem Anlass schrieb Fuentes del Arco, der selbst in verschiedenen administrativen Funktionen tätig war, zuletzt als Prokurator seiner Heimatstadt in Madrid, die genannte »loa«, die am 17. Januar 1717 vor einer »comedia« von Moreto aufgeführt wurde. In dem Vorspiel wird die Geschichte rund um den Matehandel resümiert, wobei die Landschaft der heutigen Provinz Misiones, die Iguazú-Wasserfälle, der Paraná, die Städte Santa Fe und Buenos Aires und der Río de la Plata genannt werden. Fast könnte man sagen, dass hier in nuce schon etliche Themen der späteren argentinischen Literatur angesprochen sind.

Das Drama in der Tradition des spanischen Barocktheaters in Peru und Argentinien

Juan de Espinosa Medrano

Wie schon erwähnt, werden in den Werken der Mitglieder der Akademie des Vizekönigs Castell-dos-Ríus vereinzelt französische Einflüsse bemerkbar. Dies wird vor allem im dramatischen Werk des hervorragenden Vertreters dieser Gruppe, Pedro de Peralta Barnuevo, deutlich.

Erste französische Einflüsse in der Dichtung Perus

Der Prozess der Aufnahme französischer Vorbilder verläuft gebrochen. So verfasst er in Anlehnung an Corneilles *Rodogune* (1644) um 1720 anlässlich des Geburtstages von Philipp V. ein gleichnamiges Stück, *Rodoguna*, in dem er nur die Handlung der Tragödie, nicht aber die Prinzipien des klassischen französischen Theaters übernimmt. Peralta Barnuevo ersetzt den Alexandriner durch eine Vielzahl metrischer Formen, fasst das Stück in drei Akte, fügt einige Personen hinzu und versieht es mit Musik und Gesangspartien. Französische Stücke wurden offensichtlich zunächst nur nachgeahmt, weil sie neu und modern erschienen und nicht, weil sich der Geschmack des Publikums geändert hätte – wäre sonst ein klassisches Regeldrama derart auf spanisch-barocke Vorstellungen zugeschnitten worden? Gelungener erscheinen die Adaptionen zweier Komödien von Molière in zwei Nachspielen. Im »fin de fiesta« der »comedia« *Triunfos de amor y poder* (1711) lassen sich Anklänge an Molières *Le malade imaginaire* (1673) erkennen, und im Nachspiel der »comedia« *Afectos vencen finezas* orientiert sich Peralta Barnuevo an *Les femmes savantes* (1672). Seltsamerweise macht er sich in diesem Nachspiel über die Exzesse gekünstelter Ausdrucksweise lustig – ein Übel, unter dem auch viele seiner eigenen Dichtungen leiden.

Das Theater des »Ciego de la Merced«

Ein ähnliches Nebeneinander verschiedener Stile findet sich bei Fray Francisco de Castillo, wegen seiner Sehbehinderung »El Ciego de la Merced« (Der Blinde des Mercedarierordens) genannt. So schreibt der Ordensbruder einerseits Stücke, die eindeutig in der Nachfolge Calderóns stehen, wie *Todo el ingenio lo allana* (Alles überwältigt die Erfindungsgabe; entstanden vor 1749), daneben in höchst kulteraner Manier Werke wie *Mitrídates, rey del Ponto* und schließlich satirische Zwischenstücke wie den *Entremés del justicia y litigantes* (vor 1749), denen er seine Bekanntheit verdankt. Darin zeichnet er mit scharfem Humor die Schwächen der Limeños nach, was ihm die Aufnahme in Ricardo Palmas *Tradiciones peruanas* (1872–83) einbrachte.

Die Prosaliteratur des Barock: ein vernachlässigtes Genre

Im Vergleich zur vorhergehenden Epoche fällt das geringe Interesse an Prosachroniken, seien sie auch novellenhafter Art, auf. Neben der schon erwähnten Madre Castillo sind als bedeutendste Prosaautoren dieser Epoche lediglich die beiden Historiographen Lucas Fernández de Piedrahita, der in seiner *Historia general del Nuevo Reino de Granada* (1688) die Geschichte des Vizekönigreiches von der Kultur der Chibchas bis zum Jahr 1563 erzählt, und Francisco Núñez de Pineda y Bascuñán zu nennen. Núñez de Pineda brachte in *El cautiverio feliz* (1673) seine eigene Lebensgeschichte zu Papier. Darin berichtet er, wie er in die Hände der Araukaner fiel und welche Erfahrungen er während seiner Gefangenschaft machte, die durch warmherzige Gastfreundschaft und den Schutz des Häuptlings Maulicán gekennzeichnet war. Das Adjektiv »feliz«, das mit dem vorausgehenden Substantiv »cautiverio« ein typisch barockes Titelparadoxon bildet, weist auf diese positiven Erfahrungen des Autors hin. Sie lassen ihn die spanische Zivilisation, deren Greueltaten er nicht ausspart, in einem anderen Licht sehen, sodass er einige Eigenarten der Indio-Kultur auch für sein späteres Leben übernimmt, in das er nur wegen des katholischen Glaubens zurückkehren wollte. An mehreren Stellen tauchen in dem als Tatsachenbericht hingestellten Text an Ritter- und Schäfer-

Die »glückbringende Gefangenschaft« des Francisco Núñez de Pineda

romane erinnernde Episoden auf, die das bisher hauptsächlich von der Ethno- und Historiographie benutzte Werk auch literaturwissenschaftlich interessant erscheinen lassen. *El cautiverio feliz* stellt im Vergleich mit den vorherrschenden und in der Epoche selbst stärker zur Kenntnis genommenen Texten schon aus gattungsspezifischen Gründen eine Ausnahme dar, aber auch der einfache Stil hebt den Text vom dominierenden Kulteranismus ab, dessen Hegemonie zwar zu Beginn des 18. Jhs. langsam gebrochen wird, der aber vereinzelt noch bis in die zweite Hälfte des Jahrhunderts anhält.

Brasilianischer Barock und jesuitische Tradition

Ursachen des verspäteten Beginns der brasilianischen Barockliteratur

Anders als in den beiden spanischen Vizekönigreichen Mexiko und Peru entwickelte sich in Brasilien ein eigenes literarisches System erst in der ersten Hälfte des 18. Jhs. Dies liegt einerseits am Fehlen eines größeren Publikums für literarische Texte und andererseits an den restriktiven Maßnahmen der portugiesischen Krone, die den Kolonien sowohl Druckereien als auch Universitäten versagte. In der Zeit vor 1700 dominierten, von einigen Ausnahmen abgesehen, noch eindeutig Textsorten, die weniger dem innerbrasilianischen Konsum als vielmehr den portugiesischen Interessen dienten. Die beiden Hauptgattungen der Zeit vor 1700 bilden die umfangreichen Berichte über die Geschichte und die Geographie des riesigen Gebietes vom Amazonas bis zum Río de la Plata, die vor allem die maßgebenden Instanzen des Mutterlandes oder deren Vertreter in Brasilien informieren sollten, und die zahlreichen Beispiele moraldidaktischer Literatur, die von katholischen Priestern, hauptsächlich Jesuiten, stammen. Die wenigen literarischen Texte, die nicht diesen beiden Gruppen zuzuordnen sind, stehen nicht so sehr in der portugiesischen Literaturtradition als in der spanischen. Die Vorbildwirkung der spanischen Dichter reichte weit über die Zeit der politischen Einheit der iberischen Länder und ihrer Kolonien (1580–1640) hinaus, ja sie findet ihren Höhepunkt erst in der zweiten Hälfte des 17. und in der ersten des 18. Jhs. In ganz Lateinamerika wirkte der kulturelle Einfluss Spaniens bedeutend länger als in Europa, wo er schon im letzten Drittel des 17. Jhs. dem französischen Vorbild weichen musste. Am deutlichsten wird der spanische Einfluss in den portugiesischen Gebieten auf dem Feld des Dramas. Im Vergleich zu Portugal tritt in Brasilien der Mangel an dramatischer Literatur, vom reinen Missionstheater der Jesuiten abgesehen, noch deutlicher zutage, und die wenigen Zeugnisse, die uns über Theateraufführungen berichten, stammen erst vom Anfang des 18. Jhs. Bei diesen Aufführungen dominierte die spanische, von Calderón geprägte »comedia«. So wurden 1717 in der Hauptstadt Salvador zwei Calderón-Stücke auf die Bühne gebracht. 1729 kam es anlässlich der Doppelhochzeit zwischen dem Hause Bragança und den spanischen Bourbonen zu weiteren Aufführungen verschiedener spanischer Autoren des 17. Jhs. Auch in Vila Rica, dem durch Goldfunde zu Bedeutung gelangten wirtschaftlichen Zentrum in Minas Gerais, und in Recife, der Hauptstadt der zuckerreichen Provinz Pernambuco, wurden zu verschiedenen Gelegenheiten auf eigens angefer-

Textsorten unter kolonialen Bedingungen: Berichte und moraldidaktische Literatur

Die Dominanz des spanischen Einflusses

tigten Bühnen spanische Dramen gespielt. Die Tatsache, dass für derartige Festveranstaltungen erst Bühnen errichtet werden mussten, ist ein eindeutiger Hinweis auf eine fehlende höfische oder städtische Theaterkultur und unterscheidet das literarische Leben Brasiliens von dem Hispanoamerikas, wo schon seit dem Ende des 16. Jhs. in den größeren Städten, vor allem in Mexiko und Peru, feste Spielstätten mit regem Theaterbetrieb zu finden sind. Auch die wenigen Stücke, die in Brasilien verfasst wurden und nicht dem Missionstheater, das in der Entwicklung des lateinamerikanischen Dramas eine Ausnahme bildet, zuzuordnen sind, orientieren sich am spanischen Vorbild. Die einzigen erhaltenen »comedias« des barocken Brasilien, *Hay amigo para amigo* (1663) und *Amor, engaños y celos* (1705) von Manuel Botelho de Oliveira, stehen nicht nur in der Tradition der Calderón-Schule, sondern sind auch auf Spanisch verfasst.

Gongoristische Lyrik: Botelho de Oliveira

Der starke spanische Einfluss bei Botelho de Oliveira zeigt sich auch in seinen lyrischen Werken, die ganz bewusst in der Nachfolge Góngoras geschrieben sind. Der aus Bahia stammende Dichter nennt im Vorwort zu seiner *Música do Parnaso* (1705), dem ersten gedruckten Buch eines in Brasilien geborenen Autors, als seine Vorbilder – neben den antiken Größen Homer, Vergil und Ovid – die Italiener Tasso und Marino, vor allem aber die Spanier Góngora und Lope, deren Vaterland zur Heimat der Musen geworden sei. Allerdings stünden den spanischen Dichtern die ihnen verwandten Portugiesen Camões und Jorge de Montemayor nicht nach. Er selbst wolle diesen Vorbildern nacheifern und somit der Erste sein, der ihre »sanften« Metren in Brasilien nachahme. Den Großteil seines Werkes machen petrarkistische Liebesgedichte in der barocken Sprache Góngoras aus. Die fiktive Geliebte Anarda, der Grund seines Liebens und Schmachtens, wie auch die ganze ins Bild gesetzte Umwelt sind aber nicht in Brasilien zu finden, sondern in Portugal, und so fährt Anarda auch nicht die Allerheiligenbucht vor Salvador, sondern den Tejo vor Lissabon auf und ab. In der brasilianischen Literaturgeschichtsschreibung wird Botelho de Oliveira allerdings vor allem wegen des Gedichts »A Ilha de Maré« hervorgehoben, welches die in der weitläufigen Allerheiligenbucht gelegene, der Stadt Salvador vorgelagerte Insel der Maré beschreibt. Wegen des lokalen Themas wird dieses Gedicht, das in der Tradition des »ufanismo« (der »Großsprecherei«) steht, als frühes Zeugnis brasilianischer Literatur gewertet. Ein literarisches Gegenstück sollte die »Ilha de Maré« in der *Descrição da Ilha de Itaparica* (1764) von Frei Manuel de Santa Maria Itaparica erhalten, einer Beschreibung der gleichfalls in der Allerheiligenbucht gelegenen Insel Itaparica. In der *Música do Parnaso* finden sich neben portugiesischen Gedichten auch eine große Anzahl in kastilischer, ein wesentlich kleinerer Teil in italienischer Sprache abgefasster und sieben lateinische Beispiele. Der lyrische Teil der Sammlung übertrifft den dramatischen nicht nur in quantitativer, sondern auch in qualitativer Hinsicht.

Die zentrale literarische Gattung des brasilianischen Barock: die Kanzelpredigt

Eine in der Rezeptionsform dem Theater ähnliche, allerdings in anderem Kontext stehende und primär ein anderes Ziel verfolgende literarische Gattung stellt die barocke Kanzelpredigt dar, deren bedeutendster Autor im iberischen Raum der Jesuitenpater Antônio Vieira war. Auch wenn sein im *Sermão da Sexagésima* ausgesprochenes Wort, dass im Königreich

Portugal die Kanzelpredigt die »comedia« ersetze, etwas übertrieben erscheint, so macht es doch deutlich, welch hohen literarischen Stellenwert die Predigt im Barock besaß. Vieira ist aber nicht nur wegen seiner 15 Bände umfassenden Kanzelreden (1679–1748 erschienen) in der portugiesisch-brasilianischen Literaturgeschichte von Bedeutung; auch seine über 500 Briefe und die *História do Futuro* (1718) sind von großem historischem und literarischem Interesse. Vieira fasziniert nicht nur wegen seiner Schriften; auch seine Biographie ist höchst abwechslungsreich. Er wurde 1608 in Lissabon geboren, übersiedelte aber schon mit sechs Jahren nach Bahia, wo er im Jesuitenkolleg von Salvador seine Ausbildung und wohl auch die entscheidende Prägung erhielt. Nachdem ihn eine Predigt über die Höllenqualen tief beeindruckt haben soll, trat er 1623 in die Gesellschaft Jesu ein, und elf Jahre später erhielt er die Priesterweihe. Schon in dieser Zeit setzte er sich, selbst Enkel einer Mulattin, mit dem Problem des Zusammenlebens verschiedener Ethnien und Kulturen in Brasilien auseinander und war wegen seiner engagierten Predigten, in denen er vor kaum einem damals kontroversen, wenn nicht tabuisierten Thema zurückschreckte, bald weit über die Grenzen Bahias bekannt. Schon 1641, also kurz nach der Wiedererlangung der Selbständigkeit Portugals unter der Dynastie Bragança, ging er nach Lissabon, wo er bald Ratgeber König Johanns IV. und bekanntester Prediger Lissabons wurde. In den folgenden elf Jahren trat er aber nicht nur als religiöser Prediger auf, er wurde auch für diplomatische Missionen herangezogen und machte mit originellen Vorschlägen zur Sanierung der portugiesischen Wirtschaftspolitik von sich reden. So propagierte er den Schutz der »cristãos novos«, der zum katholischen Glauben konvertierten Juden; diese sollten dafür im Gegenzug in den staatlichen Westindienhandel investieren. Dieser Vorschlag brachte ihm den dauernden Hass der Inquisition ein, die sich den Zugriff auf die Güter der gesellschaftlich geächteten Gruppe der Konvertiten nicht nehmen lassen wollte. 1652 ging er wieder nach Brasilien, genauer in die Jesuitenmissionen im Amazonasgebiet, wo er schnell in Gegensatz zur weißen Bevölkerung geriet, da er sich für eine Besserstellung der Indios einsetzte. Ein gegen die Jesuiten gerichteter Aufstand der portugiesischen Landbesitzer und Kaufleute zwang Vieira 1661, wieder nach Portugal zurückzukehren. Da aber sein Protektor König Johann IV. schon 1656 verstorben war, hatten es die Inquisitionsbehörden nun leichter, gegen ihn vorzugehen. Wegen seiner Schrift *Esperanças de Portugal, quinto Império do Mundo, primeira e segunda Vidas de El-Rei D. João IV.* (veröff. 1856/57) wurde ihm nach zweijähriger Haft 1667 die Erlaubnis zu predigen entzogen und Hausarrest in einer Niederlassung seines Ordens auferlegt. Im *Quinto Império* hatte Vieira die Wiederkehr des verstorbenen Königs Johann IV. angekündigt, unter dessen Herrschaft es unter einer neuen, gereinigten Kirche zu einem friedlichen Zusammenleben von Christen und Juden kommen würde. Damit griff er die in Portugal seit der ersten Hälfte des 16. Jhs. allgemein bekannten Verheißungen des Schusters Gonçalo Anes Bandarra auf, die zunächst nach dem Tod des jungen Königs Sebastian (1578) und der Übernahme der Herrschaft in Portugal durch die Spanier in den messianischen Hoffnungen auf eine Wiederkehr Sebastians aufgingen und in der späteren Geschichte sowohl in Portugal als auch in Brasilien immer neue Ausprägungen erfuhren, sodass sich als Terminus für dieses sozial-, aber auch literarhistorisch bedeutende messianistische Phänomen der Ausdruck »Sebastianismo« herausbildete. Vieira ging, nachdem er wegen

Der bedeutendste Prediger der iberischen Länder: Antônio de Vieira S.J.

seiner sebastianistischen Vorstellungen verurteilt worden war, 1669 nach Rom, wo er zum Ratgeber der Königin Christine von Schweden aufstieg und es ihm gelang, die Aufhebung des gegen ihn verhängten Urteils und eine Überprüfung der portugiesischen Inquisitionsbehörden durch den Heiligen Stuhl zu erwirken. 1675 kehrte er nach Lissabon zurück, wo ihm aber die Ausübung öffentlichkeitswirksamer Funktionen versagt wurde, sodass er sich 1681 endgültig nach Bahia zurückzog, wo er in den ihm verbleibenden sechzehn Jahren seine Schriften, vor allem seine Predigten, überarbeitete und für die Drucklegung vorbereitete.

Ein »brasilianischer Las Casas«: Vieiras Kampf gegen die Unterdrückung der Indios

In vielen seiner Predigten und Briefe spricht Vieira spezifisch brasilianische Themen an. So schreibt er in einem Brief an den Pater Provinzial im Jahre 1654 aus der Provinz Maranhão über die grausame Behandlung der Indios. Mit unerschrockenen Worten kämpft er in einem anderen Brief an den König Afonso VI. vom 20. April 1657 gegen ihre Versklavung und Unterdrückung. Der Vergleich mit Las Casas drängt sich auf, und in der Tat führen beide auch immer wieder die gleichen Argumente an, die sie jedoch, wenn es um die schwarzen Sklaven Lateinamerikas geht, nicht anwenden. Vieira weist zwar auch auf deren Leiden hin, wie in der berühmten Predigt an die Rosenkranzbruderschaft von Bahia, *Sermão vigésimo sétimo, com o Santíssimo Sacramento exposto* (27. Predigt, während des ausgesetzten Allerheiligsten; aus der Reihe *Maria, Rosa mística*), rechtfertigt sie aber mit einem Verweis auf die Leiden Christi und der Hoffnung auf das durch dieses Leiden erworbene glückliche Leben im Jenseits. Es drängt sich die Frage auf, warum hier mit zweierlei Maß gemessen wird, warum für die Indianer die Sklaverei unrechtmäßig sei, für Schwarze aber nicht. Diesen Unterschied, dessen eigentlicher Grund in der Notwendigkeit lag, die arbeitsintensive Zuckererzeugung für die »senhores de engenho« und die Plantagenwirtschaft gewinnbringend aufrechtzuerhalten, spricht aber Vieira nicht direkt an; auch für ihn war er offenbar ganz natürlich, und so begnügte er sich damit, die Missstände in der Behandlung der schwarzen Sklaven aufzuzeigen, ohne die Sklaverei selbst in Frage zu stellen. Bei anderen Autoren, auch und vor allem innerhalb des Jesuitenordens, finden sich gegensätzliche Meinungen zur Sklavenfrage, denn das System der Sklaverei war keineswegs konfliktfrei. Viele schwarze Sklaven flüchteten vor ihren Herren und gründeten eigene, sehr wehrhafte Gemeinschaften, die sogenannten »quilombos«. Der bedeutendste »quilombo« war jener von Palmares, der 65 Jahre lang bestand und erst durch ein großes militärisches Aufgebot 1694 besiegt wurde. Vieira verurteilt die Versklavung der aus Schwarzafrika stammenden Bevölkerung nicht und begnügt sich damit, die Missstände im kolonialen Wirtschafts- und Gesellschaftssystem anzuprangern, dies allerdings mit eindringlichen Worten. Am bekanntesten ist in diesem Zusammenhang die in São Luís do Maranhão 1654 gehaltene Antoniuspredigt, in der er die Ungerechtigkeiten der kolonialen Welt kritisiert. Dieser Angriff erfolgt nicht direkt, sondern mittels eines Kunstgriffes. Er gibt vor, nicht zur versammelten Gemeinde zu sprechen, sondern in Anlehnung an die Legende des heiligen Antonius von Padua zu den Fischen, denen er menschliches Verhalten zum abschreckenden Vergleich beschreibt. Durch die Illusion eines bühnenhaften »aparte«, eines »Zur-Seite-Sprechens«, bleibt den Zuhörern gar keine andere Möglichkeit, als dem Prediger in seinen Anklagen zuzustimmen; nachdem das Publikum dadurch zum schweigenden Mitankläger geworden ist, muss es am Ende erkennen, dass es sich selbst verurteilt hat.

Die in theologischer Hinsicht gewagteste Predigt Vieiras war zweifelsohne der *Sermão pelo bom Sucesso das Armas de Portugal contra as de Holanda*, in der er ebenfalls nicht zu den Gläubigen spricht, sondern zu Gott selbst. Er versucht ihn davon zu überzeugen, dass nur er, der Allmächtige, der Leidtragende sei, sollten in Brasilien die protestantischen Holländer gegen die katholischen Portugiesen gewinnen. Welchen Sinn kann eine solche Predigt gehabt haben, die ja eher, so scheint es, zu einer schicksalsergebenen Resignation verleitete, statt zu tatkräftiger Verteidigung aufzurufen? Die Logik Vieiras ist eine andere, für ihn löst sich das Problem durch konzeptistisches Denken. Die Anspielung auf die Verherrlichung des göttlichen Namens, der keine Beschmutzung erleiden dürfe, bestätigt die Zuhörer in der Rechtmäßigkeit ihres Glaubens und soll sie damit zu einer entsprechenden Handlungsweise führen, die eben diesen Glauben verteidigt. Typisch ist auch hier die komplizierte innere Struktur der Predigt, in der zunächst – ganz wie in der scholastischen Methode – zu der angenommenen These Widersprüchliches formuliert wird, das dann ingeniös und für den Zuhörer meist auch überraschend aufgelöst wird. Darin liegt aber ein Teil der Literarizität dieser Gattung; die Struktur führt sie bis zu einem gewissen Grad vom moralisch-didaktischen Ziel weg und macht sich selbst kunsthaft zum Gegenstand.

Was den Stil betrifft, so sind Vieiras Werke nicht ganz frei von barocker Ornamentik, sie lesen sich aber relativ einfach; er selbst distanzierte sich in seinem *Sermão da Sexagésima* von der kulteranistischen Mode, über die er sich lustig machte. In einer Wendung nähert er sich fast Descartes, wenn er schreibt, dass der Stil des Predigers »muito distinto e muito claro« (sehr klar und sehr eindeutig) sein solle. Er vertritt darin auch die sonst aus den Dramenpoetiken der Zeit bekannte Forderung nach der Einheit der Handlung. Eine Predigt dürfe immer nur ein Thema zum Gegenstand haben und niemals mehrere. Sie solle für die Zuhörer nicht Kunstgenuss sein, sondern sie zu schmerzhafter Besinnung führen. In dieser toposhaften Forderung unterstellt Vieira eine strikte Trennung von Form und Inhalt, an die er selbst, betrachtet man den rhetorisch ausgefeilten Aufbau seiner Predigten, nicht geglaubt haben kann.

Wenn Vieira auch eine für seine Zeit außergewöhnliche Persönlichkeit war, so ist es doch bezeichnend, dass er der Gesellschaft Jesu angehörte, die in Brasilien bis zur Vertreibung durch den Marquês de Pombal eine noch bedeutendere Rolle spielte als in den hispanoamerikanischen Ländern. Nur innerhalb dieses mächtigen Ordens, dessen Vorgehen er niemals in Frage stellte, konnte er es sich erlauben, derart heterodoxe Gedanken zu äußern. Der Orden hatte in Brasilien fast eine kulturelle Monopolstellung. Ein Großteil der literarisch und historisch interessanten Werke stammte von Jesuitenpatres, und jene Autoren, die nicht dem Orden angehörten, hatten wenigstens durch ihn ihre Schulbildung erhalten. In Bahia trat als Kanzelprediger neben Vieira noch der Jesuit Eusébio de Matos, Bruder des bekannteren Lyrikers Gregório, hervor.

Frühe Prosawerke: Landeskundliche Berichte und moraldidaktische Texte

Auch der Großteil der Berichte über die Geschichte und Geographie des Landes stammt von Mitgliedern der Gesellschaft Jesu. Allen voran ist hier André João Antonil (Pseudonym für João Antônio Andreoni) mit seiner *Cultura e Opulência do Brasil* (1711) zu nennen. Wie der Titel schon

Segen für die Waffen? – Vieiras Predigt gegen die Holländer

Die »Poetik« der Predigten: Vieiras Stilvorstellungen

andeutet, geht es in der Abhandlung um eine Beschreibung der Reichtümer Brasiliens. Der erste und ausführlichste des insgesamt vier Teile umfassenden Buches handelt von Anbau und Verarbeitung des Zuckers, der zweite vom Tabak, der dritte von den Goldminen, der vierte von der Viehzucht und anderen Wirtschaftszweigen. Das ganze Buch ist in einem flüssigen und im Vergleich zum gängigen Kulteranismus absichtlich einfachen Stil geschrieben. Es ist nicht nur vom wirtschaftshistorischen Standpunkt aus interessant, sondern besticht durch seine genaue, für die Mentalitätengeschichte höchst relevante Beschreibung der kolonialen Gesellschaft der Barockzeit. Kaum ein anderes Buch gibt einen derart lebendigen und detaillierten Eindruck vom Leben auf den Plantagen und in den Zuckermühlen, in das Zusammenleben des Besitzers und seiner Familie mit den Sklaven. Das Buch war daher eine der wichtigsten Quellen für Gilberto Freyres Klassiker der Sozialgeschichtsschreibung über die brasilianische Kolonialgesellschaft *Casa grande e senzala* (Herrenhaus und Sklavenhütte) von 1933. Der Inhalt der *Cultura e Opulência* wird nicht nüchtern und deskriptiv vermittelt, sondern ist von zahlreichen moralisierenden Bemerkungen, ausschmückenden Bildern und Vergleichen durchdrungen. Am deutlichsten wird dieser moralisch-didaktische Zug im zwölften und abschließenden Kapitel über den Zucker, das schon den metaphorischen Titel »Do que padece o Assucar desde o seu Nacimento na Canna até Sahir do Brasil« (Von den Leiden des Zuckers, beginnend bei seiner Geburt im Zuckerrohr bis zu seinem Verlassen Brasiliens) trägt. Das »Schicksal« des Zuckers wird darin in anthropomorpher Weise beschrieben, und die dabei evozierten Bilder gemahnen deutlich an die Leiden der in der Zuckerverarbeitung tätigen schwarzen Sklaven, deren Behandlung durch die »senhores de engenho« im Rest des Buches kritisch dargestellt wird, ohne dass jedoch die Sklaverei als Institution angezweifelt würde. Der aus Italien stammende Jesuitenpater folgt darin der Meinung seines älteren Mitbruders, des Padre Vieira, den er manchmal wörtlich zitiert. Diese Gemeinsamkeiten kommen nicht von ungefähr, lebten doch beide längere Zeit gemeinsam im selben Konvent in Salvador. Warum das Buch Antonils nach Erhalt der Druckerlaubnis der Inquisition sowie aller anderen maßgebenden Stellen und nach der Drucklegung eingezogen und vernichtet wurde, ist bis heute nicht ganz geklärt. Als wahrscheinlichster Grund wird der hohe Informationsgrad angenommen, der es den Feinden der portugiesischen Krone erlaubt hätte, sich gleichfalls der Techniken der Zucker- und Tabakverwertung ebenso wie der Angaben über die Goldminen zu bedienen.

*Moralisch-
didaktische Werke:
Alexandre de
Gusmão und
der* Compêndio
narrativo do
Peregrino da América
*von Nuno Marques
Pereira*

Ein anderer für die Kultur- und Literaturgeschichte des kolonialen Brasilien wichtiger Autor, ebenfalls ein Mitglied der Gesellschaft Jesu und Zeitgenosse Vieiras, mit dem er allerdings nicht immer einer Meinung war, ist Alexandre de Gusmão. Das bekannteste Werk des vielschreibenden Jesuiten ist die moralisierende Parabel *História do predestinado Peregrino e seu Irmão precito* (1682), einer der ersten in Brasilien geschriebenen romanhaften Texte. Darin werden etliche in der Barockzeit beliebte Motive miteinander verbunden: das Leben als Pilgerfahrt wie die aus der mittelalterlichen Tradition stammende allegorisierende Gegenüberstellung des Guten und des Bösen und deren Einfluss auf das Leben zweier Brüder, von denen der erste am Ende des Buches nach Jerusalem, der zweite aber nach Babel gelangt. Das Werk, das fast zeitgleich mit dem thematisch verwandten *The Pilgrim's Progress* (1678) von John Bunyan erschien, ist in einfacher Sprache abgefasst und fand nicht zuletzt deshalb und wegen der leicht verständlichen Botschaft großen Anklang bei weiten Bevölkerungskreisen, wie die drei portugiesischen und eine spanische Ausgabe bezeugen. Ein dem Titel und der Idee nach ähnliches, aber in Brasilien situiertes Werk ist der *Compêndio narrativo do Peregrino da América* von Nuno Marques Pereira, dessen Biographie weitgehend unbekannt ist. Der zweiteilige Dialogroman, dessen erster Band 1728 in Lissabon erschien und bis 1765 vier weitere Ausgaben erlebte, während der zweite erst 1939 in Rio de Janeiro gedruckt und ein dritter am Ende des zweiten nur mehr angekündigt wurde, besteht aus den Erzählungen eines Reisenden (»peregrino«), der durch Pernambuco, Bahia und Minas Gerais kommt, und den zu weiteren Erzählungen anregenden Kommentaren eines Alten (»ancião«). Die Erzählungen sind als Exempla zu werten, als Leitbilder für den Lebensweg des irdischen Menschen. Dieser moralisierende Kern wird durch das Auftreten zahlreicher Allegorien, vor allem der sieben Todsünden, verstärkt. Die Hauptstadt Bahias, Salvador, dient Nuno Marques Pereira dabei als Mikrokosmos, der die Laster der Welt deutlich hervortreten lässt. Die katholische Doktrin, die die Basis und das Ziel des Werkes darstellt, zeigt sich im *Compêndio narrativo* auch von ihrer unversöhnlichen Seite, zum Beispiel in den antisemitischen Äußerungen, die in krassem Gegensatz zu Vieiras Meinung stehen. Auch sonst erweist sich Nuno Marques Pereira als streng konservativer Autor. In seinen über die Kunst geäußerten Ideen zeigt sich eine nahezu ikonoklastische Tendenz, wenn er jedes Werk der bildenden Künste als Erfindung des Teufels bezeichnet; ein ähnliches Urteil fällt er über die verschiedensten Spielarten des Dramas. Differenzierter sieht Marques Pereira die nichtdramatische Dichtkunst, die er nach moralisch-religiösen Kriterien beurteilt; je mehr sie auf den rechten katholischen Weg führe, umso besser sei die Literatur. In diesem Zusammenhang gibt er einen Überblick über die literarische Landschaft Bahias und hebt die große Anzahl an Dichtern hervor. Unter anderen nennt er Manuel Botelho de Oliveira, Eusébio und Gregório de Matos. Diese »katholische Poetik« bildet in ihrer Dogmatik

Arbeit auf einer holländischen Zuckerrohrplantage: Ernten, Zerkleinern und Sieden des Zuckerrohrs – Kupferstich von 1620

nur einen Teil dieses Werkes, das Massaud Moisés in seiner *Historia de Literatura brasileira* treffend als Vademecum für den Kolonialbürger bezeichnete. In diesem Sinne ist auch der Titel zu verstehen: Das Buch soll ein Erzählkompendium für den amerikanischen Pilger sein, d. h. für den, der in Amerika, genauer in Brasilien, den rechten Weg gehen will.

Der bedeutendste Barockdichter Brasiliens: Gregório de Matos, der »Höllenmund«

Gregório de Matos, ein spät entdeckter Lyriker

Titelblatt der
Werkausgabe de Matos'

Literarische Orientierungen: das intertextuelle Spiel bei Gregório de Matos

Der bei Nuno Marques Pereira genannte Gregório de Matos, ein bis ins 19. Jh. fast vergessener Dichter, dessen Werke erst durch den wegweisenden *Florilégio da Poesia brasileira* (1850) von Francisco Adolfo de Varnhagen einem größeren Publikum vorgestellt wurden, gilt heute als der originellste und größte brasilianische Barockdichter. Der 1636 als Sohn eines Portugiesen und einer Baiana geborene Autor, der später wegen seiner spitzen Zunge »boca do inferno« (Höllenmund) genannt wurde, erhielt die für Kinder der begüterten Klasse typische Erziehung im Jesuitenkolleg von Salvador, um anschließend ab 1650 in Coimbra die Rechte zu studieren. Nach dem Studienabschluss 1661 blieb er bis 1682 als Beamter in verschiedenen Funktionen in Lissabon, von 1672 bis 1674 bekleidete er dort die Stelle eines Prokurators seiner Heimatstadt Salvador. Nach dem Tod seiner ersten Frau erhielt er die niederen Weihen, in Bahia heiratete er allerdings ein zweites Mal und hatte jeweils für kurze Zeit wieder verschiedene öffentliche Ämter inne, bis er schließlich 1694 wegen seiner scharfen Satiren gegen einige Mitglieder der Familie des Gouverneurs nach Angola verbannt wurde. Nach einem Jahr durfte er zwar nach Brasilien zurückkehren, allerdings nicht in seine Heimatstadt Salvador, sondern nach Recife, wo er noch 1695 starb.

Die Biographie von Gregório de Matos spiegelt in seltsamer Weise einige Charakteristika seines Werkes wider. Mit Lope de Vega verbinden ihn in biographischer Hinsicht stürmische Liebschaften und eine innere Krise, literarisch die religiöse Lyrik; mit Quevedo biographisch die Verfolgung durch hohe Persönlichkeiten des Staates und die daraus resultierende Einschränkung der persönlichen Freiheit, literarisch die satirische Dichtung. Diese Gemeinsamkeiten finden einerseits ihre Erklärung in den ähnlichen gesellschaftlichen Bedingungen der Zeit und literarhistorisch in der direkten Beeinflussung durch die beiden genannten Dichter. Gregório de Matos erhielt seine Prägung während seines über dreißig Jahre währenden Aufenthaltes in Portugal in einer von spanischen Autoren beherrschten literarischen Umwelt. Es war also nur natürlich, dass er sich wie Botelho de Oliveira an den Spaniern orientierte, allerdings nicht nur an Góngora, sondern in verstärktem Maß auch an Lope de Vega und Francisco de Quevedo. In intertextuellem, typisch barockem Spiel tauchen in der Lyrik des Brasilianers Verse der genannten Spanier auf. Solche literarischen Bezugnahmen hatten für den gebildeten Leser der Barockzeit einen heute kaum mehr nachvollziehbaren intellektuellen Reiz. Gemäß der barocken Poetik kam es eben auf die variierende, ingeniöse Gestaltung von Bekanntem an, die beim Leser oder Zuhörer durch den Prozess bisweilen überraschten Wiedererkennens ein ästhetisches Lustempfinden auslöste. Gregório de Matos war ein Meister dieser intertextuellen Strategien, wie das Sonett »Discreta, e formosíssima Maria« deutlich zeigt, das mit den Versen »Em terra, em cinza, em pó, em sombra, em nada« (In Erde, in Asche, in Staub, in Schatten, in nichts) endet. Es verschmilzt zwei

Sitten und Unsitten der Kolonialgesellschaft – Kupferstich »Brasilianisches Essen« von Jean Baptiste Debret (1827)

Sonette Góngoras miteinander, nämlich »Ilustre y hermosíssima María« und das bekannteste des großen Dichters aus Córdoba, »Mientras por competir con tu cabello«, das mit der Zeile »en tierra, en humo, en polvo, en sombra, en nada« schließt. In der Literaturgeschichtsschreibung hat man bisher weniger auf diese Textstrategien hingewiesen, sondern sich mehr für den kritischen Satiriker der kolonialen Gesellschaft interessiert, der gleichsam ein spöttisches Gegengewicht zu Vieira darstellt. Mit seiner satirischen Dichtung steht Gregório de Matos eindeutig in der Tradition Quevedos; wie bei diesem scheinen viele seiner Gedichte, die er großteils erst in den Jahren nach seiner Rückkehr aus Portugal geschrieben haben dürfte, durch die Bitterkeit persönlicher Erlebnisse motiviert: Da er in der Gesellschaft andere soziale Gruppen ungerechterweise bevorzugt sieht, überzieht er diese mit beißendem Spott. Neben dem spanischen Vorbild lässt sich Gregório de Matos in dieser Hinsicht mit dem bedeutendsten peruanischen Satiriker, Juan del Valle Caviedes, vergleichen, der sich über die Verhältnisse in Lima in ähnlicher Weise lustig machte. Im Zentrum der Kritik der Verse von Gregório de Matos, die in Sprache und Gegenstand lokale Eigenarten aufnehmen, stehen die baianischen Mulatten, die seiner Ansicht nach in Salvador wie im Schlaraffenland lebten und deren einflussreiche Stellung Ursache eines Großteils der herrschenden Missstände sei. Dagegen manifestiert sich in seiner Kritik an der Korruptheit, dem Nepotismus und der Günstlingswirtschaft der führenden Beamten ein allgemeiner sozialkritischer Zug. Auch die Kirche, in deren Diensten er in verschiedenen administrativen Funktionen stand, verschonte er nicht. Er stellte habsüchtige Kleriker bloß oder machte sich über den geringen religiösen Eifer der Gemeinde lustig, wie zum Beispiel in einem Sonett über die Aschermittwochsprozession in Pernambuco, die in seiner Darstellung nur aus einem kleinen Häufchen schreiender Minderjähriger und sozial Benachteiligter besteht. Diese Kirchenkritik und auch die von der moralischen Norm der Zeit abweichende Lebensführung des Dichters

stehen in keinem Gegensatz zu seinen religiösen Gedichten, in denen tiefe
Frömmigkeit zum Ausdruck kommt. Er gleicht darin Lope de Vega, der
ihm in der geistlichen Lyrik Vorbild ist. In diesen Gedichten sieht sich der
brasilianische Dichter in der Rolle des reuigen Sünders, der Christus
durch seine großen Vergehen zu einer umso größeren Gnadenleistung
herausfordert. Auch hier findet sich dieser typisch katholisch-barocke
Zug, dieselbe Verlockung wie bei Vieira, konzeptistisches Denken auf
theologische Inhalte auszudehnen und Gott durch logische Argumente zu
überzeugen. Der jesuitische Einfluss ist damit auch bei Gregório de Matos, dem Außenseiter im kolonialen Literatursystem Brasiliens, zu finden.

Wandel des literarischen Umfelds zu Beginn des 18. Jahrhunderts

Das Entstehen der Akademien

Am Anfang des 18. Jhs. wurde das Bildungsmonopol der Jesuiten langsam
eingeschränkt, indem neue Formen des Wissensaustausches und kultureller Soziabilität entstanden. Am deutlichsten sichtbar wird dieser Wandel
an den zahlreichen Akademiegründungen, einem Phänomen, das erst mit
einiger Verspätung auch in Lateinamerika zu bemerken ist. Das portugiesische Wort »academia« bedeutet aber nicht nur eine dauerhaftere
Vereinigung von wissenschaftlich oder kulturell interessierten Personen,
sondern bezeichnet sehr oft lediglich eine einmalige, organisierte Zusammenkunft zu einer bestimmten, meist festlichen Gelegenheit, wie zum
Beispiel der Ankunft eines Vizekönigs oder einem religiösen Fest. Die
Teilnehmer einer solchen »academia« verlasen in der Regel verschiedenste
zum Anlass passende Gedichte. In diesem Zusammenhang steht das Wort
»academia« synonym für »Dichterwettstreit« oder bezeichnet den Kreis
der Festteilnehmer. Die Akademien stellen deshalb eine so wichtige Neuerung im kulturellen Leben der Kolonien dar, weil nun die intellektuelle
Kommunikation nicht mehr ausschließlich den Interessen der Kirche und
der portugiesischen Krone diente, wenngleich viele Akademien in unzähligen Versen diese beiden Institutionen priesen. Daneben werden aber vor
einem neuen Forum auch andere Themen behandelt, die bevorzugt aus
dem Bereich der Geschichte und Landeskunde Brasiliens gewählt sind.
Diese Abhandlungen dienen nicht mehr ausschließlich der Information
portugiesischer Instanzen, sondern sind für ein brasilianisches Publikum
bestimmt, sodass die Akademien einen nicht unbedeutenden Prozess nationaler Bewusstseinsbildung mittragen. Die älteste Akademie Brasiliens
war die »Academia Brasílica dos Esquecidos« (»Brasilische« Akademie
der Vergessenen), die 1724 gegründet wurde und zwei Jahre lang bestand.
Als ihr wichtigstes Mitglied gilt Sebastião da Rocha Pita, Verfasser der
História da América Portuguesa (1730), für die er nicht nur Quellen-
material aus Bahia, sondern auch aus Lissabon heranzog. 1759 wurde in
Salvador offensichtlich als Nachfolgeinstitution der »Academia dos Esquecidos« die »Academia dos Renascidos« (Akademie der Wiederge-
borenen) gegründet, die über vierzig Mitglieder umfasste, aber gleichfalls
nur zwei Jahre existierte. Von etwas längerer Dauer war die »Academia
dos Felizes« (Akademie der Glücklichen) in Rio de Janeiro, die 1736
gegründet wurde und ganze vier Jahre bestand. Literarisch bedeutender ist
die unter dem Namen »Academia dos Seletos« (Akademie der Auserwähl-
ten) bekannte Zusammenkunft der wichtigsten Persönlichkeiten Rio de
Janeiros, die im Jahre 1753 anlässlich der Beförderung des Gouverneurs

Gomes Freire de Andrada, der sich als Erweiterer des Aquäduktes der Stadt verdient gemacht hatte, verschiedenste Gedichte zum Vortrag brachten. Diese Gedichte wurden 1754 vom Organisator der Versammlung, Manuel Tavares de Siqueira e Sá, unter dem Titel *Júbilos da América* publiziert. Der kulturelle Aufstieg Rio de Janeiros, wie er an den zahlreichen Akademien sichtbar wird, spiegelt die zunehmende administrative und wirtschaftliche Bedeutung der Stadt an der Guanabara-Bucht wider. In der zweiten Hälfte des 18. Jhs. sollten Rio de Janeiro und die Goldregion Minas Gerais der alten, barocken Hauptstadt Salvador und den nördlichen Zuckerprovinzen endgültig den Rang ablaufen.

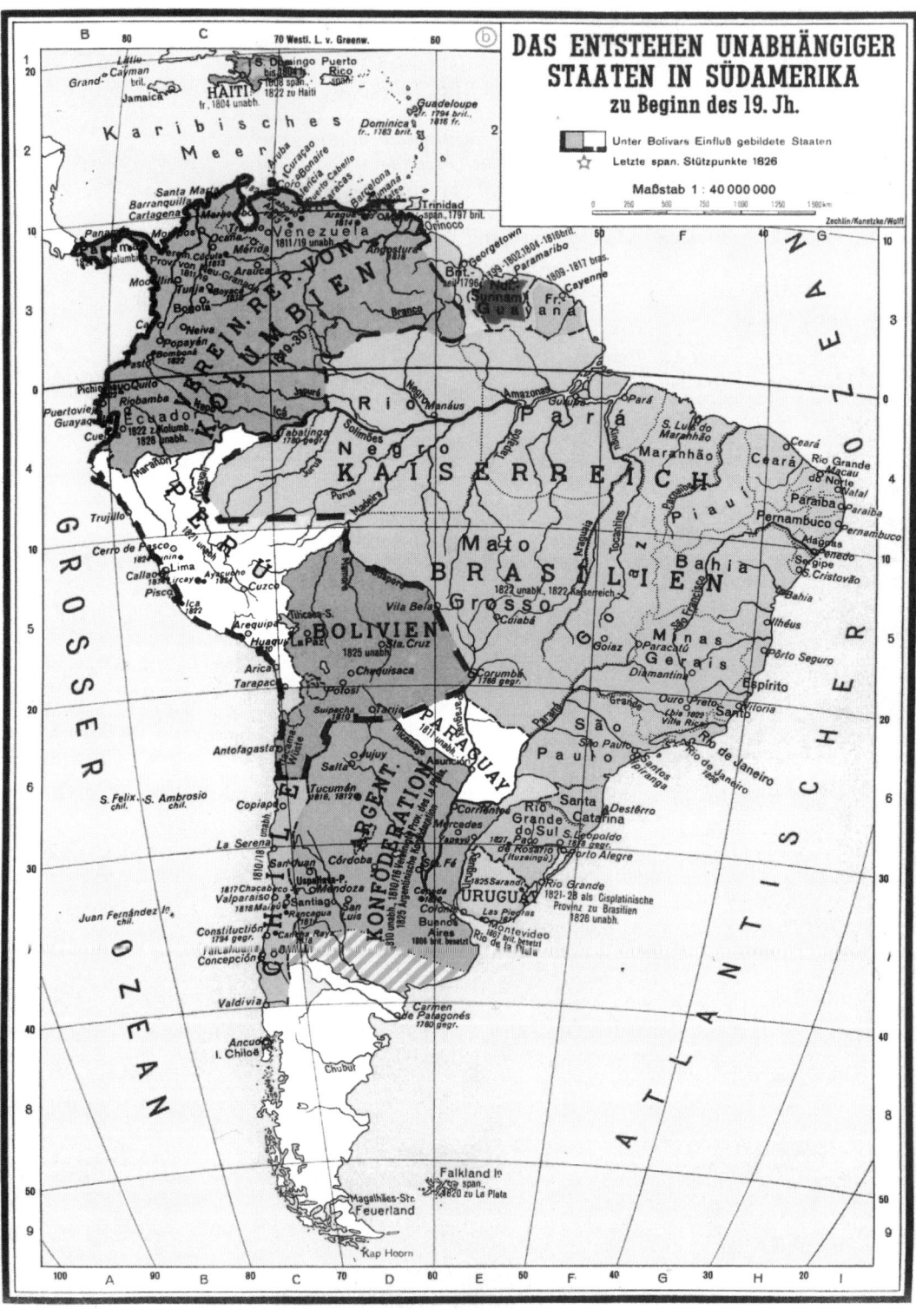

DAS ENTSTEHEN UNABHÄNGIGER STAATEN IN SÜDAMERIKA zu Beginn des 19. Jh.

Unter Bolivars Einfluß gebildete Staaten

Letzte span. Stützpunkte 1826

Maßstab 1 : 40 000 000

Zschlin/Konetzke/Wolff

Das Ende der Kolonialzeit und die Unabhängigkeitsepoche (1750–1830)

Reformen, katholische Aufklärung, Unabhängigkeitskriege

Verspätete Reform in den spanischen und portugiesischen Kolonien Amerikas

Ob es nun genau das Jahr 1750 ist, wie im Fall Brasiliens, wo in diesem Jahr die Regierung des Mutterlandes Portugal von König José I. an den großen Reformator Sebastião José Carvalho e Melo, besser bekannt unter seinem späteren Titel Marquês de Pombal, übertragen wird, oder einige Jahre später (1759) mit der Thronbesteigung des spanischen Reformkönigs Karl III. (1716–1788), durch den in den hispanoamerikanischen Ländern der Reformator José de Gálvez Einfluss gewann: Um die Mitte des 18. Jhs. lässt sich in und für ganz Lateinamerika eine historische Zäsur feststellen. Im außenpolitischen Bereich legt der Vertrag von Madrid definitiv die Grenzen zwischen den beiden Kolonialmächten fest; dieser neuen Grenzziehung werden die Jesuitenreduktionen (das »heilige Experiment« autonomer christlicher Indiogemeinschaften unter jesuitischer Führung) in Südbrasilien und Paraguay geopfert.

Der Umbruch der Jahrhundertmitte

In der Folge kommt es zum teilweise von den Padres unterstützten Indioaufstand, den Portugiesen und Spanier gemeinsam niederschlagen, wofür Letztere im Austausch die portugiesische Siedlung Colônia do Santíssimo Sacramento (heute Colonia del Sacramento, Uruguay) erhalten. Im wirtschaftlich-politischen Bereich versuchen die Reformen beider Kolonialmächte, durch ein strafferes Verwaltungssystem die herrschende Korruption zu bekämpfen und die durch den Rückgang des Edelmetallbergbaus in den Kolonien entstandenen Steuerausfälle auszugleichen. Wenigstens im Fall Spaniens sollte dafür eine direkter vom Mutterland aus kontrollierbare Struktur nach französisch-zentralistischem Vorbild (die Intendenten) durchgesetzt werden. Damit erreichte man zwar tatsächlich höhere Einnahmen, gleichzeitig wuchs aber auch die Unzufriedenheit der *criollos*, und das Bewusstsein der Interessendifferenz zwischen Mutterland und Kolonien wurde stärker und stärker, sodass sich allmählich ein »amerikanischer Vaterlandsbegriff« herausbildete. Dazu kamen die trotz einer lebhaft tätigen Zensur nach und nach auch nach Lateinamerika dringenden Ideen der französischen Aufklärer wie Voltaire, Rousseau, Montesquieu und Diderot.

Die Opferung der Jesuitenreduktionen

*Das Entstehen
neuer Zentren und
Vizekönigreiche*

Zur Schwächung der Position der Kolonialverwaltung trug auch die stärker werdende Regionalisierung mit der Verschiebung des politisch-wirtschaftlichen Schwerpunktes bei, wodurch eine größere geistige und soziale Mobilität entstand. Äußeres Zeichen dieser Veränderung ist die Verlegung des brasilianischen Vizekönigssitzes von Salvador de Bahia nach Rio de Janeiro und die Schaffung zweier neuer Vizekönigreiche neben den bestehenden Neu-Kastilien (Peru) und Neu-Spanien (Mexiko) im hispanoamerikanischen Teil: 1739 wird endgültig ein Vizekönig für »Nueva Granada« in Bogotá installiert, 1776 das Vizekönigtum Río de la Plata mit der Hauptstadt Buenos Aires eingerichtet.

Die Ausweisung der Jesuiten – ein entscheidender Umbruch in der lateinamerikanischen Geistesgeschichte

*Die Jesuiten in
Italien: die erste
Exilliteratur
Lateinamerikas*

Von besonderer Bedeutung ist die Konfrontation der reformatorischen Königsmacht mit den Jesuiten, die in Portugal/Brasilien schon 1759, in den spanisch-amerikanischen Ländern 1767 zur Ausweisung des Ordens führte. Was von vielen Aufklärern gelobt wurde, bedeutet zunächst einmal einen gewaltigen kulturellen Aderlass, denn der Orden hatte in der Barockepoche das Bildungswesen und auch das kulturelle Leben Hispanoamerikas und Brasiliens wesentlich mitbestimmt und durch seine Missionszentren, die sogenannten Reduktionen, auch in Politik und Wirtschaft eine bedeutende Rolle gespielt. Die teils zurückgelassenen, teils im italienischen Exil verfassten Werke dieser lateinamerikanischen Jesuiten (es ist das erste Mal, dass man das später für den Kontinent so häufige Phänomen von Exilliteratur beobachten kann) stellen nicht nur einen wesentlichen Teil der lateinamerikanischen Literatur dieser Epoche dar, sondern umfassen auch die frühesten Texte, in denen eine revolutionäre Befreiung in der Art der 1776 realisierten (und von Spanien aus macht-politischen Gründen unterstützten) Unabhängigkeit des nordamerikanischen Staatenbundes verlangt wird.

Aufklärerische Tendenzen – Lateinamerika auf dem Weg zur Unabhängigkeit

*Die Inconfidência
mineira in Brasilien*

Der durch die Reformen wachsende Steuerdruck, die neuen Ideen, die Unruhe im Gefolge der Vertreibung der Jesuiten – all das führte schon im letzten Viertel des 18. Jhs. zu mehreren Revolten ganz unterschiedlicher Natur. Die *inconfidência mineira*, der Aufstand in der brasilianischen Goldprovinz Minas Gerais, ist eine Bewegung nicht nur der örtlichen Notablen, sondern vor allem auch der Intellektuellen und Schriftsteller, die sich in der »Arcádia« zusammengeschlossen hatten. Sie endet 1789 mit der Hinrichtung eines eher untergeordneten Mitglieds der Bewegung, Joaquim José da Silva Xavier, genannt »Tiradentes« (Zahnzieher), während die übrigen Konspiratoren begnadigt werden. Die Aufstände in den spanisch-amerikanischen Gebieten verlaufen gewaltsamer, so der Comunero-Aufstand unter dem Mestizen José Antonio Galán 1781 in Nueva Granada und vor allem die Revolte des mestizischen Kaziken von Tinta in Peru, José Gabriel Condorcanqui, der sich als Abkömmling des vom Vizekönig Toledo hingerichteten letzten Inka nach diesem Tupac Amaru II. nannte. Trotz dieses Bezugs zum historischen Inka-Widerstand blieb seine Bewegung keineswegs auf Indios beschränkt, sondern umfasste weite Kreise der Hochlandbewohner aller Rassen. Sie war auch in erster

Linie Widerstand gegen die als ungerecht empfundenen Steuern und nicht ein wohlgeplanter Restaurationsversuch der inkaischen Ordnung. Dennoch wurde die Revolte blutig niedergeschlagen, und ihr Anführer Condorcanqui wurde mit seiner gesamten Familie hingerichtet.

Auch im kulturellen und intellektuellen Bereich wird Zensur und Exil immer häufiger als Mittel der Repression eingesetzt, seit die lateinamerikanischen Autoren weniger europäischen Moden folgen und mehr Kritik an der Rückständigkeit der eigenen Heimat üben: Der ecuadorianische Aufklärer Santa Cruz y Espejo wird verbannt, der kolumbianische Drucker Antonio de Nariño für die heimliche Übersetzung und Verbreitung der Erklärung der Menschenrechte der Französischen Revolution 1791 deportiert. Auch die Inquisition findet sich gegen Ende des Jahrhunderts der Aufklärung plötzlich wieder gestärkt. Andererseits erlaubte gerade Spaniens schwankende Politik gegenüber dem revolutionären Frankreich, die bald eine monarchisch-antirevolutionäre Aktion gemeinsam mit anderen europäischen Mächten, bald eine machtpolitische Partnerschaft gegen den Erzfeind England verfolgte, die Unabhängigkeitsbewegungen auch für Anhänger einer besonderen Art von Traditionalismus und Kirchentreue zu öffnen, wie sie etwa in der Guadalupe-Predigt des mexikanischen Priesters Fray Servando de Mier zum Ausdruck kommt, in der die mexikanische Kirche als Bewahrerin des wahren Christentums gegenüber den modernen Götzenanbetern gepriesen wird.

Der Einfluss der Französischen Revolution – die Schaukelpolitik Spaniens

Trotz der vereinzelten Repressionsversuche zeigten sich auch in Hispanoamerika unter Karl III. reale Auswirkungen der aufklärerischen Tendenzen. Zahlreiche wissenschaftliche Akademien nach spanischem Vorbild wurden in Mexiko-Stadt und Lima, aber ebenso in Montevideo, Bogotá und Buenos Aires in den 80er und 90er Jahren des 18. Jhs. gegründet; neben die früher an den Vizekönigshöfen zentrierten literarischen Akademien und Zirkel traten in denselben Jahrzehnten nun die »Sociedades de amigos del país«, Gesellschaften der Freunde des Landes, die sich die wirtschaftliche und kulturelle Entwicklung ihrer Heimat zum Ziel gesetzt hatten. Nachdem schon im 17. Jh. außer in Mexiko und Peru auch in Paraguay, Kolumbien und Kuba Druckereien eingerichtet worden waren, finden sich gegen Ende des 18. Jhs. beinahe überall Druckunternehmen sogar in kleinen Städten. So gelangen trotz Verboten die Schriften der französischen Aufklärer entweder durch Schmuggel oder als Raubdrucke sehr schnell in die Städte Lateinamerikas. Die Bedeutung des Druckwesens für eine neue Qualität literarischer Kommunikation wurde auch von den Autoren gewürdigt, wie das Huldigungsgedicht des argentinischen Neoklassikers Juan Cruz Varela »Sobre la invención y la libertad de imprenta« zeigt. Vor allem aber wurde die Druckmöglichkeit immer mehr auch für Periodika, Zeitschriften und Zeitungen genutzt. Schon 1722 erschien die *Gaceta de México* von Juan Ignacio Castorena; 1743 folgte die erste Zeitung in Lima. Bis in die 80er Jahre sind diese Periodika freilich meist kurzlebig. Der ab 1768 erscheinende, von José Antonio de Alzate gegründete *Diario Literario de México* nahm erstmals im aufklärerischen Sinn auch wissenschaftliche Artikel auf. Ab den 80er Jahren erscheinen dann beinahe überall solche didaktisch-aufklärerisch orientierten Blätter, oft unter dem Namen »Mercurio« (Merkur). Zu den bedeutendsten (und die Unabhängigkeitsideen vorbereitenden) Publikationen zählt etwa der *Telégrafo Mercantil, Rural, Político, Económico, e Historiógrafo del Río de la Plata* (Kaufmännischer, bäuerlicher, politischer, wirtschaftlicher und historiographischer Telegraph für den La-

Wissenschaftliche Akademien und das aufblühende Pressewesen in Lateinamerika

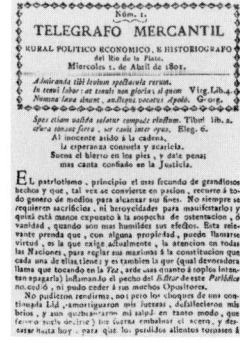

*Die »Selbsthilfe«
der Amerikaner
gegen englische
Invasionen
als erster Schritt
zur Unabhängigkeit*

Plata-Raum), der ab 1800 als Organ der »Sociedad patriótica, literaria y económica« von Buenos Aires erschien. In den Jahren der Unabhängigkeitsbewegung (ab 1810) schließlich entsteht eine wahre Flut neuer Presseorgane, die direkt mit den Unabhängigkeitskämpfen zusammenhängen.

Die reale und geistige Entfernung zwischen Mutterland und Spanisch-Amerika war freilich schon ab 1796 noch deutlicher spürbar geworden, als der transatlantische Verkehr infolge der Kriegsereignisse immer schwieriger und spärlicher wurde. So ist es wohl kein Zufall, wenn der um die Jahrhundertwende nun auch in Amerika einsetzende Neoklassizismus sich wie schon in Spanien »nationale« Themen, aber nun aus der eigenen (indianischen) Geschichte, wählt oder die amerikanische Natur besingt wie in Lavardéns Ode an den Fluss Paraná. Spaniens Schaukelpolitik (1793–95 mit England im Krieg gegen das revolutionäre Frankreich, 1796–1808 mit Frankreich im Krieg gegen England) führte in Amerika zu einer Destabilisierung durch englische Invasionen, vor allem am Río de la Plata (1806 und 1807). Da der spanische Vizekönig ins Landesinnere floh, wurde die von *criollos* betriebene Organisation des Abwehrkampfes zum Ausgangspunkt für ein neues Selbstbewusstsein und die erste hispanoamerikanische Armee.

Der Kampf um die Unabhängigkeit

Simón Bolívar

*Simón Bolívar
und der Aufstand
in Venezuela*

Als 1808 Napoleon die iberische Halbinsel besetzt und seinen Bruder Joseph anstelle des Bourbonenkönigs Ferdinand VII. zum König macht, während ab 1810 als letzter Hort spanischer Hoheit nur noch das Parlament von Cádiz unter dem Schutz der britischen Marine verbleibt, übernehmen in fast allen amerikanischen Provinzen »Cabildos«, eine Art Bürgersenate, die auch von der liberalen Verfassung von Cádiz anerkannt wurden, die Macht. Da den amerikanischen Vertretern keine Beteiligung am Parlament im Verhältnis der Bevölkerungszahl zuerkannt wurde, brachen allenthalben separatistische Aufstände los. Nur in Argentinien aber ist dieser Aufstand mit der Unabhängigkeitserklärung vom 25. Mai 1810 auch schon der entscheidende Schritt in die Selbstständigkeit gewesen, wohl deshalb, weil sich hier eben eine eigene »amerikanische Armee« im Kampf gegen die Engländer gebildet hatte. In den anderen Staaten folgt auf innere Zwistigkeiten und enorme praktische Schwierigkeiten in der Machtausübung durch die idealistischen Vordenker der Unabhängigkeit (in Venezuela spricht man sogar von dieser Epoche als »patria boba«, »tölpelhaftes Vaterland«) zunächst eine Rückeroberung und blutige Niederschlagung der Revolten.

Gerade in Venezuela hielt sich aber Simón Bolívar (1783–1831), Sohn einer reichen *criollo*-Familie aus Caracas, trotz der spanischen Invasion noch einige Zeit im Untergrund, ehe er 1814 fliehen musste, zunächst nach Kolumbien, dann nach Jamaica und Haiti. Aber schon 1816 nützte er die Unzufriedenheit über die Restaurationspolitik Ferdinands VII. für die Rückkehr, und diesmal siegte er nicht nur in Venezuela, sondern zog weiter nach Kolumbien (Neu-Granada), Ecuador und schließlich Peru. Dort traf er auf das Heer des zweiten »Befreiers«, des argentinischen Generals José de San Martín, der zunächst 1818 die Anden überquert und für Chile unter Bernardo O'Higgins die Unabhängigkeit erstritten hatte, ehe er 1820 mit englischer Unterstützung auf dem Seeweg nach Lima aufgebrochen war. Der Vizekönig räumte 1821 Lima, aber im Hochland blieben die spanischen Truppen noch bis zur Schlacht von Ayacucho dominierend, die 1824 Bolívars Stellvertreter Sucre siegreich schlug, während San Martín sich nach Streitigkeiten zurückgezogen hatte. So stellen die Jahre zwischen 1808 und 1824 eine Phase der Unsicherheit und des schwankenden Kriegsglücks dar, in der sich die Literaten fast ausschließlich in den Dienst der Unabhängigkeit stellen und in meist neoklassischen Gedichten die Schlachten und Erfolge der Independentisten bejubeln.

Mexiko nimmt eine Sonderentwicklung: Nach chaotischen Bauernaufständen, initiiert und geführt von den Priestern Hidalgo und Morelos, die jeweils nach kurzer Zeit zusammenbrechen und grausam unterdrückt werden, gelingt General Iturbide 1821 ein »Unabhängigkeits-Putsch«. Er zieht im Triumph in Mexiko-Stadt ein und lässt sich im Mai 1822 zum Kaiser Agustín I. ausrufen, wird aber 1823 bereits wieder durch einen Staatsstreich gestürzt. 1824 wird das Land geteilt: Die mittelamerikanischen Länder spalten sich unter der Bezeichnung »Vereinte Provinzen Zentralamerikas« ab, um einige Jahre später in die fünf kleinen Republiken zu zerfallen, die wir heute kennen. Auch im Süden kommt es zu Spaltungen: 1830 trennen sich Kolumbien und Venezuela, und selbst in Argentinien erklären sich einige Provinzen (Tucumán, Córdoba und Entre Ríos) für unabhängig, ohne dass diese Bewegungen von Dauer gewesen wären. Durch einen regelrechten Krieg zwischen den »Vereinigten Provinzen des Río de la Plata« und Brasilien (1825–28) wurde schließlich Uruguay als selbstständiger (Puffer-)Staat geschaffen. So sind die auf die Unabhängigkeit folgenden Jahrzehnte immer noch von Parteienkämpfen, Unsicherheit und raschem politischen Wechsel gekennzeichnet, was sich an den zahlreichen, meist sehr realitätsfremden Verfassungen der einzelnen Länder ablesen lässt, und die geistigen Väter dieser Verfassungen, die von der Aufklärung geprägten Intellektuellen, die sich erstmals als Amerikaner gefühlt hatten, machten sehr oft dieselbe Desillusionierungserfahrung durch wie der »Befreier« Simón Bolívar, der kurz vor seinem Tod sogar den Satz niederschrieb, Amerika sei unregierbar, und er bedaure es, sich in den Dienst der Revolution gestellt zu haben.

Die brasilianische Entwicklung unterscheidet sich von der hispanoamerikanischen dadurch, dass die königliche Familie 1807 vor Napoleon nach Brasilien geflüchtet war und also an den Ereignissen direkt Anteil nehmen konnte. Waren die *inconfidência mineira* und der spätere, direkt von der Französischen Revolution beeinflusste Aufstand in Bahia (1798) vor allem auf den Widerstand gegen Handelshemmnisse und die immer drückendere Steuerlast zurückzuführen, so führte die Anwesenheit des Königs João VI. ab 1808 dazu, dass zunächst den brasilianischen Häfen der direkte Handel mit befreundeten Staaten gestattet wurde und später auch andere Mängel (Fehlen von Universitäten und Druckereien) beseitigt wurden. Der Steuerdruck freilich blieb, und als João VI. 1820 nach Portugal zurückgerufen wurde und ein Rückfall in die alte Abhängigkeit vom Mutterland drohte, verband sich die Unabhängigkeitsbewegung mit dem brasilianischen Regenten, dem Prinzen Dom Pedro, der seiner eigenen Rückberufung nach Portugal durch die Unabhängigkeitserklärung 1822 zuvorkam, welcher zwei Jahre später seine Krönung zum Kaiser von Brasilien folgte. Auf diese Weise verlief der Übergang in die Selbstständigkeit ohne größeres Blutvergießen und mit einer gewissen Kontinuität der Institutionen, sodass auch die Literatur sich schneller der Schaffung eines identitätsstiftenden nationalen Mythos zuwenden konnte als in den hispanoamerikanischen Staaten, wo das erst in der zweiten Hälfte des 19. Jhs. allmählich der Fall ist.

Der Sonderweg zur Unabhängigkeit in Mexiko

Die Zersplitterung der unabhängig gewordenen »Provinzen«

Die brasilianische Unabhängigkeit: vom Exil der Könige zum Kaiserreich

Die Literatur Neu-Spaniens bis zur Unabhängigkeit Mexikos

*Eine Katastrophe für das Geistesleben:
die Vertreibung der Jesuiten*

*Die Bedeutung
der Jesuiten für
die neuspanische
Literatur*

Der Brillanz einiger neuspanischer Autoren der Barockzeit wie Sor Juana Inés de la Cruz und Ruiz de Alarcón folgte im 18. Jh. der Sturz in die Bedeutungslosigkeit. Nun rächte sich, dass die Jesuiten in den spanischen Kolonien nahezu ein Wissensmonopol aufgebaut hatten. In Neu-Spanien waren die an der Kultur der Indios interessierten Franziskaner- und Dominikanermönche bereits in ihren Zellen zum Schweigen verdammt worden, als 1572 die Compañía de Jesús, ausgestattet mit den höchsten königlichen und kirchlichen Privilegien, ihren Einzug hielt. Als jetzt mit königlichem Dekret vom 25. Juni 1767 der Befehl zur Ausweisung aller Jesuiten aus den spanischen Kolonien erging, kam das einer weitgehenden Liquidierung des geistigen Lebens gleich. Fast alles, was in den Jahrzehnten davor geschrieben und veröffentlicht worden war, stammte aus der Feder der Jesuiten oder verdankte sich zumindest ihrer Inspiration. Die Jesuiten hinterließen in erster Linie historische Werke, die in lateinischer Sprache geschrieben waren. Dazu zählen die *Historia de la Compañía de Jesús en la Nueva España* von Francisco Xavier Alegre, der u. a. die *Ilias* Homers ins Lateinische übertrug, sowie besonders das im Exil verfasste lateinische Gedicht *Rusticatio mexicana* (1781) des aus dem heutigen Guatemala stammenden Rafael Landívar. In seinen bereits kostumbristisch anmutenden, detailverliebten Beschreibungen der Hahnen- und Stierkämpfe, der Silberminen, der Zucker- und Maisgewinnung, der Landschaften sowie lokaler Traditionen nimmt Landívar die amerikanistische Naturpoesie des 19. Jhs. eines Bello, Heredia oder Altamirano vorweg. Die in spanischer Sprache verfasste Poesie dieser Zeit hat dagegen eher epigonalen Charakter: Die Vereinigung der »Arcadia mexicana«, in deren Rahmen am ehesten José Manuel Martínez de Navarrete zu erwähnen ist, vereint die anakreontische Dichtung im Stil des Spaniers Meléndez Valdés mit neoklassischen Elementen und der Tradition der religiösen Dichtung. Stärker neoklassisch orientiert erweist sich die Lyrik Kubas, wo Manuel de Zequeira Arango, der ab 1800 auch als Journalist hervortritt, und Manuel Justo de Rubalcava neoklassische Dichtungsformen (Ode, Silva) mit einem neuen amerikanischen Selbstbewusstsein verbinden: Zequeiras mit Referenzen aus der griechischen Mythologie gespickte »Ode an die Ananas« nennt diese tropische Frucht »Pomp meines Vaterlands«, Rubalcava verfasst gleich einen Zyklus von Gedichten auf verschiedenste tropische Früchte.

Ein wenig interessanter sind in Mexiko die ersten Ansätze zu einem volkstümlichen Theater im Werk von José Agustín de Castro um 1800, die mit liebevoller Ironie die unteren Bevölkerungsschichten vom Land und aus der Stadt auf die Bühne stellen.

*Die Historiographie
in Mexiko*

Dennoch ragt in dieser Zeit am ehesten die Historiographie hervor. Den Weg hatte ihr der Italiener Lorenzo Boturini bereitet, der ohne königliche *licencia* nach Neu-Spanien eingereist war (was Ausländern eigentlich nicht gestattet war), dort die Kultur der Indios studierte, Codizes und Dokumente kopierte und in seiner unvollendeten *Historia general de la*

América Septentrional die prähispanische Geschichte aufzuwerten versuchte. Diese sah er nicht als heidnische Barbarei des Götzendienstes an, sondern – hierin den Ideen des neapolitanischen Philosophen Giambattista Vico folgend – als eigenwertige Zivilisation und Teil der Universalgeschichte. Damit nicht genug, trat er bei Papst und König entschieden für die Krönung der Jungfrau von Guadalupe zur Madonna Neu-Spaniens ein und verfocht die These, dass der Apostel Thomas kurz nach der Zeitenwende die Indios christianisiert hätte. Während Boturini in Neu-Spanien seine erbitterten Gegner kaum mehr zählen konnte (man konfiszierte ihm sogar seine Dokumente), erfreute er sich nach seiner Rückkehr nach Europa der Gunst des spanischen Königs, der ihn 1746 sogar triumphierend als *Cronista de Indias* nach Neu-Spanien zurückkehren ließ, wo ihm der Vizekönig zähneknirschend das konfiszierte Material zurückgeben musste. In die Fußstapfen Boturinis, mit dem er eng befreundet war, trat Mariano Fernández de Echeverría y Veytia. In seiner unvollendeten *Historia antigua de México* folgt Veytia, der die indianischen Kalender gewissenhaft studierte und die – oft antisemitisch interpretierte – Vorstellung zurückwies, die Indios seien der verlorene Stamm Israels, im Wesentlichen den Ideen und empirischen Methoden Boturinis; auch er leistet in seinen 1820 postum veröffentlichten *Baluartes de México* seinen Beitrag zum Guadalupe-Kult. Der größte neuspanische Geschichtsschreiber des 18. Jhs., den mexikanische Literaturwissenschaftler sogar in eine Reihe mit Cortés, Díaz del Castillo und Sahagún stellen, ist aber Francisco Xavier Clavijero, der aufgrund seiner fortschrittlichen Ideen zeit seines Lebens einen Kampf gegen die Jesuiten führte, die ihn aus ihren Reihen ausgeschlossen hatten. Clavijero hatte in Mexiko alles studiert und ausgewertet, was ihm an Material über die Geschichte der Indios in die Hände gefallen war, musste seine berühmte *Historia antigua de México* jedoch weitgehend ohne Dokumente im italienischen Exil schreiben, wo sie 1780/81 auf Italienisch unter dem Titel *La storia antica del Messico* erschien. Clavijeros Werk, das 1826 in London in spanischer Übersetzung publiziert wurde, ist, wie die meisten großen Geschichtswerke Mexikos, ein apologetisches Opus. Clavijero schreibt gegen die Vorstellungen der »aufgeklärten« Nationen Frankreich, England, Österreich, Preußen und Genf an, die in den außereuropäischen Kulturen lediglich Barbarei sähen und damit ihren kolonialistischen Anspruch zivilisatorischer und rassischer Überlegenheit rechtfertigten. Seine »Geschichte Mexikos, geschrieben von einem Mexikaner«, die mit der Conquista abbricht, stellt in modernster Systematik die Zivilisation der Indios in eine Reihe mit den klassischen Kulturen des Mittelmeerraumes. Hier kündigt sich das wachsende nationale Selbstbewusstsein der Kreolen Mexikos an, das bereits den »Mestizaje« als Zukunft Mexikos einfordert (daher die Würdigung des Indios und seiner alten Kultur) und dem Gegensatz zwischen Indios und Criollos (wenigstens in Ansätzen) die ideologische Grundlage entzieht. Paradoxerweise leistet Clavijero mit seiner Apologie der Größe Mexikos der spanischen Krone, die durch die von Las Casas begründete »Schwarze Legende« von der Conquista gegenüber anderen europäischen Nationen in die Defensive gedrängt worden war, einen unschätzbaren Dienst. Gleichzeitig kündigen seine Ideen jedoch bereits die heraufdämmernde Unabhängigkeit Mexikos an.

Guadalupe-Kult

Francisco Xavier
Clavijero

*Nationales
Selbstbewusstsein*

Die Unabhängigkeitsepoche

Fray Servando Teresa de Mier

Wenn die *Historia* Clavijeros das trockene Pulver für den Aufstand der Kreolen unter Hidalgo gegen die Spanier liefert, so legt ein anderer die Lunte: Fray Servando Teresa de Mier. Mit einer berühmten Predigt, die Fray Servando am 12. Dezember 1794 in der Colegiata del Tepeyac vor dem Vizekönig, der Audiencia, den wichtigsten Vertretern des Vizekönigreichs und einem handverlesenen Publikum hält, tritt er eine Lawine sondergleichen los. Fray Servando verküpft den Kult um die Virgen de Guadalupe mit der Legende des Apostels Thomas, der die Indios missioniert haben soll. Das berühmte Tuch, das die Jungfrau dem Indio Juan Diego übergeben haben soll, ist Fray Servando zufolge der Mantel des Apostels, auf dem die noch lebende Jungfrau im Jahre 44 n. Chr. eigenhändig ihr Bild gemalt habe. Servando präsentiert die Jungfrau nicht so sehr als Trösterin und Beschützerin der Indios, sondern als Heldin der Conquista, und spielt damit die Rolle der Spanier in der Bekehrung der Indios herunter, die im Gefolge ihrer Missionierung kurz nach der Zeitenwende lediglich vorübergehend vom rechten Glauben abgefallen seien. Christliche Legenden und aztekische Mythen verschmelzen bei Fray Servando zu einer gefährlichen These der Eigenständigkeit Mexikos. Vizekönig, Erzbischof und die Inquisition Neu-Spaniens erkannten sehr schnell, welche politische Zündschnur Fray Servando da anbrannte. Man hatte ohnedies mit äußerstem Misstrauen die Unabhängigkeit der Vereinigten Staaten im Norden und die Revolutionswirren in den französischen Kolonien der Antillen betrachtet (wo Victor Hugues auf Guadeloupe eine Guillotine aufstellen ließ und die weißen Pflanzer von Haiti scharenweise vor dem durch die Freiheitsideen der Französischen Revolution ausgelösten Sklavenaufstand nach Ostkuba flohen). Die einsetzende Verfolgung, die den unbotmäßigen Mönch von einem Kerker der Neuen oder Alten Welt in den anderen brachte, basierte deshalb weniger auf dem Vorwurf der Häresie (Fray Servando wiederholte im Prinzip nur Bekanntes, allerdings in gefährlicher Pointierung und Radikalität), sondern trug der politischen Unruhestiftung Rechnung. An einer Dynamisierung des Kultes um die Jungfrau von Guadalupe konnte den Instanzen des Vizekönigreichs nicht gelegen sein, und ihre Vorahnung sollte sie nicht trügen. 1812 ergriff Hidalgo das Banner der Jungfrau von Guadalupe und rief die *criollos* damit zum Kampf gegen die spanischen *gachupines* auf. Fray Servando trugen seine subversiven Predigten eine ständige Flucht vor der Inquisition und eine Infamie sondergleichen ein, über die er in seinen *Memorias* berichtete. Wie in einem pikaresken Roman verschmelzen hier Fiktion und Wahrheit (die Vielzahl seiner Gefängnisausbrüche scheint geradezu unglaublich). 1969 griff der kubanische Schriftsteller Reinaldo Arenas die Erinnerungen Fray Servandos auf und handelte sich mit seinem Roman *El mundo alucinante* (Wahnwitzige Welt) eine vergleichbare Verfolgung durch das Castro-Regime ein, die ihn u. a. ins gleiche Gefängnis in Havanna führte, in dem zweihundert Jahre vorher Fray Servando eingesessen hatte.

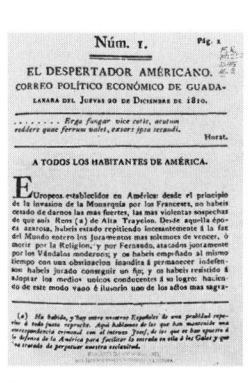

Erste Nummer des *Despertador Americano* vom 20. Dezember 1810, der ersten Zeitschrift der Unabhängigkeit, gegründet auf Veranlassung von Hidalgo

Der pikareske Roman und die Aufklärung: Fernández de Lizardi, El Periquillo Sarniento

Der erste tatsächliche pikareske Roman Mexikos stammt freilich aus der Feder eines anderen Vorkämpfers der Unabhängigkeit: José Joaquín Fernández de Lizardi ist wohl die bedeutendste Autorengestalt dieser Zeit des Übergangs zwischen Vizekönigreich und unabhängiger Republik. Der Sohn eines Arztes und Student am illustren ehemaligen Jesuitenkolleg von San Ildefonso ist nach dem frühen Tod seines Vaters

Hidalgo ruft
zum Kampf auf

gezwungen, sich seinen Lebensunterhalt mit der Feder zu verdienen, und wird so zum ersten Berufsschriftsteller und Pionier des Journalismus in Mexiko. Nach dem Zusammenbruch des ersten Aufstands 1811 kurz eingekerkert, gründet er nach der Herstellung der Pressefreiheit durch die Verfassung von Cádiz die Addisons *Spectator* vergleichbare Ein-Mann-Zeitschrift *El Pensador Mexicano*, die sich der Verbreitung von Ideen der katholischen Aufklärung im Stile von Lizardis Vorbild, dem spanischen Aufklärungs-Polyhistor Benito Jerónimo Feijoo, widmete. Wegen eines Angriffs auf den Vizekönig erfolgt eine neuerliche Inhaftierung des Herausgebers, und als nach der Restauration Ferdinands VII. in Spanien 1814 die Fortsetzung der journalistischen Arbeit fast unmöglich wird, wendet Lizardi sich gezwungenermaßen dem Medium des bis dahin in Lateinamerika fast unbekannten Romans zu. Mit dem *Periquillo Sarniento*, von dem drei Bände im Jahr 1816 erschienen, der vierte und letzte erst postum 1830, hat er in kurzer Zeit den ersten großen Roman des Kontinents geschaffen, der zugleich auch vor dem Hintergrund des euro-

Ein Pionier
des mexikanischen
Journalismus

Lizardis *Periquillo*

päischen literarischen Gattungssystems einen originellen Wurf darstellt, denn hier verbinden sich die barocke spanische Tradition des Pikaro-Romans nach dem Vorbild von Mateo Alemáns *Guzmán de Alfarache* (1599) mit dem *conte philosophique*, der philosophischen Erzählung der französischen Aufklärer, die kostumbristische Stadt- und Ständesatire mit dem Erziehungstraktat in Art von Rousseaus *Emile* (1762). Tatsächlich ist wer sich einen pikaresken Roman erwartet zunächst einmal herb enttäuscht, denn zu Beginn ähnelt die gattungsspezifische Lebensbeichte des alt gewordenen Ich-Erzählers mehr einer Predigt oder einer aufklärerischen Lehrschrift. So widmet er sich anfangs den an ihm begangenen Erziehungsfehlern der Mutter, wobei Lizardi, seinem französischen Vorbild *Emile* folgend, sogar praktische Tips für die richtige Art des Babywickelns und der Kleinkindererernährung einbaut. Auch Schule und Kolleg werden nicht nur – wie etwa in Quevedos *Buscón* (1626) – satirisch bloßgestellt, der Satire folgt auch immer gleich ein Programm zur Verbesserung der angegriffenen Situation. Auf der Ebene der erzählten Geschichte entspricht dem eine geradezu emblematische Szene, die im Verlauf des Romans – mit wechselnden Protagonisten – mehrfach wiederkehrt: die Bloßstellung eines großsprecherischen Hochstaplers (meist Periquillo selbst) durch einen den Ideen der Aufklärung verbundenen »Weisen«, der danach für den so dem Gelächter Preisgegebenen zur tröstenden und belehrenden Vaterfigur wird. Solche wohlmeinenden Vaterfiguren gibt es im Buch sehr viele: von Periquillos Vater selbst über den an den »vicaire savoyard« aus Rousseaus *Confessions* (1782) erinnernden »Vicario« auf der Hacienda, auf die Periquillo sein erster Ausflug führt, seinen späteren Schwiegervater Antonio, der ihm im Gefängnis zur Stütze und zum Lehrmeister wird (und damit der Figur des Jansenisten Gordon in Voltaires *L'Ingénu* [1767] nachgebildet ist), den Obersten, dem er in der Strafkompanie in Manila dient, bis hin zu seinem Dienstherren am Schluss, vor allem aber zu dem gereiften Periquillo selbst, der im vierten Band endlich seinen Leichtsinn überwindet und nun für andere, ähnlich labile Charaktere seinerseits zur weisen Vaterfigur werden kann. Damit löst er sich endgültig vom Einfluss der Gegenfiguren zu den Weisen: den schlechten Freunden, die ihn immer wieder vom rechten Weg abgebracht hatten. Ist diese oppositionelle Struktur »Weiser Meister vs. Verführer« dem spanischen Pikaro-Roman fremd, so rekurriert Lizardi vor allem ab dem zweiten Band zunehmend auch auf das für diesen prägende Schema des »Dieners vieler Herren«, verbunden mit der Ständesatire. So werden Gerichtsschreiber, Barbier, Apotheker, Arzt und andere mehr lächerlich gemacht, aber auch die Fehler gesellschaftlicher Institutionen (Gefängnisse, Spitäler) aufgedeckt. Andererseits presst der Autor mit Fortgang des Romans immer mehr neue, aufklärerische Modelle in seinen Text: Da ist die tränenreiche Unschuld, die gegen ihren Willen von den Eltern ins Kloster gesteckt wird, in Art von Diderots *Nonne* (1760); da ist aber vor allem die Figur des Guten Wilden in Gestalt des Vizekönigs der Südseeinsel, auf die Periquillo bei der Rückreise von den Philippinen strandet, der mit dem pikaresken Helden ein regelrechtes Verhör über die Gebräuche in seiner Heimat anstellt, in dessen Verlauf die neuspanischen Sitten und Berufsbilder vom Standpunkt einer natürlichen Vernunft aus in Frage gestellt werden. Und wenn Lizardi schon einmal bei diesem aufklärerischen Blick auf das Eigene mit fremden Augen angelangt ist, lässt er den »Chinesen«, wie der Bruder des Inselherrschers genannt wird, gleich auch als neuen Herrn mit Periquillo nach Mexiko aufbrechen und sich –

wie die Perser in Montesquieus *Lettres persanes* (1721) – über die seltsamen Gebräuche der Mexikaner an Ort und Stelle wundern. Die viel näher liegende Figur des Indio, die bei den Europäern ebenfalls als Guter Wilder beliebt war, tritt bei Lizardi nur als Opfer derben Spotts und als notorischer Gefängnisinsasse auf; sie läge eben in Mexiko zu nahe. Die Afrikaner kommen da schon besser weg, denn in Manila erteilt immerhin ein schwarzer Geschäftsmann einem überheblichen englischen Offizier eine Lektion in Edelmut, die Anlass zu einem kurzen Plädoyer gegen den Rassismus gibt. Neben all diesen im engeren Sinn literarischen Genres, die hier verarbeitet sind, bietet der *Periquillo* seinem Autor aber auch Gelegenheit, sich in Art der zeitgenössischen Traktate oder Dialoge (wie etwa bei dem im folgenden Abschnitt behandelten Ecuadorianer Santa Cruz y Espejo) in längeren Digressionen über Astronomie, Jurisprudenz, Medizin, Wirtschaft (wo er die physiokratischen Ideen der Aufklärer vertritt), Theologie, Geschichte und Literatur zu ergehen.

An diese »Summa« der Gelehrsamkeit und der Romangenres kommt Lizardi in seinen späteren Werken nicht mehr heran. *La Quijotita y su prima* (1818/19, vollständiger Druck 1831/32) ist ein Roman über die rechte Erziehung der Frau unter dem Einfluss von Rousseau und Fénelon, in dem die Protagonistin wie ihr Beinahe-Namensvetter in Cervantes' berühmtem Roman durch allzu intensive Lektüre verdorben wird, *Noches tristes y día alegre* (1818) eine schaurige Geschichte nach dem Modell der präromantischen *Noches lúgubres* (1773, veröffentlicht 1790) des Spaniers José Cadalso; erst in dem posthum 1832 veröffentlichten ironischen Roman *Don Catrín de la Fachenda* ist die Hauptfigur noch einmal ähnlich dem Periquillo ein an unüberwindbarem Widerwillen gegen Arbeit jeder Art leidender Nichtsnutz. Wichtiger ist jedoch Lizardis Leistung als Herausgeber weiterer periodischer Druckschriften (etwa *El Conductor Eléctrico*, 1820), mit denen er nach Aufhebung der Zensur in der schwierigen Übergangszeit den Boden für die Unabhängigkeit Mexikos bereitete. Auch nach der Erreichung der Unabhängigkeit blieb Lizardi als Publizist einer der führenden Köpfe des Landes, der unter anderem einen Entwurf für die Verfassung der jungen Republik beisteuerte, in dem bereits eine Landreform und Sozialprojekte vorgesehen waren; und noch sein letzter Text, *Testamento y despedida del Pensador Mexicano*, liest seinen Landsleuten und ihren politischen wie moralischen Schwächen die Leviten.

Lizardis Spätwerk

Mit seinem Rückgriff auf Formen des Barock steht Lizardi nicht allein da, wenngleich es anderen Autoren, die sich derselben Technik befleißigen, an Lizardis umfassenden Kenntnissen der Aufklärungsliteratur und an seinem Engagement ermangelt. Trotzdem erwähnenswert erscheint die Figur von José Mariano Acosta Enríquez, einem Priester aus der Provinzstadt Querétaro, der die Form des »Sueño«, der Traumvision, die der Spanier Quevedo im Barock zur Blüte geführt hatte, aufgriff. Üblicherweise handelt es sich dabei um Wanderungen durch die Totenwelt mit satirischem Hintergrund, aber schon Quevedos Landsmann Torres Villarroel hatte sich zu Anfang des 18. Jhs. selbst von Quevedo durch das satirisch betrachtete Madrid führen lassen. Enríquez lässt sich nun von beiden zu einem der musikalischen Form der Variation vergleichbaren *Sueño de sueños* (um 1790?) inspirieren, bei dem als Wegbegleiter Quevedo, Torres und gleich auch noch Miguel de Cervantes auftreten. Bemerkenswert ist die – wohl auf die barocke »agudeza« zurückgehende – Dichte der Sprachwitze und die dem mexikanischen Todeskult entspre

Ein Rückgriff auf die barocke Form des »Sueño«: José Mariano Acosta Enríquez, Sueño de sueños

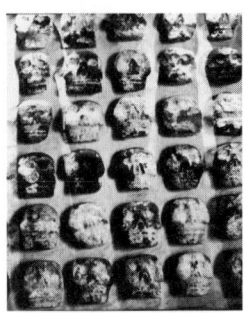

Präsenz des Todes:
Aztekische
Schädelmauer

chende, fast verspielte Darstellung des Totenreichs, in dem auch ein kleines Skelettchen (*muerte chiquita*), viele Totenköpfe (wie sie am Totenfest auf den mexikanischen Jahrmärkten aus Zuckerguss verkauft werden) und ein Tod mit langen Beinen (*la muerte andando*) auftreten. Ansonsten ist das kleine Manuskript doch noch wesentlich stärker als Lizardi der späten Nachahmung barocker Formen verpflichtet, die diese Zeit überhaupt prägte – ehe mit der Unabhängigkeit allmählich neue »Metropolen« (vor allem Paris) und die dort herrschenden neuen Schreibweisen (Romantik, später Realismus) an die Stelle Madrids und der spanischen Literatur traten.

Die Vizekönigreiche Peru, Neu-Granada und Río de la Plata

Katholische Aufklärung und wachsendes Bewusstsein einer amerikanischen Identität

Üblicherweise wird die zweite Hälfte des 18. Jhs. in Lateinamerika unter den Stichworten Neoklassizismus und katholische Aufklärung abgehandelt. Allerdings ist der Übergang zu diesen neuen Denk- und Ausdrucksformen ein gradueller und allmählicher. Es hatte sich ja schon zu Beginn des Jahrhunderts in der Akademie des Vizekönigs Marqués de Castelldos-Ríus erstmals ein Nebeneinander barock-kulteranistisch und klassizistisch geprägter Dichtungen gezeigt, und das hervorragendste Akademiemitglied, der Übersetzer französischer Dramen, Universalgelehrte und Dichter Pedro de Peralta Barnuevo, darf wohl als der erste Vorläufer der für Lateinamerika typischen katholischen Aufklärung angesehen werden. Andererseits geht der Paradigmenwechsel im kulturellen Bereich, durch den der Gongorismus zu einem anachronistischen Kennzeichen auch politischer Reaktion wurde, nur sehr allmählich vor sich. Von verspäteten Gongoristen wie dem in Quito lebenden Jesuiten Juan Bautista Aguirre war schon die Rede. Aber selbst bei den üblicherweise als Musterbeispielen für den Wandel zum Klassizismus genannten Autoren wie dem aus Guayaquil in Ecuador stammenden José Joaquín de Olmedo finden sich noch nach der Jahrhundertwende barock oder rokokohaft anmutende Gedichte wie etwa ein neckisches »Gespräch zwischen Olmedo und seinem Kopfkissen« (1814).

Nebeneinander von Barock, Rokoko und Neoklassizismus

Der entscheidende Wandel in der Zeit nach 1750 ist daher nicht so sehr in der künstlerischen Form zu suchen als vielmehr in einem neuen Bewusstsein, das sich in der Literatur spiegelt. Jenes Bekennen zu einem amerikanischen »Vaterland«, das erstmals um 1600 bei dem Inka Garcilaso zu beobachten war, tritt ab der Jahrhundertmitte allmählich bei immer mehr Autoren auf, wobei sich freilich ein deutlicher Entwicklungsunterschied zwischen der Hauptstadt Lima und der Peripherie zeigt. In dem in barocken Formen erstarrten Lima beherrschen ausschließlich der Vizekönigshof und sein Geschmack die Kulturentwicklung. So nimmt etwa seit 1761, als der Vizekönig Manuel Amat die Regentschaft antritt, das Theater einen großen Aufschwung, denn zwischen dem über 60-jährigen Fürsten und der 18-jährigen Schauspielerin Micaela Villegas, von ihrem Geliebten zärtlich »Perricholi« genannt, entwickelte sich ein intensives Liebesverhältnis, sodass die Theaterwelt in der Kolonialgesellschaft

Theaterboom im Zeichen der »Perricholi«

Limas für einige Jahre den Ton angab. Bisweilen ist sogar eine gewisse Kontinuität gegenüber der Zeit um 1600 erkennbar, etwa in der satirischen Dichtung *Lima por dentro y fuera*, die Esteban de Terralla y Landa 1792 unter dem Pseudonym Simón Ayanque veröffentlicht. Fast genau zweihundert Jahre nach dem Sevillaner Mateo Rosas de Oquendo geißelt hier wiederum ein Andalusier die Schwächen der Kolonialgesellschaft und insbesondere ihrer Frauen im Romanzenvers, und wiederum zieht Lima bei der Gegenüberstellung mit Mexiko-Stadt den Kürzeren. Der greifbarste Unterschied ist der Umfang, denn Terrallas Gedicht ist mit mehr als 4000 in 18 Romanzen zusammengefassten Versen um ein Vielfaches länger als das seines Vorläufers. Dazu kommen auch ein höherer rhetorischer Anspruch, der sich besonders in der barocken Lust am Wortspiel ausdrückt, wenn etwa die neue Institution des Cafés mit dem Kalauer »Acá fé« (Hier Treue, Verlässlichkeit) zu einer Verdammung der Peruaner insgesamt verwendet wird (»Hier findet sich Treu und Glauben weder bei dem einen noch bei dem anderen Geschlecht«). Freilich ist es Terralla y Landa auch ein wenig um die tatsächliche Beschreibung von Sitten, Kleidung, Speisezettel und anderem mehr zu tun, und so liefert sein Gedicht ein anschaulicheres Bild der Limeñer Gesellschaft des ausgehenden 18. Jhs., als das Oquendo für seine Zeit tun konnte. Besonders deutlich erscheint hier das zwiespältige Hassliebe-Verhältnis der Peruaner zu den europäischen Spaniern: Die Kinder würden in Peru zu »Todfeinden jedes Europäers« erzogen, meint er, obwohl es andererseits zum guten Ton gehöre, die Abstammung von illustren europäischen Vorfahren herauszukehren. Insgesamt spiegelt so der Text nicht nur im Hang zum barocken Wortspiel, sondern auch in der Aussage eine bereits anachronistisch gewordene Perspektive, in der die Kolonie Peru als Negativbild von dem Ideal der Metropole Spaniens und deren »besserer Imitation« Mexiko-Stadt absticht.

Noch einmal satirische Abrechnung mit Lima: Esteban Terralla y Landa

An der Peripherie dagegen ist der Perspektivenwechsel längst eingetreten: Schon 1750 hatte sich, als im La-Plata-Raum nach dem Sieg des späteren Vizekönigs Cevallos gegen die Portugiesen am Verhandlungstisch dennoch Teile der spanisch-amerikanischen Jesuitenmissionen an Brasilien abgetreten werden mussten, auch ein politischer Amerikanismus gezeigt, der in den zahlreichen Verteidigungen gegen den auf eine naive Klimatheorie gegründeten Vorwurf der Unterlegenheit gegenüber den Europäern, wie ihn der Preuße Cornelius de Pauw erhoben hatte, Nahrung fand. Die Feier der (mit Hilfe der von Jesuiten beigestellten Indiotruppen) gegen eine europäische Macht errungenen Siege erfolgte nicht nur in klassizistischen Triumphgedichten, sondern auch in einer wenigstens pseudo-populären Form durch den Argentinier Maziel. Als nun 1767 in einer Nacht-und-Nebel-Aktion alle amerikanischen Jesuiten nach Europa deportiert wurden, verlor der Kontinent mit einem Schlag nicht nur das berühmte »Heilige Experiment« eines anderen Umgangs mit den Indios, sondern auch die wichtigsten akademischen und nicht-akademischen Lehrer und Denker. Zwar hatten manche Aufklärer die Vertreibung begrüßt, nun aber entwickelten sich einige der deportierten Jesuiten, von denen viele in Amerika geboren waren, im italienischen Exil zu den radikalsten Vorkämpfern einer von Aufklärungsidealen geprägten Unabhängigkeit. Diese ersten Exilwerke der hispanoamerikanischen Literatur reichen von dem visionär-mystischen, millenaristischen und leicht häretischen Traktat *Venida del Mesías en gloria y majestad* (1812) des chilenischen Paters Manuel de Lacunza über die zahlreichen Ordensgeschichten, die die jesui

Das neue Selbstbewusstsein der Argentinier

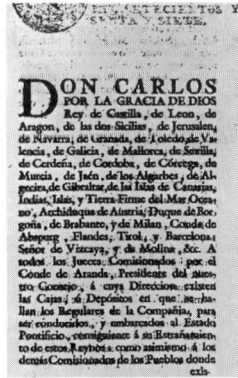

Befehl König Karls III. zur Deportation der Jesuiten 1767

Die Vertreibung der
Jesuiten – Radierung
von 1767

*Der »Brief an
die spanischen
Amerikaner«*

tische Position gegen jene Anschuldigungen verteidigen, die zur Vertreibung geführt hatten (etwa José Cardiels *Kurzer Bericht über die Missionen Paraguays*, ca. 1770), bis zu der zunächst in Französisch zum dreihundertsten Jahrestag der Entdeckung 1792 veröffentlichten *Carta a los españoles americanos* des Peruaners Juan Pablo Vizcardo. In dieser Prosaschrift setzt der Autor die vom Inka Garcilaso berichtete Verbannung der einer Verschwörung mit Tupac Amaru beschuldigten Mestizen im 16. Jh. mit der Vertreibung der Jesuiten 1767 gleich und stellt damit die Jesuiten als die eigentlichen Landeskinder und ersten amerikanischen Patrioten dar. Ein wenig Rhetorik der Französischen Revolution, der Hinweis auf das Beispiel der nordamerikanischen Unabhängigkeit, aber auch auf die traditionell starken Volksrechte gegenüber dem König in der spanischen Geschichte führen schließlich zu einem von polemischer Ironie gegenüber den »Gleichheitsbestrebungen« der spanischen Krone getragenen Aufruf an die »Landsleute«, der kaum schärfer ausfallen könnte: »Es wäre eine Blasphemie, sich vorzustellen, dass der Höchste Wohltäter der Menschen es zugelassen haben könnte, dass die Entdeckung der Neuen Welt dazu dienen solle, einer kleinen Zahl vertrottelter Schurken auf immer die Macht zu geben, sie zu verwüsten und dem abscheulichen Vergnügen zu frönen, Millionen von Menschen, die ihnen nicht den kleinsten Grund zur Klage gegeben haben, der wesentlichsten Rechte zu berauben, die sie aus der Hand Gottes empfangen hatten.« So ruft er zu einer »neuen Entdeckung Amerikas« auf, damit alle aus dem europäischen Despotismus Flüchtenden dort die »Große Familie des Menschengeschlechts« verwirklichen könnten.

Satirisch-kritische Prosaliteratur und die Einflüsse der europäischen Aufklärung

Damit sind wir schon an der Schwelle der Unabhängigkeitsepoche angelangt. Aber auch in dem vorangehenden halben Jahrhundert finden sich außerhalb Limas ganz andere Töne als bei Terralla y Landa, etwa in den beiden wohl bedeutendsten Prosawerken der zweiten Jahrhunderthälfte, die sich ebenfalls auf eine satirische Grundbefindlichkeit zurückführen lassen: Alonso Carrió de la Vanderas *Lazarillo de ciegos caminantes* (1775/76) und Santa Cruz y Espejos *Nuevo Luciano* (1779). Carrió de la Vandera ist wie Terralla Spanier, aber er begegnet Amerika nicht mit denselben Vorurteilen. In seinem *Lazarillo de ciegos caminantes*, der im Titel auf den berühmten spanischen Schelmenroman von 1554 anspielt, vereinigt sich die Tradition der Reiseberichte und Chroniken mit jener der Satire. Zugleich ist so etwas wie aufklärerischer Geist zu spüren, denn dem Postinspektor Carrió geht es um eine rationalere Organisation der amerikanischen Länder, durch die er von dem neu aufblühenden Zentrum Buenos Aires bis nach Lima reist. Für viele »Gattungssplitter« ist im *Lazarillo* Platz: Reiseführer, ökonomisch-landeskundliche Abhandlung über die Maultierzucht, Statistik, Dialogtraktat über Recht und Unrecht der Conquista (wobei Carrió die Position der Spanier gegen die Anschuldigungen der französischen *philosophes* verteidigt), kostumbristische Detailschilderungen und sogar bukolische Einlagen wie die Dialoglieder der Hirten in der Provinz Tucumán, all das findet sich in diesem Text, der von manchen Kritikern auch als der erste lateinamerikanische Roman angesehen wird. Romanhaft ist freilich vor allem die Autorenfiktion, denn Carrió lässt als eigentlichen Autor seinen Begleiter Carlos Buxtamante Inca, einen »Concolorcorvo« genannten Indio, auftreten, der ihm gegen Ende des Werks auch als Partner in einem fast renaissanceartigen Dialog dient. Allerdings widerspricht »Concolorcorvo« dort gewissen Pauschalurteilen seines Meisters (»Wer einen Indio gesehen hat, kann davon ausgehen, alle gesehen zu haben«, »die Indios kennen keine Barmherzigkeit«) nicht, sondern beschränkt sich auf das Fragenstellen. In ähnlich abschätziger Form beschreibt Carrió übrigens unter der Bezeichnung »gauderíos« die ersten Gauchos, die Hirten der Pampa. Nebenbei kritisiert er auch die vertriebenen Jesuiten, weil sie die Indios nicht zum Gebrauch des Spanischen angehalten hätten.

Diese Kritik an den Jesuiten ist einer der Punkte, die Carriós Text mit dem ebenfalls satirischen Werk eines Amerikaners, des ecuadorianischen Mestizen Francisco Javier Eugenio de Santa Cruz y Espejo, verbinden. Espejo, Sohn eines Indio und einer Mulattin, hatte Medizin und Rechtswissenschaft studiert und versuchte nun, gegen den Widerstand der Oligarchie, eine Reform des Bildungswesens zu initiieren. Zwischen 1779 und 1785 erscheinen in rascher Folge seine Traktate, in denen Vorschläge zu einer solchen Reform in die Form des satirischen Dialogs verpackt sind. Der erste dieser Texte, die zunächst handschriftlich kursierten, *El Nuevo Luciano de Quito o Despertador de ingenios quiteños en nueve conversaciones eruditas para el estímulo de la literatura* (1779), nennt schon im Titel das Vorbild Lukian; auf die Aufklärungsmetaphorik deutet der Untertitel (»Erwecker des Geistes«) hin. Der Dialog stellt einen ehemaligen Jesuiten, der nun zum Aufklärungsphilosophen geworden ist (Mera), einem pedantischen Arzt (Murillo) gegenüber, der für gongoristische Predigten schwärmt. Anlässlich einer solchen Predigt entwickelt Mera als Sprachrohr des Autors seine Ideen über eine notwendige Reform der Studien, wobei er sich vor allem auf den Italiener Ludovico Muratori (*Delle riflessioni sopra il buon gusto*, 1708), den Franzosen Dominique Bouhours (*Entretiens d'Ariste et d'Eugène*, 1671) und den jesuitenkritischen portugiesischen Jesuiten Luis António Verney (*Verdadeiro Método de estudar para ser útil à República*, 1746) stützt. Murillo hat diesen Thesen nur dünkelhafte Vorurteile gegenüber einem »Morbus gallicus« des Geistes und die Angst, durch die Lektüre der Philosophen zum Atheis-

Alonso Carrió de la Vandera:
El Lazarillo de ciegos caminantes

Die kritisch-aufklärerischen Dialoge des Francisco de Santa Cruz y Espejo

ten zu werden, entgegenzusetzen. In den neun Dialogen werden zunächst Rhetorik und Poetik abgehandelt, wobei Mera für eine Abkehr vom Gongorismus und einen »natürlichen«, weniger überladenen Stil im Sinne des Klassizismus eintritt. Dann geht es vor allem um philosophische Methodenfragen, in denen – wie in allen aufklärerischen Programmen Lateinamerikas – dem scholastischen System die »neue«, d.h. postcartesianische Philosophie entgegengestellt wird. Am Schluss seiner Schrift betont Mera jedoch trotz aller Kritik, welchen Rückschritt die Jesuitenvertreibung dargestellt habe: »Vergleicht man die heutige Zeit mit der Jesuitenzeit, so kann es gar keinen Vergleich zwischen jener Zeit eines bescheidenen Lichtes mit der Gegenwart geben, in der vollständige Dunkelheit, Nebel und Ignoranz herrschen.« Ein Jahr nach diesem Werk erscheint *Marco Porcio Catón o Memorias para la impugnación del Nuevo Luciano de Quito* (1780), gezeichnet mit dem Pseudonym Moisés Blancardo, eine fiktive Streitschrift gegen das eigene Werk, die letztlich zur ironisch-polemischen Abrechnung mit seinen Gegnern gerät. Und wiederum ein Jahr später kehrt Espejo mit dem zweiten Teil des *Nuevo Luciano*, der den Untertitel *La ciencia blancardina* trägt, zur Form des Dialogs zurück. Zu den beiden Gesprächspartnern Murillo und Mera tritt in den sieben Dialogen dieses Textes noch besagter Moisés Blancardo hinzu, hinter dem sich der Zensor von Quito, Juan de Arauz y Mesía, verbirgt. Damit wechseln auch die Rollen: Murillo und Mera, das Sprachrohr des Autors, sind nun in polemischer Kritik an Blancardo vereint, dessen Unwissenheit an den Pranger gestellt wird, während sich Mera/Espejo gleichzeitig gegen die Anschuldigungen verteidigt, die der echte Zensor gegen seinen *Nuevo Luciano* gerichtet hatte. 1787 wird Espejo verhaftet, 1788 wird er nach Bogotá verbannt, wo er die dortigen Liberalen und späteren Vorkämpfer der Unabhängigkeit beeinflusst. 1791 ist er, nach Quito zurückgekehrt, unter den Gründern der »Patriotischen Gesellschaft der Freunde des Landes«, 1792 Herausgeber von *Las Primicias de la Cultura de Quito* (Die Anfänge der Kultur in Quito), der ersten Zeitschrift des Landes. Weder die Patriotische Gesellschaft noch die Zeitschrift werden älter als ein Jahr, aber sie setzen doch die ersten Zeichen einer aufklärerischen Veränderung in den Andenstaaten. 1795 wurde Espejo neuerlich eingekerkert und starb kurz danach.

Ein peruanischer Vorkämpfer der Aufklärung in Europa: Pablo de Olavide y Jáuregui

Der wichtigste peruanische Vorkämpfer der Aufklärungsideen verbrachte sein Leben dagegen fast ausschließlich in Europa: Pablo de Olavide y Jáuregui geht 1752 nach Spanien, wo er Kontakt mit französischen Aufklärern pflegt und in wirtschaftlich-politischen Studien sowie in Übersetzungen französischer Dramen für eine Verbreitung von deren Ideen in Spanien sorgt. 1780 übersiedelt er nach Konflikten mit der Inquisition nach Frankreich, begrüßt dort anfangs die Revolution und wird vom Konvent sogar zum »Adoptiv-Staatsbürger« erklärt. Nach kurzer Zeit wendet er sich jedoch von den Revolutionären ab und geht schließlich zurück nach Spanien, wo er in neoklassischen Gedichten (*Poemas cristianos*, 1799) und in der autobiographischen Reueschrift *El Evangelio en triunfo o Historia de un filósofo desengañado* (1797) seine Rückwendung zum Katholizismus beschreibt.

Die Aufklärung in Argentinien

Wesentlich stärker als in den Andenländern manifestiert sich die aufklärerische Reform im Süden, vor allem in Argentinien, wo das neu entstehende Vizekönigtum durch den großen Hafen von Buenos Aires eine ständige Verbindung mit Europa besitzt. Die neue Hauptstadt profiliert sich so als »modernes« geistiges Zentrum in Opposition zu dem im Lan-

desinneren gelegenen, traditionalistischen Ideen und der scholastischen Methode verhafteten Córdoba. Zu den bedeutendsten Figuren dieses Prozesses gehört zweifelsohne Juan Baltasar Maziel, der selbst noch bei den Jesuiten in Córdoba, später in Santiago de Chile, studiert hat und 1783 zum Leiter des von dem kulturell sehr engagierten Virrey Vértiz gegründeten Colegio de San Carlos in Buenos Aires berufen wird. Nach einem Konflikt um die Neubesetzung eines Logiklehrstuhls, bei dem sich Maziel in einem Brief gegen die Scholastiker wendet, wird er 1786 verbannt und stirbt 1788 in Montevideo. Maziel ist nicht nur als Lehrer der wichtigsten politischen Vertreter der Unabhängigkeitsbewegung (Belgrano, Moreno, Saavedra, Vieytes, Rivadavia, Castelli) von Bedeutung, sondern auch als Autor. Neben zahlreichen juristischen, theologischen und philosophischen Schriften ist sein im engeren Sinn literarisches Werk freilich eher schmal. Es umfasst einige neoklassische Gelegenheitsgedichte, vor allem aber den bereits erwähnten ersten Text, der sich einer fiktiven Sprache der Gauchos der Pampa bedient: Die vierzig Romanzenverse mit dem Titel *Canta un guaso en estilo campestre los triunfos del Excmo. D. Pedro de Cevallos*, in denen »ein Hirte« in einem Kunstdialekt den Sieg des Vizekönigs Cevallos gegen die Portugiesen feiert, sind zum Ausgangspunkt der im 19. Jh. blühenden gauchesken Dichtung Argentiniens geworden.

»Heldenhafte Verteidigung von Buenos Aires gegen die Engländer« (1806)

Juan Baltasar Maziel, der »Lehrer der Unabhängigkeitsgeneration«

Der Kampf um die Unabhängigkeit und sein Niederschlag in der Literatur

Die Auseinandersetzung mit Invasionen des La-Plata-Raums und die Feier der Siege der *criollo* Kämpfer lösen zu Beginn des 19. Jhs. noch eine weitere Welle von Dichtungen aus: Ob es nun der etwas pedantische, überlange *Romance heroico* (1806/07) des Pantaleón Rivarola ist, ob die zahlreichen kurzen und volkstümlichen Gedichte und Lieder des anonymen *Cancionero de las invasiones inglesas* oder der in assonierenden Elfsilbern gehaltene *Triunfo argentino* des Autors der argentinischen Nationalhymne, Vicente López y Planes – die Dichtung, in der amerikanischer Nationalstolz angesichts des Sieges der ersten argentinischen »Armee« unter Liniers über eine europäische Macht zum Ausdruck kommt, ist als Vorspiel für die Lyrik der Unabhängigkeitskriege zu betrachten, die von Ramón Díaz gesammelt und 1824 unter dem Titel *La lira argentina* herausgegeben wurde.

Die Feier der Siege gegen die Engländer in der argentinischen Literatur

Neoklassik
im La-Plata-Raum:
Azcuénaga
und Lavardén

Aber auch vor der eigentlichen Unabhängigkeit hatte sich im La-Plata-Raum amerikanisches Denken in den Formen der Neoklassik profiliert: Domingo de Azcuénaga hatte in seine in Nachahmung der Spanier Iriarte und Samaniego verfassten Tierfabeln satirische Gesellschaftskritik und lokalen Tratsch eingebaut, und der bedeutendste Neoklassiker der Zeit vor den Unabhängigkeitskriegen, Manuel José de Lavardén, hatte nach einer Terzinen-*Sátira* (1786), in der er die behauptete literarische und kulturelle Überlegenheit Limas angreift, mit seiner in assonierenden Elfsilbern gehaltenen »Oda al majestuoso Río Paraná«, die 1801 im *Telégrafo Mercantil* erschien, die erste neoklassische Hymne auf einen amerikanischen Gegenstand vorgelegt. Zwar wird darin die spanische Herrschaft nicht in Frage gestellt, und die Ode klingt sogar in ein Fürstenlob aus, aber dazwischen finden sich deutlich aufklärerische Inhalte, etwa wenn der wirtschaftliche und wissenschaftliche Fortschritt der Länder an den Ufern des Paraná-Flusses besungen wird. Diese Tatsache führte dazu, dass die Ode nicht nur begeistert begrüßt und oft nachgeahmt, sondern trotz ihres frühen Entstehungsdatums auch in die erwähnte Unabhängigkeitsanthologie der *Lira argentina* aufgenommen wird.

Das Aufblühen
der Zeitungen
und Zeitschriften

Mit dem Publikationsort der Ode Lavardéns ist auch die wichtigste Veränderung der Zeit um 1800 benannt: Zahlreiche Zeitungen und Zeitschriften, in denen Aufklärungsideen verbreitet werden konnten, wurden in Buenos Aires (wie in den meisten anderen großen Städten des Kontinents) gegründet: *Telégrafo Mercantil, Rural, Político, Económico, e Historiógrafo del Río de la Plata, Semanario de Agricultura, Industria y Comercio* und *Correo de Comercio* sind die bedeutendsten unter ihnen. Im literarischen Bereich vertreten sie einen strikten Klassizismus, sodass sogar Lopes und Calderóns Werk als »monströse Kompositionen des Hauptes der Unregelmäßigkeit Lope de Vega und seiner Gefolgsleute wie Calderón« verdammt werden. Mehr noch als der Literatur widmet man sich der französisch inspirierten Wirtschafts- und Landwirtschaftsphilosophie, die für den La-Plata-Raum adaptiert werden sollte. Hinter den Zeitschriften standen auch neue bürgerliche Gruppen wie die 1797 gegründete Patriotisch-literarische Gesellschaft und Kaffeehausrunden wie jene Lavardéns im »Café de Marcos«.

Eine Lyrikanthologie
der Unabhängigkeit:
La Lira argentina

Es war wohl vor allem diese kulturelle Infrastruktur, die den notwendigen Unterbau für das Klima der Unabhängigkeitszeit lieferte, in dem die verschiedensten Gedichte in allen Stilebenen (von der neoklassischen Hymne bis zum Gassenhauer) als Flugschriften kursierten. Von den in der erwähnten *Lira argentina* gesammelten Kompositionen sind die ersten

Erste gaucheske
Gedichte

gauchesken Gedichte des Uruguayers Bartolomé Hidalgo hervorzuheben: Neben der volkstümlichen Liedform der »Cielitos« finden sich hier die »patriotischen Dialoge« zwischen zwei Gauchos, in denen auch die humoristische Perspektive des naiven Beobachters (hier von Unabhängigkeitsfesten) auftritt, die später Estanislao del Campo für seinen köstlichen *Fausto* genutzt hat. Darüber hinaus schreibt Hidalgo im Stil der Zeit auch hymnisch-allegorische Theaterstücke (*La libertad civil*, 1816). Ähnliche Texte sind in großer Zahl aus den 10er Jahren des 19. Jhs. erhalten, wobei sich besonders der Chilene Fray Camilo Henriquez hervortat, der 1810–13 in der ersten Phase der Unabhängigkeit seines Vaterlandes eine bedeutende Rolle beim Aufbau der ersten Zeitschriften (*Aurora, El Monitor Araucano*) gespielt hatte und nach der Rückeroberung des Landes ins argentinische Exil gegangen war. Sein noch in Chile 1812 theoretisch formuliertes Theaterbild (»Ich betrachte das Theater ausschließlich als

Die Rolle
des Theaters
in der Unabhängig-
keitsepoche

eine öffentliche Schule; und unter diesem Aspekt ist es unbestreitbar, dass die dramatische Muse ein großes Instrument in den Händen der Politik darstellt«) versucht er nun in *Camila o La patriota de Sud America* (Erstdruck 1817) und in dem nie veröffentlichten Rührstück *La inocencia en el asilo de las virtudes* in die Praxis umzusetzen, wobei ihm freilich jeder Erfolg versagt blieb. Überhaupt erreichen die dramatischen Produktionen dieser Zeit nur ein bescheidenes Niveau, obwohl das »nationale« Theater in Buenos Aires schon zur Zeit des Vizekönigtums mit der heute verschollenen Tragödie *Siripo* von Lavardén (1789) einen vielversprechenden Anfang genommen hatte. Dieses neoklassische Versdrama behandelt die Episode der entführten Spanierin Lucía de Miranda aus Díaz de Guzmáns *Argentina* (1612), in die sich der Indiohäuptling Siripo verliebt, der sie schließlich wegen unerlaubter Liebe zu ihrem ebenfalls gefangenen Ehemann gemeinsam mit diesem hinrichten lässt. Auch ein Stück volkstümlichen Zuschnitts, der Sainete *El amor de la estanciera* (1790), der von der Kritik Maziel zugeschrieben wird, ist aus dieser Zeit erhalten. Das Theater der darauffolgenden Generation vermochte sich aber für gewöhnlich nicht von der allzu plakativen politischen Propagandafunktion zu lösen. Einzig die von dem Italiener Alfieri inspirierten neoklassizistischen Tragödien von Juan Cruz Varela, *Dido* (1822) und *Argia* (1823), sind von einigem literarischen Wert, obwohl auch sie vom Autor im Vorwort mit dem Zweck präsentiert werden, das Publikum die Figur des absoluten Monarchen hassen zu lehren. Dabei hätte Varela seine republikanische Gesinnung gar nicht erst unter Beweis stellen müssen; er ist auch einer der am häufigsten in der *Lira argentina* vertretenen Autoren, mit Hymnen auf den Sieg bei Maipú, auf die Befreiung Limas und andere Ereignisse der Zeit. Unter Rivadavia wurde er 1820–27 zu einer Art offiziösem Dichter der Republik, mit der Machtübernahme durch den Diktator Juan Manuel Rosas ging er ins Exil nach Montevideo, wo er mit einer schon romantische Züge annehmenden Invektive gegen Rosas *El 25 de mayo de 1838 en Buenos Aires* seinen »Schwanengesang« verfasste.

Bedeutender noch als Varela war in dem Genre der neoklassischen Hymne der schon erwähnte Ecuadorianer José Joaquín de Olmedo, der als Anakreontiker beginnt und in der ersten neoklassischen Phase während der napoleonischen Kriege noch treu zur spanischen Dynastie steht (etwa mit *El árbol* [1808], einer Verteidigung der Bourbonen gegen den »blutrünstigen Usurpator« Napoleon). Als Abgeordneter im Parlament von Cádiz macht er eine politische Wandlung durch und beteiligt sich dann aktiv an den Unabhängigkeitsbestrebungen. Mit seinem 1825 erschienenen Gedicht *La victoria de Junín – Canto a Bolívar* ist es ihm über die reine Panegyrik hinaus gelungen, das neue amerikanische Selbstbewusstsein in eindrucksvolle Bilder zu kleiden: etwa die schneebedeckten Anden, die in ihrer Größe mit den durch Sklaven erbauten Pyramiden der Alten Welt wetteifern, vor allem aber die Figur des Inka-Herrschers Huayna Capac, die einerseits aus kompositorischen Gründen eingebaut wird (er prophezeit die spätere Entscheidungsschlacht bei Ayacucho, an der Bolívar nicht teilnahm, und erlaubt so, ohne Durchbrechung der aristotelischen Einheiten den Abschluss der Unabhängigkeitskriege einzubeziehen), andererseits aber jene mythisch-patriarchalische Grundlage bildet, die für die neoklassische Dichtung ebenso unentbehrlich war wie für das neue lateinamerikanische Selbstbewusstsein. In ähnlicher Weise lassen auch die Autoren der *Lira argentina* »in den Knochen des Inka die

Die neoklassische Hymne auf die Sieger: Olmedos La victoria de Junín – Canto a Bolívar

alte Glut aufleben« oder die Schatten der Helden der *Araucana* Ercillas durch die amerikanischen Patrioten »gerächt« werden; und schon 1809 stellt in La Paz in Bolivien der Argentinier Bernardo de Monteagudo in einem *Diálogo entre Atahualpa y Fernando VII en los Campos Elíseos* die beiden entthronten Monarchen einander gegenüber, um Atawallpa seine peruanischen Landsleute zum Aufstand aufrufen zu lassen.

Auseinandersetzung mit dem india-nischen Element in der Unabhängig-keitsepoche

Die Mode, das indianische Element (ohne jeglichen Bezug zur zeit-genössischen Realität) als identitätsstiftende Hülle unter Verweis auf lite-rarisch vermittelte Bilder (Ercilla, Inka Garcilaso) einzusetzen, hat um 1800 auch die Beschäftigung mit der alten Indiokultur angeregt und dürfte für die Niederschrift des zuvor behandelten Quechua-Dramas *Ol-lantay* ebenso verantwortlich sein wie für den Versuch des Peruaners Mariano Melgar, die lyrische Form des *Yarawi* in spanischer Sprache wiederzubeleben. Auch der von Olmedo besungene Bolívar hat sich mit diesem Identitätsproblem mehrfach auseinandergesetzt, vor allem in sei-nem visionären *Brief aus Jamaica* (1815), den man zur (Essay-)Literatur zählen kann. In dieser Reflexion über die Zukunft Lateinamerikas, die die Erfahrungen aus dem fehlgeschlagenen Aufstand in Venezuela verarbeitet, wird die Fundierung des Amerikanischen in der indianischen Geschichte in Frage gestellt und ein komplexeres Identitätsmodell entworfen: »Wir sind weder Indios noch Europäer, sondern eine mittlere Spezies zwischen den legitimen Eigentümern des Landes und den spanischen Usurpatoren: Kurzum, da wir von Geburt Amerikaner sind und unsere Rechte aus Euro-pa stammen, müssen wir diese gegen die Einwohner des Landes vertei-digen und uns in demselben gegen die Invasion der Invasoren wehren.«

Das neue Thema der lateinamerikanischen Literatur: die ungezähmte Natur

Der Bezug auf das indianische Wesen zur Konstituierung der eigenen Identität ist dennoch nicht nur eine Konstante der Unabhängigkeits-literatur vom Theater Lavardéns bis zu Olmedo, sondern begegnet uns, wie wir später sehen werden, auch noch in Werken des 20. Jhs. Die zu Ende gehende neoklassische Literatur fand unterdessen mit Andrés Bellos Gedichten »Alocución a la Poesía« (1823) und »La agricultura de la zona tórrida« (1826) ein neues Thema: die ungezähmte und literarisch noch nicht behandelte Natur, die sich als alternativer literarischer Raum zu den »längst erschöpften« Möglichkeiten Europas anbietet.

Brasilien: arkadische Dichtung und Unabhängigkeit

Die neoklassische Literatur in Brasilien

In der brasilianischen Literatur der zweiten Hälfte des 18. Jhs. und der ersten Dekaden des 19. Jhs. dominieren zwei Strömungen: die weitgehend realitätsferne Dichtung der »Arcádia« einerseits und die politisch und sozial engagierte Gebrauchsliteratur des beginnenden 19. Jhs. anderer-seits, die eng mit dem Unabhängigkeitsprozess verbunden ist. Dement-sprechend finden sich in Brasilien vor der Romantik kaum Romane oder Theaterstücke, sondern hauptsächlich epische und lyrische Dichtungen und ab der Jahrhundertwende vermehrt essayistische Texte, deren Anstieg mit dem sich entwickelnden Journalismus zusammenhängt. Ab 1750 setzt sich in Brasilien genauso wie in Portugal der »arcadismo« durch, eine

Straßenleben in Rio
de Janeiro –
Lithographie von 1835

literarische Strömung, deren Vorläufer in Europa die zahlreichen Dichterakademien des 17. Jhs. waren und die ihren Namen von der 1690 in Rom
gegründeten »Arcadia« hat. Das poetologische Programm der italienischen Literatenvereinigung wie auch jene der dem römischen Beispiel
folgenden Gesellschaften war ganz auf einen Bruch mit barocker Dichtung abgestellt. Einfach, verständlich und natürlich sollte die neue Poesie
sein, zugleich auch den Prinzipien der Vernunft folgend und gesellschafts-
relevanten Themen nicht abgeneigt. Alle kulteranistische Rhetorik wurde
als »mau gosto«, schlechter Geschmack, und unnütz abgetan. Die brasilianischen Dichter standen in enger Verbindung mit der portugiesischen
»Arcádia lusitana«, die 1756 gegründet worden war, und orientierten sich
wie diese an den antiken Klassikern Vergil und Horaz, an der anakreontischen Lyrik und an dem portugiesischen Nationaldichter Camões. In
Brasilien bereiteten die Dichterakademien, die seit dem zweiten Viertel des
18. Jhs. allenthalben entstanden waren, den Boden für diese Spielart
neoklassischer Dichtung. Die Literatur dieser Vereinigungen war zwar im
Großen und Ganzen noch barocker Ästhetik verpflichtet, aber durch ihre
Form der literarischen Gemeinschaft trugen sie wesentlich zum Entstehen
eines neuen Publikums bei, das nicht mehr ausschließlich klerikaler oder
höfischer Natur war. Dass die von Cláudio Manuel da Costa 1768
initiierte Vereinigung »Arcádia ultramarina« nicht zustande kam, darf in
diesem Zusammenhang nicht als Scheitern des »arcadismo« in Brasilien
angesehen werden, da die Werke der bedeutendsten Vertreter dennoch
ganz eindeutig den neuen ästhetischen Normen verpflichtet waren. Am
Triumph neoklassischer poetologischer Vorstellungen kann weder in Portugal noch in Brasilien gezweifelt werden. Wie bei vielen religiösen,
politischen oder geselligen Vereinigungen, deren Mitglieder sich durch
den Eintritt ostentativ neuen Lebenszielen verschreiben, so ist auch bei der
arkadischen Bewegung die soziologisch interessante Konstante beobachtbar, dass jeder Aspirant bei der Aufnahme einen neuen Namen erhielt, der
bukolische Einfachheit demonstrieren sollte.

*Der brasilianische
»Arcadismo«*

»Arkadische«
Epenautoren: José
Basílio da Gama,
O Uraguai

Als früheste Beispiele des brasilianischen »arcadismo« gelten die inhaltlich ganz gegensätzlichen Epen zweier Dichter, die zwar beide aus Brasilien stammten und brasilianische Stoffe verarbeiteten, ihre Hauptwerke aber in Portugal schrieben. Diese Tatsache belegt nur einmal mehr, dass die kulturelle Verschränkung Portugal/Brasilien bis zur politischen Unabhängigkeit andauerte. Sowohl die Biographie von José Basílio da Gama als auch jene von José de Santa Rita Durão ist eng mit den historischen Ereignissen in Portugal, vor allem der Politik des Marquês de Pombal, verbunden. Basílio da Gama, der zunächst bei den Jesuiten in Rio de Janeiro erzogen worden war, ging nach deren Vertreibung nach Portugal und später nach Italien, wo er in die römische »Arcadia« aufgenommen wurde. Fortan schrieb er unter dem Namen Termindo Sipílio. Wieder in Portugal, wurde er in polizeilichen Gewahrsam genommen, da man ihn verdächtigte, mit dem verbotenen Jesuitenorden in Kontakt zu stehen. Vor der bevorstehenden Deportation nach Angola konnte er sich durch ein an die Tochter des Marquês de Pombal gerichtetes Hochzeitsgedicht retten. Auch sein Hauptwerk *O Uraguai* (1769) ist in diesem Kontext zu sehen. Das fünfteilige Epos schildert den Kampf der vereinigten spanischen und portugiesischen Truppen gegen die am Fluss Uruguay gelegenen Jesuitenreduktionen, die sich den Bestimmungen des Vertrages von Madrid (1750) widersetzten, der die Übergabe dieses Gebietes an die portugiesische Krone vorsah. Das ideologische Ziel der Dichtung ist von der ersten Zeile an deutlich: Die Jesuiten, allen voran der Ordensobere Pater Balda, werden als Feinde des Staates, aber auch als gemeine und hinterlistige Unterdrücker der Indianer dargestellt. Diesen stehen die positiv gezeichneten Portugiesen gegenüber, deren Taten verherrlicht werden; als die eigentlichen Helden des Epos stellen sich aber die Indianer heraus, vor allem der Häuptling Cacambo und seine Gattin Lindóia, deren Darstellung die deklarierte Absicht des Autors unterläuft und seine pro-portugiesische Haltung relativiert.

Santa Rita Durão:
Caramuru

Im Vergleich zu diesem durch seinen radikalen und polemischen Antijesuitismus modernen Werk, das auch durch die Verwendung eines reimlosen Verses mit der portugiesischen Tradition brach, nimmt sich das Epos *Caramuru. Poema épico do Descobrimento da Bahia* (1781) von Santa Rita Durão eher konventionell aus. Santa Rita Durão stammte ebenso wie Basílio da Gama aus Minas Gerais, der aufstrebenden »Gold-Provinz« Brasiliens. Auch er studierte zunächst bei den Jesuiten in Rio de Janeiro und ging dann ebenfalls nach Portugal, wo er in den Augustinerorden eintrat. Wegen der kirchenpolitischen Verhältnisse flüchtete er nach Italien, von wo er 1771 nach Portugal zurückkehrte, um in Coimbra Theologie zu lehren. Sein Werk steht ganz im Zeichen der poetologischen Vorstellungen der »Arcádia« und in der Nachfolge der *Lusiaden*. Wie Santa Rita Durão schon im Vorwort zu *Caramuru* bemerkte, ging es ihm um eine Gleichstellung Brasiliens mit Indien, das ja das Ziel des Camões-Helden Vasco da Gama darstellte. Der Held bei Santa Rita Durão ist der Portugiese Diego Alvares Correia, der von den Indianern Bahias wegen der Verwendung einer Feuerwaffe »Caramuru«, »Donnersohn«, genannt wurde. In formaler Hinsicht wird die Nähe zu Camões noch deutlicher: In zehn Gesängen in der Versform der »oitava-rima« wird das Schicksal des Caramuru besungen. Hinsichtlich der Beschreibung des Landes setzt Durão die Tradition des portugiesisch-brasilianischen »ufanismo« fort, wenn mit langem Atem die Reichtümer und Schönheiten Brasiliens besungen werden. Im Gegensatz zu Basílio da Gama ist die Zielsetzung seines

Werkes eine religiöse; der Held und seine Frau Paraguaçu-Catarina entwickeln am Ende des Buches eine ausgedehnte missionarische Tätigkeit, die ihnen das Lob und die Verehrung aller einbringt. Die legendenhafte Biographie der Caramuru-Gestalt lud durch die Vermischung des portugiesischen mit dem indianischen Element offensichtlich zur Beschäftigung ein und verwandelte sich im 19. Jh. geradezu in einen Mythos, der eine wichtige Rolle für die Ausbildung der national-brasilianischen Identität übernahm.

Auf dem Weg zur Unabhängigkeit: die »Inconfidência Mineira« und ihre Verbindung zur Literatur

In derselben literarischen Tradition wie Santa Rita Durão, aber in einem ganz anderen politisch-sozialen Umfeld schreiben die »poetas mineiros«, jene Dichter, deren Schicksal eng mit der sogenannten *Inconfidência Mineira* (1789) verknüpft ist. Freilich finden sich auch bei ihnen, von wenigen Ausnahmen abgesehen, keine Schriften mit direkten revolutionären Aufrufen, da der Großteil der Werke dieser Autoren aus bukolischer Liebeslyrik besteht. Diese Tatsache entspricht einer ästhetischen Grundhaltung, die trotz allen Rufens nach Nützlichkeit von Literatur die Bereiche Kunst und politische Aktion getrennt halten will. Die dieser Haltung entspringende literarische Produktion ist nach wie vor durch einen hohen Grad an Stilisierung gekennzeichnet und wird nur in seltenen Fällen zu »authentischer« Dichtung, wie sie etwa später die Romantik propagieren wird. Die Beteiligung der drei wichtigsten Dichter dieser Gruppe, Cláudio Manuel da Costa, Tomás Antônio Gonzaga und Inácio José de Alvarenga Peixoto, an der gegen die portugiesische Krone gerichteten Verschwörung lässt sich demgemäß kaum in ihren Werken ablesen und wird eher in ihren meist tragisch endenden Biographien sichtbar: Cláudio Manuel da Costa erhängte sich in seiner Zelle, nachdem er die Namen einiger Mitverschwörer bekanntgegeben hatte. Alvarenga Peixoto starb unmittelbar, nachdem er in seinem Verbannungsort Angola angekommen war. Gonzaga wurde zwar ebenfalls verbannt, ihm gelang es aber, sich in Moçambique eine neue Existenz aufzubauen. *(Randnotiz: Die Dichter im Umkreis der inconfidência mineira)*

Der älteste dieser drei Dichter, Cláudio Manuel da Costa, schrieb zunächst noch im barocken Stil und vollzog erst im Laufe seines Schaffens den Übergang zur neoklassischen Dichtung im Sinne der »Arcádia«. Neben seinem regen Engagement als Vermittler europäischer Musik und Literatur ist er vor allem wegen seiner lyrischen Produktion von Bedeutung, die er 1768 unter dem Schäferpseudonym Glauceste Satúrnio mit dem schlichten Titel *Obras* (Werke) herausgab. Schon im Vorwort zu den *Obras* macht Cláudio Manuel da Costa deutlich, dass es ihm um ein Arkadien in Brasilien, genauer in Minas Gerais, geht, das zwar weniger zum Verseschmieden als zum Goldgraben einlade, aber dennoch von ihm besungen werden müsse, es sei einfach das von ihm geliebte Vaterland. Dementsprechend beginnt auch das erste Sonett der Sammlung mit einer Invokation an den heimatlichen Fluss Carmo. Diese Liebe zu Minas Gerais ist abstrakter Natur. Sie konnte sich, da die arkadische Dichtung durch ihre ausgeprägte Stilisierung einfach keinen Spielraum für geographische oder nationale Individualität ließ, nicht konkretisieren und musste daher Programm bleiben. *(Randnotiz: Cláudio Manuel da Costa)*

Ganz ähnlich verhält es sich bei dem bekanntesten Vertreter der brasilianischen »Arcádia«, Tomás Antônio Gonzaga, dessen Gedichtsammlung *(Randnotiz: Tomás Antônio Gonzaga)*

Marília de Dirceu (erster Teil 1792, zweiter Teil 1799) wegen ihres einfachen Tons und der eleganten Versifizierung bis heute eine reiche Quelle für Anthologien darstellt. Hinter dem Pseudonym Dirceu verbirgt sich der Dichter selbst, und mit Marília ist die von ihm geliebte Maria Dorotéia Joaquina de Seixas gemeint, der die Gedichte auf einer oberflächlichen Bedeutungsebene gewidmet sind. Der erste Teil, noch ganz den Regeln der bukolisch-arkadischen Dichtung verpflichtet, kontrastiert mit dem weniger konventionellen zweiten, der in den Jahren der Kerkerhaft vor der Verbannung nach Moçambique zu Papier gebracht wurde und durch die Beschreibung des eigenen harten Schicksals Qualitäten gewinnt, die bei den anderen Dichtern der »Arcádia« nicht zu finden sind. Von einer anderen Seite zeigt sich der Dichter in den *Cartas chilenas* (1788/89, veröff. 1845), die das Muster der *Lettres persanes* (1721) von Montesquieu oder der *Cartas marruecas* (zwischen 1768 und 1774 entstanden, veröff. 1793) des Spaniers José Cadalso in zehnsilbigen Versen abwandeln. Chile dient als Deckname für Minas Gerais, und nicht die Missstände in der spanischen Kolonie sollen kritisiert werden, sondern jene, die aufgrund der ungerechten Kolonialverwaltung des portugiesischen Provinzgouverneurs in Minas herrschten. Die *Cartas chilenas* stellen einen der wenigen literarischen Texte des ausgehenden 18. Jhs. dar, in denen explizit politische Missstände angeprangert werden, die im kolonialen Status Brasiliens ihre Wurzel hatten. Der am wenigsten profilierte

Alvarenga Peixoto

Dichter der Gruppe ist Inácio José de Alvarenga Peixoto, der hauptsächlich durch panegyrische Dichtung hervortrat, in der vor allem wichtige Persönlichkeiten Portugals gelobt werden. Am bekanntesten ist die Ode auf den Marquês de Pombal, in der sich der Autor als Anhänger der Reformen des portugiesischen Ministers zeigt. In manchen Gedichten tauchen brasilianische Pflanzen und Vögel auf, die aber bloß die Funktion von Versatzstücken haben und dem Werk in seiner Gesamtheit keinen eigenständig brasilianischen Charakter zu geben vermögen. Nur ein geringer Teil seiner Texte ist erhalten, die in ihrer Gesamtheit erst postum als *Obras poéticas* (1865) erschienen.

Von der arkadischen Dichtung zur Kritik an der »Arcádia«: Manuel Inácio da Silva Alvarenga

In einem ähnlichen Umfeld wie die »poetas mineiros« schrieb auch Manuel Inácio da Silva Alvarenga, der als der facettenreichste der brasilianischen »Arcádia«-Dichter gelten muss; er verfasste bukolische Liebesdichtung, aber auch panegyrische und satirische Werke. Der dezidierte Anhänger aufklärerischer Ideen war Mitglied der progressiven »Sociedade Literária« von Rio de Janeiro. Nachdem die »Sociedade Literária« verboten worden war, traf er sich weiterhin mit Gleichgesinnten im Geheimen, was ihm schließlich die Anklage konspirativer Tätigkeit gegen die Regierung und drei Jahre Gefängnis einbrachte. Seine Offenheit gegenüber allem Neuen zeigt sich auch in der Mitarbeit an einer der ersten Zeitschriften Brasiliens, *O Patriota* (1812–13), deren Erscheinen durch die Aufhebung des Druckverbotes ermöglicht worden war. In seinem bekanntesten Werk *Glaura* (1799), einer Sammlung arkadischer Liebesdichtung, stellte er durch die Übernahme und Abwandlung des französischen Rondeau Aufgeschlossenheit und metrischen Einfallsreichtum unter Beweis. In seiner Versepistel an José Basílio da Gama, der wohl wichtigsten poetologischen Schrift Brasiliens des ausgehenden 18. Jhs., kritisiert der Professor der Poetik und Rhetorik das farblose und mechanische Verseschmieden der meisten Anhänger der »Arcádia« und unterstreicht die Bedeutung von Talent und Inspiration für gelungene Dichtung. Sowohl durch diese poetologische Haltung als auch durch das entschlossene

Verwenden der neuen journalistischen Medien steht Silva Alvarenga, der in der arkadischen Tradition zu schreiben begonnen hatte, als Vermittler zwischen der neoklassischen Dichtung des 18. Jhs. und den neuen Strömungen des 19. Jhs., die sich sowohl in der Abwendung von regelorientierter Dichtung als auch in verstärktem politisch-literarischen Engagement manifestieren.

Brasilien als Exil der portugiesischen Könige: der erste Schritt zur Unabhängigkeit

Den für die politische Geschichte Brasiliens so wichtigen Jahren zwischen der Ankunft der portugiesischen Königsfamilie (1808) und der Erlangung der Unabhängigkeit (1822) entspricht keine vergleichbare Entwicklung auf dem Gebiet der Literatur. Allerdings gibt es nun erstmals die Möglichkeit, im Lande selbst zu drucken, wodurch sich auch ein eigenes Zeitungswesen entwickelt. Dadurch wuchs das durch Schrift erreichbare Publikum beträchtlich. Parallel zu dieser Neukonstituierung des Publikums verlief die Erweiterung des geistigen Blickwinkels. War die Zeit vor 1750 fast ausschließlich von den Entwicklungen auf der iberischen Halbinsel geprägt, so brachte die zweite Hälfte des 18. Jhs. die Vermittlung italienischer und in sehr geringem Ausmaß auch französischer und englischer Literatur. Wegen der kolonialen, von Portugal abhängigen Situation gelangten diese Kenntnisse aber nur in vielfach gebrochener Form nach Brasilien, sodass erst ab dem Beginn des 19. Jhs. ein direkter Informationsfluss von Frankreich und England nach Brasilien beobachtbar ist. Bei der Betrachtung des intellektuellen Lebens der ersten zwanzig bis dreißig Jahre des 19. Jhs. wird eine eigenartig eklektizistische Verarbeitung heterogenster Elemente sichtbar, die von aufklärerischem und revolutionärem Gedankengut bis zu den Antworten der Restauration und der Reaktion darauf reichen. So finden sich in dieser Zeit etwa ein freimaurerischer Bischof oder ein katholischer Priester wie Antônio Pereira de Sousa Caldas, der neben religiöser Lyrik auch eine Rousseau verpflichtete *Ode ao Homem selvagem* (Ode an den Wilden) verfasste. In ähnlich verwirrender Weise vermengt der berühmteste Prediger der Zeit, Frei Francisco de Monte Alverne, Geistliches mit Weltlichem und benutzt die Kanzel zu politischer Stellungnahme.

Neue Möglichkeiten für die Literatur

Die Lyrik der Zeit steht noch in der Tradition der »Arcádia«, und der bekannteste Vertreter dieser doch sehr epigonalen Dichtung, der bedeutende Staatsmann José Bonifácio de Andrada e Silva, als Dichter Américo Elísio, fühlte sich im Vorwort zu seinen *Poesias avulsas* (1825) noch gezwungen, den alten Kampf gegen den Gongorismus aufzunehmen, wenn er den Liebhabern dieses veralteten Stils empfiehlt, seine eigene Lyrik wie das Gelbfieber zu meiden. Erst mit dem Beginn der Romantik in den dreißiger Jahren des 19. Jhs. sollten die Querelen für und wider den barocken literarischen Gestus und mit ihnen die letzten Ausläufer kolonialer Identität aufhören und die brasilianische Literatur zu einem neuen, homogeneren und weit eigenständigeren Stil finden.

Epigonale Arkadier: »Américo Elísio«

Die Literaturen Lateinamerikas bis zum Modernismo (1820–1900)

Das Werden der lateinamerikanischen Staaten und ihrer Identitäten

Das Scheitern von Bolívars Traum eines einigen Hispano-amerika

Als die königstreuen Truppen 1824 bei Ayacucho der gesammelten Streitmacht der Unabhängigkeitsarmeen unter Sucre unterliegen, ist zwar die kriegerische Auseinandersetzung um die Loslösung von Spanien in dem größten Teil Amerikas zu Ende; von der endgültigen Neuordnung des Kontinents ist man allerdings noch weit entfernt. Die von Simón Bolívar angestrebte Einheit aller ehemaligen spanischen Kolonien stand wohl nie ernsthaft zur Debatte, aber selbst die größeren regionalen Einheiten zerbrechen nach kurzer Zeit: Bolívar, zum Präsidenten Perus auf Lebenszeit gewählt, wird bald durch lokale Generäle ersetzt, das von ihm gegründete Groß-Kolumbien zerfällt 1830 in die heutigen Staaten Kolumbien, Venezuela und Ecuador und auch der von dem bolivianischen Diktator Santa Cruz 1835 betriebene Versuch einer Föderation von Hoch- und Niederperu löst sich nach drei Jahren wieder in die heutigen Staaten Peru und Bolivien auf. Im Norden spalten sich nach dem kaum ein Jahr währenden Versuch des Generals Iturbide, ein Kaiserreich zu errichten, von Mexiko die Vereinigten Staaten von Mittelamerika ab, die 1839 in die heutigen Staaten Guatemala, Honduras, Nicaragua, El Salvador und Costa Rica zerfallen. Demgegenüber kann das frühere Portugiesisch-Amerika Brasilien seine staatliche Einheit erhalten, ja sogar die Grenzen noch erweitern, weil die Kontinuität der staatlichen Verwaltung durch den allmählichen Übergang vom Exil-Königssitz zum Kaiserreich unter demselben Regenten Pedro I. nicht jenes administrative Machtvakuum schafft, das für die jungen hispanoamerikanischen Staaten typisch ist.

Anarchie und Militärherrschaft; die Dominanz europäischer Mächte und das Erstarken der USA

In diesen neu entstandenen Staaten, in denen die Unabhängigkeitsbewegung von der Stadtbevölkerung ausgegangen war, fehlte jegliche Struktur staatlicher Verwaltung, sodass es in weiten Bereichen zu anarchischen Zuständen kam. Zudem war durch den ca. fünfzehn Jahre währenden Unabhängigkeitskrieg ein zuvor nie gekanntes Klima der Gewalt geschaffen worden; in den meisten Staaten standen große Heere, die entweder als »revolutionäre Nationalgarden« entstanden waren (Argentinien, Venezuela) oder aus benachbarten Ländern als »Befreier« gekommen waren (etwa die venezolanischen Einheiten in Ecuador). Sie verschlangen einen Gutteil des schmalen Budgets der jungen Staaten und begründeten letztendlich jene Tradition der Einmischung des Militärs in die Politik, die lange Zeit Lateinamerika geprägt hat. Die tatsächliche

Die Schlacht
von Ayacucho (1824)

Macht der Regierungen hing daher gewöhnlich von der Verbindung zu den verschiedenen Truppenkörpern ab und umfasste auch fast nie das gesamte Land: In größerer Entfernung von den Städten und vor allem in schwer zugänglichen Gebieten herrschten lokale Kaziken oder »Caudillos«, und erst allmählich gelang es einzelnen diktatorisch regierenden und vom Militär gestützten Präsidenten, durch rigorose Zentralisierung und Repression jenes Mindestmaß an Ordnung zu schaffen, das eine wirtschaftliche und politische Entwicklung dann ermöglichte. Dabei wurden sie unterstützt durch ein in den Städten konzentriertes, allmählich wachsendes und zunehmend liberal ausgerichtetes Handelsbürgertum sowie durch die Interessen der europäischen Großmächte, insbesondere Englands, das vor allem in der ersten Zeit wirtschaftlich und teilweise auch politisch in die Rolle der alten Kolonialmacht schlüpfte. In Brasilien war das schon durch Portugals de-facto-Abhängigkeit von der britischen Krone vorbereitet, die während des brasilianischen Exils der portugiesischen Könige englischen Produkten eine bessere Behandlung auf dem brasilianischen Markt gesichert hatte als den Erzeugnissen des Mutterlandes. Aber auch in den hispanoamerikanischen Staaten war Großbritannien bald zum wichtigsten Handelspartner geworden, dem aufgrund seiner wirtschaftlichen Dominanz und seiner Flottenpräsenz eine politische Schlüsselrolle zukam. So beeinflussten die Briten nicht nur die meisten Revolutionen und Staatsstreiche, sondern schufen durch ihre »Vermittlung« im Konflikt zwischen Argentinien und Brasilien 1828 sogar einen neuen (Puffer-)Staat, nämlich Uruguay. Eine gewisse Konkurrenz entwickelte sich einerseits von Seiten der Franzosen, vor allem während des zweiten Kaiserreichs, in dem Napoleon III. ehrgeizige Pläne gegenüber Lateinamerika verfolgte, andererseits durch die USA, die bereits 1823 mit der sogenannten Monroe-Doktrin europäische Einmischungen in den unabhängig gewordenen Staaten zu verhindern trachteten und durch die kürzeren Anmarschwege allmählich auch im Bereich von Handel und Wirtschaft eine größere Präsenz erreichten. Allerdings hinderte der Sezessionskrieg im eigenen Land die Vereinigten Staaten einige Jahre hindurch daran, eine aktivere Rolle im Südteil des Kontinents zu übernehmen. Im Allgemeinen nahm der Einfluss der USA im 19. Jh. noch mit der Entfernung vom eigenen Land ab. Ist er in Mexiko, teilweise auch in Mittelamerika und in der Karibik, vor allem in der zweiten Jahrhunderthälfte bereits dominant, so kann man das für Südamerika erst im 20. Jh. behaupten. Allerdings gab es indirekte Auswirkungen, wie etwa den Aufschwung für alle Länder der Pazifikküste im Gefolge des Goldrausches in Kalifornien, der ab der Jahrhundertmitte einsetzt. Insgesamt wird man das 19. Jh. aber wohl eher als ein Jahrhundert der »Europäisierung« betrachten müssen, in dem die lateinamerikanischen Staaten sich von den alten Vorbildern (= Mutterländern) ab und vor allem dem Modell Großbritanniens (im Bereich von Wirtschaft und Technik) bzw. Frankreichs (für Kultur und Lebensart) zuwendeten.

Innere Gegensätze der neuen Staaten

Ein gemeinsames Problem aller lateinamerikanischen Staaten (inklusive Brasiliens) war auch die Tatsache, dass die inneren Gegensätze der zum Teil durch historische Zufälligkeiten geschaffenen Nationalstaaten durch den Unabhängigkeitskrieg nur vorübergehend überdeckt worden waren, bald nach dessen Ende aber umso stärker hervortraten. Beinahe überall lässt sich der Gegensatz zwischen den stärker europäisierten, verbürgerlichten und an wirtschaftlichem und technischem Fortschritt interessierten Städten und dem konservativen, meist in Latifundien organisierten Agrarland feststellen. Hier ergab sich freilich durch die Einführung neuer Produkte eine stärkere Differenzierung. So wurde etwa in Brasilien durch die Verschiebung des wirtschaftlichen Schwergewichts von der Zuckerwirtschaft des Nordostens, die auf der Sklavenwirtschaft basierte, zur weniger arbeitskräfteintensiven Kaffeewirtschaft des Zentrums und zur Viehzucht des Südens die Verschiebung des politischen Schwergewichts von Bahia nach Rio de Janeiro und São Paulo vorbereitet und gestützt, zugleich aber eine Kluft zwischen dem ins Hintertreffen geratenen Nordosten und dem aufstrebenden Süden aufgerissen. Durch diese Umorientierung der Produktion wurde die ohnehin in die Krise geratene Sklavenwirt-

Großbürgerlicher Salon

Kaffeepflücker
in Brasilien um 1900

schaft, die von den Engländern bekämpft und durch zahlreiche gesetzliche Maßnahmen eingeschränkt worden war, allmählich obsolet und 1888 auch aufgehoben, was freilich immer noch ausreichte, einen Staatsstreich zur Abschaffung des Kaiserreichs auszulösen. In anderen Ländern wie Kuba, Peru oder Kolumbien behalf man sich mit chinesischen Kulis, deren Arbeitsverträge es erlaubten, sie in sklavenähnlicher Stellung zu halten. Der Bergbau, der in der Kolonialzeit die Hauptquelle der Exporte dargestellt hatte, stagnierte, und mit ihm die Wirtschaft in den ursprünglich reichsten Regionen (Mexiko, Peru, Bolivien), während vor allem Venezuela und die Länder des Cono Sur (Chile, Argentinien und Uruguay) einen wirtschaftlichen Aufschwung erlebten, der nicht so kurzlebig und produktabhängig war wie die auf dem Vogeldünger Guano aufbauende Prosperität Perus zwischen 1850 und 1880.

Von entscheidender Bedeutung für die Entwicklung der Regionen waren schließlich auch die verschiedenen kriegerischen Konflikte der einzelnen lateinamerikanischen Länder. Während Mexiko die mittelamerikanischen Staaten sozusagen »kampflos« frei gab, war der Verlust beinahe der Hälfte seines Staatsgebiets im Norden (Texas, Arizona, Neu-Mexiko, Nevada) an die Vereinigten Staaten das Ergebnis eines verlorenen Krieges, aus dem das Land fast übergangslos in die Konfrontation mit den Europäern taumelte, die in dem mexikanischen Abenteuer Napoleons III. und dem kurzlebigen Kaiserreich Maximilians von Habsburg (1864–67) gipfelte, sodass erst nach 1875 unter der Diktatur von Porfirio Díaz und unter starkem US-Einfluss eine Konsolidierung und Entwicklung des Landes einsetzte.

*Kriegerische
Konflikte und ihre
Auswirkungen*

Auch die mittelamerikanischen Staaten, die im Gefolge des guatemaltekischen Aufstands von 1837 selbständig geworden waren und in denen ein andauernder Kampf zwischen Konservativen und liberalen Kräften zu einer ständigen Instabilität führt, geraten nach 1850 unter zunehmenden US-Einfluss. Noch stärker ist dieser paradoxerweise in den letzten spanischen Kolonien in der Karibik, wo es vor allem in Kuba im Rahmen des Aufschwungs und der Modernisierung der Zuckerwirtschaft nach Beendigung des ersten Unabhängigkeitskrieges 1868–78 zu einer massiven Prä-

*Wachsender
US-Einfluss
in Mittelamerika
und der Karibik*

senz US-amerikanischen Kapitals kommt, die den Boden für die de-facto-Abhängigkeit nach 1898 bereitet.

Der Konflikt zwischen den Andenstaaten Peru, Bolivien und Chile

Die Kräfteverschiebungen durch kriegerische Ereignisse im Süden sind weniger durch direkte Einmischung fremder Mächte gekennzeichnet. Ihr wichtigster Brennpunkt ist der Konflikt zwischen Chile und Hoch- und Nieder-Peru, den neuen Staaten Peru und Bolivien. Während es in Chile gelang, ein recht stabiles System einer »autoritären Demokratie« aufzubauen, das sogar die Ermordung seines Schöpfers, des konservativen Ministers Portales, ohne Schwierigkeiten überlebte und insbesondere ab dem Regierungsantritt des Präsidenten Manuel Montt 1851 auch eine gewisse liberale Komponente aufnahm, waren die Andenstaaten Peru und Bolivien durch schwere Spannungen und ständige Umstürze gekennzeichnet. Das beginnt mit der 1836 vom bolivianischen Diktator Santa Cruz aufgezwungenen Föderation der beiden Staaten, die durch einen ersten Krieg gegen Chile 1839 wieder zerbricht. Durch den Guano-Boom wird Peru zwar wirtschaftlich gestärkt, die grundlegenden Gegensätze zwischen der Küste und dem Hochland bewirken jedoch weiterhin eine häufige Abfolge von Diktaturen und Bürgerkriegen, bis es aufgrund des Rückgangs der Guano-Exporte 1879 zum sogenannten Salpeterkrieg zwischen Peru, Bolivien und Chile kommt, in dessen Folge Bolivien seinen – bis heute immer wieder eingeforderten – Zugang zum Meer und Peru seine Exportchancen im Düngerbereich verliert, Chile aber im Selbst- wie im Fremdbild zum »Musterstaat« der Entwicklung und militärischen Disziplin, zu einer Art »Preußen Lateinamerikas«, wird – woran auch die starke deutsche Einwanderung ihren Anteil haben mag.

Kriegerische Auseinandersetzungen im La-Plata-Raum

Der zweite Raum, in dem kriegerische Ereignisse zu wesentlichen Veränderungen führen, ist das La-Plata-Gebiet. Hier ist die latente Anarchie in Argentinien durch die Diktatur des »Föderalisten« Rosas beendet worden, der sich gegen die Interessen des liberalen Handelsbürgertums von Buenos Aires durchsetzt und 1835 eine straffe Diktatur errichtet, die erstmals auf einer totalitäre Strukturen vorwegnehmenden »Mobilisierung« der Zivilbevölkerung beruhte, die sich in der »Mazorca« genannten paramilitärischen Truppe organisieren sollte. Während all der Jahre der Rosas-Diktatur wurde so ein ständiger »heiliger Krieg« gegen die »wilden, blutrünstigen Unitarier« geführt. Damit waren die Vertreter der liberalen Gegenpartei gemeint, mit denen die jungen Romantiker dieser Zeit sich wenigstens teilweise solidarisierten. Darüber hinaus mischte Rosas sich auch im Nachbarland Uruguay ein, in dem besonders viele Oppositionelle Zuflucht gefunden hatten; Seeblockaden europäischer Mächte (v.a. Frankreichs) verhinderten dort aber die Installierung eines ihm genehmen Regimes. Schließlich gelang es 1850 einer Koalition aus dem Gouverneur der Grenzprovinz Entre Rios (General Urquiza), Brasilien und Uruguay, den Diktator ins englische Exil zu treiben. Nun kommt es zur offenen Auseinandersetzung zwischen Buenos Aires und der »Konföderation«, die erst durch die Machtübernahme General Mitres 1861 beendet wird. In seine Amtszeit fällt der große Krieg der »Tripelallianz« aus Brasilien, Argentinien und Uruguay gegen den Kleinstaat Paraguay, der die ersten Jahre der Unabhängigkeit, aufbauend auf noch aus der Jesuitenzeit stammenden Strukturen, in völliger Abgeschlossenheit unter der Diktatur von Dr. José Gaspar Rodríguez de Francia (bis 1840), danach von Carlos Antonio López, zugebracht hatte. Der Sohn des Letzteren, Francisco Solano López, versuchte eine aktive Politik zu betreiben und mischte sich in die Konflikte zwischen den »Weißen« (Blancos) und

»Roten« (Colorados) in Uruguay ein. Da er zu diesem Zweck sowohl Teile Brasiliens besetzte als auch durch Argentinien durchmarschierte, kam es 1865–1870 zu dem ungleichen Krieg, in dem Paraguay etwa die Hälfte seines Territoriums und fast seine gesamte männliche Bevölkerung im wehrfähigen Alter verlor, sodass die Einwohnerzahl insgesamt auf kaum 200 000 Menschen zurückging. Wirtschaftlich, demographisch, politisch und kulturell dauerte es etwa ein halbes Jahrhundert, bis Paraguay sich von dieser Katastrophe erholte; ihre Nachwirkungen sind bis heute zu spüren.

Freilich löste der Paraguay-Krieg auch im siegreichen Brasilien Erschütterungen aus. Hatte bislang der Kaiser die Rolle eines Schiedsrichters zwischen Liberalen und Konservativen gespielt (wobei die Ersteren in den letzten Jahren eine dominierende Rolle spielten), so unterstützt er nun den siegreichen Marschall Caxias bei dem Versuch, die Konservativen an die Macht zurückzuführen. Gleichzeitig gewinnt unter den jüngeren Offizieren der Positivismus immer mehr Anhänger, und es bildet sich eine republikanisch gesinnte Gruppe, die letztlich auch den Staatsstreich zur Abschaffung der Monarchie 1889 unterstützen wird. Zudem gab es einen Konflikt mit der Kirche über die Befugnisse der Bischöfe (die die gleichzeitige Zugehörigkeit zu Kirche und Freimaurern untersagen wollten) und eine schwere Finanz- und Bankenkrise. Solcherart geschwächt, musste sich das Kaiserreich mit der immer lauter erhobenen Forderung nach Sklavenbefreiung auseinandersetzen. Als die Infantin in Abwesenheit ihres Vaters diese Sklavenbefreiung 1888 per Dekret verfügt, kommt es zu Unruhen, die in den unblutigen Staatsstreich des Marschalls Fonseca münden. Zu einer Rücknahme der Sklavenbefreiung kommt es nicht, wohl aber zum Übergang zu einem an den Prinzipien des Positivismus und des wirtschaftlichen Fortschrittsdenkens ausgerichteten autoritären Regime, wie es sich in den meisten lateinamerikanischen Staaten bereits durchgesetzt hatte.

Die Krise des brasilianischen Kaiserreichs

In Argentinien trat nach dem Paraguay-Krieg 1870 der große Essayist und Volksbildner Sarmiento als Nachfolger Mitres das Präsidentenamt an. In dem folgenden Jahrzehnt betrieb auch Argentinien, was die Uruguayer schon vor 1850 getan hatten: die Ausrottung der Pampaindianer und damit die Eingliederung großer Landflächen in den wirtschaftlich zu nutzenden Raum. Der Sieger des Indianerfeldzugs, General Julio Roca, wurde 1880 Präsident und regierte auch nach seiner eigenen Amtszeit das Land de facto weiter. Diese Periode der Stabilität durch das autoritäre, durch Wahlbetrug ständig prolongierte Regime führte zu einer massiven Industrialisierung und Erschließung des Landes durch Eisenbahnbau sowie zu einem Zustrom von Einwanderern aus Europa in bisher nie gekanntem Ausmaß. In gewisser Weise gilt Ähnliches für Uruguay, wo Präsident Latorre (1876–80) ebenfalls ein autoritäres Regime errichtet und durch die Ausschaltung der Pampa-Bandenführer sowie die Einführung der Drahtumzäunung eine Modernisierung der Landwirtschaft vorbereitet.

Argentinien und Uruguay: wirtschaftlicher Aufschwung und die Ausrottung der Pampaindianer

Das ehemalige Vizekönigreich Neu-Granada, das sich in die Staaten Neu-Granada, Venezuela und Ecuador auflöst, ist weniger von kriegerischen Konflikten mit den Nachbarn geprägt, weist aber ebenfalls eine latente Bürgerkriegssituation im Inneren auf. Nachdem mit Groß-Kolumbien der letzte Einheitstraum Bolívars zerbrochen war und der General sich verbittert zurückgezogen hatte, waren drei Staaten übrig geblieben. Neu-Granada selbst (ab 1860 Kolumbien genannt) ist durch besonders große Gegensätze zwischen den geographisch durch unzugängliche Ge-

Kolumbien und Venezuela: latenter Bürgerkrieg

birgszüge getrennten Regionen gekennzeichnet: Der konservative Süden steht in ständiger Opposition zu der gemäßigt liberalen Hauptstadt Bogotá und der radikal-liberalen Atlantikküste, und auch wenn in den ersten Jahren ein relativ friedliches Nebeneinander die Entwicklung der Wirtschaft (insbesondere des Lederexports) ermöglicht, liegt in diesen schwelenden Konflikten die Wurzel für die schier unendliche Geschichte der Bürgerkriege in diesem Land ab Ende des 19. Jhs., die Gabriel García Márquez in eindrucksvoller Weise in seinem Roman *Hundert Jahre Einsamkeit* reflektiert hat. Venezuela erlebt durch die von der Diktatur des Generals Páez garantierte Friedhofsruhe zunächst einen wirtschaftlich-sozialen Aufschwung, vor allem aufgrund der wachsenden Kaffee- und Kakaowirtschaft an der Küste, bis durch die Kaffeepreiskrise der Jahrhundertmitte die herrschende konservative Diktatur der »Blauen« durch eine liberale Diktatur der »Gelben« unter Guzmán Blanco ersetzt wird. Das frühere Gebiet von Quito, das unter dem Namen Ecuador unabhängig wird, spiegelt eher die Probleme der Andenstaaten, insbesondere Perus: den Gegensatz zwischen einer liberal-merkantilen Küste um Guayaquil und dem Bergland, in dem eine große indianische Bevölkerung mit wenigen weißen Großgrundbesitzern in einem archaischen System zusammenlebt. Dazu kommt die lang andauernde Präsenz fremder Truppen. Der venezolanische General Flores wird 1830 sogar Präsident des Landes, und sein politischer Gegner Rocafuerte aus Guayaquil ist eigentlich ein Exil-Liberaler aus Mexiko. Aus den Wirren geht schließlich die Diktatur von García Moreno (1860–75) hervor, die eine interessante Eigenheit aufweist: Während in den meisten lateinamerikanischen Staaten so wie in Mexiko ein Kampf der liberalen Kräfte gegen die Kirche und ihre Privilegien zu beobachten ist, der oft zu regelrechten Enteignungen und kirchenfeindlichen Verfassungen führt, ist ausgerechnet der Liberale García Moreno ein so überzeugter Katholik, dass er Ecuador dem »heiligen Herzen Jesu« weiht und Nichtkatholiken die Bürgerrechte aberkennt. Trotz dieser archaisch anmutenden Religiosität führt er auf wirtschaftlichem Gebiet und auf dem Bildungssektor einige radikal fortschrittliche Reformen durch und sichert Ecuador so einen gewissen wirtschaftlichen Aufschwung – wieder einmal durch die Stabilität eines autoritären Regimes.

Gemeinsamkeiten der Entwicklung in der zweiten Jahrhunderthälfte: das autoritäre Regime im Zeichen des Positivismus

Sucht man also einen gemeinsamen Nenner der Entwicklung in der zweiten Hälfte des 19. Jhs., dann liegt er in dieser Tendenz zu einem demokratisch maskierten oder unverhüllt auftretenden autoritären Regime, das die Bedingungen für ausländische Investitionen und einen wirtschaftlichen Aufschwung schafft, unter dem Einfluss des überall, besonders aber in Mexiko und Brasilien, herrschenden Positivismus auf den »Fortschritt« als Maß aller Dinge setzt und Lateinamerika an europäischen Modellen (vor allem an Großbritannien) zu orientieren sucht. Das bedeutet auch, dass die indianischen Kulturen zunehmend unter Druck geraten; wenn sie schon nicht regelrecht ausgerottet werden wie in Uruguay und Argentinien, so werden sie doch überall zurückgedrängt, ihr Land wird enteignet und die wenigen Aufstandsversuche werden niedergeschlagen, so der Maya-Aufstand in Yucatán unter Juárez oder der Araukaner-Aufstand in Chile 1859. Dabei werden gegen sie auch ursprünglich im Kirchenkampf entwickelte Rechtsinstrumente eingesetzt, so das Verbot gemeinschaftlichen Grundbesitzes in Mexiko und Guatemala, das der Enteignung von Klöstern dienen sollte, in der Praxis aber oft dazu da war, den bestehenden Indio-Dorfgemeinschaften ihr Land wegzunehmen. Im Selbstverständnis der jungen Staaten spielten die indianischen Kulturelemente, die man in der Unabhängigkeitszeit noch wortreich beschworen hatte, angesichts der Orientierung an europäischen Vorbildern und dem wirtschaftlichen Fortschritt keine Rolle.

Geistesgeschichtlich ist Lateinamerika daher im 19. Jh. in Abhängigkeit von der europäischen Entwicklung zu betrachten, allerdings mit einer Verzerrung durch zwei Faktoren, die zu seltsamen und durchaus neuartigen Effekten führt: erstens der zeitliche Faktor, der durch die Verbesserung der Verkehrs- und Kommunikationswege die Zeit des Eintreffens z.B. neuer europäischer Moden ständig verkürzt, zweitens der geographische Faktor, der zu Diskontinuitäten im eigenen Kontinent, ja im eigenen Land, führt. Dadurch ergeben sich interessante Überlagerungen und Überlappungen, Gleichzeitigkeiten des Ungleichzeitigen, wie man sie in Europa nicht in diesem Maße antrifft. Auch eine Verbindung zwischen der Empfänglichkeit für gewisse Strömungen und der jeweiligen politischen Situation spielt eine wichtige Rolle; so ist etwa die dominante Rolle der argentinischen Romantik wohl zum Großteil dadurch zu erklären, dass die Rosas-Diktatur noch keine »moderne« Diktatur wie die von Porfirio Díaz in Mexiko oder das autoritäre System Rocas in Argentinien nach 1880 ist, wohl aber ein Regime, das sowohl dem elitären wie dem freiheitlichen Aspekt der jüngeren Romantik den entsprechenden Widerpart bieten konnte. Ein weiterer interessanter Aspekt, der sich zu der Problematik der Peripherie fügt, wie sie schon zu Kolonialzeiten angeklungen war (etwa in der verspäteten Übernahme des iberischen Gongorismus), ist das Bestreben, das kulturelle »Mutterland« durch noch radikalere Ausführung seiner Moden zu übertreffen. Im geistigen Bereich gilt das insbesondere für den Positivismus, der im letzten Viertel des Jahrhunderts in den meisten lateinamerikanischen Staaten eine dominierende Stellung erlangt hatte, wie sie in dieser Absolutheit selbst in dem Heimatland seines Begründers Auguste Comte, in Frankreich, undenkbar gewesen wäre. Sogar die metaphysischen Verirrungen des späten Comte, die aus dem Positivismus eine Art neue Kirche zu machen versuchten, versuchte man da und dort zu verwirklichen. An der Jahrhundertwende kommt es dann freilich zu einem »realen Überholvorgang«, denn in der Rezeption der literarischen Strömungen des französischen 19. Jhs. kommt die »Peripherie der Peripherie« Lateinamerika dem früheren Mutterland Spanien zuvor: mit der Strömung des hispanoamerikanischen Modernismo, der, Elemente des Parnasse, des Symbolismus und anderer Strömungen des Fin de siècle aufnehmend, die erste eigenständig amerikanische Richtung der Literatur begründet, an der sich selbst die Autoren der ehemaligen Metropole Spanien ein Vorbild nehmen sollten.

Lateinamerikas Verhältnis zu Europa

Auguste Comte – Begründer des wissenschaftlichen Positivismus

Mexiko im 19. Jahrhundert

Der geschichtliche Hintergrund

Als sich im Vizekönigtum Nueva España am 24. Februar 1821 die konservative Interessenallianz aus katholischer Kirche und kreolischer Führungsschicht auf den »Plan von Iguala« einigt und die Unabhängigkeit Mexikos in Form einer konstitutionellen Monarchie festschreibt, führt der politische Neuansatz keineswegs zu der erhofften demokratischen und

*Mexiko nach
der Unabhängigkeit:
Diskontinuität*

sozialen Konsolidierung des Landes. Utopisch proklamiert der Plan die
»Einheit aller Mexikaner«, ohne aber die gesellschaftliche und wirtschaftliche Machtposition der Kirche sowie der ibero-spanischen Aristokratie
ernsthaft in Frage zu stellen. Wenn auch Spanien am 24. August im
Vertrag von Córdoba die Souveränität Mexikos formell anerkennt, bleibt
das Land vorerst noch mit den sozialen Problemen aus seiner kolonialen
Vergangenheit belastet. Diskontinuität wird das beherrschende Prinzip:
Der Wechsel von insgesamt 30 Staatsführern im Präsidentenamt lässt nicht
nur die Schwäche der Zentralgewalt erkennen, vielmehr zeigt sich auch in
der Vielfalt der Herrschaftssysteme wie Monarchie, Bundesrepublik, zen-
tralistische Republik oder Militärdiktatur, dass Mexiko politisch keineswegs befriedet ist. Die schillerndste Gestalt unter den Staatsführern ist
zweifelsohne der General Santa Anna. Je nach der Gunst der Stunde die
Unterstützung der Föderalisten oder der Zentralisten, der liberalen oder
der konservativen Kräfte suchend, übernimmt Santa Anna bis zur Jahrhundertmitte allein elfmal das Präsidentenamt, um ebenso oft, das letzte
Mal 1855, gestürzt zu werden. An seiner Person lässt sich denn auch jener
historische Anachronismus belegen, auf den insbesondere die liberale
Historiographie unter ihrem Wortführer Ignacio Altamirano mit seiner
Historia y política de México (postum) aufmerksam macht.

*Konflikte mit euro-
päischen Mächten
und den USA;
das Kaiserreich
Maximilians*

Erschwert wird die innenpolitische Lage durch die außenpolitischen
Verwicklungen. 1838 senden in der sogenannten *guerra de los pasteles*
(Kuchenkrieg) die Franzosen ein Kriegsschiff nach Veracruz, um den
Finanzforderungen eines französischen Konditors gegenüber dem mexikanischen Staat Nachdruck zu verleihen. Finanzielle Spekulation treibt auch
wenig später die Nordamerikaner dazu, die angelsächsischen Siedler in
Texas in ihrem Bestreben nach staatlicher Autonomie zu unterstützen. Der
daraus resultierende Krieg (1846–48) endet mit der erzwungenen Ab-
tretung von Texas, Neu-Mexiko, Arizona und Nordkalifornien an den
Sieger und löst eine nationale Identitätskrise aus. Eine Reformära, 1855
mit dem Sieg der Liberalen über Santa Anna eingeleitet, sollte Mexiko

Diego Rivera –
Ausschnitt des Wand-
bildes im Regierungs-
palast von Mexiko-Stadt:
»Der Klerus im Bündnis
mit der Conquista«
(1935–41)

Édouard Manet:
»Die Erschießung Kaiser
Maximilians und seiner
Generäle« (1868)

wirtschaftliches Wachstum und politisches Erstarken garantieren. Als
aber die Liberalen dazu übergehen, in der Ley Juárez (1855) die Sonderge-
richtsbarkeit des Klerus und des Militärs einzuschränken, und ein Jahr
darauf den Kollektivbesitz von Kirche und indianischen Gemeinschaften
untersagen, formieren die Konservativen unter dem Schlachtruf »Religion
und altes Recht« ihren Widerstand insbesondere gegen die antiklerikale
Politik. Die Folge ist der Bürgerkrieg (*guerra de la reforma*, 1858–61), der
die Liberalen unter der Führung von Benito Juárez zu einschneidenden
Maßnahmen (*leyes de la reforma*) gegen die Rechte und Privilegien der
Kirche treibt: Veräußerung kirchlicher Güter, Auflösung religiöser Orden,
Einrichtung von Zivilregistern zur Schließung von Zivilehen. Zum außenpolitischen Verhängnis wird der Plan der Liberalen, die durch den Bürgerkrieg angestrengte wirtschaftliche Haushaltssituation des Staates durch
ein Moratorium – einen zweijährigen Rückzahlungsaufschub der Staatsschulden – zu sanieren. Das führt zum Protest insbesondere der Franzosen, die ihre Truppen nach Veracruz schicken und im Winter 1861/62 ins
Landesinnere vorstoßen lassen. Die französische Intervention wird von
Napoleon III. mit dem Ziel betrieben, Frankreich auf Kosten der USA die
wirtschaftliche Vormachtstellung zu sichern. Dies soll durch die Übertragung der Kaiserkrone an Erzherzog Maximilian von Habsburg gewährleistet werden. Der Staatsstreich gelingt mit der Unterstützung der Konservativen und führt 1864 zur Inthronisierung des österreichischen Erzherzogs. Dessen Herrschaft freilich dauert nur bis 1867. Die kirchenfeind-
liche und letztlich liberale Politik des Monarchen, aber auch der politische
Druck aus Nordamerika veranlassen die Franzosen, ihr Heer abzuziehen.
Das habsburgische Kaiserreich endet infolgedessen mit dem Sieg der
liberalen Truppen um Juárez und mit der im Juli 1867 in Querétaro
erfolgten Exekution Maximilians und seiner Generäle Mejía und Mira-
món als Hochverräter.

Benito Juárez –
Ausschnitt aus einem
Wandbild José Clemente
Orozcos (1945)

*Von der »restau-
rierten Republik«
unter Juárez zur
Mexikanischen
Revolution*

Porfirio Díaz – Porträt
von David Siqueiros
(1957)

Mit den Präsidenten Juárez (1867–72) und seinem Nachfolger Lerdo de Tejada (1872–76) hebt die Ära der restaurierten Republik an. In ihr wird das Fundament des modernen zentralisierten Staates gelegt und der Wiederaufbau von Wirtschaft und Gesellschaft durch eine Verbesserung der Infrastruktur betrieben. Die Bemühungen um Ordnung und Stabilität setzen sich in der Regierungszeit des Porfirio Díaz fort. Dieser hat von 1876 bis 1910 – mit einer Unterbrechung von 1880 bis 1884 unter dem Präsidenten Manuel González – durch eine Reihe von einschneidenden Maßnahmen die innere Konsolidierung des Landes angestrebt. Wirtschaftlich wird ein Förderprogramm in die Wege geleitet, indem günstige Anreize für ausländisches Kapital geschaffen werden. Innenpolitisch führt Porfirio Díaz die Versöhnung mit der katholischen Kirche herbei, indem er auf eine rigorose Durchsetzung der Reformgesetze verzichtet. Außenpolitisch werden die diplomatischen Beziehungen mit Frankreich wieder aufgenommen, sodass auch dessen kulturelles und wissenschaftliches Prestige unter der mexikanischen Elite wieder steigt. Die Politik des Ausgleichs und des wirtschaftlichen Aufschwungs allerdings wird durch gravierende Fehlentwicklungen gestört. So vollzieht sich die Industrialisierung des Landes über den Ausverkauf der nationalen Rohstoffe. Wirtschaftliche und politische Eliten – darunter die führenden Regierungsbeamten (*científicos*) – verfolgen eine rücksichtslose Politik der Bereicherung auf Kosten des Mittelstandes und der Landbevölkerung. Der soziale Protest wird durch das Verbot öffentlicher Versammlungen sowie durch die Pressezensur im Keim erstickt. Seine diktatorische Machtposition lässt Díaz 1890 legalisieren, indem er einen Verfassungszusatz mit unbeschränkter Wiederwahl des Präsidenten verabschiedet. Die Anwendung dieses Gesetzes, aber ebenso die einzig auf die Privilegien der Oberschicht bedachte Politik des Fortschritts, löst im Jahre 1910 die Mexikanische Revolution aus.

Der literarische Patriotismus

Gerade für Mexiko gilt, dass die geschichtlichen Fakten eng das literarische Bewusstsein und Selbstverständnis beeinflussen. Mit der Unabhängigkeit verliert Mexiko seinen politischen und kulturellen Bezugspunkt Spanien. Die politische und die literarische Emanzipation verlaufen parallel, wobei die Autoren eine geistige und gesellschaftliche Führungsrolle bei der Entstehung der nationalstaatlichen Einheit übernehmen. Sie haben wie generell in Lateinamerika üblich nicht selten politische Ämter inne und werden auch publizistisch tätig. Die politische Fundierung der Literatur macht selbst vor den traditionsgläubigen Klassizisten nicht halt. Akademischer Purismus und patriotische Parteinahme schließen sich nicht aus. Obwohl Autoren wie Quintana Roo, Francisco Ortega oder Sánchez de Tagle die klassische Tradition der anakreontischen und bukolischen Lyrik pflegen, ist im Lager der klassizistischen Denker die geistige Distanz zu Europa unübersehbar. Sie unterzeichnen die Unabhängigkeitscharta vom 28. September 1821, treten der konstituierenden Nationalversammlung oder dem Nationalkongress bei oder gründen bekannte Unabhängigkeitszeitschriften, wie z. B. Quintana Roo, der den *Semanario Patriótico Americano* und den *Ilustrador Americano* ins Leben ruft. Diese politische Biographie findet im literarischen Werk mit der »Mestizisierung« europäischer Kulturschemata ihre Fortsetzung. In dem heroischen Melodrama *México libre* (1821) offenbart Ortega die Brüchigkeit seiner Traditionsbindung. Obwohl abstrakte Personifikationen wie Ignoranz, Despotismus und Freiheit sowie heidnische Gottheiten wie Mars und Merkur noch die Bühne bevölkern, vollzieht sich die Anlehnung an das spanische *auto alegórico* nur noch in der formalen Reminiszenz an die mythisierende und symbolische Sublimierungstechnik des Siglo de Oro. Sánchez de Tagle spitzt diesen Widerspruch von poetologischer Treue und ideologischem Dissens auf ein eindeutiges Bekenntnis seines erwachten patriotischen Selbstwertgefühls zu. In seinen Gedichten leben noch die olympischen Götter wie Mars, Minerva, Saturn fort, sie stehen jedoch nicht antikisierend außerhalb der Geschichte, sondern werden im Gegenteil als Zeugen einer mythisch überhöhten Identitätserfahrung zitiert. Ihr ist es zuzuschreiben, dass die »Neue Welt« »majestätisch« und gleich »einem aufgerichteten Koloss« die kulturelle und politische Abhängigkeit von der »Alten Welt« abschüttelt (»Al primer jefe del ejército trigarante«).

In den ersten Jahrzehnten der politischen Richtungskämpfe bleiben solche Appelle an die Einheit und Größe des neuen Nationalstaates vordergründiges Anliegen der Autoren. Francisco Zarco, der als liberaler Mitstreiter die Reformphilosophie des späteren Präsidenten Benito Juárez mitprägt, hat die erzieherische Aufgabe der Literatur zu seinem Programm erhoben. Als Herausgeber der liberalen Zeitschrift *El Siglo Diez y Nueve* sowie als Mitarbeiter der Presseorgane *La Ilustración Mexicana* und *El Presente Amistoso* greift er unermüdlich die politische und gesellschaftliche Dekadenz des *vulgo* an. Er benutzt die feuilletonistischen Kleinformen der »Refranes«, »Caracteres«, »Estampas« und »Cuadros«, um seine Leser in typenhaften Darstellungen auf die im politischen Alltag verlorengegangenen Werte wie »Frömmigkeit«, »Patriotismus«, »Bildung«, »Großherzigkeit« neu zu verpflichten. Zarco hat seine gesellschaftskritische Satire mit deutlichen Anklängen an europäische Modellautoren untermauert. Während sein Gesellschaftsporträt die kostumbristische Tradition von Larra, Balzac, Gavarni, Grandville fortsetzt, übernimmt er in seinem sozialen Programm Thesen von Lamennais oder Xavier de Maistre. Gerade der französische Geisteseinfluss bestimmt die mexikanischen Neuansätze der Kultur- und Nationalidentität. Im ausgehenden 18. Jh. und um die Jahrhundertwende waren es die französischen Aufklärer – allen voran Rousseau und Montesquieu –, die wie bei dem Jesuiten Xavier Clavijero oder bei dem Dominikaner Servando Teresa de Mier die Aufwertung der indigenen Vergangenheit und das naturrechtliche Denken in Mexiko begleiten. Später folgt dann die Begeisterung für die exotischen und romantisch-humanitären Ideale eines Chateaubriand, dessen *Atala* Teresa de Mier 1801 übersetzt, oder eines Lamartine und Hugo.

Ignacio Manuel Altamirano hat die Gefahren, aber auch Vorteile eines solchen literarischen Universalismus benannt. Vorrangig bleibt die Aufgabe der kulturellen Selbstbestimmung. Guillermo Prieto hat sie als wacher Beobachter der politisch und literarisch bewegten Geschichte von 1828 bis 1853 auf die Formel gebracht: »mexicanizar la literatura emancipándola de toda otra« (*Memorias de mis tiempos*, 1906). Auch Altamirano warnt vor geistiger Überfremdung und illustriert an zeitgenössischen Dichterkollegen (*De la poesía épica y de la poesía lírica en 1870*, 1871), dass eine zu enge Anlehnung an Europa die lateinamerikanische Kulturoriginalität wieder in Frage stellt. Wenn er daher für seine eigenen Romane und Erzählungen *Clemencia* (1869), *La navidad en las montañas* (1871), *El Zarco* (1901) die sozialen und historischen Prosamodelle von

Der Dichter als Erzieher: Francisco Zarco

Die Ankunft
des Kolumbus
in der Neuen Welt:
eine Demonstration
der Vormachtstellung
Europas – Kupferstich
von Theodor de Bry

Hugo, Balzac, Sue oder auch Scott und Cooper übernimmt und darüber
hinaus die Leser der von ihm gegründeten Zeitschrift *El Renacimiento*
(1869) mit einem breit angelegten Kanon aus der gesamteuropäischen
Literatur konfrontiert, verdeckt der Blick nach außen keineswegs die
Belange der eigenen Nation. Sowohl ästhetisch als auch politisch begründet Altamirano seinen universalistischen Literaturansatz mit einem
neuen Bewusstsein des *ser mexicano*. Statt einem aus der Kolonialtradi-
tion ererbten *sentimiento de la inferioridad* nachzugeben, möchte er im
Gegenteil einen selbstbewussten Kulturdialog Mexikos mit Europa eröffnen. In seinen unter dem Titel *La literatura nacional* zusammengefassten
theoretischen Schriften gibt er die erzieherischen Ziele des Kulturver-
gleichs an. Mexiko tritt in einen Kulturwettstreit mit der »Alten Welt«
und behauptet darin seine potentielle Größe. Getragen vom Gedanken der
kulturellen Gleichwertigkeit und der *dignidad mexicana* zieht Altamirano
den selbstsicheren Schluss: »Todo es accesible al genio mexicano.«

Die Leitlinie
der imparcialidad

Zur ästhetischen Befreiung aus der kulturellen Abhängigkeit gesellt sich
das nicht minder wichtige Anliegen des politischen Ausgleichs. Haben
schon vorher Prieto und Zarco die politische Zerrissenheit des Landes
beklagt und versucht, sie über literarische Modelle der Kommunikation
zu überwinden, so besinnt sich auch Altamirano auf die demokratische
Leitbildfunktion der Literatur. Unter deutlichem Bezug auf die innen-
politischen Auseinandersetzungen fordert er, dass der ästhetischen Unvor-
eingenommenheit auch eine politische *imparcialidad* entsprechen müsse.
Das Programm der Zeitschrift *El Renacimiento* nimmt dieses Postulat auf,
indem es alle Mexikaner ungeachtet ihres literarischen (klassizistisch oder
romantisch) und politischen (konservativ oder liberal) Standortes zur
Mitarbeit auffordert. Altamirano schaltet in einem Leitartikel den über-

greifenden »amor a las letras« und den »amor a la patria común« parallel in der Hoffnung, dass über die Literatur eine enge Sozialgemeinschaft entsteht. Der politische und literarische Neubeginn nach dem Sieg von Juárez über das Maximilian-Regime bringt in der Tat ein kulturelles Nebeneinander von divergierenden Literaturpositionen hervor und ringt sich sogar zu einem politischen Amnestiegesetz durch, das im Übrigen – wie im Falle von Roa Bárcena – manchem exilierten und inhaftierten Mitläufer der franzosenfreundlichen Junta de Notables die Mitarbeit an der Zeitschrift erst ermöglichte.

Literarische Strömungen im Spannungsfeld der politischen Auseinandersetzungen

Die gesellschaftspolitische Einbettung der Literatur überdeckt unbestreitbar die eher poetologischen Differenzierungen, die in Teilfragen – etwa der Pflege mythologischer und bukolischer Topoi oder der Übernahme von sprachlichen Varianten der mexikanischen Umgangssprache – zu Disputen zwischen den Klassizisten und Romantikern führen. Wenn daher der normative Kritiker Pimentel in seiner *Historia crítica de la poesía en México* (1892) im Namen des »buen gusto« umgangssprachliche Abweichungen des *castellano* als unkorrekte und barbarische Verirrungen brandmarkt und damit in Widerspruch zu Altamiranos Invektiven gegen die *preceptistas* tritt, sind sich beide Kontrahenten doch einig in der grundsätzlichen Notwendigkeit einer Nationalliteratur. In der literarischen Praxis unterlaufen patriotische Integrationsformen, was sich poetologisch zu einer unterschiedlichen Bewertung der Traditions- und Autoritätsgläubigkeit ausdifferenziert. Das politische Eintreten der klassizistischen Regelpoetiker für die Unabhängigkeitsbewegung war bereits ein beredtes Indiz für die verbindende *conciencia americana*. Umgekehrt verschließen sich jedoch auch die romantischen Literaten keineswegs den klassischen Ansätzen des gelehrten Akademismus oder der beschaulichen Bukolik. Gerade Altamirano lässt mit seinen Gedichten »Las abejas«, »Flor de alba«, »La salida del sol« (1871) die idyllische Naturbeschreibung in der Tradition Theokrits, Anakreons, Vergils, Garcilasos oder Gessners wieder aufleben. Die antikisierende und petrarkisierende Diktion sucht jedoch nicht die realitätsferne Entrückung. Hinter der Bukolik gibt sich ein kostumbristisches Gemälde zu erkennen, das Altamirano sowohl in den Gedichten selbst als auch in den beigefügten Erklärungen topographisch und sozial genau ansiedelt. So verbirgt sich hinter der topischen Gestalt »Flor de alba« eine Wasserträgerin aus der tropischen Bergwelt im Süden Mexikos. Anspielungen auf die einheimische Fauna und Flora – *águila, tigre, jaguar, orquidea, caobas* – und auf das sprachliche Kolorit – *centzontli, ani, bajial* – und nicht zuletzt Hinweise auf die Agrarstruktur – *maizales, arrozal, algodón, cafetal* – verleihen den Gedichten eine äußerst realistische Komponente. Die Topik der Natur geht in eine konkrete Situationsschilderung ein, die selbst noch der Erfahrung der Arbeitswelt einen idealisierenden Blick auf die »costumbres sencillas de la vida del campo« abzuringen vermag.

Die Bukolik dient dem Dichter als Korrektiv der sozialen und politischen Erfahrungswelt. Die Schäfer und Landarbeiter, die harmonisch in ihrer Naturumgebung agieren, zeichnen sich durch Tugenden aus, die im Sinne der reformerischen Sozialutopie das Volk als würdigen Träger der

Der ausbleibende Streit zwischen Klassizisten und Romantikern

Die neue Rolle der Bukolik

politischen und nationalen Verantwortung ausweisen. Auf die zeitgebundene Metamorphose der arkadischen Idealität müssen sich auch die klassizistischen Repräsentanten einstellen. Will der Dichter im späten 19. Jh. noch die idyllische Welt vergangener Zeiten besingen, muss er, wie Manuel José Othón feststellt, gegen den Strom des »mundo decadente y sabio« angehen.

Die indianistische Literatur

Die Verflechtung von ästhetischer und nationalpolitischer Fragestellung legt es nahe, zumindest für den Beginn der literarischen Entwicklung in Mexiko die Antithese von Klassik und Romantik aufzugeben und statt dessen eine themenorientierte Auflistung der Werke vorzunehmen. Die *literatura indianista* etwa erschließt den historischen Horizont, von dem aus rückwirkend die Aufwertung des Mexikanischen ihren Ausgang nimmt. Nachdem die Conquista-Ideologie die moralische, soziale und zivilisatorische Unterlegenheit des Indio noch bis ins 19. Jh. verbreitet hatte, arbeitet die indianistische Literatur dem Vorurteil der »barbarischen« und »heidnischen« Sittenverrohung entgegen. Bereits das erste Werk dieser Art, die Erzählung *Netzula* (1837) von José María Lacunza, trennt sich dezidiert vom europäischen Hierarchiedenken, um nunmehr den Indio zum alleinigen Bewahrer alles Schönen und Guten zu erklären. Die Geschichte handelt vom entscheidenden Kampf der Azteken gegen die Spanier. Während Letztere lediglich als namenlose und grausame Eindringlinge auftreten, darf der Leser detailliert an den edlen Gefühlen und Taten der Indio-Protagonisten teilnehmen. Symptomatisch ist, dass der Autor mit der Idealisierung der Indios durchaus die Tradition des aufklärerischen und romantischen Exotismus eines Marmontel oder Chateaubriand fortführt. Allerdings erfahren seine Helden die Veredelung nicht mehr dadurch, dass sie sich christianisieren und europäische Zivilisationsmuster übernehmen. Der Naturzustand hat hier bereits ein so hohes moralisches und soziales Verantwortungsbewusstsein erreicht, dass dieses nicht mehr durch die kulturelle Selbstverleugnung des Indio aufgewertet werden muss. Im Bereich der Lyrik deutet sich die moralische Sonderstellung der Indios in Rodríguez Galváns emphatischer Heroisierung des Aztekenkönigs Cuauhtémoc an. In seiner *Profecía de Guatimoc* (1839) erfährt die folgenreiche Begegnung der »Alten« mit der »Neuen Welt« eine nachträgliche Umwertung. Nicht nur wird dem »ungerechten Europa« die missionarische und zivilisatorische Legitimation seiner Eroberungen entzogen; Cuauhtémoc wird darüber hinaus als der eigentliche Sieger gefeiert, der seinem barbarischen und ruchlosen Widersacher Cortès an *nobleza* und *valor* weit überlegen ist. Gemäßigter fällt die indianistische Thematik bei Eligio Ancona aus. In seinen Conquistaromanen *La cruz y la espada* (1866) und *Los mártires del Anáhuac* (1870), die sich thematisch am Werk des spanischen Chronisten Bernal Díaz del Castillo inspirieren, stoßen die barbarischen Opferrituale der Azteken durchaus auf die Kritik des Erzählers. Dieser nimmt eine klerikale Haltung ein und sucht die idealistische Erhöhung seiner Helden, indem er z.B. das junge Indiomädchen in *La cruz y la espada* als christliche Märtyrerin sterben lässt. Gleichwohl nimmt Ancona teil an der patriotischen Aufwertung der vorkolumbischen Vergangenheit. Der Erzähler spart nicht mit Kommentaren, um die Intelligenz und künstlerische Veranlagung der Indios etwa in der Architektur zu preisen. Mehr noch demonstriert er seine mexikanische Perspektive, wenn er in einem ironischen Kapitel die heuchlerische Unmoral des Cortés bloßlegt und den Heldenmut der unterlegenen Opfer besingt.

Aztekisches Menschenopfer

Parallel zum Indianismus verweist auch die allgemeine Darstellung der Kolonialzeit auf die Abkehr vom europäischen Primatdenken. In dem historischen Roman *El filibustero* (1864) hat Ancona seinem *antiespañolismo* freien Lauf gelassen. Der gesellschaftliche Außenseiter Leonel entwickelt sich dort zum edlen Sozialrebellen, der seine soziale Inferiorität damit rächt, dass er hinter dem religiösen Eifer der Kolonialvertreter Profitgier und Fanatismus aufdeckt. Die intrigenreiche Handlung spielt zu Beginn des 18. Jhs. und ist auf eine umfangreiche Typologie der eigennützigen Repräsentanten angelegt. Auf diese Weise gerinnt der koloniale Geschichtsroman zum illustrativen Plädoyer für die Unabhängigkeitsbewegung. Díaz Covarrubias, der selbst mit dem Roman *Gil Gómez el insurgente o la hija del médico* die panegyrische Tradition der Unabhängigkeitskämpfe mitträgt, hat in einem polemischen *Discurso cívico* (1857) die zivilisatorische Rückschrittlichkeit unter der Herrschaft der Vizekönige eindringlich beschworen. Unumwunden benennt er die spanischen Missbräuche – Sklaverei, Despotismus, Fanatismus –, um mit den Unabhängigkeitshelden Hidalgo, Morelos und Guerrero ein Gegenbild von Freiheit und Gerechtigkeit zu entwerfen. In der Erzählprosa wird diese politische Kontrasttechnik immer wieder mit den privaten Liebesverwicklungen der Helden verwoben. Mariano Navarro stellt daher seine hübsche Protagonistin Angela in der gleichnamigen Erzählung (1839) vor eine charakteristische Alternative. Sie wird gleichzeitig von dem Unabhängigkeitskämpfer Julio und dem spanischen Kapitän Robles umworben. Die Wahl ist freilich vorentschieden, da eine durchgängige Antithese von Gut und Böse, von Mexikaner und Spanier, die Handlungsstruktur durchsetzt. Wenn dann am Ende Robles die Angebetete entführt und sie in einem Duell mit dem Rivalen versehentlich tötet, hat die feuilletoneske Handlungsauflösung den Spanier moralisch disqualifiziert, umso mehr, als ihn der Schlusssatz pointenhaft als den bislang unbekannten Vater Angelas entlarvt.

José Ramón Pacheco stellt den Liebeskonflikt der jungen Helden am Sonderfall der sozialen Stellung der Kreolen dar. Seine Erzählung *El criollo* (1838) nimmt Bezug auf die unterprivilegierte Stellung der Kreolen gegenüber den aus Europa zugereisten Spaniern zur Zeit der Jahrhundertwende. Dieser Sozialkonflikt, der ursächlich die Unabhängigkeitsbewegung auslöste, strukturiert die Erzählung. Da die Mutter der hübschen Rosa für ihre Tochter den gesellschaftlichen Aufstieg ersehnt, bestimmt sie für sie einen einflussreichen Spanier zur Ehe. Die Sympathien der Tochter gelten erwartungsgemäß dem talentierten und unbescholtenen Kreolen Eugenio. In dem Konflikt zwischen Konvenienz- und Liebesehe stellt Rosa jedoch ihre Gefühle hinter den Gehorsam vor der Mutter zurück, sodass Eugenio schließlich sein Unglück in den Reihen der Unabhängigkeitskämpfer zu vergessen sucht und dann just dort von den Spaniern exekutiert wird, wo er seine Geliebte zum ersten Mal sah. Das romantische Liebesmotiv der unglücklichen Liebe ist vollends in der politischen Erzählintention aufgegangen. Auch die Werke der Inquisitionsthematik werden sich diese Verknüpfung von Emotionsbedürfnis und historischer Aufarbeitung der eigenen Vergangenheit nutzbar machen. In der Erzählung *La hija del oidor* (1837) von Ignacio Rodríguez Galván endet die Liebe der Heldin zum unbescholtenen, aber politisch geächteten Freiheitsdenker tödlich, da der Vater seine eigene Tochter, die zudem schwanger ist, der Inquisition ausliefert. José Joaquín Pesado versucht demgegenüber in seiner Novelle *El inquisidor de México* (1835) einen sentimental-versöhn-

Die Darstellung der Kolonialzeit im historischen Roman

*Darstellungen der
eigenen Geschichte:
Bürgerkriege und die
Zeit Maximilians*

Kaiser Maximilian
(1867)

lichen Schluss herbeizuführen. Die Grausamkeit der Inquisitionsvertreter verhindert es nicht, dass am Ende Opfer und Täter in einer überraschenden Wendung zueinander finden.

Von besonderer Brisanz sind die gegenwartsbezogenen Darstellungen der mexikanischen Geschichte. Gerade der Bürgerkrieg zwischen Liberalen und Konservativen (1858–61) sowie die französische Intervention (1863–67) werden zu bevorzugten Themen, mit denen die Autoren ihre politischen Positionen vertreten und gleichzeitig das Informationsbedürfnis ihrer – je nach Parteigruppierung emotional beteiligten – Leser wecken. Dabei geschieht es, dass die Literatur zu politischen Propagandazwecken eingesetzt wird. Altamirano macht daraus keinen Hehl und lässt etwa seine Erzählung *La navidad en las montañas* (1871) zu einem unverblümt liberalen Thesenstück werden. Der Erzähler, ein in den Reformwirren versprengter liberaler Kämpfer, wird Zeuge, wie ein Priester in seinem Dorf die Lehren des sozialen Christentums (Lamennais) lebenspraktisch umsetzt. Die sozialen und kirchlichen Reformgesetze, die er verwirklicht, erregen die Bewunderung des Erzählers für jenen »Märtyrer der christlichen Zivilisation« und inspirieren ihn zum Vergleich mit den anderen Helden der sozialen Großherzigkeit, dem Missionar Gabriel aus Sues *Le juif errant* (1844) und dem Bischof Myriel aus Hugos *Les Misérables* (1862). Ähnlich engagiert bemüht sich Juan Mateos in seinem Roman *El cerro de las campanas* (1868), den Sieg der Liberalen über Maximilian als Ereignis von geradezu universaler Bedeutung zu feiern. Den Gegenpart der konservativen Parteinahme übernimmt José María Roa Bárcena mit seinem Kurzroman *La quinta modelo* (1857). Der Autor hat als Mitglied der Junta de Notables die Herrschaft des Erzherzogs und Kaisers Maximilian gefördert und lässt seine Distanz gegenüber den liberalen Reformideen unmittelbar in die Handlung einfließen. Er schildert in der fanatischen Person des liberalen Gutsbesitzers Gaspar den vergeblichen Versuch, eine auf Toleranz und Gleichheit beruhende Musterfarm aufzubauen. Die an den französischen Sozialutopisten Saint-Simon, Fourier, Proudhon und Lamennais geschulte »kommunistische Praxis« übersteigt die Auffassungsgabe der Arbeiter und mündet schließlich in eine moralische und soziale Anarchie. Getreu seinem politischen Credo lässt der Autor die *manía política* seines Helden eben durch den segensreichen Eingriff eines verständigen Priesters heilen. Nicht der *afrancesado*, sondern allein der mit der Kirche versöhnte Gaspar kann nach den Irrungen seine Farm zu einer fraternitären Sozialgemeinschaft führen.

*Der Kostumbrismus:
Selbstporträt
des unabhängigen
Mexiko im Spiegel
der Literatur*

Eine Sonderform der Literatur mit zeitgenössischer Thematik stellt der Kostumbrismus dar. Das Sammelwerk *Los mejicanos pintados por sí mismos* (1855) gibt bereits im Titel seine erzählerische Intention preis. Es vereint in der Tat Porträts, in denen sich das unabhängige Mexiko eine Art Spiegel seiner nationalen Identität vorhält. An dem Werk haben sechs Autoren – der bekannteste unter ihnen war der liberale Freigeist Ignacio Ramírez – mit insgesamt 33 Beiträgen mitgewirkt. In zum Teil beschreibender, zum Teil satirischer Anlage werden Figuren wie der Wasserträger, der Maultiertreiber, der öffentliche Schreiber, die Tabakhändlerin bis hin zum Advokaten oder Minister gemäß der europäischen Mode der Physiologen vorgestellt, wobei das Hauptaugenmerk der Porträtisten den Figuren des mittleren und niederen Standes gilt. Ihr Blickwinkel folgt einer sozialpolitischen Intention, zumal die wenigen Vertreter aus der hohen Beamtenschaft ausnahmslos negativ gezeichnet sind (vgl. die Abbildung S. 147).

Die wohl erfolgreichsten Autoren des literarischen Kostumbrismus sind Francisco Zarco und José Cuéllar. Während Zarco auf die kostumbristische Kurzprosa zurückgreift, um mit der Kritik an der Bildungsfeindlichkeit und dem Egoismus der bürgerlichen Gesellschaft seine politische Opposition zu den diktatorischen Präsidenten Arista (1851–53) und Santa Anna (1853–55) kundzutun, zeichnet Cuéllar in Novellen und Romanen ein umfassendes zeitgenössisches Sittenbild. Unter dem Pseudonym Facundo veröffentlicht er einen Sammelband (*Linterna mágica*, 1889–92), in dem er insbesondere Vertreter aus dem Mittelstand einer liberal-satirischen Kritik aussetzt. Im Prolog zu dem Roman *Ensalada de pollos* (1871) hat Cuéllar sein literarästhetisches Programm niedergelegt. Mit der realistischen Charakteristik seiner Personen, einer moralischen Reliefgebung sowie dem mexikanischen Kolorit will er das von Prieto und Altamirano propagierte Konzept einer eigenständigen Nationalliteratur einlösen.

Die Autoren des Kostumbrismus: Francisco Zarco und José Cuéllar

Realismus und Naturalismus

Mit der Präsidentschaft des Benito Juárez setzt eine Periode ein, in der der klassizistische und romantische Nationalismus weniger pathetisch auftreten. In dem Maße, in dem die Parteifehden abflauen, verliert auch der politische Dogmatismus an literarischem Interesse. So kann sich eine Literaturströmung etablieren, die sich abseits vom unmittelbaren politi-

Emilio Rabasa, der Pionier des Realismus

schen Geschehen artikuliert oder zumindest eine unvoreingenommene Darstellung ihrer Sujets anstrebt. Emilio Rabasa, Mitbegründer der Zeitschrift *El Imparcial*, leitet den Realismus in Mexiko ein. Trotz politischer Enthaltsamkeit bleibt die Gesellschaftskritik dominierend. So richtet der Autor in dem Roman *La bola* (1887) sein Augenmerk auf die Bildungsarmut und Korruption einer Dorfgemeinschaft oder prangert in *El cuarto poder* (1888) ganz im Stile Maupassants die Skrupellosigkeit und die Machenschaften des Journalismus an. Eine geradezu prosaische Desillusionierung greift um sich und lässt alle romantischen Träume idealer Daseinsbewältigung als bereits historisches Klischee hinter sich. Davon zeugt das Werk Rafael Delgados. In seinem Roman *La calendaria* (1890)

Der Desillusions-roman: Rafael Delgado und José López Portillo y Rojas

steht die Heldin Carmen vor der Wahl zwischen dem edlen, aber mittellosen Gabriel und dem reichen Galan Alberto. Die Heldin entscheidet sich für Letzteren, wobei sie sich statt von ihrem Herzen einzig von ihrem Luxusbedürfnis und ihrem sozialen Geltungsdrang leiten lässt. Auch der Roman *Los parientes ricos* (1901) entwickelt seine Handlung aus den gegenläufigen Erfahrungen von prosaischem Alltagsleben und romantischer Liebesidylle. Im Stile Flauberts werden die Romantizismen entzaubert. Die geistige Nähe zum Autor der *Madame Bovary* hat Delgado in seinem theoretischen Traktat *Lecciones de literatura* (1904) untermauert, in dem er mit der Vermittlung ästhetischer und realistischer Postulate poetologische Prinzipien seines Referenzautoren übernimmt. José López Portillo y Rojas hingegen distanziert sich von französischen Vorbildern. In dem Vorwort zu seinem Roman *La parcela* (1898) weist er die ästhetische Wortkunst Flauberts oder der Brüder Goncourt ebenso zurück, wie er auch die Obszönität Zolas meiden möchte. Stattdessen bezieht er sich auf die Spanier Galdós und vor allem Pereda, deren Vorliebe für das naturverbundene Leben in der Provinz auch in Portillos Bauernroman ihren thematischen Niederschlag findet. Die Reserve dem französischen Kulturerbe gegenüber hat sich auch in dem Roman *Fuertes y débiles* (1919) erhalten. Das hier porträtierte porfiristische Gesellschaftssystem krankt daran, dass sich der französische Positivismus nicht einfach auf die mexikanischen Verhältnisse übertragen lässt und an den *espíritus débiles* der *científicos* scheitert.

Der Naturalismus: Federico Gamboa

Mit dem Naturalismus emanzipiert sich die Literatur von den moralischen Vorbehalten, die Portillo noch gegenüber den französischen Vorbildern geltend machte. Darauf weist das Werk Federico Gamboas, der den Leser sowohl in seinem Frühwerk *Del natural* (1888) als auch in dem Roman *Santa* (1903) in das Milieu der Prostituierten einführt. In Anspielung auf Zolas Roman *Nana* wird mit dem Schicksal der Heldin die Verlogenheit der bürgerlichen Moral bloßgelegt. Der Erzähler verzichtet auf die psychologische Differenzierung seiner Personen. Indem er sich vorrangig der objekthaften Detailbeschreibung zuwendet und die Personen in ihr soziales Milieu einbindet, beschränkt er deren Handlungsfreiraum. Gamboa hat sich über Zola die soziologischen und wissenschaftlichen Implikationen der deterministischen und positivistischen Erkenntnislehre zu eigen gemacht. Auch bei ihm gleicht das Romanschaffen einem Experiment, bei dem der Autor in die Rolle eines Chemikers, Biologen oder Physikers schlüpft, um die allgemeinen Natur- und Lebensgesetze freizulegen. Dies hat bei Gamboa wie bei seinen französischen Gewährsleuten ein besonderes Interesse für die »niedere« Thematik hervorgebracht. Ihr ist denn auch sein Roman *Suprema ley* (1896) gewidmet, der den Leser in die sozialen Niederungen des Gefängnisses von Belén führt.

Identifikationsprozesse im Kontext kultureller Vielfalt

In der Rückschau ergibt sich für das 19. Jh. ein vielfältiges, aber dennoch in sich konsistentes Bild der Literaturentwicklung. Mit der notwendigen politischen Abgrenzung von Europa geht auch die geistige Emanzipation einher. Die Lösung aus der kulturellen Abhängigkeit lässt freilich den kulturellen Dialog mit Europa nie verstummen. Die Erfahrung der eigenen Identität artikuliert sich – mit wechselnder Akzentuierung der Bezugspunkte – immer auch in einem kosmopolitischen Bewusstsein, das gezielt die Auseinandersetzung mit dem Fremden im Eigenen sucht. Gewiss ist das Emanzipationsbewusstsein von unterschiedlichen Haltungen einer utopischen, realistischen oder auch pessimistischen Einschätzung der eigenen Möglichkeiten getragen. Auch ändern sich die Botschaften des literarischen Dialogs je nach ideologischem Standpunkt. Dennoch verstellt das literarische Bemühen um das eigene Selbstverständnis nie den Blick für die kulturelle und ethnische Vielfalt, auf die sich Mexiko aufgrund seines geschichtlichen Ursprungs zurückverwiesen sieht. In dieser dialogischen Situierung kündigt sich an, was im 20. Jh. unter den Aspekten der interkulturellen Offenheit und der literarischen Differenzerfahrung modernistisch und experimentell fortgeschrieben wird.

Die verzögerte Ausbildung von »nationalen Identitäten« und Literaturen in Mittelamerika

Der Zerfall Mittelamerikas und der Aufbau neuer Gesellschaften

Mit der Unabhängigkeit setzt in den südlichen Provinzen des einstigen Vizekönigreichs Mexiko ein Desintegrationsprozess ein, der im Laufe des 19. Jhs. die mittelamerikanischen Nationalstaaten Nicaragua (1838), Honduras (1839), El Salvador (1841/53) und schließlich Costa Rica (1848) hervorbringt. Dieser dreißig Jahre dauernde Zerfallsprozess, die nur zögernde Ausbildung funktionierender staatlicher Institutionen und die weitgehend indigen-bäuerliche Prägung der ehemaligen Provinzen haben die Entstehung eigenständiger Nationalliteraturen spürbar beeinträchtigt. Ein gerade für die literarische Entwicklung problematisches Erbe der Kolonialzeit bilden der Dualismus von Mestizen- und Indiobevölkerung, der Gegensatz von Stadt und Land und das damit verbundene Problem des Analphabetentums. Zumal die Entstehung eines sich in der Literatur manifestierenden Nationalgefühls beginnt nur zögernd in den jungen Staaten, deren allmählicher mentaler Konstitutionsprozess zudem durch mexikanische, britische und nordamerikanische Einflussnahme politischer und wirtschaftlicher Natur beeinträchtigt wurde. Die ersten Jahrzehnte nach der Unabhängigkeit stehen im Zeichen der langsamen Schaffung jener Infrastruktur, die für die Entstehung und Verbreitung von Literatur unabdingbar ist. Seine erste Druckerei erhält Honduras 1829. Während etwa die La-Plata-Region an der Wende zum 19. Jh. mit einer Reihe wichtiger Theaterneugründungen aufwarten kann, verfügt in Mittelamerika lediglich Guatemala seit 1794 über ein eigenes Theater, während das Teatro Nacional de San José in Costa Rica erst 1897 eingeweiht wird.

Die Ausbildung der Nationalstaaten

Die Verteilung der literarischen Gattungen

Hieraus erklärt sich, dass – sieht man von einigen kaum repräsentativen, kurzen, den kastilischen »Sainetes« vergleichbaren Volksstücken ab – im 19. Jh. Lyrik und erzählende Prosa in der Region dominieren. Gerade der Essay spielt in der Anfangsphase eine wichtige Rolle bei der Verbreitung politischer, später auch philosophisch-ästhetischer Theorien. Bereits die dem Abfall der Provinzen Mexikos zugrunde liegende Unabhängigkeitsakte der zentralamerikanischen Provinzen ist das Werk eines honduranischen Dichters, José Cecilio del Valle, der vor allem landeskundliche und politische Essays verfasst hat. Die Entstehung lyrischer Dichtung und fiktionaler Prosa, die an die literarischen Entwicklungen Europas Anschluss sucht, bleibt elitären Minderheiten vorbehalten und setzt erst in den 40er Jahren ein. Unter diesen materiellen Voraussetzungen nimmt es nicht wunder, dass literarische Moden und Stilideale europäischer Herkunft weitergepflegt werden. In Mittelamerika dauert zunächst der aus dem 18. Jh. überkommene Neoklassizismus und der didaktisch-propagandistische Ansatz der spätaufklärerischen Literatur fort. Hierfür ist charakteristisch, dass in der Dichtung des ersten Jahrzehnts nach der Unabhängigkeit die Fabel als aufklärerische Gattung par excellence weiter dominiert, die ihren »Sitz im Leben« als Spiegel allgemeiner Laster und als optimistisches Plädoyer für die Besserung des Menschengeschlechts bewahrt. Genannt seien hierfür der guatemaltekische Dominikanermönch Matías de Córdova, sein Landsmann Simón Bergaño y Villegas sowie der Honduraner José Trinidad Reyes, der auch durch volksstückartige Verskomödien hervorgetreten ist.

Die Rolle der Fabel

Das Fortwirken der Traditionen des 18. Jahrhunderts

Antonio José de Irisarri

Charakteristisch für die literarische Situation in der ersten Jahrhunderthälfte ist die merkliche Verspätung, sowie die indirekten Vermittlungswege, über die europäische »Moden« zur Wirkung kommen. Beispielhaft für die Sonderwege der Vermittlung von Gattungsmustern, Stoffen und Traditionen ist der Fall des guatemaltekischen Schriftstellers Antonio José de Irisarri. Hauptberuflich Politiker, ist er der erste genuin mittelamerikanische Literat, der den engeren Bereich von Didaktik und Essayistik verlässt. Sein umfangreiches Gesamtwerk umfasst neben Essays und politischen Streitschriften verschiedenster Art auch Lyrik und Romane. Er wird auf seinen diplomatischen Missionen auf dem ganzen Kontinent zum politischen Propagandisten, bleibt indes zeit seines Lebens ein Gegner fortschrittlich-liberaler Ideale. Er gründet eine Reihe von – stets kurzlebigen – Zeitschriften, die auf dem gesamten Kontinent Verbreitung finden. Bombastische Titel wie *Semanario Republicano* (1813), *El Censor Americano* (1820), *El Guatemalteco* (1827), *La Verdad Desnuda* (Die nackte Wahrheit, 1839) oder *El Revisor de la Política y Literatura* (1849) stehen lediglich für Irisarris am Vorbild der angelsächsischen Publizistik des ausgehenden 18. Jhs. orientierte Wirkungsabsicht, nicht jedoch für deren aufklärerisches Gedankengut. Gleichheit aller Menschen vor dem Gesetz, Souveränität des Volkes und Toleranz gegenüber kontroversen politischen und religiösen Überzeugungen waren dem überzeugten Monarchisten suspekt. Sieht man von seinen Kanzonen, Sonetten und erotischen Dichtungen (*Poesías satíricas y burlescas*, 1867) ab, so dienen dieser konservativen didaktischen Intention nicht nur seine satirischen Texte und Fabeln, sondern auch sein erzählerisches Werk. Wie die Erzähler der französischen Spätaufklärung, jedoch ohne deren subversive

Ironie, bezieht Irisarri bald didaktisch-moralisierend, bald aggressiv-polemisch Stellung zu den aktuellen politischen und sozialen Fragen. Sein Roman *Don Epaminondas del Cauca* (1863) legt Zeugnis von dieser konservativen Tendenz ab. Wenngleich Irisarri mit der neueren französischen und englischen Literatur, die beim hispanoamerikanischen Publikum in höherer Gunst stand als die für unzeitgemäß empfundenen spanischen Werke, gut vertraut war, so verdankt der zentralamerikanische Kulturkreis Irisarri zumindest indirekt die Bewahrung des klassisch-spanischen Erbes vom *Lazarillo de Tormes* über Cervantes zu Quevedo. Irisarris Roman *El cristiano errante* (1847) hat zwar in Fernández de Lizardis bereits 1816 in Mexiko publiziertem Roman *El Periquillo Sarniento* einen direkten thematischen Vorläufer, aber Irisarri begründet mit seinem im Untertitel als *Novela de costumbres* (»Sittenroman«) bezeichneten Werk die fiktionale Erzählliteratur Zentralamerikas. Stilistisch und inhaltlich weist die so entstandene Erzählprosa auf einen Wandel des Publikumsgeschmacks hin. Zwar deutet – wie schon in Lizardis Roman – der Ich-Erzählrahmen auf die alte kastilische Schelmentradition zurück, doch ist es die kreolische Bevölkerung Guatemalas und Mexikos, die in der einfachen episodischen Reisefabel in den Blick gerät. Die pikareske Ich-Erzählung dient Irisarri vordergründig zur Verarbeitung eigener biographischer Erfahrungen, die nach dem schlichten Schema einer Autobiographie Geburt und Kindheit des Erzählers und seine Wanderfahrten im sich auflösenden Vizekönigreich Mexiko bis zu seinem Aufbruch nach Chile wiedergeben. Zwar kündigt Irisarri, wie bei den pikaresken Vorbildern in Spanien üblich, eine Fortsetzung am Ende des ersten Teils an; nach ihr zu forschen scheint indes ebenso müßig wie der Versuch, das »reale« Leben des Autors mit der Erzählhandlung in Einklang zu bringen. Nicht faktengetreue Wahrhaftigkeit interessiert Irisarri, sondern die stilistische Formung einer gut erzählten Geschichte. Mehr noch als die genaue Beobachtung der Sitten der kreolischen Bevölkerung fällt aus heutiger Sicht denn auch die sprachliche Sensibilität auf, die wieder ein Charakteristikum der von ihm nie verleugneten Vorbilder Cervantes und Quevedo war. Letztlich spricht die wohldurchdachte Mischung unterschiedlicher Sprachniveaus in dem Roman für Irisarris eigene Intention, schreibend den Sprachschatz seiner Nation erst zu formen.

Beginn der Erzählprosa

Die beginnende Romantik

War Irisarri noch völlig der Geisteswelt des 18. Jhs. verhaftet, so ist sein Landsmann José Batres de Montúfar bereits vom Gedankengut der europäischen Romantik beeinflusst. Die Intensität der deutschen Romantik wird man bei Batres aber vergeblich suchen, da die hierfür grundlegenden Theorien der Brüder Schlegel lediglich durch englische und französische Vermittlung und nur zögernd in der Neuen Welt bekannt wurden. Schlegels Konzept romantischer Dichtung als einer »Universalpoesie«, die sich selbst ironisch reflektiert und so kontinuierlich selbst erneuert, ist in der mittelamerikanischen Situation dieser Jahre undenkbar. Dennoch wird in Batres' Texten bereits das Verlangen spürbar, sich durch die Adaption überzeitlich wirksamer literarischer Topoi einen Platz in der Weltliteratur zu verschaffen. Die Verserzählungen seiner 1874 erschienenen *Tradiciones de Guatemala* verweisen durch ihre Situierung in der späten Kolonialzeit auf den Bruch zwischen den Epochen, der stets durch das Überdauern der alten Erzählstoffe erzählerisch aufgehoben werden kann. In der Erzählung

José Batres de Montúfar

Lord Byron (1816)

Don Pablo wird der Dualismus von Gegenwart und kolonialer Vergangenheit thematisch und stilistisch in der erzählten Geschichte in differenzierter Weise gebrochen: Die Erzählung behandelt den Don-Juan-Mythos, der Autor führt sie jedoch ausdrücklich als Text über einen anderen Text vor, indem er Lord Byrons *Don Juan* (1824) teilweise wörtlich einarbeitet. Verweist so der Titel der *Tradiciones* zunächst nur auf das konservatorisch-antiquarische Moment, so gibt sich Batres' *Don Pablo* durch das offene Bekenntnis zum romantischen Vorbild Byron als in hohem Maße dialektisch gebrochenes Erzählwerk zu erkennen, in dem es nicht um die kostumbristische Rettung eines vergangenen Guatemala, sondern um die bewusste Inszenierung der Aneignung eines Fremden geht, das selbst bereits Tradition ist. Indem Batres europäische Kultur dergestalt ins amerikanische Umfeld integriert, geht die Auseinandersetzung mit dem »Romantischen« fühlbar über die blanke Imitation stilistischer und thematischer Klischees hinaus. Freilich bleibt diese Tendenz zur Ironie und zum Skeptizismus auch gegenüber der eigenen poetischen Schöpfung, die Batres zum wirklichen Adepten romantischen Wesens machen, in seiner Epoche die Ausnahme: Die folgenden beiden Generationen von Autoren industrialisieren das romantische Schreiben. Der Guatemalteke José Milla y Vidaure etwa, der unter dem Pseudonym Salomé Jil in der Nachfolge Walter Scotts historische Romane verfasste, konnte jene Vergangenheit, die Batres nur romantisch gebrochen betrachten mochte, bloß problemlos idealistisch überhöhen. In der lyrischen Dichtung schließlich lassen wirkliche Innovationen bis zum Anfang des Modernismo auf sich warten: Der Honduraner José Antonio Domínguez, der Salvadorianer Vicente Acosta und die Costaricaner Justo A. Facio und José María Alfaro Cooper produzierten handwerklich versierte Lyrik voll spätromantischer Sentimentalität. Hervorhebenswert ist in dieser Generation, die noch Zeuge der modernistischen Bewegungen wurde, allein der Guatemalteke Domingo Estrada, ein früher Kenner und Anhänger José Martís, als derjenige, der seinen Landsleuten den Vater der symbolistischen Literatur, Edgar Allan Poe, durch eigene Übersetzungen nahezubringen versuchte.

Die spanischen Kolonien in der Karibik: Unabhängigkeitsideen und Sklaventhematik

Unabhängigkeitsbestrebungen in der Literatur

Der Freiheitskampf des 19. Jahrhunderts

Begann die sogenannte Entdeckung Amerikas damit, dass Kolumbus am 12. Oktober 1492 den Boden einer Karibikinsel betrat, so endete die spanische Kolonialherrschaft gerade hier erheblich später als im restlichen Lateinamerika; erst 1898, nach dem Krieg zwischen Spanien und den Vereinigten Staaten Nordamerikas, konnten Puerto Rico und Kuba ihre Loslösung vom spanischen Mutterland erreichen. Für Kuba, die größte der spanischsprachigen Karibikinseln, bedeutete dies gleichzeitig die (wenn auch durch das Interventionsrecht der USA eingeschränkte) staatliche Selbständigkeit. Puerto Rico dagegen blieb von nordamerikanischen Truppen besetzt; seit 1917 genießen die Puertoricaner Bürgerrecht in den USA, seit 1952 ist die Insel assoziiertes Mitglied der Vereinigten Staaten. Das dritte spanischsprachige Land der Karibik, die den Ostteil der Insel

Hispaniola bildende Dominikanische Republik, wurde bis zur staatlichen Selbständigkeit im Jahre 1865 zum Spielball zwischen den Hegemonialmächten der Region, zwischen Frankreich, Spanien und Haiti, dem Französisch sprechenden Westteil der Insel. In Kuba endete der (besonders von den Ostprovinzen betriebene) erste Unabhängigkeitskrieg der Jahre 1868–1878 mit dem Scheitern der um ihre Autonomie Kämpfenden. Sie mussten nicht nur vor den Teilen des (kreolischen) Bürgertums kapitulieren, die sich nicht vom spanischen Mutterland trennen wollten, sondern auch vor jener starken Strömung im Land selbst, die den wirtschaftlich verheißungsvollen Anschluss an die USA betrieb. Zwischen diesen beiden »fremdbestimmten« Polen – zwischen pro-spanischen Kreolen einerseits und pro-nordamerikanischen Annexionisten andererseits – setzte sich dennoch mehr und mehr das Gefühl für eine spezifisch kubanische Eigenart und damit für staatliche sowie kulturelle Autonomie durch. Das Streben nach Unabhängigkeit ist nicht nur eine politische Angelegenheit, es bestimmt auch das literarische Leben. Einerseits orientieren sich die karibischen Literaten des 19. Jhs. an europäischen, besonders spanischen und französischen Vorbildern, an den großen Figuren der Romantik und des Realismus, andererseits bemühen sie sich darum, diese Modelle nicht einfach zu kopieren, sondern sich deren theoretisches Gedankengut mit Berücksichtigung all der Spezifika ihres amerikanischen Lebensraums kreativ anzuverwandeln. Dabei geht das Ringen um eine Literatur mit spezifisch karibischen Zügen einher mit dem Engagement für die politische Unabhängigkeit – die beiden größten Literaten und Denker Kubas und Puerto Ricos, José Martí und Eugenio María de Hostos, sind beide zugleich und in nicht geringerem Maße Freiheitskämpfer.

Im literarischen Kontext schlägt sich dieses entstehende Gefühl vom Wert des Eigenen vor allem in der Gründung der »Academia Cubana de la Literatura« im Jahre 1834 nieder. Gleichzeitig zeigt sich an dieser Institution aber auch der schwierige, unsichere Status dieses Bewusstseins: Gemeinsam mit der spanischen Kolonialmacht verfügt die kubanische »Sociedad Económica de Amigos del País«, die selbst die Akademie mit ins Leben gerufen hatte, schon bald wieder deren Auflösung; die Mitglieder galten der großgrundbesitzenden Zuckerbourgeoisie, die an Sklaverei und politischer Anbindung festhalten wollte, nicht nur als die geistigen Wegbereiter sozialer Reformen, sondern eben auch als Kämpfer für die staatliche Unabhängigkeit. Mit Grund: Trotz all der »ideologisch« variierenden Schattierungen sind die seit der ersten Hälfte des 19. Jhs. literarisch Tätigen allesamt Intellektuelle, welche die soziale, politische und kulturelle Lage ihrer Länder reflektieren und ihre kritischen, »aufklärerischen« Essays in den ersten existierenden Zeitungen publizieren (etwa in dem 1790 gegründeten *Papel Periódico de La Habana* und dem seit 1820 in Puerto Rico erscheinenden *El Investigador*). Zwei Kubaner gelten als die Galionsfiguren der literarischen und politischen Essayistik: der Priester, Philosoph und Juraprofessor Félix Varela y Morales, der 1823 sein Land verlassen muss und sich dann vom nordamerikanischen Philadelphia aus mit seiner »politischen, wissenschaftlichen und literarischen Zeitschrift« *El Habanero* für die Unabhängigkeit der Insel engagiert, sowie Domingo del Monte, ebenfalls ein höchst fruchtbarer und einflussreicher Essayist und Kolumnist zahlreicher Presseorgane. Del Montes Tertulia, sein »literarischer Salon«, bildet in den 30er Jahren das Zentrum des intellektuellen Lebens von Havanna. Bezichtigt, an der (separatistischen) »Verschwörung der Treppe« (1844) beteiligt gewesen zu sein, flieht er schließlich ins

Das Entstehen von Gesellschaften, Salons, Zeitschriften und Akademien als Ausdruck des Eigenen

Ausland, von wo aus er seine kultur- und gesellschaftskritischen Gedanken verbreitet, indem er u. a. vehement gegen die Annexionisten Partei
ergreift.

Eugenio María
de Hostos

Eugenio María de Hostos stellt in Puerto Rico das Pendant zu del
Monte dar, auch er Jurist, Soziologe, Journalist, Dichter und politischer
Aktivist, ein Universalgelehrter, dessen intellektuelle Kraft weit über seine
Heimatinsel hinaus spürbar bleibt. Als Mitglied der puertorikanischen
Delegation, die nach dem Ende des 98er Krieges in Washington die
Zukunft seines Landes aushandeln wollte, bemüht er sich erfolglos, den
Anschluss an die Vereinigten Staaten zu verhindern. Frustriert wird er bis
zu seinem Tod fortan in der benachbarten Dominikanischen Republik
leben. Von seinen literarischen Werken im engeren Sinne ist der romanti-
sche Tagebuchroman *La peregrinación de Bayoán* (1863) geblieben.

Hinwendung zum Amerikanischen

José María Heredia

Romancier und Politiker gleichzeitig sind bekanntlich noch bis auf den
heutigen Tag zahlreiche lateinamerikanische Intellektuelle; politisches Engagement kennzeichnet aber selbst jene karibischen Schriftsteller, die primär Lyrik verfassen. Sie ziehen sich keineswegs in den Elfenbeinturm ihrer
Dichtung zurück; im Gedicht einen von europäischen Modellen eman-
zipierten eigenen Ausdruck zu finden, ist das gemeinsame Ziel der ansonsten sehr divergierend schreibenden karibischen Poeten des 19. Jhs.
Unter ihnen gilt José María Heredia y Heredia, ein Freund del Montes, als
die erste bedeutende Figur. Ein stetes Pendeln zwischen Kuba und dem
Ausland kennzeichnet sein kurzes, doch ereignisreiches Leben. Während
Heredia in seinen späteren Gedichten pathetisch die Freiheit seines Landes
beschwört, steht am Beginn seines Schreibens eine stimmungsvolle Aneignung erhabener Landschaften, die alle prototypischen Gemeinplätze der
romantischen Lyrik mit der authentischen melancholischen Selbstreflexion des Exilierten verbindet. In »En el Teocalli de Cholula« (1820)
besingt er die Ruinen der mexikanischen Stadt vor dem Hintergrund
schneebedeckter Vulkane, in »Niágara« (1824) verklärt seine lyrisch-
epische Beschreibung die bekannten Wasserfälle, setzt er dieses Natur-
phänomen in Verbindung zu seinen persönlichen Gefühlen. Heredias Gedichte sind Zeugnisse seiner Weltentrücktheit, seiner Todessehnsucht,
auch seiner tiefen Religiosität. Mit guten Gründen genießt er vor allem als
Lyriker einen Ruf, obwohl er zudem Übersetzer französischer Dramen,
englischer Romane und italienischer Lyrik war und sich auch – eher
glücklos – im ganzen Spektrum der dramatischen Gattungen versucht hat.
1836 besucht Heredia in der Stadt Matanzas einen sehr gegensätzlichen
Kollegen, einen armen, von handwerklicher Arbeit lebenden Mulatten,
den unehelichen Sohn einer Tänzerin und eines farbigen Friseurs: Gabriel
de la Concepción Valdés. Gerührt von der Armut dieses Mannes, der sein
ganzes dichterisches Werk mit dem Pseudonym Plácido zeichnet, will
Heredia ihm eine Reise nach Mexiko spendieren, was der in der kubanischen Provinz tief verwurzelte Dichter ablehnt. Plácido ist Autodidakt; er
gilt als der zweite große, wenn auch nicht unumstrittene Vertreter der
karibischen Lyrik des frühen 19. Jhs. Anstoß nimmt man weder an den
politischen oder leicht erotischen Spitzen, mit denen er seine Texte würzt,
noch an den damals gängigen sentimentalen Klischees, wohl aber an einer
mitunter aufgesetzt oder angelesen wirkenden künstlichen Bildung. Andererseits heben nicht nur kubanische Kritiker die Authentizität und die

volkstümliche Grazie seiner Dichtung hervor. Dass Plácido eine Ode zu Ehren der spanischen Königin Isabel II. verfasste, konnte das Urteil des Gerichts nicht mildern, das ihn nach einem äußerst windigen Prozess für schuldig befand, einer der Drahtzieher der »Verschwörung der Treppe« zu sein; der Dichter wurde durch Erschießen hingerichtet. Erst 1886 erscheinen seine Gedichte als Anthologie.

Domingo del Montes programmatische Hinwendung zu eigenen, nichteuropäischen Themenbereichen bringt nicht nur deren (politische) Reflexion im Essay mit sich, er sucht auch im Feld der Lyrik nach dem dieser Originalität adäquaten Ausdruck. Er verfasst zu diesem Zweck (seit 1833) die *Romances Cubanos*, in denen es inhaltlich vor allem um das Schicksal der »vegueros«, der kleinen, freien Tabakpflanzer, geht, die eine ganze Zeit lang der kubanischen Lyrik die Protagonisten so konsequent liefern wie einst die Schäfer der Bukolik. Del Monte bedient sich, wie es der Titel schon sagt, der Gattung der gereimten Romanze; in seiner Folge aber wird man sich auch formal bewusst von diesem traditionellen spanischen Genre absetzen und in originär insularen rhythmischen, doch ungereimten Guajiro-Silblern (»décimas guajiras«) dichten. Dabei werden die »vegueros« und ihr freies Landleben ersetzt durch die zu heldenhaften, sanftmütigen und glücklichen Menschen stilisierten Ureinwohner, die Siboneys, mit ihrem zur Idylle idealisierten Staat. Weiteste Verbreitung, nämlich fünf Auflagen zu Lebzeiten des Dichters, erfuhren die *Cantos del Siboney* (1855) von José Fornaris; sie auch gaben dieser Richtung der Lyrik den Namen »siboneistische Dichtung«. Neben Fornaris gehört dieser Dichterschule dann Juan Cristóbal Nápoles Fajardo an, der unter dem Pseudonym El Cucalambé eine höchst volkstümliche, bis ins Spielmannsrepertoire verbreitete Landdichtung schrieb (gesammelt in dem Band *Rumores del hórmigo*). Mit der Figur des Kaziken Hatuey gibt Nápoles Fajardo seinem Freiheitswillen eine Stimme. Auch in der Folgezeit bleibt die Lyrik das originellste literarische Genre im gesamten karibischen Raum. Rafael María Mendive gründet 1853 die *Revista de la Habana*, eine Zeitschrift, die schnell zum Forum dichterischer Neuerungen avanciert, und Juan Clemente Zenea schreibt Elegien und Romanzen (wie »Fidelia«), die auf Casal und die modernistische Lyrik vorverweisen. Meisterhaftes Können wird auch von der zeitgenössischen spanischen Kritik dem Puertorikaner José Gautier Benítez attestiert; mit seinem hymnischen Gesang »A Puerto Rico« (1879) wird er als »erster Dichter« seines Landes ausgezeichnet.

Domingo del Montes
Romances Cubanos

Der Sklavenroman zwischen romantischem Klischee und »nationalem Roman«

Die Erzählliteratur der Zeit sucht einerseits einen wohlreflektierten Anschluss an die schreibtechnischen und konzeptuellen Vorgaben Europas (gemäß den Schlagwörtern Romantik und Realismus), andererseits füllt man diese Schemata des Denkens, Schreibens und Empfindens auf eine unverwechselbar eigene Weise und verbindet sie mit autochthonen Themen. Wir sahen es bereits bei der »romantischen« Lyrik: Statt – wie europäische Romantiker – römisch-griechische Ruinen zu besingen, wählt Heredia eben aztekische, statt der Alpenlandschaft die Niagarafälle. Das große, alle Gemüter der Zeit bewegende Sujet aber, das den Vorteil hat, zugleich menschliche wie politische Betroffenheit auszulösen, liefert den karibischen Romanautoren die Sklaventhematik. In der Karibik hatte die Sklaverei nicht nur besonders unmenschliche Formen angenommen, sie

Diego Rivera: »Sklaverei
in der Zuckermühle«
(1929–30). Das Bild
hängt im Cortés-Palast
von Cuernavaca

schien auch unbeschadet das 1833 von England verfügte endgültige Verbot der Leibeigenschaft zu überdauern. Spanien hob erst 1873 (für Puerto
Rico) bzw. 1880 (für Kuba) die Sklaverei auf. Die staatliche Eigenständigkeit und die Menschenrechte der Farbigen sind somit die das
politische wie literarische Leben beherrschenden Probleme. Unter diesen
Vorzeichen prägt sich die Gattung des Sklavenromans, der besser als
Sklaverei-Abschaffungs-Roman, als »novela abolicionista« bezeichnet
wird; ihr sind die beiden bekanntesten Werke jener Zeit zuzurechnen:
Francisco (1880 in New York erschienen, entstanden 1839) von Anselmo
Suárez y Romero und *Cecilia Valdés* (1882 in New York erschienen,
entstanden in einer kürzeren Version zuerst um 1839) von Cirilo Villaverde. Schon die Tatsache, dass beide Romane erst lange nach ihrem

Entstehen gedruckt werden können und zuerst im Ausland publiziert werden müssen, deutet auf ihre politische Brisanz. Dabei sind diese heute recht schnulzig wirkenden Erzählwerke gleichzeitig Liebesromane, welche mit ihrer aufklärerischen Intention die Thematik der unerfüllbaren, tragischen Liebe verbinden. Suárez y Romero war von dem schon erwähnten Reformer Domingo del Monte zu seinem Roman angeregt worden; gemeinsam mit anderen Texten, die gegen die Grausamkeiten der Sklaverei Stellung bezogen, sollte das Werk dem englischen Gesandten in Kuba übergeben werden, um die Weltöffentlichkeit auf die dortige Lage aufmerksam zu machen. Der sehr knappe, eher novellenhafte Roman erzählt die Liebesgeschichte zwischen dem afrikanischen Sklaven Francisco und der schönen Mulattin Dorotea; ihr boshafter Haciendero zwingt die junge Frau, sich ihm hinzugeben. Als Francisco von ihrer Untreue erfährt, erhängt er sich, und der Gram darüber bringt auch Dorotea ins Grab. In diese schlichte, doch sprachlich einfühlsame, von sentimentalen Liebesstereotypen überbordende Geschichte integriert der Autor Genreskizzen aus dem Leben auf den Zuckerplantagen, die den Anspruch erheben können, ein umfassendes Tableau der Zeit zu liefern. Über einen Freund hatte Suárez y Romero Kenntnis vom Werk Balzacs erhalten, dessen Realismus in den Briefen des Autors als Ideal gegen die bislang vorherrschende romantische Romanpoetik gesetzt wird. So bildet *Francisco* eine Art Gelenkstelle zwischen dem an Chateaubriand und Victor Hugo orientierten romantischen Roman und einem sich verselbstständigenden kritischen Realismus, der sich der Wirklichkeit und der Gegenwart seines Entstehungslandes zuwendet; er gehört damit nahezu prototypisch jener Richtung an, die man als karibische Sozialromantik bezeichnen kann (wobei dieses Etikett eher funktional als epochengeschichtlich zu verstehen ist). Zwar haben die kubanischen Sklavenromane nicht die weltweite Bekanntheit erlangt, die dem nordamerikanischen Paradigma, Harriet Beecher Stowes *Uncle Tom's Cabin* (1852) zuteil wurde, doch sind sie – zeitlich gesehen – dessen Vorläufer.

Anselmo Suárez y Romero: Francisco

Auffallend sind (nicht nur bezüglich der literaturgeschichtlichen Position, sondern auch bezüglich des Inhalts) die Parallelen zwischen *Francisco* und Cirilo Villaverdes *Cecilia Valdés*, jenem ersten »großen« kubanischen Sklavenroman. Hier betont der Autor im Vorwort, er habe mit seinem Werk nicht dem romantischen Zeitgeschmack entgegenkommen wollen, sondern sich um eine realistische Sicht auf die von der Sklaverei geprägte Gesellschaft der Jahre 1812 bis 1830 bemüht; die in den damaligen literarischen Konzeptionen entscheidende Opposition wird also am Rande des Werkes selbst angesprochen. Freilich steht wieder die Geschichte einer unerfüllten Liebe im Zentrum, konsequent gespickt mit allen Themen des sozialromantischen Repertoires, mit Rache, Wahnsinn, Inzest und dem Wiedertreffen verschollen geglaubter Familienmitglieder. Der volle Titel des Romans verdient nähere Betrachtung; er lautet *Cecilia Valdés o La Loma del Angel*. Dieser Untertitel verweist auf das volkstümliche Stadtviertel Havannas, in dem die Handlung spielt, und durch zahlreiche Detailschilderungen der Örtlichkeiten und des Lebens gewinnt dieser »barrio« gewissermaßen die Funktion eines weiteren Protagonisten. Diese sich derart verselbstständigenden Genrezeichnungen – dem heutigen Leser erscheinen sie als ein wohltuender Gegenpol zum Pathos der Geschichte – charakterisieren in besonderer Weise die zeitgenössische Empfindungswelt und ihre literarische Vermittlung; sie sind wie überall im hispanischen Bereich als Kostumbrismus (von »costumbres«, »Sitten und

Cirilo Villaverde: Cecilia Valdés

Gebräuche«) bekannt; die karibische Variante wird in der Literaturgeschichte als »criollismo« (»Kreolismus«) bezeichnet. In Puerto Rico
entwirft Manuel A. Alonso y Pacheco mit kurzen (teils gereimten, teils
in Prosa geschriebenen) Genre- und Typenskizzen, die er in *El jíbaro*
(1849) zusammenfasst, einen Prototyp der kostumbristisch/kreolistischen
Form. Sein Beispiel wird in der Folge zahlreiche Nachahmer auf den Plan
rufen, so den schon erwähnten Suárez y Romero mit seinen kostumbristischen Sittenbildern des kubanischen Landlebens (1859). Umstritten ist,
ob sich diese »biedermeierliche« Anverwandlung der Zeit einer Tendenz
zum bürgerlich-saturierten Eskapismus verdankt oder ob in ihr doch ein
kritischer Diskurs, eine Entlarvung der gesellschaftlichen Fehlwege aufscheint.

Gertrudis Gómez
de Avellaneda: Sab

Bis heute noch bekannt geblieben sind einige der Werke von Gertrudis
Gómez de Avellaneda, die nur wenige Jahre ihres Lebens in Kuba selbst
verbrachte, lange Zeit indes in Spanien, wo insbesondere ihre Theaterstücke mit großem Erfolg gespielt wurden. Dort erscheint auch 1841 ihr
sehr romantischer und zugleich durchaus brisanter Roman *Sab*, der in der
kubanischen Heimat der Autorin 1844 vom obersten Zensor verboten
wurde, weil er »subversive Gedanken über das System der Sklaverei auf
dieser Insel« enthalte und »der Moral und den guten Sitten« entgegen-
stünde. Dabei liest ein heutiger Leser das Werk zunächst primär nur als
eine rührselige Liebesgeschichte: Der Mulatte Sab liebt schwärmerisch,
aber heimlich und hoffnungslos die Tochter seiner Herren. Obwohl er
durch einen gewinnsicheren Lotterieschein diese Familie vor dem drohen-
den finanziellen Ruin rettet, heiratet seine Angebetete einen englischen
Kaufmann und begleitet ihn nach Europa, wo sie buchstäblich verloren-
geht in der Anonymität des Großstadtlebens. Nicht die verbotene, unmögliche Liebe eines schwarzen Mannes zu einer weißen Frau ist hier das
große Skandalon, sondern insgesamt der sozialromantische Gestus, der
mit dieser schwärmerischen Liebe auch ein Loblied auf die grenzenlose
Freiheit des Individuums als Geschöpf Gottes singt. Dies realisiert der
Roman, indem er sämtliche Register romantischer Klischees zieht. Sab,
der »macho joven«, der junge männliche Held, inkarniert den Edlen
Wilden, dessen innere Werte zählen; ihm stehen die ausländischen Kaufleute als Vertreter eines kalten Materialismus mit nur äußeren Werten
entgegen. Anders als die selbstzufriedenen und untätigen Kreolen stellt
sich Sab aktiv den Herausforderungen des Lebens, obwohl er letztlich –
hier wird noch einmal ein romantisches Klischee bedient – am Verlust der

»Die Avellaneda«,
Symbolfigur ihrer Zeit

Geliebten scheitert und sich durch ein langsam wirkendes Gift tötet.
Gertrudis Gómez de Avellaneda avanciert in Spanien wie in Kuba durch
dieses sentimental-kritische Werk zur Symbolfigur eines neuen Denkens
und Fühlens. In den Jahren 1859–63 hält sich »die Avellaneda«, Salonlö-
win und politisch-intellektuelle Größe ihrer Zeit, wieder in Kuba auf; sie
schreibt heute vergessene Texte, die schon auf den späteren Modernismo
vorausweisen. Zu dieser Zeit distanziert sie sich von ihrem Jugendwerk
Sab, diesem mitunter belächelten, mitunter bewunderten und bis heute
immer wieder interpretierten Roman, der bisweilen als erster »nationaler
Roman« Kubas bezeichnet wird.

Auf dem Weg zu Realismus und Naturalismus

Die karibische Erzählkunst löst sich nur schwer von den thematischen Fesseln des (sozial-)romantischen Repertoires. Besonders augenscheinlich gelingt dies (sowohl in der Schreibpraxis als auch in der ästhetischen Theorie) einem puertorikanischen Autor, Alejandro Tapia y Rivera. Der spanische Kulturkritiker Menéndez y Pelayo stilisiert ihn zu demjenigen, der Puerto Rico in die moderne Kultur initiiert hat. Tapia ist einer der typischen Vielschreiber des vorigen Jahrhunderts; das Spektrum seiner Veröffentlichungen reicht vom Zeitungsbericht bis zur Legende, vom Essay bis zum Historiendrama, vom lyrischen Gedicht bis zum Opernlibretto, vom Seeräuberroman (*Cofresí*, 1876) bis zu literaturgeschichtlichen Abhandlungen (den in der Auseinandersetzung mit Hegels Theorie entstandenen *Conferencias sobre estética y literatura*, 1881). An Tapia knüpft Manuel Zeno Gandía an, der bis ins 20. Jh. hinein den Weg zu einer naturalistischen Anverwandlung der puertorikanischen Lebenswelt weitergeht (mit seiner programmatisch betitelten Romantetralogie *Crónicas de un mundo enfermo* – Chronik einer kranken Welt, 1894 bis 1925). Seine früheren Erzählungen (u.a. *Rosa de mármol*, 1889) erschienen zuerst in Fortsetzungen im Feuilleton der *Revista Puertorriqueña*. Der Zeitungsroman (»novela por entregas«) spielt natürlich für den Prozess der Verbreitung von Literatur grundsätzlich eine enorme Rolle im hier behandelten Zeitraum. In konsequenter Nachfolge des französischen Naturalismus schreibt der kubanische Mulatte Martín Morúa Delgado seinen *Sofía*-Zyklus mit der Absicht, der Zola der farbigen Kubaner zu werden. Der entscheidende Impuls aber zu tiefgreifenden systematischen Innovationen wird auch im Feld des Romans erst von José Martí und der modernistischen Richtung ausgehen.

Alejandro Tapia y Rivera

Ein volkstümliches Theater

Wer heute die Karibik bereist, bemerkt auch in kleineren Städten größere Theater, die freilich längst nur noch ganz selten als solche genutzt werden. In der von den Massenmedien noch verschonten Welt des 19. Jhs. sucht das damals wirtschaftlich saturierte Bürgertum seine Zerstreuung im Theater, das durch volksnahe Stücke in gefälligen Inszenierungen diesem Bedürfnis entgegenkommt. Entsprechend groß ist die Zahl der Autoren, die sich den dramatischen Genres zuwenden; fast alle der bislang genannten Schriftsteller verfassen auch Theaterstücke. Näher erwähnt sei vor allen José Jacinto Milanés, dessen Namen zahlreiche kubanische Schauspielhäuser heute noch tragen. Del Monte machte Milanés mit den spanischen Dramen des Goldenen Zeitalters bekannt; von Lope de Vega stammt auch der Stoff zu Milanés' bekanntestem Stück, dem »Ritterdrama« *El conde Alarcos* (1838). Der Stoff, den neben Lope auch F.G. Schlegel in ein (übrigens recht schlechtes) Bühnenstück goss, entstammt der altspanischen Romanze vom Conde Alarcos, der seine Frau Leonor töten muss, um ein früheres Eheversprechen einlösen zu können, das ihn verpflichtet, eine Königstochter zu heiraten. Um nicht die spanischen Behörden durch irgendwelche politischen Anspielungen zu verärgern, verlegt Milanés die Handlung nach Frankreich. Der stark depressive Autor sah sich nie eine Aufführung seines Stückes an, welches von der zeitgenössischen Kritik begeistert aufgenommen wurde. Interessanter scheint uns heute eher ein anderer Teil seines Werks, der *Mirón Cubano* (ab 1840,

José Jacinto Milanés

Das Teatro Milanés
in Pinar del Río

»Kubanischer Schaukasten«), welcher das Modegenre der Zeit, die »cuadros de costumbres«, kostumbristische Sittenbilder, insgesamt zwölf, auf die Bühne bringt. Der volkstümlichen Ausrichtung des Theaters kommen am weitesten jene operettenhaften leichten Unterhaltungsstücke entgegen, deren mehr oder weniger witzige, stets schlichte Geschichte durch Musikeinlagen aufgewertet wird. So entstehen nach dem Modell der fröhlichen, durch Musikcouplets abgerundeten Madrider Stadtstücke auch in Havanna die *Bufos habaneros*, komisch-kostumbristische Stücke, etwa – um dies mit einer Kuriosität abzuschließen – Juan Francisco Valerios »Der eierfressende Hund«, *El perro huevero* (1869). Diese Kultur des Volkstheaters wird sich, wie auch die der »naturalistischen« Gesellschaftsromane, im 20. Jh. fortsetzen, nachdem erst einmal die epochalen Innovationen des Modernismo der karibischen Literatur entscheidend neue Wege ebnen.

Die Literaturen Kolumbiens und Venezuelas

Klassizismus gegen Romantik in Venezuela

Seit der Unabhängigkeit steht die Literatur im kolumbisch-venezolanischen Raum im Zeichen frühromantischer Einflüsse, die anfangs noch mit aufklärerisch-neoklassizistischen Tendenzen durchsetzt erscheinen. Die erste Generation der nachkolonialen Autoren erweist sich als begeisterte Leserschaft Rousseaus, dessen Ideen auf Politiker wie den Befreier des nördlichen Lateinamerikas und ersten Präsidenten Großkolumbiens, Simón Bolívar, wirken. Bereits der Venezolaner Andrés Bello gibt ein Beispiel dafür, wie einerseits von der europäischen Aufklärung inspirierte politische Ideen wie die Einheit Amerikas propagiert werden und andererseits das Wissen um die lateinamerikanische Alterität ihn als Schriftsteller in die verzweifelte Situation bringt, im bereits von Revolutionen und Restauration überholten ästhetischen Gestus der Alten Welt über die Schönheit einer anderen Welt zu schreiben, deren langer Weg zur Selbstfindung gerade erst beginnt. Hinsichtlich der Breite seiner beruflichen Ausrichtung – Bello ist zugleich Schriftsteller, Jurist, Diplomat, Arzt und Philosoph – geht er auf den europäischen Typus des Universalgelehrten des 18. Jhs. zurück. Wie die Großen des ausgehenden 18. Jhs. fügt er ein enzyklopädisches Wissen zu einer synthetischen Zusammenschau der Welt. Gleichermaßen beschlagen in der Literatur des spanischen »Siglo de Oro« und jener der lateinischen Klassiker, eignet er sich das Griechische, Französische und Englische als Autodidakt an. Als Begründer oder Herausgeber mehrerer Zeitschriften in verschiedenen Ländern des Kontinents (*Biblioteca Americana*, 1823; *Repertorio Americano*, 1826/27; *El Araucano*, 1830–1853), als Universitätsgründer in Chile, Verfasser von Gesetzestexten und Politiker bleibt Bello auch nach seinen Europareisen ein Traditionalist. Enge Freundschaft verbindet ihn mit Simón Bolívar und seit 1799 mit Alexander von Humboldt. Bellos Übersetzung der Humboldtschen Schriften über dessen Reisen wird nicht nur das Verständnis der Lateinamerikaner gegenüber ihren Kontinent prägen; in ihrer spezifischen Kombination von aufklärerischer Weltsicht und exakt-wissenschaftlicher Beobachtung der Natur des Kontinents vermitteln diese Texte erstmals ein fundiertes Wissen von den Ressourcen, die die Neue Welt darbietet und welche die spanischen Kolonialherren nicht zu nutzen wussten. Bereits nach dieser Charakterisierung mag deutlich werden, dass Bellos umfängliches Werk keineswegs ausschließlich im Bereich der schönen Literatur angesiedelt ist: Wie Diderot, Wieland, Herder oder Goethe hinterlässt Bello ein nahezu unüberschaubares Gesamtwerk, das neben der Belletristik unter anderem philosophische, philologische, naturwissenschaftliche, rechtskundliche und geschichtswissenschaftliche Arbeiten enthält. In seinem politisch-literarischen Programm geht Bello über einen rein traditionalistischen Klassizismus deutlich hinaus, wenn er die

Andrés Bello – ein lateinamerikanischer Universalgelehrter

Die venezolanische Hafenstadt Maracaibo gegen Ende des 19. Jahrhunderts

Andrés Bello

*Die Polemik
zwischen Bello
und Sarmiento*

*Der Beginn
der Romantik
in Venezuela:
Juan Antonio Pérez
Bonalde*

erste *Gramática de la lengua castellana al uso de los americanos* (1847) verfasst und so erstmals den Versuch unternimmt, die sprachliche Realität Südamerikas von derjenigen Spaniens dezidiert abzusetzen. Zugleich ermöglichen ihm seine Kenntnisse des Französischen und Englischen, zum Verbreiter der neueren Literaturen Europas zu werden. Neben Klassikern wie Plautus und dem italienischen Renaissanceautor Boiardo übersetzt er die Zeitgenossen Byron und Victor Hugo. Bellos Lyrik enthält neben den zeittypischen Gelegenheits- und Gebrauchsdichtungen Texte, in denen sein naturkundliches und historiographisches Interesse spürbar wird. Einflüsse der europäischen Romantiker, deren Lesungen er in London in den 20er Jahren beiwohnte, sind dagegen kaum wahrnehmbar. Wenn sich Bello in einem Gedicht »La moda« (1846) von der Warte des Klassizisten aus über die »Mode« romantischer Originalitätssucht lustig machte, so ließ ihn das der Nachwelt lange Zeit als antiromantischen Geist verdächtig erscheinen, umso mehr, als er in seiner Wahlheimat Chile eine engagierte Polemik mit dem argentinischen Emigranten Domingo Faustino Sarmiento über den Gegensatz Klassik-Romantik ausfocht. Dies ändert nichts daran, dass nicht wenige seiner Werke wegen ihres emanzipatorisch-lateinamerikanischen Gehalts die eigentlichen Wegbereiter romantischen Denkens in Südamerika wurden. So zählten die längeren Gedichte »Alocución a la Poesía« (1823) und »La agricultura de la zona tórrida« (1826) lange Zeit zu den kanonischen Texten der venezolanischen Poesie. Als Fragmente eines geplanten, jedoch nie zustande gekommenen Epos *América* sind diese Werke für die weitere literarische Entwicklung im Lande bedeutsam geworden. Die vorromantische Tendenz dieser Entwürfe, die bereits im Fragmentcharakter evident wird, manifestiert sich in einem dezidierten »Amerikanismus«, dem das Programm einer Befreiung von der Beeinflussung durch Europa zugrunde liegt. Wenngleich Bello mit dem Epos eine klassische Gattung der Alten Welt ebenso wie deren mythologische Bilderwelt aus Antike und Renaissance einsetzt, so geschieht dies nicht, um sich an die klassischen Traditionen anzulehnen, sondern um abendländische Kunst im amerikanischen Sinn zu »überschreiben«: Die Muse der Alten Welt soll sich, nach des Dichters Wunsch, in der Welt des Regenwaldes unter dem »Kreuz des Südens« niederlassen, um fortan die »neuen Heroen«, Simón Bolívar und José de San Martín, zu besingen.

Der Funke des genuin Romantischen wird aber erst auf die folgende Generation überspringen, die mit Juan Antonio Pérez Bonalde ihren herausragenden Lyriker findet. Mit seinen ultraromantischen Zeitgenossen im benachbarten Brasilien teilt er jene Literatur und Leben vermischende Dichtungsauffassung, die zwei Jahrzehnte zuvor im Frankreich des Second Empire Charles Baudelaire entwickelt und die aus dem Überschreiben klassischer Traditionen das rauschhaft »Neue« zu schaffen versucht. Dadurch wird Bonalde zu einem der wesentlichen Mittler zwischen der europäischen »modernité« und dem Modernismo des südamerikanischen Fin de Siècle. Wenn Novalis einst schrieb, »alles Romantische« sei »nur eine Übersetzung«, so charakterisiert dies gerade Pérez Bonalde, der auf ausgedehnten Reisen nach Europa, Asien und den USA mit den neuesten Tendenzen der Literatur in Kontakt kam. Er schafft nicht nur die erste spanische Übersetzung von Heines *Buch der Lieder* (*El cancionero*), die er 1885 in seinem New Yorker Exil veröffentlicht, sondern auch eine richtungweisende Übertragung von Edgar Allan Poes bekanntestem Gedicht »The Raven« (»El cuervo«, 1887), dessen Ineinandergreifen von Klangmetaphorik, Bildsprache und dem romantischen Thema des Todes der Geliebten zum Vorbild allen symbolistischen Dichtens wurde. Einige Texte von Pérez Bonaldes früheren Lyriksammlungen *Estrofas* (1877) und *Ritmos* (1880) zeigen bereits Anklänge an die Dichtungstheorie des »L'art pour l'art«, die das Gedicht als eine selbstgenügsame Goldschmiedearbeit auffassen möchte, während andere das tragische Lebensgefühl der Romantik offenbaren. Die Erfahrung des in New York exilierten Poeten und das Bild einer in der Rückschau idealisierten Kindheit bestimmen sein Gedicht »La vuelta a la patria«, das die Geborgenheit in der Familie und der festgefügten Ordnung seines kleinen Heimatortes evoziert. Mit anderen Gedichten, wie seinem – von José Martí enthusiastisch als »titanischer Dialog« begrüßten – »Poema del Niagara« (1882), verbindet er die mystizistische Naturauffassung der Romantik mit der Grandiosität der Neuen Welt, während eine weitere Spur in seinem Werk auf die »Nachtseite der Romantik«, die Verklärung des Wahnsinns und des Todes, bezogen ist. In tragischer Weise wirkt auch seine – gerade dadurch aber urromantische – Biographie in seinem berühmtesten Gedicht »Flor« (1883) nach, das den Verlust seiner gleichnamigen Tochter in einer selbst vor Gotteslästerung nicht haltmachenden Tirade eruptiv verarbeitet. Verarmt und dem Alkohol und Rauschgift verfallen, kehrt Pérez Bonalde 1890 nach Venezuela zurück, wo der »poète maudit« von Venezuela unbekannt in einem Fischerdorf stirbt, aus dem man erst zwölf Jahre später seine sterblichen Überreste nach Caracas überführt.

Die Anfänge der Romantik in Kolumbien

Anders als die Literatur Venezuelas, in der im 19. Jh. nur einige herausragende Einzelpersönlichkeiten hervorgetreten sind, weist das geistige Leben Kolumbiens ein recht breites Spektrum wichtiger Autoren auf, die bereits mit dem Gedankengut der ersten romantischen Generation Frankreichs in Berührung kommen. Zumal jene Intellektuellen, die als Diplomaten vor allem nach Paris und London reisen, und jene kritischen Emigranten, die sich vor politischer Verfolgung ins liberale England flüchten, spielen während der ersten Hälfte des 19. Jhs. immer wieder eine Schlüsselstellung für die Verbreitung ästhetischer Neuerungen, welche freilich in der neuen Welt mitunter nur äußerlich, wie »Moden«, kopiert werden. Wie in Brasilien wird romantisches Ideengut, das der Aufbruchsstimmung der jungen Republik Kolumbien entgegenkommt, in der ersten Zeit durch rege Übersetzertätigkeit »importiert«. So verdanken die Kolumbianer José Fernández Madrid, der unter anderem in diplomatischer Mission als Vertreter Bolívars gemeinsam mit Andrés Bello nach London reiste, nicht nur die Bekanntschaft mit den Werken Hugos, Bérangers, Delilles und Delavignes; vielmehr umfasst seine umfangreiche Dramenproduktion eine freie Bearbeitung von Chateaubriands 1801 erschienenem Roman *Atala* (1822), dessen europakritisches Amerikabild das Selbstverständnis der romantischen Autoren prägt. Ausdruck dieses relativ früh erwachten, »romantischen« Interesses an einer »fiktiven« Identität Amerikas ist seine fünfaktige Tragödie *Guatimoc* (1827) über das Leben des letzten Aztekenherrschers. Derselbe durch die Lektüre der französischen Romantiker inspirierte Indianismus bewegt Julio Arboleda, der als Politiker, General und Poet dem Ideal eines lateinamerikanischen »romantischen Helden« in kaum geringerem Maße entspricht als Simón Bolívar, das Vorbild einer ganzen Autorengeneration. Wie Fernández Ma-

Der frühe Indianismus

drid begeistert sich Arboleda für die Archäologie seines Heimatlandes, die in das unvollendet überlieferte Epos *Gonzalo de Oyón* (1858) Eingang findet. Wenn er hier eine Gegebenheit aus der Conquistazeit zur Vorlage nimmt, so ist dies nicht nur als romantische Begeisterung für die Historie zu werten. Auch das Werk unter der Kategorie des Indianismus zu klassifizieren wird dem Text nur teilweise gerecht, wenngleich der Topos vom »Edlen Wilden«, verkörpert in der alle christlichen Tugenden repräsentierenden Kazikentochter Pubenza, den – freilich wiederum europäischen – Mythos eines amerikanischen Arkadien förderte. Ein wesentliches auslösendes Moment für die Abfassung des *Gonzalo de Oyón* mag in der Thematik der feindlichen Brüder Gonzalo und Alvaro de Oyón zu suchen sein, deren Hintergrund die durch ein Jahrzehnt von Bürgerkriegen erschütterte Geschichte Kolumbiens (1849, 1853–58) bildet. Allerdings ist auch auf poetische Vorbilder in der europäischen Romantik zu verweisen, hatten doch sowohl Hugo in *Cromwell* (1827) als auch Byron mit *Cain* (1821) die Thematik von Bruderzwist und Bruderkrieg gestaltet. In tragischer Weise konvergieren die Bereiche von Kunst und Leben, wenn nicht nur der Bolívar-Anhänger Arboleda selbst durch einen Hinterhalt politischer Gegner ums Leben kommt, sondern auch die vollständige Urschrift seines Epos bei der Plünderung seines Hauses durch dieselben Widersacher zerstört wird.

José Eusebio Caro

Von den zahlreichen kolumbianischen Dichtern der ersten romantischen Phase sollen hier nur die beiden herausragendsten Gestalten, Rafael Pombo und José Eusebio Caro, besprochen werden. Der spätere Abgeordnete und Minister Caro, seit seiner Kindheit ein ausgesprochener Vielleser, eignete sich unter den damaligen Bedingungen ein erstaunliches Maß an Bildung an, die griechische und lateinische Klassiker ebenso umfasste wie die Hauptwerke der romanischen Literaturen seit der Renaissance. In seinem Werk gelangt die romantische Lyrik zur vollen Entfaltung, indem nun gegensätzliche stilistische und thematische Linien problemlos nebeneinander aufgehen: Aufklärerischer Skeptizismus steht neben einem vehementen Katholizismus (vgl. den Traktat *La filosofía del cristianismo*); der immer wieder behaupteten »Formlosigkeit« romantischer Poesie begegnet er durch eine handwerkliche Präzision, die sich nicht zuletzt auch in einem Traktat zur spanischen Verslehre (*Tratado sobre métrica y versificación*) zeigt. Dabei experimentiert er, angeregt durch die Lektüre der klassischen englischen Lyrik, in seinen eigenen Gedichten (*Poesías*, 1855, und *Obras escogidas en prosa y verso*, 1873) mit Strophenformen und Versmaßen, welche erst von José Asunción Silva und den Modernisten in Mode gebracht werden sollten. Verweist solches formale Vorgehen stärker auf seine klassizistische Ausbildung, so umfasst Caros Lyrik vor allem die Themen romantischer Ausdruckslyrik: das sich in der Umwelt – Natur, Stadt, Gesellschaft, Familie – in geradezu narzisstischer Manier selbst bespiegelnde Ich und die Evokation der romantischen Ideale, der Verwirklichung individuellen Glücksstrebens, der Rebellion gegen eine auferlegte Ordnung und der ins Metaphysische gewendeten Grundfrage nach sozialer Gerechtigkeit.

Wenn Caro noch zwischen neoklassizistischen und romantischen Tendenzen schwankt, so repräsentiert Rafael Pombo bereits die spätere Phase der Romantik, die keine stilistischen Konzessionen an den Neoklassizismus mehr macht. Pombo erscheint als ein frühreifes Genie, das sich nicht nur im Kindesalter alte und neue Sprachen mühelos aneignet, sondern im Alter von zwölf Jahren bereits Zeugnis von seiner poetischen Begabung ablegt. Zahlreiche Gedichte Pombos leiden bei derartiger Spontaneität des schriftstellerischen Schaffens allerdings an einer ästhetisch problematischen Grundeinstellung, der die Inspiration des Moments alles bedeutet, die spätere Bearbeitung indes nichts. Erst im Spätwerk seit den 70er Jahren macht sich eine stärkere Betonung des Formalen bemerkbar. Unter seinen etwa vierhundert Gedichten dominieren neben patriotischen und religiösen Themen – hier versucht er, das im Barock beliebte religiöse Sonett zu erneuern – vor allem Liebesgedichte, deren Inhalt von den Zeitgenossen als obszön empfunden wurde. Man verkannte dabei freilich, dass das Liebesgedicht keineswegs Vorwand erotischer Zweideutigkeit war, sondern bei Pombo eine geradezu manichäische Weltsicht verkörperte, in der das männliche Prinzip als destruktiv erscheint, die Thematik des »ewig Weiblichen« hingegen zur Inspirationsquelle seiner poetischen Utopie überhöht wurde. Wenn er sich bereits als Zwanzigjähriger das Pseudonym Edda zulegt und fortan einige seiner als anstößig empfundenen Gedichte dieser rein fiktiven »verliebten Bogotanerin« (la »Safo cristiana«) unterschiebt, so geschieht dies nicht, um Repressionen aus dem Wege zu gehen, sondern ist Ausdruck jener inszenierten Spaltung, der von Schlegel so genannten »wunderbaren Gabe der Selbstverdoppelung«, die den Romantiker problemlos fremde Texte absorbieren lässt: Wie bei nahezu allen großen Poeten der europäischen Romantik geht dabei Dichten mit der übersetzend-überschreibenden Aneignung vorgängiger Meisterwerke aller Epochen, Stile und Nationen einher. Aber Pombos Werk wäre unzureichend charakterisiert, wollte man ihn ausschließlich auf die Bereiche der Lyrik, der fiktionalen Prosa (*Fábulas y verdades*, postum 1916) und der drei Bände mit Übertragungen aus fremden Sprachen festlegen. Wie schon bei den Brüdern Schlegel und um die Mitte des Jahrhunderts bei Baudelaire müssen die zahlreichen literaturkritischen Arbeiten gleichberechtigt neben dem belletristischen Werk gesehen werden.

Rafael Pombo

Das Schreiben von Romanen, das durch ein Verdikt der lange Zeit nachwirkenden klassizistischen Gattungspoetik diskreditiert war, setzt in der kolumbianischen Romantik relativ spät und nur vereinzelt ein. Immerhin findet sich unter den kolumbianischen Romanciers der Epoche in der Gestalt Jorge Isaacs' einer der herausragenden hispanoamerikanischen Autoren des 19. Jhs. Während seine romantische Bekenntnislyrik (*Poesías*, 1864) lediglich als biographisches Dokument interessant ist, gründet sich die historische Bedeutung Isaacs' als eines Autors mit erstaunlicher Breitenwirkung in der gesamten spanischsprachigen Welt ausschließlich auf seinen einzigen Roman *María* (1867). In der Retrospektive eines gescheiterten Lebens wird in *María* eine einfach konstruierte unglückliche Liebesgeschichte erzählt: Efraín, der seine Kusine María liebt, wird von seinem Vater zum Studium nach London geschickt, in der Hoffnung, die Verbindung der jungen Liebenden zu unterbinden, was letztlich auch gelingt: Wenn María vor Efraíns Rückkehr an Schwindsucht stirbt, fügt sie sich damit in die Reihe der »romantischen Liebestode« ein, die seit Rousseaus *Julie ou La nouvelle Héloise* (1761) das Thema der tödlichen Leidenschaft gestalten. Ganz in der Tradition Rousseaus situiert Isaacs die Liebesgeschichte denn auch in der romantisch verklärten Natur des Cauca-Tals in der Umgebung von Cali, wo der Autor selbst seine Kindheit verbracht hat und wohin er in späteren Jahren als Straßenbauinspektor geschickt wird. Zumal die hispanoamerikanischen Leser beeindruckte dabei die Neuartigkeit, in der hier erstmals die kolumbianische Natur zur

Der klassische Roman der Romantik: Jorge Isaacs, María

MARIA

NOVELA AMERICANA
VON
JORGE ISAACS

EDITION POR
ALEJANDRO RIQUER.

Con grabados al acero de Tomas.

BARCELONA.
BIBLIOTECA »ARTE Y LETRAS«
E. DOMENECH Y C.ª, Ausias March, 95.
1882.

Titelblatt der Ausgabe
Barcelona 1882

Darstellung kommt. Indes bleibt die Natur bei Isaacs noch geordnet und insofern »unrealistisch« und »naiv«, ist sie doch frei von der Brutalität der späteren Selva-Literatur, um stattdessen den Mythos des gütigen Schöpfers in einem als irdisches Paradies empfundenen Amerika zu transportieren. Stilistisch erweist sich das Werk keineswegs als homogene Repräsentation vorgefundener Wirklichkeit, sondern als ambivalentes Konstrukt, das durch die zahlreichen Zitate aus Texten seiner Vorbilder auf der Differenz zur dargestellten Welt beharrt. Wenn Efraín María aus Chateaubriands unglücklicher Liebesgeschichte *Atala* vorliest, so erfüllt diese Lektüre bereits eine ähnliche Funktion als Vorausdeutung des unglücklichen Ausgangs der Romanhandlung wie Wagners Musik in Thomas Manns Novelle *Tristan* (1903). Anders als bei Isaacs' großem Vorbild, Jacques-Henri Bernardin de Saint Pierres *Paul et Virginie* (1787), geht so die ewig gleiche Erzählung von der unerfüllbaren Liebe keineswegs problemlos in der rührseligen Erzählung auf, deren Ausgang der an die Feuilletons gewöhnte zeitgenössische Leser entgegenfiebert, sondern in genuin romantischer, sich selbst durch fremde Texte reflektierender Literatur.

Venezuelas Erzählliteratur im späten 19. Jahrhundert

Venezuelas Erzählliteratur im späten 19. Jh. weist hingegen mehr kostumbristisch-realistische Tendenzen auf, wie sie in Manuel Vicente Romero Garcías Roman *Peonía* (1890) zu finden sind. Nach wie vor in der spanischen Tradition des Kostumbrismus angesiedelt, verstand sich Romero Garcías Realismus dennoch als sozialkritische Kritik mit politischer Wirkungsabsicht. Die nur locker verbundenen Episoden vermögen zwar als »cuadros de costumbres« (Sittenbilder) ihre Funktion als Analyse der zeitgenössischen Wirklichkeit gemäß der von dem Argentinier Sarmiento übernommenen Dichotomie von »Zivilisation« und »Barbarei« entfalten, jedoch bleibt das Ergebnis in ästhetischer Hinsicht hinter der akkusatorischen Intention zurück. Zum anderen kündigt sich mit dem Romanschaffen Gonzalo Picón Febres', eines der meistgelesenen venezolanischen Autoren seiner Zeit, zur gleichen Zeit eine neue literarische Richtung an, für die sein Roman *El sargento Felipe* (1889), die in düsteren Farben erzählte Geschichte eines im Bürgerkrieg von 1871 zum Soldaten gepressten Bauern, exemplarisch ist. Das Schicksal des Kriegsheimkehrers, der sich in einer neuen Wirklichkeit nicht mehr zurechtfindet, ist reich an melodramatischen Effekten: Felipes Hof ist zerstört, seine Frau gestorben, seine Tochter wurde von einem benachbarten Großgrundbesitzer verführt, Felipe selbst nimmt grausame Rache an diesem und stürzt sich, von Gewissensbissen gequält, in eine Schlucht. Anklänge an den trivialen Unterhaltungsroman des 19. Jhs. vermischen sich hier mit einer naturalistischen Tendenz, die mit der Französischen Schule um Zola vor allem den Detailrealismus sowie das Engagement für die sozial Deklassierten teilt; freilich setzt Picón Febres stärker auf Sentimentalität als auf Zolas emphatischen Positivismus.

Naturalistische Tendenzen: Gonzalo Picón Febres

Die Andenländer im 19. Jahrhundert

Historische Voraussetzungen

Weniger als die übrigen Zentren des spanisch-amerikanischen Kolonial-reichs war das Vizekönigtum Peru auf die Unabhängigkeit sowie die mit ihr verbundenen historischen Folgelasten vorbereitet. Nach dem Scheitern der Utopie einer politischen Union des Kontinents, wie sie der Befreier Simón Bolívar eine Zeitlang vertreten hatte, ergab sich allenthalben der Zwang zur Bildung von Nationen. Anders als im ehemaligen Vizekönig-reich Río de la Plata sowie im Generalkapitanat Chile, deren Grenzen durch die bourbonischen Reformen im 18. Jh. im Wesentlichen festgelegt waren, war die Grenzziehung im Kerngebiet des ehemaligen Vizekönig-reiches Peru umstritten. Ecuador im Norden sowie das im Gebiet des östlichen Andenhochlands gelegene Bolivien entstanden als die Resultate dieser neuen Grenzziehungen. Nicht die Räson der politischen Willens-bildung, nicht die Natur der ethnischen und kulturellen Zusammengehö-rigkeit, sondern die militärisch begründete Macht des Stärkeren trug bei der Staatenbildung historisch den Sieg davon. Erfolglos versuchten die Generäle Andrés Santa Cruz in Bolivien sowie Agustín Gamarra in Peru das Vakuum zu füllen und das jeweilige Nachbarland in eine Konfödera-tion zu zwingen. Beide scheiterten, nicht nur an den Widerständen in den eigenen Ländern, sondern insbesondere an den offen zutage tretenden Rivalitäten mit Chile, das der Konföderation den Krieg erklärte und dank des Sieges über Santa Cruz am 20. Januar 1839 bei Yungay zur stärksten Militärmacht der Region heranwuchs. War der Prozess der äußeren Grenzziehung damit bis zur Mitte des Jahrhunderts im Wesentlichen abgeschlossen, so verlief die nationalstaatliche Konsolidierung im Inneren durchaus unterschiedlich: In Bolivien vollzog sie sich im Zuge der Militär-herrschaft von General Santa Cruz (1829–39), in Ecuador war sie ver-bunden mit der »theokratischen« Diktatur unter Präsident Gabriel García Moreno (1861–75) und in Peru schließlich war sie eine Folge der liberalen »Revolution« von 1854 unter Ramón Castilla. Trotz dieser Unterschiede bleibt die Summe der sozialen und politischen Probleme, welche die Gesellschaften dieser Länder weiterhin charakterisieren, dennoch nahezu identisch: An der Spitze der gesellschaftlichen Pyramide steht eine kreoli-sche Minderheit, in deren Händen alle Fäden der politischen und öko-nomischen Macht zusammenlaufen. Den mobilen Teil der Gesellschaft bildet die zahlenmäßig wachsende Schicht der Mestizen, die sowohl ökonomisch als auch ideologisch nach Teilhabe an der Macht strebt. Die Unterschicht besteht aus der Masse der indianischen Bevölkerung. Sie ist vom republikanischen Konsens ausgeschlossen und lebt seit der Unab-hängigkeit in einem Grad von Randständigkeit, der den in der Kolonial-zeit vorherrschenden noch übersteigt. Das für das Entstehen nationaler Literaturtraditionen entscheidende soziale und politische Identitätsbe-wusstsein ist in den jungen Nationen bis zur Jahrhundertmitte noch sehr unterschiedlich ausgeprägt. Erst der blutige Pazifikkrieg in den 80er Jah-ren, in dessen Verlauf Peru und Bolivien Teile ihres Staatsgebietes an Chile verlieren, bringt eine Wende. Nationalbewusstsein ist fortan kein Privileg der Patrizierklasse mehr, sondern findet sich nun in allen Schichten der Bevölkerung. Die seit der Unabhängigkeit in den Andenstaaten entste-hende Literatur ist in dieser Hinsicht gewiss ein Spiegel für die Intensität, den Umfang und die Ausrichtung dieses neuen Bewusstseins. Gleichzeitig

Bolívar an der Seite von Kronos: »Mein Wahnsinn auf dem Chimborasso«, Gemälde von Salvador Pinto

Probleme der Grenzziehung

gehört sie jedoch auch zu den entscheidenden Faktoren, die dieses Bewusstsein aktiv hervorgebracht haben.

Die politische Sprengkraft, die literarischen Texten potentiell innewohnt, hatte sich bereits 1780 anlässlich der Revolte des Kaziken José Gabriel Condorcanqui (Tupac Amaru II.) erwiesen, als die Behörden den subversiven Sog, der durch eine Unzahl spontan verfasster Spottverse, aber auch durch die Wiederentdeckung von Schriften der Vergangenheit – so u. a. des berühmten Quechua-Dramas *Ollantay* – entstanden war, durch ein generelles Lektüreverbot der *Comentarios reales* des Inka Garcilaso de la Vega einzudämmen versuchten. Eine Antwort auf die offiziellen Repressionsmaßnahmen findet sich in der 1781 anlässlich der Inthronisierung des Vizekönigs Jáuregui verfassten Preisrede des Aufklärers José Baquíjano y Carrillo, in der dieser unter Verweis auf das Naturrecht die Anwendung staatsbürgerlicher Rechte auch auf die indigene Bevölkerung einfordert. 1784 wird auch die Einziehung aller Exemplare dieses *Elogio* angeordnet. Ein weiteres Denkmal geistiger Unabhängigkeit ist die 1792 in Paris publizierte, von dem peruanischen Ex-Jesuiten Juan Pablo Vizcardo y Guzmán zur Dreihundertjahrfeier der Entdeckung Amerikas in Französisch verfasste *Carta a los españoles americanos*. Mit dem Ziel, »die öffentliche Meinung vorzubereiten«, veröffentlicht Francisco de Miranda 1801 eine spanische Version der *Carta*. Die Verwandlung des intellektuellen Postulats der Unabhängigkeit in politische Wirklichkeit brachte die Literatur aber zunächst einmal eher in Verlegenheit. Diese zeigte sich bereits mit aller Deutlichkeit bei Joaquín de Olmedo und José Faustino Sánchez Carrión, den beiden Exponenten der peruanischen Emanzipationsliteratur. Als Bolívar die vollmundig-romantischen Verse, die Olmedos *A la victoria de Junín* verfasst hatte, präsentiert wurden, reagierte er mit einer Geste klassizistischer Reserve, in welcher die politische Skepsis gegenüber Olmedos Unabhängigkeitspathos allerdings unüberhörbar mitklang. Sánchez Carrión seinerseits, der in der *Carta del solitario de Sayán* gegen jede Art von monarchistischem Personalismus zu Felde gezogen war, wurde 1823 zusammen mit Olmedo zum Schöpfer eines spezifischen

Die Literatur der Unabhängigkeitsepoche

Lima gegen Ende des 18. Jahrhunderts

Bolívar-Kultes, der die Voraussetzungen dafür schuf, dass der Kongress schließlich bereit war, dem Befreier die zur Durchsetzung seines Werkes notwendigen diktatorischen Vollmachten zu übertragen.

Allgemeine Züge der Literatur zwischen 1830 und 1900

Die literarische Entwicklung in den Andenländern zwischen 1830 und 1900 folgt in groben Zügen der Epocheneinteilung, wie wir sie auch in den übrigen Ländern Hispanoamerikas finden: Neoklassizismus, Romantik, Realismus, Modernismus. Jede der Epochen entwickelt Vorlieben für bestimmte Themen, Gattungen und ästhetische Formen. Sowohl die Abfolge der Epochen als auch die Auswahl der Gattungen entspricht europäischen Mustern. Kreative Leistungen einer spezifisch lateinamerikanischen Literatur, sofern von diesen in dem betrachteten Zeitraum überhaupt die Rede sein kann, finden sich nicht im Zentrum, sondern eher an der Peripherie, an den Überschneidungsfeldern der Gattungen und Epochen: so die patriotische Ode im Übergang vom Klassizismus zur Romantik; so die neu entstehende Gattung »Tradición« am Kreuzungspunkt von Historismus, Sentimentalismus und Ästhetizismus; so der romantische »indigenismo« als die Kombination einer immer noch europäisch, d.h. exotisch geprägten Wahrnehmung der Kultur der Indios mit dem vollen Ernst des kreolischen Republikanismus; so schließlich das vielgestaltige Engagement schreibender Frauen, das während des gesamten 19. Jhs. für alle drei Länder dokumentiert ist. Was in europäischer Perspektive mithin als Unschärfe, Anachronismus oder gar als Fehler erscheinen mag, ist für die Eigenart dieser Literatur gerade das Wesentliche – ihr durch und durch »hybrider« Charakter. Verzichtet man auf teleologische oder essentialisti-

Eine »hybride«
Literatur

sche Deutungen, so bietet der Begriff der Nationalliteratur eine Möglichkeit, dergleichen Überschneidungen und Unstimmigkeiten als integrierende Faktoren eines historischen Prozesses zu verstehen. Die Entstehung der andinen Nationalliteraturen – so hat Antonio Cornejo Polar in einer Vielzahl von Untersuchungen gezeigt – ist das Ergebnis des Zusammenspiels sowohl inhaltlicher als auch formaler Faktoren. Zu den Ersteren gehören die kritische Aufarbeitung und Repräsentation der zeitgenössischen sowie der kolonialen Geschichte, insbesondere jedoch der Versuch einer glaubwürdigen Integration von Vergangenheit und Gegenwart der indigenen Kulturen in den politischen – bislang nur von »Kreolen« getragenen – Konsens der jungen Republiken. In formaler Hinsicht besteht das Projekt »Nationalliteratur« vorwiegend in der Rezeption der seit der Romantik »Modernität« konnotierenden Formen und Gattungen der europäischen Literatur. Nur in Ausnahmefällen – so in Ricardo Palmas *Tradiciones* sowie später im Modernismus – gelangen die inhaltlichen und formalen Faktoren ästhetisch zur Deckung und führen zur Entstehung neuer Formen und Gattungen.

Neoklassizismus und Kostumbrismus

Mariano Melgar

Für die peruanische Literaturgeschichtsschreibung gilt der Lyriker Mariano Melgar aus Arequipa als die entscheidende, richtungweisende Gestalt. Melgar hat ein genaues Ohr für frühromantische Akzente, schreibt empfindsame Liebesgedichte, übersetzt Ovid sowie präkolumbianische »yaravís« ins Spanische und begeistert sich für prärevolutionäre Rhetorik, vor allem die des Aufklärers Baquíjano y Carrillo; am 15. März 1815 wird Melgar als Teilnehmer eines lokalen Aufstandes gegen die spanische Kolonialmacht hingerichtet. Wie José Carlos Mariátegui im 20. Jh. hat den Autor der frühe Tod gewiss davor bewahrt, vor der Nachwelt den Beweis für die Realisierbarkeit seiner Utopien antreten zu müssen. Andererseits setzt der kämpferische Mestizismus Melgars – auch darin Mariátegui nicht unähnlich – Maßstäbe, denen seine Nachfolger zunächst kaum zu entsprechen vermögen.

Die erste literarische Bewegung, an die die durch die Unabhängigkeit gesetzten neuen Maßstäbe anzulegen wären, ist der »costumbrismo«. Felipe Pardo y Aliaga und Manuel Ascensio Segura sind seine wichtigsten Vertreter. Engagierte, ernsthafte, bisweilen satirisch abgetönte Repräsentation zeitgenössischer Wirklichkeit ist das Ziel, dem sie sich verpflichtet haben. Es sind Spanier, an denen sie sich vorwiegend orientieren: Mesonero Romanos, Serafín Estébanez und vor allem Mariano José de Larra. Die Werteordnung, an der sie die wahrgenommenen Zustände messen, ist diejenige der Aufklärung. Ihre Sprache jedoch bleibt weiterhin die des Klassizismus. Was sie deshalb wahrnehmen, sind in erster Linie Defizite, Widersprüche zwischen den Fortschrittsversprechungen der Unabhängigkeitsbewegung und der Wirklichkeit der republikanischen »Normalität«.

Der »costumbrismo«: Felipe Pardo y Aliaga und Manuel Ascensio Segura

In bissigen Spottversen geißelt Pardo y Aliaga den beklagenswerten Zustand der öffentlichen Verwaltung, die Ineffizienz und den Egoismus derer, die sich nunmehr Demokraten nennen, den alarmierenden Verfall allgemeiner Werte, der daran abzulesen sei, dass man in Zeiten düsterer Unwissenheit Räuber und Diebe ans Kreuz zu schlagen pflegte, während man ihnen im gegenwärtigen aufgeklärten Säkulum dasselbe ehrenhalber an die Brust hefte. Segura, das Postulat der Modernität schärfer beim Wort nehmend, wertet in einem Artikel anlässlich der Begräbnisfeiern zum Tode General Gamarras die offizielle Vorliebe für die Verwendung unverständlicher lateinischer Inschriften und antiker Dekorationen als unfreiwilligen Ausdruck kultureller Rückständigkeit, der das Land dem Spott der internationalen Öffentlichkeit preisgebe. Der klassizistische Geschmack, die ideologische Enge, insbesondere jedoch die nahezu systematische Aussparung einer über die aktuelle Gegenwart hinausweisenden historischen Perspektive sind es, durch die die Grenzen des Costumbrismo als einer ersten Manifestation nationaler Literatur in den Andenstaaten unzweideutig festgelegt sind.

Die Romantik in den Andenländern

Auch die Romantik ist in Lateinamerika kulturelles Importgut. Die verschiedenen Spielarten der europäischen Romantik – der romantische »Populismus«, die Mystifizierung von Ursprung und Wesen des Volkes im Zeichen des Herzens; der Lobpreis des Gefühls und die Einsamkeit des Individuums; das schwungvolle Engagement für Fortschritt und soziale Gerechtigkeit – finden in Lateinamerika unterschiedlichen, aber fast immer fruchtbaren Nährboden. Im Politischen ist die lateinamerikanische Romantik eindeutig verknüpft mit liberalem Gedankengut. Das Recht des individuellen Gefühls, die Räson des geschichtlichen Fortschritts, die prinzipiell – wenn auch noch idealistisch und ohne viel Realitätssinn – erhobene Forderung nach Gleichheit: Gedanken dieser Art besaßen revolutionäre Sprengkraft, nicht nur gemessen am Gedankengut der überwundenen Kolonialepoche, sondern auch hinsichtlich der ideologisch und sozial auf Abgrenzung bedachten Kreolenrepubliken. Nahezu alle literarischen Gattungen sind vertreten. Zu den bekanntesten Lyrikern gehören Carlos Augusto Salaverry und Luis Benjamín Cisneros. Salaverry ist außerdem Theaterautor. *El pueblo y el tirano* und *Atahualpa* sind seine wichtigsten Stücke. Auch der frühzeitig verstorbene Manuel Nicolás Corpancho schlägt mit seinem Drama *El barquero y el vírrey* heroische und nationale Töne an. Wie Salaverry der liberalen Partei eng verbunden, nimmt er unter Castilla eine Diplomatenstelle in Mexiko an und stellt sich demonstrativ auf die Seite des liberalen Präsidenten Juárez. In der Nachfolge Melgars schreibt er »yaravís« und äußert sich in *Flores del Nuevo Mundo* enthusiastisch zum Entstehen einer interamerikanischen Poesie. Die Romantik führt auch in den Andenländern, wie in Brasilien und teilweise in Mexiko, aber anders als in Argentinien, zum Entstehen eines idealisierenden Indianismus auf den Spuren Chateaubriands.

Lyrik und Theater der Romantik

Der wichtigste indianistische Roman der Region ist *Cumandá o un drama entre salvajes* (1871) von dem Ecuadorianer Juan León Mera; wie fast immer in diesem Genre geht es um eine konfliktive »Liebesgeschichte zwischen den Rassen«, bei der vor allem die Titelfigur als eine naturbelassene Mischung aus Stolz und Kindhaftigkeit erscheint, die den europäischen Mann bezaubert. Freilich liegt die Ironie darin, dass Cumandá sich am Schluss als legitime Schwester ihres Geliebten Carlos entpuppt, die keinen Tropfen Indio-Bluts in ihren Adern hat, sondern nur von den Indios geraubt und aufgezogen wurde. Obwohl Mera mit den der Handlung zugrunde liegenden ethnologischen Tatsachen wohlvertraut ist, bleibt sein Roman sowohl im Entwurf der idealisierten Charaktere als auch in der Beschreibung der Landschaft der Tradition der romantisierenden Indianeridylle verpflichtet. Meras Landsmann Juan Montalvo ist ein gefürchteter Polemiker. Seine Schrift *La dictadura perpetua* von 1874 ist

Der Indianismus – Juan León Mera: Cumandá

gerichtet gegen den Theokraten García Moreno, der ein Jahr später einem Attentat zum Opfer fällt, eine Tat, für die der Schriftsteller öffentlich Verantwortung übernimmt (»Meine Feder hat ihn getötet«). Arnaldo Márquez, vor allem jedoch Clemente Althaus, bringt internationale Erfahrungen ein in die Konstruktion einer peruanischen Romantik. Althaus kann als Beispiel dafür gelten, dass kulturelles Mestizentum in Peru nicht erst eine Erfindung des 20. Jhs. ist, sondern bereits in der Romantik praktiziert wurde; er ist vor allem der Vermittler der angelsächsischen Romantik nach Peru, verfasst jedoch auch »yaravís« und schreibt gleichzeitig Gedichte im Stile von Fray Luis de León oder Petrarca. Eine ähnlich schillernde Gestalt ist der unter dem Pseudonym Juan de Arona bekannte Dichter Pedro Paz Soldán y Unanue. Er übersetzt Goethe sowie Popes *An Essay on Criticism*, begeistert sich für Byron, ja sogar für den jungen Oscar Wilde. Der Nachwelt bekannt geworden ist er aber vor allem dank seines *Diccionario de peruanismos* von 1860. Das Interesse der Romantiker gilt nicht nur den tragischen und sentimentalen Seiten des einsamen Individuums, sondern richtet sich zugleich auch auf die soziale Lebenswelt in ihrer vollen historischen und kulturellen Dimension. Sowohl die Rezeption des historischen Romans in der Nachfolge Walter Scotts als auch der in allen drei Andenländern zu registrierende Beginn des sogenannten »Indianismo« gehören zu den Früchten dieses romantischen Historismus. Nur auf der Inhaltsseite jedoch lassen sich die entsprechenden literarischen Werke als eigenständige Schöpfungen lateinamerikanischer Kultur betrachten. In formaler Hinsicht folgen sie vorgegebenen europäischen Mustern.

Ricardo Palma:
Tradiciones peruanas

Eine Ausnahme bilden die *Tradiciones* des Peruaners Ricardo Palma. Auch sie sind im Kontext des romantischen Historismus entstanden. Ihre Bedeutung liegt zunächst einmal auf inhaltlicher Ebene. Sie leisten das, woran die Kostumbristen gescheitert waren: die aneignende Vermittlung der kolonialen Geschichte. Bei der Durchführung dieses Projekts – der »Nationalisierung des kolonialen Erbes« (Cornejo Polar) – sprengt Palma jedoch den Kanon der konventionalisierten Formen kultureller Vermittlung und wird zum Schöpfer einer neuen literarischen Gattung. Sowohl die nachhaltige Wirkung als auch die hartnäckige Diskussion um eine eindeutige Bewertung der ideologischen Positionen des Autors sind eine unmittelbare Folge dieser Neuschöpfung. Wie die Chroniken des 16. Jhs. sind die *Tradiciones* im Überschneidungsgebiet von Wirklichkeit und Fiktion, dokumentarischer Geschichtsschreibung und literarischem Text entstanden. Humorvoll-satirisch, die Grenzen des guten Geschmacks sowie des im Hintergrund stehenden »liberalen« Konsenses nie überschreitend, konfrontiert Palma seine Leser mit Gestalten und Ereignissen, Problemen und Anekdoten der Kolonialgeschichte. Unbeschadet ideologischer Wertungen wird die literarische Qualität der *Tradiciones* weder in Peru noch in Spanien ernsthaft in Frage gestellt. Die entscheidende Leistung dieser Erfolgsliteratur liegt also offenbar auf stilistischer Ebene. Wie lässt sie sich fassen? Die ersten prominenten Leser Palmas prägten das Klischee vom unverwechselbaren »limeñismo« der *Tradiciones* und verwiesen auf den Reichtum an populären Wendungen, Sprichwörtern und Amerikanismen. Kritischere Philologen pflegen eher Wasser in diesen nationalistischen Wein zu gießen und betonen die kunstvolle Mischung von zeitgenössischen Vulgarismen und gelehrten Archaismen des 16. und 17. Jhs. oder das offensichtliche Phänomen der »Intertextualität«, das die *Tradiciones* mit dem Diskurs der liberalen Republik verbinde. Palma selbst hat sich zum Problem der Sprachnorm ironisch und mit großem Selbstbewusstsein geäußert und beansprucht für seinen eigenen, mit Amerikanismen durchsetzten Stil ein ebenso großes Maß an Anerkennung, wie es dem großen Stilisten – wenn auch grammatikalisch fehlerhaft schreibenden – Cervantes zustehe. Interessanter als dieser akademische Normenstreit ist allerdings die ebenfalls von Palma geprägte, auf eine berühmte mittelalterliche Formel für das Verhältnis von Philosophie und Theologie anspielende Definition der Tradición als eines »género ancilar de la historia«, einer »Hilfsgattung der Geschichte«: »Die *Tradición* ist nicht das, was man eigentlich unter ›Geschichte‹ versteht, sondern eine Form der volkstümlichen Erzählung, gerade recht für die Lust des Volkes an erfundenen Geschichten. Die meinen sind gut angekommen, nicht weil sie allzu viel Wahrheit enthielten, sondern weil sie dem Geist und den Ausdrucksmitteln der Vielen entsprechen.« Die historische Zweideutigkeit dieser Formel, die die in der mittelalterlichen Definition implizierte Wahrheitshierarchie ironisch – ja geradezu zynisch – zugunsten einer Position des literarischen Hedonismus preiszugeben scheint, ist von der Kritik unterschiedlich bewertet worden. Während Cornejo Polar das weitgehend widerspruchsfreie Bild der Kolonialepoche, das die *Tradiciones* zeichnen, in Übereinstimmung mit der von Mariátegui vorgeschlagenen soziologischen Lektüre als authentischen Ausdruck einer politisch dem Liberalismus zugeneigten kreolischen Mittelklasse wertet, fällt das Urteil des Zeitgenossen González Prada entschieden negativer aus. Kritisch zu beurteilen ist in der Sicht von González Prada gerade auch der literarische Stil der *Tradiciones*, jene Eigenschaft also, auf die sich das Selbstbewusstsein Palmas ja – wie wir sahen – in erster Linie stützte: »Stilistische und sprachliche Wahrheit ist gleichbedeutend mit Wahrheit überhaupt. Für die Gegenwart die Sprache und Redewendungen vergangener Jahrhunderte zu benutzen, ist nichts anderes als Lüge, Sprachfälschung. Da Wörter Ideen ausdrücken, ihr eigenes Medium haben, in dem sie entstehen und leben, ist das Auftauchen eines antiquierten Ausdrucks in einem modernen Sprachwerk der Inkrustation des kristallinen Auges einer Mumie auf der Stirn eines Greises vergleichbar.«

Ricardo Palma

Literatur jenseits des nationalen Konsenses

Wenn die *Tradiciones* Ricardo Palmas in der ersten Phase ihres Erscheinens (1872–83) den Kriterien einer peruanischen Nationalliteratur entsprechen konnten, so verdanken sie dies jenem relativ schmalen liberalen Konsens, der sich Mitte des Jahrhunderts dank der »Revolution« des Präsidenten Castilla und auf der Basis der rasch sich entwickelnden Guano- und Salpeterindustrie hatte bilden können. Der für die Andenstaaten materiell ebenso wie politisch und geistig verheerende Ausgang des Pazifikkrieges mit Chile (1879–84) markiert das Ende dieses Konsenses. Wenn es stimmt, dass sich die gesellschaftliche Basis des peruanischen Nationalbewusstseins als Folge der kriegerischen Auseinandersetzungen mit Chile verbreitet hat und nunmehr auch im Landesinnern zu finden ist, so ist das Phänomen gerade auch der wachsenden Kritik an der bisherigen politischen Machtelite zu verdanken, der von der Andenbevölkerung Verrat an den Interessen der Nation vorgeworfen wird. Weder in Ecuador noch in Bolivien waren vergleichbar günstige Ausgangsbedingungen für das Entstehen einer Nationalliteratur gegeben. Entschiedener noch als im Zentrum des ehemaligen Vizekönigreiches Peru musste sich in den beiden neu gegründeten Nachbarstaaten ein nationales Bewusstsein erst bilden. Während in Peru unter Castilla bereits 1854 mit der Aufhebung der Sklaverei und des indianischen Tributes der Liberalismus erste Triumphe feiert, befindet sich Bolivien noch in der Periode der »caudillos bárbaros«, die 1864–71 von der Diktatur General Mariano Melgarejos abgelöst wird, der als Vollstrecker des Programms der sogenannten Modernisierungspartei den Verkauf des indianischen Landbesitzes verfügt und damit Aufstände unter der Andenbevölkerung provoziert. In Ecuador erlebte der Liberalismus unter Präsident José María Urbina (1852–56) einen vorübergehenden Aufschwung. Schon unter seinem Nachfolger Francisco Robles, vollends jedoch unter der theokratischen Regierung von Gabriel García Moreno (1861–75), erhalten die konservativen Kräfte

Der Spätaufklärer Solano

entscheidenden Auftrieb. Die einzige nennenswerte Gestalt unter den Literaten der Zeit vor García ist der Spätaufklärer Fray Vicente Solano (1791–1865), dessen Essays den Institutionalisierungsprozess der jungen Republik kritisch begleiten und vorausweisen auf die Schriften Juan Montalvos. Zwar provoziert das Regime García Morenos – der sich selbst auch als Lyriker einen Namen zu machen versuchte und seinem Widersacher Montalvo nicht nur mit polizeilichen Maßnahmen, sondern auch mit eigenen Versen entgegentrat – seitens der Intellektuellen entschiedenen Widerstand. Maßgeblich für die ästhetische Ausrichtung der ecuadorianischen Literatur im Allgemeinen blieb jedoch die 1868 entstandene *Ojeada histórico-crítica sobre la poesía ecuatoriana, desde su época más remota hasta nuestros días* von Juan León Mera, in der dieser die Forderung nach einer »südamerikanischen« Poesie unter neoklassizistischen Vorzeichen erhob.

Patriotische Literatur in Bolivien

Die frühe politische Konsolidierung in Bolivien unter General Santa Cruz begünstigte hier im ersten Drittel des 19. Jhs. das Entstehen einer relativ reichen Literatur mit patriotisch-nationaler Thematik, unter der vor allem die *Memorias histórico-políticas* (1834) von Vicente Pazos Kanki Erwähnung verdienen. Popularität gewannen auch die in Quechua verfassten Liebesgedichte des Indios Juan Wallparrimachi, der an den Befreiungskämpfen im Süden des Landes teilgenommen hatte. Zu den frühen Zeugnissen der bolivianischen Literatur gehört schließlich noch der *Diario de un comandante de la independencia americana*, die Memoiren eines ehemaligen Guerilleros namens José Santos Vargas. Wie die Gedichte Wallparrimachis ist auch der *Diario* in populärer Sprache verfasst, untermischt mit neoklassizistischen »cultismos«. Auch in der romantischen Generation findet sich die für die Unabhängigkeitsperiode charakteristische patriotische Thematik, so z. B. in Nataniel Aguirres historischem Drama *Visionarios y mártires* (1865) oder in Ricardo José Bustamantes Epos *Hispano-America libertada* (1883). Keiner dieser Autoren wird mit seinen Werken jedoch zum Schöpfer einer spezifisch bolivianischen Nationalliteratur. Ihre besten Produkte entstehen vielmehr in mehr oder weniger bewusster Imitation vorgegebener Modelle. Dies gilt sogar für Aguirres Roman *Juan de la Rosa* (1885), das wichtigste Werk der bolivianischen Romantik, für das die Kritik Vorlagen aus Victor Hugos *Les Misérables* sowie Bezüge zu dem 1879 in Santo Domingo erschienenen Roman *Enriquillo* von Manuel de Jesús Galván hat ausfindig machen können. Auch das von Ricardo Palma kreierte Genre der »Tradición« findet bolivianische Adepten. Zu ihnen gehört neben Nataniel Aguirre selbst insbesondere der unter dem Pseudonym Brocha Gorda schreibende Julio Lucas Jaimes. Mit seiner luziden Geschichte der Stadt

Potosí (*La villa imperial de Potosí*) ist er es, der dem Ziel einer bolivianischen Nationalliteratur am nächsten kommt.

Außerhalb bzw. am Rande des nationalen Konsenses angesiedelt sind im 19. Jh. auch die zahlreichen Beispiele der von Frauen geschaffenen Literatur. Ohne dass es gerechtfertigt wäre, in jedem Fall bereits von »Feminismus« zu sprechen, artikulieren sich schreibende Frauen doch offenbar eher an der Peripherie des gesellschaftlichen Konsenses als in seinem Zentrum. Die Haltung der »Kritik« bedarf nicht erst der Vermittlung durch eine spezifische philosophische oder politische Theorie, sondern ergibt sich offenbar weitgehend mit Notwendigkeit aus der bewussten Wahrnehmung der eigenen Situation. Belegen lässt sich dies bereits an den berühmten *Peregrinaciones de una paria* (1838), den autobiographischen Skizzen der in Paris geborenen Peruanerin Flora Tristán über ihren Amerikaaufenthalt in den Jahren 1833–34. Es ist deshalb kaum verwunderlich, dass es insbesondere auch Frauen sind, die an vorderster Front stehen, wenn es darum geht, neuen Themen und Gattungen zum Durchbruch zu verhelfen. In Ecuador ist dies die Lyrikerin Dolores Veintimilla de Galindo, die sich mit *Necrología* (1857), einer öffentlichen Verteidigungsschrift für einen zum Tode verurteilten Indio, als Erste der Indigenismo-Thematik zuwendet und damit den unverdienten Zorn wohlmeinender Aufklärer wie Fray Vicente Solano auf sich zieht. Der Selbstmord Veintimillas – so heißt es – habe seinen Grund in den Attacken von Solano. In Peru sind die Anfänge des »indigenismo« dagegen mit der Gestalt der aus Cuzco stammenden Schriftstellerin Clorinda Matto de Turner verbunden, unter deren Werken zunächst die mit Unterstützung von Ricardo Palma entstandenen *Tradiciones cusqueñas* zu nennen sind, sodann ihr Hauptwerk, der Indio-Roman *Aves sin nido* (1889). Der Roman enthält nicht nur die Beschreibung der bedauernswerten Situation der Indios, sondern zugleich auch einen scharfen Angriff gegen Einfluss und Macht der katholischen Kirche, die von Matto unter die Hauptschuldigen an der Lage der Indios gerechnet wird. Obwohl sich zeigen lässt, dass das Engagement der Schriftstellerin von christlichen, ja patriarchalischen Überzeugungen getragen ist, sieht sie sich schließlich einer immer stärker werdenden Front von Gegnern gegenüber und geht nach Buenos Aires ins Exil. Die um sieben Jahre ältere Mercedes Cabello de Carbonera stammt aus Lima. Für die Situation der Indios ohne größere Sensibilität, erhebt sie in ihrem Essay *La novela moderna* von 1892 die Forderung nach Schaffung eines neuen, »peruanischen« Romans im Zeichen des Realismus und Naturalismus. Er soll sich den analytischen Herausforderungen der neu entstandenen Nachkriegsgesellschaft stellen. Eines seiner wichtigsten Themen ist die Emanzipation der Frau. Ihren größten literarischen Erfolg erringt Cabello mit dem Roman *Blanco y Sol* von 1889. Auch Bolivien verfügt mit María Josefa Mujía sowie mit Adela Zamudio über zwei Schriftstellerinnen von internationalem Rang. Die im Alter von dreizehn Jahren erblindete Lyrikerin María Josefa Mujía ist von der französischen Parnasse-Dichtung beeinflusst und gilt aufgrund ihres kategorischen Antiromantismus als eine der ersten modernen Intellektuellen der bolivianischen Literatur. Adela Zamudio ist ebenfalls Lyrikerin, zugleich eine kämpferische Feministin mit romantischen und christlichen Wurzeln. Wie Manuel González Prada in Peru und der Mexikaner Salvador Díaz Mirón gehört sie zu den entschiedenen Wortführerinnen der lateinamerikanischen Moderne.

Literatur weiblicher Autoren

Clorinda Matto de Turner

González Prada und das Postulat der Moderne

Mit der Bestellung Ricardo Palmas zum Direktor der von den Chilenen geplünderten Nationalbibliothek wird der Schöpfer der *Tradiciones* gewissermaßen zum Vollstrecker seines eigenen Testaments. In der Sicht seines Kritikers Manuel González Prada haben Zeit und Umstände das zu verwaltende Kapital jedoch längst aufgezehrt. González Prada gehört zu den schärfsten Kritikern der im Krieg gescheiterten Machtelite, seine Bestellung zum Nachfolger Palmas ist ein weiterer Akt mit historischer Symbolik, denn González Prada ist nun dazu ausersehen, das aufgezehrte Kapital wieder aufzufüllen: »In der Prosa herrscht immer die schlechte Tradition, dieses Monstrum, hervorgebracht von den süß-sauren Fälschungen der Geschichte und der mikroskopischen Karikatur des Romans.« Das waren starke Worte, mit denen der neubestallte Leiter des »Círculo literario« sich schon 1888 gegen Palma als Neuerer empfohlen hatte. Schärfer als zwischen Palma und González Prada hätte die nach dem Pazifikkrieg notwendige Zäsur gar nicht ausfallen können: Sie repräsentieren zwei unterschiedliche, für lange Zeit inkompatible Projekte peruanischer Nationalliteratur. »Für González Prada liegt die Tradition in der Zukunft«, formuliert Cornejo Polar treffend. Seine Modernität ist jedoch nicht diejenige der Modernisten, die bereits zu seinen Zeitgenossen zählen. Auch wenn die Indios seiner erst 1935 erschienenen *Baladas peruanas* immer noch den exotischen Federschmuck der Indios des 19. Jhs. tragen, steht der neue Direktor der Nationalbibliothek mit einem Fuß im 20. Jh.: Weder die Modernisten um José Santos Chocano noch gar die »Hispanisten« vom Schlage eines José de la Riva-Agüero jedoch sind die Vollstrecker seines Testaments, sondern José Carlos Mariátegui und später José María Arguedas. Mariátegui ruft 1928 das zehnte Todesjahr des Dichters mit einer Sondernummer von *Amauta* in Erinnerung und greift darüber hinaus in seinem berühmten Essay *El problema del indio* selbst zentrale Gedanken wieder auf, die González Prada bereits 1904 in seinem Essay *Nuestros indios* vorweggenommen hatte.

Cono Sur (Chile, La-Plata-Staaten, Paraguay): Aufbruch zu neuen Ufern

Romantik, »Junges Argentinien« und der Terror der Rosas-Diktatur

Esteban Echeverría

Anfang Juli 1830 entstieg Esteban Echeverría, gerade 25 Jahre alt, einem Schiff, das ihn aus Frankreich nach Buenos Aires zurückgebracht hatte. Er hatte fünf Jahre lang unter bescheidensten Verhältnissen in Paris gehaust und sich da mit der zeitgenössischen französisch-englischen Literatur vollgesaugt: Hugo, Byron, Lamartine; Saint-Simon, Leroux, Lamennais. Das war genau die Mischung, die sich damals als »Romantisme social« verstand. Echeverría begriff ihn als das Evangelium, das es in Argentinien zu verkünden galt. Damit hatte er sich vorgenommen, Buenos Aires zu »erobern«. Das gelang nicht über Nacht. Seine erste Verserzählung, *Elvira o La novia del Plata* (1832), fiel ins Leere. Mehr Beachtung fand der

Gedichtband *Los consuelos*; der Durchbruch zu (relativ) breiter Anerkennung gelang ihm 1837 mit *Las rimas*, unter die auch die Verserzählung *La cautiva* aufgenommen war.

Inzwischen hatte sich in Argentinien politisch Entscheidendes zugetragen. In den chaotischen Jahren nach Ausrufung der Unabhängigkeit hatte sich eine tiefe Kluft zwischen Buenos Aires, das die Hegemonie beanspruchte, und den selbstbewussten Provinzen des Landesinneren herausgebildet, anders gesagt: zwischen der hauptstädtischen, vom Gedankengut der französischen Aufklärung geprägten Intelligentsia und den machtgierigen, sich auf ihre Gauchos stützenden Caudillos der Paraná- und Andenprovinzen, noch anders gesagt: zwischen Unitariern und Föderalisten. Nun trat 1835 der fähigste jener Caudillos, Juan Manuel Rosas, die Herrschaft in Buenos Aires an. Siebzehn Jahre lang sollte er mit brutaler Härte regieren, gestützt auf eine rotuniformierte, »Mazorca« genannte Leibwache, die gnadenlos auf alle Jagd machte, welche am Fehlen der geforderten Abzeichen als Unitarier erkennbar waren. Das war die Herausforderung, der sich die intellektuelle Jugend, genährt mit europäischem, sozialem, frühsozialistischem Gedankengut, gegenübersah. Das Rosas-Regime ließ von vornherein keine Opposition aufkommen. Ein literarischer Salon in der Buchhandlung Marcos Sastre wurde nach wenigen Monaten von der Polizei ausgehoben. Daraufhin schloss sich eine Gruppe junger Leute unter der Führung von Echeverría, Juan Bautista Alberdi und Juan María Gutiérrez zur »Asociación de Mayo«, spezifischer zum Geheimbund der »Joven Argentina«, zusammen – in ziemlich genauer ideologischer Entsprechung zu europäischen Formationen wie der »Giovine Italia«, dem »Jungen Deutschland« usw. Das Schicksal dieser Regimegegner konnte kein anderes sein als die Emigration: mehrheitlich auf die andere La-Plata-Seite, nach Montevideo, aber auch nach Chile und in Einzelfällen nach Bolivien. Echeverría übernahm es in Absprache mit Alberdi und Gutiérrez, in dreizehn »symbolischen Worten« das Credo des »Jungen Argentinien« zu formulieren und es später (1846) zu einer Art Katechismus mit dem Titel *Dogma socialista* (etwa: »Lehrbuch der Gesellschaftlichkeit« – das Titelwort hat nichts Unmittelbares mit »Sozialismus« zu tun) zu erweitern. Die hier dargelegten Gedankengänge wollten die Unabhängigkeitsideale des »Mayo«, die ihrerseits aus dem Ideenfonds der Französischen Revolution geschöpft waren, mit den aktuellen politisch-sozialen Vorstellungen der Romantik verbinden. Der Gedanke der »fraternité« wird nun (man hatte inzwischen auch Mazzini gelesen) modifiziert zum Ruf nach der »Assoziation« als dem großen Heilmittel gegen die Diktatur, die man als Sieg des Individualismus über das Gemeinschaftsdenken versteht. Die Freiheit des Individuums ihrerseits wird liberalistisch verankert als »Recht auf Widerstand gegen die tyrannischen Entscheidungen des souveränen Volkes«. Alle verschiedenen Programmpunkte aber werden umgriffen von einer geschichtsphilosophischen Gesamtkonzeption, einem Fortschrittsdenken im Sinne Condorcets, in das die romantische Vorstellung von der geschichtsteleologischen Rolle der nationalen Individualitäten einfließt; hier fixiert sich der glühende Patriotismus eines Landes, das des festen Glaubens ist, erst hier und heute (genau am 25. Mai 1810) habe seine Geschichte begonnen. Ein weiteres jener »symbolischen Worte« heißt: »Unabhängigkeit von allen rückständigen Traditionen«. Damit wird die koloniale Vergangenheit anvisiert. In der Tat begegnen sich in der kompromisslosen Ablehnung alles Spanischen die verschiedensten Geister. Und in all dies mischte sich ein starkes

Die Diktatur des Juan Manuel Rosas und das »Junge Argentinien« der »Asociación de Mayo«

Generationsbewusstsein, das Gefühl, Teil einer globalen Fortschrittsbewegung zu sein, das Gewahrwerden einer Tabula-rasa-Situation, in der die unverbrauchte Jugend berufen sei, das Neue zu schaffen. Auf dieser Grundlage muss das Verhältnis zur Literatur gesehen werden. Diese kann nichts anderes als eine engagierte sein; sie hat im Dienst des Fortschritts zu stehen. Alberdi übt deshalb heftige Kritik an einem Gedicht seines Freundes Gutiérrez, das er »unvollständig, frivol und egoistisch« nennt, weil es nur Ausdruck der Subjektivität sei und nirgends von der Gesellschaft, der Menschheit und dem Fortschritt rede.

Die revolutionäre »Gleichheits- gesellschaft« in Chile

In gewissem Sinne Ähnliches treffen wir auf der anderen Andenseite, in Chile, an. Zwar gab es da keinen Rosas, aber seit 1830 mit dem Präsidenten Portales, später mit Bulnes, Politiker, die mit starker Hand regieren. José Victorino Lastarria, ursprünglich ein Verteidiger des Neoklassizismus in der Polemik zwischen Bello und Sarmiento, gab die Losung zum Studium des eigenen Landes aus und rief 1841 eine »literarische Vereinigung« ins Leben, die bald nicht mehr den Ansprüchen der jungen Generation genügte, deren radikalste Vertreter, Francisco Bilbao und Santiago Arcos, 1850 die »Gesellschaft der Gleichheit« begründeten und die Zeitung *Der Volksfreund* erscheinen ließen. Die Ausrichtung der chilenischen »Gleichheitsgesellschaft« und ihrer aufeinanderfolgenden Organe war eindeutig revolutionär. Am weitesten ging hier Francisco Bilbao, dessen Streitschrift *Sociabilidad chilena* (1844) öffentliches Ärgernis hervorrief und den Autor vor Gericht brachte. Bilbao ging anschließend für mehrere Jahre nach Paris; nach Chile zurückgekehrt, blieb er seinem utopischen Idealismus treu, dessen Themen er um das einer südamerikanischen Staaten- und Völkergemeinschaft erweiterte (*La América en peligro*, 1862, und *El evangelio americano*, 1864).

Zivilisation gegen Barbarei

Domingo Faustino Sarmiento: Facundo

In Argentinien fand die immer wiederholte Aufforderung der Lastarria, Alberdi und Echeverría zur Erkundung der »wahren Wirklichkeit« ihrer Länder im *Facundo* (1845) von Domingo Faustino Sarmiento eine brillante Erfüllung. Das Buch entstand im chilenischen Exil, wo Sarmiento auch auf übernationaler Ebene die neue romantische Schule in einer engagierten Polemik gegen den Neoklassizismus Andrés Bellos verteidigte. Der *Facundo* besteht aus einer geophysischen, kulturkundlichen und soziologischen Analyse Argentiniens, der Biographie des Caudillo Facundo Quiroga und abschließenden Prognosen zum Fortgang der politischen Entwicklung. Was Sarmiento anstrebt, ist eine Deutung der jüngsten argentinischen Geschichte seit der Unabhängigkeit, und es gelingt ihm, diese auf eines jener suggestiven Schlagworte zu bringen, die sofort von jedermann als die Lösung aller Rätsel empfunden werden. Es ist die alternative Formel *civilización – barbarie* (Kultur vs. Barbarei). Der Freiheitskrieg war ein Kampf der europäisch gesitteten Städte gegen die spanische Kolonialmacht gewesen, die sich dafür der halbbarbarischen Massen des offenen Landes (der Gaucho-Reitertruppen) bedient und diesen durch den gemeinsamen Sieg das Gefühl ihrer Macht gegeben hatten. So konnte es zum zweiten Akt der argentinischen Geschichte kommen: dem Aufstand der Pampa gegen die Kultur der Städte. In der Gestalt Facundos hat die »arabische, tartarische Hirtenkraft« ihre mächtigste Verkörperung gefunden; Rosas wird dessen spontane Taten in ein machiavellistisches System bringen. Was die literarische Wirkung des *Fa-*

cundo bis zum heutigen Tag verbürgt, ist Sarmientos Darstellung. Formal gesehen ist sein Buch ein Aggregat meisterhaft erzählter Anekdoten, Kurzgeschichten und Prosaromanzen, die bald lakonisch, bald in mächtigen Wortkaskaden von den grausigen Taten der »modernen Hyksos« berichten. Immer wieder greift er als Autor mit zornigen, sarkastischen oder beschwörenden Ausrufen in die Darstellung ein, verliert sich in Zukunftsvisionen, schafft durch Anspielungen auf asiatische und afrikanisch-arabische Zustände kulturtypologische Parallelen und gleichzeitig den Eindruck von der Weite des Raums, ja er gibt an manchen Stellen, wenn nicht die ersten, so die kraftvollsten Landschaftsbeschreibungen der argentinischen Literatur. Facundo selbst begreift er in einem schöpferischen Akt, und nicht ohne geheime Sympathie, als reine Naturkraft, als elementare Frucht der jungfräulichen amerikanischen Erde. Sarmientos unter schwierigen Verhältnissen rasch hingeworfenes Werk darf den größten Leistungen der argentinischen Literatur bis zum heutigen Tage zugezählt werden.

Auch die erzählende Prosa steht zunächst ganz unter dem Zeichen des Kampfes gegen das Rosas-Regime, der die jungen Autoren im Exil zu erstaunlichen Leistungen anstachelte. Bahnbrecher moderner Erzählkunst war in Hispanoamerika wie in Spanien der Costumbrismo: literarische Fragmente aus dem alltäglichen Lebensstoff, der in einer Mischung von Humor und Satire beobachtet und festgehalten wurde, wobei die Autoren Bedacht auf das »Typische« nahmen und ihre pädagogische Absicht einer »Verbesserung der Sitten« selten verhehlten. Der Meister der Gattung war im Mutterland Mariano José de Larra, einer der ganz wenigen spanischen Autoren, die von ihren hispanoamerikanischen Kollegen rückhaltlos bewundert wurden. Sein erklärter Nachfolger in Argentinien ist der schon erwähnte Juan Bautista Alberdi, der das literarische Pseudonym seines Vorbilds, Fígaro, übernahm, aber aus Bescheidenheit mit dem Diminutiv versah: Figarillo verfolgte unter anderem mit beweglichem Spott die abgelebten und noch immer fortdauernden Erscheinungen des spanischen Traditionalismus. Sein chilenisches Pendant war »Jotabeche«, José Joaquín Vallejo, der aus der nördlichen Bergwerksprovinz Copiabó stammte und die Erfahrungen, die er in verschiedenen praktischen Berufen gemacht hatte, in sein weitgespanntes Themenprogramm einbringen konnte, in dem die Kritik an »Unsitten« in der Politik und Verwaltung dominiert.

Politisch und ästhetisch einen Schritt weiter führt Esteban Echeverría mit *El matadero*, einer um 1838 flüchtig hingeworfenen Skizze, die dennoch zu seinen besten Leistungen zählt. Sie beginnt mit einem zeitsatirischen Sittenbild (der Rosas-Diktatur im Schutz des Klerus) und mit einer breiten Ausmalung des Ambiente (das Gelände des durch tagelange Regengüsse zum Morast verkommenen Schlachthofs, bevölkert von Sammlerinnen von Innereien und anderen ekelerregenden Personnagen) und leitet über in eine Kurzgeschichte vom gewaltsamen Tod eines unbeugsamen jungen Unitariers, der seinerseits vorgezeichnet war durch das Einfangen und Töten eines entlaufenen Stiers. Zuletzt ist Ansatz und Ziel der Erzählung eine politische Allegorie: Das Treiben auf dem Schlachthof bedeutet über seine krasse realistische Eigentlichkeit hinaus den Pöbelaufstand und blutigen Terror des Rosas-Regimes, dessen Wurzeln hier, im Matadero, zu suchen sind. Das stammt, wie gesagt, von 1838 und ist doch eindeutig naturalistisch. Bedenkt man, dass Juan Zorrilla de San Martíns Versepos *Tabaré* noch ein halbes Jahrhundert später einen »romantischen Exzess« darstellen wird, dann wird die Problematik jeglicher Chronologi-

Der Costumbrismo

Esteban Echeverría:
El matadero

sierungsversuche anhand von literarischen Strömungen im 19. Jh. deutlich.

Dem Hass auf Rosas ist auch der erste Roman im Cono Sur zu verdanken, *Amalia* von José Mármol in dem imponierenden Umfang von zwei Bänden mit insgesamt etwa 850 Seiten; der erste erschien 1851 im Feuilleton der Zeitung *La Semana* im Exil in Montevideo und wurde später vom Autor für die Buchpublikation überarbeitet, der zweite nach Rosas' Sturz 1855 in Buenos Aires. Einmal mehr wird also die archetypische Situation der Literatur jener Zeit gestaltet: hier die Mächte des Guten, dort die des Bösen; hier die Ideale des »Mayo«, dort die Finsternisse der Diktatur und des Mazorca-Terrors. In einem Roman war das durch Personen darzustellen und anekdotisch zu verlebendigen. Die Regime-Seite zeichnet sich durch Vulgarität und Ignoranz aus, die durchwegs jungen Empörer (allen voran der umtriebige Protagonist Daniel Bello) durch Intelligenz, Distinktion, Schönheit, Reichtum, erlesene Kulturbedürfnisse. Die höchste Frequenz im Pulsschlag des Textes wird dort erreicht, wo die Schönheit Amalias gepriesen wird, und es ist erstaunlich zu sehen, wie es Mármol gelingt, durch lauter klischeehafte Versatzstücke sinnliche Präsenz zu suggerieren. Umso erschütternder wirkt das blutige Finale, in dem der Autor eines der romantischen Leitthemen des Romans gipfeln lässt: das unheimliche Buenos Aires der Rosas-Zeit. Mármol hat seinen Zeitroman um ein Jahrzehnt zurückdatiert, er wollte, wie er sagte, einen »historischen Roman« schaffen. Also musste er, den damaligen Vorstellungen gemäß, die »Dokumente sprechen lassen«, um die historische Seite seines Werks zu beglaubigen, was er ausgiebig, im zweiten Teil allzu ausgiebig, tut. An einen anderen poetologischen Grundsatz der Scott-Nachfolge hat er sich hingegen nicht gehalten, demzufolge nur historische Gestalten aus der zweiten Reihe auftreten und sich unter die fiktiven mischen sollten. Er konnte offensichtlich nicht widerstehen und führte in einem zentralen Ballkapitel den ganzen Hofstaat des Tyrannen und diesen selbst in grotesk-sarkastischer Beleuchtung vor. Kompositorisch war dieses Kapitel gewiss ein guter Einfall; es entsprach auch der Praxis des europäischen Romans der Zeit, den handlungstragenden Personen in einer Ballszene ein Stelldichein zu geben, um sich darin zu charakterisieren und den Autor Wertakzente in der Handlung setzen zu lassen.

José Mármol

Patriotische Lyrik während und nach Rosas

Selbst die Lyrik dieser Zeit will zu einem nicht geringen Teil patriotisch-politische Inhalte vermitteln, also die Ideologie der herrschenden Oligarchie, der die Dichter selbst überwiegend entstammten. Uns Lesern des beginnenden 21. Jhs. ist diese Art von Patriotismus und vor allem der Ton, in dem er verlautbart wird, ebenso fremd geworden wie die damalige Stellung des Dichters in der Gesellschaft – die geistige Führer- und Prophetenrolle, die er beanspruchte und wie selbstverständlich erhielt, die öffentlichen Auftritte, die für ihn inszeniert wurden (Gedenkreden, Dichterwettbewerbe). Auch in der Lyrik steht am Beginn Esteban Echeverría; freilich ist die »reine« Lyrik Echeverrías Schwachstelle. Seine Gedichte sind Willensakte und folglich Kopfgeburten. Daran hat sich auf dem Weg von den *Consuelos* zu den *Rimas* nichts geändert. Der Geist, der sie zweifellos einmal bewohnt hat, ist aus diesen Versen gewichen, die vom Meer, der Liebe und dem Pilger-Los handeln. Etwas besser steht es um José Mármol als Lyriker. Er hatte immerhin seine Spezialität, in der niemand an ihn heranreichte: die Invektive gegen den Diktator Rosas. Die besten Stücke finden sich in einer Sammlung, die ausgerechnet *Armonías* (Harmonien) betitelt ist. Erstaunlich ist der Erfindungsreichtum, mit dem Mármol seine Bannflüche zu variieren und wie er seine Emphase an die Kandare der Rationalität zu nehmen weiß. Aber er verfügt auch (ganz im Gegensatz zu Echeverría) über eine leichte Ader, z.B. in »Adiós a Montevideo«, einem Abschiedsgedicht an die leichten und weniger leichten Damen der uruguayischen Hauptstadt, die ihm die Verbannung versüßt zu haben scheinen. Als Rosas bei Monte Caseros endgültig geschlagen war (1852), ist Mármol als Dichter verstummt.

Die Zeit nach Rosas brachte überhaupt eine umfassende Neuorientierung der literarischen Landschaft. Der spätere Präsident Sarmiento widmete sich mehr und mehr der politischen und volksbildnerischen Arbeit; Alberdi, der sich bald mit ihm überwarf und schließlich erneut ins Exil ging, kritisierte seine Regierung in einer bitteren allegorischen Satire, die zwischen Roman und Pamphlet angesiedelt ist: *Peregrinaciones de la luz del día o Viaje y aventuras de la verdad en el Nuevo Mundo* (1878). Hier herrscht unter anderem ein amerikanischer Quijote aufgrund seiner Dekrete, an deren Wahrheit er ebenso felsenfest glaubt wie sein literarisches Vorbild an die der Ritterromane, über ein Wählervolk aus Hammeln, die bei Plebisziten mit »Mäh« abstimmen, was er als eine Variante des amerikanischen »Yeah« und somit als Zustimmung deutet.

Umorientierung nach Rosas: Alberdis Peregrinaciones de la luz del día

Die nächste Generation der romantischen Lyriker wandte sich dagegen weniger politischen Themen zu; das lyrische Kapital von Rafael Obligado ist die Kindheitsidylle im elterlichen Gut am Unterlauf des Paraná mit schwimmenden und festen Inseln, Vögeln, subtropischen Bäumen und Blumen und einer Kinderliebe, die ein früher Tod beendete. Davon handelt dieser Dichter der Nostalgie, der auf seinem Instrument fast nur diese eine Saite hat, in sanft modulierten Versen, denen man die Lektüre des spanischen Spätromantikers Gustavo Adolfo Bécquer anmerkt. Lebhafter wirkt immer noch Carlos Guido y Spano, der wenigstens mit zweien seiner Gedichte erwähnenswert ist: »Im Kirschenbaum« (eine schelmische Liebesepisode zwischen Adoleszenten) und »Nänie« (eine leitmotivisch von Guaraní-Wörtern durchäderte Elegie auf die Auslöschung Paraguays im Jahr 1869). Unvermeidlicherweise gab es in dieser Dichterschar auch einen selbsternannten Außenseiter: Pedro B. Palacios, der sich das stolze Pseudonym Almafuerte (starke Seele) zulegte, sich als personifizierte Herausforderung empfand und mit alttestamentarischem Pathos gegen das Establishment und die Klerisei wetterte. Chiles lyrische Stunde schlug erst im 20. Jh.; wenn für das 19. Jh. da und dort vorsichtig anerkennend der Name von Guillermo Blest Gana (vielleicht zu Ehren seines jüngeren Bruders, des wirklich bedeutenden Romanciers Alberto) genannt wird, zeigt eine Lektüre der Texte, dass Don Guillermos *Poesías* (1854 und später) nirgends über den Status einer versierten Albumpoesie hinausgelangen. Auch Uruguays bedeutendster Lyriker der Romantik, Adolfo Berro, ist lediglich der Vollständigkeit halber erwähnenswert.

Die nächste Generation der romantischen Lyriker: Rafael Obligado

Ein Gesamtblick auf dieses lyrische Schaffen zeigt, dass es in sechzig und mehr Jahren keinerlei Entwicklung durchgemacht hat; es ist (in der beschriebenen Weise) »romantisch« vom Anfang bis zum Ende, bei gelegentlichen Einbrüchen des guten alten Klassizismus. Wichtig und weiterführend ist es festzuhalten, dass sich jenseits all dieser Oden, Hymnen, Beschreibungs- und Anekdotengedichte eine starke Neigung zum Epischen zeigt, an der alle hier erwähnten Lyriker teilhaben. Erst in Vers-

Verserzählungen:
Echeverría,
La cautiva

erzählungen, in lyrisch-epischen Rhapsodien oder in geschichtsphiloso-phischen Großgedichten finden sie zur Erfüllung ihres Talents. Echeverría z.B. verdankt seinen literarischen Ruhm in erster Linie seiner Versnovelle *La cautiva* von 1837. Obligado ist einer seiner glühendsten Lobredner: Er setzt die Leistung der *Cautiva* mit den großen Schlachten der Unabhängig-keitskriege in eins und sagt, erst durch Echeverría sei der Pampa eine Seele verliehen worden. Erzählt wird in dem Text die heroische Geschichte der *criolla* María, die ihren Brian, der in einem Gefecht mit den Indios verwundet und (wie sie) gefangengenommen worden ist, aus dem Lager schmuggelt und auf einer aussichtslosen Flucht durch die Weite der Pampa schleppt, bis er, mit den Worten »Vaterland« und »Ehre« auf den Lippen, seinen Verletzungen erliegt; sie selbst gibt erst auf, als sie von einer vorübersprengenden Reiterschar erfährt, dass ihr und Brians Söhn-chen von den Indios ermordet worden ist. Was bleibt, ist ein einsamer Ombú (der emblematische Pampa-Baum) und darunter ein Kreuz, das Wahrzeichen der Erlösung. Es sind vor allem zwei Züge, die an diesem kleinen Werk interessieren: die Naturgemälde und das Indio-Bild. Die Partien, die von den Indios handeln, sind voll von dem, was man »Greuel-märchen« nennen möchte. Diese das warme Blut einer geschlachteten Stute saufenden, Menschenköpfe auf Lanzenspitzen mit sich führenden, mit wilden Orgien ihre Siege gegen die »Zivilisation« feiernden Unge-heuer stellen jedenfalls die permanente Bedrohung des Landes dar. Im-plizit wird zum nationalen Kampf gegen sie aufgerufen, die Ausrottungs-kampagnen der Generäle Rosas und später Roca erfahren in diesen ro-mantischen Versen im Vorhinein ihre Rechtfertigung.

José Mármol:
Cantos del Peregrino

Wenn oben von »lyrisch-epischer Rhapsodie« die Rede war, sollte auf Mármols *Cantos del Peregrino* angespielt werden, ein Werk, auf das keine Gattungsbezeichnung so recht zu passen scheint. Vor allem war es wohl eine Kladde, in der der Dichter Eindrücke und Gedanken festhielt, die später (»bei größerer Ruhe«) zu einem Epos ausgearbeitet werden sollten, wobei Byrons *Childe Harold's Pilgrimage* Modell stand. Die vollendeten ersten vier Gesänge wurden 1847 veröffentlicht, danach entstanden für die geplanten Gesänge V bis X Skizzen und Entwürfe, XI und XII sind wieder (relativ?) vollständig. Das meiste soll auf Deck geschrieben worden sein: Mármol plante eine Seereise von Rio de Janeiro nach Valparaíso, sein Schiff musste jedoch an der Magellanstraße wegen schlechten Wetters umkehren. Die zentrale Figur ist der Dichter selbst, der in romantischer Pose am Bug sitzt, bleich und düster, die Harfe in den Händen haltend, und, während er in einigem Abstand an der Küste Südamerikas entlang-fährt, die Schönheiten der tropischen oder subtropischen Natur besingt, die er in der Ferne sieht oder ahnt. Diese Beschreibungen (der Rahmen) werden durch vielerlei Einschübe unterbrochen, in denen Mármol seine Liebesgeschichte erzählt, mit Spanien abrechnet oder angesichts der Al-tersschwäche Europas die Zukunft der Welt im Zeichen des jugendlichen Amerika besingt. Das Poem bleibt in seiner Unabgeschlossenheit und seiner Schwärmerei eher ein Versprechen als eine Erfüllung – mit einem Wort: Es ist echt »romantisch«, das romantischste Werk, das der Cono Sur hervorgebracht hat.

Der junge »Peregrino«
in Kontemplation

Das gaucheske Genre: Ausdruck des argentinischen Wesens?

Die Dominanz des Epischen gilt auch für die nachfolgende Lyrikergeneration, etwa für Rafael Obligado mit seinem lyrischen Kurzepos *Santos Vega*, das einen Stoff der gauchesken Literatur aufgreift, jener eigenen Gattung des La-Plata-Raums also, die bis in die Unabhängigkeitsepoche zurückreicht. Der Gaucho ist die autochthone Mythenfigur der La-Plata-Länder. Der Name, den etymologische Spekulationen nicht überzeugend herzuleiten vermochten, ist ab Ende des 18. Jhs. belegt und von Anfang an negativ belegt: Der als Gaucho bezeichnete Rinderhirte der Pampa wird als Dieb oder mindestens als Tagedieb angesehen. Zwei Faktoren waren es, die seine Rehabilitierung bewirkten. Er gewann eine kulturelle Dimension durch eine lebhaft sprießende Volksdichtung über Figuren und Ereignisse seines Lebenskreises, die von den Payadores, berittenen Wandersängern, unter Gitarrenbegleitung in den »pulperías« (Kaufläden und Schenken) vorgetragen wurden; eine politische Dimension wuchs ihm durch die spontane Teilnahme von Gaucho-Verbänden an den Unabhängigkeitskriegen zu, in denen viele Gefechte dank ihrer Kühnheit zugunsten der Patrioten entschieden werden konnten. Die Poesie der Gauchos wird zur gauchesken in dem Augenblick, da gebildete, aber eng mit dem Landleben vertraute Städter den Gaucho in den Mittelpunkt ihrer Dichtungen rückten und ihn in seiner eigenen (stilisierten) Sprache reden ließen. Sie gebrauchten dabei die Lied- und Tanzformen der Volkspoesie sowie das Schema des Dialogs in Strophen zwischen Partnern mit volkstümlichen Spitznamen. Die gaucheske Literatur ist eine uruguayisch-argentinische Koproduktion. Am Anfang steht der bereits im Zusammenhang der Unabhängigkeit erwähnte Bartolomé Hidalgo aus Montevideo, der seit 1813 der bisherigen Liebespoesie eine Wendung zum Politischen gab. An Stoffen fehlte es in dieser politisch bewegten Zeit wahrlich nicht, vor allem nicht während des großen und blutigen Bürgerkriegs, der Jahre nach Hidalgos frühem Tod die beiden staatstragenden Parteien (Blancos und Colorados) unter Beteiligung des argentinischen Diktators Rosas, der Exilierten aus Buenos Aires sowie Englands und Frankreichs entzweite. Es war die Zeit des erklärten Hidalgo-Schülers Hilario Ascasubi, der sich als enragierter Unitarier mit unerbittlichem Hass und literarischer Verve an Rosas' Fersen heftete und unter dem Pseudonym Aniceto el Gallo (Aniccto der Hahn, 1853–59) sogar eine Rosas-kritische gaucheske Zeitschrift herausgab. Wiederum als Schüler Ascasubis empfand sich Estanislao del Campo, der zunächst dessen Linie (als Anastasio el Pollo, Anastasio das Huhn) fortsetzte, bis er selbst einen genialen Einfall hatte. In der Verserzählung *Fausto* (1866) ließ er einen Gaucho in das Teatro Colón, die Oper von Buenos Aires, marschieren, wo er die Oper *Faust* von Gounod in italienischer Version hört, um auf dem Heimweg in die Pampa seinem Kumpan Laguna von diesem Kunsterlebnis zu berichten. Der Witz bei der sich aktweise entfaltenden Erzählung Anastasios besteht darin, dass Laguna nicht recht glaubt, was ihm aufgetischt wird und seine Ungläubigkeit durch naive bis maliziöse Fragen bekundet, während Anastasio nicht den Unterschied zwischen Kunst und Leben durchschaut und alles als real geschehen auffasst.

Im Jahr 1872 erschienen gleich drei Werke der gauchesken Literatur: *Santos Vega* von Hilario Ascasubi, *Tres gauchos orientales* von dem Uruguayer Antonio Lussich und *Martín Fierro* von José Hernández. Das letztgenannte Werk gilt seit seinem ersten Erscheinen als Gipfel der volks-

Der Ursprung des gauchesken Genres

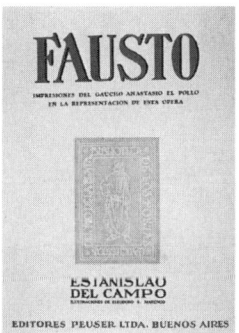

Titelblatt
der Verserzählung
del Campos

*Höhepunkt
der »Gauchesca«:*
Martín Fierro

Argentinische Gauchos
(Ende 19. Jahrhundert)

tümlichen Literatur um den Gaucho. Das Epos besteht aus zwei Teilen: *Ida* und *Vuelta* (Hin- und Rückweg), der zweite ist 1879 erschienen. Der Gaucho Martín Fierro berichtet von seinem leidvollen Lebensweg. Als Geschehenszeit dürfen wir für die glückliche Vorzeit die Jahre um 1850 annehmen, für die fatale Aushebung zum Grenzdienst gegen die Indios die um 1860, für den zweiten Teil 1874–79. Schauplatz sind die noch von den Indios beherrschten Pampa-Weiten im Südteil der Provinz Buenos Aires. Martín Fierro ist mit vielen anderen Opfer einer gewalttätigen Aushebung geworden; sie haben Weib und Kind verlassen müssen, und was die freiheitsgewohnten Söhne der Pampa an der Indianergrenze erwartet, ist das nackte und heulende Elend. Zwei Jahre hält der Held das aus, dann desertiert er und ist nun vogelfrei, ein »gaucho malo«. Beim Besuch der heimatlichen Siedlung findet er das alte Nest verlassen. Im Verlauf von Streitigkeiten in zwei Fälle von Totschlag verwickelt, beginnt seine persönliche Lage brenzlig zu werden. Bei einem Gefecht mit einem Trupp Gendarmen wechselt einer von diesen, der Sargento Cruz, beeindruckt von Fierros Mut die Seiten, wird sein Freund und geht mit ihm über die grüne Grenze zu den Indios. Sie geraten vom Regen in die Traufe. Vom ersten Tag an entpuppen sich die Indios als grausam, misstrauisch, tückisch und faul. Wie Echeverría in der *Cautiva*, so gibt auch Hernández im *Martín Fierro* sie zum Abschuss frei. Cruz stirbt bei einer Seuche, Fierro begräbt ihn und ist wieder allein – bis er auf eine Cautiva trifft, die seit zwei Jahren in unvorstellbarer Knechtschaft schmachtet. Er tötet im Zweikampf ihren Peiniger und flieht mit ihr durch die weglose Pampa. Schließlich findet Martín seine beiden Söhne und den Sohn seines Freundes Cruz wieder, und nun geht es ans Erzählen. Eine Payada (Wettsingen) zwischen Martín und einem Schwarzen, die unentschieden endet, sowie ein Corpus von moralischen Ratschlägen des Vaters für seine Söhne runden das Epos ab. Der ehemalige Deserteur und Gaucho malo plädiert nun für die Eingliederung in die Gesellschaft. Man kann den *Fierro* als eine Folge von jeweils typischen Autobiographien betrachten; Martín Fierro selbst, sein Freund Cruz, seine beiden Söhne, der Sohn von Cruz mit dem sprechenden Namen Picardía (Schelmentum) und die Cautiva erzählen ihre jeweiligen Lebensläufe, teils in klagendem, teils in stoisch festem Ton, und daraus geht zuerst die Reformbedürftigkeit dieser Gesellschaft, dann die Unmöglichkeit der Alternative »wildes Leben« und schließlich der Wunsch einer Eingliederung des umerzogenen Gauchos in die Gesellschaft hervor. Hernández' Anliegen ist folglich ein eminent moralisches, volkserzieherisches. Es steht außer Frage, dass das Werk in erster Linie für ein volkstümliches Publikum bestimmt war, das es in Heftform in den Pulperías mitnehmen oder mündlich im Vortrag zur Gitarre hören konnte. Als äußere Form hat Hernández eine sechssilbige Strophe gewählt, die in der Literaturgeschichte seinen Namen erhalten wird (»sextina hernandiana«): nach dem Schema *abbccb* gereimte Achtsilber, wobei die ersten beiden Verse das Thema anschlagen, die mittleren es entwickeln oder kommentieren, die letzten auf einen Spruch oder ein Sprichwort hinauslaufen. Bekanntlich träumt man im 19. Jh. in allen Kulturländern von einer Wiederbelebung des Epos. Hernández hat diesen Traum auf seine Weise, innerhalb seiner Grenzen, nach seinem schöpferischen Vermögen wahr gemacht; er hat dabei den Status der »ersten Schritte«, in dem die meisten Werke dieser Zeit verbleiben, bei weitem überschritten.

Titelblatt der Ausgabe 1894 (13. Auflage)

Der Spätromantiker Obligado, der 13 Jahre nach dem *Fierro* und nach Ascasubis *Santos Vega* das Thema dieses sagenumwobenen Payadors erneut aufgreift, bleibt im Gegensatz zu seinen gauchesken Vorläufern kompromisslos bei seiner lyrischen Hochsprache. Im vierten und letzten Gesang tritt ein geheimnisvoller Fremder auf, Juan Sin Ropa (»Hans Habenichts«), der den alten Payador zum Sangeswettstreit herausfordert und besiegt; die Seele des geschlagenen Santos Vega schweift seither ruhelos durch die Pampa. Der dämonische Fremde steht nun nicht nur für den Teufel der Legende, sondern auch für die Einwanderer, die zur Entstehungszeit des Gedichts (Mitte der 80er Jahre) zu Hunderttausenden in das weite Land zwischen Meer und Anden hereinfluteten, und damit für die nächste Entwicklungsphase Argentiniens: »Europa« wird den leeren Raum besetzen, Ackerland wird an die Stelle der Rinderweiden treten, die »schlafende Pampa« wird durch die Arbeit der Menschen verwandelt (»geadelt«) werden, aber mit der alten Freiheit wird es vorbei sein. Santos Vega ergibt sich in sein Schicksal; mit den überpersönlichen Gesetzen der Geschichte kann es der Einzelne nicht aufnehmen.

Rafael Obligado:
Santos Vega

Späte Verklärung des indigenen Elements

Aber auch andere Epenstoffe werden zur nationalen Selbstfindung herangezogen: Der Uruguayer Juan Zorrilla de San Martín führt die Leser seines Epos *Tabaré* (1888) zurück in die Zeit der Conquista. Bei einem Überfall der Indios wird die Spanierin Magdalena entführt und muss einem Kaziken zu Willen sein. Sie wird Mutter eines Mischlings mit blauen Augen und bronzefarbener Haut und tauft das Kind mit einer Handvoll Wasser aus dem Uruguay-Fluss. Aber die Mutter erträgt ihr Los nicht lange. Nach ihrem Tod wächst der Kleine, den »sie« Tabaré nennen, unter den Charrúas auf, dem wildesten Stamm der uruguayischen Indios. Die Jahre gehen dahin und eine neue Welle von Konquistadoren langt an, unter ihnen ein strammer Hauptmann mit Frau und Schwester Blanca. Tabaré und Blanca erblicken einander und werden sofort einer »unbekannten Macht« inne. Abermals kommt es zu einem Überfall, und nun wird Blanca entführt. Aber Tabaré setzt nach, tötet den Entführer und trägt Blanca »heim«. Langer Weg durch wilden Wald, Blanca gewahrt das Licht im Seelenabgrund Tabarés – und liebt. Doch ihr Bruder Gonzalo

Juan Zorrilla de San Martín: Tabaré

Juan Zorrilla
de San Martín

vermutet Schlimmes, niemand vermag ihn zurückzuhalten, nicht einmal ein verstehender Franziskanerpater; er stürzt sich auf Tabaré und tötet ihn. Dieser Plot ist frei erfunden. Wollte Zorrilla im Mestizen Tabaré, dem blauäugigen geheimen Christen, die nächste Stufe, die hoffnungsvolle Synthese in der ethischen Evolution Uruguays ankündigen? So scheint es; aber dann muss er Tabaré, wie der Plot es will, sterben lassen. Wird diesem die Rolle des symbolischen Vorläufers zugewiesen? Das wird nicht eigentlich klar, und ganz im Sinne dieser Verschwommenheit ist es, dass die Lieblingsvokabeln des Autors »dunkel«, »unbekannt« und »geheimnisvoll« sind. Besondere Mühe verwendet er auf die Gestaltung der gespaltenen Seele Tabarés, doch in Unkenntnis der noch vor der Tür stehenden Tiefenpsychologie konnte sie nur einiges Intuitive zutage fördern. Fachkundig lässt der Autor jedoch eine kleine Armee von Guaraní-Namen und -Vokabeln aufmarschieren, er zeigt die Indios mit ihren Sitten und Gebräuchen, er imaginiert plausible Landschaften von vor 300 Jahren, schafft also im ganzen eine stimmige Couleur locale. Noch beeindruckender sind seine im dichtungsgeschichtlichen Sinn modernen Leistungen: die weich modulierten Verse, die Verwendung eines Leitmotivs, viele nun wirklich vor-modernistische Bilder und Symbole und schließlich, das Beeindruckendste von allem, das Schlusstableau: der tot dahingestreckte Tabaré, Blanca, schluchzend über ihn geworfen und ihm nachsterbend, der daneben kniende und betende Franziskanerpater und darum herum der »geheimnisvolle« Urwald – kaum ein Leser wird sich solch gehäuftem Pathos entziehen können.

Die Geburt des modernen Romans am Cono Sur

Das autobio-graphische Genre

Ab der Jahrhundertmitte erlebte man in Chile und in den La-Plata-Ländern die Geburt des modernen Romans. Dieser Prozess wurde begleitet und gefördert durch die Pflege romanähnlicher, ganz oder halb autobiographischer Genera: Von seinen fünfzehn ersten Lebensjahren im Kreis der Familie in der Vor-Andenstadt San Juan erzählt Sarmiento (der schon mit 17 Jahren ins erste Exil gehen musste) in seinen *Recuerdos de provincia* (1851); von seinen Freuden und Leiden im »Colegio nacional« von Buenos Aires Miguel Cané in *Juvenilia* (1884), in einer Erzählhaltung, die manche Kritiker an Dickens erinnerte. Alle anderen überragt mit seinen *Recuerdos del pasado* (1882) der Chilene Vicente Pérez Rosales, dessen abenteuerhaftes Leben schon mit 14 begann, als ihn die erzürnte Mutter einem englischen Schiffskapitän übergab, der ihn in Rio de Janeiro an Land setzte. Einige Lebensstationen waren: Paris, Kalifornien (wohin ihn um 1848 der Goldrausch rief) und schließlich Hamburg, wo er im Alter als Konsul für die deutsche Einwanderung nach Chile warb. Das Buch gilt, nicht zuletzt aufgrund seiner stilistischen Qualitäten, als einer der Klassiker der chilenischen Literatur und war sicherlich mitverantwortlich dafür, dass in den letzten Jahrzehnten des 19. Jhs. Autobiographien in Chile besonders gern gelesen – und geschrieben – wurden.

*Lucio V. Mansilla:
Excursión a los indios ranqueles*

Aus den 70er und 80er Jahren stammen mehrere halbautobiographische Romane oder romanhafte Erfahrungsberichte: Einer davon stammt von Lucio Victorio Mansilla. Die Regierung des Präsidenten Sarmiento entsandte ihn zu den Ranqueles-Indios in der Provinz Córdoba, um einen Freundschaftsvertrag abzuschließen und ihnen die Räumung ihrer Lager zugunsten des Baus einer Eisenbahnlinie schmackhaft zu machen. Mansilla blieb noch ein paar Monate länger dort, um die Lebensumstände und

Sitten der Indios zu studieren. Sein Bericht *Excursión a los indios ranque-les* (1870) ist zunächst eine Sammlung von soziologischen, zoologischen, botanischen, philologischen und volkskundlichen Fakten, die auf genaue Recherchen zurückgeht. Das wahrhaft Neue ist sein Indio-Bild: Mansilla ließ sich mit den Kaziken ein, ohne seinen Stolz zu opfern. Auch er beobachtet ihre schwachen Seiten (Neigung zum unmäßigen Alkoholkonsum, zum Genuss warmen Tierblutes, Misstrauen, Verschlagenheit), aber er hebt auch ihre guten Eigenschaften hervor: ihr affektives Verhältnis zu den Pferden, ihre Gastfreundschaft, ihre Rituale – kurz, er gewahrt, dass Kultur und Barbarei sich nicht rigide voneinander trennen lassen, ja dass manche Indios bessere Menschen sind als manche Weiße (Deserteure, Renegaten), mit denen er in den Lagern in Berührung kam; der Fortschritt gegenüber dem Indio-Bild von Echeverría oder Hernández ist bemerkenswert. Dazu besitzt der Text auch literarische Qualitäten. Es gibt einige beschreibende Anthologiestücke (einen Sturm in der Pampa), eine tragische Novelle um einen Gefreiten Gómez und auch Stellen, wo der Autor seine objektive Haltung aufgibt und sein Ich durchschimmern lässt, ja es gibt sogar einen diskreten Ansatz zu einer Liebesgeschichte zwischen ihm und einer Mestizin, die bei den Indios lebt.

Aber auch der Roman im engeren Sinn wurde im Cono Sur rasch ein beliebtes Genre. Schon in den 50er Jahren war in Chile der Ruf nach dem »nationalen Roman« zu hören gewesen, und knapp zehn Jahre später war es so weit. Wenn Mármols *Amalia* noch ganz romantisch-idealistisch ausgerichtet war, so zeigte *Martín Rivas* (1862–64) von Alberto Blest Gana neben einem pathetisch-romantischen Handlungsteil kräftige realistische Züge, die sich vor allem Balzac verdankten, den der Autor während seines ersten Paris-Aufenthalts 1847–51 entdeckt hatte. Er selbst nannte *Martín Rivas* »novela de costumbres político-sociales«. Das ist zunächst einmal ganz wörtlich zu verstehen, insofern als die frührealistischen Sittenbilder des Costumbrismo als Inspirationsquellen und Gestaltungsmuster eine bedeutende direkte und indirekte Rolle gespielt hatten, ganz wie beim frühen spanischen Roman des 19. Jhs. Doch geht Blest Gana weit darüber hinaus; er versucht sich an einer Analyse der hauptstädtischen chilenischen Gesellschaft, bei der er vier Schichten unterscheidet: das Volk, den »medio pelo« (d. i. der zum Teil pikareske, oft ums tägliche Brot ringende, noch öfter von Aufstiegswünschen geplagte untere Mittelstand), das mittlere werteproduzierende Bürgertum, und schließlich das reiche, sich gerne als »Aristokratie« verstehende. Der Balzacschen Welt entspricht der krasse Materialismus, von dem die Stützen der Gesellschaft beherrscht werden; Idealismus und Selbstlosigkeit finden sich nur bei einigen jugendlichen Helden und Heldinnen. Genau wie *Amalia* vibriert auch dieser chilenische Roman von politischer Leidenschaft. Die erzählte Zeit reicht von Juli 1850 bis Oktober 1851, umfasst also die letzte Regierungsphase von Manuel Bulnes und den ersten Monat seines Nachfolgers Manuel Montt. Die Agitationen der »Gleichheitsgesellschaft« hatten die Gemüter erhitzt und die Generationen und Familien entzweit. Schließlich gipfelte die Unruhe in der Volkserhebung vom 20. April 1851, die für die Aufständischen mit einer blutigen Niederlage endete. Dies ist der historische Hintergrund des *Martín Rivas*, der das Lebensschicksal der handelnden jungen Personen bestimmt. Er wird ohne Parteinahme des Autors anhand von Figuren dargestellt, die zum großen Teil vorzüglich gezeichnet sind. Blest Gana hat seinem Roman wohl auch eine moraldidaktische, ja eine nationalpädagogische Aufgabe zugedacht. In der Tat ist sein Martín Rivas

Alberto Blest Gana:
Martín Rivas

in allen Lebenslagen von der untadeligsten Besonnenheit und Recht-schaffenheit – ein sozialer Aufsteiger von der allersympathischsten, ein junger Chilene von der allervorbildlichsten Art, dem verdientermaßen am Ende, nach der bestandenen Feuertaufe des Volksaufstandes, das unter Leiden angestrebte Liebesglück zufallen darf.

Das »populäre« gaucheske Genre: Juan Moreira und der Beginn des gauchesken Theaters

Die wesentlichste Voraussetzung für den Siegeszug des Romans ist der Zugang zu einem breiteren Publikum, der den Autoren in der zweiten Hälfte des 19. Jhs. dadurch eröffnet wird, dass sie nun ihre Texte in Fortsetzungen in Zeitungen (als *novela de folletín*) veröffentlichen kön-nen. Das galt schon für *Amalia*; in den 80er Jahren kommt es in Buenos Aires geradezu zu einer Flut solcher Fortsetzungsromane, die oft nicht über das Trivialgenre hinausgehen und dennoch – oder eben deshalb – die Kultur des Landes nachhaltig geprägt haben. Ein besonders eindrucks-volles Beispiel dafür ist Eduardo Gutiérrez' *Juan Moreira* (1879/80). Diesen einerseits an mittelalterliche Helden in Art des Cid, andererseits an Karl Mays Edelmenschen gemahnenden Gaucho trifft ein ähnliches Schicksal wie Martín Fierro, aber er zeigt im Unterschied zu diesem keinerlei menschliche, charakterliche oder körperliche Schwächen. Morei-ras Geschichte, die auf eine reale Begebenheit zurückgehen soll, wurde so sehr zur Legende, dass sein Schöpfer Gutiérrez nur vier Jahre später (1884) mit ihm auch das Theater eroberte. Der Erfolg dieser Aufführung durch die Truppe der Familie Podestá lockte viele Nachahmer an, und das »gaucheske Theater« war geboren. Der Gaucho-Roman blühte zur glei-chen Zeit auch in Uruguay: 1888, im selben Jahr wie die hochromantische Verserzählung *Tabaré*, erschien Eduardo Acevedo Díaz' *Ismael*, den Al-berto Zum Felde als den Beginn des »nationalen Romans« bezeichnet. *Ismael* ist ein historischer Roman, der erste und beste einer Trilogie über die Zeit der »Revolution«, das heißt der Unabhängigkeitskriege. Der Gaucho erscheint hier in einem neuen Aspekt: als Kämpfer für die natio-nale Unabhängigkeit, die allerdings vor allem als anarchische Freiheit begriffen wird – wenn sie überhaupt »begriffen« wird. Die Hauptleistung des Romans sind die bereits dem Modernismus präludierenden Natur-bilder sowie die Darstellungen der unglaublichen menschlichen Fauna, die sich in solchen »Montoneras« zusammenfand.

Großes Dorf oder modernes Babel? – Das Thema der Großstadt

Lucio Vicente López: La gran aldea

Der Feuilletonroman widmete sich jedoch auch der Großstadt Buenos Aires: *La gran aldea* (1884) von Lucio Vicente López trägt den Untertitel »Bonaerensische Sitten«. Erzählt werden zwei Jahrzehnte Entwicklung der Hauptstadt, von 1861 bis in den Anfang der 80er Jahre, von einer noch patriarchalischen Idyllik bis zum schon hektischen Getriebe einer völlig europäisierten Metropole. Die besondere Stärke von López liegt im Porträt, das er ausgiebig kultiviert; eine Glanzleistung ist jenes einer tyrannischen alten Dame mit dem symbolischen Namen Medea. Auch an naturalistischen Einschüben fehlt es nicht (Zola war am Río de la Plata bekannt geworden), nachzulesen in der Schilderung von Medeas Schlag-anfall oder in der Beschreibung eines bei einem Zimmerbrand ums Leben gekommenen Kindes. Unterdessen hielt in Argentinien überhaupt der literarische Naturalismus Einzug. Wenn jähe Wachstumsprozesse mit den damit verbundenen Krisen einen günstigen Nährboden für das Auf-kommen naturalistischer Phantasien und Denkbilder schaffen können, so

Hafenansicht
von Buenos Aires:
Boca del Riachuelo

muss dies besonders für das Buenos Aires der letzten beiden Jahrzehnte des 19. Jhs. gelten. Die vielbesprochene Großstadtbildung in Paris, London, Berlin fand am La Plata durch eine gigantische Immigrationswelle (mittlere Jahresmenge 300 000 Zuwanderer seit Anfang der 80er Jahre) ein beängstigendes Pendant. Menschenmassen verschiedenster Herkunft wogten im Hafenviertel La Boca durcheinander, versuchten sich miteinander zu verständigen, suchten Arbeit und Unterkunft. Sprunghafte Entwicklung von Handel und Industrie, sprunghafte Bereicherung einzelner Geschickter durch Boden- und Börsenspekulationen: Die Welt schien aus den Fugen, oder wenigstens: Die »Gran Aldea« hatte sich zur Kosmopolis gemausert. Bei einem Blick auf die von diesen Phänomenen sprechende Literatur zeigt sich, dass in Argentinien eine theoretische Konzeption fehlte. In dieser ersten Phase des argentinischen Naturalismus findet man eher unsystematische Echos des Determinismus, der Milieu- und Vererbungstheorie sowie Nacherzählungen einiger Szenen aus *Nana* und anderen Romanen Zolas. Es sind zwei Themen, die zunächst behandelt werden: die Einwandererfrage und der große Bankkrach vom April 1890. Bei Ersterem zeigt sich, dass schon die ersten Nachkommen der »alten« Einwanderer den neuen ablehnend gegenüberstehen. Anschauungsmaterial liefern etwa die Romane von Eugenio Cambacérès oder Julián Martel (Pseudonym für José María Miró). Cambacérès will in seinen vier Romanen durch besondere Kruditäten und einen radikalen Pessimismus gegenüber der Menschennatur schockieren. In *Sin rumbo* (1885) z.B. beschreibt er in allen Details die Syphilis seines Protagonisten, um ihn später ein grausiges Harakiri verüben zu lassen. In *En la sangre* (1887) schildert er, unter ausgiebiger Verwendung der erlebten Rede, den frühen Lebensweg Genaros, des Sohnes eines eingewanderten kalabresischen Spenglers, den die Mutter nach dem frühen Tod des Vaters studieren lässt, um ihm den gesellschaftlichen Aufstieg zu ermöglichen. Vergeblich: Zu stark wirkt die »Erbmasse«, er ist faul, betrügerisch, wenn auch »mit der katzenhaften Verschlagenheit seiner Rasse begabt«; es reicht gerade zur Verführung einer reichen Erbin und ihrer baldigen Brutalisierung. Und was für ein Gewinn für die Nation, diese Einwanderer! – »Was lag ihm daran, ob er als Argentinier oder Kaffer, in Buenos Aires oder in China geboren war?«

Unreflektierte Nachahmung von Émile Zola

Julián Martel:
La bolsa

Julián Martel wiederum erzählt in *La bolsa* (1891) im Anschluss an den Börsenkrach den Fall eines rechtschaffenen Advokaten, der sich zu Börsenspekulationen verführen lässt, sich über Nacht einen Feenpalast bauen lassen kann, mit einem Schlag alles verliert, zur Rechtschaffenheit zurückkehrt und seine Gläubiger soweit möglich befriedigt, aber dann zusammenbricht und den Verstand verliert (ein naturalistischer Lieblingstopos). Ein Lehrstück? Dazu fehlt dem Autor die Gestaltungskraft, seine Personendarstellung ist allzu klischeehaft. Nur eine apokalyptische Vision, die er einem »Dichter« zuschreibt, ist bemerkenswert: Da spürt man von ferne Zolas mythenschaffende Phantasie und bedauert, dass sich Martel wegen seines frühen Todes nicht über diesen einzigen Roman hinaus entwickeln konnte.

Brasilien bis zum Ende des Kaiserreichs

Neue kulturelle Modelle

In den ersten Jahrzehnten nach Erlangung der Unabhängigkeit orientiert sich Brasilien in kultureller Hinsicht »gegen« die abgeschüttelte Kolonialmacht Portugal, um sich fortan umso intensiver Frankreich und England anzunähern. Da sich indes gleichzeitig Portugal selbst den europäischen Strömungen öffnet, ist es Ironie der Geistesgeschichte, dass Brasiliens *gegen* Portugal gerichtete intellektuelle Assimilation der französischen Kultur – in geringerem Maße auch der englischen, italienischen und deutschen – im Laufe des 19. Jhs. deutliche Parallelen zur Entwicklung im Mutterland aufweist. Trotz aller Ressentiments ließ sich auch Brasilien, zumal in der zweiten Jahrhunderthälfte, von einem Historiker vom Rang eines Alexandre Herculano, einem Poeten wie João Almeida Garrett oder einem Erzähler wie Eça de Queirós inspirieren.

Neue Orientierungen
in der Literatur
der Unabhängigkeits-
epoche

In stärkerem Maße als in anderen Ländern Lateinamerikas entfalten sich so Romantik, Realismus bzw. Naturalismus und die parnassianische Bewegung, die entsprechend der nationalen Eigenart Brasiliens und dem dominanten Vermittlungsweg über Frankreich adaptiert werden. Die radikal-modernistischen Konzepte der deutschen Frühromantik, wie sie Friedrich von Schlegel bereits 1799 entworfen hatte, werden deshalb nicht aufgenommen, weil Frankreich erst in der zweiten Jahrhunderthälfte über Richard Wagner und Charles Baudelaire davon Kunde erhält. Eine vergleichbare Poetik bildet Brasilien deshalb erst unter dem Einfluss der europäischen Avantgarden des frühen 20. Jhs. in seinem »modernistischen Jahrzehnt« aus.

Die brasilianische
Romantik und die
Umgestaltung des
literarischen Lebens

In stärkerem Maße als in jedem anderen südamerikanischen Land hat sich die Romantik in Brasilien als bestimmender Faktor des nationalen Wesens etabliert. Ähnlich wie in Deutschland und Italien geht die romantische Bewegung Brasiliens einher mit der Entstehung eines von fremder kultureller und politischer Bevormundung sich emanzipierenden Nationalbewusstseins, das sich zunächst folgerichtig gegen das im späten 18. Jh. in Portugal dominierende klassizistische Stilideal und dessen Kanon »vorbildlicher« Werke wendet. Begünstigt wird die romantische Bewegung auch durch die wachsende Bedeutung des Bürgertums und dessen liberale Aspirationen. Ist das Ziel der Ausbreitung romantischen Ideenguts brasilianischen Ursprungs die Unabhängigkeit von Portugal, so ist ihr

Zeitungsjungen in Rio

Mittel die Abdichtung gegen dessen geistige Einflüsse, die sich in einer Umgestaltung des literarischen Lebens manifestiert. Nicht mehr Jesuitenschulen und die alten, an Lissabon orientierten Akademien sind die literarischen Vermittlungsinstanzen, vielmehr steht Brasilien das gesamte 19. Jh. hindurch im Zeichen der stetigen Vermehrung des Buch- und vor allem des Zeitungsdrucks, aus der sich neue Möglichkeiten auch des indirekten literarischen Gesprächs der Autoren und des Publikums ergeben. Auf publizistischem Weg ausgetragene Polemiken sind seit Mitte des 19. Jhs. ebenso an der Tagesordnung wie die nach französischem Vorbild sich entwickelnde »Szene« der Literatencafés: Orte wie das 1894 gegründete Café Colombo in Rio sind bis in das modernistische Jahrzehnt hinein zugleich »Schreibzimmer« und »Uraufführungsort« literarischer Texte.

Drei Phasen der Romantik in Brasilien

Ähnlich wie in Europa, so wandelt sich in der Frühphase der brasilianischen Romantik auch das Selbstverständnis des Dichters und die Auffassung der Absichten und Möglichkeiten seiner literarischen Wirkung. Ausgehend vom Akademiker und »Handwerker« klassizistischer Herkunft lässt sich an dem veränderten Verhältnis des Dichters zu seinem Schaffen und seinen Lesern die Abfolge der drei Phasen romantischen Denkens ablesen: Die frühromantische Phase (1830–60) sieht den Dichter in erster Linie als den Lehrer der Nation. Sie äußert sich vor allem in der Aufarbeitung nationalhistorischen Wissens und der Formung des – später freilich immer wieder gewissen Modifikationen unterworfenen – Nationaldiskurses der »brasilidade«. Beruht diese in dem ersten Entwicklungsschritt noch auf dem Import und der Adaption europäisch-romantischer Ideen, so gründet die Hochromantik (1850–75) in einer Verinnerlichung romantischen Weltgefühls, das sich als exaltierter Subjektivismus und von metaphysischen Zweifeln genährter Weltschmerz äußert. Die Spätromantik (1865–90) bündelt die Qualitäten der ersten beiden Phasen, um sie in politisches Engagement mit sozialrevolutionären Tendenzen zu kanalisieren. Nicht zufällig fällt die politisch-aktivistische Spätromantik einerseits mit dem Beginn der Industrialisierung in den dominierenden literarischen Zentren São Paulo und Rio de Janeiro zusammen und andererseits mit dem durch das Ende der Sklaverei infolge der sogenannten »Lei áurea« (1888) ausgelösten Ende des Kaisertums (1889).

Die Autoren der historistisch-nationalistischen Phase stehen unter dem ideellen Einfluss der katholizistisch geprägten französischen Frühromantik. Als begeisterte Kenner der Texte Lamartines, Chateaubriands, Lamennais' und Alessandro Manzonis adaptieren sie deren ideologische und stilistische Modelle für ihr Programm der brasilianischen Erneuerung.

Die Frühromantik

Domingo José Conçalves de Magalhães

Domingo José Gonçalves de Magalhães, der als Medizinstudent die kulturellen Bewegungen Europas aus erster Hand kennenlernt, übernimmt bereits in den 30er Jahren mit seinem durch Germaine de Staëls *De l'Allemagne* (1813) inspirierten Essay *Sobre a História da Literatura do Brasil* die anspruchsvolle Aufgabe einer geschichtsphilosophischen Reinterpretation Brasiliens, die in der nationalistischen Quintessenz »Dichtung und Vaterland sind eins« kulminiert. Wie Schlegel gründet er zur Verbreitung romantischer Ideen unermüdlich literarische Zeitschriften (*Niterói: Revista Brasiliense*, 1836; *Minerva Brasiliense*, 1843–45; *Guanabara*, 1850–56). Während sein Versuch, mit dem Stück *Antônio José ou O Poeta e a Inquisição* (1837) die Tragödie in Brasilien heimisch zu machen, misslingt, tragen seine lyrischen Werke dazu bei, romantische Ideen zu verbreiten: Bereits mit den *Suspiros poéticos e Saudades* (1836 in Paris erschienen) nähert er sich den großen Vorbildern religiös-moralischer Gedankenlyrik wie Lamartines nur sechs Jahre früher entstandenen *Harmonies poétiques et religieuses* an. Konservative Züge kennzeichnen auch das Werk des unermüdlichen Historikers und Archivars Francisco Adolfo Varnhagen, der nicht allein durch seine *História geral do Brasil* (1854–75) zur Gestaltung des brasilianischen Nationaldiskurses beigetragen hat, sondern mehr noch durch seine mehrbändige Anthologie *Florilégio da Poesia brasileira* (1850). Was den Wert dieser Sammlung von Dichtungen der Kolonialzeit für das literarische Bewusstsein des Landes anbelangt, so ist sie als nationale Reliquie der Poesie derjenigen von Arnims und Brentanos *Des Knaben Wunderhorn* (1806/08) vergleichbar. Araújo Porto Alegre, Gonçalves de Magalhães' Mitarbeiter an *Niterói*, fügt sich in den nationalistisch-konservativen Zirkel sowohl durch seine Lyrik, in der er die Naturschönheiten und den exotischen Reichtum Brasiliens verherrlicht (*Brasilianas*, 1866), als auch durch den erfolglosen Versuch, mit dem vierzig Gesänge umfassenden Epos *Colombo* (1868) zum brasilianischen Homer aufzusteigen.

In der Theaterproduktion nehmen Autoren die patriotische Begeisterung der Epoche zum Anlass zur Darstellung von volkstümlichen Genreszenen. Dieser »Kostumbrismus« prägt seit den 40er Jahren die Bühnenwerke; sie orientieren sich an den charmanten Gesellschaftskomödien Alfred de Mussets und seines mehr dem Boulevard zuneigenden Zeitgenossen Eugène Scribe, die Autoren wie Antônio Gonçalves Dias und Luis Carlos Martins Pena auf Europareisen, teils auch durch die Lektüre der französischen Originaltexte, kennenlernen. Gerade Martins Penas Werk zeigt, dass sich die Konstruktion der »brasilidade« nicht notwendigerweise mit konservativen Tendenzen paaren muss. Überaus aktuell in der Wahl seiner Themen, hinterlässt er eine umfangreiche Produktion von Stücken, deren frühestes (*O Juiz de Paz da Roça*, 1833) er im Alter von achtzehn Jahren verfasste. Das Erfolgsrezept seiner etwa dreißig Stücke ist bereits in dieser ersten Komödie erkennbar. Die Darstellung der Sitten des »roceiro«, des tölpelhaften Provinzbewohners – zumal, wenn dieser mit der Kultur der Hauptstadt in Berührung kommt –, bietet dem städtischen Publikum ausreichenden Stoff zum Gelächter. Daneben finden sich freilich auch die alten Komödienthemen, die wie die Ärztesatire (*Os três Médicos*, 1845) seit der Antike zum Repertoire des Lachtheaters zählen. Frei von Akademismus, sind Penas Stücke in bewusst volkstümlicher Sprache gehalten, die dem romantischen Grundsatz folgt, im Individuellen die Kollektivseele des Volkes transparent zu machen. Zugleich eignet seinen Stücken oft ein aktuelles soziales Element, so etwa, wenn er würdelose Berufe wie den des Sklavenhändlers ebenso kritisiert wie die dem romantischen Zeitalter besonders suspekte Tradition, junge Frauen nach kommerziellen und gesellschaftlichen Erwägungen zu verheiraten.

Das kostumbristische Theater: Martins Pena

Bei Gonçalves Dias' Theater dagegen stehen Shakespeares Königsdramen, Hugos *Cromwell* (1827) und vor allem Garretts *Frei Luís de Sousa* (1843) Pate: Mit *Leonor de Mendonça* (1847), einer Eifersuchtsgeschichte aus der portugiesischen Geschichte, bringt er den Brasilianern das große historische Drama romantischer Prägung. Sein lyrisches Werk kennzeichnet zum einen eine europäisch-romantische, zum andern eine indigene Spur. In den drei Folgen seiner *Cantos* (1846, 1848 und 1851) verschränkt er in der Tradition von Garrett oder Lenau die romantischen Themen der pantheistisch begriffenen Natur, des Patriotismus und der großen, in unerfüllter Liebe sich verzehrenden Leidenschaften. In seinem unvollendeten Epos über Indianerkämpfe in grauer Vorzeit, *Os Timbiras* (1860), legt Gonçalves Dias – zusammen mit Alencars *O Guarany* (1857) – die Basis für den »Indianismus«, der für die Selbstinterpretation der »brasilidade« Ähnliches leistet wie die Aufwertung des Mittelalters in der deutschen Romantik. Alle späteren Spielarten der literarisierten »brasilidade« – Regionalismus, Menschenfresserkult, Mythisierung des Sertão – erweisen sich als Funktionen dieser Sehnsucht nach einem fiktiven Ursprung.

Das indigene Thema in der romantischen Lyrik: Antônio Gonçalves Dias

Das Werk José Martiniano de Alencars, eines der vielseitigsten und produktivsten Autoren Brasiliens, lässt sich vor allem mit den Stichworten Historismus, Indianismus und Steigerung der literarisch-ideologischen Breitenwirkung durch die Publikation im Feuilletonteil der Zeitungen aufschließen. In seinem alle Textsorten umspannenden Werk sind es die Romane, durch die sich die romantische Wirkungsabsicht am klarsten vermittelt. Zur selben Zeit wie Gonçalves Dias' *Os Timbiras* erscheint sein Feuilletonroman *O Guarany* (1857). Hier wird der Mythos von der indianischen Urspünglichkeit ausgebreitet, dem zuvor die »amerikanischen« Werke Chateaubriands (*Atala*, 1801; *René*, 1802; *Les Natchez*, 1826) und die *Leather-Stocking Tales* (1823–41) von James Fenimore Cooper huldigten. Dass die Verbindung der Thematik mit den erfolgversprechenden epischen Rezepten Walter Scotts und Eugène Sues beim Publikum ein breites Echo fand, bezeugen nicht nur weitere dieser »na-

José de Alencars historische und indianistische Romane

José de Alencar, der
»brasilianische
Walter Scott«

tivistischen« Romane Alencars (vor allem das in lyrischer Prosa gehaltene »Gründungsepos« Brasiliens *Iracema*, 1865, sowie *Ubijara*, 1874). Als »regionalistische« Seitenstücke verherrlichen seine Romane *O Gaúcho* (1870) und *O Sertanejo* (1875) dieselben positiven Charaktereigenschaften später auch am Beispiel der weißen Siedler. Während in allen hier genannten Texten die eigentliche Hauptrolle die urwüchsige Schönheit der brasilianischen Wildnis spielt, die all den Liebesintrigen und Rivalitäten von Gauchos und Fazendeiros eine grandiose Kulisse bietet, weist eine zweite wesentliche Schicht von Alencars Werk thematisch in die entgegengesetzte Richtung. Mit *Lucíola* (1862) und *Diva* (1864) transponiert er die Stadtliteratur eines Balzac und Musset in das zeitgenössische Rio. Bourgeoise Normalität kontrastiert mit der Exotik gesellschaftlicher Randbereiche wie der Prostitution und der Halbwelt. Der Feuilletonroman französischer Abkunft wird auch bei anderen Autoren der Epoche zur idealen und kommerziell ertragreichen Bühne einer die Rassen und Gesellschaftsschichten übergreifenden, das brasilianische Selbstverständnis prägenden Sozialutopie. Das Vorbild aller romantischen Feuilletonromane dieser Generation, das auch Alencars Romanen zeitlich vorausgeht und die lange Reihe jener erfolgreichen Lesestoffe in Brasilien einleitet, die in der Telenovela des ausgehenden 20. Jhs. weiterleben, hatte Joaquim Manuel de Macedo geschaffen. Sein Roman *A Moreninha* (1844) ist das Modell dieses ewig gleichen Märchens für Erwachsene. Höhepunkt, jedoch nicht das Ende der vom Publikum mit Begeisterung aufgenommenen Fortsetzungsgeschichten, bildet Bernardo Joaquim da Silva Guimarães' *A Escrava Isaura* (1875). Hier wird das seit dem europäischen Roman der Spätantike immer wieder erfolgreiche Erzählmodell der »verfolgten Unschuld« aufgegriffen, das als Replik auf Harriet Beecher Stowes *Uncle Tom's Cabin* (1852) das Ambiente der rechtlosen Sklaven und Mischlinge literarisch nachbildet. Das erzählerische Resultat ist nicht mehr und nicht weniger als die wunschbildliche Überwindung von Klassen- und Rassenunterschieden in der allmächtigen Liebe eines ungleichen Paares, dessen Happy End die dreizehn Jahre später erfolgte Abschaffung der Sklaverei durch die »lei áurea« vorwegzunehmen scheint.

Die zweite Generation der Romantiker: Außenseiter und Rebellen

Manuel Antônio de Almeida: Memórias de um Sargento de Milícias

Manuel Antônio de Almeida entwirft in den *Memórias de um Sargento de Milícias* (1852/53) ein Sittengemälde Rios in der späten Kolonialzeit am Beispiel des Antihelden Leonardo, dem in spanischer Schelmentradition jeder Trick zum Überleben und zum Aufstieg in die bürgerliche Mittelklasse Rio de Janeiros recht ist. Feuilletontypisch endet das Werk mit Leonardos Heirat. Wenn Almeidas kurzes und einziges Werk aus dem hier skizzierten romantischen Paradigma herauszufallen scheint, so bildet es doch die Grundlage für weitere wesentliche Entwicklungen, die von Andrades *Macunaíma* bis zu den jüngsten Ausläufern des Schelmenromans der 1970er Jahre führen. Während der romantische Feuilletonroman um die Jahrhundertmitte selbst in so realistisch-kritischen Texten wie Almeidas *Memórias* stets Evasionsliteratur mit Unterhaltungsanspruch bleibt, tritt eine neue Generation von Autoren auf die literarische Bühne, die gegen den älteren Ansatz, romantische Tendenzen nach Brasilien zu »verpflanzen«, ohne das romantische Welt- und Lebensgefühl verinnerlicht zu haben, revoltiert.

Erst mit dieser zweiten Generation romantischer Dichter, die von der brasilianischen Literaturgeschichtsschreibung als »Egotisten« disqualifiziert werden, erhält die Vokabel »Romantik« jenen Beiklang des »Interessanten, Bizarren, Subjektiven«, der ihr in Europa seit dem späten 18. Jh. anhaftet. Die jungen Dichter schreiben Sensibilität und Sentimentalität in ihr poetologisches Programm, in dem nun Improvisation, ursprüngliche Kreativität und Spontaneität wichtiger werden als die rhetorisch durchdachte Ausarbeitung lange gereifter Konzepte. Ebenso emotional geprägt wie ihre gleichsam eruptiv entstandenen, selten langwierig redigierten Werke ist ihr Leben. Ähnlich rastlos wie die europäischen Poeten der ersten beiden Jahrzehnte des Jahrhunderts schreiben sich die Romantiker der »egotistischen« Generation nicht nur in kürzester Zeit leer, sondern sie reiben sich in jungen Jahren in imaginären und realen Ausschweifungen auf. Die gleichsam abgebrochenen Lebensläufe Azevedos, Junqueira Freires, Abreus und Alves' – von denen nur einer über das 30. Lebensjahr hinauskam – stehen symbolisch für das neuartige Verhältnis dieser Generation zur Wirklichkeit und zu der von ihren Vätern gestalteten Welt: Soziologisch handelt es sich um die »jeunesse dorée« von Rio und São Paulo, die bereit ist, die geordnete Welt der Varnhagen und Gonçalves de Magalhães in Zweifel zu ziehen. Ergriffen vom europäischen »mal de siècle«, dem metaphysischen Grauen vor der bürgerlichen Trivialität, tritt für eine kurze Zeit der nationalistisch-erzieherische Impetus hinter die destruktive Egozentrik jener brasilianischen »poètes maudits« zurück. Das Aufbegehren gegen den Akademismus bringt hier erstmals eine literarische Bohème hervor, die Lord Byrons Rastlosigkeit mit Alfred de Mussets Sensibilität und Giacomo Leopardis Weltschmerz verbindet. Erstmals erfasst hier Brasilien die Kraft eines neuartigen Imaginären, das nicht auf Literatur begrenzt bleibt. In dieser »Ultraromantik« gehört es zum guten Ton, Literatur zu »leben« – jedoch nicht in der quijotesken Manier früherer Epochen, die sich zum Zeitvertreib als Mitwirkende von Ritter- und Schäferspielen vergnügten. Vielmehr wird romantisches »Leben« und »Schreiben« insofern ununterscheidbar, als die individuelle »Bio-Graphie« als nicht schriftlich manifester Teil des Werks inszeniert wird. So publiziert Aureliano José Lessa lediglich verstreute Liebes- und Weltschmerzgedichte voller kühner poetischer Bilder, um, statt ein vollständiges Buch zu schreiben, von jenem vollkommenen Buch zu träumen, das vor ihm Schlegel und nach ihm noch Mallarmé misslang. Auch Laurindo José da Silva Rabelo kultiviert in seiner Lyriksammlung *Trovas* (1853) jene improvisatorische Bekenntnislyrik, für deren pessimistischen Gehalt Titel wie »Adeus ao Mundo« (Abschied von der Welt) oder »A Linguagem dos Tristes« (Die Sprache der Melancholiker) charakteristisch sind. José Bonifácio o Moço imitiert mit seinem Gedichtband *Rosas e Goivas* (Rosen und Levkojen, 1848) den Tonfall Victor Hugos. Manuel Antônio Alvares de Azevedo ist der Hauptrepräsentant jenes literarisch-biographischen Byronismus. Seine Gedichtsammlung *A Lira dos vinte Anos* (1853), deren Erscheinen er bereits nicht mehr erlebt, bündelt noch einmal die Themen des Weltschmerzes und der romantischen Passion. Seine unvollendeten Erzähltexte (*A Noite na Taverna*; *Livro de Fra Gondicário*) sind durch eine traumhaft fremdartige Atmosphäre gekennzeichnet, die auf die Lektüre des in französischen Übersetzungen verbreiteten E. T. A. Hoffmann und E. A. Poes hindeuten. Auch Luís José Junqueira Freires Vita weist alle Züge des gequälten Melancholikerdaseins auf: Mit neunzehn tritt er in den Benediktinerorden ein, den

Die zweite romantische Generation: Tragik und Weltschmerz

Der Traum vom vollkommenen Buch

er drei Jahre danach verlässt, um total erschöpft im folgenden Jahr zu sterben. Die Zeit des Klosterlebens ist zugleich die Phase seiner größten Kreativität. Seine *Inspirações do Claustro* (1855), die ihm in der klösterlichen Isolation ein Instrument der Befreiung werden, entstehen – hierin gleicht er seinem zwischen »Spleen« und »Vergeistigung« zerrissenen Zeitgenossen Baudelaire – aus dem Zwiespalt von Religiosität und Sensualität. Casimiro de Abreu, schwankend zwischen der ihm durch den Vater aufgezwungenen Tätigkeit als Geschäftsmann und einem regellosen Dasein der Ausschweifung, stirbt mit 21 Jahren, nachdem er ein Jahr früher seinen einzigen Lyrikband *As Primaveras* (1859) veröffentlicht hat. Das romantische Pathos der Zeitgenossen verdichtet er in Versen von fast kindlicher Schlichtheit, denen er seine bis heute andauernde Volkstümlichkeit verdankt. Luís Nicolau Fagundes Varela schließlich fasst nochmals die romantischen Themen des Weltschmerzes zusammen. Seine von tragischen Ereignissen erfüllte Existenz versucht er in den Gedichten der *Noturnas* (1861), *Vozes da América* (1864) und den *Cantos e Fantasias* (1865) vergebens zu bewältigen. Unter dem Eindruck des Todes seines gerade drei Monate alten Sohnes entsteht die Elegie »Cântico do Calvário«; der bald darauf folgende Tod seiner Frau lässt ihn die Brücken der bürgerlichen Existenz abbrechen. Nach einem Gehirnschlag vegetiert er auf dem Landgut seines Vater die wenigen ihm noch verbleibenden Jahre dahin.

Die Spätphase der Romantik: soziale und politische Anliegen

Anders als die Generation romantischer Individualisten ist die Spätphase der romantischen Literatur durch besondere Sensibilität für die sozialen Probleme und politischen Ereignisse dieser Epoche charakterisiert. So könnte man diese Epoche, in der sich für die weitere Entwicklung Brasiliens so zentrale Ereignisse wie der Paraguaykrieg (1864–70), die Abschaffung der Sklaverei und die Ausrufung der Republik abspielen, als »realistische« Romantik bezeichnen. Die Autoren dieser »realistischen Romantik« verehren den inzwischen greisen Victor Hugo, der 1871 im Triumphzug aus dem politischen Exil nach Paris zurückkehrt. Dabei begeistern sich die politischen Romantiker nicht nur für die nationalen Angelegenheiten wie den Sieg über Paraguays Diktator Solano López, sondern schreiben ebenso Hymnen auf Napoleon oder die Befreiung der Sklaven. Zum poetischen Symbol der Freiheitsbewegung wählt man den Kondor; der quasi-mythische Vogel Amerikas gibt der neuen poetischen Richtung ihren Namen: »condoreismo«. Freilich erscheint aus heutiger Sicht der größere Teil der literarischen Produktion als ideologische Thesendichtung, wie die Lyrik von Tobias de Meneses Barreto zeigt, dessen »kondorische« Gedichte (*Dias e Noites*, postum 1893 erschienen) weniger interessant sind als die Polemiken, die er mit Antônio de Castro Alves, dem letzten großen romantischen Lyriker, austrägt. Alves nimmt in seinem Gedichtband *Espumas flutuantes* (1870) und in der posthumen Sammlung *Hinos do Equador* (1921) noch einmal alle großen romantischen Themenbereiche der früheren Perioden auf. Luís Barreto Murat schließlich, den die brasilianische Literaturgeschichtsschreibung als den »letzten Romantiker« apostrophiert und der noch die Avantgarde der »Semana de Arte Moderna de São Paulo« erleben wird, verharrt von seinen ersten Gedichten an (*Quatro Poemas*, 1885) bis in das 20. Jh. hinein in der Tradition Hugos, um sich mit seinen *Poesías escolhidas* (1917) und den *Ritmos e Ideias* (1920) einer von Swedenborg beeinflussten Schreib- und

Der »condoreismo«

Negersklaven bei der
Diamantenwäsche

Denkweise zuzuwenden. Auf verschlungenen Pfaden und nur in der peripheren Gestalt Murats erreicht die ursprünglich populistisch-nationalistische Romantik Brasiliens damit – wie wenige Jahre früher die französisch schreibenden Fin-de-siècle-Literaten Joris-Karl Huysmans und Maurice Maeterlinck – den schon von der deutschen Frühromantik vorgezeichneten »Weg nach innen«.

Machado de Assis und die Überwindung der Romantik

Im letzten Viertel des 19. Jhs. lässt sich die Auflösung der Romantik und der literarische Umbau ihrer bestimmenden ideologischen Komponenten an den Texten einer exemplarischen Figur nachvollziehen, deren Dichtungskonzept, zunächst kaum beachtet, gerade für die späteren Generationen des 20. Jhs. in unterschiedlichen Phasen zum stilistischen Vorbild wird. Einzigartig durch seine Vielfalt steht am Ende des 19. Jhs. das alle Gattungen umfassende Werk von Joaquim Maria Machado de Assis. Er beginnt in der Blüte der Hochromantik mit der Sammlung *Crisálidas* (1864), die eine rein romantische Wesensart widerspiegeln, um sich mit dem Band *Falenas* (1870) in der L'art pour l'art-Dichtung der gerade aus Frankreich importierten parnassianischen Schule zu versuchen, bevor er mit den *Americanas* (1875) einen individuellen neoromantizistischen Indianismus zu verwirklichen sucht. Erst nach diesen romantischen Anfängen findet er zu seiner persönlichen Form, einem spezifischen Realismus, der ihn zum wichtigsten Erzähler seines Landes im letzten Viertel des Jahrhunderts macht. Seine *Memórias póstumas de Brás Cubas* (1881) werden zwar erstmals als Feuilletonroman publiziert, lassen indes durch ihren neuartigen ästhetischen Anspruch diese romantische Gattung weit hinter sich. Es ist vielmehr der verwilderte Roman Laurence Sternes und Xavier de Maistres, auf den der Autor sich beruft. In einer nachgerade zynischen Suche nach der verlorenen Zeit kommentiert der Held sein eigenes Ableben, seine Lebensgeschichte und seine

Machado de Assis

Liebschaften. In den späteren Romanen wie *Quincas Borba* (1892) oder *Dom Casmurro* (1900) mildert er die polemisch-pessimistische Botschaft, nicht jedoch die sprachkritische Intention. Machado intendiert nicht die traditionelle Vorstellung von Realismus als einer wahrheitsgetreuen Wiedergabe von Tatsachen, sondern eine leidenschaftslose, oft auch ironische Analyse von menschlichen Schwächen und Verhaltensweisen. Mit dieser kritischen Analyse des schönen Scheins der Worte nähert sich Machado de Assis einem Antiromantizismus an, den unabhängig zur selben Zeit in Frankreich Gustave Flaubert und in Portugal Eça de Queirós erreichen.

Parnasse, Realismus und Naturalismus: die Gleichzeitigkeit des Ungleichzeitigen

Zugleich setzt in den 80er Jahren bereits die Abkehr von den ästhetischen Idealen der Romantiker ein. In der Lyrik sind es die Poeten des »Parnasianismo«, die mit gleichsam wissenschaftlichem Anspruch Front gegen Pathos und mangelnde poetische Durchgestaltung machen. Derselbe pseudowissenschaftliche Impetus wirkt auch auf die Gestaltung der erzählenden Prosa und, ohne nennenswerte Resultate, des Theaters. Diese unter den Schlagwörtern des Realismus und des Naturalismus verbreitete literarische Doktrin wird wiederum importiert: Die stilistischen Idole sind Flaubert, Zola und Eça de Queirós. Da Parnassianismus, Realismus und Naturalismus Brasilien gleichzeitig erreichen, sind sie hinsichtlich ihrer poetologischen Merkmale, anders als die europäischen Vorbilder, nur in Nuancen verschieden. Von der romantischen Ästhetik distanziert sich die neue literarische Strömung durch ihre völlige Abkehr vom Subjektivismus. Die dargestellte Welt wird nunmehr unter dem Aspekt der Wahrscheinlichkeit, der dargestellte Mensch als aus dem spezifischen Sosein seiner Umwelt heraus agierendes Subjekt betrachtet. Hieraus resultiert die Reduktion der erzählerischen Individualität zugunsten der Präsentation der Detailfülle je vorgefundener Welt und der psychologischen Motivation handelnder Personen. Das naturalistische Interesse am Determinismus der menschlichen Existenz richtet sich genauso auf das städtische wie auf das regionalistische Ambiente. Vom Positivismus und Darwinismus beeinflusst, versteht der Realismus sich als objektivierte Deutung wahrgenommener Wirklichkeit und tritt in Opposition zum hermeneutischen Transzendentalismus der Romantik. Den Anfang macht Herculano Marcos Inglês de Sousa mit dem regionalistischen Roman *O Coronel Sangrado* (1877). Doch trotz seiner nüchtern analytischen Darstellung bleibt der Text im Gegensatz zu seinem späteren Werk *O Missionário* (1888) unbeachtet, in dem er dann bereits alle Gemeinplätze der naturalistischen Theorie aufarbeitet. So wird in der Spätphase der sozial engagierten Romantik das Schlüsselwerk der neuen Richtung erst Aluísio Gonçalves Azevedos *O Mulato* (1881), die blutrünstige Rachegeschichte um den Sohn einer Sklavin, dem trotz aller Anstrengungen gesellschaftlicher Aufstieg und Heirat verwehrt werden. In dem folgenden Roman *Casa de Pensão* (1884) wird der zentrale Handlungskonflikt nicht mehr psychologisch, sondern in naturalistischer Tradition als unausweichliche Wirkung biologischer Atavismen gerechtfertigt. In seinem letzten naturalistischen Roman *O Cortiço* (1890) analysiert Azevedo den moralischen Verfall, dem die Bewohner der Elendsquartiere von Rio unterliegen. Die naturalistische Beschäftigung mit Tabuthemen, die bereits in Zolas Schaffen literarische Skandale provozierte, setzt sich in den Romanen von

Thema Determinismus und Existenz

Adolfo Caminha fort, wenn er in *A Normalista* (1893) Inzest, in *Bom Crioulo* (1895) Homosexualität aus dem kühl-distanzierten Blickwinkel des Naturforschers analysiert. In *A Carne* (1888) beschreibt Júlio Ribeiro die erotischen Exzesse eines psychisch kranken Intellektuellen auf einem Landgut bei São Paulo bis hin zu seinem Freitod. Wo das literarische Ausreizen von Tabus in Effekthascherei umschlägt, gelangt dieser brasilianische Naturalismus an dieselbe Grenze zwischen Wissenschaftlichkeit und Voyeurismus, zu der sich auch die Epigonen des Naturalismus in Europa vorgetastet hatten.

Modernismo und frühe Avantgardebewegungen in Lateinamerika (1880–1930)

Modernismo und Modernisierung: der geschichtliche Wandel um die Jahrhundertwende

Der Umbruch um 1880 und seine Folgen

Die wirtschaftliche Modernisierung

Um 1880 macht sich überall in Lateinamerika, hier etwas früher, dort etwas später, ein wirtschaftlicher Modernisierungsprozess bemerkbar, der zu einer tiefgreifenden Umgestaltung der Gesellschaften des Kontinents führt. In manchen Ländern geht dieser Prozess mit einer politischen Konsolidierung einher, in der die seit den Unabhängigkeitskriegen widerstreitenden Fraktionen der herrschenden Oberschicht zu einem gewissen Ausgleich kommen. Es ist die Zeit der endgültigen Eingliederung Lateinamerikas in die internationale arbeitsteilige Wirtschaft, mit der der Kontinent zu einem der wichtigsten Rohstofflieferanten und Nahrungsproduzenten für Europa und die Vereinigten Staaten wird. Große Einwanderungsströme aus Europa verwandeln das seit den Zeiten der Kolonie kaum veränderte soziale und kulturelle Gefüge vieler Regionen und bewirken im Zusammenspiel mit einer hohen Geburtenrate ein steiles Ansteigen der Gesamtbevölkerung. Hafenanlagen und insbesondere Eisenbahnlinien werden gebaut, darunter die als Ingenieursleistungen allenthalben bewunderten Verkehrsverbindungen über die Anden. Der durch

Ein neues Bild der Städte

den Modernisierungsprozess und die politische Konsolidierung verursachte Wandel wird vor allem in den Hauptstädten und den regionalen Zentren spürbar. In Hispanoamerika erleben Buenos Aires, Santiago de Chile, Montevideo, Havanna und Mexiko-Stadt, in Brasilien Rio de Janeiro und São Paulo, ein spektakuläres Wachstum, das ihr Aussehen grundlegend verändert. Die alteingesessenen Familien der Oberschicht beginnen die Stadtzentren zu verlassen und in die nächstgelegenen Vororte zu ziehen, ohne freilich ihre Verbindung zum Zentrum aufzugeben. An die Stelle der alten Stadtpaläste treten modernere Gebäude, die sich nicht mehr am iberischen Typus des Patiohauses orientieren, sondern ihre Vorbilder vor allem in Frankreich suchen. Neue Stadtviertel entstehen, in denen sich die Mittelschichten und die langsam wachsende Arbeiterschaft, nicht selten europäische Einwanderer, niederlassen. Große Theater werden errichtet oder begonnen, so das Teatro Colón in Buenos Aires, das Teatro Solís in Montevideo, das Teatro Municipal in Santiago de Chile und ein gleichnamiges in Caracas, das Teatro Nacional in San José und

Teatro Amazonas
in Manaus

der Palacio de Bellas Artes in Mexiko-Stadt oder das Teatro Municipal in Rio de Janeiro. Doch nicht nur die Hauptstädte oder die großen regionalen Zentren bekommen repräsentative Theater. Auch die kleineren Städte schmücken sich mit ihnen. So erhält die alte Silberminenstadt Zacatecas im nördlichen Zentralmexiko das Teatro Calderón, die nach dem Salpeterkrieg (1879–83) aufblühende ursprünglich peruanische Stadt Iquique in Nordchile das Teatro Municipal und noch manch andere Stadt in Lateinamerika ihre Spielstätte. Das berühmteste Beispiel für die Theaterbauten dieser Zeit ist das Teatro Amazonas in Manaus. Entstanden 1896 während des kurzlebigen Kautschukbooms, der um die Jahrhundertwende mehr als ein Viertel der brasilianischen Exporterlöse einbringt, fasst es über sechshundert Zuschauer. Bespielt wird es, wie alle anderen lateinamerikanischen Theater auch, zumeist von europäischen Theater- und Operncompagnien, für die die Reise nach Lateinamerika eine oft lukrative Zusatzeinnahme während der sommerlichen Theaterpause darstellt.

Die sich wandelnden Gesellschaften Lateinamerikas bringen nun zum ersten Mal in ihrer Geschichte auch den Typus des Berufsschriftstellers hervor, der die literarische Tätigkeit nicht mehr als eine unter vielen Möglichkeiten betrachtet, intellektuelles Ansehen und damit politischen Einfluss zu gewinnen, sondern der ganz in dieser Tätigkeit aufgeht. Da er im Allgemeinen noch nicht von der Schriftstellerei leben kann, schreibt er auch für Zeitschriften und Zeitungen, die im fraglichen Zeitraum überall in Lateinamerika entstehen. Zu den wichtigsten Zeitungen in spanischer Sprache gehört die 1870 gegründete *La Nación* in Buenos Aires, in der wegen der guten Honorare auch gern spanische Autoren veröffentlichen. Aus der Arbeit der Autoren für das Feuilleton entsteht eine neue literarische Gattung, die sogenannte »crónica«, in der oft Reiseeindrücke, aber auch zeitgenössische Themen aus Literatur, Theater, Kunst, Musik und Politik behandelt werden. Vor allem die Art der Themenbehandlung ist neu. Der bis dahin dominierende, an der Tradition der pathetischen Rede geschulte Stil weicht einer Leichtigkeit des Tons, die zum Ideal der literari-

Der Typus des
Berufsschriftstellers

schen Zeitungsprosa wird. Auch in Brasilien kommt es zu einer Befruchtung der Literatur durch die Gattung der Reportage, wie sich an dem Klassiker *Os Sertões* (1902) von Euclides da Cunha zeigt, der anlässlich der Berichterstattung über den Canudos-Krieg entstanden ist. Eine ähnliche Erweiterung der Textsorte Literatur ergibt sich hier durch die Verbindung zwischen ethnographischem Text und literarischem Essay, wie sie in Gilberto Freyres *Herrenhaus und Sklavenhütte* (1933) zum Ausdruck kommt und noch das Werk Darcy Ribeiros in den 80er Jahren des 20. Jhs. bestimmen wird.

Ausdifferenzierung des Literarischen

Natürlich streben auch in dieser Zeit die lateinamerikanischen Autoren weiter nach öffentlichen Ämtern, werden Diplomaten und gar Minister; doch dass sie sich, wie in der vorangegangenen Epoche, vor allem als Legislatoren, Staatslenker und Erzieher verstehen, wird selten. Dies hat auch etwas mit der Ausdifferenzierung der Diskurse während der zweiten Hälfte des 19. Jhs. in Lateinamerika zu tun, in deren Verlauf sich die Literatur nun als ein eigenständiger Bereich neben der politischen, historiographischen, erzieherischen oder kulturkritischen Rede etabliert. Es hängt jedoch auch mit der provokatorischen Geste der neuen Kunst und der Konfrontation zwischen Künstler und Gesellschaft zusammen, die besonders in den auf den Modernismo folgenden Avantgardebewegungen ein zentrales Merkmal darstellt, sich aber auch schon bei einigen Modernisten (etwa Leopoldo Lugones in Argentinien) ankündigt.

Die Dominanz des Positivismus

Kennzeichnend für die durch den wirtschaftlichen Modernisierungsprozess und die Exportorientierung geprägten lateinamerikanischen Gesellschaften der Zeit ist das Auftreten eines starken Ordnungswillens, der sich als Übergang von den Traditionen des romantischen Liberalismus zum wissenschaftsorientierten Positivismus äußert. Besonders in Mexiko, aber auch in Argentinien, Brasilien und Chile wird der Positivismus zu einem bestimmenden Faktor politischen Denkens und Handelns. In die Diskussion über das Selbstverständnis und die Stellung Lateinamerikas dringen vermehrt völkerpsychologische und sozialdarwinistische Argumente ein, die Anspruch auf Gültigkeit erheben. Angefacht wird die Diskussion durch den wachsenden Zugriff der Vereinigten Staaten auf Lateinamerika, der sich besonders in Zentralamerika und der Karibik bemerkbar macht. Vor allem ein Ereignis löst in Hispanoamerika Bestürzung aus und führt zu einem Umdenken im Hinblick auf die Bewertung der eigenen soziokulturellen Wurzeln. Durch das Eingreifen der Vereinigten Staaten in den kubanischen Unabhängigkeitskampf und den darauf folgenden Krieg gegen Spanien im Jahr 1898 geraten Kuba und Puerto Rico unter nordamerikanische Herrschaft. Während Kuba nach drei Jahren in eine immer wieder eingeschränkte und bedrohte Selbständigkeit entlassen wird, verbleibt Puerto Rico unter nordamerikanischer Besatzung. Schon vor dem spanisch-amerikanischen Krieg hatte der Kubaner José Martí in seinem New Yorker Exil vor den politischen und wirtschaftlichen Ambitionen der Vereinigten Staaten gewarnt. Nun setzt in Hispanoamerika eine breite Auseinandersetzung um das eigene Selbstverständnis in Abgrenzung zum nördlichen Nachbarn ein. Die Einmischung der Vereinigten Staaten in Lateinamerika, die mit der Abspaltung Panamas von Kolumbien im Jahre 1903 einen Höhepunkt erreicht, führt unter vielen hispanoamerikanischen Intellektuellen zum ersten Mal seit der Unabhängigkeitsbewegung zu einer positiven Bewertung des iberischen Erbes. Diese Bewertung greift bald auf die indianischen und afrikanischen Wurzeln Hispanoamerikas aus, für deren Berücksichtigung schon Martí

Die Rolle der USA

eingetreten war. In Brasilien geschieht eine analoge Rückbesinnung auf das indianische und afrikanische Element in der eigenen Kultur, die sich freilich stärker als in Hispanoamerika bereits auf nationale Gründungsmythen aus der Romantik (Alencar) stützen bzw. dieselben ironisch aufarbeiten kann. Eine Absetzbewegung von den USA ist allerdings nicht im selben Ausmaß spürbar, denn die Selbstdarstellung als »Menschenfresser« richtet sich doch wohl in erster Linie noch gegen Europa.

Die Krise der alten Ordnung im Jahrzehnt 1910–1920

Im zweiten Jahrzehnt des 20. Jhs. geraten die von den traditionellen Oligarchien getragenen Herrschaftssysteme in Hispanoamerika in eine tiefgreifende Krise. Vermehrt streben nun die von der politischen Mitwirkung bisher ausgeschlossene Landbevölkerung und die stark angewachsenen städtischen Mittelschichten zur Macht. In Uruguay, Argentinien und Chile werden die Oligarchien von der Regierungsgewalt verdrängt oder müssen sie mit anderen Gruppen teilen; in Brasilien dagegen kann sich die Oligarchie der kaffee- und milchproduzierenden Großgrundbesitzer aus dem südlichen Landesteil in der sogenannten »Milchkaffeerepublik« (»República de café com leite«) noch bis zum Ausbruch der Weltwirtschaftskrise 1930 halten und liefert den Avantgardisten den idealen Reibebaum. Am spektakulärsten äußert sich die Krise des Herrschaftssystems aber in Mexiko, wo 1910 die erste Sozialrevolution dieses Jahrhunderts ausbricht. Freilich stellt die mexikanische Revolution keinen einheitlichen, kohärenten Umwälzungsprozess dar, sondern ein recht komplexes Bündel verschiedener, bisweilen durchaus gegenläufiger Bestrebungen.

Die Krise der Herrschaftssysteme

Das revolutionäre Geschehen in Mexiko

In Mexiko, dem unmittelbaren Nachbarn der übermächtigen USA, hatte die autokratische Regierung von Porfirio Díaz dreißig Jahre Stabilität bedeutet, jedoch zu einer Serie von sozialen Problemen sowie zur Unzufriedenheit verschiedener Sektoren geführt, indem sie die regionalen Rechte abbaute und die Konzentration des Landbesitzes in der Hand weniger Großgrundbesitzer zuließ, während 97 Prozent der Bevölkerung kein Land besaßen. Zudem ist das von der positivistischen Elite dominierte Mexiko völlig von ausländischem Kapital, besonders aus den USA, abhängig. Daraus erklärt sich der Aufschwung der zapatistischen Bauernbewegung, der von dem der Hauptstadt nahegelegenen Zuckeranbaugebiet Morelos ausgeht. Unzufrieden ist aber auch die urbane Mittelschicht, die zwar unter Porfirio Díaz stark zugenommen hatte, jedoch in ihren Aufstiegschancen durch die Oligarchie der positivistischen »Wissenschaftler« (»Científicos«) blockiert war. Als erfolgreicher Agrarunternehmer, der dem demokratisch-liberalen Bürgertum des Nordens entstammt, wird Francisco I. Madero an der Spitze einer »Volksbewegung« gegen die allmächtigen »Científicos« zum Auslöser der Revolution und dann zum ersten frei gewählten Präsidenten (1910–1913). Anfang Juni 1911 zieht Madero in die Hauptstadt ein. Drei Kräfte waren jedoch zu diesem Zeitpunkt bereits wirksam: (a) die zapatistische Agrarrevolution, (b) die sich schon Jahre zuvor in blutigen Streiks manifestierenden Aufstände der Berg- und Textilarbeiter und (c) der von den Intellektuellen des »Ateneo de la Juventud« unterstützte Widerstand des Bürgertums gegen

Ursachen und Ablauf der Revolution

»Das Lachen des mexikanischen Volkes« von José Posada (1897)

den zentralistischen Nationalismus von Porfirio Díaz. Die Ziele Maderos erschöpften sich in der Kritik an jeder Form autokratischer Herrschaft, so dass etwa in dem am Anfang der Revolution stehenden Manifest, dem »Plan von San Luis Potosí« vom 5. Oktober 1910, nur ein Punkt der Agrarfrage gewidmet ist. Die wirtschaftlichen und gesellschaftlichen Probleme des Landes, die auf viele andere lateinamerikanische Staaten in dieser Zeit ebenso zutreffen, wie »caciquismo« (lokale absolute Herrschaft), »peonismo« (Quasi-Leibeigenschaft der Mehrzahl der Bauern), die Vormachtstellung der Latifundien, die Monopolstellung von Handels-, Bank- und Industrieunternehmen, die Ausbeutung und Rechtlosigkeit der Arbeiter sowie das Übergewicht des ausländischen Kapitals ließen die Revolution weiterschwelen, getragen von in sich wiederum heterogenen Kräften; so gab es einerseits den Aufstand der arbeitslosen Landarbeiter, Kleinbauern und Viehhüter aus dem Norden unter der Führung von Pancho Villa und Pascual Orozco und andererseits die auf die Wiederherstellung alter Rechte ausgerichtete revolutionäre Bauernbewegung aus dem Süden unter der Führung von Emiliano Zapata. Sind Erstere mit der Kontrolle großer Teile des Nordens ohne besonderes Reformvorhaben zufrieden, so drängen die Truppen der »campesinos« aus dem Süden auf Durchsetzung einer Agrarreform. Die Regierung Maderos steht unter dem Druck sowohl der Reformwilligen als auch der verbliebenen Exponenten des Regimes von Porfirio Díaz, besonders des Generals Victoriano Huerta, der Madero im Februar 1913 stürzt und eine Restauration einleitet, die zum Ausbruch der Bürgerkriege führt: 1913/14 zwischen der Huerta-Armee und den Revolutionstruppen, 1915/16 innerhalb des Revolutionslagers zwischen Konstitutionalisten (Carranza/Obregón) und Konventionalisten (Villa/Zapata). Für die Konstitutionalisten, deren Führer zumeist aus Sonora stammen, bedeutet die Revolution weder Reformen noch Herstellung eines demokratischen Systems, sondern zunächst einmal regelmäßige Besoldung. Die Aufständischen um Zapata und Villa verbindet eine gemeinsame Ortszugehörigkeit und die ländliche Herkunft, während die sonorensischen Truppen in der Mehrzahl urbane Söldner sind. Zwei Kulturen treffen aufeinander, und auch innerhalb der jeweiligen Lager bestehen Unterschiede. Die zapatistischen Truppen vollziehen eine eigene »Revolution« innerhalb der Revolution. Sie beschneiden im Süden den Landbesitz zugunsten der Dörfer; die Ereignisse im Norden, wo kaum Agrarreformen stattfinden, interessieren das zapatistische Lager wenig. General Obregón entscheidet schließlich den Konflikt, als er sich auf die Seite von Carranza stellt. Der neue Präsident Venustiano Carranza (1915–1920) verabschiedet drastische Gesetze gegen fremdes Kapital und beginnt damit die revolutionären, anti-US-amerikanischen Ziele der Revolution zu verwirklichen. Die Regierung versteht sich als Garant der Sicherheit nach den langjährigen blutigen Kämpfen, während die großen Reformen erst mit Lázaro Cárdenas (1934–1940) »nachgetragen« werden.

Zapata (1911)

Neuorientierung im Gefolge der Revolution

Obwohl die Mexikanische Revolution also kaum von der Arbeiterschaft getragen wird und nicht einmal wesentlich von der besitzlosen Landbevölkerung ausgeht, stehen diese Bevölkerungsgruppen nun erstmals rhetorisch im Vordergrund; das bewirkt auch eine Umorientierung des Verhältnisses zu Europa auf dem gesamten Kontinent. Während zur Zeit des Ersten Weltkrieges die geistige Auseinandersetzung noch in den alten Denkschemata des Sozialdarwinismus und der Völkerpsychologie um die Parteinahme für die eine oder andere europäische Kriegspartei kreist, wird jetzt die Orientierung an der russischen Oktoberrevolution oder deren Ablehnung zu einem wichtigen Faktor des Denkens und Handelns. Auch andere Bewegungen bringen das System der oligarchischen Republiken ins Wanken, insbesondere die vom argentinischen Córdoba ausgehende und sich über den ganzen Kontinent ausbreitende Universitätsreformbewegung um 1920, aus der Politiker wie der Peruaner Víctor Raúl Haya de la Torre ebenso hervorgehen wie bedeutende Autoren der Nachkriegszeit (etwa der guatemaltekische Nobelpreisträger Miguel Angel Asturias). Die studentischen Neuerer sind wiederum besonders empfänglich für Anregungen der europäischen Avantgarde und bilden oft den Kern der kleinen Avantgardegruppen in Lateinamerika. Die so entstehende Aufbruchsstimmung und dieses neue Selbstbewusstsein der Lateinamerikaner finden ein abruptes Ende mit der 1929 ausbrechenden Weltwirtschaftskrise, die den exportorientierten Nationen Lateinamerikas die Grundlage entzieht, auf der sich Staat und Gesellschaft des Kontinents seit 1880 entwickelt haben. Sie leitet eine politische, wirtschaftliche und auch kulturelle Krise ein, die bis zum Zweiten Weltkrieg, in mancher Hinsicht sogar darüber hinaus, andauert.

Der hispanoamerikanische Modernismo

Eine Literatur der Modernität

Mit dem Begriff »Modernismo« wird in Hispanoamerika eine literarische Schreibweise bezeichnet, die in den 80er Jahren des 19. Jhs. entsteht und sich bis in das vierte Jahrzehnt des 20. Jhs. nachweisen lässt. Allerdings herrscht in der Literaturgeschichtsschreibung keine Einigkeit darüber, welche Grundmerkmale dieser Literatur zuzuordnen sind. Ein kleinerer Teil der Literarhistoriker sieht in ihr die hispanoamerikanische Variante des französischen »Parnasse«, der »Décadence« und des Symbolismus und lässt die stilbildende Funktion des Modernismo mit dem Beginn des neuen Jahrhunderts enden. Der größere Teil hingegen bezieht die Wende des Modernismo zu größerer Schlichtheit und zu den politischen und kulturellen Themen des Kontinents ab 1898 mit ein, darin im Übrigen den Modernisten selbst folgend, und spricht von einer zweiten, das literarische Geschehen in Hispanoamerika dominierenden Phase des Modernismo, die bis zum Ersten Weltkrieg reiche und deren Nachwirkungen noch in den 30er Jahren zu spüren seien. Eine dritte Gruppe von Literarhistorikern, die sich in den letzten Jahrzehnten herausgebildet hat, erblickt im Modernismo vor allem eine bestimmte Erscheinungsweise der hispanoamerikanischen Literatur der Modernität, die sich im Zuge der wirtschaftlichen Modernisierung Lateinamerikas in den letzten Jahrzehnten des 19. Jhs. an vielen Orten des Kontinents entfalte. Diese Literatur der Modernität zeige sich erstmals um 1880 im zeitgenössischen literarischen Diskurs, reiche als solche aber weit über den Zeitraum der ersten Jahrzehnte des 20. Jhs. hinaus. Alle drei Auffassungen bezeichnen wesentliche Merkmale des Modernismo und lassen sich miteinander verbinden. Unstreitig ist, dass in den 80er Jahren des 19. Jhs. in der hispanoamerikanischen Lyrik, Erzählliteratur und Feuilletonprosa neue Themen und insbe-

Zum Begriff des Modernismo in Hispanoamerika

sondere eine neue Art des Schreibens auftreten, die sich vor allem am französischen »Parnasse«, der »Décadence« und dem sich gerade entwickelnden Symbolismus als den avanciertesten Formen der zeitgenössischen Literatur orientieren. Ihnen gemeinsam ist der Anspruch, dem als tiefgreifende Umgestaltung der traditionellen hispanoamerikanischen Gesellschaften erfahrenen, wenn auch in seinen Ursachen und Auswirkungen unbegriffenen wirtschaftlichen Modernisierungsprozess eine Literatur an die Seite zu stellen, die dieser Umgestaltung inhaltlich und ästhetisch gleichwertig ist oder sie sogar antizipiert. Mit der Orientierung an den französischen Vorbildern übernimmt der Modernismo auch die seit der ersten Hälfte des 19. Jhs. in Europa sich zuspitzende Konzeption der Trennung von Leben und Kunst, die in der Theorie des »l'art pour l'art« gipfelt. Daraus ergibt sich das Paradox, dass der Modernismo zunächst nach einer Literatur der zeitgenössischen Modernität strebt, die ihren Anspruch, Erfahrung und Ausdruck des Lebens zu sein, in der Ausrichtung an einer Konzeption der Trennung von Leben (Gesellschaft) und Kunst verfolgt.

Modernismo und Naturalismus

Im Unterschied freilich zu seinen französischen Vorbildern, die zueinander im Verhältnis zeitlicher Abfolge stehen, verschmilzt der Modernismo deren Inhalts- und Stilmerkmale zu einer Art Synthese, die anfänglich sogar Kennzeichen des Naturalismus integriert. Das ist nicht verwunderlich, da auch der Naturalismus seinem Anspruch nach eine Literatur der zeitgenössischen Modernität war und sich deshalb für das Projekt einer hispanoamerikanischen Literatur der Entsprechung zu den tiefgreifenden gesellschaftlichen Veränderungen der Epoche besonders eignete. Tatsächlich war es zu Beginn der 80er Jahre am Río de la Plata zu ersten Versuchen der Schaffung eines naturalistischen Romans in Hispanoamerika gekommen, die bis in die 90er Jahre fortgesetzt wurden. Allerdings machte das Auftreten des Modernismo, der seiner Orientierung und seinem Selbstverständnis nach die am weitesten fortgeschrittenen Positionen der künstlerischen Entwicklung repräsentierte, dem Naturalismus bald seinen Modernitätsanspruch streitig. Als Folge davon findet in der Erzählliteratur ein Übergang von den Inhalts- und Stilmerkmalen des naturalistischen Romans zu nachnaturalistischen Mustern statt, die bald überall auf dem Kontinent auftreten. Vor dem Hintergrund der rhetorischen und literarischen Normen seiner Zeit, von denen er sich ausdrücklich absetzt, wirkt der Modernismo zunächst fremdartig. Das trägt ihm den Vorwurf ein, wurzellos zu sein, insbesondere wegen seiner Ausrichtung an der zeitgenössischen französischen Literatur. In einer Reaktion auf diese Kritik schreibt 1894 der Mexikaner Manuel Gutiérrez

Manuel Gutiérrez
Nájera

Nájera als Rechtfertigung in der von ihm begründeten *Revista Azul*, deren Titel wegen der symbolischen Bedeutung der Farbe Blau für die Dichtung Programm ist: »Unsere Zeitschrift hat keinen belehrenden Charakter, noch will sie Modelle altertümlicher Schönheit bieten, indem sie sich an die Werke der Klassiker hält. Sie ist im Wesen modern und sucht daher den Ausdruck des modernen Lebens dort, wo er am deutlichsten und farbigsten erscheint. Die zeitgenössische französische Literatur ist gegenwärtig die anziehendste, reichste und am meisten dem Heute entsprechende Literatur, und selbst die Spanier überschreiten die Pyrenäen auf der Suche nach neuen Formen für ihre Ideen und Inspirationen.«

Abkehr von hispanischen Vorbildern

Mit seiner ausdrücklichen Hinwendung zur Literatur des französischen »Parnasse«, der »Décadence« und des Symbolismus zeigte der Modernismo an, dass sein Anspruch auf Modernität durch die überkommenen

Normen der spanischsprachigen Literatur nicht mehr gewährleistet wurde. Diese Normen, die sich an den traditionellen Begriffen des Wahren, Guten und Schönen orientierten, stellten eine vereinfachende Synthese von Inhalten und Formen des Siglo de Oro und der hispanischen Romantik dar und bevorzugten die literarische Darbietung für typisch erachteter regionaler Lebensweisen, Sitten und Gebräuche. In ihrem konservativen Bewahrungsanspruch taugten sie damit nicht für das Projekt einer Literatur der sich in Lateinamerika entwickelnden Modernität, die nach einem angemessenen Ausdruck ihrer Zeit strebte.

Ein neues kontinentales Selbstverständnis

Zu einem der entscheidenden Merkmale des hispanoamerikanischen Modernismo wird, dass er von Anbeginn ein kontinentales Selbstverständnis entwickelt. Seit den Jahren der Unabhängigkeitskämpfe zu Beginn des 19. Jhs., als Andrés Bello in seinem Londoner Exil mit dem nie vollendeten Gedicht *América* eine eigene hispanoamerikanische Literatur begründen wollte, hatte es ein solches Selbstverständnis nicht mehr gegeben. Nun trat in Hispanoamerika erneut eine Literatur auf, die beanspruchte, eine Literatur des ganzen Kontinents zu sein. Damit fügte sie sich in ein wachsendes Interesse für Iberoamerika bzw. Lateinamerika, wie es seit der Mitte des Jahrhunderts zunehmend genannt wurde, als Ganzes ein, das die kultur- und geschichtsphilosophische Diskussion des Kontinents bestimmte.

Eine der einflussreichsten Stimmen in dieser Diskussion gehörte dem Kubaner José Martí, der nach manchen Stationen des Exils schließlich von New York aus eine Neubestimmung der Differenzmerkmale der Amerikanität anstrebte und sich um einen auf politische und geistige Selbständigkeit gegründeten Zukunftsentwurf für Lateinamerika bemühte. Seinem Selbstverständnis und Schreiben nach war Martí, obwohl er sich vor allem publizistisch betätigte, noch kein Berufsschriftsteller. Vielmehr sah er sich hauptsächlich als geistigen Führer, Erzieher und Revolutionär mit dem Ziel der Befreiung seiner Heimat Kuba von der spanischen Kolonialherrschaft. Er verkörperte damit einen Typus von Autor, der noch aus der Zeit vor der Ausdifferenzierung der Diskurse in Lateinamerika herrührte. In seinem umfangreichen schriftstellerischen Werk zeigte er sich jedoch an allem Neuen interessiert und entwickelte mit seinen Visionen für den Kontinent ein zukunftsweisendes Identitätsdenken, dessen Wirkungen sich erst im 20. Jh. voll entfalten. Martís belletristisches Werk ist angesichts des großen Umfangs seines sonstigen Schreibens schmal: vier Theaterstücke, drei Gedichtbände und ein kurzer Roman. Von den Gedichtbänden wurden nur zwei zu Lebzeiten des Autors veröffentlicht: *Ismaelillo* (1882), eine Handvoll Gedichte, die an Martís kleinen Sohn Ismael gerichtet sind, und *Versos sencillos* (1891). Letztere enthalten das berühmte Eingangsgedicht: »Yo soy un hombre sincero/ De donde crece la palma« (»Ein aufrichtiger Mensch bin ich/ Von dort, wo die Palme wächst«), das noch heute zu dem bekannten kubanischen Volkslied »Guantanamera, guajira guantanamera« gesungen wird. Als sein wichtigstes dichterisches Werk erachtete Martí den Gedichtband *Versos libres*, der, noch unvollständig, zum ersten Mal postum im Jahre 1913 erschien. In ihm folgt der Autor einer Konzeption, in der die Rede des lyrischen Ich als unmittelbarer Ausdruck des Empfindens gilt, das nur

José Martí

José Martí

so und nicht anders ausgesprochen werden kann. Diese Konzeption ist romantisch. Und mit seinen Themen, unter denen die nach Freiheit und Licht strebende dichterische Seele hervorsticht, knüpft Martí auch an die Romantik an. Allerdings meiden seine oft überraschenden Bilder und die reimlose, syntaktisch hart gefügte Verssprache jede Gefälligkeit. Im Umfeld der hispanoamerikanischen Lyrik ihrer Zeit wirken die *Versos libres* revolutionär. Aufgrund ihrer zeitgenössischen Andersartigkeit ließen sie sich durchaus in das Projekt einer hispanoamerikanischen Literatur der Modernität einreihen, auch wenn die literarische Entwicklung später andere Wege ging.

Manuel Gutiérrez Nájera

Auch Gutiérrez Nájeras Werk lässt sich mit dem Projekt einer literarischen Modernisierung in Hispanoamerika verbinden. Bei ihm ist es weniger die Lyrik, die weitgehend ihrem Vorbild Alfred de Musset verpflichtet bleibt, als die Prosa, die auffällt. Gutiérrez Nájera entdeckt für sich die Stadtlandschaft und versucht, die mexikanische Hauptstadt literarisch zu einer Art kleinem Paris zu stilisieren. In zahlreichen Artikeln und Geschichten über die Facetten der »vida urbana« stellt er sich als aufmerksamer Beobachter des modernen Lebens dar. Anders als den meisten Costumbristen seiner Zeit einschließlich des gefeierten Ricardo Palma (*Tradiciones peruanas*) geht es ihm nicht um ein literarisches Bewahren der Vergangenheit oder der Besonderheiten des Regionalen, sondern um die Darstellung zeitgenössischer Modernität. Für diese Darstellung bemüht er sich um einen Stil, der dem Gegenstand in seinem Sinne angemessen sein soll: spritzig und leicht, was für ihn »modern« heißt. Die 1883 von Gutiérrez Nájera veröffentlichten *Cuentos frágiles*, die eine Auswahl von in mexikanischen Blättern veröffentlichen Skizzen und Geschichten darstellen, zeigen das sehr deutlich. Als der Modernismo um 1890 als kontinentale literarische Erneuerungsbewegung erkennbar wird, reiht der Autor sich ohne Mühen in dessen Reihen ein.

Kathedrale
in Mexiko-Stadt (1905)

Rubén Darío und die Entfaltung des Modernismo in Hispanoamerika

Zum entscheidenden Ereignis für das Auftreten einer neuen literarischen Schreibweise in Hispanoamerika wird die Veröffentlichung eines schmalen Bandes mit Erzählungen, Ansichten und Gedichten, der 1888 unter dem Titel *Azul* in Valparaíso erscheint. Sein Autor, der aus Nicaragua stammende Rubén Darío, war 1886 im Alter von neunzehn Jahren nach Chile gekommen. Bereits in seinem Heimatland war er als dichterisches Wunderkind aufgefallen. Nun, in Chile, trifft er auf eine Gesellschaft, die sich nach dem Sieg im Salpeterkrieg gegen Bolivien und Peru in voller wirtschaftlicher Expansion befindet. In dieser Gesellschaft macht der Autor die Erfahrung einer die überkommenen kulturellen Normen verändernden Modernisierung, die er bereits in seinem Heimatland gespürt hatte. Er antwortet auf diese Erfahrung mit einer Änderung seiner ursprünglich an der hispanoamerikanischen Romantik orientierten Schreibweise, die er jetzt an der zeitgenössischen französischen Literatur ausrichtet. Was an *Azul* auffällt, ist das Fehlen der costumbristischen Sicht des Gegenstands, die für das literarische Erzählen und Beschreiben in Hispanoamerika weitgehend verbindlich war und auch noch in den *Cuentos frágiles* von Gutiérrez Nájera durchscheint. Stattdessen findet sich ein starkes Interesse an nuancenreicher Beschreibung, die sich einer den Normen der hispanischen Literaturprosa nicht mehr verpflichteten, musikalischen Sprache bedient. Viele der Geschichten, die in *Azul* erzählt werden, wirken wegen ihrer Nähe zur Gattung des Fin-de-siècle-Kunstmärchens exotisch. Aber auch dort, wo Vertrautes wie die Arbeit in einer Schmiede evoziert wird, ergibt sich eine fremdartige Wirkung. Der Autor, wie er aus dem Text hervorgeht, scheint nur noch an Schattierungen und Farben interessiert zu sein, nicht mehr an Weltdeutung oder moralischer Orientierung. Die für die Zeit fraglose Bindung der Literatur an die Ideale des Wahren, Guten und Schönen wird aufgegeben. Die literarische Bekräftigung des Wahren und Guten zählt nicht mehr und für das in herausragender Stellung verbleibende Schöne gelten neue Gesetze. Einer der Ersten, die auf die Neuartigkeit von *Azul* eingehen, ist der spanische Romancier und Kritiker Juan Valera. In einer berühmt gewordenen Besprechung stellt er fest, dass Darío aus seiner Zusammenschau der neuesten französischen Literatur eine einzigartige Quintessenz hergestellt habe. Er fährt dann fort: »Wenn man mich fragen würde, was Ihr Buch lehrt und wovon es handelt, würde ich ohne zu zögern antworten: Es lehrt nichts und handelt von nichts und von allem.« In dieser Bemerkung lag die Erkenntnis der mit *Azul* vollzogenen Entbindung der Literatur vom traditionellen Wahrheits- und Belehrungsanspruch. Valera sah darin die Grundeinstellung des zu seiner Zeit verbreiteten weltanschaulichen Pessimismus verwirklicht. Als Folge konstatierte er für *Azul* die »machtvolle und üppige Erschaffung phantastischer Wesen, die aus der Finsternis des Unerkennbaren, in dem die Trümmer der zerstörten Glaubensgewissheiten und altehrwürdigen Wahnvorstellungen umherliegen, hervorgerufen oder hervorgeholt werden«. Damit gab Valera zu verstehen, dass er Daríos *Azul* vor allem als Ausdruck einer geistigen Epochenkrise begriff, die er als Grundlage des Kosmopolitismus und des von ihm so apostrophierten »geistigen Gallizismus« des Werkes ansah. Zwei Jahre nach der ersten Veröffentlichung von *Azul* bringt Darío in Guatemala eine zweite, um einige Erzählungen und Gedichte erweiterte Ausgabe des Buches heraus,

Azul *(1888)*

Rubén Darío

Umschlag von Daríos *Tierras solares*

in die er auch die Besprechung Valeras als Vorwort aufnimmt. Um dieselbe Zeit prägt er in einem literarischen Porträt Ricardo Palmas den Ausdruck »Modernismo« für »den neuen Geist, der heute eine kleine, aber triumphierende und großartige Gruppe von Schriftstellern und Dichtern des spanischen Amerika beseelt«. Dieser Ausdruck wird sich in der Folgezeit trotz aller Anfeindungen durchsetzen. Mit ihm gibt Darío der neuen literarischen Schreibweise in Hispanoamerika einen Namen, der alle Aspirationen ihrer Inhalte, ihres Ausdrucks und ihrer Themen zusammenfasst.

Los raros *und* Prosas profanas

Acht Jahre nach der ersten Ausgabe von *Azul* veröffentlicht Darío, der inzwischen als freier Schriftsteller in Buenos Aires lebt und unter anderem für die Zeitung *La Nación* schreibt, zwei neue Werke. Das eine ist eine Sammlung von neunzehn Porträts zeitgenössischer, zumeist französischer Autoren mit dem Titel *Los raros* (1896), die dem Vorbild von Verlaines *Les poètes maudits* (1884) folgt. Die darin aufgenommenen Autoren repräsentieren mit einer Ausnahme (Max Nordau) für Darío jene Poetik der Modernität, die er selbst vertritt, eine Poetik, die einerseits den avanciertesten künstlerischen Ausdruck der Zeit beansprucht und andererseits sich in einem unversöhnlichen Gegensatz zu den Selbstgewissheiten und Beharrungstendenzen der bürgerlichen Gesellschaft weiß. Das andere Werk umfasst dreiunddreißig Gedichte, die in sechs Abteilungen untergliedert sind. Es trägt den auf den ersten Blick überraschenden Titel *Prosas profanas y otros poemas* (1896), in dem die Bezeichnung »prosas« der Angabe »y otros poemas« zu widersprechen scheint. Gemeint ist jedoch nicht die Bedeutung von »prosa« als metrisch und rhythmisch ungebundene, reimlose Rede, sondern ein bestimmter Teil der in lateinischer Sprache gesungenen frühmittelalterlichen katholischen Liturgie, der in seiner Silben- und Strophenzahl noch nicht festgelegt war und deshalb »prosae« hieß. Der Zusatz »weltlich« zu »prosas« besagt, dass es in dem Gedichtband nicht um geistliche Lyrik geht, sondern um Gedichte, deren Inhalt christlicher Vergeistigung fernsteht. Anstatt frommer Gesänge finden sich stark erotisch getönte Texte, die die liturgische Anbetung auf ein weltliches Objekt des Begehrens richten, wie in einer berühmten Strophe des Gedichtes »Divagación«, in der es heißt: »Amame así, fatal, cosmopolita/ universal, inmensa, única, sola/ y todas; misteriosa y erudita:/ ámame mar y nube, espuma y ola« (»So liebe mich, als Verschlingende, Weltbewanderte/ Allumfassende, Ungeheure, Einzigartige, Alleinige/ und alle; Geheimnisvolle und Kundige/ Liebe mich Meer und Wolke, Schaum und Welle«). Wegen ihrer Sinnlichkeit und der damit korrespondierenden wohltönenden, opulenten und kunstvoll rhythmisierten Sprache erregten die *Prosas profanas y otros poemas* in der gesamten spanischsprachigen Welt Aufsehen und verhalfen dem Modernismo zum entscheidenden Durchbruch.

Kuba: Julián del Casal

Noch bevor Darío in Buenos Aires seine beiden für den Modernismo prägenden Werke veröffentlichte, hatten zwei weitere hispanoamerikanische Autoren das Projekt einer Literatur der Modernität als synthetisierender Aneignung zeitgenössischer europäischer, insbesondere französischer Schreibweisen aufgegriffen und dem Modernismo den Weg bereitet. Der eine war der Kubaner Julián del Casal. Mit Ausnahme einer Reise nach Spanien verbringt er sein Leben in seiner Heimatstadt Havanna, wo er kurz vor seinem Tod durch Tuberkulose mit dem durchreisenden Rubén Darío, der in ihm einen Geistesverwandten sieht, Freundschaft schließt. Wie Darío selbst ist Casal einer der Schöpfer der mit dem Modernismo sich entfaltenden Gattung der »crónica«. In Blättern der kubanischen Hauptstadt, die zu jener Zeit noch unter spanischer Kolonialherrschaft steht, veröffentlicht er unter anderem Artikel über zeitgenössische französische, spanische und hispanoamerikanische Autoren, über neue Bücher, Theateraufführungen, Konzerte und sonstige mondäne Ereignisse. Auch bei ihm ist die traditionelle costumbristische Ausrichtung, die an der Schilderung des regionaltypischen Besonderen interessiert war, fast völlig geschwunden. Stattdessen finden sich kenntnisreiche Ansichten zur zeitgenössischen Literatur, zur Kunst und Musik (Wagner) oder Darstellungen Havannas, die die allgegenwärtige Universalität des Modernen akzentuieren. Zu Lebzeiten veröffentlicht Casal zwei Gedichtbände: *Hojas al viento* (1890) und *Nieve* (1892). Von einem dritten Band, den er plant (*Bustos y rimas*, 1893), kann er noch einen Teil der Fahnen korrigieren. Während die *Hojas al viento* in Sprache und Vorstellungswelt des lyrischen Ich einem spätromantischen Subjektivismus folgen und viele auch als solche bezeichnete »Nachahmungen« oder »Paraphrasen« nichtspanischsprachiger Autoren enthalten, darunter auch die eines Gedichtes aus dem *Buch der Lieder* von Heine, geht Casal mit *Nieve* und *Bustos y rimas* weiter. In beiden Gedichtbänden dominiert ein an Baudelaires Lob des Artifiziellen geschulter Gegenentwurf zur Realität, der in den Bildgedichten auf Gemälde Gustave Moreaus seinen Höhepunkt erreicht (*Nieve:* »Mi museo ideal«). In einigen dieser Gedichte zeigt sich eine Tendenz zur Verselbständigung des dichterischen Ausdrucks, der wie in manchen Texten des zeitgenössischen französischen Symbolismus von der Funktion bloß ornamentaler Repräsentation eines für bedeutend erachteten Inhalts entbunden wird.

Gustave Moreau: »Salome tanzt vor Herodes« (1876)

Der andere Autor, der das Projekt einer Literatur der Modernität verfolgt, ist der aus Bogotá stammende Kolumbianer José Asunción Silva. Nur wenig wird von ihm zu Lebzeiten in Zeitschriften und Anthologien veröffentlicht. Erhalten hat sich die Abschrift eines Gedichtbandes mit dem Titel *Intimidades* (1884), der an den spanischen Romantiker Gustavo Adolfo Bécquer erinnert. Nach einer Europareise, die ihn nach Paris, London und in die Schweiz führt, beginnt Silva, sich den neuesten Tendenzen der französischen Literatur des Fin de siècle zuzuwenden. Vom Unglück verfolgt, verliert er auf einer Rückreise aus Caracas bei einem Schiffbruch vor der kolumbianischen Küste seine Manuskripte. Einen Teil seines Werkes vermag Silva noch zu rekonstruieren, bevor er in seiner Heimatstadt 1896 den Freitod wählt. In Silvas *Libro de versos*, das der Autor vor seinem Tod aus seinen Gedichten zusammenstellt, dominieren das Thema der Kindheit als verlorenes Paradies, der Tod, der die Liebenden trennt, die Erfahrung der Vergänglichkeit und die Erinnerung an das Gewesene. Das berühmteste Gedicht Silvas, das als »Nocturno III« bekannt ist, in seiner letzten Version jedoch die Überschrift »Una noche« trägt, vereint im Mondschein einer Frühlingsnacht zwei Schatten, die sich auch nach dem Tod der Geliebten wiederfinden. An diesem Gedicht, das ansonsten wie viele andere des Autors noch einer späten Romantik anhängt, zeigt sich sehr gut die besondere Technik Silvas, kurze und lange Verse in Funktion zur Bedeutungssetzung durch den Inhalt miteinander zu kombinieren. Wie um der Gefühlsgeladenheit des *Libro de versos* gegenzusteuern, schrieb Silva auch einige ironische, mit Sarkasmen gewürzte Gedichte, die er unter der Überschrift *Gotas amargas* führte. Diese »bitteren Tropfen« wurden erst nach dem Tod des Autors veröffentlicht. Von Silva stammt wahrscheinlich auch eine Parodie der Schreibweise Rubén

Kolumbien:
José Asunción Silva

José Asunción Silva

*Der Roman zwischen
Naturalismus und
Modernismo: Carlos
Reyles (Uruguay)*

Daríos mit dem Titel »Sinfonía color de fresa con leche«, die offenbar auf das Gedicht »Sinfonía en gris mayor« (1891, später in *Prosas profanas*) von Darío anspielt. Mit dieser Parodie, wie auch mit dem Duktus der meisten seiner Gedichte, zeigt Silva, dass er seine Modernitätsvorstellung nicht unbedingt nur an die Ausrichtung binden wollte, die der hispano-amerikanische Modernismo einzuschlagen begann. Silva ist überdies mit *De sobremesa* (1896) der Autor des ersten modernistischen Romans in Hispanoamerika. Das Werk, das in Tagebuchform gehalten ist und von einer Rahmenhandlung »de sobremesa« (nach Tisch) umspannt wird, erzählt die Geschichte seines Protagonisten José Fernández. In einem Hotel der Schweizer Alpen hat dieser eine flüchtige Begegnung mit einem himmlischen, nach Art der Präraffeliten konzipierten Mädchen, das er trotz aller späteren Bemühungen nicht wiedersehen wird. Doch nicht die Wechselfälle der Suche bilden den Gegenstand des Romans, sondern die zahllosen Empfindungen und Träume, die den Helden bewegen. Vorläufer dieser Art von Roman in Hispanoamerika waren José Martí mit *Lucía Jerez* (1885), einer nach romantischem Muster konzipierten Eifersuchtsgeschichte mit tödlichem Ausgang, die aber in der Ausgestaltung der Romanwelt und der Art ihrer Darbietung schon modernistische Züge aufweist, sowie *Sin rumbo* (1885) des Argentiniers Eugenio Cambacérès. Dieses Werk ist besonders interessant, weil es unter den Modernitätszeichen des zeitgenössischen Naturalismus in der Zentrierung seines Erzählinteresses auf die Entzweiung des Protagonisten mit der Welt bereits eine nachnaturalistische Romankonzeption präsentiert, die bruchlos in die modernistische Romanliteratur übergeht.

Autor eines naturalistisch konzipierten Romans, der schon einige modernistische Akzente aufweist, ist mit *Beba* (1894) auch der Uruguayer Carlos Reyles. Im Vorwort zu seinem unter dem Oberbegriff »academias« zwei Jahre später erschienenen Kurzroman *Primitivo* (1896) knüpft er ausdrücklich an die nachnaturalistische europäische Erzählliteratur des Fin de siècle an. Das Vorwort, das dem zeitgenössischen spanischen Roman jegliche Vorbildhaftigkeit abspricht, löste in Spanien eine heftige Polemik aus, die von Juan Valera angeführt wurde. Auch Reyles' Landsmann José Enrique Rodó ging mit seinem Essay *La novela nueva* (1897) auf Reyles ein und begrüßte unter den Autoren eines zukünftigen (latein-) amerikanischen Romans den »außergewöhnlichen Experten unserer inneren Welten, den Romancier der menschlichen Universalität, der in dem erlesenen Becher seiner Erzählungen den subtilen Extrakt seiner geistigen Qualen, intimsten Betrachtungen und tiefsten Erschütterungen darreicht«. Besonders mit seiner zweiten, *El extraño* (1897) betitelten »academia« wollte Reyles diese Vorstellungen von einem neuen Roman einlösen. Die in dem Werk deutliche Sympathie für den mit nervöser künstlerischer Sensibilität ausgestatteten Helden Julio Guzmán wurde allerdings in dem darauf folgenden Roman *La raza de Caín* (1900) zugunsten einer sozialdarwinistisch inspirierten Parteinahme für die Unbekümmertheit und Rücksichtslosigkeit des Stärkeren widerrufen.

Der Modernismo nach »Prosas profanas«

Mit *Prosas profanas* hatte die neue Literatur der Modernität in Hispanoamerika, die im Unterschied zu anderen zeitgenössischen Strömungen mit ähnlicher Ausrichtung ihre Zielsetzung als Eigenname führte, eine prägende Stellung erlangt. Selbst diejenigen, die den Modernismo ablehnten, und das waren nicht wenige, bezeugten in der Art ihrer Auseinandersetzung, wie wirkungsmächtig diese neue Literatur inzwischen geworden war. In Inhalt, Thematik und Schreibweise zeigte der Modernismo ein deutliches Abrücken von den Traditionen der spanischen Literatur, die nicht zuletzt durch das Wirken der in zahlreichen Ländern etablierten, mit der Königlichen Akademie in Madrid korrespondierenden Academias de la Lengua immer noch sehr viel Einfluss besaß. Gegen diese Traditionen, die im Vorwort zu *Prosas profanas* ausdrücklich entweder zugunsten der zeitgenössischen französischen Literatur zurückgewiesen oder auf die innerhalb dieser selbst marginalisierten Autoren wie Gracián, Santa Teresa oder Góngora verschoben wurden, richteten sich diejenigen Autoren und Werke, die im Rahmen des Modernismo nun in der Nachfolge Daríos auftraten. Unter ihnen sind zunächst die Gedichtbände *Castalia bárbara* (1899) des Bolivianers Ricardo Jaimes Freyre und *Ritos* (1899) des Kolumbianers Guillermo Valencia zu nennen. Der Titel des Werkes von Jaimes Freyre ist nach demselben Muster konzipiert, das den Ausdruck »Prosas profanas« bestimmt. Kastalia ist der Name der heiligen Quelle am Ausgang der Phaidriadenschlucht in Delphi. Seit der Antike galt sie als Born dichterischer Inspiration. Bei Jaimes Freyre soll sie klassisches Maß in Inhalt und Ausdruck andeuten, das durch das Adjektiv »bárbaro«

Das Abrücken von der spanischen Tradition

Ricardo Jaimes Freyre

In einer solchen großbürgerlichen Villa in Bogotá lebte und arbeitete Guillermo Valencia

aufgehoben wird zugunsten ungewohnter (d. h. »barbarischer«) dichterischer Rede. Das Werk besteht aus drei Teilen, von denen der erste nordische Mythen zum Gegenstand hat, die an den Exotismus des französischen Parnassien Leconte de Lisle erinnern. Die beiden übrigen Teile bringen in der Mehrheit ihrer Gedichte Vertrauteres, wie das Gedicht »Al infinito amor«, enthalten aber auch das Schneegedicht »Las voces tristes«. Guillermo Valencias Gedichtband *Ritos* vereint Verse, die zuvor in Zeitungen und Zeitschriften veröffentlicht worden waren. Viele dieser Verse, wie das Beschreibungsgedicht »Los camellos«, folgen dem Vorbild gefühlsdistanzierter Rede des lyrischen Ich. Gleichzeitig sind Anklänge an Décadence und Symbolismus spürbar, die Stimmungslagen des lyrischen Sprechers zum Ausdruck bringen. Interesse verdienen die zahlreichen Nachdichtungen zeitgenössischer Autoren, die Valencia in *Ritos* aufnahm, darunter Mallarmés »Apparition« und »Brise marine«, aber auch Hofmannsthals »Ballade des äußeren Lebens« und Stefan Georges »Der Herr der Insel«.

Guillermo Valencia

Auch der Argentinier Leopoldo Lugones, der wie Jaimes Freyre zu einem Weggefährten Daríos in dessen Bonaerenser Jahren wird, gehört mit seinem Werk *Las montañas de oro* (1897) in den Zusammenhang der Ausbreitung des Modernismo nach dem Erscheinen von *Prosas profanas*. Allerdings sind seine zumeist in ekstatischer Prosa abgefassten Texte nicht durch das Ideal parnassischer Reduktion des Gefühlsausdrucks charakterisiert. Vielmehr zeichnen sie sich durch eine deutliche Orientierung an den Bildwelten eines Victor Hugo oder Walt Whitman aus und bringen in einer bewusst gegen die zeitgenössischen Normen des Sagbaren gerichteten Haltung erotische Phantasien, Landschaften und prophetische Visionen zum Ausdruck. Ganz anders liest sich die 1905 von Lugones veröffentlichte Gedichtsammlung *Los crepúsculos del jardín*. In ihr zieht der Autor in sprachlich opulenten Versen alle Register der Fin-de-siècle-Themen und -Vergegenständlichungen, hinter denen jedoch nicht selten zugleich die Absicht der Parodie des Gesagten aufscheint. Aus demselben Jahr 1905 stammt auch Lugones' Roman *La guerra gaucha*, der den Guerillakrieg des Gauchoheeres unter dem General Güemes zur Zeit der Unabhängigkeitskriege im Nordwesten Argentiniens zum Thema hat und neben seinem Festhalten an der modernistischen *écriture artiste* cäsaristische Züge aufweist.

Der argentinische Modernismo

Leopoldo Lugones

Gleichfalls cäsaristische Züge zeigen das umfangreiche Romanwerk und die Pamphlete des Kolumbianers José María Vargas Vila. Mit dem Modernismo teilt dieser Autor zahlreiche Merkmale des Inhalts und des Stils. Lange war Vargas Vila wegen seiner einfachen, gefühlsgeladenen Romanhandlungen, seines militanten Antiklerikalismus, seiner wortgewaltigen Verdammung der Despotie und seiner zur Identifikation einladenden pathetischen Redeweise der am meisten gelesene hispanoamerikanische Schriftsteller. Besonders jenes Publikum, das der Buchkultur sonst fernstand oder dem der Zugang zu ihr durch soziale Schranken verwehrt war, gehörte zu seinen Konsumenten.

Ein »populärer« Modernist: José María Vargas Vila (Kolumbien)

Viele Autoren, deren Werke zum Modernismo zählen, stammen aus Mexiko. Unter ihnen ist vor allem Amado Nervo zu nennen, aus dessen umfangreichem Œuvre die Gedichtbände *Perlas negras* (1898), *Mística* (1898), *Poemas* (1901) und *Los jardines interiores* (1905) hervorstechen. Sie zeugen von einer Gefälligkeit des Verses im Aussprechen gängiger modernistischer Themen wie dem der Spannung zwischen Askese und Begehren, die von keinem anderen Modernisten erreicht wurde. Nervo ist

Der Modernismo in Mexiko: Amado Nervo

in dieser Phase außerdem Autor zweier patriotischer Langgedichte über
die mexikanischen Nationalhelden Morelos und Juárez, die von ihm zu
dem Bändchen *Lira heroica* (1902) zusammengefasst werden. Im Zusammenhang mit dem Modernismo in Mexiko steht auch der Gedichtband
Lascas (1901) von Salvador Díaz Mirón, dessen Titel auf Deutsch »Steinsplitter« bedeutet. Es ist vor allem der Formwille seiner Verse, der den
Autor in den Umkreis des Modernismo rückt. Viele der Gedichte von Díaz
Mirón erinnern in ihrer mit großer Sprachkunst gepaarten Beschreibungshaltung an die Lyrik des französischen Parnasse. Eine direkte Anlehnung
lässt sich allerdings nicht nachweisen und lag dem Autor wohl auch fern.
Dass er gleichwohl als ein Neuerer empfunden wurde, zeigt das Urteil
Daríos, der ihn schon 1890 unter die Modernisten aufnahm.

Der schillerndste Vertreter des mexikanischen Modernismo ist José
Juan Tablada. Mit seinem Gedicht »Onix«, das 1894 in der *Revista Azul*
erscheint, führt er die Thematik der Décadence in die mexikanische
Literatur ein. 1899 veröffentlicht er die Gedichtsammlung *El florilegio*,
die in der zweiten Auflage 1904 erheblich erweitert wird. In ihr schreitet
Tablada alle Inhalte der Fin-de-siècle-Lyrik ab, unter denen Sinnlichkeit
und Begehren dominieren. Besondere Erwähnung verdient das Aufgreifen
fernöstlicher exotischer Idealwelten, das in dem Gedicht »Japón« gipfelt.
Tablada hatte 1900 eine Reise nach Japan unternommen, sich aber schon
vorher für den von den Brüdern Goncourt, Pierre Loti und José María de
Hérédia geschaffenen Japonisme interessiert. Im Jahre 1914 wird er ein
Buch über den Maler Hiroshige veröffentlichen. Wenig später schreibt er
die ersten Haikus in spanischer Sprache und geht damit auf deutliche
Distanz zur Opulenz seiner früheren Verse. Japan als Idealwelt ist auch in
der Lyrik von Efrén Rebolledo vertreten, der darüber hinaus mit den
zwölf Sonetten von *Caro Victrix* (1916) die für seine Zeit geltenden
Grenzen des in literarischer Rede erotisch Sagbaren überschreitet.

José Juan Tablada

Zu einem herausragenden Vertreter modernistischer Sprachkunst nach
dem Erscheinen von *Prosas profanas* entwickelt sich der Uruguayer Julio
Herrera y Reissig. Im Unterschied zu den meisten Modernisten wird er
sein Heimatland, abgesehen von einem mehrmonatigen Aufenthalt in
Buenos Aires, nicht verlassen. Zu Lebzeiten stellt er nur einen Gedichtband, *Los peregrinos de piedra* (1910), zusammen, der allerdings erst
posthum erscheint. Das meiste seiner etwa zwölfjährigen poetischen Produktion bleibt verstreut in Zeitungen und Zeitschriften und wird nach
dem Tod des Autors in einer fünfbändigen Ausgabe zwischen 1910 und
1913 veröffentlicht. Allerdings hat die in dieser Ausgabe getroffene Anordnung nie so recht zu überzeugen vermocht, sodass es auch heute eine
offene Frage ist, wann und in welcher Weise Herrera y Reissig sein Werk,
in dem das Sonett dominiert, konzipierte. Ein Teil seiner Gedichte, die er
unter dem Titel »Los éxtasis de la montaña« zusammenfasste, bietet in
leicht ironischer Färbung eine an der Literatur der Renaissance geschulte
Schäferwelt, die mit großem sprachlichem Raffinement gestaltet ist. In
anderen Gedichten wie denen von »Los parques abandonados« bündeln
sich noch einmal die Inhalte der Lyrik des Fin de siècle: Dämmerungen,
Seelenlandschaften, künstliche Paradiese, Todesnähe, Sinnlichkeit und Begehren. Zuweilen ist der sprachliche Schwierigkeitsgrad so gesteigert, dass
die sich wiederholenden Inhalte nur noch ein Vorwand für die Erprobung
dichterischen Sprachvermögens zu sein scheinen. Schon den Zeitgenossen
fiel die gewagte Metaphorik Herrera y Reissigs auf, die den nachfolgenden Vertretern der hispanoamerikanischen Avantgardebewegungen An-

*Uruguay: Julio
Herrera y Reissig*

lass bot, ihn von ihrer generellen Verdammung modernistischer Schreibweisen auszunehmen.

Wie die allermeisten Schriftsteller seiner Zeit konnte auch Herrera y Reissig, der einer alten, aber verarmten uruguayischen Patrizierfamilie angehörte, nicht von seinen literarischen Einkünften leben. Er arbeitete in der Staatsbürokratie und schrieb für Zeitungen bzw. Zeitschriften. Um sich wirtschaftlich abzusichern, bemühte er sich wie viele seiner Kollegen, allerdings ohne Erfolg, um einen diplomatischen Posten. Erheblich mehr

Die »Pariser« Romane des Guatemalteken Enrique Gómez Carrillo

Glück darin hatte der Guatemalteke Enrique Gómez Carrillo, der ab 1891 zunächst als Stipendiat, bald aber in diplomatischer Funktion, fast ständig in Paris lebte und von dort die großen hispanoamerikanischen Zeitungen und Zeitschriften mit seinen *crónicas* und Reiseberichten belieferte. Sie wurden zum Inbegriff eleganter, leichtfüßiger Prosa, mit der der Autor einen beträchtlichen Leserkreis, auch in Spanien, erreichte. Von Gómez Carrillo stammen drei Romane, deren Handlung in der Pariser Bohème dorée und Theaterwelt spielen: *Del amor, del dolor y del vicio* (1898), *Bohemia sentimental* (1899) und *Maravillas* (1899). Im Unterschied zu den Romanhelden von Cambacérès und Asunción Silva repräsentieren die Protagonisten Gómez Carrillos nicht die Entzweiung des Fin-de-siècle-Intellektuellen mit seiner Welt, sondern bieten, wie der Autor selbst formuliert, eine Darstellung des »pittoresken Charakters des literarischen Lebens« (Vorwort zu *Bohemia sentimental*), so wie es sich Gómez Carrillo als Chronist der Pariser Künstler- und Literatenwelt zurechtlegte. Der Guatemalteke ist auch Autor eines historisierenden Romans mit dem Titel *El evangelio del amor* (1922), der im Byzanz des 14. Jhs. spielt und eine Verurteilung der Sinnenfeindlichkeit intendiert.

Weitere Modernisten in Argentinien: Leopoldo Díaz, Eugenio Díaz Romero

Neben Jaimes Freyre, Valencia, Lugones und Herrera y Reissig gab es noch eine ganze Reihe weiterer Autoren, die sich nach dem Erscheinen von *Prosas profanas* der neuen »Literatur der Modernität« anschlossen. Zu ihnen gehörte der Argentinier Leopoldo Díaz, dessen Gedichtbände schon früh parnassische Züge aufweisen. So zeigt seine Sammlung *Bajorelieves* (1895) den Einfluss von Hérédias *Les trophées*. Die Ausrichtung an der Poetik des Parnasse setzte sich fort in den Gedichtbänden *Poemas* (1896) und *La sombra de Hellas* (1902). Darüber hinaus trat Leopoldo Díaz auch als Übersetzer zeitgenössischer französischer und italienischer Dichtung hervor, deren modernistische Versionen er in *Traducciones* (1897) veröffentlichte. Ein weiterer argentinischer Modernist war Eugenio Díaz Romero, der nach dem Venezolaner Pedro Emilio Coll für kurze Zeit die Sektion für lateinamerikanische Literatur des *Mercure de France* leitete, der zu jener Zeit angesehensten französischen Literaturzeitschrift. Sein wichtigster Gedichtband ist *Harpas en silencio* (1900), dessen für den Modernismo kennzeichnender Titel auf die um die Jahrhundertwende vieldiskutierte Poetik des Schweigens anspielt. Mit seinem umfangreichen Werk zum Modernismo gehört auch der Nicaraguaner Santiago

Der »Statthalter Daríos« in Nicaragua: Santiago Argüello

Argüello, der quasi als Statthalter Daríos zum wichtigsten Schriftsteller seiner Zeit in Nicaragua wird. Sein erster Gedichtband, *Primeras ráfagas*, erscheint 1897. Zu seinen bekanntesten Gedichtsammlungen gehören *De tierra cálida* (1900) und *Ojo y alma* (1908). Santiago Argüello ist auch Autor eines Dramas mit dem modernistischen Titel *Ocaso* (1906), das wegen seiner Moralvorstellungen bei der Uraufführung in León einen Publikumsskandal hervorrief.

Der spanisch-amerikanische Krieg 1895–1898 und die zweite Phase des hispanoamerikanischen Modernismo

Die Niederlage Spaniens im Jahr 1898 und die darauf folgende imperialistische Expansionspolitik der Vereinigten Staaten in Lateinamerika führten bei zahlreichen hispanoamerikanischen Intellektuellen zu einer Rückbesinnung auf die hispanischen Wurzeln des Kontinents, die seit der Unabhängigkeitsbewegung zu Beginn des 19. Jhs. eher abgelehnt worden waren. Diese Rückbesinnung, die auch als Reaktion auf die überwiegend ablehnende Haltung der spanischen Kritik gegenüber der Ausrichtung des Modernismo an der zeitgenössischen französischen Literatur zu verstehen ist, deutet sich bereits in der zweiten Auflage von *Prosas profanas* (1901) an, in die Darío einige präraffaelitisch eingefärbte Gedichte einfügt, die das spanische Mittelalter und dessen höfische Kultur evozieren. Der darauf folgende Gedichtband *Cantos de vida y esperanza* (1905), der in Madrid erscheint, zeigt, dass Darío Hispanoamerika und Spanien nun wenigstens zum Teil zu einem neuen Reich, einem »reino nuevo«, zusammendenkt (so in dem Gedicht »Salutación del optimista«). Das Werk, das eine große Resonanz fand, bedeutet die Rückkehr der in der Frühzeit des Modernismo verpönten »poesía civil«, der feierlich politischen Dichtung aus dem Munde eines »poeta vates«. Nicht dass der beeindruckende Wohlklang der Verse Daríos und ihre bewunderte metrische Vielfalt aufgegeben werden, doch sie dienen nun auch anderen Zielen als nur einer mit der zeitgenössischen Modernität korrespondierenden Setzung von Schönheit. Das zeigen Gedichte wie »Al rey Oscar«, »A Roosevelt« oder »Los cisnes, I«, die sich in *Cantos de vida y esperanza* finden. Im Vorwort zu seinem Werk sagt Darío: »Wenn in diesen Gesängen Politik vorkommt, so deshalb, weil sie allgegenwärtig ist. Und wenn ihr auf Verse an einen Präsidenten trefft, so deshalb, weil sie ein kontinentaler Aufschrei sind. Morgen können wir Yankees sein (und das ist das Wahrscheinlichste), auf jeden Fall ist mein Protest auf den Flügeln der unbefleckten Schwäne niedergelegt, die so berühmt sind wie Jupiter.«

Schon vor dem Erscheinen von *Cantos de vida y esperanza* war das Thema der Bedrohung Lateinamerikas artikuliert worden. Einer der Ersten, die es in für die Zeit typischen sozialdarwinistischen Denkkategorien zum Ausdruck brachten, war der Guatemalteke Máximo Soto Hall. Im Jahre 1899 veröffentlichte er in San José (Costa Rica) den Roman *El problema*. In diesem Werk, das einige modernistische Kennzeichen des Inhalts und des Stils aufweist, siegt »angelsächsischer« Pragmatismus über »lateinische« Geistigkeit. Als Julio, der Held des Romans, nach einem längeren Aufenthalt in Paris, wo er bezeichnenderweise sein Künstlertum entdeckt, in seine mittelamerikanische Heimat zurückkehrt, findet er sie aufgesogen von den Vereinigten Staaten vor. Das ehemals »lateinische« Land hat sich in eine Gesellschaft »angelsächsischer« Faktur verwandelt. Sogar die spanische Sprache beginnt zu schwinden. Der Roman schließt mit dem Freitod des »soñador« Julio, der dem Zug, der den Fortschritt symbolisiert, entgegenreitet und von ihm zermalmt wird. Soto Hall ist in einem weiteren Roman, *La sombra de la Casa Blanca* (1927), noch einmal auf das Thema der nordamerikanischen Bedrohung zurückgekommen, das seit der Jahrhundertwende vor allem auch von dem Argentinier Manuel Ugarte beschworen wurde. Ugarte hatte mit modernistischer Lyrik die literarische Bühne betreten, bevor er sich anderen Tendenzen zuwandte.

Gegnerschaft zu den USA, Rückbesinnung auf das »lateinische« Erbe

Der »Schatten des Weißen Hauses« bei Máximo Soto Hall

José Enrique Rodó

*Die Rückbesinnung
auf die hispanischen
Wurzeln:* La gloria
de don Ramiro *des
Argentiniers Enrique
Larreta*

Das wohl bekannteste Zeugnis der Abgrenzung Lateinamerikas von den Vereinigten Staaten im Gefolge der Diskussion um den zukünftigen Weg der lateinamerikanischen Kultur ist die nach dem Muster der Schulabschlussrede aufgebaute Schrift *Ariel* (1900) des Uruguayers José Enrique Rodó. In diesem Werk, in dem es im Wesentlichen um eine Verteidigung des Prinzips der von einer intellektuellen Elite geführten Demokratie geht, wird die Lebensform des Utilitarismus als bloß zweckgerichtetes, interessengeleitetes Handeln den Vereinigten Staaten zugeordnet und verworfen. Dem durch die Gestalt Calibans verkörperten Utilitarismus stellt Rodó den Luftgeist Ariel gegenüber, der ein interessenloses Ideal des Geistes, der Kunst, der Wissenschaft und der Moral als Wesenszug Lateinamerikas versinnbildlichen soll. Die Schrift Rodós rief ein großes Echo hervor und führte zu einem neuen Selbstverständnis lateinamerikanischer Kultur, das den Namen »Arielismo« erhielt. Besonders in Peru wurde dieser eine Zeitlang auch zur Richtschnur politischen Handelns.

Die Bedrohung Lateinamerikas durch die Vereinigten Staaten wird auch in zwei Romanen des Venezolaners Manuel Díaz Rodríguez angesprochen: direkt in *Idolos rotos* (1901), vermittelt in *Sangre patricia* (1902). *Idolos rotos* ist ein Künstlerroman, in dem das Thema der versiegenden Schaffenskraft mit der Darstellung einer halb mondänen, halb barbarischen hispanoamerikanischen Welt verwoben wird. Am Schluss des Romans verlässt der Held Alberto Soria desillusioniert seine Heimat, bevor »in barbarischer Sprache der eiserne Stiefel neuer Eroberer, die ebenso aus dem Norden kommen wie die Barbaren von einst«, das Wort »Finis Patriae« für die infame, vor der Wahrheit blinde Menge ausspricht. In *Sangre patricia* wird die Geschichte des letzten Sprosses einer alten kreolischen Patrizierfamilie erzählt, der sich schließlich an der Stelle ins Meer stürzt, wo seine auf einer Transatlantikreise plötzlich verstorbene Braut einst den Wellen übergeben worden war. Eine der Figuren des Romans, der Arzt Ocampo, der den Gegenpol zur Hauptfigur bildet, predigt die Rückkehr zu den hispanischen Wurzeln des Kontinents, was im Kontext der Zeit einerseits als Reaktion auf die starke Orientierung der lateinamerikanischen Eliten an der französischen Kultur zu verstehen war, andererseits auf den imperialistischen Zugriff der Vereinigten Staaten zielte.

Die Rückbesinnung auf die hispanischen Wurzeln steht auch in dem Roman *La gloria de don Ramiro* (1908) des Argentiniers Enrique Larreta im Zentrum. In diesem mit großem stilistischen Können in einem archaisierenden Spanisch geschriebenen Werk wird das Kastilien Philipps II. evoziert, in dem die karge, sinnenfeindliche Unbedingtheit des christlichen Spanien und das Raffinement der Welt der verfolgten Morisken unversöhnlich aufeinandertreffen. Zwischen beiden hin und her schwankend, vermag sich der Held Don Ramiro, der, ohne es zu wissen, sowohl der einen als auch der anderen Sphäre angehört, nicht zu entscheiden. Seinen Frieden findet er schließlich im spanischen Amerika, wo er nach einer Begegnung mit der Heiligen Rosa von Lima ein kurzes Leben der Barmherzigkeit beginnt, an dessen Ende er sich für einen kranken Indio aufopfert. In Ramiros Herkunft und Leben soll der doppelte Ursprung der spanischen Kultur symbolisiert werden, die in Amerika durch die Hinwendung des Romanhelden zum Indio ihre wahre Bestimmung findet. Dabei versteht sich, dass dieser Symbolisierung keine auf die wirkliche Lage der amerikanischen Ureinwohner abzielende Intention unterlag und sie vor allem Ausdruck einer nun als Bedrohung erfahrenen Modernität war, auf die Larreta mit einer für den frühen Modernismo undenkbaren Rückbesinnung auf die kastilisch-maurischen Ursprünge der spanischen Kultur Amerikas reagierte.

Indianisches Erbe und spanische Kultur will auch der Peruaner José Santos Chocano in seinem dem spanischen König Alfons XIII. gewidmeten *Alma América; poemas indo-españoles* (1906) vereinen. In ihnen stilisiert sich das lyrische Ich als von spanischem Blut und inkaischem Herzschlag und fügt hinzu: »Und wäre ich kein Dichter, vielleicht wäre ich gewesen/ ein weißer Abenteurer oder ein indianischer Herrscher« (»Blasón«). Zu ihrer Zeit waren die mit selbstbewusstem Pathos durchtränkten, zum Teil sozialdarwinistisch geprägten Gedichte aus *Alma América*, die Chocano unter großem Zulauf öffentlich rezitierte, sehr populär. Sie boten gleichermaßen die Exaltation der spanisch-indianischen Vergangenheit, die in topischen Versatzstücken vor dem Hintergrund einer stereotypisierten amerikanischen Landschaft mit Verve evoziert wurde, und den Glauben an eine strahlende lateinamerikanische Zukunft. Diese Zukunft verkörperte sich für Chocano in der Stadt Buenos Aires, von der es in dem Gedichtband heißt, sie sei die schon schwangere Mutter der zukünftigen Rasse, in der sich »das römische Ungestüm, die iberische Anmaßung und das fröhliche Heidentum des göttlichen Frankreich« vereinen (»Ciudad moderna; Santa María de los Buenos Aires«).

José Santos Chocano

Buenos Aires und Argentinien werden auch in Daríos »Canto a la Argentina« (1910) besungen, der für die Hundertjahrfeier der argentinischen Unabhängigkeit geschrieben und in einem von der Zeitung *La Nación* organisierten Sonderband veröffentlicht wurde. In dem 1001 Verse umfassenden Langgedicht erscheint Buenos Aires nicht nur als Mutter einer zukünftigen lateinischen Rasse wie bei Chocano, sondern als Heimat der Menschheit schlechthin, in der alle (europäischen) Völker und alle Religionen zusammenfließen. Der Gegensatz zwischen »raza anglosajona« und »latino-americana« ist aufgehoben zugunsten einer für den ganzen amerikanischen Erdteil gemeinsamen Zukunft, in der die Freiheit herrscht. Schon in dem Gedicht »Salutación al águila« (1906), das anlässlich der zweiten Panamerikanischen Konferenz in Rio de Janeiro verfasst worden war, hatte Darío, quasi als Gegengewicht zur Warnung vor dem nordamerikanischen Imperialismus in *Cantos de vida y esperanza*, eine Allianz zwischen dem Adler und dem Kondor empfohlen. Das in Hexametern geschriebene Poem wurde in Daríos *El canto errante* (1907) aufgenommen, das auch das Gedicht »Momotombo« enthält, die dichterische Verarbeitung der Wiederbegegnung mit der Heimat Nicaragua nach einer Abwesenheit von langen, in der Fremde verbrachten Jahren. Die Zentenarfeiern der Unabhängigkeit boten auch Leopoldo Lugones in den *Odas seculares* (1910) Stoff für patriotische Verse, in denen das Vaterland Argentinien als »Ilustre, Unica, Toda« gepriesen wird.

Argentinien: Land der Zukunft – die Verehrung für Buenos Aires

Wenn so von einigen Gedichten aus *Cantos de vida y esperanza* eine neue Orientierung ausging, die Darío in gewisser Weise zu dem Dichter Amerikas werden ließ, den José Enrique Rodó in seinem scharfsinnigen Essay »Rubén Darío« (1899) im Autor von *Prosas profanas* und *Azul* nicht zu erkennen vermocht hatte, markierte der dritte Gedichtband des Nicaraguaners noch einen weiteren Wendepunkt für den Modernismo. In seinem oft zitierten Eingangsgedicht – »Ich bin derselbe, der noch gestern sprach« – findet sich ein Bekenntnis zur Aufrichtigkeit, zum »ser sincero«, das auf Martís *Versos sencillos* zurückweist. Dieses Ideal der Aufrichtigkeit, das im frühen Modernismo kein wesentliches Kennzeichen der Rede

Das Bekenntnis zur Aufrichtigkeit

Enrique Martínez
González

des lyrischen Ichs war, wird nun, mehr noch als die Wiederkehr der »poesía civil«, zum Markenzeichen modernistischen Dichtens. Es drängt die vormalige opulente Verssprache zugunsten einer Einfachheit des Ausdrucks zurück, die mit der Unmittelbarkeit des Ausgedrückten korrespondieren soll. Besonders Amado Nervo, der im Schlussgedicht von *Los jardines interiores* noch einen Prälaten sein Buch verdammen lässt, weil es exotisch und pervers sei, bekennt sich nun dazu, nur noch einer Schule zu folgen, der seiner tiefen, immerwährenden Aufrichtigkeit. In Nervos Gedichtband *En voz baja* (1909) findet sich ein Gedicht mit dem Titel »Vieja llave«, das auch im übertragenen Sinne verstanden werden kann. Der alte, nun rostige und bartlose Schlüssel der Großmutter, der von mächtigen Porzellankrügen wusste, auf denen Vögel und Blumen ihre Farben vermengten, von Lackkästen, Elfenbein und feinen Düften, hat ausgedient. Der opulente, exotische Modernismo der Frühzeit gilt nicht mehr. Stattdessen strebt der Dichter nach einem Zustand innerer Ausgeglichenheit, nach *Serenidad* (1914), wie der Titel eines weiteren Gedichtbandes von Nervo lautet. Er glaubt sie in einer Mischung aus buddhistischem Gleichmut und franziskanischer Frömmigkeit zu finden. Doch Anfang 1912 stirbt seine langjährige Gefährtin Ana Cecilia Luisa Daillez. Der Schmerz über den Tod der Geliebten äußert sich in dem posthum erschienenen Buch *La amada inmóvil* (1920), das zu Nervos populärstem Werk wird.

Die zentrale Figur der Rücknahme modernistischer Schreibweise auf die in »die Abgründe des inneren Lebens« eindringende Meditation ist der Mexikaner Enrique González Martínez. Nach *Preludios* (1903) und *Lirismos* (1907) veröffentlicht er den im Titel mit Nervos *En voz baja* korrespondierenden Gedichtband *Silenter* (1909), der in vielen seiner Verse eine strenge Trennung von Leben und Kunst proklamiert. Das zwei Jahre später erschienene Werk *Los senderos ocultos* (1911) von González Martínez enthält das berühmte (intertextuell auf Verlaines »Art poétique« zurückweisende) Sonett: »Dreh dem Schwan im trügerischen Federkleid den Hals um«. Es wurde als Manifest gegen Rubén Darío und den Modernismo verstanden, meinte aber mehr eine bestimmte Veräußerlichung der Inhalte und Schreibweise von *Prosas profanas*, die sich im Symbol des Schwans konkretisierte, als die gesamte literarische Strömung. Gegen diese Veräußerlichung setzt González Martínez die Weisheit des Uhus: »Er besitzt nicht die Grazie des Schwans, doch seine ruhelose/ Pupille, die in die Dunkelheit dringt, deutet/ das geheimnisvolle Buch des nächtlichen Schweigens.« Standen in *Prosas profanas*, oft in mythologischem Gewand, erotische Spannung und Sinnlichkeit im Vordergrund, so spürt die dionysische Muse bei González Martínez nun eine tiefe Sehnsucht in sich, »Flügel zu besitzen und sich aufzuschwingen« zu anderen Welten (*Los senderos ocultos*: »Musa«). Das lyrische Ich oder der Leser sollen sich, jenseits des Alltags und der Flüchtigkeit, den für wesentlich erachteten Dingen des Lebens zuwenden: »Suche in allen Dingen eine verborgene Seele und/ einen verborgenen Sinn; halte Dich nicht an die bloße Erscheinung/ erspüre, folge der geheimen Wahrheit/ mit forschendem Blick und geschärftem Gehör« (*Los senderos ocultos*: »Busca en todas las cosas«). Durch den propagierten Richtungswechsel erhält die Lyrik von González Martínez im Unterschied zu den oft beschreibend, aber auch narrativ gehaltenen Versen der Frühzeit des Modernismo manchmal einen betonten Aufforderungscharakter (der sich schon in einem berühmten Gedicht der zweiten Auflage von Daríos *Prosas profanas* (1901) findet: »Halt zu deinem Rhythmus und folg ihm in deinem

Tun«). González Martínez ist Autor zahlreicher weiterer Gedichtbände, die, ohne dass sich ihre Thematik oder ihr Stil wesentlich wandeln, bis in das Jahr seines Todes reichen, in dem seine letzte Gedichtsammlung, *El nuevo Narciso* (1952), veröffentlicht wird. Darüber hinaus hat González Martínez auch zahlreiche Gedichte aus dem Französischen von Baudelaire bis Vielé-Griffin übersetzt, die unter dem Titel *Jardines de Francia* (1915) zusammengefasst wurden.

Das Aufspüren eines verborgenen Sinns durch das Gedicht bedeutete eine Wiederkehr des Ideals der Wahrheit, dem im frühen Modernismo keine Bedeutung zukam. Im Unterschied zu vormodernistischen Normen handelte es sich allerdings um eine Wahrheit, die als solche nicht offen darliegt, sondern erst entziffert werden muss. Dieses Entziffern stellte sich als eine seiner Aufgaben schon dem lyrischen Ich von Daríos *Cantos de vida y esperanza*. Zuweilen jedoch führte das Entziffern des Verborgenen auf ein bereits allseits Gewusstes, das im Zusammenspiel mit der Vereinfachung (nicht unbedingt Simplifizierung) des lyrischen Ausdrucks zur Banalität gerann. Eine der wenigen, die dieser Banalität entgehen, ist die Uruguayerin Delmira Agustini. In ihr, von der Darío schrieb, als Frau sage sie Sublimes, das noch nie gesagt wurde, erwächst dem späten Modernismo eine eindrucksvolle Lyrikerin. Ihre ersten, noch recht unbeholfenen Gedichte erscheinen in verschiedenen Zeitschriften. Doch mit dem Band *El libro blanco (Frágil)* (1907) erweist sie sich bereits als eine neue, ungewöhnliche Stimme. In vielem zeigen ihre Verse eine Rückkehr zur

Delmira Agustini

Bildwelt und Sprache der modernistischen Frühzeit, wie in dem Gedicht »Arabesco«, in dem es heißt: »Mein Hof ist glänzend, dunkelhaarig bin ich, eine Sultanin/ zu einem fernen Land an einem schönen Morgen/ reite ich auf meinem weißen Elefanten durch die Wüsten/ eine Welle von Düften läuft durch meine schwarzen Locken/ meine Pupillen sprechen ihren stärksten Zauberbann/ und ich verberge eine seltsame Essenz unter einem Deckel aus Diamanten.« In anderen folgen sie der Entzifferung des Verborgenen, das oft jedoch mehr im Versuch der Entzifferung verharrt als in der Selbstgewissheit der erspürten Wahrheit. Zuweilen zeigt sich auch eine übermächtige Sehnsucht nach einer chimärischen Traumwelt, die in Versen großer Intensität beschworen wird. Die im ersten Gedichtband von Delmira Agustini hervortretenden Merkmale setzen sich in den folgenden Werken der Autorin fort: *Cantos de la mañana* (1910) und *Los cálices vacíos* (1913), eine Sammlung, die neben neuen Gedichten die Texte aus *Cantos de la mañana* und eine überarbeitete Auswahl aus *El libro blanco* enthält. In einigen von ihnen verdichtet sich die zum Ausdruck kommende Sinnlichkeit derart, dass sie unausweichlich auf die Autorin selbst zurückbezogen wurde. Das gilt vor allem für das berühmte Gedicht »Fiera de amor« aus *Los cálices vacíos*, das man in biographistischer Interpretation in die Verfasserin projiziert hat. Naheliegender ist es jedoch, in Versen wie »Unstillbar mein Verlangen/ blieb haften es/ wie blutiger Efeu an dem steinernen Stamm« die Konkretisierung des Typus der *femme fatale* zu sehen, die Literatur und Kunst des Fin de siècle bevölkerte. Wie weit Delmira Agustini diesen Typus selbst lebte, ist schwer zu ermitteln. Sie wurde im Alter von siebenundzwanzig Jahren von ihrem ein Jahr älteren Ehemann, von dem sie die Scheidung verlangte, mit dem sie sich aber noch regelmäßig in einem gemieteten Zimmer traf, erschossen.

Gewinnt die modernistische Lyrik mit Delmira Agustini im Vergleich zu González Martínez sozusagen wieder an Fülle, so erscheint sie in dem

José María Eguren

Peruaner José María Eguren gänzlich zurückgenommen und fast nur noch im Gestus der Sprachkunst präsent. Das Kennzeichen der beiden von ihm veröffentlichten Gedichtbände *Simbólicas* (1911) und *La canción de las figuras* (1916) ist eine extreme Reduktion des Inhalts und des Ausdrucks. Schemenhaft Märchenartiges, Karnevaleskes, Nordisch-Germanisches oder Mittelalterliches durchzieht die Gedichte Egurens, in denen das jeweils Benannte mehr angedeutet als fixiert wird. Egurens Sprache zeichnet sich durch eine kunstvolle Mischung von Archaismen, Regionalismen und Neubildungen aus, die einen möglichst großen Abstand zur Alltagssprache markieren. Oft scheint in der Sicht des lyrischen Ichs die Perspektive eines Kindes durch, das Landschaften betrachtet und Gestalten vorüberziehen sieht. Man hat in Bezug auf die Lyrik Egurens von Symbolismus gesprochen; aber schon Mariátegui hat klargestellt, dass der Autor nichts mit dieser literarischen Richtung des französischen Fin de siècle zu tun hat, auch wenn seine Dichtung eine Erscheinungsweise der »poesía pura« darstellt. *Sombra*, der dritte, Egurens Poetik fortsetzende Gedichtband, ging in die Ausgabe der *Poesías* (1928) ein, während die Gedichtsammlung *Rondinelas* vollständig erst viele Jahre nach dem Tod des Dichters in der Ausgabe der *Obras completas* (1974) veröffentlicht wurde.

Die Auflösung des hispanoamerikanischen Modernismo und der Übergang zur Avantgarde

Das Aufkommen des »Criollismo«

Die Wende des Modernismo zu den politischen und kulturellen Themen des Kontinents und zu größerer Schlichtheit in der Entzifferung einer geheimnisvoll in den Dingen wirkenden Wahrheit zeigte an, dass die literarischen Modernitätsmerkmale seiner Frühzeit ihre Kraft verloren hatten. Sie befriedigten das Verlangen nach Ausdruck zeitgenössischer Befindlichkeit nicht mehr, das sich nun in einer breiten literarischen Strömung der Darstellung von Natur und Menschen in der ländlichen Wirklichkeit Lateinamerikas zuwandte. Diese Strömung, die »Americanismo«, »Mundonovismo« oder schließlich »Criollismo« genannt wurde und deren Zusammenhang mit der Rückbesinnung auf Heimat und Scholle in der europäischen Literatur nach der Jahrhundertwende noch im Dunkeln liegt, griff vor allem in der Erzählliteratur Raum. Sie leitete zu einer großen Zahl regionalistischer Romane über, deren Autoren, wenn sie nicht selbst wie Reyles (*El terruño*, 1916), Díaz Rodríguez (*Peregrina*, 1922) oder Larreta (*Zogoibi*, 1926) Verfasser modernistischer Romane waren, von den in der modernistischen Erzählprosa erreichten Ausdrucksmöglichkeiten profitierten. Nicht immer wurde die amerikanistische Ausrichtung als Gegensatz zum Modernismo empfunden, wie das Beispiel des Chilenen Francisco Contreras zeigt, der mit seinen Gedichtbänden *Esmaltines* (1898) und *Raúl* (1902) als überzeugter Modernist beginnt, später jedoch einer der eifrigsten Verfechter der criollistischen Literatur wird, in der er die konsequente Fortsetzung des Modernismo erblickte. Andere jedoch, wie der Venezolaner Rufino Blanco Fombona, ziehen eine scharfe Trennungslinie. Nach Anfängen in modernistischer Manier, von der unter anderem seine Bücher *Trovadores y trovas* (1899) und *Pequeña ópera lírica* (1904) zeugen, löst Blanco Fombona sich vom Modernismo. Sein Roman *El hombre de hierro* (1907) ist eine glänzende Variation der *Madame Bovary* von Flaubert, in der statt der frustrierten Heldin der willensschwache Ehemann in einer Romanwelt im Mittelpunkt steht, die

die Gesellschaft des zeitgenössischen Caracas abbilden soll. Im Jahre 1913 macht Blanco Fombona dem Modernismo im Vorwort zu einer Anthologie modernistischer Gedichte den Prozess: »Der hauptsächliche Mangel des Modernismo in Amerika, der giftige Keim, der ihm den frühen Tod eintragen sollte, war der Exotismus. Nieder mit dem Exotismus! Der Feind ist Paris. Den Tod für Paris!« Stattdessen propagiert Blanco Fombona den Criollismo, der nach seiner Meinung mit dem Roman *Peonía* (1890) von Manuel Vicente Romero in Venezuela entstanden sei und in dessen Landsmann Luis Manuel Urbaneja Achelpohl, der mit regionalistischen Erzählungen hervorgetreten war, bereits seinen Theoretiker gefunden habe. Ähnlich wie Blanco Fombona, wenn auch ohne dessen polemische Abgrenzung, entfernt sich der Uruguayer Horacio Quiroga von den modernistischen Anfängen seines ersten Buches, *Los arrecifes de coral* (1901), und wird später zu einem an Poe, Maupassant, Kipling und Tschechow geschulten Meister der hispanoamerikanischen Erzählung. Ein deutliches Zeichen der nachlassenden Verbindlichkeit des modernistischen Kodes für die hispanoamerikanische Erzählprosa und Lyrik nach der Jahrhundertwende ist auch, dass einige Autoren beginnen, eine gewisse Unentschiedenheit in der Befolgung literarischer Schreibweisen zu zeigen. Das ist zum Beispiel bei dem Chilenen Carlos Pezoa Véliz der Fall, dessen posthum veröffentlichter Band *Alma chilena* (1912) sowohl genuin modernistische Verse als auch sozialkritische Gedichte enthält, die den Unterdrückten der Gesellschaft, den Landarbeitern, Vagabunden, einfachen Frauen und umherstreunenden Hunden, gewidmet sind. Andere Autoren verstärken die Tendenz zu größerer sprachlicher Schlichtheit, wie die Mexikanerin María Enriqueta (d. i. María Enriqueta Camarillo de Pereyra) oder der Chilene Pedro Prado, der mit einem bezeichnenderweise *Flores de cardo* (1908) betitelten Gedichtband seine literarische Laufbahn beginnt, ehe er sich vor allem als Romanschriftsteller einen Namen macht.

Während so der größte Teil der modernistischen Erzählliteratur in den Criollismo übergeht, die Lyrik hingegen vielfach die Entwicklung zum »ser sincero« bei nicht selten inhaltlicher Trivialisierung repräsentiert, der nur wenige wie Juana de Ibarbourou und vor allem Gabriela Mistral und Alfonsina Storni entgehen werden, gibt es eine andere Linie der Entwicklung, die ihren Ausgangspunkt von den eine doppelte Lektüre nahelegenden Gedichten Herrera y Reissigs und Lugones' nimmt. Die Möglichkeit dieser doppelten Lektüre, mit dem kunstvoll Gesagten zugleich dessen Parodie zu konkretisieren, wird Anknüpfungspunkte für einige Vertreter der hispanoamerikanischen Avantgardebewegungen der 20er Jahre bieten, die ansonsten ihren entschiedenen Bruch mit dem Modernismo deklarieren.

Am weitesten im Ausloten des modernistischen Kodes und gleichzeitigen parodistischen Sich-Absetzen geht Leopoldo Lugones. Schon 1904 veröffentlicht er einen umfangreichen »Himno a la luna«, der die in *Los crepúsculos del jardín* angelegten Doppeldeutigkeiten bei weitem übertrifft. Kennzeichen des Gedichtes ist eine burleske Anrufung des stimmungsträchtigen Mondes, der »mit allen Kräften der Kunst« besungen werden soll, tatsächlich aber in einem Feuerwerk immer neuer Einfälle karikiert wird. Die Mittel dieser brillanten Karikatur sind der sogenannte halbfreie Vers mit variierendem Metrum und ungleichen Strophen, überraschende Metaphern und Isotopiebrüche, Kakophonien und ungewöhnliche Reime sowie eine streckenweise fast barocke Syntax. Der

Kampf gegen den »exotistischen« Modernismus

Das Ausloten des modernistischen Kodes und dessen gleichzeitige Parodie bei Leopoldo Lugones

modernistische Sprachschatz wird mit Neologismen, Ausdrücken aus den Naturwissenschaften und alltagssprachlichen Wendungen angereichert. Am Ende steht ein gemessen an dem klassizistisch wirkenden Gedichttitel unerwarteter Text, der allen Konventionen gängiger Monddichtung in klassisch-romantischer Tradition widerspricht.

Fünf Jahre nach dem Erscheinen des im literarischen Kontext seiner Zeit verblüffenden Gedichtes an den Mond veröffentlicht Lugones seinen Band *Lunario sentimental* (1909), in den er den Hymnus aufnimmt. Der Titel des Bandes ist mehrdeutig. Zum einen lässt er sich als »Mondphase« und daraus abgeleitet als »Mondkalender« verstehen, zum anderen aber auch als eine Ansammlung von verschiedenen Monden. Darüber hinaus bedeutet »luna« einen von der Realität abgehobenen Seelenzustand, »lunario« mithin eine Sammlung von der Alltagswirklichkeit entrückten Seelenlagen. Der Band besteht aus einem poetologischen Vorwort und fünf Teilen, deren erster mit dem Gedicht »A mis cretinos« beginnt. Es enthält eine Art Publikumsbeschimpfung, die später eines der Kennzeichen der Avantgarden werden wird. Neben vielen Gedichten, die den Inhalt und die Machart des »Himno a la luna« variierend ausweiten, gibt es Prosaerzählungen und dramatische Texte. Sie alle markieren ein ironisches Untergraben der meisten Konventionen des Modernismo, das nie als solches thematisiert, tatsächlich aber durchgehend betrieben wird. Schon den Zeitgenossen fiel auf, dass sich Lugones mit dem *Lunario sentimental* den französischen Dichter Jules Laforgue zum Vorbild gewählt hatte, der mit seinen Werken innerhalb der Schreibweise der Décadence und des Symbolismus so etwas wie eine dissidente Position einnahm. Auf die jüngeren hispanoamerikanischen Literaten übte der *Lunario sentimental* eine große Faszination aus. Noch Borges wird feststellen, dass die spätere Entwicklung zu den Bewegungen der Avantgarde in diesem Werk von Lugones angelegt war.

Ramón López Velarde

Einer der Autoren, die die Lektion des *Lunario sentimental* aufgreifen, ist der Mexikaner Ramón López Velarde. Nach erster Prosa und Gedichten, die zunächst in der Provinz und später in Zeitungen und Zeitschriften der mexikanischen Hauptstadt gedruckt werden, veröffentlicht er den Gedichtband *La sangre devota* (1916). In ihm wird das Bild der Geliebten Fuensanta und die heile Welt der kleinstädtischen Provinz in nostalgischer Erinnerung beschworen. Bereits hier zeichnet sich aber auch die Fusion von Anbetung und sinnlichem Begehren ab, die in *Zozobra* (1919) dominiert. Die vierzig Gedichte dieses Bandes begründen López Velardes Ruhm. Zwar bewahrt er noch den Reim, den er nie aufgeben wird, seine eigenwilligen Reimschemata vollziehen jedoch eine Annäherung an den freien Vers. In seinen Verfahren der Ironisierung und Einführung von umgangssprachlichen Wendungen in einen hochartifiziellen, durch überraschende Metaphern gekennzeichneten Stil zeigt sich die Schulung am *Lunario sentimental*. Auf der anderen Seite gehört die spannungsvolle Sicht von Eros, Spleen, Religion und Tod in *Zozobra* noch zur Tradition des Fin de siècle. Einzigartig ist López Velardes Sprachgefühl, das die von ihm behandelten Themen, die zu seiner Zeit schon schal zu werden beginnen, vor der Lächerlichkeit bewahrt. Sein 1921 erschienenes Langgedicht »La suave patria«, dessen ironische Töne oft übersehen werden, ist ein letztes Beispiel der im Umfeld des Modernismo kultivierten »poesía civil«. Mit López Velarde erreicht sie eine Qualität, die ihr bei vielen anderen Autoren, insbesondere auch dem Chocano von »Ayacucho y los Andes« (1924), fehlt.

Den krönenden Abschluss des Modernismo und zugleich seine definitive Überschreitung bildet der Gedichtband *Los heraldos negros* (1919) des Peruaners César Vallejo, der drei Jahre später mit *Trilce* eines der wichtigsten Werke der hispanoamerikanischen Avantgarde veröffentlichen wird. *Los heraldos negros* enthält neunundsechzig Gedichte, die auf sechs Abschnitte verteilt sind. Berühmt ist das Eingangsgedicht des Bandes (»Hay golpes en la vida, tan fuertes ... Yo no sé«), das einen tiefen Leidensdruck des lyrischen Ich artikuliert, der sich auch in vielen anderen Versen des Werkes zeigt. Er unterscheidet Vallejo von Lugones, den er ansonsten durchaus bewunderte. Auch die Sprachverwendung ist bei Vallejo anders als bei dem Argentinier. An die Stelle der zuweilen forcierten Akrobatik, die – wenn auch abgeschwächt – ebenso bei López Velarde durchscheint, tritt ein sprachlicher Ausdruck, der völlig im jeweiligen Inhalt aufgeht und nicht die Vorzüglichkeit seiner selbst proklamiert. Damit entspricht Vallejo dem Aufrichtigkeitsideal der zweiten Phase des Modernismo, von dessen Streben nach Einfachheit er sich jedoch gründlich unterscheidet. Zahlreiche Wendungen und Metaphern in *Los heraldos negros* nehmen das vorweg, was an sprachlicher Schönheit und Intensität die besten Werke der Avantgarde auszeichnen wird.

Ein krönender Abschluss des Modernismo und zugleich seine definitive Überschreitung: César Vallejo

Brasilien: Jahrhundertwende und das »modernistische Jahrzehnt«

Kontinuität der portugiesischen Tradition

Brasilien erlebt 1888, im Jahr des Erscheinens von Rubén Daríos *Azul*, das letzte Jahr des Kaiserreichs, in dem nach langem politischem und publizistischem Kampf endlich die »Lei áurea«, das »goldene Gesetz« der Sklavenbefreiung, erlassen wird. 1889 schließlich wird mit der Entthronung der Bragança-Dynastie und der Ausrufung der Republik die letzte Nabelschnur gekappt, die das Land politisch mit der früheren Kolonialmacht verbunden hatte. Das Ergebnis dieser verzögerten, etappenweisen Unabhängigkeit vom Mutterland ist auch eine Verzögerung der geistigliterarischen Emanzipation: Der Literatur der Jahrhundertwende ist in vielen Aspekten das »Amerikanische« bzw. »Brasilianische« im Gegensatz zu der Romantik, die sich um den Aufbau eines nationalen Mythos für das Kaiserreich bemüht hatte, fremd. Die herrschende Strömung in der Dichtung ist der Parnassianismus nach französischem und portugiesischem Vorbild, und 1888 ist auch das Jahr, in dem der Hauptvertreter dieser Richtung, Olavo Bilac, seine *Poesías* veröffentlicht. Aber während Rubén Darío nach einem genuin amerikanischen Ausdruck sucht, preist Bilac in einem Sonett die portugiesische Sprache als »letzte Blüte Latiums«, in der »Camões weinte«, und verbleibt auch bezüglich der poetologischen Prämissen (»l'art pour l'art«) im Rahmen der Prinzipien des französischen Parnasse, obwohl er in einer Rede den Dichter als – freilich »sakralen« – »Arbeiter« sieht, der »inmitten des menschlichen Ameisenhaufens« tätig werden soll. Ein wenig anders ist hier die Position des schwarzen Dichters João da Cruz e Sousa, der als von den Herren seiner Eltern adoptierter Sklavensohn vehement gegen die Sklaverei Partei nimmt. So entsteht eine

Der Parnassianismus: Olavo Bilac

João da Cruz e Sousa

eigentümliche Verbindung von romantischen und parnassianischen Elementen in einem Werk, das in der Literaturgeschichte üblicherweise als »symbolistisch« bezeichnet wird und im Wesentlichen die Sammlungen *Broquéis* (1893), *Faróis* (1900) und *Ultimos Sonetos* (1905) umfasst. Eine Art spätromantischer »mal du siècle« verbindet sich bei ihm mit dem Komplex rassisch-ästhetischer Minderwertigkeit zu einer seltsamen Mischung, die sich bald in sozialen Anklagen, bald in melancholischen Genrebildern, bald in einer eigentümlichen, tatsächlich symbolistischen Schwarz-Weiß-Farbsymbolik äußert. Der zweite bedeutende Symbolist dieser Zeit, der Heine-Übersetzer Alphonsus de Guimaraens, ist weniger politisch engagiert; seine Gedichte beschäftigen sich mit dem frühen Tod seiner Geliebten, die auf Dantes Spuren zur mystischen Leitfigur erhoben wird (etwa in *Dona mística*, 1899), und mit religiösen Themen, die er nach Art des Fin de siècle mit der ihm eigenen Leidenssehnsucht erfüllt. Parnassianismus und Symbolismus dienten also nicht wie in Hispanoamerika zur Entwicklung einer neuen, amerikanischen Schreibweise, sondern der Kultivierung einer geradezu archaisierend-klassizistischen portugiesischen Literatursprache, die zur selben Zeit auch in Essays und Reden des herrschenden Positivismus, etwa im Werk des liberalen Polyhistors und Stilkünstlers Rui Barbosa, gepflegt wurde. Gegen dieses Korsett traten um 1920 unter dem Einfluss europäischer Avantgardebewegungen die in Brasilien als »Modernisten« bezeichneten jungen Autoren auf. Sie verbanden daher von allem Anfang an die avantgardistischen (zunächst in erster Linie futuristischen) Ansätze aus Europa mit einem starken nationalen, antiportugiesischen Engagement.

Die Entdeckung des Landesinneren

Euclides da Cunha:
Os Sertões *(1902)*

Illustration in *Os Sertões*

Eine entscheidende Vorbedingung dieser Besinnung auf das »eigentlich Brasilianische« über die rein literarische Fiktion des romantischen Indianismus hinaus ist jedoch das um die Jahrhundertwende neu erwachende Interesse für das Landesinnere. Für diese Entwicklung steht ein Werk, das man als »Klassiker« der brasilianischen Literatur bezeichnen könnte: Euclides da Cunhas Essayband *Os Sertões* (1902). Da Cunhas Buch ist eine in drei Teile (Land – Menschen – Kampf) gegliederte Analyse des trockenen, unwirtlichen Landesinneren und des von seinen Bewohnern gegen die Truppen der jungen Republik ausgefochtenen Kampfes der Jahre 1896/97. Dieser Canudos-Aufstand – der später noch zu einem dankbaren Thema der hispanoamerikanischen Literatur des magischen Realismus (Vargas Llosa) werden sollte – war vom Autor 1897 in zwei Artikeln unter dem Titel »A nossa Vendéia« mit dem Massaker der französischen Revolutionsarmee im eigenen Land (eben an den Traditionalisten der Vendée) verglichen worden. Ähnlich wie ein halbes Jahrhundert zuvor der Argentinier Echeverría kann sich der Positivist und Antiklerikale Euclides da Cunha aber der Faszination des Gegners nicht ganz entziehen. So wie in dessen *Facundo* entsteht dadurch ein faszinierend-dämonisches Bild des Landesinneren für die eigene Küste, vermittelt durch einen Text, der Essay im eigentlichen Wortsinn ist und vor allem im dritten Teil (»A Luta« – »Der Kampf«) auch die Grenze zum Erzählgenre verschwimmen lässt. Obwohl oder vielleicht gerade weil Euclides da Cunha die Figur des mystisch-fanatischen Aufstandsführers Antônio Maciel als Ausdruck eines »Obskurantismus dreier Rassen« empfindet, transportiert *Os Sertões* so viel von dessen Faszinosum, dass es einen ersten Bruch im Identitätsempfinden der brasilianischen Kultur einleitet. Nicht mehr eine Mischung aus europäischen und rousseauhaft verklärten indianischen Edelmenschen kann offenbar die »brasilidade« ausmachen; nun muss auch die Figur des »Sertanejo« berücksichtigt werden, die in vielen Punkten Parallelen zu Echeverrías dämonisierten und zugleich bewunderten Gauchos aufweist: »Der Sertanejo ist vor allen Dingen ein starker Mann. Er kennt nicht die rachitische Erschöpfung der nervenkranken Mestizen von der Küste.« Da Cunhas Buch hatte eine unabsehbare Nachwirkung: Es prägt den Sertão-Mythos bis zu Guimarães Rosa und darüber hinaus, es dient als Bezugspunkt für die Literatur des Nordostens, die um 1930 den Modernismo ablöst, ebenso wie für das Mischgenre zwischen Abhandlung, Essay und Erzählung, das später etwa der Soziologe Gilberto Freyre repräsentiert. Nur mit dem Modernismus selbst hat Euclides da Cunha kaum etwas zu tun, außer vielleicht das eine: dass auch er die »barbarischen« Wurzeln unter der europäischen Kulturtünche bloßgelegt hat. Mit dieser quasi kollektiv-analytischen Stoßrichtung bereitet er den Boden für Oswald de Andrades »Kulturanthropophagie« in stärkerem Maße als direkter an der modernistischen Welle beteiligte Autoren.

Die »Woche der modernen Kunst«

Einer dieser Autoren ist der »Pate« der neuen Bewegung, José Pereira da Graça Aranha (1868–1931), als Mitbegründer der Brasilianischen Literaturakademie eine zentrale Figur des literarischen Establishments. Berühmt wurde er vor allem durch seinen die Desillusion europäischer Immigranten schildernden Roman *Canaã* (1902), der die Strömungen der europäischen Dekadenzliteratur (*décadence* und Nietzscheanismus) für Brasilien zu adaptieren suchte. Graça Aranha, immer offen für neue Strömungen, begrüßte die Literatur der Modernisten und sprach sich öffentlich gegen das Festhalten an veralteten Strukturen aus, womit er besonders die Akademie (eine »Runde von Gespenstern«) anvisierte, aus der er 1924 sogar austrat. Zuvor aber verlieh der Berufsdiplomat Aranha der »Woche der modernen Kunst«, die die jungen Autoren im Februar 1922 in São Paulo organisiert hatten, als Eröffnungsredner sozusagen die »offizielle Weihe«. An seiner Rede über »die ästhetische Emotion in der modernen Kunst«, gehalten am 13. Februar 1922 im Stadttheater von São Paulo, lässt sich die eigentümliche Position Graça Aranhas innerhalb des Modernismo ablesen. Er macht sich da zum Sprecher der jungen Rebellen und fordert die Aufhebung des traditionellen Schönheitsideals zugunsten eines freien, expressiven Subjektivismus, der »bizarr, ja erschreckend« sein dürfe. Die Ästhetik, die Graça Aranha hier verficht, ist somit den Ideen des Modernismo verpflichtet, Stil und Argumentationsweise jedoch bleiben konventionell, was vor allem durch den Vergleich mit anderen theoretischen Texten der brasilianischen Avantgarde, etwa den Manifesten Oswald de Andrades oder der zwei Tage später gehaltenen Rede Menotti del Picchias, deutlich wird. Der weihevolle Ton, die bildungsbeflissene Verliebtheit in die geistesgeschichtlichen Zusammenhänge und die geradezu sakrale Beschwörung einer »kosmischen Harmonie« zeigen, dass Graça Aranha die Akademie wenigstens im Ausdruck nicht so sehr »in seiner Seele getötet« hat, wie er es den jungen Dichtern zu tun empfiehlt.

Die »Semana de Arte Moderna« 1922 und ihre Vorbereitung

Mit dieser »Semana de Arte Moderna«, einer Woche der Lesungen, Vorträge, Ausstellungen, Konzerte und Spektakel (13.–17. Februar 1922), beginnt sozusagen offiziell, was sich schon seit etwa einem Jahrzehnt vorbereitet hatte: eine auf der avantgardistischen Figur des »Bruchs« – in diesem Fall nicht nur mit der Vergangenheit, sondern vor allem auch mit Europa – aufbauende Bewegung des Neuanfangs, eben der »Modernität«. Die europäischen Wurzeln waren dennoch nicht zu übersehen: Schon 1912 hatte Oswald de Andrade, der unermüdliche Begründer neuer Bewegungen und Manifestautor, eben von seiner ersten Europareise zurückgekehrt, das Wort »Futurismus« in Umlauf gebracht; 1915 fand sich Ronald de Carvalho unter den Begründern der portugiesischen Avantgardezeitschrift *Orfeu*; der Frankobrasilianer Sérgio Milliet schrieb zunächst avantgardistische Gedichte in französischer Sprache, ehe er mit seinen portugiesisch abgefassten Essays zu einem der wichtigsten Rezensenten der neuen Strömungen wurde; und selbst Mário de Andrade, der Amerika nie verließ, las regelmäßig die französischen Avantgardezeitschriften und verarbeitete die dortigen Anregungen in poetologischen Texten wie *A Escrava que não é Isaura* (1925). Freilich: Im Unterschied zu früheren »Europaimitationen« lernte man jetzt durch die europäische Avantgarde das Eigene, Brasilianische entdecken. Zunächst aber ging es mehr um die Frage des Bruches mit dem Überkommenen: Das Jahr 1917 brachte zum ersten Mal für die jungen Autoren eine Gelegenheit, sich zusammenzuschließen und einen »Kulturkampf« auszufechten. Der Gegner war der 1882 geborene, also nur etwa zehn Jahre ältere Essayist und Erzähler José Bento Monteiro Lobato, eigentlich ein Vorläufer der Modernisten mit regionalistischen und karikaturhaften Tendenzen, der z. B. dem romantischen Indianismus seinen primitiven, faulen und an allem desinteressierten »caboclo« (Mestizen) Jeca Tatu gegenüberstellte (in dem Essayband *Urupês*, 1918) und in seine oft sozialkritischen Kurzerzählungen (z. B. »Negrinha«, 1920) oft alltagssprachliche Passagen einbaute. Er hatte in einem polemischen Artikel nicht nur unter dem Titel »Paranoia oder Mystifikation?« die Ausstellung der modernistischen Malerin Anita Malfatti, sondern generell die avantgardistischen »Ismen« angegriffen. In der Verteidigung Malfattis fanden sich Oswald und sein weder verwandter noch verschwägerter Namensvetter Mário mit vielen Altersgenossen; der Grundstein zur modernistischen Bewegung war gelegt. In den Jahren 1920 und 1921 nimmt die avantgardistische Aktivität an Intensität merklich zu, vor allem aber tritt nun – nicht zuletzt durch die Vorbereitung der Hundertjahrfeier der brasilianischen Unabhängigkeit – die nationale Note, d. h. der Gegensatz zu Europa, in den Vordergrund. Dadurch gehen die Autoren immer mehr auf Distanz zum Futurismus, was seinen deutlichsten Ausdruck in der Zeitungspolemik zwischen Oswald und Mário de Andrade über das Epitheton »futuristischer Dichter« findet. Mário schreibt in diesen Jahren seinen ersten bedeutenden Gedichtzyklus, *Paulicéia desvairada* (erschienen 1922), in dessen Vorwort er auch eine auf dem avantgardistischen Zentralbegriff der »Simultaneität« und dem musikalischen Polyphoniebegriff aufbauende Dichtungstheorie formuliert. Die Sammlung selbst ist vor allem durch zwei Aspekte richtungweisend für den Modernismo geworden: Einmal ist da die noch ein wenig an symbolistische Wurzeln erinnernde Selbstdefinition als »harlekinesk«, was Mário einerseits mit karnevalistischen Aspekten, andererseits in Anspielung auf Arlecchinos buntgeflecktes Kleid mit der brasilianischen Rassen- und Kulturmischung in Verbindung bringt; zum zweiten findet sich erst-

Monteiro Lobato

mals seit der Romantik die explizite Identifikation mit dem Indio in dem
Gedicht »Der Troubadour«, in dem Mário sich mit dem berühmt gewordenen Satz »Ich bin ein Laute spielender Tupi« zu dem größten Indiovolk
des Landes bekennt. Damit war der Autor ganz natürlich zur Leitfigur der
neuen Bewegung geworden; er vermied es freilich im Unterschied zu
seinem Namensvetter, sich einer der zahlreichen aus der modernistischen
Revolte hervorgehenden Gruppen anzuschließen.

Deren gab es nun tatsächlich einige; etwa zwei Jahre nach der großen
»Semana«, in der sich alle, Musiker wie Villa-Lobos, Maler wie die
Malfatti und Oswalds spätere Frau Tarsila do Amaral, junge und jung
gebliebene Autoren verschiedenster Provenienz, für einen Augenblick zu-
sammengefunden hatten, begann man sich in abgetrennten Zirkeln neben-
und gegeneinander zu organisieren. Vor allem São Paulo schien den
Ehrgeiz zu haben, es auch an der Zahl der konkurrierenden Avantgardegruppen Paris gleichzutun, und ebenso wurden in Rio, ja nach und nach
in fast allen Regionen des Landes, modernistische Gruppen und vor allem
Zeitschriften gegründet: Auf *Klaxon* (São Paulo, 1923) folgten *Estética*
(Rio, 1924), *A Revista* (Belo Horizonte, 1925) und viele andere, meist
kurzlebige Organe vom Amazonasland bis Rio Grande do Sul.

*Die Zersplitterung
der modernistischen
Bewegung*

Experimentelle Erzählliteratur

Zugleich begann die Suche nach neuen Möglichkeiten des Schreibens, um
nicht in der sterilen Negation des Bestehenden stecken zu bleiben. Den
ersten Schritt im Bereich der Narrativik setzt Oswald mit seinem zu
Unrecht von der Kritik verdammten Experimentalroman – wenn man bei
Avantgardisten noch von Romanen sprechen kann – *Memórias senti-
mentais de João Miramar* (1924). In diesem kaum 70 Seiten starken Text
mit nicht weniger als 163 Kapiteln ist der Einfluss Marinettis (vor allem
von *Mafarka le Futuriste*) noch deutlich spürbar; er wird von Oswald
jedoch mit einem spezifisch brasilianischen Prätext verbunden, mit der
Folie der *Memórias póstumas de Brás Cubas* (nach Oswalds Aussage
waren deren Autor Machado de Assis und Euclides da Cunha die einzigen
Vertreter der »Tradition«, die er schätzte). Die extrem kurzen Erzähl-
abschnitte, die Verbindung von Gesellschaftssatire und Satire des realistischen Romans, selbst die Grundkonzeption der Geschichte eines reichen
Erben und Verschwenders – all das könnte auch von Machado stammen,
ebenso wie das aus einem einzigen Satz bestehende Kapitel, mit dem der
Erzähler die Geburt seiner Tochter berichtet (»Meine Schwiegermutter
wurde Großmutter«). Trotz dieser literarischen Reminiszenzen ist der Plot
so stark autobiographisch, dass man viele Anspielungen nur bei gleichzeitiger Lektüre des 1954 erschienenen Memoirenbandes *Um Homem
sem Profissão* versteht. Vor allem aber geht der *João Miramar* im sprachlichen Bereich weit über den Text Machados hinaus: Es ist der erste
radikale Versuch, die vom Modernismus geforderte »neue, natürliche,
neologistische Sprache« in einem Erzählwerk umzusetzen (in seinem Erst-
ling *Alma* von 1922 blieb Oswald trotz des Fragmentarismus der Erzählstruktur sprachlich eher konventionell). Diese Zertrümmerung der Syntax
im Sinne eines »Telegraphenstils« nach Vorbild der Futuristen wird auch
von dem – wiederum auf Machado de Assis anspielenden – fiktiven
Vorwortautor »Machado Penumbra« (»Machado Halbschatten«) hervorgehoben, allerdings in eben jenem rhetorischen, pedantisch Bildung zur
Schau stellenden Stil, den Oswald in seinem Buch immer wieder parodiert,

Oswald de Andrade:
Memórias sentimen-
tais de João Miramar

Oswald de Andrade

und zwar sowohl in der von Penumbra repräsentierten akademischen als auch in der halbanalphabetischen Variante der »gelehrt sprechenden« Mulatten vom Lande. Diese parodistischen Züge haben sehr direkt Mários »Rhapsodie« *Macunaíma* (1928) beeinflusst, von der noch die Rede sein wird, während die Sprachexperimente (Neologismen, Zerbrechen der Syntax, massive Verwendung umgangs- und fachsprachlicher Vokabeln und Wendungen), nimmt man die futuristische Tendenz zur Enthumanisierung der Personen aus, noch weit über diesen hinaus bis hin zu Guimarães Rosa die Entwicklung der brasilianischen Prosa bestimmt haben, selbst wenn man vom engeren Kreis der Modernisten absieht. Unter ihnen wäre vor allem noch António de Alcântara Machado zu nennen, der mit Paulistaner Erzählungen, vor allem aber mit seinem unvollendeten, 1936 postum veröffentlichten Roman *Mana Maria* die Sprachexperimente des *Miramar* mit mehr Interesse für das Anekdotische verbindet und weiterführt. Oswalds eigenes Erzählwerk hat freilich mit dem *Miramar* schon seinen Höhepunkt erreicht. *Serafim Ponte Grande*, geschrieben 1928/29, veröffentlicht erst 1933 (und da schon mit einem distanzierenden Vorwort des eigenen Autors), wirkt wie eine Fortsetzung des Textes von 1923, ohne dass der Autor neue Elemente einbringen könnte, und die Spätwerke *A Revolução melancólica* (1943) und *Chão* (1945), der neuen politischen Orientierung des Autors entsprechend in der Form des Thesenromans konzipiert, fallen ästhetisch weit hinter die Anfänge zurück. Auch auf dem Gebiet der Lyrik sind Oswald zwar einige bemerkenswerte Bonmots, kaum aber Texte von bleibendem Wert geglückt. Seine Stärke liegt wohl vor allem in der typisch avantgardistischen Form des Manifestes, das wie bei den Futuristen, Dadas und Surrealisten auch bei den brasilianischen Modernisten zugleich poetologische Absichtserklärung und selbst künstlerischer Text sein will. Hier arbeitet er wie im *Miramar* mit einer fragmentarischen, aphoristisch anmutenden Struktur, die formbildend gewirkt hat und von fast allen folgenden Gruppen nachgeahmt wurde.

Vom Brasilholz bis zur Menschenfresserei – die Manifestliteratur der Modernisten

Das Manifesto Pau Brasil (Brasilholzmanifest) Oswald de Andrades

Das erste Manifest, das die nationale Tendenz der »Semana« umsetzt, ist das *Manifesto Pau Brasil* (Brasilholzmanifest) Oswalds von 1924; hier wird der Wert der gegenwärtigen brasilianischen Alltagskultur (»bloß Brasilianer unserer Epoche«) gegen die aus Europa importierten und nur halb verdauten Kulturbrocken ausgespielt. »Was ist Wagner gegen den Karneval von Rio?«, fragt Oswald und gelangt zu dem Schluss, man müsse endlich »Export- statt Importpoesie« machen. »Barbarisch und unser« soll die neue Kultur sein, im Gegensatz zu der lächerlichen europäisierenden Rhetorik eines Rui Barbosa, den Oswald als »ein Zylinderhut in Senegambia« persifliert. Die Frage, wie diese neue Dichtung aussehen soll, wird im Manifest nur an wenigen Stellen angeschnitten: »Beweglich und unschuldig wie ein Kind« soll sie sein, »ohne Formel« einfach »mit freien Augen sehen« lehren. Genauere Aussagen finden sich wieder nur in Abgrenzung gegen die vorhergehenden literarischen Strömungen: »Die Arbeit gegen das naturalistische Detail – durch die *Synthese*; gegen die romantische Morbidität – durch die geometrische *Ausgeglichenheit* und die technische *Vollendung*; gegen die Kopie durch *Erfindung* und *Überraschung*.« Trotzdem: Das Manifest, in dem – wohl auch durch die Vermittlung des einige Zeit in Brasilien weilenden französisch-schweizeri-

schen Avantgardisten Blaise Cendrars – eine interessante Mischung da-
daistisch-absurden Humors mit dem surrealistischen Kult der Metapher
und der erwähnten sprunghaft-fragmentarischen Struktur zustande-
kommt, ist einer der gelungensten Texte der modernistischen Epoche und
auch heute noch mit Genuss lesbar. Oswald ließ ihm ein Jahr später
ebenfalls unter dem Titel *Pau-Brasil* einen Gedichtband folgen, der ähnliche Techniken verwendet wie der *Miramar*, ohne zu annähernd so ge-
glückten Ergebnissen zu gelangen. Am besten gelingen ihm auch hier
wieder Parodien auf Autoren der Romantik und des Parnasse sowie die
lyrisch-zeichnerischen Witze des 1927 erschienenen *Schulhefts des Poesie-
schülers Oswald de Andrade.*

Die durch das Brasilholzmanifest eröffnete Debatte über die Abhängigkeit zwischen brasilianischer und europäischer Kultur wurde in der Folge
zum zentralen Diskussionspunkt der Modernisten. Noch 1925 veröffentlichte der Kritiker Tristão de Athayde (Pseudonym für Alceu Amoroso
Lima) unter dem Titel »Literatura suicida« einen scharfen Angriff auf
Oswalds Behauptung, er wolle Import- durch Exportpoesie ersetzen. Anhand von Textbeispielen versucht er ihn der Imitation von Dada und
deutschem Expressionismus zu überführen und schließt mit der Feststellung, die brasilianische Literatur könne in der gegenwärtigen Entwicklungsstufe noch nicht auf Anregungen verzichten, müsse aber vorsichtig
(und nach »klassischen« Prinzipien) auswählen. Doch auch unter denen,
die mit Oswalds Anti-Europa-Kurs einverstanden waren, gab es große
Meinungsverschiedenheiten. So preist etwa der Lyriker Ronald de Car- *Ronald de Carvalho*
valho in seinem Band *Toda a América* (1925) die amerikanische Gemeinsamkeit, die dem Europäer verschlossen bleiben muss (»Europäer! Sohn
des Gehorsams, der Sparsamkeit und des Hausverstands! Du weißt nicht,
was es heißt, Amerikaner zu sein«), während viele andere in einem engeren brasilianischen Nationalismus ihr Heil sehen.

So entstand innerhalb der Modernisten ein eher »rechter« Pol um Plínio *Der »rechte« Pol*
Salgado, der 1926 erstmals mit einem Einwandererroman *O Estrangeiro* *um Plínio Salgado:*
hervortrat. Seine Gruppe nannte sich zuerst nach den brasilianischen *Verde-Amarelismo*
Nationalfarben »Verde-amarelismo« (Grün-Gelbismus); 1927 veröffent- *und* Anta
licht er mit seinen Mitstreitern Cassiano Ricardo und Menotti del Picchia
den Manifestband *O Curupira e o Carão*, in dem noch in futuristischen
Termini eine »gewalttätige« und »dynamische« Kunst gefordert wird. Als
die Begeisterung für den Indio, verbunden mit der Ablehnung der zahlreichen europäischen Einwanderer, zunahm, lernte Salgado Tupi, veröffentlichte in Avantgardezeitschriften Einführungen in die Indio-Sprache
und benannte seine Gruppe in »Anta« (Tapir) um, weil dies das »Totemtier« der Tupis gewesen sei. In dem Manifest dieser noch 1927 gegründeten Bewegung (»Nhengaçu Verde Amarelo«) wird eine eigentümliche
Geschichtstheorie entwickelt. Der Tupi-Indio, so heißt es, habe eben
deshalb, weil er keinen Widerstand leistete, da sein Totemtier, der Tapir,
kein Fleischfresser ist, das brasilianische Wesen der Vorurteilslosigkeit
begründet und den Portugiesen »indianisiert«. In diesen Termini ist der
Unterschied zum »linken« Oswald de Andrade freilich nicht allzu groß,
der 1928 mit einer neuen Zeitschrift (der in »Zahnreihen« erscheinenden *Oswalds »Menschen-*
Revista de Antropofagia) und einem neuen Manifest, dem *Manifesto* *fresser-Manifest«*
antropófago (Menschenfresser-Manifest) antwortet. Von literarischen Wit-
zen wie »Tupy or not tupy, that is the question« bis zur scherzhaften
Einbeziehung der neuesten ethnologisch-anthropologischen Theorien Lucien Lévy-Bruhls über die »primitive Mentalität« versucht dieses in der

Tarsila do Amaral:
»Menschenfresserei«
(1929)

Textstruktur *Pau Brasil* ähnelnde Manifest sich nun über den engeren Bereich der Literatur hinaus in jene Sphäre der Einheit von Kunst und Leben vorzutasten, die auch für den surrealistischen Ansatz typisch ist. Ähnlich wie die Surrealisten rückt Oswald sich auch seinen Freud zurecht (er schrieb bisweilen unter dem Pseudonym Freuderico in seiner Zeitschrift) und entdeckt das indianische Unbewusste im Magen, der die europäische Kulturtünche auffressen und verdauen soll. So mündet der Text in eine nicht nur poetologische, sondern in erster Linie politisch-zivilisatorische Aussage: »Gegen die soziale, bekleidete und unterdrückende, von Freud kastrierte Realität – die Realität ohne Komplexe, ohne Irrsinn, ohne Prostitutionen und ohne Strafanstalten im Matriarchat von Pindorama.«

Mário de Andrade:
Macunaíma

Das große Buch der Menschenfresser-Bewegung stammt freilich von keinem Mitglied der Gruppe, sondern wieder einmal von Mário de Andrade. 1927 war sein erster Roman *Amar, Verbo intransitivo* erschienen, das noch auf den Spuren von Oswalds Großstadtroman verbleibt. Zum Jahreswechsel 1928 schließlich warf er in wenigen Wochen etwas hin, was er selbst als »Rhapsodie« und die Anthropophagen als »ihrer Bewegung zugehörig« bezeichneten, obwohl der Autor sich dieser stets verweigert hatte: *Macunaíma. O Herói sem nenhum Caráter*, eine vergnügliche Collage aus Elementen der von dem Ethnologen Theodor Koch-Grünberg gesammelten und von Mário aus dem Deutschen rückübersetzten Mythen der Taulipang- und Arekuna-Indianer aus dem Grenzgebiet zwischen Brasilien und Venezuela. Die Mythenfigur »Maku-naima« ist in diesen Mythen einerseits Schöpfer und Verwandler und somit Urheber der Welt in der heutigen Gestalt, andererseits in der Tradition des nordamerikani-

schen »Trickster« auch ein tückischer und schadenfroher, bisweilen ungeschickter Schelm. Dazu ist er erotisch unersättlich und unsäglich faul, was
ihn zur nationalen Identifikationsfigur des Modernismo prädestiniert
(schon der Sertanejo da Cunhas und der Brasilianer Oswalds sind durch
diese emblematisch im Faultier verkörperte Eigenschaft der »divina pre-
guiça« gekennzeichnet). Neben den übernommenen Mythen bildet den
Plot eine Begegnung des Helden – auf der Suche nach dem verlorenen
Amulett seiner in den Himmel entrückten Amazonen-Gattin – mit der
Großstadt São Paulo. Dort ficht er einen langen Kampf mit dem Men-
schenfresser-Riesen Venceslau Pietro Pietra aus, in dessen Figur sich tradi-
tionell-mythologische Züge mit einer Karikatur des italienischen Einwanderers verbinden, die bis zum komisch-grotesken Tod im eigenen
Sugo-Topf mit den letzten Worten »Käse fehlt!« reicht. Die Konfrontation
des magisch-mythischen Denkens mit der Welt der modernen Technik
vereinigt die futuristisch begründete Technikbegeisterung der Modernisten mit der Bewunderung für den Indio, und sie führt auch zu bemerkenswerten humoristischen Effekten, etwa wenn der Autor die Mythe von
der Entstehung der Rückenschale der Krabbe aus einem Bananenblatt im
Verlauf eines Wettlaufs mit dem Jaguar so transponiert, dass der Jaguar
sich Räder an die Füße bindet, einen Motor verschluckt, einen Benzin-
kanister austrinkt, sich Glühwürmchen als Scheinwerfer zwischen die
Zähne steckt, mit Wasser Kühlung verschafft und endlich aus einem
Bananenblatt eine Karosserie formt. Dabei entsteht die »Automobilma-
schine«, deren Söhne und Töchter »Ford«, »Chevrolet« usw. heißen.
Auch die afrobrasilianischen Kulturelemente hat der Autor karikierend
eingebaut, wenn Macunaíma im Verlauf eines Macumba-Ritus mit Hilfe
afrikanischer Geister den Riesen ferngesteuert verprügelt, und nicht zuletzt enthält auch *Macunaíma* – diesmal eindeutig auf den Spuren Oswalds – eine Polemik gegen die traditionalistische Sprachkultur in dem
»Brief an die Icamiabas«, seine Amazonen-Untertanen, den Macunaíma
aus São Paulo schreibt und in dem das klassische Portugiesisch ebenso
parodiert wird wie in einem anderen Kapitel die Halbbildung eines Mulatten, der eine pathetische Rede zu dem »erhabenen Feiertag des Kreuzes
des Südens« hält, bis ihm Macunaíma engagiert entgegnet, es handle sich
bei diesem »erhabenen und herrlichen Symbol unseres geliebten Vaterlandes« in Wahrheit um »Pauí-podole«, den Vater des Hokko-Vogels, der
einer Mythe zufolge in den Himmel aufgeflogen ist. In der Reaktion der
Menge (»langanhaltendes Glücksgemurmel«) lässt der Autor, bei aller
humoristischen Brechung, eine gewisse Sympathie für die poetischere
magisch-mythische Weltsicht erkennen. Gleiches gilt wohl für die Anti-
helden-Figur Macunaímas selbst, der im doppelten Sinn des portugiesischen »caráter« (Charakter und Eigenschaft) eines solchen entbehrt, denn
nach Eigenschaften ist diese Synthese verschiedener Gestalten aufgrund
ihrer Widersprüchlichkeit nicht einordenbar: Macunaíma ist zugleich
schlau und tölpelhaft, bösartig und fürsorglich, und dennoch repräsentiert
er geradezu archetypisch einige Charakterzüge des Brasilianers, wie ihn
der Modernismo sehen wollte und wie ihn – in dem im selben Jahr 1928
erschienenen Essay *Retrato do Brasil* – Paulo Prado, einer der wichtigsten
Förderer der Modernisten, beschrieben hat.

Dieser literarisch anspruchsvolle »Essay über die brasilianische Traurig-
keit«, wie er im Untertitel heißt, hat die weitere Suche nach der Erklärung
des Nationalcharakters aus Geschichte und Rassenmischung beeinflusst,
wie sie in Gilberto Freyres berühmter (und von manchen Kritikern auch

Mário de Andrade,
Porträt 1922

*Humoristisches Spiel
mit traditionellen
Mythen*

*Parodie
der klassischen
Literatursprache*

*Paulo Prado:
Retrato do Brasil*

noch zum Modernismo gezählter) Studie *Casa grande e senzala* (1933) ihren Ausdruck findet.

Mário de Andrades Zweifel am »indigenen Selbstbewusstsein«

Mário de Andrade selbst, der seine Erzählhaltung mit der der Bänkelsänger des brasilianischen Nordostens verglichen hat, die alles Material, das sie hören, in ihre »Cantorias« einbauen, konnte mit der hymnischen Qualifikation als Nationalepos nie ganz übereinstimmen. Er blieb mitten in der größten Indio-Euphorie der konkurrierenden »Menschenfresser«- und »Tapir«-Bewegungen auch skeptisch gegenüber der Suche nach dem indianischen oder afrikanischen Unbewussten im Brasilianer und verlieh dieser Skepsis gegenüber dem von ihm selbst mitbegründeten Indio-Mythos in dem Gedicht »Impromptu über das amerikanische Übel« deutlichen Ausdruck: »Aber ich kann mich nicht schwarz noch rot fühlen!/ Natürlich sind auch diese Farben in mein Harlekinskleid verwoben,/ Aber ich fühle mich nicht schwarz, aber ich fühle mich nicht rot,/ ich fühle mich nur weiß, Liebe und Aufnahmebereitschaft ausstrahlend,/ gereinigt in der Revolte gegen die Weißen [...] Ich fühle mich weiß, schicksalhaft als ein Wesen aus Welten, die ich nie gesehen habe!«

Futuristische Elemente im Modernismo

Paulo Menotti del Picchia

Selbstzweifel dieser Art waren Oswalds Sache nicht, aber noch viel weniger die seiner Mitstreiter bzw. Gegner (auf die meisten treffen im Lauf der Zeit beide Eigenschaften zu): Da ist zunächst Paulo Menotti del Picchia, der schon 1917 dem neuen Interesse für die Sertanejos mit seinem im Stil dem Parnasianismo nahestehenden Erzählgedicht *Juca Mulato* entgegenkam. 1922 war er unter den führenden und radikalsten Vertretern der »Arte Moderna« und schlug in seinem schon erwähnten Vortrag trotz einer prinzipiellen Absage an Marinettis Bewegung eindeutig futuristische Töne an: »Wir wollen Licht, Luft, Ventilatoren, Flugzeuge, Arbeiterforderungen, Idealismen, Motoren, Fabrikschlote, Blut, Geschwindigkeit, Traum in unserer Kunst! Und dass der Trommelwirbel eines Wagens auf den Gleisen von zwei Versen den letzten homerischen Gott aus der Poesie verscheucht, der anachronistisch in der Ära der Jazzband und des Kinos weiterhin schlief und dabei von der Flöte der Arkadienschäfer und den göttlichen Busen der Helena träumte!« Ähnlich futuristische Töne finden sich gegenüber der Frau: »Raus der Frau-Fetisch« heißt es da, und: »Wir wollen eine aktive Eva, schön, pragmatisch, nützlich daheim und auf der Straße, indem sie einen Tango tanzt und ein Kontokorrent mit der Schreibmaschine schreibt; indem sie einer futuristischen Nacht applaudiert und zitternde und lächerliche Superdichter mit Phrasen, die von seltsamen Termini wimmeln wie das Stachelschwein von Borsten, auspfeift.« Das dem »Manifest der futuristischen Frau« von Valentine de St. Pont entsprechende Lob der grausamen Frau singt Menotti auch in dem noch 1922 veröffentlichten Roman *O Homem e a Morte* mit dem Untertitel »zerebrale Tragödie«. In der Folge schließt er sich der nationalistischeren Richtung der Verde-Amarelistas an, gemeinsam mit dem bereits erwähnten Plínio Salgado und Cassiano Ricardo; mit Letzterem wandte er sich 1928 von der indianistischen »Anta«-Richtung wieder ab und gründete die Gruppe »Bandeira« (Fahne). Cassiano Ricardo selbst hat in diesem Jahr der »Antropofagia« und des *Macunaíma* mit dem Zyklus *Martim-Cererê* seinen indianistisch-nationalistischen Beitrag geleistet; in den späteren Jahren fiel er immer wieder durch Form-

Menottis »zerebrale Tragödie« O Homem e a Morte

Cassiano Ricardo

experimente auf und gehörte zu den direkten Vorläufern der konkreten Poesie.

Ein Höhepunkt modernistischer Lyrik: Manuel Bandeira

Im Bereich der Lyrik freilich sind sich die überlebenden Modernisten und die meisten Kritiker dahingehend einig, dass neben Mário de Andrades Werk die wichtigsten Texte des Modernismo von Manuel Bandeira stammen. Der in Recife geborene, tuberkulöse Dichter begann in seinem ersten Zyklus *A Cinza das Horas* (1917) mit romantisch-dekadentem Weltschmerz (»Ich mache Verse wie einer, der weint« . . . »Ich mache Verse wie der, der stirbt«), aber schon in *Carnaval* (1919) machte er sich erstmals über die Dichter des Parnasse lustig. Dennoch sind viele Gedichte wie jene über die Masken (die gleichzeitig als Thema auch bei Menotti und Mário de Andrade auftauchen) noch einer Fin-de-siècle-Thematik verhaftet, und in dem Gedicht »Traum eines Faschingsdienstags« findet sich noch die aristokratisch-dekadente Abscheu vor der »Menge der Promiskuität« im brasilianischen Karneval; im Herzen hat der Dichter aber bereits jene »alegria« (Lebensfreude), die er sich in »Ich kann nicht tanzen« (1925) als Therapie verordnen wird und die aus den modernistischen Manifesten ebenso spricht wie aus *Macunaíma*. Obwohl in keiner der Gruppen speziell engagiert, beteiligt sich Bandeira aktiv an der Polemik gegen die Dichtung von gestern, an der er doch selbst teilhatte. Das Gedicht »Poética« aus den *Poesías* (1924) verkündet programmatisch: »Ich will nichts mehr von einem Lyrismus wissen, der nicht Befreiung ist«, und in anderen Texten wie »Pneumotórax« setzt er sowohl die Forderung nach Verwendung der Alltagssprache als auch den dadaistisch angehauchten Humor im Stil Oswalds ein. In dem 1925 datierten Gedicht an seine Geburtsstadt Recife bekennt er sich im Sinne der Andrades auch zur Schaffung einer brasilianischen Literatursprache anstelle des europäischen Portugiesisch: »Denn es [das Volk] spricht ein schönes brasilianisches Portugiesisch/ Wir hingegen/ Was wir machen/ ist affenhafte Imitation/ der lusitanischen Syntax.« Diese umgangssprachliche Note, zusammen mit onomatopoetischen Klangspielereien, prägt die folgenden Jahre, wird aber nie Selbstzweck wie so oft bei anderen Modernisten. Im Laufe seiner langen Karriere findet Manuel Bandeira viel später auch wieder zu klassischeren Formen, ja zum Sonett, zurück; in den letzten Gedichten treten wieder der melancholische Zug und die Vergänglichkeitsthematik der ersten Sammlung auf.

Vom dekadenten Weltschmerz zur Poetik der »Befreiung«

Manuel Bandeira

Das abrupte Ende des Modernismo

Zu diesem Zeitpunkt allerdings ist der Modernismo längst vorbei. Das Seltsame an dieser plötzlichen Blüte der brasilianischen Avantgarde ist auch, ja gerade, ihr rasches Absterben. Die Weltwirtschaftskrise 1929, der Verfall der Kaffeepreise und damit einhergehend die Verarmung jener Familien, aus denen die jungen Rebellen stammten oder die sie unterstützt hatten; die »Revolution«, mit der 1930 Getúlio Vargas als Vertreter der Rechten mit einem zugleich viele Forderungen der Linken verwirklichenden Programm an die Macht gelangte – das sind nur einige von vielen möglichen Ursachen. Tatsächlich hatten sich ja auch innerhalb des Modernismo Spaltungstendenzen allzu deutlich angekündigt. Schon 1926 hatte eine Gruppe Intellektueller des Nordostens um Gilberto Freyre das

Der Umbruch des Jahres 1929/30

»Regionalistische Manifest« verkündet; die Gruppe um Plínio Salgado schloss sich der Ideologie des »Estado Novo« an; Mário de Andrade widmete sich der Musikologie, Oswald wurde Kommunist und versuchte sich unter anderem auf den Spuren von Majakowskij in einer Art Polit-Prop-Theater (etwa mit *O Homem e o Cavalo*, 1934), womit er immerhin post festum dem Modernismo auch die Dramatik erschloss – denn Avantgardedramen in Art der futuristisch-dadaistischen »sintesi« hatte es bislang nur von einem damals völlig vergessenen entfernten Vorläufer der Modernisten, dem unter dem Pseudonym Qorposanto bekannten José Joaquim de Campos Leão aus Rio Grande do Sul (1866) gegeben.

Raúl Bopp:
Cobra Norato

Ein bedeutendes »Nachzügler-Werk« stellt *Cobra Norato* (1931) von Raúl Bopp dar, der wie die Qorposanto aus dem brasilianischen Süden stammt. Hier wird der beeindruckende Versuch einer von mythisch-magischer Sehweise bestimmten Schilderung einer Reise durch das Amazonasland unternommen – der Nachklang der Indiobegeisterung der »Menschenfresser«, zu deren Gruppe Bopp 1928 zählte. Danach aber ist es mit dem brasilianischen Modernismus recht abrupt vorbei. Die sprachlichen und formalen Experimente, die er begonnen hatte, wurden in eingeschränkter Form in der Lyrik weitergeführt, etwa bei Carlos Drummond de Andrade, dessen Wurzeln in der Bewegung der 20er Jahre liegen. Aber viele, die als Symbolisten oder Parnassianer begonnen und sich vorübergehend zum Modernismo »bekehrt« hatten, kehrten in den 30er und 40er Jahren zu traditionelleren Ausdrucksformen zurück. Ein typisches Beispiel für diese Entwicklung ist Jorge de Lima, der 1917 mit dem parnassianischen Gedichtband *XIV Alexandrinos* debütiert, 1927 in seinen futuristisch angehauchten *Poemas* die Eisenbahnlinie G.W.B.R. besingt, 1928 mit *Essa negra Fulô* einen Versuch afrobrasilianischer Lyrik unternimmt und schließlich 1935 in *Tempo e Eternidade* an Claudel gemahnende hymnische Freiverse verwendet. Diese Tendenz zur traditionelleren Form umfasst sowohl den zunehmend regionalistischen Roman wie die Lyrik; erst in den 50er Jahren knüpfen die Vertreter der »konkreten Poesie« (Décio Pignatari, Haroldo und Augusto de Campos) und in der Narrativik João Guimarães Rosa an die bahnbrechenden Experimente der Andrades und ihrer Generation an.

Die hispanoamerikanischen Avantgarde-bewegungen: ein Überblick

Die lateinamerikanische Avantgarde – eine späte Entdeckung

Es ist noch gar nicht so lange her, da war in Darstellungen der lateinamerikanischen Literatur von Avantgarde kaum die Rede. Man wusste zwar, dass berühmte Autoren wie Pablo Neruda, Julio Cortázar oder Octavio Paz vom Surrealismus beeinflusst worden waren, aber es schien zu genügen, diese – meist in Paris erfolgte – Prägung im Zusammenhang mit den betreffenden Werken anzusprechen. Erst seit den 70er Jahren arbeitet die Forschung nach und nach das Profil einer komplexen lateinamerikanischen Avantgarde heraus, die sich – mit Schwerpunkt in den 20er Jahren – fast überall auf dem Kontinent manifestiert hat, in Form kleinerer und größerer Feuer, die Ordnungshüter und Traditionalisten in helle Aufregung versetzten und sich nach dem Willen derer, die diese Brände gelegt hatten, zu einem unlöschbaren Flächenbrand auswachsen sollten. So weit kam es aber nicht. Die Feuer verzehrten sich selbst oder wurden von den aufgeschreckten Bürgern erstickt. Vorher hatten sich jedoch manche an diesen Feuern gewärmt und am Spiel der Flammen erfreut, hatten miterlebt, dass verfestigte Strukturen aufgebrochen werden können, und hatten die zurückbleibende Asche als Nährboden für Schreibweisen entdeckt, die sich immer weniger an literarische Traditionen gebunden fühlten. Die so gewonnene Freiheit nehmen in Lateinamerika fast alle Gegenwartsautoren in einem Ausmaß und mit einer Selbstverständlichkeit in Anspruch, die in Europa ihresgleichen sucht.

Die Rolle der europäischen Avantgardebewegungen

Die Funken, an denen sich die einzelnen Feuer speziell in Hispanoamerika entzündeten, sprangen im Wesentlichen von Europa her über. Die europäischen Avantgardebewegungen bezeichnen den Punkt, an dem das Unbehagen gegenüber den bestehenden Verhältnissen sich nicht mehr als Verweigerung und Flucht, sondern als Kampfansage und offensive Aktion manifestierte: Nachdem alle Versuche gescheitert seien, die göttliche Schöpfung menschenwürdig einzurichten, müsse man endlich eine neue Welt schaffen. Dass das Potential an menschlicher Kreativität hierfür ausreichen würde, das schien die um die Jahrhundertwende immer rasantere Entwicklung der Technik unwiderleglich zu beweisen. Kein Wunder also, dass der Futurismus als erste Avantgardebewegung ab 1909 die Technik verherrlichte und von der Kunst verlangte, sie müsse die Simultaneität aller Vorgänge zum Ausdruck bringen, weil dies die Quintessenz modernen Lebens sei. Durch den Ausbruch des Ersten Weltkriegs wurde zwar der euphorische Jubel über eine durch die menschliche Erfindungsgabe völlig neu zu gestaltende Welt brutal zum Schweigen gebracht, eine grundlegende Erneuerung des Menschen selbst erschien aber nur umso dringlicher. Insbesondere der während des Weltkriegs begründete Dadaismus strebte eine »kulturelle Generalreinigung« an: Er erklärte alle bisher gültigen Begriffe von Kunst und Literatur für tot, da sie mit der zum Weltkrieg führenden Wirklichkeit paktiert hätten. Künstler sein hieß jetzt, gegen jede Art traditioneller Kunst zu Felde ziehen und eine schon deshalb prinzipiell a-mimetische Kunst zu propagieren, weil es in der Welt, so wie sie war, nichts Nachahmenswertes gab. Am entschiedensten wurde das Bemühen um ein neues menschliches Selbstverständnis von den Surrealisten umgesetzt. Im genauen Gegensatz zu den Futuristen sehen sie den Menschen nicht mehr durch seine Rationalität und Erfindungsgabe definiert, denen sich der technische Fortschritt verdankt, sondern gerade durch von der Rationalität verdeckte und unterdrückte Bereiche: Die Allmacht des Bewusstseins wird durch die Aufwertung des Traums und des Unbewussten in Frage gestellt, die religiösen, sozialen und sexuellen Tabus werden durch ein von den Instinkten gelenktes spontanes Handeln durchbrochen. Die Literatur bekommt die Aufgabe zugewiesen, den an der Macht befindlichen Realitätssinn dadurch aus den Angeln zu heben, dass sie den vernünftigen Sprachgebrauch stört, demontiert und letzten Endes zerstört. Folgt der Schriftsteller hingegen dem magischen Diktat des Unterbewussten, so besteht Aussicht, den »poetischen Urzustand« des Menschen wiederzugewinnen. Der avantgardistische Autor wird so zum Demiurgen, der aus dem Unbewussten neue Welten schafft. Den Futuristen ebenso wie den Dadaisten, den Expressionisten wie den Surrealisten kennzeichnet die nicht hinterfragbare innere Überzeugung, in einer absolut einmaligen, unvergleichlichen, letztlich aus der Geschichte heraus-

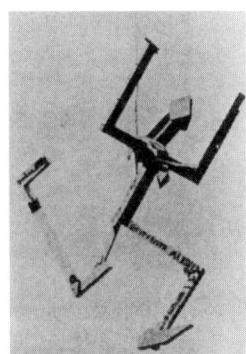

Futuristisches Selbstporträt von F. T. Marinetti (1914)

*Die Vermittlung
der europäischen
Avantgarden*

fallenden Zeit zu leben, die von ihm die radikale Abkehr von allem Überkommenen und den bedingungslosen Einsatz für eine völlig neue Welt, einen völlig neuen Menschen und entsprechend auch für eine neue Kunst verlangt, die alle geltenden Maßstäbe sprengt. Es geht also weniger um die Übernahme bestimmter Inhalte und Ausdrucksformen als darum, dass der Drang nach völliger Erneuerung ansteckend wirkt. Entsprechend sind in Hispanoamerika durchaus anders geartete Anliegen avantgardistisch artikuliert worden.

Die Frage, wann und wie man in Hispanoamerika von den europäischen Avantgardebewegungen Kenntnis erhielt, lässt sich recht genau beantworten. Dabei ist daran zu erinnern, dass Lateinamerika sich bei aller Eigenart und eigenständigen Entwicklung einer gemeinsamen abendländischen Kultur zugehörig fühlte, als deren unbestrittenes Zentrum Paris galt. Viele Intellektuelle hatten Ortega y Gassets *Revista de Occidente* (1923 ff.) abonniert, und in den großen einheimischen Zeitungen wurde ganz selbstverständlich über aktuelle Entwicklungen im europäischen Kulturleben berichtet. Marinettis Manifest des Futurismus erschien am 20. Februar 1909 im *Figaro* in Paris, und bereits am 5. April veröffentlichte in Buenos Aires die große Tageszeitung *La Nación* einen Artikel »Marinetti und der Futurismus«, verfasst von keinem Geringeren als Rubén Darío, dem schon damals berühmtesten Dichter Hispanoamerikas und Pariser Korrespondenten von *La Nación*. Zudem lebten mehr oder weniger stark in der hispanoamerikanischen Avantgarde engagierte Autoren wie Jorge Luis Borges, Oliverio Girondo, Miguel Angel Asturias, Alejo Carpentier oder José Carlos Mariátegui zeitweise in Europa und vor allem in Paris, während namhafte europäische Avantgardisten wie Filippo Tommaso Marinetti, Ramón Gómez de la Serna oder die Surrealisten Robert Desnos und Benjamin Péret zu Vortragsreisen und Lesungen nach Lateinamerika eingeladen wurden. Das beste Beispiel für das Gefühl kultureller Zugehörigkeit aber ist der Chilene Vicente Huidobro, der nicht nur seit 1916 in Paris zusammen mit Pierre Reverdy »kubistische« Lyrik schrieb, sondern zugleich behauptete, schon vorher – in Lateinamerika – eine entsprechende Theorie entwickelt zu haben. Das heißt, dass Huidobro sich schon vor 1916, als er noch in Chile und Argentinen lebte, auf dem neuesten Stand der europäischen Literaturdebatte fühlte und eine aktive Rolle zu übernehmen suchte.

Von Spanien nach Argentinien: der Ultraísmo

Was die Vermittlerrolle Spaniens anbelangt, so ist hier vor allem Guillermo de Torre zu nennen, der später in der den neuen Tendenzen gegenüber aufgeschlossenen Madrider *Gaceta Literaria* (1927–1931) die hispanoamerikanischen Ausprägungen der Avantgarde vorstellen wird. Ihn hat Huidobro 1918 von Paris aus in Madrid besucht, worauf er im selben Jahr die spezifisch spanische Bewegung des Ultraísmo aus der Taufe hebt. Zu dieser Gruppe stößt 1919 Jorge Luis Borges, der sich bereits mehrere Jahre in Europa aufgehalten hat. Er kehrt 1921 von Spanien aus nach Buenos Aires zurück und versucht, den Ultraísmo auch dort zu etablieren. Wie für Avantgarde-Bewegungen typisch, gründet man 1921 eine Zeitschrift, die *Prisma* heißt und als Wandzeitung angeschlagen wird. Genauso typisch ist es, dass *Prisma* bereits nach zwei Nummern sein Erscheinen wieder einstellen muss, jedoch kurz darauf durch eine andere Zeitschrift (*Proa*) ersetzt wird. Wichtiger wird dann von 1924 bis 1927

MARTIN FIERRO

Periódico quincenal de arte y crítica libre

10 Ctvs.   10 Ctvs.

| Segunda época, Año I°. Núm. 4 | Buenos Aires, Mayo 15 de 1924 | Dirección y Adm.: Bustamante 27 |

MONTEVIDEO SEGUN VARGAS VILA

Martín Fierro, mit insgesamt 45 Heften und zeitweise einer Auflage von 20 000 Exemplaren – mehr als jede andere Avantgarde-Zeitschrift in Lateinamerika. Sie wird zum Sprachrohr und Sammelbecken der argentinischen Avantgarde, von der sich Borges selbst allerdings bald wieder abwendet. Was Borges in poetologischen und poetischen Texten zur Annäherung an das Ziel einer nicht mehr die Schöpfung nachahmenden, sondern selbst neue Welten schaffenden Dichtung beiträgt, ist die Betonung der für die neue Schreibweise zentralen Bedeutung einer Metapher, die nicht mehr zur Veranschaulichung dient, sondern ungeahnte Perspektiven eröffnet: einer befreiten Metapher, die Zeit und Raum, Konkretes und Abstraktes ebenso zusammenzwingt wie die Wahrnehmungen verschiedener Sinne. Das in der Sammlung *Luna de enfrente* (1925) abgedruckte Gedicht »Singladura« (Schiffsreise) etwa beginnt mit der Zeile: »El mar es una espada innumerable y una plenitud de pobreza« (»Das Meer ist ein unzähliges Schwert und eine Fülle von Armut«). Als besonders aktiver »martinfierrista« erweist sich dagegen Oliverio Girondo, der auch das Manifest verfasst, das 1924 im vierten Heft der nach dem Nationalepos benannten Zeitschrift erscheint. Dieses Manifest ist

Die argentinische Avantgarde-Zeitschrift karikiert die Intellektuellenszene in Uruguay – als Platon dargestellt: Rodó

kämpferisch und beginnt mit einer Verhöhnung all dessen, was für die verkrusteten Strukturen der Gesellschaft steht: das unerschütterlich gestrige »ehrenwerte Publikum«, die Begräbnisfeierlichkeit des Professors, die lediglich nachahmenden Schöngeister, der mit falschen Werten aufgeblasene Nationalstolz, die bloß angelesene Lebensweisheit und die Angst vor dem Irrtum, die schon die Jugend lähmt. Dem hält Girondo entgegen, dass alles neu ist auf Erden, wenn man es nur mit den Augen von heute sieht und zeitgemäß zum Ausdruck bringt. Und genau das tut er in seinen ersten beiden Textsammlungen *Veinte poemas para ser leídos en el tranvía* (1922) und *Calcomanías* (1925). In diesen fröhlich-forschen Reiseskizzen, die touristische Sehenswürdigkeiten in Südamerika und Europa betreffen, lässt er seiner respektlosen, höchst subjektiven Sicht freien Lauf: Ob es sich um Buenos Aires oder Rio de Janeiro, den Escorial oder die Alhambra handelt, er spielt sein Spiel damit, setzt seinen persönlichen Eindruck absolut. Er macht ausgiebig Gebrauch von der Metapher, die aber stets nachvollziehbar bleibt, da sie von beobachtbaren Wirklichkeitselementen

Illustration zu Oliverio Girondos *Veinte poemas*

ausgeht, und er macht die »toten« Gegenstände zu handelnden Subjekten. Vor allem aber macht er nicht viele Worte, vermeidet Satzverknüpfungen und schmückende Adjektive ebenso wie rührseliges Bekennertum, den moralischen Zeigefinger und bedeutungsschwere Vagheit. Der respektlose Umgang mit aller Tradition und speziell mit zweieinhalbtausend Jahren europäischer Kultur ist auch der Gegenstand seiner »Membretes« (Denkzettel), die er von 1924 bis 1926 in *Martín Fierro* veröffentlicht und die deutlich an die »greguería« des Vorreiters der Avantgarde in Spanien, Ramón Gómez de la Serna, erinnern. Diese provokativen, aphoristisch knappen Sprüche machen sich über Architekten und Maler, Komponisten und Philosophen, Romanautoren und Lyriker, über jede Art europäischer kultureller Größen, von Leonardo da Vinci bis Cézanne, von Wagner bis Saint-Saëns, von Rabelais bis Cocteau, von Sokrates bis Nietzsche, gleichermaßen lustig. Zum Letztgenannten fällt Girondo ein: »Nietzsche war einer der wenigen Philosophen, die begriffen hatten, dass man, um zwischen bestimmten Gedanken hin und her zu springen, unbedingt die Füße eines Tänzers braucht; und er hatte die Füße eines Tänzers, aber eines deutschen Tänzers, Schuhgröße 54.«

Man hat nun darauf hingewiesen, dass argentinischer Ultraísmo und Martinfierrismo sich nicht nur stark an europäischen Vorbildern orientierten, sondern dass auch eine Reihe von Elementen der propagierten poetischen Schreibweisen bereits im Modernismo oder in Werken des Übergangs wie *Lunario sentimental* (1909) von Leopoldo Lugones oder *El cencerro de cristal* (1915) von Ricardo Güiraldes vorgeprägt gewesen seien, und man hat gerade auch bei Girondo das gesellschaftspolitische Engagement vermisst. Die Ausgangslage in Argentinien – und das gilt im Grunde für ganz Hispanoamerika – war jedoch zumindest in zwei Punkten anders als in Europa. Zum einen wurde der Weltkrieg nicht im selben Maß als Menschheitskatastrophe erlebt, sondern Argentiniens Wirtschaft boomte während und auch noch einige Jahre nach dem Weltkrieg gerade wegen des Produktionsausfalls andernorts, sodass nicht dieselbe Weltuntergangsstimmung entstand; zum anderen sahen sich die Avantgardisten hier einem noch gefestigten Diskurs- und Gesellschaftssystem gegenüber, weshalb etwa die nur sehr bedingt avantgardistischen Texte in *El cencerro de cristal* von der Kritik so gnadenlos zerrissen wurden, dass Güiraldes es vorzog, die ganze Auflage in seinem Garten zu vergraben. In der öffentlichen Rede ebenso wie in der Lyrik herrschte unangefochten eine ebenso akademisch-rhetorische wie pathetisch-sentimentale Schreibweise vor, die um 1910 – anlässlich der Hundertjahrfeiern der Unabhängigkeitskriege – eine neuerliche Blüte erlebt hatte und die Schulanthologien noch Jahrzehnte lang dominieren sollte. Unter diesen Umständen war es ein Akt der Rebellion, dass Girondo die 20 Prosaskizzen in seinem ersten Buch im Titel als »Gedichte« bezeichnete, die zudem »in der Straßenbahn zu lesen« seien, und dass er im Motto das Sublime als lächerlichstes aller Vorurteile apostrophierte. Diese Neuerungen sind dabei noch weit entfernt von denjenigen in seinem letzten Buch *En la masmédula* (1954), wo er völlig befreit mit dem Klang und der Bedeutung sprachlicher Einheiten experimentierte – wie bereits der im Grunde nicht übersetzbare Titel zeigt.

Die Avantgardisten wollten die Welt verändern und entsprechend Aufmerksamkeit erregen. Dazu dienten ihnen Manifeste, Wandzeitungen, öffentliche Aktionen oder auch Kunstausstellungen, wie die der »estridentistas« 1924 im »Café de Nadie« im mexikanischen Jalapa, die Präsentation visueller Poesie 1926 in Chile oder die 1927 von der *Revista de Avance* in Havanna organisierte Schau »Neuer Kunst«. Sehr viel schwerer fiel es ihnen meistens, Interesse für äußerlich weniger auffällige dichterische Texte zu wecken. Gedichtbände einzelner Autoren fanden häufig fast keine Beachtung. Von großer Bedeutung waren deshalb literarische Zeitschriften sowie Anthologien, die einen Querschnitt durch die Produktion der neuen Autorengeneration boten. Eine solche Anthologie war der *Indice de la nueva poesía americana*, der 1926 in Buenos Aires mit Vorworten des Peruaners Alberto Hidalgo, des Chilenen Vicente Huidobro und des Argentiniers Jorge Luis Borges erschien und avantgardistische Lyrik aus acht hispanoamerikanischen Staaten vereinte. Meist aber wurden die – doch eher isolierten – avantgardistischen Bewegungen in regionalen oder länderspezifischen Anthologien dokumentiert wie in der *Exposición de la actual poesía argentina* von Vignale/Tiempo (1927), der *Antología de la moderna poesía uruguaya* von Ildefonso Pereda Valdés und *Motocicleta: Indice de poesía vanguardista* für Ecuador (beide 1927), der *Antología de la poesía mexicana moderna* (1928), der *Antología de la poesía chilena nueva* von Eduardo Anguita und Volodia Teitelboim (1935) oder dem frühen Sammelband *Del movimiento postumista* (1922) aus der Dominikanischen Republik. Aufgrund dieser relativen Zersplitterung erfolgt auch hier die Darstellung der einzelnen Avantgardebewegungen im Wesentlichen nach Großräumen getrennt.

Mittel der literarischen Kommunikation

Avantgardebewegungen in Argentinien

Ultraísmo und Martinfierrismo, aber auch Zeitschriften wie *Claridad* (1920, 1926–31), *Inicial* (1923–27) oder *Valoraciones* (1923–28), hatten also im Argentinien der 20er Jahre avantgardistische Ideen progagiert, wobei man Autoren, Bewegungen und Zeitschriften immer wieder entweder dem rechten »grupo Florida« oder dem linken »grupo Boedo« zuzuordnen versucht hat, obwohl diese »Gruppen« in dieser Form gar nicht existiert haben. Daneben gab es Einzelgänger wie Roberto Arlt, die sich grundsätzlich von Zirkeln und Zeitschriften fernhielten, bestehende Formen der Literatur aber nicht weniger entschieden in Frage stellten. Auch für Macedonio Fernández lenkt alle an der »Wirklichkeit« orientierte Literatur, die eine »wahrscheinliche« Intrige oder glaubwürdige Charaktere in Szene setzt, nur von den tatsächlichen Lebensumständen

»Florida« vs. »Boedo«?

des Lesers ab. Um diese konventionelle, schlechte Literatur zu denunzieren, schreibt er *Adriana Buenos Aires* (1922), den »letzten schlechten Roman«, wie der Untertitel lautet. Dem steht als »erster guter Roman« *Museo de la novela de la Eterna* (posthum 1967) gegenüber, in dem gerade keine komplizierte Dreiecksgeschichte mehr erzählt, sondern die Stelle der eigentlichen Story von mehreren Prologen und Einleitungskapiteln eingenommen wird, verbunden mit der Aufforderung an den Leser, den Text doch selber zu Ende zu schreiben. Der Text erscheint also als eine ständige Suche nach der zu erzählenden Geschichte und lässt als letztlich einzige Realität den jeweiligen Vorgang des Suchens gelten. Nimmt man hinzu, dass Fernández auch in anderen Texten traditionelle Gattungsvorstellungen ignoriert und zudem die Publikation seiner Werke immer zu verhindern sucht, so zeigt sich hier eine von den genannten Avantgardebewegungen unabhängige, weniger kämpferische, aber im Grunde radikalere Form des Protests, die nicht nur den traditionellen Status des Textes, sondern zugleich auch den des Lesers und des Autors negiert. Nicht weniger radikal sind die Angriffe Omar Viñoles, die aber nicht das literarische Kunstwerk, sondern ganz konkret die Gesellschaft betreffen. Seine boshaften Satiren zielen auf die heuchlerische Ehemoral, den Papst, die Kirche, den argentinischen Faschismus, die Presse, die Akademie und auf fast alle argentinischen Schriftsteller. Seine Werke sind heute praktisch unauffindbar und werden in kaum einer Literaturgeschichte erwähnt, vielleicht auch deshalb, weil er das Wertesystem der argentinischen Gesellschaft so frontal und kompromisslos in Frage stellte. Der Surrealismus wird in Buenos Aires vor allem von Aldo Pellegrini propagiert, der Lautréamonts *Chants de Maldoror* und André Bretons Manifeste übersetzt, 1928 mit *Qué* die erste spanischsprachige surrealistische Zeitschrift gründet und zwei gewichtige Anthologien herausgeben wird: eine mit selbstübersetzter Lyrik des französischen Surrealismus (1961) und eine *Antología de la poesía surrealista hispanoamericana* (1972). Einflüsse des Surrealismus sind aber auch in *Espantapájaros* (1932) von Oliverio Girondo sowie später im Werk von Adolfo Bioy Casares, José Bianco, Ernesto Sábato oder Julio Cortázar spürbar.

Uruguay, Paraguay, Bolivien und Chile

Felisberto Hernández   Die Avantgarde in Uruguay stand naturgemäß in enger Verbindung mit der argentinischen, manifestierte sich aber in weniger spektakulärer Form. Zeitschriften wie *Los Nuevos* (1919–20), *La Cruz del Sur* (1924–31), *Cartel* (1929–31), *Alfar* (1929 ff.) sowie vor allem *La Pluma* (1927–31) boten insbesondere ultraistischen Neuerungen ein Publikationsforum, und der bodenständige Nativismo stand der von Borges propagierten Aufwertung der Metapher aufgeschlossen gegenüber. Der aus Peru stammende Futurist Juan Parra del Riego besang hier ab 1920 die moderne Welt der Maschinen und des Sports, während Alfredo Mario Ferreiros Gedichtband *El hombre que se comió un autobús* (1927) die Technikeuphorie der Futuristen mit dem Hang zum Spielerischen und dem grotesken Humor der Dadaisten verband. Keiner Schule zuzuordnen sind die Neuerungen im Bereich der Prosa, die Felisberto Hernández mit *Fulano de tal* (1925) und *Libro sin tapas* (1928) gelangen. Seine Schreibweise, mit fließenden Übergängen zum Fantastischen, hat ihre Wirkung auf die folgenden Generationen nicht verfehlt.

Paraguay und Bolivien gehören zu den wenigen lateinamerikanischen Staaten, in denen die Avantgarde kaum Fuß fassen konnte, was auch mit dem Chaco-Krieg (1927–35) zu tun hatte. Immerhin bildete sich von 1918 bis 1925 in Bolivien eine avantgardistische Gruppe um die Zeitschrift *Gesta Bárbara*, und in Paraguay sticht die Lyrik von Hérib Campos Cervera durch eine sich verselbständigende Metaphorik hervor. Josefina Plá und Augusto Roa Bastos stehen später dem Surrealismus nahe und schließen sich der 1943 gegründeten Gruppe »Vy'á Raity« an.

Paraguay: Die Gruppe »Vy'á Raity«

Die profilierteste Persönlichkeit der Avantgarde in Chile war zweifellos Vicente Huidobro, weil er in Lateinamerika die erste eigenständige avantgardistische Literaturtheorie konzipierte und weil aus seiner Feder das wohl anspruchsvollste Werk der hispanoamerikanischen Avantgarde überhaupt stammt. Schon 1914 verweist er in *Pasando y pasando* darauf, dass der Futurismus in dem uruguayischen Autor Alvaro Armando Vasseur (1878–1969) und dessen »Auguralismo« von 1904 einen gewichtigen Vorläufer besitzt. Im Ateneo von Santiago de Chile und im Ateneo von Buenos Aires hält er 1914 und 1916 Vorträge, in denen er seine Theorie des Creacionismo vorstellt. In Buenos Aires erscheint 1916 auch seine Gedichtsammlung *El espejo de agua* mit dem programmatischen Einleitungsgedicht »Arte poética«. In diesem kurzen Text werden Forderungen erhoben, die weit über diejenigen des argentinischen Ultraísmo und Martinfierrismo hinausgehen. »Der Vers sei wie ein Schlüssel,/ der tausend Türen öffnet«, heißt es gleich zu Beginn. »Erfinde neue Welten und achte auf die Wortwahl;/ das Adjektiv spendet entweder Leben oder es tötet«, wird dem Dichter kurz darauf ans Herz gelegt. Nicht um die Wahl der Gegenstände, sondern der Worte geht es, und speziell Adjektive stehen in der Gefahr, die Assoziation von Bekanntem zu fördern und so die Entstehung neuer Welten im Kopf des Lesers zu verhindern. Borges wird ebenfalls dem Adjektiv den Kampf ansagen und Girondo wird die zeitgemäße Sicht aller Dinge einklagen. Huidobro aber formuliert früher und klarer die Zielsetzung avantgardistischer Dichtung: Autor und Leser sollen aus Worten neue Welten schaffen, und wer Welten schafft, nimmt dadurch göttliche Züge an. Entsprechend endet das Gedicht mit dem berühmten Satz: »El poeta es un pequeño Dios« (»Der Dichter ist ein kleiner Gott«). Indem er die Metapher zum tragenden Element der Dichtung erklärt, wird auch Borges die Schaffung von Sprachwelten in den Mittelpunkt seiner poetischen Praxis rücken. Während er dabei jedoch ausschließlich auf die Semantik der Wörter und Sätze setzt, verleiht Huidobro dem Text über die Anordnung auf der Seite eine weitere Dimension. Kennzeichnend für seine poetische Schreibweise wird dabei nicht das zunächst in Anlehnung an Apollinaire gepflegte Figurengedicht, sondern die von Stéphane Mallarmé in *Un coup de dés* ... (1897) vorgeprägte, weniger spektakuläre Anordnung der Textelemente. Dieser hatte aus dem Text keine identifizierbaren Gebilde geformt, sondern ihn in weiterhin horizontal angeordnete kleinere Einheiten aufgelöst, diese mit größeren Zwischenräumen auf der Seite verteilt und durch die Verwendung verschiedener Schrifttypen und Schriftgrade die Zugehörigkeit zu mehreren Textebenen signalisiert. Dahinter stand das Streben nach einer anderen Syntax, die nicht der Beschreibung der vorfindlichen Welt dienen, sondern durch neuartige Textkonstellationen neue Sinnwelten erzeugen sollte. Trotz dieser Übereinstimmung verfolgt Huidobro mit seinen 1917/18 entstandenen, teils französischen, teils spanischen Werken *Horizon carré*, *Tour Eiffel*, *Hallali*, *Ecuatorial* und *Poemas árcticos* ein anderes Ziel. An die Stelle einer

Vicente Huidobro im Porträt Picassos

Illustration zu Huidobros *Mio Cid Campeador*

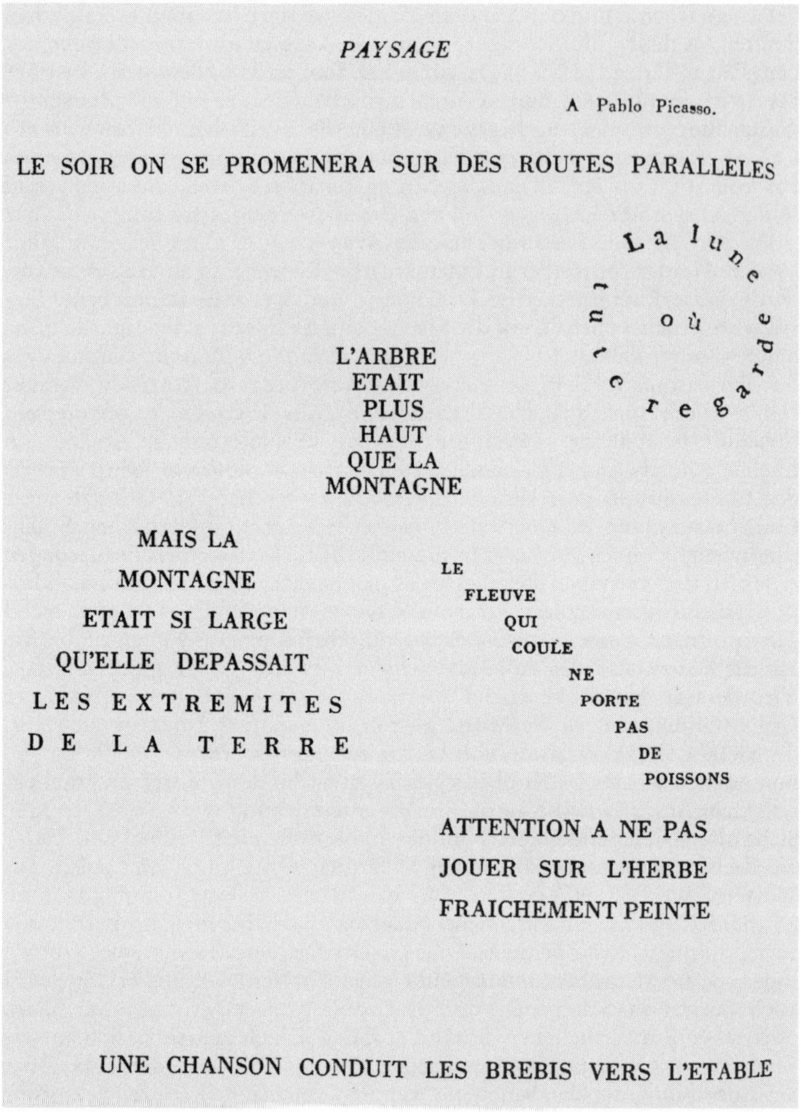

Textbild »Paysage«
von Huidobro

PAYSAGE

A Pablo Picasso.

LE SOIR ON SE PROMENERA SUR DES ROUTES PARALLELES

La lune
où
n ù
l e
c r e g a r d e

L'ARBRE
ETAIT
PLUS
HAUT
QUE LA
MONTAGNE

MAIS LA

MONTAGNE

ETAIT SI LARGE

QU'ELLE DEPASSAIT

LES EXTREMITES

D E L A T E R R E

LE
FLEUVE
QUI
COULE
NE
PORTE
PAS
DE
POISSONS

ATTENTION A NE PAS

JOUER SUR L'HERBE

FRAICHEMENT PEINTE

UNE CHANSON CONDUIT LES BREBIS VERS L'ETABLE

logischen tritt eine magisch-assoziative Verknüpfung, die das Gesetz des Widerspruchs ebenso außer Kraft setzt wie das von Ursache und Wirkung; eine Verknüpfung, die räumlich und zeitlich Getrenntes, Elemente des Mikro- und Makrokosmos, Konkretes und Abstraktes, Natur und Technik in eins setzt. So zieht in *Ecuatorial* (1918) die Vorstellung vom Vogel mit ausgebreiteten Schwingen die Vorstellung vom Flugzeug und diese wiederum die des Kreuzes nach sich. Obwohl gemäß den avantgardistischen Prämissen auch in diesem Text nicht erzählt und nicht beschrieben wird, klingt das Thema des Verfalls und der allgemeinen Zerstörung sowie das Thema des Versagens christlicher Werte und des Aufbruchs zu neuer Menschlichkeit an. Diese Konzeption führt Huidobro in seinem Hauptwerk und dichterischen Vermächtnis *Altazor* fort, das in den Jahren

1919–31 entsteht. Hier ist das lyrische Ich in der Titelfigur Altazor präsent, die in freiem Fall Makro- und Mikrokosmos durchschwebt und um die Erkenntnis ihres Seins, mithin um die wahre Form der Dichtung, ringt. In einem Vorwort und sieben Gesängen wird das Spektrum der Möglichkeiten und Grenzen poetischen Sprechens entfaltet: Vom Glauben an die erlösende Kraft der Poesie bis zu kühnen Wortneuschöpfungen, über ungewöhnliche Formen des Vergleichs, der Metapher und vieles andere mehr. Neben Neuerungen, die vom vorgegebenen Sprachsystem gewissermaßen noch toleriert werden, stehen solche, die im engeren Sinne sprachschöpferisch sind: Huidobro will eine Sprache schaffen, in der die Wörter ihren Status als arbiträre Zeichen zugunsten einer engeren Verbindung zwischen »Bezeichnendem« und »Bezeichnetem« aufgeben. So spielt er etwa klanglich verwandte Wortbildungen des spanischen Wortes für »Schwalbe« durch, bis er den poetisch angemessenen Namen gefunden hat bzw. die Summe der Bezeichnungen alle Merkmale des zu Bezeichnenden erfasst: Von »golondrina« zu »golonfina«, »golontrina«, »goloncima« und zehn weiteren erfundenen Wörtern, deren zweite Hälfte im Spanischen immer auch selbst bedeutungstragend ist. Am Ende des siebten Gesangs wird dann schließlich die Sprache als Zeichensystem grundsätzlich in Frage gestellt, um darunter versteckte Sinnpotentiale zu befreien. Die letzten Zeilen von *Altazor* lauten: »Semperiva / ivarisa tarirá / Campanudio lalalí / Auriciento auronida / Lalalí / Io ia / i i i o / Ai a i ai a i i i i o i a.« Paradoxerweise hatte aber gerade Huidobro wegen seiner langen Europaaufenthalte selbst gar nicht so viel mit der Avantgarde in Chile zu tun, sondern erscheint nur im Rückblick als der bedeutendste aus Chile stammende Avantgardist. Die beiden einzigen Nummern seiner Zeitschrift *Creación* erschienen 1921 und 1924 in Madrid und Paris, und erst zwischen 1934 und 1938 kamen in Santiago de Chile insgesamt sechs Hefte seiner Zeitschriften *Pro, Ombligo, Vital* und *Total* heraus.

Zu diesem Zeitpunkt aber war die Phase der kühnen Experimente auch in Chile bereits weitgehend abgeschlossen. Hier waren in den frühen 20er Jahren die Manifeste »Agú« (1920) und »Rosa náutica« (1922) veröffentlicht worden, waren kurzlebige Zeitschriften – in Santiago etwa *Dínamo* (1925) und *Caballo de Bastos* (1925), in Valparaíso *Antena* (1922), *Nguillatún* (1924) und *Gong* (1929–30) – erschienen und hatten sich unangepasste Autoren wie Pablo de Rokha, Juan Emar und nicht zuletzt Pablo Neruda zu Wort gemeldet. Anders als Huidobro wollte Neruda keine Bewegung ins Leben rufen, hat jedoch in seinem Lyrikband *Tentativa del hombre infinito* (1926) als Erster in Hispanoamerika surrealistische Techniken verwendet, und zwar in relativer Unabhängigkeit von der in Frankreich 1924 von André Breton ins Leben gerufenen Bewegung. Neruda lässt seinen Assoziationen in einem ununterbrochenen Schreibstrom freien Lauf, setzt sich dabei über die Vorgaben von Syntax und Zeichensetzung hinweg und bringt so seine Sicht einer sich auflösenden Wirklichkeit zum Ausdruck – eine Schreibweise, die in der Gedichtsammlung *Residencia en la tierra* (1933) ihren Höhepunkt erfährt. Vorher aber hat er mit *El habitante y su esperanza* (1926) auch das erste Beispiel avantgardistischer Prosa in Chile geschaffen: einen Text, in dem kein festgefügtes Bild der Wirklichkeit vermittelt, keine in sich schlüssige Geschichte erzählt und auch keine eindeutige Erzählsituation aufgebaut wird.

An den Surrealismus knüpft in Chile in den Jahren 1938 bis 1943 auch die von Braulio Arenas geprägte Zeitschrift *Mandrágora* an, deren Mitar-

Die Avantgarde in Chile: die Rolle von Pablo Neruda

beiter sich zur »poesía negra« bekennen. Diese »schwarze Dichtung« steht für sie mit dem Irrealen und mit Magie, mit Reinheit, Lust, Gewalt, Freiheit, Leben und Tod in Verbindung. Die eigentliche Bestimmung des Menschen sehen sie im Unterbewussten, wo die Dichtung ihnen die enge Verbindung zwischen dem Leben und Phänomenen wie Traum, Hellsehen und Wahnsinn aufzeigen soll. Dazu muss sie sich bestimmter poetischer Mittel wie des Deliriums, des unkontrollierten Sprechens, der Liebe, des Zufalls oder des Verbrechens bedienen – also all dessen, woran juristische, medizinische und religiöse Normen den Menschen zu hindern suchen. Für die *Mandrágora*-Gruppe war die Dichtung der höchste Ausdruck der Freiheit, da allein sie in der Lage war, alle sozialen, moralischen und mentalen Fesseln zu sprengen.

Von Peru bis Venezuela

Neben Argentinien und Chile ist Peru im spanischsprachigen Südamerika der Staat, in dem die Avantgarde sich am deutlichsten in einem breiten Spektrum von Erscheinungsformen artikuliert hat. Am Anfang steht hier vor und während des Ersten Weltkriegs die Rezeption des italienischen Futurismus durch die bereits erwähnten Juan Parra del Riego und Alberto Hidalgo. Während jedoch die Gedichte Parras eher allgemein von Technikeuphorie, Sportbegeisterung und dem Kult der aktiven Lebensgestaltung geprägt sind, finden sich bei Hidalgo zusätzlich die Verherrlichung des Krieges und die Frauenverachtung, sodass Hidalgo im Rückblick als der distanzloseste Marinetti-Schüler Lateinamerikas erscheint. Eine besonders heikle Note bekommt sein großspuriges Auftreten dabei durch seine entschiedene Parteinahme für das kriegführende Deutsche Kaiserreich. Die Veröffentlichung seines ersten Gedichtbandes *Arenga lírica al Emperador de Alemania y otros poemas* (1916) musste im traditionell frankophilen Peru wie ein Paukenschlag wirken. Doch schwächt sich dieser vorbehaltlose Futurismus bei Hidalgo wie auch bei seinem Gefolgsmann Alberto Guillén um 1920 wieder ab. Hidalgo verlässt Peru und ruft 1922 in Buenos Aires den »Simplismo« ins Leben, der wie der Ultraísmo auf die bewusstseinsverändernde Kraft der den lyrischen Text dominierenden Metapher setzt.

Auf diese ersten Erneuerungsversuche der insgesamt noch modernistischen Lyrik Perus folgt 1922 ein einzelnes epochemachendes Werk: *Trilce* (1922) von César Vallejo. Epochemachend ist es aus drei Gründen: erstens, weil dieses Buch mit dem unübersetzbaren Titel vollständig mit allen traditionellen dichterischen Verfahren bricht, den logisch-kausalen Zusammenhang zerstört und ganz auf die Suggestionskraft der befreiten Sprache setzt; zweitens, weil *Trilce* so eigenständig gestaltet ist, dass die Frage nach europäischen Vorbildern oder Einflüssen unwichtig erscheint; drittens, weil in *Trilce* trotz allem ein menschlich-soziales Anliegen spürbar bleibt. Allerdings hat *Trilce* nicht schulbildend gewirkt. Einerseits weil es zu schwer zugänglich, zu hermetisch war, andererseits weil Vallejo selbst sich wieder von dieser revolutionären Schreibweise distanziert hat, die lediglich noch seinen Prosaband *Escalas melografiadas* (1923) prägt.

Wie fast überall manifestiert sich die Avantgarde auch in Peru in der Gründung von Zeitschriften: Die erste ist *Flechas* (1924), auf die in den Jahren 1925–27 sechs kurzlebige – ausnahmslos in Lima erscheinende – Publikationen folgen, die ihre avantgardistische Tendenz zum Teil schon im Titel deutlich zu erkennen geben: *Poliedro, Trampolín-Hangar-Ras-*

cacielos, *Timonel*, *Guerrilla*, *Hurra* und *Jarana*. Hier werden alle Arten von Texten veröffentlicht, die radikal mit der Vergangenheit brechen wollen, um auf den verschiedensten Ebenen eine neue Epoche einzuläuten, sodass auch Beiträge zu peruspezifischen wirtschaftlichen, sozialen oder auch politischen Themen aufgenommen werden. Überhaupt geht die Avantgarde in Peru eine enge Verbindung mit jenen gesellschaftspolitischen Forderungen ein, die einen auf die Integration der indianischen Bevölkerung zugeschnittenen Sozialismus etablieren möchten.

Revolutionäre Züge hatten die Forderungen der Avantgarde erstmals in der Universitätsreformbewegung angenommen, die Hispanoamerika ab 1918 von Argentinien kommend erfasst. An Córdobas alter Jesuiten-Universität entstanden, erreicht sie 1919 Uruguay und Peru, 1920 Chile und 1921 Mexiko, wo im selben Jahr der erste internationale Studentenkongress stattfindet. Den Studenten, für die der Weltkrieg die Bankrotterklärung des politischen und geistigen Führungsanspruchs Europas darstellt, geht es zunächst um eine Verbesserung und Liberalisierung des Lehrbetriebs. Sehr schnell rücken jedoch gesamtgesellschaftliche Probleme in den Vordergrund: die faktische Spaltung der Bevölkerung in Herrschende und Unterprivilegierte, das Gefälle zwischen Metropole und Provinz, die Kastenunterschiede zwischen Kreolen und Indios. Als während des Weltkriegs viele Studenten aus ländlichen Gebieten und ärmeren Schichten an die Universität kommen, wächst auch die Bereitschaft der Studentenschaft insgesamt, sich mit den Folgen der Landflucht, der Lage des entstehenden Industrieproletariats, dem Analphabetismus sowie der überall spürbaren Abhängigkeit von Europa und den USA zu befassen. Fast alle Intellektuellen, die das Land in der ersten Hälfte des 20. Jhs. prägen werden, beteiligen sich an dieser Protestbewegung. Das gilt für Víctor Raúl Haya de la Torre, der 1924 im mexikanischen Exil die gesamtamerikanische populistische »Alianza Popular Revolucionaria Americana« (APRA) gründet, ebenso wie für César Vallejo und José Carlos Mariátegui, der 1928 mit seinen *Siete ensayos de interpretación de la realidad peruana* eine scharfsinnige Analyse der Wirtschaft, der Indioproblematik, der Landverteilung, des Erziehungswesens, der Religion, des Zentralismus und der Literaturszene bietet. Vorher aber gründet er die Zeitschrift *Amauta* (1926–30), deren Name bereits auf ihr Programm verweist. Mariátegui wollte sie eigentlich *Vanguardia* taufen, akzeptierte dann aber die von einem Mitarbeiter vorgeschlagene Bezeichnung für die Gelehrten und Intellektuellen des Inka-Reichs. Konkret wollte er das Potential der künstlerischen Avantgarden mit dem Engagement für einen Sozialismus verbinden, der auf die Belange der peruanischen Indios zugeschnitten sein sollte. Tatsächlich war es dann aber so, dass die ersten Jahrgänge mehr der intellektuellen und künstlerischen Avantgarde Europas und Amerikas ein Forum boten: Von Carlos Oquendo de Amat wurden *5 metros de poemas* (1927), von Martín Adán *La casa de cartón* (1928) teilweise vorabgedruckt. In den späteren Jahrgängen von *Amauta* stand dann die kämpferische Propagierung eines peruanischen Weges zum Sozialismus im Vordergrund. Mit dem Zusammenbruch der Leguía-Regierung im Jahr 1930 wurde in Peru auch die Phase relativ freien Experimentierens im kulturellen Bereich beendet. Gleichzeitig mit *Amauta* in Lima stellte 1930 in Puno das von der Künstlergruppe »Orkopata« getragene, von Alejandro Peralta und seinem Bruder Arturo (alias Gamaliel Churata) geprägte und die Lage der Indios thematisierende *Boletín Titicaca* sein Erscheinen ein. Arturo Peralta verdankt die peruanische Avant-

Die Universitäts-reformbewegung in ganz Lateinamerika

garde dabei auch den neben *Trilce* bedeutendsten Text: *El pez de oro* (1927), ein Buch, das an eine indianische Bilderchronik des Jahres 1615 anknüpft. Nach 1930 ist dann nur noch der Einfluss des Surrealismus spürbar, dem schon in *Amauta* eine Plattform geboten worden war. Sowohl Xavier Abril als auch – in noch größerem Umfang – César Moro waren dabei zunächst in Paris aktiv und hatten auch auf Französisch publiziert. Im Jahr 1939 gründete Moro dann zusammen mit Emilio Adolfo Westphalen die Zeitschrift *El Uso de la Palabra*, von der aber nur ein Heft erscheinen konnte.

Avantgardisten in Ecuador

Wie Abril und Moro hat auch der Ecuadorianer Alfredo Gangotena auf Französisch surrealistische Lyrik geschrieben. In Ecuador hatten schon sehr früh einzelne Autoren den Impuls der Avantgarde umzusetzen versucht; bereits zu Beginn der 20er Jahre kam es zur Bildung einer relativ homogenen, speziell die literarische Erneuerung fordernden Gruppe. So veröffentlicht José Antonio Falconi Villagómez 1921 ein »Arte poética« betiteltes, vom Dadaismus beeinflusstes Manifest, und es erscheinen kurzlebige Zeitschriften wie *Síngulus* (1921), *Proteo* (1922), *Savia* (1924), *Hélice* (1926) sowie 1927 schließlich die bereits erwähnte Lyrikanthologie *Motocicleta: Indice de poesía vanguardista*. Sie wurde von dem aktivsten und gewichtigsten Avantgardisten Ecuadors, Hugo Mayo, herausgegeben, der darin auch seine eigenen Gedichte publizierte, die nicht nur der Technik und der Geschwindigkeit huldigen, sondern auch der kühnen Metapher und der freien Anordnung des Textes auf der Seite. Im Jahr 1926 kam es für einige Jahre zu einer Verbindung mit dem – den politischen Umsturz propagierenden – »Partido Socialista«. Dessen zeitweiliger Sekretär war Jorge Carrera Andrade, der zugleich als bedeutendster Erneuerer der Lyrik in Ecuador einzustufen ist. Für den Bereich der Prosa ist in den 20er Jahren Pablo Palacio zu nennen, bevor 1930 der »Grupo de Guayaquil« mit Prosatexten auf sich aufmerksam machte, in denen zugleich die soziale Situation in Ecuador problematisiert wurde.

Verspätete Avantgarde in Kolumbien

In Kolumbien lässt die Avantgarde auf sich warten: Für einige Monate erscheint im Jahr 1925 in Bogotá die Zeitschrift *Los Nuevos*, die sich als Sprachrohr einer neuen Generation von Intellektuellen präsentiert, aber keineswegs speziell avantgardistischen Impulsen, sondern allen zeitgenössischen literarischen Strömungen offensteht. Zur gleichnamigen Gruppe junger Autoren gehört auch León de Greiff, der in seinem lyrischen Werk einen gewissen Hang zum Experiment erkennen lässt, sowie vor allem Luis Vidales, dessen Gedichtband *Suenan timbres* (1926) allem rhetorischen Schwulst den Kampf ansagt und den einzigen authentischen Beitrag Kolumbiens zur Avantgarde darstellt. Im benachbarten Venezuela erhielt die Avantgarde von 1918 bis 1920 wichtige Impulse während eines Aufenthalts des besonders im Bereich der visuellen Poesie experimentierfreudigen Mexikaners José Juan Tablada. Im Jahre 1921 erschien dann *Trizas de papel* von José Antonio Ramos, dessen Gesamtwerk Bezüge zu verschiedenen Avantgardebewegungen bis hin zum Surrealismus aufweist. Auch der Gedichtband *Aspero* (1924) von Antonio Arraiz hat deutlich experimentellen Charakter. Dann wurde für einige Zeit die in Caracas erscheinende Zeitschrift *Elite* (1925–28) zum Sprachrohr der Avantgardisten. Sie stellte auch den Kontakt zu anderen Initiativen wie der Seremos-Gruppe in Maracaibo und ihrer Zeitschrift *Indice* (1927) her. Im Jahr 1928 kam die Verbindung zu einer studentischen Protestbewegung zustande, und es erschien die einzige – heftig diskutierte – Nummer von *Válvula*, an der fast alle damaligen Avantgardisten beteiligt waren, darunter der Erzähler Julio Garmendia, der mit *La tienda de muñecos* (1927) nicht weniger als Arturo Uslar Pietri mit *Bárrabas y otros relatos* (1928) und *Las lanzas coloradas* (1931) für Aufsehen sorgte. Im Jahr 1937 formiert sich schließlich noch einmal eine Gruppe innovatorischer Autoren, jetzt allerdings unter dem Zeichen des Surrealismus.

Die Karibik

In der spanischsprachigen Karibik setzt die Avantgarde einige unverwechselbare Akzente. Es beginnt in der Dominikanischen Republik mit dem »Postumismo«, der vor allem von Andrés Avelino García Solano, Rafael Augusto Zorrilla und Domingo Moreno Jimenes getragen wird und schon 1921 in einem Manifest ein spezifisch amerikanisches Zeitalter einklagt, das Europa überflügeln, sich weder von dessen kultureller Tradition noch von Futurismus, Ultraísmo oder Creacionismo beeinflussen lassen, sondern eine Dichtung hervorbringen soll, bei deren Kennzeichnung auffällig viel von Tönen, Halbtönen, Melodien, Leitmotiven und Harmonie, von Trommeln und Trompeten, von Rhythmus und Musik die Rede ist. Ebenfalls 1921 gründen José Isaac de Diego Padró und Luis Palés Matos auf Puerto Rico den »Diepalismo«, der eine Dichtung propagiert, die primär auf die klanglichen Ausdrucksmöglichkeiten der Sprache, insbesondere die Lautmalerei, setzt. Der Name der Bewegung leitet sich dabei aus den Anfangssilben der Nachnamen der beiden Initiatoren ab, und beide sagen ganz klar, dass sie im Gedicht die gedanklichen Elemente durch klangliche Qualitäten ersetzen wollen. Im selben Jahr erscheint dann auch tatsächlich ihre *Orquestación diepálica*, in der die Geräusche der Nacht weniger beschrieben als evoziert werden, und Diego Padró bringt wenig später seine *Fugas diepálicas* heraus. Obwohl der Diepalismo selbst nicht wirklich Schule macht, wird damit doch auf Puerto Rico und Kuba eine eigenständige Entwicklung in Gang gesetzt: Es entsteht eine die Lautung auf Kosten der Semantik favorisierende Lyrik, die in den Klangspielereien des Kubaners Mariano Brull ihren Höhepunkt erreicht. Seine Lautphantasien werden nach einer der im folgenden – unübersetzbaren – Text enthaltenen Wortschöpfungen »Jitanjáforas« genannt: »Filiflama alabe cundre / ala olalúnea alífera / alveolea jitanjáfora / liris salumba salífera. / Olivia oleo olorife / alalai cánfora sandra / milingítara girófoba / zumbra ulalindre calandra.« Während dieser Text aus Brulls *Poemas en menguante* (1928) gleichermaßen als radikale Absage an traditionelles Dichten wie als Wortmusik aufgefasst werden kann, geht es in der sogenannten »poesía negra« eindeutig darum, Rhythmus, Sprachklang, Ausdrucksformen und Idiomatik der Schwarzen poetisch umzusetzen. Luis Palés Matos selbst mit *Tuntún de pasa y grifería* (1924–37) auf Puerto Rico, Alejo Carpentier, Emilio Ballagas, Ramón Guirao und Nicolás Guillén mit *Motivos de son* (1930) oder *Sóngoro cosongo* (1931) auf Kuba schrieben solche »schwarze Lyrik«, die einen wichtigen Schritt auf dem Weg zur Identitätsfindung der Farbigen darstellt.

    Dem Diepalismo folgte auf Puerto Rico 1922 die Proklamation des »Euforismo«, der sich stark am italienischen Futurismus – einschließlich der Abwertung der Frau – orientierte, sich gleichzeitig aber dem panamerikanischen Ideal einer »Amerikanischen Euphorischen Republik« verschrieb, in der alle Grenzen abgeschafft sowie alle Rassen und Religionen eins wären und die schließlich einen halb angelsächsischen, halb lateinischen »Übermenschen« hervorbringen sollte. Dem Euforismo aber

Von der Betonung der Lautmalerei zur »poesía negra«

Nicolás Guillén – Karikatur von Juan David

Weitere Avantgardebewegungen in Puerto Rico

war ebenso wenig Erfolg beschieden wie den verschiedenen Initiativen von Evaristo Ribera Chevremont, der in Spanien mit den Ultraisten Kontakt aufgenommen hatte und in Puerto Rico über Jahre sehr aktiv war. Gleich nach seiner Rückkehr im Jahr 1924 veröffentlicht er ein von Huidobros Creacionismo beeinflusstes Manifest, gründet die Zeitschrift *Los Seis* und versucht im nächsten Jahr mit dem Gedichtband *Girándulas*, der deutlich ultraistisch geprägte Metaphern aufweist, den »Girandulismo« ins Leben zu rufen. Die homogenste Gruppe auf Puerto Rico waren jedoch die dem Dadaismus nahestehenden »Noístas« (1925–28), die Zeitschriften wie *Faro* (1925) und *Vórtice* (1927) lancierten und sich unter dem Motto »nicht glauben: zweifeln, verneinen« gegen alles Bestehende auflehnten. Schließlich konstituierte sich 1929 die Bewegung »Atalaya de los dioses«, die Positionen des Futurismus wie des Dadaismus übernahm, in fast allen Zeitungen Puerto Ricos publizierte und ab 1930 eine deutliche Sympathie für den »Partido Nacionalista Puertorriqueño« entwickelte. In der von 1929 bis 1931 erscheinenden Zeitschrift *Indice* schließlich kamen Avantgardisten der unterschiedlichsten Prägung zu Wort, wobei der Name dieser Zeitschrift bereits ihr Ziel benennt: Sie will eine Übersicht über die verschiedenen Tendenzen der Avantgarde auf Puerto Rico bieten. Das ist schon allein deshalb sinnvoll, weil für Puerto Rico in besonderem Maße gilt, dass hinter den einzelnen »Bewegungen« und Zeitschriften oft nur ganz wenige Personen standen, sodass die Vielzahl der Ansätze und Aktivitäten keinerlei Rückschluss auf eine etwaige Breitenwirkung zulässt.

Die Avantgarde in Kuba

Im Unterschied dazu hat es auf Kuba weniger – und weniger radikale – avantgardistische Initiativen gegeben, die dafür ein größeres öffentliches Echo gefunden haben. So hatte sich 1923 der »Grupo Minorista de la Habana« konstituiert, der sich als allgemeine »Reinigungs- und Erneuerungsbewegung« im politisch-sozialen ebenso wie im literarischen und künstlerischen Bereich verstand. Die Mitglieder, zu denen auch der junge Alejo Carpentier zählte, konnten dabei u. a. in der Zeitschrift *Social* oder der Literaturbeilage der Tageszeitung *Diario de la Marina* veröffentlichen und so ein größeres Publikum erreichen. Im Jahr 1927 gründeten dann fünf Mitglieder der Gruppe die *Revista de Avance*, die bis 1930 erschien und mit *Martín Fierro* (1924–27) in Buenos Aires, *La Pluma* (1927–31) in Montevideo, *Amauta* (1926–30) in Lima, dem *Repertorio Americano* (1919–57) in San José de Costa Rica und *Contemporáneos* (1928–31) in Mexiko die Verbindung zwischen den bedeutendsten nationalen und internationalen Erneuerungsbewegungen herstellte. Miguel Angel Asturias bezeichnete die Zeitschrift als »geistiges Echo unserer Generation in Amerika«. In der *Revista de Avance* publizierten die profiliertesten Vertreter der kubanischen Avantgarde, wie der bereits erwähnte Mariano Brull oder Emilio Ballagas, Eugenio Florit oder Manuel Navarro Luna, der Verfasser von *Surco* (1928). Dabei steht Navarro Luna mit seiner häufig experimentellen und speziell visuellen Poesie für die europäisch geprägte Avantgarde, während Brull, Ballagas und Florit eher der »poesía pura« zugerechnet werden und schließlich die klanglichen und rhythmischen Experimente der »poesía negra« von Guirao und Guillén einen typisch karibischen Sonderweg bezeichnen.

Mittelamerika und Mexiko

In Mittelamerika kann nur für Nicaragua von eigenständigen avantgardistischen Initiativen gesprochen werden. In Panama weist lediglich das Frühwerk von Demetrio Herrera Sevillano Spuren des Ultraísmo und Creacionismo auf, während Rogelio Sinán seit den 30er Jahren in Gedichten, Erzählungen und Romanen eine teilweise vom Surrealismus beeinflusste, höchst originelle Schreibweise entwickelte. In Costa Rica informierte die bereits erwähnte Zeitschrift *Repertorio Americano* von 1927 bis 1930 regelmäßig über die Avantgardebewegungen; in Honduras und El Salvador brachen sich erst in den späten 40er Jahren avantgardistische Tendenzen Bahn; und die guatemaltekischen Autoren Miguel Angel Asturias und Luis Cardoza y Aragón verfassten ihre im Zeichen der Avantgarde stehenden Werke – Asturias' *Leyendas de Guatemala* von 1930 bzw. Cardozas *Luna Park* (1924) und *Maelstrom* (1926) sowie seine speziell dem Surrealismus verpflichtete Prosadichtung *Pequeña sinfonía del Nuevo Mundo* (aus den Jahren 1929–32) – in Paris. Die Sonderstellung der Avantgardebewegung in Nicaragua belegt ein Jubiläumsheft der Kulturzeitschrift *El Pez y la Serpiente* aus dem Jahr 1979, mit dem Titel *Movimiento de vanguardia de Nicaragua 1928/29–1978/79*. Herausgeber sind Pablo Antonio Cuadra, José Coronel Urtecho und Ernesto Cardenal, wobei Urtecho und Cuadra zusammen mit Joaquín Pasos und Luis Alberto Cabrales selbst die Protagonisten der damaligen Avantgarde waren und Cardenal 1948 die erste Abhandlung über diese Bewegung verfasste. Das Sonderheft enthält Manifeste, Aufsätze, Meinungsumfragen und Lyrik. Diese Texte verbinden aus Europa bekannte Stoßrichtungen der Avantgarde mit spezifisch nicaraguanischen Elementen: dem Protest gegen die Interventionspolitik der USA und der Unterstützung der Befreiungsbewegung Sandinos im Rahmen des Strebens nach einer – durch die Literatur gefestigten – nationalen Identität. Die Erneuerung der Literatur soll sich dabei aus zwei ganz verschiedenen Quellen speisen: einerseits aus der umfassenden Aufarbeitung eigener Traditionen, von den indigenen Kulturen über die Kolonialzeit bis hin zum gegenwärtigen »mestizaje«, und bezogen auf Architektur und Skulptur ebenso wie auf Tanz und Folklore oder die nicaraguanische Küche, andererseits aber aus den Avantgardebewegungen Europas sowie Nord- und Lateinamerikas, die durch Übersetzungen und Essays bekannt gemacht werden. Man nimmt also gegen das mit den USA paktierende Bürgertum ebenso Stellung wie gegen die zeitgenössische Dichtung, was zwangsläufig eine Auseinandersetzung mit Rubén Darío, dem Begründer des Modernismo und berühmtesten Sohn Nicaraguas, bedeutet. Die 1927 veröffentlichte spöttische »Ode an Rubén Darío« ist Auslöser für alles Weitere, wobei die Polemik allerdings weniger dem Menschen und Dichter Darío als vielmehr seiner Glorifizierung als Dichterfürst sowie der ihm huldigenden epigonalen modernistischen Lyrik gilt. Nachdem das Denkmal Darío gestürzt war, sammelte sich 1931 um Coronel Urtecho eine Gruppe Gleichgesinnter, der die Tageszeitung *El Correo* mit ihren zweiwöchentlichen Sektionen »Rincón de vanguardia« (1931) und »vanguardia« (1932–33) zur Verfügung stand. Im Jahr 1931 erfolgte in der Provinzstadt Granada die Gründung der »Anti-Academia Nicaragüense« und es wurde unter dem Motto »De las Academias líbranos, Señor« (»Herr, befreie uns von den Akademien«) – das freilich von keinem anderen als Rubén Darío stammt! – gegen den herrschenden Akademismus in der Litera-

Nicaragua: der Sturz des »Denkmals« Darío und die »Anti-Academia«

tur angekämpft. Mit einigem Erfolg, denn als sich die Bewegung als solche Ende 1933 auflöste, hatten zumindest die drei Protagonisten Coronel Urtecho, Cuadra und Pasos eine nationalen Themen gewidmete, von rhetorischem Schwulst befreite lyrische Schreibweise entwickelt, die ihnen bis heute große Anerkennung beschert. Dabei will es die Ironie der Geschichte, dass Cuadra selbst später zu einem glühenden Verehrer klassischer Literatur und zum Präsidenten der »Academia Nicaragüense de la Lengua« wurde.

Die Avantgarde-
bewegungen in
Mexiko

Die mexikanische Literatur der 20er und 30er Jahre verzeichnet ein breites Spektrum avantgardistischer Initiativen. Es beginnt mit zwei eigenwilligen Lyrikern, die als Modernisten angefangen hatten, dann aber avantgardistische Impulse aufnahmen. Ramón López Velarde experimentiert in *Zozobra* (1919) mit kühnen Bildern, während José Juan Tablada nicht nur als erster spanischsprachiger Autor den japanischen Haiku verwendet und es in dieser Gattung der auf Überraschung zielenden, verknappten, aber gleichzeitig bildhaften lyrischen Miniaturen zu großer Meisterschaft bringt, sondern auch im Bereich des Kalligramms und insgesamt der visuellen Poesie neue Wege geht. Seine Gedichtbände *Un día . . .* (1919) und *Li-Po y otros poemas* (1920), die beide in Caracas erschienen, ließen ihn, wie erwähnt, auch in Venezuela zu einem Initiator der Avantgarde werden.

Der Estridentismo

Mit dem Plakat-Manifest *Actual – No. 1. Hoja de Vanguardia* meldet sich dann Ende 1921 (zur gleichen Zeit wie in Buenos Aires die Wandzeitung *Prisma*) der »Estridentismo« zu Wort. Vom Futurismus, Dadaismus und Ultraísmo beeinflusst, geht es dem Verfasser des Manifests, Manuel Maples Arce, um nichts weniger als die Abschaffung der herrschenden Vorstellungen von Kunst und Kultur. Auch die späteren Manifeste *Actual 2* (1923), *Actual 3* (1925) und *Actual 4* (1926) sind respektlos-provokative Abrechnungen mit dem Stellenwert, den Religion, Nationalhelden und Nationaldichter, Pathos und Akademismus in der mexikanischen Literatur besaßen. Zugunsten des unverbundenen Nebeneinanders kühnster Metaphern soll künftig auf logischen Zusammenhang, auf grammatisch korrekte Bezüge, auf nachvollziehbare Situationen und Ereignisse, auf einheitliche Perspektivierung, auf Beschreibungen und Ausschmückungen aller Art verzichtet werden. Einziges Zugeständnis an überkommene Lesegewohnheiten ist eine gewisse thematische Einheit. Diesen Manifesten, die den gewünschten Schock auslösten, folgte die Gründung entsprechender Zeitschriften wie *Ser* (1922) in Puebla, *Irradiador* (1924) in Mexiko-Stadt und *Horizonte* (1926–27) in Jalapa sowie eine Reihe von Buch-Publikationen: zunächst die Gedichtbände *Andamios interiores* (1922) von Maples Arce, *Esquina* (1923) von Germán List Arzubide, *Avión* (1923) von Luis Quintanilla und *El pentagrama eléctrico* (1925) von Salvador Gallardo. Der literarische Estridentismo fand dabei seine Parallelen in den kubistischen Bildern eines Alva de la Canal und auch im gleichzeitig sich entwickelnden Muralismus von Rivera, Orozco und Siqueiros. So wie dieser jedoch nicht von der politischen Situation zu trennen ist, stellte sich auch für den Estridentismo die Frage nach dem Verhältnis zur 1910 ausgebrochenen Mexikanischen Revolution. Nachdem Maples Arce schon 1922 erklärte, die zeitgenössischen Formen der Massenerhebung hätten Vorbildcharakter für die eigene Rebellion, ist es kein Wunder, dass er unter dem Eindruck der ebenfalls erfolgreichen Oktoberrevolution ein Langgedicht mit dem Titel *Urbe. Super-poema bolchevique en 5 cantos* (1924) veröffentlichte und den Arbeitern Mexi-

Manuel Maples Arce

kos widmete. Von nun an verstand er den Estridentismo insgesamt als künstlerisch-literarischen Ausdruck der Mexikanischen Revolution. So kam es, dass er 1925 im Auftrag der Regierung zusammen mit List Arzubide in die Provinzhauptstadt Jalapa ging, wo eine für Lateinamerika einmalige Zusammenarbeit zwischen Avantgarde und staatlichen Institutionen begann. Ein politischer Umsturz bedeutete dann 1927 allerdings das Ende nicht nur dieser Kooperation, sondern des Estridentismo insgesamt. Vorher waren in Jalapa noch vom bedeutendsten Prosaschriftsteller der Gruppe, Arqueles Vela, *El café de nadie* (1926) sowie von Maples Arce der Gedichtband *Poemas interdictos* (1927) erschienen. Ebenfalls im Jahr 1927 konnte schließlich List Arzubide dort noch seine rückblickende Darstellung *El movimento estridentista* veröffentlichen.

»El café de nadie« – Gemälde von Alva de la Canal

Etwa gleichzeitig mit den Estridentisten hatte sich eine lockere Gruppierung von Intellektuellen gebildet, die zunächst in verschiedenen anderen Publikationsorganen mitarbeiteten, dann aber die Zeitschriften *Ulises* (1927–28) und *Contemporáneos* (1928–1931) in eigener Regie herausbrachten. Im Unterschied zu den Estridentisten ging es den »Contemporáneos« weniger um Politik, sondern fast ausschließlich um die Erneuerung von Kunst und Literatur. Sie wurden deshalb in Mexiko scharf kritisiert, hatten jedoch im Ausland sehr schnell Erfolg. Ihr Ziel war es, Mexiko an die zeitgenössische Weltliteratur heranzuführen, die Verbindung zwischen den arrivierten Europäern und den hispanoamerikanischen Hoffnungsträgern herzustellen. In *Contemporáneos* tauchen Namen wie Proust, Gide, Valéry, Apollinaire, St. John Perse, T.S. Eliot und James Joyce neben Huidobro, Borges und Neruda auf, werden Werke von Picasso, Braque, Dalí, Matisse, Giorgio de Chirico und Man Ray neben solchen von Rivera und Orozco abgebildet, findet man Aufsätze über die neuesten Entwicklungen in Musik und Philosophie. So sehr aber die »Contemporáneos« für die Avantgarde insgesamt aufgeschlossen waren, so sehr nahmen sie in ihren eigenen Texten von gewagten Sprachexperimenten Abstand. Nicht im Sinne von Ultraísmo, Creacionismo oder Estridentismo können deshalb die folgenden Lyriksammlungen als avantgardistisch gelten, wohl aber im Sinne einer Befreiung der Poesie von allen Ansprüchen, die von außen an sie herangetragen werden, sowie einer zunehmenden Prägung durch den Surrealismus: *XX Poemas* (1925) und *Espejo* (1933) von Salvador Novo, *Red* (1928) von Ortiz de Montellano, *Nostalgia de la muerte* (1938) von Xavier Villaurrutia, *Muerte sin fin* (1939) von José Gorostiza, *Línea* (1930) von Gilberto Owen und *Destierro* (1930) von Jaime Torres Bodet. Bisher weniger beachtete avantgardistische Romane haben Villaurrutia mit *Dama de corazones* (1928), Owen mit *Novela como nube* (1928) und besonders Torres Bodet mit *Margarita de niebla* (1927) und *La educación sentimental* (1929) veröffentlicht. Villaurrutia ist auch einer der wenigen Autoren, die in Lateinamerika avantgardistisches Theater zu machen versuchten, sodass sein »Teatro de Ulises« (1928–29) besondere Beachtung verdient. Der immer lauter vernehmbaren Forderung der offiziellen mexikanischen Kulturpolitik, Kunst und Literatur müssten sich am Verstehenshorizont der revolutionären Massen orientieren, wollten die »Contemporáneos« nicht nachgeben und lösten sich zu Beginn der 30er Jahre langsam auf. Aber auch die Gruppe der »agoristas«, die 1929 und 1930 eine stärker engagierte Literatur forderte und die Zeitschriften *Agorismo* (1929) und *Vértice* (1929–30) gründete, vermochte keinen dauerhaften Einfluss auszuüben. Nicht anders erging es der Zeitschrift *Taller* (1936–38), die – etwas stärker gesell-

Die Gruppe der »*Contemporáneos*«

Xavier Villaurrutia – Selbstbildnis

José Clemente Orozco:
Katharsis
(1934, Ausschnitt)

*Avantgardisten im
mexikanischen Exil*

schaftspolitisch orientiert – die Arbeit der »Contemporáneos« fortzu-führen suchte.

Die politische Situation in anderen Ländern sowie das traditionelle Selbstverständnis Mexikos als Asylland brachten es mit sich, dass schon 1925 Vladimir Majakovskij, der Begründer des russischen Futurismus, und der Regisseur Sergej Eisenstein in Mexiko waren. Leo Trotzki, von den Surrealisten geschätzter politischer Denker, war 1929 aus der Sowjetunion verbannt worden, fand in Mexiko Aufnahme und wurde hier 1940 ermordet. Luis Buñuel dreht nach dem Spanischen Bürgerkrieg im mexikanischen Exil (1946–1969) einige seiner bekanntesten Filme. Aus Frankreich kamen Antonin Artaud (1936), André Breton (1938), Benjamin Péret (1942) und Paul Eluard (1949), die sich alle für die »primitiven« präkolumbischen Kulturen interessierten. Trotz des von Rivera, Breton und Trotzki gemeinsam verfassten *»Manifiesto por un arte revolucionario independiente«* (1938) und trotz einer Surrealismus-Ausstellung 1940 in Mexiko-Stadt blieb die Gruppe der europäischen Surrealisten in Mexiko jedoch weitgehend isoliert. Im Verlauf der 40er Jahre wird sich dann allerdings Octavio Paz intensiv mit dem Surrealismus befassen und insgesamt eine Neubewertung der mexikanischen Avantgarde einleiten. Sein Werk stellt zugleich den Übergang zur sogenannten »Neo-Avantgarde« der 60er Jahre dar, mit Phänomenen wie der brasilianischen »Poesia concreta« und Autoren wie Julio Cortázar und José Lezama Lima – was die vielfältige Wirkung der Avantgarde auf die hispanoamerikanische Gegenwartsliteratur belegt.

Nach dem Modernismo (1920–1970)

Emanzipation, Revolution, neues Selbstbewusstsein und Rückfall in die Krise

War in der Zeit des Modernismo erstmals deutlich eine Verschiebung der wirtschaftlichen und politischen Orientierungen auch im literarischen Bereich spürbar geworden, so machen sich die immer stärker werdende Hegemonie der Vereinigten Staaten und der Widerstand gegen sie in der Zeit unmittelbar vor und nach dem Ersten Weltkrieg noch deutlicher bemerkbar. Zur selben Zeit nimmt im Gefolge der Kriegsereignisse die europäische Präsenz auf dem Kontinent rapide ab, während der durch die Ernteausfälle in der Alten Welt rapide steigende Nahrungsmittelbedarf den agrarisch ausgerichteten Volkswirtschaften Lateinamerikas eine vorübergehende Prosperität verschafft, die ihrerseits wiederum zu einem gestiegenen kulturellen Selbstbewusstsein beiträgt, einem Selbstbewusstsein, das sich auch in dem betont nationalen oder antieuropäischen Charakter vieler Avantgardebewegungen ausdrückt und wenigstens bis zum Börsenkrach des Jahres 1929 und der anschließenden Wirtschaftskrise anhält. Aufgrund dieser Ereignisse wird das Jahr 1930 zum Umbruchsjahr für die meisten lateinamerikanischen Staaten; hatte zuvor die angesprochene wirtschaftliche Prosperität eine in Ansätzen demokratische Entwicklung und wenigstens in einigen Ländern das Entstehen einer breiteren Mittelschicht ermöglicht, die auch für avantgardistische Experimente und Provokationen empfänglich war, so wirft die Weltwirtschaftskrise die Länder Lateinamerikas sozusagen »auf sich selbst zurück«. Militärregimes oder auch Experimente faschistischer Natur, die oft linke wie rechte Totalitarismen vereinigen (etwa Getúlio Vargas' »Estado Novo« in Brasilien), prägen den Kontinent in den 30er Jahren. Erst als sich der Sieg der Alliierten im Zweiten Weltkrieg immer deutlicher abzeichnet, nehmen viele Länder zugleich mit der außenpolitischen auch eine innenpolitische Umorientierung vor: Die Regierenden (Personen wie Parteien) versuchen sich durch mehr oder minder saubere Wahlen legitimieren zu lassen, was freilich in manchen Fällen erst recht in einen zivilen (Argentinien) oder militärischen (Paraguay) Totalitarismus führt. Das Kriegsende 1945 bildet somit eine weitere Zäsur: Ab nun sind die USA als Siegermacht, neue Supermacht und vor allem Gegner der Sowjetunion im Kalten Krieg in ganz Lateinamerika noch stärker präsent. Die Umwandlung der Panamerikanischen Union in die Organisation Amerikanischer Staaten (OAS) schafft ein Instrumentarium zur Einmischung auf dem gesamten Kontinent; durch die Verbreitung des Kommunismus nach China und in viele Staaten der Dritten Welt fühlen sich die USA immer mehr bedroht, sodass

Von der Wirtschaftskrise zur Nachkriegsordnung

1954 in der OAS bereits die Errichtung einer kommunistischen Regierung in einem amerikanischen Land als Einmischung in innere Angelegenheiten definiert wird. Dadurch werden indirekte Interventionen wie jene in Guatemala 1954 gefördert, die US-Botschafter werden nun auch in den weiter entfernten Ländern des Kontinents zum direkten Faktor im Spiel um die Macht; erst das endgültige Ausscheren Kubas aus diesem System durch den Pakt mit der Sowjetunion 1960 setzt hier eine Zäsur, mit deren Auswirkungen auch das Ende dieser Epoche in unserer Literaturgeschichte zusammenfällt.

Mexiko: die »Institutionalisierung« einer Revolution

Eine Ausnahme von dieser schwankenden politischen Bewegung bildet die mexikanische Entwicklung, weil hier die Revolution eine Durchorganisation breitester Bevölkerungsschichten mit sich gebracht hatte und daher eine effiziente Kontrolle jeder Opposition ermöglichte. Waren die ersten Jahre nach der Revolution vor allem in der Kulturpolitik (etwa unter dem Kulturminister Vasconcelos) von einer revolutionären Aufbruchsstimmung geprägt, so leitet die Präsidentschaft von Plutarco Elías Calles (1924–28) die Zentralisierung der Macht ein. 1929 wird die Einheitspartei »Partido Nacional Revolucionario« gegründet, die 1946 den heutigen Namen PRI (Partido Revolucionario Institucionalizado, Partei der Institutionalisierten Revolution) erhält. Das Brachliegen der Agrarreform und die antiklerikale Politik der Revolutionsregierung führen zu den Cristero-Aufständen, die primär von den »campesinos« getragen werden. Die Bauern werden zum Spielmaterial einer Interessenkollision zwischen Staat und Kirche, die 1929 mit einem Kompromiss zu Lasten der Kleinbauern endet. Erst Cárdenas' Reformpolitik (1934–40) schließt auch das Programm einer »aculturación inducida« ein. Damit ist ein offizielles Integrationsprogramm gemeint, dessen Umsetzung der »Dirección de Antropología« übertragen wird und das eine Koordinationsfunktion gegenüber den verschiedenen »Institutos Indigenistas« übernimmt. In dieser zweiten Phase glaubt man noch, das Scheitern der Revolution sei historisch bedingt und könne vom Fortschritt der Geschichte ausgeglichen werden. In der postcardenistischen Zeit stellt sich unter den Intellektuellen eine Ernüchterung über die Bedeutung der »wahren« Revolution ein, eine Ernüchterung, die Mythen erforderlich macht, die die historische Identität des revolutionären Mexiko aufrechterhalten sollen. So etabliert sich in Mexiko eine eigene Mischung aus radikal-revolutionärer Ideologie und reformistischem Pragmatismus, die zum Teil bis heute fortwirkt. In ungebrochenem Optimismus hält die politische Elite weiterhin an der These des »desarrollismo« fest, obwohl seit 1968 auch der Mythos eines evolutionären Revolutionsprozesses im kollektiven Bewusstsein als demagogische Lüge gilt.

Das Auseinanderdriften der Staaten Mittelamerikas

In Zentralamerika setzt sich nach Panamas Unabhängigkeit von Kolumbien (1903) die ins 19. Jh. zurückreichende Desintegration nationaler Mentalitäten fort. Die Länder Zentralamerikas treten nicht nur zusehends in wirtschaftliche und sogar in bewaffnete Grenzkonflikte mündende politische Konkurrenz; ab Mitte der 20er Jahre verweisen ihre Nationalliteraturen zusehends auf spezifische politische, ökonomische und gesellschaftliche Bedingungen, unter denen anders als in der ersten Phase der Unabhängigkeit das vage Wissen gemeinsamer Ursprünge keine gemeinsame Identität verbürgen kann. Ähnlich bleiben sich die sechs spanischsprachigen Staaten Zentralamerikas fortan indes hinsichtlich ihrer ungünstigen literarischen Rahmenbedingungen, nämlich der Reduktion oder des zeitweiligen Fehlens eines »literarischen Lebens«; noch gravierender wirkt die mangelnde politische Stabilität der Region auf das literarische Schaffen. Als Medium intellektueller Opposition war das literarische Leben des 20. Jhs. in Honduras, Nicaragua, Guatemala, El Salvador und Panama immer wieder der Gefahr völliger Auslöschung durch Putsch, Bürgerkrieg und Diktatur ausgesetzt. In Nicaragua und in der Dominikanischen Republik führt der direkte Einfluss der Vereinigten Staaten beim Aufbau einer Nationalgarde dazu, dass zu Beginn der 30er Jahre die Kommandanten dieses Truppenkörpers, Somoza und Trujillo, die Macht übernehmen und langjährige Diktaturen begründen. In Guatemala wird der 1930 bis 1945 regierende Diktator Ubico gestürzt, ebenso aber die nach einigen Jahren gegen den Willen der allmächtigen United Fruit Company zur Landreform schreitende Regierung Arbenz (1952), sodass man ab 1958 zum alten System zurückkehrt. In Kuba wird der 1914 bis 1933 regierende Diktator Machado durch eine Art Revolution gestürzt, die den zunächst mit den Kommunisten sympathisierenden Unteroffizier Fulgencio Batista zur grauen Eminenz macht. In den 50er Jahren wurde Batista dann selbst zum Diktator, gegen dessen repressives Regime Fidel Castro 1953 seinen revolutionären Kampf begann, der 1959 zur Installierung des gegenwärtig noch herrschenden, lange Zeit hindurch am sowjetischen Modell orientierten Castrismus führte.

Venezuela und Kolumbien: wechselnde Diktaturen und die Epoche der »Violencia«

In Venezuela reicht die Diktatur des Generals Gómez, wohl auch aufgrund der langsam anlaufenden Erdölförderung im Land, über das Krisenjahr 1930 hinaus. 1945 kam schließlich durch den Liberalisierungsschub dieses Jahres Rómulo Betancourt von der Acción Democrática an die Macht, der ein umfassendes Sozialprogramm einleitete, für das 1947 mit überwältigender Mehrheit sein Parteifreund, der bedeutende Dichter Rómulo Gallegos, gewählt wurde – um im Jahr darauf durch einen Militärputsch wieder abgesetzt zu werden. Der Putschführer, Oberst Pérez Jiménez, hält sich auch dank des Erdölbooms bis 1958 an der Macht. Kolumbien steht nach dem Bürgerkrieg um die Jahrhundertwende bis 1930 im Zeichen politisch stabiler Verhältnisse unter einer stets konservativen Regierung; ein vorübergehender wirtschaftlicher Aufschwung des Landes verdankt sich vor allem jenem US-amerikanischen Kapital, das seit 1914 ins Land fließt und der Errichtung von Plantagen und der Förderung von Erdöl dienen soll. Die Spaltung der konservativen Partei erlaubt es den Liberalen, sie 1930 an der Macht abzulösen; die dadurch eingeleitete liberale Phase dauert wiederum bis zur Spaltung der Partei in zwei Flügel, die den Konservativen unter Ospina 1946 die Rückkehr an die Macht ermöglicht. 1948 kommt es während der Konferenz amerikanischer Staaten zur Ermordung des linksliberalen Führers dieser Gegenpartei und Präsidentschaftskandidaten Jorge Eliécer Gaitán und danach zu einer Explosion des Unmuts der Bevölkerung in der Hauptstadt Bogotá (»Bogotazo«), mit dem die Phase des ständig latenten Bürgerkriegs (der »Violencia«) eingeleitet wird. Gegen den neuen konservativen Präsidenten Gómez putscht 1953 General Rojas Pinilla, der in den Folgejahren eine personen-zentrierte Herrschaft nach Peróns Vorbild aufzubauen sucht, bis sich die Führer der beiden traditionellen Parteien zu einem »Pacto Nacional« zusammenschließen und den General 1958 mit einem Generalstreik stür-zen, womit der Bürgerkrieg offiziell beendet ist, während andere Formen der »Violencia« (von Guerillaaktionen bis zum Terrorismus der Drogen-kartelle) bis in unsere Tage fortbestehen.

Die Andenstaaten: der Aufschwung der national-revolutionären Bewegungen

Auch in Ecuador bildet sich 1930 durch die Machtübernahme des Libe-ralen Velasco Ibarra eine stabile Diktatur aus; der Volkstribun Velasco kehrt mehrere Male an die Macht zurück, zuletzt noch 1960. In Peru dagegen, wo die faschistische Personalisierung des Staates schon etwas früher, nämlich mit dem sich selbst zum neuen »Viracocha« ausrufenden Diktator Leguía (1919–30) und seinem »Neuen Vaterland«, stattgefunden hatte, brechen ab 1930 eher unruhige Zeiten an. Die aufstrebende natio-nal-revolutionäre Massenpartei APRA Haya de la Torres wird verboten, der neue Präsident daraufhin ermordet; ab 1939 kommt es durch die kriegsbedingte Konjunktur zu einem Wirtschaftsaufschwung, der 1945 die Rückkehr zu demokratischen Verhältnissen ermöglicht. Die APRA siegt bei den Wahlen; nach einem Zerwürfnis mit ihrem eigenen Präsident-schaftskandidaten und einem Aufstandsversuch wird sie erneut verboten, und die Militärs übernehmen wieder die Macht. Nun steuert Haya de la Torre vom Exil aus einen gemäßigten Kurs, was der APRA 1956 einen neuerlichen, wenn auch weniger deutlichen Wahlsieg ermöglicht.

Zwei Opfer des Chaco-Krieges: Bolivien und Paraguay

Deutlich von der sonstigen Entwicklung abgekoppelt sind auch die beiden Länder, die in der hier zu betrachtenden Periode den einzigen erklärten Krieg gegeneinander führen: die beiden ärmsten Länder des Subkon-tinents, Bolivien und Paraguay. Bolivien, das eine vor allem im Bergbau-sektor operierende revolutionäre Gewerkschaftsbewegung ausgebildet hatte, war von der Wirtschaftskrise besonders hart betroffen. In dieser Situation hatte die Regierung 1932 den sogenannten Chaco-Krieg vom Zaum gebrochen und versucht, Teile des paraguayischen Staatsgebiets (den Chaco) zu erobern, um Zugang zum Flusssystem des La Plata zu erhalten; die paraguayische Gegenoffensive gelangte bis zum Fuß der Anden. 1935 endete der Krieg mit einer Niederlage der Bolivianer, durch die 1936 eine Militärregierung ans Ruder kam, die dem Land einen »militärischen Sozialismus« verordnen wollte. Die rasch wechselnden Machthaber stürzten das Land in ein Chaos, in dem die aus Marxisten, hitlerfreundlichen National-Sozialisten und Trotzkisten bestehende »Na-tional-Revolutionäre Bewegung« sich immer mehr als stärkste Kraft her-auskristallisierte. Es gelang ihr, sich nach 1945 allmählich von ihrem fa-schistischen Flügel zu befreien, und als ein Militärputsch 1951 den MNR-Kandidaten Paz Estenssoro trotz eines Wahlsiegs als Präsidenten zu ver-hindern sucht, verjagt ein Volksaufstand das Militär aus der Hauptstadt. Nach dieser Revolte schafft eine Wahlreform das Stimmrecht für An-alphabeten, und die MNR-Regierung arrangiert sich mit den USA, die in dem Land (vor Kuba!) versuchsweise einen vor allem rhetorisch linken Kurs dulden und sogar finanziell unterstützen. In Paraguay mündete die Empörung der Offiziere über die Nachgiebigkeit der eigenen Friedensverhandler in eine Serie von Putschen, in deren Gefolge die Colorado-Partei durch General Morínigo erstmals an der Regierung beteiligt wurde, die sie bis heute führt. Als der General auch eine scheindemokratische Wahl durchführen will, kommt es zu einem kommunistischen Aufstandsversuch, der nur mit Hilfe von Peróns Argentinien niedergeschlagen werden kann. In der Folge versuchen zivile Präsidenten, die Colorado-Partei auf Kosten der Armee zu stärken und zur Einheitspartei zu machen, was letztlich den Putsch General Stroessners (1954) auslöst, der das Land in der Folge bis 1989 regierte und selbst auch die Führung der Colorado-Partei übernahm.

Chiles demokratischer Weg mit Hindernissen

Viel eher den oben skizzierten Schwankungen der Entwicklung entspricht der Weg Chiles, das mit seinen Siegen gegen die Andenstaaten zur dominierenden Militär- und Wirtschaftsmacht der Region geworden war. Seine demokratische Entwicklung ist gekennzeichnet von einem stets wiederkehrenden Konflikt zwischen Präsident und Parlament, der erstmals 1890 zu einem Bürgerkrieg führt. Zu Beginn des 20. Jhs. stehen einander zwei eher uneinheitliche Koalitionen gegenüber, die in etwa den aus anderen Staaten bekannten Gruppen der Konservativen und Liberalen entsprechen. 1920 sichert der Liberale Arturo Alessandri seine Wahl zum Präsidenten mit einem Aufruf, die »Villen der reichen Korrupten« zu stürmen, was eine Radikalisierung auslöst, die sich bis zur Zeit Allendes verfolgen lässt. In den 20er Jahren verankert eine neue Verfassung eine stärkere Stellung des Präsidenten und eine fortschrittliche Sozialgesetzgebung. Der neue Starke Mann, Oberst Ibáñez, nützt die wirtschaftliche Prosperität für ein ehrgeiziges Entwicklungsprogramm. Nach dem Krisenjahr 1930 wird er gestürzt, der Lebensstandard sinkt radikal. Eine neugebildete Volksfront unter Einschluss der Kommunisten und der aus den Liberalen hervorgegangenen Radikalen Partei erreicht 1938 einen ersten hauchdünnen Wahlsieg (freilich mit Unterstützung der kleinen Nazi-Partei!). Nach dem frühen Tod des Präsidenten Rios kehren die Rechtsliberalen an die Macht zurück. 1946 siegt der von den Kommunisten unterstützte Kandidat González Videla, der allerdings nach kurzer Zeit mit der KP bricht und sie verbieten lässt, was unter anderem zum Exil des chilenischen Dichters (und KP-Senators) Pablo Neruda führt. 1958 zeigte sich ein neues Erstarken der Volksfront, zugleich aber mit den Christdemokraten unter Frei das Aufkommen einer neuen politischen Kraft nach dem Vorbild europäischer christdemokratischer Parteien, die 1964 erstmals den Präsidenten stellen sollte.

Uruguays Weg zwischen »Weißen« und »Roten«

Im Vergleich dazu ist Uruguays Weg, bestimmt von den beiden traditionellen Parteien, den die ländlichen Caudillos repräsentierenden Blancos (»Weiße«) und den für die städtischen Liberalen stehenden Colorados (»Rote«), wesentlich unspektakulärer verlaufen. Die Colorados hatten unter ihrem historischen Führer Batlle y Ordóñez nach dem Sieg im Bürgerkrieg gegen die Land-Caudillos (1903) das Land bis zu seinem Tod uneingeschränkt regiert und modernisiert. Batlles Nachfolger von der Colorado-Partei überstanden auch die Wirtschaftskrise 1930; erst zu Beginn des Zweiten Weltkriegs sehen sie sich genötigt, eine Vereinbarung mit den Blancos zu schließen, die dem Land lang anhaltende politische Stabilität, allerdings auch ein explodierendes Budgetdefizit aufgrund der Aufteilung der Staatsposten zwischen Regierung und Opposition nach einem festen Schlüssel sicherte. Dieser Pakt, der Uruguay zur »Schweiz Südamerikas«, aber auch zum »Rentner- und Beamtenstaat« machte, hat auch den ersten Wahlsieg der Blancos nach fast einhundert Jahren (1958) überlebt.

Die populistischen Regimes: Brasilien und Argentinien

In Brasilien hatte sich aus der Gruppe junger revolutionärer Leutnants, die 1924 einen ersten Aufstand gegen die erstarrende Oligarchenrepublik versucht hatten (der »Tenentismo«), eine politische Bewegung entwickelt, aus der der erste KP-Chef Luis Carlos Prestes ebenso hervorging wie der neue Diktator, Getúlio Vargas, der bei Unruhen 1930 infolge eines Wahlbetrugs des Regierungskandidaten als Präsident eingesetzt wird. Vargas vereinte wie viele populistische Führer dieser Zeit linke und rechte Kräfte (etwa den immer mehr Rassentheorien zuneigenden Literaten Plínio Salgado) hinter sich. Nach einem dreimonatigen Bürgerkrieg 1932 erhält das Land eine neue Verfassung, die das Frauenwahlrecht ebenso beinhaltet wie eine Ständekammer nach faschistischem Vorbild. Als seine Anhänger von Links und Rechts immer mehr in Streit geraten, übernimmt es Vargas selbst, für einen stärkeren Staat zu sorgen: In einem »Putsch von oben« setzt er 1937 einen links- und rechtsfaschistische Züge vereinigenden, nationalistischen »Estado Novo« ein, der sich durch seine sofortige Unterstützung für die alliierte Sache im Zweiten Weltkrieg das Wohlwollen der USA sichert. Ab 1942 gibt es Tendenzen zur Wiedereinführung der Demokratie durch eine neue Verfassung, zuvor wird Vargas jedoch 1946 durch einen Militärputsch gestürzt. Kaum tritt die demokratische Verfassung in Kraft, kehrt Vargas 1950 als Chef der Arbeiterpartei und nunmehr demokratisch gewählter Präsident ins Amt zurück. Als 1954 Korruptionsvorwürfe gegen seine Mitarbeiter erhoben werden, scheidet Vargas freiwillig aus dem Leben und löst durch einen pathetischen Abschiedsbrief an die Nation Unruhen aus; nach einem Putsch wird 1955 Juscelino Kubitschek zum Präsidenten gewählt, der Brasilien ein rasantes Entwicklungsprogramm verordnet und binnen kürzester Zeit die neue Hauptstadt Brasilia aus dem Boden stampft.

Die Entwicklung in Argentinien verläuft zeitverschoben, aber ähnlich: Hier hatte mit dem Wahlsieg der Radikalen Bürgerunion (UCR) unter Yrigoyen 1916 ein neues Zeitalter begonnen, in dem die oligarchische Republik durch die Beteiligung neuer Bevölkerungsschichten an der Macht abgelöst worden war. Aber bald gab es eine tiefe Spaltung in der neuen Partei, und als Yrigoyen bei seiner zweiten Amtszeit nicht nur in den Geruch der Korruption, sondern auch noch in die Weltwirtschaftskrise geriet, wurde er 1930 vom Militär gestürzt. Unter dem Präsidenten Justo trat das alte System des Wahlbetrugs wieder in Kraft, an dem sich nun auch die UCR beteiligte. Zaghafte Demokratisierungstendenzen zwischen 1938 und 1943 finden ein jähes Ende, als die Militärs, bei denen schon der spätere Diktator Juan Domingo Perón die Fäden zieht, einen Bruch mit Hitler-Deutschland durch einen Putsch verhindern, dem rasch

Demonstration für Juan Domingo Perón in Buenos Aires

Die mythische Gestalt
Eva Peróns bei einer
Gedenkfeier

wechselnde Militärmachthaber folgen. Der immer mächtiger werdende Perón, der als Arbeitsminister sein Netz von Gewerkschaften aufgebaut hat, soll ausgeschaltet werden, aber seiner Frau Eva gelingt es, an der Spitze von Gewerkschaftsdemonstranten seine Freilassung zu erzwingen, und Perón ruft sich zum Präsidentschaftskandidaten aus. Dieser Tag, der 17. Oktober 1945, wird bis heute von den Peronisten als »Tag der Loyalität« begangen. Mit Hilfe örtlicher Caudillos gelingt Perón 1946 ein knapper Wahlsieg, den er sofort zu umfassenden Verstaatlichungen, vor allem auch der Massenmedien, zur Säuberung der Universitäten und des Justizapparats nutzt. Seine Frau Eva übernimmt die Organisation aller Bevölkerungsgruppen (Frauen, Behinderte, Jugend) in peronistischen Vereinigungen nach faschistischem Vorbild, die Einheitspartei kontrolliert gleichzeitig die Einheitsgewerkschaft total. Peróns Wirtschaftspolitik ist protektionistisch und versucht, die städtischen Massen auf Kosten der ländlichen Bevölkerung zu bevorzugen. So kommt es zu einer fatalen Verstärkung der Landflucht, wobei die »descamisados«, die »Hemdenlosen«, das Reservoir für Peróns Herrschaft über die Straße in Buenos Aires bilden. Ab dem Tod Evas (1951) macht sich die aus dieser Politik resultierende wirtschaftliche Krise immer stärker bemerkbar, zugleich verschärft der General die Repression. Die dadurch ausgelöste Unzufriedenheit des Militärs führt zu seinem Sturz 1955, dem 18 Jahre Exil folgen; die totale Beherrschung der Gewerkschaften und die Organisation aller Lebensbereiche haben seine Bewegung jedoch so tief verwurzelt, dass der Peronismus auch unter den folgenden, von Militärs oder Zivilisten geführten Regierungen trotz Verbots der Partei eine bestimmende Kraft blieb. So sah sich Präsident Frondizi von der UCR 1957 gezwungen, auf einen peronistischen Wirtschaftskurs einzuschwenken und den Peronisten den weiteren Ausbau ihres Einflusses in den Gewerkschaften als Preis für die Macht zuzugestehen, wodurch – wie in vielen lateinamerikanischen Staaten – eine galoppierende Inflation ausgelöst wurde.

Das neue Selbstwertgefühl Lateinamerikas und der »Boom«

Entscheidend für die lateinamerikanische Literatur in den hier betrachteten Jahrzehnten ist aber wohl die deutliche Emanzipation von Europa, die mit einem neuen Selbstwertgefühl einhergeht. Die starke wirtschaftliche und politische Abhängigkeit von den Vereinigten Staaten ist – im Unterschied zu postkolonialen Dependenzen von europäischen Ländern – von den Intellektuellen dieser Länder nie mit Wohlwollen oder gar Begeisterung gesehen worden. Aufgrund der nur ungenügenden Ausbildung einer literarisch interessierten bürgerlichen Mittelschicht folgte in den einzelnen Ländern auf eine regional unterschiedlich ausgeprägte Avantgarde ab der Wirtschaftskrise 1930 eine Besinnung auf das »Eigene«, sei es in einem neuen Regionalismus, sei es in selbstkritischen Essays (wie vor allem in Argentinien), sei es in einer Umdeutung eines ursprünglich affirmativen Genres (der plötzlich revolutionskritische mexikanische Revolutionsroman). Mit der Tendenz zur Demokratie im Gefolge des Sieges der Alliierten im Zweiten Weltkrieg und dem neuen Selbstwertgefühl (praktisch alle Staaten waren zuletzt in den Krieg eingetreten und gehörten nun zu den »Siegermächten«) nach 1945 wird die gedankliche und formale Lektion der europäischen Avantgarde in eine – der eigenen Identitätsdebatte eingegliederte – neue Schreibweise umgesetzt, die freilich mit europäischen Tendenzen immer noch in einer sehr starken Wechselwirkung steht: Die Rede ist vom »Magischen Realismus« bzw. dem »Wunderbar Wirklichen Amerika«, wie es der Kubaner Carpentier nannte, und der am La Plata blühenden »Phantastischen Literatur«. Noch geprägt vom »Untergang Europas«, den der anfängliche Siegeszug der Nazis zu vermitteln schien, hatten die jungen Autoren die Lektion der Avantgarde, die eine

Magischer Realismus und Phantastische Literatur

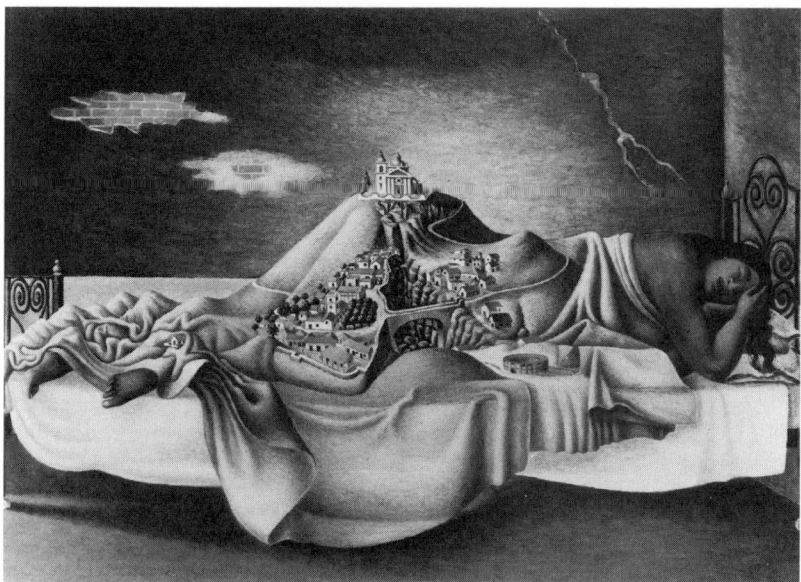

»Der Traum der Malinche« von Antonio Ruiz (1939) – magischer Realismus avant la lettre

Befreiung vom Diktat der instrumentellen Vernunft und eine Öffnung gegenüber magisch-mythischen Denkformen vorsah, explizit oder implizit dazu verwendet, indigene, extra-okzidentale, afroamerikanische Perspektiven nicht mehr nur als dargestellte Objekte, sondern als Elemente der Darstellung in ihr Werk einzubeziehen. Ob das nun durch die Behauptung geschah, in Amerika sei das Wunderbare Wirklichkeit (Carpentier) oder das eigene Land sei die »Inkarnation des Surrealismus« (so Asturias für Guatemala, die Modernisten für Brasilien), plötzlich wurde die frühere Peripherie im Selbstbewusstsein der Autoren des Magischen Realismus zu einem privilegierten Ort des Erlebens und Schreibens. Die begeisterte Aufnahme, die die so entstehenden Werke (ebenso wie die im La-Plata-Raum blühende phantastische Literatur) ab Mitte der 50er Jahre in Europa fanden, ließ sie zur herrschenden Schreibweise des sogenannten »Boom« werden und drängte andere Ausdrucksformen an den Rand. Schließlich hat im politischen Bereich der Sieg der kubanischen Revolution 1959 das Selbstwertgefühl auch gegenüber dem übermächtigen nordamerikanischen Nachbarn entscheidend gestärkt, und in der Folge bildete sich so etwas wie eine kontinentale Solidarität aus – zumindest bis zur »Affäre Padilla«, durch die 1971 die lateinamerikanische Öffentlichkeit gespalten wird und die breite Unterstützung der Castro-Regierung erstmals ins Wanken kommt.

Mexiko 1910–1968: der Mythos der Revolution

Die mexikanische Literatur der ersten Hälfte des 20. Jhs. steht ganz im Zeichen der Revolution. Diese bricht mit dem Plan von San Luis Potosí im Jahre 1910 aus und endet nach blutigen Kämpfen im Jahre 1917 mit der Deklaration der Konstitution von Querétaro. Nach dem sozialpolitischen Scheitern der Revolutionselite in der Stabilisierungsphase der 20er Jahre wird die Geschichte der Revolution zu einem immer mehr ausgehöhlten propagandistischen Mythos des Staatsapparats. Mit dem blutigen Ende einer Demonstration von Studenten am 2. Oktober 1968 auf dem historischen Platz der Drei Kulturen, für das der damalige Präsident Díaz Ordaz die Verantwortung trägt, bricht der Mythos der Revolution dann endgültig zusammen. Auch für die Geschichte der mexikanischen Literatur gilt dieses Datum als Wendemarke. Die Denkschulen und literarischen Strömungen, die in den verschiedenen historischen Phasen den Mythos der Revolution aufrechterhalten hatten, verloren nach der Krise von 1968 definitiv an Glaubwürdigkeit.

Von der Revolution zu ihrem Mythos

Mexikanische Revolutionäre 1919

Die mythisch fundierte Kritik des Revolutionsmythos bei Octavio Paz

Nachrevolutionäre Mythen und nationale Geschichtsschreibung

In der ersten Hälfte des Jahrhunderts wurde die offizielle Geschichtsschreibung vor allem vom Mythos einer erfolgreichen Umwälzung und der damit einhergehenden Integration der Indios in einen fortschrittlich konzipierten Staat geprägt. Dieser Mythos, der das Fehlen eines revolutionären Programms kompensierte, gründete sich auf den Anspruch der Zapatisten, die alten Rechte der Landbevölkerung durch die Agrarrevolu-

Adelita, Soldadera –
Photographie von
Casasola um 1911

tion wiederherzustellen. Bis zur definitiven Krise von 1968 haben führende Intellektuelle und Literaten sich der suggestiven Wirkung von Revolutionsmythen ebenso wenig entziehen können wie die Regierungspartei. Obwohl sich die intellektuelle Elite seit dem Ende der Regierung Cárdenas', also seit den 40er Jahren, in offener Opposition zur politischen Führungsschicht befand, ging sie mit dieser eine ideologische Allianz ein. Die Intellektuellen bestätigen gerade dann die revolutionären Gründungsmythen des mexikanischen Selbstbildes, wenn sie die historische Revolution anhand solcher Mythen kritisieren. Octavio Paz liefert ein deutliches Beispiel für die stillschweigende Übereinstimmung mit der offiziellen Revolutionsmythologie: In *El laberinto de la soledad* (1950) will Paz nämlich die falsche Revolutionsmythologie im Spiegel eines »rechtmäßigen« Mythos entlarven und bezeichnet die zapatistische Linie der Revolution als »de-volución«, d. h. als Revolution zur Wiederherstellung alter Rechte, und als eine Rückkehr zum Ursprung. Das Recht auf Rückkehr zum authentischen Ursprung Mexikos und den alten Eigentumsrechten wird unter Bezug auf den Mythos des toltekischen Zivilisationsgottes Quetzalcóatl, »Retter der Menschheit«, gerechtfertigt. So wird auch für Paz dann der Mythos zum hermeneutischen Schlüssel: Die heldenhaften Caudillos der Unabhängigkeit werden mit Emiliano Zapata in eine Reihe gestellt und von der despotischen Inkarnation des Machismus im aztekischen Dominationsmuster der PRI-Herrschaft abgesetzt, das auf den Gott Huitzilopochtli zurückgehen soll. Indem eine solche präkolumbianische Grundlegung des Revolutionsmythos und der »Mexicanidad« den Erwartungen der Europäer entspricht, geht sie paradoxerweise eine stillschweigende Koalition mit dem sich ab den 50er Jahren international gebenden offiziellen Diskurs des Staatsapparates ein.

Mexicanidad: »Mestizaje« als nationale Identitätsformel

*»Mestizaje« – Kultur-
und Rassenmischung
als Formel für
die mexikanische
Identität*

Die mexikanische Kultur, der nach der Revolution eine führende Rolle im hispanoamerikanischen Kontext zukommt, steht im Spannungsfeld zwischen dem Bewusstsein einer gemeinsamen hispanoamerikanischen Geschichte und der Notwendigkeit nationaler Identitätsbilder, die nach der Revolution die politische Festigung des Landes sichern sollen. Den postrevolutionären Bedürfnissen nach nationaler Selbstdefinition entspricht die Denkfigur des »Mestizaje«, d. h. der Mischung indianischer und abendländischer Kulturen. Sie wird zur Metapher für die Identität Mexikos nach der Revolution: die Mexicanidad. Dementsprechend werden Literatur und Kunst als Produkte des »Mestizaje« definiert, eine Auffassung, die erst mit der Krise der Revolutionspartei im Jahre 1968 an Einfluss verliert. Obwohl die Metapher der Kultursynthese den Revolutionseliten willkommen ist, weil sie das reale Fehlen einer Integration der Kulturen kompensiert, ist sie dennoch kein ideologisches Produkt der Revolution, sondern zunächst eine Folge der Kritik des Bürgertums am intellektuellen Klima der ausgehenden Porfirianischen Zeit. Diese Kritik entwickelt Justo Sierra, der Philosoph und letzte Bildungsminister unter Porfirio Díaz. Aber auch die Soziologen Andrés Molina Enríquez mit *Los grandes problemas nacionales* von 1909, der als Ideologe der revolutionären Agrarreform gilt, und Ezequiel A. Chávez sehen in den indianischen Traditionen einen unverzichtbaren Beitrag für die Erneuerung des Landes. Während Justo Sierra nur die Restrukturierung der liberalen Partei des

»Der Mestize« – Gemälde von Portinari (1934)

Porfiriats anstrebt, bereitet Chávez' antipositivistische Philosophie das
revolutionäre Bewusstsein vor.

Wortführer der Kritik gegen das Porfiriat ist im Vorfeld der Revolution
der »Ateneo de la Juventud«, der von Justo Sierra zusammen mit dem aus
der Dominikanischen Republik stammenden Pedro Henríquez Ureña und
dem Schriftsteller Alfonso Reyes gegründet wurde. Die Prinzipien des
Athenäums sind die offene Opposition zum herrschenden Positivismus,
die Rückwendung zur klassischen Tradition sowie die Öffnung zum deutschen Idealismus (Kant, Hegel, Schopenhauer), zur europäischen Philosophie (Nietzsche, Croce) und zur modernistischen Ästhetik. Die Rezeption von Henri Bergson und Emile Boutroux (besonders Boutroux' Philosophie des freien, schöpferischen Naturprinzips, das dem positivistischen
Determinismus entgegengestellt wird) steht an der Basis der intellektuellen
Erneuerung dieser Zeit. Auch nach Ansicht des Philosophen José Vasconcelos, der als Bildungsminister unter Alvaro Obregón (1921–25) besonders mit *La raza cósmica* (1925) und *Indología – Una interpretación
de la cultura ibero-americana* (1927) zum Theoretiker einer philosophischen Anthropologie des »Mestizaje« avanciert, soll sich die Kultursynthese gegen die positivistische Interpretation des Darwinismus im Sinne
Spencers richten. Stattdessen schlägt Vasconcelos die Verbindung der
empirischen Erfahrung mit der Phantasie vor. Vasconcelos deutet die
Mestizisierung im Sinne einer kulturanthropologischen und -philosophi-
schen Metapher um, die auch den Zielen der nachrevolutionären Kon-
solidierungspolitik entspricht. Daraus erwächst die Notwendigkeit, dem
indianischen Bevölkerungsteil Ausbildungsmöglichkeiten zu schaffen und
die Lebenswelt der Indios ethnologisch zu erforschen. Dieses Kulturprogramm beruht jedoch auf einer Integration der Indios in die etablierten
sozialen Hierarchien – ein Problem, das die indigenistische Literatur
beschäftigen wird. Die Kultur der klassischen Antike erscheint Vasconcelos als ein Modell, das den sich unter Präsident Calles verstärkenden

*Ein Vordenker
des »Mestizaje«*

José Vasconcelos

Indiofrauen beim Lernen

nationalistischen Tendenzen Einhalt gebieten soll. Nach 1931, also nach dem Scheitern seiner Präsidentschaftskandidatur, steht Vasconcelos in Konfrontation zur Regierung. Dieser Paradeintellektuelle wird mit seinem Messianismus, der ganz im Einklang mit der »exaltación mística« seines Lehrers Antonio Caso steht, zum Prototyp jener »caudillos culturales«, die die intellektuelle Szene Mexikos und die mystische Auslegung der Revolution prägen. Ähnlich zwiespältig erscheint das literarische Werk Vasconcelos': Zum einen lässt sich in seiner als »Reisender« geschriebenen Autobiographie (*Ulises Criollo*) die dialogische Offenheit seiner literarischen Texte wiederfinden, zum anderen lassen seine kulturpolitischen und philosophischen Texte eine Argumentation erkennen, auf die sich die utopischen Thesen der Regierung mit ihren verschiedenen Formen des »desarrollismo«, der Ideologie der Entwicklung, berufen können.

Die Auseinandersetzung um den »Mestizaje« als Kulturmodell

Anders verhält es sich bei den Schriftstellern des Ateneo, die das Exil – die USA bzw. Spanien – gewählt haben: Pedro Henríquez Ureña und Alfonso Reyes. Diese Widersacher des Nationalismus, deren Kosmopolitismus weniger politische als ästhetische Dimensionen hat, vertreten übernationale kulturhistorische Interessen. Dies äußert sich in ihren Kritiken zu Literatur und Kunst, in Zeitschriften wie der *Revista Moderna* oder in Sammelwerken wie der von Henríquez Ureña herausgegebenen *Antología del centenario* (1910). Zugleich sind sie Wegbereiter einer Internationalisierung der Literatur ab den 50er Jahren. Die Rückbesinnung auf die abendländische Kultur, die auch zur Wiederaufwertung der Kolonialzeit führt, wird zum thematischen Schwerpunkt in Alfonso Reyes' literaturkritischen Essays (*Letras de Nueva España*, 1946) und in Pedro Henríquez Ureñas Werken zur »Americanidad« (*América Hispánica*, 1945, und *Historia de la cultura en la América Hispánica*, 1947). Die historische Aufarbeitung der spanischen Quellen und der Kolonialliteratur, etwa von Juan Ruiz de Alarcón und Sor Juana Inés de la Cruz, wirkt gegen das spanienfeindliche Identitätsdenken des 19. Jhs. und überwindet mit der Synthese der spanischen und indianischen Tradition die exotische Sicht eines naiven Indigenismus. Mit seiner Formulierung einer eigenständigen literarischen Sprache Lateinamerikas (*Seis ensayos en busca de nuestra expresión*, 1928) kritisiert Henríquez Ureña die ideologische Abhängigkeit von Europa in den Emanzipationsformeln des 19. Jhs., die mit Begriffen wie »Natur«, »Indio« und »Criollo« operieren und die koloniale Situation der amerikanischen Kultur fortschreiben. Hatte Vasconcelos' *Ulises Criollo* das indianische Element auf eine mythische, irrationale Prähistorie fixiert, die von der Revolution »erweckt« wurde, so setzt Henríquez Ureñas Begriff der Mischung den Akzent eher auf die Rettung indianischer Traditionen. Nach seiner Auffassung ist es nicht der Spanier, der den Indio aus seinem zivilisatorischen Schlaf erweckte, sondern das Amerikanische, das zu einer Erneuerung europäischer Werte führte.

Pedro Henríquez Ureña

Alfonso Reyes: der große humanistische Denker Mexikos

Besonders Alfonso Reyes' ästhetische Formulierung der Mestizisierung nimmt einige Aspekte heutiger Positionen vorweg. Das poetische Temperament und die ironisch gebrochene Sichtweise der philosophischen, literarischen und kulturellen Essays sowie der Erzählungen (*La cena*, 1912; *El plano oblicuo*, 1920) von Alfonso Reyes, dessen Bedeutung als Humanist, Dichter und Erzähler für die mexikanische Kultur kaum zu überschätzen ist, unterscheiden sich grundlegend vom messianischen und didaktischen Argumentationsstil Vasconcelos'. Reyes nutzt einen dialogischen Stil in der Art Montaignes als Strukturprinzip, wie zum Beispiel in seinem berühmten poetischen Essay *Visión de Anáhuac* (1915). Hier nennt Reyes die »alma común«, die »gemeinsame Seele« der alten und der neuen Mexikaner, eine »emoción histórica«. Diese Metapher meint nicht die Synthese von Kulturmischungen, sondern impliziert eine die Architektur des Essays bestimmende Polyperspektivik, die sich aus der Koexistenz verschiedener Zeiten und Kulturen (der aztekischen, der spanischen und der neumexikanischen) speist. Der Essay rekonstruiert entsprechende Wahrnehmungsmodi: die europäischen Paradiesphantasien vom Guten Wilden, den zugleich staunenden und zweckorientierten Blick der Eroberer und das Bewusstsein, dass der ursprüngliche Zustand der präkolumbischen Kulturen verloren ist. Eine authentisch indigenistische »Sicht von innen« ist – so Reyes – schon wegen der Quellenlage indianischer Zeugnisse unerreichbar. Nur als intertextuelle Verarbeitung einer mestizisierten Überlieferung kann heute die indianische Kultur poetisch rekonstruiert werden. Reyes wurde besonders im Ausland als der Dichter und Ideologe der Utopie einer mexikanischen Identität rezipiert, die als Prozess der Begegnung von Kulturen Vergangenheit und Zukunft vereint. Heute erweckt dagegen mehr seine Geschichtstheorie Aufmerksamkeit. Ein grundlegender Aspekt von Reyes' Utopiebegriff ist der auf Arnold Toynbee zurückgehende historische Perspektivismus. *Eutopia*, das Sein der Geschichte, meint als nicht existierender Glücksort eine (Kantische) regulative Idee, die archaisierende Vergangenheitsbilder ebenso relativiert wie Repräsentationen der Gegenwart. Nur der ironische Widerspruch zwischen Wunsch und Realität kann die Triebkraft für historische Veränderungen sein. Der historische Perspektivismus, der aus der Unterstreichung des Konstruktcharakters von Geschichte hervorgeht, wirkt sich auch auf Reyes' Konzeption einer »amerikanischen Geschichte« aus. Von Anfang an ist Amerika der Ort, der die europäischen (Paradies-)Utopien aufnimmt, jedoch nicht als Hort des europäischen Reformdenkens und auch nicht als spätere Stufe des zivilisatorischen Auftrags der Geschichte, sondern als ein in die Zukunft projizierter (utopischer) Entwurf (*Ultima Tule*), der die Gegenwart relativiert. Daraus resultiert die Notwendigkeit einer ästhetischen Auffassung des »Mestizaje« und einer Abwendung von der Apologie des Mestizen. Als Denkmodell überwindet die Mestizisierung Polaritäten durch die Aufhebung der Oppositionen in einer Praxis kultureller Assimilation. Reyes benutzt die Assimilationsmetapher zur Widerlegung nationalistischer Interpretationen der Kunst seit den 30er Jahren, besonders der Wandmalerei und des Revolutionsromans. Gegen indigenistische Emanzipationsbestrebungen, die das »eigentlich Amerikanische« in autochthonen kulturellen Zeugnissen suchen, deutet Reyes den Begriff der Adaptation als grundsätzliches Phänomen aller Kulturen und als aktiven Prozess um.

Alfonso Reyes

Die idealistische Basis der politischen Formeln des Ateneo und die Konzeption einer »mystischen Revolution« werden von der »Generation von 1915« übernommen, den sogenannten »Sieben Weisen«, zu denen neben Alfonso Caso auch Antonio Castro Leal und Vicente Lombardo Toledano gehören. Als intellektuelle Elite begrüßen sie zwar die Vitalität der Revolution, lehnen aber ihre populistischen Manifestationen ab. Bis zur Regierung von Präsident Cárdenas (1934–40) war das Klima der 30er Jahre durch die erwähnte nationalistische Wendung charakterisiert, die offene Anlage des athenäistischen Geistes rückt in den Hintergrund. Besonders

Das doppelte Erbe des Athenäums: »Mestizaje« als nationales Modell vs. Internationalität als Identitätsmerkmal

»Die Nacht der Reichen«
– Mural von Diego
Rivera im Erziehungs-
ministerium von
Mexiko-Stadt
(Ausschnitt, 1926)

illustrativ ist in diesem Zusammenhang das Phänomen des »Muralismo«,
der Wandmalerei, getragen von Diego Rivera und Siqueiros. Diese wandten sich jedoch dem Mythos der Neuschöpfung aus dem präkolumbischen
Kulturerbe zu, statt mit den von Vasconcelos geplanten Allegorien auf die
Wissenschaften und auf humanistisches Gedankengut die Geschichte der
Revolution in die klassische abendländische Kultur zu integrieren. Stärker
noch als die Vielfalt der kosmopolitischen Interessen des Athenäums setzt
sich in der Literatur der 30er Jahre eine rege Essayistik um das Thema der
Mexicanidad durch. Die starren Positionen zur nationalen Identität wer-

den analysiert und bisweilen scharf kritisiert. Zu den traditionsbildenden Essayisten der Mexicanidad gehört der frühere Athenäist Martín Luis Guzmán. Neben seinen Revolutionsromanen, mit denen er international bekannt wurde, fanden in Mexiko vor allem auch seine Essaysammlungen *La querella de México* (1915) und *A orillas del Hudson* (1920) Beachtung. Statt der unter Präsident Calles geförderten Polarisierungsthesen gegen den nordamerikanischen Nachbarn fordert Guzmán die Annahme der eigenen sozialen Probleme (»El barro y el oro« in *Querella*). Weil abstrakte Reden zur Mexicanidad von den eigentlichen Problemen der Nation ablenkten, sucht Guzmán eine soziale Ausrichtung der Mestizisierungsthese und bemängelt, dass das Programm zur Integration der Indios nun reine Demagogie geworden ist. Dennoch nimmt auch Guzmán eine negative Bewertung des indianischen Kulturanteils vor. Etwa zehn Jahre später reagiert Samuel Ramos auf die erfolgte Öffnung unter Präsident Cárdenas und macht in *El perfil del hombre y la cultura en México* (1934) die Integration der Kultur Mexikos in die abendländische Geschichte zur expliziten Aufgabe des Mexikaners. Die selbstzerstörerische Wirkung einer Verdrängung der Vergangenheit und der Ablehnung des »hispanischen Elements« sowie der intellektuellen Traditionen des Porfiriats wird bewusstgemacht und vom Appell zur Erlangung eines positiven Selbstverständnisses begleitet. Dieser Appell ist zwar nötig angesichts des – besonders im Revolutionsroman dominierenden – Pessimismus, er geht indes auch mit dem zunehmenden Chauvinismus der Partei konform.

Martín Luis Guzmán

Das kosmopolitische Erbe des Ateneo wird in der Gruppe »Contemporáneos«, zu der die Autoren Carlos Pellicer, José Gorostiza, Xavier Villaurrutia, Salvador Novo, Bernardo Ortiz de Montellano, Gilberto Owen und Jaime Torres Bodet gehören, zur offenen Opposition gegen nationale Engstirnigkeit. Das Werk dieser »Gruppe ohne Gruppenzugehörigkeit« ist ein wichtiges Zeugnis einer »anderen (nicht offiziellen) Avantgarde« (so der Schriftsteller José Emilio Pacheco). Mit dem athenäistischen Erbe übernimmt die Gruppe die von Reyes entwickelte These der Assimilation als einer grundsätzlichen Bedingung kultureller Phänomene. Stadtchroniken und experimentelle Romane sind neben dem Theater die wichtigsten Gattungen. In Novos Chroniken und im Roman *El joven* (1923; publ. 1933) fungiert die Topographie der modernen Stadt und ihrer heterogenen Straßennamen als Metapher für ein kosmopolitisches Bewusstsein, das sich gegen den »nacionalismo exterior« des Indigenismo und gegen die fremde Sicht wendet, die mit dem Guten Wilden an der Basis indigenistischer Identitätskonzeptionen steht. In *El joven* wird in einer bis zum Bewusstseinsstrom ausgestalteten personalen Perspektive erkennbar, dass die »Krankheit« des jungen Protagonisten (als Metapher für die Revolution) durch das Festhalten an einer mythischen Vergangenheit oder an einem mythischen Ort (dem »campo«) verlangert wird und die moderne Stadt als Entfremdung erfahren lässt. Dagegen wird eine Form von Selbstbestimmung als Assimilation nach dem Beispiel nordamerikanischer Multikulturalität gefordert. Diese identitätskritische Position wird in den Romanen zum Strukturprinzip einer (avantgardistischen) »mimetischen Indifferenz«, die von der zeitgenössischen Kritik als reaktionäres Zeichen interpretiert wurde. Entgegen dem »realismo social« des Revolutionsromans ziehen die »Contemporáneos« intertextuelle Experimente vor. So entwickelt Torres Bodets *La educación sentimental* (1929) aus der Auseinandersetzung mit Flauberts gleichnamigem Roman das Bewusstsein der eigenen Traditionen. Die »touristischen« Prämissen

Die »Contemporáneos«: Kosmopolitismus und Stadtliteratur

der von der Nationalelite vertretenen Mexicanidad werden besonders von Salvador Novo kritisiert. Die teilweise bissige Ironie, die den »fremden Blick im eigenen« aufdeckt, bezieht sich besonders auf die indigenistische Mode seiner Zeitgenossen (*La vida en México en el período presidencial de Lázaro Cárdenas*). Die »Contemporáneos« kritisieren die Institutionalisierung der Revolution und werten »nationale Identitäten« als antipatriotisch, weil die darin enthaltene Idee des Authentischen die Nation auf eine »misanthropische Vision« reduziere. Als Kristallisationspunkt nationaler Literatur ist der Revolutionsroman ebenso wie sein poetologisches Gegenteil, nämlich die politisch engagierte Avantgarde der »Estridentistas«, eine beliebte Zielscheibe, weil beide – den »Contemporáneos« zufolge – die gleichen nationalistischen Prämissen teilten. Wegen ihrer apolitischen Ästhetik bezeichnen wiederum manche Zeitgenossen die Haltung der »Contemporáneos« als »feminin« und ihre Literatur als »nationale Entfremdung«. Mit ihren Zeitschriften versucht die Gruppe, gegen den Literaturkanon zu wirken, so z. B. durch die Publikation des von der nationalen Kulturpolitik abgelehnten Romans *Luciérnaga* von Mariano Azuela und durch Übersetzungen europäischer und US-amerikanischer Autoren wie André Gide, D. H. Lawrence, John Dos Passos, Thornton Wilder oder Eugene O'Neill.

Vom politischen Nationalismus der Konsolidierungsphase zum Kulturnationalismus von Lázaro Cárdenas

Nationales Theater und subversives Volkstheater

Crisol Nr. 86, 1937

Thematisch und formal bestimmt das postrevolutionäre Klima auch die Lyrik, das Theater und den aufkommenden Film der 30er Jahre. Im Zuge der Nationalisierung der Kultur setzt sich eine engagierte Form der Dichtung durch, besonders vertreten durch die Gruppe um die Zeitschriften *Vértice* (1929–30), *Crisol* (1929–52) und *Barandal* (1931–32). Diese Dichtung folgt der offiziellen marxistischen Linie und richtet sich besonders gegen die apolitische Konzeption von Kunst der »Contemporáneos«. Bei weitem interessanter sind die Auswirkungen der Revolution auf das im Entstehen begriffene Volkstheater. Das Medium des Theaters erwies sich als weniger geeignet für die kulturnationalistischen Ziele der 30er Jahre, die in verherrlichenden Darstellungen der Revolution auf Wandmalereien (1922–35) und in kostumbristischen Texten (Chroniken, Feuilletons) ihren Niederschlag gefunden haben. Das nationale Theater hat zwar mit dem »Teatro de Ahora«, sowie dem 1931 gegründeten, sich als engagiertes didaktisches Theater verstehenden »Teatro de Orientación« revolutionäre Tendenzen und eine dokumentarische Funktion übernommen, erst das Volkstheater wird aber zum eigentlichen Träger des subversiven Potentials der Revolution. Auch das Publikum sieht im Volkstheater eine willkommene Alternative zum historischen Drama der porfirianischen Ära und zum Nationaltheater der nachrevolutionären Zeit. So kann sich das populäre Vaudeville-Theater, das »género frívolo«, behaupten, ohne Sprachrohr der bürgerlichen Revolutionselite zu werden. Das Volkstheater, das Elemente der mündlichen Kulturtraditionen Mexikos integriert und eine breite Publikumswirkung hat, geht auf das sogenannte »género chico« der Kolonialzeit zurück, eine Mischung des spanischen Sainete mit musikalischen und tänzerischen Einlagen der mestizischen Tradition. Nach der Revolution wird das Volkstheater schon unter der Regierungszeit von Victoriano Huerta (1913–14) zu einem explosiven Genre mit eigenem Profil, unter anderem durch Revitalisierung

Theater für die Bauern –
eine Vorstellung der
Brigada Tzotzil

der Volkssprache, Einbeziehung von Obszönem, von Groteske, Spott und
Satire als ästhetische Realität und als politische Karikatur. Mexikanische
Volkstypen werden erfunden – der akkulturierte Indio (»indio ladino«),
der Ranchero, die Dienerin und der Gendarm, wobei auch Platz für
Improvisationen bleibt und Komiker wie Roberto Soto, Cantinflas und
Tin Tan zu Volkshelden werden. Besonders durch den komischen Film
wird Cantinflas (gespielt von Mario Moreno) zu einer geradezu legendären Figur. Durch das Lachen befreien die komischen Körperbewe-
gungen von der negativen Erfahrung sprachlicher Mängel. Der Protagonist stolpert über die Reihung eigener Echolalien in spanischer Sprache.
Ähnlich verhält es sich mit dem in die USA emigrierten »pachuco«. Dieser
Typus, der durch Germán Valdés dargestellt wird, macht mit der Degene-
ration der Sprache im »Spanglish« die Kultur- und Sprachmischung zur
kollektiven Erfahrung.

Hatten die ersten Versuche des nationalen Theaters, sich in den 30er
Jahren als literarische Institution zu etablieren, europäische und nordamerikanische experimentelle Formen ohne eigenes Leben übernommen,
so nahmen die »Contemporáneos« eine bewusste Reform des mexikanischen Theaters in Angriff. Anlässlich der Eröffnung des Teatro Ulises
erklärt Novo 1928 die Absicht der Gruppe, das Theater durch neue
Formen dem internationalen Maßstab anzunähern. Novo sucht eine Aufhebung der Grenzen von Traum und Realität und Villaurrutia eine Verbindung von Realismus und Surrealismus. Villaurrutia, der das Theater
von Oscar Wilde und Bernard Shaw als Modell wählt, beherrscht mit
seinen ironischen Einaktern (»Autos profanos«) und Dreiaktern in den
40er Jahren die Szene. Das nationale Theater verlor in diesem Jahrzehnt
an Wirkung, bis Rodolfo Usigli mit seinen sozialpolitischen Satiren, die
sich an das expressionistische Theater anlehnen, zum Begründer der Ästhetik eines mexikanischen Theaters wird, das dem allgemeinen Klima der
Koinzidenz von Nation und Kultur entspricht. *El gesticulador* (1947,
entstanden 1937) gilt als »erste« mexikanische Tragödie, die Usigli inter-

*Die Theaterreform
der »Contempo-
ráneos«*

national bekannt macht. Seine Trilogie (*Corona de sombra*, 1943; *Corona de fuego*, 1960; und *Corona de luz*, 1963) behandelt wichtige Episoden der Geschichte Mexikos seit der Eroberung. Es handelt sich jedoch nicht um historische, sondern um symbolisch-mythische Dramen, in denen der Mexikaner als eine Synthese historischer Zeiten definiert wird.

Revolutionsroman und indigenistischer Roman

Der Revolutionsroman unterhält ein eigentümliches Verhältnis zum Kulturnationalismus der postrevolutionären Zeit. Der anfänglichen Sakralisierung der Revolution (und der Landreform) durch traditionelle Mittel des Realismus folgt in einer zweiten Phase eine Distanzierung vom Revolutionsmythos in Form eines experimentellen Stils. Die Umsetzung des programmatischen Optimismus der Revolution im Medium der Wandmalerei hatte zu einer Gigantomanie geführt, die die Apotheose der Massen zu feiern suchte. Darin bestanden auch die gesellschaftlichen Vorgaben für die Ästhetik des Revolutionsromans. Der Roman sollte die aus dem Realismus stammende sozialkritische Funktion in ein positives Ziel nationaler Evolution umwandeln. Der Roman *Los de abajo* (1915) von Mariano Azuela, der als testimoniales Dokument des revolutionären Tagesgeschehens entsteht, bestimmt die Merkmale der Gattung. Schon dieser Text stellt sich jedoch gegen den weihevollen Sprachgestus der Revolutionspartei und präsentiert sich als verzweifelte Chronik des Vertrauensverlustes gegenüber der Revolution. Der Anspruch einer dokumentarischen Darstellungsweise erneuert die Erzählstruktur durch die Adaptation journalistischer Techniken, besonders der simultanen Berichterstattung und der Simulation gesprochener Sprache. Die gesellschaftliche Funktion des Revolutionsromans ist beträchtlich. Es ist aber besonders der nicht denselben strengen Wahrscheinlichkeitspostulaten unterliegende Film, der eine verklärte und folkloristische Vision der Revolutionsideologie ausbildet, in der primitive Gewalt zur Mode wird. Nur die Romane der ersten Phase, wie z.B. *Juan de Riel* von José Guadalupe de Anda, versuchen, durch die Darstellung des Elends der Kleinbauern und Indios die Revolution zu legitimieren. Diese Romane sind indes »bürgerliche Romane«, sie sind das krude Dokument der Gewalt des Revolutionsbürgertums. *Los de abajo* schildert das Entstehen einer solchen Gewalt, geht aber ästhetisch darüber hinaus. Wenn sich schon in den vorrevolutionären Romanen (*Los fracasados*, 1908, und *Mala hierba*, 1909, sowie *Andrés Pérez maderista*, 1911) eine perspektivische Nähe zum Elend der Protagonisten zeigt, so wird in *Los de abajo* die gewaltige »Natursprache« der Revolution zum eigentlichen Protagonisten. Diese Sprache erzeugt Rollen und Ereignisse und belegt zugleich die brutale Realität des irrealen Traums der Revolution. Die Struktur ist fragmentarisch, die einzelnen Szenen sind nur durch einen sehr schwachen erzählerischen Faden verbunden, dialogische Spannungen entstehen zwischen den Figuren; die komplexe Erzählstruktur erzeugt eine Distanz zu den Ereignissen der Revolution, die umso wirksamer ist, als die Genese des Romans eine Art Tagebuch des am Revolutionsgeschehen beteiligten Autors ist. In den nachrevolutionären Romanen nimmt Azuela eine maderistische Position ein (*Los caciques*, 1917; *Las moscas*, 1918; *Domitilo quiere ser disputado*, 1918; *La tribulaciones de una familia decente*, 1918).

Mariano Azuela:
Los de abajo

In den Romanen dieser Zeit erscheint die Korruption der Helden immer wieder als Motiv. Die Masse kann im sozialen und christlichen Sinne nicht gerettet werden. Angesichts des aufkommenden Bewusstseins des sozialen Scheiterns der Revolution übernimmt allmählich die Erinnerung – statt des Dokuments – die Funktion, das Ideal zu retten, etwa bei *Memoria de Pancho Villa* (1923) und *¡Vámonos con Pancho Villa!* (1931) von Rafael F. Muñoz, einer romantischen Umsetzung des Revolutionsszenarios. Die neue Führungselite und das Phänomen des revolutionären »Managers« sind das Thema der Romane von Martín Luis Guzmán *El águila y la serpiente* (1926), *La sombra del caudillo* (1929), *Memorias de Pancho Villa* (1938–1940) und *Muertes históricas* (1958). Während in *El águila y la serpiente* (1928) die Schwäche der Revolutionshelden und die allgemeine Trägheit – besonders die Übel von »Servilismo« und »Machismo« – im Zentrum stehen, ist *La sombra del caudillo* der Ausdruck von Skepsis hinsichtlich der Fähigkeit der Revolution, neue Menschen zu bilden. Der Roman beschreibt die Methoden des Machtkampfes, die Brutalität des Unterdrückungsapparats, er klagt eine Stadt an, deren Gesicht ein verstricktes Netz von perversen Verführungen, politischen Versammlungen, Verschwörungen, Mordplänen, aber auch von melancholischen Augenblicken ist, in denen die Ohnmacht des gespaltenen Caudillo durchschimmert.

Die zweite Phase des Revolutionsromans: Martín Luis Guzmán

Ab den 30er Jahren kommt der Revolutionsroman erneut in Mode, u. a. als Folge eines von *El Nacional* organisierten Wettbewerbs. In den Cristero-Kriegen findet die Kritik an der gescheiterten Revolution neue Inhalte: Neben der Verherrlichung des Martyriums der Campesinos (Fernando Robles' *La virgen de los cristeros*, 1934) werden Gründe für das Zusammenbrechen des Revolutionsideals gesucht, etwa in *Acomodaticio (Memorias de un político de convicciones)* von Gregorio López y Fuentes (1943) und in *Cuando engorda el Quijote* (1937) von Jorge Ferretis. Am Elend der Indios wird im nun entstehenden indigenistischen Roman gezeigt, wie die Integration der indianischen Bevölkerung gescheitert ist, wobei sich die Situation mit Lázaro Cárdenas (1934–40) verschärft. Die Tatsache, dass Cárdenas zwar die Latifundien definitiv zerstört, jedoch die Agrarreform kapitalistisch umsetzt, führt die Indios zum Status von »peones« (Knechten) zurück. Der erste indigenistische Roman, *El indio* (1935) von Gregorio López y Fuentes, macht die »indígenas« zu Objekten ethnologischer Beobachtung, in Mauricio Magdaleno *El resplandor* (1937) werden die Ausbeutung der Mestizen und die Ohnmacht der indianischen Gemeinschaften illustriert. Besonders die mangelnde sprachliche Integration in die nationale Einheit wird geschildert. In grotesken Szenen simuliert hier ein auktorialer Erzähler den Versuch der Indios, Spanisch zu sprechen. Erst 20 Jahre später interpretiert Rosario Castellanos die Situation der Indios aus der Sicht ihrer eigenen Kultur, wodurch die teilweise grotesk wirkende wissenschaftlich-dokumentarische Distanz überwunden wird. Die Erneuerung des Indigenismo wird möglich, nachdem sich die Anthropologie in den 40er Jahren mit den intensiven Studien von Angel María Garibay und Miguel León Portilla über die Kultur und Poesie der Náhuas etabliert hatte und sich der Roman von dieser ethnologischen Aufgabe entlastet sehen konnte. Zudem entdeckt die »nueva novela« in den 50er Jahren auch in Mexiko experimentelle Formen. Die komplexe Darstellung indianischen Denkens in Castellanos' Romanen *Balún-Canán* (1957), *Oficio de tinieblas* (1962), *Ciudad Real* (1960) und *Los convidados de agosto* (1964) ist mit dem Stil von Juan

Die neue Mode des Revolutionsromans in den 30er Jahren und der indigenistische Roman

Rulfo verglichen worden. Der Indio ist dabei weder wissenschaftliches Objekt noch fernes Ideal, sondern erscheint als konkrete Person mit einer spezifischen Leidensgeschichte, an der die Perversion der Integrationspolitik sichtbar wird. Bei der Schilderung des Aufstands der Chamula-Indianer 1867 in San Cristóbal de Las Casas oder der Beschreibung von allgemeinen Folgen der Agrarreform unter Lázaro Cárdenas geht Castellanos von einer indianischen Sicht aus. Die Erzählerin wählt indianische Traditionen der Maya und ein durch die Einbeziehung der indianischen Sprache (Tzotzil bzw. Tzeltal) gestütztes mythisches Bewusstsein, das zum Strukturprinzip und zu einer Erzählperspektive wird. Diese experimentelle Form führt den Indigenismus – ähnlich wie im Falle von José María Arguedas in Peru – in die Nähe des Magischen Realismus.

Vom Roman der Revolution zum »revolutionären Roman«

Die Mythisierung der Revolution im Film

Unterdessen schreitet die Mythisierung der Revolution fort. Die offizielle Kultur, die Dichterfürsten und die Akademie entwickeln ein tragisch-heroisches Epos der Armut. Die Figuren sind Helden, Schurken und das anonyme Volk. Die historische Verarbeitung stützt sich auf mythische Oppositionspaare wie Quetzalcóatl versus Malinche, Cortés versus Cuauhtémoc. Der Film entspricht als Massenmedium sowohl den Bedürfnissen der mit der Revolution mobilisierten Massen als auch den didaktischen bzw. demagogischen Zielen der institutionalisierten Revolution und etabliert sich als industrielle Form einer Imagologie großer historischer Mythen – wie einst die Wandmalerei. Im Jahr 1939 verfügt Cárdenas per Dekret, dass in den mexikanischen Kinos monatlich mindestens ein nationaler Film gezeigt wird. Die nationale Kino-Mythomanie wird sich jeweils den verschiedenen politischen Kursänderungen anpassen: sei es der christlichen Orientierung Avila Camachos (1940–46), sei es den finanziellen Interessen, die nach dem Zweiten Weltkrieg in den Mittelpunkt rücken. Schon mit dem ersten Tonfilm (*Más fuerte que el deber*, 1930, von Raphael J. Sevilla) erweisen sich der Respekt gegenüber Familie, Staat und Besitz sowie verschiedene Versionen der Sünde und der Passion als die wichtigsten Themen. Spirituelles Zentrum ist die Mutter, der im machistischen Sinne Bewunderung gezollt wird und der die Aufgabe zukommt, Familie und Staat zu stabilisieren. Der Revolutionsfilm wird zu einem ästhetischen Drama (*Flor Silvestre*, 1943, von Indio Fernández mit Dolores del Río, einem der weiblichen Stars des mexikanischen Films). Die eindrucksvollen Bilder der Filme von Indio Fernández suggerieren, mit dem Schicksal der Liebenden enthülle sich das Geheimnis des nationalen Schicksals. Zwischen 1940 und 1950 lässt Fernández die Phantasien des Bürgertums über die Essenz der Nation im Film Gestalt annehmen.

Nationalmythologie der Filmindustrie

Revueltas und Yáñez als Vorbereiter der »nueva novela«

Erst vor diesem Hintergrund kann die entmythisierende Tendenz der zweiten Phase des Revolutionsromans angemessen beurteilt werden, die José Revueltas mit *El luto humano* (1943) und Agustín Yáñez mit *El filo de agua* (1947) einleiten. Die sprachliche Dramatik, durch die Yáñez mit den melodramatischen Mythen der Revolution bricht, findet sich bei José Revueltas ins Tragische gewendet wieder. Er ist der Schriftsteller der Grenzerfahrung, nicht nur weil seine Gestalten allesamt marginalisiert sind, sondern auch aufgrund seiner barocken Sprache. In seinem Roman *Los muros de agua* (1940), in dem die Erfahrung der Inhaftierung verarbeitet wird, wie auch in *Los días terrenales* (1944) und *Los errores*

(1964) sowie den Erzählungen *Los motivos de Caín* (1957), *Dormir en tierra* (1960) und *El apando* (1969), müssen die schillernden Figuren eine Hölle durchleben. *El luto humano*, das mit dem Nationalpreis ausgezeichnete wichtigste Werk Revueltas', erzählt die Flucht von drei in einem verlassenen Dorf zurückgebliebenen Familien, die vor einem sintflutartigen Regen Rettung suchen, welcher zunächst den Tod der kleinen Tochter verursacht und schließlich alles zu überschwemmen droht. Die Flucht dauert einige Tage, bis die Protagonisten merken, dass sie sich nicht von der Stelle bewegt haben und sich auf das Dach des Hauses flüchten, wo sie sterben und von den Aasgeiern, den Vorboten der Apokalypse, zerfleischt werden. Wichtiger als die Handlung sind die Erinnerungen der Figuren während ihres langen Sterbens. Sie zeigen die Irrealität des Revolutionsprojektes und den Verlust jeglicher Hoffnung. Mit grellen Kontrasten werden in düsteren Monumentalbildern kollektive Mythen und Obsessionen aufgedeckt, die die Psyche des Einzelnen bestimmen. Der Revolutionsroman der ersten Generation, der das Schicksal jener »Verdammten« betrauert, die die historische Revolution nicht zu erlösen vermochte, wird ironisiert. Die fragmentarischen Erinnerungen gestalten auch stilistisch die narrative Struktur. In seinem umfangreichen essayistischen Werk, das zunächst zwiespältig aufgenommen wurde, greift Revueltas die in der Zeit nach Cárdenas wachsende stalinistische Orientierung der kommunistischen Partei und der Regierung offen an.

José Revueltas

Agustín Yáñez bricht stilistisch mit der Revolutionsrhetorik und thematisch mit dem Diskurs des Revolutionsromans. In seinem Hauptwerk *El filo del agua* (1947) geht es nicht um die Revolution, sondern um die Zeit unmittelbar davor. Die Darstellung der letzten Jahre des Porfiriats in einem kleinen Provinzdorf ist zugleich eine sozialkritische Diagnose der Unbeweglichkeit und der repressiven Moral der katholischen Kirche. Insoweit gilt Yáñez als Begründer eines »analytischen Realismus«. Weitaus wichtiger ist indes die sprachliche Dimension des Romans. Yáñez gehört zur avantgardistischen Provinzgruppe aus Guadalajara, die mit der Zeitschrift *Bandera de Provincias* (1929–30) – analog zur Gruppe der »Contemporáneos«, mit der sie in Kontakt steht – zwar die Rhetorik der Muralisten rezipiert, jedoch auch von internationalen Schriftstellern wie Dos Passos, Faulkner, Joyce und Kafka beeindruckt wird. Das spiegelt sich auch in seinem Werk: Die Darstellung der Figuren mittels moderner Techniken, wie Fragmentarisierung der Fabel und Aufhebung der linearen Zeit, die von einer inneren Dauer abgelöst wird, eröffnet den Zugang zu einem kollektiven Unbewussten, in dem die repressive Moral nicht weniger irrational ist als das Begehren, das sich im barocken Detailreichtum der Sprache ausdrückt. Die sprachliche Ungezügeltheit wird zur subversiven Kehrseite der Statik dieser Welt. Sie durchzieht die Erzählermonologe, die Monologe und Dialoge der jungen Figuren und die magischen Voraussagen des alten Lucas Macías. Der barocke Stil Yañez', die erotische Sprengkraft seiner Sprache, die sich schon im Erzählband *Archipiélago de mujeres* (1943) angekündigt hat, findet sich auch in seinen späteren Romanen wie *La creación* (1959), *Ojerosa y pintada* (1960), *La tierra pródiga* (1960), *Las tierras flacas* (1962) und *Las vueltas del tiempo* (1973). Das intertextuelle Abenteuer der Sprache, die neben der Rhetorik des 19. Jhs. und der archaisierenden Sprache der Kirche auch mit modernen Bezugstexten spielt, macht diesen Autor zu einem Mitbegründer der »nueva novela«.

Agustín Yáñez

Vom Kosmopolitismus des Ateneo zur Internationalisierung des »mexikanischen Wesens«: die »nueva novela« von Juan Rulfo und die Lyrik von Octavio Paz

Von der nationalen zur kosmopolitischen Kultur

In den 50er Jahren erfolgt in Mexiko zwar eine Entnationalisierung der Kultur, jedoch geschieht dies zugunsten eines nun an den USA orientierten Kapitalismus, der von Präsident Miguel Alemán (1946–52) vorangetrieben wird. Die alte Allianz zwischen dem Mythos der wirtschaftlichen Entwicklung und dem Pragmatismus der mexikanischen PRI wird nun in einem antikommunistischen Klima fortgesetzt. Das Indianische dient immer seltener der Identifikation. Während die Stadt mehr und mehr die Aufmerksamkeit auf sich zieht, ist der Indio, der in der Stadt bloß als assimilierter Indianer überleben kann, nur noch die romantische Würze urbaner Skizzen. Der »American way of life« setzt sich allgemein durch, im gesellschaftlichen Bewusstsein degeneriert die Nationalidee einer mit der Revolution verbundenen Mexicanidad zur Folklore. Das Bürgertum bekennt sich allmählich zum Kosmopolitismus, der durch die angloamerikanisch orientierte Entwicklungspolitik auch über die Medien gefördert wird. Trotz geänderter Vorzeichen bleibt die offizielle Rhetorik taub gegenüber einer kosmopolitischen Gesellschaft, die sich parallel und getrennt von der Regierungspolitik entwickelt. Mit der zunehmenden Institutionalisierung des internationalen Selbstbildes der offiziellen Kultur werden der »Ateneo de la Juventud« und die »Contemporáneos« wiederentdeckt. Die Rezeption von José Lezama Lima, Jorge Luis Borges, Julio Cortázar und Adolfo Bioy Casares und der internationale Boom der lateinamerikanischen Literatur geben dem nationalen Inseldasein Mexikos den Gnadenstoß. Eine eigenartige Transformation des Identitätsdiskurses der Mexicanidad ist die Folge. Der von der Regierung vertretene sozialpolitische »desarrollismo« weicht nun dem Anspruch auf einen Anschluss Mexikos an die soziale und kulturelle Modernisierung. Endlich nehmen im künstlerischen und literarischen Kanon die Avantgarden den Platz von Muralismus und Realismus ein. Das formale Experiment wird ebenso zur Mode wie früher das Revolutionsepos. Bindeglied zwischen Avantgarde und Identitätsphilosophie ist das sich aus dem Surrealismus speisende Prinzip der »ontologischen Alterität«; »Mexicanidad« steht nun also im Zeichen des Kosmopolitismus. Mit seiner existentialistischen und internationalen Auslegung der »Otredad«, der »Andersheit« oder »Alterität« der Mexikaner übt Octavio Paz einen dominanten Einfluss aus. Es entsteht eine neue Art, Kultur zu konzipieren. Kulturbeilagen in Zeitungen, Verlage, Galerien, Kinos und Theater unterstützen eine Mobilität der Literatur, in der es keine normativen Gattungen mehr gibt; die Revolution hat sich als Stoff der Literatur erschöpft. Luis Spota, Herausgeber der Kulturbeilage von *El Heraldo Cultural* und Fernsehreporter, bringt das auf die Formel: »Die Revolution ist vom Pferd ab- und in den Cadillac eingestiegen.« Als Romancier klagt Spota die soziale und politische Korruption an; der Stil der Reportage strukturiert auch den Realismus seiner Romane, wenn er z. B. die Manipulationen der Gewerkschaftsführer in *Las horas violentas* (1958) schildert, die Verantwortung einer dekadenten Bourgeoisie für die sozialen Missstände in *Casi el paraíso* (1956) und das düstere Elendsschicksal der Stadtbewohner (*La sangre enemiga*, 1958), oder wenn er die psychologischen Hintergründe des Machismo in Form journalistischer Chronikepisoden illustriert, etwa der Geschichte eines Vaters, der seine Familie zu Hause eingesperrt hält (*La carcajada del gato*, 1964).

Während die Gattung des Revolutionsromans aus der Mode gekommen ist und sich die Erzählliteratur an der »nueva novela« orientiert, bleibt die Revolution als Kinomythos erhalten. Der Revolutionsheld ist dort ein Stereotyp mit Schnurrbart und Sombrero, gespalten zwischen Brutalität und Zärtlichkeit, und die Revolution wird zur romantischen Kulisse für Melodramen, wobei der wilde Revolutionär allmählich durch weibliche Figuren ersetzt wird, die mit dem Starkult Hollywoods konkurrieren sollen, wie die Filmdiva María Felix (*La cucaracha, La bandida, La valentina, La generala*). Nur der spanische Filmregisseur Buñuel schafft im mexikanischen Exil ein krasses Kontrastprogramm zu dieser melodramatischen Mythomanie des Kinos. Buñuel thematisiert die sonst ausgeblendete Seite der Realität und der Hauptstadt. Die latente Ironie von *Gran casino* (1947) und *El gran calavera* (1949) sowie die groteske Bloßstellung der jüdisch-christlichen Moral, die Buñuel erotisch durchkreuzt (von *Los olvidados* bis zu *El ángel exterminador*, 1962), stellen einen wichtigen Beitrag zum mexikanischen Kino dar, der in Mexiko zunächst kaum Spuren hinterlässt. Vielmehr beherrscht die melodramatische Struktur bis zu den 70er Jahren praktisch die gesamte Bandbreite mexikanischer Filme.

In der Philosophie besinnt sich in diesen Jahren die Gruppe Hyperión auf eine »kritische Tradition der Philosophie des Mexikanischen«, etwa in *Conciencia y posibilidad del mexicano* (1952) von Leopoldo Zea. Gegen die abstrakte Konzeption der Mexicanidad und gegen mythisierende Tendenzen plädiert Zea dort für eine Philosophie des konkreten Menschen. Die Integrationspolitik wird weiterhin scharf kritisiert: In den städtischen Zentren bedeute »Mestizisierung« keine Annahme indianischer Werte, sondern eine »Kolonialisierung« des »barbarischen« Anteils der Bevölkerung, so Alfonso Caso, der jüngere Bruder des Athenäisten. Im Gegensatz zu den 30er Jahren gelangt aber nicht der philosophische, sondern der

Die melodramatische Gestaltung der Revolution im Film

Eine kritisch-ironische Stimme: Luis Buñuel

Kritische Tradition der Philosophie: Leopoldo Zea

Szene aus Buñuels Gran casino (1947)

poetische Diskurs ins Zentrum des kulturellen Lebens. Nicht historische oder soziale Errungenschaften der Mexicanidad, sondern die Überlegenheit poetischer und sprachlicher Schöpfungen werden allmählich zum Medium der Identitätsstiftung. Dies entspricht dem kontinentalen Klima in Lateinamerika, dem sich Mexiko ab den 50er Jahren näher fühlt. Auf dem gesamten Kontinent hat man eine Sprache gefunden, die die Kultur der neuen Welt angemessen auszudrücken vermag. Die Sprache des Magischen Realismus und des »real maravilloso«, jene mestizisierte Sprache, die bereits vom Ateneo, insbesondere durch Henríquez Ureña, konzipiert und von Asturias, Uslar Pietri und Carpentier zum Identitätszeichen Amerikas gemacht wird, füllt auch in Mexiko das Vakuum, das der Revolutionsmythos hinterlassen hatte.

Der erste »Klassiker« der »nueva novela«

Juan Rulfo

Der Zusammenbruch der theatralischen Revolutionsrhetorik sowie die soziale Perspektivlosigkeit und das Scheitern von Entwicklungspolitik und Agrarreform sind auch Thema des Werkes von Juan Rulfo, doch wird mit der Erzählsammlung *El llano en llamas* (1953) und dem Roman *Pedro Páramo* (1955), einem der meistzitierten und -interpretierten Romane Lateinamerikas, ein neues Kapitel in der mexikanischen Literatur eröffnet. Dieser kurze Text von ca. 150 Seiten, der gleich nach seinem Erscheinen in 19 Sprachen übersetzt wurde, beendet die Rhetorik des Revolutionsromans und eröffnet zugleich der internationalen und mexikanischen Erzählliteratur neue Wege. Zwei archetypische Geschichten stehen einander gegenüber: Die Suche Juan Preciados nach dem Vater und der Aufstieg Pedro Páramos zum Großgrundbesitzer, Kaziken und schließlich zum Drahtzieher der Revolution, seine unglückliche Liebe, sein Tod und die Zerstörung des Dorfes. Comala, der Ursprungsort, ist ein in unscharfes phantasmatisches Licht getauchter »páramo«, eine verwüstete Dorflandschaft. Schuldgefühle, murmelnde Echos und Klagerufe von Toten erzählen die Geschichte des Dorfes, zugleich die Geschichte des Vaters, eines tyrannischen, durch Gewalt oder List zum Großgrundbesitzer gewordenen Kaziken. Mit der für seinen Stil typischen dramatischen Wortkargheit denunziert Rulfo nicht nur die Revolution selbst, sondern zugleich die überdimensionale, imperialistische Funktion ihrer Rhetorik im mexikanischen Leben. Die nicht lokalisierbaren Stimmen von Comala, deren Laute wie das leise Klirren von Messerschneiden klingen, werden entlarvt als die Kommunikationsform einer vom Kaziken beherrschten Welt. Die erzählerische Komplexität der locker zusammengefügten Fragmente vollendet die Neuerungen, die Revueltas und Yáñez eingeführt hatten. Erinnerung und Tod werden zum archimedischen Punkt des Erzählens. Der Sterbeprozess des autobiographischen Erzählers hebt die unheilvolle Verbindung von Mythos und Geschichte im postrevolutionären Bewusstsein auf. Die Radikalität des Erzählprozesses bezieht den Leser ein, der sich im Labyrinth der intertextuellen Anspielungen stets vor dem einstürzenden Gebäude seiner eigenen Interpretationsmodelle befindet. Diese Zerstörungsarbeit hat auch eine konstruktive Seite: Bezüge zu den Kulturtraditionen der Alten und Neuen Welt werden sichtbar, indem der Roman indianische und abendländische Mythen verarbeitet. Rulfos thematische Situierung der Geschichten aus *El llano en llamas* (1953) im ruralen Mexiko, besonders seinem heimatlichen Bundesstaat Jalisco, in einer Zeit, in der die Opposition zwischen Regionalismus und Kosmopolitismus noch als sinnvolle Kategorie erschien, haben seine Einstufung als regionalistischer Schriftsteller bewirkt. Seine Verarbeitung des Themas steht jedoch keineswegs unter kostumbristischen oder apologe-

tischen Vorzeichen. Vielmehr erreicht mit *Pedro Páramo* die »nueva no-
vela« nahezu postmoderne Dimensionen: Die Neutralisierung des Er-
zählers bis zur Konstruktion des unpersönlichen, unmenschlichen und
intemporalen Erzählens der Toten ist – so der Schriftsteller Juan García
Ponce – eine notwendige Voraussetzung, damit sich das Unmögliche des
Lebens im Begehren und im Sein der Sprache ausdrücken kann. Der
Erzähler muss sterben, damit die Sprache allen und niemandem gehört.
Diese poetische Sprache macht den Kaziken machtlos. Die Diktion der
Volkskultur, die durch scheinbare Einfachheit der Dialoge simuliert wird,
wurde als Niederschlag mündlicher Traditionen und als neues Identitätszeichen verstanden. Die Hervorhebung der Mündlichkeit entsprach dem
Versuch der lateinamerikanischen Kritik, kulturinterne Kategorien für die
Erklärung der eigenen Literatur zu entwickeln. Der Text von Rulfo ist
jedoch eine poetische Rekonstruktion mündlicher Traditionen, ein äußerst
geschicktes angelegtes Gefüge zweier Kulturen, das Nähe und Distanz
zugleich andeutet. Nach *Pedro Páramo* hat Rulfo seine Bewunderer mit
der Ankündigung eines zweiten Romans in Bann gehalten. Der ange-
kündigte Text *La cordillera* blieb aber ein Phantom, mit dem Rulfo die
Fachwelt auf falsche Fährten gelenkt hat.

Ab den 50er Jahren treten an die Stelle von »Mestizaje«, Indianismus
und »Mexicanidad« als Identitätszeichen der offensive Kosmopolitismus
eines Jorge Luis Borges, der auch in Mexiko Schule macht. Entgegen dem
Prinzip von Cervantes, nach dem die Kurzerzählung auf oralen Traditionen fußt, zeichnet sich die mexikanische Kurzerzählung durch eine
ausgeprägte Schriftform aus, die auf Edgar Allan Poe und Autoren des
20. Jhs. zurückgeht, neben Borges auf Faulkner, Joyce und Tschechow.
Die Ökonomie narrativer Verfahren, die zentrale Bedeutung der Situation
gegenüber der Figur, der spärliche Gebrauch von Anspielungen und die
personale Perspektive charakterisieren mexikanische »Cuentos« seit Alfonso Reyes, Silva y Aceves, Julio Torri und den Avantgarde-Erzählern. In
den 50er Jahren wird die Erzählung zu einer beliebten Gattung, die durch
Zeitschriften (z. B. die von Edmundo Valadés herausgegebene Schrift *El
Cuento*) und »Literarische Werkstätten« gefördert wird. Neben Valadés
selbst, dessen Texte der Demontierung von Paradiesutopien der Kindheit
gewidmet sind, ist Juan José Arreola zum wichtigsten Klassiker der zeitgenössischen mexikanischen Erzählung geworden, nicht zuletzt durch die
Ausbildung der nachkommenden Cuentista-Generationen in seiner literarischen Werkstatt in Mexiko-Stadt. Arreola setzt die Vorliebe für die
Mikroerzählung und Borges' Sinn für das Absurde und die Ironie fort. Im
autobiographischen Vorwort zu *Confabulario* (1952) bekennt er sich zu
europäischen und nordamerikanischen Autoren wie Baudelaire, Whitman, Marcel Schwob, Giovanni Papini und Franz Kafka. Die Anzahl der
Auflagen seines Werks zeigt die Bedeutung dieses Autors für Mexiko und
den angelsächsischen Raum, wo besonders der ironische Stil begeisterte
Leser gefunden hat. Die Kurzerzählungen von Arreola sind weder ausschließlich »kosmopolitisch« und dem geistigen Witz verschrieben, wie
die von Borges, noch »indigenistisch«. Die unter dem Anschein kolloquialen Stils entwickelte Raffinesse seiner durchsichtigen, prägnanten und
witzvollen Sprache kennzeichnet Arreolas Texte seit dem Erstlingswerk
Varia invención (1949) bis hin zu späteren Sammlungen wie *Feria* (1963)
und *Mujeres, animales y fantasías mecánicas* (1972). Seine regionalistischen Wurzeln und die Wiederkehr von universalen Mythen akzentuieren in ironischer Weise den alten abendländischen Widerstreit zwischen

*Die neue
Kurzerzählung:
Juan José Arreola*

Geist und Körper, Individualismus und Kollektivität, Mündlichkeit und Schrift, Vertrauen auf Dialog und Kommunikationsskepsis, sodass die Relativität all dieser Oppositionen erfahrbar wird. Die phantastisch-bizarre Welt wird bei Arreola zum Werkzeug des Zweifelns an der Vernunft und ihrer Alternative, dem mythisch-magischen Denken, das – ob indigenistischen Ursprungs oder als medien- und technikgestützter moderner Mythos – den Sinnverlust kompensiert. Wie Borges greift auch Arreola die tragenden Säulen von Erkenntnis, Sprache und Kommunikation an.

Octavio Paz als Essayist

Octavio Paz

In der internationalen Szene haben Octavio Paz' Ansichten zur Mexicanidad einen durchschlagenden und nachhaltigen Erfolg. Octavio Paz nutzt das mexikanische Klima der Kritik am Kulturnationalismus früherer mexikanischer Regime und füllt gleichzeitig das Vakuum eines fehlenden politischen Selbstbewusstseins durch seine poetische Definition des Mexikanischen. Der Erfolg der Essaysammlung *El laberinto de la soledad* (1950) in Mexiko wie im Ausland ist dadurch zu erklären, dass mit der Kritik an den nationalen Mythen der Mexicanidad aus der Perspektive Europas sowohl den internationalen Ambitionen Mexikos als auch den exotistischen Vorstellungen des Abendlandes entsprochen wurde. Im Ausland behielt dieses Werk lange Jahre als hermeneutische Basis für die Interpretation mexikanischer Werke Gültigkeit. Seit den 50er Jahren hat der Begriff der »soledad« Hochkonjunktur, und zwar als Niederschlag einer existentialistisch gedeuteten kulturellen Heterogenität lateinamerikanischer Kulturen. Der universelle Anspruch Paz' stützt sich auf Sartre, Heidegger, Nietzsche und Bergson sowie auf die Freudsche Psychoanalyse. Das Begehren nach dem Anderen, der Otredad, soll als Grundbedingung poetischer wie auch kultureller Phänomene gelten.

In *El laberinto de la soledad* will Paz zunächst mit dem »pachuco«, dem in die USA ausgewanderten Mexikaner, das Unbewusste des Mestizen durchleuchten. Analysiert wird das Sich-Verstecken hinter der Maske, das Spiel mit Identitätslosigkeit und Selbstverleugnung, mit der Gewalt und dem Fest, in dem die Hierarchien karnevalesk außer Kraft gesetzt werden. Die Urszene dieser Haltung, die zur »soledad« führt, liegt in der verächtlichen Vergewaltigung der aztekischen Kultur durch den fremden Eroberer.

Diese Urszene wird symbolisiert durch die »chingada«, die vom Mexikaner verdrängte, geschändete Mutter, denn Fortschritt fällt nach Paz für den Mexikaner stets mit der Verleugnung der Mutter und des Ursprungs zusammen. Damit dient der Mythos der Ursünde, einer in der Conquista begründeten illegitimen Geburt, als Erklärungsmodell der mexikanischen Psyche und Geschichte. Diese Schilderung erscheint freilich für den europäischen Blick konzipiert und berücksichtigt die kritische Tradition des mexikanischen Denkens von Alfonso Reyes zu den »Contemporáneos« bis José Revueltas kaum.

Nach einer Reihe weiterer Essaybände (die bekanntesten sind der politischen Fragen gewidmete *El ogro filantrópico* [1979] und *El mono gramático*, in dessen Zentrum Fragen der Sprach- und Zeichentheorie stehen) kehrt Paz in jüngster Zeit mit der Barockdichterin Sor Juana Inés de la Cruz (*Sor Juana Inés de la Cruz o las trampas de la fe*, 1982) zur Frage der Mexicanidad zurück, die mit dem im hispanoamerikanischen Kontext etablierten Begriff des Neobarock verbunden wird. Sor Juana erscheint nun als Symbol für die hybride Genese der mexikanischen Kultur, weil jede kulturelle Sphäre und jede Textsorte, in der sie schreibt, die Präsenz des Anderen, des Fremden sichtbar mache.

Nachdem die Mitglieder der Zeitschrift *Tierra Nueva* (1940–1942) um den Lyriker Alí Chumacero, den Philosophen Leopoldo Zea und den Kritiker José Luis Martínez durch die Verbindung von Tradition und Moderne den Kosmopolitismus vorbereitet hatten, hält dieser mit Paz definitiv Einzug in die mexikanische Szene, sowohl in der Hauptstadt als auch in Guadalajara. Eine Vielzahl von Zeitschriften belegt, dass die Lyrik zentrale Bedeutung gewinnt. Neben dem allmächtigen Paz avancieren Jaime Sabines und Efraín Huerta zu führenden Figuren der neuen Lyriker-generation. Die emotive Kraft Jaime Sabines' oder die Radikalität Efraín Huertas beeindrucken die jüngeren Dichter. Die Vielfalt dichterischer Temperamente ermöglicht es nun aber nicht mehr, Lyriker in Gruppierungen zu fassen. Eine Ausnahme stellt die Gruppe »La Espiga Amotinada« dar, die in den 50er Jahren entsteht und zu der Eraclio Zepeda, der als Lyriker und als Erzähler bekannt wird, und Jaime Labastida gehören. Sie glaubt nicht an den neuerlich verkündeten »desarrollismo«, verstärkt nach der kubanischen Revolution von 1959 ihr kritisches Engagement und führt die kritische Perspektive der Romanciers der 40er Jahre weiter. Neben Alí Chumacero, der nach *Amo de sueños* (1944), *Imágenes des-terradas* (1948) und *Palabras en reposo* (1956) zu schreiben aufhört, gewinnen auch Tomás Segovia (*Luz de aquí, El sol y su eco, Anagnórisis, Terceto*) und Marco Antonio Montes de Oca an Einfluss. Ein verbaler Überschuss und die Erweiterung der poetischen Sprache durch alltägliche Ausdrücke charakterisieren seine Lyrik (*Ruina de la infame Babilona, Delante de la luz cantan los pájaros, Pliego de testimonios, Fundación del entusiasmo, Vendimia del juglar* etc.). Die Poesie wird dem Augenblick und dem Alltag geweiht und verliert die Aura des Sakralen. Diese Lyrik, die den »sozialen Realismus« ablöst, übernimmt dafür den gesellschafts-kritischen Anspruch der Avantgarde. Das Alltägliche und die Nähe zum Rezipienten sollen die aufgegebene klassische Eleganz kompensieren und kollektive Rezeptionsformen vermitteln. Rubén Bonifaz Nuño verbindet eine streng nach klassischen Prinzipien geformte Lyrik mit Alltagsthemen. Die experimentelle Kraft Bonifaz Nuños steht zunächst im Schatten von Paz, Huerta und Sabines und wird erst Anfang der 80er Jahre von den jüngeren Dichtern angenommen.

Mögen manche Dichter dieser Zeit in Mexiko über eine größere Leser-schaft verfügt haben als Octavio Paz, so gilt er dennoch im In- und Ausland als der bedeutendste Lyriker und Theoretiker der »Postvan-guardia«. Seine Ästhetik leitet sich von der im Essay entwickelten hy-briden Definition der Mexicanidad ab. Die surrealistisch gedeutete ro-mantische Sicht einer »Versöhnung der Gegensätze« im analogen Denken der Poesie entwickelt Paz in *El arco y la lira* (1956) durch die Verbindung mit präkolumbischer und fernöstlicher Dichtung und Philosophie weiter. Seine Konzeption der Dichtung sucht nicht, wie in den 30er Jahren, den Kompromiss zwischen Poesie und Politik, sondern vertritt die Überlegen-heit der »razón poética« gegenüber Politik, Philosophie und Geschichte, um so das avantgardistische Erbe abendländischer Literatur mit den Bedingungen des kulturpolitischen Klimas in Mexiko zu verbinden. Paz' Konzeption hat eine große Ausstrahlungskraft, die durch seine Zeit-schriften *Taller* (1938–41) und *Vuelta* (seit 1976) sowie durch seine Anthologien (Mitwirkung bei *Laurel*, 1941, und *Poesía en movimiento*, 1966) institutionell verstärkt wird. Letztere versammelt die einflussreichs-ten Dichter der 60er Jahre, u. a. Alí Chumacero, José Emilio Pacheco und Homero Aridjis, zeigt aber gleichzeitig, dass in den 60er Jahren die Lyrik

Lyrik im Zeichen des Kosmopolitismus

Octavio Paz als Lyriker

zu einer Art »Establishment« geworden ist. Schon seit dem ersten bedeutenden Gedichtband (_Raíz del hombre_, 1937) stehen die Prinzipien von Paz' Ästhetik fest, die sich aus der Erfahrung des französischen Surrealismus speist: Das Poetische gründet sich auf ein Spannungsgefüge von Rhythmus, Bild und Analogie, das, im Gegensatz zum segmentierenden, rationalistischen Denken und der teleologischen Auffassung von Geschichte, prinzipiell subversiv ist. In der poetischen Inspiration manifestiert sich die Ontologie der Andersheit. Das erotische Begehren und die Grenzerfahrung werden mit dem Hier und Jetzt der körperlichen Erfahrung verbunden, wodurch sich die Selbstbehauptung des Poetischen gegen die Diskurse von Kirche und Politik artikulieren soll. Mit unterschiedlicher Thematik, die präkolumbische Traditionen wie das Alltagsleben von Mexiko-Stadt einbezieht, führen diese Prinzipien zu poetischen Höhepunkten: Nach _Libertad bajo palabra_ (1949; 2. Version 1960) ist vor allem das Langgedicht _Piedra de sol_ (Sonnenstein, 1957) für Paz' Verbindung des präkolumbischen Denkens mit dem Erlebnis der Gegenwart exemplarisch geworden. Darüber hinaus ist er stets für formale Experimente offen. In _¿Aguila o sol?_ (1951) ist es das Prosagedicht, in dem während seiner Zeit als Botschafter in Asien entstandenen _Ladera este_ (1969) orientalische Formen, in seinen _Topoemas_ und _Discos visuales_ (1968) eine visuelle Dichtung in der Tradition der brasilianischen konkreten Poesie. In der Fassung von 1967 ergänzt Paz _El arco y la lira_ durch »Signos en rotación«, einen als Epilog dienenden Essay. Sind auch hier die Negation und der Wandel die Grundfiguren der Moderne, so führt die Entdeckung des Augenblicks von der kritischen zur schöpferischen Funktion und damit zur Rettung der Moderne, wobei Mallarmés Gedicht »Un coup de dés« Pate steht. Im Gedicht »Blanco« (1967) gerät nach dem Zufallsprinzip das Geschriebene in ein Spannungsverhältnis zur leeren Seite und bezieht den Leser in den Schöpfungsprozess mit ein, wobei der dichterische Augenblick die Aufgabe hat, die Erfahrung der Andersheit zu vermitteln. Der Nobelpreisträger von 1990 ist so – nach dem Tod des Chilenen Pablo Neruda – zu dem Repräsentanten zeitgenössischer lateinamerikanischer Lyrik schlechthin geworden.

Carlos Fuentes

Die Internationalisierung der Kultur und die ästhetischen Thesen von Octavio Paz setzt Carlos Fuentes in seinen Essays und Romanen sowie in vereinzelten Theaterstücken fort. Seine zentrale Stellung in der Weltöffentlichkeit, seine unglaubliche Produktivität und die offensive Behauptung der schriftstellerischen Freiheit gegenüber den mexikanischen Institutionen beeindrucken zunächst die Mexikaner wie zum Beispiel Elena Poniatowska. Prestige und Glamour der modernen, modischen Stadt erlangen zentrale Wichtigkeit. Das kulturelle Establishment ist bereit, das, was Yáñez, Arreola und Rulfo in der Erzählliteratur und Paz in der Lyrik vollzogen haben, nun offiziell anzuerkennen. Diese Anerkennung wird Carlos Fuentes mit _La región más transparente_ (1958) zuteil, dem »ersten« Stadtroman Mexiko-Stadts, der eine Serie von apokalyptischen Stadtvisionen einleitet. Die Stadt ist nicht nur Kulisse, sie steht auch nicht in Opposition zum »campo«, sie ist vielmehr der einzige Protagonist. Entsprechend dem gigantomanischen Prinzip des Muralismus überträgt Fuentes die Promiskuität von Orten und Figuren auf die Literatur. Durch die Fragmenttechnik und den variablen Erzählerstandpunkt vermittelt dieser Roman ein Panorama der Hauptstadt aus der Vogelperspektive. Die einstige Einheit der Nation wird als Koexistenz von Verschiedenem in der Stadt umgedeutet. Der »páramo« aus dem Comala von

Juan Rulfo ist die ewige Gegenwart von Mexiko-Stadt, dessen Modell gleichzeitig New York ist. Fuentes bezieht die Grundidee der paradoxalen Kulturbegegnung, aus der Paz die Metapher der »Otredad« ableitet, auf die Zeit. Die Stadt ist ein Palimpsest, und die Intertextualität wird durch Collageverfahren und die Simultaneität der Zeiten zum Schreibprinzip dieses Romans. Nichts ist bei Fuentes prinzipiell neu; neu ist jedoch die Intentionalität barocker, geradezu monströser Intertextualität. In seinem Roman *Cambio de piel* (1967), in dem die mythischen Symbole der Kulturmischung von Paz erkennbar werden, macht Fuentes die Otredad zum kollektiven Mythos und zur Erfahrung der individuellen Existenzspaltung. Das Mestizentum wird zur anthropologischen Konstante der Figuren, die nicht zufällig aus der internationalen Szene stammen und in Mexiko aufeinandertreffen. Fuentes entspricht gänzlich dem Kanon der Boomliteratur, die nun auch in Mexiko zu einem Kurswechsel in der Literatur führt. Durch die Impulse der kubanischen Casa de las Américas und die 1960 beginnende Vergabe von Literaturpreisen breitet sich die Idee des »desarrollismo« auf das Gebiet der Kultur aus. Die international und ahistorisch gefasste Kultur und der Primat der Form ersetzen die Geschichte. Die tragische Grundbefindlichkeit von Revueltas, Yáñez und Rulfo entspricht nicht mehr der kulturpolitischen Landschaft der ausgehenden 60er Jahre. Auch das Spiel mit den Intertexten entwickelt sich nun zu einem offensiven Gebrauch der Imagination, bei der Carlos Fuentes die Ambition hat, das ganze mythologische Fundament Mexikos und der internationalen Kultur zu erfassen. Mit Fuentes wird die Nation zu einer ästhetischen Landschaft, und die Erzählwerke sind eine Art Synthese der nationalen Utopie. Fuentes' theoretische Abhandlung *La nueva novela hispanoamericana* (1969) wird zum internationalen Modell. Die Literatur ist der Weg zur Rettung und die Imagination das Substitut sozialer Programme geworden. Octavio Paz' Poetologie von *El arco y la lira* hatte die ästhetische Begründung für eine solche Rolle der Imagination geliefert: die kritische Überlegenheit der Phantasie gegenüber dem Rationalismus des Bürgertums, die Alterität als Modus des Seins, der poetische Mythos als Außerkraftsetzung teleologischer Geschichtsschreibung und schließlich der Augenblick als Möglichkeit zur Wiederauferstehung – als Potenz – des Menschen. In Fuentes' *La muerte de Artemio Cruz* (1962) werden diese poetischen Prinzipien narrativ umgesetzt. Hier werden die durch Yáñez, Revueltas und Rulfo etablierten formalen Erneuerungen zum Programm: das Experimentieren mit der Perspektive, die Spaltung in drei narrative Stimmen, die den verschiedenen Instanzen des Bewusstseins des Protagonisten entsprechen. Erzählt wird die Geschichte der Revolution in der Perspektive eines Sterbenden. Mit dem progressiven psychophysischen Verfall des Protagonisten wird die apokalyptische Verarbeitung der revolutionären Vergangenheit sowie das Scheitern des Bürgertums, des Ideals der Rettung und der indigenistischen Alternative angesprochen. Nicht jedoch eine historisierende Analyse, sondern der Ersatz der Historie durch den Mythos des Augenblicks ist die Strategie Fuentes'. Die Erfahrung des Augenblicks bleibt der einzige Ausweg aus der zyklischen Wiederholung der Geschichte. Entsprechend der Tradition Revueltas' und Rulfos ist das bei Artemio Cruz der Augenblick des Todes.

Fuentes in der Darstellung von Elena Poniatowska (1985)

Mittelamerika 1920–1970:
die Gleichzeitigkeit des Ungleichzeitigen

Nachwirken von Modernismo und Avantgarde, Fortwirken
von Realismus und Kostumbrismus

Nach Panamas Unabhängigkeit von Kolumbien (1903), dem Endpunkt
der politischen Ausgliederung Zentralamerikas, setzt sich die ins 19. Jh.
zurückreichende Desintegration nationaler Mentalitäten fort, die sich in
einer immer stärkeren Phasenverschiebung literarischer Entwicklungen
der Region äußert. Die sechs Länder entwickeln sich politisch und gesellschaftlich parallel, aber asynchron. Die Frage nach dem Erbe des Modernismo und dem Weiterwirken von Anstößen der europäischen Avantgarde
der Zwischenkriegsära kann indes nur an individuellen Autoren oder
Einzelwerken festgemacht werden. Auch setzen sich in allen Ländern
parallel zum Modernismo lange Zeit romantisch-kostumbristische und
realistische Tendenzen fort. Wenn thematische Erscheinungen wie das neu
erwachende »regionalistische« Interesse an der Lebenswirklichkeit der
bäuerlichen und indianischen Bevölkerung, die Beschäftigung mit den
sozialen Problemen der Stadt, Ansätze politischen Engagements und die
Problematisierung ausländischer Beeinflussung in allen Ländern der Region literarisch wirksam werden, so doch mit erheblichen zeitlichen Ve-
schiebungen: Nicaragua und Guatemala haben sich früher und bereit-
williger neuen Einflüssen geöffnet als die übrigen Länder. Zwar wollte der
Modernismo hispanoamerikanische Kultur sowohl gegenüber den USA
als auch gegenüber der Kolonialkultur ideologisch und ästhetisch neu
fassen, doch ist mit dem Ausklang dieser Strömung in literarischer Hinsicht bereits wieder ein vorläufiges Ende der Gemeinsamkeit erreicht.

Die Länder Zentralamerikas treten in eine wirtschaftliche und eine
sogar in bewaffnete Grenzkonflikte mündende politische Konkurrenz; ab
Mitte der 20er Jahre verweisen ihre Nationalliteraturen zusehends auf
spezifisch politische, ökonomische und gesellschaftliche Bedingungen, unter denen, anders als in der ersten Phase der Unabhängigkeit, das vage
Wissen gemeinsamer Ursprünge keine gemeinsame Identität verbürgen
kann.

Prekäre Produktions-
bedingungen
für die Literatur

Ähnlich bleiben sich die sechs spanischsprachigen Staaten Zentralamerikas indes hinsichtlich ihrer ungünstigen literarischen Rahmenbedingungen. Der Ausspruch des costarikanischen Schriftstellers Alfonso Ulloa
Zamora, einen Roman in Costa Rica zu verkaufen, komme einer Her-
kules-Tat gleich, ist für die gesamte Region gleichermaßen zutreffend.
Noch gravierender wirkt die mangelnde politische Stabilität der Region
auf das literarische Schaffen. Als Medium intellektueller Opposition war
das literarische Leben des 20. Jhs. in Honduras, Nicaragua, Guatemala, El
Salvador und Panama immer wieder der Gefahr völliger Auslöschung
durch Putsch, Bürgerkrieg und Diktatur ausgesetzt. Dass unter den hier
skizzierten ökonomischen und politischen Bedingungen immer wieder
wichtige Werke – wie etwa Asturias' Roman *El señor presidente* – mit
erheblicher Verspätung und zunächst im Ausland erschienen, ist kennzeichnend für die in Zentralamerika geltenden Produktions- und Rezep-
tionsbedingungen, die auch einen nachhaltigen Einfluss auf die Bildung
der jungen Autoren ausüben. Fehlende Bibliotheken und Publikationsmöglichkeiten begrenzen die Schreiberfahrung nicht selten auf autodi-

daktische Versuche, welche aufgrund der wirtschaftlichen Situation der Autoren oft mit Verspätung veröffentlicht werden. Ausgehend von der Basis eines bürgerlichen Berufes als Lehrer, Advokat, Journalist oder Politiker, widmet sich die Mehrzahl der mittelamerikanischen Autoren erst relativ spät und dann nur in zweiter Linie ihrer literarischen Tätigkeit. Die daraus resultierende »Gleichzeitigkeit des Ungleichzeitigen« widersetzt sich dem gängigen Bild einer literarischen Evolution als dialogischer Aufeinanderfolge modellhafter Texte.

Mit den modernistischen Strömungen verschwinden keineswegs die vorausgehenden realistischen und kostumbristisch-spätromantischen Stiltendenzen. Vielmehr wirken diese »älteren« Schichten dergestalt weiter, dass in vielerlei Hinsicht die Literatur der 1920er Jahre als geradlinige Fortsetzung oder gar Renaissance all dessen erscheinen mag, wogegen die Avantgarde sich gewendet hatte. Als im fernen Madrid der guatemaltekische Modernist und vielbeachtete Weggefährte von Rubén Darío, Enrique Gómez Carrillo, seinen letzten großen Roman *El evangelio del amor* (1922) veröffentlicht, ist dieser nicht nur thematisch ein Nachklang seiner ausgedehnten Reisen in der Alten Welt, sondern vor allem auch ein Echo seiner Lektüren des französischen Fin de siècle. Namentlich Flauberts *La tentation de Saint Antoine*, Pierre Louÿs' *Aphrodite* und Anatole Frances *Thaïs* bilden in thematischer wie formaler Hinsicht die Folien, nach denen Gómez Carrillo seine byzantinisch-mittelalterliche Märtyrervita um den Asketen Teófilo gestaltet. Wenngleich der Modernist noch einmal alle Register seiner klangvollen Prosa zieht, bleibt sein Werk doch »Kunst der Oberfläche«. Zudem findet die brillante Beherrschung der sprachlichen Form in Gómez Carrillos Heimat letztlich ebenso wenig Aufmerksamkeit wie das unzeitgemäße Sujet.

Ausklang des Modernismus, Fortwirken des Realismus

Die folgende Autorengeneration unternimmt es dagegen, Roman und Erzählung zum idealen Medium der ästhetischen Darstellung sozialer, politischer und psychologischer Wirklichkeiten auszugestalten. Den Bannkreis des europäischen Fin de siècle verlässt Guatemala mit Carlos Wyld Ospina, dessen Erzählungen *La tierra de las Nahuyacas* (1933), *La gringa* (1935) und zuletzt *Los lares apagados* (1935) sich nunmehr der mittelamerikanischen Wirklichkeit zuwenden. Sein Zeitgenosse Flavio Herrera konzentriert sich auf näherliegende Themenkreise. In Erzählungen wie *La lente opaca* (1921), *El hilo de sol* (1921), *Cenizas* (1923) und *Siete mujeres y un niño* (1927) betätigt er sich in der Nachfolge der französischen Literatur als Analytiker weiblicher Psychologie, die er in stimmungsvollen Porträts einfängt. In seinem umfangreichen Romanwerk, *El tigre* (1934), *La tempestad* (1935) und *Caos* (1949) – um nur einige der Werke seiner zweiten Schaffensphase zu nennen –, steht die von der guatemaltekischen Lebenswelt inspirierte Problematik des Kulturmenschen im Mittelpunkt, der sich im fortwährenden Kampf gegen die Naturgewalten zu behaupten hat. Auch in der Lyrik betritt Herrera Neuland, als er – wie schon der Mexikaner Tablada vor ihm – die Formkunst japanischer Lyrik entdeckt. Gedichtbände wie *Trópico* (1931), *Cosmos indio* (1938) und besonders die späten Sammlungen aus den 60er Jahren, *Oros de otoño* (1962), *Rescate* (1963) und *Patio y nube* (1964), in der Form an das japanische Haiku angelehnt, vermitteln ein neuartiges, unsentimentales Naturgefühl, das aus der Anschauung mittelamerikanischer Landschaften und Szenerien Wortbilder von äußerster Konzentration und Abstraktion erzeugt.

Flavio Herrera (Guatemala)

Der Lyriker und Erzähler Rafael Arévalo Martínez wird mit seinem Erzählwerk zum herausragenden Repräsentanten der nachmodernisti-

Cândido Portinari:
»Kaffee« (1935)

Rafael Arévalo
Martínez

POLI CÍA

schen Generation Guatemalas. Seinen ersten beiden Romanen, *Una vida*
und *Manuel Aldano*, beide 1914 erschienen und zusammen gerade zweihundert Druckseiten umfassend, lagen seine in der Ich-Form berichteten
Kindheits- und Jugenderinnerungen zugrunde. Diese autobiographisch-
subjektive Linie setzt sich später in *Las noches en el palacio de la
nunciatura* (1927) fort. Die drei Werke folgen dem Modell eines negativen
Bildungsromans. Bereits seine (von Rubén Darío noch emphatisch ge-
lobte) »psycho-zoologische« Erzählung *El hombre que parecía un caballo*
(1915), in der er den Charakter des kolumbianischen Poeten Porfirio
Barba Jacob durch die Analogie mit einem Rennpferd karikiert, verrät
jedoch einen eigenwilligen Hang zur grotesk-ironischen Überhöhung. Dieselbe Technik der »Psycho-Zoologie« praktiziert er in *El trovador co-
lombiano* (1915) und *La signatura de la esfinge* (1933). Eine zweite in der
Literatur Guatemalas wesentliche Neuerung bedeutet Arévalos roma-
neske Aufarbeitung aktueller politischer Probleme. Sein Roman *La oficina de paz de Orolandia* (1925) setzt sich kritisch mit dem Engagement
der USA in Mittelamerika auseinander; In dem fiktiven Kleinstaat Orolandia erkennt man unschwer Arévalos Heimatland wieder. Von der boshaften, an Swift und Voltaire geschulten Satire der Wirklichkeit bedurfte
es nur eines kleinen Schritts zu den utopischen Romanen *El mundo de los
maharachías* und *Viaje a Ipanda* (1939). Die erzählte Welt ist dort von
sonderbaren, dem Menschen überlegenen Lebewesen, den »maharachías«, bevölkert, die ihrem Autor zur Exemplifikation seiner politischen
Ansichten dienen. Arévalos Spätwerk entsteht bereits nach der zweiten
Repressionsphase Guatemalas, dem dreizehnjährigen Regime des »eiser-
nen Diktators« Jorge Ubico, das mit dem Staatsstreich einiger junger
Offiziere 1944 endete. In seinem letzten Roman, *Hondura o Una vida
bajo la dictatura* (1947), bewegt sich Arévalo Martínez erneut im autobiographischen Umkreis seiner früheren Romane; *Hondura* mit dem Untertitel »Ein Leben unter der Diktatur« ist zugleich ein interessantes Zeit-
dokument über die letzten zehn Jahre der Diktatur Estrada Cabreras.

Vom Diktatorenroman zum Magischen Realismus: das Werk Miguel Angel Asturias'

Welch tiefe Spuren die Erfahrung dieser langwährenden Diktatur in Guatemalas intellektueller Welt hinterließ, verdeutlichen gerade die literarischen Texte darüber. Handelte es sich bei dem frühesten Versuch, Gómez Carrillos in Europa erschienenem Essay *La verdad sobre Guatemala* (1907), um einen Akt reiner Hagiographie, so entsteht Ende der 20er Jahre, ebenfalls in Europa, als Aufarbeitung des gerade überwundenen Regimes eines der Schlüsselwerke der guatemaltekischen Literatur. Der Roman *El señor presidente* des späteren Nobelpreisträgers Miguel Angel Asturias spiegelt noch durch seine Entstehungs- und Publikationsgeschichte das Problem der zentralamerikanischen totalitären Regimes: Das Werk, bereits Ende der 1920er Jahre in einer ersten Fassung entstanden, erschien aus politischen Gründen erst 1946 – und zunächst nur in Mexiko. Das zentrale Thema ist die Eigendynamik allgegenwärtiger Angst, die sich aller Individuen im totalitären Regime, auch der Herrschenden und ihrer Schergen, bemächtigt: Als der Verrückte Pelele (»Kasperle« oder »Idiot«) einen hohen Militär tötet, löst er in einer Kettenreaktion eine politische Säuberungswelle aus, der selbst engste Vertraute des »Herrn Präsidenten« zum Opfer fallen. Die Mechanismen des Regimes von der grausamsten Folter bis zum grotesken Schauprozess werden in Szenen von suggestiver Dichte in ihrer Schrecklichkeit und Absurdität vorgeführt. Thematische und stilistische Anregungen hatte Asturias durch den Roman *Tirano Banderas* (1926) des spanischen Avantgardisten Ramón del Valle-Inclán (1866–1936) erhalten, dessen grotesker Hyperrealismus (der sogenannte »esperpentismo«) in der Gestaltung des *Señor presidente* weiterwirkt.

Miguel Angel Asturias

Auch Asturias' weiteres Schaffen verleugnet nie den Einfluss der europäischen Avantgarde, zumal des Surrealismus, mit der Asturias in den 20er Jahren in Paris in Berührung gekommen war. Er hatte dort als Student der Anthropologie bei Georges Raynaud an der spanischen Übersetzung des Maya-Weisheitsbuchs *Popol Vuh* (Paris 1925) mitgewirkt und so jenes »Andere« des mythisch-magischen Denkens der lateinamerikanischen Urbevölkerung kennengelernt. Bereits Asturias' Textsammlung *Leyendas de Guatemala* (1930) ist von den beiden kulturellen Einflüssen geprägt, sodass gerade die französischen Surrealisten das Ineinander indianischer Mythologie und surrealistischer Traumassoziationen dieser »histoires-rêves-poèmes« begeisterte. Mit den poetischen Verfahren seines zweiten Romans *Hombres de maíz* (1949), der thematisch an die *Leyendas de Guatemala* anschließt, bricht Asturias fast gänzlich mit den abendländischen Regeln des kausalen Erzählens und den tradierten Regeln der poetischen Einheit von Zeit, Ort und Geschehen. Wie in den *Leyendas* ist wieder die bäuerlich-indigene Welt der guatemaltekischen Indios der zentrale Gegenstand, doch wäre es verfehlt, die verschiedenen, keiner abendländischen Logik mehr gehorchenden Handlungsstränge mit dem »Inhalt« gleichzusetzen. Die Kausalität des Erzählten wird in *Hombres de maíz* als europäischer Mythos vorgeführt und auf Handlungs- und Darstellungsebene gegen das indigene Denken ausgespielt. Man hat darauf verwiesen, dass Asturias durch seine Erzählverfahren wie auch durch die mit Neologismen und kühnen Metaphern bereicherte Sprache ein frühes Musterbeispiel einer *nueva novela* schafft. Doch hieße dies, die Hinwendung zum Indianischen und die Emphase des Mythisch-Magischen als ästhetizistisches Spiel zu verstehen. Asturias' spätere Werke, zumal die

Vom Einfluss des Surrealismus zum Interesse für die Mayakultur

Stele von Xultún

sog. »Bananentrilogie«, die Romane *Viento fuerte* (1950), *El papa verde* (1954) und *Los ojos de los enterrados* (1960), die für die bäuerliche Bevölkerung Guatemalas und gegen den Einfluss der nordamerikanischen Bananengesellschaften Partei ergreifen, sprechen eher gegen solche Vermutungen. Das Spätwerk ist deutlich aggressiver im Tonfall, auch der Bezug auf das politische Geschehen ist nun nicht mehr ins Allgemeine transponiert, die narrative Struktur ist weniger experimentell und verzichtet weitgehend auf den indigenen Standpunkt. Mit der Textsammlung *Week-end en Guatemala* (1956) reagiert Asturias unmittelbar auf den durch ausländische Söldner im Auftrag der United Fruit Company herbeigeführten Sturz der Regierung Arbenz (1954). Wenn er in den 60er Jahren mit *Mulata de tal* (1963) in den mythopoetischen Umkreis der Indiowelt zurückkehrt, so ist dies bloß eine folgerichtige Pendelbewegung in Asturias' ganzheitlicher Auffassung, die Protest gegen Unterdrückung immer als Engagement für das Individuum mittels der Literatur begreift.

Lyrik und Theater in Guatemala

Spät-Modernismo und Erneuerung in der Lyrik

In der Lyrik setzt Guatemala lange Zeit einen – abgesehen von den Werken Arévalos und Herreras – wenig bedeutenden Spät-Modernismo fort, für den Autoren wie César Brañas oder Luis Cardoza y Aragón stehen. Eine umfassende Erneuerung setzt erst in den 40er Jahren im Umkreis der Zeitschrift *Acento* ein, deren junge Autoren sich bereitwillig den Einflüssen Lorcas, Albertis und Nerudas öffnen. Raul Leivas *Angustia* (1942) und *Oda a Guatemala* (1953) und die erst 1973 unter dem Titel *Poesía fundamental* veröffentlichten Gedichte von Otto-Raúl González sowie der Band *Dianas para la vida* (1956) von Enrique Juárez Toledo sind einige Beispiele für diese Tendenz. Eine Radikalisierung der politischen Aussagen war in den Texten der Gruppe »Saker-Ti« zu erkennen, deren Wortführer Huberto Alvarado war.

Theater in Guatemala

Ein kommerziell ertragreiches Theater, wie in Buenos Aires, Caracas, Mexiko-Stadt oder Rio de Janeiro, hat sich in Guatemala, wie in den übrigen zentralamerikanischen Ländern in der ersten Hälfte des 20. Jhs., nicht etablieren können. Erst um 1940 setzt mit Manuel Galich eine zögerliche Produktion ein. Galichs frühe Stücke, *Papa Natas* (1938) und *M'hijo el bachiller* (1939), verbinden mit kostumbristischen Milieuskizzen eine gesellschaftskritische Absicht. Der – allerdings auf Guatemala begrenzte – Erfolg seiner Stücke erklärt sich aus der Verbindung von Elementen des Volkstheaters mit einem moralischen Anspruch, der in den späteren Werken *El tren amarillo* (1955) und *El pescado indigesto* (1961) gelegentlich den radikalen Ton sozialer Anklage annimmt. Die insgesamt fünf Theaterstücke des durch seine Romane weltbekannten Miguel Angel Asturias entfalten ihre innovatorische Wirkung als Anregung für die weitere Theaterproduktion des Landes erst spät. Sie gehören sämtlich seiner letzten Schaffensphase an (*Chantaje*; *Dique seco*; *El rey de la altanería*, alle 1964). Wie in Asturias' Romanen der 50er Jahre bewegt sich die Thematik der Stücke um die Ausbeutung des guatemaltekischen Volkes durch ausländische Geschäftemacher. Dieser Versuch, thematisch an die Probleme seiner Romane anzuschließen, erzeugt auf der Bühne deutlich komische Effekte. Es mutet wie ein Echo jener tragischen Bagatelle um »El Pelele« an, die in *El señor presidente* eine Katastrophe auslöste, wenn in *Chantaje* der allmächtige Ölmulti in einer Bananenrepublik auf dem Höhepunkt des Erfolgs von einem armen Schlucker wegen einer alten Eifersuchtsgeschichte ermordet wird. Auf der Bühne wird dies zu einem pointenreichen Kolportagestück, dessen farcenhafte Leichtigkeit an die alte hispanische Schauspielbegeisterung anknüpft.

Die Literatur in El Salvador

Auch in El Salvador liegt in der ersten Jahrhunderthälfte der Schwerpunkt auf der erzählenden Literatur. Wie generell in Mittelamerika dominiert die kürzere Erzählung, die aufgrund der Publikationsmöglichkeit in Zeitungen ein geringeres verlegerisches Risiko mit sich bringt und so dem Autor gelegentlich auch eine finanzielle Basis gewährt. Auch hier wirken bis weit ins 20. Jh. zunächst realistisch-kostumbristische Traditionen nach, für die Arturo Ambroggi, José María Peralta Lagos, Miguel Angel Espino und Alberto Rivas Bonilla stehen. Einen Erzähler vom internationalen Rang eines Asturias erhält das Land mit Salvador Salazar Arrué, der unter dem Pseudonym Salarrué zum bedeutendsten Vertreter der kürzeren Erzählung in Mittelamerika wurde. Wie im Fall von Asturias entstehen Salarrués ästhetische Prinzipien in direkter Auseinandersetzung mit der europäischen Literatur. Durch Übersetzungen seiner Mutter lernt er die große französische Literatur des 19. Jhs., vor allem Flaubert, kennen, überdies beschäftigt er sich mit dem Meistererzähler Portugals, José Maria Eça de Queirós. Wie Flaubert (*La Légende de Saint Julien l'hospitalier*) und Eça (*Frei Genebro*) setzt Salarrué in seinem frühen Kurzroman *El Cristo negro* (1926) auf einen Legendenstoff, der nun dazu dient, philosophische Thesen zu diskutieren. Der Protagonist, San Uraco de la Selva, erreicht paradoxerweise Heiligkeit, indem er selbst Böses tut und so andere daran hindert, dasselbe zu tun. Mit den frühen Erzählungen – den *Cuentos de barro* (1927, veröff. 1933) – wendet sich Salarrué dann Themen der mittelamerikanischen Wirklichkeit zu, ohne sie jedoch platt abbilden zu wollen. Hier konvergiert seine Poetik mit den neorealistischen Tendenzen, die gleichzeitig in Brasilien, später auch in anderen Ländern einsetzen. Indios, Landarbeiter und Tagelöhner sind die neuen Protagonisten dieser Erzählungen aus »Dreck« oder »Lehm«, die Salarrué als *cuenteretes* (»Belanglosigkeiten«) bezeichnet. Ohne moralische Wertung stellt er die Welt der Landbevölkerung, die Spannung zwischen Katholizismus und heidnisch-indianischem Denken dar, die sich auf sprachlicher Ebene im Kontrast von Hochsprache und dialektalen Eigenheiten entlädt. An nordamerikanische Short Stories gemahnende Texte finden sich hier neben novellistischen, peripetienreichen Geschichten. Da Salarrué sich in den 20er und 30er Jahren zunächst als Kunststudent, später in diplomatischer Mission, längere Zeit in den USA aufhält, kommt er – wie Asturias gleichzeitig in Paris – mit den neuesten Tendenzen der europäischen Avantgarde in Berührung, v. a. mit dem Surrealismus, der im Nordamerika der 30er Jahre schnell zur Mode wird. So erklärt es sich auch, dass einige seiner zahlreichen Erzähltexte (*Trasmallo*, 1954; *Cuentos de cipotes*, 1958) geradezu filmisch angelegt sind, während andere deutliche Analogien zu Traumerzählungen aufweisen. Wie Salarrué sich folgerichtig schließlich der Erzähltechnik von Virginia Woolf und James Joyce annähert, zeigt sein zweiter Roman *Ingrimo* (veröff. 1970). Hier verstärkt sich sein bereits in den Erzählungen gepflegter Hang zu Sprachspielen und Wortmusik. Hinsichtlich der äußeren Handlung – der Text beschreibt die Bewusstseinskrisen eines heranwachsenden Jungen – ist *Ingrimo* im besten Sinne Flauberts ein »Buch über Nichts«, das ganz in Sprachkunst und

Die Erzählliteratur El Salvadors: Salarrué

erzähltechnischem Raffinement aufgeht. Dass Salarrués Vorbild kaum
Schule macht, verdeutlicht die folgende Generation salvadorianischer Erzähler, die mit Verfahren wie dem Einsatz der Umgangssprache, Montagetechniken oder dem Bewusstseinsstrom Realität lediglich »abbilden«, statt
sie zu gestalten. Ramón González Montalvo bleibt mit *Las tinajas* (1950)
ebenso dieser im landläufigen Sinn »realistischen« Ethnoliteratur verpflichtet wie Napoleón Rodríguez Ruiz mit seinem im kreolischen Milieu
situierten Roman *Jaraguá* (1950).

Die Lyrik
El Salvadors
    In der Lyrik El Salvadors herrscht in den nachmodernistischen Jahr-
zehnten eine elitär-klassizistische Tendenz vor, die Dichtkunst wie in
französisch-symbolistischer Tradition als Suche nach einem Absolut-Schö-
nen auffasst, für die bereits der Titel eines Bändchens von José Valdés
spricht: *Poesía pura* (1929). »Reine Poesie« bezeichnet das aus der ästhe-
tizistischen Phase des Modernismo herrührende Bestreben, der Flüchtigkeit der Natur die Unvergänglichkeit des Kunstwerks entgegenzusetzen.
Der ästhetizistische Hang, nur eine idealisiert schöne Welt als Vorwurf der
Poesie zu begreifen, gipfelt in dem umfangreichen lyrischen Schaffen von
Claudia Lars, die durch ihre Bevorzugung klassischer Formen wie Sonett
und Romanze an die Lyrik des »l'art pour l'art« anknüpft. Für sie ist
Dichten ein Akt der Selbstvergewisserung, der Autobiographisches und
wahrgenommene Wirklichkeit zu Metaphern des Absoluten formt. Folgerichtig ist in ihren insgesamt fünfzehn Lyrikbänden, von *Estrellas en el
pozo* (1934) bis zu der letzten Sammlung *Nuestro mundo pulsante*
(1969), für die politischen Umwälzungen auf dem Kontinent oder die
sozialen Probleme ihrer Heimat kein Platz. Thematisch bleibt daher ihr
Repertoire auf konventionelle Themen wie die Kindheitserinnerung, die
Liebe und die Schönheit der amerikanischen Natur beschränkt. Eine
Ausnahmeerscheinung in dieser Evasionslyrik bildet Pedro Geoffrey Rivas, der mit den Texten des Bändchens *Rumbo* (1935) eine ausgespro-
chene »poésie impure« intendiert und als einer der ersten »engagierten«
Dichter seines Landes gelten kann.

Die Literatur in Honduras

Honduras gerät in der ersten Jahrhunderthälfte politisch und wirtschaftlich unter den Einfluss der nordamerikanischen Monopolgesellschaften,
während es die Diktaturen von Tiburcio Carías und Maximiliano Hernández durchmacht. Die stark eingeschränkten intellektuellen Entfal-
tungsmöglichkeiten, die bis in die 50er Jahre fortbestehen, haben eine
Erneuerung der Literatur merklich behindert. Das Erzählwerk von Argentina Díaz Lozano scheint hierfür paradigmatisch zu stehen: Nach autobiographischen Anfängen in dem Roman *Peregrinaje* (1944) wendet sie sich
der Gattung des historischen Romans zu. Ein unverkennbar evasionis-
tisches Element haftet auch ihren folgenden Erzähltexten an, die wie
*Die Erzählliteratur
von Honduras:
die Hartnäckigkeit
des Regionalismus*
Mayapán (1950) einmal in die ferne Vorzeit Mittelamerikas flüchten und
noch 1966 – *Fuego en la ciudad* – ein Thema der lokalen Vergangenheit,
die Machtübernahme in Nicaragua durch den amerikanischen Abenteurer
Walker (1856), zum Vorwurf nehmen. Ein nach dem Modernismo in
den Nachbarländern zu beobachtendes regionalistisches Interesse ist im
Werk von Marcos Carías Reyes spürbar, der seine Parteinahme für die
honduranische Landbevölkerung in ihrer desolaten Lage in dem Roman
Trópico (1941) zum Ausdruck bringt. Arturo Mejía Nieto »entdeckt« für
sich als literarisches Thema die Welt der Indios und Mestizen, die er in

den Erzählbänden *Relatos nativos* (1929) und *Zapatos viejos* (1930) beschrieben hat. So entwickeln sich in Honduras Erzähltexte mit regionalistischer und criollistischer Thematik seit den 30er Jahren allmählich zu einem kontinuierlichen Genre, dessen verspätete Blüte in den Kurzgeschichten Victor Cáceres Laras erreicht wird. Die kurzen Erzählungen seiner Bände *Humus* (1952) und *Tierra ardiente* (1970) beschreiben das Los der Bauern in der Selva oder das der Tagelöhner in honduranischen Städten. Die Erzählung »Paludismo« aus dem späteren Band ist eine subtile Studie der psychologischen Veränderung, der sich ein junges Paar aussetzt, als es die heimatliche Selva in der Hoffnung auf wirtschaftliche Verbesserung in der Küstenregion verlässt.

Auch in Honduras dominiert wie in El Salvador quantitativ die Lyrik, die dort aber in der ersten Hälfte des Jahrhunderts wenig Aufsehenerregendes vorzuweisen hat. Diese nachmodernistischen Lyriker finden zu einer schlichten unprätentiösen Diktion zurück, während das thematische Repertoire lange Zeit aus dem 19. Jh. stammt. Poeten wie Rafael Heliodoro Valle, der bekannteste Lyriker seines Landes, und Ramón Ortega besingen die Liebe – der Erstere in *Unísono amor* (1940), der zweite mit *El amor errante* (1931) – oder verherrlichen die Schönheit des Landes, wie José R. Castro in seinen *Canciones del Atlántico* (1938). Einer sozial engagierten Dichtung, wie sie bereits früh Alfonso Guillén Zelaya mit seinem Sonett »El poeta y el mendigo« (»Dichter und Bettler«) eingeleitet hatte, wird in der folgenden Generation durch den von Neruda und Vallejo beeinflussten Claudio Barrera aufgenommen.

Die honduranische Lyrik

Nicaragua: das Fortwirken Daríos

Wenngleich ein mittelamerikanischer Dichter den Modernismo initiierte, fiel die intellektuelle Saat von Daríos avantgardistischer Ästhetik in den meisten Ländern Mittelamerikas aus den schon genannten Gründen auf einen deutlich weniger fruchtbaren Boden als in Mexiko oder in der La-Plata-Region. Während die Modernisten anderer zentralamerikanischer Länder Erfolge in Madrid und den großen Städten des Subkontinents feierten, nahmen wenigstens in Daríos Heimatland in den ersten Dekaden des 20. Jhs. nicaraguanische Intellektuelle wie Andrés Rivas Dávila und Atanasio García Espinosa die modernistischen Tendenzen begeistert auf, die in der Gründung von Literaturzeitschriften kulminierten, welche den Namen des modernistischen Gründervaters, *Darío*, und den seines bedeutungsvollen Frühwerks, *Azul*, tragen. In der Lyrik erfährt Daríos Anstoß in den 20er und 30er Jahren bei Alfonso Cortés und Azarías H. Pallais ein Echo. Zumal Cortés gilt bereits jetzt mit den Sammlungen *Poesías* (1931), *Tardes de oro* (1934) und *Poemas eleusinos* (1935) als einer der bedeutendsten Lyriker nach Darío. Wesentlich stärker jedoch wird Nicaraguas literarisches Leben in den 20er und 30er Jahren von dem »Grupo de Granada« geprägt, den Intellektuellen aus dem Umkreis der Zeitschrift *Semana*, vor allem von José Coronel Urtecho und Luis Alberto Cabrales. Schließlich gründen Cabrales und Coronel Urtecho in Managua im April 1931 eine »Anti-Academia Nicaragüense«, um »mit dem sterilen Geist der Sprachakademie aufzuräumen«. Durch ein im selben Jahr als Supplement des Blattes *El Correo* herausgegebenes Feuilleton, »rincón de vanguardia«, erhält Nicaragua in der mittelamerikanischen Region die verhältnismäßig besten Informationen über Strömungen der europäischen Gegenwartskunst und die jüngsten spanischen Autoren – vor allem der

Die nicaraguanische Lyrik

Der »Grupo de Granada«

José Coronel Urtecho

»generación del '27«. Wenn der »Grupo de Granada« mit der Suche nach einer »autochthonen, individuellen nicaraguanischen Dichtung« durchaus fortschrittliche Tendenzen in der Dichtung verfolgt, so liegt bei aller ästhetischen Begeisterung für die Avantgarde der ideologische Schwerpunkt auf einer konservativen Erneuerung, wie die Liste der bevorzugten Autoren zeigt, die mit Paul Claudel, dem der Action Française nahestehenden Charles Maurras, Valéry Larbaud, Raymond Radiguet und dem späteren Nazi-Kollaborateur Paul Morand durchwegs national-konservativen Zirkeln Frankreichs entstammten. Trotz ihrer konservativen Tendenz wird die Gruppe ein Forum der zeitgenössischen Künste, wohl auch aus einer deutlichen Opposition gegen den »rubendarismo« heraus. José Coronel Urtecho ist aber nicht nur geistiges Haupt, Organisator und Herausgeber, der die theoretischen Positionen in Essays bestimmt, sondern kann auch auf eine umfangreiche und alle Genres umfassende literarische Produktion verweisen, die von den spätmodernistischen Anfängen bis in die 70er Jahre reicht. Sein Erzählwerk beginnt mit Kurzromanen wie *Narciso* (1939) und *La muerte del hombre símbolo* (1939). Dieser zweite Roman stellt eine ironisch-bissige Auseinandersetzung mit den Spielregeln der Politik und der Frage nach der Authentizität politischer Führer dar. Bekannter wurden seine Kurzerzählungen wie *El mundo es malo* (1947), die im fiktiven Dialog zweier Kinder mit dem Teufel auf wenigen Seiten die Erlebniswelt mittelamerikanischer Kinder einfängt. Seine Gedichte, unter anderem eine ironische »Ode an Rubén Darío« (1927) und die »Sonette für den Hausgebrauch« aus den 20er Jahren, hat er später in der Sammlung *Pól-la d'ananta, katánta paránta* (1970) vereint. Trotz der klassischen Formbezeichnungen – Ode, Sonett, Kanzone – war Coronel Urtecho ein unermüdlicher Experimentator, der sich seit den späten 30er Jahren auch mit den Montagetechniken von Dada und Surrealismus auseinandersetzt und – ohne indes Nachahmer zu finden – originelle avantgardistische Bühnenwerke zu schaffen sucht. Coronel Urtecho hatte bereits früh mit seiner formal interessanten Gesellschaftssatire *Chinfonia burguesa* (vielleicht als »Bourgeoise Katzenmusik« wiederzugeben, 1931) neue dramatische Wege gesucht. Charakteristisch für die sprachliche Form sind bereits die Titel: Über Klangassoziationen – »chinfonia« aus *chinchín* (etwa mit »Radau« zu übersetzen) und »sinfonia« – wird der gesprochene Text mit Vieldeutigkeiten aufgeladen, sodass eine neuartige »Anti-Sprache« entsteht: So bezeichnet der Titel von Coronel Urtechos späterem Werk *La petenera* (1938) zugleich eine Gattung der Volksmusik und »belangloses Gerede«. Coronel Urtechos einziger unmittelbarer Nachahmer, Pablo Antonio Cuadra, potenziert in *Bailete de oso burgués* (1942) auf diese Weise die Sprache, die gelegentlich ihre referentielle Funktion preisgeben muss. Dabei kombinieren alle Stücke des Typs *Chinfonia* Handlungsmotive des Boulevardtheaters mit den Stilelementen der italienischen komischen Oper, wobei ein an dadaistische Experimente erinnerndes ästhetisches Konzept zugrunde liegt. Pablo Antonio Cuadra war zugleich der bedeutendste Lyriker der Gruppe, dessen Werke – von den *Poemas nicaragüenses 1930–1933* (1934) über sein *Libro de horas* (1956) bis hin zu den *Cantos de Cifar* (1971) – durch die für die Gruppe charakteristische konservativ-christliche Grundeinstellung gekennzeichnet sind. Zugleich gehen in sein Werk auch die volkstümlichen Themen ein, deren Sammlung und Archivierung der »Grupo de Granada« als eines seiner Hauptanliegen ansah; so greift die Gedichtsammlung *El jaguar y la luna* (1959) auf Motive aus

Pablo Antonio Cuadra:
Selbstbildnis mit Engel

den Erzähltraditionen der Náhuatl-Kultur zurück. Auch Luis Alberto Cabrales' poetische Praxis fußt auf der Auseinandersetzung mit der zeitgenössischen Kunst Frankreichs, die in seiner Lyrik – den als *Opera parva* (1961) gesammelten Gedichten aus vier Jahrzehnten – in drei thematisch-formalen Sektionen – einer erotischen, einer regionalistisch-kreolistischen und einer avantgardistisch-experimentellen – sichtbar werden. Bis in die 50er Jahre hinein dominiert in Nicaragua der Kreis von Coronel Urtecho, zu dem auch der experimentierfreudige Manolo Cuadra zählt. Cuadras Beschreibung des Guerillakrieges (*Contra Sandino en la montaña*, 1942) und die Erzählungen *Almidon* (1945) stehen unter dem Einfluss der erzähltechnischen Innovationen der zeitgenössischen nordamerikanischen Prosa.

Die Literatur von Costa Rica und Panama

Auch im traditionell konservativen Costa Rica, wo Generationen durchschnittlicher Lyriker das 19. Jh. fortschreiben, eröffnen vor allem Kurzgeschichte und Roman jüngeren Autoren künstlerische Entfaltung. Die im 19. Jh. wurzelnden Erzähler setzen parallel zur Hauptphase des Modernismo entweder – wie Manuel González (»Magon«) Zeledón mit Erzählungen wie *Un almuerzo campestre* (1947) – die kostumbristische Tradition fort oder greifen – wie Joaquín García Monge in seinem Roman *La mala sombra y otros sucesos* (1917) – auf die von Maupassant und Zola herkommende realistische Schreibweise bei der Darstellung der Welt der costaricanischen Bauern zurück. Unter den vier Romanen von José Marín Cañas ist *El infierno verde* (1935), der fiktive Bericht eines Soldaten im Chaco-Krieg (1932–35), der thematisch originellste. Innovationsfreudiger ist das schmale Erzählwerk des Kosmopoliten Max Jiménez. Seine Erzählung *El domador de pulgas* (1936) kreist um die fiktive Frage der Erlösung einer Flohkolonie durch das Blut des Flohbändigers, dessen Christus-analoge Hingabe nutzlos bleiben wird, da die Tiere allzu menschliche Verhaltensweisen an den Tag legen. Der Reiz dieser surrealistischen Parabel liegt in der sarkastischen Konsequenz, mit der Jiménez die kafkaesk-absurde Grundsituation durchspielt. Weniger absurd, indes nicht minder ironisch, ist das Erzählwerk von Carlos Luis Fallas, des Meisters der Erzählung in Costa Rica. In seinem Werk artikuliert sich allmählich auch ein neuartiger, engagiert-kritischer Ton gegenüber der Allmacht der Bananengesellschaften und der Beeinflussung des Landes durch fremdes Kapital. Sein erster und bekanntester Roman *Mamita Yunai* (1941), dem Fallas' Artikel für kommunistische Zeitung *Trabajo* zugrunde liegen, prangert entsprechend die Ausbeutung der Landarbeiter auf den Plantagen Costa Ricas an. Seine kritische Haltung bewahrt Fallas auch in seinem späteren Rückgriff auf den pikaresken Roman (*Marcos Ramíres*, 1952).

Die Erzählliteratur Costa Ricas: vom Kostumbrismus zur erzählerischen Ironie

Bananen vor dem Weitertransport (Costa Rica, um 1900)

Panama befand sich als jüngstes Land der Region in der von vornherein problematischen Situation zwischen der Preisgabe der älteren kolumbianischen Traditionen und dem Widerstand gegen eine zu intensive kulturelle Überfremdung durch die USA. So war es seit den 20er Jahren ein erklärtes Ziel der Literaten Panamas, nach außen und innen die eigenständige kulturelle Identität des jungen Landes zu präsentieren; zum andern galt es, diesen Nationalcharakter nach innen durch intellektuelles Engagement erst zu definieren und zu festigen. Mit der Gestalt Ricardo Mirós hat Panama nicht nur einen modernistischen Dichter von inter-

Die Literatur Panamas zwischen den Traditionen Kolumbiens und dem Einfluss der USA

nationalem Rang (*Los segundos preludios*, 1916) aufzuweisen; Miró übernimmt gemeinsam mit Guillermo Andreve auch die Rolle eines Lehrers der Nation und Begründers der nationalen Identität, wenn er didaktische Texte über seine Heimat, Gedichte für Studenten oder Texte schrieb, die von Schulkindern gelesen werden sollten (*Versos patrióticos y recitaciones escolares*, 1922).

Das umfangreiche lyrische Werk von Demetrio Kors weist auf Anregungen durch Darío zurück. Modernistische Themen wie Einsamkeit und Weltschmerz, die in den frühen Gedichtbänden (*Bajo el sol de California*, 1924, und *El viento en la montaña*, 1926) dominieren, werden später zugunsten kreolisch-regionalistischer Momente zurückgenommen. Vielfach sind diese vom Dichter selbst als »poesías panameñistas« bezeichneten Gedichte über jamaikanische Gastarbeiter kleine Geschichten in Versform (*Los gringos llegan y la cumbia se va*, 1953); in anderen Texten versucht er, die Versmaße den Rhythmen der exotischen Tänze seiner Heimat (*Cumbia*, 1936) nachzubilden. Unter den Erzählern der Zwischen- und Nachkriegsära ragt der literarisch vielseitige, kosmopolitisch gebildete Rogelio Sinán heraus. Jeglicher erzähltechnischen Neuerung abgeneigt, liegt seine Stärke in der faktengetreuen Präsentation der Realität, die er in seinen Erzählungssammlungen (*Onda*, 1929; *El chele Amaya y otros cuentos*, 1936; *Semana Santa en la niebla*, 1949; *La boina roja y otros cuentos*, 1954; *Los pájaros del sueño*, 1957; *Saloma sin salomar*, 1969) eingefangen hat. Sináns einziger Roman *Plenilunio* (1947) ist »faction« im Sinne Norman Mailers – ein Arrangement politisch-historischer Fakten, die von Sinán ohne schriftstellerische Freiheit zum Bild von Panama montiert werden. Der Roman setzt sich in kritischer Weise mit dem Engagement der USA in der Kanalzone während der 40er Jahre auseinander. Sináns Panama ist eine spannungreiche und gewalttätige Welt, die vom Antagonismus der Rassen und Kulturen bestimmt wird.

Die spanischsprachige Karibik vom Modernismo bis zur Kubanischen Revolution

Zum sozialgeschichtlichen Hintergrund

Das Verhältnis zu den USA

Steht die ›vormodernistische‹ Karibik im Zeichen des Strebens nach politischer Unabhängigkeit und damit des kulturellen Aufbruchs, so ist die nun behandelte, dem Modernismo folgende Periode zwar durch eine gesichertere kulturelle Identität, keinesfalls aber durch eine saturierte, gefestigte politische Situation gekennzeichnet. Der Loslösung vom spanischen Mutterland scheint vielmehr die Abhängigkeit von dem mächtigen nordamerikanischen Nachbarn gefolgt zu sein: Es kommt in den ersten Jahrzehnten des Jahrhunderts zu mehreren Interventionen der USA in Kuba, die Dominikanische Republik wird acht Jahre lang besetzt. Der sich bis zu den 30er Jahren zunehmend festigende wirtschaftliche Einfluss Nordamerikas vermag indes die gravierenden sozialen und wirtschaftlichen Probleme nicht zu lösen, nicht einmal in Puerto Rico, jenem Land, das – in aller Relativität – von seinem Sonderstatus als einem den USA frei assoziierter Staat (Estado Libre Asociado) wirtschaftlich durchaus profitiert, dafür aber gleichzeitig mit einer unvorstellbaren Emigrantenquote und unbefriedigten Gleichstellungswünschen bezahlt hat. Auch wenn heute nur ein minimaler Prozentsatz der puertoricanischen Bevölkerung ernsthaft die Loslösung von Washington fordert, bestimmen im Umfeld einer tiefen Identitätskrise intensive Diskussionen die prekäre Lage dieses Landes, in dem zum Beispiel die Benutzung des Spanischen als angestammter Landessprache in der Schule lange Zeit bei Prügelstrafe verboten bleibt. Ein Panantillismus, für den die engen Bindungen der Intellektuellen untereinander und ähnliche soziopolitische Probleme der Länder sprechen würden, scheint auf in den epischen Dichtungen des Puertoricaners Luis Lloréns Torres (*La canción de las Antillas*, um 1914), wirkungsvoller aber noch in Beiträgen der von ihm 1913 gegründeten Zeitschrift *Revista de las Antillas*. Solche Ideen bleiben allerdings episodisch.

In Kuba und der Dominikanischen Republik beherrschen die ebenso korrupten wie grausamen Diktatoren Fulgencio Batista bzw. Rafael Leónidas Trujillo mit Billigung, ja mit aktiver Unterstützung der Vereinigten Staaten ab ca. 1930 drei Jahrzehnte lang ihre Inselstaaten. Trujillos Herrschaft treibt zahlreiche Schriftsteller ins Exil; die Verbleibenden müssen sich nicht nur eine rigide Zensur gefallen lassen, sondern auch aktiv an der Selbstverherrlichung des Herrschers mitwirken, der sich nicht scheut, Poesiewettbewerbe auf die Schönheit seiner Tochter auszuschreiben. Der geistige Widerstand gegen Trujillo organisiert sich in der geheim zirkulierenden Zeitschrift *Brigadas Dominicanas*, an der auch Schriftsteller wie Miguel Alfonseca mitarbeiten. Die antidiktatorische Befreiungsbewegung Kubas, die 1953 mit dem Sturm auf die Moncada-Kaserne in Santiago de Cuba ihren Ausgang nimmt, kann schließlich am 1. Januar 1959 unter Führung Fidel Castros und Ernesto »Che« Guevaras die Diktatur stürzen. Die unerbittliche Ablehnung, welche die USA den bärtigen Rebellen entgegenbringt, zwingt diese, sich zunehmend der kommunistischen Partei des Landes – dem Arm des institutionalisierten Weltkommunismus – anzunähern, die ihnen bis dahin mit Skepsis begegnete. Längere Zeit kann Castros Bewegung der Hoffnungsträger (nicht nur) der sogenannten Dritten Welt bleiben; für ganz Lateinamerika wird der Modellfall Kuba der unumgängliche Referenzpunkt der Bestimmung der eigenen sozialpolitischen und durchaus auch der kulturellen Konzeptionen, denn die Revolution Fidels propagiert sehr selbstbewusst auch eine neue, ›authentische‹, vom kapitalistischen Massenkonsum emanzipierte Kultur und Ästhetik. Letztlich mündet die ökonomische Isolierung Kubas, welche die USA betreiben, wiederum in eine vollständige Abhängigkeit des Inselstaates, dieses Mal von der Sowjetunion, die durch wirtschaftliche Maßnahmen, besonders durch hohe garantierte Preise und Quoten für den kubanischen Zucker und Spezialkonditionen für den Import russischen Erdöls, das Land fest an sich bindet. Doch schon vor dem Zusammenbruch der mächtigen Sowjetmacht muss dieser sozialistische Bruderstaat seine Unterstützung schrittweise abbauen; die Entwicklungen der 90er Jahre machen inzwischen das kubanische Experiment, an das antiimperialistische, linksintellektuelle Schichten weltweit jahrelang geradezu utopische Hoffnungen geknüpft haben, zu einem tragischen Anachronismus, und das Land selbst droht der große Verlierer im Kräftespiel der Weltmächte zu werden.

Die diktatorischen Regime in Kuba und der Dominikanischen Republik

Che Guevara und Fidel Castro (1960)

Traditionelle Erzählformen und literarische Essayistik

Fortsetzung des Sklavenromans und des Naturalismus in Kuba

War das literarische Leben der Karibik während des 19. Jhs. gänzlich geprägt von den politischen Umständen, so trifft dies im 20. Jh. – zumindest bis zur Kubanischen Revolution – nicht mehr in diesem Umfang zu. Die einflussreichsten und bedeutendsten Literaten haben und vertreten zwar durchaus dezidiert ihre politischen Positionen, sie sind aber weniger als andernorts eingebunden in eine umfassende Theoriediskussion oder gar in tagespolitische Prozesse. Die Sklavenproblematik schuf im 19. Jh. in der Karibik den Sklavenroman, die Diktatur aber lässt hier im 20. Jh. seltsamerweise nicht (wie in vielen anderen Ländern Lateinamerikas) in größerer Menge Diktatorenromane entstehen. Eine erwähnenswerte Ausnahme bildet Tulio Manuel Cestero aus der Dominikanischen Republik mit dem Roman *La sangre* (1915), der die Greueltaten des 1899 ermordeten Diktators Ulises Heureux darstellt. Die interessantesten literarischen Entwicklungen liefert nicht die politische – damit ›realistische‹ – Dichtung, sondern das gesamte Feld höchst experimenteller Diskursformen, die wohl die logische Konsequenz der modernistischen Innovationen bilden. Bevor sich aber diese Erweiterungen des Modernismo durchsetzen, wuchern noch die Folgen des naturalistisch geprägten späten 19. Jhs. und schreibt sich auch die (im weiteren Sinne) politische Selbstreflexion fort. Dazu gehören in Kuba die vereinzelten Wiederaufnahmen des Sklavenproblems (Lino Novás Calvo mit *Pedro Blanco, el negrero*, 1933), ferner in der Nachfolge Zolas stehende Romanciers wie Enrique Serpa (*Contrabando*, 1938) und vorher Carlos Loveira. Der engagierte Sozialist Loveira, der sich der panamerikanischen Gewerkschaftsbewegung ebenso verschreibt wie der Literatur, nimmt nicht nur an dem Pilotprojekt einer kollektiven, im Feuilleton erscheinenden Romanserie teil, er publiziert auch in den 20er Jahren mehrere vehement anklagende (stilistisch allerdings durchaus ungenügende) Romane. Sie thematisieren den krassen Gegensatz zwischen dem sozialen Elend des Volkes und der bourgeoisen Saturiertheit der »Generäle und Doktoren«, der Negativ-Protagonisten seines Erzählwerks *Generales y doctores* (1920).

Der »engagierte Roman« und die Essayistik in Puerto Rico

Gerade in Puerto Rico setzen mehrere Autoren das naturalistische Paradigma bzw. die Tradition eines engagierten Romans (»novela comprometida«) fort, insbesondere Enrique A. Laguerre, dessen Spektrum von einem wahrhaft proletarischen Roman mit psychologischer Feinzeichnung (*La llamarada*, 1935) zu komplexen Bestandsaufnahmen der puertoricanischen Gesellschaft (*La resaca*, 1949) und hin zur Auseinandersetzung mit dem Emigrantenproblem (*La ceiba en el tiesto*, 1956) reicht. Die an der Universität von Puerto Rico lehrende Literaturwissenschaftlerin Josefina Rivera de Alvarez stellt fest, mit Laguerre löse sich die Erzählliteratur ihres Landes von der Projektion europäischer Modelle und integriere sich in den Kontext Lateinamerikas. Weitere Autoren, welche die puertoricanische Lebenswelt unter politisch-sozialen Aspekten literarisieren, sind César Andreu Iglesias, lange Zeit führender Funktionär der Kommunistischen Partei seines Landes, mit dem Roman *Los desterrados* (1956) sowie José Luis González und Pedro Juan Soto, die beide das in Puerto Rico besonders verbreitete Genre der Kurzerzählung pflegen. Hier blüht auch (besonders in den 30er bis 50er Jahren) der historisch-politische Essay, der vielfältig den erwähnten Sonderstatus Puerto Ricos und die daraus resultierende Identitätsproblematik reflektiert. Mit großer analytischer Schärfe deckt René Marqués die Aporien der drei entscheidenden politischen Lager auf – der die Unabhängigkeit mit allen Mitteln anstrebenden »nacionalistas«, der die vollständige Einordnung in die USA befürwortenden »asimilistas« und der den Status quo (als »Estado Libre Asociado«) propagierenden »estadolibristas«. Unter den Essays, die 1972 in dem Band *Ensayos 1953–1971* publiziert werden, legt ein Traktat mit dem Titel »Pesimismo literario y optimismo político: su coexistencia en el Puerto Rico actual« (1958) deutlichstes Zeugnis vom Zusammenhang politischer und literarischer Themen ab. Der marxistische Lyriker und Essayist Juan Antonio Corretjer reflektiert scharfsinnig und engagiert gerade die problematischen Unabhängigkeitskonzepte der »nacionalistas«.

In der Dominikanischen Republik tritt der während der Trujillo-Diktatur exilierte Politiker Juan Bosch, Gründer der Revolutionären Partei seines Landes und später Vorsitzender der liberaldemokratischen PLD, als Erzähler und Essayist hervor. Seine politischen Essays (*El pentagonismo sustituto del imperialismo*, 1967) beschäftigen sich unter anderem mit dem Phänomen des sogenannten Pentagonismus, das heißt des Neokolonialismus auf dem Weg kriegerischer Nebenschauplätze nach dem Muster des Vietnamkriegs. Eine Schlüsselrolle unter den Essayisten der Dominikanischen Republik kommt Pedro Henríquez Ureña zu, dessen umfangreiches Schaffen das Ansinnen verfolgt, das kulturelle Leben seines Landes und ganz Lateinamerikas vor der abendländischen Tradition zu verorten (in den *Seis ensayos en busca de nuestra expresión*, 1928). Auch in Kuba floriert das ganze 20. Jh. hindurch die literarische (und politische) Essayistik, der verschiedene Zeitschriften (wie *Cuba Contemporánea*, 1913–1927, *Revista de Avance*, 1927–1930, und *Orígenes*, 1944–1956) als wesentliches Forum dienen. Neben den ethnographischen Essays eines Fernando Ortiz (»El engaño de las razas«, 1946) findet man die literatur- und allgemein gesellschaftskritischen eines Juan Marinello (»Creación y revolución«, 1973) und die literarischen eines José Antonio Portuondo (»La emancipación literaria de Hispanoamérica«, 1975). In der Regel sind die genannten Autoren (wie die meisten Lateinamerikas) durchaus nicht nur auf dieses Genre beschränkt und verdanken oft ihre Bekanntheit anderen literarischen Feldern.

Dominikanische Republik: Juan Bosch

Die kubanischen Essayisten: Fernando Ortiz

Nicolás Guillén und die »poesía negra«

Wurde im 19. Jh. die Welt der farbigen Kubaner primär im fiktionalen Diskurs des Sklavenromans thematisiert, so entstehen im 20. Jh. ethnologische und soziologische Studien (wie Fernando Ortiz, *Los negros esclavos*, 1916); Rómulo Lachatañeré und besonders Lydia Cabrera beginnen, afrokubanische Erzählungen (etwa die des Yoruba-Volksstammes) zu sammeln und aufzuschreiben. Bezeichnend ist, dass Lydia Cabreras *Cuentos negros de Cuba* (1940) zuerst in Paris (*Contes nègres de Cuba*, 1936) erschienen; sie reihen sich bruchlos ein in die europäische Mode eines sich verbreitenden Afrikakultes, dessen Wirkungen bei Picasso und im Surrealismus allenthalben augenfällig sind. In Kuba machen ab 1930 einzelne Dichter wie Ramón Guirao mit »Bailadora de rumba« (1928) und José Zacarías Tallet pittoreske Elemente aus der Folklore der Afrokubaner zum Gegenstand von Gedichten; sie rufen zahlreiche Nachahmer auf den Plan, sodass sich sehr bald eine entsprechend ausgerichtete Dichterschule formiert und in den 30er Jahren schon zwei Anthologien der »poesía negra« erscheinen. Zwei Poeten ragen aus dieser Gruppe

Das Interesse für die afrokubanische Welt

Pablo Picasso: »Akt
mit erhobenen Armen
(Die Tänzerin von
Avignon)« – Beispiel
der Attraktivität
primitiver Kunst
für die Moderne

heraus, Emilio Ballagas und vor allem Nicolás Guillén. Der Mulatte
Guillén gilt in Kuba – nach José Martí – als zweiter nationaler Volksheld,
dessen Dichtung (ebenso wie sein Foto) im Land allgegenwärtig ist. Seine
Lyrik kombiniert ab der Mitte der 30er Jahre spätmodernistische Stilele-
mente, afrokubanische Folklore und politisches Engagement auf eigentümliche, stets originelle Weise. Er gehört seit 1936 der Redaktion der
kommunistischen Zeitschrift *Resumen* und seit 1937 der Kommunistischen Partei an, ist später Mitherausgeber der *Gaceta del Caribe* und
Mitarbeiter von *Vanguardia Obrera*. In der Spätphase der Diktatur Bati-

stas zur Emigration gezwungen, lässt er sich in Paris nieder, dann auf Einladung des exilierten spanischen Dichters Rafael Alberti in Argentinien. Nach dem Sieg der Revolution übernimmt Guillén höchste Staatsämter, per Dekret ernennt ihn Castro zum Sonderbotschafter des Landes im Ministerrang, 1961 übernimmt er den einflussreichen Posten des Vorsitzenden der Kubanischen Schriftsteller- und Künstlervereinigung (UNEAC).

Bahnbrechend für die konzeptuelle Eigenart der Guillénschen Poesie sind seine Gedichtbände *Motivos de son* (1930) und *Sóngoro cosongo* (1931). Der Erstgenannte stellt eine Sammlung neuer Liedtexte für die traditionellen afrokubanischen Volkstänze, die »Guarachas populares«, dar; in *Sóngoro cosongo* dominieren lautmalerisch die Rhythmen und Klangfarben der Musik und der Dialekte der farbigen Kubaner den stets in feste Formen – Ode, Ballade, Lied – gegossenen, niemals ›dunklen‹ lyrischen Text. Spürbares Vorbild Guilléns sind die »Zigeunerballaden« im *Romancero gitano* des Spaniers Federico García Lorca, der nach einem Aufenthalt in Kuba dort Bekanntheit und großes Ansehen genießt. Wie Lorca das Leben des Zigeuners fern von allen Stereotypen folkloristischer Andalusienromantik erfassen will, bemüht sich auch Guillén um ein authentisches Ambiente seiner kubanischen, d.h. für ihn mulattischen, Dichtung. »Mulattisch« ist für ihn dabei kein rassischer Terminus, sondern die grundlegende Bestimmung der kubanischen Daseinsform, jenes Synkretismus aus hispanischen und afrikanischen Wurzeln:

Die »poesía negra« auf den Spuren von Lorcas »Zigeunerdichtung«

Nicolás Guillén

> En esta tierra, mulata/
> de africano y español/
> (Santa Bárbara de un lado,/
> del otro lado, Changó)/
> siempre falta algún abuelo ...
> (In diesem mulattischen Land/
> aus Afrikanischem und Spanischem/
> (Santa Bárbara auf der einen Seite,/
> auf der anderen Changó)/
> fehlt immer irgendein Großvater ...) »Canción del Bongó«

Man sieht, dass Guillén seine Dichtung nie als eine Stimme nur der Farbigen versteht, sondern dass er gerade in der Mischung der Bevölkerungsgruppen das konstitutive Element der kubanischen Identität sieht. Das Thema der zwei Großväter – des schwarzen und des weißen – wird Guillén noch später aufgreifen, als er sich volkstümlichen Themen in einem poetischen Gestus zuwendet, der, immer noch höchst klangbewusst, dennoch nicht mehr im Zeichen der »poesía negra«, sondern eher einer sozial engagierten Lyrik steht (etwa in dem Band *Cantos para soldados y sones para turistas*, 1937). Hier tauchen auch schon die burlesken und satirischen Töne auf, die in Guilléns Spätwerk verstärkt anklingen, etwa in dem mit Textformen des Alltags experimentierenden Bändchen *El diario que a diario* (1972). 1959 publiziert er nicht nur »Che Guevara«, ein Gedicht auf den zweiten Revolutionshelden, es erscheint auch in Buenos Aires *La paloma de vuelo popular*, mit der bekannten »Elegía cubana« und anderen Gedichten, die seiner Erfahrung des Exils eine Stimme geben (aber auch einem »Arte poética«). Guilléns Autobiographie erscheint 1982 unter dem Titel *Páginas vueltas*.

Burleske Töne in Guilléns Spätwerk

In der Dominikanischen Republik tritt nach den ›modernistischen‹ Schulen des »Vedrinismo« (um 1912) und des »Postumismo« (um 1921)

in den 30er Jahren eine Generation sozial engagierter Lyriker in Erscheinung, deren Hauptvertreter, Manuel del Cabral, sich einer Poesie mit afrokaribischen Elementen zuwendet (in *Doce poemas negros*, 1935).

Alejo Carpentier, Kubas »máximo novelista«

Die Anfänge Carpentiers: afrokubanische Thematik

Carpentier 1977

Bei der Aufzählung der ›Väter‹ der »poesía negra« ist ein entscheidender Name ausgelassen worden: Alejo Carpentier (1904–1980), dessen 1930 geschriebenes Gedicht »Liturgia«, publiziert in der letzten Nummer der legendären *Revista de Avance*, ebenfalls als einer der Schlüsseltexte jener Lyrikschule gilt. Zweimal noch wird sich Carpentier ganz ausführlich mit afrokubanischen Klangwelten beschäftigen: zunächst in seinem ersten Roman *¡Ecue-Yamba-O! Historia afrocubana* (1933), in dem die schwarze Landbevölkerung mit ihren religiösen Riten und ihrem sprachlichen »ñáñigo«-Substrat im Zentrum steht, dann in der theoretischen Abhandlung *La música en Cuba* (1946), die ihm den Rang eines der führenden Musikkenner Lateinamerikas einbringt. Er lehrt nicht nur eine Zeitlang als Professor für Musikwissenschaft an der Universität von Havanna; allein drei der fünfzehn Bände seiner *Obras completas* gelten musikalischen Themen, und auch in mehreren seiner Romane gewinnt die Musik eine leitmotivische oder strukturierende Wirkung, so in *El acoso* (1956), wo das Modell der Sonate den Romanaufbau determiniert, in *Los pasos perdidos* (1953), dessen Protagonist ein Musikwissenschaftler ist, der sich auf die Suche nach Instrumenten der Indios in den südamerikanischen Dschungel begibt, oder in dem kurzen Roman *Concierto barroco* (1974), der neben dem Bezug auf Vivaldis Oper *Montezuma* auf einen ganzen Musikkosmos verweist (mit dem Auftritt von Vivaldi, Scarlatti und Händel im venezianischen Karneval und Anspielungen auf Wagner, Strawinsky und Louis Armstrong). – *¡Ecue-Yamba-O!*, Carpentiers Romanerstling, steht noch im Zeichen der schon skizzierten europäischen, insbesondere französischen Bewunderung für indigene Kunst und Musik Afrikas. Elf Jahre lebt Carpentier, vor der Diktatur Machados ins Exil geflohen, in Frankreich, wo er als Musikkritiker und Komponist arbeitet. Der in Havanna geborene Sohn einer russischen Mutter und eines französischen Vaters kennt aus dieser Zeit persönlich surrealistische Schriftsteller wie Breton, Aragon, Tzara, Eluard, Queneau und Maler wie Picasso und de Chirico. Dennoch wird er, je mehr ihn die Identität Lateinamerikas beschäftigt, sich von europäischen Vorbildern abwenden und zunehmend autochthonen Ausdrucksweisen nachgehen.

Die Poetik des »real maravilloso americano«

So rechnet er gerade mit dem Surrealismus bitter ab, entlarvt ihn als artifiziellen und daher vergeblichen Weg der Bewusstseinserweiterung. 1943 bereist Carpentier Haiti; diese Erfahrung wird ein Schlüsselerlebnis. Sein Reisebericht, den er zuerst in einer venezolanischen Zeitschrift abdrucken lässt und dann als Vorwort dem Roman *El reino de este mundo* (1949) voranstellt, enthält denkbar heftige Polemik gegen die surrealistischen »Quacksalber«. Anspielend auf die bekannte Selbstbestimmung der surrealistischen *écriture* schreibt Carpentier: »Wenn man das Wunderbare durch altbekannte Formeln anruft, die einige Gemälde zu nichts als monotoner Trödlerware aus verklebten Uhren, Schneiderpuppen und vagen phallischen Monumenten macht, dann bleibt vom Wunderbaren eben bloß ein Regenschirm oder eine Languste, eine Nähmaschine oder was auch immer auf einem Seziertisch in einem traurigen Zimmer.« Als Positiverfahrung stellt er diesem vergeblichen Versuch sein Erleben der haitianischen Wirklichkeit gegenüber: »Überall begegnete mir das *wunderbar Wirkliche*. Aber ich dachte auch, dass diese Gegenwärtigkeit und Gültigkeit des *wunderbar Wirklichen* nicht Privileg Haitis sei, sondern Erbgut ganz Amerikas. Das *wunderbar Wirkliche* findet sich auf Schritt und Tritt im Leben der Menschen, die die Geschichte des Kontinents machten und Familien gründeten, die noch heute angesehen sind: von den Suchern des immerwährenden Jungbrunnens, der goldenen Stadt Manoa, bis hin zu gewissen Rebellen aus der Frühzeit oder jenen modernen Helden unserer Unabhängigkeitskriege wie der mythischen Hauptmännin Juana de Azurday.« Die damit geprägte Formel vom »real maravilloso«, vom »wunderbar Wirklichen«, wird in ihren verschiedenen Varianten in der Folge als Charakteristikum der lateinamerikanischen Andersartigkeit schlechthin dienen und immer wieder diskutiert werden. Erstaunlich ist jedenfalls, wie viel Atmosphärisches der Romane eines García Márquez, Vargas Llosa oder Carlos Fuentes hier vorweggenommen zu sein scheint. *Die*, nicht *eine*, haitianische Geschichte liefert dann auch den Stoff zu *El reino de este mundo*. Der historische Abriss des Landes, der Kampf der Sklaven gegen die dekadenten französischen Kolonialherren, die nach der Französischen Revolution erreichte Unabhängigkeit und damit die nicht weniger grausame Herrschaft des ersten farbigen Königs Henri-Christophe, all dies wird verbunden mit den Riten, dem geheimen Wunderwissen und der religiösen Wirkmacht des Voodoo-Kults, der kontrapunktisch einem Christentum der vergeblichen Hoffnungen entgegengesetzt ist, das ein Reich »nicht von dieser Welt« propagiert. Am Ende des Romans erkennt der ehemalige Skave Ti Noël, der die gesamte Handlung begleitet, trotz Alterswahn und körperlichem Verfall, dass der Mensch seine Größe und Würde nur im unvollkommenen »Reich von dieser Welt« erlangen kann. Der sehr dichte Roman deutet bis zum Ende auf geschichtliche Zyklen, nicht aber auf ein fortschrittsgläubiges Konzept der Historie.

Carpentier hat nicht nur während der Herrschaft Machados im europäischen, sondern auch während der Batista-Diktatur im lateinamerikanischen Exil, in Venezuela, gelebt. Der Befreiungsbewegung steht er positiv gegenüber; nach Castros Sieg kehrt er nach Kuba zurück, um verschiedene hohe Ämter zu bekleiden: Er ist zuerst Vizepräsident des nationalen Kulturrats, Vizepräsident der Schriftstellervereinigung UNEAC, Mitherausgeber der staatlichen Kulturzeitschrift *Unión* und Leiter des 1967 gegründeten staatlichen Buchverlages. Später wird er als Kulturattaché seines Landes wieder bis an sein Lebensende in Paris wohnen. Zu seinem 70. Geburtsag ehrt ihn die Kommunistische Partei Kubas mit einem Staatsakt; er erhält die Ehrendoktorwürde der Universität Havanna. 1962 – drei Jahre nach der Revolution – publiziert er einen historischen Roman über die Wirkung der Französischen Revolution im karibischen Raum, den er vier Jahre zuvor schon fertiggestellt hatte und der häufig zum Kronzeugen seiner pro-revolutionären Denkweise berufen wird, *El siglo de las luces* (dt. 1964). Esteban und Sofía, in Havanna lebende Kinder einer großbürgerlichen Kaufmannsfamilie, lernen den französischen Freimaurer Víctor Hughes kennen, der sie nicht nur mit dem Gedankengut der Aufklärung, der im Originaltitel genannten Epoche, bekannt macht, sondern sie mitnimmt auf seiner Suche nach der Realisierung dieser Ideale im Zeichen der Französischen Revolution. Hughes, einer historischen Figur nachgebildet, wandelt sich vom engagierten Revolutionär zum tyrannischen und opportunistischen Egoisten, der in der Spätphase der Revolution als Gouverneur von Guayana die Farbigen auf eben jene Guillo-

Ein historischer Roman Carpentiers: El siglo de las luces

tine schickt, die kurz zuvor Emblem ihrer Befreiung vom Joch der weißen Unterdrücker war. Sofía – inzwischen Víctor Hughes' Frau – und ihr Cousin Esteban pervertieren zwar nicht in dieser Weise, doch nehmen sie ein erfolgloses Ende; im Madrid des Jahres 1802 erleben sie den blutigen Aufstand der Spanier gegen die napoleonische Besetzung. Nach Sofías Aufforderung »Hay que hacer algo!« (»Irgendetwas muss man tun!«) werfen sie sich in die Menge; sie verlieren beide ihr Leben in diesem Kampf, der eigentlich nicht der ihre ist. Wie wenig ›revolutionär‹ Sofías verzweifelter Appell ist, wie wenig er ein teleologisch-optimistisches Geschichtsbild zulässt, wird noch deutlicher, wenn man bedenkt, dass sie die gleichen Worte zu Beginn des Romans ausgerufen hatte, als Esteban von einem seiner epileptischen Anfälle gequält wurde. Es geht Carpentier nicht um die persönlichen, individuellen Schicksale; die Personen sind vielmehr stark typisiert, generalisiert: Esteban als der Praxis entfremdeter Intellektueller, Víctor Hughes als skrupelloser Machtmensch, Sofía als wohlwollende, gutmeinende und dennoch enttäuschte Frau. Am Beispiel der Ereignisse nach 1789 in Frankreich und seinen Überseebesitzungen zeigt Carpentier vielmehr, wie zumindest diese Revolution ihre Kinder frisst. Hier wie in fast allen Romanen Carpentiers sind seine scheiternden Helden allesamt Chiffren einer Historie, die einen wahren Humanismus, das ideale Anliegen des Autors, nur bruchstückhaft und im Kleinen zulässt.

Neben die eigentliche Geschichte treten in *El siglo de las luces* ausgiebige Naturschilderungen, in denen sich, wie auch in der wundersamen Heilung Estébans durch einen farbigen Arzt, die Wirkung des »real maravilloso« ansatzweise erhalten hat, auch wenn der mit meisterlicher Sprachkraft und präzisester Technik erzählte Roman den exemplarischen Geschichtsverlauf ins Zentrum stellt, nicht ein phantastisches Fabulieren im Sinne magischer Wirklichkeitsaneignung. Carpentiers Erzählkunst hat sich zunehmend fortentwickelt von der mit Formen und Inhalten experimentierenden Schreibweise (in *!Ecue-Yamba-O!*) zu einem sehr klaren Romandiskurs, der seine überzeugende Wirkung mit den traditionellen Mitteln kunstvollen Erzählens erreicht. So gehört Alejo Carpentier zu den Wegbereitern der modernen lateinamerikanischen Erzählliteratur und zu ihren bedeutendsten Vertretern, mit seinen kultur- und literaturtheoretischen Essays auch zu den kompetenten Theoretikern ihrer Rolle und Funktion. Zu den in dem Band *Tientos y diferencias* (1964) gesammelten bekanntesten Essays gehört seine Standortbestimmung des neuen lateinamerikanischen Romans (»Problemática de la actual novela latinoamericana«), eine Abkehr von kostumbristischen und zugleich ein Plädoyer für die großen, die Interkulturalität Südamerikas betonenden Themen. Weiter differenziert Carpentier diese Sicht dann in seiner letzten literaturtheoretischen Abhandlung, *La novela latinoamericana en vísperas de un nuevo siglo y otros ensayos* (1981).

Carpentiers kulturtheoretische Essays

Die Entstehung einer experimentellen Romanpoetik aus dem Geist der Lyrik

Alejo Carpentier ist nicht der Einzige, für den in den frühen 30er Jahren das Experimentieren mit neuartigen Artikulationsformen den Romandiskurs bestimmt; vielmehr folgt er damit einem Trend, der sich in zahlreichen Beispielen und auf vielfältigste Art niederschlägt, so ganz deutlich bei Enrique Labrador Ruiz. In den 20er Jahren als Journalist bei mehreren Zeitungen und Zeitschriften Havannas tätig, publiziert Labrador Ruiz in den 30ern seine ersten Romane (*El laberinto de si mismo*, 1933; *Cresival*, 1936; *Anteo*, 1940), denen er den programmatischen Sammeltitel »novelas gaseiformes«, »gasförmige Romane«, gibt. Sie wenden sich entschieden ab von jeglichen realistischen Tendenzen und erfordern in der diffusen Unbestimmtheit ihrer Protagonisten die Mitarbeit des Lesers, welcher »nach seinen Möglichkeiten und Talenten« den Roman erst eigentlich zu Ende bringen muss. Wenngleich der Autor im Grunde Autodidakt ist, zeigt Labrador Ruiz' Werk doch den starken Einfluss der nordamerikanischen und europäischen Erneuerungsbemühungen im Feld der Erzählkunst; er verwandelt sich die Bildkraft William Faulkners ebenso an wie den Bewusstseinsstrom eines James Joyce und die bedrückende Phantastik Franz Kafkas. Ab 1950 lässt sich an *La sangre hambrienta*, einem mit dem Nationalpreis ausgezeichneten Roman, ein gewisser Wandel seiner Schreibweise feststellen; er wendet sich stärker den Themen der sozialen Wirklichkeit zu, wobei sein Stil immer noch stark imaginativ bleibt. Nach der Revolution arbeitet Labrador Ruiz auch wieder als Journalist und als Lektor im kubanischen Staatsverlag.

Deutlicher aber noch als im Feld des Romans sucht man in der Lyrik nach Möglichkeiten einer durchgreifenden Erneuerung, nachdem die bis in die 30er Jahre vorherrschenden Haupttendenzen (»poesía negra«, »poesía pura«) sich erschöpft zu haben schienen. Entscheidende Anstöße liefert der spanische Dichter Juan Ramón Jiménez; er besucht während des spanischen Bürgerkriegs Kuba, leitet dort unter anderem die Herausgabe der Anthologie *La poesía cubana en 1936* und lernt junge Dichter kennen, die in kleinen, heute vergessenen literarischen Zeitschriften Gedichte publizieren. Innerhalb dieser lockeren Gruppe nimmt José Lezama Lima (1910–1976) eine exponierte Stellung ein, der 1937 einen ersten Lyrikband veröffentlicht (*Muerte de Narciso*), dann 1939 mit einigen Freunden die Zeitschrift *Espuela de plata* und endlich 1944 die Zeitschrift *Orígenes* gründet. *Orígenes* wird zwölf Jahre lang das Organ einer sich um Lezama Lima scharenden Dichtergruppe sein, die der kubanische Literaturwissenschaftler Roberto Fernández Retamar als »Grupo trascendentalista« bezeichnet hat (und die man auch kurz »Grupo Orígenes« nennt). »Transzendental« sei diese Dichtung insofern, schreibt Fernández Retamar, als sie »nicht saumselig bei der sprachlichen Lust stehenbleibt, noch das Gedicht als Vermittlung einer affektiv-konzeptuellen Darlegung versteht, sondern als möglichen Bevollmächtigten der Wirklichkeit«. Außer Lezama Lima zählen zu dieser Richtung vor allem der mit beißender Ironie die Sinnlosigkeit des Lebens anklagende Virgilio Piñera (*Las furias*, 1941), Eliseo Diego (*En la calzada de Jesús del Monte*, 1949), dessen christliche Fundierung bestimmend bleibt, und Cintio Vitier (*Sustancia*, 1950). Piñera gründet 1957 eine eigenes, radikal respektloses literarisches Magazin, *Ciclón*; während seines argentinischen Exils lernt er den polnischen Schriftsteller Witold Gombrowicz kennen, dessen Werk er teilweise übersetzt und dessen antibürgerlichen Ikonoklasmus er ebenso teilt wie sein pessimistisches Lebensgefühl. Lezama Lima aber ist, auch nachdem *Orígenes* sein Erscheinen eingestellt hat, ohne Zweifel weiterhin der führende Kopf des literarisch-intellektuellen Lebens. Seine sinnliche Lyrik nährt sich aus Anspielungen auf eine umfassende literarische und theologische abendländische Bildung; griechische Mythologie und christliche Hermetik dominieren die konkreten Bezüge auf die Welt des Pflanzlichen und Mineralischen. In der Dichtungspraxis, die er selbst in seinem Essay »Las imágenes posibles« (1948) theoretisch reflektiert hat, postuliert er

José Lezama Lima

Orígenes, Frühjahr 1944

eine Verselbständigung des Bildes sowie der Klangqualität seiner Dichtung, wertet das Gedicht als Mittel der Erkenntnis, der Suche nach dem Absoluten. Die Dunkelheit und die Esoterik des spanischen Barocklyrikers Góngora zeigen ebenso ihren Einfluss auf Lezama Limas stets höchst originellen Stil wie die poetischen Erneuerungsbewegungen des Jahrhundertbeginns.

Paradiso: hermetische Schrift in barockem Geist

Lezamas Werk erreicht seinen Höhepunkt mit *Paradiso* (1966, nach Vorveröffentlichung einiger Kapitel in der Zeitschrift *Orígenes*), einem Werk, dem manche Kritiker aufgrund der narrativen Inkohärenzen und der sinnlichen, metaphernreichen und barock gestelzten Sprache das Etikett »Roman« lieber vorenthalten. Eine durchgängig entwickelte Geschichte lässt sich zwar ausmachen in der Lebensschilderung des Protagonisten José Cemí (über Stationen wie Kindheit, Jugend und Schulzeit, Studium und Freundschaften, spätere Zeit) sowie in einer Art Saga der Familien seiner Eltern in Rückblenden. Dennoch gibt es statt einer stringenten Chronologie immer wieder Brüche in der Logik der Handlung und der Personen. »Das Erzählsubjekt der Familiengeschichte«, kommentiert Bernhard Teuber, »ist in *Paradiso* nicht ein zuverlässig historisches, sondern ein schöpferisch metaphorisches.« Auch für eine autobiographische Lesart lassen sich plausible Anhaltspunkte finden, doch wiederum bricht das Buch aus allen ›Regeln‹ des autobiographischen Diskurses aus. Jede eindimensionale Interpretation von *Paradiso* kann der Dichte der intertextuellen und kulturellen Anspielungen nicht Rechnung tragen, welche in der Bibel, der Philosophie des klassischen Griechenland, in hinduistischer Lehre und amerikanisch-indianischer Mythologie ebenso schamlos wie kreativ schwelgen. Schon mit dem im Titel realisierten Bezug auf Dante wird eine erste metaphorische Dimension explizit, deren weitere furiose Steigerungen zu einer vielschichtigen »Personifikationsallegorie« Teuber erstmals umfassend herausgearbeitet hat. Die luxurierende Gelehrsamkeit Lezama Limas, das Ausspielen des narrativen Wildwuchses und die teils burleske, teils schlicht obszöne Verarbeitung (homo-)sexueller Phantasmagorien haben die Leser schockiert und fasziniert. Schon in der frühen Rezeption erkannten lateinamerikanische Schriftstellerkollegen wie Cortázar oder Spanier wie Juan Goytisolo, dass der kubanische Autor mit *Paradiso* eines der wichtigsten, fortan neue Maßstäbe setzenden Erzählwerke der gegenwärtigen Weltliteratur vorgelegt hat.

Lezama Lima und das kubanische Regime

Lezama Lima wirkt im von der Revolution geprägten kulturellen Ambiente der 60er Jahre wie ein Exot. Der beleibte Dichter, der sein Haus in der Calle Trocadero, No. 162, nur ungern verlässt, vereint in sich alle Anzeichen des verschrobenen, weltfremden Literaten, dem der Sinn für die revolutionären Neuerungen völlig abgeht. Auf Wunsch seiner Mutter, an die ihn eine manische Liebe bindet, heiratet er trotz seiner bekannten homosexuellen Neigung; seinen nahezu fetischhaften Katholizismus beweist er durch ein großes Kreuz, das er selbst im Gebäude der Kubanischen Schriftstellervereinigung, einer Bastion des aufgeklärten Atheismus, bei sich trägt. Wie die revolutionäre Kultusbürokratie genau mit ihm umging, ist umstritten; zumindest wurde seinem tiefen Humanismus und seinem schriftstellerischen Können Respekt gezollt. Verfolgt wurde Lezama scheinbar nicht, außer Landes ging er nicht; auch von stärkeren Benachteiligungen war nichts bekannt, bis Reinaldo Arenas in seiner bitteren, vehement antirevolutionären Autobiographie sämtliche Nachstellungen durch das Regime offenlegte. Wie groß die Popularität, die auratische Wirkung dieses hermetischen Schriftstellers in seinem Land geblieben ist, zeigt der (im Zeichen einer gewissen Liberalisierung tatsächlich in kubanischen Kinos gezeigte) Film *Fresa y chocolate* (1994; Regie: Juan Carlos Tabío, nach Erkrankung des eigentlich vorgesehenen ›Altmeisters‹ Tomás Gutiérrez Alea). Der Protagonist stilisiert dort Lezama Lima auch zwanzig Jahre nach seinem Tod noch zum Inbegriff individueller Kreativität und intellektueller Kraft schlechthin.

Andere Beispiele des Experimentalromans

Neben *Paradiso* hat ein weiterer kubanischer Roman der 60er Jahre ein weltweites Echo erfahren: *Tres tristes tigres* (1967) von Guillermo Cabrera Infante. Der Autor beginnt zunächst eine journalistische Laufbahn, dann wendet er sich mehr und mehr dem Film zu. Nach der Revolution übernimmt er die Leitung des Nationalen Filminstituts, bevor er als Kulturattaché seines Landes nach Belgien geht. Nach Differenzen mit der Regierung Castros wird er 1965 dieses Amt niederlegen und fortan im Exil bleiben, zunächst in Spanien, dann (als britischer Staatsbürger) in Großbritannien. Vor seinem Hauptwerk publiziert Cabrera Infante zwei Erzählbände und – 1964 – im frankistischen Spanien eine erste Version von *Tres tristes tigres* (unter dem Titel *Vista del amanecer desde el trópico*), die erst nach Streichung einiger erotischer Passagen erscheinen kann, dafür aber sogleich mit dem angesehen Premio de la Biblioteca Breve ausgezeichnet wird. Der Titel *Tres tristes tigres* skizziert insofern eine Programmatik, als es in dem Roman natürlich nicht um traurige Tiger, sondern um das in der Alliteration angedeutete zungenbrecherische Sprachspiel geht, das auf die Ebene einer halsbrecherischen Romangenese projiziert wird. Eine Geschichte lässt sich nur locker aus den zerfallenen Bruchstücken rekonstruieren: die Erlebnisse einiger junger Menschen – eines Schauspielers, eines Photographen, eines Schriftstellers, zweier Kabarettsängerinnen – im vergnügungssüchtigen, von nordamerikanischen Touristen überfluteten vorrevolutionären Havanna. Im Vorwort betont der Autor, er habe dieses Buch in der kubanischen Alltagssprache geschrieben, der Roman sei eine Hommage an sie. Vordergründig bestätigt sich dieses Postulat im wuchernden Geflecht alltagssprachlicher Wendungen, der Imitate eines populären Soziolekts. Vordergründig erscheint der Roman auch einer Nonsense-Poetik zu folgen, die keine Gelegenheit zum tiefsinnigen Wortwitz oder zum plattesten Kalauer auslässt. In diesem Sinne markiert das Werk den (in der zeitgenössischen Diskussion modisch beschworenen) Tod des Romans, das Ende der Literatur, das auch dadurch berufen wird, dass Teile des Werks sich zum Beispiel im Nachhinein als Tonbandaufnahmen erweisen. Hintergründig freilich besticht *Tres tristes tigres* durch sprachliche und erzählerische Experimente, die hier dem Romandiskurs völlig neue Dimensionen eröffnen. Der Text basiert auf einer höchst elaborierten Erzählstruktur, welche die babylonische Stimmenvielfalt der Fragmente in eine wohlkalkulierte Ordnung gießt. So alternieren innerhalb der elf Kapitel regelmäßig die Fragmente einer Ich-Erzählung mit den Schilderungen des Photographen Códac (»Ella cantaba boleros«) und den Monologen einer Frau beim Besuch ihres Psychiaters. Ein »Bachata« überschriebenes Kapitel verweist – abgesehen davon, dass der Begriff im kubanischen Spanisch schlicht für »Sauftour« steht – auf die Konstruiertheit des Werks im Sinne der Fuge Bachs. Wie weit die Poetik des Sprachspiels getrieben wird, zeigen die in dieses Kapitel integrierten sieben Persiflagen auf die großen Väter und Söhne der kubani-

Tres tristes tigres
*von Guillermo
Cabrera Infante*

Guillermo Cabrera Infante

schen Literatur (wie Martí, Carpentier, Lezama Lima, Guillén und Piñera), deren Stil hier der Sprachkünstler Bustrófedon imitiert. Am Ende
dieses Paradebeispiels eines grandiosen parodistischen Diskurses zeigt sich
aber deren immanenter Autor enttäuscht; er muss sich enttäuscht zeigen,
denn jeglichen gesicherten, authentischen literarischen Diskurs weist der
Roman zurück. Das wird auch optisch verdeutlicht: Es folgen im Buch
einige weiße Seiten, und die dann folgende wiederholt graphisch die linke
Buchseite rechts in Spiegelschrift. Es gibt keine verlässlichen Erzählin-
stanzen, keine konsequenten Personenkonstrukte; auch die Zeitebenen
werden in einem subtilen Konstrukt von in die Zukunft projizierten
Erinnerungen ausgehebelt. Damit markiert Cabrera Infante zugleich die
Überwindung der Erinnerungspoetik im Sinne Prousts (und – in anderer
Hinsicht – der Psychoanalyse Freuds). Freilich geht mit der ikonoklasti-
schen Intention der erneute Rekurs auf das Universum künstlerisch-lite-
rarischer Produkte einher: *Tres tristes tigres* – lesbar als Endpunkt der
Menippeischen Satire – weist eine hohe Dichte intertextueller Bezüge auf,
jongliert souverän mit der Apokalypse und mit afrokubanischen »ñáñigo«-Mythen, adaptiert Laurence Sternes metanarrative Abbildungsstra-
tegie, den Reportagestil nordamerikanischer Autoren und die unerbittliche Infantilität der Werbesprache. Cabrera Infante beweist, dass weder
der Verlust aller in der Moderne durchgespielten Zeit- und Personal-
positionen im Erzählakt noch auch das gleichzeitige Verschwinden des
gesicherten Wertesystems das Erzählen verunmöglicht. Die barocken und
humanistischen Konstrukte eines Lezama Lima sind ihm fremd, doch zeigt
er neue Wege auf, aus dem Verlust heraus jene Künstlichkeiten zu akzep-
tieren, welche zum Beispiel die Ästhetik und Poetik der Beat Generation
oder die gegenwärtige Ästhetisierung der Alltagskultur erst ermöglichen.
Somit wird Cabrera Infantes Werk einer der Referenzpunkte der Erzählliteratur der Gegenwart, er beeinflusst insbesondere eine Gruppe
junger Romanciers seines Landes (wie Severo Sarduy und Reinaldo Arenas). Im Kontext experimenteller Innovationen des Romans ist noch der
Puertoricaner Emilio Díaz Valcarcel zu nennen, der sich von seinen frühen, im Zeichen der Anverwandlung der sozialen Wirklichkeit seines
Landes stehenden ›realistischen‹ Erzählungen abgewandt hat. In *Figura-
ciones en el mes de marzo* (1972) experimentiert er, inhaltlich die alte
Thematik des Schriftstellers im Exil aufgreifend, mit Techniken des frag-
mentarisierten Diskurses, integriert in die Geschichte Zitate und Ver-
schnitte verschiedenster alltagsweltlicher Textsorten.

Karibisches Theater: vom Volkstheater zum Absurden

*Das kubanische
Theater*

Die lebhafteste Theaterszene der Karibik weist Kuba auf. Dort bildet sich
1910 unter der Ägide von José Antonio Ramos die »Sociedad para el
fomento del teatro«, 1913 dann die »Sociedad del Teatro Cubano«, und
seit demselben Jahr erscheint die Zeitschrift *Teatro Cubano*. Ramos wird
später hohe Ämter im Ausland (als Konsularbeamter in Madrid und als
Vizekonsul in Lissabon) wie im Inland (als Leiter der Nationalbibliothek)
bekleiden; in den ersten Jahrzehnten des 20. Jhs. wird er der prominenteste Vertreter des »teatro culto«, des literarisch anspruchsvollen Dramas, obwohl seine Karriere als Theaterautor mit einem »sainete«, einem
Volksstück, beginnt: *A La Habana me voy* (1910). Schon sein zweites
Stück, *Calibán Rex* (1914), hat dann eine ›ernste‹ politische Thematik.
Größere Bekanntheit unter seinen zahlreichen, von Ibsen und den euro-

Kubanisches »teatro popular« im Vorfeld der Revolution – Szene aus *Cañaveral*, dem bekanntesten Stück von Francisco »Paco« Alfonso

päischen Naturalisten beeinflussten Stücken erlangen vor allem *Tembladera* (1916), das ein Panorama der Sorgen und Nöte seiner Zeitgenossen darstellt, und das religionskritische Drama *En las manos de Dios* (1933).

Der wirtschaftliche Boom der 20er Jahre mit seinem »Tanz der Millionen« bringt dem volkstümlichen Operettentheater und seiner Hochburg, dem Teatro Alhambra, einen neuen Aufschwung (ein literarisches Zeugnis dieser Zeit liefert Miguel Barnets Roman *La canción de Rachel*). Politisch engagierte Dramatiker wie Vicente Martínez (Pseudonym Esmeril) treten demgegenüber erst seit den 30er und 40er Jahren auf. 1935 wird in Havanna das Teatro La Cueva (unter dem Theaterdirektor Luis A. Baralt) eröffnet, das sich der Pflege des poetisch-literarischen Dramas verschreibt. Entscheidende Neuanstöße erhält die kubanische Dramatik aber erst im Vorfeld und in der Frühphase der Revolution durch den bereits als Lyriker und Mitgründer der Zeitschrift *Ciclón* erwähnten Virgilio Piñera, ferner *Virgilio Piñera* durch Abelardo Estorino und José Triana. Piñera beginnt seine Dramatikerlaufbahn mit einer ›prä-absurden‹ kubanischen Version des Atridenthemas, *Electra Garrigó* (1948). Später ediert er eine Anthologie des Absurden Theaters mit Stücken von Ionesco, Beckett, Pinter und Mrozek. Deren Einfluss und auch sein genuiner, in Sarkasmus mündender Pessimismus werden greifbar in dem absurden, makabren Familiendrama *Aire frío* (1959) und in *Dos viejos pánicos* (1968), wo in Ionescoscher Manier Tabo und Tota, ein ›archetypisches‹ altes Ehepaar, jeden Tag die gegenseitige Ermordung proben. *Dos viejos pánicos* wird im Jahr der Uraufführung mit dem Theaterpreis der staatlichen Kulturbehörde Casa de las Américas ausgezeichnet. In den 70er Jahren verhindert ein grundlegendes Zerwürfnis zwischen dem eigenwilligen Autor und der revolutionären Kultusbürokratie die Aufführung weiterer Werke.

Abelardo Estorino, der bis 1957 den ›bürgerlichen‹ Beruf eines Zahn- *Abelardo Estorino* arztes ausübt, ist dem Theater als Autor, Dozent der staatlichen Theaterakademie, Festivalleiter, Kritiker und Regisseur verbunden. Aus seinem größten Bühnenerfolg, *El robo del cochino* (1964), macht er selbst (gemeinsam mit Jorge Fraga) das Drehbuch zu dem Film *El robo* (1965). Es ist die in vorrevolutionärer Zeit angesiedelte Geschichte eines unbedarften Jungen, der einen verwundeten aufständischen Studenten versteckt hat und deshalb mit Duldung der örtlichen Gemeinschaft von den Schergen der Diktatur hingerichtet wird. Die vorrevolutionäre Wirklichkeit mit ihren gesellschaftlichen Lügen und ihren privaten bourgeoisen Perversionen und Repressionen verarbeitet auch José Triana in seinen frühen Stücken, zuerst in *El mayor general hablará de teogonía* (1960, entst. 1957), dann in *La noche de los asesinos* (1965). Auch bei Triana ist der Einfluss der Beckettschen Absurdität spürbar, die hier mit einer spezifischen Neuverwendung der kubanischen Alltagssprache einhergeht.

Das Theater in Puerto Rico: René Marqués und Francisco Arriví

In Puerto Rico beginnt eine anspruchsvolle eigene Dramenproduktion mit René Marqués und Francisco Arriví. Marqués' Fähigkeiten als Autor und Regisseur verdanken sich unter anderem einem in den USA und Spanien absolvierten literatur- und theaterwissenschaftlichen Studium. Seine zahlreichen Dramen liefern eine pessimistische, teils existentialistische, teils metaphysisch ausgerichtete Sicht auf die entfremdeten Bedingungen seiner Landsleute, der im Land verbliebenen wie auch der in die USA emigrierten. In *La carreta* (1953) bringt er die Geschichte eines vom Land in die Hauptstadt und dann nach New York getriebenen Campesino als permanenten Prozess der Desillusionierungen auf die Bühne. Arriví gründet in den 40er Jahren die freie experimentelle Gruppe »Tinglado Puertorriqueño«, welche auch sein erstes Stück, *Alumbramiento* (1945), spielt. Dem folgen weitere, zum Teil selbst inszenierte Dramen, bevor sich Arriví mit besonderem Erfolg dem Hörspiel zuwendet. Seine Radiotexte bringen ihm ein Stipendium der Rockefeller-Foundation und damit einen Aufenthalt in New York ein, wo er den Broadway und die neueren dramatischen Tendenzen aus eigener Anschauung kennenlernt. Wieder in Puerto Rico schreibt und inszeniert er *Club de solteros* (1953, mit der Gattungsspezifizierung »Guiñolada en tres espantos«, dt. etwa: »Kaspereien in drei Schreckensbildern«). Die puertoricanische Kritik hat sich gefragt, ob Arriví nicht allzu sehr den Anschluss an eine ›intellektuelle‹ internationale Dramatik sucht und damit die »Insularität«, Emblem der Eigenständigkeit des Landes, aufgibt. Von drei verschiedenen Stilregistern seines Gesamtwerks spricht der Autor selbst: von einer poetisch-absurden, einer existentiellen und einer realistisch-poetischen Richtung. Zu der Letzteren zählt er seine Trilogie *Máscaras puertorriqueñas* (1956–1958), eine Parabel über die Geschichte und die Identität der vielschichtigen puertoricanischen Gesellschaft.

Luis Rafael Sánchez

Ähnliches trifft auch für den dritten puertoricanischen Dramatiker zu, für Luis Rafael Sánchez, der in seinen illusionsbrechenden, oft episch strukturierten und grotesk verzeichneten Stücken die lateinamerikanische Identität und die Lebenssituation des Inselstaates reflektiert, z.B. in seiner lateinamerikanischen Neufassung des Antigone-Mythos, *La pasión según Antígona Pérez. Crónica americana en dos actos* (1968). Die Titelfigur fungiert als epische Erzählerin und gleichzeitig als leidende Protagonistin dieser von Diktatorentum und Freiheitswillen erzählenden Geschichte.

Franklin Domínguez

Fruchtbarster und meistgespielter Dramenautor der Dominikanischen Republik ist mit nicht weniger als 60 (teilweise sehr volkstümlichen) Stücken Franklin Domínguez. Besonderen Erfolg bei Publikum und Kritik verzeichnen seine satirischen Enthüllungen der gesellschaftlichen Maskeraden, etwa *Se busca un hombre honesto* (1964), während seinen jüngeren Familienstücken vorgeworfen wird, sie näherten sich zu stark der Boulevardkomödie an.

Die Literaturen Kolumbiens und Venezuelas 1920–1970: periphere Regionen gegen das Zentrum

Das Fortwirken von Realismus und Naturalismus in Venezuela

Über den Bruch hinweg, den der Modernismo für Mentalität und Ästhetik lateinamerikanischer Autoren markiert, wirken in der venezolanischen Literatur nach dem Ersten Weltkrieg am Rande jene realistischen und naturalistischen Strömungen weiter, die sich seit den 80er Jahren des 19. Jhs. etabliert hatten. Werden Autoren wie Rufino Blanco Fombona und José Rafael Pocaterra nur am Rande von der ästhetischen Avantgarde berührt, hinterlässt in ihrem Schaffen die permanente politische Krise des Landes umso deutlichere Spuren: Die fast drei Jahrzehnte während Gewaltherrschaft (1908–1935) von Juan Vicente Gómez wird sich wie kaum ein anderes Faktum der nationalen Historie in Leben und Werk zweier Generationen venezolanischer Dichter manifestieren. Blanco Fombona, dessen früher Gedichtband *Pequeña ópera lírica* (1904) noch Anklänge an Rubén Daríos Modernismo aufweist, wendet sich bereits mit seinem ersten und (Kritikermeinungen zufolge) besten Roman *El hombre de hierro* (1907) wieder einer zwischen Realismus und Naturalismus situierten Schreibweise zu. Dieser Text, den Blanco Fombona während einer zweimonatigen Gefängnishaft schrieb, ist gekennzeichnet von der tiefen Sympathie für jenen »Mann aus Eisen«, den Protagonisten Crispín Luz, der – wie Georg Büchners Antiheld Woyzeck – klaglos alle Schicksals-

Juan Vicente Gómez

Campesinos
in Venezuela um 1900

Rafael Pocaterra

schläge und Erniedrigungen bis zur Selbstaufgabe erträgt: Er vergöttert seine Frau, die den wegen seiner Hässlichkeit von allen verachteten Ehemann bei der erstbesten Gelegenheit betrügt, und wird ein Opfer der dubiosen Finanztransaktionen seines Bruders: »Das Leben macht sich über die Güte lustig und zieht sie in den Schmutz.« Auch Rafael Pocaterra prägt die Erfahrung von Diktatur, Gefängnis und Exil. Das Erbe von Zolas Naturalismus äußert sich als ein biologischer Determinismus, der das Individuum zur »Bestie Mensch« degeneriert. *El doctor Bebé* (1913, überarbeitet 1917) ist ein Beispiel für Pocaterras an Flaubert erinnernden Sarkasmus, der die Eitelkeiten eines im Schatten der Diktatur sich selbst genügenden Großbürgertums der Lächerlichkeit preisgibt. Nicht Charaktere, sondern Typen werden hier bloßgestellt: der eingebildete Dr. Bebé, der zum Provinzstatthalter aufsteigt und den Skandal um ein uneheliches Kind seiner Geliebten vertuscht, indem er sie mit seinem nicht minder karrieresüchtigen, intriganten Angestellten verheiratet, die Frauen aus dem Bürgertum, die sich fasziniert von der Macht, aber dennoch in beständiger Angst vor Skandalen, dem Politiker hingeben (in der Erstfassung trug der Roman mit gutem Grund den Titel »Feministische Politik«) – sie alle sind Teil der gigantischen Operette Diktatur.

Teresa de la Parra: ein erster Ansatz zur Frauenliteratur in Venezuela

Zugleich verschafft sich mit Teresa de la Parra erstmals eine dezidiert weibliche Stimme in der venezolanischen Literatur Gehör. Zwar ist der Erfolg der in Paris geborenen und in Europa aufgewachsenen Teresa de la Parra nicht von der französischen Literaturszene zu trennen, und dennoch hat die neue, den Konflikt zwischen dem europäisch-emanzipierten Frauenbild der 20er Jahre und der lateinamerikanischen Realität transparent machende Perspektive dieser Autorin die Literatur des Kontinents nachhaltig beeinflusst, auf dem sie bei Erscheinen von *Ifigenia* (1924) noch als »unmoralisch« verschrien wurde. Dieses »Tagebuch eines sich langweilenden Fräuleins« ist voll von böser Satire gegenüber der männerdominierten, rückständigen und dekadenten Welt von Caracas, und dennoch behandelt Teresa de la Parra auch die weibliche Protagonistin mit einer sanften und hintergründigen (Selbst-)Ironie. Nicht frei von dieser Ironie ist auch der 1929 gleich in französischer Übersetzung erschienene zweite Roman, *Las memorias de la Mamá Blanca*, ein nur vordergründig nostalgischer Abgesang auf die Kindheitsidylle einer venezolanischen Hacienda. Trotz des frühen Todes (1936) der an Tuberkulose leidenden Autorin ist sie zu einer zentralen Figur in der literarischen Entwicklung Venezuelas geworden, die ebenso wie Pocaterra oder Gallegos gegen den Modernismo anschreibt, aber anstelle von naturalistischer Anklage oder hymnischer Selva-Darstellung die psychologische Zerrissenheit gerade der Frauen Lateinamerikas zwischen auseinanderklaffenden Rollenangeboten zu ihrem Gegenstand gemacht hat.

Mensch und übermächtige Natur: der Selvaroman

Neigung zum kostumbristischen Realismus und »mundonovismo«

Allgemein teilen in der ersten Hälfte des 20. Jhs. die Literaturen Kolumbiens und Venezuelas mit denen anderer Länder einerseits die Neigung zum kostumbristischen Realismus und zur Darstellung sozialer Konflikte und andererseits die Suche nach einem nationalen Ausdruck, der mit einer als Kulturmischung verstandenen Identität der »Neuen Welt« (»mundonovismo«) zusammenfällt. Kolumbien erlebt in den 20er Jahren politisch stabile Verhältnisse unter einer konservativen Regierung; ein vorübergehender wirtschaftlicher Aufschwung des Landes verdankt sich vor allem jenem US-amerikanischen Kapital, das seit 1914 ins Land fließt und der Errichtung von Plantagen und der Förderung von Erdöl dienen soll. Die dadurch in Bewegung geratene, immer weiter reichende Erschließung bislang kaum bekannter Urwaldregionen konfrontiert in dieser Phase den Menschen aber auch mit der Lebensfeindlichkeit der Natur und weckt ein bis dahin auch nicht ansatzweise gekanntes Bewusstsein von der Brüchigkeit der Zivilisationsversuche in der Neuen Welt. In dieser Umbruchsituation stellen die Texte des Regionalismus für den lateinamerikanischen Menschen ein wesentliches Instrument der Bewusstmachung und Reflexion dar, die ihren stärksten Ausdruck in der sogenannten »Selva-Literatur« findet. Diese Urwaldromane stellen die Natur der Neuen Welt nicht mehr in den Bahnen des 19. Jhs. als dramatisch oder paradiesisch inszenierte Stimmungslandschaft dar, sondern als unkontrollierbare Urgewalt, die den Menschen immer wieder in seine allzu engen Schranken verweist. Sie ermöglicht es dem, der diese Herausforderung annimmt, seine »Natur«, nämlich sein in der scheinhaften Alltäglichkeit zivilisatorischer Routine verschüttetes Selbst, freizulegen. Strukturell wie ideologisch verweist der Selva-Typus damit freilich auf die magischen Ursprünge der – in zahlreichen Kulturen dokumentierten – Initiationsmärchen, in denen der ›Held‹ sich den Wiedereintritt in die Zivilisation im Kampf gegen sich selbst und die Natur erwerben muss. In der ersten Phase ist dieses Schema fast ausschließlich Dokument exemplarischen Scheiterns, das zugleich ein gesellschaftskritisches Anliegen artikuliert, wie der erste Urwaldroman, *La vorágine* (1924) des Kolumbianers José Eustasio Rivera, zeigt. Rivera hatte 1922 als Mitglied einer kolumbianisch-venezolanischen Grenzkommission im nördlichen Amazonasbecken das Elend der »caucheros«, der Kautschukzapfer, kennengelernt. Schriftstellerisch ist er, sieht man von *La vorágine* ab, nur noch durch den bereits vor der Expedition veröffentlichten Sonettzyklus *Tierra de promisión* (1921) hervorgetreten, in dem er in Nachfolge des Modernismo die Schönheit der kolumbianischen Wildnis besingt. Man kann sich keinen größeren Kontrast zur kühlen parnassischen Schönheit dieser wohlgeformten Verse vorstellen als die Hingabe, mit der Rivera in *La vorágine* den moralischen und physischen Zersetzungsvorgang beschreibt, dem der Mensch in der Selva ausgesetzt ist. Der Roman ist der fiktive autobiographische Bericht des jungen Poeten Arturo Cova, der sich mit seiner Geliebten Alicia auf der Flucht vor dem unausweichlichen Heiratsrummel der feinen Gesellschaft immer weiter von der Zivilisation entfernt. Die Liebenden müssen erkennen, dass bereits außerhalb der Stadt die bürgerlichen Gesetze keine Gültigkeit mehr haben. In den Llanos vermag Arturo nicht zu verhindern, dass Alicia entführt wird. Bei der Verfolgung des Schuldigen gelangt er in die Grenzregion, wo die »caucheros« von skrupellosen Kautschukhändlern wie Sklaven gehalten werden, deren Gewalttätigkeit Arturo mit der Zeit übernimmt: An dem Entführer Alicias rächt er sich, indem er ihn in einen mit Piranhas verseuchten Fluss wirft. Bei der erneuten Flucht geraten Alicia und Arturo immer tiefer in den Urwald, aus dem es keine Rettung für sie geben wird. Der alte Clemente Silva, der seit langem seinen (als »cauchero« versklavten) Sohn sucht, erwirkt, dass der bolivianische Konsul eine Suchexpedition organisiert. Doch in einem Telegramm, das der Epilog des Romans mitteilt, können die Suchenden nur feststellen, dass das Paar »der Dschungel verschlungen hat«. Mit diesem Handlungsgerüst nur locker verbunden sind zahlreiche Episoden, die in realistischer Detailbeobachtung der Absicht dienen aufzuzeigen, wie der Mensch allmählich

Tropischer Regenwald – die »grüne Hölle«

José Eustasio Rivera: La vorágine

zum Tier wird, wenn er die »grüne Hölle« betritt. Damit kann man *La vorágine* als eindrucksvollen Abgesang an den europäischen Rousseauismus und dessen Mythisierung der unberührten, gütigen Natur Amerikas werten. Zudem wird das Drama des Protagonisten zum Drama des Schreibens zwischen Realismus bzw. Kostumbrismus und Modernismus, ein Drama, das auf sprachlicher Ebene zur Synthese beider führt.

Die Opposition zwischen Hauptstadt und Regionen

Der Roman mit regionaler Thematik bestimmt zunächst das gemeinsame Profil der Literaturen beider Länder, handelt es sich doch bei der ethnischen und kulturellen Pluralität um das herausragende Merkmal dieser Region zwischen der karibischen Küste und den Ausläufern der Anden. Als Schmelztiegel der Kulturen begünstigen die karibischen Küstengebiete von Caracas und Maracaibo in Venezuela und von Cartagena und Barranquilla in Kolumbien die Entstehung dieser »criollistischen« Literatur. Dazu hat in Kolumbien die Opposition zwischen der Hauptstadt und den Regionen durch den Dialog zwischen der (indianischen und schwarzantillischen) mündlichen und der (spanischen) Schriftkultur des kreolischen Zentrums Bogotá spannungsreiche Züge. Die intellektuelle Elite versuchte die klassische Rhetorik und die Reinheit der Sprache zu bewahren. Bogotá, zu Beginn des Jahrhunderts noch das literarische Zentrum des Landes, sollte zum »Athen Südamerikas« werden. Dagegen wurden schon in den 30er Jahren kritische Stimmen aus den Regionen laut, besonders aus den Küstengebieten von Cartagena und Barranquilla und aus Medellín, der Hauptstadt der Provinz Antioquia. Erst 1967 führt *Cien años de soledad* von García Márquez beides zu einer ästhetischen Synthese.

Rómulo Gallegos:
Doña Bárbara

In Venezuela dagegen kommt es von Anfang an zur Kultursynthese, denn hier entwickeln sich verhältnismäßig früh Tendenzen zur Dezentralisierung von Kultur und Literatur. Als einer der wesentlichen Romane dieser venezolanischen Spielart der »criollistischen« Gattung gilt *Doña Bárbara* (1929) des späteren venezolanischen Staatspräsidenten Rómulo Gallegos, an dem sich deutlich der Übergang der Poetik des Romans vom 19. zum 20. Jh. ablesen lässt. Gallegos geht von der Ideologie eines deskriptiven Realismus aus. Sein früher Roman *El último Solar* (1920) steht noch in der Tradition des Künstlerromans der Jahrhundertwende, der die Spannung von Vitalismus und Intellektualität thematisiert. Stellt dieser 1930 unter dem Titel *Reinaldo Solar* überarbeitete Roman ein Identifikationsangebot für die desorientierte gebildete Jugend von Caracas dar, so nähert sich Gallegos mit dem folgenden Roman *La trepadora* (1925) der Thematik und dem geographischen Kolorit, das seine besten Werke künftig beherrscht – dem mythischen Kampf, den der Argentinier Sarmiento auf die heute noch verbreitete Formel »Zivilisation und Barbarei« gebracht hat. Gallegos ist sich bewusst, dass diese Frage nicht zugunsten einer der Alternativen zu beantworten ist: Der Romanausgang bietet infolgedessen eine Synthese in Gestalt der Tochter des »barbarischen« Hilario und der »zivilisierten« Adelaida. In ähnlicher Weise entscheidet sich der Autor bei der Suche nach der Synthese europäischer Zivilisation mit der mythisierten Urwüchsigkeit der lateinamerikanischen Natur in *Doña Bárbara* (1929), wenn am Ende des Werks die dämonisierte Titelfigur ihrer Tochter kampflos das Feld für die Hochzeit mit dem »Zivilisierten« Santos Luzardo räumt, den Bárbara eigentlich selbst liebte.

Rómulo Gallegos

Hier beginnt also ein Prozess der ästhetischen Bewältigung und Umdeutung der Natur, in dem die schöpferische Potenz des Criollismo zum Ausdruck kommt. Auf der ästhetischen Ebene des Textes obsiegt jedoch die üppige, urwüchsig chaotische Natur, deren Gewalt der Text zum sprachlichen Reichtum zu transformieren vermag. Im spanischen Exil vollendet Gallegos schließlich den Selva-Roman *Canaíma* (1935): Der Protagonist Marcos Vargas ist im Grunde ein Nachfahre der Konquistadoren, ein zivilisationsverdorbener Abenteurer, der in der grünen Hölle des Orinoco sein Glück als Goldsucher zu machen hofft. Wenn hier wieder das Problem der »Bestie im Menschen« thematisiert ist, so erfährt es nun eine interessante Zuspitzung durch den Kontrast, den sein Protagonist in der Konfrontation mit einer Natur bildet, die weder im aufklärerischen Sinne »nur gut« noch im Sinne der Naturalisten korrumpiert ist. »Canaíma« ist im Glauben der venezolanischen Indios der wütende Gott, das Prinzip des Bösen, und Gallegos' Metapher für eine aus zivilisierter Sicht grausame Natur, der die Menschen der Selva stets aufs Neue ihren Lebensraum abtrotzen müssen. Im indianischen Mythos tritt Canaíma in Opposition zu Cajuña, dem lebensstiftenden Prinzip. Es entspricht hier der Linie, die durch Gallegos' frühere Romane vorgezeichnet war, in *Canaíma* ein Plädoyer für den Ausgleich beider Prinzipien zu sehen. Im Gegensatz zu Marcos Vargas steht demgemäß die Gestalt des Juan Solito, der mit der Natur lebt und so in der Wildnis überleben kann, während Marcos, bestrebt, im Dschungel seine wirkliche Identität zu finden, von den Indianern, denen er sich angeschlossen hat, getötet wird. Obwohl Marcos' Initiation also scheitert, verheißt der Autor auch hier wieder in der Schlusswendung eine optimistische Botschaft. Gallegos schließt seinen Roman zu einer Art mythischem Zirkel, als mit Marcos' Sohn, einem in der Stadt aufgewachsenen Mestizen, eine Gestalt auf den Plan tritt, die Zivilisation und Wildnis durch Abkunft und Bildung in sich vereint. Adäquat kann *Canaíma* wohl nur vor dem Hintergrund der zeitgenössischen lateinamerikanischen Literatur rezipiert werden, in der sich, mit einer gewissen Phasenverschiebung, ein gesamtkontinentales Interesse an der Formulierung spezifisch lateinamerikanischer Wirklichkeitsmodelle erweist.

Canaíma

Die literarische Mestizisierung als poetologisches Programm

Bereits für die folgende Generation in Venezuela stellt die Thematik von Amerikanismus und Indigenismus, die mit *Canaíma* ihren unbestrittenen Höhepunkt in Venezuela erreicht, keine Herausforderung mehr dar, wie die bereits 1928 gegründete Literaturzeitschrift *Válvula* zeigt, die sich um Arturo Uslar Pietri bildete. Nachrichten über die neuesten Entwicklungen der europäischen Avantgarde, die mittlerweile Venezuela erreicht hatten, bestärkten die Autoren um *Válvula* in ihrer Suche nach einer Ausdrucksform jenseits eines Realismus, dessen Wurzeln ja bis in den Kostumbrismus des 19. Jhs. zurückreichen. Das Grundsatzprogramm von *Válvula* stellt eine radikal formulierte Kampfansage an jenen verstaubten Pseudorealismus dar und sollte die Zeitschrift zum Sprachrohr der neuesten Tendenzen, zumal des französischen Surrealismus, aufbauen. Dass dieses anspruchsvolle Programm letztlich selbst in venezolanischen Intellektuellenkreisen keinen größeren Nachhall hinterließ, führt Uslar Pietri rückblickend auch auf die »zu schnelle, selektive und künstliche« Vermittlung zurück. Ein Jahr später bot sich für ihn die Gelegenheit, die europä-

Arturo Uslar Pietri

Konfrontation
mit avantgardistischer
Kunst:
Marcel Duchamps
»Fahr-Rad«

ische Kunstszene persönlich kennenzulernen, als er als Botschaftssekretär nach Paris entsandt wurde, wo er nicht nur in surrealistischen Zirkeln verkehrte, sondern auch mit seinen lateinamerikanischen Schriftsteller-kollegen und späteren Freunden Alejo Carpentier und Miguel Angel Asturias zusammentraf. In engem geistigen Austausch mit diesen entsteht Uslar Pietris erster Roman *Las lanzas coloradas*, dessen breites Echo nach seinem Erscheinen 1931 die nur ein Jahr später veröffentlichte deutsche Übersetzung (Berlin 1932) dokumentiert. Damit löst sich Uslar Pietri nicht nur vom Kostumbrismus, sondern auch aus dem regionalistischen Schatten von Rómulo Gallegos, indem er ein zeitlich fernes Sujet, die blutigen Ereignisse der Befreiungskriege von 1813/14, wählt. Dennoch bestimmt auch diesen Erstlingsroman die für Venezuelas Entwicklung wesentliche intellektuelle Dichotomie von »Zivilisation und Barbarei«, modellhaft vorgeführt am Schicksal der Hacienda »El Altar« und ihrer Bewohner. Dabei demonstriert Uslar Pietri an der Figur des Verwalters Presentación Campos die Dialektik der Revolution: Der Mulatte Campos, der Gewalt als eine Lebensform begreift, brandschatzt die Hacienda, vergewaltigt die Tochter des Gutsherrn und zieht mit den befreiten Sklaven in den Krieg, »weil der Krieg erst die wirklichen Herren schafft«, während der Zauderer Fernando Fontes, der Sohn des Gutsherrn, sich nicht zum Kampf für Bolívar entschließen kann und schließlich zugrunde geht. Wesentlich erscheint an *Las lanzas coloradas* diese Wende zum historischen Roman, die im Kontext der Identitätsdebatte zu sehen ist, denn Uslar Pietri entschied sich für diese Gattung nach eigener Aussage in dem Bewusstsein, dass man die nationale Identität »nicht durch Land-schaftsmalerei schaffen kann, sondern sie in dem Moment ihrer größten und sichtbarsten Spannung suchen muss«. Der Gattung »historischer Roman« wird er sich noch dreimal (mit nicht minder bemerkenswerten Ergebnissen) zuwenden. In *El camino de El Dorado* (1947) erzählt er das Leben des Amazonas-Eroberers Aguirre neu. In diesem psychologischen Porträt des verkrüppelten Monsters Lope de Aguirre beschreibt Uslar Pietri detailliert die Methoden des Machterhalts – den Wechsel von Terror und Rhetorik. Wenn Uslar Pietri in *La isla de Robinson* (1981) das Schicksal des Lehrers und Weggefährten von Simón Bolívar behandelt, dessen idealistische pädagogische Pläne ebenso von der spanischen Kolo-nialverwaltung wie später von der republikanischen Regierung blockiert werden, so aktualisiert er die bekannte Frage nach »Zivilisation und Barbarei« am Beispiel der Frühzeit der venezolanischen Unabhängigkeit. Seine pessimistische Sicht der Möglichkeit gesellschaftlicher Fortschritte ist als persönlicher Versuch über die »Dialektik der Aufklärung« lesbar, mit der sich zur selben Zeit die letzten Romane des Kubaners Carpentier befassen. Uslar Pietris bislang letzter Roman *La visita en el tiempo* (1990) erzählt die Biographie des Lepantosiegers Juan de Austria, des illegitimen Sohnes von Karl V. Wenn dieses Spätwerk Uslar Pietris aufgrund der eigenwilligen Interpretation geschichtlicher Fakten geteilte Aufnahme findet, so ist es wie die zeitgenössischen ›historischen‹ Romane Carpentiers, Posses oder Otero Silvas als ein weiterer Beleg für die zunehmende Eman-zipation der lateinamerikanischen Literatur von den vom 19. Jh. über-nommenen Vorstellungen historischer Wahrheit zu werten.

Sein ästhetisches Prinzip der Mestizisierung hat Uslar Pietri auch in seiner kulturtheoretischen Essayistik formuliert. Seine auf Venezuela be-zogenen Studien (*Letras y hombres de Venezuela*, 1948) führen zu einer auch den Kontinent betreffenden ästhetischen Theorie, die das Phänomen der Schöpfung neuer Kulturen mit der These begründet, die Transgression tradierter Formen führe zur kulturellen Erneuerung (*Lo criollo en la literatura*, 1950, und *En busca del nuevo mundo*, 1969). Die avantgardistische Ästhetik wird zum Kreativitätsprinzip der Wesensbestimmung Amerikas als »Neuer Welt« gemacht. Kulturelle Mischung und der »*entfremdete*« Kulturzustand der »Neuen Welt« gelten damit nun als ästhetische *Ver*-fremdung. Entautomatisierung überlieferter Modelle, Übernahme des (indianischen) mythischen Bewusstseins und indianischer Symbolik, sowie Vorrang von Intuition und Emotion werden zu Prinzipien des Criollismo erklärt. Auch bei der Charakterisierung des hispanoamerikanischen Romans allgemein in Uslar Pietris Essay *Breve historia de la novela hispanoamericana* (1954) wird deutlich, dass es sich im Wesentlichen um jene Ästhetik handelt, die man später (allerdings hat auch diesen Ausdruck als erster Lateinamerikaner Uslar Pietri schon 1948 verwendet) »Magischen Realismus« genannt hat.

Die Poetik von »criollismo« und »Magischem Realismus« in Uslar Pietris Essays

Die criollistischen, an surrealistischer und neobarocker Metaphorik reichen Erzählungen von Arturo Uslar Pietri (*Bárrabas y otros relatos*, 1928, und *Red*, 1936) sind neben jenen von Mariano Picón Salas (*Mundo imaginario*, 1927; *Registro de huéspedes*, 1934) auch ausschlaggebend für ein steigendes Prestige der Gattung des »cuento«, der Kurzerzählung. Mit seiner Erzählsammlung *Llueve sobre el mar* (Es regnet über dem Meer, 1943) überwindet Gustavo Díaz Solis für diese Gattung die inzwischen festgefahrene Rhetorik des Criollismo. Wie in der Lyrik dient nun eine oneirische Atmosphäre als Strukturmittel, das die Erzählung zwischen Traum und Realität situiert. Auf seinen Spuren schafft Guillermo Meneses mit *Canción de los negros* (1934) und besonders mit *La mano junto al muro* (1952) eine Erzählkunst, in der das Poetische, das Psychologische und das Reale zu einer kreativen Synthese gelangen.

Die Kurzerzählung

Alternative Kulturzentren

In Kolumbien entwickeln sich ab 1925 die Hafenstädte Barranquilla und Cartagena zu modernen Zentren der Kultur und damit zu einer Alternative zu Bogotá. Der 1927 erscheinende *Cosme* von José Felix Fuenmayor nimmt die Handlung von *La vorágine* wieder auf, ironisiert jedoch nun die durch die Figur des Lehrers Colón symbolisierte Rhetorik der Hauptstadt. Durch die Alltagssprache der Dialoge geht die mündliche Kultur in die Struktur des Romans ein. Nach der Aufnahme der Kaffeeproduktion im Jahre 1880 und mit der wachsenden Bedeutung Antioquias als Gold, Silber, Kohle und Öl produzierenden Grenzlandes wird Medellín zum zweiten Zentrum Kolumbiens. Die kulturelle Unabhängigkeit dieser Region kommt bei Tomás Carrasquilla zum Ausdruck. In *Marquesa de Yolombo* (1927), einem historischen Roman über den Wechsel vom 18. zum 19. Jh., und in *Hace tiempos: Memorias de Eloy Gamboa* (1935), der die rurale Gesellschaft Antioquias des 19. Jhs. thematisiert, betrachtet der Erzähler die mündliche Volkskultur ohne die exotische oder ethnologische Perspektive eines Rivera. Durch die weibliche Protagonistin, eine erfolgreiche Unternehmerin, die sich die Ausbildung und Befreiung der Bergwerksarbeiter und Sklaven zum Ziel setzt, repräsentiert Carrasquilla die kulturelle Mestizisierung und das für die Literatur Antioquias charakteristische soziale Utopiepotential. Gustave Flauberts Suche nach dem richtigen Wort lebt in seinem Œuvre weiter, wenngleich sein ästhetisches Motto »arte sin arte« ihm den Spott seiner modernistischen Zeitgenossen

Tomás Carrasquilla

eintrug. Nichtsdestoweniger gilt Carrasquilla heute gemeinsam mit Efe Gómez als Vorläufer der neueren kolumbianischen Erzählkunst. Gómez legt den Akzent seiner Schriftstellerei auf die Kurzerzählung: In seinen Erzählbänden *Cuentos* (1942) und *Almas rudas* (1943) ist Gewalt eines der vorherrschenden Themen, wobei die Stories sich durch Dichte und eine unprätentiöse Ausdrucksweise auszeichnen, welche die Grausamkeit seiner Sujets noch hervorhebt.

Die Entdeckung der indianischen und afroantillischen Kultur

Erst nach dem Sieg der Liberalen im Jahre 1930 wird die indianische und afroantillische Kultur ganz entdeckt: *Toá* (1933) von César Uribe Piedrahita nimmt zwar mit der Selva das Thema von Riveras *La Vorágine* wieder auf, nun aber in viel nüchternerer moralistischer und dokumentarischer Absicht. *Toá* soll den europäisierten Teilen Kolumbiens zeigen, dass sie von den anderen lernen müssen, wenn Kolumbien wirklich zur Bildung der Kultur einer »Neuen Welt« beitragen soll. Die Mischung von kreolischen, indianischen und afroantillischen Traditionen vollzieht sich in der Literatur des Cauca-Tals ohne dramatischen Konflikt. Während im 19. Jh. konservative Großgrundbesitzer das Profil des Landes bestimmt hatten, ist nun die Hauptstadt Cali zu einer pulsierenden Industriestadt geworden, in der auch die meisten der ca. 500 000 Indios leben. Im schwarzantillischen Criollismo von *Chambú* (1946) thematisiert Guillermo Edmundo Chávez die Problematik der drei Ethnien Kolumbiens, wobei die Faszination gegenüber dem Fremden in der eigenen Kultur den afroantillischen und indianischen Kulturelementen des Landes gilt.

Holzschnitt für *Mancha de aceite* (1935) von Piedrahita

Eine wichtige Funktion für die Entstehung und Formung eines nationalen Bewusstseins erfüllen in der ersten Hälfte des Jahrhunderts Baldomero Sanín Cano und Germán Arciniegas, die bedeutendsten Essayisten Kolumbiens. Arciniegas hat ein umfangreiches Werk geschaffen, das vor allem um historiographische Themen kreist, jedoch vorzugsweise die Geschichte aus dem Blickwinkel »von unten« studiert. So arbeitete er in *El estudiante de la mesa redonda* (1932) den Anteil der Studenten an der Weltgeschichte heraus; ein neueres Werk, *Bolívar y la revolución* (1984), ist dem Beitrag des einfachen Volkes und der Intellektuellen zu der kolumbianischen Unabhängigkeit gewidmet. Sanín Cano hat sich dagegen vor allem dem kulturgeschichtlichen Essay und der Vermittlung der deutschen und nordeuropäischen Literaturen zugewandt.

Lyrik zwischen Postmodernismo und Avantgarde

Die Gruppe »Los Nuevos«

In der kolumbianischen Lyrik klingt, wie der einzige Gedichtband Riveras bereits zeigt, das Echo des Modernismo mehr oder weniger stark nach. Unter dem Namen »Los Nuevos« schreiben sich eine Reihe von Lyrikern im Umkreis von Jorge Zalamea und dem späteren, 1946 gestürzten Präsidenten Alberto Lleras Camargo ein diffuses Programm auf die Fahnen, das von einer radikalisierten Avantgarde bis zum nachromantischen Traditionalismus reicht. Dem Kreis, mit dem sich die modernistische Tradition in der kolumbianischen Poesie eher fortschreibt als weiterentwickelt, gehörten auch Rafael Maya und Germán Pardo García an. Maya setzt die Tradition der artifiziellen Verskunst der Parnassier fort; dabei wendet er sich vehement gegen ästhetisches Experimentieren. Wenn er den Sinn der Worte nach verschütteten und verborgenen Bedeutungen auslotet, so entspricht dies seinem Dichtungsideal, der Erschließung einer imaginären Welt jenseits der physischen Erfahrbarkeit. Dieses Projekt findet nach Ansicht der Kritiker einen besonders gelungenen Ausdruck in Mayas drittem Lyrikband *Después del silencio* (1938). Germán Pardo García pflegt in modernistischer Formensprache die Themen einer expressionistischen Bekenntnislyrik weiter. Angst, Tod, Melancholie, Isolation und der Protest gegen den Krieg sind wesentliche Themen von Gedichtbänden wie *Claro abismo* (1937); in späteren Werken (z. B. *Las voces naturales*, 1945) kommt eine Mystifikation der Natur hinzu, deren verborgene Harmonie – »die geheime Geometrie der Dinge« – er aufzuschlüsseln sucht. Zalamea selbst, Bildungsminister unter Präsident López, scheitert mit seinem traditionalistischen Kulturprogramm und wird danach zum erbitterten Gegner der Militärregierungen. Sein Einfluss auf die spätere Literatur Kolumbiens geht eher auf seine Prosa zurück. So initiiert seine Erzählung *La metamórfosis de su Excelencia* eine neue Form der literarischen Behandlung der Diktatur: Der alternde Diktator erkennt seine eigene Grausamkeit und zieht sich in eine Lagune zurück, in deren klarem Wasser er die Unschuld seiner eigenen Kindheit wiederzufinden glaubt, wird aber in ein Tier verwandelt. Das rousseauistische Motiv der inneren Gewissheit und der Unschuld der Natur wird hier verkehrt: Der Diktator kann von seiner Schuld nicht erlöst werden. Auch im Roman *El gran Burundún Burunda ha muerto* (1952) finden sich – wie später in García Márquez' *El otoño del patriarca* – diese Motive. Die Beschreibung des Beerdigungszuges lässt die vergangene Macht des Diktators als eine Legende erscheinen, an die nur noch die Uniformen der Funktionäre erinnern. Diese Darstellung entmythisiert die Figur des Diktators; die Zensur wird zur stilistischen Waffe, die in der Sprache des Romans den Diktator demontiert, bis er selbst seine Angst und Impotenz erkennt.

Die Identität der »Nuevos« als Gruppe mit klar umrissenem poetischen Programm ist nur vorübergehender Natur. Von größerer Bedeutung sind indes zwei ›Außenseiter‹, die mit den »Nuevos« in lockerer Verbindung stehen: León de Greiff und Luis Vidales. Mit León de Greiff erhält – nach dem Frühmodernisten José Asunción Silva – Kolumbien einen zweiten »poète maudit«, der Rimbaud oder Verlaine in der Extravaganz seiner Lebensführung kaum nachsteht. Wie für die von ihm verehrten Poe und Baudelaire heißt Dichten für ihn Selbstvergewisserung in der Kunst. Damit freilich wird die Lektüre seines – nicht nur des lyrischen – Werks zum Detektivspiel, denn de Greiff ist, wie seine symbolistischen Vorbilder, kein Autor, der sich dem Leser leicht eröffnet. Der Titel seines ersten Gedichtbandes, *Tergiversaciones de Leo Gris, Matías Aldecoa y Gaspar* (1925), ist zugleich ein poetologisches Programm, das selbst die Möglichkeit ausschließt, das lyrische Ich konstant zu erhalten. Man ist unwillkürlich versucht, de Greiffs poetische Attitüde mit den etwa gleichzeitigen ›Experimenten‹ des großen portugiesischen Lyrikers Fernando Pessoa zu vergleichen: Wie Pessoa generiert de Greiff dichtend neue »Teilidentitäten« – Harald el Oscuro, Gaspar von der Nacht, Leo Gris: »Ich spiele mein Leben, ich wechsle mein Leben. Ich spiele und wechsle es mittels des kindischsten Tricks.« Die Vervielfältigung korrespondiert nicht nur mit einer Potenzierung der stilistischen Ausdrucksmöglichkeiten seiner poetischen »Heteronyme«, sie erlaubt dem Dichter auch eine boshafte Selbstironie und eine distanzierte Nüchternheit gegenüber der eigenen Melancholie und einem romantischen Nihilismus, dem de Greiff durch umso ausgefeilteres Schreiben und ein ausgeklügeltes System von Verweisen auf sein Leben und das eigene Werk, auf Literatur und die fanatisch geliebte Musik begegnet. Dabei ist er jedoch nie Vertreter einer avantgardistischen Poetik: Schöpferisches Moment der Lyrik de Greiffs ist – auch im letzten

León de Greiff

León de Greiff mit seinem Bruder – programmatisch liegen Poe und Baudelaire auf dem Tisch

Werk *Nova et vetera* (1973) – nicht der avantgardistische Bruch mit der
Tradition, sondern das parodistische Zitat.

Luis Vidales

Ein ganz anders geartetes Temperament ist Luis Vidales, der durch seine
formale Experimentierfreude aus dem lyrischen Spektrum herauszufallen
scheint. Sein origineller Gedichtband *Suenan timbres* (1926) weist avantgardistische Tendenzen auf, wie sie gleichzeitig auch im Werk des damals
in Paris lebenden Peruaners César Vallejo vorkommen. Gedichte in freien
Versen sind nun eine Selbstverständlichkeit, daneben stehen als Provokation und als Protest gegen überkommene Regeln auch offenkundige Prosatexte. Eine eigene ästhetische Aussageebene bilden typographische Spie-
lereien, wie sie in Europa zunächst von Guillaume Apollinaire und den
Dadaisten erprobt wurden. Surrealistische und futuristische Sprachbilder
erzeugen in den Gedichten dieses ersten Bandes oft Traum-analoge Ausdrucksformen, die dazu geeignet sind, im Leser gewohnte Erfahrungs-
welten zeitweilig außer Kraft zu setzen. Durch ihre für lyrische Texte
seltene dynamische Komponente erinnern seine Gedichte an die frühen
Filmexperimente des französischen Surrealismus. In seinen späteren Bänden erweist sich Vidales indes als weitaus weniger avantgardistisch.

Eine lediglich dem Anspruch nach neue lyrische Richtung formiert sich
1939 um die von Jorge Rojas herausgegebene, allerdings kurzlebige Lyrik-
reihe *Cuadernos de Piedra y Cielo*. Ihren Namen verdankt die Gruppe
einem 1919 erschienenen Gedichtband des Spaniers Juan Ramón Jiménez.
Der Gruppe gehörten unter anderem Eduardo Carranza und Tomás Vargas Osoria an. Diesmal wird die geplante Erneuerung der nur noch als
»traditionell«, »antiquiert« und »konventionell« diskreditierten ›offiziellen‹ kolumbianischen Lyrik von den jüngeren Tendenzen der internationalen Hochmoderne wie Paul Valéry und T. S. Eliot inspiriert, aber auch von
den Dichtern der spanischen »Generation von 27«, Lorca und Alberti,
und den Kultfiguren der zeitgenössischen lateinamerikanischen Poesie,
insbesondere von Pablo Neruda und Vicente Huidobro. Angesichts dieser
disparaten Vorbilder überraschen die formale Einheitlichkeit und die
gemeinsame ästhetische Position: die Verweigerung von Narrativität in
der Lyrik, die Intensivierung des poetischen Ausdrucks durch »kühne
Metaphern«, die Eroberung des Imaginären kraft der Poesie und die formale Perfektion, die sich in der Rückkehr zu traditionelleren Formen wie
dem Sonett äußert. In den 50er Jahren sollte sich dann das Verhältnis zu
den Avantgarden in Venezuela und Kolumbien umkehren: Ist es in Venezuela auch der Klassizismus der Gruppe um die Zeitschrift *Contrapunto*,
der von 1948 bis zur Mitte der 50er Jahre die Lyrikproduktion maßgeblich beeinflusst hat, so denunziert die kolumbianische Lyrik die »Violencia« und dokumentiert die Gewalt, sucht dabei aber primär ein Feld für
formale Experimente. Der Gruppe »Piedra y Cielo« folgt die von Jorge
Gaitán Durán und Fernando Charry Lara gegründete, sich einem linksge-
richteten Humanismus verschreibende Zeitschrift *Mito* (1955–62).

Literatur und Engagement: Neorealismo, Neo-Avantgarden

Miguel Otero Silva

Die gewaltigen Umwälzungen, die Venezuela seit den 30er Jahren durch-
zustehen hat, spiegeln sich in einem allmählichen Wandel des Romangenres wider. So werden in neuerer Zeit zunächst vorzugsweise politische und
soziale Themen behandelt, später auch ideologische und geschichtsphilosophische Fragen. Stärker als die von Brasilien und den USA kommenden ästhetischen Impulse wirkt auf die Ausdrucksmöglichkeiten und das

politisch-gesellschaftliche Engagement der Autoren immer wieder die
wechselnde politische Situation, die nach den Militärdiktaturen und
Staatsstreichen der ersten Jahrhunderthälfte allmählich eine relativ stabile
Demokratie mit sich gebracht hat. Demgemäß heterogen ist das Spektrum
der Ausdrucksformen des Romans, das von akkusatorischer Deutlichkeit
bis zu ironisch-allegorischer Verschlüsselung reicht.

Miguel Otero Silva, der unter der Gómez-Diktatur und danach wegen
seiner politischen Betätigung Gefängnishaft und Exil ausgesetzt war, war
einer der herausragenden Autoren, der bereits seit den 30er Jahren – wie
der frühe Gedichtband *Agua y cauce* (1937) zeigt – soziale und politische
Themen in unterschiedlichster Form behandelte. In seinem frühesten Roman *Fiebre* (1939, 1970 überarbeitet) verarbeitet Otero eigene Erfahrungen in der gewaltsam unterdrückten Studentenbewegung, die Ende 1928
eine Liberalisierung herbeizuführen hoffte. Die Brutalität, mit der das
Gómez-Regime den Aufstand unterdrückte, und das Elend, dem die Jugendlichen in den Straflagern ausgesetzt sind, nehmen breiten Raum in
dem Werk ein. Mit *Casas muertas* (1955) vollzieht Otero die Annäherung
an jenen neorealistischen »Regionalismus«, der in der Literatur des benachbarten Brasilien seit den späten 30er Jahren dominierte. Die »toten
Häuser« sind eine Metapher für den Niedergang der einst reichen landwirtschaftlichen Provinzen Zentralvenezuelas; deren wirtschaftliche Dekadenz ist Konsequenz des makroökonomischen Wandels, der in Venezuela bereits Ende des 19. Jhs. mit der Abschaffung der Sklaverei einsetzt
und durch den Ausbau der Erdölindustrie seit den 30er Jahren weiterwirkt. Wie in den Romanen seines brasilianischen Zeitgenossen Graciliano Ramos beherrschen Krankheit und Tod – das Sumpffieber fordert
immer neue Opfer – die dargestellte Welt: Selbst der vitale Protagonist
Sebastián erkrankt plötzlich und stirbt innerhalb weniger Tage. Da es in
der deprimierend geschilderten Welt der Llanos keine Hoffnung mehr zu
geben scheint, beschließt nach Sebastiáns Tod seine Braut Carmen Rosa,
mit ihrer Mutter den Ort zu verlassen, um in der Region der neu-
erschlossenen Ölfelder eine neue Existenz zu begründen. In einer Reihe
von Nebenhandlungen, Gesprächen und Rückblenden – der gesamte Text
setzt mit Sebastiáns Begräbnis ein, ist also gewissermaßen »vom Tode
her« erzählt – weist Otero auf die tieferen Ursachen des Elends hin, die
auf Misswirtschaft und Willkür von Juan Vicente Gómez' Regime zurückreichen. Der für den (neo-)realistischen Roman charakteristischen Tendenz zur universellen Perspektivierung nationaler Problemfelder trägt
Otero Rechnung, indem er die Geschichte Carmen Rosas, ihre Erfahrungen in der entfremdeten Arbeitswelt der Ölfelder, in seinem folgenden
Roman *Oficio N° 1* (1961) fortschreibt. In *La muerte de Honorio* (1963)
bezieht Otero sich auf die Diktatur des Generals Marcos Pérez Jiménez in
den 50er Jahren, dessen Brutalität aus der Perspektive seiner Opfer, fünf
politischer Häftlinge, vorgeführt wird.

Unter den späteren Romanen Oteros ist *Lope de Aguirre, príncipe de la
libertad* (1979) der bemerkenswerteste, der nach Uslar Pietris *El camino
de El Dorado* (1947), *Daimón* (1978) des Argentiniers Abel Posse und
dem Roman *La aventura equinoccial de Lope de Aguirre* (1964) des
Exilspaniers Ramón Sender eine weitere Reinterpretation der Gestalt des
abtrünnigen Konquistadors unternimmt. Seinen Erfolg in Deutschland
verdankt Oteros Buch nicht zuletzt der relativen Popularität des Aguirre-
Themas, die Werner Herzogs Verfilmung (*Aguirre – der Zorn Gottes*,
1972) vorbereitet hatte. Es ist bezeichnend, wie im Zuge der Neuinter-

Ein neues Bild
Lope de Aguirres

pretation lateinamerikanischer Identität seit den 70er Jahren dieses Bild des einstigen Verräters an der spanischen Krone zum »Fürsten der Freiheit« und zum Vorläufer des Freiheitshelden Bolívar umgedeutet wird. Genährt wird diese eigenwillige Lektüre der wenigen verbürgten historischen Fakten durch keinen anderen als Simón Bolívar, der sich in seinem *Decreto de guerra a muerte* (1813) auf Aguirre berufen hatte. Nicht minder bemerkenswert als die ideologische Refunktionalisierung des abtrünnigen Eroberers ist das dazu angewendete literarische Verfahren einer geschickten, oft spielerisch sich selbst infrage stellenden Montage von authentischen und fiktiven Quellen.

Im Verhältnis zur Blüte des Romans in Kolumbien ist diese Gattung in Venezuela ab den 50er Jahren – wenn man von Einzelfällen absieht – unbedeutend. Dafür sind verschiedene Faktoren verantwortlich: einerseits die zunehmende politische Stagnation, Enttäuschung und Zensur während der Diktatur von Pérez Jiménez (1952–58), andererseits die Erschöpfung der Rhetorik des Criollismo. Mit Rómulo Gallegos hatte man zwar den Kostumbrismus überwunden, aber die mimetische Intention, nämlich die Darstellung verschiedener Aspekte der im Criollismo gesuchten »venezolanidad«, war weiterhin das zentrale Moment der Texte geblieben. Zwei parallel entstehende Gruppen in Venezuela und Kolumbien thematisieren in den 60er Jahren das Verhältnis von Literatur und Politik: »Tabla Redonda«, deren Mitglieder am Sturz der Diktatur in Venezuela beteiligt waren, und »Sardio« bilden sich kurz vor dem Zusammenbruch der Diktatur im Jahre 1958. »Sardio« stellt das absurde Theater und das Werk des französischen Existentialisten Albert Camus in das Zentrum des literarischen Interesses. Diese Gruppe wendet sich gegen den Kostumbrismus und gegen den in der Literatur der ersten Jahrhunderthälfte dominierenden Regionalismus, der eine verschlossene Konzeption des Menschen ohne internationale Perspektiven entwickelt habe; grundlegendes Werk für ihre Ästhetik ist *Las hogueras más altas* (1959) von Adriano González León, eine Erzählsammlung, deren metaphorischer Stil die poetische Vision einer Welt von Phantasmen und Erinnerungen erzeugt, welche das Bewusstsein der Figuren wachrütteln soll. Indirekt, durch die Atomisierung der Gegenstände und die Verbindung verschiedener Zeiträume, werden die Konflikte der Epoche geschildert. Als Reaktion auf die Diskrepanz zwischen dem demokratischen Versprechen und der Repression der Guerrilla-Unruhen in den ersten Jahren der Demokratie von Rómulo Betancourt (1959–1964) politisiert sich »Sardio« zunehmend und übernimmt mit der paradoxen Bezeichnung »Techo de la Ballena« (Walfischdach) eine engagierte Arbeit gegen die bürgerliche Kultur. So überrascht es nicht, dass versucht wird, das provokatorische Potential einer radikalen Ultramoderne europäischer und US-amerikanischer Provenienz in Venezuela zu nutzen, wobei alle Register der Provokation eines am bürgerlichen Kunstbegriff orientierten Publikums gezogen werden. Ein Beispiel dieser Rezeption von Neodadaismus und amerikanischer Pop Art stellen die frühen Aktionen von Salvador Garmendia dar, der mit »El Techo de la Ballena« eine Ausstellung über »Kitsch« veranstaltet, in der Werke sämtlicher berühmter venezolanischer Autoren vertreten sind. Auch in Kolumbien entsteht mit dem »Nadaismo« im Jahre 1958, am Ende der ersten Epoche der »Violencia« (1947–1957), eine vergleichbare Bewegung. Wichtige Anstöße geben dabei die frühzeitig in Lateinamerika rezipierte Existenzphilosophie und die amerikanische Gegenkultur der 50er Jahre (»Beat Generation«). Die Poetisierung des

Die Gruppe »Sardio« – »El Techo de la Ballena« in Venezuela

Der »Nadaismo« in Kolumbien

Wahnsinns, des Krankhaften und des Chaos stellen die Dichter der 1957 gegründeten Gruppe der »Nadaisten« (von span. »nada«, »nichts«) über die Vernunft, die Gesundheit und die Ordnung. Wie zur selben Zeit die Amerikaner Burroughs, Kerouac, Cassady und Ginsberg setzten die »Nadaisten« auf den geplanten Skandal und die Provokation des Publikums. Ihre Absicht, an die Stelle überkommener gesellschaftlicher Werte – Moral, Religion, Patriotismus, Privateigentum, Hierarchie – einen Katalog neuer nadaistischer »Werte« (sexuelle Befreiung, Drogenkonsum, Spontanität, Herrschaft des Unbewussten) zu setzen, weist freilich zurück auf die früheren Programme avantgardistischer Bewegungen, vor allem des Dadaismus und des Surrealismus. In Medellín, der einzigen Stadt neben Cali, in der Notiz von der Bewegung genommen wird, wurde der Nadaismo als Kritik an der klerikalen Verschlossenheit der bürgerlichen Gesellschaft verstanden. Der Begründer der nadaistischen Richtung, Gonzalo Arango, hat die umstürzlerischen Richtlinien, die nahezu alles, was der besseren kolumbianischen Gesellschaft heilig war, angriffen, in einem *Manifiesto nadaísta* (1958) festgehalten. Der revolutionäre Elan der Gruppe macht jedoch bald dem Rückzug in die Mystik eines »hippismo criollo« Platz. Als Arango 1963 die Anthologie *Trece poetas nadaístas* veröffentlicht, die die Poesie der Gruppe nun doch wieder kanonisiert, bestätigt er bereits die alte Regel, dass Revolutionen in der Kunst kaum länger als ein halbes Jahrzehnt dauern. Wenn er selbst sich seit 1964 von der nadaistischen Richtung wieder abwendet (vgl. das Gedicht »Adiós al nadaísmo«), so bleibt er gleichsam der Konkursverwalter des Nadaismus, der mit theoretischen Schriften (*De la nada al nadaísmo*, 1966) zu erkennen gibt, wie schnell und bereitwillig gerade diese anarchische Gegenkultur sich vom ›feindlichen‹ bürgerlichen Kulturbetrieb absorbieren ließ.

Auch die venezolanischen »Ultras« zeigen bald konventionellere Züge: So eröffnet Garmendia sein umfangreiches erzählerisches Werk mit einer Neugestaltung des traditionellen psychologischen Romans in *Los pequeños seres* (1959). Die Problematik der Identität in einer von Entfremdung bestimmten Gesellschaft stellt Garmendia am Beispiel des jungen Angestellten Mateo dar, der sich am Grab seines gerade verstorbenen Abteilungsleiters – dessen Nachfolger er werden soll – die Frage nach dem Sinn seiner Existenz stellt. Mateos sich an das Begräbnis anschließende Handlungen sind ein nach außen verlegter Abstieg in die Abgründe der menschlichen Seele. Statt in sein Büro zurückzukehren, vagabundiert Mateo durch ein Bordell, einen Zirkus und schließlich eine verlassene Bahnstation. Die Stadtlandschaft von Caracas wird hier zu einer suggestiven Metapher für die Nichtigkeit der menschlichen Existenz. Garmendias folgende Romane – *Los habitantes* (1961), *Día de ceniza* (1963) und *La mala vida* (1968) – variieren und überzeichnen diese Ausgangssituation zur exzessiven Darstellung von Ausschweifungen bis an die Grenze des Zumutbaren. Wenn sich Garmendia mit dem Erzählungsband *Memorias de Altagracia* (1974) und dem Folgeband *La casa del tiempo* (1986) einem anderen Ambiente, einer fast idyllischen Provinzstadt und ihren skurrilen Bewohnern zuwendet, so ist dies wohl ein Symptom dafür, dass der Erzähler den Endpunkt einer literarischen Auseinandersetzung mit dem Moloch der Großstadt Caracas erreicht hat, an deren Stelle nun mit Altagracia ein überschaubarer, friedlicher Ort tritt, der die Plätze evoziert, an denen der Autor seine Kindheit verlebte. Angesichts der explosionsartigen Ausbreitung der südamerikanischen Großstädte verwundert es nicht, dass die Literatur den für ganz Südamerika mittlerweile gleicher-

Die Romane
Salvador Garmendias

maßen problematischen, fundamentalen Gegensatz von Stadt und Land
manifestiert; ein rares jüngeres Beispiel der Integration beider einander
letztlich ignorierender Welten gelang indes einem Weggefährten Garmendias aus der Gruppe »El Techo de la Ballena«: Adriano González León
setzt sich vordergründig mit einem Aspekt der Stadtproblematik auseinander, der in Caracas vor allem in den 60er Jahren unter der Regierung
Betancourt virulent war. In seinem politischen Roman *País portátil* (1968)
begleitet der Leser den Stadt-Guerillero Andrés Barazarte auf seinem Weg
durch Caracas. Wenn der Autor dabei den zeitlichen Rahmen seiner
Geschichte – während eines Nachmittags und einer halben Nacht – noch
enger als James Joyce in seinem *Ulysses* einst mit Leopold Blooms ein-
tägiger Odyssee durch Dublin absteckt, bedient er sich letztlich zugleich
der Techniken der klassischen Moderne, um beim Leser den Eindruck
epischer Totalität zu erwecken. Der erzählerische Trick besteht dabei
in einer geschickten Montage von in erster Linie stilistisch voneinander
getrennten Zeitebenen, die sich zum Bewusstseinsstrom von Andrés vereinigen. Wie bereits in den Stadtromanen der 20er Jahre – John Dos
Passos' *Manhattan Transfer* (1925) und Alfred Döblins *Berlin Alexander-
platz* (1929) – wird hier der Wechsel der Zeitebenen durch Assoziationen
des Protagonisten ermöglicht, die durch optische oder akustische Umwelt-
reize – z. B. das Aufleuchten einer Verkehrsampel – ausgelöst werden. In
die aktuelle Gegenwart der Reise durch die abendliche Stadtlandschaft
mischen sich auf diese Weise im Bewusstsein des Guerillero die Bilder
einer nahen Vergangenheit, in der er als Guerilla bei einer Demonstration
seine Bewährungsprobe bestand, Bilder, die die Brutalität der städtischen
Gegenwart unter der Regierung Betancourt reflektieren. Eine zweite, zeitlich fernere Handlungsebene verweist auf Andrés' Jugend in einem idyl-
lisch beschriebenen Dorf. Wie bereits die Titelmetapher (»Das Land, das
man mit sich herumträgt«) suggeriert, konstituiert der Stadt-Land-Gegen-
satz im städtischen Leben eine fixe Idee – nicht nur der abgewanderten
Landbewohner, deren Integration in das soziale Gefüge der Metropolen
letztlich scheitern muss. Zugleich thematisiert der Roman auch das nicht
verarbeitete Trauma der Anstrengungen Venezuelas, vom Agrarland zur
Industrienation zu werden.

Die »Violencia« und ihr Niederschlag in der Literatur

Der »bogotazo«

Ein nationales Trauma bedeutet für Kolumbien die erwähnte Ermordung
des linksliberalen Präsidentschaftskandidaten Jorge Eliécer Gaitán während der Konferenz amerikanischer Staaten 1948, der sogenannte »bogotazo«. In den Städten und auf dem Lande löst das Attentat eine Serie
gewalttätiger Verschwörungen und blutiger Kämpfe aus, die mit der Wahl
des klerikal-konservativen Laureano Gómez zum Präsidenten und seinem
Sturz durch General Rojas Pinilla (1953) in eine Diktatur und einen bis
1958 währenden Bürgerkrieg übergeht. Erst die Erfahrung der »Violencia«, des staatlichen und des individuellen Terrors, wie ihn Kolumbien
selbst in den Anfängen des Jahrhunderts unter Reyes Prieto nicht gekannt
hatte, eint vorübergehend die rechte und die linke Opposition, die Rojas
schließlich gemeinsam stürzen. Konnte durch einen von Gómez und Lleras Camargo geschlossenen Pakt der nationalen Einheit immerhin das
politische Chaos in ein stabiles, zunehmend demokratisches System überführt werden, so bleibt das Land bis auf den heutigen Tag durch die

Moloch Bogotá

Violencia traumatisiert, die sich von Guerillaaktionen bis zum Terrorismus der Drogenkartelle in die aktuelle Gegenwart fortsetzt.

Die Romane im Kontext der Violencia

Die Gewalt der Repression und der »guerrillas« ist das eigentliche Medium, das seit den 50er Jahren soziale Wirklichkeit und Literatur miteinander verbindet. Mit der Violencia entsteht eine kolumbianische Sondergattung des Romans, in der verschiedene Phasen unterschieden werden: Während die Romane, die 1947–1958 im Kontext der ausgebrochenen Violencia geschrieben werden (*novelas en la violencia*), dokumentarische Bilder dieser Zeit zu liefern versuchen, entwickelt sich die *novela de la violencia* (1959–1960) zu Formen der Fiktionalisierung der Gewalt, die fast generell auf das unmittelbare Dokument verzichten. Die Romane der ersten Phase sind eine Mischung aus Pamphlet und Autobiographie und schildern die Violencia als eine rein lokale Erscheinung. Generell zeichnen sich die Texte durch eine lineare Handlung und einen nüchternen Chronikstil ohne formale Experimente aus. In der zweiten Phase, die nach der Kubanischen Revolution beginnt, verarbeiten Linksintellektuelle die Violencia nun mit Hilfe experimenteller Erzählformen. Das gilt schon für die Darstellung des Elends der Straßenkinder in den Slums von Bogotá in *Detrás del rostro* (1963) von Manuel Zapata Olivella. Ist die Violencia bei den meisten Autoren in den Gegensätzen der kolumbianischen Nachkriegsgesellschaft situiert, so zeigt Alvaro Cepeda Samudio in seinem Roman *La casa grande* (1962) die historische Konstanz und den Anteil US-amerikanischer Politik an diesem Phänomen auf: Es ist die tragische Geschichte des Massakers von 1928, das lange Zeit totgeschwiegen wurde und später eine Episode in García Márquez' *Cien años de soledad* liefern sollte: Bananenpflücker hatten sich zusammengeschlossen, um von der Bananengesellschaft ausstehenden Lohn einzufordern, worauf Regierungstruppen auf Anordnung der United Fruit Company 3000 von ihnen erschossen. Mit Hilfe der oft willkürlich anmutenden Montagetechnik wird in Cepeda Samudios Roman bereits durch die Erzählweise transparent gemacht, dass das Fehlen nationaler Einheit es ermöglichte, dass kolumbianische Soldaten auf Befehl der Ausländer

auf ihre Landsleute schossen: Versatzstücke der Wirklichkeit – Zeitungs-
notizen, Dialogfetzen und andere Dokumente – werden dabei in absichtlich chaotischer Schreibweise in das stilistisch heterogene Buch integriert. Dasselbe Thema behandelt auch Manuel Mejía Vallejos Roman *El día
señalado* (1967), der zeitlich in der Rojas-Diktatur situiert ist, und zwar
auf zwei voneinander getrennten Ebenen. Auf der historisch-politischen
Ebene manifestiert sich die Violencia in der Stationierung von Regierungstruppen in einem kleinen Ort, dessen Bewohner die Soldaten nicht
als Beschützer, sondern als Eindringlinge empfinden. Als Kontrapunkt
dazu läuft die ›Bildungsreise‹ eines Sohnes auf der Suche nach dem Vater
ab, eine Reise, bei der der von Rache und Hass erfüllte Sohn den Weg zu
einem symbolischen Vatermord und zum Verzicht auf konkrete Gewalt
findet. Berichtet ein auktorialer, autoritärer, dem Patriarchen entsprechender Erzähler über den Guerilla-Krieg, so wendet sich ein personaler, in die
Geschichte einbezogener Erzähler vom Autoritarismus des traditionellen
allwissenden Erzählers im gleichen Maße ab, in dem sich der Sohn von der
konkreten Gewalt abwendet. Dieselbe Technik, kontrastierende Erzählebenen gegeneinander ›auszuspielen‹, verbindet Mejía Vallejo in *Aire de
tango* (1973) mit fiktionsironischer Distanz: Der Messerwerfer Jairo, der
in einem Huren- und Ganovenviertel von Medellín durch seine Messer-
werferkunst zu Berühmtheit gelangt, sammelt in seiner Freizeit Material
für eine Biographie des argentinischen Tangosängers Carlos Gardel. Eine
erzählerisch witzige Pointe (der Ich-Erzähler ermordet schließlich seinen
Helden Jairo) rückt den Text in die Nähe der erzählerischen Experimente
Cortázars; was den Aufbau von *Aire de tango* anbelangt, so ist dieser
Roman den Kompositionsschemata des Argentiniers Puig vergleichbar,
dem er sich auch durch das Tango-Thema annähert.

Gabriel García Márquez

*Die Anfänge
seines Werks*

Viele kolumbianische Texte seit 1950 sind von dem Anspruch geprägt, die
nationale Tragödie der Violencia in ihrer ganzen Tragweite festzuhalten.
Nicht nur die Probleme Kolumbiens, sondern die Besonderheit ganz Lateinamerikas einem breiten außeramerikanischen Leserkreis auf ausgesprochen kulinarische Weise nahezubringen, blieb jedoch Gabriel García
Márquez vorbehalten, der gegenwärtig als der weltweit meistgelesene
spanischsprachige Autor seit Cervantes gilt. Er verarbeitet das Erbe des
Criollismo und des Magischen Realismus, löst den Konflikt zwischen
prämodernen Formen der Mündlichkeit und modernen Schrifttraditionen
und verändert die literarische Szene schlagartig. Seine schriftstellerischen
Anfänge gehen auf den Journalismus zurück, der ihm 1955 die Möglichkeit eröffnet, als Korrespondent des liberalen kolumbianischen Blattes *El
Espectador* die europäischen Hauptstädte kennenzulernen. Schon die frühen Romane von García Márquez sind eine Antwort auf die erste Phase
der Violencia-Literatur und eine ästhetische Erneuerung derselben. Anre-
gend hierfür ist die Gruppe von Barranquilla, der er zunächst angehört.
Bereits sein kurzer erster Roman *La hojarasca* (1955) imaginiert jenen Ort
Macondo, der das Gravitationszentrum in der fiktiven Welt des Schriftstellers werden soll. Die unkomplizierte Story besteht aus drei von verschiedenen Zeugen berichteten Erzählfragmenten. Ein Arzt wird aus der
Dorfgemeinschaft ausgeschlossen, weil er sich geweigert hat, einen Ver-
letzten zu behandeln. Erst als er einen alten Oberst kuriert, kann er diesen

García Márquez

bitten, später für seine Beerdigung zu sorgen. Der Einbruch der Zivilisation von außen führt zur Zerrissenheit und Austrocknung des Dorfs. Die Atmosphäre von unversöhnlichem Hass zwischen dem Dorf und dem Fremdling kündigt bereits das Szenario von Macondo an, das auch Schauplatz der Erzählsammlung *Los funerales de la mamá grande* (1962) und der ersten Romane ist – zugleich der fiktive Name von Aracataca, des unweit von Barranquilla liegenden Geburtsortes García Márquez'. Das fiktive Universum, das Macondo als Chiffre für Kolumbien und den ganzen Kontinent werden soll, ist hier erst punktuell entwickelt. Jedoch lässt der Autor hier deutlicher als in dem festgefügten Erzählkosmos seiner späteren Bücher jene literarischen Vorbilder aufscheinen, die seine Fiktionen mitgeprägt haben. So weist die Erzählung auf Kafkas *Ein Landarzt* (1920) zurück, deren Schlusssatz »Einmal dem Fehlläuten der Nachtglocke gefolgt – es ist niemals gutzumachen« als Motto über *La hojarasca* stehen könnte. Zum anderen manifestiert sich darin das Gespür für das Tragische in dem Sinne, wie es die attische Tragödie zu vermitteln suchte – als Geschehensabfolge, die auf ein außerhalb der menschlichen Sphäre liegendes Verhängnis verweist. Die Erzähltechnik mit ihrem Kaleidoskop aus drei Berichten lässt vor allem an Thornton Wilders *Bridge of San Luis Rey* (1927) denken. Sowohl diese multiperspektivische Erzählweise als auch das Modell der griechischen Tragödie werden in späteren Erzähltexten wiederkehren, am deutlichsten in *Crónica de una muerte anunciada* (1981). Die Spannung zwischen mündlicher und Schriftsprache ist struktureller Kern der Romane von García Márquez. Die Archivierung von Geschichte durch die »pasquines« (Schmähschriften), bei denen sich das offizielle Medium der diktatorialen Schrift der Stimme des Volks zu bemächtigen versucht, deckt in *La mala hora* (1962) die demagogischen Ziele des Diktators auf. Die an Filmszenen erinnernde erzählerische Dramatik und die Dialoge schildern den Wandel vom verdrängten zu einem offenen Konflikt und damit den Übergang von der latenten zur strukturellen Gewalt in der kolumbianischen Realität. Der Kurzroman *El coronel no tiene quien le escriba* (1958) zeigt in novellistischer Zuspitzung den Konflikt zwischen der materiellen Notwendigkeit, die sich in der wirtschaftlichen Not des Obersten manifestiert, und dem ideellen Prinzip, das der letzte dem Obersten verbliebene Besitz verkörpert, ein Kampfhahn, der für die Bevölkerung eines Dorfes in der Karibik zum Symbol für Widerstand und Freiheit wird. Zusammen mit den Geschichten der Sammlung *Los funerales de la mamá grande* (1962) bilden die bisher genannten Kurzromane die Basis für sein Hauptwerk *Cien años de soledad* (1967), das die Tragik von Aufstieg und Niedergang einer Nation am Beispiel der Familie Buendía nacherzählt. Der Ort Macondo in der Karibik wird von José Arcadio Buendía, der nach einem Verbrechen seinen Heimatort verlassen musste, gegründet. Aus einem Dorf mit Bambus- und Lehmhütten entwickelt sich Macondo zur florierenden Stadt, deren Einwohner – fast alle in mitunter auch inzestuöser Weise mit José Arcadio verwandt – das Auf und Ab der Geschichte des Kontinents erleben, Unabhängigkeit, Bürgerkriege, den Bau einer Eisenbahnlinie; die Ausbeutung der Region durch eine nordamerikanische Bananen-Company endet in einem blutig niedergeschlagenen Streik. Über der Geschichte Macondos schwebt gleich der griechischen Moira ein unabänderliches Verhängnis: Das Schicksal der Buendías ist auf mysteriöse Weise durch ein Buch vorgezeichnet, das ein alter Zigeuner namens Melquíades zurückgelassen hat und das die Buendías im Vollzug der Geschichte – als Hauptdarsteller

Macondo als Chiffre Kolumbiens und Lateinamerikas

Hundert Jahre Einsamkeit

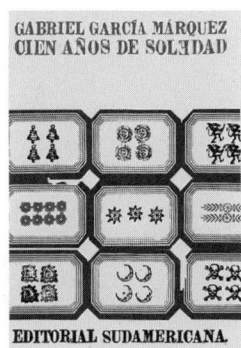

ihrer orakelhaft fixierten Familiengeschichte – entschlüsseln. Als es dem letzten noch lebenden Spross der Familie, Aureliano, gelingt, die letzten Seiten von Melquíades' Manuskript zu entziffern, stirbt er.

*Aufbau
und Deutungs-
möglichkeiten*

In diesem Roman wird die Spannung zwischen der mündlichen Kultur, vertreten durch die Urmutter Ursula Iguarán, die Frau des ersten José Arcadio, und den hochentwickelten Gesellschaftsformen, vertreten durch das erst am Ende des Romans lesbare, im Manuskript des Zigeuners Melquíades enthaltene Wissen über hundert Jahre der Geschichte Macondos, zum Thema und zum Stilmittel. Der narrative Diskurs folgt zwar dem mündlichen Vortrag von Volkserzählungen, bei denen das »Magische« als selbstverständlich erscheint und Alltagssituationen emphatisch vorgetragen werden, steht jedoch gleichzeitig im Widerstreit zu einer extrem hohen Intertextualität, einer Dichte von Anspielungen auf literarische und religiöse Texte der abendländischen Literaturtradition, was einen stets unterschwellig gegenwärtigen humoristischen Ton hervorruft. Das Epos von Macondo ist zwar eindeutig die Allegorie der südamerikanischen Geschichte (Verlust der paradiesischen Unschuld nach fremdverursachtem Sündenfall und Vertreibung aus dem Paradies des tropischen »locus amoenus«) und der Geschichte Kolumbiens (Bürgerkriege, Ausbeutung durch die nordamerikanischen Bananenmultis, Blutbad des Bananenstreiks); das Eindringen der Zivilisation in das Dorf ist aber auch eine kritische Auseinandersetzung mit der paradoxalen Geschichte der Modernität schlechthin. Geschichte und Mythos prallen aufeinander, das »wilde Denken« des Mythos vollzieht eine Kritik der Rationalität und des Wissens, die Verbindung der zyklischen Zeit des Mythos mit der historischen Zeit der Gewalt regt jedoch darüber hinaus auch einen historischen Bewusstseinsprozess an, wenn am Schluss Aureliano, der letzte der Buendías, zum Leser der hundertjährigen Geschichte Macondos wird. Die historische Rückschau im Augenblick des Todes führt zur Einsicht in die Spuren gewaltsamer Geschichte und in die eigene Verantwortung in Bezug auf die Fremdbestimmung des historischen Verlaufs, die sich hinter der utopischen Geschichtslosigkeit verbergen.

*García Márquez'
»Magischer Realis-
mus« und die
Prägung
des europäischen
Lateinamerikabildes*

Nach *Cien años de soledad* wendet sich García Márquez von der fiktionalen Welt Macondos ab, um in der Geschichtensammlung *La increíble y triste historia de la cándida Eréndira y de su abuela desalmada* (1972) die wunderbare Wirklichkeit der kolumbianischen Provinzen in ihrer ganzen Skurrilität weiterzuschreiben, ehe er sich mit *El otoño del patriarca* (1975) dem Genre des Diktatorenromans widmet. Für europäische und nordamerikanische Leser repräsentiert Gabriel García Márquez in stärkerem Maße als die meisten anderen Autoren jene als »Boom« bezeichnete Breitenwirkung einer Literatur, die bis weit ins 20. Jh. hinein eine Terra incognita darstellte. So bestimmt heute das von ihm vermittelte Lateinamerikabild unsere Vorstellungen von dem Kontinent in eindringlicherer Weise als alle journalistische Berichterstattung. Ganz anders dagegen die Sicht Lateinamerikas: Hier prägt gerade die Wertschätzung, die die »Erste Welt« der »Dritten Welt« in der Person des zum literarischen Superstar der »Gringos« aufgestiegenen Autors angedeihen lässt, in kaum zu unterschätzender Weise die Rezeption. Beeinflusst also die Begeisterung seiner Landsleute in erster Linie das Qualitätsurteil der »Ersten Welt«, so ist das Lateinamerikabild dieser »Ersten Welt« – wie einst die Weltsicht Don Quijotes durch Lektüre der Ritterbücher – immer noch durch die Lektüre jener »wunderbaren Wirklichkeiten« geprägt, die ein in Mexiko ansässiger kolumbianischer Autor imaginiert, mehr

König Gustav Adolf
von Schweden
überreicht Márquez
den Nobelpreis
für Literatur (1982)

noch: Es ist von der Lektüre *eines* Buches geprägt, von García Márquez'
Cien años de soledad, an dem die europäische Kritik seit 25 Jahren nicht
nur jedes weitere Werk des Autors, sondern unsere gesamte Rezeption der
lateinamerikanischen Literatur misst. So ist García Márquez seit *Cien
años de soledad* zumal dem deutschen Publikum in erster Linie als raffi-
nierter Erzähler von jener Art »Märchen für Erwachsene« gegenwärtig.
Diese Einschätzung ist dem Uneingeweihten umso unverständlicher, als
García Márquez seinerseits nicht müde wird, soziales und politisches
Engagement als eine wesentliche Triebfeder seines Schreibens herauszu-
stellen. Das dokumentieren zahlreiche Interviews ebenso wie seine (oft
genug kritisierte) Freundschaft zum Diktator Fidel Castro, seine Reisen in
die Länder des ehemaligen Ostblocks, aber auch sein nach dem Putsch in
Chile (1973) gefasster (und bereits 1981 wieder gebrochener) Vorsatz, bis
zum Sturz Pinochets keine Zeile fiktionaler Literatur mehr zu veröffentlichen. Die strikte Trennung zwischen fiktionalen und journalistischen
Texten scheint in seinem Werk überhaupt problematisch. Einer der
Gründe seiner stetig wachsenden Beliebtheit ist gerade in dem bewussten,
kunstvollen Jonglieren mit den Grenzen zu sehen, die die europäische
Literatur seit dem Ende des 18. Jhs. zwischen Dichtung und Wahrheit
gezogen hat. García Márquez gelingt es in *Cien años*, den Diskurs über
eine Welt zu schaffen, die sich fern des aufklärerischen Rationalismus das

Ende des »Bürgerkriegs der 1000 Tage« mit der Folge der erzwungenen Abtrennung Panamás durch die USA (1903) – ein Thema von Márquez' *Cien años . . .*

Mythos, Historie, Eros

Illustration eines Ritterromans (1526)

Nicht-Rationalisierbare als Teil der eigenen Wirklichkeit bewahrt: Wenn wir am Schluss des ersten Kapitels von *Cien años* erfahren, der Zigeuner Melquíades sei irgendwann bei Singapur am Fieber gestorben und sein Leichnam an der tiefsten Stelle der Java-Bucht bestattet worden, während wir im dritten Kapitel Melquíades wohlauf wiederbegegnen, weil er »tatsächlich tot war, aber die Einsamkeit im Jenseits nicht ertragen« habe, so übt der Autor mit seinem Publikum die Grundtugend (auch eines aufgeklärten) Lesers ein, sich auf den magischen Glauben an die Macht des Fiktiven einzulassen. In dieser ›uneuropäischen‹ Wirklichkeitsauffassung, die Zeit als nichtlinear und Geschichte als nicht unumkehrbar auffasst, und in der vehementen Behauptung der ungebrochenen Macht des Wortes, die sich der ›aufgeklärte‹ Europäer seit der Emanzipation des technisch-naturwissenschaftlichen Verstehens nicht mehr leisten zu können glaubt, liegt die verführerische Gefahr, García Márquez tatsächlich nur als den kunstfertigen Märchenerzähler anzusehen. Ein anderes zentrales Element des Erzählwerks von García Márquez klingt bereits in manchen seiner Titel – zumal in *Cien años de soledad* – an: Die Frage nach dem Platz des Lateinamerikaners in der Geschichte und sein Kampf um Selbstvergewisserung vollziehen sich bei García Márquez in einem ständigen Ineinander von Mythos und Erinnern; in *Cien años* begleitet der Erzähler Fortschritt und Dekadenz eines ganzen Volkes am Beispiel des Ortes Macondo, in dem die Krankheit des Vergessens grassiert und dessen Kontakt mit der Außenwelt nur in den gelegentlichen Besuchen einer Gruppe von Zigeunern besteht; der »Patriarch« in *El otoño del patriarca* herrscht bereits so lange als brutaler Diktator, dass seine Untertanen sich nicht darüber einigen können, ob er nur 107 oder 232 Jahre alt ist; ein demissionierter Oberst aus den Bürgerkriegen wartet seit 56 Jahren auf die Bewilligung seiner Pension.

Wie diese Revue der erzählerischen Leitmotive offenbart, nimmt García Márquez die großen Themenbereiche der bislang eurozentrischen Weltliteratur – Mythos, Historie, Eros – auf, um sie zu ›kolumbianisieren‹. In ähnlicher Weise fordert auch García Márquez stets aufs Neue dazu auf, die ›klassischen‹ Kategorien des Rationalismus zu überdenken: »Das einzige, was uns Europa gebracht hat, ist der Aristotelismus, und den brauchen wir eigentlich nicht.« So verwundert es kaum, dass die Schreibweise »Gabitos«, wie ihn seine Landsleute nennen, den Europäer immer wieder an jene antiklassischen Spielarten erinnert, die während der Aufklärung in die geistesgeschichtliche Rumpelkammer wanderten. Gabitos zu grotesker Übertreibung neigender, vom Tragischen nur allzu leicht ins Karnevaleske und Komische umschlagender Realismus erinnert in aller Deutlichkeit daran, dass den Lateinamerikanern jene antiklassische Ästhetik von Barock und Manierismus stets viel präsenter war (und noch ist) als jene »Zahlen und Figuren« einer durch die Schule des Cartesianismus gegangenen Regelpoetik. Die Merkwürdigkeiten, die den Figuren seiner Geschichten gleichsam selbstverständlich widerfahren, weisen zurück auf jene Phase europäischer Literatur, in der wunderbare Begebenheiten zumindest im Bewusstsein der Leser ebenso reale Gegenwart erlangen konnten wie die Wunder der mittelalterlichen Heiligen. Nicht umsonst betont der peruanische Romancier Vargas Llosa in seiner Besprechung von *Cien años de soledad* die enge Verwandtschaft dieses Romans mit eben jenen märchenhaften Ritterbüchern, die Cervantes im *Don Quijote* für die Nachwelt ›aufgehoben‹ hatte. Gerade jene antiklassischen ›Mängel‹ – Unwahrscheinlichkeit, groteske Überhöhung der Wirklichkeit, Oszillieren zwischen Wirklichkeit und Traum –, die freilich nicht in allen Werken in gleichem Umfang aufscheinen, machen das Werk von García Márquez für viele Europäer zu einem Modell lateinamerikanischer Literatur schlechthin.

Im kolumbianischen Kontext hat die lakonische und zugleich imaginativ explosive Sprache von *Cien años de soledad* die vermeintliche Überlegenheit des Zentrums gegenüber der Provinz definitiv revidiert. Das Phänomen García Márquez steht jedoch am Ende eines längeren Prozesses, der die Städte an der Küste und Medellín zu führenden intellektuellen Zentren machte. Die afroantillische Kultur hatte mit dem bereits erwähnten Manuel Zapata Olivella einen festen Platz in der nationalen Literatur erhalten. *Chambacú, corral de negros, Detrás del rostro* und *En Chimá nace un santo* (1964) schildern die Überlebenskämpfe der Schwarzen, wobei als zentrales Kulturelement die Magie und ihre Mischung mit christlichen Elementen als Ausweg aus dem Elend erscheint. Aber auch der in Paris verfasste Text *El buen salvaje* (1966) von Eduardo Caballero Calderón war eine intertextuelle Absage an die Möglichkeit, das Natürlich-Wahre authentisch darzustellen. Die 14 Tagebücher eines 27-jährigen lateinamerikanischen Studenten in Paris beschäftigen sich mit der Autobiographie und dem Außenseiterblick des Protagonisten. Nicht die Vita dieses »bon sauvage« in Paris, sondern das Verhältnis zwischen Fiktion, Erinnerung und Darstellung ist Thema dieses metaliterarischen Romans, der die kulturtheoretischen Prämissen eines Exotismus kritisch verarbeitet, der schon in den 20er Jahren Riveras *La vorágine* zum Bestseller hatte werden lassen und nun im Begriff war, den Boom des lateinamerikanischen Romans auszulösen.

Die Bedeutung von Hundert Jahre Einsamkeit *im kolumbianischen Kontext*

Die Andenländer 1920–1970: die Erfahrung des »Anderen«

Geschichte und Literatur vom 19. zum 20. Jahrhundert

Das Generalthema der lateinamerikanischen Literatur im 19. Jh. ist die Entdeckung, Untersuchung und Darstellung jener neuen Formen nationalstaatlich bestimmter Identität, wie sie sich seit den Tagen der Unabhängigkeit allmählich herauszubilden beginnen. Es prägt sowohl die ersten, noch oberflächlich tastenden Versuche des Costumbrismo als auch den historisch entschieden tiefer schürfenden Gestus spielerischer Aneignung, der die »Tradiciones« kennzeichnet. Es findet sich im humanen Pathos der ersten Zeugnisse eines literarischen Indigenismo nicht weniger als in der – nur scheinbar einer universalistisch-zweckfreien Ästhetik verpflichteten – Dichtung der Modernisten. Gegenüber dieser fast allgegenwärtigen Tendenz zur Affirmation eines freien, ja souveränen *Selbst* beginnt sich in der Literatur des 20. Jhs. allmählich und schrittweise die Entdeckung eines kulturellen, politischen und historischen *Anderen* durchzusetzen. Die literarische Entdeckung des Anderen lässt sich sowohl nach ihrer ›objektiven‹ als auch nach ihrer subjektiven Seite hin betrachten: Sie betrifft sowohl die Erschließung neuer Themen als auch jene spezifischen Erfahrungen des schreibenden Subjekts, wie sie sich in der

Von der Suche nach nationaler Identität zur Entdeckung der »Anderen«

Der Regierungspalast
von Lima

*Die Ausgrenzung
des »Anderen«*

Literatur der Moderne – insbesondere seit der Avantgarde – in immer
stärkerem Maß vorfinden lassen.

Es ist naheliegend, die Entwicklung der Literatur und den Verlauf der
allgemeinen Geschichte zueinander in Beziehung zu setzen. Auch hier, im
Bereich der politischen Geschichte, beginnt die Gestalt des sozialen und
kulturellen Anderen, das die Kreolenrepubliken des 19. Jhs. fast gänzlich
aus ihrem Blickfeld verdrängt hatten, langsam und unabweisbar nach
Anerkennung zu streben. In dieser Perspektive erscheint die liberalistische
Epoche, wie sie für die politische Entwicklung in Peru im Zeichen des
»civismo«, in Ecuador unter den Präsidenten Eloy Alfaro und Leónidas
Plaza sowie in Bolivien unter José Manuel Pando am Beginn des 20. Jhs.
bestimmend gewesen ist, nicht anders als ein letzter – historisch zum
Scheitern verurteilter – Versuch der herrschenden Oligarchien, jenes Andere institutionell von der Teilhabe an der politischen Macht fernzuhalten. Das literarische Pendant zum politischen Liberalismus wäre dann
der Modernismus. Wie im Liberalismus der politische Wille der Oligarchie, gelangt hier das ästhetische Bewusstsein einer kulturellen Elite vorübergehend zu Einfluss und unbestrittener Geltung. Zahlreiche Militärputsche in allen drei Andenländern in der ersten Hälfte des 20. Jhs. sowie
die Unbedenklichkeit, mit der die liberalen Regierungen im Konfliktfall
auf die Macht der Bajonette rekurrieren (vgl. den blutig unterdrückten
Arbeiteraufstand in Guayaquil von 1922), offenbaren jedoch unübersehbar die Brüchigkeit des liberalen Modells. Es sind im Wesentlichen vier
Modelle, mit denen die jeweiligen Machteliten auf die Manifestationen
des sozialen Anderen reagiert haben. Das erste Modell besteht – in teilweiser Anlehnung an die Methoden europäischer Faschisten – in der
Errichtung brutaler Militärdiktaturen (Benavides und Odría in Peru; Gonzalo Córdoba in Ecuador; Daniel Salamanca in Bolivien), dem Versuch
also, die institutionelle Ausschließung und Verdrängung der Unter- und
Mittelschichten aus dem politischen Leben, wie sie der Liberalismus immer ausdrücklicher betrieben hatte, mit militärischen Mitteln durchzusetzen. Das zweite Modell rekurriert auf die patriarchalische Lösung des
Populismus. Seine Verwirklichung bedarf nicht notwendigerweise der Intervention der Militärs. Wie am Beispiel der Präsidentschaft Leguías in
Peru (dem sog. »oncenio«) oder der des »Republikaners« Hernán Siles in

General Oscar R.
Benavides

Bolivien ablesbar, gedeiht es auch in den Formen eines parlamentarisch verfassten Autoritarismus. Zu den Wesensmerkmalen des zweiten Modells gehört die populistische Rhetorik, der *verbaliter* geäußerte Anspruch des Regimes auf Interessenvertretung der Unterklasse, dem jedoch eine nach Graden unterschiedlich akzentuierte *de facto*-Parteinahme für die Interessen der Mittel- und Oberschicht gegenübersteht. Das dritte Modell ist der Versuch einer sozialistischen Lösung. Letztere wiederum hat zwei Varianten: eine demokratische und eine autoritäre. Beispiel für die erstere ist die Wahl des Vorsitzenden des »Movimiento Nacionalista Revolucionario« Víctor Paz Estenssoro zum bolivianischen Staatspräsidenten von 1952; Beispiel für die zweite ist die Errichtung der peruanischen Militärdiktatur von 1968 unter General Velasco Alvarado. Gemeinsam ist beiden Varianten nicht nur der Versuch, Agrarreform und Nationalisierungsprogramme durchzuführen, sondern auch das nach kurzer Regierungszeit erfolgte Eingeständnis, an den hochgesteckten Zielen schließlich doch gescheitert zu sein. Das vierte Modell ist die parlamentarisch-pluralistische Demokratie. Trotz des Verdachts, dass die parlamentarische Demokratie nur eine Maske ist, um das Fortbestehen alter Machteliten zu verschleiern, erscheint sie nach dem historischen Scheitern aller übrigen Modelle gegenwärtig in den meisten lateinamerikanischen Staaten als die einzige Alternative, um den bislang unterdrückten Mehrheiten effektiv ein größeres Maß an Einfluss und Recht zu verschaffen.

Es wäre fatal, die komplexen Beziehungen zwischen Geschichte und Literatur auf glatte Parallelismen oder gar kausale Abhängigkeiten reduzieren zu wollen. Die literarische Entdeckung des Anderen ist kein geradliniger Weg, sondern bereits an seinem Ausgangspunkt – dem Modernismus – durch mannigfache Verzweigungen, Parallelen, Seiten- und Umwege gekennzeichnet. Literatur und Geschichte bilden im 20. Jh. durchaus selbstständige »Reihen«, die nur in Ausnahmefällen aufeinander direkten Bezug nehmen. Ebenso wie die Ablösung des liberalen »civismo« durch das populistische Regime Leguías ein nach politologischen Gesetzen zu beschreibender Vorgang ist, so vollzieht sich die Abkehr der Postmodernisten von der modernistischen Schmuckrhetorik zunächst einmal nach Gesetzen der ästhetischen Formsprache. Wenn sich die offizielle Rhetorik im »oncenio« andererseits die Argumente eines vordergründigen »Indigenismo« zu eigen macht, so handelt es sich hierbei um eine mit den Mitteln der Ideologiekritik leicht zu durchschauende Strategie. Nicht die Parallelität, sondern eher der Abstand zum sozialkritischen Indigenismo, wie er von José Carlos Mariátegui gleichzeitig vertreten wird, erscheint deshalb bedeutsam. Die Beobachtung Cornejo Polars im Hinblick auf den Prozess der Entstehung einer peruanischen Nationalliteratur – die Tatsache nämlich, dass die an diesem Prozess beteiligten Subjekte nicht nur präexistierenden Ideologien und Interessen Ausdruck verleihen, sondern diese im Prozess des literarischen Schreibens auch hervorbringen – erhält deshalb im Hinblick auf das Problem der literarischen Entdeckung des Anderen noch umso stärkeres Gewicht: In der Tat wird die andine Literatur im 20. Jh. mit der Entdeckung des Anderen – der Substitution des nationalen Selbst durch das polyphon-multikulturelle »Wir« – zum Protagonisten einer gesellschaftlich-kulturellen Erfahrung, die in der historischen Wirklichkeit bislang ohne Vorbild war. Ob sich diese literarische Utopie im Rahmen dessen historisch einmal wird verwirklichen lassen, was oben als »Demokratie« bezeichnet wurde, muss die zukünftige Entwicklung erweisen.

Die komplexen Beziehungen zwischen Geschichte und Literatur

Modernismus und Postmodernismus

*Die Rolle des
Modernismus für die
lateinamerikanische
Identität*

Der Modernismus war immer schon mehr als jener leere ästhetizistische Formkult, den der Mexikaner Enrique González Martínez im Auge hatte, als er seine Dichterkollegen in einem vielzitierten Sarkasmus aufforderte, Abschied zu nehmen vom modernistischen Trugbild des Schwans (»Tuércele el cuello al cisne de engañoso plumaje«) und sich stattdessen mit dem Wesen der Dinge selbst, so z.B. der Realität der lateinamerikanischen Landschaft, zu befassen. Der Modernismus war eine neue Form des Bewusstseins – bei aller Orientierung an vergangenen, ja klassisch-antiken Vorbildern das Bewusstsein der Modernität, einer Modernität allerdings von spezifisch lateinamerikanischem Zuschnitt. Ausschlaggebend für die Breitenwirkung der Bewegung war vor allem dieses letztere Kriterium. Der Modernismus wurde zum Träger eines lateinamerikanischen Identitätsbewusstseins im umfassenden Sinne dieses Wortes. Es ging nun nicht mehr nur noch um die Inhalte einer eigenständigen Kultur wie in der Romantik, sondern zunehmend auch um deren Form. Kultur war für die Modernisten vor allem ein schöpferischer Prozess. Mochten die Elemente, die als konstitutiv betrachtet wurden für diesen Prozess – griechisch-römische Mythologie und indianische Geschichte, europäisches Dekadenzbewusstsein und positivistische Fortschrittsgläubigkeit, die Formsprache der »Parnassiens« und die Reizkultur der Symbolisten –, auch noch so heterogen sein oder »eurozentrisch«, entscheidend war das Resultat, das als Ergebnis der Verschmelzung entstehende Werk. Es ist dieser Prozesscharakter der ästhetischen Schöpfung, der immer mitschwingt im modernistischen Begriff der Vollkommenheit oder auch dem Modebegriff der »plastischen Schönheit«. Beispiele, die diesem Werk- und Schönheitsbegriff genügen, finden sich folglich nicht nur im Bereich der Kleinformen der Lyrik, für die die Modernisten eine besondere Vorliebe entwickeln, sondern auch auf der Ebene der Kultur als ganzer. Sowohl die Vorstellung der Kultur als eines Kunstwerks als auch die hieraus abgeleitete Behauptung, die »lateinische« bzw. lateinamerikanische Kultur entspreche diesem Begriff am vollkommensten – während im Gegensatz dazu die angelsächsische Kultur ausschließlich merkantilistisch, ja materialistisch orientiert sei –, sind Gedanken, die erstmals von Modernisten formuliert wurden.

*Spuren
des Modernismo
in den Andenländern*

In diesem weiter gefassten Sinne hat der Modernismus in allen drei Andenländern nachdrückliche Spuren hinterlassen. Mit Ricardo Jaimes Freyre verfügt Bolivien sogar über einen Klassiker der Bewegung. Zusammen mit Rubén Darío gründete Jaimes Freyre 1894 in Buenos Aires die einflussreiche *Revista de América*. Sein Gedichtband *Castalia bárbara* (1899) gehört zu den repräsentativen und stilbildenden Werken des frühen Modernismus. Thematisch greift der Band zurück auf die nordische Mythologie, die Legenden des Mittelalters und die Heldensaga der Eroberung Amerikas. Zu den eindrucksvollsten Texten der Sammlung – thematisch zur letzteren Gruppe gehörig – zählt »Los conquistadores«. 1928 wird der Autor den Stoff in einem gleichnamigen Theaterstück wieder aufgreifen. Die Nähe des durch Jaimes Freyre vertretenen Modernismus zum konservativen Liberalismus zeigt sich schließlich auch in seiner Berufung in das Amt des Außenministers unter Juan Bautista Saavedra, dessen Präsidentschaft mit dem Massaker an streikenden Minenarbeitern 1923 unrühmlich in die Geschichte einging. Der kosmopolitische Modernismus Jaimes Freyres findet in Franz Tamayo eine gewissermaßen nationale

Sonnentor von
Tiahuanaco (Bolivien)

Variante. In seinem Frühwerk dem romantischen Pathos eines Victor
Hugo nahestehend, findet er alsbald zu der von den Gründungsvätern des
Modernismus vorgegebenen Tonlage. Seine Vorliebe für griechische Mythologie verbindet ihn mit Jaimes Freyre; die Kühnheit seiner Metaphern
weist voraus auf die Avantgarde. In *La prometheida* (1917) verbindet sich
beides zum Lobpreis des Vaterlandes, von welchem er die pathetische
Vision eines ungerechterweise des Zugangs zum Meer beraubten, an die
Felsen der Anden geschmiedeten Prometheus entwirft. Auch Tamayo
betätigt sich – wie Jaimes Freyre – aktiv in der Politik und nimmt bereits
1910 mit dem wichtigen Essay *Creación de la pedagogía nacional* Stellung
zu einem zentralen Thema der bolivianischen Gesellschaft. In der rigorosen Parteinahme des Autors für die indianische Bevölkerung, der im
Rahmen des in der Zukunft liegenden Nationalprojekts ein größeres
geistiges Potential zugesprochen wird als der weißen Minderheit oder der
mestizischen Mittelschicht, glaubt der bolivianische Literarhistoriker Carlos Castañón Barrientos allerdings Elemente eines »indigenistischen Rassismus« auszumachen.

José Santos Chocano

   Der Anspruch auf Modernität, der sich in Peru mit Manuel González
Prada frühzeitig und unzweideutig zu Wort gemeldet hatte, wird mit José
Santos Chocano dialektisch. Chocano ist unter den peruanischen Modernisten der bedeutendste, aber auch der umstrittenste. In seiner Jugend
steht Chocano in der Tat ganz im Bann des um Jahrzehnte älteren Men-
tors Prada, dessen Prestige als intellektuelle Leitfigur im Kampf gegen die
Militärdiktatur unter Andrés A. Cáceres sich in seiner Vorstellung verbindet mit seiner Bewunderung für die satirischen Attacken Victor Hugos
gegen den Autokraten Napoleon III. *El fin de Satán* heißt entsprechend –
mit wörtlicher Anspielung auf einen Titel in Hugos *La Légende des siècles*
– eine Sammlung seiner Jugendgedichte. Weitere Sammlungen aus dieser
Zeit sind *Selva virgen*, *Canto del siglo* sowie das mit dem Lyrikpreis des
Ateneo de Lima ausgezeichnete Versepos *La epopeya del morro*. Chocanos Ruhm als führender Gestalt der peruanischen Dichtung hat sich
rasch verbreitet. Er steht mit José Enrique Rodó und Rubén Darío in
Kontakt. Letzterer schickt ihm 1897 ein signiertes Exemplar der Essaysammlung *Los raros*. Die Antwort Chocanos enthält neben überschweng-
lichem Lob für den Prosaisten auch entschieden kritische Bemerkungen
zur angeblichen Frankophilie Daríos. Versehen mit einem Vorwort von
González Prada, erscheint bereits 1901 das gesammelte Jugendwerk unter
dem Titel *Poesías completas*. Kritische Amerikanität und pathetische
Rhetorik bleiben jedoch die Konstanten, die das Werk Chocanos auch
nach seiner Wende zum Modernismus charakterisieren. Sein Ruhm ist in
einem Maße gestiegen, dass sich die peruanische Regierung seiner zu
diplomatischen Missionen im Ausland bedient. Er besucht Mittelamerika,
Kolumbien, Chile, Argentinien und schließlich Spanien. Chocano gilt als
»sozialistischer« Dichter und wird als solcher am 1. Mai 1905 bei einer
offiziellen Arbeiterfeier in Santiago de Chile vorgestellt. 1906 markiert die
Veröffentlichung von *Alma América* den Höhepunkt seines internationalen Prestiges. *Alma América* ist nicht nur das Hauptwerk des Dichters
Chocano, sondern enthält neben einem poetischen auch ein – nicht zu
übersehendes – politisches Credo: »Cuando me siento Inca, le rindo
vasallaje/ al Sol, que me da el cetro de su poder real;/ cuando me siento
hispano y evoco el Coloniaje,/ parecen mis estrofas trompetas de cristal« –
»Fühle ich in mir den Inka, so bin ich Vasall/ der Sonne, die mir reicht das
Zepter königlicher Macht;/ fühle ich in mir den Spanier und denke an die

Einband von *Alma*
América – entworfen
von Juan Gris

Zyklopische Mauer
der Inka-Festung
Sacsahuaman,
die zur Verteidigung
der Stadt Cuzco
errichtet wurde

*Für ein indianisches
und spanisches
Amerika*

Zeit der Kolonie,/ so erscheinen meine Strophen Trompeten aus Kristall.«
Schon der Untertitel der Sammlung – *Poemas indoespañoles* – bringt die
Botschaft klar zum Ausdruck: Chocano besingt keine reine Autochthonie,
sondern ein Amerika, welches indianische und spanische Traditionen
zu gleichen Teilen in sich vereinigt. Die Botschaft war zwar nicht identisch
mit dem in Rodós *Ariel* (1900) verkündeten Pan-Hispanismus, entsprach
ihr jedoch zumindest zur Hälfte und öffnete Chocano in Madrid alle
diplomatischen und poetischen Türen. Es ist dies jedoch nur die eine Seite
der Botschaft; auch die andere findet Ausdruck in den zitierten Versen. Sie
besteht in einer Art Auto-Inthronisation. Kraft eigener – dichterischer –
Machtvollkommenheit begibt sich Chocano in die Rolle eines Mittlers
höchster staatlicher Autorität; er empfängt die Macht seiner Verse aus der
Hand des Inka, um sie als Herold des Vizekönigs in alle Welt hinaus-
zutragen. Peru wird dem »Kolumbus der Verse« jedoch alsbald zu eng.
Sein Ziel ist gewissermaßen die poetische Aufteilung der Welt: »Walt
Whitman hat den Norden, aber ich habe den Süden.« Die Wurzeln dieser
ästhetischen Tour de force sind heterogen. So finden sich Seite an Seite der
emanzipatorische Freiheitsbegriff der Aufklärung sowie die für die Fin-de-
siècle-Epoche kennzeichnende, elitär verkürzte Rezeption der Philosophie
des Übermenschen. Schon in *Alma América* ist die Orientierung an aristokratischen Leitbildern der Gesellschaft – seien sie autochthoner oder
kolonialer Tradition – unübersehbar. Chocano ist dabei, mit der libertären
Tradition der politischen Romantik, der sein Jugendwerk verpflichtet war,
zu brechen. Offensichtlich wird der Bruch jedoch erst nach 1910, als der
Dichter, der nach seiner Entlassung aus dem diplomatischen Dienst mehr
und mehr das Leben eines unsteten Abenteurers zu führen beginnt, zu-

nächst für längere Zeit die Nähe mexikanischer Revolutionäre sucht, anschließend auf Distanz geht und in Guatemala die Freundschaft des Diktators Estrada Cabrera gewinnt. Auch die Tatsache, dass er beim Fall des Diktators nur dank internationaler Intervention einem Standgericht entgeht, vermag seine ideologischen Überzeugungen nicht mehr zu erschüttern. Er hängt nunmehr offen der faschistoiden Idee einer »organisierten Diktatur« an und lässt sich von der Regierung Leguía zusammen mit gleichgesinnten Literaten der Zeit – unter ihnen die Galionsfigur des argentinischen Modernismus, Leopoldo Lugones – zur 100-Jahr-Feier der Schlacht von Ayacucho einladen. Die berühmt-berüchtigte Rede des Letzteren zum Thema »La hora de la espada« provoziert scharfe Attacken seitens des Mexikaners José Vasconcelos, die sich auch gegen Chocano richten und das moralische Prestige des einstigen Barden der amerikanischen Jugend auf einen Tiefpunkt bringen, von welchem er sich bis zu seinem Tode nicht mehr wird erholen können.

Uneingeschränkt findet sich die Position des elitären und ideologischen Hispanismus, die sich Chocano in *Alma América* seinen »indigenistischen« Überzeugungen zum Trotz in immer stärkerem Maße zu eigen macht, bei seinem Zeitgenossen José de la Riva-Agüero. *Carácter de la literatura del Peru independiente* (1905) ist die erste systematische Darstellung der peruanischen Nationalliteratur von Bedeutung und zeigt, wie weit das ideologische Pendel der herrschenden Oligarchie nach rechts ausschlagen kann. Charakteristisch für die Position Riva-Agüeros ist die negative Bewertung aller indigenen Elemente der peruanischen Kultur sowie die nicht minder generelle Aufwertung der spanischen Einflüsse. Paradoxerweise erscheinen die *Tradiciones* Ricardo Palmas deshalb – dank des positiven Bildes der Kolonialzeit – als die erste exemplarische Manifestation einer (»hispanisch« verstandenen) peruanischen Nationalliteratur. Der Dogmatismus Riva-Agüeros entsprach nicht nur aufs genaueste der Position des Spaniers Marcelino Menéndez y Pelayo, des führenden Kopfes jener um die Jahrhundertwende diesseits und jenseits des Atlantiks immer mehr an Einfluss gewinnenden »hispanistischen« Ideologie, sondern fügte sich darüber hinaus auch den Koordinaten eines »kreolischen Faschismus«, der unter dem Einfluss Spaniens, Deutschlands und Italiens nach dem Ersten Weltkrieg in Lateinamerika Fuß zu fassen begann. So war es nur folgerichtig, dass Riva-Agüero in den 30er Jahren im Kabinett des Diktators Oscar R. Benavides die Leitung eines Schlüsselministeriums übertragen wurde, dessen wichtigste Aufgabe in der Repression der APRA bestand.

José de la Riva-Agüero

Widerstand gegen den Hispanismus Riva-Agüeros regte sich insbesondere in Kreisen der sogenannten Postmodernisten, die in der 1916 von Abraham Valdelomar gegründeten Literaturzeitschrift *Colónida* ein Forum gefunden hatten. Der von Valdelomar zusammen mit Enrique Bustamante y Ballivián und José María Eguren repräsentierte Postmodernismus verstand sich keineswegs nur als eine ästhetische Bewegung. Zweifellos ging es um die Revision gewisser manieristisch gewordener stilistischer Verfahren der Modernisten in der Metrik oder im Bereich der poetischen Bilder. Dennoch reicht die Stilistik nicht aus, um klare Trennungslinien zu ziehen zwischen Modernisten und Postmodernisten. Wichtiger ist die inhaltliche Komponente. Auch die Postmodernisten wissen sich dem modernistischen Ziel der Schöpfung einer eigenständigen Kultur verbunden. In teilweiser Übereinstimmung mit den wenig später von José Carlos Mariátegui formulierten Thesen zum Konzept einer peruanischen

Die Postmodernisten und die Zeitschrift Colónida

José Maria Eguren

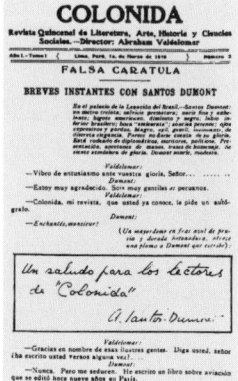

César Vallejo

José María Eguren

Nationalkultur sind sie jedoch offen für die Wahrnehmung der inneren Widersprüche eines exzessiven Hispanismus. So gewinnt die durch den Aufstieg Chocanos in den Hintergrund getretene Kulturkritik von González Prada erneut an Bedeutung, zugleich auch dessen entschiedene Forderung nach »Modernität«. Dass auch mit diesen Vorgaben keineswegs ein klares Konzept formuliert war, zeigt die eigenwillige, sympathische, gängigen Kriterien der Klassifizierung jedoch überlegene Gestalt Egurens. »Modern« ist Eguren allenfalls in der durchgehenden Antirhetorik seiner Verse. Mit ihrer Musikalität, ihrem Sensualismus, ihrem spielerischen, ja – manchen Kritikern zufolge – »kindlichen« Umgang mit Themen und Motiven aus entlegenen Orten und Zeiten verweisen sie gleichwohl eher zurück auf den Modernismus als voraus in die Zukunft der Avantgarde. Die Tatsache, dass Eguren seine Leser immer wieder fasziniert hat, liegt offenbar in der Zustimmung zu einer Form von ästhetischer Praxis begründet, die ihre Rechtfertigung nicht länger aus dem Bezug auf Inhalte – welcher Art auch immer – herleitete, sondern diese Rechtfertigung fast vollständig im eigenen Vollzug zu finden wusste. Der prominenteste Leser Egurens, der den »emanzipatorischen« Grundzug dieser ästhetischen Selbstbefreiung klar erkannte, war niemand Geringeres als Mariátegui, der seine Texte in *Amauta* nicht nur wiederholt publizierte und besprach, sondern ihm in den *Siete ensayos* darüber hinaus einen für die Rezeptionsgeschichte wegweisenden Abschnitt widmete.

Die große und alles überragende Gestalt der Epoche – zugleich einer der bedeutendsten Dichter Lateinamerikas überhaupt – ist jedoch ohne Zweifel César Vallejo. In Vallejo laufen alle Motive und Entwicklungslinien, die die Geschichte der peruanischen Literatur im ersten Drittel des 20. Jhs. geprägt haben, zusammen: die Leidenschaftlichkeit Chocanos ebenso wie der Symbolismus Egurens, vor allem jedoch der normbrechende Anspruch auf Kritik, der von González Prada herstammt. Das Resultat ist aber alles andere als eine »Synthese«. Vallejos Passion ist die Literatur. Er praktiziert alle literarischen Gattungen: Journalismus und Poesie, Essay und Kurzgeschichte, Roman und Theater. Zur Passion wird ihm jedoch auch das Leben, die »Wirklichkeit«. Die Intensität des Lebens erfährt er vor allem im Modus des Leidens. Die Phänomene, an denen er leidet, sind ebenso individuell wie allgemein: die provinzielle Enge seiner Geburtsstadt Santiago de Chuco; die ungelösten Konflikte der peruanischen Gesellschaft und die politische Repression; die Ungerechtigkeiten der kapitalistischen Gesellschaft; die notorischen Finanznöte während seines Aufenthaltes in Paris; die politische und militärische Zerrissenheit Spaniens im Bürgerkrieg; und schließlich die Erfahrung biologischer Hinfälligkeit aufgrund chronischer Krankheiten. Mit einer gewissen Folgerichtigkeit hat ein Teil der Vallejo-Kritik deshalb versucht, die semantische Dunkelheit mancher seiner Verse biographisch zu erklären, als existentielle Bekenntnislyrik gewissermaßen. Die Rhetorik der Inhalte und die Ästhetik der literarischen Form weisen allerdings bei Vallejo fast immer in entgegengesetzte Richtungen. Die in der romantischen Ästhetik postulierte Korrespondenz zwischen Form und Inhalt, wie sie sich noch bei den Modernisten findet, ist endgültig gesprengt. José María Eguren war es, der dem Befremden des Modernisten angesichts dieses Bruchs Ausdruck verlieh: »Vallejo ist ein Mensch mit großer Sensibilität, aber er versteht es nicht, diese Sensibilität poetisch zu übersetzen. Wenn ich Verse von ihm lese, in denen es heißt *poto de chicha* oder etwas in diese Richtung, so kann ich damit nichts anfangen. Das ist keine Poesie. Es ist schwer, sich etwas Unpoetischeres vorzustellen. Um die Wahrheit zu sagen, ich verstehe ihn nicht, diesen Vallejo.«

Die Bemerkung Egurens stammt aus dem Jahre 1934. Die Reaktionen auf das Erscheinen von *Trilce* (1922), dem poetischen Hauptwerk des Avantgardisten Vallejo, fielen noch schärfer aus. Luis Alberto Sánchez nennt das Buch »unverständlich und überdreht« (»incomprehensible y estrambótico«). Dergleichen Reaktionen sind der Ausdruck eines Publikums, das sich weigert, den von Vallejo eingeschlagenen Weg einer *neuen* Ästhetik mitzugehen. In der Tat: Vallejo ist Avantgardist aus Schicksal und Berufung. Seine Literatur ist keine Übersetzung existentieller Erfahrungen, sondern der immer erneut unternommene Versuch, die Grenzen der Erfahrung selbst in radikaler Weise zu verschieben. Vallejos Avantgardismus – die Dunkelheit seiner Semantik, die Kühnheit seiner Metaphorik, die Tendenz zur Missachtung syntaktischer Regeln – ist Ausdruck von Grenzerfahrungen auf der Ebene der Sprache selbst. Sein »Hermetismus« ist kein ästhetischer Selbstzweck, sondern ein Mittel, um Sprache auch jenseits dessen zu praktizieren, was gemeinhin »Kommunikation« heißt. In einem Brief an Antenor Orrego bezeichnet Vallejo diese radikale Suche nach einem sprachlichen »Anderen«, die sich in *Trilce* findet, als Freiheit: »Das Buch ist entstanden in der allergrößten Leere. Ich zeichne für es verantwortlich. Ich übernehme jede Art von Verantwortung für seine Ästhetik. Heute, mehr vielleicht als jemals zuvor, fühle ich mich im Gravitationsfeld einer bisher unbekannten, hochheiligen Verpflichtung, die sich an den Menschen richtet und den Künstler: frei zu sein! Ich will frei sein, auch auf Kosten aller nur erdenklichen Opfer. Wenn es um Freiheit geht, fühle ich mich manchmal jener schrecklichen Lächerlichkeit preisgegeben, wie sie ein Kind erfährt, das sich den Löffel in die Nase steckt.«

Vallejos Trilce *(Lima 1922)*

Die immer entschiedeneren Sympathien Vallejos für die politische Linke der 30er Jahre, seine verschiedenen Reisen nach Moskau und schließlich seine demonstrative Solidarität mit der republikanischen Partei im spanischen Bürgerkrieg zeigen den Realitätsbezug dieser philosophischen Rede von Freiheit. Wie an den in dieser Zeit entstehenden Gedichtsammlungen deutlich wird, ist Vallejo jedoch von den peinlichen Tönen jenes revolutionären Triumphalismus, wie sie bei französischen Surrealisten der Zeit gelegentlich zu vernehmen sind, ebenso weit entfernt wie von den schal gewordenen Phrasen neoromantischer Rhetorik, wie sie für den literarischen Sozialismus seit Zola scheinbar unvermeidlich zu sein scheinen. Auch der sozial engagierte Vallejo in *España, aparta de mí este cáliz* (1937), jenem berühmten, aus Anlass des Bürgerkrieges in Spanien entstandenen Gedichtzyklus, der von den republikanischen Truppen veröffentlicht und von den franquistischen vernichtet wurde, bleibt der avantgardistischen Wortästhetik, die in *Trilce* praktiziert wurde, weiterhin verpflichtet. »Niños del mundo, / si cae España – digo, es un decir –/ si cae/ del cielo abajo su antebrazo que asen, / en cabestro, dos láminas terrestres« – »Kinder der Welt, / wenn Spanien fällt – sage ich, wie man so sagt –/ wenn herabfällt/ vom Himmel sein Unterarm den/ zwei irdische Tafeln fest umgreifen ...«: So beginnt das letzte Gedicht der Sammlung. Keiner der Verse hat eine klar umgrenzte Bedeutung. Die Syntax ist »angeschlagen«. Sie ist nicht länger Trägerin einer apriorischen Logik. Stoßweise, eruptiv modelliert sie das hektische Stammeln eines Verwundeten. Bereits in der zweiten Zeile der sprachkritische Zweifel am eigenen Sagen: »digo, es un decir«. Nur das Paradigma der litaneihaften Wieder-

Vallejos Parteinahme für die politische Linke: España, aparta de mí este cáliz

holungen konstruiert einen Sinn. In der dritten Strophe scheint er sich zu verdichten. »Si cae España«, der Fall Spaniens – diese mehrfach wiederholte Hypothese: Es wäre die Apokalypse. Nicht *der*, aber *ein* Sinn des Gedichtes beginnt, Konturen zu gewinnen. Es ist der Appell, dem Morden Einhalt zu gebieten, koste es, was es wolle, denn was auf dem Spiel steht, sind nicht Sieg oder Niederlage der einen oder der anderen Partei, sondern Sein oder Nichtsein Spaniens – »Spanien« als Antonomasie von Humanität überhaupt.

Indigenismus und Nationalismus

José Carlos Mariátegui

Die Kritik der Postmodernisten an der modernistischen Schmuckrhetorik sowie die gleichzeitig erhobene Forderung nach einer Hinwendung zur alltäglichen Wirklichkeit führte in den Jahren nach dem Ersten Weltkrieg in den einzelnen Ländern zur Entstehung unterschiedlicher literarischer Bewegungen, deren gemeinsamen Nenner man als »nationalistisch« bezeichnen kann. Zu den Gemeinsamkeiten dieses literarischen Nationalismus gehört vor allem die Tatsache, dass die seit der Unabhängigkeit in Geltung befindliche liberale Tradition des Begriffs der »Nation« einer kritischen Revision unterworfen wird. Insbesondere die im Verlauf des 19. Jhs. im Vergleich zur Kolonialepoche noch verschärfte Marginalisierung der indianischen Urbevölkerung wird von den Literaten zunehmend zum Gradmesser eines als skandalös angesehenen Abstands zwischen Anspruch und Wirklichkeit der liberalen Verfassungen erklärt. Erste Anstöße, die Sache der Indios als ein Problem »nationaler« Größenordnung zu betrachten, finden sich in der peruanischen Literatur bereits bei González Prada. Auch sein Schüler Santos Chocano stellt seine Rhetorik – wie wir sahen – zeitweilig in den Dienst der indianischen Kultur. In Ecuador ist es Pío Jaramillo Alvarado, der mit dem Essay *El indio ecuatoriano; contribución al estudio de la sociología nacional* (1922) die Problematik für den Kontext seines Landes erörtert. Ihre Systematisierung erhalten diese Gedanken jedoch erst durch José Carlos Mariátegui, der das soge-

Die alte Inka-Hauptstadt Cuzco

nannte »Indio-Problem« in einer wegweisenden Abhandlung, den *Siete ensayos de interpretación de la realidad peruana* (1928), gestützt auf die Grundannahmen der marxistischen Gesellschaftsanalyse, als ein in seinem Kern soziales Problem bezeichnet. Eine Lösung des Problems erfordert die konkrete Einbeziehung der indianischen Bevölkerung in den nationalen Konsens bzw. – als unabdingbar ersten Schritt zur Erreichung dieses Ziels – die Durchführung einer Landreform.

Mit der politischen Forderung nach Anerkennung der legitimen Ansprüche der Indiobevölkerung auf Einbeziehung in den republikanischen Konsens vollzieht sich der Wandel des unter patriarchalistischen Vorzeichen stehenden »Indianismo«, wie er bereits in der Romantik entstanden war, zum »Indigenismo« des 20. Jhs. Wenn es Mariátegui ist, der der Bewegung nicht nur eine philosophisch kohärente Basis verschaffte, sondern ihr in *Amauta*, der von ihm gegründeten, von 1926 bis 1932 in insgesamt 32 Nummern erscheinenden Kulturzeitschrift, zugleich ein international renommiertes Diskussionsforum schuf, so muss dennoch unterstrichen werden, dass der Indigenismus Mariáteguis nur eine der verschiedenen Spielarten darstellt, in denen die Bewegung historisch konkret Gestalt angenommen hat. Nicht Mariátegui, sondern der Bolivianer Alcides Arguedas gilt denn auch mit *Raza de bronce* (1919) als der literarische Begründer des modernen Indigenismus. Im Zentrum der Erzählhandlung steht der blutig ausgetragene Konflikt zwischen einer Indiogemeinde und einem weißen Großgrundbesitzer – ein Grundmotiv der Indigenismusliteratur, das von den meisten Autoren in immer wieder abgewandelter Form aufgegriffen werden wird. Auch für Arguedas ist die Solidarität mit den Indios der authentische Ausdruck eines recht verstandenen Patriotismus, eine Haltung, die der mit grellen rhetorischen Farben gezeichnete Gegensatz zwischen dem Heroismus der Indios und der menschenverachtenden Behandlung, die sie seitens der Hacendados erfahren, bruchlos auf den Leser zu übertragen trachtet.

Der pathetische Nationalismus, mit dem Alcides Arguedas seine Leser mit den Mitteln der erzählerischen Rhetorik für die gerechte Sache der Indios zu gewinnen versucht, ist immer noch getragen vom romantischen Glauben an die Einlösbarkeit der im Begriff der Nation mitschwingenden politischen und sozialen Versprechen. In dem Maße, in dem dieser Glaube schwindet, wächst die Fähigkeit der Indigenisten, die soziale Realität der indianischen Bevölkerung analytisch adäquat zu erfassen und ohne ideologische Rücksichten vorbehaltlos darzustellen. Diese Fähigkeit ist bei den beiden wichtigsten Vertretern des ecuadorianischen bzw. peruanischen Indigenismus – Jorge Icaza, Ciro Alegría – stärker vertreten. Icazas Roman *Huasipungo* (1934) stellt in dieser Hinsicht zweifellos einen Höhepunkt dar. Er schildert die Auswirkungen der Entdeckung und Ausbeutung von Ölfeldern im ecuadorianischen Hochland auf die indianische Bevölkerung. Am Anfang steht die brutale Vertreibung der Indios aus ihren angestammten Parzellen sowie ihre Zwangsverpflichtung zum Bau einer Straße. Am Ende steht die Verzweiflungstat eines indianischen Aufstandes sowie seine blutige Unterdrückung durch Truppen der Regierung. Es ist jedoch vor allem die schonungslose Darstellung der physischen und moralischen Verelendung der Indios, durch die sich *Huasipungo* von der »exotischen« (okzidentale und aufklärerische Wunschvorstellungen in eine vorgeblich heile Welt der Indios hineinprojizierenden) Perspektive des romantischen »indianismo« unterscheidet. Auch der Peruaner Ciro Alegría intendiert in *El mundo es ancho y ajeno* (1941) eine Darstellung der

Vom »Indianismo« zum »Indigenismo«

Alcides Arguedas, Raza de bronce

Höhepunkte des »Indigenismo«: Jorge Icaza, Ciro Alegría

Ciro Alegría

Welt der Indios in allgemeiner und exemplarischer Perspektive. Im Zentrum der Handlung steht abermals die Schilderung der ungleichen Auseinandersetzungen einer Indiogemeinde mit einem durch die Regierung unterstützten Großgrundbesitzer. Während ein Teil der Dorfbewohner sich in höher gelegene Andengebiete zurückzieht, suchen andere ihr Heil an der Küste. Statt der erhofften Erleichterungen sind es jedoch nur neue Formen von Ausbeutung, die sie auf ihrer Wanderung kennenlernen. Auch *El mundo es ancho y ajeno* endet mit einem Akt blutiger Repression, mit dem die Regierung auf den verzweifelten Versuch eines Teils der ehemaligen Dorfbewohner antwortet, die Enteignung mit Waffengewalt rückgängig zu machen.

Die Mestizen im indigenistischen Roman

Gegenstand literarischer Aneignung seitens des Indigenismus ist jedoch nicht nur die indianische Urbevölkerung, sondern auch die mestizische Mittelschicht, die sich seit der Eroberung in den Andenländern gebildet hatte und quantitativ immer mehr an Bedeutung gewann. Auch sie ist Teil jenes kulturell Anderen, das die liberale Oligarchie bis zum Beginn des 20. Jhs. systematisch aus dem nationalen Konsens ausgeschlossen hatte. Bereits in seinem ersten Roman – *La serpiente de oro* (1935) – konfrontiert Ciro Alegría seine Leser mit der Welt der Mestizen, der »cholos« am Ufer des Marañón. Charakteristisch für die Darstellung Alegrías ist die Suggestion einer gewissermaßen mythisch präsenten, in der ewigen Wiederkehr ihrer Zyklen allzeit dominierenden Natur. Sie ist es, die alle übrigen Handlungsträger – Geschichte und Politik, kulturelle und soziale Differenzen, ja sogar das Schicksal des individuellen Todes – in eigentümlicher Weise nivelliert, absinken lässt zu Phänomenen sekundärer Bedeutung. Anders als in *La serpiente de oro*, wo die konkrete historische und soziale Problematik des Mestizen, wenn überhaupt, so nur am Rande der Handlung sichtbar werden kann, schließt Jorge Icaza in seinen späteren Romanen eng an die – schon durch die Verwendung in der peruanischen Umgangssprache belegte – Negativbedeutung des Begriffs an. *Cholos* (1938) enthält sich jeder Form von mythischer Überhöhung oder idealistischer Stilisierung der Figur und stellt die Analyse der problematischen Selbstidentifikation des Mestizen ins Zentrum der Handlung: Der internalisierte Stolz auf die Abstammung von einem weißen Vater hindert diesen »cholo« daran, Solidarität zu üben mit der Unterschicht, während ihm die Abstammung von einer indianischen Mutter gleichzeitig den Aufstieg in die Oberschicht verwehrt.

Der Chaco-Krieg und seine Auswirkungen auf die Literatur

Es ist jedoch nicht nur die indigenistische Thematik allein, die im Kontext der »nationalistischen« Strömungen der 20er und 30er Jahre den Ton angibt. Während es Leguía in Peru gelingt, die sozialen Gegensätze mit Hilfe populistischer Rhetorik und symbolischer Gesten bis zum Ende des »oncenio« zu kanalisieren, kommt es in Ecuador bereits 1922 zu einem ersten Ausbruch sozialer Unruhen mit dem Arbeiteraufstand von Guayaquil, der von der Regierung mit blutiger Unterdrückung beantwortet wird. Ein Jahr später findet in Bolivien ein Streik der Minenarbeiter statt und wird – ähnlich wie in Ecuador – durch Regierungstruppen gewaltsam unterdrückt. Nach einem kurzen Interregnum des republikanischen Präsidenten Hernán Siles Reyes, dem es gelingt, die Spannungen – wie Leguía in Peru – mit populistischen Parolen für einige Zeit zu beschwichtigen, gelangt 1930 mit Daniel Salamanca der starke Mann der Oligarchie ans Ruder, der nach dem erfolglosen Versuch, das Volk gegen die Arbeiter zu mobilisieren, 1932 einen Krieg gegen Paraguay beginnt, der das Land nach dreijähriger Dauer in eine tiefe ökonomische und moralische Krise stürzt. Der Krieg bringt das Prestige der herrschenden Oligarchie auf einen Tiefstand und führt zum Entstehen einer oppositionellen Koalition von Arbeitern, Intellektuellen und Schriftstellern. Herausragendes Dokument des Widerstandes gegen einen als unsinnig aufgefassten Krieg ist die von Tristán Marof verfasste literarisch-politische Anklageschrift *La tragedia del Altiplano*. Die Opposition, soweit sie sich literarisch artikuliert, beschränkt ihre Agitation jedoch keineswegs auf das Gebiet der politischen Essayistik. Es entsteht vielmehr eine spezifische Form testimonialer Literatur, deren Thema sowohl die Analyse der den Krieg mitbegründenden internationalen Interessen und Manipulationen darstellt als auch die Rekonstruktion der Kriegsereignisse aus der Sicht der beteiligten – und kämpfenden – Subjekte. Wiederkehrende Motive sind die erklärte Gegnerschaft gegen den Krieg im Allgemeinen sowie den Imperialismus ausländischer Mächte im Besonderen, die Solidarisierung mit Indios und Cholos, die Forderung nach Analyse der eigenen sozialen Realität sowie die Ablehnung jeglicher Heroisierung. Da es insbesondere Angehörige der Unter- und Mittelklasse sind, welche die Blutopfer erbringen, die der Krieg einfordert, entstehen Werke, die die bereits bekannten Themen der Indigenismusliteratur wiederaufnehmen unter Bezugnahme auf die speziellen Ereignisse des Krieges. So rekonstruiert Augusto Céspedes in seiner Erzählsammlung *Sangre de mestizos* (1936) den Krieg strikt aus der Perspektive des einfachen Soldaten. Neben dem moralischen Verfall der kämpfenden Individuen – manifestiert u. a. im Verlust religiöser Werte – ist es vor allem der Kampf gegen eine übermächtige *Natur*, in dem die pathetische Verurteilung des Krieges zu ihrem Höhepunkt gelangt. Céspedes' Hauptwerk ist der Roman *Metal del diablo* (1946), in dem der Autor – einer der Mitbegründer des MNR (»Movimiento Nacional Revolucionario«) –, ausgehend von der Biographie des Zinn-Magnaten Simón I. Patiño, ein luzides Gesamtporträt der durch den Fortbestand kolonialer Strukturen gekennzeichneten politisch-ökonomischen Grundproblematik des Andenstaates entwirft. Stärker als bei Céspedes kommt die indigenistische Perspektive in Raúl Leytóns Roman *Indio bruto* (1935) zur Geltung, der engagierten Geschichte über einen Indio, der teilnimmt am Krieg in einem Zustand nahezu völliger Bewusstlosigkeit – ohne irgendeine Vorstellung von den Zielen des Krieges oder irgendeine Form von Kontakt zu den ebenfalls am Kampf beteiligten Kameraden. Die Funktion der Darstellung äußerster Kommunikationslosigkeit und innerer Isolation, in der der Soldat sich befindet, besteht vor allem in ihrem Appellcharakter zur Solidarisierung mit der Person des Indio, dessen Funktion sich darauf beschränkt, in einem sinnlosen Gemetzel als »Kanonenfutter« zu dienen.

Der späte Indigenismus

Mariáteguis zum geflügelten Wort gewordene Forderung eines »Peruanicemos el Peru« ist in historischer Perspektive eine Reaktion auf den von Riva-Agüero und García Calderón zum Programm erhobenen dogmatischen Hispanismus, eine Reaktion insbesondere auf das von Riva-Agüero in *Carácter de la literatura del Perú independiente* vertretene Konzept einer strikt nach spanischen Vorbildern zu bewertenden Geschichte der peruanischen Nationalliteratur. Mariátegui denunziert die Position der »Hispanisten« als Ausdruck jener mentalen Kolonisierung, die das geistige Leben seit Jahrhunderten geprägt habe und sich auch mit der Unab-

Indigenismus versus »Hispanismus«

hängigkeit keineswegs abrupt habe verändern lassen. Der ideologische Hispanismus stelle insofern nur eine besonders krasse Form jener »Emigrantenliteratur« dar, einer Literatur »nostalgischer Überlebender«, wie sie für das kulturelle Leben seit der Unabhängigkeit allgemein kennzeichnend sei. Vor diesem Hintergrund entspricht der literarische Indigenismus, wie wir ihn bisher kennengelernt haben, der Forderung Mariáteguis nach kultureller Entkolonisierung. Der Indigenismus ist der Versuch, der kulturellen Heterogenität, wie sie sich in der Andenregion seit der Eroberung herausgebildet hat, literarisch angemessenen Ausdruck zu verleihen. Er steht in der Tradition des Realismus. Sein Zentralproblem ist ein Problem der Darstellung, der Übermittlung eines neuen Inhaltes. Schon Ciro Alegría hat sich dafür in *La serpiente de oro* des Stilmittels der »doppelten linguistischen Norm« bedient, um Erzählerdiskurs und Figurenrede voneinander zu unterscheiden. Sprachlich wird die Unterscheidung realisiert sowohl auf syntaktisch-lexikalischer als auch – vor allem – auf phonetischer Ebene. Trotz der Vielzahl ihrer sprachlichen Realisierungen bleibt die Unterscheidung der eigentlichen Botschaft des Romans – sieht man diese in der Darstellung eines Erzähler und Figuren in gleicher Weise betreffenden und ihre Unterschiede nivellierenden Naturmythos – letztlich jedoch äußerlich. Jorge Icaza seinerseits geht in dieser Hinsicht in *El chulla Romero y Flores* (1948) einen entscheidenden Schritt weiter. Der Cholo Icazas ist nicht länger Exponent eines geheimnisvollen, vorrational-mythischen Kontinuums, sondern trägt in sich die Elemente zweier unvereinbarer kultureller Welten. Seine wesenhafte Doppelnatur – das okzidental geprägte Erbteil des spanischen Vaters sowie das andine der indianischen Mutter – artikuliert sich vielmehr in unterschiedlichen Stimmen.

José María Arguedas und die »Sprachutopie«

Mit der bereits bei Icaza zu beobachtenden Verlagerung eines traditionellerweise dominanten Problems ästhetischer Darstellung in dasjenige ästhetischer Vermittlung kündigt sich für die weitere Geschichte des literarischen Indigenismus eine Entwicklung an, in deren Verlauf die Bewegung schließlich an die Grenzen ihrer historischen Möglichkeiten gelangt. Diese Grenzen sind diskursiver Natur. Nur in zweiter Linie liegen sie auf der Ebene der literarisch-ästhetischen Technik. Exemplarisch lässt sich diese Entwicklung aufzeigen am Werk des Peruaners José María Arguedas. Wenn Arguedas im Kontext des Indigenismus immer schon eine Sonderstellung eingenommen hat, so deshalb, weil in seiner Person die historisch-diskursive und die ästhetisch-literarische Problematik des Indigenismus in einzigartiger Weise konvergieren: Nicht nur ist Arguedas – wie andere Indigenisten auch – auf der Suche nach einer angemessenen literarischen Lösung der Problematik des Indigenismus, sondern er identifiziert darüber hinaus auch Erfolg oder Scheitern seiner literarischen Bemühungen mit der Möglichkeit der historischen Verwirklichung des indigenistischen Modells. Ein drittes Element kommt hinzu: Arguedas unterstellt die Figur des Mestizen, die bei Alegría eher mythisch entrückt, bei Icaza realistisch in die widersprüchlichen Koordinaten der kreolischen Aufstiegsgesellschaft hineinversetzt wird, dem Anspruch eines kreativ-emanzipatorischen Modells. Wenige Monate vor seinem Tod, anlässlich der Entgegennahme des Literaturpreises »Inca Garcilaso de la Vega«, verleiht Arguedas der Überzeugung beredten Ausdruck. Immer fühle er sich angehalten, so führt er aus, Peru zu betrachten »als eine nie versiegende Quelle (kultureller) Schöpfung; alles nur Erdenkliche daranzusetzen, um dieses unerschöpfliche Land kennenzulernen, natürlich auch mit Hilfe alles dessen, das wir in anderen Welten entdecken. Nein, es gibt

José María Arguedas

kein vielfältigeres Land, kein Land, das reicher ist an geographischer und humaner Varietät; alle Grade von Hitze, alle Skalen von Farbe, Liebe und Hass, Intrigen und Spitzfindigkeiten, in Gebrauch befindlicher oder der Inspiration dienender Symbole. Nicht umsonst – so heißt es im Volksmund – sind hier Pachacamac und Pachacutec entstanden, Waman Puma, Cieza de León, der Inka Garcilaso und Tupac Amaru; Vallejo, Mariátegui und Eguren oder auch das Fest Qoyllur Riti sowie das Fest des ›Herrn der Wunder‹.« Der in diesen Sätzen implizit formulierte, an die ästhetische Leistung des literarischen Textes gerichtete Anspruch geht in einem entscheidenden Punkt über das indigenistische Modell hinaus: Der literarische Text ist nicht länger nur eine Botschaft über eine für sich selbst existierende Realität, vielmehr wird die ästhetische Botschaft in gewisser Weise als identisch betrachtet mit der Realität, von der sie spricht; sie ist deren schöpferische Hervorbringung. Der Unterschied lässt sich leicht verdeutlichen am Phänomen der »doppelten linguistischen Norm«. Während Alegría versucht, mit Hilfe des Verfahrens phonetisch exakter Transkriptionen den Eindruck eines Protokolls »realer« Sprechsituationen zu erzeugen, bemüht sich Arguedas um die Erstellung eines sprachlichen Konstrukts, einer literarischen Kunstsprache, die als solche ohne Vorbild ist in der »realen« Sprachwelt der Andengesellschaft. Der Form nach handelt es sich um ein mit Quechuanismen bereichertes Spanisch, das dank seiner sprachlichen Hybridisierung »universelle« – d. h. nach beiden Seiten hin funktionierende – Kommunikation ermöglicht, eine Leistung, zu der weder das Spanische allein noch auch das Quechua als kulturelle »Idiolekte« in der Lage sind. Alberto Escobar bezeichnet das Verfahren im Untertitel seines Arguedas-Buches mit Recht als »Sprachutopie«.

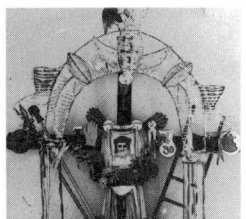

Andine Mischkultur

»Sprache« ist dieser Auffassung gemäß natürlich prinzipiell mehr als jene linguistisch amputierte Form fingierter Mündlichkeit, wie sie bei Alegría zu finden ist. »Sprache« bezeichnet bei Arguedas vielmehr die Funktion eines übergreifenden kulturellen Kommunikationssystems. Nur als solche ist sie ein bevorzugter Ort für die Verwirklichung der kulturellen Utopie. Schon in *Agua*, einer frühen Erzählung aus dem Jahre 1935, findet sich dieser weite – »translinguistische« – Sprachbegriff, wie er für Arguedas immer mehr an Bedeutung gewinnen wird. Reduziert auf seinen bloßen Handlungskern scheint die Erzählung kaum mehr zu bieten als die Wiederholung eines bekannten Konfliktschemas der Indigenismusliteratur.

»Sprachutopie« durch die Verbindung von Spanisch und Quechua

Thema ist die Willkür des Großgrundbesitzers Don Braulio, dem es gelingt, dank der Unterstützung des Bürgermeisters die Verfügungsrechte über die Wasserversorgung an sich zu ziehen und jede effektive Opposition am Ort schließlich mundtot zu machen. Wenn *Agua* dennoch mehr ist als eine konventionelle indigenistische Erzählung, so deshalb, weil es Arguedas gelingt, die »Geschichte« ausschließlich in der Perspektive der marginalisierten Quechua Kultur zu erzählen. Es sind vor allem zwei Verfahren, die der Erreichung dieses Zieles dienen. Das erste besteht in der Einführung der Figur eines Kornettspielers namens Pantaleón, der das Volk nicht nur durch revolutionäre Worte in Stimmung zu bringen versteht, sondern bei seinen Zuhörern zugleich auch eine für ihr praktisches Handeln entscheidende emotionelle Identifikation mit den Werten der eigenen Kulturwelt in Gang bringt. Das zweite dieser Verfahren ist die kohärent durchgehaltene Erzählperspektive Ernestos, der am Ende seine Rolle als lediglich »testimonial« beobachtende Erzählinstanz aufgibt und sich anschickt, nach dem Tode Pantaleóns selbst die Rolle eines Protagonisten der Revolte zu übernehmen. In der Ausformung dieser Per-

spektive – der Erzählung der Ereignisse aus der »Sicht der Betroffenen« –
liegt also die eigentliche Bedeutung dieses Textes. Ihre Funktion ist zweifellos die einer Sprache in jenem angedeuteten weiten Sinne des Wortes –
manifestiert sowohl auf der Ebene von Syntax und Vokabular als auch auf
der Ebene der durch artikulierte Sprache transportierten emotionellen,
sozialen oder mythischen Wertvorstellungen im Allgemeinen.

Arguedas' erstes
Meisterwerk:
Los ríos profundos

Die aktive Teilnahme des Erzählers an der Revolte signalisiert ein
autobiographisches Interesse, das in *Los ríos profundos* (1958) ins Zentrum der Handlung rückt. Die Geschichte Ernestos, die der Roman erzählt, ist in entscheidenden Punkten die Geschichte des Individuums
Arguedas. Weißer Abstammung, hat Ernesto die für die Sozialisation
entscheidenden Jahre der Kindheit in indianischem Milieu verbracht. Die
Welt der Indios hat sein Denken und Fühlen unauslöschlich geprägt. Er
spricht ihre Sprache, lebt in der Vorstellungswelt ihrer Mythen, erlebt
soziale Umwelt und Natur durch die Filter ihrer Emotionalität. Zu diesen
allgemeinen Zügen eines kulturellen Mestizentums fügt Arguedas jedoch
noch ein aus der eigenen Erfahrung stammendes Element hinzu: Ernesto
fühlt sich berufen zum Schriftsteller. Gegenstand der Erzählung im engeren Sinne sind die Erfahrungen Ernestos in einer kirchlichen Internats-
schule der Provinzstadt Abancay. Die auf wenige Monate konzentrierten
Ereignisse haben die Struktur einer dramatischen Handlung. Am Anfang
steht die Erfahrung einer sowohl auf emotioneller als auch auf sozialer
Ebene als unüberbrückbar empfundenen Isolation. Sie wird abgelöst von
einer mehrschichtigen Integrationsphase, in der es den Anschein hat, dass
es Ernesto gelingt, Brücken zu schlagen sowohl zu seinen Mitschülern als
auch zur sozialen Umwelt von Abancay im Allgemeinen: Wichtigstes
Symbol dieser Integration ist der »zumbayllu«, ein mythisch-rituelles
Spielzeug aus der Welt der Indios. Der Besitzer des »zumbayllu« – Antero
– ist es auch, der Ernestos Begabung fürs Schreiben entdeckt hat und ihn

Die magische Macht
der Literatur

bittet, Liebesbriefe an eine Freundin in Abancay zu verfassen. Ernesto
entdeckt die potentielle Macht der »Literatur« als einer Brücke zwischen
Individuen, sozialen Klassen oder gar – so meint er – kulturellen Welten.
Die Teilnahme – wenn auch nur in der Perspektive eines sympathisierenden Zuschauers – an der Salzrevolte der »chicheras« sowie der Indios von
Patibamba ist nur ein konsequenter Schritt auf dem Wege dieser Integration. Doch die sich anbahnende Konvergenz zwischen Literatur und Leben wird jäh unterbrochen durch den Einbruch der wirklichen »Geschichte«: Militär rückt ein in Abancay und beendet die Revolte mit der
öffentlichen Züchtigung der »chicheras«. Es folgt die Demütigung der
Indios sowie für Ernesto selbst ein ritueller Bußakt, zu dem er seitens der
Internatsleitung gezwungen wird. Auch die Beziehungen der Internats-
schüler untereinander haben sich grundlegend verändert. Zeichen des
Wandels ist die Attraktion, die von den urbanen Umgangsformen des
neuen Mitschülers Gerardo – Sohn des Militärkommandanten – ausgeht
und an die Stelle sowohl des mythischen Zaubers des »zumbayllu« tritt als
auch der »Literatur«: Gerardo zuliebe trennt sich Antero sowohl von
seiner Freundin als auch von Ernesto. Letzterer antwortet mit der de-
monstrativen Rückgabe des »zumbayllu« und kehrt damit zurück zu
jenem Zustand sozialer Isolierung, der den Beginn seines Aufenthaltes in
Abancay charakterisierte. Die über die Stadt hereinbrechende »Pest« sowie der hierdurch erzwungene Aufbruch Ernestos zur Hacienda des
»viejo« – eines reichen Verwandten der Familie des Vaters, von dem
bereits das erste Kapitel ein düsteres Porträt gezeichnet hatte – sind die

Konsequenzen dieser sozialen Desintegration, mit der die Handlung ein
ebenso symbolisches wie reales Ende findet.

Kulturelle Heterogenität und das Projekt der Moderne

Zu den wichtigsten Folgen, die der in den 60er Jahren einsetzende Moder-
nisierungsschub in der peruanischen Gesellschaft hervorgerufen hat, gehört die soziokulturelle Veränderung der Figur des Mestizen. Der von
Arguedas als das eigentliche Subjekt der kulturellen Kreativität des Landes gepriesene Mestize ist das Produkt der bereits im Jahrhundert der
Eroberung einsetzenden allmählichen Vermischung zweier Kulturen. Tiefgreifende ökonomische, soziale und deshalb auch kulturelle Veränderungen – indiziert durch die Krise der Landwirtschaft, die rasche Entstehung
industrieller Zentren an der Küste, massive Migrationsbewegungen sowie
das damit verbundene Phänomen eines explosionsartigen Anwachsens der
Städte – haben demgegenüber binnen weniger Jahrzehnte einen neuen
Typus des Mestizen entstehen lassen, dessen kulturelles Erscheinungsbild
zunehmend durch die depravierenden Sekundärmerkmale einer amorph
und chaotisch verlaufenden Kapitalismusentwicklung geprägt ist. Der
durch den neuen Typus des Mestizen indizierten historischen Realität
entspricht eine Form der kulturellen Heterogenität, die das durch Arguedas repräsentierte literarische Projekt (dem in der Kritik bis hin zum
vorletzten Roman des Autors, *Todas las sangres* von 1967, indigenistische
Prämissen unterstellt werden) an die Grenzen seiner historischen Möglichkeiten heranführt. Es sind die Grenzen einer im andinen Kulturraum in
verschiedenen Phasen verlaufenden und unter verschiedenen Gestalten
sich manifestierenden Moderne. Unter dem Aspekt einer »Krise des Erzählens« ist die moderne Texterfahrung wesentlich eine Erfahrung
der schwindenden Kohärenz des schreibenden Subjekts, manifestiert
etwa in der Infragestellung der Funktionen des traditionellen Erzählers.
Dieser verliert seine Funktion als sinn- und ordnungstiftende Instanz,
um sich selbst zunehmend nur noch zu erfahren als Kreuzungspunkt
heterogener »Diskurse«. Die Selbsterfahrung des erzählenden Subjekts

*Das Fortwirken
avantgardistischer
Verfahren in
Arguedas' Spätwerk*

*Raffinerie in La Oroya,
Peru*

findet ihre Entsprechung auf der Ebene der dargestellten Welt: Auch deren Widersprüche und Inkohärenzen sind begründet in der Pluralität der Diskurse.

Das wichtigste Forum einer philosophisch reflektierten, nach ästhetischem Ausdruck und politischer Repräsentanz strebenden Modernität war in den 20er Jahren die von José Carlos Mariátegui gegründete Kulturzeitschrift *Amauta* (1926–1930). Wie kein anderer verstand es Mariátegui, die gegenläufigen Tendenzen seiner Zeit in seiner Person noch einmal schöpferisch zu verbinden. Auch der literarische Avantgardismus, selbst wenn er der historischen Realität mit ästhetizistischer oder humoristischer Attitüde den Rücken kehrte, war Teil – so glaubte Mariátegui – eines im Entstehen begriffenen nationalen Projekts. So öffnete er die Seiten seiner Zeitschrift nicht nur dem Postmodernisten Eguren, sondern auch dem unter dem Pseudonym Martín Adán schreibenden Individualisten Rafael de la Fuente Benavides. Adáns 1927 erschienener Roman *La casa de cartón* gilt als der Beginn einer modernen Prosa avantgardistischer Prägung in Peru. Dieses geniale Erstlingswerk bleibt jedoch ohne direkte Nachfolger. Indigenistische Themen, sozialistisches Engagement und die Forderung nach einer neuen »nationalen« Ethik geben den Ton an, den die Literaten der 30er und 40er Jahre – sowohl in Peru als auch in Bolivien und Ecuador – mit wechselndem Erfolg zu treffen versuchen. Arguedas' posthum erschienener Roman *El zorro de arriba y el zorro de abajo* (1968) ist das letzte – zugleich auch das wichtigste – Beispiel in dieser Reihe: Den bereits beschlossenen Selbstmord vor Augen, stellt sich Arguedas die Aufgabe, die historisch, sozial und kulturell auseinanderdriftenden Seiten der peruanischen Realität, wie sie sich in der Küstenstadt Chimbote, einem der Zentren der chaotisch boomenden Fischindustrie, darstellt, als die Totalität eines historischen Prozesses zu begreifen. Wenn Arguedas zu der Ansicht gelangen konnte, an dieser Aufgabe gescheitert zu sein, so deshalb, weil er Erfolg oder Misserfolg der Darstellung ein weiteres – und letztes – Mal am Wahrheitssinn autobiographischer Erfahrung zu messen versuchte.

Die große Gegenfigur zu Arguedas in der peruanischen Gegenwartsliteratur ist der 1936 in Arequipa geborene, in Lima aufgewachsene Mario Vargas Llosa. Obwohl sich der Autor immer wieder auf die Vorbilder des französischen Realismus – insbesondere auf die Ästhetik Flauberts – berufen hat, ist er es, der dem literarischen Projekt der Moderne erzählerisch zum Durchbruch verholfen hat. Auch Vargas Llosas erster Roman, *La ciudad y los perros* (1962), trägt autobiographische Züge. Anders als für Arguedas hat die autobiographische Erfahrung für Vargas Llosa jedoch keine normative Funktion. Sie ist kein außerliterarischer Fixpunkt, auf den sich der Text hinbewegt, sondern – allenfalls – ein solcher, von dem er sich wegbewegt. Realität – auch die selbst erlebte – wird durch den Akt des Schreibens vernichtet, um im fertigen Werk neu geschaffen zu werden. Zentraler Ansatzpunkt dieser schöpferischen Transformation der Realität durch die Sprache und die literarische Form, dessen Radikalität Vargas Llosa in einem Essay über García Márquez als »deicidio«, als einen mit der Souveränität des göttlichen Schöpfers konkurrierenden Akt des Frevels, bezeichnet, ist vor allem der Prozess des Erzählens selber. Nicht erst in der autobiographischen Erzählung *La tía Julia y el escribidor* (1977) ist die hiermit angezeigte Dekonstruktion der Subjektivität als einer dem Prozess des Erzählens vorausliegenden Erfahrung verwirklicht, sondern – potentiell zumindest – bereits in Vargas'

Mario Vargas Llosa

zweitem Roman, *La casa verde* (1965). Der erste und wichtigste Eindruck, den die Lektüre hinterlässt, ist derjenige extremer Verschachtelung. Ihre handlungslogische Voraussetzung sind fünf separate Erzählsequenzen, die jedoch beim Fortgang der Handlung immer kunstvoller miteinander verknüpft werden. Der handlungslogischen entspricht die »diskursive« Differenzierung der jeweiligen Sequenzen. Vargas Llosa bedient sich hierzu virtuos des Arsenals neuer Erzähltechniken, wie sie von Flaubert über Joyce bis hin zu Faulkner erfunden und praktiziert wurden. Das Ziel dieser diskursiven Differenzierung ist weniger die »realistische« Individualisierung der Handlungen und ihrer Protagonisten als vielmehr die Differenzierung als solche. Noch ein drittes Merkmal kommt hinzu: Die Präsentierung der Sequenzen erfolgt gemäß einer festliegenden, von Kapitel zu Kapitel schematisch wiederholten Ordnung. Die abstrakte Syntax dieser »Schnittfolge« ist an die Stelle des Sinn und Einheit stiftenden traditionellen Erzählers getreten. Ihre Funktion beschränkt sich darauf, einen Rahmen zu bilden, der es den Sequenzen erlaubt, sich gleichsam selbst zu erzählen.

Cono Sur (Chile, La-Plata-Staaten, Paraguay): die Belebung durch das »populäre Genre« und die Blüte der phantastischen Literatur

Neue Impulse aus dem »populären« Genre

Obwohl mit dem Regierungsantritt von Hipólito Yrigoyen als Präsident Argentiniens 1916 eine nicht bloß politische Zäsur gesetzt wird, muss die Betrachtung der argentinischen Literatur in den Jahren zwischen 1920 und 1970 sogar noch vor 1900 ansetzen, um die Entwicklungen der 20er und 30er Jahre zu erklären; denn in Argentinien ist stärker als in anderen Regionen Lateinamerikas auch der Modernismo nur eine Ausdrucksform unter vielen gewesen. Neben, statt bzw. gegen Modernismo und Avantgarde setzt sich etwa die »volkstümliche« Linie fort, die mit der gauchesken Dichtung und mit der Populärvariante eines Eduardo Gutiérrez die zweite Hälfte des 19. Jhs. weitgehend geprägt hatte. Auch der in der Spätromantik blühende Costumbrismo findet mit José Sixto (eigentlich: Ceferino) Alvarez eine Fortsetzung. Alvarez veröffentlichte seit 1880 unter dem Pseudonym Fray Mocho seine satirischen Kurztexte in verschiedenen Zeitungen; die besten Geschichten erschienen 1906 postum in Buchform als *Cuentos de Fray Mocho*. Zudem gründete er 1898 mit *Caras y Caretas* (Gesichter und Masken) die wichtigste kulturell orientierte Zeitschrift Argentiniens, die bis in die 30er Jahre hinein ein wichtiges Publikationsorgan blieb.

Cartas y Caretas, Nr. 1, 19. August 1898

Einer der vielen, die in *Caras y Caretas* publizierten, war Roberto J. Payró, Journalist und Parteigänger der Radikalen, welche sich anschickten, rund um die Hundertjahrfeier der argentinischen Unabhängigkeit das herrschende System von Wahlbetrug und Kazikentum in Frage zu stellen. Payró, der in der Provinzstadt Bahía Blanca selbst Opfer politischer Repression geworden war, zeichnete im Verlauf seiner journalistischen Karriere das satirische Bild dieses Systems sowohl in Artikeln als auch in einer Serie von Erzählungen, die 1908 und 1928 unter den Titeln *Pago chico* und *Nuevos cuentos de Pago chico* in Buchform zusammengefasst wurden. »Pago chico« steht dabei für Bahia Blanca, und das »System« entspricht den schlimmsten Negativklischees von Korruption, Wahlbetrug und Kazikentum. 1906 erscheint der Kurzroman *El casamiento de Laucha*. Hier geht es um das Porträt eines sozusagen zum »pícaro« gewandelten Gaucho, der dem Rahmenerzähler in höchst zynischer Weise seine Lebensgeschichte vorträgt: Mit Hilfe eines korrupten Priesters täuscht er eine Eheschließung vor, bringt eine Gastwirtswitwe um all ihre Ersparnisse und schließt mit dem sein Gewissen beruhigenden Satz, es ginge ihr jetzt ohnedies gut, denn sie arbeite als Krankenschwester im Spital von Pago chico. Noch ausgebaut ist diese zynische Erzählhaltung in einem 1910, gerade rechtzeitig zur Hundertjahrfeier Argentiniens entstandenen Roman des mittlerweile nach Belgien ausgewanderten Payró: *Divertidas aventuras del nieto de Juan Moreira* spielt schon im Titel auf den Kolportagehelden Gutiérrez' an, bringt aber ein aktuelleres Thema zum Ausdruck: den Aufstieg der jungen, skrupellosen Generation der Kinder der Landpatriarchen. Auch wenn der Protagonist Mauricio Gómez Herrera nicht aus Pago chico, sondern aus einer anderen fiktiven Provinzstadt namens Los Sunchos stammt, sind die Bedingungen dieselben. Allerdings malt Payró hier nicht nur die Kleinstadt, sondern auch die Hauptstadt der Provinz und Buenos Aires selbst unter dem Präsidenten Juárez Celman (1886–1890) in den schwärzesten Farben. Sein an Thomas Manns *Felix Krull* erinnernder Protagonist schafft mit beeindruckender, in zynisch-wehleidigem Ton verteidigter Rücksichtslosigkeit und Egozentrik den Aufstieg zu einem einflussreichen Politiker und Botschafter seines Landes in Europa. Das einzige, was ihn trifft, ist ein in ähnlich polemischem Ton wie seine eigenen Publikationen gehaltener Artikel, der ihn als »Enkel Juan Moreiras« bezeichnet und ein Ende von »Gauchismo und Compadraje«, von Gauchokult und machistischem Heldentum, verlangt; aber es ist nicht so sehr der Inhalt des Artikels, der ihn verletzt, als vielmehr die Tatsache, dass der Autor sein unehelicher Sohn ist, um den er sich nie gekümmert

Roberto J. Payró:
Divertidas aventuras
del nieto de Juan
Moreira

Argentinischer Gaucho

hatte. Wenn Payró auf diese Art und Weise die gaucheske Literatur sozusagen zu einem ironisch-kritischen Kontrapunkt weiterentwickelt, führen
zwei Autoren, die dem Modernismo zuzurechnen sind, die Idealisierung
des Gaucho in ihrem Romanwerk weiter: Benito Lynch mit *Raquela*
(1918) oder *El inglés de los güesos* (1924) und vor allem Ricardo Güiraldes mit *Don Segundo Sombra* (1926), das nicht nur in den poetischen,
höchste modernistische Kunstfertigkeit beweisenden Naturbeschreibungen dem gauchesken Genre neue Bereiche erschließt, sondern vor allem in
der Titelfigur, dem weisen Gaucho Segundo Sombra, der in einer Art
Entwicklungsroman zur Vater- und Lehrerfigur des Erzählers wird. Mit
diesem Text erreicht der gaucheske Roman im engeren Sinn zweifellos
seinen Höhe- und Endpunkt.

Tatsächlich hatte sich ja schon seit längerem – auch dem realen Verschwinden des Gaucho entsprechend – eine gewisse Verschiebung des
Genres aus der Weite der Pampa in die dunklen Gassen der Vorstadt, des
»Arrabal«, ergeben, die nicht mehr die »gauchos matreros«, die in die
Illegalität getriebenen Gauchos, sondern die Messerhelden (»compadri-
tos« und »malevos«) bevölkerten. Am deutlichsten lässt sich diese Entwicklung an dem um die Jahrhundertwende aufblühenden Theater zeigen.
Neben der großen Oper im Teatro Colón begannen die Bürger der rasch
wachsenden Metropole sich auch für ein populäreres Genre nach dem
Vorbild des spanischen »género chico« zu interessieren, den »sainete
criollo«, der vor allem von der Theatertruppe der Familie Podestá gepflegt
wurde. Von einem der ersten großen Erfolge dieser aus Uruguay stammenden Truppe, der Theaterversion von *Juan Moreira*, war schon die Rede.
Unter den zahlreichen Nachahmern dieses »gauchesken Theaters« sticht
Martiniano Leguizamón mit seinem *Calandria* (1896) hervor, denn hier
wird der als »gaucho matrero« auftretende Titelheld nicht nur pikaresk
gezeichnet, sondern am Schluss auch geradezu programmatisch in die
Gesellschaft zurückgeführt, wenn er in seinem Schlusslied angesichts der
ihm bevorstehenden Ehe und Sesshaftigkeit bekennt: »Dieser Vogel ist
schon gestorben/ im Käfig dieser Liebesglut/ Dafür, Freunde, wurde er
geboren, der arbeitsame Criollo!« Das Thema des Vogelfreien weicht in
dem Gaucho-Drama folgerichtig dem Thema des Niedergangs der alteingesessenen Landbevölkerung, sowohl in den Stücken Roberto Payrós
(*Sobre las ruinas*, 1902; *Mario Saveri*, 1907) als auch in jenen des Uruguayers Florencio Sánchez, unter denen besonders *M'hijo el dotor* (1903)
und *Barranca abajo* (1905) zu erwähnen sind, zwei Tragödien, die beide
einen Generationenkonflikt in Szene setzen. Das letztgenannte Drama
gestaltet in besonders eindrucksvoller Weise den Niedergang eines alten
»paisano«, der durch politische Machenschaften Hab und Gut, durch
Krankheit seine Tochter und durch Intrigen seinen guten Namen verliert
und je nach Schluss (Sánchez hat zwei Versionen geschrieben) direkt den
Selbstmord ankündigt oder in völliger Resignation weiterlebt.

Der »sainete criollo« im engeren Sinn, das heißt die Verbindung der
populären Thematik mit einer durchgehenden Musikbegleitung, beginnt
mit Nemesio Trejo. Unter seinen 55 Stücken erreichte besonders *Los
políticos* (1897) dauernde Berühmtheit. Das einaktige Drama zeigt durch
die zahlreichen Couplets eine der Komödie eines Johann Nestroy vergleichbare Struktur. Dazu passen auch die auf Sprachkomik aufbauenden
Monologe der komischen Figuren, nicht jedoch die Tatsache, dass der
romantische Aspekt des Kampfes einer jungen Frau um ihre Liebe gegen
die politischen Ambitionen des Vaters weder belohnt noch ironisiert wird,

*Ricardo Güiraldes:
Don Segundo Sombra*

*Die Wandlung des
gauchesken Genres:
volkstümliches
Theater*

Der »sainete criollo«

sondern ganz im romantischen Sinn in die Tragödie führt: Ihr Bräutigam, vom zukünftigen Schwiegervater dazu gezwungen, als Wahlleiter zu fungieren, wird bei einem belanglosen Streit im Wahllokal erschossen, sodass aus dem komischen Stück unversehens ein moralisierendes Trauerspiel wird. Bemerkenswert ist auch die Verwendung der verschiedenen Akzente von Einwanderern aus unterschiedlichen europäischen Regionen (Italiener, Galicier, Andalusier) zur Erzielung komischer Effekte, was auf dem Theater immer mehr zur offenbar unentbehrlichen Konvention wurde.

Auch ernste Stücke wie das Sozialdrama *Canillita* von Florencio Sánchez (ein einaktiger Sainete von 1902) oder *Los disfrazados* (1906) von dem Uruguayer Carlos Mauricio Pacheco kommen nicht ohne diese Effekte aus. Das liegt freilich auch daran, dass sich nun der Schauplatz und das Personal der Stücke verschiebt: An die Stelle der Pampa, die in einzelnen bäuerlichen Dramen wie Martín Coronados in Versen gehaltenem naturalistischen Sittendrama *La piedra del escándalo* (1902) noch fortlebt, tritt die Enge der »conventillo« (»Klösterchen«) genannten Mietskaserne, in der Einwanderer und gestrandete Existenzen auf engstem Raum miteinander leben, oder wenigstens der Mief der heruntergekommenen Stadtwohnung mit mehreren Untermietern, wie jener Doña Marías in *Las de Barranco* (1908) von Gregorio de Lafferère. In dieser Mischung aus vaudevillesker Komik des »género chico« und der Tragik des naturalistischen Dramas gewinnt allmählich der Vaudeville-Aspekt die Überhand. Hauptverantwortlich dafür ist der Bereich der Sprache: Immer häufiger werden Stücke, die sich des »Lunfardo« bedienen, jener Mischung aus gauchesken Vokabeln, Rotwelsch und Studentenulk durch Verdrehen der Wörter, die sich in diesen Jahren vom Halbweltidiom zur literaturfähigen Sprache entwickelt – bis weit in die 70er Jahre hinein schreiben durchaus ernstzunehmende Lyriker und Dramatiker Texte in Lunfardo. Der Triumph des Lunfardo ist mit dem Namen Alberto Vacarezza verbunden. Er debütierte 1911 mit einer musikalischen Komödie mit naturalistisch-tragischen Zügen, *Los escrushantes* (Die Einbrecher), deren Text nicht einmal von allen Mitgliedern der Jury verstanden wurde, die ihm dafür den Zarzuela-Preis dieses Jahres zusprach. Vor allem, als die europäischen Gastspiele im Zuge des Ersten Weltkrieges ausfielen, erlebte das argentinische Theater eine nie gekannte Blüte. Dabei sind es wiederum die dem »compadrito« der Vorstadt und den Einwanderern im »Conventillo« gewidmeten musikalischen Stücke des »género chico«, die – wenigstens in kommerzieller Hinsicht – triumphieren. So bringt es Vaccarezzas *El conventillo de la paloma* (1929) auf nicht weniger als 1500 Aufführungen; freilich verführt ihn eben dieser kommerzielle Erfolg in den 20er Jahren zur sterilen Wiederholung immer derselben Muster in seinen insgesamt einhundertzehn Komödien. Erinnert schon diese Produktivität ein wenig an den Altmeister der spanischen Komödie, Lope de Vega, so hat Vaccarezza in einem dieser Stücke, *Villa Crespo*, auf Lope anspielend, auch noch einen scherzhaften »arte nuevo de componer sainetes« (»Neue Kunst, Sainetes zu schreiben«) hinterlassen: »Ein Hof einer Mietskaserne, / Ein geschäftiger Italiener, / ein zorniger Galicier, / ein Mädel, ein Stutzer, / zwei Messerhelden, / ein Geflüster, eine Leidenschaft, / Zusammenstöße, Eifersucht, Streit, / Herausforderung, Messerstecherei, / Schreckensschreie und ein Schuss, / Hilfe, Knast ... Vorhang!«

Bedeutender als diese ein wenig mechanische Dramaturgie ist der musikalische Aspekt: Schon in den *Escrushantes* ist der im »sainete lírico« traditionell eingebaute Tanz ein Tango, teilweise mit Gesangsbegleitung.

Die Rolle des »Lunfardo«

Gaucho-Comic

Der Tango als literarisch-musikalisches Genre

1918 wird in *Los dientes del perro* von José González Castillo erstmals im Rahmen einer solchen Komödie die »orquesta típica«, das Tangoorchester mit Bandoneón, Violine, Klavier, Kontrabass, auf die Bühne gebracht. Der überwältigende Erfolg trägt dazu bei, dass die gesungenen Tangos González Castillos und vieler anderer Dramatiker (z.B. Pascual Contursis) auch außerhalb des Theaters in gedruckter Form, bald durch die aufkommenden Tonträger und schließlich durch den Film verbreitet werden. Zu geradezu legendärer Berühmtheit brachte es in diesem Genre der Sänger und Komponist Carlos Gardel, dessen Texte zum größten Teil aus der Feder des in Brasilien geborenen Alfredo Le Pera stammen. Durch seine dominierende Starrolle bei der Transposition des Tango in das neue Medium des Films ist Gardel bis zu seinem Tod bei einem Flugzeugabsturz (1935), der ihm endgültig mythische Dimensionen verlieh, auch für den ersten Boom der argentinischen Filmproduktion (wobei Drehbuchautor wiederum der bei demselben Unfall verunglückte Le Pera war) bestimmend gewesen. Und noch in den 40er Jahren sind für die Blüte des argentinischen Films Doppelbegabungen verantwortlich wie der Regisseur Manuel Romero, der gleichzeitig einer der wichtigsten Tangotexter dieser Epoche war. Ähnlich wie neben dem Modernismo das gaucheske Theater und später die Komödie über die städtische Halbwelt geblüht hatte, stellt nun der Tango neben, gegen und gemeinsam mit der Avantgarde eine Ausdrucksform der Lyrik bereit, die viele Autoren ausschließlich oder als eine von mehreren anzieht. Zu ihnen gehören neben den Genannten vor allem Enrique Santos Discépolo, Celedonio E. Flores, in der Phase ab 1940 auch Homero Expósito und Homero Manzi. Zu den immer wieder abgehandelten Mythen der Tangotexte zählt der nostalgisch-melancholische Rückblick auf eine gute alte Zeit ebenso wie die beinahe sakrale Verehrung der Mutter und die Verachtung der Frau, die allerdings aus der Perspektive des Betrogenen, des Verlierers ausgesprochen wird. Daneben haben viele Tangos sich auch im weitesten Sinne politischer Themen angenommen, etwa der berühmte *Cambalache* (1935) von Santos Discépolo, der den Verfall aller Werte im »Trödlerladen der neuen Zeit«

Italienische Einwanderer nach ihrer Ankunft im Hafen von Buenos Aires

Carlos Gardel

Tangolokal in Buenos
Aires (1935)

beklagt, in dem alles drunter und drüber geht. Vor allem in den 50er und
60er Jahren nimmt der Tango auch avantgardistisch-lyrische Züge auf,
etwa in den bisweilen fast surrealistisch anmutenden Texten Héctor Negros. Wie das besprochene Populärgenre in der Dramatik ist auch der
literarisch-musikalische Tango eine uruguayisch-argentinische Gemein-
schaftsproduktion. Wie stark die Präsenz dieses Genres der »Alltagskultur« war, zeigt die Tatsache, dass kaum ein Werk der neueren Roman-
literatur aus dem La-Plata-Raum ohne Anspielungen auf Tangotexte auskommt, auch wenn sie nicht immer die Dichte von Manuel Puigs *Boquitas
pintadas* (1969) erreichen.

In der »goldenen Zeit« von Tango und »sainete criollo« konnte Santiago de Chile als Theaterstadt nicht mit dem Glanz von Buenos Aires und
Montevideo konkurrieren. So wanderte einer der beiden erwähnenswer-
ten Dramatiker dieser Zeit, Armando Moock, nach Buenos Aires ab, wo
er etwa 400 Stücke schrieb und zu einem Publikumsliebling wurde. Der
zweite, Antonio Acevedo Hernández, Vertreter eines engagiert sozialkritischen Dramas, blieb dagegen in Santiago, um an einer Veränderung
der chilenischen Gesellschaft mitzuwirken. Auch in Buenos Aires entwickelte sich unterdessen neben dem »sainete« ein anspruchsvolleres
Genre: der, wohl in Anspielung auf die italienische Dramatikergruppe um
Luigi Pirandello, die gegen Ende des Ersten Weltkriegs unter dem Namen
»teatro del grottesco« aufgetreten war, so genannte »grotesco criollo«,
dessen Hauptvertreter Enrique Santos Discépolos Bruder Armando Discépolo, Francisco Defilippis Novoa und Samuel Eichelbaum sind. Armando Discépolo verschmäht Sprachkomik durch Sprachgemisch keines-

*Armando Discépolo
und das »grotesco
criollo«*

wegs, wie sein *Babilonia* (1925) zeigt. In diesem tragikomischen Sittenbild
aus der Küche eines reich gewordenen Italieners resultiert die Komik aus
dem Dialog zwischen dem »cocoliche« des neapolitanischen Chefkochs
und des Küchenjungen, dem Franko-Spanisch der Assistentin, dem Gali-
cisch des Hilfskellners, dem deutschen Akzent des Chauffeurs, dem europäischen Spanisch des hübschen Zimmermädchens Isabel aus Madrid,
dem argentinischen Provinzdialekt ihrer Kollegin aus der Gegend von

Córdoba und dem gauchesken Idiom des »criollo« Eustaquio. Hintergrund der Handlung ist eine Intrige des Galiciers gegen Eustaquio, aber der wesentliche Effekt besteht wie so oft bei Discépolo in einer »Demaskierung«: Der durch ungerechte Verdächtigungen aufs höchste erzürnte Küchenchef Piccione enthüllt für alle Diener und Gäste, dass der reiche Eigentümer des Hauses ein ehemaliger Schmuggler ist und seine eingebildete Frau als Wäscherin gearbeitet hat. Diese Mischung aus Tragik und Groteske, die den verzweifelten Küchenchef kennzeichnet, findet sich – mit noch stärkeren tragischen Akzenten – auch in Discépolos bekanntesten Dramen, *Stefano* (1929) und *Relojero* (1934). Auch Defilippis Novoa führt das Personal der Halbwelt zu einer grotesk-tragischen Größe, wie etwa in dem Drama *He visto a Dios* (1930), wo ein italienischer Hehler und Wucherer, der sein Vermögen für seinen einzigen, schließlich in einem Raufhandel getöteten Sohn aufheben wollte, einer Art religiösem Wahn verfällt, in dem er sich fast von einem als »Gottvater« verkleideten Schwindler betrügen lässt, um dann schließlich zu einer beeindruckenden Ethik des Verzichts zu gelangen. Am stärksten losgelöst von den volkstümlichen Anfängen beginnt Samuel Eichelbaum, dessen Stücke aus den Jahren 1920–40 einen psychologischen Naturalismus in der Nachfolge Dostojewskijs und Ibsens zeigen, ehe er mit *Un guapo del 900* verspätet doch noch die Thematik des »compadrito« aufnimmt.

Diese Figur des Vorstadt-Messerhelden hatte tatsächlich weit über das sogenannte »populäre« Genre hinaus Bedeutung erlangt: Nicht nur, dass viele Lyriker es nicht verschmähten, in Lunfardo Gedichte oder Texte für Tangos zu schreiben; selbst Avantgardisten wie Jorge Luis Borges begannen sich in diesen Jahren für den »compadrito« zu interessieren. Ausgangspunkt war wohl die Hinwendung zum Argentinischen, die das Frühwerk des nach neun Jahren Abwesenheit aus Europa heimgekehrten Borges in den 20er Jahren bestimmt. Neben den der Stadt Buenos Aires gewidmeten Gedichtzyklen dieses Jahrzehnts zeigt sich das in der Beschäftigung mit den Autoren des »arrabal«, der Vorstadt, vor allem mit dem Lyriker Evaristo Carriego, und allgemein in den Essays der 20er Jahre. Der lange verschollene Band *El tamaño de mi esperanza* (1926) beginnt mit dem für den Kosmopoliten Borges ungewöhnlichen Satz: »Zu den *criollos* will ich sprechen: zu den Menschen, die sich in diesem Land leben und sterben fühlen, und nicht zu denen, die glauben, dass Sonne und Mond in Europa wohnen«, und widmet mehrere Texte der These, es habe nun ein Übergang von der Pampa in die Vorstadt stattgefunden, sodass der »compadrito« nun einen Ependichter (Borges selbst?) brauche, wie es José Hernández für den Gaucho war. Schließlich ist auch der Held seiner ersten Kurzgeschichte, *Hombre de la esquina rosada* (1929), eine solche Compadrito-Figur, und der Text, eine Ich-Erzählung, ist sprachlich dem mit Lunfardo durchsetzten Idiom der Vorstadt angepasst. Die Faszination des Messerhelden ist sogar noch in viel späteren Erzählungen (etwa *El Sur*, 1945) zu spüren. Da allerdings tritt bereits ein wesentliches neues Element hinzu: die typische Strategie der phantastischen Erzählung, von der später noch die Rede sein wird.

*Jorge Luis Borges
und
der »compadrito«*

Nationale Selbstanalyse

Die Auseinander-
setzung mit dem
Martín Fierro

Das starke Interesse für die nationalen Eigenheiten der eigenen Kultur stellte schon ein bemerkenswertes Charakteristikum der meisten Avantgardegruppen ebenso wie der späten Modernisten dar; bis zu einem gewissen Grad ist es wohl ursprünglich als Opposition der jungen Generation gegen die positivistisch-europäischen Ideen der herrschenden Oligarchie zu interpretieren. Schon in den 22 historischen Erzählungen des Bandes *La guerra gaucha* (1905) hatte sich ein Interesse des argentinischen Parade-Modernisten Lugones für die Gaucho-Thematik angekündigt, das sich 1916 in dem Essay *El payador* zu der Feststellung steigert, Hernández' *Martín Fierro* wäre als den Werken Homers ebenbürtiges argentinisches Nationalepos anzusehen. Lugones, der in diesen Jahren politisch eine Kehrtwendung von seinen anarchistisch-sozialistischen Jugendüberzeugungen zu einem klassizistischen Hellenismus und später zu offen faschistischen Thesen vollzieht, wurde auch durch diesen »argentinischen« Aspekt seines Werks richtungweisend für die Avantgardisten der Florida-Gruppe, die ihre Zeitschrift *Martín Fierro* nannten, und für jüngere Modernisten wie den bereits erwähnten Ricardo Güiraldes. In seinem eigenen lyrischen Spätwerk drückt sich dieser Aspekt durch eine erhöhte Präsenz der argentinischen Landschaft aus. Ähnliche Tendenzen finden sich auch in Chile, wo Mariano Latorre in einem Zyklus von Erzählungen und Romanen alle Landschaften und Regionen seines Vaterlandes zu behandeln versucht.

Die Erforschung
des Argentinischen
in Philosophie,
Historiographie
und Essay

Zu dieser Besinnung auf das Eigene gehört auch der Ansatz zu einer eigenständigen nationalen Geschichtsschreibung: Der Philosoph Alejandro Korn veröffentlichte 1919 den Band *Influencias filosóficas en la evolución nacional* (eine Art Ideengeschichte des Landes); der aus Frankreich stammende Historiker Paul Groussac, eine der wesentlichen Figuren der intellektuellen Zirkel von Buenos Aires, publizierte 1918 seine Porträtsammlung *Estudios de historia argentina*, der Positivist José Ingenieros 1918 und 1920 die beiden Bände seiner *Evolución de las ideas argentinas* und Ricardo Rojas, der in dem Essay *Eurindia* (1924) später eine geistige Indianisierung der Gesellschaft forderte, zwischen 1917 und 1922 die vier Bände seiner argentinischen Literaturgeschichte. Auf diese Weise erfolgte in den Jahren nach 1916, zugleich mit dem Siegeszug von »sainete criollo« und Tango und mit den ersten Manifestationen der Avantgarde, eine intensive Auseinandersetzung mit der eigenen Vergangenheit im Bereich von Literatur-, Ideen- und Geistesgeschichte. Das steht im Zusammenhang mit der Ablösung des »Ancien Régime« durch den Wahlsieg der »Radikalen Bürgerunion« Hipólito Yrigoyens im Jahr 1916 und der im selben Jahr erfolgten Einführung des allgemeinen Wahlrechts. Argentinien hatte sich »erneuert«, es war zugleich – infolge der Verwüstungen des Ersten Weltkriegs in Europa – zu einem der reichsten Länder der Welt geworden, und dieses neue Selbstbewusstsein drückt sich sowohl in dieser neuen Art der Identitätssuche als auch in der Blüte der Populärkultur aus.

Ezequiel Martínez
Estrada: Radiografía
de la pampa

Die nächste Generation, nach der Weltwirtschaftskrise 1929 und dem Sturz Yrigoyens 1930, als die Herrschaft der Landoligarchie durch eine Militärdiktatur wiederhergestellt wird, führt diesen Bewusstwerdungsprozess in Form des Essays in einer noch radikaleren Selbstanalyse fort: Eduardo Mallea mit *Historia de una pasión argentina* (1937) und vor allem Ezequiel Martínez Estrada mit *Radiografía de la pampa* (1933). In

Argentinische Pampa

sechs großen Abschnitten zu je drei Kapiteln geht Martínez Estrada dort in einem manchmal fast an Nietzsche gemahnenden, polemisch-lyrischen Stil mit dem »argentinischen Wesen« hart ins Gericht. Seine Grundthese ist dabei, dass die unendliche, flache, orientierungslose und einsame Weite der argentinischen Pampa auch Kultur und Menschen präge. Anonymität, »Pseudo-Strukturen« (so der Titel des 6. Abschnitts), die gesichtslose, hypertrophe Großstadt Buenos Aires, die ihrerseits als »Pampa niedriger Häuser« bezeichnet wird, seien die Folge. Gepaart ist das bei Martínez Estrada mit dem ständigen Gefühl des Ressentiments als argentinischer Grundbefindlichkeit: Ressentiment des Konquistadoren, der Gold und Reichtum sucht, gegen die unendliche, fruchtbare Ebene, die ihn zum Bauerndasein zwingt; der geschändeten Indiofrau und ihres mestizischen Sohnes gegen den lieblosen Eroberer und Vater; des alteingesessenen »paisano«, der sich als Messerheld (»guapo« oder »compadre«) gibt, gegen den noch über größere Kraft- und Begeisterungsreserven verfügenden europäischen Einwanderer; des gescheiterten europäischen Einwanderers gegen das Land, das ihm die Erfüllung seiner goldenen Träume verweigert, und anderes mehr. Eine zweite Grundbefindlichkeit ist für den Autor die aus der Einsamkeit resultierende Angst, die die Argentinier sowohl in Aggressivität (nach Art der Fleischfresser) als auch in Erstarrung (nach Art der Insekten) und in Flucht (nach Art der Pflanzenfresser) umsetzten, vor allem aber in ein sinnloses Spielen mit Luftschlössern und Kartenhäusern, um die innere Leere zu überbrücken. Das weite Land bedeutet »nicht Reichtum, sondern die Möglichkeit eines Hypothekarkredits« – aus diesem Selbstverständnis erklärt Martínez Estrada die Spekulierwut und die Finanzierung sämtlicher Staatsausgaben mit Auslandsschulden, wie sie noch zu Ende des 20. Jhs. in der Realität zu beobachten waren. Auch viele andere Details der argentinischen Lebenswelt, von der Clubkultur bis zu Fußball, Pferderennen und Tango, erhalten in diesem Gesamtentwurf einer nationalen Selbstanalyse eine systemkohärente Erklärung. Aber selbst wenn man Martínez Estrada nicht immer folgen will und kann: Dieser lange Essay beeindruckt auch heute noch durch seine sprachkünstlerische Gestaltung und seine enorme intel-

Eduardo Mallea

lektuelle Kraft, wobei sich in die Faszination durch das Eigene – auch das wie bei Nietzsche – eine nicht unpolemische Verachtung für dieses Eigene mischt, die wiederum nicht ganz frei von Koketterie ist.

Historia de una pasión argentina des aus dem südlich rauen Bahia Blanca stammenden Eduardo Mallea ist demgegenüber kaum als Essay zu bezeichnen, eher schon als autobiographische Erzählreflexion im Stil lyrischer Prosa, atemlos hingeworfen von einem, der seinen *Malte Laurids Brigge* ebenso gelesen hat wie seinen Pirandello, seine Romantiker wie seinen Nietzsche. Argentinien, so lautet der ähnlich wie bei Martínez Estrada klingende Befund des an seinem Lande Krankenden, ist nicht-authentisch, passiv, gekünstelt, ein einziges Rollenspiel, kurz – so der Titel eines zweiten, kürzeren Essays von 1942, *Una vida blanca*, ein weißes, sprich: leeres, farbloses Leben. Auch bei Mallea hat das mit der Landschaft zu tun, vor allem mit dem zermürbenden, ewig über das flache Land fegenden Wind Patagoniens; aber im Unterschied zu Martínez Estrada ist bei ihm eine Historisierung da: »Während der schwierigsten Jahre unserer Geschichte«, so heißt es zu Beginn der *Vida blanca*, »war das ein Land mit Stolz, ein aufrecht stehendes Land.« Im 20. Jh. aber habe es sich selbst verloren: Statt regiert werde es nur verwaltet, statt gelebt würde hier nur gespielt, statt zu handeln wären die Argentinier passiv. Nur in der Jugend, die Mallea aufzurufen sucht wie einst die Romantiker, könne das alte Argentinien wiedererstehen. Zu diesem Antagonismus zwischen Einst und Jetzt tritt erneut der Antagonismus zwischen »Hinterland« und Stadt, aber auch dieser wird bei Mallea überhöht zu dem Gegensatz zwischen dem »unsichtbaren Argentinier«, der »dem eigenen Klima, der Form, der Natur der argentinischen Erde in verblüffender Weise ähnelt«, und dem sichtbaren, der sich auf eine Kultur der »Geste« und des »Schauspiels« reduzieren lässt. Diese – manche Aspekte des französischen Existentialismus vorwegnehmende – Anklage Malleas geht auch in seine Romane ein, vor allem in *Fiesta en noviembre* (1938) und *La bahia de silencio* (1940). Ist der erste Roman eine beklemmende Parallelisierung des Festes einer Patrizierfamilie, deren Welt durch einen als Malleas Sprachrohr gezeichneten Gast als hohl und gekünstelt entlarvt wird, mit der Entführung und Tötung eines politisch unliebsamen Autors durch eine Polizeipatrouille, die als fatale Vorwegnahme der Ereignisse der Diktatur nach 1976 erscheint, steht *La bahia de silencio* eher dem Typus des Essay-Romans nahe: In drei Büchern (»Die Jungen« – »Die Inseln« – »Die Besiegten«) beschreibt Mallea zunächst die Diskussionen einer um nationale Erneuerung bemühten Gruppe junger Intellektueller, die ein Kampfblatt herausgeben, dann eine beklemmende Reise durch das vom Heraufdämmern des Faschismus erschütterte Europa und zuletzt die fanatische Arbeit des Ich-Erzählers an einem Roman namens »Die 40 Nächte des Juan Argentino«, der offenbar wieder die Schaffung »des Argentiniers« zum Inhalt haben soll. Der hohlen Welt der Stadt bzw. der intellektuellen Revolution dieser beiden Romane entgegengesetzt sind die Werke, die sich dem wortkargen, fast stummen Menschen des Landesinneren bzw. des Südens widmen, wie etwa *Todo verdor perecerá* (1941) oder *Chaves* (1953).

Großstadt, Erotik, Schmerz. Themen und Schreibweisen in der »postmodernistischen« und »post-avantgardistischen« Lyrik

Die Hinwendung zur Großstadt als Thema der Lyrik, die den jungen Borges und viele Ultraisten kennzeichnet, ist freilich auch schon zuvor anzutreffen: in dem Werk von Baldomero Fernández Moreno, der bisweilen geradezu kokett kleinbürgerliche Stadtszenen als »Beinahe-Ekloge« (so der Titel eines Gedichts von 1917) mit dem ländlichen Idyll vergleicht. Vor allem sein Zyklus *Ciudad* (1917, später mehrfach erweitert) trug ihm schon einige Jahre vor Borges den Ruf ein, »der« Dichter von Buenos Aires zu sein. Ebenfalls das Thema der modernen Großstadt, aber in wesentlich unlyrischerer Form, behandelt später Nicolás Olivari, dessen Band *La musa de la mala pata* (in etwa: Die hinkende Muse, 1926) ähnlich wie das Werk Oliverio Girondos eine höchst ironische Verbindung von Alltagssprache, Fachsprache und literarisch-rhetorischer Geste versucht, die manchmal auf die »Antipoesie« des Chilenen Nicanor Parra vorauszuweisen scheint. Der neben Borges wohl bedeutendste Lyriker dieser Zeit, der ebenfalls dem Ultraistenkreis entstammende Ricardo E. Molinari, bleibt dagegen wie Lugones in seiner Thematik eher der argentinischen Landschaft verbunden. In Langversen, die an St. John Perse oder an den von Borges damals sehr verehrten Walt Whitman erinnern, versucht er, die Form von Ode und Elegie mit neuem Inhalt zu erfüllen. Neben Landschaftsgedichten und Reflexionen über Einsamkeit und Verzweiflung hat Molinari auch die Helden der Unabhängigkeit und der Bürgerkriege in lyrischen Porträts behandelt und jene Mythologie des »Sur«, des wilden und zugleich authentischen Südens, mitgestaltet, die bei Borges, im Tango und zuletzt im Film (*El Sur* von Fernando Solanas) auftaucht.

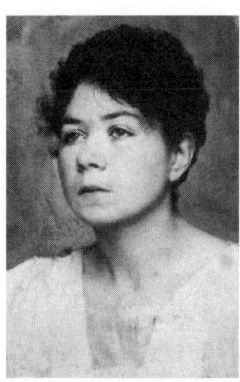

Alfonsina Storni

Ganz im Gegensatz dazu steht die sinnliche Liebeslyrik der Tessinerin Alfonsina Storni, die sich zunächst in eher konventioneller Form (*La inquietud del rosal*, 1916) ein großes Publikum erobert und dann allmählich auch formal kühnere Texte wagt, vor allem in dem Band *Mundo de siete pozos* (1934). Sie steht in einer Tradition der erotischen Liebesdichtung aus der Perspektive der Frau, die im Modernismo mit Delmira Agustini und Juana de Ibarbourou begonnen hatte und sich noch im Werk von Alejandra Pizarnik fortsetzt. Die Pizarnik gewinnt freilich ab *Arbol de Diana* (1962) durch Einflüsse der französischen Avantgarde, insbesondere von Henri Michaux und Antonin Artaud, einen ganz anderen, metaphysischen Hintergrund dazu. Die Selbstzerstörung, die sich in den letzten Bänden (wie *Extracción de la piedra de locura*, 1968) in der Obsession des Todesthemas äußert und schließlich zu ihrem Freitod 1972 führt, ließ sie als eine Art »weiblichen Artaud« zur zentralen Bezugsfigur für die neueste Lyrik Argentiniens werden.

Gabriela Mistral

Die Lyrik ist überhaupt der Bereich, in dem zum ersten Mal im Cono Sur Autorinnen sich eine wichtige Position auf dem Literaturmarkt erobern. In diesem Zusammenhang gebührt ein besonderer Platz sicherlich der ersten Nobelpreisträgerin Lateinamerikas, der Chilenin Gabriela Mistral (d. i. Lucila Godoy Alcayaga). Geprägt durch den Selbstmord ihrer Jugendliebe, beginnt sie mit dem Band *Desolación* (1922) eine Reihe von formal konservativen, sprachlich einfachen und existentiell berührenden Dichtungen, die immer wieder um das Thema des Todes und der unerfüllten Mutterschaft, später (ab *Tala*, 1938) auch um die amerikanische Natur kreisen. Mit ihrer Hymne auf die Anden, »Cordillera«, in der sie sich auch zum indigenen Erbe bekennt, hat sie noch ihren Landsmann Pablo Neruda, den im deutschen Sprachraum bekanntesten Lyriker des Kontinents, beeinflusst. Mit ihm sollte die bislang vernachlässigte Lyrik in Chile auf lange Zeit zur dominierenden Gattung werden.

Roberto Arlt und die Entwicklung des Theaters

Roberto Arlt

In Argentinien hatte sich der Gegensatz zwischen avantgardistisch-experimenteller Schreibweise und politischem Engagement in formal traditioneller Schreibweise schon sehr viel früher, in den 20er Jahren, artikuliert. Im Abschnitt über die lateinamerikanische Avantgarde war bereits von dem immer wieder in der Literaturkritik betonten Gegensatz zwischen der Florida- und der Boedo-Gruppe die Rede, die als »Gruppen« im eigentlichen Sinn gar nicht existierten, wohl aber auf der Ebene der Zeitschriften, die miteinander konkurrierten: *Martín Fierro* und *Proa* stehen hier gegen *Claridad*, später auch *Extrema Izquierda*, und zwischen diesen Organen wurden einige – freilich argumentativ eher bescheidene – Polemiken ausgetragen. Zudem lässt sich natürlich innerhalb der im weitesten Sinne an der Avantgarde beteiligten Autoren eine Tendenz zum sozial engagierten Realismus und eine dazu konträre zum formalen Experiment und zur kühnen Metapher ausmachen. Wenigstens als vorläufiges Etikett darf man für die erstere deshalb wohl weiterhin das Wort »Boedo« verwenden, den Namen eines Vorstadtbezirks von Buenos Aires, in dem die jungen Leute um Leónidas Barletta ein »Teatro del pueblo«, ein »Theater des Volkes«, gründeten und Romane eines sozial engagierten Realismus wie Elías Castelnuovos *Malditos* (1924) in billigen Taschenbuchausgaben zu verbreiten suchten. Der wichtigste Autor sowohl des »Teatro del pueblo« als auch dieses naturalistisch-psychologischen Romans wurde freilich einer, der überhaupt keiner Gruppe angehören wollte: Roberto Arlt. Der Sohn armer Einwanderer, der zeitlebens als Journalist »von seiner Feder leben« musste, wurde von der Kritik nach seinem Tod zum »Anti-Borges« aufgebaut. Tatsächlich finden sich in den 20er Jahren eher zahlreiche Parallelen: Auch Arlt zeigt Interesse an Verfahren der Phantastik in Erzählung und Drama, auch Arlt kümmert sich um die ein lunfardeskes Idiom verwendenden Typen der Vorstädte. Der Unterschied liegt wohl eher im Stil. Der »schlecht« schreibende Autodidakt Arlt brachte einen völlig neuen, radikal-naturalistischen Ton in die argentinische Erzählliteratur. Beeinflusst von Dostojewskij und wohl auch von Gorkij, widmet er sich dem »Lumpenproletariat« und zeichnet eine Reihe von seltsamen, teilweise oder gänzlich wahnsinnigen Figuren. In seinen beiden berühmtesten Romanen, *Los siete locos* (1929) und *Los lanzallamas* (1931), strebt etwa ein kastrierter »Astrologe« mit Hilfe eines internationalen Geheimbundes der Zuhälter nach Massenvernichtungswaffen und Weltherrschaft. Erdosain, der Protagonist dieser Romane, ist in seiner totalen Desillusion und seinem Ansatz zum absurden, unvorhersehbaren Handeln in mancher Hinsicht ein Vorbild für die Figuren von Leopoldo Marechal und noch von Julio Cortázar geworden.

Arlts »phantastisches Theater«

Neben Romanen schrieb Arlt Kurzgeschichten, kostumbristische Skizzen (*Aguafuertes porteñas*, 1933) und vor allem Theater. Als Hauptautor des »Teatro del pueblo« von Leónidas Barletta brachte er in den 30er Jahren sechs Dramen und vier kurze »burlerías« (Späße) heraus. In diesen Dramen vermischen sich Phantasie und Wirklichkeit oft in ununterscheidbarer Weise. So träumt in *Trescientos millones* (1932) eine arme Einwandrerin nicht nur vom großen Glück, sondern begegnet auch den Figuren aus den Märchen ihrer Kindheit und den Groschenromanen, für die sie schwärmt, bis eben diese Begegnung in eine Enttäuschung mündet, die sie zum realen Selbstmord veranlasst; so inszeniert in *El fabricante de fantasmas* (1936) ein Dichter den tatsächlich begangenen Mord an seiner Frau als Theaterstück, in dessen Rahmen er dann auch wirklich das Urteil an sich vollstreckt; und so artet in *Saverio el cruel* (1936) ein Scherz, den eine Freundesgruppe mit dem naiven Saverio treibt, in tödlichen Ernst aus, als die angeblich wahnsinnige Susanna, die sich für eine Königin hält, sich real in den ihr Spiel allzu ernsthaft mitspielenden Saverio verliebt und ihn deshalb tötet, als er aus dem Stück aussteigen will. In all diesen Dramen hat Arlt versucht, die Strategien des phantastischen Genres auf die Bühne zu übertragen. Dabei bedient er sich einer Methode sozial-psychologischer Analyse des Rollenspiels und der daraus resultierenden Konkurrenz von Wirklichkeiten, die auf den Einfluss des sizilianischen Nobelpreisträgers Luigi Pirandello zurückgeht.

In den Perón-Jahren nach 1945 verschob sich das Zentrum des Theater-lebens, sei es nach Chile, wo die berühmte Schauspielerin Margareta Xirgu Triumphe feierte und eine neue Dramatikergeneration hervortrat, von der hier nur Luis Alberto Heiremans erwähnt werden soll, sei es nach Uruguay, wo Carlos Maggi in den 50er Jahren seine ersten dramatischen Erfolge feierte, oder sogar nach Paraguay, wo Josefina Plá und später José María Rivarola Matto ein eigenständiges Theater begründen. In der Mi-schung aus Groteske und sozialem Engagement, die Rivarola Mattos Theater kennzeichnet, liegt eine Parallele zu dem wichtigsten Vertreter der neuen Dramatikergeneration in Argentinien, Agustín Cuzzani, der ab 1955, zum Teil auch mit Anleihen aus dem Theater des Absurden, eine satirische Kritik an der Entwicklung des Kontinents vorbringt, wie etwa in dem Kolumbus-Stück *Los indios estaban cabreros* (1958). Dieser Typus der »engagierten Groteske« mit absurden Zügen lässt sich noch bis in die Gegenwart hinein als Ausdrucksform des neueren argentinischen Theaters verfolgen. *(marginalie)*

Das Theater in Chile ab 1945

Zu Arlts Zeit, in den 20er und 30er Jahren, war der Einfluss des sizi-lianischen Erzählers und Dramatikers Pirandello im Cono Sur auch durch zahlreiche Gastspiele italienischer Ensembles und Reisen des Autors selbst, dessen Tochter in Chile verheiratet war, besonders groß geworden und zeigte sich sogar im Roman: etwa in dem zu Unrecht kaum bekannten *El socio* (1928) des Chilenen Jenaro Prieto Letelier, in dem der Protago-nist Julián Pardo aus geschäftlichen Gründen einen englischen Partner namens Walter Davis erfindet. Das bringt ihm zunächst Wohlstand ein, dann aber nimmt der erfundene Davis immer mehr und mehr Besitz von seinem Leben und lässt sich nicht mehr loswerden, sodass der verzweifelte Julián, der sogar in seinem Spiegelbild Züge von Davis zu erkennen meint, letztendlich Selbstmord begeht und den Verdacht auf den imaginären Partner lenkt, der dann von der Polizei gesucht wird. Mit diesem Roman setzt Prieto ein erstes Signal einer Umorientierung weg von den spät-naturalistischen Erzählverfahren, wie sie bislang dominiert hatten: Von den *Germinal* nachempfundenen Kurzgeschichten Baldomero Lillos in *Sub terra* (1904) über den Prostituiertenroman *Juana Lucero* (1902) des Tolstoj-Jüngers Augusto d'Halmar (d.i. Augusto Goeminne Thomson) bis zu Joaquín Edwards Bello mit *El roto* (1920) und *Un chileno en Madrid* (1928) ist Emile Zola die beherrschende Figur der chilenischen Roman-literatur der ersten Jahrzehnte des 20. Jhs. gewesen. Das gilt auch für

Der Einfluss Pirandellos im chilenischen Roman: Jenaro Prieto

Eduardo Barrios Hudtwalcker, der in seinem Kurzroman *El niño que enloqueció de amor* (1915) allerdings ein originelles Sujet, die Psychopathologie der Adoleszenz, anpackt und durch konsequente Beschränkung auf den inneren Monolog des Protagonisten auch in einer Form gestaltet, die über naturalistische Muster hinausgeht. Viel später behandelt in dem Roman *Los hombres del hombre* (1950) auch er wie Prieto ein pirandellianisches Thema: die Spaltung in mehrere Ichs, die sich als »fleischgewordene Theorien« zu den Gesprächspartnern eines Dialogs entwickeln. Bis es allerdings tatsächlich eine »nueva novela«, einen »neuen Roman«, in Chile gab, musste man noch bis in die 50er Jahre warten. Stationen auf diesem Weg sind die Romane von María Luisa Bombal wie *La última niebla* (1934), die mit psychoanalytischen Methoden versuchen, den »Brunnenschacht der Rätsel« sichtbar zu machen, der unter »unserer logischen Existenz« verborgen ist, und die »Generation von 38«, die politisch an Neruda orientiert war und in der Romanpoetik – wie Fernando Alegría – den russischen Naturalisten wie Dostojewskij und vor allem Gorkij folgte. Hierhin gehören auch die psychologischen Romane von Carlos Droguett, in denen in kafkaesken Bildern die Begriffe von normal und abnormal hinterfragt werden, wie etwa in *Patas de perro* (1965), der Geschichte eines hundefüßigen Knaben.

Die »Phantastische Literatur«

Kafka ist stets auch als einer der Paten für die wohl bekannteste eigenständige Literaturströmung des 20. Jhs. im La-Plata-Raum genannt worden: für die »phantastische Literatur« der Gruppe um Jorge Luis Borges. In den 30er Jahren beginnt sich dessen Interesse – ablesbar an seinen Essaybänden *Discusión* (1932) und *Historia de la eternidad* (1936) allmählich von den argentinischen Themen weg und hin zu einer Art »nachphilosophischem« Gedankenexperiment zu verschieben. Borges, eifriger Leser von Berkeley, Hume und Schopenhauer, versucht sowohl in der Form des Gedichts als auch in Erzählung und Essay die Konsequenzen des dieser Philosophie zugrunde liegenden radikalen Zweifels als Gedankenexperiment durchzuspielen. Verantwortlich für diese Neuorientierung ist wohl jener Autor aus der Generation der Modernisten, der um 1920 sich plötzlich unter die jungen Avantgardisten gemischt hatte und mit seinen zwischen Essay und Erzählung stehenden Texten aus *Papeles del recienvenido* aufhorchen ließ. Macedonio Fernández (1874–1952), der Prototyp eines »Kaffeehausliteraten«, dem Borges bescheinigte, er habe seine besten Texte nie geschrieben, sondern nur so einfach im Café ausgesprochen, pflegte in seinen Werken ähnlich wie Borges, nur in noch absurderer, in dadaistischer Weise Sinn torpedierender Form, philosophische Theoreme in die Banalität des Alltags zu übersetzen. Auch die Gattungsverschmelzung zwischen Essay und fiktionaler Erzählung ist für Macedonio typisch, dessen philosophische Abhandlung mit dem an surrealistische Traumtheorien erinnernden Titel *No toda es vigilia la de los ojos abiertos* (1928) ähnlich wie sein Experimentalroman *Museo de la novela de la Eterna* mit aphoristischen Bonmots beginnt und später von dem Besuch des englischen Philosophen Thomas Hobbes im Buenos Aires der Gegenwart bei dem »größten Metaphysiker des La-Plata-Raums« namens Macedonio Fernández erzählt. Andererseits haben auch viele Textabschnitte der Erzählungen und des genannten Romans philosophisch-argumentativen Charakter. Auf Macedonio ist daher wohl der

Macedonio Fernández und die Metaphysik als »Zweig der phantastischen Literatur«

berühmt gewordene Satz aus einer Borges-Erzählung (»Tlön, Uqbar, Orbis Tertius«) gemünzt, dass »einige glauben, die Metaphysik sei ein Zweig der phantastischen Literatur«.

Ist dieses im weitesten Sinne philosophische Interesse Borges' eine Wurzel für die von ihm mitbestimmte neue Strömung der Phantastik, so ist die andere wohl in dem unbefriedigenden Bild zu suchen, das die argentinische Erzählliteratur dieser Jahre bot: Im Bereich des Romans bestimmte außer Arlts Werk neben der engagierten, aber ein wenig schematisch wirkenden Literatur der Boedo-Gruppe nur die spätnaturalistische, an Galdós und Zola orientierte Richtung eines Manuel Gálvez die Szene. Diesem Naturalismus und der Tendenz zum Psychologischen trat Borges in Theorie und Praxis entgegen. In der Praxis tut er das durch seine Sammlung *Historia universal de la infamia* (1935) – einen Band meisterhafter Nacherzählungen von Abenteuergeschichten aus allen Erdteilen, in dem auch zum ersten Mal Borges' die Intertextualitätsdebatte der 70er Jahre vorwegnehmendes Textverständnis zum Ausdruck kommt. In der Theorie geschieht es durch mehrere Ansätze zu einer Neudefinition und Propagierung des phantastischen Genres und vor allem durch sein Vorwort zu dem 1940 erschienenen ersten Roman der neuen phantastischen Strömung, *La invención de Morel* seines Freundes Adolfo Bioy Casares. In diesem Vorwort verlangt Borges die Rückkehr zur Dominanz der äußeren Handlung und des Spannungsmoments gegenüber den inneren Vorgängen der Figuren. Im selben Jahr 1940 erscheint auch – mit einem ebenfalls programmatischen Vorwort, diesmal von Bioy Casares – der Band, der die neue Strömung sozusagen offiziell eröffnen sollte: eine Anthologie phantastischer Erzählungen aller Zeiten und Länder, herausgegeben von Borges, Bioy Casares und dessen Frau Silvina Ocampo.

Die Rückkehr zum Abenteuer in Borges' Frühwerk und Bioy Casares' La invención de Morel

Damit hatte sich nach *Martín Fierro* und dem Ultraísmo eine neue Gruppe um Borges gebildet. Durch Silvina Ocampo und ihre Schwester Victoria hing sie mit der Zeitschrift *Sur* zusammen, die Victoria 1931 gegründet hatte. *Sur* ist durch vier Jahrzehnte hindurch die wesentliche Kulturzeitschrift des Cono Sur geblieben, die sich vor allem dem kulturellen Austausch zwischen Europa und Amerika widmete. Einer der »Paten« war der spanische Philosoph José Ortega y Gasset (1883–1955), das Redaktionskomitee bestand unter anderem aus Borges, Mallea, Girondo und Guillermo de Torre, im ausländischen Beirat saßen neben Ortega der Mexikaner Alfonso Reyes und Pedro Henríquez Ureña, aber auch der Schweizer Komponist Ernest Ansermet. *Sur* propagierte natürlich auch die neue argentinische Richtung der Phantastik, zu der Borges selbst nur Kurzgeschichten beitrug.

Die Gruppe um die Zeitschrift Sur

Die phantastische Kurzgeschichte konnte im La-Plata-Raum auf eine gewisse Tradition zurückblicken. Schon der von Borges stets verehrte Lugones hatte 1906, mitten in der Blütezeit des Modernismo, den Erzählband *Las fuerzas extrañas*, 1924 dann noch *Cuentos fatales* veröffentlicht. Bei ihm ist das Phantastische oft ästhetisch-exotistisch verbrämt, zeitlich oder räumlich entrückt und eng an französische Vorbilder (Villiers de l'Isle-Adam, Gautier, Maupassant) angelehnt. Bisweilen kombiniert er auch Motive der traditionellen Phantastik mit der Diskussion modernster wissenschaftlicher Theorien, wie in *La fuerza omega*, wo ein unheimlicher Physiker mit Hilfe von Relativitätstheorie und Wellen-Teilchen-Dualismus eine Zerstörungsmaschine konstruiert, bis ihn sein Teufelswerk am Ende selbst vernichtet. Auch Horacio Quiroga, der aus Uruguay stammende und im Urwald von Argentiniens Nordprovinz Mi-

Die phantastische Erzählung bei Lugones und Quiroga

siones lebende Meister der Kurzgeschichte, hat neben seinen bekannten Urwald- und Tiererzählungen in der modernistischen Phase einige phantastische Geschichten veröffentlicht. Besonders interessant ist bei ihm die Verbindung alter phantastischer Schauermotive wie desjenigen des Vampirs mit der modernen Großstadtwelt, etwa in der Erzählung *El vampiro* (1927), wo der Vampirismus mit der unheimlichen und todbringenden Realpräsenz einer Filmschauspielerin verbunden wird – eine Thematik, die mit einigen Abänderungen in Bioys schon erwähntem Roman *La invención de Morel* wiederkehrt. Quiroga ist für die phantastische Erzählung aber auch als Theoretiker wesentlich geworden, und zwar durch seine »Zehn Gebote des perfekten Kurzerzählers«, deren wichtigstes die Vermeidung jedes überflüssigen Wortes verlangt. Diese extreme Ökonomie des Ausdrucks hat Quiroga nicht selbst realisiert, wohl aber Jorge Luis Borges in seinen phantastischen Kurzerzählungen, die in den 40er Jahren zu erscheinen beginnen.

Borges'
Kurzerzählungen

Schon der erste Band, *El jardín de los senderos que se bifurcan* (1941), später mit dem nächstfolgenden zu *Ficciones* (1944) zusammengefasst, zeigt die erwähnte thematische Anleihe bei der Philosophie, das Spiel mit virtuellen Welten und virtuellen Büchern, aber auch – in der Titelerzählung – den Einfluss des Kriminalromans, den Borges 1942 gemeinsam mit Bioy Casares unter dem Pseudonym H. Bustos Domecq in *Seis problemas para don Isidro Parodi* parodiert. Tatsächlich nützt Borges in seinen phantastischen Erzählungen die leserorientierte Strategie aus Anspielungen, scheinbaren und tatsächlichen Auflösungen, die für dieses Genre typisch ist. Im Allgemeinen beruht seine Strategie auf einem intensiven Einsatz beglaubigender Faktoren, die das Erzählte meist direkt in der Lebenswelt des Autors situieren und dem Leser den Text als realistische Erzählung, ja mehr noch, als eine Art Zeugenaussage präsentieren. Man kann das recht gut an einer der bekanntesten Geschichten, dem schon erwähnten Text »Tlön, Uqbar, Orbis Tertius«, zeigen. Handelnde Figuren sind darin die beiden Schriftsteller Borges (Ich) und Bioy Casares, die sich auf ein real existierendes und wirklich Bioy gehörendes Landgut zurückgezogen haben. Dort begegnet ihnen in dem Raubdruck einer tatsächlich existierenden Enzyklopädie ein Artikel über das Land Uqbar, von dem Borges nichts wusste. Zurück in Buenos Aires, sieht er in einem anderen Exemplar derselben Enzyklopädie nach – die vier Seiten zu Uqbar fehlen. Wenn damit das phantastische Element einbricht, das sich mit dieser »Umwelt« nicht verträgt, wird eine gewisse Verunsicherung des rationalen Lesers bewirkt, der bislang durch die Fülle verifizierbarer Details in dem Glauben sein musste, eine Tatsachengeschichte zu lesen. Aber selbst als Borges nun allmählich eine fiktive Welt zeichnet, in der noch eine andere, ausschließlich Uqbar bzw. dem fiktiven Land Tlön gewidmete Enzyklopädie auftaucht, werden die bekanntesten Namen der zeitgenössischen lateinamerikanischen Literaturszene (von dem Mexikaner Alfonso Reyes bis zu dem Argentinier Carlos Mastronardi) als handelnde Figuren und damit »Zeugen« für die Realität der erzählten Welt aufgeboten, um diese Verunsicherung noch zu verstärken. Zugleich wird der Text selbst zum Artikel einer solchen Enzyklopädie, in dem Tlön in essayistischer Form beschrieben, aber nicht mehr erzählt wird. Die Geschichte endet mit der Andeutung einer hinter dem ganzen Zauber stehenden Weltverschwörung, die dafür sorgen werde, dass die Welt Tlön wird. An dieser Stelle wäre auch eine allegorische Deutung möglich. Aber Borges kehrt stattdessen zur Erzählung zurück und berichtet in einem

Jorge Luis Borges

Postskriptum zwei »tatsächliche« Erlebnisse mit unheimlichen Objekten, die die Existenz Tlöns zu bestätigen scheinen, um sich hierauf als Erzähler zurückzuziehen, weil ihn die Tlön gewordene Welt nicht mehr interessiere.

Die phantastische Kurzerzählung auf philosophischer Grundlage beherrscht auch den wohl bekanntesten Band, *El aleph* von 1949. In der Folge kehrt Borges mit *Otras inquisiciones* (1952) zum Essay zurück, aber ebenso wie seine Erzählungen essayistische Elemente enthalten, sind auch diese Essays nun mit bisweilen phantastisch anmutenden Erzählungen gespickt. Das große Thema ist dabei der – an den Erkenntniszweifel Humes, Berkeleys und Schopenhauers anschließende – Zweifel an der Existenz einer zeitlichen Sukzession, den er mit angeblich persönlichen Erlebnissen des Verfließens zweier identischer Augenblicke in einen einzigen ebenso illustriert wie später mit der Erzählung *El otro* (1975), in der einander der junge und der alte Borges begegnen, weil sie in ähnlicher Weise auf einer Bank an einem Fluss Platz nehmen. Die fortschreitende Erblindung zwingt Borges ab den 50er Jahren, in denen er – nach Peróns Sturz – durch eine »erhabene Ironie« des Schicksals gleichzeitig das Augenlicht verliert und zum Direktor der Nationalbibliothek (also zum Herren über viele Bücher, die er nicht mehr lesen kann) ernannt wird, zu immer kürzeren Texten. Der Höhepunkt dieser Phase ist wohl mit der Lyrik und essayistisch-narrative Skizzen vereinigenden Sammlung *El hacedor* (1960) erreicht, die das später in *El otro* behandelte Doppelgängerthema erstmals aufnimmt. Das Essayschaffen verschiebt sich in den letzten Jahren zur mündlichen Improvisation, sei es in den unzähligen – und meist hochironischen – Interviews, sei es in den Vorträgen, deren Mitschnitte später als *Borges, oral* (1979) erscheinen. Die Bedeutung von Borges für die argentinische und lateinamerikanische Literatur ist nicht zuletzt eine stilistische, denn alle Autoren, ob sie ihn ansonsten anerkannten oder nicht, haben von Borges die praktische Anwendung jener stilistischen Ökonomie gelernt, die schon Quiroga dem Kurzerzähler empfahl, die aber erst in Borges' Werk zu jener beeindruckenden Dichte des Stils führt, die dem Leser das Gefühl gibt, die endgültige, nicht mehr abänder- oder ergänzbare Formulierung eines Gedankens vor sich zu haben. Im Kontext der Weltliteratur liegt seine Bedeutung vor allem in der entschieden betriebenen Gattungsverschmelzung und seiner Auffassung von Literatur als intertextuellem Prozess, wie sie in Essays, aber auch in Erzählungen (etwa »Pierre Ménard, autor del Quijote«, 1941) zum Ausdruck kommt. Dadurch wurde er für Michel Foucault und andere französische Theoretiker der Postmoderne zu einem der wichtigsten Anreger. Dieser Tatsache wiederum verdankt Borges seinen Weltruhm, der von Seiten der politisch engagierten Literatur Lateinamerikas stets mit Skepsis betrachtet wurde, weil Borges sich in seinen späteren Lebensjahren immer mehr zu konservativen Thesen bekannte und wegen seiner universell-philosophischen Themen und der Obsession von Labyrinthen, Tigern, Spiegeln, Bibliotheken und der Unendlichkeit als »zu wenig lateinamerikanisch« galt. Freilich ist dabei zu wenig auf den immer wieder, auch im Spätwerk, auftauchenden »criollistischen« Aspekt in seinem Werk geachtet worden, und man hat oft über allzu ernst genommenen provokanten Formulierungen in Interviews vergessen, dass Borges immer wieder als Kämpfer gegen Totalitarismen aufgetreten war, vor allem auch während des Zweiten Weltkriegs, als er entschieden gegen hitlerfreundliche Strömungen seines Heimatlandes Stellung nahm, und während der

Die Neue
Widerlegung der Zeit
*in Essay
und Erzählung*

Borges – Selbstporträt

Adolfo Bioy Casares: der phantastische Roman mit »kostumbristischer Note«

Borges und Bioy Casares (1940)

Silvina Ocampo

Herrschaft Peróns, als er – wie alle *Sur*-Mitarbeiter – immer wieder Repressionsmaßnahmen ausgesetzt war.

Davon war auch sein jüngerer Freund Adolfo Bioy Casares betroffen, der zahlreiche Erzählungen mit Borges gemeinsam unter den Pseudonymen H. Bustos Domecq und B. Suárez Lynch verfasste. Von Bioys erstem Roman, *La invención de Morel*, war anlässlich von Borges' Vorwort bereits die Rede. Bioy hatte dort die schon bei Quiroga auftauchende Verbindung von Film und Tod in einem Verfahren der klassischen Kriminalgeschichte verwendenden Text gestaltet, der sich als autobiographische Notizen eines Schiffbrüchigen auf einer Insel ausgibt, wobei sowohl der Verfasser dieser Notizen als auch der »Herausgeber« durch verschiedene Kunstgriffe dem Leser als unverlässlich erscheinen. Wie im Kriminalroman gibt es eine überraschende Auflösung, in der die zahlreichen unerklärlichen Ereignisse des vorhergehenden Textes durch eine einzige »phantastische, aber nicht übernatürliche Annahme« (so Borges im Vorwort) plausibel gemacht werden. Nach einem weiteren Roman (*Plan de evasión*, 1945), der noch mehr im Borgesschen Sinn philosophische Überlegungen (nämlich Schopenhauers These »Die Welt ist meine Vorstellung«) in einem Gedankenexperiment zu unheimlichen Konsequenzen treibt, und zahlreichen Erzählungen, die wie *En memoria de Paulina* (1948) oft Themen der traditionellen Phantastik (hier die Wiederkehr des Toten) gestalten, wendet sich Bioy Casares unter dem Eindruck der populistischen Diktatur Peróns argentinischen Themen zu. *El sueño de los héroes* (1954) ist zugleich eine vernichtende symbolische Abrechnung mit dem Perón-Regime und eine nationale Selbstanalyse, in der – ganz nach psychoanalytischen Rezepten – Verschiebungen und Beschönigungen der Traumarbeit aufgehoben werden, sodass der schöne, machistische Heldentraum sich plötzlich als Alptraum entpuppt, der statt aus heroischen Taten nur aus sinnloser Gewalttätigkeit gegen Wehrlose besteht. Beibehalten hat Bioy auch hier freilich die meisterhafte, an den Kriminalroman angelehnte Struktur kleiner, kaum auffallender Hinweise im Text, die sich am Schluss plötzlich zu einem Puzzle zusammenfügen, aus dem die Lösung hervorgeht. Ähnlich politisch interpretierbar sind die Romane *Diario de la guerra del cerdo* (1969) und *Dormir al sol* (1973), in denen einmal eine zu Gewalt gegen eine bestimmte Bevölkerungsgruppe (hier die Alten) führende Massenpsychose, im anderen Fall Methoden der Gehirnwäsche (»Seelentransplantation«) behandelt werden. In beiden Fällen – und auch in den späteren Romanen bis hin zu *Un campeón desparejo* (1993) – gewinnt die phantastische Handlung besondere Wirkung durch ihre Verknüpfung mit einer liebevoll detailgetreu und realistisch, fast kostumbristisch geschilderten kleinbürgerlichen Welt des »barrio«, des (Vor-)Stadtviertels, in dem die Helden und die Opfer der phantastisch-unheimlichen Vorgänge beheimatet sind.

Rund um Borges, Bioy und die *Sur*-Gruppe sammelte sich eine Schar von Autoren, die ebenfalls phantastische Erzählungen mit den beschriebenen Strategien produzierten. Zu den interessantesten gehört zweifelsohne Bioys Ehefrau Silvina Ocampo, in deren Kurzerzählungen oft Frauen oder Kinder im Mittelpunkt stehen; vor allem Letzteren wird eine besondere »Sicht« der Dinge zugebilligt, durch die das Phantastische bisweilen gar nicht mehr außergewöhnlich erscheint. Unter den Jüngeren sticht bald ein Autor hervor, dessen Erstlingserzählung Borges 1946 in *Sur* veröffentlichte; die Rede ist von Julio Cortázar und *Casa tomada* (Das besetzte Haus). Der aus Protest gegen Perón von seinem Lehrstuhl in Mendoza zurückgetretene Professor für französische Literatur wurde in der Folge mit den Kurzerzählungen von *Bestiario* (1951) und mehreren weiteren Erzählbänden zwischen 1956 und 1983 zu dem wichtigsten Vertreter der phantastischen Kurzgeschichte in der Generation nach Borges. Durch einen Aufenthalt in Paris ab 1950, der schließlich zum Exil bzw. zur definitiven Übersiedlung wird, öffnet er sich neuen Einflüssen der von Sartre und dem Existentialismus, aber auch von neoavantgardistischen Strömungen geprägten Pariser Intellektuellenszene. Schon in Buenos Aires hatte sich Cortázar mit der Avantgardefeindlichkeit der *Sur*-Gruppe, die sich unter dem Eindruck des Zweiten Weltkriegs und der »Verwendung« der Avantgardegruppen für Ziele des Faschismus und Stalinismus gänzlich von ihren Anfängen losgesagt hatte, kritisch auseinandergesetzt und in Artikeln über den Surrealismus und Artaud (1948 und 1949) die Wiederkehr dieser »scheinbar toten« Ideen vorhergesagt. Zugleich entwickelte er eine eigene, auf dem surrealistischen Interesse für das magisch-mythische Denken und den ethnologischen Studien der beiden Anthropologen Lucien Lévy-Bruhl und Claude Lévi-Strauss aufbauende Poetik (*Para una poética*, 1954), die sowohl seine essayistischen als auch seine Romantexte prägen sollte. Und nicht zuletzt entdeckte er in diesen ersten Pariser Jahren neben Borges und Bioy noch andere Vorbilder in der Literatur des La-Plata-Raums.

Der wichtigste Autor, den Cortázar dabei gleich auch aus der Vergessenheit erlöste und zum »Geheimtipp« machte, ist der Uruguayer Felisberto Hernández. Der Konzertpianist und Buchhändler aus Montevideo hatte erst 1947 begonnen, seine phantastischen Erzählungen zu veröffentlichen. In den Bänden *Nadie encendía las lámparas* (1947) und *Las hortensias* (1949) ist das Phantastische weniger durch Unheimlichkeit oder durch raffinierte Leserstrategien in Art des Kriminalromans gekennzeichnet als vielmehr durch die oft traumlogische Absurdität der Bilder. Körperteile lösen sich ab, ein Gesicht beginnt allein zu weinen, ein verliebter Balkon stürzt sich in die Tiefe. Aber auch nur noch psychoanalytisch zu deutende absurde Bilder wie das des »überschwemmten Hauses«, in dem die unwahrscheinlich dicke Bewohnerin sich stundenlang im Kreis rudern lässt, bestimmen die Atmosphäre dieser Geschichten.

Ähnliche Bilder finden sich – dort freilich in ein traditionelles Bezugsschema gebracht – in der Unterweltreise, die ein anderer von Cortázar verehrter Autor, der ehemalige Avantgarde-Lyriker Leopoldo Marechal, in seinen Roman *Adán Buenosayres* (1948) eingebaut hat. *Adán Buenosayres* erinnert in seiner humoristisch-grotesken Zerstörung der traditionellen Romanform an die Texte des schon erwähnten Macedonio Fernández. Ist der Hauptteil des Romans nach dem Muster von Joyces *Ulysses* gebaut und zitiert ironisch die Mythen der Geistesgeschichte des La-Plata-Raums von *Ariel* bis zum Compadrito, so ist der am Schluss eingelegte Bericht über die Reise durch die Unterwelt »Cacodelphia« Dantes *Inferno* parodistisch nachempfunden, wobei in den verschiedenen Höllenkreisen die Schwächen der Argentinier gegeißelt werden. Cortázar hat zwar nicht diese formale Intertextualität, wohl aber den respektlosen Umgang mit der argentinischen Geistesgeschichte und die Verbindung von populärer Sprache und philosophischer Diskussion in sein eigenes Romanwerk übernommen. Das beginnt mit der längeren Erzählung *El perseguidor* (1957) über die Jazz-Legende Charlie Parker und setzt sich fort mit dem ersten, noch phantastische Verfahren verwendenden Roman *Los premios* (1960).

Das Frühwerk Julio Cortázars

Julio Cortázar

Felisberto Hernández

Leopoldo Marechal: Adán Buenosayres

Cortázar,
Los premios

Dieser schildert die unheimliche Kreuzfahrt einer Gruppe von Lotteriegewinnern, die als Querschnitt durch die argentinische Gesellschaft der Jahrhundertmitte eine meisterhaft gezeichnete Galerie von Typen bilden. Die philosophischen Digressionen sind hier noch in eigene Monologabschnitte der Identifikationsfigur Persio verlegt, die wieder einmal im Angesicht der Pampa und in Auseinandersetzung mit indianischer Kultur die eigene Identität sucht. Den Höhepunkt dieser Entwicklung bildet schließlich sein wohl berühmtester Roman, *Rayuela* (Himmel und Hölle, 1963), der zu einem der erfolgreichsten Texte des »Booms« wurde.

Engagierte Literatur vs. »Evasion«

Manuel Mujica Láinez

Ein zentrales Thema in der literarischen Auseinandersetzung der 50er und 60er Jahre, also nach dem Sturz Peróns, ist die Frage des literarischen Engagements im Sinne von Sartres Literaturbegriff. Während in den übrigen Regionen Lateinamerikas die meisten Autoren soziales und politisches Engagement mit experimentellen Techniken des Magischen Realismus bzw. der »nueva novela« verbanden, erschien die Phantastische Literatur, wenngleich sie (wie oben am Beispiel Bioy Casares' gezeigt) auch durchaus politische Themen aufgriff, vielen Autoren eher als Evasionsliteratur; insbesondere der Polyhistor Borges wurde als »an lateinamerikanischen Problemen desinteressiert« gebrandmarkt und verdammt. Dennoch war in diesen Jahren der Einfluss seiner Schule auf die jungen Autoren des La-Plata-Raums dominant. Außerhalb der »Literatura fantástica« stehende Literaten wie der Romancier Manuel Mujica Láinez, der sich in einem an Proust orientierten Stil historische Themen aus Mittelalter (*El unicornio*, 1965) oder Renaissance (*Bomarzo*) vornahm, stellten nicht unbedingt eine »lateinamerikanischere« oder »engagiertere« Alternative dar. Die findet sich am ehesten wohl in neorealistischen Romanen wie jenen Bernardo Verbitskys, etwa in *Villa Miseria también es América* (1957), vor allem aber in dem zynisch-pikaresken und zugleich erbarmungslos kritischen Roman *Hijo de ladrón* (1951) des Argentino-Chilenen Manuel Rojas Sepúlveda. Rojas bereitet durch intensive Nutzung des inneren Monologs bereits experimentelle Techniken der »nueva novela« vor, zugleich ist sein Text durch die kritische Aufdeckung sozialer Missstände auch als engagierte Literatur zu betrachten.

Pablo Neruda

Neruda mit seiner Frau
Matilde Urrutia

Prototyp der engagierten Dichterpersönlichkeit und als solcher quasi der »Anti-Borges« des Cono Sur ist aber ein anderer Chilene: der Lyriker Pablo Neruda (d.i. Neftalí Ricardo Reyes Basoalto), der schon in den 30er Jahren begann, den Großen der chilenischen Lyrik aus Modernismus und Avantgarde wie Huidobro, Gabriela Mistral und anderen den Rang abzulaufen. Bereits die von einer spätromantischen Vorstellung von Liebe als Schmerz und unstillbarer Sehnsucht nach dem Unendlichen geprägten *Veinte poemas de amor* (1924) werden trotz der modernistischen Residuen im Ausdruck zu einem Kultbuch für die junge Generation. In den beiden Bänden von *Residencia en la tierra* (1931 und 1935) wendet sich Neruda allmählich einer avantgardistischen Schreibweise zu; ist es im ersten Teil noch ein bisweilen hymnischer Freivers, so prägt den zweiten Teil ein bewusster Pathosbruch im Umgang mit alltäglichen Objekten, die zu neuartigen Metaphern kombiniert werden. In der Thematik ist das Erotische weiter dominant, im Ausdruck fließen nun Erfahrungen seines Aufenthalts in Asien und der intellektuelle Austausch mit der spanischen

»Generation von 1927« während seiner Madrider Jahre mit ein. Einen neuen Ton schlägt der chilenische Nobelpreisträger schließlich in seinen Bänden der 50er Jahre an: *Canto general* (1950), *Odas elementales* (1954) und *Nuevas odas elementales* (1956). Im *Canto general*, der auf den Spuren Ercillas eine Art »Reimchronik« der amerikanischen Geschichte bieten will, wird er zum großen episch-lyrischen Sänger des Kontinents, der zu den indigenen Ursprüngen ebenso zurückgeht wie zu der unberührten Natur. Zugleich wird das politische Engagement Pablo Nerudas, der sich später als Senator für die KP Chiles auch der politischen Praxis widmet, immer deutlicher spürbar. In den *Odas elementales* dagegen geht es um die Poetisierung des Alltäglichen, der ihn umgebenden Wirklichkeit, und dieser Versuch ist nicht in jedem Fall gelungen: So versucht der frischgebackene Stalin-Preisträger sogar in einer – nach Tschernobyl kaum noch erträglichen – »Ode an das Atom« die Nuklearkraft dazu zu bewegen, sich nicht nur dem US-Militär zur Verfügung zu stellen, sondern der ganzen Menschheit beim Fortschritt zu helfen. Andere der in alphabetischer Reihenfolge angeordneten Oden sind so unkörperlichen Dingen wie Luft, Freude oder Helligkeit gewidmet, die meisten jedoch – der in dem Einleitungsgedicht »Der unsichtbare Mensch« formulierten Poetik entsprechend – den konkreten Dingen des täglichen Lebens, die Neruda poetisch überhöht, was bisweilen zu ästhetisch beeindruckenden, bisweilen zu komischen Effekten führt, etwa wenn der Dichter – dessen Vorliebe für die Küche in der Auswahl der behandelten Gegenstände offensichtlich ist – die Zwiebel wie folgt besingt: »Großzügig/ lösest du auf/ die Kugel deiner Frische/ in der siedenden/ Hingabe des Kochtopfs/ und der gläserne Lappen/ verwandelt sich in der brennenden Hitze des Öls/ in eine gekräuselte Goldfeder.«

Parras »Antipoesía«

Dieser hymnische Ton des späten Neruda und seine alles beherrschende Poeta-vates-Figur erregten auch Anstoß. So ist manches an der neueren chilenischen Lyrik aus der Auseinandersetzung mit und in Absetzung von Neruda entstanden. Das interessanteste lyrische Werk, das den bewussten und durchgehenden Pathosbruch zu seinem Prinzip erhoben hat, ist Nicanor Parras »Antipoesía«. Mit einem engagierten Bekenntnis zur Alltagssprache, das an Tendenzen der argentinischen Avantgarde (Girondo, Olivari) erinnert, mit schwarzem Humor und den Mitteln der (oft gegen Neruda gerichteten) literarischen Parodie stellt er in seinen *Poemas y antipoemas* (1954) und den ironischen *Versos de salón* (1962) dem herrschenden optimistisch-hymnischen Neruda-Ton eine überzeugende neo-avantgardistische Ausdrucksform entgegen. Eher an Neruda orientiert erscheint dagegen das Werk des bedeutendsten paraguayischen Lyrikers dieser Jahre, Elvio Romero, der im argentinischen Exil politisch engagierte Gedichte gegen die Diktatur in seinem Heimatland schreibt (z. B. *El sol bajo las raíces*, 1955). Vor allem in der Thematik von Schmerz und Tod wird auch der Einfluss seines Landsmannes Hérib Campos Cervera erkennbar, der gemeinsam mit Josefina Plá und Augusto Roa Bastos die späte Avantgardegruppe »Vy'á Raity« gegründet hatte. Campos Cervera hatte sich zunächst am Modernismo, später an der Avantgarde beteiligt (in den 40er Jahren praktizierte er die surrealistische »automatische Schreibweise«), ehe er mit seinem einzigen Lyrikband *Ceniza redimida* (1950) einen sehr persönlichen Ton fand. Eine noch stärkere Akzentuierung des Engagements, immer noch innerhalb der Lyrik im weiteren Sinn, findet sich schließlich bei den chilenischen Liedermachern Violeta Parra und Víctor Jara. Ihre in der Tradition von Protestlied und engagiertem

Nicanor Parra – Selbstporträt

Chanson stehenden Lieder prägen das kulturelle Klima der Volksfrontre-
gierung Salvador Allendes und des Protests gegen den dieses Experiment
auslöschenden Militärputsch General Pinochets (1973).

Die »nueva novela«

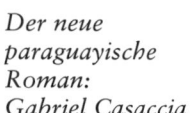

*Der neue
paraguayische
Roman:
Gabriel Casaccia*

Der Anschluss an die gesamtkontinentale Welle des nach französischem
Vorbild als »nueva novela« (neuer Roman) bezeichneten Experimentalromans erfolgte im ganzen Cono Sur zu Ende der 50er Jahre. Vor allem
tritt hier auch erstmals die paraguayische Literatur mit zwei profilierten
Schriftstellerpersönlichkeiten (die freilich beide in Buenos Aires leben und
schreiben) hervor: Gabriel Casaccia und Augusto Roa Bastos. Die Literatur des kleinen Paraguay war durch das Trauma der genozidartigen
Dezimierung der Bevölkerung während des Krieges gegen die Tripelallianz
lange Zeit quasi blockiert gewesen; der Lyriker und Historiker Juan E.
O'Leary (1879–1969) hatte einen die nationale Kultur beherrschenden,
beinahe sakralen Kult der Märtyrer aus diesem Krieg, allen voran des
Feldmarschalls Solano López, geschaffen. Die wenigen nennenswerten
Erzählautoren des Jahrhundertanfangs waren deshalb allesamt Ausländer:
die argentinischen Romanciers José Rodríguez Alcalá und Martín de
Goycoechea Menéndez sowie der Spanier Rafael Barrett, der in *El dolor
paraguayo* (1911) in Kurzgeschichten und feuilletonartigen Texten das
Elend der Landbevölkerung anprangerte. Schon Barrett wurde freilich
wegen seiner kritischen Töne als Verräter an der paraguayischen Sache
empfunden. In noch viel stärkerem Maß gilt das für Gabriel Casaccia, der
nach zwei Erzählbänden und einem Roman 1952 in Buenos Aires sein
»opus magnum« *La babosa* (Die Tratschgans) veröffentlichte: die Geschichte des Aufsteigers und Möchtegern-Poeten Ramón Fleitas, der seine
bäurisch-primitiven Wurzeln nicht abzuschütteln vermag, und der altjüng-
ferlichen, bösartig-verleumderischen Titelfigur, die in der nahe der Haupt
stadt Asunción an einem See gelegenen Kleinstadt Areguá ihr Unwesen
treibt und außer Ramón noch eine ganze Reihe anderer Leute seelisch und
wirtschaftlich zugrunde richtet. Die Enge der Kleinstadt entspricht hier
der Enge des Kleinstaats Paraguay, in dem jedermann korrupt und selbst-
süchtig zu sein scheint. Ähnliches gilt für den folgenden, ebenfalls in Areguá spielenden Roman *La llaga* (1963), in dem wieder ein bäurisch-
primitiver Möchtegern-Künstler, der Maler Gilberto Torres, im Mittelpunkt steht, und für die Fortsetzung dazu, *Los exiliados* (1966), die in der
argentinischen Grenzstadt Posadas spielt. Keine einzige wirklich positive
Figur vermag sich in Casaccias Welt der beißenden Satire des Autors zu
entziehen, der hier sowohl mit dem vergangenheitszugewandten Heroismus des nationalen Mythos wie mit Fortschrittsträumen erbarmungslos
abrechnet, ohne jedoch in der Form experimenteller zu sein als seine literarischen Vorbilder wie der Spanier Pío Baroja oder der Franzose François Mauriac.

Dies trifft dagegen auf den zehn Jahre jüngeren Augusto Roa Bastos zu,
der einerseits im Unterschied zu Casaccia aufgrund seines politischen
Engagements sehr wohl positive Figuren (eben die Unterdrückten) kennt,
andererseits in seinen Romanen bereits typische Experimentalverfahren
der »nueva novela« anwendet. Besonders gilt das für die Romane *Hijo de
hombre* (1960) und *Yo el supremo* (1974). *Hijo de hombre* ist aus neun
autonom erscheinenden Erzählungen zusammengesetzt, die als gemeinsames Thema unter anderem die Inzidenz der Christusfigur in einer Welt

Augusto Roa Bastos

der Brutalität und Grausamkeit verbindet, die dem Paraguay der letzten einhundert Jahre entspricht. *Yo el supremo* stellt in einer geschickten, Züge des magischen Realismus aufnehmenden Vermischung von Realitätsebenen und Texttypen (historisches Dokument, Protokoll, Kommentare) die Figur des Diktators Francia vor, der am Beginn der paraguayischen Unabhängigkeit steht. Damit stellt sich dieser Text in die Reihe der lateinamerikanischen Diktatorenromane eines Asturias, Carpentier oder García Márquez; die Einbeziehung historischer Figuren und die Vermischung mit echten Dokumenten erinnert darüber hinaus ganz spezifisch auch an Techniken, die schon Mármols *Amalia* verwendet hatte.

In Argentinien ist der Typus des Experimentalromans im Sinn der »nueva novela«, wie ihn Macedonio Fernández und Leopoldo Marechal vorbereitet hatten, in dieser Zeit wohl am ehesten in *Sobre héroes y tumbas* (1961) von Ernesto Sábato verwirklicht. Sábato, ein Professor für Theoretische Physik, der wie viele andere nach Peróns Machtübernahme seinen Lehrstuhl verloren hatte, wandte sich 1945 dem Schreiben zu und wurde 1948 mit dem von Sartres Existentialismus geprägten Roman *El túnel* berühmt. *Sobre héroes y tumbas* ist demgegenüber viel mehr ein Werk der kollektiven nationalen Selbstanalyse. In direkten Anspielungen auf Marechal und nationale Mythen findet hier ein Gang durch die argentinische Geistesgeschichte statt, dem als Schauplatz Buenos Aires mit seinen Kloaken dient. Zu diesen intertextuellen Bezügen tritt eine verwirrende Vielfalt der Erzählperspektiven und eine völlig subjektive Zeitvorstellung, die dem Leser einen geordneten Nachvollzug des Geschehens nur noch in einer auf den eigentlichen Lesevorgang folgenden Analyse erlauben. Dazu kommt der 200 Seiten lange Text »Bericht über Blinde«, der eine Art Roman im Roman bildet, eine quasimystische Vision, die einen Abstieg in das psychopathologisch veränderte Ich mit einer metaphysischen Rebellion gegen die Vernunft verbindet. Sábatos folgender und letzter Roman, *Abaddón el exterminador* (1974), ist ebenso durch ein Verschmelzen von Traum, Halluzination und Realität gekennzeichnet, wobei noch der reale Autor (»Sabato«, ohne Akzent) und seine autobiographischen Erlebnisse als zusätzliche metaliterarische Ebene hinzukommen. Angesichts dieses Chaos bleibt nur der Zweifel als Grundstimmung erhalten: »Man hat einmal gesagt (aber wer?, wann?), dass eines Tages alles vorüber, vergessen, ausgetilgt sein würde.« Sábato, der daneben auch als Essayist hervorgetreten war, hat in jüngster Zeit nach dem Ende der Militärdiktatur als Vorsitzender der Kommission, die das Schicksal der Verschwundenen zu untersuchen hatte, die Rolle der großen moralischen Autorität seines Landes übernommen, während er gleichzeitig als Schriftsteller infolge seiner zunehmenden Erblindung allmählich verstummt ist.

Stärker noch als Sábato hat sich der Uruguayer Juan Carlos Onetti als Romancier der »nueva novela« am Río de la Plata profiliert. Freilich kann er auf einer allmählichen Transformation des uruguayischen Gaucho- und Bauernromans aufbauen, der eine Verbindung mit Ingredienzien des späteren Magischen Realismus wie magische Einheit mit der Natur, Einbeziehung des Indio und Verwendung überwirklicher Motive in einer geradezu parodistisch-übertreibenden Form eingeht, die sich am deutlichsten in dem zwischen 1932 und 1952 in sechs Versionen erschienenen Roman *La carreta* seines Landmanns Enrique Amorim ablesen lässt. In dem Thema dieses Romans, den »Wanderprostituierten«, die auf ihrem Karren durch Uruguay in Richtung eines mythischen »Nordens« ziehen,

Ernesto Sábato,
Sobre héroes
y tumbas

Juan Carlos Onettis
»Santa María«

kündigt sich ein Thema an, das in der modernen lateinamerikanischen Literatur mehrfach behandelt worden ist (unter anderem bei dem Peruaner Vargas Llosa und bei Onetti). Dessen Romanwerk, in dem obsessiv immer wieder die an einem Fluss der La-Plata-Region gelegene fiktive Kleinstadt Santa María und eine begrenzte Zahl von Figuren auftauchen, hat man in der Kritik mit den Kategorien der Entfremdung und des Existentialismus zu fassen versucht. Fest steht wohl der Einfluss William Faulkners, an dessen fiktives Yoknapatawpha Santa María erinnert. Aber auch die phantastische Literatur ist nicht ohne Einfluss auf den Autor von *La vida breve* (1950) geblieben: In diesem Roman gewinnen die vom Protagonisten erfundenen Gestalten allmählich immer mehr Realität, bis ihre Welt gänzlich an die Stelle der bisherigen Fiktionsrealität getreten ist. Zentrale Werke der Santa-María-Serie sind *El astillero* (1961) und *Juntacadáveres* (1964). Darüber hinaus zeigt Onetti auch in zahlreichen Erzählungen und Kurzromanen seine technische Meisterschaft, so etwa in *Los adioses* (1954), wo die Point-of-view-Technik so meisterhaft durchgeführt ist, dass der Leser die längste Zeit hindurch alle Ereignisse durch die Brille einer Nebenfigur, des örtlichen Kaffeehauswirts, aufnimmt und daher völlig falsch beurteilt.

Die Dekadenz der Patrizierfamilien als Thema des Romans

Der wichtigste chilenische Beitrag zur »nueva novela« sind vermutlich die Texte von José Donoso, insbesondere *El obsceno pájaro de la noche* (1970), die in einer oft als »surrealistisch« bezeichneten Sprache von der seltsamen, düsteren und grotesken Welt berichten, die durch die Dekadenz der alten Großgrundbesitzerfamilien entsteht. Dieses Thema der Dekadenz der alten Familien zieht sich in der chilenischen Literatur bis zu Isabel Allende; es ist aber auch ein beliebtes Thema in – freilich weniger experimentellen – Romanen der La-Plata-Staaten, wo in Buenos Aires Beatriz Guido in *El incendio y las vísperas* (1964) die Zerschlagung der alten Oligarchie durch die Perón-Diktatur vorführt oder Carlos Martínez Moreno in Montevideo in *Con las primeras luces* (1966) einen Betrunkenen, der sich absurderweise am Gartenzaun seines Hauses aufgespießt hat, in einem die Nacht über dauernden Monolog über den eigenen Niedergang (der symbolisch für den der Patrizierschicht des Landes steht) nachsinnen lässt.

Julio Cortázar, Rayuela

Der bedeutendste als »nueva novela« anzusprechende Roman der Boom-Zeit im Raum des »Cono Sur« stammt jedoch von einem zu diesem Zeitpunkt bereits im europäischen Exil lebenden Autor; es ist Julio Cortázars bereits erwähnter Text *Rayuela* (1963). *Rayuela* ist nicht ein Roman, sondern viele, denn man kann ihn auf unzählige Weisen lesen: entweder passiv als »Leser-Weibchen« durch die Lektüre der Kapitel 1–56, unter Auslassung der fast hundert »verzichtbaren Kapitel«, die dann noch folgen; oder hüpfend, den Anweisungen des Textes folgend, als »Leser-Komplize« – dann muss man mit dem Kapitel 73 beginnen und endet in einem Perpetuum mobile zweier wechselseitig aufeinander verweisender Kapitel. Oder man liest ihn einfach in irgendeiner beliebigen anderen Reihenfolge. Wie auch immer: Die örtliche Gliederung in Hüben und Drüben – Paris und Buenos Aires – wirkt ebenso strukturierend wie das Grundthema, die Suche des Protagonisten Horacio Oliveira nach einem »Reich« höheren, anderen, intensiveren Denkens und Erlebens, nach einer Art Paradies des Geistes, das unter den verschiedensten Chiffren (»Kibbuz der Sehnsucht«, »Yonder«, Himmel des Himmel-und-Hölle-Spiels, usw.) auftaucht. Was in Paris neben und nach zahlreichen intellektuellen Diskussionen durch das Experiment des »absurden« Lebens, der Verweige-

rung gegenüber jeglicher »natürlichen Regung« ebenso wie gegenüber einem logisch rational determinierten Handeln, betrieben wird, mündet in Buenos Aires in die Suche nach der verlorenen Frau, der »Maga« (Zauberin), die Oliveira in Paris in den schlimmsten Augenblicken (als ihr kleiner Sohn stirbt) im Sinne seines eben beschriebenen Experiments im Stich gelassen hatte und die für ihn nun zur Inkarnation des gesuchten »Anderen« wird, auch deshalb, weil sie immer schon – nicht zuletzt aufgrund mangelnder Intellektualität – einen direkten Zugang zu dem »anderen Denken« hatte. Ganz im Sinn der phantastischen Tradition trifft Oliveira auf seinen »Doppelgänger«, den ewig in Buenos Aires verbliebenen Manuel, der ironischerweise Traveler heißt, und seine Frau Talita, die für ihn zur Doppelgängerin der Maga wird. In der Schlussszene des Romans stehen einander Oliveira und sein Doppelgänger im Zimmer eines Irrenhauses gegenüber, in dem sie beide als Wärter angestellt sind. Oliveira hat ein Spinnennetz aus Bindfäden und Wassertöpfen zur »Selbstverteidigung« gegen den Doppelgänger aufgebaut; hinter sich kann er durch ein Fenster in den Hof blicken, in dem ein »Himmel-und-Hölle-Spiel« aufgezeichnet ist und wo Talita wartet. Ob er springt, ob er stirbt, ob er in den »Himmel« gelangt, die Antwort lässt der Text offen. Aber das ist, wie gesagt, nur das Skelett der Geschichte. Nebenbei geht es auch um einen Autor (vielleicht den Autor des Romans) namens Morelli, der poetologisch-essayistische Texte unter die »verzichtbaren Kapitel« mischt, in denen Cortázars Grundüberzeugungen zum Ausdruck kommen, insbesondere der Kampf gegen den »Ziegel« der »Gran Costumbre«, der »Großen Gewohnheit«, deren Dominanz beim Leser durch Methoden in Art des Zen-Buddhismus, das heißt durch Schock und Aggressivität des Textes, gebrochen werden muss. Vom Schreiben als einer »metaphysischen Ohrfeige« hat Cortázar einmal in einem Interview gesprochen, und diese metaphysische Ohrfeige, die den Leser aus Denk- und Lesegewohnheiten aufrütteln soll, versetzen sowohl seine phantastischen Kurzerzählungen als auch *Rayuela* dem Leser, der sich auf sie einlässt. Cortázar hat in seinem Roman die wichtigsten Experimente der europäischen Autoren dieses Jahrhunderts von Proust bis Joyce verarbeitet, vor allem aber Robert Musils *Mann ohne Eigenschaften*, den er mehrmals explizit oder implizit zitiert. Er hat aber auch viele argentinische Texte (von Mallea bis Marechal, von Macedonio Fernández bis Borges) einbezogen und mit *Rayuela* einen Roman geschaffen, der – weit über den La-Plata-Raum hinaus – das Lebensgefühl einer ganzen Generation auszudrücken schien.

Sein weiteres Romanschaffen ist von *Rayuela* und dessen Nachwirkung geprägt: *62 modelo para armar* (1968) verwirklicht eines der von Morelli als Gedankenexperiment im Kapitel 62 von *Rayuela* skizzierten Romanprojekte, das eines »absolut antiromanhaften Romans«, und *Libro de Manuel* (1968) verstand der Autor selbst als Antwort auf die immer wieder gegen ihn erhobene Kritik, trotz seines praktischen Einsatzes für die Linke in Lateinamerika in seinem literarischen Werk dem entsprechenden politischen Engagement keinen Raum zu geben. Der Roman versucht deshalb die Collagetechnik von *Rayuela* durch die Kombination von in ein Album geklebten tatsächlichen Zeitungsausschnitten mit der fiktionalen Geschichte einer im französischen Exil lebenden Guerilla- und Sympathisantengruppe in realitätsnäherer Weise umzusetzen. Dennoch musste Cortázar nach dem Erscheinen des Romans in einem Zeitungsinterview das Scheitern seines Versuchs zur Überwindung des Gegensatzes zwischen engagierter und experimenteller bzw. phantastischer Literatur eingeste-

Cortázars späte Erzähltexte und die »Collagebände« Reise um den Tag in 80 Welten und Ultimo round

hen: Die Vertreter der zweiten Gruppe hätten ihm die Banalität des Realen, die Vertreter der ersten die immer noch den Realismus überdeckenden erzähltechnischen Experimente zum Vorwurf gemacht. Will man Cortázars Werk gerecht werden, muss man freilich neben den Romanen und Kurzerzählungen auch noch die von ihm entwickelte eigenartige Textsorte der absurd-humoristischen und teilweise parodistischen Texte erwähnen, wie etwa die »Gebrauchsanweisungen« für alltägliche oder absurde Tätigkeiten wie Treppensteigen, die Tötung von Ameisen in Rom oder das Verlieren und Wiederfinden eines mit einem Knoten versehenen Haares im Ausguss, die in ihrer subversiven Strategie an Oliveiras Experimente erinnern, oder die »Erzählungen« über von ihm erfundene seltsame Wesen wie Cronopien, Famen und Esperanzas in *Historias de cronopios y famas* (1962). Nicht zu vergessen ist auch die ebenfalls in der Tradition von Macedonio Fernández und Borges stehende Mischung poetologischer Essays, Feuilletons und narrativer Elemente in den Texten der Bände *La vuelta al dia en 80 mundos* (1967) oder *Ultimo round* (1969). In ihnen führt sich Cortázar selbst als »enormes Cronopium« vor, das wie Oliveira immer wieder versucht, die »Porosität« der realen Welt aufzudecken und den Weg frei zu machen für eine integrativen Realitätsbegriff, der die Wirklichkeit von Mythos und Magie, von Kindern und Wahnsinnigen gleichermaßen mit einschließt.

Brasilianische Literatur 1920–1970: das neue Interesse für die Regionen

Der Ausklang der realistisch-naturalistischen Strömung

Lima Barreto,
Graça Aranha

Unauffällig, wie der Realismus mit Machado de Assis begann, klingt er mit einigen Texten am Rande der Skandalerfolge des modernistischen Jahrzehnts kaum bemerkt aus. So wird das Werk von Afonso Henriques Lima Barreto teilweise erst in den Jahren nach der »Semana de Arte« aus dem Nachlass ediert. Selbst seit seiner Jugend an den Rand der Gesellschaft verwiesen, bildet Barreto in seinen Romanen die Schattenseiten Brasiliens während des Ersten Weltkriegs ab. Sein früher Roman *Recordações do Escrivão Isaías Caminha* (1909) kreiste noch um die Literatenzirkel Rios, die Barreto in einem Schlüsselroman darstellen wollte. Der Held seines Romans *Triste Fim de Policarpo Quaresma* (1915) ist ein moderner Nachfahre Don Quijotes, der schließlich das Opfer seiner eigenen Solidarität mit dem brasilianischen Volk wird. *Vida e Morte de M.J. Gonzaga de Sá* (1919), Chronik Rios in den ersten Jahrzehnten des Jahrhunderts und sarkastisches Porträt einer Gesellschaft, die sich in den intellektuellen Moden Europas gefällt, stellt die Denkweisen der bürgerlichen Mittelschicht in Frage. Auf Dostojewskijs *Aufzeichnungen aus einem Totenhaus* (1861) bezieht sich Barreto mit den postum veröffentlichten Erinnerungen an seine Erfahrungen in einer Trinkerheilanstalt (*Cemitério dos Vivos*, 1919, veröff. 1956). In seinem letzten Roman *Os Bruzundangas* (1923) nimmt er wieder die an Machado de Assis erinnernde spielerische Kritik des Realen durch die literarische Fiktion auf: Der Blickwinkel eines fiktiven ausländischen Besuchers in Brasilien ist hier die Voraussetzung für die ironisch-moralistische Demontage der maroden

»República Velha«. Auch das Schaffen von Graça Aranha wurzelt in der intellektuellen Opposition gegen den Konformismus seiner Zeitgenossen. Anders als bei Barreto ist es die ästhetische Sensibilität eines umfassend gebildeten Kosmopoliten, die seine Kritik an der Bourgeoisie der Alten Republik inspiriert. Ursprünglich von Machado de Assis beeinflusst, hatte er in dem frühen Roman *Canaã* (1902) in einer an den europäischen Impressionismus erinnernden Erzählweise den Fin-de-siècle-Konflikt von romantisch-dekadenter Daseinsphilosophie und vitalistisch-dynamistischer Lebenshaltung gestaltet. In den 20er Jahren öffnet er sich den Anregungen der »Semana de Arte«, was jedoch eher in theoretischen Schriften als in der literarischen Praxis deutlich wird.

Das Erwachen des Interesses für den Nordosten und die Regionen

Die »realistischen« Werke von Machado de Assis, Barreto und Aranha waren immer Literatur über städtische Themen und für ein städtisches Publikum gewesen, die bei allen Sympathien für die sozialen Probleme Brasiliens auf eine bestimmte Wirklichkeit verwiesen, auf die wirtschaftlich stark entwickelten und industrialisierten Regionen um São Paulo und Rio. Die Provinzen Brasiliens als Thema und als Ort der Produktion und Rezeption von Texten dagegen gelangen erst 1926 in ein größeres öffentliches Bewusstsein, als sich in Recife eine Gruppe von Intellektuellen durch den »Kongress der Regionalisten des Nordostens« Gehör verschaffte. Mit den Proklamationen der Regionalisten artikuliert sich zwar keineswegs das Ende der literarischen Zentren Rio und São Paulo, doch erhält der Nordosten Brasiliens hier eine eigene literarische Stimme, die der kulturellen Alterität der weitgehend agrarisch strukturierten Region und dem nach dem Modernismus neuerwachten Interesse an der brasilianischen Volkskultur gerecht werden möchte. Thematisch wurde dieses neue Interesse an der kulturellen Peripherie bereits im späten 19. Jh. vorbereitet, zunächst durch die Romanautoren der romantisch-realistischen Übergangszeit der 70er Jahre, vor allem Bernardo Guimarães mit O

Im Zuckerrohr

Ermitão de Muquém (1869) und Alfredo Visconde de Taunay mit *Inocência* (1872). Die Welt des Sertão, der Wildnis des Nordostens, war damals romantisch-brasilianisches Symbol der Ursprünglichkeit schlechthin. Dabei blieb die Sertão-Landschaft Dekoration, die romantischem Interesse am Pittoresken Rechnung trug. Auch das Fin de siècle – Henrique Maximiliano Coelho Netos Erzählungen *Sertão* (1896) und Euclides da Cunhas *Os Sertões* (1902) – behandelte den Sertão als »literarische Landschaft«.

Gilberto Freyre:
Casa grande
e senzala

Mit dem Regionalistenkongress setzt eine umfassende philosophisch-theoretische Neubewertung der Peripherie Brasiliens ein. Die Inhalte der Bewegung, nämlich die Rückbesinnung auf die regionalen Traditionen und Kulturwerte des Nordostens, hält der Soziologe und Schriftsteller Gilberto de Melo Freyre in seinem *Manifesto regionalista de 1926* fest. Durch die Wahl der Textsorte gegen Andrades *Pau-Brasil*-Manifest gerichtet, ist das »Manifest« frei von jeglichem provinziellen Separatismus; es sieht den Regionalismus vielmehr als Ausgangspunkt der kulturellen Aufwertung der Regionen Brasiliens, denen auch Freyres Studien in den 30er Jahren gewidmet sind. In *Nordeste. Aspectos da Influência da Cana sobre a Vida e a Paisagem do Nordeste do Brasil* (1937) beschreibt Freyre diese Eigenart des Nordostens aus dem Verhältnis von Kultur und Landesnatur heraus. Aus anthropologischer Sicht hat Freyre in *Casa grande e senzala* (Herrenhaus und Sklavenhütte, 1933), einer Mischung aus kulturhistorischem Essay, anthropologischer Studie und Roman, versucht, brasilianische Identität aus dem kulturellen Synkretismus seiner verschiedenen Rassen zu definieren und diese Mischkultur als bereits historisches Phänomen darzustellen. Wenngleich Freyres zentrale Thesen mittlerweile von modernen Anthropologen wie Darcy Ribeiro mit durchaus berechtigten Argumenten angezweifelt werden, ist die Bedeutung dieser Studie nicht nur für die brasilianische Identität, sondern vor allem auch für die Entstehung der regionalistischen Literatur kaum zu überschätzen. Freyre wird so zum Initiator der regionalistischen Bewegung und damit zum Anreger einer Reihe der bedeutendsten Erzähltexte der brasilianischen Literatur.

Die Romane des
Regionalismus als
engagierte Literatur

Es handelt sich bei allen im Zuge des Regionalismus entstehenden Romanen insofern um »engagierte« Literatur, als das sprachästhetische und formal-experimentelle Moment im Erzähltext der 30er und 40er Jahre zwar grundsätzlich nicht zurücktritt, jedoch nicht mehr die revolutionäre Eigendynamik der Schöpfungen des modernistischen Jahrzehnts entfaltet. Vielmehr erweist es sich als geradezu erstrangiges Definitionsmerkmal dieses »neuen Realismus«, dass die durch den Modernismo ausgelösten sprachschöpferischen und formalen Aktivitäten jetzt als Ausdrucksmittel für neu entdeckte soziale, politische, moralische und psychologische Realitäten dienen. Der Roman öffnet sich darüber hinaus den Innovationstendenzen, die bereits in Europa und den USA zum Umbau der Gattung geführt haben: Der innere Monolog, multiperspektivische Erzählvorgänge und die Reduktion des allwissenden Erzählers sind die Vermittlungstechniken, durch die der regionalistische Roman zum Spiegel einer immer komplexeren Welt wird. Dieses neuartige Interesse an einem bisher marginalisierten »anderen« Brasilien rührt von drei intellektuellen Wurzeln her. Die Kenntnis der Theoretiker des Sozialismus und die Folgen der Oktoberrevolution inspirieren die nachmodernistische Generation zur Frage nach dem Standort des Individuums in den modernen Massengesellschaften. Zugleich provoziert gerade die von sozialistischen Theoretikern wie dem Sowjetdichter Maxim Gorkij vertretene Überzeugung, der Mensch sei in erster Linie eine »soziale Einheit, und nicht ein kosmisches Wesen«, auch eine metaphysische Wende: Trotz gelegentlich unverhohlen marxistischer Ansätze formulieren viele der jungen brasilianischen Autoren der 30er Jahre die Problematik der traditionellen christlichen Werte in einer Weise neu, wie es auch die Autoren des »Renouveau Catholique« nach dem Ersten Weltkrieg in Europa versuchten. Mit dem Siegeszug der Psychoanalyse schließlich wächst das Interesse an mentalitätstheoretischen Fragestellungen, das in der Zwischenkriegszeit einen Umbau des älteren bürgerlichen psychologischen Romans zum »intimistischen« Bewusstseinsroman ermöglicht. Die bedeutendsten Zeugnisse dieser Auseinandersetzung mit der veränderten Wirklichkeit entstehen in dem relativ kurzen Zeitraum zwischen der Revolution und der Entstehung des diktatorischen »Estado Novo« von Getúlio Vargas. Bemerkenswert ist ferner, dass es sich bei dieser Gruppe von Autoren weder um eine bestimmte Generation handelt – die Geburtsdaten des ältesten und des jüngsten Autors differieren um dreißig Jahre – noch um Schriftsteller ähnlicher sozialer oder geographischer Herkunft – denn selbst das Etikett des »Nordostens« trifft nur auf einen – wenn auch gewichtigen – Teil der Gruppe zu. In jenem halben Jahrzehnt politisch relativ ungehemmter Kreativität findet der neue realistische Roman auch in den Großstädten der Küstenregion ein Publikum, das bereit ist, sich auf die »realistische« Fiktion eines »anderen« Brasilien einzulassen.

Den Anfang markiert José Américo de Almeidas *A Bagaceira* (1928). Den Rahmen von Almeidas Werk bilden die periodisch wiederkehrenden Dürren im Sertão, die in unvorhersehbaren Abständen die Bewohner des Nordostens zur Flucht in die Küstenregion zwingen und wie ein Mythos der ewigen Wiederkehr das Welt- und Menschenbild der Sertão-Bewohner prägen. Auf drei verschiedenen Zeitniveaus führt Almeida uns in die fatalistische Psychologie dieser Flüchtlinge, der »retirantes«, ein, in der Grausamkeit und Leidenschaft vorherrschen. Ein Vater-Sohn-Konflikt, Eifersucht, Inzest und Gewalttätigkeit sind die Konstanten in einem diesem Rhythmus von Naturkatastrophen unterworfenen Lebenszyklus. Diese kurzen Hinweise zeigen bereits, dass für den Erfolg des Romans offensichtlich andere Kriterien ausschlaggebend waren als die eher konventionelle Handlung; gar zu sehr erinnert die düstere Geschichte um den Fazendeiro Dagoberto Marceau, der mit seiner Nichte, der aus dem Sertão geflüchteten Soledade, in Blutschande lebt, noch an den älteren Naturalismus, zu deutlich sind in dieser Hinsicht auch die Anklänge an den biologischen Fatalismus Zolas und seiner brasilianischen Epigonen Rodolfo Teófilo und Lindolfo Rocha. Doch wenngleich *A Bagaceira* deren inhaltliches Spektrum nicht wesentlich erweitert, so treibt Almeidas Roman die neorealistische Entwicklung auf stilistischer Ebene voran, weniger durch die zahlreichen Beschreibungen, die noch auf die impressionistische Schreibweise Aranhas und Barretos zurückgehen, als durch die sprachliche Gestalt, mit der zum ersten Mal jene regionale Sprechweise dokumentiert wird, die fortan Teil der brasilianischen Literatursprache wird.

José Américo de Almeida

Ist *A Bagaceira* in erster Linie aufgrund dieser linguistischen Besonderheit der Vorreiter, so entsteht mit *O Quinze* (1930) von Raquel de Queiroz das erste Hauptwerk des regionalistischen Romans. Eine stark anklagende Komponente kennzeichnet alle frühen Romane der Autorin, die sich im Laufe ihres Schaffens vom Marxismus zum Trotzkismus bewegt, um sich schließlich von den Ideologien zu distanzieren. Wieder

Raquel de Queiroz

handelt der Roman von den »retirantes« des Dürrejahres 1915. Doch nicht die unkontrollierbare Natur steht nun im Mittelpunkt, sondern die Schicksale der leidtragenden Landarbeiter und ihrer Familien, denen während der Dürreperiode das Los der Entlassung durch den Fazendeiro beschieden ist. Preisgabe des sozialen Umfelds, Zerstreuung der Familie, schließlich die Prostitution in der Großstadt sind die Folgen des Exodus, an dessen Ende São Paulo als Zentrum nicht erfüllter Hoffnungen steht, was auf die dezidierter urbane Tendenz vorausweist, die der Regionalismus wenig später durch Amando Fontes vielbeachteten Roman *Os Corumbas* (1933) erhält, der unsentimental jene jungen Sertanejas darstellt, die der Anziehung der Stadt erliegen und letztlich als Prostituierte zugrunde gehen. Sprachlich unprätentiöser als *A Bagaceira*, wird *O Quinze* zum ersten Klassiker jenes Neorealismus, dem es um die unideologische Dokumentation des Elends der Bevölkerung des Nordostens geht. Raquel de Queiroz setzt diese thematische und stilistische Linie nur in dem folgenden Roman *João Miguel* (1932) fort. Auch mit dem dritten Roman, *Caminho de Pedras* (1937), bleibt sie geographisch in der vertrauten Region des Nordostens, doch spielt das Ambiente der tropischen Hafenstadt Fortaleza keine essentielle Rolle bei der Motivation der Vorgänge, und die neuen Protagonisten entstammen nicht mehr dem Proletariat des Sertão, sondern der bürgerlichen Mittelschicht. Nicht materiellem Elend, sondern dem Emanzipationsvorgang der Protagonistin, die ihre Vergangenheit und ihre Ehe preisgibt, gilt die Darstellung, zu deren verhaltener, unepischer Erzählweise kein größerer Kontrast denkbar wäre als Almeidas *Bagaceira*. Nach dem psychologischen Roman *As três Marias* (1939) gibt die Autorin das Schreiben von Romanen zugunsten der »crônica« auf. Bereits von Alencar und Machado de Assis kultiviert, hatte sich die spezifisch brasilianische Erzählform, die dem journalistischen Bereich entstammt, im 19. Jh. als Konkurrenzgattung zum gesellschaftlich engagierten Feuilletonroman etabliert. Für Raquel de Queiroz garantiert dieses Genre vorübergehend eine neue Ausdrucksmöglichkeit, in der Fiktion und Welthaltigkeit einander durchdringen. In dem späten Roman *Dora Doralina* (1975) schließlich sind Regionalismus und Realismus seit langem literarhistorische Vergangenheit. Die mit Verweisen auf die Vargas-Diktatur durchsetzte Lebensgeschichte der Protagonistin Maria das Dores ist eine sentimentale Leidensgeschichte mit schelmenhaft-turbulenten Peripetien, die als »Stilbrüche« bewusst unrealistische Akzente darstellen.

Neorealismus in der Kunst: »Totgeburt« von Cândido Portinari

Regionalistische Zyklonromane

Erico Veríssimo

Derselbe Bruch, der eine regionalistisch-realistische Schreibe für den Autor schließlich problematisch macht, lässt sich auch im Werk Erico Veríssimos – wenngleich in anderer Hinsicht – nachvollziehen. Er vereint Texte zu Erzählzyklen von beträchtlichem Umfang. Veríssimo konzentriert sich auf einen introspektiven »intimistischen« Romantyp, der die Psychologie der Bourgeoisie in den südlichen Provinzen Brasiliens nachzeichnet. Die erste Romanserie (*Clarissa*, 1933; *Música ao longe*, 1935; *Caminhos cruzados*, 1935; *Um Lugar ao Sol*, 1936; *Saga*, 1940), in der Region Porto Alegre situiert, analysiert Entfremdung und Beziehungslosigkeit, der selbst Freunde und Liebende in einer als trivial empfundenen Umgebung unterworfen sind. Die unbefriedigende Situation des Individuums in seinem sozialen Umfeld konstituiert die Rahmenbedingungen. Dabei scheint es mitunter, als wolle Veríssimo die traditionelle marxistische These widerlegen, wonach die ökonomischen Bedingungen erst das Bewusstsein bestimmen. Denn quer durch die sozialen Schichten – Veríssimo tangiert, ähnlich wie Balzac im Frankreich des 19. Jhs., das gesamte gesellschaftliche Spektrum der provinziellen Realität – herrscht in der als brasilianischer Mikrokosmos komponierten provinziellen Romanwelt einheitliche Langeweile. Die Armut an äußerer Handlung und ästhetischen Reizen der wahrgenommenen Wirklichkeit korrespondiert stilistisch mit einer aufs Äußerste konzentrierten Sprache. Metaphernlos und syntaktisch bewusst anspruchslos, versagt sich Veríssimo jeder Hervorhebung, die auf einen individuellen Stil im traditionellen Sinn verweisen könnte. Veríssimos späterer Zyklus *O Tempo e o Vento* stellt ein interessantes Experiment mit unterschiedlichen Erzählgattungen dar. Als Text, der Geschehnisse von der Kolonialzeit bis in die späte Vargas-Ära umfasst, ist *O Tempo e o Vento* dem historischen Roman verpflichtet, nimmt aber Elemente eines politischen Romans auf. Es handelt sich dabei insofern um »engagierte« Literatur, als Veríssimo (besonders in dem Band *O Retrato*) das Verhältnis eines im Grunde seines Wesens idealistischen Intellektuellen zur Politik in der ersten Jahrhunderthälfte und die Mechanismen von Machterwerb und Machterhalt analysiert, ohne eindeutig ideologisch Stellung zu beziehen. Da Veríssimo dieses Thema an der Entwicklung einer Familie von Fazendeiros in Rio Grande do Sul aufzeigt, liegt *O Tempo e o Vento* die Struktur einer Familiensaga zugrunde, in der die gesellschaftliche Dekadenz kausal auf den Verfall der einst wirtschaftlich mächtigen Familie zu beziehen ist. Wie schon Thomas Manns *Buddenbrooks* (1901) literarisiert Veríssimos monumentales Werk also Paul Bourgets Dekadenztheorie (*Essais de psychologie contemporaine*, 1883). In den späten Romanen, die bereits unter der Militärdiktatur der 60er und 70er Jahre entstehen, gestaltet Veríssimo erneut einen, wenngleich nunmehr weniger streng strukturierten, epischen Zyklus von drei in thematischer Hinsicht sicherlich weniger geschlossenen, sprachlich indes wesentlich aggressiveren Romanen. Hier wendet sich seine Kritik gegen politische Unterdrückung (*O Senhor Embaixador*, 1964), sowie gegen Krieg und Folter (*O Prisioneiro*, 1967). Selbst eine Wendung von surrealistischer Originalität, die an den hispanoamerikanischen »magischen Realismus« denken lässt – die durch einen Streik der Leichenbestatter hervorgerufene Rückkehr einiger Verstorbener ins Leben im letzten Band der Trilogie *O Incidente em Antares* (1971) –, versteht sich wie Veríssimos Gesamtwerk als Parteinahme für eine universelle Humanität.

José Lins do Rêgo

Im Gegensatz zu Raquel und Veríssimo verharrt José Lins do Rêgo zeitlebens im regionalistischen Ambiente. Doch wenngleich er mit den Autoren um Freyre einen intensiven intellektuellen Austausch pflegt, unterscheidet er sich in mancher Hinsicht von der Gruppe, schon durch sein von realistischen Doktrinen abweichendes schriftstellerisches Selbstverständnis, das in romantisch-nostalgischer Weise an die improvisatorische Kreativität »der Bänkelsänger und Rhapsoden auf den Jahrmärkten« appelliert; Rêgos schriftstellerische Praxis freilich zeigt, dass an die Seite dieser inspiratorischen Quelle auch ein starker Formwille treten musste. Aus einer Familie von Zuckerplantagenbesitzern stammend, lernt er von Kindheit an die Problematik der Agronomie des Nordostens kennen. In seinem Romanzyklus des Zuckerrohrs (1932–1936) wird die historische Bruchstelle literarisch manifest, die in technologischer und ökonomischer Hinsicht der Wechsel von der Zuckerrohrmühle zur industriellen Verarbeitung des Zuckers in den Fabriken bedeutet. Dabei weist der erste

Cover der Erstausgabe

Rêgos Fogo morto

Band, *Menino do Engenho* (1932), auf Kindheitserinnerungen Rêgos zurück, die er später auch in seinen Memoiren *Meus verdes Anos* (1956) dokumentiert hat. In dem Roman berichtet ein Kind, Carlinho, in Ichform ähnliche Geschichten, wie sie bereits in *Bagaceira* zu lesen waren. Wieder geht es um traumatische Gewalterfahrung in einer patriarchalisch strukturierten, bäuerlichen Gesellschaft, um die unbezähmbare Natur der Landschaft und ihrer Bewohner. Die späteren Bände des Zyklus (*Doidinho*, 1933; *Bangüê*, 1934; *Moleque Ricardo*, 1935; *Usina*, 1936) setzen inhaltlich die Vita des »Herrenkindes« Carlinho fort. Wenn die Abfolge der frühen Lebensstationen – Erfahrung der Stadt Pernambuco, des Internats und der Universität, schließlich die Rückkehr auf die Plantage Santa Rosa – strukturelle Parallelen zum Bildungsroman aufweist, so zeigt der Zyklus das Leerlaufen dieses biographischen Modells. Denn Carlinho ist ein Entwurzelter, der zwar die Zivilisation der Küstenstädte flieht, jedoch, ausgestattet mit der Bildungserfahrung der Zivilisation, in der seit seiner Kindheit veränderten Welt der Plantage nicht mehr zurechtkommt. Vor allem die ersten Bände seines Zuckerrohrzyklus bilden ein unerschöpfliches Archiv der kollektiven Mentalität des Nordostens und eines mittlerweile verschütteten archaischen Wissens, das den freigelassenen farbigen Sklaven zu eigen war. So steht Rêgos eindrucksvoller Versuch, diese durch die Industrialisierung versunkene Welt in der Schrift zu bewahren, wie eine regionalistische »Suche nach der verlorenen Zeit«, die mit einem ähnlichen literarischen Anspruch auftritt wie die Bewusstseinsarchäologie Marcel Prousts.

Obwohl die Kraft der Erinnerung mit der Entfernung allmählich nachließ, greifen auch Rêgos in Rio verfasste spätere Romane auf den Fundus der Erlebnisse im Nordosten zurück. *Fogo morto* (1943) bildet thematisch noch einmal eine großangelegte Synthese des Zuckerrohrzyklus. Die Darstellung der Plantagenwelt im späten 19. Jh. zeigt, wie der ökonomische Bruch, den die Sklavenbefreiung in der Zuckerregion des Nordostens darstellt, zugleich einen Bruch in der kollektiven Mentalität quer durch die sozialen Schichten bewirkt. Über die frühen Romane geht Rêgo hier hinaus, indem er an Stelle der Icherzählung nun die objektivierende Technik wechselnder innerer Monologe seiner Hauptfiguren verwendet und durch die Kombination von mündlicher Redeweise und Einsatz psychologisierender Leitmotive eine neue Unmittelbarkeit schafft. Dass sich auch die regionalistische Thematik dieser Couleur in den 40er Jahren allmählich verbraucht hat, wird an Rêgos spätem Roman *Cangaceiros* (1953) deutlich, der ein Nebenmotiv seines Zuckerrohrzyklus, die Banditen des Sertão, ausweitet. Zwar versucht er dem Grundproblem der Gewalt, die auf Seiten der Banditen wie der Staatsmacht das Geschehen dominiert, Objektivität widerfahren zu lassen, doch gerät das Thema durch seinen balladenhaften Stil zu einem romantischen Melodram. Lins do Rêgos Hang zu einer fast improvisatorischen Schreibweise koinzidierte mit der Intention vieler Realisten, eine ungeschminkte Vision der Realität wiederzugeben, was bei einigen der Autoren in ein fast problematisches Verhältnis zur sprachlichen *Gestaltung* mündet. Schien es sich für einen »aufrichtigen« Realisten nicht geradezu zu verbieten, das impressionistische Arrangement erzählerischer Fotos und alltagsweltlicher Redefetzen zu retuschieren? In der Tat wird das regionalistische Selbstverständnis, einen Gegenpol zur Stilkunst der Avantgarde zu bilden, selbst bei Lins do Rêgo als merkliches Desinteresse gegenüber der sprachlich-stilistischen Ebene manifest. Lediglich Veríssimo macht aus der Stillosigkeit ein neues

Szenenfoto aus der
Verfilmung von Rêgos
Cangaceiros (1953) –
ein Räubermärchen
wird zum gängigen
internationalen
Brasilienbild

stilistisches Gesetz, indem er die banale Alltagsprache zum Ausdrucksmittel gesellschaftlicher Entfremdung erhebt.

Als wirkliche Stilisten kennt der Regionalismus der 30er Jahre jedoch lediglich Marques Rebêlo und Graciliano Ramos, deren Werke in unterschiedlicher Hinsicht die Gleichsetzung von Realismus und regionalistischer Thematik fragwürdig erscheinen lassen. Marques Rebêlos Werk widersetzt sich der regionalistischen Zuordnung, da nicht nur das Ambiente, sondern auch das Thema seiner Texte Rio de Janeiro ist. Vom Modernismo der »Semana de Arte« ebenso beeindruckt wie von der Schreibweise Machado de Assis' und Barretos, produziert er Großstadtliteratur, die der Unterschicht Rio de Janeiros eine unverwechselbare Stimme verleiht. Sein Roman *Oscarina* (1931) beschreibt die nördlichen Stadtbezirke Rio de Janeiros, das Rio der kleinen Angestellten der Mittelklasse, der Sambaschulen und auch der Abenteurer und harmlosen Gauner. Vom pseudoobjektiven Realismus der Autoren um Freyre unterscheidet ihn seine unverhohlene Sympathie für die kleinen Alltagsdramen in einer Welt, die ihm zum Mikrokosmos verlorener Hoffnungen wird. Stärker als das Interesse an psychologischen Fragestellungen ist bei ihm der Wunsch, das Lebensgefühl seiner Antihelden durch sprachliche Vielfalt zum Klingen zu bringen, wenn er in dem Unterweltroman *Marafa* (1935) den Gaunerjargon Rios, in *A Estrela sobe* (1938) die Redeweise zweitklassiger Radiosender als sprachliches Material verwendet. In konsequenter Weise wird dieses Projekt mit dem späten unvollendeten Romanzyklus *O Espelho partido* fortgeführt, der eine – auch ironische – Vision des geistigen und politischen Lebens seiner Epoche in der Tradition von Machado de Assis und Barreto bietet.

Marques Rebêlo

Mehr noch erhält der Regionalismus der 30er Jahre in Graciliano Ramos einen Autor, dessen Temperament sich nicht nur gegen die scheinbare Objektivität der realistischen Dichtungstheorie, sondern vor allem gegen deren stilistische Nachlässigkeit wendet. Zwischen der ursprünglichen Niederschrift und der Veröffentlichung seines ersten Romans *Caetés* (1933) liegen acht Jahre der stilistischen Überarbeitung. Trotz der Situie-

*Der regionalistische
Stilkünstler
Graciliano Ramos*

rung des Geschehens in der Provinz ist *Caetés* letztlich alles andere als ein Beispiel für den dokumentarischen Realismus der Autoren um Gilberto Freyre; zu deutlich klingt die ironische Distanz seiner stilistischen Vorbilder an – neben Machado de Assis und dem bis dahin kaum beachteten Barreto auch der Portugiese Eça de Queirós. Mit dem Roman *São Bernardo* (1934), den fiktiven Memoiren eines Baumwollpflanzers in der Provinz Alagoas, schafft er jenen problematischen Menschentyp, der, vom Sertão geprägt, in ständigem Konflikt mit der Welt und seinen Mitmenschen steht: Paulo Honório arbeitet sich in einem entbehrungsreichen Leben vom Landarbeiter zum Besitzer der Plantage São Bernardo hoch; doch der Preis dafür ist eine elementare Entfremdung gegenüber dem Leben. Seine Bosheit und Rücksichtslosigkeit, die schließlich seine Geliebte in den Selbstmord treibt, ist Ausdruck einer metaphysischen Unbehaustheit, die ihn letzten Endes an dem geschaffenen Lebenswerk verzweifeln lässt. In dem Roman *Angústia* (1936) ist es der vereinsamte Luís da Silva, Sohn eines verarmten Pflanzers, der sich mit der fiktiven Lebensbeichte seine Alpträume und Gewissenbisse – in einem Anfall von manischer Depression hat er den Liebhaber seiner Exfreundin ermordet – von der Seele schreiben will. In kurzen, präzisen Sätzen bildet Graciliano den unaufhörlichen Bewusstseinsstrom seines Protagonisten ab, in dem sich leitmotivisch Erinnerungsfetzen an seine Kindheit, Fragmente der Mordtat und Reflexe der tristen Realität ohne zeitlich-logische Gesetzmäßigkeiten durchdringen. Eine Kluft trennt *Angústia* in thematischer und formaler Hinsicht von der gängigen Idee des Realismus des Nordostens, der in der Tat nur noch in der Abkunft und dem Wohnort seines Protagonisten durchscheint. Die Conditio humana seiner Antihelden erklärt sich nicht mehr aus einem regional bedingten spezifischen Sosein; stattdessen wird eine letztlich gegen das regionale Moment gerichtete Austauschbarkeit sozialer Identitäten das neue Eigentliche der Fiktionen Gracilianos. Fast immer ist die Icherzählung der Ausgangspunkt, von dem aus der Autor seine Erneuerung des psychologischen Romans vorantreibt.

Vidas secas

Eine Ausnahme bildet der Roman *Vidas secas* (1938), den Graciliano während der Gefängnishaft nach der gescheiterten Rebellion von 1935 schreibt. *Vidas secas* ist darüber hinaus Gracilianos einziges Werk, das dem gängigen Bild regionalistischer Literatur entspricht. Das Thema der »retirantes«, die in der Dürreperiode aus dem Sertão auf eine verlassene Fazenda flüchten, ist lediglich der Rahmen, denn auch hier gilt sein ausschließliches Interesse der Psychologie seiner Figuren. Das intimistische Interesse Gracilianos koinzidiert indes auch in *Vidas secas* mit seinem spezifischen Realismus, den er gerade durch den Verzicht auf die Icherzählung auf die Spitze treibt. Die Technik der erlebten Rede, durch die er die rudimentäre Denkweise seiner Figuren vermittelt, leistet hier die Vervielfachung der traditionellen Gedankenberichte. Damit korrespondieren indes keine vermehrten Zukunftsperspektiven seiner Protagonisten. Nur der Schluss von *Vidas secas* deutet eine Alternative zur naturbedingten Verrohung an, da sich den Kindern der »retirantes« durch die Schulbildung, die sie in der Küstenstadt erhalten werden, die Chance eines menschenwürdigeren Daseins eröffnet. Wenn Graciliano nach *Vidas secas* nur noch autobiographische Texte verfasst, so dürfen diese dennoch nicht von einem fiktionalen Erzählwerk abgelöst betrachtet werden. Kritiker sind sich darin einig, dass es sich bei *Infância* (1945) und *Memórias do Cárcere* (1953) um zwei der bedeutendsten Werke der gesamten brasilianischen Literatur handelt. *Infância* ist von hohem dokumentarischen Wert

Straßenkinder
in São Paulo

für unsere Kenntnis über die brasilianische Provinz um die Jahrhundertwende. Graciliano geht es nicht um die nostalgische Mythisierung der Kindheit, sondern um die Darstellung einer Divergenzerfahrung des Kindes, das an die Stelle der durch die Erwachsenen selbst diskreditierten Verhaltensnormen frühzeitig eine Gegenwelt des Schreibens setzt. Unter der Perspektive des Misstrauens gegen die Normen der Erwachsenenwelt nimmt der Memoirenband Motive aus Sartres Autobiographie *Les mots* (1964) vorweg. In den *Memórias do Cárcere* schließlich verarbeitet Graciliano die Zeit der Gefängnishaft (1935–37), in der die Literatur zum lebenstiftenden Medium der Selbsterhaltung in der desolaten Situation wird. Als Dokument einer die menschliche Existenz deformierenden Grenzerfahrung sind die *Memórias* in kurzer Zeit zu einem kanonischen Werk der neueren brasilianischen Literatur geworden, dessen Nachwirkung sich noch nach Ende der Militärdiktatur durch die anspruchsvolle Verfilmung Nelson Pereira dos Santos' (1984) und die »Nachschrift« in Silviano Santiagos Roman *Em Liberdade* (1981), die Gracilianos Parteinahme gegen die Unterdrückung wiederaufnehmen, erweist.

Der brasilianische Anteil am »Boom«: Jorge Amado

Auch Jorge Amado, der seinem internationalen Erfolg nach zweifellos populärste brasilianische Romancier, begann in den 30er Jahren im Umkreis Gilberto Freyres als Autor des Regionalismus. Den topographischen Bereich der Kakaoprovinz Bahia, aus der er selbst stammt, hat Amado auch in seinen jüngsten Werken nicht verlassen. Erstaunlich ist freilich die ästhetische Wandlung dieses mittlerweile sechs Jahrzehnte umspannenden Gesamtwerks, das im Rhythmus von Jahrzehnten zwischen politisch-ideologischem Zweck und ungehemmter Fabulierlust schwankt, sich aber jeder einheitlichen Charakterisierung widersetzt. Dennoch lassen sich unter den etwa drei Dutzend Romanen Amados einige Hauptlinien aufzeigen. Eine im eigentlichen Sinne regionalistische Tendenz zieht sich durch

Macumba-Zeremonie
in Rio de Janeiro.
Die afro-brasilianische
Folklore mit ihrem
Reichtum an
verschiedensten Kulten
bestimmt das Spätwerk
Jorge Amados

Jorge Amado (1977)

*Die »Saga
des Kakaos«*

die als »Bahia-Zyklus« zusammengefassten Romane. Die ersten drei Romane des Zyklus – *O Pais do Carnaval* (1931), *Cacau* (1933) und *Suor* (1934) – beschreiben das ländliche und städtische Leben in Bahia. Die dargestellte Welt zerfällt hier in fotoähnliche Ausschnitte, womit Amado dem Anspruch der Realisten gerecht wird, brasilianische Wirklichkeit anders wiederzugeben, als es die Staatspropaganda vorsieht. Das soziale Engagement, das Amado Gefängnis und Exil einträgt, ist auch in den letzten Bahia-Romanen, *Jubiabá* (1935), *Mar morto* (1936) und *Capitães de Areia* (1936), bestimmend. Die drei Bände zeigen verschiedene Facetten des Elends der deklassierten Existenzen in Bahia – Favelakinder, Mulatten und Schwarze, die sich als Hafenarbeiter, Boxer, Matrosen oder als Arbeiter auf den Kakaoplantagen verdingen. Amados Biographie des vom Vargas-Regime inhaftierten Kommunistenführers Prestes (*Vida de Luis Carlos Prestes. O Cavaleiro da Esperança*) kann zunächst nur in Argentinien (1942) und erst drei Jahre später in Brasilien erscheinen; während der gesamten Militärdiktatur ist der *Cavaleiro da Esperança* erneut verboten. Mit den Romanen *Terra do Sem Fim* (1942) und *São Jorge do Ilhéus* (1944) kehrt er zu den vertrauten Plätzen seiner Kindheit zurück. Amado schreibt hier die »Saga des Kakaos«, das unideologische Heldenepos der fast mythischen »coroneis«, jener gewalttätigen Pioniere, die durch die Rodung der Selva und die Anlage der Plantagen die Kakaoprovinzen gestaltet haben. Nach diesen beiden großen epischen Leistungen von bleibendem literarischen Rang wendet er sich – mittlerweile aus politischen Gründen im Exil (1948–51) – einer offen prokommunistischen Tendenzliteratur zu. Aus rückblickender Sicht fand Amado Werke wie den Reisebericht aus dem stalinistischen Russland, *O Mundo da Paz* (1951), und seine Abrechnung mit der Vargas-Diktatur, *Os Subterrâneos da Liberdade* (1952), selbst problematisch. Auch Amados späte Texte wie *Gabriela, Cravo e Canela* (1958), *Velhos Marinheiros* (1961), *Os Pastôres da Noite* (1964), *Dona Flor e seus dois Maridos* (1967), *Tereza Batista, Cansada de Guerra* (1972), *Farda, Fardão, Camisola de dormir* (1979) und *Tocaia Grande* (1984) sind nach wie vor in der Welt der armen

Schlucker in Bahia angesiedelt, doch entproblematisiert und entideologisiert Amado seine Schreibweise. Zwar schwingt immer noch die offenkundige Sympathie für diejenigen mit, die auf der Schattenseite der brasilianischen Gesellschaft leben. Doch macht der anklagende Sprachduktus des Realisten nun einem unverhohlenen literarischen Hedonismus Platz. Dabei stützt er sich auf den Fundus der brasilianischen Volkskultur und der mündlichen Überlieferungen. Eine letztendlich völlig im Vertrauen auf die spontane Kreativität gründende Freude am Fabulieren, die auch vor grotesk-komischen und schwankhaften Effekten und absurd oder unwahrscheinlich anmutenden Stories nicht haltmacht, begründet seinen Ruf als Erzähler und sichert dem »Boccaccio von Bahia«, wie ihn einst das Magazin *Time* nannte, seine internationale Stellung als einziger »Boom«-Autor Brasiliens.

Illustration zu Amados
*Gabriela, Cravo
e Canela*

Einfluss auf die portugiesische Literatur und auf den brasilianischen Film

Im internationalen Kontext koinzidiert der brasilianische Regionalismus mit den entsprechenden Entwicklungen in der US-amerikanischen Epik (Steinbeck, Hemingway, Faulkner). Während die US-amerikanische neorealistische Literatur vor allem zum Anreger für Frankreich (Malraux) und das Nachkriegsitalien (Silone, Pavese, Moravia, Levi) wird, gebührt dem brasilianischen Realismus der 30er Jahre das Verdienst, unmittelbaren Einfluss auf die Erneuerung der portugiesischen Literatur ausgeübt zu haben. Erst die Begegnung mit dem Schaffen Jorge Amados, José Lins do Rêgos und Graciliano Ramos' gibt den Portugiesen Alves Redol und Fernando Namora den Anstoß für die Schöpfung des »absoluten Realismus«. Das Modell dieses Romantyps wird in Portugal Redols Erstlingsroman über das Los der Landarbeiter im südportugiesischen Alentejo (*Gaibéus*, 1940), der in der Mischung aus sozialem Engagement, soziologisch-ethnologischer Untersuchung und literarischer Fiktion bis in die jüngste Gegenwart ein nicht wegzudenkender Teil der portugiesischen Literarästhetik bleibt.

Die Anregung des »absoluten Realismus« in Portugal

Die Frage nach den Darstellungsmöglichkeiten einer vielschichtigen Realität blieb allerdings auch im Ursprungsland nicht auf die Literatur beschränkt, sondern konnte sich in der Filmproduktion des Landes, die bis Mitte der 20er Jahre gegenüber US-amerikanischen Produktionen nicht konkurrenzfähig war, in bemerkenswerter Weise, wenngleich nur für kurze Zeit, etablieren. Da die kulturellen und wirtschaftlichen Schlüsselorte Rio und São Paulo fest in der Hand der US-Filmverleiher sind, weichen junge brasilianische Cineasten in die Peripherie aus. So wird – neben Pouso Alegre, Belo Horizonte, Porto Alegre und Mato Grosso – vor allem der Nordosten um Recife das Produktionszentrum eines Kinos, das aus der Not seiner geringen technischen und finanziellen Möglichkeiten eine filmische Tugend macht. Zwar bleibt dieses »Landschaftskino« zunächst ein rein pittoreskes Phänomen: Nachdem in den 20er Jahren auch im brasilianischen Kino die stets gleich attraktiven Banditen des Sertão über die Leinwände galoppieren durften, schafft erst Mário Peixoto mit dem Stummfilm *Limite* (1929) eines der ersten herausragenden Werke des sozial engagierten Kinos. Den Höhepunkt erreicht dieses alternative Kino des Nordostens mit Humberto Mauros *Ganga bruta* (1933); dieser Film zeichnet sich durch die sensible und unsentimentale Beobachtung der Realität und sozialer Probleme aus. Mit der politischen Hetze gegen die

Der brasilianische Film

oppositionellen Regionalisten, die nach der Niederschlagung des kommunistischen Aufstandes (1937) einsetzt, wandern nicht nur die Werke engagierter Regionalisten auf den Scheiterhaufen; auch die brasilianische Filmindustrie wird im »Estado Novo« dem Diktat ideologischer Harmlosigkeit unterworfen. Nach über zwanzig Jahren unverdächtiger, aber zumeist trivialer Musiklustspiele (»chanchadas«) wird eine vergleichbare Aussagekraft erst wieder das »Cinema Novo« der 60er Jahre erlangen, dessen Autoren (Gláuber Rocha, Walter Lima jr., Nelson Pereira dos Santos) sich gerade durch Literaturverfilmungen regionalistischer Werke bewusst auf den literarischen Neorealismus zurückbeziehen.

Ein »introspektiver« Romantypus

Der »intimistische Roman«: Cornélio Pena, Lúcio Cardoso

Neben dem Hauptstrom der sozial engagierten regionalistischen Erzählkunst entwickelt sich ebenfalls bereits in den 30er Jahren ein »introspektiver« Romantyp, der einerseits im psychologischen Roman des 19. Jhs., zum andern in der subjektivistischen Ästhetik des Fin de siècle wurzelt. Diesen intimistischen Roman begründet Cornélio Pena, dessen Debütroman *Fronteira* (1935) Mário de Andrade als »narrative Rumpelkammer« diskreditierte. Der damit implizierte Vorwurf fehlender Kohärenz ist gerechtfertigt, wenn man in den Splittern einer chaotisch und desorganisiert dargestellten Außenwelt nicht die realistische Abbildung seelischer Zustände erkennen will. Die daraus resultierende alptraumartige Atmosphäre stellte freilich in Brasiliens Literatur insofern etwas radikal Neuartiges dar. Auch in seinen späteren Werken bildet Pena das Chaos innerer Alltagswirklichkeiten nach, die dem Ansturm äußerer Eindrücke bis zur völligen Desorganisation des Imaginären ausgesetzt sind. Bei seinem Roman *A Menina morta* (1954) handelt es sich um eine interessante Kombination dieses intimistischen Ansatzes mit den in Gilberto Freyres *Casa grande e senzala* entwickelten soziologisch-anthropologischen Strukturen der Welt der Fazendas. Indes problematisiert Pena aus psychologischer Sicht Freyres idealisierende These der kulturellen Symbiose von Herren- und Sklavenwelt. Er zeichnet die Innenwelt einer wider Willen zur »Fazendeira« gewordenen Gutsherrentochter nach, wobei die Seelenlage dieser »sinhá-moça« eine sich auflösende Außenwelt reflektiert. Das Aufeinandertreffen des »neurotischen Familienromans« mit der Brutalität des Sklavenhaltersystems inspiriert hier die Freilassung der Sklaven, die bei allem sozialutopischen Anspruch psychologisch glaubhaft entwickelt wird. Auch Lúcio Cardoso entwickelt seine psychologischen Erzählungen an dieser Grenzlinie zwischen Realität und Imaginärem. Sein erster Roman *Maleita* (1934), in der Wildnis der Provinz Minas Gerais situiert, trug ihm zunächst das Etikett des Regionalismus ein, wenngleich sein eigentliches Anliegen nicht so sehr der Darstellung des Sertão galt, sondern dessen Einfluss auf die Psyche derer, die sich der Wildnis aussetzen. Wenn Cardoso mit den folgenden Romanen *Salgueiro* (1935) und *A Luz no Subsolo* (1936) im Ambiente der im Niedergang begriffenen Fazendas von Minas Gerais bleibt, so tritt bereits in diesen sein Interesse an den alltäglichen Obsessionen seiner Figuren zutage. In seinem Hauptwerk, *Crônica da Casa assassinada* (1959), erzählt er eine Inzestgeschichte in der alptraumartigen Atmosphäre eines heruntergekommenen Landhauses, bei der Tagebuchaufzeichnungen und Briefe des Protagonisten die halluzinatorische Struktur einer Seelenlandschaft offenlegen.

Die übrigen »Intimisten« pflegen eine weitaus weniger egotistische Prosa. Auf das kulturelle Vorbild Frankreich zentriert ist das Werk von José Geraldo Vieira, der seine Laufbahn mit der Darstellung intimistischer Seelendramen wie *A Mulher que fugiu de Sodoma* (1931), dem psychologischen Roman über die Innenwelt eines notorischen Spielers, begann. Seit den 40er Jahren wendete er sich indes einer stärker kosmopolitischen Schreibweise zu. Völlig abweichend von der »Norm« realistischen Erzählens ist seine Frankophilie, die auf seinen Erinnerungen an einen Parisaufenthalt in den 20er Jahren beruht. *A quadragésima Porta* (1943) problematisiert die Vereinzelung des Individuums, ist aber zugleich ein nostalgisches Abbild von Paris in Vieiras Jugend. Die brasilianische Variante des (vor allem von US-Autoren behandelten) Motivs des »Amerikaners in Paris« bestimmt auch seinen späten Roman *Terreno Baldio* (1961), der die innere Entwicklung eines Bildhauers aus der Provinz von Rio und seine Selbstfindung in Paris darstellt. Ein genuin brasilianisches Thema behandelt lediglich sein letzter Roman, *Paralelo 16: Brasilia* (1966), in dem er die nationale Euphorie im Zuge der Neugründung der Hauptstadt problematisiert. Bei den Romanen von Cyro dos Anjos handelt es sich um modifizierte Bildungsromane, die Erkenntnisse der Psychoanalyse und die soziale Erfahrung der Vereinzelung in der modernen Massengesellschaft einbeziehen. Nicht das Großstadtleben selbst, sondern dessen Einfluss auf die Psyche seiner Protagonisten macht er zum Gegenstand seiner Romane *O Amanuense Belmiro* (1937) und *Abdias* (1945). Das Werk von Adonias Filho, thematisch meist mit der Region Bahia verbunden, ist um existentielle seelische Probleme seiner Protagonisten zentriert. Ohne im eigentlichen Sinne Regionalist zu sein, beschäftigt ihn in seiner Kakaotrilogie (*Os Servos da Morte*, 1946; *Memórias de Lázaro*, 1952; *Corpo vivo*, 1963) die Analyse von Charakteren aus der farbigen Bevölkerung, deren Bewusstsein noch von dem Geheimwissen der afrobrasilianischen Kultur geprägt ist. Vom Roman des französischen »Renouveau Catholique« beeinflusst ist das Werk des Außenseiters Otávio de Faria, der 1937 mit der Abfassung einer auf zwanzig Romane konzipierten *Tragédia burguesa* begann, die mit dreizehn Bänden unvollendet blieb. War der Umfang wohl mit Blick auf Zolas *Rougon-Macquart*-Zyklus gewählt, so sollte das Werk dem strikt entgegengesetzten Ziel dienen. Den Werken von Georges Bernanos und François Mauriac vergleichbar, verbindet sich in seinen Romanen die psychologische Analyse mit einer christlich-moralischen Weltsicht. In Romanen wie *Mundos mortos* (1937), *O Anjo da Pedra* (1944) und *O Retrato da Morte* (1961) will er dem Bürgertum durch die psychologisch fundierte Diskussion von Begriffen wie »Sünde«, »Gewissen« und »Schuld« Wege aus einem korrumpierenden Materialismus weisen.

José Geraldo Vieira

Otávio de Faria

Von der nachmodernistischen Lyrik zur Konkreten Poesie

Unter den Postmodernisten findet Carlos Drummond de Andrade als einer der Ersten eine persönliche Sprache, die dennoch auf die dichterischen Verfahren des Modernismo zurückgreift. Seine frühen Gedichtbände – *Alguma Poesia* (1930) und *Brejo das Almas* (1934) – sind in formaler Hinsicht auf Präzision des sprachlichen Ausdrucks und Klarheit der poetischen Struktur hin konzipiert; zugleich begreift Drummond den lyrischen Text als Protokoll von Emotionen und Wahrnehmungen. Eine inhaltliche und formale Verbindung zum Realismus besteht in diesen unprätentiösen

Carlos Drummond de Andrade

Drummond de Andrade

Jorge de Lima

Lyrik und Samba:
Vinícius de Moraes

Gedichten in ihrer Machart als »Fotos« alltäglicher Wirklichkeit. Unter dem Eindruck des Kriegsausbruchs wendet sich Drummond politischen Themen zu. So tritt er mit *Sentimento do Mundo* (1940), *José* (1942) und *A Rosa do Povo* (1942) für Frieden und mehr Gerechtigkeit ein. Spätere Gedichtsammlungen belegen ein ähnliches Engagement, doch verstärkt sich bereits mit den *Novos Poemas* (1948) das metaliterarische Interesse an Themen des dichterischen Schaffens und der Kunst (*Claro Enigma*, 1951). Die Alterslyrik bereichert dieses Spektrum vor allem um erotische Themen (*Amor, Amor*, 1975; *Amar se aprende amando*, 1985). Auch die ersten Werke von Cecília Meireles entstehen, nach symbolistischen Anfängen (*Poemas dos Poemas*, 1923), gleichzeitig mit dem Modernismo der »Semana de Arte Moderna«. Mit dem Band *Viagem* (1939) findet sie zu einer intimistischen Bekenntnislyrik in klarer, schlichter Sprache, die zugleich rhythmisch geschmeidig und voller Musikalität ist. Die Sammlung *Doze Noturnos da Holanda* (1952) dokumentiert Meireles' Auffassung von Lyrik als individueller Bewältigung des eigenen Lebens in der Schrift. Für Murilo Mendes bedeutete der Modernismo den entscheidenden Schritt zur ästhetischen Befreiung. Seine frühen Gedichte (*Poemas*, 1930) zeigen den Einfluss der Verfahren des Surrealismus. Automatische Schreibweise und Montagetechnik dienen darin zur Evokation einer traumanalogen Welt. Wie Drummond wendet sich auch Mendes in den Kriegsjahren politischen und sozialen Themen zu: *Mundo Enigma* (1940) und *As Metamorfoses* (1944) sind poetischer Ausdruck seines Protests gegen Grausamkeit und Diktatur. Ein poetisches Gegenmodell bildet in *Poesia Liberdade* (1947) die Utopie einer Kommunion der Völker der Welt. Damit kündigt sich jener mystisch-religiöse Zug an, der einer ganzen Reihe brasilianischer Lyriker dieser Epoche zu eigen ist und auch seine *Sonetos brancos* (1948) beherrscht. Jorge de Lima, der in seinen frühen Werken modernistische Anklänge mit einer individuellen regionalistisch-sozialen Note verbindet, wendet sich später religiöser Lyrik zu; so veröffentlicht er mit Murilo Mendes gemeinsam die Sammlung *Tempo e Eternidade* (1935). Den Modernismo gibt Lima mit den *Poemas negros* (1947) und dem *Livro dos Sonetos* (1949) auf. In Konkurrenz zu Camões und Dante entsteht zuletzt, schwankend zwischen Weltgedicht und Autobiographie, das hermetisch streng gestaltete Epos *Orfeu da Invenção* (1952).

Einen zeitgemäßen und zugleich überzeitlich aktuellen Ausdruck findet die Lyrik dieser Epoche im Werk von Vinícius de Moraes. Auch Vinícius beginnt noch im symbolistischen und religiösen Fahrwasser von Jorge de Lima und Augusto Federico Schmidt, um unter dem Einfluss avantgardistischer Entwicklungen, die er auf seinem Wanderleben zwischen der Alten und der Neuen Welt kennenlernt, Poesie zum Tagebuch des modernen Lebens und der »brasilidade« umzugestalten. Zahlreiche seit dem Ende des Symbolismus kaum noch gepflegte Gattungen wie die Elegie, das klassische Sonett, Ballade und Kanzone werden von ihm mit neuem Inhalt erfüllt. In *Novos Poemas* (1938) finden sich neben Großstadtdichtung, philosophischer Bekenntnisdichtung, sozial engagierter Lyrik und Naturlyrik zahlreiche Beispiele für die Wiederbelebung ausgesprochener Gelegenheitslyrik. Doch durchzieht sein Werk vor allem die erotische Thematik (*Ariana, a Mulher*, 1936), die er mit unerschöpflicher Vielfalt variiert. Nicht zuletzt ist Vinícius einer der ersten, der die Grenze zwischen hoher Kunst und U-Musik überspringt und sich als Samba-Texter und -Sänger einen Namen macht.

Während alle bisher vorgestellten Lyriker einen individuellen Weg zur Weiterentwicklung der modernistischen Ausdrucksformen suchen, tritt die neomodernistische Lyrik der 40er Jahre in bewusste Opposition zum Modernismo. Vor allem durch ihre an den französischen Symbolismus und die »Poésie pure« gemahnende Begeisterung für eine neue formale Präzision erfolgt nun mit zwanzigjähriger Verspätung in der »Generation von '45« eine Antwort auf die Herausforderung des Modernismo. Vorbilder dieser kleinen Gruppe junger Autoren auf der Suche nach einer Vertiefung lyrischer Ausdrucksmöglichkeiten sind die Hermetiker der modernen Lyrik – T. S. Eliot, Paul Valéry, Giuseppe Ungaretti und Fernando Pessoa. Ausgeprägter Formwille bestimmt das Werk der Neomodernisten, während das Interesse für politische und soziale Inhalte zurücktritt. Buenos de Rivera, der mit *Mundo submerso* (1944) das erste Kultbuch der »geração de '45« verfasst, opponiert gegen die »prosaische« Lyrik der 30er Jahre durch konsequente Tilgung aller kolloquialen Sprachelemente. Geir Campos, der bedeutendste Vertreter der Gruppe, der sich nach surrealistischen Anfängen dem kühlen Hermetismus einer »poesia clara« zuwendet, vermittelt bereits durch den Titel seines wichtigen Gedichtbandes *Rosa dos Rumos* (1950), dass »Wortmusik« das eigentliche Ausdrucksziel ist. Darci Damasceno führt die formale Erforschung der Sprache ins Spanische zu dem Manieristen Luís de Góngora und bis zur mittelalterlichen Sprachstufe des Galicisch-Portugiesischen. Kritiker warfen diesen »Neosymbolisten« oder »Formalisten« das Fehlen eines emotional-schöpferischen Elements vor, das erst mit João Cabral de Melo Neto wieder in die Lyrik eingeht, wenngleich auch seine Dichtungsauffassung (vgl. den Essay *Psicologia da Composição*, 1947) aus dem Um-

Die Neomodernisten in Opposition zum Modernismo

Abb. oben: Vinícius' Gedicht »A Garota de Ipanema« (1966) wurde in der Vertonung von Antônio Carlos Jobim zum wohl bekanntesten Gedicht der brasilianischen Literatur. Rechts: Jobim (am Flügel) und Vinícius de Moraes

Cabral de Melo Neto

kreis des Neomodernismus gespeist ist. Im Vordergrund stehen die fast wissenschaftliche Kontrolle und Entmystifikation des dichterischen Schaffensvorgangs. In seiner Gedichtsammlung *O Cão sem Plumas* (1950) setzt er dieses Projekt einer Reinigung der poetischen Sprache von falschem Sentimentalismus um. Eine sozialkritische Attitüde erhält sein Werk mit dem epischen Gedicht *Morte e Vida severina* (1954), das Themen der regionalistischen Literatur des Sertão in die Lyrik transponiert.

Noigrandes.
Die Anfänge der
»Konkreten Poesie«

Die experimentelle Komponente der modernistischen Lyrik wurde in besonders radikaler Weise schließlich von einer Gruppe aufgenommen, die sich in den 50er Jahren um Décio Pignatari und die Brüder Haroldo und Augusto de Campos bildete. Schon mit der Anthologie *Noigrandes 1* (1952), die noch in Versen gehaltene Gedichte enthält, unterscheidet sie sich durch die starke Selbstironie von der Generation von '45. In den folgenden *Noigrandes*-Ausgaben *N°2* (1955), *N°3* (1956) und *N°4* (1958) wird die Versstruktur progressiv zugunsten einer an Mallarmé und den Formexperimenten der Avantgarde (Huidobro) orientierten, zugleich im Ausdruck radikal »konkreten« Dichtung aufgegeben. Der letztgenannte Band enthält mit dem »Plano-piloto para Poesia concreta« auch die Poetik der neuen Schule. *Noigrandes N°5* von 1962 bringt die Texte neuer Lyriker, die sich der Konkreten Poesie angeschlossen hatten, José Lino Grünewald und Ronaldo Azeredo. Die Zahl der Autoren, die in diesen Jahren ähnliche Experimente durchführten, war aber noch viel höher. Die Regeln der Konkreten Poesie, wie sie in dem von den drei Gründern herausgegebenen Band *Teoria da Poesia concreta* (1965) enthalten sind, haben weit über Brasilien hinaus gewirkt und Lyriker in der ganzen Welt, von Pierre Garnier bis Ernst Jandl, angeregt. Dabei ist von besonderem Interesse, dass die Konkrete Poesie sowohl die Verbindung mit der bildenden Kunst im Ideogramm/Bildgedicht als Möglichkeit enthält wie die Verbindung zur Klangkunst im reinen Lautgedicht, ohne sich dabei der politischen Aussage zu enthalten und ohne als Material den »Textabfall« des Alltagslebens der modernen Welt zu scheuen, wie Pignataris berühmtes »beba coca cola«-Gedicht zeigt.

> beba coca cola
> babe   cola
> beba coca
> babe cola caco
> caco
> cola
>   cloaca

Der Beginn des modernen brasilianischen Theaters: Nelson Rodrigues

Schon in den 40er Jahren begann der bis dahin nur als Journalist in Erscheinung getretene Nelson Rodrigues die Grundlage für ein eigenständiges brasilianisches Theater der Moderne zu legen. Maurice Maeterlincks statische, symbolistische Dramen feierten damals in Rio Triumphe; er gehört neben Luigi Pirandello zu den wesentlichen Vorbildern des frühen Rodrigues, der seinen ersten großen Erfolg 1943 mit der Uraufführung von *Um Vestido de Noiva* erlebte. Das titelgebende Brautkleid ist freilich zugleich ein Totenhemd, denn das Stück stellt in einer beklemmenden Eindringlichkeit die Bewusstseinsfetzen der sterbenden Alaíde dar, die dem »Schwellenbewusstsein« des Sterbensprozesses und der Traumlogik Sigmund Freuds präzise entsprechen und nur scheinbar chaotisch sind. Vor allem kreisen sie um einen realen Konflikt, der für beinahe alle Stücke Rodrigues' kennzeichnend ist: das Thema des Mannes, der von zwei Schwestern geliebt wird. Hier ist es ihre Schwester Lúcia, mit der der Ehemann sie schon zuvor betrogen hatte und die er nun heiraten wird, die Alaíde aber zugleich von nun an als Stimme aus dem Jenseits verfolgen wird; parallel dazu nimmt mit dem Fortschreiten des Sterbens eine Traum-

Straßenlandschaft
in Brasilien

identität, die Kurtisane »Clessi« aus der Belle Epoque, immer deutlichere
Züge an. In seiner psychologischen Komplexität, aber auch in seiner
Kritik an der bürgerlichen Fassade der Scheinwelt seiner Personen, ist *Um
Vestido de Noiva* der erste »Klassiker der Moderne« des brasilianischen
Theaters und weist schon auf den späteren Zyklus der »tragédias cario-
cas« voraus, in dem Rodrigues mit Hilfe einer fast filmischen Schnitt-
technik ähnliche Themen noch ein wenig realistischer, zugleich aber als
beklemmende Gedankenexperimente zwischen Wahn und Vernunft, inszeniert: *A Falecida* (1953), *Os sete Gatinhos* (1958), *Boca de Ouro* (1959)
und *O Beijo no Asfalto* (1960), in dem um einer Sensationsstory willen
ein Mann, der einen ihm unbekannten Sterbenden in Erfüllung von dessen
letztem Wunsch geküsst hat, zum Homosexuellen gestempelt, seiner Frau
entfremdet und am Ende an sich selbst irre gemacht wird. Rodrigues, der
oft auch mit dem US-Amerikaner Tennessee Williams verglichen wurde,
hat mit seinen Obsessionen und seinem subtilen Verwirrspiel um Wahrheit
und Lüge eine – wenn auch an das Ambiente von Rio de Janeiro gebundene – Theatertradition universeller Natur begründet, die bis in die
unmittelbare Gegenwart nachwirkt.

Ein »zweiter« Neorealismus

Die Ansätze zur Modernisierung der Industrie unter den demokratisch
gewählten Nachfolgern von Getúlio Vargas können nicht verhindern, dass
Brasilien zeitweilig in wirtschaftliche Abhängigkeit von den USA gerät,
während das Land gleichzeitig von Korruption und Inflation zersetzt
wird. Angesichts des Fehlens gesellschaftlicher Perspektiven in der Nachkriegsära bleiben in der Literatur jene Sinnangebote attraktiv, die auf den
Neorealismus der 30er Jahre zurückgehen, der mittlerweile Anstöße der
französischen Existenzphilosophie aufgenommen hat. Dieser »segundo
neorealismo« greift thematisch und ästhetisch auf die Entwicklungen
sowohl des psychologischen wie auch des sozial engagierten Realismus bis
in die Spätphase der 1964 beginnenden Militärdiktatur zurück. Eine
thematisch interessante Verknüpfung beider realistischer Richtungen fin-

Otto Lara Resende

det sich im Erzählwerk von Otto Lara Resende, der sich in einer Reihe von Erzählungen (*Boca do Inferno*, 1957) und dem Roman *O Braço direito* (1963) mit den Schattenseiten der Kinderpsyche und den durch den Gegensatz zwischen religiöser Erziehung und sozialer Realität bedingten Konflikten Heranwachsender auseinandersetzt. So entstehen eindringliche Psychogramme, in deren Zentrum die Problematik eines der Gesellschaft entfremdeten Menschen sowie die damit verbundene Infragestellung der moralischen Basis vor allem der Mittelklasse in den brasilianischen Megametropolen stehen. In Fernando Sabinos erstem Roman *O Encontro marcado* (1956) erhält dieser psychologische Ansatz ein bemerkenswertes sprachkritisches Fundament. Ist der Roman auf der Handlungsebene die Läuterungsgeschichte eines angehenden Schriftstellers aus der Provinz, der durch das angenehme Leben in der Mittelklasse von Rio korrumpiert zu werden droht, so verweist dessen durch Saturiertheit bedingte Schreibkrise auf das krisenhafte Moment der den »Estado Novo« tragenden Mittelklasse. Die moralische Dekadenz einer Generation wird somit selbst auf dem Niveau einer »formalen« Erfahrung erforscht. In ähnliche Bereiche arbeitet sich die Autorin Lígia Fagundes Telles vor. Unter ihren Romanen über den Verfall der Wohlstandsklasse São Paulos ist als wichtigster *As Meninas* (1973) zu nennen, der als intimistische Parallelbiographie dreier Studentinnen in einem Mädchenpensionat die Situation in der Anfangszeit der Militärdiktatur spiegelt.

Phantastische Literatur »à la brésilienne«

Eine konsequente Weiterentwicklung psychologischen Erzählens stellt – zumal unter den Zensurbeschränkungen der 60er Jahre – die auf breiter Ebene zu verfolgende Entstehung einer spezifisch brasilianischen »Neophantastik« dar. In Übereinstimmung mit den Entstehungstheorien der Phantastik handelt es sich hierbei um eine »Späterscheinung«. In der schlimmsten Phase der Repression, die die brasilianische Militärdiktatur verkörperte, kann als Reaktion auf das Unbehagen an den von Staat und Gesellschaft vermittelten Sinnangeboten offenbar nur noch *eine* Alternative gedacht werden. Dieses »völlig Andere« leitet sich aus der formalen Zuspitzung der realistischen Schreibweisen her, die sich schon in Sabinos *O Encontro marcado* in den 50er Jahren andeutete. Auch das schmale

Murilo Rubião

Werk von Murilo Rubião, das die Entwicklung der Neophantastik initiiert, kommt in dieser Hinsicht gewissermaßen verfrüht. Nach seinem ersten Band *O Ex Mágico* (1947) folgt denn auch eine Pause von fast zwanzig Jahren. Erst mit *Os Dragões e outros Contos* (1965) und dem auch in Deutschland mittlerweile bekannten Sammelband *O Pirotécnico Zacarias* (1965) findet Murilo Anerkennung. Der ästhetische und ideologische Bruch mit dem Neorealismus der 40er Jahre wird in Murilos Werk nicht einfach als Innovation älterer formaler und thematischer Vorgaben sichtbar. Vielmehr stellt die Schreibweise einen Protest gegen die Realität selbst dar, der sich einmal in den absichtsvoll offenen Schlüssen vieler Erzählungen, aber mehr noch in dem Beharren auf einer vom Realismus niemals anvisierten »allegorischen« Aussageebene zeigt, zu deren Entschlüsselung die den Geschichten vorangestellten Bibelzitate

José Cândido de Carvalho

auffordern. Auch José Cândido de Carvalho vollzieht nach der Veröffentlichung eines kaum beachteten Debütromans (*Olha para o Cú, Federico*, 1939) den Gattungswechsel zur Neophantastik mit dem Roman *O Coronel e o Lobisomen* (1964), in dem er einander ausschließende Weltmodelle gegeneinander ausspielt. Auf eine spezifische Phantastik des Alltäglichen zielen die schon erwähnte Lígia Fagundes Telles und Dalton Trevisan ab. Zwar behandeln zahlreiche der in über einem Dutzend Bänden vereinigten Kurzgeschichten dieses Autors wieder realistische Themen, z.B. die moralischen Defekte und enttäuschten Hoffnungen von völligen »Durchschnittsmenschen« und ihre nur noch destruktiv erlebten emotionalen Beziehungen in der Sammlung *A Guerra conjugal* (1969). Doch bricht in einigen seiner *Novelas nada exemplares* (1959) die aufgrund von Leerlauf und Banalität konfliktträchtige Alltagswelt zusammen, wenn ein an sich belangloses Moment der Wirklichkeit in der Psyche seiner Protagonisten obsessive Übermacht erlangt. Aus einer subtil und unmilitant vermittelten spezifisch weiblichen Schreiberfahrung heraus verfasst Lígia Fagundes Telles Kurzgeschichten, die oft erotische und phantastische Themen verbinden. Einige ihrer seit den 50er Jahren veröffentlichten Sammelbände – z.B. *Histórias do Desencontro*, 1958, und *Antes do Baile verde*, 1970 – liegen auch in deutscher Übersetzung in dem Band *Die Struktur der Seifenblase* vor. Diese Texte könnte man am ehesten als brasilianische Nachfahren von Poes Grotesken und Arabesken bezeichnen. Immer wieder geht es darin um die urromantischen Themen des Begehrens, des Wahnsinns und des Todes. Jede dieser Miniaturen ist Schauplatz einer spezifischen Grenzerfahrung, die aus der Konfrontation alltäglicher Situationen mit dem »Anderen« herrührt oder in denen – etwa in den Geschichten in Geschichten »Os Objetos« und »A Caça« aus der späteren Sammlung – die scheinbar stabile Wirklichkeit durch eine Irritation, an der der Protagonist zerbricht, für den Leser zumindest fragwürdig wird. Gleichzeitig mit den Argentiniern Cortázar, Borges und Bioy entwickeln Rubião, Cândido, Trevisan und Telles einen spezifischen »Suprarealismus«, der die Möglichkeit einer produktiven Aufhebung der vorausgehenden neorealistischen Schreibweisen impliziert und der als erster genuin brasilianischer Diskurs über das Unheimliche gelten darf.

Lígia Fagundes Telles

Die großen Erzählerfiguren: Clarice Lispector und João Guimarães Rosa

Eine deutliche Bereicherung stellt im Rahmen der intimistischen Prosa das nur fünf Romane und zwei Erzählungssammlungen umfassende Werk von Clarice Lispector dar. Ihr erzählerisches Debüt, der Roman *Perto do Coração selvagem* (1944), entwickelt das komplexe Psychogramm einer Frau, die durch ihr starkes Ego von Kindheit an in einer stets problematischen Spannung zu ihrer Umwelt verharrt. Die auch für Lispectors spätere Bücher charakteristische Innensicht wirkte bei Erscheinen gewagt und ließ Kritiker an Einflüsse der Klassiker des Bewusstseinsromans, Virginia Woolf, Katherine Mansfield und William Faulkner, denken, die die Autorin damals indes noch nicht kannte. Die Erkundung der menschlichen Psyche ist in allen folgenden Bänden der Hintergrund für Geschichten über Konflikte in den Beziehungen der Geschlechter oder Generationen, über Identitätskrisen und die innere Leere eines durch Gesellschaftsnormen beschränkten Individuums oder über die Suche der Seele nach einem verlorenen Gleichgewicht. So muss sich Martim, der Protagonist des Romans *A Maçã no Escuro* (1961), gleichsam neu erfinden, nachdem er alle gesellschaftlichen Bande abgeschnitten hat, um sich auf ein abgelegenes Landgut zurückzuziehen. Eine Steigerung dieses intimistischen Erzählens zeichnet sich in *A Hora da Estrela* (1977) ab, wo die kritischen

Clarice Lispector

João Guimarães
Rosa

Intentionen des Neorealismus intimistischer wie sozialkritisch-realistischer Tendenz in ein umfassendes metaliterarisches Modell integriert werden, das als ein Speicher von literarischen Zitaten und Klischees konzipiert ist. Clarice Lispectors Spätwerk spiegelt insofern eine der möglichen Varianten wider, egotistische und sozialkritisch-regionalistische Prosa parodistisch aufzuheben.

Scheinbar unbeeindruckt durch die eindeutig politischen Tendenzen des Realismus der 30er Jahre gelangt João Guimarães Rosa relativ spät und, anders als die meisten Regionalisten aus Gilberto Freyres Umkreis, ohne ideologische Befrachtung zur Literatur. Auch er versteht sich als Schriftsteller des Sertão seiner Heimatprovinz Minas Gerais. Sprachlich unterscheidet er sich aber von allen Regionalisten durch eine stilistische Sorgfalt, die – ähnlich wie bei Marcel Proust – das »Werk« stets als potentiell unabschließbaren Prozess begreift, was ihn auch die Neuauflagen selbst bereits veröffentlichter Werke immer wieder revidieren lässt. Verbindet ihn mit Proust das poetische Prinzip eines Schreibens ohne Ende, so verbindet ihn mit Joyce ein sprachschöpferischer Impetus, der ihn sein Idiom gleichsam neu schaffen lässt: Guimarães Rosa begnügt sich nicht wie die Autoren des Freyre-Kreises mit Anreicherung des Stils durch die gleichsam zu Dokumentationszwecken zitierte fremde Rede; stattdessen gehen Fragmente von fremden, vor allem indianischen Sprachen mit der Standardsprache im Dienste der dichterischen Aussage völlig neuartige Verbindungen ein. Zugleich erhält seine Prosa lyrische Eigenschaften, wie sie das Brasilianische seit den Tagen des Modernismo nicht mehr kannte. Dazu gehört nicht nur seine spezifische, die grammatikalischen Regeln zugunsten von sich steigernden rhetorischen Figuren außer Kraft setzende »Telegraphen-Syntax«, die den Erzähltext in rasche Schnittfolgen von Sprachbildern fragmentiert. Auch die Klangfiguren der älteren Rhetorik und eine Sensibilität für die musikalischen Qualitäten, über die das Brasilianische in höherem Maße als andere Sprachen verfügt, inspirieren Guimarães Rosa dazu, immer neue verbale Kombinationen auf bislang nicht erlaubte Bedeutungen auszuloten oder diese auch erst neu zu stiften. Im Vergleich zur regionalistischen Poetik sind Worte damit nicht mehr Vehikel eines außerhalb der Sprache vermuteten »Eigentlichen«, als welches dem Regionalisten die Wirklichkeit gilt; Guimarães Rosa erwirbt vielmehr der Sprache die Mächtigkeit zurück, die sie im magischen Ritus genoss.

João Guimarães Rosa

In die Richtung solcher »Wortmagie« weist auch die gehäufte Verwendung, Imitation und Verballhornung von sprichwörtlichen Redensarten. Er selbst schrieb dazu in einem Brief: »Ich will alles: die Sprache von Minas Gerais, Brasilianisch, Portugiesisch, Latein – vielleicht sogar die Sprache der Eskimos und Tartaren. Ich will die Sprache, die man vor Babel sprach.« Das Aufpfropfen, das aus dem Einzelwort ein Bedeutungsbündel macht, verleiht einerseits dem brasilianischen Portugiesisch eine neue sprachästhetische Qualität. Andererseits machen diese poetologischen Charakteristika Guimarães Rosa aber auch zu einem der schwierigsten Autoren seiner Sprache. Charakteristisch ist auch sein spezifischer Blick auf das Verhältnis von Literatur und Wirklichkeit. Er selbst nannte sich einen »Erzähler kritischer Märchen«. Dieses »Kritische« seiner Texte ist nicht mehr der sozial engagierte Anspruch des vorausgegangenen Realismus, sondern deutet auf das in seiner literarischen Epoche neuartige metaphysische Element seiner Erzählkunst hin. Tatsächlich lassen sich die Intrigen seiner Erzählungen stets auf archetypisch einfache Grundmuster zurückführen. Stets porträtiert Rosa Figuren aus dem Sertão, stets handelt es sich, bereits in den Geschichten seines erzählerischen Debüts *Sagarana* (1946), um einsame, »übriggebliebene« Helden, Überlebende von Katastrophen oder »Geläuterte«, also in einer geradezu altmodischen Weise um außergewöhnliche Charaktere, die in scheinbar »altbekannten« Geschichten von Brautwerbung, Liebe, Ehebruch und Eifersucht, Betrug, Beleidigung, Rache und Versöhnung auftreten.

Doch zielen diese Erzählungen bereits durch ihre sprachliche Pointierung auf ein außerhalb der Erzählung und jenseits der auf sie bezogenen Wirklichkeit liegendes Anderes ab. So ist »erzählte Geschichte« bei Rosa weit davon entfernt, im trivialen Sinne »Story« zu sein, sondern wird im klassischen Sinne »Mythos«, eine beispiellose Begebenheit, die sich auf ein universell gültiges Sosein der Welt bezieht. Charakteristisch für diese integrierende Kraft des Mythischen ist es, dass Rosas Erzählungsbände nie bloße Agglomerationen von einzelnen, durch Leitmotive verknüpften Geschichten sind, sondern sich, im Zusammenhang gelesen, als absichtsvoll arrangierter Zyklus zu erkennen geben. Die Erzählungen von *Corpo de Baile* (1956), vom deutschen Übersetzer Curt Meyer-Clason folgerichtig mit der ungewöhnlichen Gattungsbezeichnung »Romanzyklus« versehen, verlegen die mythische Attribution in die Seele selbst: An Stelle der märchenhaften Belohnungen und Siege erhalten die Helden dieser »kritischen Märchen« moralischen Beistand oder Trost oder erlangen Welterkenntnis, die ihnen erlaubt, Teil der mythischen Welt des Sertão zu werden.

Holzschnitt zu *Sagarana*

Mit dem im selben Jahr wie *Corpo de Baile* veröffentlichten einzigen Roman *Grande Sertão: Veredas* (1956) hat Rosa Brasilien eines jener Jahrhundertwerke vom Range des *Don Quijote* gegeben. Bereits der Name des Protagonisten, Riobaldo, ist nach dem Verfahren der Wortcollage gestaltet und verweist auf den Charakter des Werkes selbst. *Grande Sertão: Veredas* ist die subjektive, ständig jeglichen Wahrheitsanspruch unterminierende Konfessionsgeschichte eines Halunken (»ribaldo«) aus dem Sertão; seine scheinbar naive Weltsicht ist zugleich voller metaphysischer Widerhaken, die auf ein komplexes, im Fluss (»rio«) befindliches Wirklichkeitsbild hindeutet, in dem Erkennbares nur durch schmale Pfade (»veredas«) verknüpft werden kann. Zur gleichen Zeit leistet Guimarães Rosa in der längeren Erzählung *Meu Tio o Iauaretê* (»Mein Onkel, der Jaguar«), die später in die Sammlung *Estas Estórias* aufgenommen wurde, das auf sprachlicher Ebene kühnste und gelungenste Bild der »Verwilderung« eines europäisch akkulturierten Indio, der über Tupí-Guaraní zurück zu den Urlauten seines Totemtiers, des Jaguars, findet und die Weißen, die ihn als Raubtierjäger angestellt haben, vermutlich auffrisst.

Riobaldo und Diodorim

Der aberwitzige Anspruch, das jenseits der Wahrnehmung liegende Moment der Realität im Wort zu konkretisieren, mündet im Spätwerk – die *Primeiras Estórias* (1962), die Sammlung *Tutaméia. Terceiras Estórias* (1967) und die posthum erschienenen *Estas Estórias* (1969) – paradoxerweise in eine immer stärkere Abstraktion. Sprache soll im Leser innere Realitäten mit Verfahren hervorrufen, die Rosa in Analogie zu Musik und Film entwickelte. Dargestellte Wirklichkeit und erzählte Geschichte dagegen sind nur noch Leitlinien auf Wegen, die Autor und Leser bei der Erkundung einer Welt von Ideen beschreiten, oft an der Hand von Kindern oder Wahnsinnigen, wie sie schon der europäische Surrealismus als »Perspektiventräger« verwendet hatte.

Von der Kubanischen Revolution zum Ende der Militärdiktaturen (1960–1995)

Zwischen Militärdiktaturen, Schuldenkrise und der Hoffnung auf einen neuen Anfang

Die 60er Jahre: die Wirkung des kubanischen Modells

Mit dem Sieg der Kubanischen Revolution und der Hinwendung des Castro-Staates zum sowjetischen Modell, die in mehreren Etappen zwischen 1960 und 1975 erfolgte, war nicht nur die absolute Nachkriegshegemonie der USA erstmals durchbrochen, es gab auch – nicht zuletzt durch die zahlreichen Preise, Publikationsmöglichkeiten und Veranstaltungen – ein kulturelles Identifikationsmodell, das man dem mythischen Paris oder dem materialistischen US-Modell entgegenstellen konnte. So verwundert es nicht weiter, dass beinahe alle großen Autoren der Generation dieser Jahre – mit wenigen Ausnahmen wie der Gruppe um Borges in Argentinien oder dem Brasilianer João Guimarães Rosa – sich im traditionellen Sinne »links« verstehen und für das kubanische Modell in Politik und Kunst eintreten. Die 60er Jahre sind daher nicht nur das Jahrzehnt eines wirtschaftlichen Aufschwungs, der nicht zuletzt durch die von dem amerikanischen Präsidenten John F. Kennedy initiierten Programme unter dem Titel »Allianz für den Fortschritt« gefördert wird und vor allem den großen Ländern wie Brasilien und Mexiko zweistellige Zuwachsraten in der Wirtschaftsleistung beschert.

Zugleich setzt eine ganze Reihe von politischen Entwicklungen ein, die Lateinamerika in europäischen Augen zu einer Art »Arkadien« der linken Ideologien werden ließen: Da ist einmal die Entwicklung der Befreiungstheologie und das persönliche politische Engagement einiger ihrer Vertreter, die unter Paul VI. auch noch nicht denselben Repressalien von Seiten Roms ausgesetzt waren wie in den 80er Jahren; da sind demokratische Entwicklungen hin zu linken Parteien und grundlegenden sozialen und politischen Reformen, wie etwa in Brasilien, wo Jânio Quadros 1960 die Präsidentenwahlen gewinnt und sein Vizepräsident Goulart nach seiner Abdankung eine demokratische Land- und Wahlrechtsreform durchzusetzen versucht; da ist der Aufstieg der Volksfront in Chile und zuvor noch der überzeugende Sieg der eben erst gegründeten (und im chilenischen Parteiensystem auch als »links« eingestuften) Christdemokraten; da sind in den Andenstaaten Ecuador und Peru zu Ende der Dekade die Versuche von Militärs, erstmals »linke«, d.h. linksnationalistische Programme auf dem Weg von Staatsstreichen durchzusetzen. Vor allem aber kommt es in diesem Jahrzehnt, während alte und neue Guerillagruppen auf dem Lande weiterbestehen, auch zur Ausbildung revolutionärer Terroristenvereinigungen, die im Untergrund der Städte operieren (die »Tupamaros« in Uruguay oder die »Montoneros« in Argentinien, um nur zwei zu nennen) und die – sofern sie in einem demokratischen Umfeld

ihre Morde und Attentate verüben – nur zu oft den Militärs einen will-
kommenen Vorwand liefern, den demokratischen Prozess zu unterbre-
chen.

Die 1970er Jahre: Ölkrise, Vertrauenskrise und Tendenz zur Militärdiktatur

Wenn die Besetzung der Tschechoslowakei durch Truppen des War-
schauer Pakts 1968 und ihre Billigung durch Castro noch angesichts der
Begeisterung für den Pariser Mai desselben Jahres kaum zur Kenntnis
genommen wurde, ändert sich Anfang der 70er Jahre das Verhältnis vieler
lateinamerikanischer Autoren zum kubanischen Modell, während zugleich in Europa die enttäuschten »68er« immer größere Begeisterung für
das »revolutionäre Lateinamerika« zeigen. Mit dem »Fall Padilla«, der   *Der Fall Padilla*
Inhaftierung und durch das Castro-Regime erzwungenen Selbstkritik ei-
nes kritischen Autors, beginnt eine schwere Vertrauenskrise zwischen
Kuba und vielen europäischen und lateinamerikanischen Autoren, die für
einige unter diesen (wie den Peruaner Vargas Llosa) sogar der Anstoß zu
einem vollständigen Kurswechsel wird. In diesem Klima der Verunsicherung, das mit einer Wirtschaftskrise im Gefolge des ersten Ölpreisschocks
zusammenfällt, kommt es in einigen Ländern (insbesondere Argentinien
und Uruguay, aber auch Kolumbien) zu einer verstärkten Terrortätigkeit
von Links und Rechts, die schließlich das Eingreifen der Militärs provoziert und so zum Entstehen einer Reihe neuer Militärdiktaturen beiträgt.
Diese neuen Diktaturen, aber auch die schon länger bestehenden wie
Brasilien und Paraguay, greifen Ende der 70er Jahre zu härtesten Repressionsmaßnahmen wie Folter und Massenerschießungen. Die Tragödie der
»desaparecidos«, der spurlos Verschwundenen, in Argentinien ist weltweit am bekanntesten geworden, vor allem auch durch den Widerstand
der »Mütter und Großmütter von der Plaza de Mayo«, die allwöchentlich

Die anklagenden Mütter
der Plaza de Mayo

von den Regierenden Rechenschaft über den Verbleib ihrer Kinder und Enkel forderten. Die Konjunktur der Diktaturen bewirkte auch eine steigende Bedeutung der Exilliteratur, umso mehr, als sie mit der Demokratisierung Spaniens und Portugals zeitlich zusammenfiel. Waren in den 30er und 40er Jahren viele spanische und portugiesische Autoren in ein überseeisches Exil gegangen, so floss der Strom nun in die andere Richtung. Ein großer Teil der bedeutendsten Werke des sogenannten »Post-Boom« der 70er und frühen 80er Jahre ist solcherart in Europa entstanden, wobei neben den ehemaligen Kolonialmächten Spanien und Portugal nach wie vor Paris eine große Anziehungskraft ausübte.

Die 1980er Jahre: Schuldenkrise und Rückkehr zur Demokratie – dennoch ein verlorenes Jahrzehnt?

Schuldenkrise und Ablösung der Militärregimes

Die Militärregimes hatten meist durch halbherzig durchgeführte liberale Wirtschaftspläne eine kurze Prosperität bei gleichzeitiger Verarmung der Mittel- und Unterschichten bewirkt, zugleich aber die Staatsschulden in einer Zeit billiger Kredite vervielfacht. Mit dem Zinsanstieg zu Beginn der 80er Jahre kam die Stunde der ökonomischen Wahrheit: Plötzlich mussten die meisten Staaten praktisch ihre gesamten Exporterlöse schon allein zur Abdeckung der Zinsverbindlichkeiten aufwenden. Dadurch geschah etwas, was Carters Menschenrechtspolitik vergeblich zu bewirken versucht hatte: die Ablösung der Diktatoren. Sei es nach letzten, absurden außenpolitischen Abenteuern wie dem Malwinen-/Falklandkrieg der Argentinier, sei es nach verlorenen Volksabstimmungen, sei es einfach durch steigende innere Uneinigkeit angesichts der Wirtschaftskrise: Zu Beginn der 80er Jahre kehrt ein Land nach dem anderen zur parlamentarischen Demokratie zurück. Lediglich Chiles Pinochet und Paraguays Stroessner können sich noch bis zum Ende des Jahrzehnts halten, dann müssen auch sie aufgeben. Aber auch die neuen, demokratischen Regierungen haben durch die Schuldensituation und sehr harte Bedingungen des Internationalen Währungsfonds für die Umschuldung kaum Spielraum für ihre Aktionen. Die Stimmung der aus dem Exil zurückgekehrten und der im Land verbliebenen Intellektuellen ist deshalb nach kurzer Zeit am besten als Katzenjammer zu umschreiben. Die Zeit der Utopien scheint vorüber, man wendet sich daher vor allem in den Ländern, in denen vor und unter den Diktaturen die schlimmsten Verbrechen begangen worden sind, der uns im deutschen Sprachraum wohlbekannten Tätigkeit der »Vergangenheitsbewältigung« zu, wobei wieder Autoren führende Rollen übernehmen – etwa der argentinische Romancier Ernesto Sábato, der die Regierungskommission zur Untersuchung der Verbrechen an den »Verschwundenen« leitet. Die Phase »nach den Diktaturen« ist deshalb in vielen Ländern durch einen Generationenkonflikt gekennzeichnet: Die Älteren, deren utopische, an Kuba oder allgemein am Marxismus orientierten Träume zerbrochen sind, versuchen die Vergangenheit – bisweilen nicht ohne Nostalgie – aufzuarbeiten; die jüngeren Autoren berufen sich auf die »Gnade der späten Geburt« und üben sich in einer »zynischen«, bewusst amoralischen Haltung. Nicht zuletzt haben in dem Zeitraum zwischen 1960 und 1990 auch die sich immer mehr ausbreitenden neuen Medien alternative Betätigungsfelder geschaffen. Vor allem in Brasilien, wo die Herrschaft des privaten Fernsehens fast unumschränkt ist, kann sich, wie es brasilianische Autoren formulieren, kaum ein Schriftsteller dem

»Sündenfall der *telenovela*«, der Arbeit als Drehbuchautor für eine Fernsehserie, entziehen. Einen Ausweg aus diesem Dilemma zwischen Zynismus, Nostalgie und Kommerz bildet die Neubetrachtung der eigenen Geschichte. Es ist deshalb keineswegs verwunderlich, dass eine der beliebtesten Gattungen der neuesten Literatur der historische Roman ist, der sehr oft intertextuell, ja parodistisch, frühere Mythen der Geschichtsschreibung zerstört. Ein entscheidender Anreger dabei war auch das Jahr 1992, das 500. Jubiläum der Landung des Kolumbus, die erst als Entdeckung, dann als Begegnung zweier Kulturen, schließlich sogar als Zusammenprall derselben und Gedenken an einen Genozid gefeiert werden sollte. Die sehr emotionale Diskussion um dieses Jubiläum hat die Beschäftigung sowohl mit dem indigenen Element als auch mit der eigenen, ferneren Geschichte in Gang gebracht, die wohl noch einige Zeit hindurch die interessantesten unter den Neuerscheinungen der Literatur Lateinamerikas bestimmen wird. Freilich trifft diese idealtypische Entwicklung des Kontinents nicht auf alle Länder im selben Ausmaß zu; sie lässt Sonderfälle wie die Entwicklung in Nicaragua ebenso außer Acht wie die untypische Stabilität eines Landes wie Costa Rica und soll daher nun durch ein kurzes Panorama der einzelnen regionalen Entwicklungen ergänzt werden.

Der neue historische Roman in Lateinamerika

Mexiko: *das Trauma von Tlatelolco*

Im Mexiko der 60er Jahre führte eine allgemeine Modernisierung und Internationalisierung im Gefolge des Aufkommens der Medienindustrie zu Demonstrationen für die Kubanische Revolution und gegen den Vietnam-Krieg. Der Staat wehrte sich mit repressiven Maßnahmen: So wurden die Studentenbewegungen durch die Besetzung der Universitäten systematisch unterbunden. Das ist die Situation am Vorabend von Tlatelolco. Die Studentenbewegung reagiert mit der Petition vom 26. Juli 1968, aber Präsident Gustavo Díaz Ordaz (1964–70) geht nicht auf die Forderungen ein. Stattdessen kommt es zum Massaker an Hunderten von demonstrierenden Studenten, die sich am 2. Oktober 1968 auf dem Platz der Drei Kulturen, dem legendären Platz von Tlatelolco, zur Demonstration versammeln, wo Cuauhtémoc, der letzte Herrscher der Azteken, gefoltert und ermordet worden war. Diese traumatische Erfahrung bedeutet für die mexikanischen Intellektuellen das Ende nicht nur des Revolutionsmythos, sondern auch der Utopien des Booms und der Mythen des Magischen Realismus.

Die Zeit »nach Tlatelolco« steht in Mexiko im Zeichen der sich behauptenden Kultur der Jugend, die auch durch die Allgegenwart der Medien zu einem Umbruch in der Literatur führt, hin zur konkreten, persönlichen, individuellen Realität junger Mexikaner. Die Selbstdarstellung als erfolgreicher Revolutionsstaat und Wirtschaftswunderland war zusammengebrochen.

Die Kultur der Jugend – die Theorie der »hybriden Kultur«

Nach der Ölkrise von 1982 wird die staatliche Überwachung der kulturellen und universitären Belange wieder strenger. Carlos Salinas de Gortari gründet zwar in seiner 1988 beginnenden Regierung den unter Führung des Außenministeriums stehenden Nationalrat für Kultur und Kunst (CONACULTA), damit wird aber zugleich die staatliche Kontrolle kultureller Institutionen noch ausgebaut. Unabhängig vom Staat bildet sich jedoch zugleich eine Tradition kritischen Denkens aus. Die schon nach 1968 in der Literatur verwirklichte, im Zeichen der »cultura popular«

stehende Überschreitung von Stil-, Klassen- und Gattungsgrenzen führt im Laufe der 80er Jahre zu einer kulturtheoretischen Aufarbeitung, für die Néstor García Canclinis Essays wie *Culturas híbridas. Estrategias para entrar y salir de la modernidad* (1990) repräsentativ sind. Das »Hybride« als Kulturmodell erregt inzwischen internationale Aufmerksamkeit und bestimmt das allgemeine Klima seit den ausgehenden 80er Jahren. Zum allgemeinen Eindruck eines freien Umgangs mit Sprache und Kultur trägt auch die zunehmende Bedeutung von Kino und Theater bei. Die Vollendung der von José López Portillo (1976–82) begonnenen Privatisierung der Filmindustrie durch die Regierung von Carlos Salinas de Gortari gab auch jüngeren oder unorthodoxen Regisseuren eine Chance.

Der steinige Weg zu mehr Demokratie in Mittelamerika

In den kleinen mittelamerikanischen Staaten ist mit wenigen Ausnahmen die oligarchische Struktur erhalten geblieben, die in vielen anderen Ländern schon um die Jahrhundertwende aufgegeben werden musste. Diese Tatsache, der direkte Zugriff der USA sowie die Beschränkung der Volkswirtschaften auf einige wenige agrarische Exportgüter, von deren Weltmarktpreis das ganze Land abhängig ist, führten zu einer großen Instabilität dieser Region, die bis in die Gegenwart andauert und sich in zahlreichen Bürgerkriegen und sogar zwischenstaatlichen Kriegen ausdrückte (etwa dem sogenannten »Fußballkrieg« zwischen dem bevölkerungsreichen El Salvador und dem dünn besiedelten Honduras 1969, bei dem es eigentlich vor allem um die von Honduras verfügte Repatriierung salvadorianischer Einwanderer ging). In Guatemala und El Salvador ist es in den 80er Jahren nach langen Guerillakriegen und Militärdiktaturen wenigstens nominell zu einer Demokratisierung gekommen, auch Panama ist nach dem operettenhaft inszenierten Sturz General Noriegas zu ein wenig demokratischeren Verhältnissen zurückgekehrt. Das Land, das die Geschicke der Region entscheidend beeinflusste, ist aber Nicaragua, wo sich 1979 zum zweiten Mal nach Kuba eine linke Guerillabewegung, die »Sandinistische Befreiungsarmee«, gegen einen Diktator durchsetzte. Anders als im Fall Kubas kam es hier jedoch nicht zum Aufbau eines am Sowjetmuster orientierten Staatswesens. Dafür sind einerseits Uneinigkeiten zwischen den Sandinisten verantwortlich, andererseits der von Honduras ausgehende und von den USA gesponserte Bürgerkrieg mit den »Contraʼ«, denen sich auch frühere Mitkämpfer wie Eden Pastora anschlossen, aber auch eine wesentlich geringere Unterstützung durch das selbst in eine Krise geratene Warschauer-Pakt-System und vor allem das entschlossene Vorgehen lateinamerikanischer Länder in der sogenannten Contadora-Gruppe unter der Führung von Oscar Arias, dem Präsidenten des einzigen stabil demokratischen Landes der Region, Costa Rica. Dem dafür mit dem Friedensnobelpreis ausgezeichneten Arias gelang es, einen Kompromiss zwischen den Sandinisten und ihren Gegnern zustande zu bringen, der auch in Nicaragua die Wiedereinführung der parlamentarischen Demokratie ermöglichte. Dadurch wurde die sandinistenkritische Witwe des prominentesten Opfers der Somoza-Diktatur, Violeta Chamorro, zur neuen Präsidentin des Landes gewählt.

Kubanische Jugend

Karibik: Aufstieg und Stagnation des kubanischen Modells

Waren die 60er Jahre innen- wie außenpolitisch für Kuba sehr erfolgreich verlaufen, so setzt die durch den Fall Padilla ausgelöste Krise tatsächlich eine Zäsur. 1970 hatte der Fehlschlag des kubanischen Wirtschaftsmodells schon zu einer Ernüchterung und strengeren Orientierung an der »harten« sowjetischen Planwirtschaft, schließlich zur Annahme einer Verfassung nach sowjetischem Muster (1975) geführt. Die Blamage im Fall Padilla 1971, die erste Massenflucht Auswanderungswilliger in eine Botschaft (die peruanische), zugleich das relative Scheitern des immer stärkeren kubanischen Militärengagements in den ehemaligen portugiesischen Kolonien Afrikas, das alles waren Krisensymptome, denen Castro durch vorsichtige Öffnung zunächst zu den zahlreichen in Florida lebenden Emigranten hin begegnete. Die krisenhafte Wirtschaftsentwicklung nahm Ende der 80er Jahre mit dem Ausfall der sowjetischen Hilfe katastrophale Ausmaße an. Castro hat seitdem durch Tolerierung einer Parallelwirtschaft sein politisches Überleben ermöglicht, die Rolle als kulturelle Orientierungsmacht für ganz Lateinamerika hat Kuba jedoch längst verloren. In der Dominikanischen Republik hat sich nach dem kurzen Intermezzo des Schriftstellers Juan Bosch an der Macht (1962) mit US-Hilfe ein stabiles Militärregime bzw. die Herrschaft des immer wieder gewählten Joaquín Balaguer etabliert. Zwar stürzt Balaguer 1981 aufgrund der Schuldenkrise, aber auch sein Nachfolger wird mit den wirtschaftlichen Problemen nicht fertig, und so kann der greise, blinde Balaguer erneut die Wahlen gewinnen und sich mit dem Bau des großen Kolumbus-Leuchtturms 1992 seinen Lebenstraum erfüllen. Puerto Rico weist eine stabile Demokratie mit einander an der Macht ablösenden Parteien auf, die wirtschaftliche Abhängigkeit von den Vereinigten Staaten ist jedoch nicht kleiner, sondern eher größer geworden; vor allem auf Sozialhilfen und Pensionszahlungen des Mutterlandes ist man angewiesen, was den politischen Verfall der Unabhängigkeitspartei wenigstens teilweise erklärt.

Kolumbien und Venezuela: Violencia und fragile Demokratie

Eine neue Eskalation der Gewalt: der Drogenterrorismus

In Kolumbien bescherte der »Nationale Pakt« von 1958 bis 1978 eine äußerlich stabile Demokratie mit regelmäßigem, vorherbestimmtem Wechsel im Präsidentenamt. Zugleich aber kam es aufgrund der Unbeweglichkeit dieses Systems und der faktischen Ausschaltung des Volkswillens bei den Wahlen zu einem Erstarken der Untergrundbewegungen und des Drogenkartells. Unter dem bereits tatsächlich frei gewählten konservativen Präsidenten Betancur, der eine Landreform durchzusetzen versucht und damit an terroristischen Banden der Großgrundbesitzer scheitert, kommt es, dadurch ermutigt, zu einer Eskalation der Gewalt, die in der Besetzung des Höchstgerichts durch Guerilleros der Organisation M-19 gipfelt. Gleichzeitig wird der Terror der Drogenbosse und ihrer Privatarmeen immer stärker. Diese Entwicklung prägt auch die Präsidentschaften von Betancurs liberalen Nachfolgern, sodass man heute trotz einiger Teilerfolge sagen muss, dass wenigstens gewisse Regionen Kolumbiens zu den Zuständen der Violencia-Epoche zurückgekehrt sind.

Venezuela: Schuldenkrise trotz Erdölreichtum

Auch die venezolanische Demokratie blieb äußerlich stabil, nicht zuletzt aufgrund der wirtschaftlichen Stärke, die die Erdölexporte gewährleisteten, die insbesondere der christlichsoziale Präsident Caldera (1968–72) geschickt auszunützen verstand. Unter seinem Nachfolger Carlos Andrés Pérez von der sozialdemokratischen AD nahm die Korruption zu, der aufgeblähte Staatsapparat und der hohe Lebensstandard der Venezolaner konnte auch mit den Erdölerlösen nicht mehr finanziert werden, sodass Venezuela als einziges großes Erdölland eine beeindruckende Auslandsverschuldung aufweist und so wie die rohstoffärmeren lateinamerikanischen Nationen von der Schuldenkrise der 80er Jahre erfasst wurde. Bei der zweiten Präsidentschaft Pérez' kam es sogar zu einer Amtsenthebung und der Anklage wegen Korruption, die in den letzten Jahren trotz der nun schon längeren erfolgreichen Geschichte der venezolanischen Demokratie auch die Gefahr eines Militärputsches wieder näherrücken ließ.

Brasilien: von der Diktatur zurück zur (Medien-)Demokratie

Das brasilianische Wirtschaftswunder

Infolge der raschen Modernisierung und der Landflucht aus den armen Provinzen des Nordostens in die industrialisierten Städte des Südens kam es zu einer drastischen Zunahme der sozialen und politischen Spannungen. In den Städten entstanden immer größere Elendsviertel (favelas), auf dem Land gefährdete der Ruf nach Bodenreform einer politisch immer aufgeklärteren Landbevölkerung den traditionellen Großgrundbesitz. Der Wahlsieg des Che-Guevara-Bewunderers Jánio Quadros 1960 schien ein umfangreiches Sozialreformprogramm einzuleiten. Freilich trat Quadros schon 1961 zurück, aber sein Vizepräsident Goulart setzte das Programm fort. Das führte 1964 zu einem Militärputsch und zur Unterdrückung des Parlamentarismus durch eine Militärdiktatur, die in ihrer Repression allmählich eine immer härtere Gangart einschlug. Zunächst wurden ab 1965 nur mehr zwei Parteien, eine Regierungspartei und eine »offizielle Opposition«, zugelassen. Das brasilianische Wirtschaftswunder (»Milagro brasileiro«) unter dem Finanzminister Delfim Neto schien Hoffnungen auf eine Öffnung zu nähren, aber nach Protestkundgebungen 1968 wurde der

berüchtigte Institutionelle Akt Nr. 5 erlassen, der die Grundrechte ein-
schränkte und dem Präsidenten Sondervollmachten gab. Trotz des sich
nun verstärkenden Terrorismus von links und der Repression von oben
setzte sich das Wirtschaftswunder fort, bis unter dem Präsidenten Geisel
1974 im Gefolge des Ölpreisschocks ein jähes Ende der Prosperität eintrat, während gleichzeitig die Auslandsschulden rapide anstiegen und bald
die 100-Milliarden-Dollar-Grenze überschritten. Die Repressionsmaßnahmen griffen nicht mehr, zumal sich ein Teil der Kirche unter dem Bischof
von São Paulo, Kardinal Arns, gegen die Regierung stellte. 1978 entstand
bei großen Streiks eine neue, unabhängige Gewerkschaftsbewegung, deren
»Lula« genannter Führer nach mehreren erfolglosen Bewerbungen 2002
zum Präsidenten Brasiliens gewählt wurde. Der neue Präsident Figueiredo   *Die »abertura«*
(1979) begann daher vorsichtig einen Prozess der »Öffnung« (*abertura*),
in dem neue Parteien zugelassen wurden und der schließlich 1985 mit dem
Wahlsieger Tancredo Neves erstmals seit 20 Jahren einen Oppositions-
kandidaten zum Präsidenten gemacht hätte, wäre Neves nicht noch vor
dem Amtsantritt einem Krebsleiden erlegen – was ihn freilich unverzüglich zur literarischen Figur und zu einer Art volkstümlichem Heiligen
machte. Sein Vizepräsident José Sarney von einer abgespaltenen Fraktion
der früheren Regierungspartei versuchte, eine neue Agrarreform, gegen
die sich die Großgrundbesitzer im Nordosten mit Terrorbanden wehrten,
und einen nach argentinischem Vorbild konzipierten Währungs- und
Wirtschaftsplan, den »Plan Cruzado«, durchzusetzen. Die neue Demokratie hat jedoch sogar ein Amtsenthebungsverfahren gegen einen korrupten
Präsidenten ohne Probleme überstanden. Problematisch erscheint freilich
die in Brasilien fast uneingeschränkte Macht der großen Medienkonzerne,
insbesondere des Fernsehsenders und Zeitungsverlages »O Globo«, die
nicht nur die Alltagskultur, sondern auch das politische Leben weitgehend
beherrschen und auch vor bewussten Manipulationen nicht zurückschrecken.

Die Andenstaaten: Guerillakampf und »autoritäre Demokratie«

In Peru sind die 60er Jahre noch von einer prekären Demokratie gekenn-   *Peru: »Linke«*
zeichnet: 1962 erhält Haya de la Torre von der APRA bei den Präsiden-   *Militärs, »Sendero*
tenwahlen nur die relative Mehrheit, ein Putsch verhindert seinen Amts-   *luminoso«,*
antritt, und bei Neuwahlen 1963 siegt der Rechtsliberale Belaúnde Terry,   *ein gescheiterter*
der 1968 seinerseits von den Militärs ins Exil getrieben wird. Die Junta   *Schriftsteller-*
um General Velasco Alvarado versucht nun von 1968 bis 1975 einen der   *Präsident*
vielen »dritten Wege« zwischen Kapitalismus und Kommunismus einzuschlagen, der von den Zielen der APRA gar nicht so weit abzuweichen
scheint: Landreform, große Bauten, Sozialreformen und Verstaatlichungen sind mit einer eklatanten Bevorzugung der Militärs gekoppelt, die zu
einer neuen Zweiklassengesellschaft führt. Als im Gefolge der Ölkrise all
das nicht mehr finanzierbar ist, weil sich die peruanischen Erdölvor-
kommen als geringer denn erwartet erweisen, tritt der General zurück.
Sein Nachfolger Morales Bermúdez muss 1980 freie Präsidentenwahlen
ausschreiben, die wieder Belaúnde gewinnt. Dessen wirtschaftsliberales
Programm führt zu einem Erstarken der schon unter den Militärs operierenden maoistischen Terrorbewegung »Sendero luminoso« in den Anden,
die vor allem im Gebiet von Ayacucho beinahe uneingeschränkt herrscht.
Sein Nachfolger Alan García (1985–90) von der APRA verstaatlicht die

Banken und löst damit eine liberale Volksbewegung aus, an deren Spitze sich der Schriftsteller Mario Vargas Llosa stellt. Als García 1990 nach zahlreichen Korruptionsskandalen am Ende ist, sieht Vargas Llosa, der nun für ein konservativ-liberales Bündnis kandidiert und ein Austeritätsprogramm ankündigt, wie der sichere Sieger aus, ehe ihm plötzlich der japanischstämmige Agraringenieur Alberto Fujimori den Sieg vor der Nase wegschnappt. Fujimori schaltet später durch einen »Staatsstreich von oben« das Parlament aus; es gelingt ihm, durch Verwirklichung eines ähnlichen Sparkurses die Wirtschaft zu sanieren und gleichzeitig den »Sendero luminoso« weitgehend auszuschalten. Dafür wird er 1995 trotz vieler kleinerer und größerer Skandale mit einem weiteren Wahlsieg belohnt.

Ecuador: immer wieder Velasco Ibarra

Ecuadors unendliche Geschichte rund um den Volkstribun Velasco Ibarra, der insgesamt fünfmal zum Präsidenten gewählt und nach kurzer Zeit ins Exil vertrieben wird, bricht 1972 ab; die Putschisten dieses Jahres versuchen nach peruanischem Vorbild, einen links-nationalen Reformkurs zu steuern und ihre Maßnahmen aus Erdölerlösen zu finanzieren. 1979 müssen auch sie wieder Wahlen abhalten, die den Neffen des Guayaquiler Kaziken Buccaram, Jaime Roldós, ans Ruder bringen. In den Folgejahren wechseln einander Konservative, Christ- und Sozialdemokraten an der Regierung ab, wobei 1988 Buccaram selbst einem Wahlsieg sehr nahe kommt.

Boliviens »unendliche Geschichte«: Paz Estenssoro und Siles Zuazo

Auch Bolivien hat seine »unendliche Geschichte«. Zwischen 1960 und 1990 wechseln einander immer wieder die beiden MNR-Führer Víctor Paz Estenssoro und Hernán Siles Zuazo an der Regierung ab, wobei sie von Mal zu Mal mit unterschiedlichen Prädikaten (links/rechts/revolutionär/liberal) versehen werden. Allerdings gilt das nur in den Jahren, in denen kein Militärputsch die Geschicke des Landes bestimmt – und das sind nicht allzu viele. Der erste solche Putsch erfolgt 1964 und leitet eine lange Periode der Instabilität ein. Zwischen 1971 und 1978 gelingt es Oberst Hugo Banzer, eine relativ stabile Diktatur aufzubauen. Als er 1978 stürzt, erlebt Bolivien in einem Jahr drei Präsidenten. Aus den Wahlen 1979 ergibt sich ein Gleichstand der ewigen Konkurrenten Estenssoro und Zuazo; als Letzterer bei der Wiederholung 1980 siegt, wird er sofort durch einen Putsch von General García Meza abgelöst. Dieser amtiert nur ein Jahr lang, orientiert sich aber in Repressions- und Foltermethoden an den schlimmsten Auswüchsen der argentinischen und chilenischen Regimes. Danach ist die Reihe wieder an Siles Zuazo, der bis 1985 glücklos amtiert, um dann ein Land mit 1000 % Inflation und einem wachsenden Drogenproblem wieder einmal an Paz Estenssoro zu übergeben.

Cono Sur: der lange Weg durch den Terror zurück zur Demokratie

Das Land, das am »Cono Sur« die europäische Aufmerksamkeit am stärksten auf sich zieht, ist Chile. Schon das Experiment der Volksfront, die mit einer nur relativen Mehrheit angetreten war, aber nach zwei Jahren in eine schwere wirtschaftliche Krise geriet, weil die Unternehmer des relativ entwickelten Staates ihre Gewinne aus Angst vor Verstaatlichungen lieber exportierten, war in dem intellektuellen Klima nach 1968 mit großer Sympathie betrachtet worden. Die Umstände des Putsches, bei dem Präsident Allende ums Leben kommt, aber auch die sofort einset-

Chiles Experiment mit dem Sozialismus und die langen Jahre der Diktatur

Salvador Allende
mit dem Dichter
Pablo Neruda

zende Repression mit Gefangenenlagern und Massenerschießungen, machten Eindruck und wurden einhellig verurteilt; die zahlreichen chilenischen Exilanten fanden in einer gerade noch prosperierenden und sich eben für lateinamerikanische Belange öffnenden Gesellschaft bereitwillige Aufnahme. Der neue Machthaber, General Pinochet, nützte mit einer wirtschaftlichen Öffnung und Liberalisierung bei gleichzeitiger politischer Repression die Möglichkeiten der erstarkenden Weltkonjunktur zwischen 1973 und 1981. Als dann die Schuldenkrise zu einer Wirtschaftskrise führte und ringsum die diktatorischen Regimes stürzten, geriet auch Chiles Diktatur in eine Krise, der man zunächst durch eine Lockerung der Repression (so wurde 1983/84 die Zensur fast völlig aufgehoben) und danach durch eine neuerliche Verschärfung derselben begegnete. Dem »Protest der leeren Kochtöpfe«, den zunächst bürgerliche Hausfrauen gegen Allende und nun die immer mehr verarmenden Bewohner der Elendsviertel gegen Pinochet inszenierten, war ebenso wenig Erfolg beschieden wie den Ermahnungen Jimmy Carters oder der Europäischen Gemeinschaft. Erst als Pinochet 1988 beim Referendum über die Fortdauer seiner Amtszeit unterliegt, muss er die Macht an einen demokratisch gewählten Präsidenten (Patricio Aylwin von den Christdemokraten) abgeben, behält jedoch weiterhin das Kommando des Heeres. Die lange Dauer der Diktatur führt hier dazu, dass viele Emigranten nicht mehr oder mit einem völlig gewandelten Selbstverständnis zurückkommen, sodass mehr noch als die Aufarbeitung der Schrecken der Diktatur das neue Miteinander der vom Exil Geprägten und der unter der Diktatur im Land Verbliebenen zum großen Thema der Literatur zu werden verspricht.

Uruguay und Argentinien: Kampf gegen »Tupamaros« und »Montoneros« und blutige Repression

Auch in Uruguay hatte 1973 nach einem von Inflation, Wirtschaftskrise und zunehmendem Terror geprägten Jahrzehnt eine Militärjunta die Macht übernommen, nachdem sie in einer Blitzoperation die Terrororganisation der Tupamaros zerschlagen hatte. Auch hier wird mit Folter und Inhaftierung gegen jede Art von Opposition vorgegangen, was dazu führt, dass ein Fünftel der männlichen erwachsenen Bevölkerung des Landes irgendwann einmal im Gefängnis sitzt und eine große Zahl von Mitgliedern der intellektuellen Elite auswandert, vor allem nach Europa. Als 1980 bei einer Volksabstimmung eine neue, autoritäre Verfassung abgelehnt wird, beginnt wie im benachbarten Brasilien eine allmähliche Öffnung, die 1984 in freie Wahlen mündet, bei denen Julio Sanguinetti von der Colorado-Partei Präsident wird. Nun beginnt ein Prozess der Aufarbeitung der Vergangenheit und der demokratischen Entwicklung, der weitgehend parallel verläuft wie im benachbarten Argentinien. Dort hatte 1971 die »ewige Geschichte« des Regierens gegen den und/oder mit dem im Madrider Exil lebenden General Perón nach einer Phase zunehmenden Terrors der peronistischen »Montoneros« durch einen »Gran Acuerdo Nacional« ein vorläufiges Ende gefunden, mit dem der damalige Präsident, General Lanusse, die Peronisten zu einer »Mitarbeit ohne Perón« gewinnen wollte. Perón selbst wählt die Kandidaten für die bevorstehenden Wahlen aus; als 1972 sein »Statthalter« Cámpora gewählt wird, schreibt er unverzüglich Neuwahlen aus, die Perón mit seiner dritten Frau »Isabelita« als Vizepräsidentin im Oktober 1973 triumphal gewinnt. Von allem Anfang an gibt es in seiner Partei jedoch immer mehr eskalierende Gegensätze zwischen der peronistischen Gewerkschaftsführung und den revolutionären, teilweise in Terrororganisationen operierenden Jungperonisten, deren Attentate nun von rechten Todesschwadronen (»AAA«) mit Gegenterror beantwortet werden. Nach Peróns Tod 1974 ist es weniger die nominelle Präsidentin Isabelita Perón, als vielmehr der allmächtige, der Organisation des Terrors verdächtigte Minister López Rega, der im Land das Sagen hat, bis 1976 angesichts von explodierender Inflation, Terror und Wirtschaftschaos das Eingreifen der Militärs von vielen Gruppen begrüßt wird. Diese Zustimmung schlägt rasch ins Gegenteil um, als die Methoden der Repression bekannt werden: Zahlreiche Intellektuelle, Autoren und Journalisten verschwinden unter nie geklärten Umständen; oft werden viel später Massengräber entdeckt. Anfangserfolge der liberalen Wirtschaftspolitik werden zum Teil von den Militärs selbst behindert; die durch eine explodierende Auslandsverschuldung ermöglichte Politik des hohen Peso gaukelt jedoch den Argentiniern einen gewissen Wohlstand vor, sodass es während der Fußballweltmeisterschaft 1978 sogar zu einem Popularitätshoch des Regimes kommt. Mit Veröffentlichung des Menschenrechtsberichts der OAS 1979 und der beginnenden Wirtschaftskrise 1981 gerät das Regime immer mehr unter Druck. Der neue Machthaber General Galtieri versucht aus der Sackgasse durch einen »nationalen Kreuzzug« zur Wiedereroberung der Malwineninseln (Falklands) von Großbritannien zu entkommen, der 1982 in einem Fiasko endet, was Tausende schlecht ausgebildete und schlecht ausgerüstete Rekruten das Leben kostet. Damit hatte auch den argentinischen Militärs die Stunde geschlagen. 1983 siegt bei den freien Wahlen jedoch nicht wie erwartet ein Peronist: Die Argentinier hatten die Rolle der Peronisten in den Jahren vor 1976 nicht vergessen und schenkten ihr Vertrauen Raúl Alfonsín von der Radikalen Bürgerunion, der durch Einsetzung einer Kommission zur Untersuchung des Schicksals der Verschwundenen unter dem Schriftsteller Ernesto Sábato einen wichtigen Beitrag zur Aufarbeitung der düsteren Jahre des »proceso«, wie die Militärdiktatur genannt wird, leistete. Wirtschaftlich war der Plan einer neuen, starken Währung

Die »Verschwundenen« und die »Mütter von der Plaza de Mayo«

(»Plan Austral«) freilich ein Fehlschlag; der vom Währungsfonds eingeschränkte Spielraum und die erbitterte Gegnerschaft der peronistischen
Gewerkschaften ließen Alfonsín scheitern: Vorzeitig übergab er die Amts-
geschäfte 1989 an den Peronisten Carlos Saúl Menem, der unverzüglich
sämtliche Prinzipien des Peronismus (wirtschaftlicher Protektionismus,
Antiamerikanismus, Förderung der Gewerkschaften und der Arbeitneh-
mer) über Bord warf. Ein hartes Sparprogramm, in der Außenpolitik eine
bedingungslose Gefolgschaft gegenüber den Vereinigten Staaten und eine
liberalistische Öffnung des Marktes sowie die Beteiligung am Integra-
tionsprojekt Mercosur mit Brasilien, Uruguay und Paraguay halfen ihm,
die Hyperinflation zu beenden und Argentinien eine bescheidene Prosperität zu verschaffen, die freilich mit einem radikalen Sinken des Lebensstan-
dards in den Mittel- und Unterschichten einherging.

Mit den 80er Jahren endete auch die älteste aller Diktaturen in diesem
Teil des Kontinents: das Regime Alfredo Stroessners in Paraguay, das
seit 1954 bestanden hatte. Wirtschaftlich am Leben gehalten durch den
Bauboom rund um den Riesenstaudamm Itaipu, Schmuggel und Drogengeschäfte, stürzte das Regime Stroessner in einer Art Palastrevolution. Ist
der erste Präsident nach ihm noch immer ein Militär, so trat 1993 erstmals
ein Zivilist (freilich auch aus der regierenden Colorado-Partei), der Unternehmer Juan Carlos Wasmosy, die Präsidentschaft an. Damit ist nach
Jahrzehnten der Zensur, während derer alle bedeutenden Werke im Ausland geschrieben und publiziert wurden, erstmals ein Neubeginn für das
intellektuelle Leben in Paraguay möglich geworden.

Erfreulicherweise ist diese Möglichkeit eines Neubeginns nach Jahren
von Exil, Zensur und Repression, zusammen mit den ersten Anzeichen
einer wirtschaftlichen Stabilisierung nach dem »verlorenen Jahrzehnt« der
Schuldenkrise, das Panorama, mit dem diese in der ersten Auflage im Jahr
1995 abgeschlossene Literaturgeschichte damals ihren Schlusspunkt
setzen konnte. Die nach wie vor riesige Auslandsschuld, die weiter bestehenden sozialen Gegensätze, das ungebremste Bevölkerungswachstum,
die Gefahren der Medienmanipulation und vieles andere mehr bedro-
hen diese gemäßigt positive Perspektive; dennoch ist es nach Jahren
des Terrors und der Verelendung fast ein Wunder, dass es sie überhaupt
gibt.

*Das Ende der
Stroessner-Diktatur
in Paraguay*

Mexiko 1968–1995: das Trauma von Tlatelolco und die Folgen

Der Weg zu Tlatelolco: Literatur der Jugend

Neue Identitäts-
formeln und die
ironisierende
Selbstaufhebung des
Revolutionsromans

Mit der Kubanischen Revolution und dem internationalen Boom der lateinamerikanischen Literatur war es zunächst zu einer Wiederbelebung der Identitätsfrage gekommen. International hielt man noch an der Formel der Otredad von Octavio Paz fest, die im etwas veränderten Gewand des »bastardismo« auch in Carlos Fuentes' klassischem Essay *La nueva novela hispanoamericana* (1969) vertreten wurde. Die Adressaten solcher Identitätsformeln waren jedoch weniger die Mexikaner als das europäische und nordamerikanische Publikum. In Mexiko hatte sich schon in den Jahren vor Tlatelolco der Revolutionsroman aus den Zwängen der Gattung befreit. Der Kanon des Revolutionsromans wird als ironisches Zitat abgerufen, und die Revolution ist nur noch ein Thema unter anderen. Der Erzählmodus der Memoiren wird zur Provokation des kollektiven – historischen oder mythischen – Diskurses über die Revolution benutzt. Zwanzig Jahre nach José Revueltas nimmt Elena Garro in *Los recuerdos del porvenir* (1963) die distanzierte Perspektive der historischen Rückschau auf Formen der Revolution im kollektiven Gedächtnis ein. Der Memoirenerzähler ist dabei »das Volk«. Der zugleich autobiographische und kollektive Prozess der Erinnerung entlarvt Verdrängungen und Tabuisierungen der Geschichtsschreibung, die die reale Leere durch Mythen kompensiert hatte. Auch Jorge Ibargüengoitia, ein Meister der ironischen Erzählung, stellt in *Relámpagos de agosto* (1965) die Memoiren der Hauptfigur José Guadalupe Arroyo ins Zentrum. Feigheit, Egoismus, Inkompetenz, Opportunismus und Gewalt, die sich hinter dem angeblichen Heldentum verbergen, werden offengelegt, und zwar gegen die Intention des fiktiven Verfassers. Anders als in typischen Revolutionsromanen vermittelt hier das Scheitern des Erzählers keine Tragik, sondern die befreiende Erfahrung der subversiven Kraft der Sprache. Der Roman behandelt die heroische Epik der Revolution aus der Sicht der »novela picaresca«, parodiert jedoch nicht die revolutionären Ereignisse, sondern die Tradition der Revolutionsliteratur. Auch in *Maten al León* (1969), dem zweiten Roman Ibargüengoitias, ist die humoreske Sprache bei der Schilderung einer Verschwörung zur Ermordung des Diktators einer (fiktiven) mittelamerikanischen Insel der eigentliche Protagonist.

Stilistische und
thematische Vielfalt:
Juan García Ponce

Schon im Laufe der 60er Jahre zeichnet sich eine Vielfalt von Themen und Stilen ab, die nach 1968 programmatisch wird. So vertritt Juan García Ponce eine an europäischen Vorbildern orientierte intimistische Prosa (*La casa en la playa*, 1966; *La presencia lejana*, 1968). Besonders *La cabaña* (1969) ist ausschließlich der Introspektion und der Erinnerung an eine unwiderruflich verlorene, subjektive Vergangenheit gewidmet. Robert Musil ist die wichtigste Quelle dieser amimetischen Poetik, und die Aneignung von Rainer Maria Rilke, Robert Musil und anderen macht aus García Ponce einen vergleichsweise isoliert stehenden Klassiker der mexikanischen Prosa, obgleich er mit seinen Kurzerzählungen (*Imagen primera* und *La noche*, 1963) – und nicht zuletzt aufgrund seiner literarischen Werkstatt sowie der von ihm herausgegebenen *Revista mexicana de literatura* – eine Reihe von zeitgenössischen Autoren geprägt hat. 1965 erhält Salvador Elizondo (geb. 1932) für seinen Roman *Farabeuf* den Villaurru-

Studentendemonstration
vor der Universität
von Mexiko-Stadt

tia-Preis. Die Auszeichnung dieses Autors, der auch aufgrund eines wei-   *Salvador Elizondo*
teren Romans, *El hipogeo secreto* (1968), mit den französischen Nou-
veaux Romanciers verglichen wird, zeigt endgültig, dass die kosmopolitische Schreibpraxis in Mexiko zu einem Prestigefaktor geworden ist. Die
fragmentarische Handlung von *Farabeuf* konzentriert sich auf das intellektuelle Erlebnis des Dr. Farabeuf, eines französischen Professors für
Anatomie, beim Betrachten des Photos eines gefolterten chinesischen
Boxers im Jahre 1901. Die Betonung der fernöstlichen Philosophie ist in
Farabeuf nur Anlass zu einem Raum-Zeit-Experiment in einer sonderbar
faszinierenden Atmosphäre, durch die im gesamten Roman die Erfahrung
des Augenblicks an der Grenze zwischen sadomasochistischem Begehren
und Begehren nach dem »Anderen« thematisiert wird. Mit deutlicher
Anlehnung an de Sade entwickelt der Roman das Sehen als erotische
Erfahrung, um die Gewalt des subjektiven Blicks offenzulegen. Tatsächlich wird der Schriftsteller, der sich durch das Schreiben des Protagonisten
in Szene setzt, in die Verantwortung einbezogen.

Die mexikanische Kultur der 60er Jahre ist spannungs- und konflikt-
reich. Die Fortschrittsideologie des »desarrollismo« hat das Establishment
gefestigt und die Korruption gefördert. Die allgemeine Modernisierung
und Internationalisierung führen zu demokratischen Bewegungen (Movimiento de Liberación Nacional), aber Konfrontation und Unterdrückung
sind die Folgen: Rubén Jaramillo, der Führer der Landreformbewegung,
und seine Familie werden 1962 ermordet, die Studentenbewegungen systematisch ausgeschaltet. Die Situation kulminiert in der blutigen Niederschlagung der Studentendemonstration am 2. Oktober 1968 auf dem
Platz von Tlatelolco.

Unmittelbar vor Tlatelolco beleben junge Autoren mit Themen der   *Die junge »Literatura*
Jugendkultur und an dieser orientierten Stil- und Strukturprinzipien die   *de la Onda«*
Literaturszene Mexikos. Die »Literatura de la Onda« – eine Bezeichnung,
die die Essayistin und Schriftstellerin Margo Glantz in ihrer Anthologie
(1971) prägt – versteht sich ausdrücklich als Alternative zum Establishment und gilt als »contracultura«. Die begeisterte Aufnahme der beiden

Gustavo Sainz
und José Agustín

ersten Romane von José Agustín und Gustavo Sainz begründen den Erfolg dieser Generation. Als literarische Bewegung dauert die Onda von 1964 bis 1972. Die ersten Romane, *La tumba* (1964) und *De perfil* (1966) von José Agustín und *Gazapo* (1965) von Gustavo Sainz, markieren tatsächlich einen Wandel in der Erzählliteratur. Das Individuum rückt ins Zentrum der Aufmerksamkeit, und der ephemere Alltag der Jugend wird zum perspektivischen Zentrum der Romanwelt. Nicht die globale Stadt, wie sie Fuentes präsentiert hatte, sondern das Viertel (»barrio«) stellt das Ambiente dar. Die Jugend bringt die Sprache der Hippie-Gesellschaft in die Literatur hinein. Das »Spanglish« wird zum Symptom einer »cultura hippiteca« (»hippie« und »azteca«), die sich mit den Rebellionen der nordamerikanischen Hippies gegen die bürgerliche Gesellschaft vereint fühlt und die »Amerikanisierung« des mexikanischen Bürgertums ablehnt. Parménides García Saldañas fügt mit *Pasto verde* (1968) ein weiteres Thema hinzu: die Drogenerfahrung. In Verbindung mit der Rockkultur wird die akustische Dimension des Romans dominant. Carlos Monsiváis sieht deswegen in der Onda das Symptom einer neuen Medialität, die die Omnipräsenz der akustischen Medien im Alltag der 60er Jahre auch in der Literatur behauptet. So bestimmt die Resonanz des sogenannten »lenguaje callejero«, der Sprache der Straße, die diskursive Gestaltung des Romans. Die Alltagssprache wird nicht mehr, wie noch im klassischen Revolutionsroman, unter den Prämissen der Rhetorik des 19. Jhs. dargestellt. Die Mythisierung des Helden, vor deren Hintergrund die Revolutionsromane das Scheitern der Revolution dargestellt hatten, und auch der sakrale Kanon des Magischen Realismus werden durchbrochen. Die Gegenwart der Jugend bildet einen Gegensatz zu der im Roman des Boom übernommenen zyklischen Zeit des Mythos. Die »Mexicanidad« wird auch in der kosmopolitischen Version der Boom-Autoren als ein Rest von Chauvinismus der bürgerlichen Elite Mexikos abgelehnt. Der Bezug zur urbanen zeitgenössischen Kultur bezweckt schließlich eine Entnationalisierung des Mexikanischen. Der Stil der Romane verändert sich in entscheidender Weise dadurch, dass der Erzähl- und Sprachduktus nach dem Rhythmus der Rockmusik organisiert ist. Diese Texte übernehmen die Funktion eines Tonbandgeräts, mit dem der chaotische Alltag der sich zur Megalopolis entwickelnden Stadt aufgezeichnet wird. Obwohl die Kritik von einem neuen Realismus bzw. einem mexikanischen Naturalismus (Mempo Giardinelli) gesprochen hat, handelt es sich eher um den Versuch, die epistemologische Situation des klassischen Realismus zu stürzen. Die Literatur fungiert nicht mehr als kritische Entlarvung einer wie auch immer gearteten Ordnung der Dinge, vielmehr dient sie als Kanal für den direkten Niederschlag einer Phänomenologie des alltäglichen Chaos.

Die »Onda« nach Tlatelolco

Nach dem Schock von Tlatelolco ist auch in der Haltung dieser jungen Autoren ein Wandel festzustellen, der in José Agustíns Erzählung ¿*Cuál es la Onda?* (1969) erkennbar wird. Die Erzählung behandelt die Mythen der Onda parodistisch und ironisch. Die Faszination gegenüber dem Mythos der Jugend und der im Ephemeren gefundenen neuen Identität wird als Zitat stilisiert. Neben der Rezeption von Julio Cortázar ist der Erfolg von *Tres tristes tigres* (1967) von Guillermo Cabrera Infante Auslöser der (auf dem gesamten lateinamerikanischen Kontinent) aufkommenden Formen intertextueller und intermedialer Reflexivität, die auch in der Onda sichtbar werden. Cabrera Infante hatte die kulturelle Funktion der industriellen Medien und die Mediatisierung der Wirklichkeit am Ende der 60er Jahre zum Gegenstand seines Romans gemacht.

Nun reflektiert darüber auch die Onda, selbst dann, wenn gleichzeitig soziale Kritik akzentuiert wird, wie es bei Agustín in den Texten seit *Se está haciendo tarde (final en laguna)* (1973) geschieht. Zwar wurde auch in den ersten Werken dieser Generation die bürgerliche Realität parodiert (z. B. in *Pasto verde* von García Saldaña); in den späteren Romanen handelt es sich jedoch bereits um eine Parodie der Parodie. Die nach Tlatelolco in den Vordergrund rückende Kritik der Diskurse, die die soziale Kritik begleitet, wird besonders deutlich in *Obsesivos días circulares* (1969), dem zweiten Roman von Gustavo Sainz. Das Schreiben der Hauptfigur Terencio besteht in der Montage verschiedener Intertexte. Der letzte Satz des Romans, »De generación en generación las generaciones se degeneran con mayor degeneración«, gleicht einem Manifest der Poetik dieser Literatur, die den intertextuellen, metaliterarischen und spielerischen Umgang mit der Sprache ins Zentrum stellt.

Post-Tlatelolco im Zeichen der Populärkultur

Die Onda hat die literarische Landschaft nachhaltig verändert. Nach 1968 entfernt sich die Alltagskultur mehr und mehr von der politischen und intellektuellen Elite. Zwar erkennen die Romanciers die suggestive Kraft und die handwerkliche Virtuosität von Carlos Fuentes an, jedoch ohne dass dieser noch eine kanonische Funktion hätte. Im Bereich der Kurzerzählung, die ab den 70er Jahren wesentlich seltener wird, ist man der alten Themen müde, nämlich der Kritik der Revolution und der pathetisch-poetisierenden Symbole der Mestizenkultur, die Fuentes noch in *Agua quemada* (1981) wiederaufnimmt. In der Zeit »nach Tlatelolco« entwickelt sich der Romancier und Essayist Carlos Monsiváis zu einer einflussreichen Gegenfigur zu Octavio Paz und der Literatur des Boom. Die wesentlich von ihm geprägte Zeitschrift *Nexos* steht in Konkurrenz zu *Vuelta*. Vertrat Paz das internationale Elitebewusstsein der Mexikaner, so wird Carlos Monsiváis zum Emblem des ab den 70er Jahren wachsenden Selbstverständnisses einer »cultura popular« und ihrer Kraft als »contracultura«. Die aus der Asche der Revolution wiederauferstehende mexikanische Kultur verwirklicht, so Monsiváis, freiere Umgangsformen mit kulturellen Vorbildern, für die u. a. die Studentenbewegung maßgeblich gewesen ist. Zwar bemängelt Monsiváis an der »Onda« eine Tendenz zur Übernahme moderner Mythologien als Ersatz für den Revolutionsmythos; die sich behauptende Kultur der Jugend hätte jedoch im Zusammenhang mit der Gegenwart der Medien zu einem Umbruch der Literatur geführt, weg von exotistischen Visionen, hin zur konkreten, individuellen Realität junger Mexikaner. Die Mythen der Elite, die Fortschrittsgläubigkeit, das selbstgewählte Bild vom Wirtschaftswunder und vom erfolgreichen Revolutionsstaat waren zusammengebrochen. Nach einer ersten Ratlosigkeit wirkt der Zusammenbruch des Mythos der Revolution paradoxerweise befreiend auf das Bewusstsein der Mexikaner: Die sich aus der politischen Krise ergebende Entmythisierung der Institutionen, einschließlich der literarischen, öffnet den Weg zur Entstehung eines neuen Selbstbewusstseins, in dem nationale Polarisierungen nicht mehr wichtig erscheinen. Nun öffnet sich freilich zwischen Staat und Gesellschaft eine Kluft, die bis heute nicht überwunden werden konnte. Monsiváis selbst ist vom rebellischen und kritischen Anspruch der Jugendbewegung nachhaltig beeinflusst, etwa durch die Protestbewegung gegen den Vietnam-Krieg, die er als Student in den USA erlebt hat. Dieser Anspruch wird bei Monsiváis

Eine neue Gegenfigur zu Octavio Paz und der Boom-Literatur: Carlos Monsiváis

»cultura popular« als »contracultura«

Nezahualcóyotl, Vorstadt von Mexiko-Stadt: Vor gut vier Jahrzehnten existierte sie noch nicht –
inzwischen wohnen hier 1,3 Millionen Menschen dicht auf dicht, knapp 20 000 pro Quadratkilometer.

in die »Populärkultur« verlegt, als deren Interpret er sich versteht. Sein gesamtes Werk gilt dem Versuch, diese Populärkultur von der politischen Ohnmacht als Masse, d.h. als Gegenbegriff zur Elite, zu befreien. Er fungiert dabei als »Chronist« von Mexiko-Stadt und einer Krisenepoche, sowohl in seinem *Días de guardar* (1970) als auch in den späteren Chroniken, z.B. *Entrada libre. Crónicas de la sociedad que se organiza* (1987). Sein Hauptanliegen ist eine Veränderung in der Beurteilung der Masse, die nun als Träger einer die offizielle symbolische Ordnung störenden Volkskultur konzipiert ist. Gleichzeitig wird die politische Krise Mexikos zur Krise der Eliten umgewertet. Die apokalyptische Hauptstadt dient Monsiváis nicht länger als Metapher für die Endzeit und den als Katastrophe vollendeten »Telos« der Geschichte, sondern kennzeichnet einen der Ordnung entzogenen Zustand der Massen in Mexiko-Stadt; die Zeit nach Tlatelolco ist zwar in unverrückbarer Weise aus dem elitären Mythos der »Geschichte« ausgestiegen, die Krise wird jedoch als Augenblick des möglichen Neubeginns verstanden, welcher alte (historische und kollektivpsychologische) Barrieren durchbrechen soll.

Mit *La noche de Tlatelolco* (1971) gehört Elena Poniatowska zu den Chronistinnen des 2. Oktober 1968. Die in diesem Text gesammelten mündlichen Zeugnisse stellen eine der bedeutendsten Analysen der Entwicklungen vor und nach diesem Tag dar. Die offizielle Geschichte wird aus dem Blickwinkel von Marginalisierten kritisch betrachtet, der reale Zeuge führt die Hand der Autorin. Auch Poniatowska verarbeitet den epistemologischen Umbruch, der von der Onda ausgelöst wurde. Besonders in ihrer Kritik an der bürgerlichen Gesellschaft aus dem Blickwinkel der Slumbewohner und des Lumpenproletariats nimmt sie Anteil an der Situation der Unterprivilegierten und dem Elend in den Gefängnissen und Krankenhäusern. Diese Anteilnahme verarbeitet Poniatowska in Experimenten, welche entscheidende Veränderungen in der erzählerischen Praxis der 70er und 80er Jahre zur Folge haben. Stellvertretend für die gesamte mexikanische Kulturszene lässt Poniatowska die vergangenen und gegenwärtigen Ereignisse durch Außenseiter beschreiben und bezieht ihre Berichte als Mitschrift von Tonbandprotokollen in die Erzählprosa mit ein. Diese poetologische Entscheidung prägt den Roman *Hasta no verte Jesús mío* (1969), den ersten Text ihres Schaffens zwischen politischer Kritik, Anteilnahme am Leid und Ironie. Die alte Jesusa Palancares, die Protagonistin, gilt als Outsider und als »Abschaum« – wie sie sich selbst bezeichnet. Sie ist eine reale Gestalt, die der Interviewerin Poniatowska die eigene Geschichte und damit zugleich die Geschichte der Revolution erzählt. Die Tonbandaufnahmen der Jesusa sind Inhalt des Romans, wobei Poniatowska den ordnenden Eingriff ihrer erzählerischen Darstellung in die Zeugnisse keineswegs verleugnet. Dieser Roman begründet den »periodismo« als eine in den 80er und 90er Jahren beliebte, besondere Form der Erzählliteratur. In *Querido Diego, te abraza Quiela* (1978) wird der Personenkult um den Revolutionsmaler Diego Rivera angegriffen, *Fuerte el silencio* (1980) ist eine Sammlung von Artikeln über vergessene Bereiche der Gesellschaft. In *Gaby Brimmer* (1979) schreibt eine behinderte Frau den Text. In der späteren Essaysammlung *¡Ay vida no me mereces!* (1985) entwirft Poniatowska aus ihrer Perspektive ein Bild der mexikanischen Literatur vor und nach Tlatelolco. Das ethische Ziel der Poniatowska, in ihren Texten stummen Randfiguren der Gesellschaft eine Stimme zu leihen, macht zugleich auf die Schwierigkeit der Übermittlung authentischer Zeugnisse im Medium des Romans aufmerksam.

Elena Poniatowska

Mit der Entstehung von Theaterwerkstätten kommt es auch zu einer Blüte des mexikanischen Theaters, auf das sich die Bewegung der Onda belebend auswirkt. Mit *Abolición de la propiedad* (1968) führt José Agustín die Welt der Rock-Musik und damit die Nutzung intermedialer Möglichkeiten in das Theater ein (Film, Monitor, Dialog vom Band sowie Rock-Musik »live«). Das didaktische Theater steht im Zentrum, vertreten durch zwei Richtungen: Eine seit den 60er Jahren bestehende Theaterform wird durch die Verbindung von Kollektivarbeit mit aztekischen Traditionen weiterentwickelt (z. B. *Las tandas de tlancualejo*, 1975, der UNAM-Theatergruppe unter der Leitung von Marino Lanzilotti – die »tanda« ist eine Sonnenzeit in der Náhuatl-Kosmogonie). Dieses »Volkstheater« ist nicht mit dem mexikanischen »teatro popular« der nachrevolutionären Zeit zu verwechseln, sondern gehört in den Zusammenhang der während der 70er Jahre in Lateinamerika entstehenden überregionalen Organisation »Centro libre de experimentación teatral y artística« (CLETA), die das Volkstheater als kollektive Praxis sozialer Bewusstwerdung mittels Aktivierung der oralen Traditionen auffasst. Die zweite Richtung, das »nationale Theater« der 70er Jahre, ist – neben Werken von Josephina Hernández und Elena Garro – vor allem von den Stücken Vicente Leñeros beherrscht. Leñero versucht, die moralische Verantwortung des Zuschauers durch Einbeziehung Brechtscher Praktiken auszubilden, z. B. mit Hilfe eines Erzählers und allegorischer, namenloser Figuren. Charakteristische Themen Leñeros sind die Geschichte Mexikos und die Kritik an den historischen Mythen der offiziellen Geschichtsschreibung, etwa in Bezug auf die mexikanischen Helden (z. B. *Martirio de Morelos*, 1982), deren Entmythisierung auf der Bühne Rodolfo Usigli (*El gesticulador*) begonnen hatte.

Verschiedene Formen des didaktischen Theaters nach Tlatelolco

Die Wirkung von '68 auf Octavio Paz und Carlos Fuentes

Nach 1968 kritisiert Carlos Fuentes zwar zunehmend offen die Regierungspartei, gibt jedoch elitäre Vorstellungen von »dem Mexikaner« nicht auf. Anders als Monsiváis sieht Fuentes in den Massen das Zeichen des progressiven Verfalls der Kultur, die er im Namen eines Kulturuniversalismus retten möchte. In *Tiempo mexicano* (1973), besonders in den Essays »Kierkegaard en la zona rosa« und »De Quetzalcóatl a Pepsicóatl«, wird der Verfall des Synkretismus Mexikos infolge des US-Kultureinflusses kritisiert und neuerlich der utopische Anspruch eines synchronen Modells verschiedener Zeiten und Kulturen als Gegensatz zur gescheiterten linearen Zeitkonzeption des fortschrittsorientierten Abendlandes angeboten. Fuentes rechnet mit der mexikanischen Utopie des »desarrollismo« am Beispiel von Pepsicóatl ab. Pepsicóatl entspricht einer »schlechten« Mestizen-Gestalt, in der das Utopiepotential des mittelamerikanischen Kulturgottes Quetzalcóatl durch die lineare Zeitkonzeption des Fortschrittsdenkens kontaminiert ist. Mit dem erzählerischen Werk verändert Fuentes seine Zeitutopien: Stand das frühere Werk im Zeichen der Zerstörung der Chronologie mittels der in der Literatur des Boom allgemein praktizierten (mythischen) Zirkularität der Zeit, so betont Fuentes in den späteren Romanen die in *Tiempo mexicano* skizzierte postmoderne Koexistenz der Zeiten. So wird beispielsweise in *Cristóbal Nonato* (1987) aus der Perspektive eines Nichtgeborenen zugleich eine Kritik der mexikanischen Identitätsdiskurse durchgeführt und der postmodernen Wende der internationalen Literatur entsprochen. Die Historiographie wird durch

Carlos Fuentes' Kritik an »Pepsicóatl«

Octavio Paz erhält
den Premio Cervantes
von König Juan Carlos
(1981)

*Octavio Paz'
späte Lyrik*

die Phantasie ersetzt und die Vergangenheit durch eine literarisch entworfene alternative Geschichte. In *Terra nostra* (1975) hatte Fuentes dagegen einen metahistorischen Anspruch erhoben, nämlich jenen, dem abendländischen kollektiven Gedächtnis durch die Koexistenz der Zeiten neue historische Bewusstseinsformen zu geben.

Unmittelbar nach dem 2. Oktober 1968 legt Octavio Paz sein Amt als Botschafter in Japan nieder und beendet damit seine Beziehung zur Politik, revidiert seine frühere Bewertung der Revolution und schließt die repressive Struktur des aztekischen Staates in seine Kritik der politischen Gewalt ein (*Postdata*, 1970). Mit der Kritik der Pyramide – als Metonymie für das alte und das neue politische Mexiko – grenzt Paz Politik und Poetik voneinander ab; die Erfahrung der »Otredad« ist jetzt der Dichtung vorbehalten. Auch seine ursprüngliche Nähe zum Surrealismus wird mit der Kritik der Avantgarde in *Los hijos del limo* (1972) zurückgenommen. In seiner Lyrik, besonders in *Pasado en claro* (1976), *Vuelta* (1976) und *Ladera este* (1969) sowie *Renga* (1972, in Zusammenarbeit mit Jacques Roubaud und Edoardo Sanguineti), arbeitet Paz die Impulse des Strukturalismus und der Theorie des Dialogs (Dialogismus) in seine Poetik ein. Das (romantische) Pathos des Augenblicks bleibt in der Poetik und der Lyrik von Paz die Grundlage seiner Ontologie der Andersheit, die durch die Versöhnung der Gegensätze einen auf den poetischen Akt bezogenen kommunikationsgläubigen Optimismus vertritt. 1990 erhält Octavio Paz den Nobelpreis für Literatur. Seine den Menschen mit sich selbst versöhnende Poetik wird international als willkommene Alternative zu den antiutopischen und damit beunruhigenden Momenten der Postmoderne rezipiert.

Die literarische Szene nach Tlatelolco: die unüberwindbare Kluft zwischen offizieller und gelebter Kultur

Der Modernisierungsimpuls, der in den 50er und 60er Jahren die Elite betroffen hatte, verändert sich in Reaktion auf die fortschreitende Industrialisierung und die Allgegenwart der Medien. Der ökonomische Überfluss und die nationale Kulturpolitik wirken sich jedoch nicht nur positiv auf die kulturellen Entwicklungen aus. Die repressiv paternalistische Kulturpolitik der Regierung hat vielmehr eine starke politische und – bis zum Einbruch von 1982 – auch ökonomische Macht. Die ideologisch beherrschte nationale Filmproduktion rezipiert beispielsweise kaum die Veränderungen der allgemeinen kulturellen Landschaft nach Tlatelolco. Ende der 70er Jahre entsteht die staatlich geförderte Fernsehwelle von »Superproducciones« mit der Funktion, durch historische Serien die Geschichte der Revolution zu rehabilitieren. Parallel dazu haben im Kino die Revolutionshelden keinerlei historisierende Funktion, sie sollen vielmehr die zeitgenössischen politischen Institutionen feiern. Auf der anderen Seite sind Intellektuelle durch die Konkurrenz des Fernsehens auch gezwungen, sich mit den experimentellen Impulsen sowohl von Buñuel als auch aus der »nouvelle vague« (mit der Zeitschrift *Nuevo Cine*) und dem europäischen Film etwa eines Federico Fellini zu befassen. Der Film hält Einzug in die mexikanische Universität UNAM, Kino-Clubs entstehen allerorten, noch gibt es jedoch keine essentiellen Änderungen der nationalen Mythomanie im offiziellen, staatlich geförderten Bereich. Im Gegenteil: Der experimentelle Schub des Kinos wird gestoppt, als Präsident Luis Echeverría (1970–76) der Filmpolitik besondere Priorität einräumt und das Subventionswesen restlos verstaatlicht. Der mexikanische Film wird zum Staatskino; der Versuch, die paternalistische Politik des Staates für die Experimente eines »nuevo cine« zu nutzen, musste freilich scheitern. Dennoch sind aus diesem Experiment auch einige ästhetisch wertvolle Produkte hervorgegangen, wie z. B. *Reed: México* (1972) von Paul Leduc oder *Canoa* (1975) von Felipe Casalz. Die Politik von Echeverrías Nachfolger im Präsidentenamt, José López Portillo (1976–82), wirkte sich aufgrund seiner Forderung nach einem moralisch gesäuberten »Familienkino« sowie des direkten Zugriffs der Zensur verheerend auf das Filmschaffen aus. Die positive Seite seiner Politik war indes eine erneut einsetzende Privatisierung der Filmindustrie und das Entstehen unabhängiger Institutionen wie des CUEC (Centro Universitario de Estudios Cinematográficos).

Die neuere Entwicklung des Films

Anfang der 70er Jahre nimmt das politische Engagement in der Lyrik allgemein ab. Die Wirtschaftskrise sowie die Verstaatlichung der kulturellen Institutionen erschweren die Situation der jüngeren Autoren. Kulturpolitisch üben Paz und die Gruppe um *Vuelta* eine geradezu institutionelle Macht aus. Besonders in der Lyrik muss man einer jener Gruppen angehören, die sich im Umfeld der führenden Zeitschriften organisiert haben: u. a. *Vuelta* (Paz), *Nexos* (Monsiváis), dem neuen *Plural*. 1979 gibt Monsiváis den zweiten Band seiner *Poesía mexicana 1915–1979* heraus, in dem bekannte Dichter wie David Huerta und Alberto Blanco, aber auch weniger bekannte wie die der »Beat Generation« aufgenommen wurden. Mit seiner Anthologie will Monsiváis deutlich machen, dass die Lyrik entsakralisiert und für den allgemeinen Verbraucher lesbar geworden ist, unter anderem durch den Einfluss von Texten eines John Lennon oder Bob Dylan. Der Kampf gegen das Erhabene, den Ernesto Cardenal in Ni-

Die Lyrik: vom Erhabenen der Postvanguardia zur Poesie des Alltags

caragua und Nicanor Parra in Chile ausgetragen hatten, bewirkt auch in Mexiko einen Übergang von der Ehrfurcht zur Ironie, z. B. bei Eduardo Lizalde in *El tigre en la casa, Cada cosa es Babel* und *La zorra enferma* oder bei Gabriel Zaid in *Seguimiento, Campo nudista.* Das Theorem des »poeticismo« von Paz, nach dem die Dichtung eigene Wege zur Verbesserung der politischen und sozialen Umstände suchen muss, findet bei

José Emilio Pacheco

José Emilio Pacheco einen besonderen, an Nicanor Parra angelehnten Ausdruck. Pacheco, dessen Roman *Morirás lejos* (1967) eine bemerkenswerte Adaption der narrativen Techniken des Nouveau Roman ist, erhält für seine Lyrik den Nationalpreis. Von den formal strengen Kompositionen des Frühwerks (*Los elementos de la noche* und *El reposo del fuego*) geht der Lyriker Pacheco zur scharfen Kürze von *No me preguntes cómo pasa el tiempo* (1969) und *Irás y no volverás* (1973) über; in formaler Hinsicht stehen seine Gedichte zwischen der »poesía pura« und der Kolloquiallyrik der »Contemporáneos«. Mit intertextuellen Bezügen zur prähispanischen, barocken und modernen Tradition passt er das utopie- und geschichtskritische Erbe Alfonso Reyes' und den Kosmopolitismus der »Contemporáneos« den internationalen Positionen der 70er und 80er Jahre an. Nach 1968 reflektiert Pacheco über die politische Krise von Tlatelolco mit *Hoy todo en México es Comala*, einer Sammlung von lyrischen Texten, in der Ausschnitte aus Rulfos *Pedro Páramo* als Collage zusammengefasst werden. Im Spätwerk wird schließlich die Rolle des Dichters zwischen subjektiver Erfahrung und kollektiven Stimmen situiert, wobei Pacheco sich in den letzten Lyriksammlungen (*Los trabajos del mar*, 1983; *Miro la tierra*, 1986; *Ciudad de la memoria*, 1989; *La sangre de la Medusa*, 1990) als Kompilator von Texten und als Chronist des kollektiven Gedächtnisses der Nation versteht.

Die »junge« Lyrik

Bis 1982 weist die Lyrik eine Phase äußerster Produktivität auf. Diese Entwicklung wird auch durch eine Reihe von marginalen Zeitschriften und Verlagen begünstigt, die nach 1968 entstehen und eine Vielzahl an Schriftstellerpersönlichkeiten in allen Gattungen hervortreten lassen. Praktisch jeder anerkannte Dichter unterhält eine »Werkstatt«, sodass sich bis zum ökonomischen Zusammenbruch im Jahre 1982 eine Generation selbstbewusster junger Autoren entwickelt hat, die auch Zugang zu den Medien und internationalen Poesietreffen haben. Als »poeta joven« bezeichnet zu werden, gilt Ende der 70er Jahre als Auszeichnung. Die Anthologie von Gabriel Zaid hebt diesen Umstand schon im Titel (*Asamblea de jóvenes poetas*, 1980) hervor.

Die Konjunktur der Stadtliteratur und der Chroniken in den 80er Jahren

Die Megalopolis als Metapher für eine hybride und dezentrierte Kultur

Die Rhetorik des etablierten literarischen Kanons und der Kitsch der öffentlichen Sprache werden in den 80er Jahren parodiert. Das Anomale wird zur Norm erhoben, Tabus werden gebrochen. 1978 erscheint mit Luis Zapatas *El vampiro de la colonia Roma* (1978) das erste Zeugnis einer aufkommenden mexikanischen Schwulenliteratur. Infolge des radikalen Einbruchs von Grenzerfahrungen, Notsituationen und Überlebenskampf wird die akustische Faszination durch die Faszination einer visuellen Gewalt ergänzt. Schon die Romane von Armando Ramírez *Chinchin el teporocho* (1972) (was so viel bedeutet wie »der Betrunkene«), *Pu* (1977) und *Tepito* (1983) zeigen sowohl, dass die Wurzeln seiner Erzählprosa in der Literatur der Onda liegen, als auch die Tatsache, dass sich die Themen und der Erzählstil entsprechend dem Klima der 80er Jahre verändert haben: Die Stadt zerfällt mehr und mehr als zufälliges Produkt moderner Mythologien. Während die Onda das Ambiente der bürgerlichen Stadtteile thematisierte, werden mit *Tepito* die proletarischen »barrios« als Thema gewählt. Ramírez zeigt sowohl die Faszination der Mythen des urbanen Alltags in einem Teil der Megalopolis als auch die Gefahr dieser Mythen angesichts der brutalen sozialen Bedingungen. War der »barrio« in der Stadtliteratur zu einer Art Stadt in der Stadt geworden (*Tepito*), so fungiert nun in *El disparo de argón* von Juan Villoro, der sich schon in seinen Erzählungen (*La noche navegable*, 1980; *Albercas*, 1985) explizit in die Tradition der Onda einreiht, das Gebäude als Träger der gesamten Strukturen einer Stadt. Die Handlung von *El disparo de argón* (1991) ist auf eine Augenklinik in Mexiko-Stadt konzentriert. Im Roman konvergieren die thematischen Schwerpunkte der mexikanischen Literatur der vorangegangenen zwanzig Jahre, besonders das von Elizondo thematisierte Prinzip der »Chronik eines Augenblicks«. Villoro verbindet die Thematik der Stadt mit der des Voyeurismus und des Schreibens. Die Imagination spricht sich hier nicht frei von der eigenen Verantwortung bei der Gestaltung einer grausamen kollektiven Realität.

Auch aus Krisen, die die Stadt zerstört haben, wie das Erdbeben von 1985, erhalten die Erzähler Kreativitätsimpulse. Die »crónicas« erscheinen in Zeitschriften oder als Monographien und erfreuen sich in den 80er Jahren außerordentlicher Beliebtheit, obgleich sie wegen der Obszönitäten und der Momentaufnahmen aus der Populärkultur beim kulturellen Establishment zwangsläufig auf Ablehnung stoßen, wie z. B. die Romane von Ricardo Garibay, *Acapulco* (1979) und *Las glorias del Gran Púas* (1978) – ein Text über die orgiastischen Provokationen des legendären Boxers Rubén Olivares –, aber auch *Función de media noche* (1981) von José Joaquín Blanco sowie *Taíb* (1988) von Paco Ignacio Taibo II. Diese Chroniken entwerfen eine neue Lesart der Geschichte Mexikos aus einer pikaresken, marginalisierten Sicht. Die Perspektive des Chronisten spiegelt keine »Neutralität« vor. Von der Literatur zum Alltagsbereich, vom literarischen Zitat zur journalistischen Reportage lässt die Chronik schriftliche und mündliche Traditionen in Widerstreit zueinander treten. Elemente aus verschiedenen Gattungen wie Roman, Essay, Tagebuch und Reportage werden zitiert. Die Modalität verschiedener Medien, etwa der Videokamera, wird zum Strukturprinzip erhoben. Besonders deutlich zeigt sich dies in den Erzählungen von Guillermo Samperio, dem erfolgreichen Chronisten von Mexiko-Stadt (*Lenín en el futbol*, 1978, und *Gente de la ciudad*, 1986). Die *Tragicomedia mexicana* (1990) José Agustíns stellt sicherlich den umfassendsten Versuch dar, das Hybride der »cultura popular« die Geschichte beherrschen zu lassen. Die humoreske Sprache wird wichtiger als die inhaltliche Seite der Bankrott-Bilanz der revolutionären Mythen. Die Mündlichkeit des Alltagsgesprächs steht hier im Kontrast zur (schriftlichen) Form der Historiographie. Auch bei den »historischen« Chroniken von Jorge Aguilar Mora, Héctor Aguilar Camín, Christopher Domínguez und José Joaquín Blanco werden die Parteilichkeit, die Erfahrungsnähe und die Betroffenheit des Augenzeugen zum wesentlichen Element der Konstitution des erzählten Ereignisses.

Die »crónicas« als Gattung

Guillermo Samperio

Die kritische Beschäftigung der Literatur mit der Geschichtsschreibung

Fernando del Paso:
Noticias del Imperio

Ab Mitte der 80er Jahre, nachdem die Mythen der nationalen Geschichte längst zerstört sind, wird das Interesse für historische Themen allgemein aktuell. Die Rückwendung zur Vergangenheit in Form intertextueller Aneignung von historischen Themen, die vor 1968 als Variation des Kostumbrismus angesehen wurden, ist eine allgemeine Eigenschaft der Literatur gegen Ende der 80er Jahre, die zuvor eine barocke und labyrinthische Koexistenz der Zeiten gesucht hatte. *Palinuro de México* (1977), in dem Fernando del Paso zum Thema von Tlatelolco zurückkehrte und in dem die Geschichte auch als die tragikomische Kulisse eines ludischen Erzählens diente, war Beispiel hierfür. Das Erzählen einer mythischen Phase der mexikanischen Geschichte (Juárez) aus der Perspektive einer »Irren« (Carlota) wird dagegen bei *Noticias del Imperio* (1987) von Fernando del Paso zum Prinzip einer anderen Sicht von Geschichtsschreibung gemacht. Der lateinamerikanische Erzähler wendet nun einen exotisierenden Blick auf Europa und markiert damit eine wichtige Etappe der geistigen Entkolonialisierung der mexikanischen Literatur. Die Literatur ersetzt nicht mehr den historiographischen Diskurs durch den poetischen, wie dies der Boom beabsichtigte. In *Noticias del Imperio* sind reine historische und metahistorische Kapitel enthalten, und der Streit der Diskurse hält den Leser dazu an, über die eigenen Prämissen zu reflektieren. Dieser Roman ist Symptom für einen Paradigmenwechsel: Der wichtigste Adressat ist nicht mehr der europäische, sondern der lateinamerikanische Leser, der der eigenen »exotisierenden« und idealisierenden Vorstellungen über Europa gewahr werden kann. Ähnliche Ziele verfolgt Homero Aridjis, der Ende der 80er Jahre von der Lyrik zur Erzählliteratur übergeht. *1492. Vida y tiempos de Juan Cabezón de Castilla* (1985), ein aus der pikaresken Sicht eines »converso« geschriebener »Inquisitionsroman«, verbindet das Jahr 1492, in dem die offizielle spanische Geschichte die Eroberung der neuen Welt feiert, mit der Geschichte der Judenvertreibung.

Fernando del Paso

Das Hybride als Methode: die Kultur nach der Ölkrise von 1982

Nach 1982 kommt es wieder zu einer stärkeren staatlichen Überwachung des Kultur- und Hochschulwesens. Eine strenge Kontrolle der öffentlichen Ausgaben und die Vernachlässigung sozialer Belange kennzeichnet generell die Amtszeit von Miguel de la Madrid (1982–1988). Carlos Salinas de Gortari gründet zwar in seiner 1988 beginnenden Regierungszeit den unter Führung des Außenministeriums stehenden Nationalrat für Kultur und Kunst (CONACULTA), jedoch untersteht dieser der politischen Linie der Regierung. Emblematisch für die staatliche Kontrolle kultureller Institutionen ist die Tatsache, dass der Verlag Fondo de Cultura Económica durch den früheren Präsidenten Miguel de la Madrid geleitet wird. Die Lage der Intellektuellen, die nicht der offiziellen Kultur der Elite angehören, ist nicht zuletzt aufgrund der ökonomischen Schwierigkeiten prekär. Der ökonomische Mangel birgt indes auch positive Seiten, denn die Gesellschaft ist gezwungen, sich selbstverantwortlich zu organisieren und eine vom Staat unabhängige Entwicklung zu suchen. So entsteht allmählich eine kulturkritische Praxis sowohl in der Literatur als auch (teilweise) in den Wissenschaften. Um den Anschluss Mexikos an internationale

Positionen zu gewährleisten, hatte die Kulturpolitik Schulzentren im mittleren und höheren Bildungsbereich gefördert und neben dem Marxismus neuere internationale philosophische Positionen wie Freudianismus und Postfreudianismus zum Unterrichtsstoff gemacht, legte damit aber zugleich den Grundstein für ein kritisches Bewusstsein. Neuere kritische Stellungnahmen mexikanischer Anthropologen, besonders von Guillermo Bonfil-Batalla, zur indigenistischen Politik der Integration werden laut. Poststrukturalistische Theorien werden rezipiert und zur Grundlage einer intertextuellen Bezugnahme auf die Diskurse der Institutionen – auch der literarischen – gemacht. Die schon nach 1968 im Zeichen der »cultura popular« erfolgte Überschreitung von Stil-, Klassen- und Gattungsgrenzen in der Literatur führt im Laufe der 80er Jahre zu einer kulturtheoretischen Aufarbeitung, für die Néstor García Canclinis *Las culturas híbridas* (1989) und *Culturas híbridas. Estrategias para entrar y salir de la modernidad* (1990) repräsentativ sind.

Néstor García Canclini und die Theorie der »hybriden« Kultur

Gegen Ende der 80er Jahre schlägt sich das Erbe der Onda in dem von den Intellektuellen artikulierten Konflikt zwischen den Diskursen und den Disziplinen nieder. Héctor Manjarrez, dessen Romane ein satirisches Bild der mexikanischen Gesellschaft einschließlich der in das Establishment integrierten Jugendbewegung entwerfen (z. B. *LAPSUS*, 1971, und *Pasaban en silencio nuestros dioses*, 1987), sucht in *El camino de los sentimientos*, einer 1990 erschienenen Essaysammlung, eine neue Bestimmung des Verhältnisses von Politik und Kultur. Statt der Poetisierung der Politik soll die Literatur nun die institutionellen Diskurse stören. Beispiel einer solchen Literatur, die auch die literarische Institution unter Beschuss nimmt, ist *Domar a la divina garza* (1988) von Sergio Pitol. Dieser Text, der erste Roman einer Trilogie, die 1991 mit *La vida conyugal* fortgesetzt wird, setzt sich mit der Utopie des Karnevalesken und des polyphonen Romans auseinander. Schon in seinen früheren Werken *El tañido de una flauta* (1972), *Juegos florales* (1982) und *El desfile del amor* (1984) ist die für Pitol charakteristische Formel angelegt: Interkulturalität und Intermedialität als »conditio humana« der heutigen Welt. Für sein Gesamtwerk ist Pitol 2005 mit dem Cervantes-Preis ausgezeichnet worden. Nationale, epochale oder stilistische Grenzen sind unbedeutend. Die Kritik der Revolution durch Cortázar, Revueltas und Kundera ist ebenso inspirierend wie das Bild Mexikos aus der Perspektive von Malcom Lowry, Elena Poniatowska oder Juan Rulfo.

Sergio Pitol

Die Lyrik der Jahrhundertwende – das Ende der Dichterfürsten?

In der Lyrik kann man vom Ende der »Postvanguardia« sprechen, die Paz in *Signos en rotación* (1966) als Tradition des Bruchs bezeichnet hatte. Der Verlust der politischen Utopien und das Scheitern der starken Ideologien im Laufe der 80er Jahre lassen jede Form von Avantgarde obsolet erscheinen. Formal sind weiterhin zwei Optionen möglich: die Beibehaltung der Versform oder die Negativität, die auch die ungebundene Form der Lyrik einschließt. Im ersten Fall, für den die philosophische und zugleich transparente Dichtung von Elsa Cross paradigmatisch erscheint, ist die Lyrik meist durch eine extreme Form von Intertextualität bestimmt. Die Tradition der Negativität hat es dagegen schwer in einer Zeit, in der der Freivers, als Negation der normativen Poetiken, ebenso automatisiert ist wie das Fernsehen. Allein Parodie und Pastiche erweisen sich als gangbare Wege. Dies wird u. a. durch das Erscheinen von *Albur de amor* von Ruben Bonifaz Nuño im Jahre 1987 gefördert. Auf den Spuren Góngoras hat der Dichter eine moderne Sprache entwickelt, die auf den Formen der klassischen Antike basiert. Durch den Impuls von Bonifaz Nuño werden neobarocke Palimpseste, bei denen das Neue aus der Wiederholung des Alten entsteht, zur Manier. In Parodie und Pastiche beziehen sich die jungen Autoren auf die großen Gestalten der Postvanguardia – Octavio Paz, Efraín Huerta und Jaime Sabines, aber auch auf die Texte der Kritik und Theorie. Beispiel für Letzteres ist *Incurable* (1987) von David Huerta, in dem unschwer Zitate aus Texten der französischen Poststrukturalisten Michel Foucault und Jacques Derrida zu erkennen sind. Huerta, dessen Negationsgestus unweigerlich auf die sakrale Dichtung seines Vaters Efraín bezogen ist, verarbeitet auch die metasprachlichen Reflexionen von Eduardo Lizalde (*Cada cosa es Babel*) und die Lyrik Nerudas. Das poetisch Erhabene wird beispielsweise in der Metadichtung *Remember Longino* von Gerardo Deniz negiert. Die von Deniz inszenierte parodistische Maschinerie entwickelt sich zu einem »furor anti«, einer zerstörerischen Manier, die sich gegen Marx, die ökologische Bewegung, Vasconcelos und Derrida wendet. Alle möglichen Sprachregister finden Eingang in die Lyrik. Alberto Blanco nimmt seinerseits sowohl etablierte Formen als auch deren Negation auf. Die Intertextualität von *Antes de nacer* (1983) bezieht sich beispielsweise auf die Diskurse von Naturwissenschaft und Medizin, wobei in Anknüpfung an *Blanco* von Octavio Paz die Hexagramme des *I Ging* mit der DNA-Doppelhelix verbunden werden. Durch dieses Experiment an der Grenze zwischen Wissenschaft und Poesie macht das Gedicht das Paradoxon von Notwendigkeit und Zufall zum Prinzip des Lebens. So werden poststrukturalistische Theorien verarbeitet und hermeneutische Tiefenstrukturen durchkreuzt, und zwar durch die Bekämpfung der Tendenz des Textes zur Kohärenzbildung, um auf diese Weise den Logozentrismus der Sprache zu überwinden.

Das Aufkommen einer internationalen Kino- und Theaterkultur

Neue Themen des mexikanischen Films

Zum allgemeinen Eindruck eines freien Umgangs mit Sprache und Kultur trägt auch die zunehmende Bedeutung von Kino und Theater bei. Die Vollendung der von López Portillo begonnenen Privatisierung der Filmindustrie durch die Regierung von Carlos Salinas de Gortari bot auch jüngeren oder unorthodoxen Regisseuren wie Hermosillo die Chance zur Entfaltung ihres Talents. Auch Filme von Autorinnen entstehen, die eine emanzipatorische Funktion haben, während man gleichzeitig vor dem Hintergrund der Erdbeben-Ruinen mit dem heroischen Bild sich aufopfernder Mütter des traditionellen mexikanischen Films bricht. Die Behandlung von Stoffen, die im nationalen Kino ausgeblendet waren, führt auch zu neuen Formen, etwa in der Auseinandersetzung mit einem »unangepassten«, wahnsinnig werdenden Maler der Generation der Muralisten in *Goitia* (1990) von Diego López. Die visionären Möglichkeiten des Kinos werden bei der Rekonstruktion der Kultur der Azteken genutzt, z.B. in *Retorno a Aztlán* (1990) von Juan Mora. In *Intimidad en un cuarto de baño* (1990) und *La tarea* (1991) experimentiert Jaime Hermosillo mit dem Kamerablick. Politische Tabus werden durchbrochen, z.B. in der filmischen Darstellung des Massakers von Tlatelolco durch Jorge Fons (*Rojo amanecer*, 1990), wobei der Film bis zur Freigabe durch den Präsidenten monatelang von der Zensur blockiert wird. Wie der

Aus dem Film
Cabeza de Vaca (1990)

Roman entdeckt auch das Kino historische Themen: Internationalen Erfolg hat *Cabeza de Vaca* (1990) von Nicolás Echevarría. In diesem Film erscheint die Koexistenz verschiedener Kulturen am Beispiel des in die Hände von Indianern gefallenen spanischen Abenteurers Alvaro Núñez Cabeza de Vaca positiv dargestellt, während die rein spanische Kultur der Konquistadoren zu einem Akt des Wahnsinns wird.

Auch das Theater des inzwischen zu einem Klassiker avancierten Vicente Leñero inszeniert die Kritik spanischer Mythen der Eroberung, z. B. in dem 1991 uraufgeführten *La noche de Hernán Cortés*. Charakteristisch für das Theater der letzten Jahre ist eine thematische und formale Vielfalt, obgleich besonders mit Gerardo Velásquez, Carlos Olmos und Rascón Banda historische und zeitgenössische Probleme, z. B. die illegale Einwanderung mexikanischer Arbeitskräfte in die USA, deutlich ins Zentrum rücken (Rascón Bandas *Contrabando*, 1990). Das Theater von Rascón Banda arbeitet mit dem subversiven Potential der »cultura popular«, wobei auch der Missbrauch dieser Kraft durch die Institutionen zur Manipulation der Massen in die Kritik einbezogen wird.

Die Conquista als Stoff des Theaters

»*Las hijas de la Malinche*«

Die quantitative und qualitative Präsenz von Schriftstellerinnen würde erwarten lassen, dass die Behandlung ihrer Literatur keinen gesonderten Raum mehr erfordert. Wenn dies hier dennoch geschieht, so in der Absicht, auf die besonderen, spezifisch mexikanischen Schwierigkeiten aufmerksam zu machen, die sich den Autorinnen auf dem Weg in die Autonomie von den Mythen der Mexicanidad entgegenstellen. Schon allgemein fordert die Literatur von Frauen eine Form von Engagement, das die Frau aus der Funktion eines dunklen Objekts der Begierde herausführen soll. In Mexiko ist ein solches Engagement einerseits angesichts des institutionalisierten Machismo schwierig, andererseits ist die Unmündigkeit der Frau durch jene Rolle begründet worden, die ihr aufgrund des »Verrats« der

Die Befreiung von der »Erbsünde« der Malinche

Jungfrau der Engel

Margo Glantz

Thematische Vielfalt der von Frauen geschriebenen Literatur

Indianerin Malinche an ihrem Volk zugeschrieben wurde. Diese Rolle ist von Octavio Paz in *El laberinto de la soledad* zum Mythos der Urszene der mexikanischen Psyche und der »Otredad« des Mexikaners erhoben worden. Schon die ersten anerkannten Schriftstellerinnen des Landes standen – zumindest teilweise – unter dem Rechtfertigungszwang gegenüber dem Mythos der Malinche. Sie fanden zur Lösung des Konflikts entweder poetische Synthesen und magisch-realistische Formeln, wie die Erzählung *La culpa es de los Tlaxcaltecas* (1964) von Elena Garro, oder versuchten die Schuld der Malinche durch das eigene schriftstellerische und persönliche Engagement für die indianische Bevölkerung abzutragen, wie im Falle von Rosario Castellanos. Elena Poniatowska und Margo Glantz begründen in einer zweiten Phase eine Literatur von Frauen, in der Parodie und Ironie herausragende Merkmale sind. Autobiographische Romane, wie *Genealogías* (1987) von Margo Glantz, *La Flor de Lys* (1988) von Elena Poniatowska und *La familia vino del norte* (1987) von Silvia Molina, verbinden nun einen kritischen Blick auf die Zeitgeschichte mit dem Werdegang des weiblichen Subjekts. Besonders *Genealogías* lässt in pikaresker Weise Diskurse aufeinanderprallen, etwa die historische Rekonstruktion des Schicksals der Juden in Mexiko, Tonbandaufnahmen und Küchenrezepte. Margo Glantz, die in ihrem zweiten Roman *Síndrome de naufragios* (1984) den Schiffbruch der Mythologien des Booms bezüglich des lateinamerikanischen Ursprungs verarbeitet und aus der Katastrophe eine Quelle des poetischen Schreibens macht, wird zur Interpretin einer feministischen Poetik, die nicht militant ist, sondern in der Literatur den Ort einer kritischen Fokussierung der Realität sieht. In *La lengua en la mano* (1983) muss zunächst das Vorbild Sor Juana Inés de la Cruz von der Vereinnahmung des sakralen Kanons befreit und Sor Juana zum Beispiel einer Autorin erhoben werden, die mit der barocken »escritura« auch die Subversivität des Sprachkörpers spielen lässt. Glantz kritisiert die Reduzierung der Vieldeutigkeit und Vielschichtigkeit der »lengua« (als Metonymie des Körpers) zu einem abstrakten logozentrischen Sprachsystem, das sich im mexikanischen Bewusstsein mit der unterdrückenden Gewalt des Eroberers verbindet – eines Eroberers, der den Körper der Eroberten zum Medium umformt, um das eigene sprachliche und kulturelle System zu etablieren. Damit setzt Glantz den Mythos der Ursünde der Malinche außer Kraft und gewinnt durch ein humoreskes Schreiben das subversive Potential der Sprache zurück. Glantz' Essays zum »Kochen« und »Nähen« gewinnen die Assimilationstheorie von Alfonso Reyes und Lezama Lima für einen feministischen Blick, der nicht nur mit den klassischen Mythen der »Mexicanidad«, sondern auch mit der Exotik neuer feministischer Mythen bricht.

Die thematische Vielfalt der zeitgenössischen Szene kommt den Zielen der Literatur von Frauen zugute. Es gibt nicht »die Frau« in Mexiko. In ihrem ersten Erfolgsroman *Son vacas somos puercos* (1991) distanziert sich Carmen Boullosa von biologistischen Definitionen des Weiblichen, die die »Erzählerin« auf sogenannte Merkmale der »Frau« festlegen wollen. Eine Reihe unterschiedlicher Persönlichkeiten behauptet sich in der literarischen Szene, für die das Thema der Malinche keine Relevanz mehr hat. Wohl aber wird die Frage nach der Identität gestellt. Aline Petterson stellt die existentialistischen Dimensionen der Subjektwerdung nicht nur bei der Frau dar und behandelt das Scheitern einer Identitätsfindung als menschliches Schicksal (*Sombra ella misma*, 1986); Ethel Krauze zeigt in *Donde las cosas vuelan* (1985), dass eine durch die Liebe gestiftete

Identität eine Illusion ist, die von den arbiträren Werten der sozialen Welt konstruiert wird. Der Erfolgsroman *Arráncame la vida* (1985) von Angeles Mastretta setzt von einem »ephemeren« Standpunkt aus, der sich durch die Beschreibung der humoresk-ausschweifenden Welt einer Ehefrau aus der bürgerlichen Revolutionselite ergibt, den Schlusspunkt unter den Revolutionsroman. Nach diesem brillanten Beispiel parodistischer Literatur folgt 1990 mit *Mujeres de ojos grandes* ein Band mit Erzählungen, in dem verschiedene Frauenschicksale aus einem ganz anderen Blickwinkel gezeigt werden und der in leichtem, teilweise melancholischem Ton sowohl zu grundlegenden existentiellen als auch zu spezifisch mexikanischen Themen Position bezieht. In einer sehr kommerziellen Weise setzt sich mit der Frauenrolle zur Zeit der Revolution auch Laura Esquivel in dem erfolgreich verfilmten (1992) Roman *Como agua para chocolate* (1989) auseinander. Sie hat in jüngster Zeit auch eine eher seichte und banale Behandlung des Malinche-Themas vorgelegt (*Malinche*, 2006). Der Blick der Schriftstellerinnen bleibt jedoch nicht allein auf Mexiko beschränkt. María Luisa Puga verarbeitet in *Las posibilidades del odio* (1978) kritisch die Auswirkungen des Kolonialismus, allerdings nicht am Beispiel der mexikanischen Gesellschaft, sondern an dem Kenias. Wenn sie später zur sozialen Kritik an Mexiko (*Pánico y peligro*, 1983; *La forma del silencio*, 1987) zurückkehrt, steht ihre Literatur im Zeichen einer Verantwortung gegenüber dem Realen, die das abstrakte »Andere« durch viele konkrete Andere ersetzt hat.

Mittelamerika: die Veränderungen in Nicaragua und ihre Auswirkungen auf die Region

Die mittelamerikanische Erzählliteratur: Kontinuität der Themen

Nach den erzählerischen Höhepunkten, die Zentralamerika Asturias und Salarrué verdankt, bleiben Kurzgeschichte und Roman die dominanten Genres zur Vermittlung und Kritik von Wirklichkeitsmodellen. Ohne nennenswerte Innovationen werden hier die seit den 30er Jahren entstandenen Themen – der Kampf gegen autoritäre Regime, das Engagement für die Indios und die Definition der nationalen Identität – bis in die jüngste Zeit weitergeschrieben. In Guatemala hatte sich Mario Monteforte Toledo in dem Roman *Entre la piedra y la cruz* (1948) mit dem Konflikt der Indios zwischen europäisierter Welt und Selvakultur auseinandergesetzt, ohne dabei in die tradierten Schemata der Zivilisationskritik zu verfallen. Auch seine späteren Erzählungen *Cuentos de derrota y esperanza* (1962) sind den Anregungen von Asturias verpflichtet. Von den zahlreichen Autoren, die wie er in regionalistischer Nachfolge soziale Thematik verarbeiten, setzt sich in letzter Zeit Augusto Monterroso Bonilla ab. Seit den 50er Jahren beinahe mit Ausschließlichkeit Erzähler, ist sein literarischer Kosmos aus dem Fundus der europäischen Literatur gespeist, die die Schreibweise dieses »poeta doctus« merklich beeinflusst. Wie im Werk von Borges, den Monterroso gemeinsam mit Swift, Tolstoj, Thomas Mann und Proust als Fixpunkt seines literarischen Universums betrachtet, gehen dabei aus seiner Auseinandersetzung mit den Vorbildern keine enzyklopädischen, sondern minimalistische Resultate hervor. So umfassen

Guatemala:
Mario Monteforte
Toledo, Augusto
Monterroso Bonilla

manche seiner Texte nur wenige Zeilen – im Fall der Erzählung *El dinosaurio* handelt es sich gar nur um ein Erzählsubstrat, ein Resümee, auf das sich eine Geschichte reduziert. Mit der Sammlung *La oveja negra y demás fábulas* (1969) wendet sich Monterroso der seit dem Ende des Klassizismus in Guatemala »vergessenen« Gattung der Fabel zu, in der mithilfe der Maske des Tieres menschliches Verhalten mit Ironie problematisiert wird. Bereits die Texte der Sammlungen *Movimiento perpetuo* (1972) und *Lo demás es silencio* (1978) entziehen sich tradierten Gattungsbezeichnungen, wo Monterroso, wie Borges vor ihm, Übergangsformen zwischen Erzählung, Sachtext, Prosagedicht und Essay anstrebt. Auf Borges und die neophantastische Literatur der La-Plata-Region deutet auch seine Tendenz zurück, durch den kalkulierten Einsatz von Unbestimmtheiten den Leser zu verunsichern.

Neue literarische Zirkel in Nicaragua

Ein bemerkenswertes Zusammenspiel von literarischer Kultur und revolutionären gesellschaftlichen Tendenzen ist in den 60er Jahren in Nicaragua zu beobachten. Wenngleich das kulturelle Leben Nicaraguas bis in die 60er Jahre hinein von der nationalistisch-konservativen Avantgardegruppe um Coronel Urtecho geprägt war, formiert sich Anfang 1960, inspiriert durch den Sieg der Kubanischen Revolution, eine neue literarische Bewegung, die aus der bis dahin weder politisch noch literarisch aktiven Studentenschaft der »Universidad Nacional Autónoma« hervorgeht. Diesem »Frente Ventana« folgen in kurzer Zeit einige weitere literarische Zirkel – »U de Boaca«, »Granada« und »La generación traicionada«. Weniger verschieden in ihrer jeweiligen ästhetischen als in ihren politischen Ansichten, werden für die Autoren dieser später als »Generación del 60« bezeichneten literarischen Aufbruchswegung schließlich vor allem die Rolle des Schriftstellers in der nicaraguanischen Gesellschaft und die Möglichkeiten und Zielsetzungen politischer Veränderungen zum Streitpunkt, der die jungen Autoren zur bürgerlich-konservativen (»Generación traicionada«) und links-progressiven Richtung (»Frente Ventana«) hin stärker polarisiert. Wenngleich die damaligen Debatten heute akademisch anmuten und die »Generación del 60« bald durch neue Gruppierungen wie den auf Managua konzentrierten »Grupo M« abgelöst wurde, so ist diesen Strömungen dennoch sichtlich die Erneuerung des literarischen Lebens zu verdanken. Der – in beträchtlichem Maße gegen das Somoza-Regime gerichtete – literarische Aufbruch manifestierte sich nicht allein in einer Reihe von mehr oder weniger langlebigen Zeitschriften und Theaterprojekten, vielmehr gingen aus dem literarischen Diskussionsforum, das die »Generación del 60« bildete, eine Reihe bedeutender Autoren hervor. Auch in den 60er und 70er Jahren konzentriert

Die Kurzgeschichte

sich die literarische Produktion mit der größten Breitenwirkung auf das Genre der Kurzgeschichte, die sich vorwiegend mit den Themen der Psychologie der ländlichen Bevölkerung, der Landflucht und der dadurch wachsenden Verelendung der Randzonen der Großstädte befasst. Mario Cajina Vegas' erzählerisches Interesse bleibt auf die Darstellung der sozialen Probleme und der Psychologie der bäuerlichen Existenz (in der Erzählung »Los machetes«) fixiert. In den Texten der *Familia de cuentas* (1969), einem charakteristischen Beispiel der neueren Stadtliteratur, spielt die wichtigste Rolle die Hauptstadt Managua, deren gesellschaftliche Schichtungen schlaglichtartig präsentiert werden. Auf die älteren regionalistischen Themen des Elends der Landbevölkerung und der Traditionskrise der Indios konzentrieren sich Fernando Centeno Zapata in *La cerca y otros cuentos* (1962) und Fernando Silva in *De tierra agua* (1965) und

Geschäftsviertel
in Guatemala-City –
Ballungszentren
als literarisches Thema

Folgebänden, deren Titel bereits auf die Tautologien (*Otros cuatro cuentos*, 1969, und *Ahora son cinco cuentos*, 1974) dieses zeitgenössischen Erzählthemas verweisen; auch mit seinem Roman *El vecindario* (1976) löst sich Silva nicht aus diesem Ambiente, der Provinzstadt San Juan, die er als Kulisse für eine Erzählung mit pikaresken Motiven wählt. Die Alltagsprobleme der Großstadt stehen im Zentrum von Juan Aburtos' *Narraciones* (1969), die das traditionelle Leben in den Vororten von Managua nachzeichnen. Einige dieser nicht mehr im strikten Sinn realistisch-mimetisch konzipierten Erzählungen weisen bereits auf die überraschenden Wendungen seiner originelleren späteren Erzählungen hin; mit den Erzählungen des Bandes *El convivio* (1972) betritt er – gleichzeitig mit Monterroso in Guatemala – das Neuland der phantastischen Erzählung. Schließlich kehrte Aburto nach diesem Experiment wieder zur sozialen Problematik zurück, wenn er in dem darauffolgenden Band *Se alquilan cuartos* (1975) die desillusionierenden Szenarios mittelamerikanischer Elendsviertel beschreibt. Wenn die bisher genannten Erzählungen die Vermutung plausibel erscheinen ließen, dass das Publikum in dem vom Guerillakrieg und seinen Folgen erschütterten Land weiterhin nach der Stadt- und Campesinoliteratur verlangt, zeigen sich bis Mitte der 70er Jahre kaum Neuerungen dieser bald kostumbristisch, bald regionalistisch dominierten Szene. Eine Wende kündigt erst das Werk von Lizandro Chávez Alfaro an, der das bisherige Bild der kreolisch-einheimischen Themen um neue Facetten bereichert. Eine besondere Aktualität kommt bereits seinem Band *Los monos de San Telmo* (1963) zu, in dem er als einer der ersten Autoren den Guerillakampf der Anfang der 60er Jahre geschaffenen sandinistischen Befreiungsfront thematisiert. Eine originelle Form, die Problematik der Stadtrandgebiete zu sehen und sprachlich neu zu gestalten, liegt seinem Band *Tres veces nunca* (1977) zugrunde. Von hoher formaler Originalität sind Texte des außerhalb Nicaraguas bislang nahezu unbekannt gebliebenen Kid Tamaríz, der in *Historias Nicaragüenses* (1978) mit jeweils neuen Erzähltechniken und wechselnden Perspektiven ein Erzählkaleidoskop seines Landes entwirft, das Aspekte des historischen und des zeitgenössischen Nicaragua einbegreift. Experimentierfreude, die auf die Auseinandersetzung mit den Erfolgstexten des literarischen »Boom« zurückweist, kennzeichnet Pedro Joaquín Chamorro C., dessen Erzählungen *Tolentino Camacho y tres cuentos negros y cuatro cuentos blancos* (1977) bewusst mit dem für phantastische Literatur typischen Schwanken von Irrealität und Wirklichkeit spielen, das durch seinen oft in geradezu kryptischer Weise uneigentlichen Sprachgebrauch noch gesteigert wird.

Der neuere Roman in Nicaragua

Auch in der Entwicklung des Romans kann gerade Nicaraguas Literatur neuerdings auf einige bemerkenswerte Texte verweisen. Chávez Alfaro hat es als Erster unternommen, den Roman in der nicaraguanischen Literatur in den Rang nationaler Großepik mit universellem Anspruch zu erheben. Mit *Trágame tierra* (1969) unternimmt er eine Gesamtanalyse der Entwicklung der nicaraguanischen Mentalitäten seit Beginn des Jahrhunderts. Chávez Alfaro geht es darum, das Moment einer fehlenden nationalen Identität aus einem doppelten Blickwinkel zu kritisieren. Es ist einmal die Perspektive des einfachen Händlers Plutarco Pineda, der sich selbst von den Interventionen der US-»marines« und dem geplanten Kanalbau Wohlstand erhofft; zum andern wird auch die verengte Perspektive seines Sohnes Luciano, eines Argumenten unzugänglichen Guerillero, problematisiert. Die Verknüpfung von privatem Familienkonflikt und politisch-ideologischer Konfrontation bildet die Basis für diesen Versuch, das nationale Trauma dieses Jahrhunderts, das »Sterben seiner Söhne« in dem wechselvollen Kampf zwischen Demokratie und Reaktion, aufzuarbeiten. Ein zweiter, in formaler wie sprachlicher Hinsicht weniger ambitionierter Roman von Chávez Alfaro, *Balsa de serpientes* (1976), setzt sich mit dem Problem der fortschreitenden Entfremdung des Individuums in dem Megastädten auseinander, die auch die »kleinen« Länder Mittelamerikas in zunehmendem Umfang betrifft.

Sergio Ramírez

Einer der wenigen neueren Erzähler Mittelamerikas, der hinsichtlich seines internationalen Erfolges mit den Autoren des »Boom« konkurrieren kann, ist Sergio Ramírez. Aus dem »Frente Ventana« hervorgegangen, setzte er nach dem Sturz des Somoza-Regimes sein Engagement als Mitglied der ersten sandinistischen Regierungsjunta fort. So sieht er selbst sein literarisches Werk auch nicht vom politischen Engagement abgelöst, sondern als Teil der von ihm angestrebten Veränderung der Wirklichkeit. Nach ersten erzähltechnisch interessanten Versuchen im Bereich der Kurzgeschichte mit traditionellen nicaraguanischen Themen (*Cuentos*, 1963, und *Nuevos cuentos*, 1972), entwickelt er in den neueren Bänden (*Charles Atlas también muere*, 1976) neben realistischen Erzählungen konventioneller Art auch originelle Geschichten, die sich von der Regionalistenthematik der vergangenen Jahrzehnte deutlich absetzen. Probleme wie die Überfremdung der nicaraguanischen Oberschicht durch Modeerscheinungen aus den USA oder so skurrile Einfälle wie der fiktive Besuch von Jacqueline Kennedy in einem mittelamerikanischen Land heben diese Erzähltexte aus der »Campesino-Literatur« heraus. Mit dem Roman *Tiempo de fulgor* (Chronik des Spitals San Juan de Dios, aufgezeichnet von der Schwester María Teresa, 1970) liefert Ramírez nur wenige Jahre nach García Márquez' *Cien años de soledad* das Beispiel einer üppig wuchernden literarischen Phantasie. *Tiempo de fulgor* folgt einem scheinbar improvisierten, aber komplexen Plan ineinander verschlungener Schicksale, die sich zum Bild der nicaraguanischen Kleinstadt León im 19. Jh. formen. Die Auseinandersetzung mit dem großen Vorbild García Márquez, das auch heute noch das europäische Bild Lateinamerikas be-

stimmt, ist ebenso klar ersichtlich wie kalkuliert. Eine geradlinige Fortsetzung für den Zeitraum von Sandinos Ermordung bis in die 60er Jahre bildet Ramírez' zweiter Roman *¿Te dio miedo la sangre?* (1977), der mit ähnlichen Kompositionsverfahren wie *Tiempo de fulgor* die Entrümpelung des »historischen Romans« fortsetzt. In ähnlicher Weise hat Gioconda Belli mit ihrem Conquista und Gegenwart verbindenden Roman *La mujer habitada* (1988) einen vielbeachteten Beitrag zum neuen historischen Roman mit Fokussierung auf die weibliche Perspektive geleistet.

Auch in den übrigen Literaturen der Regionen wurden, wenngleich in geringerem Umfang, seit 1960 Kurzgeschichte und Roman weitergepflegt. Der Salvadorianer Hugo Lindo hat neben einer umfassenden lyrischen Produktion und einer Reihe von realistischen Erzählbänden aus dem bürgerlichen Milieu (*Guaro y champaña*, 1955) mit dem Roman *¡Justicia, señor gobernador!* (1960) einen interessanten Typus des psychologisch-realistischen Romans geschaffen; er transponiert die Problematik von Cervantes' *Don Quijote*, der immer wieder zitiert wird, in das Milieu des zeitgenössischen Strafgerichtsbarkeit, wobei er die Themenbereiche der kriminalistischen Wahrheitsfindung und der daraus entstehenden Entfremdung kombiniert. In Costa Rica und Honduras, deren politische Entwicklung in den letzten Jahrzehnten nur von kurzen Repressionsphasen beeinträchtigt wurde, folgte man länger als bei den Nachbarn den thematischen und stilistischen Mustern der Campesino- und Stadtliteratur. Literarisch dominant sind die altbekannten Themenbereiche, die eher auf den Wunsch nach sozialer als nach literarischer Erneuerung hindeuten. Vorherrschend in den stärker von der Landoligarchie als von demokratischen Parlamenten gelenkten Ländern sind weiterhin die Geschichten von der Not der Plantagenarbeiter – wie der Roman *Los leños vivientes* (1962) des Costaricaners Fabián Dobles – oder jene Form literarischer Lebenshilfe, die von den kleinen Freuden und Leiden der Mittelschicht der Städte erzählt – wie die Kurzgeschichtensammlung *El ángel de la balanza* (1956) des Honduraners Alejandro Castro. Umso bemerkenswerter, aber keineswegs charakteristisch für den nach wie vor traditionell konservativen Publikumsgeschmack dieser Länder, ist Carmen Naranjos Politsatire auf die Inhumanität und den Filz der costaricanischen Bürokratie *Los perros no ladraron* (1971). Daneben steht auch *Luzbel* (1969), eine Sammlung phantastischer Erzählungen des vom »Boom« beeinflussten Gonzalo Arias Paez, bislang singulär in der Literatur Costa Ricas.

Wenngleich die Anfänge einer Erzählliteratur mit literarischem Anspruch in Panama bis in die Zeit des Modernismo zurückreichen, als Ricardo Miró in seinem Stadtroman *Noches de Babel* (1913) Elemente des Kriminalromans und der Reportage zu einer eindrucksvollen Vision Panamas kombinierte, findet dieser Ansatz erst in der Nachkriegsliteratur ein Echo. Joaquín Beleño Cedeño knüpft mit dem bedeutendsten Stadtroman über die Kanalzone, *Luna verde* (1951), an diesen Versuch an, gibt dem Thema der Faszination der Großstadt indes düstere Färbung. Sein Text kritisiert die herrschende Rassendiskriminierung und die Gewalttätigkeit und skizziert die daraus resultierenden Konsequenzen für die Gesellschaft des Landes. Auch Beleños neuere Romane, z.B. *Flor de banana* (1970), entstehen aus dieser Opposition gegen das US-amerikanische Engagement in der Kanalzone. In *Gamboa road gang* (1960) hinterfragt er Rassenvorurteile, die zur Verurteilung eines Farbigen in einem Vergewaltigungsprozess führen. Diese sozialkritischen und antiamerikanischen Tendenzen bleiben bestimmend für die erzählerische Produktion des Landes.

Erzählliteratur in El Salvador, Honduras und Costa Rica

Panamas neuere Erzählliteratur: Joaquín Beleño Cedeño

Die neuere Lyrik Mittelamerikas

Ernesto Cardenal

Die neuere Lyrik Mittelamerikas verdankt ihre bedeutendsten Texte der vergangenen Jahrzehnte einem Nicaraguaner, dem Priester und späteren sandinistischen Politiker Ernesto Cardenal, der neben Pablo Neruda das internationale Bild lateinamerikanischer Poesie am nachhaltigsten geprägt hat. Cardenals dichterische Anfänge reichen bis in die 40er Jahre zurück (*La ciudad deshabitada*, 1946), in denen er noch wesentliche Anregungen der Avantgarde Coronel Urtechos und besonders Pablo Antonio Cuadras verdankt. In seinen bereits in den 50er Jahren entstandenen *Epigramas* (1961) verdichtet er seine anfangs träumerisch-subjektive poetische Sprache auf metaphernarme, unkomplizierte Aussagen. Diese Schmucklosigkeit seiner Lyrik, die mit der Idee einer bewussten Gegenständlichkeit und Anschaulichkeit korrespondiert, ist eine wesentliche Eigenart der Dichtung Cardenals, die mittlerweile als sein »exteriorismo« bezeichnet wurde. Handelte es sich beim »exteriorismo« der *Epigramas* noch um ein primär sprachlich-ästhetisches Konzept, so radikalisiert Cardenal in dem Gedichtband *La hora zero* (1960) den exterioristischen Stil in Hinblick auf die Verdeutlichung einer ideologisch-religiösen Aussage. Im Grunde markiert *La hora zero* somit stärker als jeder andere Text den »Bruch«, den die Ereignisse in Kuba in der Mentalitätsgeschichte Zentralamerikas darstellen. *Salmos* (1964), eine Paraphrase des Psalmtextes, und ebenso die Sammlung *Oración por Marilyn Monroe y otros poemas* (1965) stellen Cardenals originellen poetischen Versuch dar, abendländische Kultur in neuartiger Weise für eine spezifisch lateinamerikanische Lektüre zu öffnen. Dabei wird in den Bearbeitungen archaisch-amerikanischer Inschriften, Lieder und Gebete, die Cardenal in dem Band *Homenaje a los indios americanos* (1970) gesammelt hat, seine eigenwillige Arbeit am Intertext des jeweils kulturell »Anderen« auch in der entgegengesetzten Richtung erkennbar – als Engagement für das bessere Verstehen der marginalisierten Kulturen des Kontinents. In den politischen Gedichten seit der Vertreibung »Tacho« Somozas wird ein erneuter Wandel vom kämpferischen Tonfall der Zeit des Kampfes der Sandinisten (*Canto nacional*, 1973) zur Verherrlichung der neuen Freiheiten (*Vuelos de victoria*, 1984) wahrnehmbar. So spiegelt auf einer separaten Ebene Ernesto Cardenals Lyrik auch den schwierigen historischen Weg Nicaraguas in eine humanere Gegenwart wider. Mit *Cántico Cósmico* (1989) hat Cardenal noch einmal versucht, einen neuen Ton zu finden und sich auf seine Weise mit der »Globalisierung« auseinanderzusetzen.

El Salvador:
Roque Dalton

Ähnliches versucht für sein Land der auf tragische Weise ums Leben gekommene Salvadorianer Roque Dalton zu leisten. Neben Cardenal ist vor allem er es, dem eine Erneuerung der Lyrik in Mittelamerika zu verdanken ist. Ähnlich wie Cardenal durchläuft auch Dalton eine innere Wandlung von der konservativen Erziehung in einem Jesuitenkolleg zum politisch aktiven Marxisten, der die revolutionären Kräfte El Salvadors unterstützt. Auch für ihn ist das poetische Werk von Neruda literarischer Referenzpunkt, von dem aus er seine individuelle Erneuerung der mittelamerikanischen Poesie in Angriff nimmt. Und auch für ihn ist bestimmend die Ablehnung des vom Modernismo herkommenden, bis in die 60er Jahre hinein dauernden Kults der kunstvollen Chiffrierung der poetischen Aussage, die bis zur völligen Dunkelheit des Sinns reichte. Daltons Lyrik ist demgegenüber von einer in den 60er Jahren revolutionären Schlichtheit. Inhaltlich stellt Lyrik für Dalton ein Moment der Störung unserer alltäglichen Ordnungen dar. Die Erfahrungen von Isolation, Angst, Schmerz und Gewalt bestimmen als Leitmotive die Texte der frühen Gedichtsammlungen *La ventana en el rostro* (1961) und *El turno del ofendido* (1962). In noch stärkerem Maße als Cardenals Lyrik sind diese Texte von Narrativität geprägt und erinnern in der Abfolge von sprachlichen Bildeinheiten an die Schnittfolgen von Filmen. Wie Cardenal verwendet Dalton auch die Technik der verfremdenden Zitatenmontage; so besteht sein bekanntes Gedicht »Taberna« aus dem gleichnamigen Band *Taberna y otros lugares* (1969) größtenteils aus Zitatfetzen von Diskussionen junger Intellektueller. Auch der in Daltons Epoche eigenwillige Zugang zur lokalen Historie zeichnet dieses Werk aus. In seinem letzten zu Lebzeiten veröffentlichten Gedichtband, *Las historias prohibidas del pulgarcito* (1974), finden sich alle hier genannten Erscheinungen konzentriert, um das eine große Thema Roque Daltons zu gestalten: die leidenschaftliche Dekonstruktion von der mittelamerikanischen Realität nicht angemessenen historischen Klischees.

Das neuere mittelamerikanische Theater

Wenn die Produktion von Bühnenwerken in den letzten Jahrzehnten des 20. Jhs. merklich angestiegen ist, so deutet das nicht zuletzt auf die traditionelle Begeisterung der hispanischen Welt für jede Form szenischen Spektakels zurück, die sich in Mittelamerika neuerdings gerade in Laienbühnen und vor allem im Studententheater artikuliert, während staatliche Subventionierung oder gar industrielles Sponsorentum keine große Bedeutung haben. Zudem gelang es einigen der jüngeren Dramatiker, sich im benachbarten Mexiko zu etablieren, wo es bereits einige Theater mit staatlicher Förderung gibt. Wenngleich es verfehlt wäre, diesen neueren Produktionen etwaige gemeinsame Tendenzen zu unterstellen, so fällt bei der Wahl der Sujets die Bevorzugung von gesellschaftskritischen Intentionen und der Widerstand gegen politische Repression auf. Weit davon

Mit dem futuristischen Neubau des Nationaltheaters beansprucht Guatemala-City eine führende Rolle im Kulturleben Mittelamerikas

entfernt, reines Spektakel zu sein, übernimmt das Theater hier die lange Zeit hindurch in Mittelamerika kaum realisierte Eigenschaft einer »moralischen Anstalt«. Hier hat gerade für die jüngeren Autoren die Auseinandersetzung mit den Neuerungen des europäischen Nachkriegstheaters einen gewissen Aufwind gebracht. Das epische Theater Brechts steht dabei ebenso Pate wie die Hauptwerke des Existentialismus und das Theater des Absurden von Beckett, Ionesco und Pinter. Eine formale Gemeinsamkeit dieser meist kurzen Werke ist die durchwegs schlichte Anlage, die sich in unkomplizierten Fabeln äußert, und die bewusste Preisgabe eindeutig wertender Positionen bei der Auflösung der Intrige.

Asturias als Dramatiker und das Theater in Guatemala

In Guatemala hatte in den 50er und 60er Jahren Miguel A. Asturias versucht, das Theater in eine historistisch-idealisierende und eine aktuell-kritische Richtung zu beleben. Einmal brachte er nationale Vergangenheit auf die Bühne, sei es in *Soluna* (1957), mit dem Bezug auf Magisch-Indianisches, sei es in *La audiencia de los confines* (1957), wo er mit der Figur Bartolomé de Las Casas' auf die koloniale Vergangenheit zurückgreift. Nachfolger fand in Guatemala bislang aber hauptsächlich seine aktuell-kritische Linie, die auch Elemente des Farcen- und des Boulevardtheaters einbezieht. In ähnlich witziger Manier entwickelt Manuel José Arce in der publikumswirksamen Groteske *Delito, condena y ejecución de una gallina* (1969) gesellschaftskritische Ansätze. Anders als Asturias' Spätwerke behandeln die Stücke des experimentierfreudigen Hugo Carrillo – *La calle del sexo verde* (1959), *Autopsia para un teléfono* (1972) und *Juegos de pregoneros* (1972) – bevorzugt gesellschaftliche Tabuthemen. Das Thema der in den Ländern Lateinamerikas nach wie vor allgegenwärtigen Gewalt setzt Lionel Méndez in schauriger Weise in *Los desaparecidos* (1971) um. Der mittlerweile auch einem größeren Publikum im benachbarten Mexiko vertraute Carlos Solórzano ist indes sicherlich der erfolgreichste zeitgenössische Dramatiker Guatemalas. Als Theaterkritiker und profunder Kenner des zeitgenössischen lateinamerikanischen Theaters greift er in seinen inzwischen gut zwanzig Stücken – so in *Las manos de dios* (1956) und *Los falsos demonios* (1966) – die szenische Sprache des expressionistischen Theaters zur Veranschaulichung abstrakt-metaphysischer Probleme auf.

Carlos Solórzano

Theater in El Salvador: Walter Béneke

In El Salvador hat sich in den 60er und 70er Jahren Walter Béneke als erfolgreicher Theaterautor etabliert. Er reflektiert in seinen Stücken die moralischen Grundlagen der zeitgenössischen salvadorianischen Gesellschaft, zumal den Verlust zwischenmenschlicher Solidarität und die Entfremdung in der sich wandelnden Gesellschaft seines Landes. Sein frühes Stück *El paraíso de los imprudentes* (1956) weist ihn als Adepten des französischen Existentialismus aus. Sein meistgespieltes Stück *Funeral home* (1959) stellt – bereits in der ambivalenten Grundkonstellation des Titels gegenwärtig – in durchaus ironischer Weise die Frage, ob in einer ihrer moralischen Werte beraubten Welt der christliche Erlösungsgedanke – veranschaulicht durch die kontrapunktische Inszenierung eines Begräbnisses, das zu Weihnachten in New York stattfindet – noch gelebt werden kann. Die Stücke von Alvaro Menén Desleal (d. i. Alvaro Menéndez Leal), der auch zu den bedeutenden zeitgenössischen Erzählern seines Landes zählt, handeln, wie z. B. sein mittlerweile preisgekröntes Stück *Luz negra* (1965), von Isolation und Entfremdung, die er in eine an Becketts Bühnensprache erinnernde Dramaturgie umsetzt.

Ertragreicher freilich war das nicaraguanische Theater, das seit den Tagen des »grupo de Granada« durch verschiedene Aktivitäten im intellektuellen Leben verankert wurde. Die dadaistischen Theaterexperimente Coronel Urtechos und Pablo Antonio Cuadras, die teils noch nicht einmal in zuverlässig gedruckten Fassungen vorliegen, fanden bislang keine Nachfolger, da sich das Theater der Nachkriegsära mit den Stücken von Enrique Fernández Morales Stoffen der nicaraguanischen Lokalhistorie wie dem Putsch des amerikanischen Abenteurers Walker (*El vengador de la Concha*, 1962) und konventionellen Präsentationsformen widmete. Von diesem stärker aktionsbetonten Typ wandte sich Morales indes seit *Judas* (1970) einem eher statischen Typus des Ideendramas zu. Mit den Stücken von Rolando Steiner erhält Nicaragua erstmals ein am Magischen Realismus orientiertes Theater. Sein Drama *Judith* (1957), ein Stück über die Problematik der Liebe im bürgerlichen Ambiente, arbeitet gezielt mit den Ambivalenzen beim Übergang von Realität und Traum. In dem spannungsreichen Einakter *Antígona en el infierno* (1958) deutet er den seit Sophokles immer wieder gestalteten antiken Mythos zu einer in allen Ländern Lateinamerikas unzweideutig verstandenen Metapher des Widerstands gegen politische Repression um. In *Un drama corriente* (1964) wendet er sich nochmals der Unmöglichkeit der Liebe zu, die, durch Alltäglichkeit korrumpiert, allmählich die Protagonisten vernichtet. Die Ambivalenzen jenes Zwischenbereichs von Traum und Realität, die traditionellerweise die Ästhetik des Magischen Realismus mitbestimmen, dienen Alberto Ycaza zur Demontage des bürgerlichen Wertegefüges. In *Ancestral 66* (1967) sind es die alltäglichen Mythen mittelamerikanischer Identität, die er mit aus dem Surrealismus entlehnten Techniken – vor allem der Doppeldeutigkeit der Symbolsprache – hinterfragt; auch in den folgenden Stücken *Asesinato frustrado* (1967) und *Ego te absolvo* (1969) problematisiert er Mentalitätsklischees der nicaraguanischen Gesellschaft. Experimentierfreude in der entstehenden Theaterlandschaft Mittelamerikas verrät sein in den 70er Jahren entstandenes »Stück« *Nosotros*, für das er nur noch den Handlungsablauf skizziert, um die Ausführung des Textes der Improvisation der Schauspieler zu überlassen. Gerade neueste Entwicklungen des Theaters zeigen eine Tendenz zu monologartigen Stücken, wie sie in den 70er Jahren der existentialistisch beeinflusste Horacio Peña entwickelt hatte, der das Geworfensein des Menschen in einer nicht mehr transzendierbaren Wirklichkeit (*El hombre*, 1970) reflektiert. Weniger universalistisch in der Wahl seiner Themen, will Octavio Robleto mit seinen Gesellschaftskomödien spezifisch nicaraguanische Themen auf die Bühne bringen. Seine Komödie *Doña Ana no está aquí* (1977) ist vordergründig durch eine für Insider leicht zu entschlüsselnde nicaraguanische Kindererzählung inspiriert, karikiert indes das Verhalten der Oberschicht seines Landes.

Das nicaraguanische Theater: Enrique Fernández Morales, Alberto Ycaza

Auch in Honduras, wo zumal im Bereich des Theaters seit der Unabhängigkeit kaum Nennenswertes entstanden war, konnten sich sich neuerdings zwei formal wie thematisch unterschiedliche Theaterströmungen entwickeln. Auf ein aussagekräftiges, anspruchsvolles Ideendrama zielt Medardo Mejía ab, der in *El sueño de Matías Carpio* (1961) die Schwierigkeit, mit der Freiheit umzugehen, problematisiert. Der eigentliche Erneuerer des honduranischen Theaters ist indes der Exilspanier Andrés Morris, dessen Werk deutlich politisch akzentuiert ist. Nach *El guarizama* (1966), das das Thema der Gewalt in seinem Land behandelt, hat er interessante Parabeln auf die Bühne gebracht: Inhaltlich bemerkenswert ist sein Stück *Oficio de hombres* (1967), in dem er die Entwurzelung von Studenten problematisiert, die als Stipendiaten im Ausland Erfahrungen

Das Theater in Honduras: Medardo Mejía, Andrés Morris

Flüchtlingslager
in Honduras

sammeln, die ihnen eine Rückkehr in die Heimat unmöglich machen. Auf dem Höhepunkt der Diskussion über die Machenschaften der Bananengesellschaften reflektiert Morris mit *La miel del abejorro* (1968) die Problematik der ja immer noch weitgehend auf Monokulturen begrenzten zentralamerikanischen Landwirtschaft.

Costa Ricas Theater

Costa Ricas Theater wurde seit den 50er Jahren vor allem durch die Aktivitäten von Studentenbühnen belebt. Auch hier ist eine Dichotomie in eine stärker gesellschaftskritische und eine auf den Problemkreis »großer Menschheitsthemen« fixierte Produktion unverkennbar. Alberto F. Cañas kann auf ein umfangreiches Werk im ersten Bereich verweisen. Neben ironisch-witzigen Komödien schreckt er auch nicht davor zurück, mit seiner spanischen Version von Jonathan Swifts *A Modest Proposal* die vielleicht makaberste Satire aller Zeiten auf die Bühne zu bringen (*Eficaz plan para resolver la desnutrición infantil y de paso los problemas fiscales*, 1962). Im zweiten Genre bewegt sich vor allem Samuel Rovinsky, der die Frage nach der Gültigkeit innerer Überzeugungen und Anpassung von Idealen an eine veränderte Realität in dem Stück *Gobierno de alcabo* (1961) problematisiert; dessen Protagonist, ein ehemaliger Guerillero, mit dem Sturz des von ihm bekämpften Regimes konfrontiert, sieht sich vor den letztlich tragischen Konflikt gestellt, in einer liberalen und friedlichen Umgebung seine spezifisch daseinsbegründende Aufgabe verloren zu haben. Den immer krasseren Arm-Reich-Gegensatz der Länder Südamerikas greift das eher schablonenhafte Theaterstück *El mendigo y el avaro* (1970) des vom Existentialismus beeinflussten Dramatikers und Lyrikers José de Jesús Martínez auf. Trotz dieser stetig zunehmenden Produktion entsteht den Dramatikern Konkurrenz durch Kino und Fernsehen. Dabei zeigt sich, dass Zentralamerika hier nicht nur weit hinter dem US-Kino, sondern auch hinter den deutlich besser entwickelten Filmindustrien Venezuelas, Mexikos und Argentiniens zurückbleibt. Produktionen wie *Sandino* (Nicaragua/Spanien 1990) des Chilenen Miguel Littin, die ambitionierte Verfilmung der Biographie des Widerstandskämpfers und Nationalhelden, sind nicht nur Ausnahmeerscheinungen; im Stil an Hollywood-Filme angelehnt und mit internationalen Stars (Kris Kristofferson, Angela

*Film und Fernsehen
in Mittelamerika*

Molina) besetzt, verweist gerade *Sandino* auf den Zwiespalt, in dem sich Mittelamerika bei der Suche nach eigenen ästhetischen Möglichkeiten am Ende des 20. Jhs. befindet.

Literatur der spanischsprachigen Karibik

Wirtschaftliche Schwierigkeiten in den Karibikstaaten

Trotz der sehr unterschiedlichen sozialpolitischen Struktur der drei spanischsprechenden Karibikstaaten Kuba, Puerto Rico und Santo Domingo sind ihnen gerade in den letzten Jahrzehnten große wirtschaftliche Schwierigkeiten gemeinsam. In Puerto Rico, der relativ reichsten Insel, kann nur ein Viertel der Bevölkerung einen Arbeitsplatz vorweisen. Die Emigrationswelle in die USA, denen das Land weiterhin als »Estado Libre Asociado« »frei assoziiert« bleibt, hält an. In dem Staat stehen sich seit langem drei Gruppierungen gegenüber: die »anexionistas«, die den Anschluss an die Vereinigten Staaten befürworten, die den Status quo favorisierenden »estadolibristas« und der eine nationale Selbstständigkeit anstrebende »Partido Independista«, dessen Einfluss eher gesunken ist. Nur gut vier Prozent erreichen die Independentisten bei der Volksbefragung im November 1993, während der »Partido Popular Democrático« und damit die Gruppe der »estadolibristas« knapp den Sieg erringt vor dem »Partido Nuevo Progresista« unter dem den Anschluss befürwortenden Gouverneur Roselló. 1992 hat Roselló weitere Maßnahmen zur Förderung der englischen Sprache als Haupt- und Verkehrssprache ergriffen, obwohl nur etwa ein Fünftel der Puertoricaner das Englische in ausreichendem Maße beherrschen.

Die Rolle Puerto Ricos

Die Dominikanische Republik steht nicht erst seit der letzten Invasion der USA 1965 fest im westlichen Block. Die Opposition schart sich um den lange exilierten Schriftsteller Juan Bosch, der 1990 noch einmal mit einem eigenwillig aus Marxismus und Caudillo-Ideologie gemischten Programm für das Präsidentenamt kandidiert. Sein Gegner ist der regierende greise Joaquín Balaguer, einst ein Vertrauter des Diktators Trujillo, der eigens die Verfassung ändert, um sich noch einmal zur Wahl stellen zu können. In diesem »Duell der Elefanten« kann sich Bosch nicht durchsetzen. Zwar mildert sich innerhalb des formal demokratischen Systems die Benachteiligung nichtkonformer Intellektueller, doch bleibt die materielle Lage der dominikanischen Bevölkerung schwierig (unter anderem infolge der misslungenen Landreform und besonders aufgrund der gesunkenen Weltmarktpreise für die Hauptexportartikel des Landes).

Das politische System der Dominikanischen Republik

Revolutionärer Kulturelan: die Frühphase der Kubanischen Revolution

Die jüngeren Entwicklungen im karibischen Raum stehen bis heute in der Folge der Kubanischen Revolution von 1959. Die Überwindung der Diktatur Batistas durch eine sozialistische Revolution ließ Kuba und weite Teile Lateinamerikas auf neue Formen der gesellschaftlichen, kulturellen und wirtschaftlichen Autonomie hoffen. Diese Hoffnung, so lässt sich unabhängig von ideologischen Argumentationen feststellen, ist enttäuscht worden. Zunächst verloren einzelne Entwicklungsstränge der sozialisti-

Alphabetisierungs-
kampagne

*Die »Casa
de las Américas«*

Theater in Kuba

schen Programmatik und dann letztlich die Idee einer kommunistischen Idealgesellschaft ihre Glaubwürdigkeit im Land. So ist heute kaum mehr vorstellbar, wie wohlwollend die versuchte Befreiung von diktatorischen und neokolonialistischen Zwängen in den ersten Jahren der Revolution weltweit aufgenommen und wie positiv deren erste Erfolge verbucht worden sind. Kuba entwickelt sich in kürzester Frist nicht nur zu einem der wenigen lateinamerikanischen Länder, in dem es keine hungernden Kinder und eine freie Gesundheitsfürsorge für alle gibt, es wird auch der Staat, der durch eine im Schneeballsystem operierende beispiellose Alphabetisierungskampagne die Analphabetenrate, die vor der Revolution bei etwa einem Viertel der Bevölkerung lag, innerhalb eines Jahrzehnts auf unter vier Prozent reduziert. Die alphabetisierenden »Brigadisten«, die von den Städten auf das Land gehen, gelten ähnlich den von der Sierra Maestra des Ostens aus operierenden politischen Aktivisten als Träger revolutionärer Solidarität und als Helden des Staates. Der kulturrevolutionäre Auftrag macht nicht bei der Alphabetisierung halt: Die intellektuelle Führungsschicht der Regierenden proklamiert eindringlich ein verändertes Kulturkonzept, das im Bereich der Literatur enorme konzeptuelle wie praktische Veränderungen mit sich bringt. Um Literatur zum Beschäftigungsgegenstand nicht mehr nur einer schmalen Bildungselite zu machen, richtet man neue Verlagshäuser ein, so 1967 das »Instituto del Libro«, den kubanischen Staatsverlag (mit Alejo Carpentier als Direktor). Schon am 4. Juli 1959 wird die »Casa de las Américas« gegründet, eine Institution, die den kulturellen Austausch mit den anderen Ländern Lateinamerikas koordinieren soll, der aber auch innerstaatliche Funktionen wie Buch- und Zeitschriftenpublikation und die Durchführung von Kolloquien, Theaterfestivals usw. obliegen. Seit 1988 ist ihr Direktor Roberto Fernández Retamar, einer der bekanntesten Essayisten, Literaturwissenschaftler und Kulturtheoretiker des Landes, Autor von *Calibán: Apuntes sobre la cultura en nuestra América* (1971). Auf dem ersten Kongress der Schriftsteller und Künstler Kubas 1961 wird die Gründung der »Kubanischen Schriftsteller- und Künstlervereinigung« UNEAC beschlossen, zuerst unter Nicolás Guilléns Leitung; nach einer Reform widmet sie sich den drei Bereichen Literatur, Musik und darstellende Künste. Von entsprechenden Komitees der UNEAC werden jährlich fünf Literaturpreise vergeben. Um die Herstellung billiger Bücher zu ermöglichen, erkennt das Land lange die internationalen Copyright-Abkommen nicht an, sondern lässt erst einmal drucken, was ihm opportun erscheint. Die praktische Förderung des literarischen Lebens wird organisiert durch die Einrichtung von »talleres literarios«, »Schreibwerkstätten« für interessierte Laien. In diesen Einrichtungen – landesweit sind es knapp fünfhundert – wird unter sachkundiger Anleitung Literatur geschrieben.

Im Bereich des Theaters wird schon im Juni 1959 die »Ley 379« novelliert, ein Gesetz, das (außer der Gründung eines Nationaltheaters) die Öffnung der Spielstätten bewirken und damit die Aufführung auch solcher Stücke ermöglichen soll, die bislang am kommerziellen Status des Theaterbetriebs scheiterten. Auch das Theater wird fest eingebunden in die Konzeption einer revolutionären Kultur. Es entstehen zahlreiche (Laien-)Gruppen; unter den professionellen gelangt – gerade nach Auslandstourneen – das »Teatro Escambray« zu internationalem Ansehen. Als »revolutionäre« Theaterautoren sind José Triana mit *La noche de los asesinos* (1965) und besonders Héctor Quintero zu erwähnen. Quintero, ein Allroundgenie des Films und Theaters, bemüht sich, mit Niveau für

Cienfuegos –
Heim der Jungpioniere

die Masse zu schreiben, was nicht immer gelingt. Zum Teil bleiben seine Stücke doch eher der wenig anspruchsvollen Volkstheaterkultur verhaftet, teils findet er in revueartigen Stücken (*Lo musical*, 1971) einen neuen Ausdruck. Die Literatur in ihrer Gesamtheit versteht sich als Beitrag zur Schaffung eines neuen Bewusstseins, als Stärkung eines kulturrevolutionären Prozesses, für den der Schriftsteller und Freiheitsheld José Martí als Kronzeuge berufen wird. Dabei werden insbesondere jene literarischen Formen gefördert, in denen die revolutionären Errungenschaften positiv reflektiert werden: die Emanzipation der Farbigen und der Frauen, der allgemeine Zugang zu Bildung. Auch die Verbreitung der Kultur findet neue Wege; mehrere nichtkommerzielle Zeitschriften (wie *El Caimán Barbudo* oder *Unión*) beliefern die Masse des Volkes mit literarischen und essayistischen Texten und unterstützen so das Ideal einer Gesellschaft von Gleichen.

Erste Zweifel: die »Affäre Padilla«

Dass dieses Ideal später zu einer allgemeinen Gleichstellungsverpflichtung pervertiert, die gerade zahlreiche der besten Schriftsteller ins Exil treibt, ist anfänglich nicht abzusehen, als Fidel Castro 1961 in seinen »Palabras a los intelectuales« (»Worte an die Intellektuellen«) die Autoren des Landes alles mit Ausnahme konterrevolutionärer Werke zu schreiben ermutigt. 1959 feiern auch jene Schriftsteller die revolutionären Ideen, die später heftig dagegen opponieren werden. Gerade seit Beginn der hier behandelten Periode – seit 1971 – aber sinkt das Vertrauen in diese Revolution und in die Aufrichtigkeit ihrer Anliegen. Ein Meilenstein in diesem Prozess ist die sogenannte »Affäre Padilla«. Heberto Padilla, der in den USA als Sprachenlehrer tätig ist, nach der Revolution nach Kuba heimkehrt und sich dort als Lyriker einen Namen macht, reicht 1968 seinen Gedichtband *Fuera del juego* zur Publikation ein. Obwohl das Werk dem verordneten Optimismus widerspricht und im Vorwort wie in einigen Gedichten – eher verschlüsselt – kritische Positionen der nachrevolutionären Entwicklung gegenüber einnimmt, wird es mit dem Jahrespreis der UNEAC prämiert.

Castros »Worte an die Intellektuellen«

Dies allerdings verhindert nicht, dass der Autor wegen des Verdachts konterrevolutionärer Umtriebe in Untersuchungshaft genommen wird. Man lässt ihn erst nach einer öffentlichen Selbstkritik frei, deren stereotype Selbstbezichtigungsklauseln sich wie die Karikatur dieses Genres lesen. Der vehement antirevolutionäre Autor Reinaldo Arenas berichtet in der kurz vor seinem Selbstmord im Exil verfassten Autobiographie *Antes que anochezca* (1992) über Padillas Selbstkritik: »Der Abend, an dem Padilla sein Geständnis ablegte, war auf unheimliche Weise unvergesslich. Dieser lebenslustige Mann, der schöne Gedichte geschrieben hatte, bereute alles, was er getan hatte, sein ganzes bisheriges Schaffen, er verleugnete sich selbst, klagte sich als Feigling, Schuft und Verräter an. Er sagte, während der Zeit im Gewahrsam der Staatssicherheit hätte er die Schönheit der Revolution begriffen und Gedichte an den Frühling geschrieben. Padilla sagte sich nicht nur von seinem bisherigen Werk los, sondern denunzierte öffentlich alle seine Freunde, die, wie er sagte, ebenfalls eine konterrevolutionäre Haltung eingenommen hatten, einschließlich seiner Frau.« Es sei dahingestellt, ob Arenas hier übertreibt; der »Fall Padilla« jedoch bewegt Anfang der 70er Jahre gerade jene Intellektuellen, die der Erneuerungsbewegung Castros positiv gegenüberstehen. Jean-Paul Sartre initiiert einen Protestbrief an Castro, den viele lateinamerikanische Schriftsteller unterzeichnen: Mario Vargas Llosa, Julio Cortázar, Juan Rulfo, Octavio Paz und auch Gabriel García Márquez, der allerdings später betont, seine Unterschrift habe auf einem Missverständnis beruht. Padilla kann Jahre später nach Nordamerika ausreisen, wo er an einer Universität lehrt und weiterhin schreibt, so den revolutionskritischen, von der verschachtelten Struktur und vom witzig eingesetzten philosophischen Substrat her recht interessanten Roman *En mi jardín pastan los héroes* (1981), dessen Titel auf die Revolutionäre um Fidel Castro anspielt. Der Vorfall gewinnt symptomatischen Charakter: Begegnete man bis dahin den kubanischen Experimenten im Feld der Kulturerneuerung meist mit Wohlwollen, so taucht auf einmal der Vergleich mit stalinistischen Praktiken auf, den einige der ins Exil gegangenen Autoren verabsolutieren.

Die »novela testimonio« und andere neue »revolutionäre Gattungen«

Bevor aber die Exilliteratur betrachtet wird, gilt es den Blick auf die direkten Auswirkungen der (Kultur-)Revolution auf das literarische Leben Kubas zu lenken. Es überrascht nicht, dass das »neue Bewusstsein« literarische Formen prägt, die bislang in Kuba nicht in Erscheinung getreten sind, dass etwa Kriminalromane, Literatur über Frauen, Biographien der Revolutionäre und neuartige historiographische Werke entstehen. Das Paradebeispiel für die Geburt eines Genres aus dem Geist der Revolution stellen die »novelas testimonio«, die »Testimonialromane«, dar. Ihr prominentester Praktiker und zugleich ihr scharfsinnigster Theoretiker ist Miguel Barnet, der 1966 mit *Biografía de un cimarrón* das erste und zugleich bekannteste Beispiel dieser Gattung vorlegt. Es ist die Lebensgeschichte des Farbigen Esteban Montejo, eines »cimarrón«, also eines entlaufenen Sklaven, der – im Alter von 107 Jahren – dem Autor in einer langen Reihe von Interviews sein ereignisreiches Leben erzählt. Die Praxis der Sklaverei, Details aus dem sozialen Leben der Leibeigenen, Berichte über Feste, Bräuche und Riten der Afrokubaner finden ebenso Eingang in

*Miguel Barnet,
Biografía
de un cimarrón*

diese Schilderung wie die persönliche Erfahrung des Überlebens in der Einsamkeit der Sierra. Die politische Seite wird schon durch den Freiheitswillen des Mannes manifest, sie ist thematisiert in den historischen Ereignissen der Sklavenemanzipation und der nationalen Unabhängigkeit, auf die Revolution von 1959 jedoch spielen nur wenige Sätze an. Den Text kennzeichnet eine solche Treue zur Sprache des alten Mannes, dass auch der kubanischen Edition ein Glossar beigegeben ist, welches 150 Spezialausdrücke aus Voodookult und afrokubanischem Vokabular erklärt. Dieser gelungenen Umsetzung einer interessanten Geschichte in eine originelle Textoberfläche mag das Buch seinen Erfolg verdanken, jedenfalls wurde es verfilmt sowie in zahlreiche Sprachen übersetzt, und Hans Magnus Enzensberger und Werner Henze lieferten Libretto und Musik zu einer Oper nach dem Stoff. Dennoch widerspricht es durchaus der Intention Barnets, den Exotismus des Werks hervorzuheben; explizit distanziert er sich vom »Arsenal der folkloristischen Rhetorik«, unter das er alle bisherigen Anverwandlungen der Farbigen- und Eingeborenenthematik von der siboneistischen Lyrik über den indigenistischen Roman bis zur »Poesía Negrista« subsumiert. Die Wirkungsabsicht liegt gerade nicht darin, den entlaufenen Sklaven als Exoten darzustellen, sondern darin, ihn als exemplarischen Vertreter des kubanischen Volkes vorzuführen und auf diese Weise beizutragen zu einer authentischen Geschichtsschreibung, die der Masse der bislang Geschichtslosen eine Stimme verleiht.

Miguel Barnet

Auch in den folgenden drei Testimonialromanen (*La canción de Rachel*, 1969; *El Gallego*, 1981; *La vida real*, 1984) sowie in dem davon verschiedenen Genre der Autobiographie (*Oficio de Angel*, 1989) verfolgt Barnet dieselbe Absicht, die vorrevolutionäre Geschichte aus einer Perspektive von unten anhand exemplarischer Lebensläufe aufzurollen. Um tatsächlich seiner Literatur den Charakter eines Zeugenberichts zu geben, führt Barnet im Vorfeld Tonbandinterviews mit den stets realen Personen, deren Leben literarisiert wird, ein Verfahren, mit dem der als Ethnologe ausgebildete Autor vertraut ist. In seinen theoretischen Essays (gesammelt in dem Band *La fuente viva*, 1983) reflektiert er unter anderem ausführlich den Zwittercharakter der so entstehenden Produkte, die er eben nicht nur als Dokumentation, sondern als gleichwohl authentische Literarisierung verstanden wissen will. Der Autor müsse sich zurücknehmen, fordert er, müsse sich hineinversetzen in den »Informanten« und seine Lebensumstände. In sinniger Umkehrung des Flaubertschen Diktums »Madame Bovary, das bin ich« betont er die Vorrangigkeit seiner Figuren. Dabei wählt Barnet im Übrigen nicht nur »Helden« des Volkes, sondern mit Rachel, einer Kabarettsängerin aus der Zeit der Goldenen Zwanziger Jahre, auch politisch »unkorrekte« Protagonisten. Testimonialliteratur generell trifft man auch in anderen lateinamerikanischen Ländern (Mexico, Nicaragua) an, die Barnetsche Form stellt aber durchaus einen elaborierten Sonderfall dar, selbst wenn man vom Kontext der Revolution absieht. Die Essays Barnets enthalten nicht nur die Theorie des Testimonialromans im Rahmen der zeitgenössischen Literatur Lateinamerikas, sie reflektieren auch unter anderem über die »cubanidad« anhand der afrokubanischen Mythologie, der Yoruba-Gottheiten, der Folklore, und letztlich legen sie Zeugnis ab über die Hoffnungen, die man mit der Kulturrevolution verband, wenn er, auf Antonio Gramsci rekurrierend, nicht eine neue Kunst, sondern eine neue Kultur mit neuen moralischen Werten fordert, die er polemisch absetzt von einer US-amerikanischen Unkultur.

*Der »kubanische
Revolutionsroman«*

Neben dem »testimonio« gelten auch die Erzählungen über den Befreiungskampf im Vorfeld der Revolution als neues Genre, das man nach jenem ostkubanischen Gebirge, das den Aufständischen als Unterschlupf diente, mitunter als »Sierra-Maestra-Literatur« bezeichnet. Formprägend dafür war der 1960 publizierte und prompt mit dem Preis der Casa de las Américas ausgezeichnete Erstlingsroman *Bertillón 166* von José Soler Puig, der in der konzentrierten erzählten Zeit eines Tages den Kampf der in der »Bewegung vom 26. Juli« zusammengeschlossenen Aufständischen ebenso wie die Mechanismen der Diktatur darstellt. Soler Puig, der aus Santiago de Cuba stammt, kennt die Aktionen der gegen Batista kämpfenden Freiheitsbewegung aus eigener Anschauung; in den Roman gehen faktische und historische Tatbestände ein. Damit gewinnt das Werk deutlich die Züge der Reportage, andererseits finden sich auch eher psychologisierende Passagen, die den Generationenkonflikt zwischen den unpolitischen, abgestumpften »Alten« und den progressiven engagierten »Jungen« vertiefen. Durchgängig benutzt Soler Puig eine Technik der harten Schnitte, durch welche die starken inhaltlichen Kontraste unterstrichen werden. Gilt *Bertillón 166* als Klassiker der Revolutionsliteratur, so sind doch Soler Puigs Romane der folgenden drei Jahrzehnte vom erzählerischen Zugriff her weit interessanter, insbesondere *Un mundo de cosas* (1982), ein anspruchsvolles Gesellschaftsbild, das über ein Jahrhundert hinweg anhand einer exemplarischen Doppelsaga das Schicksal einer Fabrikanten- und einer Arbeiterfamilie in Santiago de Cuba nachzeichnet. Zu den Themenkomplexen, die sich den Revolutionsfolgen verdanken, gehört auch die Literarisierung der Alphabetisierungskampagne. Bekanntestes Paradigma hierfür ist Manuel Pereiras *El comandante Veneno* (1977), die Geschichte eines sehr jungen Brigadisten, der zum Unterrichten in das abgelegene Dorf El Veneno in der Sierra Maestra gesandt wird, wo er eine fremde, völlig unbekannte Welt vorfindet. Wieder heimgekehrt, gibt man ihm den Spitznamen des Buchtitels: »Kommandant Veneno«. Das Thema gibt Pereira nicht nur Gelegenheit, die Opfer darzustellen, die der Einzelne der Revolution zu bringen hat; er kann daneben auch längere Naturschilderungen im Sinne des »real maravilloso«, des »wunderbar Wirklichen«, einschalten (und im Übrigen sich bemühen, die wechselseitigen Vorurteile zwischen Stadt- und Landbevölkerung durch die zweifache Perspektivik abzubauen). Zu den revolutionären Genres lässt sich aus zwei Gründen auch der Kriminalroman zählen, einmal deshalb, weil sich in der kubanischen Literatur bis zur Revolution kaum Beispiele dieser Gattung finden, und zweitens, weil die dann entstehenden Werke die herkömmlichen Enträtselungsstrategien und die Kompetenz- und Sympathieverteilungen neu (in einem prorevolutionären Sinne) regeln. Die UNEAC vergibt seit 1977 auch einen jährlichen Preis für Kriminalliteratur. Als bekanntester Autor ist in diesem Kontext Luis Rogelio Nogueras zu nennen, der auch als Regisseur und Drehbuchautor tätig war; seine Krimis handeln hauptsächlich davon, wie im nordamerikanischen CIA-Milieu neue antikubanische Pläne ausgeheckt werden.

Jesús Díaz

Weltweite Beachtung findet der Filmregisseur, Drehbuchautor und Schriftsteller Jesús Díaz sowohl als Literat wie als Vertreter einer intellektuellen Schicht, welche den Errungenschaften der Revolution kritisch, doch nicht ablehnend gegenübersteht. In einem langen Gespräch mit der Zeitschrift *Der Spiegel* gibt er der Kritik an den totalitären Strukturen des kubanischen Staates eine deutliche Stimme, gleichzeitig drückt er aber auch die verbreitete Angst vor einer erneuten Rekolonialisierung durch

Nordamerika nach einem möglichen Zusammenbruch des gegenwärtigen Systems aus. Díaz, der sich in den frühen 60er Jahren aktiv am Kampf gegen eine konterrevolutionäre Gruppe im zentralkubanischen Escambray-Gebirge beteiligt hat, studiert Philosophie, um sich später dem Film und der Literatur zuzuwenden. 1966 wird sein Erzählband *Los años duros* mit dem Preis der Casa de las Américas ausgezeichnet; nach weiteren Erzählungen, Reportagen und einem Theaterstück publiziert er mit *Las iniciales de la tierra* (1987) einen großen Roman, in dem der Protagonist Carlos, bevor er als vorbildlicher Arbeiter ausgezeichnet werden soll, in einer Nacht sein Leben von der Kindheit im Dorf bis zur gescheiterten Zuckerrohrernte von 1970 reflektierend Revue passieren lässt. Gehen hier einige autobiographische Erlebnisse in die Handlung ein – die Rolle der afrokubanischen Mythen im ländlichen Milieu und der konterrevolutionäre Kampf in den Bergen des Escambray –, so ist sein Roman *Las palabras perdidas* (1991) ausgesprochen metaliterarisch insofern, als in ihm Vaterfiguren der kubanischen Literatur – Alejo Carpentier, Nicolás Guillén, José Lezama Lima – nicht nur intertextuell aufscheinen, sondern zentral diskutiert werden. Sie sind ebenso wie Borges Vorbilder für Díaz, der zwar die historische Notwendigkeit experimenteller Erzählformen betont, sich selbst aber eher an den großen traditionellen Erzählern orientiert, die für ihn die Gründungsfiguren eines eigenen lateinamerikanischen Romandiskurses sind.

Experimentelle Autoren

Die von Díaz mit einer gewissen Skepsis betrachteten experimentellen Schreibweisen haben in den spielerischen Romanverfahren eines Guillermo Cabrera Infante einen exemplarischen Ausdruck gefunden. Schon 1965 begibt sich Cabrera Infante ins Exil; in Kuba regt sein Schreibstil zahlreiche jüngere Autoren zu weiteren experimentellen Romanformen an. Ist es ein Zufall oder ein bezeichnender Sachverhalt, dass gerade die Schriftsteller den Kern der Dissidenten bilden, welche ihr Land verlassen und (meist in der exilkubanischen Gemeinde Floridas) einen neuen Anfang suchen? Bestes Beispiel dafür ist das Werk von Severo Sarduy. Nachdem er nach der Revolution kurzfristig als Kulturjournalist gearbeitet hat, verlässt Sarduy Kuba mit einem Stipendium, um in Frankreich Malerei zu studieren. In Paris findet er Anschluss an die Autoren des »Nouveau Roman« und die Theoretiker der »Tel Quel«-Gruppe, die ihm verbunden bleiben. Roland Barthes schreibt ein Vorwort zu Sarduys erstem Roman *De donde son los cantantes* (1967), und sein zweites Werk, *Cobra* (1972) zeigt in stilistischen Eigenarten noch deutlicher den Einfluss des französischen Umfeldes. *Colibrí* (1984) schließlich liefert die metaphernreiche, in schwülstigem Gestus erzählte Geschichte eines jungen Mannes, der als Tänzer oder Catcher in einem Männerbordell am Rande des südamerikanischen Dschungels arbeitet. Zuerst flieht er vor den Nachstellungen des alten Transvestiten, der das Etablissement betreibt, gehetzt von den kuriosen Adepten seiner ehemaligen Obrigkeit. Letztlich kehrt er nach einer wahrhaft verrückten Odyssee selbstbewusst, gereift und gealtert zurück, um die Stätte seines früheren Schaffens nun selbst als charismatischer Chef zu übernehmen. Wichtiger als dieser Inhalt sind die barock wuchernde Sprache mit ihren konsequenten Tiermetaphern und das intertextuelle Spiel der Verweise auf lateinamerikanische Schlüsselromane wie Vargas Llosas *La casa verde* und Carpentiers *Los pasos perdi-*

Severo Sarduy

dos. Sarduys Essays (insbesondere *Escrito sobre un cuerpo*, 1968, und *La simulación*, 1982) thematisieren Schrift, Körper und Sexualität ebenso wie metaliterarische Themen und das Phänomen des Barocken (*Barroco*, 1974), das in seiner Lyrik allenthalben praktisch umgesetzt wird. Sarduy hat dabei die Entwicklungen in Kuba aufmerksam verfolgt; in einer ernstwitzigen Anmerkung in seinem Roman *Colibrí* erklärt er etwa den Begriff »parametrieren«: »Neukubanischer Fachjargon. Diejenigen, die in den ›ideologischen Diversionismus‹ verfallen, werden von heute auf morgen ›parametriert‹: zur Säuberung der Latrinen und Kloaken oder als Aushilfe für die ordentlichen Totengräber, wenn durch die perfide Anophelesmücke das virale Denguefieber wütet.«

»Parametrieren« lassen mussten sich in Kuba auf staatliche Aufforderung hin zahlreiche von den sogenannten gesellschaftlichen Normen abweichende Mitbürger, seien es unverheiratete Frauen mit wechselnden oder jüngeren Partnern, seien es Homosexuelle, zu denen Kubas staatlicher Machismo ein getrübtes Verhältnis hat. Parametriert wird aufgrund seiner bekannten Homosexualität auch der schon genannte Reinaldo Arenas, dessen literarische Arbeiten der späten 60er Jahre bei den Ausschreibungen der UNEAC eine »mención«, eine positive Erwähnung, erhalten haben, nämlich *Celestino antes del alba* (1967) und *El mundo alucinante* (1969). 1975 erscheint seine Familiensaga *El palacio de las blanquísimas mofetas* (1975), eine Darstellung des Lebens unter der Diktatur über drei Generationen. Kritische Andeutungen dem gegenwärtigen Systems Kubas gegenüber tauchen schon in *El mundo alucinante* auf; dieser moderne »Abenteuerroman« rankt sich um das Schicksal einer historischen Person, des mexikanischen Paters und Revolutionärs Fray Servando Teresa de Mier, der in einem Vorwort in Briefform angesprochen wird als eine der großen Gestalten der lateinamerikanischen Politik, als jemand, der »zwischen Exil und Scheiterhaufen« lebte. Mit der kryptischen und hellsichtigen Wendung: »Und das reicht bereits aus, manche meinen zu lassen, der vorliegende Roman müsse zensiert werden«, endet dieses Vorwort. Arenas zieht damit, ähnlich wie der Lyriker Padilla, eine nicht mehr wohlwollende Aufmerksamkeit der Staatsorgane auf sich. 1973 wird er angeklagt, am Strand minderjährige Jungen verführt zu haben; aufgrund des eben erlassenen Gesetzes 1249 weist man ihn in ein sogenanntes Rehabilitationszentrum ein. Dieses Zentrum wird er in seinem langen, nach seiner Ausreise publizierten Prosagedicht *El Central* (1981) dann mit einem höchst belasteten Begriff als »Konzentrationslager« bezeichnen. Doch nicht nur in lyrischer Verkleidung rechnet Arenas mit dem System Castros ab; in dem Roman *Otra vez el mar* (1982), dessen Manuskript er nach eigenen Angaben in Kuba lange verborgen und dann mehrmals zerstört und neu geschrieben hat, entwirft er die Schreckensvision eines kubanischen Archipels Gulag mit seinen menschenverachtenden Praktiken. In zahlreichen Interviews klagt er den kubanischen Kommunismus an, und kurz vor seinem Selbstmord, mit dem er den AIDS-Tod vorwegnimmt, schließt er seine Autobiographie *Antes que anochezca* (1992) ab, die sicherlich inbrünstigste, ebenso pauschale wie subjektive Anklage gegen Castros »Verfolgung« Intellektueller.

Reinaldo Arenas

Die neuere puertoricanische Literatur

Die puertoricanische Literatur der letzten Jahrzehnte des 20. Jhs. hat endgültig den Absprung vom Primat ländlich-kostumbristischer Sittenbilder vollzogen, der sich in den Werken von José Luis González, Pedro Juan Soto und Emilio Díaz Valcarcel angekündigt hat. In den 70er Jahren entsteht – auch unter dem Einfluss des französischen »nouveau roman« und der »boomenden« neuen Schreibweise in Lateinamerika – in Puerto Rico ein stärker experimenteller Roman. Der Romancier und Dramatiker Luis Rafael Sánchez bringt in seinem Roman *La guaracha del Macho Camacho* (1976) die Darstellung des puertoricanischen Lebens mit innovativen Schreibformen zusammen. Vordergründig geht es um die Erlebnisse der durch das Fernsehen populär gewordenen farbigen, erotischen Guaracha-Sängerin Iris Cachón; strukturierendes Prinzip ist die karibische Liedform der »guaracha«, deren unbekümmerte Leichtigkeit einen Gegenpol zu der pessimistischen Geschichte selbst darstellt, die sich deutlich als das grotesk stilisierte Produkt eines unzuverlässigen Autors ausweist. Gemeinsam mit René Marqués gehört Sánchez auch zu den bedeutenden Erneuerern des puertoricanischen Theaters. Am deutlichsten verraten die Romane von Manuel Ramos Otero den Einfluss der südamerikanischen »nueva novela« im Sinne Cortázars; das weitestgehende Experiment stellt sein programmatischer Roman *La novela-bingo* (1976) dar, eine Summe all der selbstironischen, den Text in seiner sprachlichen Materialität feiernden und jede Geschichte verweigernden Romanverfahren, die etwa bei Cabrera Infante auftauchen. Auch Rosario Ferré experimentiert in dieser Weise; der (Meta-)Roman *Maldito amor* (1986) thematisiert den Schreibprozess und löst damit gleichzeitig alle gesicherten erzählerischen Instanzen – den verlässlichen Autor, stimmige Personen, die einer Handlung äquivalente Geschichte – auf. Solche Neuansätze der Literatur hat Ferré auch theoretisch im Zeichen einer poststrukturalen Literaturkonzeption in dem Essayband *El árbol y sus sombras* (1989) reflektiert.

Größere Aufmerksamkeit noch kann mit Recht Edgardo Rodríguez Juliá auf sich ziehen, der an der Universität Puerto Ricos Literaturwissenschaft lehrt und als Meister eines neuen Reportagestils gilt. 1974 veröffentlicht er *La renuncia del héroe Baltasar*, die mit ironischen Hieben auf den aktuellen Rassismus gespickte fiktive Chronik eines Farbigen, dem durch Cleverness, uneingeschränkte Anpassung und Heirat mit der Tochter eines weißen Staatssekretärs der gesellschaftliche Aufstieg innerhalb der rassenbewussten Gesellschaft des 18. Jhs. gelingt. Auch der folgende Roman, *La noche oscura del Niño Avilés* (1984), greift historische Themen und solche der nationalen Identität auf und thematisiert die Stadt gegen Ende des 18. Jhs. als kolonialen Entfaltungsraum. In direkter Nachbarschaft zu San Juan, der »weißen Stadt« mit ihrem Gouverneurssitz, entsteht »Nueva Venecia«, eine Siedlung der »cimarrones«, farbiger Ex-Sklaven, mit eigenen Gesetzen, der ein messianischer und (bis in die Ausstattung seines Zimmers mit Bildern von Hieronymus Bosch) phantastischer Prophet die Ankunft des »Negerkönigs« verheißt. Das Werk nimmt sehr deutlich Bezug auf Carpentiers haitianische Chronik *El reino de este mundo* und die dort entfalteten Verfahren des »real maravilloso«, gleichzeitig auch auf neuere Experimente der Auflösung einer einheitlichen Erzählerinstanz. Der Erzähler Edwin Figueroa bringt in *Seis veces la muerte* (1978) sechs Geschichten unter der gemeinsamen thematischen

Experimenteller Roman und experimentelles Theater

Edgardo Rodríguez Juliá

Klammer der Todeserfahrung zusammen, welche das Erzählen mit menschlichen Reflexionen und gesellschaftlichen Betrachtungen verbinden.

Eine »junge« Erzählkultur in der Dominikanischen Republik

Die letzten Jahrzehnte des Jahrhunderts in der Dominikanischen Republik stehen im Zeichen einer schwungvollen neuen, »jungen« Erzählkultur. Unter den zeitgenössischen Romanciers der Dominikanischen Republik ist Pedro Vergés zu erwähnen, der nach langen Auslandsaufenthalten an der Universität von Santo Domingo Literatur lehrt und das dortige Kulturinstitut leitet. Sein 1980 erschienener Roman *Solo cenizas hallarás. Bolero* verarbeitet die Stimmung in der Stadt Santo Domingo im Jahre 1961, nach dem Tod des Diktators, der »seiner« Hauptstadt seinen Namen gegeben hatte: Ciudad Trujillo. Die Musik der Boleros gibt den nur die »Asche« der Ungewissheit findenden Menschen Halt und dem vielstimmigen Romandiskurs eine Orientierung, der im Übrigen die Vorurteile und die gesellschaftliche Sklerotisierung effektiv vor Augen führt. Neben grundlegenden literaturwissenschaftlichen Studien zur dominikanischen Lyrik und zum Ort der Literatur im kulturellen Leben hat José Alcántara Almánzar bisher fünf Erzählbände publiziert. Der Argentinier Julio Cortázar dient ihm als Vorbild; wie dieser stellt auch Alcántara Almánzar narrative Experimente ins Zentrum: typographisch hervorgehobene Vielstimmigkeit, Zerstörung einheitlicher Perspektivik und metaliterarische Reflexion. Erste Erzählbände von Marcio Veloz Maggiolo erscheinen schon in den 60er Jahren; mit einigen sehr gelungenen Romanen, die er seit 1967 vorgelegt hat, gehört Veloz Maggiolo zu den profiliertesten Romanciers seines Landes, dies inbesondere dank *De abril en adelante* (1975). In dieser bitteren Satire auf die dominikanische Gesellschaft der Nach-Trujillo-Ära versucht der Autor, seine höchst experimentellen Erzählverfahren, welche die Lektüre zu einem anstrengenden Dechiffrierungsprozess werden lassen, mit politischer Didaktik zu verbinden.

José Alcántara Almánzar

Die neueste Lyrik

Neue Lyrik in Kuba

Traditionellerweise kommt der Lyrik im karibischen Raum eine besondere Rolle zu. In Kuba stellt sich nicht nur die Vaterfigur der neueren Lyrik, Nicolas Guillén, in den Dienst der Revolution; eine ganze Reihe von jüngeren Autoren versucht, die historischen Veränderungen in der dazu eigentlich wenig prädestinierten Form lyrischer Texte zu verarbeiten. Aus jener Gruppe, die sich um die Zeitschriften *Orígenes* und später *Ciclón* gebildet hatte, bleiben insbesondere Virgilio Piñera und Cintio Vitier weiterhin produktiv; lange vor seinem Tod (1979) gerät Piñera, wie schon der erwähnte Heberto Padilla, mit dem System in Konflikt. Poesie schreiben auch zahlreiche Autoren, die als Erzähler oder Essayisten vorgestellt wurden, so etwa Miguel Barnet oder Roberto Fernández Retamar. Zwei Dichter seien namentlich erwähnt: die farbige Lyrikerin und Essayistin Nancy Morejón und der in Mexiko geborene Maler und Diplomat Fayad Jamís, dessen Gedichte auch deshalb in zahlreiche Sprachen übersetzt wurden, weil sie mit der Artikulation subjektiver Erfahrung das Lob auf die Revolution verbinden.

Von den puertoricanischen Zeitschriften *Mester* und *Guajana*, die in den späten 60er Jahren entstehen, gehen entscheidende Impulse auf die

Lyrik des Inselstaates aus, welche sinnfällig werden in den Gedichten von Iván Silén und Carmelo Rodríguez Torres, der sich nach seinem Gedichtband *Minutero del tiempo* (1965) stärker der Prosa zuwendet. Etwa gleichzeitig mit den genannten puertoricanischen Lyrikzeitschriften hat sich auch in der Dominikanischen Republik eine Dichtergruppe gebildet, die »Generation von 48«, welche seit den 1980er Jahren eine starke Belebung der Lyrik bewirken konnte. Sie sind die Erben der sogenannten »Poesía sorprendida«, einer esoterischen, spätavantgardistischen L'art-pour-l'art-Schule, die sich zur Zeit der Trujillo-Diktatur um den Dichter Franklin Mieses Burgos formierte. Anders als die »Sorprendistas« aber bemühen sich die Autoren der Stunde, die gesellschaftlichen Missstände in ihren Texten anzuklagen. Unter den Autoren, die bereits der »Poesía sorprendida« zugehörten, sind Freddy Gatón Arce und Víctor Villegas mit seinem Gedichtband *Juan Criollo y otras antielegías* (1982) hervorzuheben, unter den jüngeren Miguel Alfonseca.

Die »Generation von 48« in der Dominikanischen Republik

Kolumbien und Venezuela: Violencia und Aufbau einer demokratischen Identität

Politische Rahmenbedingungen

Die Violencia stellt keineswegs ein isoliertes Kapitel der modernen Geschichte Kolumbiens dar. Der ersten Epoche der Violencia (1946–58) folgte die durch Drogenguerilla und das Eingreifen paramilitärischer Verbände verstärkte »Neue Violencia« der letzten 30 Jahre des 20. Jhs. Der Pakt der Nationalen Front zwischen Liberalen und Konservativen bestand zwar offiziell bis 1974, praktisch jedoch bis 1986, also bis zum Ende der Präsidentschaft von Belisario Betancur (1982–86). Statt die Ursachen der Gewalt in den Mängeln der eigenen Politik zu suchen, behandelte die Regierung in dieser Zeit jede Form von Opposition als Indiz für versteckte Guerilla-Organisationen. Diese Form der Entmündigung und der allgemeinen Verdächtigung führte im Verein mit dem für Kolumbien charakteristischen Individualismus und dem Streben nach regionaler Autonomie in den 80er Jahren auch zu Bürgerbewegungen mit dem Zweck der Selbstverteidigung und der Befriedung des Landes. Diese Bewegungen mussten aber dem Druck sowohl der Regierung als auch der Guerilla nachgeben. Die in sich gespaltenen Linken waren zu schwach, und auch die katholische Kirche, die in anderen lateinamerikanischen Ländern eine starke Opposition bildet, hat in Kolumbien von jeher die konservativen Parteien gestützt.

Die Fortdauer der Violencia in Kolumbien

Demgegenüber markiert das Jahr 1958 in Venezuela einen entschiedenen politischen, ökonomischen und kulturellen Wechsel: Der Übergang von der Diktatur zur Demokratie war ohne Politisierung des Volkes, wie etwa im Jahre 1936, und ohne das revolutionäre Bewusstsein möglich gewesen, das die damalige Bewegung von den Avantgarden übernommen hatte. Die Entstehung der »Asociación Pro-Venezuela« war eines der Zeugnisse für den Willen zum nationalen Aufbau einer demokratischen Identität. Die Kultur hat jedenfalls in den nachfolgenden Dekaden von der relativen politischen Stabilität profitiert. Die Literatur findet dabei ihre

Der Wechsel zur Demokratie in Venezuela nach 1958

Stütze im sich entwickelnden Verlagswesen, wofür das Verlagshaus Monte Avila, das auch die für die »Klassiker« des Kontinents gedachte Reihe »Biblioteca Ayacucho« herausgibt, beispielhaft ist. Das erst 1958 gegründete Fernsehen hat die Verbindung zwischen Peripherie und Zentrum gestärkt. Darüber hinaus entwickelten sich eigene kulturelle Initiativen auch außerhalb der Hauptstadt, wie etwa wie Cabimas, Barquisimeto, Mérida, Maracaibo und Calabozo.

Post-Criollismo und Post-Violencia: Durchbruch der urbanen Literatur und der Stadtchroniken

Die urbane Literatur in Venezuela

Mit der Urbanisierung und der wachsenden literarischen Bedeutung der Provinz beginnt man auch in Venezuela zu erkennen, dass die marginalisierte Populärkultur ein Energiepotential, eine »contracultura«, in sich birgt. Die urbane Literatur setzt sich mit dem Guerilla-Trauma vom Beginn der 60er Jahre, dem Lumpenproletariat, den Gefängnissen und der Unterwelt der Großstädte auseinander, wie in den Romanen von Adriano González León und Salvador Garmendia aus den 60er Jahren deutlich wird. Die Heterogenität der Stadt bringt dabei eine Vielfalt von thematischen und formalen Schwerpunkten hervor. Jesús Alberto León überträgt die Form der Chronik, die González León und Garmendia im Roman entwickelt hatten, auf die Kurzerzählung. In *Otra memoria* (1968) steuern persönliche Erinnerungen den Blick auf die Stadt, wobei zuweilen die kraftvolle, poetisch gefärbte Sprache selbst zur »Protagonistin« des Textes wird, während die Figuren anonym bleiben und nur als Katalysatoren eines Kampfes zwischen der persönlichen Erinnerung des Erzählers und dem Druck sozialer und ideologischer Systeme fungieren.

Urbane Literatur in Kolumbien: Luis Fayad

In Kolumbien findet die urbane Literatur erst bei Luis Fayad einen Chronisten, der nach den Erzählsammlungen (*Los sonidos del fuego*, 1968, und *Olor de lluvia*, 1974) in *Los parientes de Ester* (1978) das Erbe von José Antonio Osorio Lizarazo weiterführt. Waren dessen Romane der 30er Jahre naturalistische Alltagsskizzen der armen Stadtviertel, so dienen bei Fayad die Familienmitglieder aus der unteren Mittelklasse von Bogotá als Mittler einer Totalaufnahme der Stadt, die gefangen ist in Traditionen und äußeren Formen. Durch das ästhetische Gleichgewicht zwischen einem nüchternen Stil und einem subtilen Humor, in dem Anklänge an den italienischen »Neorealismo« erkennbar sind, klagt diese Chronik die als Folge der »Frente Nacional«-Regierung in den 70er Jahren manifest werdende Zersetzung der sozialen Ordnung in Bogotá an. Die Romane von Héctor Sánchez wie *Las maniobras* (1969), *Las causas supremas* (1969) und *Los desheredados* (1972) machen beliebige Orte wie das Stadtviertel oder auch nur eine Häusergruppe zum Schauplatz der Handlung. Die menschlichen Dramen werden ohne Spannungsmomente, ohne Höhepunkte vorgeführt, die Monologe zeigen das Scheitern der Sprache angesichts einer leeren und substanzlosen Existenz. Die Sprache selbst ist so verletzbar geworden wie das zerrissene Bewusstsein der handelnden Figuren.

Post-Macondismo in Kolumbien

García Márquez' *Hundert Jahre Einsamkeit* wird zu einem quasi-mythischen Bezugspunkt für die Literatur Kolumbiens. Anfang der 70er Jahre ist die Parodie oder die Imitation dieses Romans ebenso unvermeidlich wie zuvor das Thema der Violencia. Im Falle von Gustavo Alvarez Gardeazábal ist die Auseinandersetzung mit García Márquez durchaus fruchtbar. Mit seinem »ciclo de Tuluá«, bestehend aus Erzählungen (1970) und drei Romanen über die Stadt Tuluá, *La tara del papa* (1971), *Cóndores no entierran todos los días* (1972) und *Dabeiba* (1973), zeigt Alvarez Gardeazábal, wie die reale Gewalt zur Tradition geworden ist – eine perverse Tradition, die Treue abverlangt und eine zyklische Wiederkehr produziert. Mit der Geschichte von drei Generationen der Uribes, einer in Tuluá bedeutenden Familie, gehen die verschiedenen Erzähler der 83 Fragmente von *La tara del papa* auf die unterschiedlichen Ebenen und Ursachen der Violencia ein. Das in den Text einbezogene mündliche Erzählen ist hier durchaus kritisch auch gegenüber den regionalistischen, regressiven Wurzeln der Violencia, deren Wirkung stärker als die ideologischen Konflikte eingeschätzt wird. *El bazar de los idiotas* (1974), der vierte Roman, ist eine phantastische Geschichte über Wunder vollbringende, schwachsinnige Heranwachsende von Tuluá. Der Humor – auch hier getragen von einem auktorialen Erzähler, der gegenüber den Inkongruenzen der Zeit unerschütterlich bleibt – geht einher mit der Frage nach den Verzerrungen der Geschichte. Die Parodie auf *Hundert Jahre Einsamkeit* ist ebenso ein Strukturprinzip wie die Anspielungen auf Texte der Weltliteratur. Während »Schwachsinnige« die Technologie als ineffizient entlarven, wendet sich etwa ein Kolumnist namens Pangloss gegen die irrationalen Elemente, die in das Dorf einbrechen. Bezüge zu Voltaire und Flaubert markieren die metaliterarische Intention des Textes. Es geht um einen Konflikt von Diskursen, für den ethnologische Begriffe wie »Mythos« und »Magie« keine Erklärung mehr bieten können. Paradiesische Bilder des Valle del Cauca und allgemein eine exotisierende Perspektive werden ebenso entmythisiert wie Aberglaube, Irrationales und Gewalt. Eine offene Intertextualität zu García Márquez zeigt sich auch in den Romanen von Marco Tulio Aguilera Garramuño. Die Karriere dieses Schriftstellers beginnt mit einer Parodie der macondinischen Fiktion in seinem Kurzroman *Breve historia de todas las cosas* (1975). Nicht das Schicksal des Dorfes in Costa Rica, sondern die explizit angesprochenen Probleme eines Erzählers, der als fabulierender Schöpfer Gottesfunktionen übernehmen muss, stehen im Zentrum. Die Fiktion García Márquez' wird in diesem Text den sakralen Institutionen Kolumbiens, der katholischen Kirche und dem Machismo, gleichgestellt und wie diese gestürzt. Auch wenn seit dem späteren *Paraísos hostiles* (1985) von Aguilera Garramuño der Macondismo kein Interesse mehr erweckt, bleibt doch die Desakralisierung des Schreibens Gegenstand der metaliterarischen Ästhetik.

Hundert Jahre Einsamkeit als Bezugspunkt für die neueren Romane Kolumbiens: Gustavo Alvarez Gardeazábal

Marco Tulio Aguilera Garramuño

Post-Macondo und Postmoderne im Zeichen der Nueva Violencia

Viele Kritiker wie Alvaro Pineda-Botero postulieren für die kolumbianische Literatur einen Übergang vom modernen zum postmodernen Roman. Postmoderne Literatur bedeutet in Kolumbien zugleich eine »literatura posmacondo«. Nach *Cien años de soledad* sind die Oppositionen von Zentrum und Peripherie, von Schriftlichkeit und Mündlichkeit, von au-

Die neue Sinnlosigkeit der Identitätsmythen

tochthonen und europäischen Traditionen funktionslos geworden. García Márquez selbst hatte das Epos der Buendía zu Ende geschrieben, und auch seine nachfolgenden Romane bemühen sich um die Demontierung der mythischen Überhöhung des regionalistischen und magisch-realistischen Traums. Angesichts der gewaltsamen Zertrümmerung von Modernitätsträumen wird die Literatur mehr und mehr als Thesaurus verstanden, als Archiv von individueller und kollektiver »memoria« und als Speicher von Bezugstexten, die anstelle des kostumbristischen bzw. realistischen Zugriffs zur Realität verfügbar werden. Die Wiederholung der Geschichte fungiert nicht mehr als Indiz einer mythischen Zeit, sondern deutet auf die Wiederkehr einer nationalen Idee hin, deren Überprüfung direkt zum Alptraum der Gegenwart führt. _Cien años de soledad_ führte die Notwendigkeit einer »anderen Geschichte« vor Augen. In diesem Klima ist die Phantasie nicht mehr allein ein mächtiges Werkzeug gegen die barbarische Geschichte der fernen und unmittelbaren Vergangenheit der Violencia, sie muss sich selbst auf ihre Verantwortung bei dem Entstehen des Klimas der Gewalt befragen lassen. Autoren und Autorinnen suchen eigene Wege der kritischen Arbeit an der Imagination und am kulturellen Gedächtnis, der »memoria«. Die bisherige Funktion der literarischen »memoria« als Garant einer synthetischen oder alternativen Rekonstruktion der Vergangenheit ist ausgefallen. Jetzt wird das literarisch artikulierte kollektive Gedächtnis mit einem unüberwindbaren Verlust konfrontiert – hier treffen sich auch so unterschiedliche Autoren wie García Márquez und Alvaro Mutis. Das Verhältnis zwischen Fiktion und Historiographie ändert sich dementsprechend. Nicht die narrativ erzeugte Geschichte, sondern die metahistorische Reflexion ihrer Prämissen steht im Zentrum. Auch das neue Verhältnis von Literatur und Medien bewirkt eine grundlegende Änderung der literarischen Szene. Der für den »Magischen Realismus« typische globale Zugriff auf die Wirklichkeit weicht dem analytischen Pluralismus und Partikularismus der Perspektiven. So sind Identitätsmythen sinnlos geworden, und die einstige Reise in die Tiefe des tropischen Waldes als Symbol der Reise zum Ursprung wird durch die allegorische Reflexion erzählerischer Konventionen und Topoi ersetzt wie in der ewigen Suche von Maqroll, dem wiederkehrenden Protagonisten im Werk von Alvaro Mutis.

Der Mythos als kritische Kategorie im späten García Márquez

García Márquez publiziert 1975 sein zehn Jahre zuvor konzipiertes Werk _El otoño del patriarca_. Wie in _Yo el supremo_ (1973) des paraguayischen Schriftstellers Roa Bastos bewirken auch hier die heterogenen, unter dem Begriff des kollektiven Bewusstseins nicht fassbaren Stimmen eine Aushöhlung des Diktatorenmythos. Die autobiographische »memoria« nagt durch die Rückschau auf Aufstieg und Fall des Präsidenten an der mythischen Geschichte des Diktators. Mit _El otoño del patriarca_ revidiert der Schriftsteller die Funktion des Mythos, der in der hispanoamerikanischen Literatur als authochthone Form von Kreativität verstanden worden war; hier dient er nur noch als kritische Kategorie. Die Identitätskrise des Diktators deckt die Kompensationsmechanismen auf, mit denen der Mangel an persönlicher Geschichte durch Schaffung des Mythos einer kollektiven Geschichte aufgehoben werden sollte. Als einsamer Mensch ist der Diktator Opfer seines eigenen Willens zur Macht. Während sich der Leser mit dem alternden Menschen identifiziert, distanziert er sich zugleich von der Diktatur. Die Euphorie, die das Lateinamerika der 60er Jahre im Rahmen des internationalen Booms seiner Literatur von einer geistigen »Wiedereroberung« Europas durch die Kraft seiner synkretistischen Phantasie träumen ließ, wird im Spiegel der Erinnerung gebrochen. Dafür sind *El amor en los tiempos del cólera* (1985) und *El general en su laberinto* (1989) beispielhaft. Der melancholische Rahmen ironisiert das Melodrama einer Liebe, die sich zur Utopie der Liebessehnsucht entwickelt. In *El amor en los tiempos del cólera* wird die Utopie einer ewigen Liebe erst dann möglich, wenn das über 80-jährige Paar volles Bewusstsein der Geschichtlichkeit und der Vergänglichkeit des Lebens erlangt hat. Dieser Roman ist die Vision der einzig möglichen Form von Utopie am Ende des 20. Jhs.; eine Utopie im Zeichen des Zorns (*cólera*) gegen eine Jahrhundertgeschichte, welche die Epoche der Utopien zu Ende geschrieben hat.

Neohistorismus im kolumbianischen und venezolanischen Roman der 80er Jahre

Es verwundert nicht, dass eine Reihe von »historischen Romanen« dieser Zeit das individuelle Scheitern des großen Unabhängigkeitshelden Simón Bolívar zum Thema hat, insbesondere den Augenblick seiner Abdankung. Der Traum der panamerikanischen Lösung, einer Föderation spanisch-amerikanischer Länder, ist zerbrochen. Haupthandlung ist die beschwerliche Bootsreise über die Anden zum Magdalena-Strom und schließlich nach Cartagena, von wo aus Bolívar nach Europa gelangen soll. Mit seiner Schilderung der letzten Fahrt des Generals in *La ceniza del libertador* (1987) hebt Fernando Cruz Kronfly den Roman auf eine metaliterarische Ebene: Der Konflikt zwischen Realität und Fiktion eröffnet hier eine neue Form der Verantwortung der Literatur in der Suche nach der paradoxalen Wirklichkeit des Menschen. Die letzte Reise Bolívars, dessen Leben in der Spannung zwischen persönlicher Geschichte und nationalem Mythos der Befreiung steht, wird hier zur Allegorie der scheiternden Suche des Schriftstellers nach der Wahrheit der Geschichte. Die historische Figur provoziert eine schriftstellerische Reflexion. Sie begrenzt die Freiheit und die Autonomie der Imagination, die in den 70er Jahren als absolut eingeschätzt wurde. García Márquez greift in *El general en su laberinto* dasselbe Thema auf und sucht in der Mischung aus Reisebeschreibung und Krankheitsbericht den letzten Sinn im Leben Bolívars, findet aber nur die historische Widersprüchlichkeit, die dem »Mythos des Befreiers« anhaftet. Das kontinentale Schicksal wird aus dem Blickwinkel der Agonie des Befreiers geschildert, der im Augenblick des Todes das desolate Labyrinth des Bürgerkriegs erblickt.

Simón Bolívar als Romanfigur – Entmythisierung des »Libertador«

García Márquez betont, Maqroll, der Protagonist des Œuvres von Alvaro Mutis, habe ihm die Schlüsselidee für *El General en su laberinto* geliefert. Diese Idee ist mit der Maqroll inhärenten Erfahrung von »desencanto« verbunden, von Desillusionierung und Melancholie. Die Odyssee Maqrolls, flussabwärts oder -aufwärts, ist endlos. Sie erfolgt auf dem Fluss Xurandó im Dickicht des tropischen Waldes in *La nieve del almirante* (1986) oder auf dem Madgalena-Strom in *Un bel morir* (1989), wobei Mutis selbst zuweilen als fiktionsimmanenter Autor auftritt (*La última escala del Tramp Steamer*, 1988). Als Kosmopolit und modernitätskritischer Dichter war Mutis auch im Rahmen der Gruppe »Mito« ein Outsider. Maqroll, das Alter Ego des Autors, wird von Mutis schon im ersten Lyrikband *Los elementos del desastre* (1953) erwähnt. Dieser »Seemann« ist zugleich Held und Antiheld der geistigen Reise ohne jemals möglichen Abschluss, bei der Mutis die romantischen Spuren von Cole-

Alvaro Mutis' Maqroll el Gaviero

Alvaro Mutis

ridges »Ancient Mariner« mit der modernen Skepsis von Marlow, dem Protagonisten von Conrads *Heart of Darkness* verbindet. Mutis' Lyrik, die 1973 mit dem zutreffenden Titel *Summa de Maqroll el Gaviero. Poesía 1947–1970* erscheint, gewinnt aus dem Motiv der Suche einen eigentümlichen Ton. Mit der Flussfahrt als Metapher für das Leben kehrt Mutis in den Romanen auf dem Weg einer autobiographischen Introspektion zu den alten biblischen und modernen literarischen Archetypen zurück, wie etwa dem Motiv des Doppelgängers oder Motiven des angelsächsischen Schauerromans (z. B. in den Kurzerzählungen von *La mansión de Aracuíma*, 1978). Diese Archetypen werden mit den Ende der 80er Jahre klassisch gewordenen Topoi der lateinamerikanischen Literatur verbunden. Im großen Spannungsbogen von der hohen Luft der Kordilleren (*Un bel morir* und *Armirbar*, 1990) zum Dickicht des tropischen Waldes, von der Unendlichkeit des Meeres zur Undurchdringlichkeit der Erde, von der Utopie zum Schiffbruch verkündet Mutis, ausgehend von der grausamen Erfahrung der kolumbianischen Geschichte, die Botschaft einer unermüdlichen und schmerzvollen Peregrination als »conditio humana«. Seit *Reseña de los hospitales de ultramar* (1959), wo Krankheitsmetaphern überwiegen, stammt die lyrische Note seiner Prosa aus dem unaufhebbaren Kontrast zwischen Schiffbruch und unerschütterlichem Traum, zwischen Apokalypse und Augenblicken epiphanieartiger Rettung im gebrochenen Licht der Erfahrung des Vergänglichen, wie in *Un bel morir*. Eine Vielfalt moderner Techniken orchestriert die polyphone Struktur der Texte. Alvaro Mutis koppelt die Frage nach der Vergangenheit Hispanoamerikas, die durch die Archetypen der Neuen Welt, wie die Reise in den tropischen Wald, als die Reise nach dem Ursprung interpretiert wurde, mit der introspektiven und autobiographischen Suche des modernen Subjektes, das sich in den Mäandern der individuellen Erinnerung und des Traums verliert. Wenn Mutis auch in seiner Lyrik (*Crónica regia y alabanza del reino*, 1985) ironisch auf die spanische Tradition zurückkommt, so kritisiert er beide Seiten der Medaille des Hispanismus, die lateinamerikanische und die spanische. Die Diskrepanz zwischen den Träumen und der Realität Kolumbiens geht auf den Authentizitätstraum zurück, der die spanische und damit die europäische Tradition aus der kolumbianischen Realität ausgeschlossen hatte – ein Traum aber, der lediglich die Imitation jener Geschichte war, die von Spaniens Authentizitätstraum geschrieben wurde und für die Ausweisung der Juden und der Araber sowie den Rückzug von Europa verantwortlich war.

Otero Silva Aguirre-Bild im Príncipe de la libertad

Die Auseinandersetzung mit der Geschichte ist auch Thema in dem schon erwähnten Roman *Lope de Aguirre, príncipe de la libertad* (1979) des Venezolaners Miguel Otero Silva, der so zu dem 1947 von Uslar Pietri in *El camino de El Dorado* behandelten Stoff zurückkehrt, um eine Revision der Historiographie des Kontinents vorzunehmen. Neben Bolívar hatte auch die Geschichtsschreibung des 19. Jhs. in Aguirre einen Freiheitskämpfer und Vorläufer der Unabhängigkeit gesehen. Otero Silva geht es um eine andere Ebene der Befreiung, um die Loslösung von den Postulaten der herkömmlichen Geschichtsschreibung. Lope de Aguirre, der gegen die spanische Krone rebelliert und einen eigenen Staat auf dem neuen Kontinent gründet, bekennt sich bei ihm zur Gründung einer Neuen Welt. Diese Utopie ist jedoch auf der Insel Margarita, wohin er sich, alleingelassen, zurückzieht und wo er durch Verrat ermordet wird, nicht lebensfähig. Die Bezüge zu historischen und mythischen Archetypen der Geschichte des Kontinents zeigen, dass es Otero Silva um einen metahistorischen Roman ging: Das Wort Aguirres, seine Perspektive und sein innerer Monolog stehen in Spannung mit einem Chor von nicht näher bezeichneten Stimmen und mit dem als Chronisten konzipierten Erzähler. Wenn Letzterer am Schluss des Romans den toten Protagonisten zum rebellischen Helden erklärt, dann ist dieser Held ein (moderner) gefallener Engel, ein für immer zur Ambiguität verdammter Held. Angesichts der gewaltsamen Kampfpraktiken dieses »Freiheitskämpfers« taugt er nicht mehr zum Mythos der Freiheit oder zum Nationalhelden. Das Heldentum wird vielmehr durch den unerbittlichen Sarkasmus des Chronisten sowohl in Bezug auf die spanische Eroberung als auch in Bezug auf die Verherrlichung der Unabhängigkeitsgeschichte des Kontinents entmythisiert. Hinter der unmöglichen Utopie der Neuen Welt lauert der Verrat.

Medienwirklichkeit und Literatur im kolumbianischen und venezolanischen Roman der 80er Jahre

Anders als in Kolumbien sind in Venezuela Kino und Fernsehen nahezu gänzlich in privaten Händen. Die zunächst relativ unabhängige Filmproduktion wird zwar später durch verschiedene öffentliche Institutionen getragen, ihre stilistischen und thematischen Schwerpunkte bleiben aber von der industriellen Natur des Mediums abhängig. Realistisches Kino mit Sensationsthemen und pornographische Filme dominieren, wenn auch hin und wieder von Zensurmaßnahmen eingeschränkt. Die Situation von Radio und Fernsehen ist dadurch ambivalent. Die zahlreichen privaten Sender lehnten Versuche der Einmischung seitens des Staates als politischen Totalitarismus stets scharf ab, die Abhängigkeit der Wirtschaft und der Medien von den USA sind indes Ursache einer eher noch problematischeren Form des Medientotalitarismus und -kolonialismus. Der Einbruch der neuen Medien steht zunehmend im Zentrum der Erzählliteratur. Zahlreiche »literarische Werkstätten« bilden in der Kunst des Geschichtenerzählens aus. Sprachrohr der Intellektuellen, z.B. von Dichtern wie Luis Alberto Crespo, Essayisten wie Oswaldo Caprile und Romanciers wie José Balza, ist ab 1965 die Zeitschrift *En Letra Roja*. José Balza begründet eine experimentelle, introspektive Prosa. Hatte er im Roman *Marzo Anterior* (1967) eine multiple Identität zum Strukturprinzip des narrativen Diskurses gemacht, bei dem das proteische Bewusstsein der Figuren auch Zeit- und Raumrelationen instabil machte, so ist *Largo* (1968) eine komplexe und umfassende metanarrative Konstruktion, deren neunzehn Kapitel nach musikalischen Kompositionsprinzipien strukturiert sind. Die dezentralisierte Kultur Venezuelas wird durch die neuen Medien gefördert. Auch regionale Zeitschriften erlangen eine nationale Bedeutung, beispielsweise *Ciudad Mercuria* aus Barquisimeto, *Aguas Negras* und *Trópico Uno* aus Puerto La Cruz.

Die Welt der Technik wird unter anderem erfasst durch eine Reihe von Erzählern, welche die Sprache nach den Erfahrungen der Drogen und der Rock-Musik modulieren, ein Phänomen, für das *¡Que viva música!* (1977) von dem Kolumbianer Andrés Caicedo beispielhaft ist. Dieses Phänomen hat wenig gemein mit der zehn Jahre zuvor in Mexiko stattfindenden Bewegung der »Literatura de la Onda«. Im Falle Caicedos handelt es sich um die Verarbeitung der sozialen Krise Kolumbiens während der 60er Jahre ohne die humoresken und spielerischen Momente der Sprachexperimente der »Onda«. Auch in Kolumbien inspiriert jedoch die ur-

Film und Fernsehen in Venezuela und Kolumbien

José Balza

Rock- und Drogenkultur im modernen Roman Kolumbiens: Andrés Caicedo

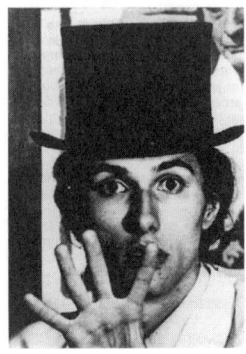

Andrés Caicedo

*Die Rolle
der kolumbianischen
Autorinnen*

bane, postmoderne Phantasmagorie der Medien zur Auseinandersetzung mit der Drogenszene, mit dem pornographischen und dem homosexuellen Roman. In der Erinnerung an die Stadt der Kindheit wird hin und wieder Nostalgie spürbar, eigentlich aber sucht man dann den Bruch mit den Tabus und dem Schein sozialer Ordnung in der offiziellen und inoffiziellen Kultur von Medellín und Bogotá. Der Film steht in Kolumbien eher im Schatten der kontinentalen bzw. internationalen Kinokultur. Hörspiele und Fernsehverfilmungen sind relativ häufig; angesichts der staatlichen Führung des Fernsehens gibt es jedoch keine nennenswerte experimentelle Produktion. Die kolumbianische »Telenovela« (Fernsehserie) ist dagegen auf dem ganzen Kontinent so erfolgreich, dass Schriftsteller – z.B. David Sánchez Juliano (*Pero sigo siendo el Rey. Sinfonía para lector y mariahi. Opus I*, 1983) – daraus eine literarische Gattung gemacht haben.

Eine Reihe von kolumbianischen Autorinnen nimmt Stellung zur Rolle des Schreibens und der Medien angesichts des Einbruchs des Todes in den realen Alltag. Fanny Buitrago aus der Gruppe von Barranquilla, deren erster Roman *El hostigante verano de los dioses* (1963) zu den Vorläufern von *Cien años de soledad* gehörte, kommt in dem 1989 erschienenen *¡Líbranos de todo mal!* von einer impliziten zur offenen Thematisierung der Arbeit der Imagination. Schon in *Los amores de Afrodita* (1983) hatte sie die soziale Stellung der Frau metaliterarisch, d.h. nicht anhand der Ereigniswirklichkeit, bearbeitet, sondern anhand der auch von Frauen internalisierten Diskurse über das Weibliche. Die Repräsentationsmacht der Medien, die schon hier nicht unbemerkt bleibt, wird in *¡Líbranos de todo mal!* in Bezug zum Schreiben gesetzt. Der Text zitiert religiöse und politische Formen von Entelechie, von Hoffnung auf zukünftiges Heil. Bei diesen Einblicken in den zerrissenen Großstadtalltag Kolumbien am Ende der 80er Jahre geht es nicht um die Repräsentation der Welt, sondern um die von den neuen Medien geförderten Strategien der Gewaltproduktion im Bewusstsein der Protagonisten. Sämtliche Fragmente zeigen die zwei Seiten des Alltags in Bogotá, die »Normalität« modernen Lebens und dessen unterschwellige Monstrosität. Die rettende Utopie kommt nicht mehr zur Darstellung. Die metaliterarischen und imaginativen Kompo-

Die peruanische
Drogenpolizei verbrennt
6000 kg Kokain (1994)

nenten dieser Texte sind radikal postmodern, insoweit als die Realität nur noch Metapher des absolut Anderen, des Todes, ist, das mitten in den postmodernen Simulationen des heutigen Kolumbien faktisch in das Leben der Menschen einbricht. An Helena Iriartes *¿Recuerdas Juana?* (1989) zeigt sich, dass der Einbruch des Todes als Indiz des Realen und als Grenze der Imagination in Kolumbien kein Zufall ist. Der Roman von Helena Iriarte kritisiert den Mythos der Imagination als Apologie einer hispanoamerikanischen Identität, deren Mangel es war, zu lange mitanzusehen, wie der Tod die Geschichte des Kontinents bestimmt. Durch die Vergewaltigungs- und Repressionsgeschichte einer jungen Frau aus der Oberschicht werden in Alba Lucía Angels *Misiá Señora* (1982) bürgerliche und christliche Mythen erschüttert. Mit barockem Sprachreichtum arbeitet der Text am Verhältnis der Frau zur Sprache, zur Schrift und zum Schweigen, wobei das Schweigen nicht mystische Innerlichkeit, sondern eine Form des Protestes gegen eine absurde Sprachwirklichkeit bedeutet. Damit nimmt die Autorin Stellung zur internationalen feministischen Debatte, ausgehend vom Kontext der Eskalation der »Neuen Violencia« Kolumbiens, die schon die kinematographisch zusammengesetzten Collagen der kolumbianischen Geschichte zwischen 1948 und 1967 (*Estaba la pájara pinta sentada en el verde limón*, 1975) inspiriert hatte. In *Las andariegas* (1984) dient die Auseinandersetzung mit der Sprache in Form konkreter Poesie einem feministischen Projekt, durch das eine auch für die Frau geschriebene »neue Geschichte« entstehen soll. Im ebenfalls experimentellen Roman *Reptil en el tiempo* (1986) von María Helena Uribe de Estrada wird die Befreiung der Frau aus der sozialen Repression zur Allegorie der Befreiung des Menschen aus einer barbarischen Gesellschaft, die einen bewussten Ausstieg aus den Mythen der Humanität verlangt, über die der Roman auch in Bezug auf die Simulationskraft der Medien und des Schreibens reflektiert.

Neobarocke Literatur

In Verbindung mit dem Thema der Stadt werden in Venezuela wie in Kolumbien barocke Triptycha und Collagen zu einem beliebten Strukturprinzip. Das gilt auch für Rafael Humberto Moreno Durán, der schon mit seinem essayistischen Werk *De la barbarie a la imaginación* (1976) die lateinamerikanischen Identitätsmodelle dekonstruiert hatte. Mit der Trilogie *Fémina Suite*, bestehend aus *Juegos de damas* (1977), *Toque de Diana* (1981) und *Finale capriccioso con Madonna* (1983), legt er ein narratives Werk vor, in dem die kulturkritische Ästhetik von Borges, Cortázar oder Severo Sarduy ebenso unverkennbar ist wie das neobarocke Sprachingenium eines »culturalismo universal«; metaliterarische Anspielungen und Zitate charakterisieren den Text. Verschiedene Register vom Alltagsgespräch bis hin zur Salonkonversation werden geschickt miteinander verknüpft. Mit der Geschichte der aristokratischen Diplomatenfamilie der Barahona, die der Enkel Felix aus New York im Jahr 1949 in der Rückschau betrachtet, stellt *Los felinos del canciller* (1985) auch die kolumbianische Geschichte zwischen 1930 und 1940 dar. Wiederum ist der eigentliche Protagonist die Sprache. Mit dieser sind sämtliche Mitglieder der Familie zweifach verbunden: durch die diplomatische Karriere und durch die obsessive Leidenschaft für die Philologie. Die Traditionen der klassischen Rhetorik, die Kultur der Kolonialzeit, die politischen Diskurse der Konservativen Bogotás, die sich hierauf berufen, und ihr

Rafael H. Moreno Duráns intertextuelle Spiele

Gegenteil, die demokratische Tradition der Region Antioquia, werden zitiert. Parodistisch und entsakralisierend vermischt der allwissende, aber keineswegs konsequent an eine Perspektive gebundene Erzähler die Rhetorik der Schrift mit der Alltagssprache. Die Äquivalenzen zwischen fremden Bereichen wie Rhetorik und Politik, Erotik und Sprache sowie mündlichen und schriftlichen Traditionen (etwa das Spiel mit der Homophonie zwischen »semantisch« und »Samen« in *Finale capriccioso con Madonna*) decken – neben den Bildern des Weiblichen in Männerphantasien – auch den verborgenen Text der Beziehung zwischen Macht und Sprache in der gepflegten, klassischen Rhetorik auf, welche die Geschichte der kolumbianischen Macht geschrieben hat. Ähnliche Techniken finden sich in den letzten Jahren immer häufiger: Sogar Mejía Vallejo, der Klassiker des kolumbianischen Regionalismus, schreibt 1989 mit *La casa de las dos palmas* einen metasprachlichen Roman – und wird dafür mit dem Rómulo-Gallegos-Preis ausgezeichnet.

Lyrik und Theater

Die Lyrik einer »enttäuschten Generation«

In beiden Ländern war für die Entwicklung der Lyrik ein Hindernis, dass die Autoren meinten, mit dem Schreiben von Romanen eher an dem von García Márquez dominierten Boom partizipieren zu können. Nicht zuletzt hat in Kolumbien die reale Gewalt des Alltagslebens demotivierend auf junge Lyriker und Theaterautoren gewirkt. Nach »Mito« und den Dichtern, die in den 70er Jahren bezeichnenderweise »Generación sin nombre« genannt wurden, entstand keine weitere Lyriker-Gruppe. Vielmehr haben sich nach der Desillusionierung und der gesellschaftlichen Skepsis der Nadaisten einzelne Dichter auf individuelle Experimente intimistischer Lyrik zurückgezogen. Neben Zeitschriften wie *Golpe de Dados* (seit 1983) und *Eco* (1960–85) – Letztere legte einen besonderen Schwerpunkt auf die deutsche Literatur und Philosophie – stützt sich die zeitgenössische Lyrik auf einzelne Institute wie die Casa de Poesía Silva in Bogotá (seit 1986). Für die Autoren, deren Lyrik 1985 unter dem Titel *Una generación desencantada* publiziert wird – u.a. Giovanni Quessep, Dario Jaramillo und Juan Gustavo Cobo Borda –, ist die chaotische und problematische Realität des Landes kein Thema. Die Poesie hat sich vielmehr auf zwei Positionen zurückgezogen: zum einen, den Körper im lichtvollen Moment des poetischen Wortes nostalgisch zu evozieren (z.B. Dario Jaramillo Agudelos Auseinandersetzung mit der Phantasie in *Poemas de amor*, 1986), oder zum anderen, Metapoesie und Selbstironie (z.B. *Deberes del poeta* von Cobo Borda, 1991) zu betreiben. Die feministische Lyrik von María Mercedes Carranza hat nach einer anklagenden Phase gegen die Einsamkeit der Frau zu einer solidarischen Sprache und einer impersonalen Form, eine elementare, existentielle Angst zu bekennen, gefunden (z.B. »Tengo miedo« aus *Panorama*, 1986).

Die »kollektiven Kreationen« des »Teatro de La Candelaria«

Das kostumbristische und pathetisch-moralisierende Theater, in dem in Kolumbien bis zu den 40er Jahren die Ästhetik von Stanislavski vorherrschte, hat sich erst nach der Einführung des Brechtschen epischen Theaters durch den Japaner Seki Sano sowie Fausto Cabrera und Enrique Buenaventura zum »Neuen Theater« geöffnet. Schon Buenaventuras Brecht-Adaptation verband das epische Theater mit Elementen der Stegreifkomödie, die verfremdend wirken sollten. Bei den eklektischen Tendenzen des nach den 70er Jahren entstandenen »Teatro de La Candelaria« von Santiago García ist die Bedeutung des epischen Theaters gering. Die

Szene aus einer
Aufführung des Theaters
»La Candelaria«

»creaciones colectivas« von La Candelaria sind zu einem komplexen und
überaus interessanten Experiment geworden (z. B. *Las tras escena, Corre
corre Cariguela* und *El viento y la ceniza*, eine 1984 uraufgeführte Trilogie über die Eroberung).

Auch in Venezuela hat die kulturelle Industrialisierung und das Buhlen
um die Gunst der Öffentlichkeit der Lyrik geschadet, die sich in den
intellektuellen Elfenbeinturm der Universitätszeitschriften *Poesía* und literarischer Zeitschriften wie *Poesía de Venezuela* zurückgedrängt fühlt. Die
öffentliche Funktion und der Bezug zur gesellschaftlichen Welt in den
poetologischen Programmen der ersten Hälfte des Jahrhunderts weichen
einer eher selbstbezogenen Lyrik, die internationale Formen von Metapoesie übernommen hat. Seit den 60er Jahren, als mit dem Sturz der
Diktatur das Ateneo und damit die Etablierung der Institution des Theaters möglich wurde, sind in Venezuela die bedeutendsten Wandlungen im
Bereich des Dramas zu verzeichnen. Ähnliche Beispiele folgten in der
Provinz. Nach der criollistischen Mischung aus »sainete« und groteskem
Theater in den 40er Jahren prägte César Rengifo ab 1945 ein sozial
engagiertes »teatro popular« mit dem Ziel der Bewusstmachung gesellschaftlicher Widersprüche. Diese durch Rengifo 1953 gegründeten, aus

*Prestigeverlust
der Lyrik und
Durchbruch des
vor 1958 marginalen
Theaters*

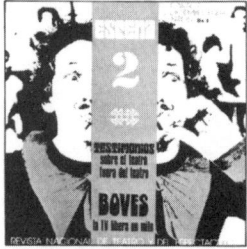

Die ersten Nummern
der Theaterzeitschrift
Escena (1974/75)

halbprofessionellen Schauspielern zusammengesetzten Truppen, die durch das Land ziehen und in Gefängnissen, Krankenhäusern, Schulen, Armenvierteln auftreten, erreichen in den 70er Jahren mit über dreihundert Spielgruppen den Höhepunkt. Beim Ateneo führt in den 60er Jahren die Rezeption des absurden Theaters zu einer ersten Internationalisierung. Die vielfältigen, seit der Etablierung des internationalen Theaterfestivals im Jahre 1973 und in Folge der Immigrationswellen aus Chile, Argentinien und Uruguay ins Land gelangenden Formen des Theaters, vom Spektakel bis zum Happening, vom historischen bis zum mythischen Theater, werden seit Ende der 70er Jahre in eigene Kreationen umgesetzt. Die Werkstatt »Expresión Primitiva« und auch Inszenierungen des Teatro Payró (1976) zeigen, dass die vor 1956 bestehende Krise des offiziellen Theaters in den 70er Jahren überwunden wurde. »El Nuevo Grupo«, gegründet durch die Autoren Roman Chalbaud, Isaac Chocrón und José Ignacio Cabrujas, arbeitete nach dem Modell des Autoren-Schauspieler-Regie-Theaters von Peter Brook oder Ariane Mnouchkine und ist mit dem Experimentaltheater von La Candelaria vergleichbar. Diese Entwicklung wurde durch die dezentrale Subventionspolitik des CONAC (Consejo Nacional de la Cultura) unterstützt. Erst seit Mitte der 80er Jahre gingen die Subventionen zurück, was 1988 auch die Schließung von »El Nuevo Grupo« erzwang. Für die Autoren, die dieses intermediale Theater gemeinsam konzipiert hatten, bedeutet dies indes nicht das Ende ihrer Kreativität. So wird etwa Roman Chalbaud, der seit Jahren auch als Filmregisseur tätig ist, durch die ausschließliche Konzentration auf dieses Medium auch den venezolanischen Film in den 90er Jahren zu neuen Formen führen.

Literatur der Andenländer: Brüche und Aufbrüche

Das politische Panorama der 60er Jahre

Auch die Andenländer werden in den 60er Jahren zum Schauplatz tiefgreifender gesellschaftlicher, politischer und ideologischer Wandlungen. Verschiedene Modernisierungs- und Industrialisierungsschübe der Nachkriegsepoche führen zur Dynamisierung der ökonomischen und demographischen Strukturen in einem bisher nicht gekannten Ausmaß. Deren Folge besteht vor allem im Prozess unkontrollierter Urbanisierung sowie der damit verbundenen rapiden Verarmung der in den Elendsvierteln der Großstädte konzentrierten »Immigranten«. Angesichts des immer unverhüllter zutage tretenden sozialen Elends der Massen erhalten sozialistisch oder marxistisch geprägte Lösungsmodelle immer breiteren Zulauf. Zweifellos ist es jedoch insbesondere die spektakuläre Machtergreifung der kubanischen Revolutionäre, die zum stetig wachsenden Prestige des Marxismus in all seinen Spielarten, wie es in dieser Zeit zu beobachten ist, entscheidend beigetragen hat. Intellektuelle und Politiker reagieren in unterschiedlicher Weise auf die Ereignisse in Kuba. Während jene sich durch die Ereignisse in ihrem Glauben an die Möglichkeit bestärkt finden, der bislang ausschließlich literarisch thematisierten Anerkennung des kulturellen und sozialen »Anderen« nunmehr auch auf der Ebene der politischen Praxis – ja durch die spontanen Mittel einer »Revolution« – Gel-

Die Auswirkung der kubanischen Ereignisse

Huascarán, Doppelgipfel
in den peruanischen
Anden (6760 m)

tung zu verschaffen, dienen sie den anderen als Vorwand für eine Strategie
der Abschreckung von Revolution und Marxismus in jeder Form. Selbst
auf der Ebene der Politik im engeren Sinne sind die Fronten jedoch
keineswegs von vornherein definiert. Sowohl die Verhältnisse in Ecuador
als auch diejenigen in Bolivien sind charakteristisch für diese Situation.
Die jeweilige Nähe – oder Ferne – der demokratisch gewählten Regierungen zum kubanischen Regime spielt für einige Jahre in der Tat die
Rolle eines Zügleins an der Waage für die Interventionsgelüste put-
schender Generäle. Während die Armee in Ecuador durch den Sturz des
kubafreundlichen Präsidenten Velasco Ibarra bereits 1961 die Entwicklung zu kontrollieren versuchte, schien sich in Bolivien durch die Wiederwahl des populistischen Präsidenten Víctor Paz Estenssoro, des führenden
Kopfes der nationalen »Revolution« von 1952, zunächst die Politik eines
reformerischen Sozialismus durchzusetzen. Schon 1962 jedoch sah sich
dieser gezwungen, einen von Kuba unterstützten kommunistischen Aufstand niederzuschlagen. Es ist dies der Boden, auf dem sich in den
folgenden Jahren die von Ernesto »Che« Guevara angeführte Guerilla zu
bilden beginnt, während die Regierung selbst nach dem Sturz von Paz
Estenssoro (1964) zunehmend in die Abhängigkeit restaurativer Militärregime gerät. In Peru dagegen behalten konservative Strömungen bis
gegen Ende der Dekade die Oberhand. Weder die »sozialdemokratisch«
geprägte APRA (»Alianza Popular Revolucionaria Americana«), die sich
durch Koalitionen und Kompromisse mit der herrschenden Oligarchie
zunehmend diskreditiert hatte, noch die neu entstandene AP (»Acción
Popular«), deren Gründer, Fernando Belaúnde Terry, 1964 für vier Jahre
Präsident wurde, schienen fähig, die dringend notwendige Veränderung
der durch die »restaurative Revolution« des Diktators Odría (1948–56)
erneut festgeschriebenen anachronistischen Sozialstruktur des Landes in
Angriff zu nehmen. So kommt es auch in Peru zur Bildung marxistischer
Linksparteien, die entweder – wie die Trotzkisten unter Hugo Blanco –
parlamentarisch Fuß zu fassen versuchen oder – wie der MIR (»Movimiento de Izquierda Revolucionario«), eine radikale Abspaltung der

APRA – vereinzelt bereits aus dem Untergrund operieren. Es ist dies der Ausgangspunkt für das Militärregime, das General Juan Velasco Alvarado unter ausdrücklicher Berufung auf nationalistische bzw. sozialreformerische Grundsätze 1968 an die Macht putscht.

Grundzüge der literarischen Szene in Bolivien

Oscar Cerruto

Es ist die Literaturentwicklung in Bolivien, an der sich eine angenommene Beziehung zwischen der Entwicklung der Literatur und dem Lauf der allgemeinen Geschichte am deutlichsten aufzeigen lässt. Mit unerbittlicher Schärfe registrieren hier die Literaten die ideologische Leere und die politische Ausweglosigkeit, in die die gescheiterte Revolution von 1952 das Land gestürzt hatte. Einer der wichtigsten Autoren ist Oscar Cerruto, der seine ersten Gedichte bereits im Alter von 14 Jahren in Mariáteguis Zeitschrift *Amauta* veröffentlicht und 1935 mit dem Roman *Aluvión de fuego* den wohl wichtigsten literarischen Beitrag zum Thema des Chaco-Krieges geliefert hatte. 1958 setzt sich Cerruto mit den Ereignissen des zurückliegenden Jahrzehnts in einem Roman mit dem Titel *Cerco de penumbras* auseinander und diagnostiziert die Gegenwart als eine fatale Heimsuchung durch die Schatten der Vergangenheit. Wie tiefgreifend die hiermit signalisierte historische Enttäuschung ist, lässt sich vollends an dem im gleichen Jahr veröffentlichten Gedichtband *Patria de sal cautiva* ablesen, in dem der Autor die Wurzeln des nationalen Übels – die jedwede Form von Solidarität verhindernde Erfahrung metaphysischer Einsamkeit – sogar zurückführt auf autochthone Traditionen der andinen Kultur. Einen Schritt weiter auf dem von Cerruto beschrittenen Weg einer »metaphysischen« Begründung zeitgenössischer Erfahrungen gehen die beiden Lyriker Jaime Sáenz und Gonzalo Vázquez Méndez, wobei sich insbesondere der Letztere mit der kritischen Thematisierung des Verhältnisses von Sprache und Sinn einem universellen Problem der zeitgenössischen Poetik zuwendet. Nach den philosophisch-lyrischen Exkursen in *Recorrer esta distancia* (1973) und der Veröffentlichung seines poetischen Gesamtwerkes (*Obra poética*, 1975) findet Jaime Sáenz seinerseits mit seinem ersten Roman *Felipe Delgado* (1979) zur Konkretheit der nationalen Thematik zurück und konfrontiert den Leser – am Leitfaden der Identitätssuche seines Protagonisten – erneut mit den historischen Ereignissen des Chaco-Krieges. Erst bei Renato Prada Oropeza und Pedro Shimose jedoch ist die Zeit reif für die längst überfällige literarische Thematisierung der jüngeren nationalen Vergangenheit des Landes. Prada Oropeza leistet sie mit dem Roman *Los fundadores del alba* (1969), in dem die Ereignisse zur Zeit des Guerillakampfes von Che Guevara aufgearbeitet werden. Shimose seinerseits beschäftigt sich in der Gedichtsammlung *Poemas para un pueblo* (1968) mit den sozialhistorischen Hintergründen der Ereignisse, eine Thematik, die in der im folgenden Jahr entstandenen Gedichtsammlung *Quiero escribir, pero me sale espuma* (1969) wieder aufgenommen wird.

Jaime Sáenz

Che Guevara

Partialität versus Totalität: literarische Erfahrungen der 60er und 70er Jahre in Peru

Während die politische und soziale Entwicklung in den Andenländern im Übergang von den 60er zu den 70er Jahren sich in immer stärkerem Maße auf den Austrag einer – wie es auch der kurze Überblick über die Entwicklung der bolivianischen Literatur der Zeit nahelegt – historischen Alternative zubewegt, eine Entscheidung nämlich zwischen sozialistischem »Fortschritt« und reaktionärer, bestenfalls als »liberal« apostrophierter kapitalistischer »Reaktion«, ist die Literatur in Peru seit geraumer Zeit dabei, gewissermaßen einen Vielfrontenkrieg zu führen. Rigoros entziehen sich die Schriftsteller der politisch aufgenötigten Alternative und erobern – ein jeder für sich und mit den unterschiedlichsten Mitteln – neue soziale, politische, diskursive, nicht zuletzt jedoch ästhetische Freiräume. Das in José María Arguedas' letztem Roman angedeutete Ende der »indigenistischen« Literatur gewinnt so erneut symbolische Bedeutung: Hatte Arguedas in seinem vorletzten Roman, *Todas las sangres* (1964), noch versucht, die Totalität der nationalen Problematik mit den Mitteln des realistischen Experimentalromans zu erfassen – modellhaft dargestellt in den gegensätzlichen Reformprojekten der Großgrundbesitzer Don Bruno und Don Fermin einerseits sowie der Sozialrevolte unter Führung des Indio Rendón Wilka andererseits –, so trägt *El zorro de arriba y el zorro de abajo* mit der Verlagerung des Schauplatzes der Handlung vom Andenhochland an die Küste nicht nur dem eingangs erwähnten sozialen und demographischen Wandel Rechnung, sondern enthält das implizite Eingeständnis, dass mit dem Schwinden der sozialhistorischen Ausgangsprämissen das klassische Modell der ästhetischen Realisierung des »indigenismo« obsolet geworden ist. Trotz seines Erfolges beim lesenden Publikum scheitert auch der »Neoindigenismo« eines Manuel Scorza, der mit seinem in den 70er Jahren geschaffenen Romanzyklus *La guerra silenciosa* die sozialhistorische und kulturelle Grundkonstellation der Indigenismusproblematik wieder aufgreift, letztlich an der Bewältigung einer Problematik, die Cornejo Polar treffend als diejenige der »literaturas heterogéneas« bezeichnet hat, und trägt lediglich dazu bei, die Agonie des Genres über sein historisches Ende hinaus zu verlängern. Der eigentliche Grund dieses Scheiterns liegt in der historischen Erfahrung, dass die Kluft zwischen dem Vorgriff auf die Möglichkeit der Darstellung kultureller – oder doch zumindest ideologischer – Totalität, der dem Genre zugrunde liegt, und der Kritik dieser Totalitätsprämisse, wie sie die Realisierung des indigenistischen Schreibprojekts offenbar unweigerlich mit sich führt, unüberbrückbar geworden ist.

Der »Neoindigenismo«: Manuel Scorza

Eine kategorische Zurückweisung erfährt die Totalitätsprämisse des klassischen »indigenismo« auch in der Lyrik der 60er Jahre, die mit Rodolfo Hinostroza und vor allem Antonio Cisneros ihre wichtigsten Repräsentanten erhält. Schon am Jugendwerk des Letzteren – vgl. die Sammlungen *Comentarios reales* (1968) und *Como higuera en un campo de golf* (1972) – lässt sich ablesen, dass die Zurückweisung eine doppelte ist: Geht es einerseits um die Erfahrung, dass die »indigenistische« Kultur- und Sozialwelt grundsätzlich eine vergangene ist, also nur um den Preis der ästhetischen Fiktion und der ideologischen Selbsttäuschung umstandslos aktualisiert werden kann, so versäumt es Cisneros andererseits nicht, zusammen mit der indigenistischen auch die Totalitätsprämisse marxistischer bzw. – im Sprachgebrauch der Epoche generell so bezeichneter – »dialektischer« Positionen ironisch zu relativieren:

Ironische Zurückweisung der Totalitätsprämisse in der neuen Lyrik: Antonio Cisneros

ARS POETICA 1

1
Ein Schwein bläht seine Lungen unter einem großen
　　Zitronenbaum

gräbt seinen Rüssel hinein in die Realität
frisst eine Kugel Scheiße
lässt einen Rülpser
plasch!
einen Preis

2
Ein Schwein bläht seine Lungen unter einem großen
    Zitronenbaum
gräbt seinen Rüssel hinein in die Realität
– die veränderlich ist –
frisst eine Kugel Scheiße
– dialektisch gesehen eine Neue Scheiße –
lässt einen Rülpser
– die Instrumentierung wechselt –
plasch! noch einen Preis

3
Ein Schwein etc.

Die Botschaft dieser *ars poetica*, deren Verfasser sowohl als Träger des »Premio de la Casa de las Américas« als auch als langjähriger Herausgeber der Zeitschrift *El Caballo Rojo* zu den führenden peruanischen Linksintellektuellen gehörte, weist in verschiedene Richtungen: Unübersehbar ist zunächst einmal – gewiss – die Satire des gebetsmühlenartig als universelle Erklärungsformel wiederholten dialektischen Dreischritts. Satirisch ist nicht minder die Identifizierung des Dichters mit einem seinen Lebensunterhalt durch den Verzehr eigener und fremder Exkremente fristenden peruanischen Hausschwein. Diese drastische Hinwendung zu dem durch den Regionalismus als »chancho« konnotierten Bereich »andiner«, gegebenenfalls auch »indigener Realität« wird jedoch im jeweils letzten Vers der beiden ersten Strophen noch durch eine dritte Bedeutungsebene überlagert, die den Blick auf die Hervorbringungen unseres sich engagiert im andinen Dreck wälzenden Haustieres lenkt – lauter Literaturpreise. Die Spitze der Satire trifft mithin nicht nur den Dichter überhaupt, nicht nur den dogmatischen Marxisten, sondern vor allem jene Spezies, wie sie der Literaturbetrieb im Übergang von den 60er zu den 70er Jahren in großer Zahl hervorgebracht hatte – den sogenannten »Boom«-Autor.

Neuorientierung im Werk von Vargas Llosa

Auch in der allgemeinen Erzählliteratur der Zeit – vertreten insbesondere durch Julio Ramón Ribeyro, Mario Vargas Llosa und Alfredo Bryce Echenique – tritt die allmähliche Umorientierung, wie sie modellhaft am Beispiel der Indigenismus-Literatur zu beobachten ist, in unterschiedlicher Weise, wenn auch unübersehbar deutlich, zutage. Problemlos lässt sich dieser Wandel aufzeigen an der Entwicklung des Werkes von Vargas Llosa, dessen Betrachtung oben abgebrochen wurde: Während die virtuose Inszenierung der erzählerischen Vielstimmigkeit zu den Konstanten seiner Erzählkunst gehört, deren verschiedenartige Manifestationen sich von *La casa verde* (1965) bis *Elogio de la madrastra* (1988) verfolgen lassen, tritt mit *La tía Julia y el escribidor* (1977) erstmalig ein neues Element in den Vordergrund, das sich kennzeichnen lässt als eine steigende Tendenz zur erzählerischen Reflexivität. Fortan erzählen die Romane Vargas Llosas nicht nur Inhalte, sondern »erzählen« – d. h. beobachten, erklären und analysieren aus zunehmend kritischer werden-

der Perspektive – auch den Vorgang des Erzählens selbst. Sogar in einem
epischen Monumentalwerk wie *La guerra del fin del mundo* ist das Motiv
der erzählerischen Selbstreflexion präsent, und zwar in der grotesken
Gestalt des »periodista miope«, eines Korrespondenten aus Rio de Janeiro, der unter dem Eindruck der Ereignisse seine Rolle als kritisch
beobachtender – wenn auch »kurzsichtiger« – Intellektueller immer mehr
verliert, um sich schließlich in eines der potentiellen Opfer des Krieges zu
verwandeln. Einen qualitativ neuen Schritt hin in Richtung auf erzählerische Reflexivität dagegen war Vargas Llosa bereits 1977 mit *La tía Julia y
el escribidor* gegangen. In autobiographischem Plauderton erzählt der
Autor das Melodram seiner Jugendliebe zu einer um viele Jahre älteren
Tante. Den autobiographischen Kapiteln zwischengeschaltet finden sich
jedoch Erzählungen von gänzlich anderem Zuschnitt, und zwar eine
Hörspielserie des Vielschreibers Pedro Camacho. Anfangs unverbunden
nebeneinanderstehend, werden die »fiktionalen« und die autobiographischen Kapitel gegen Ende immer stärker miteinander verzahnt. Es liegt
nahe, die ironische Selbstinduktion der Autobiographie des 1977 weltweit
bereits erfolgreichen »Boom«-Autors durch die Prosa des »escribidor«
ihrerseits als Wirklichkeitsprotokoll zu deuten und somit zur Diagnose
der Eroberung der kulturellen Wirklichkeit Perus durch die modernen
Mythen der zeitgenössischen Massenmedien zu gelangen. Literarisch bedeutsamer jedoch erscheint das Phänomen der ironischen Selbstinduktion.

So enthält die fortschreitende Hybridisierung der beiden Diskurse –
abgesehen von einer späten Reverenz des erfolgreichen »Boom«-Autors
an die Leistungen des vergessenen Trivial-Autors – vor allem das Eingeständnis, dass beide – Höhenkamm- wie Trivialliteratur – mit dem gleichen »Material« zu arbeiten gezwungen sind, dem Repertoire nämlich
eines universell verfügbaren Arsenals von Klischees und Stereotypen.
Historia de Mayta (1984) sowie *El hablador* (1987) sind die vorerst
letzten Stufen auf dieser Skala fortschreitender und immer radikaler werdender erzählerischer Selbstreflexion. Zum ersten Mal – nach dem um
Jahrzehnte zurückliegenden Paukenschlag von *La ciudad y los perros* –
begibt sich Vargas Llosa wieder auf das umstrittene Feld der Politik.
Thema des Romans ist die Geschichte des Trotzkisten Alejandro Mayta,
der 1958 im Vertrauen auf die politische Wirksamkeit terroristischer
Aktionen versucht hatte, im Anden-Gebiet von Jauja eine revolutionäre
Erhebung der Bevölkerung zu entfachen. 1984 erschienen – zu einem
Zeitpunkt also, als die von der kommunistischen Untergrundorganisation
»Sendero Luminoso« verantworteten Aktionen bereits zu einem nationalen Trauma zu werden beginnen – steht *Historia de Mayta* für den
Versuch, das Thema des politischen Terrors, insbesondere jedoch die
Motivationen und Charaktere seiner Protagonisten, mit den Mitteln narrativer Technik zu ergründen.

Der hiermit verbundene Anspruch des realistischen Diskurses ist keineswegs neu, wohl aber die Form, in der ihn der Autor vorträgt. Schreiben –
realistisches, um die Wahrheit der Geschichte bemühtes Schreiben – entspricht nämlich nur, so sieht sich der Erzähler genötigt zuzugeben, einem
unvermeidlichen Akt des Lügens – dem fatalen Akt eines »mentir con
conocimiento de causa«. Der Erzähler behält die Gründe, die das notwendige »Lügen« des realistischen Textes bedingen, nicht länger für sich,
sondern macht sie selbst zum Gegenstand der Darstellung. An die Stelle
der in *La casa verde* sowie *La guerra del fin del mundo* vorherrschenden
aleatorischen Logik willkürlich ineinander verschachtelter Erzählsequen-

zen tritt deshalb in *Historia de Mayta* die einleuchtende Alteration zweier Erzählebenen – die Gegenwartsebene des recherchierenden Erzählers sowie die auktorial erzählte Vergangenheitsebene des 25 Jahre zuvor agierenden Revolutionärs. Da keiner der vom Erzähler befragten Informanten sich als Träger einer endgültigen »Wahrheit« über Mayta auszuweisen vermag, besteht die Quintessenz der durchgeführten Recherchen lediglich in der Feststellung ihrer fundamentalen Vielstimmigkeit und Widersprüchlichkeit – ein Ergebnis, das alsbald auch auf die Gegenwart, ja die Umwelt des Erzähler-Ichs zurückzuwirken beginnt. Tritt uns diese im ersten Kapitel noch unverändert und friedlich entgegen, so erscheint sie in den folgenden Kapiteln zunehmend in der apokalyptisch-phantastischen Perspektive einer durch Terror und Zerstörung, schließlich sogar durch eine ausländische Militärintervention heimgesuchten Kriegslandschaft. *El hablador* ist der vorerst letzte Schritt in dieser fortschreitend kritischer werdenden erzählerischen Selbstreflexion. Der Roman verdient deshalb besonderes Interesse, da er ein zentrales Thema der Indigenismusliteratur aufgreift, die Problematik der kulturellen Heterogenität. Ähnlich wie bei *La tía Julia y el escribidor* besteht die Struktur der Erzählung in der Engführung zweier Erzählsequenzen – der Geschichte Saúl Zuratas' einerseits, eines jüdisch-peruanischen Ethnologiestudenten der Universität San Marcos, der sich der Totalidentifikation mit der Kultur und der Sprache eines von der dominierenden Kulturwelt bisher unberührten Indianerstammes verschrieben hat; und den Erzählungen des »hablador«, eines zum Stamm der Machiguengas gehörenden indianischen Geschichtenerzählers, andererseits. Als kollektives Gedächtnis seines Stammes repräsentiert der Geschichtenerzähler die Werte einer marginalisierten, zum Aussterben verurteilten mündlich vermittelten Kultur. Trotz struktureller Ähnlichkeiten mit *La tía Julia y el escribidor* führt *El hablador* jedoch zu einem fundamental anderen Ergebnis: Während dort die für Erzähler und Leser in gleicher Weise überraschende Erfahrung struktureller Identität der verschiedenen diskursiven Welten im Vordergrund gestanden hatte, führt die Engführung der Diskurse hier zur Erfahrung einer – durch diskursive Leistungen letztlich unüberbrückbaren – Differenz beider Kulturwelten.

Vargas Llosas »literarischer Antipode«

Trotz der im Spätwerk Vargas Llosas verstärkt zum Ausdruck gelangenden Tendenz zur erzählerischen Selbstreflexion bleibt die Faszination durch das Modell des »totalen Romans« weiterhin erhalten und lässt sich nachweisen bis hin zum Schreibprojekt von *El hablador*. Erhebt man die »Totalitätsprämisse« zum Kriterium eines Vergleichs, so erscheint Alfredo Bryce Echenique deshalb in gewisser Weise als ein literarischer Antipode Vargas Llosas. *Un mundo para Julius* (1970) – Bryces bekanntester Roman – zeigt die Abkehr vom Projekt der »novela total« in exemplarischer Weise: Thema des Romans ist die Darstellung der sich mit skandalösem Luxus umgebenden limeñischen Geldaristokratie, wie sie dem Autor auf der Basis eigener Kindheits- und Jugenderlebnisse bestens vertraut ist. »Julius' Welt« ist eine Welt ohne Alternativen und »Transzendenz«, eine marginalisierte Welt des Reichtums, in der die Praktizierung gewohnter zwischenmenschlicher Beziehungen längst zu Pose und Ritual verkommen ist. Emotionelle Wärme scheint der kleine Julius lediglich noch beim Dienstpersonal zu erfahren, einer Welt subalterner Charaktere, in deren Umgang die von Julius gesuchte soziale »Kommunikation« jedoch ebenfalls zum Scheitern verurteilt ist. An die Stelle der Totalitätsprämisse bei Vargas Llosas tritt bei Bryce Echenique insofern die Erfahrung der ohne Vorbehalte akzeptierten Partialität. Letztere ist jedoch nicht nur Thema,

Alfredo Bryce Echenique

sondern zugleich auch Perspektive und Medium der Darstellung: *Un mundo para Julius* gilt als ein herausragendes und gelungenes Beispiel literarischer »Mündlichkeit«, als die nahezu vollkommene Übersetzung eines regionalistisch konnotierten »Partial-Diskurses« – sprich: eines typisch »limeñisch« geprägten Konversationsstils – ins »Universal-Medium Literatur«. Das ästhetische Gelingen dieser »Übersetzung« besteht in der fortwährenden ironischen Engführung beider Diskurse, also der mit diesem Vorgang verbundenen Entlarvung ihrer jeweiligen Partialität. Die fortgesetzte Konfrontation dieser beiden Ebenen ist auch die Basis des souveränen erzählerischen Humors, der immer wieder als das wichtigste Stilmerkmal Bryce Echeniques hervorgehoben worden ist. Wie die in den späten 70er Jahren entstandenen Romane des Autors zeigen, ist *Un mundo para Julius* jedoch keineswegs als programmatische Rückkehr zu einem linearen, durch »Oralität« charakterisierten Erzählstil oder gar zur ästhetischen Praxis eines snobistisch-frivolen *costumbrismo* der Oberschicht zu werten: *Tantas veces Pedro* (1978) thematisiert die unendliche Liebesgeschichte Pedro Balbuenas, eines in Paris lebenden jungen Peruaners, der den Verlust seiner Jugendliebe Sophie mit Hilfe der gegensätzlichen Verfahren Vergessen und Wiedererinnerung einerseits sowie der literarischen Repräsentation andererseits zu verarbeiten sucht. Der am Ausgang der Geschichte interessierte Leser findet sich deshalb mit einer virtuos inszenierten Spiegelfechterei zwischen »Wirklichkeit« und »Fiktion« konfrontiert, in der nicht nur das romantische Thema des Liebestodes, sondern auch die Erotismus-Theorie Georges Batailles anklingt. Partialität ist in *Tantas veces Pedro* unübersehbar durch die ironisch-kritische Selbstthematisierung der literarischen Praxis signalisiert, ein Motiv, das in *La vida exagerada de Martín Romaña* (1981) vollends die Funktion eines zentralen Strukturelementes erhält: Auf der Suche nach Spuren seines Idols Ernest Hemingway kommt der peruanische Möchtegernschriftsteller Martín Romaña 1964 nach Paris und gerät in den ideologisch-emotionellen Bannkreis der Bewegung, die vier Jahre später als diejenige der Ereignisse des Mai '68 in die Geschichte eingegangen ist. Die Rolle, die dem Protagonisten im Rahmen der in autobiographischer Perspektive erinnerten bzw. erzählten Ereignisse zufällt, scheint sich zunächst auf diejenige eines politisch weitgehend ahnungslosen, mit der Abarbeitung literarisch-kultureller Phantasiebilder unterschiedlichster Provenienz beschäftigten lateinamerikanischen Intellektuellen zu beschränken. Nicht nur aufgrund der intellektuellen Einfalt und der damit verbundenen relativen Willenlosigkeit des Charakters seines Protagonisten, sondern auch durch einen im Globaltitel des Werkes enthaltenen expliziten Hinweis – der Roman versteht sich als »erster Teil« des zweibändigen Gesamtwerkes mit dem Titel *Cuaderno de navegación en un sillón Voltaire* – erinnert Martín Romaña in vieler Hinsicht an die Gestalt des Voltaireschen Candide und wird in der Hand seines Autors zum Katalysator einer historischen Momentaufnahme von bemerkenswerter Diagnosekraft.

Obwohl Julio Ramón Ribeyro unter den in diesem Abschnitt vorrangig behandelten Autoren der älteste ist und bereits 1955 mit einem Erzählband an die Öffentlichkeit trat, erscheint es sinnvoll, auch sein Werk als Signal des Umbruchs, als Abkehr vom erzählerischen Totalitätsanspruch zu werten. Einleuchtend ist das Argument zunächst einmal auf formaler Ebene, derjenigen der literarischen Gattung: Ribeyro ist in der peruanischen Literatur des 20. Jhs. der unbestrittene Meister des »cuento«, der Kurzgeschichte. »Partialität« ist das Wesen der Kurzge-

Der Meister der Kurzgeschichte: Julio Ramón Ribeyro

Julio Ramón Ribeyro

schichte. Neben die formale tritt jedoch die thematische Beschränkung: Als erster prominenter Vertreter des sogenannten »Realismo urbano« schenkt Ribeyro bereits in seiner ersten Sammlung einem Phänomen seine Aufmerksamkeit, dessen volle soziale Sprengkraft erst in den 60er Jahren sichtbar werden wird. So behandelt die Titelgeschichte »Los gallinazos sin plumas« (Aasvögel ohne Federn) am Beispiel zweier Buben und ihres Großvaters die Lebensumstände der Bevölkerung in den Elendsvierteln (»barriadas«) der Metropole Lima. Der Titel spielt an auf den tagtäglichen Lebens- und Behauptungskampf der Kinder auf den städtischen Müllhalden, wo sie ihre Beute gegen andere – gefiederte oder ungefiederte – »gallinazos« zu verteidigen haben. 1964 erscheint als erste der *Tres historias sublevantes* die Erzählung »Al pie del acantilado«, in der sich Ribeyro mit einem ähnlichen Problem beschäftigt, der Landnahme obdachloser Familien in den unbewohnten Abhängen der Steilküsten im Süden Limas. Während es den Schutzsuchenden zu gelingen scheint, den reinen Naturgewalten – Hitze, Trockenheit, Felsen und Sand – eine Art Bleiberecht abzuringen, scheitern sie an der Gewalt der inhumanen Ordnung der Gesellschaft: Mit dem Argument der Nutzung des Geländes für die Zwecke der Tourismus- und Freizeitindustrie vertreiben Traktoren der Gemeindeverwaltung, unterstützt von Kräften der Polizei, die Bewohner aus ihren Hütten. Trotz dieses entschiedenen Engagements für gesellschaftliche Randgruppen, wie es später auch im Titel der in den 70er Jahren erscheinenden dreibändigen Erzählsammlung *La palabra del mudo* (Die Stimme des Stummen) programmatisch zum Ausdruck gelangt, trifft die Kategorie »Sozialer Realismus« Ribeyros Erzählkunst nur in einem Teilaspekt. Nicht nur zeichnen sich die Erzählungen generell durch die Abwesenheit jedweder Formen von vordergründigem Sprachrealismus aus, vielmehr fehlt es auch nicht an Beispielen, in denen die realistischen Erzählstrukturen in signifikanter Weise durch Verfahren des »poetischen« Stils ergänzt sind. Dergleichen poetische Verdichtungen finden sich auch in den beiden erwähnten Erzählungen, obwohl diese nach thematischen Kriterien eindeutig der Gattung »Sozialer Realismus« zuzurechnen sind.

Erwähnung verdient insofern sowohl die poetische Verdichtung des Feigenbäumchens (»higuerilla«) in »Al pie del acantilado« als auch die wie mit einem poetischen Schleier überzogene Beschreibung der frühen Morgenstunde, in der die »gallinazos sin plumas« ihrer krudes Tagewerk beginnen: »Um sechs Uhr in der Früh' erhebt sich die Stadt auf Zehenspitzen und beginnt, erste Schritte zu tun. Ein dünner Nebel lässt die Umrisse der Objekte verschwimmen und versetzt uns wie in eine Zauberwelt. Die Personen, die in der Stadt zu dieser Stunde auf den Beinen sind, scheinen geformt aus einer anderen Substanz, zugehörig einer gespenstischen Ordnung des Lebens. Die frommen Betschwestern drücken sich an den Häuserzeilen entlang, um in den Eingängen der Kirchen zu verschwinden. Die Nachtvögel, aufgezehrt durch die Nacht, kehren heim in ihre Häuser, eingehüllt in große Schals und ihren Trübsinn. Bewaffnet mit Besen und Karren, beginnen die Straßenfeger ihr dunkles Werk in der Avenida Pardo. Es ist die Stunde, in der auch die Arbeiter sich aufmachen in Richtung Straßenbahn, Polizisten Bäume angähnen, kleine Hunde vor Kälte erzittern und Hausangestellte die Mülleimer an die Straße stellen. Es ist die Stunde, in der schließlich, wie auf ein geheimes Zeichen, die Aasvögel ohne Federn ihren Auftritt haben.«

Die Symbolisierung einzelner Realitätselemente oder ganzer Erzählsequenzen ist kein Signal zum sozialen Eskapismus. Der dem Text hinzuge-

fügte poetische »Mehrwert« verhindert eine vorschnelle Sinnzuweisung auf der ersten Ebene realistisch-vordergründiger Bedeutung und eröffnet, ausgehend von einer intensivierten, verdichteten Erfahrung gegenwärtiger Realität, neue Sinnhorizonte für Zukunft und Vergangenheit. Es ist die berühmte Erzählung »Silvio en el rosedal« (1976), in der das Verfahren seine gelungenste Form der Verwirklichung erfährt. So können die Texte Ribeyros – sagt Julio Ortega – eine Einladung sein zu einem freieren Umgang mit »der aktuellen und weiter fernliegenden Poesie jener Fabel, die uns mit den Rätseln unserer Identität und geschichtlichen Bedeutung konfrontiert. Diese Identität ist eine unserer Sprachen, eine imaginäre Form unseres geschichtlichen Seins, zugleich jedoch eine kritische, schmerzlich erfahrene Form unserer sozialen Existenz als Lateinamerikaner und Peruaner.«

Müllhalden: »Aasvögel ohne Federn«

Aspekte der neueren ecuadorianischen Literatur

Auch die ecuadorianische Literaturszene ist in den 60er Jahren durch einen Bruch mit den überkommenen Mustern der literarischen Tradition gekennzeichnet. Zu den wichtigsten Wortführern der neuen Generation gehört der Lyriker César Dávila Andrade, dessen Forderung nach poetologischer Neuorientierung in der Textsammlung *En un lugar no identificado* (1960) ihren programmatischen Ausdruck gefunden hat. Auch der ehemalige Privatsekretär Pablo Nerudas, Jorge Enrique Adoum, beschreitet neue Wege. »Neuerung« ist für Adoum, der seiner politischen Überzeugungen wegen ins französische Exil ging, jedoch gleichbedeutend auch mit einer Überwindung der ideologisch befrachteten Metaphernrhetorik Nerudas. So orientiert sich Adoum in den 70er Jahren immer stärker an einer auf Sprachkritik und Sprachspiele kaprizierten »postmodernen« Schreibpraxis, die in dem Roman *Entre Marx y una mujer desnuda* von 1976 ihren Höhepunkt gefunden hat. Im Gegensatz zu Adoum ist die Autorin Alicia Cossío Yáñez vornehmlich thematisch interessiert und verschafft in ihren Romanen *Bruna, soroche y los tíos* (1974) und *Yo vendo unos ojos negros* (1979) der Position eines kämpferischen Feminismus Gehör. Francisco Tobar García seinerseits ist ein nicht weniger erfolg-

Jorge Enrique Adoum

Fernando Tinajeros

reicher Autor im Bereich des Theaters. Thema seines umfangreichen Schaffens, aus dem als repräsentatives Werk vor allem *Balada para un imbécil* (1969) hervorragt, ist die immer erneut angestrengte Diagnose der Kleinbürgerklasse. Besondere Erwähnung verdient schließlich noch das Werk Fernando Tinajeros', eines der besten Analytiker seiner Generation sowohl auf dem Gebiet des Essays als auch auf dem des Romans. Während Tinajeros in *Más allá de los dogmas* (1967) einer leichtfertig harmonisierenden Kulturtheorie entgegentritt, soweit diese den »mestizaje« zur Grundlage der nationalen Kultur Ecuadors deklariert hatte, entwirft er im Roman *El desencuentro* (1976) ein illusionslos-kritisches Bild der Generation der 60er Jahre, zu der er sich selber zugehörig fühlt. Es ist die sarkastische Analyse der Verhältnisse, wie sie sich darstellten unter den Bedingungen eines autoritären staatlichen Machtapparates, dem es gelang, durch eine geschickte Kombination von Maßnahmen ideologisch-politischer Repression mit der gleichzeitigen Gewährung öffentlicher Gratifikationen die Subjekte in gefügige Werkzeuge zu verwandeln. Thema des Romans sind insbesondere die verheerenden Folgen, die die Verinnerlichung dieser Strategie bei den beteiligten Individuen sowohl in subjektiver als auch in intersubjektiver Hinsicht hinterlassen hat.

Tendenzen der peruanischen Literatur der 80er Jahre

In der außerordentlich reichen peruanischen Literatur der 80er Jahre setzt sich die im vorletzten Abschnitt angedeutete Tendenz fort. Der Anspruch auf Erfassung einer »totalen« Realität im Sinne der realistischen Tradition tritt in den Hintergrund zugunsten einer literarischen Praxis, die sich immer stärker versteht als die Protokollierung »partieller«, durch die Attribute unvermittelbarer – kultureller und sozialer – Differenzen ausgezeichneter Erfahrungen. Den stärksten Ausschlag zeigt das Pendel dieser Differenzerfahrungen in der Lyrik. Gerade hier wird jedoch auch die Unmöglichkeit sichtbar, literarische Entwicklungen sinnvoll auf die Abfolge von Generationen festzuschreiben. Erst jetzt scheint das Werk von Avantgardisten vom Schlage des zur Generation von Vargas Llosa zählenden Dramatikers und Lyrikers Manuel Pantigoso ein lesendes Publikum zu finden. Zu belegen ist dies am Erfolg jüngerer Lyriker wie Alfredo Pita und Ricardo González Vigil (*1950) oder Eduardo Chirino Arrieta und Carmen Ollé. In ihrer Gegensätzlichkeit können die beiden zuletzt genannten Autoren die Tendenz nur umso nachhaltiger bestätigen: Während die Gedichte Chirino Arrietas auf die Tradition der durch J. L. Borges und T. S. Eliot repräsentierten Bildungslyrik des 20. Jhs. zurückverweisen, knüpft Carmen Ollé eher an den »Konversationsstil« an, mit dem Antonio Cisneros in den 60er und 70er Jahren den neuen Ton der peruanischen Lyrik angab. Anders als die Gedichte Cisneros', deren ästhetischer Reiz vor allem in der Fragmentarisierung und ironischen Brechung des – mit indigenistischen, nationalistischen und sozialistischen Elementen durchsetzten – Hegemonialdiskurses seiner Generation besteht, präsentieren sich die oftmals zu elliptischen Lakonismen verkürzten Texte Ollés – insbesondere dank ihrer durchgängig »narrativen« Struktur – als provozierende Momentaufnahmen weiblicher Subjektivität.

Verspätete Rezeption eines Avantgardisten: Manuel Pantigoso

Chimara-Masken
aus der Gegend
des Titicacasees

Auch in der Erzählliteratur – so etwa den Romanen und Kurzgeschichten, mit denen sich Miguel Gutiérrez, Jorge Díaz Herrera, Gregorio Martínez, Cronwell Jara Jiménez, Guillermo Niño de Guzmán oder Teresa Ruiz Rosas einen besonderen Platz unter den Autoren der peruanischen Literatur der Gegenwart erworben haben – lassen sich Tendenzen der angedeuteten Art verfolgen. Während in den Romanen von Miguel Gutiérrez noch das revolutionäre Pathos eines sozialkritischen Realismus widerhallt, konfrontiert Jorge Díaz Herrera in *Por qué morimos tanto* (1992) den Leser in ähnlich radikaler Weise wie seinerzeit Vargas Llosa in *Historia de Mayta* (1984) mit dem Problem der historischen Wahrheit. Die ideologiekritische Brisanz des Romans liegt darin, dass er zur Demonstration dieses literarisch zur Erfahrung gebrachten Zweifels an der Möglichkeit historischer Wahrheitsfindung zurückgreift auf ein »indigenistisches« Thema *par excellence*, die Rekonstruktion nämlich eines Aktes feudalistischer Willkür in den Anden. Humor sowie die Orientierung an wohlbekannten Mustern eines »barocken« Erzählstils sind die Merkmale der Romane sowohl von Gregorio Martínez als auch von Cronwell Jara. Martínez ist bekannt geworden durch die Beschäftigung mit einem literarisch nahezu vollständig vernachlässigten Thema, demjenigen der massiven Präsenz afrikanischer Ethnien in der peruanischen Geschichte und Kultur. *Canto de sirena* (1977) behandelt das Thema mit deutlichen intertextuellen Anklängen an Alejo Carpentiers *El reino de este mundo*. Cronwell Jara seinerseits nimmt ein Thema auf, das bereits von Julio Ramón Ribeyro in einigen seiner bekanntesten Erzählungen behandelt worden war, das Schicksal der marginalisierten Bevölkerung in den »barriadas«, den Elendsvierteln der Hauptstadt Lima. In *Patíbulo para un caballo* beschäftigt sich Jara mit dem Thema am Beispiel der um die Gründung der »barriada Montacerdos« seinerzeit entbrannten Auseinandersetzungen zwischen Landbesetzern und Guardia Civil. Sein Gewicht erhält der Text durch eine um drastische Realitätsnähe bemühte Sprache sowie durch eine Form der Darstellung, deren Wahrheitsanspruch in der Perspektive autobiographischen Erlebens begründet ist. Auch Teresa Ruiz Rosas gehört zu den jungen Talenten der peruanischen Literatur der Gegenwart. Trotz eines noch relativ schmalen Werkes, von dem bislang nur die Erzählungen *El desván* (1989) sowie der Kurzroman *El copista* (1994) publiziert wurden, sind die stilistischen Qualitäten ihrer Texte unübersehbar und zeichnen sich aus durch Humor, erzählerische Imagination sowie eine virtuose, am Umgang mit poetischen Texten geschulte Handhabung der literarischen Form.

Die Erschließung neuer Erfahrungsräume sowohl in thematischer als auch in formaler Hinsicht – manifestiert etwa im Geltendmachen des afroperuanischen Kulturerbes bei Gregorio Martínez, der Experimentallyrik Manuel Pantigosos, der kritischen Vielstimmigkeit in den Romanen Jorge Díaz Herreras oder der »feministischen« Lyrik Carmen Ollés – lässt das traditionelle Konzept der peruanischen Nationalliteratur zwar nicht grundsätzlich obsolet erscheinen, eröffnet für diese jedoch mit dem Abbau von bislang für konstitutiv erachteten Oppositionen wie derjenigen zwischen »costa« und »sierra« ein grundsätzlich neues Feld kultureller Erfahrungen.

Die neuere Erzählliteratur: Jorge Díaz Herrera, Cronwell Jara, Teresa Ruiz Rosas

Ein neues Feld kultureller Erfahrungen für die peruanische Literatur

Cono Sur (Chile, La-Plata-Staaten, Paraguay): Terror und seine Verarbeitung in der Literatur

Von der Utopie zu Aporie und Ironie (1960–1990)

Protest gegen die Militärdiktatur

Mit den Militärdiktaturen in Paraguay (1954–1989), Chile (1973–1989), Uruguay (1973–1984) und Argentinien (1976–1983) erreichte die Chronik der »Violencia«, der Gewalttätigkeit, in Lateinamerika einen weiteren Höhepunkt. Aufgrund dieser gemeinsamen historischen Erfahrung präsentieren sich die vier Nationalkulturen in einer erstaunlichen regionalen Einheit; die Sonderrolle Paraguays ist mit der außergewöhnlich langen Dauer der Stroessner-Diktatur letztendlich nur exemplarisch. Eine weitere historisch bedeutsame Veränderung während dieses Zeitraums war die Technologisierung und die Verbreitung der Massenmedien. Die weitgehend im vorausgehenden Kapitel vorgestellten Schriftsteller Mario Benedetti, Jorge Luis Borges, Adolfo Bioy Casares, Julio Cortázar, José Donoso, Juan Carlos Onetti und Augusto Roa Bastos reagierten auf den Wandel der kulturellen Werte mit neuen Formen der Wirklichkeitsdarstellung, womit eine dritte regional übergreifende Entwicklung genannt ist. Die beiden wichtigsten Erklärungsmuster der lateinamerikanischen Wirklichkeit, die »alles verschlingende Natur« und der »Magische Realismus«, hatten sich bei der Auseinandersetzung mit der gesellschaftlichen Wirklichkeit des Cono Sur von Anfang an als unbefriedigend erwiesen.

Aus diesem Grund war die literarische Hauptstadt der Region Juan Carlos Onettis Santa María, eine fiktive Mischung aus Buenos Aires und Montevideo, und nicht das magische Macondo von Gabriel García Márquez. Auch die stärker werdende Konkurrenz mit dem Medium Film trug zur Weiterentwicklung der realistischen Schreibformen bei. Ein weiteres Leitmotiv dieses Zeitraums war der Zweifel an der sprachlichen Vermittelbarkeit von Wirklichkeit. Bemerkenswert ist die Kontinuität der traditionellen Themen: die Gewalt, die Identitätsproblematik, der Gegensatz zwischen Stadt und Land, sowie der zwischen Industrienationen und Dritter Welt – zu der man sich selbst in Argentinien zugehörig zu fühlen begann. Die Entwicklungen lassen sich als Abfolge von drei Phasen darstellen: Engagement und Evasion waren die beiden Pole der Literatur der 60er und 70er Jahre. Das dominante Modell war die *literatura comprometida* mit dem Gebot des gesellschaftspolitischen Engagements. Das literarische Spektrum der 80er Jahre war geprägt von politischer Gewalt (Folter, Zensur, *desaparecidos*), aber auch von der Verbreitung europäischer Theorien, die den Akt des Erzählens, die »Funktion des Autors« (Michel Foucault) und die Mimesis in Frage stellten. Mit der Redemokratisierung vervielfältigten sich die Schreibweisen ebenso wie die zugrunde liegenden Auffassungen von Literatur. Die Intellektuellen definierten ihre Stellung in Kultur und Gesellschaft zunehmend durch marktstrategische Überlegungen. Nach dem Scheitern der Utopien galt es, einen Weg zwischen der Skylla der Aporie und der Charybdis einer zynisch gewordenen Ironie zu finden, um Position in der von den Massenmedien gesteuerten Kultur beziehen zu können.

Die 60er und 70er Jahre: im Zeichen der Utopie

In den 60er Jahren war der Glaube an die Ideologien noch weitgehend ungebrochen. Die utopische Hoffnung auf Revolution – der »hombre nuevo«, eine neue Menschheitsepoche, schien zum Greifen nahe – sorgte für ein kämpferisch-optimistisches Klima des Aufbruchs. Je mehr jedoch die Kubanische Revolution ihre Vorbildfunktion einbüßte, desto kontroverser wurde das Konzept des gesellschaftspolitischen Engagements des Schriftstellers diskutiert. Für manche Autoren führte ihr Engagement in den 70er Jahren ins Exil oder in den Tod: Haraldo Conti und Rodolfo Walsh zählen zusammen mit anderen Autoren zu den ca. 30000 *desaparecidos* der argentinischen Militärdiktatur, deren Leichen noch Jahre später von verschiedenen Organisationen gesucht wurden. Walsh, der seine Stoffe aus nicht selten unter Lebensgefahr gemachten journalistischen Ermittlungen bezog, steht in der aus der Kolonialzeit kommenden Tradition der Auseinandersetzung mit politischer Gewalt, deren Ausgangspunkt für die Moderne Esteban Echeverrías *El matadero* ist. Walshs Text gleichen Titels, der von der Professionalisierung der Gewalt handelt, verdeutlicht dies eindringlich, indem er die von Echeverría kommende Blutspur in der Gegenwart nachzeichnet. Walsh erneuerte die realistische Schreibweise durch Mischung von Dokumenten und Zeugenaussagen mit Spannungselementen des Kriminalromans, weshalb man ihn als Wegbereiter und Modellautor der testimonialen Literatur (*non-fictional novel*) betrachten könnte. *Operación Masacre* dokumentiert die von den Medien verschwiegene Ermordung peronistischer Arbeiter durch das Militär. Im Vorwort zu diesem »Kriminalroman für Arme« verweist Walsh auf die Unmöglichkeit, angesichts des Einbruchs roher, realer Gewalt in sein Leben weiter »reine« Literatur zu betreiben. Unmittelbar nachdem er in einem offenen Brief die Verbrechen der Militärs angeklagt hatte, wurde er verschleppt und am 25. März 1977 ermordet.

Utopische Hoffnung und die Katastrophe der Gewalt: Rodolfo Walsh

Entscheidende Erneuerungen der realistischen Tradition kamen auch von Mario Benedetti, dem meistgelesenen Gegenwartsautor Uruguays. Im Gegensatz zu seinem in Europa bekannteren Landsmann Onetti kehrte Benedetti aus dem Exil nach Montevideo zurück. Im Brennpunkt seiner Werke stehen die sozialen und psychischen Probleme der Mittelschichten Montevideos, wie schon der Titel seines bekanntesten Erzählungsbandes *Montevideanos* (1959, erweit. 1961) signalisiert. Obwohl er sich selbst in erster Linie als Lyriker empfand, umfasst sein umfangreiches Werk sämtliche Gattungen, auch den Roman, wo er – wie in *Gracias por el fuego* (1965) und *Primavera con una esquina rota* (1982) – traditionelle Erzählformen virtuos einsetzt. Auch in dem in Versform geschriebenen Roman *el cumpleaños de juan ángel* (1971) verbindet er uralte literarische Formen mit politisch brisanten Stoffen wie der Stadtguerilla-Bewegung »Tupamaros«. Seine sozialkritischen Gedichte neigen zur *poesía conversacional*, das heißt zu der in den 60er Jahren dominierenden »Konversationslyrik«, in der Aussage und Mitteilung im Mittelpunkt stehen und eine bewusst unpoetische Ausdrucksweise gewählt wird.

Mario Benedetti

Auch Chile befand sich wie Argentinien und Uruguay, wo man von der »guerra sucia«, dem »schmutzigen Krieg«, gegen die »subversiven Elemente des Kommunismus« sprach, im Zustand eines »Krieges«, den das Militärregime im Namen der nationalen Sicherheit gegen die Oppositionellen führte. Das Werk des Hauptvertreters der »Generation von 1950«, José Donoso, lässt sich ohne die Berücksichtigung dieses historischen

José Donoso

Antonio Skármeta

Der Essay

Hintergrundes kaum verstehen. In den Romanen *El obsceno pájaro de la noche* (1970) und *Casa de campo* (1978) experimentierte Donoso mit neuen Formen der Allegorie und der Zeit- und Raumdarstellung. Charakteristisch ist die stete Bezugnahme auf die Vergangenheit z. B. bei der Erkundung der historischen Ursachen des Militärputsches und der nachfolgenden Repression. Bei der Darstellung der psycho-sozialen Verstümmelung greift er in einer surrealistisch-alptraumhaften Schreibweise archaische Stoffe und Motive aus der chilenischen Mythenwelt auf. Die Figur des »imbunche« in *El obsceno pájaro de la noche* ist eine Ausgeburt unterdrückter Ängste. Dieses Wesen, »bei dem alles zugenäht ist: Augen, Geschlechtsteil, Gesäß, Mund, Nasenflügel und Ohren«, ist Ausdruck einer apokalyptischen Vision in einer Welt, die von Erniedrigung und Verstümmelung regiert wird. Für Donosos Werk, das vielfach als »Literatur der Zerstörung und des Untergangs« bezeichnet wurde, ist die zentrale Frage, wo nach dem Bankrott bürgerlicher Ideale neue, identifikationsfähige Werte zu finden sind.

Die vom Exil geprägte Biographie des chilenischen Erzählers Antonio Skármeta ist exemplarisch für die nachfolgende, vom Geist der 60er Jahre geprägte Schriftstellergeneration, deren Lebensgefühl von der Ausbreitung der Massenmedien und der Rockmusik, von Antibabypille, sexueller Revolution, Existentialismus, Bewusstseinserweiterung, Marihuana und LSD bestimmt war. Diese Welt versucht Skármeta in einer von Elementen aus Umgangssprache, Dialekt und Slang, aber auch von kühnen Metaphern und einer rhythmischen Musikalität geprägten Sprache wiederzugeben. Das Interesse für die Kunstformen Musik und Film ist charakteristisch für Skármetas Generation. Zusammen mit Peter Lilienthal drehte er die Filme *Es herrscht wieder Ruhe im Land* (1975) und *Der Aufstand* (1979), der 1981 als Roman gleichnamigen Titels erschienen ist. 1983 verfilmte er in Eigenregie seinen Roman *Ardiente paciencia*. Die Parallelisierung von Aufstieg und Untergang der Volkspartei »Unidad Popular« mit der Freundschaft zwischen Pablo Neruda und dessen Briefträger bildet einen Höhepunkt der sinnlichen Erzählkunst Skármetas, die mit der Öffnung der Literatur für andere Kunstformen Ansatzpunkte aufweist, die in diesem Jahrzehnt weiterentwickelt wurden.

Uruguay entwickelte sich zu einem Zentrum des Essays und der »crítica literaria«. Außer Mario Benedetti sind Fernando Ainsa, Eduardo Galeano, Carlos Rama, Emir Rodríguez Monegal und Angel Rama zu erwähnen; die beiden Letztgenannten traten als Begründer der modernen lateinamerikanischen Literaturwissenschaft hervor. Eduardo Galeano war wie Mario Benedetti, Angel Rama und Emir Rodríguez Monegal Redaktionschef der Zeitschrift *Marcha*. Er verschaffte mit *Las venas abiertas de América Latina* den Unterdrückten des gesamten Kontinents Gehör. Galeano vereinte unbeugsames politisches Engagement mit wissenschaftlicher Akribie. Seine Geschichte der Unterdrückung vertiefte er in *Memoria del fuego* (1982/84/86). Auch diese Trilogie verbindet dokumentarische Objektivität und poetische Anteilnahme bei der Darstellung historischer Sachverhalte. In *Libro de abrazos* (1988), einer Sammlung aphoristischer Miniaturen, fasste er die Atmosphäre der Diktatur in einem Satz zusammen: »Wir hatten Angst beim Frühstück, Angst zu Mittag und Angst am Abend; aber sie haben es nicht fertiggebracht, aus uns Menschen wie sie zu machen.« In Argentinien waren in dieser Zeit die wichtigsten Essayisten zugleich renommierte Romanciers wie Ernesto Sábato und Julio Cortázar, dessen *Obra crítica* 1994 in einer dreibändigen Ausgabe vorgelegt wurde. Anders als Galeano beschäftigen sie sich dabei – wie zuvor schon Jorge Luis Borges – auch, ja vor allem mit literaturtheoretischen und poetologischen Problemen.

Die 70er und 80er Jahre

Drei unterschiedliche Faktoren trugen zu den wesentlichen literarischen Veränderungen bei: die Militärdiktaturen, die weitere Umsetzung des Innovationspotentials des *boom* und die Rezeption europäischer Literaturtheorien. Die Militärputsche sorgten für eine Unterbrechung aller vorherigen kulturellen Entwicklungen, die sich erheblich auf das Selbstverständnis der Intellektuellen auswirkte. Die neuen Generationen wuchsen unter den Diktaturen auf. Sie verbrachten in Chile über die Hälfte und in Paraguay ihr ganzes Leben in einem von »toque de queda« (Ausgangssperre), Zensur und Bücherverbrennung bestimmten Klima. Ihre künstlerischen Ausdrucksformen sind zwar keineswegs monokausal mit der politischen Repression zu erklären, aber es handelt sich dennoch um einen gemeinsamen biographischen Hintergrund. Für die Schriftsteller, die während der Diktatur zu schreiben begannen, bildeten Isolation, Kommunikationslosigkeit und Lebensgefahr die prägenden Erfahrungen. Um der Vereinsamung zu entgehen, bildeten sie *talleres literarios* (Schreib-Workshops), die sich bis in die Gegenwart großer Beliebtheit erfreuen. In der im *exilio interior* oder *insilio* (inneren Exil) entstandenen Literatur unterlief man die Zensur, die in Form von Selbstzensur auch dann funktionierte, wenn sie nicht institutionalisiert war wie in Argentinien, mit verschlüsselten, allegorischen, elliptischen, euphemistischen, metaphorischen und fragmentarischen Schreibweisen. Auch die im äußeren Exil entstandenen Texte setzten Polyphonie und Fragmentarisierung der Handlungslogik sowie der Zeit- und Raumstrukturen der von den Militärs verbreiteten uniformen Weltsicht entgegen. Verstärkt durch die Rezeption europäischer Diskurstheorien wurde die Frage nach dem Wie des Erzählens zum Dreh- und Angelpunkt der Literatur. »¿Cómo narrar los hechos reales?«, fragt Ricardo Piglias Protagonist aus *Respiración artificial* in Anlehnung an James Joyce ebenso wie Minelli, der Protagonist eines Romanzyklus von Juan Carlos Martini.

Das Leben unter der Militärdiktatur

Mit dem *boom* hatte die Verbreitung der von Macedonio Fernández, Felisberto Hernández und Juan Carlos Onetti initiierten selbstreflexiven und zirkulären Schreibweise begonnen, die auch in der phantastischen Literatur von fundamentaler Bedeutung ist. Deren Merkmal ist neben den vielbeachteten Verfahren der experimentellen Zeitgestaltung die bislang kaum erforschte Umfunktionalisierung der Beschreibung. So erfüllte die Raumdarstellung immer weniger dekorative oder symbolische Zwecke, sondern sie beeinflusste die gesamte Erzähldynamik, wie ansatzweise bereits in Onettis Romanen *El pozo* und *El astillero* zu beobachten ist. Aber auch die Erzählfunktion unterlag tiefgreifenden Veränderungen. Hervorzuheben ist die Dynamisierung der Erzählerfiguren durch wechselnde Standpunkte, wechselnde Einbindung in die erzählte Welt und unterschiedlichen Wissensstand. Aus diesen Veränderungen entstanden die charakteristischen Merkmale der 80er Jahre: Fragmentierung, Diskontinuität, Polyphonie, Vielfalt der Sprachregister, Intermedialität, das heißt die Einbeziehung von Musik und Film sowie nichtliterarischen Textsorten (Literaturtheorie, Geschichtsschreibung und Werbung), Hybridisierung der Gattungen durch Einbeziehung der »genres mineurs« wie

Neue Erzähltechniken der 80er Jahre

Science Fiction, Krimi, Abenteuer- und Reiseliteratur. Auffällig ist besonders am Río de la Plata die Ambiguität des Erzählers gegenüber seiner Geschichte. Diese schafft eine Art Rätselspannung, indem sie den Erzählvorgang als Geheimnis gestaltet. Jorge Luis Borges und Augusto Roa Bastos, um nur zwei der bekanntesten zu nennen, sind diesbezüglich zu Vorbildern der nachfolgenden Generationen geworden.

Manuel Puig: der Bovarismus des 20. Jahrhunderts

Manuel Puig

Mit *La traición de Rita Hayworth* (1968) trat Manuel Puig, der bedeutendste Autor der Epoche nach dem »Boom«, in Erscheinung. Von diesem Roman bis zu den posthum erschienenen Erzählungen in *Los ojos de Greta Garbo* (1993) schuf Puig neue Formen der Gestaltung der von den Massenmedien veränderten Wirklichkeit. Filme dienten ihm als Thema und Gestaltungsprinzip einer neuartigen Inszenierung von Dialogen, wobei die meist auf Klischeevorstellungen beruhenden Konversationen die Fremdbestimmtheit der Gesprächspartner offenbaren. Puigs Leitthema ist die von den Massenmedien kommerzialisierte *éducation sentimentale*: Er berücksichtigt nicht nur die Wirkung des Hollywoodkinos auf die Persönlichkeitsstruktur seiner Charaktere, sondern auch die anderer Produkte der Unterhaltungskultur, ebenso wie die der Psychoanalyse. Der Titel von *Boquitas pintadas* (1969) ist ein Zitat aus dem von Alfredo Le Pera komponierten und von Carlos Gardel gesungenen Foxtrott »Rubias en Nueva York« (Blondinen in New York). Tangos, Rumbas und Boleros erklingen in fast allen Romanen Puigs ebenso wie in vielen anderen Texten des Río-de-la-Plata-Raums. In *The Buenos Aires Affair* (1973) griff Puig seine Themen – Rollenzwänge, Geschlechterstereotype, abweichendes sexuelles Verhalten, Homosexualität in Verbindung mit politischen Stoffen und Literatur – im Schema des Kriminalromans auf. Der Roman markierte einen Einschnitt in Puigs Schaffen. Als 1973 Perón nach 18 Jahren Exil Héctor Cámpora aus der Regierung drängte und zusammen mit seiner Frau »Isabelita« seine zweite Regierungsperiode begann, während Puig noch, wie im Roman unterschwellig anklingt, um seine literarische Anerkennung kämpfen musste, verließ er Argentinien. In *El beso de la mujer araña* (1976) bezieht sich die Darstellung von Folter und politischer Gewalt auf die Spannungen in ebendieser Zeit der »guerra sucia«. Der härtester Folter ausgesetzte Guerillero Valentín Arregui Paz, der von dem Homosexuellen Luis Alberto Molina im Auftrag der Gefängnisleitung ausgehorcht werden soll, lässt sich von diesem verführen. Aber Molina, der am Ende seine unpolitische Haltung aufgibt, schlägt sich auf die Seite Valentíns und wird daraufhin ermordet. Der Roman wurde von Héctor Babenco verfilmt (1985) und unter anderem auch von Puig selbst für die Bühne bearbeitet. An Puigs erfolgreichstem Text lässt sich seine Bedeutung für den Postboom ermessen. Alltägliche zwischenmenschliche und gesellschaftspolitische Inhalte, erzählt in einer lebendigen Vielstimmigkeit (Dialoge, Selbstgespräche, Träume, Fußnoten zur Erklärungsgeschichte der Homosexualität, das System der erzählten und erdachten Filme), vermitteln eine unzweideutige Botschaft. In einer sensiblen und ironischen Ästhetik der Homosexualität kommt Puigs Engagement gegen die Unterdrückung sozialer Randgruppen zur Geltung. Nach der polyphonen Collage-Technik der ersten Romane konzentrierte sich Puig auf das Prinzip des Dialogs, das er in den folgenden Romanen, *Pubis angelical* (1979), *Maldición eterna a quien lea estas páginas* (1980) und *Sangre de amor correspondido* (1982), beibehielt. Diese während der Diktatur verbotenen Romane zirkulierten bis zur Redemokratisierung (1983) heimlich in Argentinien.

In den 50er Jahren entstand die sogenannte *nueva novela histórica*, deren Definition Gegenstand einer langanhaltenden Diskussion wurde. Bezeichnend für diese Romane, die ebenfalls im Rahmen der Reduktion der realistischen Mimesis stehen, war, dass sie der Fiktion einen Erkenntniswert bei der Auseinandersetzung mit historischen Ereignissen zuwiesen. Dies äußerte sich im Abweichen von der linearen Chronologie, aber auch durch die Fiktionalisierung historischer Persönlichkeiten angefangen mit Christoph Kolumbus, Karl Marx, Carlos Gardel, Eva Perón bis hin zu Salvador Allende. Parallel zur gehäuften Bezugnahme auf andere historiographische und fiktionale Texte (Intertextualität) stieg auch das Reflexionsniveau der literarischen Geschichtsmodelle. Die ironische Distanznahme und die parodistische Sicht der Geschichte gingen einher mit der sich lauffeuerartig ausbreitenden Karnevalisierung und Dialogizität im Sinne Michail Bachtins. Besonderes Interesse galt im Vorfeld der 500-Jahr-Feier der Landung des Kolumbus 1992 den Themen der Entdeckung und Conquista, wie etwa in den Romanen von Abel Posse, *Los perros del paraíso* (1987) und *Daimón* (1978), die von einer starken, spielerischen Intertextualität und Panerotik geprägt sind, oder in Roa Bastos' *La vigilia del almirante* (1992).

Ricardo Piglias *Respiración artificial* (1980) unterläuft den Realismus mit noch komplexeren Formen von Selbstreferenz und Intertextualität. Im Gerüst des Bildungsromans überlappen sich Elemente des multiperspektivischen Archiv- und Briefromans mit literaturgeschichtlichen und historischen Spekulationen. Der Stoff der während der Diktatur spielenden Handlung dient als Aufhänger für die kritische Revision argentinischer Geschichte und Literatur seit dem 19. Jh. Der ausgebildete Historiker Piglia, der wie Jorge Luis Borges ein scharfsinniger Leser ist, versieht im Gegensatz zu diesem seine Lesefrüchte mit historischen Analysen. Sein Protagonist Marcelo Maggi vertritt das Konzept des »historischen Blicks«. Er wendet sich damit gegen die von Stephen Dedalus, dem Protagonisten von James Joyces *Ulysses* (1922), vertretene Auffassung von Geschichte als einem »Alptraum, aus dem ich zu erwachen suche«. Maggis Replik darauf ist: »Die Geschichte ist der einzige Ort, an dem ich mich von dem Alptraum erholen kann, aus dem ich zu erwachen suche.« In weiteren intertextuellen Anspielungen bekommt Piglias großes Vorbild Kafka die herausragende Stellung von Joyce zugeteilt, weil er den Horror der Konzentrationslager literarisch vorwegnahm und damit das Unsagbare in Worte fasste. Piglias Werk, das die Erzählungen *La invasión* (1967) und *Prisión perpetua* (1988), den Roman *La ciudad ausente* (1992) sowie literaturtheoretische Überlegungen (*Crítica y ficción*, 1986; 1990) umfasst, beruht auf einer aufklärerischen und zugleich aufklärungskritischen Tendenz. Piglia hält die Aufklärung, bei aller Kritik, für ein unvollendetes Projekt. Der abgewandelte Goya-Satz »El sueño de *esa* razón produce monstruos« richtet sich gegen eine bestimmte Art der Vernunft, keineswegs aber gegen die Ratio an und für sich. Die parodistische Einbringung von Descartes, Nietzsche, Ortega y Gasset, Hermann von Keyserling und einer Fülle von argentinischen Schriftstellern macht Piglias Werk zu einer amüsanten Fundgrube für den Leser.

Juan (Carlos) Martini thematisiert in *La vida entera* (1981) die der zweiten Regierungsperiode Peróns folgenden gewaltsamen Umbrüche der *guerra sucia*, die zum Militärputsch von 1976 führten. Diese visionäre und allegorische Unterminierung des Realismus ist wie in Osvaldo Sorianos *No habrá más penas ni olvido* (1980) und Juan José Saers *Nadie*

Der »neue historische Roman«

Abel Posse

Francisco de Goya: »El sueño de la razón produce monstruos«

Die Auseinander-
setzung mit der
Diktatur: Juan
(Carlos) Martini,
Osvaldo Soriano,
Juan José Saer

nunca nada (1980) Ausdruck des Versuchs, die unsagbare Grausamkeit von Diktaturen in Worte zu fassen. Martinis an fiktiven Orten (»desplazamiento«) spielende Entwicklung des Identitätskonfliktes dekonstruiert mit dem legendären Tangosänger Carlos Gardel und General Perón (in der Figur des »Alacrán«) zwei stereotypisierte Mythen aus dem argentinischen Selbstbild. Der Titel ist dem von Gardel gesungenen und von Alfredo Le Pera komponierten Tango »Cuesta abajo« (Abwärts) entnommen. Martini bringt zusammen mit dem politischen Aspekt von Macht und Machtmissbrauch auch die sexuelle Verfügungsgewalt der Männer über die Frauen zur Sprache.

Der »neue historische
Roman« in Uruguay

Auch in Uruguay bildete die »nueva novela histórica« eine starke Strömung. Alejandro Paternain veröffentlichte mit Blick auf den 500. Jahrestag der »Entdeckung« Amerikas die *Crónica del descubrimiento* (1980) über die fiktive Reise einiger Indios nach Europa im Jahre 1492. Nach einer abenteuerlichen Überfahrt sichten diese mit dem ersten Land die drei Karavellen des Kolumbus. Bei der anschließenden Erkundung der »Neuen Welt« (Europa) entpuppt diese sich als dekadent, verkommen, schmutzig und armselig im Gegensatz zur üppigen Natürlichkeit ihrer »Alten Welt«. Paternains ironischer Vorzeichenwechsel leistete mit der Infragestellung des Begriffes der »Entdeckung« und der Legitimation der Kolonisation einen ironischen Beitrag zum entkolonisierenden Diskurs im Roman. Eines von zahlreichen weiteren Beispielen für die kritische Auseinandersetzung mit der eigenen Geschichte war Tomás de Mattos' *Bernabé, Bernabé* (1988). Der Text hinterfragt in einer Kreuzung von Brief- und Archivroman den Mythos des europäischen Uruguay. Am Beispiel des Vaterlandshelden Bernabé Rivera, der durch die Ausrottung der Charrúa-Indianer in die Geschichte einging, weist de Mattos auf den barbarischen Völkermord hin, der im Namen der Zivilisation durchgeführt wurde.

Die Rolle des Exils

Das massenhafte Exil der Intellektuellen und Künstler trug wesentlich zur Veränderung des kulturellen Selbstverständnisses bei, denn der »fremde Blick auf das Eigene« veränderte das nationale und das persönliche Selbstbild ganz erheblich. Nach Francos Tod (1975) und vierzig Jahren Diktatur wurde das frühere Auswanderungsland Spanien nun zum Refugium der politisch verfolgten Lateinamerikaner. Von den 120 000 Lateinamerikanern, die sich 1979 im spanischen Exil befanden, stammten etwa 80 000 aus dem Cono Sur. Das Exil hat in allen vier Ländern eine historische Dimension. Die Literatur Paraguays ist fast zur Gänze Exilliteratur, und in der argentinischen ist das Exil ein konstanter Ort der Auseinandersetzung mit dem eigenen Land. Dies führte zu einem doppelten Bruch: Einerseits wurde die natürliche Abfolge der Generationen unterbrochen, andererseits kam es bedingt durch den Kommunikationsverlust zu einer Frontenbildung zwischen den Exilierten und den im Lande Gebliebenen. Die Wiedereingliederung in die eigene Gesellschaft erwies sich in der Regel als höchst problematisch und wurde deshalb auch ein fruchtbares Motiv bei vielen Autoren (Benedetti, Donoso). Nicht wenige Schriftsteller ließen sich in den Exilländern dauerhaft nieder und nahmen zum Teil die neue Staatsbürgerschaft an (Héctor Bianciotti, Julio Cortázar, Mario Goloboff, Daniel Moyano, Juan Carlos Onetti, Reina Roffé, Juan José Saer). Viele der bedeutendsten Werke des 20. Jhs. sind Produkte des Exils. Stellvertretend für viele, die Entwurzelung und Identitätsverlust im Exil zum Leitmotiv und Strukturprinzip ihrer Texte erhoben, sei erneut das Werk Juan (Carlos) Martinis angeführt (der, um Verwechslungen mit einem gleichnamigen Schriftstellerkollegen zu vermeiden, seit den 90er Jahren nur noch unter dem Namen Juan Martini veröffentlicht). Insbesondere der Roman *Composición de lugar* (1984) aus dem Zyklus mit dem Protagonisten Juan Minelli dokumentiert die Auswirkungen von »dislocación« und »desarraigo«, dem Abgeschnittensein von den eigenen Wurzeln. Hinsichtlich der scheinbar objektiven und unpersönlichen Darstellung von Identitätsverlust und Selbstentfremdung nähert sich Martini teilweise dem französischen *nouveau roman*.

Paris, die »Hauptstadt des 19. Jhs.«, war seit den 20er Jahren des 20. Jhs. die heimliche Hauptstadt Lateinamerikas. Der Mythos Paris spielte aufgrund der engen Bindung des Cono Sur an die französische Kultur eine Sonderrolle. Die Europa- und besonders die Parisreise entwickelte sich vom literaturgeschichtlichen Leitmotiv zum textstrukturierenden Prinzip, das nicht nur in Cortázars *Rayuela* exemplarisch zur Geltung kam. Paris als Chiffre der gelebten und der literarischen Interkulturalität wurde zum Brennpunkt aller erdenklichen Grenzüberschreitungen. Im Theaterbereich waren die Argentinier Alfredo Arias und Copi (Pseudonym für Raúl Damonte) gefeierte Stars der Pariser Szene. Alfredo Arias kam 1969 mit der Gruppe TSE nach Frankreich, wo er im folgenden Jahr Copis *Eva Perón* aufführte. Die Faszination der theatralischen Persönlichkeit »Evitas« hatte jedoch nichts von der nostalgischen Vergangenheitsschau des Tango, sondern es war eine Arbeit am Mythos, wie sie Arias' Gesamtwerk charakterisiert. Seine formal kaum einzuordnenden Stücke beanspruchen weder Theorie noch Tiefgang, sondern sie vollziehen die Infragestellung der Repräsentation mittels der theatralischen Repräsentation selbst, indem sie ein neobarockes Spiel mit Sein und Schein inszenieren. Der Comiczeichner, Schriftsteller und Dramaturg Copi entwickelte in seinen Texten eine homosexuelle Ästhetik, die anders als die von Manuel Puig weder Erklärungen der Homosexualität noch Kritik an deren Diskriminierung enthält. Er demonstriert vielmehr ein lustbetontes Selbstbewusstsein, sogar bei der Auseinandersetzung mit AIDS und dem eigenen Sterben wie in *Une visite inopportune* (1988). Arias und Copi sind wie der Erzähler Héctor Bianciotti sprachliche Überläufer, die – ohne den Bezug zu Argentinien aufzugeben – überwiegend in französischer Sprache schrieben.

Fernando Solanas, der erfolgreichste argentinische Filmemacher, setzte die Auswirkungen des Exils in *El exilio de Gardel* (Venedig 1985) in höchst ästhetischen Bildern um. Diese »tanguedía« (Wortspiel aus Tango und »tragedia« bzw. »comedia«) beinhaltet neben dem im Titel signalisierten Bezug auf den legendären Tangosänger Carlos Gardel eine Fülle weiterer musikalischer und literarischer Anspielungen. So verweist das Double »Juan Uno« und »Juan Dos« auf die Figuren Horacio Oliveira (Paris) und Manuel Traveler (Buenos Aires) aus Julio Cortázars *Rayuela*. Auch in dem Film *Las veredas de Saturno* (1989, Drehbuch: Juan José Saer, Hugo Santiago, Jorge Semprún; Regie: Hugo Santiago) geht es wie in *Rayuela* um »Brücken« zwischen Paris und Buenos Aires, die überraschende Verbindungen zwischen den beiden »Seiten« ermöglichen.

Der Paraguayer Ruben Bareiro Saguier teilte mit Roa Bastos nicht nur das Leiden an seinem Land und die Exilerfahrung, sondern auch den Kampf gegen die politische Unterdrückung, das Engagement für die au-

»Les latino-américains à Paris«

Ruben Bareiro Saguier

tochthone Kultur und die zweisprachige Schreibweise. Beide verloren nie den Kontakt zu ihrer Kindheit im ländlichen Paraguay, beide mussten emigrieren, beide hatten in Frankreich Lehrstühle für Literaturwissenschaft inne. Bareiro Saguier kam 1962 nach Paris; in seinen Gedichtbänden *Biografía de ausente* (1964) und *A la víbora de la mar* (1975) thematisiert er die Problematik des Exils vor dem Hintergrund der Kindheit und der Guaraní-Kultur. Formal äußert sich dieser Bezug in der Verwendung der »Kotyú« genannten Form von Kurzgedichten, deren synthetische Bildhaftigkeit die logische Dialektik des Okzidents nicht bietet. Die elf Erzählungen des Bandes *Ojo por diente* (1972) verweisen, ohne dass auch nur einmal das Wort »Paraguay« fällt, Seite für Seite auf die gespaltene Geschichte des Landes. Die Handlung spielt überwiegend an den Orten der Kindheit des Autors. Das Leitmotiv ist einmal mehr die »violencia« (Gewalt). Bareiro Saguiers Erforschung des kulturellen Erbes der Tupí-Guaraní beinhaltet eine historische Zivilisationskritik. Die Einschätzung der eingeborenen Stämme als »Herren über Raum und Zeit« soll deutlich machen, dass mit den Konquistadoren eine entfremdete Lebensweise siegte, die Mensch und Natur zerstört, ebenso wie sie die mündlich tradierte Literatur der Guaraní zerstörte.

Augusto Roa Bastos

Luis Alberto Boh:
»Variation über ein
Thema von Escher«
(1979)

Aufschlussreich im Hinblick auf die Verbindung von Exil und autobiographischen Schreibformen ist *El fiscal* (1993) von Roa Bastos. Die Überarbeitung einer Textvorlage aus der tiefsten Stroessner-Zeit ist durch die demonstrative Einbeziehung der Person des Autors geradezu exemplarisch für die fiktionale Annäherung an die Geschichte. Die Verwendung des Tagebuchschemas ermöglicht eine Fortsetzung der Handlung nach dem Tod des Erzählers, der unschwer als Roa Bastos zu identifizieren ist. Dieser wendet sich gleich auf der ersten Seite gegen den Mythos Paris: »Para mí París, que me perdonen los mitólogos metropolitanos, continúa siendo, de otro modo, la antigua y pantanosa Lutecia donde galos y romanos batallaban con el barro hasta el pecho. Una verdadera infección.« Die Dekonstruktion von Mythen, ebenso wie der Wechsel von der Hauptstadt in die Provinz, ist symptomatisch für die Literatur der 90er Jahre. Die Spiegelung der historischen Haupthandlung in einer Filmversion tut ein Übriges, um Roa Bastos' Leitmotive, die ohnehin mit *sex and crime* und *realismo mágico* aufgeladen sind, mit Spannung zu versehen. Der Erzähler wird nach einem gescheiterten Attentat auf Stroessner in der berüchtigten »Dirección Nacional de Asuntos Técnicos« zu Tode gefoltert.

Kritischer Realismus und neo-avantgardistische Experimente im Theater

Im Schatten des Romans entfaltete sich auch im lateinamerikanischen Theater eine rege Aktivität, die in Europa bislang kaum beachtet wurde. Mehr als in Europa lebt der theatralisch inszenierte Text durch die kommunikative Situation der Aufführung und die Dialogbereitschaft des Publikums. Der »realismo crítico« oder »realismo reflexivo« war bis in die 80er Jahre hinein die vorherrschende weltanschauliche Richtung, die formal durchaus auch auf irreale, fantastische und groteske Weise umgesetzt wurde. Der von den Militärdiktaturen verursachte kulturelle Kahlschlag beeinträchtigte auch das Theaterleben. Bedeutende Theaterschaffende wurden inhaftiert, mit Berufsverbot belegt oder ins Exil getrieben, die Bewegung des *teatro independiente* (unabhängiges Theater) wurde zerschlagen. In Uruguay erreichte der Niedergang mit der Exilierung der bedeutendsten unabhängigen Gruppe, »El Galpón« (Die Hütte), seinen Tiefpunkt (1976). Das von Atahualpa del Cioppo geleitete Ensemble setzte seine Aktivitäten im mexikanischen Exil fort. Im Theater führte der Widerstand, der mit der »Ästhetik der Ellipse« beginnend immer offener wurde, zu einer Annäherung von Neorealismus und Neo-Avantgarde, den beiden Hauptlinien. Viele Dramatiker thematisierten wie der Uruguayer Jacobo Langsner in *Pater Noster* (1979) die Diktatur mit modernen Allegorien und vollzogen damit den Bruch mit dem mimetischen Illusionstheater. Die anschließende, bis zum Ende der Juntas dauernde Etappe begann mit der Rückkehr vieler Theaterleute, Autoren und Schauspieler. Im Verlauf dieser Entwicklung kristallisierten sich drei Tendenzen heraus: Die erste bestand in der Arbeit an der Sprache mit politischer Intention etwa bei den Chilenen Juan Radrigán, Marco Antonio de la Parra und Ramón Griffero. Als Zweites ist eine Tendenz zur Theatralisierung im Sinne der Entdeckung des sinnlichen Potentials des Darstellerischen und die Dominanz von Beleuchtung, Raum, Musik, Choreographie, Gestik gegenüber der Sprache zu beobachten (Griffero, Juan Edmundo González). Ende der 70er Jahre zeichnete sich mit der Abkehr vom europäischen – darin eingeschlossen das zuvor intensiv rezipierte epische Theater Brechts – und nordamerikanischen Theater eine dritte Entwicklung ab. Der Anteil der lateinamerikanischen und der nationalen Stücke stieg seitdem kontinuierlich.

Das der Neo-Avantgarde verpflichtete Werk Griselda Gambaros, die stets auch Prosatexte schrieb, verdeutlicht, dass die beiden theatralischen Hauptströmungen, der kritische und national ausgerichtete Realismus und die europaorientierte Avantgarde, nicht unvereinbar waren. Der Schlüssel zum Verständnis ihrer Stücke ist ein Humor, der aus der Tradition des »grotesco criollo« kommt. *Los siameses* (Die siamesischen Zwillinge, 1967) enthält mit der Wechselbeziehung von gewalttätigem Täter und passivem Opfer eine Konstante ihres Werks in Form der Selbstzerstörung des unterdrückenden »Bruders«. In einer Spiel-im-Spiel-Szene des Stückes *El campo* (1967) zwingt man die Pianistin Emma, vor anderen Häftlingen ein Konzert auf einem nicht funktionierenden Klavier zu geben. Dem Hohn der »Zuhörer« ausgesetzt, täuscht sie eine Vorstellung vor. Diese Passivität ist ein typisches Verhaltensmuster des Opfers, das nicht nein sagen kann. Das Stück, 1968 als letzter Schrei der Neo-Avantgarde eingestuft, sollte sich angesichts späterer Greueltaten der Militärs als zutiefst realistisch erweisen. Eine burleske Variation der Täter-Opfer-Konstellation findet sich in *Decir sí* (1981). Der Einakter für zwei Personen wurde 1981 im ersten Jahr des *teatro abierto* uraufgeführt und wendet sich gegen den Untertanengeist und damit auch gegen die Militärdiktatur.

An der Gründung des ersten Zyklus des »offenen Theaters« im Jahre 1981 beteiligten sich zahlreiche offiziell verbotene Künstler und Theaterautoren. Insgesamt einundzwanzig Autoren schrieben spartanisch inszenierte und besetzte Stücke, deren Themen in Zusammenhang mit der staatlichen Repression standen: Selbstzensur, Untertanengeist, Gewalt, Exil, Identitätsverlust, *desaparecidos*, Angst und Terror. Am dritten Spieltag wurde das Theater »Picadero« im Zentrum von Buenos Aires durch einen Brandanschlag zerstört, wodurch entgegen der Zielsetzung der Täter eine Welle der Solidarisierung ausgelöst wurde. In den folgenden Jahren verbreitete sich das »offene Theater« in anderen Städten und

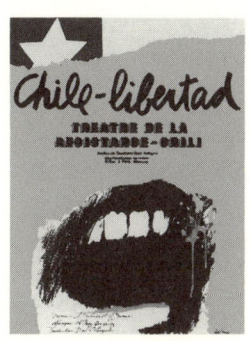

Szene aus Gambaros
Decir sí

Teatro abierto

Ländern. Für den zweiten Zyklus 1982 schrieb Griselda Gambaro *La malasangre* (1982), das abermals argentinische Geschichte in eine universelle Metaphorik kleidet. Die Liebeshandlung dieses Stückes spielt zur Zeit des argentinischen Caudillos Rosas und forderte die Übertragung auf die zeitgenössische Diktatur geradezu heraus. Die metaphorische Darstellung der Wirklichkeit endet bei Gambaro stets mit der Vernichtung des Individuums, wobei dem Zuschauer oder dem Leser die Mechanismen, die in den Untergang führen, bewusst gemacht werden.

Noch einmal von Cortázar zu Borges: die Metaphern des Scheiterns und die Rezeption der Diskurstheorien

Die Rezeption von Benjamin und Foucault

Die hohe Aufnahmebereitschaft für europäische und nordamerikanische Diskurs- und Kulturtheorien ist neben den historischen und literaturgeschichtlichen Gründen eine weitere Erklärung für die neuen Schreibweisen. Der frühen und bahnbrechenden Rezeption von Walter Benjamin und Michel Foucault in Argentinien folgte der russische Formalismus und Michail Bachtin sowie das ganze Spektrum des Poststrukturalismus. Neben Roland Barthes und Julia Kristeva ist Jacques Lacan hervorzuheben, dessen psychoanalytisch-linguistischer Ansatz in Buenos Aires intensiv aufgenommen wurde. Mit Héctor A. Murenas Übersetzung *Escritos escogidos de Walter Benjamin* (1967) begann eine breitere Rezeption Benjamins, die von den Diktaturen vorübergehend unterbunden wurde. Ende der 80er Jahre kam es in Argentinien zu einem von der akademischen Literaturkritik angeregten »Benjamin-Boom«. Der Zeitpunkt ist signifikant, weil er mit dem Zusammenbruch der marxistischen Doktrin zusammenfällt, die zuvor im Bereich der Kulturtheorie vorherrschte. Dass es dabei auch um Fragen der literarischen Ästhetik und des Realismus ging, verdeutlichte Ricardo Piglia in *Respiración artificial*, wo Benjamins Vorstellung vom Verlust der Erfahrung eine tragende Rolle spielt. Benjamin wurde so zum Träger einer »Utopie des Scheiterns« stilisiert, deren semantisches Potential in der Literatur geradezu unerschöpflich zu sein scheint. Die ersten in den 70er Jahren erschienenen Übersetzungen von Michel Foucault wurden in Buenos Aires heimlich von militanten Politaktivisten gelesen. Für die eigentlich erste Verbreitung Foucaultscher Vorstellungen sorgte freilich bereits Jorge Luis Borges, der deswegen als Vorläufer der Postmoderne gilt, weil er, so Foucault, in seinen Fiktionen das abendländische Konzept von Identität vom Tisch fegte. Foucaults im Vorwort von *Les Mots et les choses* (1966) eingestandene Bewunderung für die von Borges vollzogene *tabula rasa* war ein Grund einerseits für die Begeisterung, mit der Foucault am Río de la Plata gelesen wurde, und andererseits für die neuerliche Aufwertung von Borges zum Modellautor in der Nachfolge Cortázars. Ein von Foucault geschätzter Borges war auch für die kritische und politisch engagierte Intelligenz ein lesbarer Borges. Dem Scheitern der humorvollen Utopie Cortázars folgte somit die ironische Heiterkeit eines Borges.

Die 80er und 90er Jahre

Nach der Redemokratisierung kam der ökonomischen Krisenbewältigung Priorität vor der historischen Verarbeitung der Diktaturen zu. Trotz der widrigen ökonomischen Verhältnisse erreichte die Literatur eine vorher nicht gekannte Vielfalt. Während die Arrivierten – Adolfo Bioy Casares, Mario Benedetti, Jorge Edwards, Eduardo Galeano, Juan Carlos Onetti, José Donoso – weiterhin publizierten, kamen nun auch ältere Autoren zum Zug, die im Schatten des *boom* übersehen worden waren, und neben ihnen die jüngste Generation. Eine Wiederaufnahme der kulturellen Impulse aus der Zeit vor den Diktaturen war freilich nicht möglich. Einerseits bestand Erklärungsbedarf darüber, wie die Diktaturen entstanden waren. Andererseits hatte sich das gesamte geistige Klima verändert. Womöglich ist die »neue Unübersichtlichkeit« auch im Cono Sur das Kennzeichen einer Epoche, die keine abgeschlossenen Weltbilder mehr entwickelt, sondern die sich durch die Proliferation verschiedener Tendenzen und das Miteinander von »hoher«, populärer und alternativer Kultur auszeichnet. Mit dem Übergang zur Demokratie offenbarte sich das kaschierte Symbolvakuum, das seit dem Zusammenbruch der liberalen Staatsprojekte in der Mitte des 20. Jhs. vorhanden war. Das Identifikationspotential der *grandeza argentina*, der *civilidad y madurez chilena* (chilenische Bildung und Reife) und der *Suiza de América Latina* (Uruguay) war längst erloschen. Die Neubestimmung der nationalen Identitäten erwies sich auch deshalb als höchst komplexer Prozess, weil viele Gesellschaftsbereiche bestenfalls »vormodern« waren.

In der neo-avantgardistischen Lyrik und Prosa spielt die Entwicklung des »lateinamerikanischen Neobarocks« eine wichtige Rolle. Neben den Kubanern José Lezama Lima und Severo Sarduy sind José Donoso und Augusto Roa Bastos die profiliertesten Vertreter dieser Richtung im Cono Sur. Eine Erklärung für neobarockes Schreiben in postmoderner Zeit ist die sprachliche Selbstbespiegelung. Die barocke Asymmetrie von Signifikat und Signifikant, die von ihrem Referenten gelöste, sich um sich selbst drehende Sprache und die Verbindungslosigkeit zwischen Sein und Schein erzeugen einen wahren Sprachrausch. Dessen Paradigma ist Roa Bastos' an sprachspielerischer Luzidität kaum mehr zu überbietender Roman *Yo el supremo* (1974). In vielen dieser Texte ist ein fortschreitender »plot« kaum erkennbar. Die Chronologie löst sich, erfasst vom Strudel der Sprache, in einer zyklischen Bewegung auf, in der auch die Handlungen der Figuren stagnieren. Dem liegt ein Geschichtsbild zugrunde, das nicht mehr an den Fortschritt der Menschheitsentwicklung glaubt und insofern zur Krise des von der Auflösung bedrohten Subjekts führt. *Neo-Avantgarde und »neo-barroco«*

Der Argentinier Osvaldo Lamborghini war ein Wegbereiter der neo avantgardistischen Autoren, weil er mit seiner *escritura de la destrucción* (»Literatur der Zerstörung«) den Bruch mit der Literaturauffassung der 60er Jahre am radikalsten vollzog. Mit dem berühmt gewordenen Ausspruch »primero publicar, después escribir« (»zuerst veröffentlichen, dann schreiben«) wandte er sich gegen den einsetzenden Wertewandel, der die Literatur zum Konsumartikel degradierte. Lamborghini realisierte in *El fiord* (1969), *Sebregondi retrocede* (1973) und in seinen Gedichten *Poemas* (1980) die Autonomie der Literatur. Lamborghinis im besten Sinne avantgardistische Provokation bestand im Gestus eines literarischen *punk*, der die Leser aufschrecken wollte. Diese Aufgabe ruhte auf den Schultern des Protagonisten Marqués de Sebregondi, der sich selbst wie *Osvaldo Lamborghini*

César Aira

folg charakterisiert: »Paciencia, culo y terror nunca me faltaron.« Das Vorwort zu Lamborghinis gesammelten Werken (*Novelas y cuentos*, 1988) verfasste César Aira, der schreibfreudigste Vertreter der Neo-Avantgarde. Seine bekanntesten Romane *Ema, la cautiva* (1981), *La luz argentina* (1983) und *Una novela china* (1987) sind in der argentinischen Tradition verankert. In *Ema, la cautiva* parodiert er Lucio V. Mansillas *Una excursión a los indios ranqueles* (1870) unter Bezugnahme auf die Protagonistinnen von Esteban Echeverrías Klassiker *La cautiva* (1837) und auf Flauberts *Madame Bovary* (1856/57). Mit dieser spielerischen Kombination der argentinischen Topoi der weißen Gefangenen und der Grenze mit dem Typus von Flauberts *Madame Bovary* setzt Airas Modell einen Endpunkt der Auflösung der »realistischen Illusionsliteratur«.

In der Lyrik fanden die Aktivitäten der verschiedenen Bewegungen häufig in Zeitschriften ihren Ausdruck. Die zu Beginn der 70er Jahre erschienene Zeitschrift *Literal* war ein Ausgangspunkt der neo-avantgardistischen Entwicklung hin zum »Neobarock«. Das Erscheinen von *Ultimo reino* (1978) markierte am Río de la Plata einen Neubeginn der auch als neoromantisch bezeichneten »maximalistas«, die, im Gegensatz zu den »minimalistas« wie Roberto Juarroz und Olga Orozco, nicht zur sprach-

Neue Wege der Lyrik: Néstor Perlongher

lichen Enthaltsamkeit neigten, sondern im pathetischen Überschwang einer neuen Feierlichkeit schwelgten. Néstor Perlongher gab der von Lamborghini angeregten Ästhetik neue Impulse. Er beteiligte sich an der überwiegend der brasilianischen Konkreten Poesie gewidmeten Zeitschrift *XUL* (1980), in der die neobarocken Tendenzen eine Fortsetzung fanden. Die für Perlongher charakteristische Proliferation von Formen und Themen verweist auf José Lezama Lima, der aus dem Pastiche von Echos und Stimmen neben Allen Ginsberg, Góngora, Osvaldo Lamborghini, Enrique Molina und Severo Sarduy deutlich herauszuhören ist. Perlonghers Offenheit für andere Kulturen und sein Interesse für die Synkretismen der brasilianischen und karibischen Religionen äußern sich in einer ekstatisch-visionären Schreibweise, deren neobarocker Charakter nicht auf rhetorischem Sprachspiel beruht, sondern auf einer neuen sprachlichen Plastizität, auch und gerade dann, wenn es um politisch brisante Stoffe geht, besonders in den Gedichtsammlungen *Austria-Hungría* (1980) und *Alambres* (1987), wo die poetische Auseinandersetzung mit der Diktatur eine neue Qualität erhält. »Cadáveres«, eines seiner bekanntesten Gedichte (in *Alambres*), benennt die Allgegenwart des Todes. Durch die Anhäufung von Zitaten, Versatzstücken aus der Alltagssprache und Fragmenten aus verschiedenen Lebensbereichen, die durch die liturgische Wiederholung des Refrains »Hay cadáveres« ihren makabren Zusammenhang erhalten, gibt Perlongher eine Antwort darauf, wie man die todbringende Gewalt der Militärs in Worte fassen kann. Das über zwölfseitige Gedicht enthält mit Alliteration, Anapher, Assonanz, Exuberanz und Exzentrik die Merkmale einer barocken Sprache und kombiniert sie in einer polymorphen Todesvision mit Elementen aus der Alltagsrealität und intertextuellen Anspielungen. Charakteristisch ist der Kontrast der lexikalischen und semantischen Überdeterminierung mit – vielsagenden – Auslassungen. Am Schluss erscheint deshalb sogar der leitmotivische Leichnam als Leerstelle: »¿No hay nadie?; pregunta la mujer del Paraguay./ Respuesta: No hay cadáveres.« Damit sind die *desaparecidos* genannt und das Loch angesprochen, welches das Verschwindenlassen von Menschen bei den Hinterbliebenen erzeugt. Der Band *Aguas aéreas* (1991) bestätigte die neobarocke Tendenz in Form meditativer Visionen über den Amazonas, die, wie der Titel signalisiert, von der Überwindung der Schwerkraft der Sprache und der Wahrnehmung handeln und eine nahezu mystische Auflösung von Identität vollziehen.

Juan Gelman

Der einflussreichste Lyriker der 80er Jahre neben Alejandra Pizarnik war Juan Gelman, der wie diese aus der vorherigen Generation kam. Nach Morddrohungen der *triple »A«* (»Argentinische Antikommunistische Allianz«) floh er ins Exil. Seine Gedichte verbinden eine persönliche Betroffenheit von sozialer Ungerechtigkeit und politischer Repression mit der Fähigkeit zur poetischen Liebeslyrik. Im Gegensatz zu der von Mallarmé entlehnten Maxime der 80er Jahre – »Dichtung macht man nicht mit Ideen, sondern mit Wörtern« – hielt Gelman, dessen Frau und Kind »verschwunden« waren, in *Hechos* (1978), *Notas* (1979) und *Carta abierta* (1980) an der Vermittlung von Ideen, Weltbildern und persönlichen Erfahrungen fest. Fast zehn Jahre nach seiner Entstehung erschien der Band *dibaxu* (1994). Als Kind jüdisch-ukrainischer Einwanderer schrieb er die darin enthaltenen Gedichte in »sefardí«, dem in der Diaspora gesprochenen Juden-Spanisch. Durch diesen Sprachwechsel setzt er den Verlust der Muttersprache mit einer sprachlichen Plastizität um, die mit der anderer »Sprachnomaden« wie Elias Canetti vergleichbar ist. Insofern kann dieser zweisprachig veröffentlichte Band als Summe und Höhepunkt der vorhergehenden *Citas* (1978) und *Comentarios* (1979) gelten.

Die »escritura femenina«

Im Laufe der 80er Jahre erreichten mehr und mehr schreibende Frauen im Cono Sur ein breiteres Publikum. Die Lyrik war traditionellerweise die für Frauen zugänglichste Gattung, wohingegen ihnen die Prosa weitgehend verwehrt blieb. Schreibende Frauen waren einer Doppelbelastung ausgesetzt. Zusätzlich zu Staatswillkür und Diktatur mussten sie gegen die verkrusteten Strukturen von Patriarchat und *machismo* kämpfen, die ihnen das Recht auf öffentliche Meinungsäußerung verweigerten. Die Bewusstseinsbildung durch die aktive Teilnahme am Kampf gegen die Militärregierungen – etwa in den Demonstrationen der »Mütter von der Plaza de Mayo« – ließ sich freilich nicht mehr rückgängig machen. Schon zuvor war die Trägerin eines politisch prominenten Namens, Isabel Allende, als erste Frau in den Kreis der ausschließlich männlichen Autoren des Boom eingebrochen. In *La casa de los espíritus* (1982) schuf die Nichte des 1973 ermordeten Präsidenten Salvador Allende eine humorvolle Aufbereitung des Magischen Realismus, indem sie eine Landes- und Familienchronik in der Form des Tagebuchromans vermittelte. Die Erzählsituation wird erst am Schluss geklärt, als sich herausstellt, dass nicht der Familiengründer Esteban Trueba erzählt, sondern Alba, die Enkelin Claras. Ihr Erzählen dient der Verarbeitung von sozialer Ungerechtigkeit und der weiblichen Emanzipation aus dem von Gewalt bestimmten und auf Machtausübung ausgerichteten patriarchalischen System. Die feministische Thematik verweist auf die zentrale Rolle von Frauengruppen während der Diktatur, die, wie in Argentinien mit humanitären Aktionen beginnend, allmählich politischen Widerstand artikulierten. Die Frauenfiguren mit den sprechenden Namen Nívea, Clara, Blanca und Alba (die Schneeweiße, die Helle, die Weiße, die Morgendämmerung) verkünden eine Utopie, in der die Frau als Rettung in der barbarischen Zivilisation der Männer erscheint. Auch wenn diese Anschauung ebenso wie die

Isabel Allende

*Körperlichkeit
und Sexualität:
Griselda Gambaro*

Reina Roffé

Angélica Gorodischer

Diamela Eltit

Elemente einer magischen Wirklichkeit nicht originell sind, entwickelte Isabel Allende daraus einen menschlich-humorvollen Erzählstil, der auch ihre folgenden Romane auszeichnet.

Nach der grundlegenden Infragestellung der Geschlechterrollen begann in der zweiten Hälfte der 70er Jahre die Beschreibung des eigenen Körpers. Anders als in der europäischen Frauenliteratur dieser Zeit ging es dabei häufiger um die Erfahrung von Schmerz als um die von Lust. Folter, Vergewaltigung, der Verlust von Familienangehörigen und Freunden, Angst und Terror bildeten wie in der Männerliteratur die thematischen Schwerpunkte. Angeregt vom poststrukturalistischen Feminismus erfolgte bei der Reflexion des eigenen Erzählens in den 80er Jahren eine Radikalisierung der Erfahrung von Körperlichkeit und Sexualität jenseits von Tabus und Normen. Ein großer Teil der jüngeren Frauenliteratur setzte zur Subversion der »Phallogozentrik« Parodie und Satire ein. Griselda Gambaro griff in ihrem Roman *Lo impenetrable* (1979) auf die Tradition der italienischen Novellistik zurück, um sich im Tonfall der Commedia dell'arte über die Männererotik zu amüsieren. Ein Beispiel für eine weibliche Reflexion des Erzählens ist *La rompiente* (1987) von Reina Roffé. Identitätsverlust im Exil und die Suche nach einer eigenen Stimme sind die Leitmotive dieses Romans, der auf einem bereits geschriebenen beruht. Das Ringen der Protagonistin um die Sprache, ihre »balbuceos macarrónicos«, lösen das Geschriebene auf, um es zu einem neuen »Textgewebe« zusammenzufügen. Der Bezug einer um den Protagonisten Boomer versammelten Gruppe professioneller Kartenspieler zu Roberto Arlts *Los siete locos*, wo eine »sociedad secreta« (Geheimbund) Prostitution betreibt, um terroristische Aktionen zu finanzieren, dient der feministischen Aneignung des Arltschen Modells. War bei Arlt das Leitmotiv die Suche nach Geld in einer Welt der Erniedrigung, geht es bei Roffé um jenen anderen Text, der der Stimme der Frau Ausdruck verleiht und die Integration der marginalisierten, von Frauen geschriebenen Literatur erreicht. Der Austausch von Körperflüssigkeiten, sei es in Form der Verweigerung des Spermas nach dem Geschlechtsverkehr, sei es in Form der reinigenden Menstruation, bildet die Basis für ein neues literarisches Modell. *Kalpa imperial* (1983/84), ein zweibändiger Science-Fiction-Roman von Angélica Gorodischer, erinnert hinsichtlich der Parallelität zweier Welten an Adolfo Bioy Casares' *La invención de Morel* und steht im Gegensatz zur Stilrichtung des »Cyberpunk«, in der Figuren aus den Unterschichten der neuen Megalopolis ihre Konflikte nach dem »hardboiled« Kriminalschema austragen. Das von Gorodischer entworfene phantastische Weltbild ist aber nicht von Informatik und Kybernetik bestimmt, sondern von Menschlichkeit und Humor. In einer zweiten Schaffensphase, die mit *Mala noche y parir hembra* (1984) begann, bezog sie feministische Standpunkte. Auch der Roman *Jugo de mango* (1988) begegnet dem »machismo« auf humorvolle Weise und trug zum Bewusstwerdungsprozess der Frau bei.

Diamela Eltit ist zusammen mit Raúl Zurita eine treibende Kraft der »nueva escena literaria« Chiles. Die Vertreter der Gegenkultur gaben die ersten »Lebenszeichen in einem Minenfeld« (Adriana Valdés), indem sie Widerstand gegen die Militärs artikulierten. Diamela Eltit verband den Bruch mit der naturalistischen Wirklichkeitsdarstellung mit sozialkritischen Elementen. Ihre Protagonisten sind die Parias der chilenischen Gesellschaft: Außenseiter, Indios und Frauen. In *Lumpérica* (1983) erkundet eine Frau aus der Mittelschicht das Milieu der Stadtstreicher von

Santiago. Die Handlung spielt während einer Nacht auf einem öffentlichen Platz; damit steht sie in der von Michail Bachtin bevorzugten karnevalistischen Tradition, die dort ihren Ursprung hat.

Dementsprechend entwirft sie Figuren aus gesellschaftlichen Randbereichen, die eine existentielle Heimatlosigkeit kennzeichnet. Durch das Zusammenspiel von Licht, Schrift und Körper gehen mehrere Textebenen ständig neue Verbindungen ein, ohne dass sich eine feste Erzählerautorität herauskristallisiert. Der neo-avantgardistische Text zeigt, dass die chilenische Variante der Metafiktion fest mit ihren gesellschaftlichen Entstehungsbedingungen verbunden ist, weil die Wirklichkeit, auf die Bezug genommen wird, ebenso fragmentiert ist wie die erzählte Geschichte. Die Protagonistin Coya Coa aus dem Roman *Por la patria* (1986) erfüllt die Funktion des kollektiven historischen Gedächtnisses, das mit der Erinnerung an Conquista, Kolonialisierung und Diktatur die Koordinaten einer deformierten Identität bewahrt. Der Inzest der Protagonistin, die an Stelle der Mutter eine Verbindung mit dem Vater eingeht, verleiht dem Text die Struktur einer Tragödie. Coya Coa setzt damit zugleich ein Zeichen der Subversion des Patriarchats.

Auch die Uruguayerin Cristina Peri Rossi engagierte sich, ebenso wie die gleichermaßen schwer einzuordnende und dennoch als literarische Integrationsfigur wirkende Armonía Somers, für die gesellschaftlichen Partizipationsmöglichkeiten der Frau, ohne sich auf einen allzu eng gefassten Feminismus einzulassen. Ihre ebenfalls dem testimonialen Realismus entgegengesetzte Literatur neigt zur modernen Allegorie. Das erfinderische Sprachspiel und die Innensicht der magischen Welt der Kinder in ihren Erzählungen *Los museos abandonados* (1969), *La tarde del dinosaurio* (1976), *La rebelión de los niños* (1980), *El museo de los esfuerzos inútiles* (1983) und *Una pasión prohibida* (1986) erinnern an vergleichbare Passagen von Julio Cortázar. Auch der Roman *El libro de mis primos* (1969) ist aus der Kinderperspektive geschrieben. In *La nave de los locos* (Iks, 1984) verdichtete Peri Rossi die charakteristischen Themen und Verfahrensweisen ihres Werkes. Das Reisemotiv dient der Vermittlung einer existentiellen Fremdheitserfahrung des Protagonisten namens Iks. Cristina Peri Rossi, Juan Carlos Onetti und andere nahmen nach dem Sturz der Diktatur den Dialog zwischen Exilkultur und *cultura interior* (innere Kultur) auf. Cristina Peri Rossi betrachtete ihr Exil als existentielles Schicksal. In ihrem Werk zeichnet sich die Auflösung der traditionellen Gegensätze von Realismus vs. Phantastik, engagierter vs. ästhetisierender Literatur, Nationalismus vs. Kosmopolitismus, Amerikanismus vs. Europaorientierung ab. Diese Universalität verdeutlicht, in welchem Maße das Exil die einzelnen Nationalliteraturen bereicherte.

Cristina Peri Rossi

Die brasilianische Literatur seit 1960: Militärdiktatur, Wirtschaftswunder und neue »Öffnung«

Ein schwindelerregend rascher Modernisierungsprozess

Zwar waren schon seit den 20er Jahren, vor allem in São Paulo und Rio de Janeiro, einige Bevölkerungsgruppen vom Modernisierungsprozess erfasst worden; vom Ende der 50er Jahre an aber geriet Brasilien insgesamt in seinen Sog, und nur noch wenige Minoritäten (vor allem die indianische Bevölkerung im Amazonasgebiet) blieben davon verschont oder ausgeschlossen. Mit der Verlegung der Bundeshauptstadt von Rio de Janeiro nach Brasilia wurde ein nicht zu übersehendes Zeichen gesetzt. In geradezu atemberaubender Geschwindigkeit nahm die Idee Gestalt an: Von der Ausarbeitung des Entwurfs für die Gesamtbebauung von Lúcio Costa und den Plänen Oscar Niemeyers für die Repräsentativbauten bis zur offiziellen Einweihung Brasilias als Landeshauptstadt im Jahr 1960 vergingen nur vier Jahre. In den darauffolgenden Jahren wurden der Ausbau der Fernstraßenverbindungen und der interurbanen Buslinien, die Elektrifizierung weiter Teile des ländlichen Gebietes, die Installierung eines der modernsten nationalen Telefonnetze des südamerikanischen Kontinents und die Ausweitung des Fernsehsendebereiches über nahezu das gesamte Land energisch vorangetrieben. Eine groß angelegte Kampagne gegen den Analphabetismus, die Einrichtung von Universitäten in jenen Landeshauptstädten, die bis dahin noch über keine Hochschulen verfügten, und die Gründung großer Tageszeitungen waren Maßnahmen, die auf unterschiedliche Weise das Bildungsniveau der gesamten Bevölkerung verbesserten. Dieser Aufbruch Brasiliens war das Ergebnis einer zunehmenden Industrialisierung, die zu einem Anwachsen der Migration aus den ländlichen Gebieten und zu einer Bevölkerungsballung in den

Skyline von São Paulo

Industriegebieten des Südens (vor allem in Rio de Janeiro und São Paulo) führte. Folge war eine drastische Zunahme der sozialen und politischen Spannungen. In den Städten wurden die sozialen Forderungen der in Elendsvierteln (»Favelas«) lebenden Bevölkerung laut, auf dem Land gefährdete der Ruf nach Bodenreform einer politisch immer aufgeklärteren Landbevölkerung den traditionellen Großgrundbesitz. Das führte 1964 zu einem Militärputsch und zur Unterdrückung des Parlamentarismus durch eine Militärdiktatur. Erst nach einem langwierigen Prozess der »Öffnung« (»Abertura«) ab 1978 wurde die Militärregierung 1985 erneut von einer parlamentarischen Demokratie abgelöst.

In Anbetracht dieser gesamtgesellschaftlichen Bedingungen mag es verwundern, dass trotz der Militärdiktatur, die sich allerdings ab Ende der 60er bis Mitte der 70er Jahre auf ein brasilianisches »Wirtschaftswunder« stützen konnte, die 60er und 70er Jahre zu den literarisch ereignisreichsten Jahrzehnten des Jahrhunderts gehörten, vergleichbar wohl nur mit der Epoche des Modernismo in den 20er Jahren. Während die »alten« großen Schriftsteller und Schriftstellerinnen, die entweder noch die Bewegung des Modernismo der 20er Jahre miterlebt hatten oder der Generation von 1945 angehörten, wie Jorge Amado, Clarice Lispector, Raquel de Queiroz, João Guimarães Rosa, Erico Veríssimo, aber auch die Lyriker Carlos Drummond de Andrade, João Cabral de Melo Neto, Manuel Bandeira und Murilo Mendes, weiterschrieben, begann eine Gruppe jüngerer Schriftsteller und Schriftstellerinnen auf sich aufmerksam zu machen. Die in den 50er Jahren beginnende Konkrete Poesie um Décio Pignatari sowie Haroldo und Augusto de Campos trat aus ihrer esoterischen Abgeschlossenheit und wurde zur poetischen Herausforderung für andere Lyriker. Das brasilianische Theater erlebte mit den Gruppen »Arena« und »Oficina« einen Höhepunkt, das gleiche galt für die *música popular* (u. a. Chico Buarque de Hollanda, Gilberto Gil, Caetano Veloso, Milton Nascimento) und für den als *cinema novo* auftretenden brasilianischen Film (Joaquim Pedro de Andrade, Gláuber Rocha, Nelson Pereira dos Santos, Carlos Diegues, Leon Hirszman).

Als Resultat dieser Veränderungen eröffnete sich der brasilianischen Literatur eine Anzahl neuer Themen und ein zumindest teilweise neues Leser- bzw. Zuschauerpublikum. Der infrastrukturelle Integrationsprozess führte gleichzeitig zu einer literarischen Neubewertung der Regionen (Amazonien, Nordosten, Süden), die aber jetzt weniger »regionalistisch« behandelt wurden als vielmehr in ihrer Spannung zu den kulturellen und wirtschaftlichen Zentren. Gleichzeitig griffen die Schriftsteller die literarischen Techniken des Modernismo, die in den Jahren danach auf Ablehnung gestoßen waren, wieder auf: Montagetechnik, Kontrastierung unterschiedlicher Textsorten, extensive innere Monologe, Vokabular und Syntax einer Sprache der Unterschichten. Es entstanden neue literarische Figuren: die Welt der Kriminellen und Marginalisierten, die Großstadtjugend, die Migranten. Diese Vielfalt der neuen Erfahrungen und Herausforderungen führte aber auch zu einer Selbstproblematisierung des Intellektuellen und seiner Tätigkeit des Schreibens. Die Jahre der Militärdiktatur, der Zensur, der Verfolgung von Journalisten und Schriftstellern, die oft das Exil der Bedrohung im eigenen Land vorzogen, erzwangen eine Umorientierung der Literatur, bisweilen sogar eine Hinwendung zum Privaten. Mit der politischen Öffnung ab 1978 entstand dann eine Welle an Memoiren-Literatur, die von den totgeschwiegenen Erfahrungen der vorhergehenden Jahre berichtete. Ungefähr gleichzeitig, auch dies ein

Literatur zur Zeit von Militärdiktatur und »Wirtschaftswunder«

Favela Dona Marta, Rio de Janeiro

Zeichen für eine neue Bestimmung des Verhältnisses von Privatheit und Öffentlichkeit, meldete sich ab den 70er Jahren eine brasilianische Literatur zu Wort, die von Frauen geschrieben wurde, mit und ohne feministischen Anspruch, und die sich oftmals weniger kämpferisch als vielmehr stark selbstreflexiv oder aber erotisch herausfordernd präsentierte. Auf dem internationalen Markt haben die brasilianischen Autoren fraglos keinen der hispanoamerikanischen Literatur vergleichbaren Boom erlebt. Das mag auch darin begründet sein, dass die brasilianische Literatur dieser beiden Jahrzehnte viel stärker eigene Traditionen (Naturalismus und Realismus, Modernismo der 20er Jahre und Regionalismus der 30er Jahre) fortführte als die in Hispanoamerika. Die Bedeutung des Einflusses der nordamerikanischen und französischen Literatur war in Brasilien geringer als dort. Die Bewertung der eigenen Autoren hat, mit ganz wenigen Ausnahmen, nicht vermittelt über eine internationale Rezeption stattgefunden: João Guimarães Rosa, Antonio Callado, Clarice Lispector, Carlos Drummond de Andrade, João Cabral de Melo Neto wurden als große Autoren in Brasilien selbst entdeckt und verehrt.

Die Situation der 80er Jahre: Literatur nach der Diktatur

In den 80er Jahren, die für ganz Lateinamerika als »das verlorene Jahrzehnt« gelten, sah sich die brasilianische Literatur noch einmal vor eine neue Situation gestellt. Es gab hochgesteckte Erwartungen, dass mit der endgültigen politischen Öffnung sensationelle, verborgen gehaltene Texte aus den Schubladen hervorgezogen würden. Dem war nicht so. Vielmehr wurden zum einen in der erzählenden Literatur die Themen und Stoffe weitergeschrieben, die im Jahrzehnt vorher »entdeckt« worden waren: die Stadt, die Gewalt, die Migration, die Subjektivität des Privaten. Bisher vernachlässigte oder kaum repräsentierte soziale und ethnische Gruppen fanden verstärkt ihren literarischen Raum; die Tendenz einer Hinwendung zur Innerlichkeit und zur Selbstreflexion hielt an. Gleichzeitig aber, als eine Gegenbewegung gewissermaßen, erweiterte sich der historische Horizont in der Romanliteratur: João Ubaldo Ribeiros *Viva o Povo brasileiro* (1984) setzt zu Beginn des 19. Jhs. ein, blickt aber bis ins 17. Jh. zurück; Ana Miranda schrieb Romane, die im Bahia des 17. und 18. Jhs. spielen, Moacyr Scliar legte einen historisch-dokumentarischen Roman, *Sonhos tropicais* (1992), über einen berühmten brasilianischen Arzt zu Beginn des 20. Jhs. vor.

Die großen Hoffnungen auf einen unmittelbaren Eingriff in das gesellschaftliche Geschehen und auf Bewusstseinsveränderungen über Lektüre oder Theater waren vielfach einer nüchterneren Einschätzung gewichen, nach der Literatur in erster Linie nur auf das literarische Leben selbst Einfluss nehmen kann. Diese literarische Öffentlichkeit präsentierte sich aber mit Selbstbewusstsein und in der Überzeugung, dass sie durchaus neben anderen Formen der kulturellen Öffentlichkeit ihre Berechtigung hatte. An die Stelle der Hoffnung auf spektakuläre Ereignisse und der Erwartung eines plötzlichen historischen Umbruchs war – ähnlich wie in Nordamerika und in Europa – die Hoffnung auf allmähliche und fast unmerkliche Veränderungen getreten. Ein Zeichen für diese Veränderung des Selbstverständnisses vieler Autoren hinsichtlich der Möglichkeiten von Literatur im sozialen Prozess ist auch der bemerkenswert große Anteil von Kinder- und Jugendliteratur, die seit den 80er Jahren in Brasilien geschrieben und veröffentlicht wird.

Die Jahre der Diktatur

Am härtesten war zweifellos das Theater von der Zensur getroffen worden. In den Jahren 1968 bis 1978 wurden mehr als 400 Theateraufführungen verboten oder durch Eingriffe verstümmelt. Provoziert wurde dies durch die Dynamik und Produktivität, die das brasilianische Theater seit Ende der 50er Jahre entfaltet hatte, wie auch durch den Umstand, dass dieses Theater aus dem engen ästhetischen Raum seines traditionellen (groß-)bürgerlichen Publikums ausbrach und sich ganz gezielt, als Teil seiner ästhetischen und politischen Konzeption, an ein breites Publikum wandte. Das Theater griff aktuelle Themen kritisch auf und schuf dafür einen Raum in der brasilianischen Öffentlichkeit – beides aber versuchte eine staatliche Zensur zu verhindern. Dabei konnte man freilich nie wissen, wann und unter welchen Bedingungen Zensur und politische Verfolgung einsetzen würden. Der Anstoß zur Erneuerung des Theaters ging von dem bereits 1954 gegründeten »Teatro de Arena« aus. Sein Programm wurde zuerst durch die internationalen Theaterklassiker bestimmt, begann sich aber dann unter dem Einfluss von Augusto Boal, der dort 1960 sein erstes Stück präsentierte (*Revolução na América do Sul*), entschieden zu politisieren. Aufführungen auf öffentlichen Plätzen und Tourneen in das Landesinnere gehörten zur Spielpraxis des »Teatro de Arena«. Gleichzeitig erweiterten sich mit diesem gesellschaftspolitischen Engagement des Theaters seine Themen, Figuren und Schauplätze. Neben die Großstadt trat das Landesinnere, neben das großstädtische Proletariat Tagelöhner und Bauern sowie die Frage der Landreform. Gianfrancesco Guarnieri, der mit seinem Stück *Eles não usam Black-tie* (1958) in ganz Brasilien bekannt geworden war, belegt diese Entwicklung mit seinem Stück *O Filho do Cão*, dessen Uraufführung im Januar 1964, also noch vor Ausbruch der Militärdiktatur, stattfand. Trotz der Schikanen durch die neuen Machthaber setzte das »Teatro de Arena« seine sozial engagierte Theaterpraxis fort. Besondere theatergeschichtliche Bedeutung kam dabei den beiden Inszenierungen *Arena conta Zumbi* (1965) und *Arena conta Tiradentes* (1967) von Gianfrancesco Guarnieri und Augusto Boal zu. Beide Stücke griffen (revolutionäre) Episoden aus der brasilianischen Geschichte auf, brachten sie in unmittelbaren Zusammenhang mit der Gegenwart und wurden so zu einem Aufruf zum politischen Engagement und Eingreifen. Die Zensurbehörden in São Paulo und die örtlichen Zensurbehörden bei den Tourneen verlangten deshalb drastische Kürzungen bei den jeweiligen Aufführungen.

Von dem 1958 gegründeten »Teatro Oficina«, dessen Stil vor allem von dem Regisseur José Celso Martinez Correa geprägt wurde, geht die andere wichtige Erneuerungsbewegung des brasilianischen Theaters aus. Wenn das »Teatro de Arena« für die Begründung einer neuen brasilianischen Dramatik steht, kennzeichnet das »Teatro Oficina« die Revolutionierung der szenischen Sprache. Besondere Ereignisse sind die Aufführung von Oswald de Andrades *O Rei da Vela* und die musikalische Komödie *Roda viva* von Chico Buarque de Hollanda. Das »Teatro Oficina« schuf damit den »Tropikalismus«, ein Theater, in dem Elemente des Brechtschen Epischen Theaters mit Elementen aus Zirkus, Varieté, Operette und Oper in freier Assoziation verbunden wurden und in dem sich die »Unterentwicklung« des eigenen Landes selbstbewusst-provokant zur Schau stellte. Die Aufführung von *Roda viva* knüpfte an die Tradition des Theaters der Grausamkeit von Antonin Artaud ebenso an wie an die

Das »Teatro de Arena«

Symbolfigur
Lastenträger

Das Teatro Oficina

Szene aus Oswald
de Andrades Stück
O Rei da Vela

Publikumsprovokationen der amerikanischen und europäischen Happe-
nings. Ein allgemeines Aufführungsverbot für ganz Brasilien war die
Folge. Allerdings griff auch ein engagierter Autor wie Augusto Boal in
seinem *Teatro do Oprimido* (1974) den Tropikalismus an und kritisierte
ihn als »neo-romantisch, homöopathisch, unartikuliert, ängstlich und
importiert«. Zwei Inszenierungen von Brecht-Stücken, *Das Leben des*

Galilei (1968) und *Im Dickicht der Städte* (1969) von José Celso Martinez Correa erregten gegen Ende der 60er Jahre nochmals Aufsehen, bevor sich 1970 das »Teatro Oficina« in »Oficina Brasil« (Werkstatt Brasilien) umbenannte und sich unter dem Einfluss des Living Theatre weiter radikalisierte. Diese Radikalisierung muss auch als Reaktion auf die immer mehr zunehmende politische und kulturelle Repression verstanden werden, durch die 1971 Augusto Boal und 1974 José Celso Martinez Correa wie viele andere Intellektuelle und Künstler in die Emigration getrieben wurden.

1964 war unter Mitwirkung des »Teatro de Arena« in Rio de Janeiro das Theater »Grupo Opinião« entstanden. Seine beiden Shows, *Show-Verdade* und *Liberdade, Liberdade* von Millôr Fernandez, reagieren mit Collagen aus Musik, dokumentarischem Material und literarischen Texten – unter anderem von Büchner und Brecht – auf die politischen Ereignisse im Land. Gleichzeitig distanzierte sich die Gruppe aber von orthodoxen linken Positionen und definierte sich selbst als *esquerda festiva* (feiernde Linke). Parallel zu diesen Erneuerungsbewegungen des traditionellen Theaters waren zu Beginn der 60er Jahre, zuerst in Rio de Janeiro, die *Centros Populares de Cultura* (Volkszentren für Kultur) entstanden. In ihnen sollten die Kluft zwischen einer Elite-Kultur und den Ansprüchen der großen Masse der Bevölkerung überwunden und einfache, publikumsnahe Ausdrucksformen gefunden werden, um so durch eine Bewusstseinsbildung grundlegende soziale Reformen vorzubereiten. Zwei Jahre lang war Ferreira Gullar Präsident dieser Bewegung, die von dem naiven Optimismus getragen wurde, dass mit einer Machtergreifung durch das Volk die Probleme des Landes gelöst sein würden. Bis 1964 hatten sich diese *Centros Populares de Cultura* über ganz Brasilien verbreitet. Ihnen galt eine der ersten Verbots- und Unterdrückungsmaßnahmen der Militärregierung. Eine große Bedeutung kam in diesen Jahren, besonders im Nordosten, der Volkskulturbewegung, dem *Movimento de Cultura Popular*, zu, die die Landbevölkerung über ihre Rechte aufklärte und ihre Forderungen nach einer Bodenreform artikulierte. Ariano Suassuna und Dias Gomes griffen in ihren Stücken Themen und volkstümliche Traditionen des Nordostens auf, verarbeiteten sie und versuchten auf diese Weise, zum Entstehen eines kulturellen Selbstbewusstseins der den Folgen des Modernisierungsprozesses hilflos ausgelieferten ländlichen Bevölkerung beizutragen.

Die »Volkszentren für Kultur«

Eine Ausnahme unter den Dramatikern dieser Jahre stellt Plinio Marcos dar, dessen Aufmerksamkeit nicht so sehr den unmittelbar politischen Themen galt; vielmehr stellte er die gewalttätige Wirklichkeit der Marginalisierten, der Homosexuellen, Prostituierten, Zuhälter und Verbrecher auf die Bühne, vor allem in *Barrela* (1963), *Dois Perdidos numa Noite suja* (1965), *Navalha na Carne* (1966) und *Abajur Lilás* (1967). Auch seine Stücke wurden, in diesem Fall aus moralischen Gründen, zensiert und teilweise verboten. Die Zunahme der allgemeinen Repression hatte in den 70er Jahren einen Einbruch in dieser vielfältigen und kreativen Theaterlandschaft zur Folge. Erst 1978 wurde der verschärfte Zensurerlass von 1968 aufgehoben, und es begann eine Politik der Öffnung. Damit konnten die ersten Stücke aufgeführt werden, welche die Repression des vergangenen Jahrzehnts thematisierten. Augusto Boals *Murro em Ponta de Faca* (1978) und Oduvaldo Viana Filhos *Rasga Coração* (1979), das bereits 1974 geschrieben, prämiert und gleichzeitig verboten worden war, gehörten dazu, aber auch Gianfrancesco Guarnieris *Ponto de Partida* (bereits 1976 uraufgeführt), das die Ermordung des Journalisten Vladimir

Der Beginn der Abertura

Herzog in der Untersuchungshaft zum Gegenstand hat, oder Roberto
Austregésilo de Athaydes *Apareceu a Margarida*, das 1973 abgesetzt
werden musste und danach nur in einer stark gekürzten Fassung gespielt
werden durfte. Trotz der politischen Liberalisierung in den 80er Jahren
hat das brasilianische Theater bis heute nicht mehr die Kreativität der
60er Jahre erreicht. Der Anteil der brasilianischen Stücke an der Theaterproduktion sank, die wichtigen Impulse gehen heute nicht mehr von
Theatergruppen und Bewegungen aus, sondern eher von einzelnen Thea-
terschaffenden. Eine Ausnahme bildet in São Paulo die von Antunes Filho
geleitete Theatergruppe »Macunaíma«, die neben einer Theateradap-
tation des gleichnamigen Romans von Mário de Andrade (1978) im Kol-
lektiv erarbeitete Stücke zu Nelson Rodrigues (*Nelson-2-Rodrigues*,
1981/82), eine Bearbeitung einer Erzählung von João Guimarães Rosa (*A
Hora e a Vez de Augusto Matraga*, 1985/86) und die karnevaleske Dra-
matisierung eines Legendenstoffes aus dem 17. Jh. (*Xica da Silva*, 1988)
vorgestellt hat. Außerdem spielte im Theatergeschehen Brasiliens der
letzten Jahre die Wiederentdeckung der Stücke von Nelson Rodrigues,
die in der Zeit des stark politisierten Theaters als kleinbürgerlich und
unpolitisch abgetan worden waren, eine große Rolle. Die Auseinandersetzung mit der Zeitgeschichte und mit sozialen Fragen ist universellen
Themen (etwa Gerald Thomas: *O Processo*, *Uma Metamorfose* und
Praga, 1988, eine dreiteilige Kafka-Trilogie) und psychologischen Fragestellungen (in der Tradition von Nelson Rodrigues) gewichen.

Die Wiederentdeckung der Subjektivität

In der Lyrik wurden die avantgardistischen Tendenzen, die in den 50er
Jahren von der Konkreten Poesie und der Gruppe »Noigrandes« verfolgt
worden waren, einerseits von der Gruppe »poesia praxis« (1962–72),
deren bekanntester Vertreter Mário Chamie ist, andererseits von der
Gruppe »poema processo« (1967–1973), die sich um Vlademir Dias-Pino
bildete, fortgesetzt. Mário Chamies Gedichtsammlungen *Lavra Lavra*
(1962) und *Objeto selvagem* (1977) waren der Versuch, die Spracherneuerung der Konkreten Poesie mit einem sozialen Engagement zusammenzu-
führen und Poesie als »Energie« wirksam werden zu lassen. Auch Décio
Pignatari von der Noigandres-Gruppe, einer der »Väter« der Konkreten
Poesie, versuchte nunmehr, diese Tradition und seine semiotischen Untersuchungen mit sozialen und politischen Ansprüchen zu verbinden. Neben
dieser intellektuellen Erneuerungsbewegung traten in den 70er Jahren die
jungen Autoren der »Poesia marginal« mit einem ganz anderen Konzept
an die Öffentlichkeit: Ihr Anspruch war, die Trennung zwischen Leben
und Dichtung aufzuheben und in ungebrochener Spontaneität ihre subjektiven Erfahrungen zu poetisieren. Sie verkauften oder verteilten ihre
meist im Selbstverlag hergestellten oder als Fotokopien vervielfältigten
Texte in Bars, Cafés und Theatern selbst, um dadurch in persönlichen
Kontakt mit dem Leser zu treten und der Anonymität eines nach kommerziellen Gesetzen funktionierenden Buchmarktes zu entgehen. In ihrer
hedonistischen Lebensauffassung lehnten sie Technisierung und Intellek-
tualisierung ab und bildeten so eine bedeutende Bewegung innerhalb einer
»Gegenkultur«. Heloísa Buarque de Hollanda stellte in ihrer Anthologie
26 Poetas hoje diese *poesia marginal* »offiziell« vor (u. a. Francisco Chico
Alvim Chacal, Ana Cristina César). Natürlich richtete sich ihre Kritik
auch gegen die großen »traditionellen« Dichter wie Carlos Drummond de

Andrade und João Cabral de Melo Neto, die in diesen Jahren neue, wesentliche Gedichtsammlungen publizierten. Beide setzten, jeder auf seine Weise, ihre Suche nach einer poetischen Sprache fort, die die Dinge unmittelbar erfasst: »Ich will nur das Wort, das die Welt zusammenfassen und an ihre Stelle treten soll« (Drummond de Andrade). Wie ihnen, so ging es auch dem jüngeren Carlos Nejar um essentielle Grunderfahrungen (die elementaren Dinge wie Stein, Wind, Landschaft, die elementaren Empfindungen wie Liebe, Angst, Hoffnung), für die eine Reduktion der poetischen Formen auf das Wesentliche und eine radikale Vereinfachung der Sprache notwendig sind. Auf die große Zeit des Theaters in den 60er Jahren folgte in den 70er Jahren eine Aufwertung der Poesie, die bis Mitte der 90er Jahre anhielt. Nahezu die Hälfte aller literarischen Besprechungen in den großen brasilianischen Zeitungen gelten heute lyrischen Werken. Die Vielfalt der Stilrichtungen und Schreibarten ist kaum noch zu überblicken: Eher traditionelle Lyriker mit einem verhältnismäßig großen Lesepublikum wie Affonso Romano de Sant'Anna – er ist gleichzeitig Literaturkritiker, Literaturtheoretiker und seit 1990 Direktor der Staatsbibliothek in Rio de Janeiro – finden sich neben Autoren wie der mystisch-erotischen Lyrikerin Hilda Hilst oder dem poetischen Experimentator Lindolf Bell (*Corpoemas*, 1970).

Textmusik als neue Form der Lyrik: die »Música Popular«

War die »Poesia marginal« eine Bewegung der Gegenkultur, in der junge Autoren versuchten, gegen die von dem größten, nahezu allmächtigen brasilianischen Fernsehsender *Rede Globo* kontrollierte Medienkultur eine Gegenöffentlichkeit zu schaffen, so war »Música Popular« seit Mitte der 60er Jahre eine Bewegung, in der, für ein breites Publikum verständlich und gerade unter Verwendung moderner Medien, eine Stimme der Kritik laut wurde. Mehr noch: Es war nicht nur eine Stimme, sondern, trotz aller Repression, die karnevaleske »Alegría tropical«, die tropische Fröhlichkeit, die den gesamten Körper erfasste und sich als das »echte und wahre Brasilien« der »nationalen Revolution« der Militärs entgegenstellte. Chico Buarques und Gilberto Gils berühmtes Lied »Cálice«, das die Worte Jesu »Vater, lass diesen Kelch an mir vorübergehen« zitiert, aufgrund der brasilianischen Phonetik aber zugleich »Cale-se« (»Halten Sie den Mund«) heißen kann, ist eines der am weitesten verbreiteten Beispiele dieser Gattung, die an Vinícius de Moraes' Weg von der »reinen Lyrik« zur Textmusik anschließt. Aber auch Milton Nascimentos *Nada será como antes* oder die Verse der Lieder von Caetano Veloso, Gilberto Gil oder Maria Bethânia könnten hier zitiert werden. Die Kritik hat freilich auch auf die Ambiguität dieser populistischen Kultur hingewiesen, die sich im Extrem darin manifestierte, dass ihre Vertreter ihren Patriotismus beim Absingen der brasilianischen Nationalhymne bereits als kritische Instanz gegen einen von den Militärs protegierten Modernisierungsprozess ausgaben.

Die »Alegría tropical«

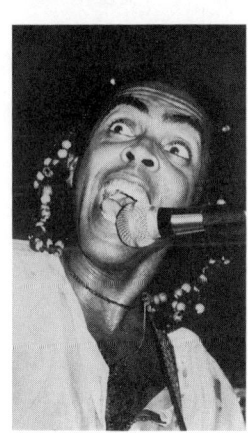

Gilberto Gil

Der Aufbruch der Frauenliteratur

Die Wendung von einer realistischen Schreibweise zu einer subjektivistischen als eine durch politische Repression erzwungene Abwendung von der äußeren Wirklichkeit und eine Hinwendung zur Innenwelt fiel mit einer anderen literarischen Bewegung zusammen: dem literarischen Auf-

bruch von Schriftstellerinnen mit dem Anspruch, ihre eigene, nicht in allen Fällen feministische, Literatur zu schreiben. Autorinnen wie Marina Colasanti, Márcia Denser, Sônia Coutinho, Nélida Piñon, Adélia Prado oder Marilene Felinto veröffentlichten Prosa über die »conditio feminina« und öffneten damit einen neuen literarischen Raum in der brasilianischen Literatur. Unverkennbar ist der Einfluss der nordamerikanischen und europäischen Frauenliteratur, von denen Themen übernommen werden wie Mutter-Tochter-Beziehung, Paarbeziehungen, Trennungen oder das neue Selbstbewusstsein als alleinstehende, unabhängige Frau. Jedoch kennzeichnet die brasilianische Frauenliteratur darüber hinaus ein teilweise provozierender Erotismus; die Sinnlichkeit des *tropicalismo* färbt auch auf sie ab (siehe besonders die beiden von Márcia Denser herausgegebenen Erzählsammlungen *Muito Prazer* [1980] und *O Prazer é todo meu* [1984], auf deutsch in einer Auswahl herausgegeben von Ray-Güde Mertin: *Tigerin und Leopard. Erotische Erzählungen brasilianischer Autorinnen* [1988]).

Frauenliteratur ohne Feminismus

Nicht alle Schriftstellerinnen wollen Repräsentantinnen einer femininen oder feministischen Literatur sein. Gerade Clarice Lispector, die vielfach als Kronzeugin weiblichen Schreibens zitiert wird, äußerte dazu, dass sie in erster Linie Literatur und nicht weibliche Literatur schreibe. Die großen brasilianischen Schriftstellerinnen der vorhergehenden Jahrzehnte wie Raquel de Queiroz, Clarice Lispector, Lígia Fagundes Telles hatten bereits über das Leben von Frauen geschrieben, ohne sich explizit als feministische Schriftstellerinnen zu verstehen. Was die neue Frauenliteratur auszeichnet, ist ihre offensive Haltung; es geht ihr nicht nur darum, über das Leiden der Frauen in ihren traditionellen Rollen und an ihren traditionellen gesellschaftlichen Orten zu schreiben, sondern darum, neue gesellschaftliche Räume für die Frauen zu öffnen und ein neues Selbstbewusstsein der Frauen zu schaffen. Das trifft auch für den letzten Roman von Raquel de Queiroz, *Memorial de Maria Moura* (1992), zu, in dem sich eine selbstbewusste Großgrundbesitzerin in der Männerwelt des Nordostens behauptet, einen Abenteuerroman, in dem sich die Fiktion auf völlig unkomplizierte Weise der Realität bemächtigt. Literarische Innovationen, sowohl im sprachlichen wie auch im thematischen Bereich, gingen in erster Linie von den Autorinnen Nélida Piñon, Hilda Hilst (*Fluxo-Foema*, 1970) und Adélia Prado (*Bagagem*, 1976, und *Terra de Santa Cruz*, 1982), bei den letzten beiden gerade auch von ihrer Lyrik, aus.

Erzählen – trotz alledem

Die (phantastische) Kurzerzählung

Das literarische Genre, von dem seit den 50er Jahren entscheidende Impulse für den formalen, stilistischen und inhaltlichen Erneuerungsprozess der brasilianischen Literatur ausgingen, ist der »conto«, die Erzählung. Das gilt bereits für die »Klassiker« der brasilianischen Literatur der zweiten Hälfte des 20. Jhs., für João Guimarães Rosa und für Clarice Lispector (*Laços de Familia*, 1960). Die ersten Veröffentlichungen vieler Autoren und Autorinnen waren Erzählungen, einige bedeutende Schriftsteller wie Edilberto Coutinho oder Dalton Trevisan haben vor allem oder sogar ausschließlich in diesem Genre veröffentlicht. Und auch viele der erwähnten Schriftstellerinnen der neuen Frauenliteratur haben bis jetzt vorwiegend Sammlungen mit Erzählungen vorgelegt (Márcia Denser, Sônia Coutinho, Marilene Felinto). Neben den realistischen, den dokumen-

tarischen und sozialkritischen Erzählungen ist hier besonders eine Er-
zähltradition vertreten, die seit Jorge Luis Borges als Prototyp der lateinamerikanischen Prosa gilt und die bemerkenswerterweise im brasilianischen Roman nur selten anzutreffen ist: die phantastische Erzählung. Mit
Murilo Rubião und José J. Veiga (besonders *A Hora dos Ruminantes*,
1966) hatte das Phantastische einen Platz in der brasilianischen Literatur
erobert; Erzählungen, die dieser unmerkliche Übergang vom Realen zum
Phantastischen auszeichnet, finden sich jedoch auch bei Lígia Fagundes
Telles, Moacyr Scliar, Osman Lins und João Ubaldo Ribeiro. Dabei darf
allerdings nicht übersehen werden, dass das Phantastische oftmals nur
literarische List ist, um Dinge zu sagen, die einer realistischen Schreib-
weise versagt sind. Es ist in diesem Fall nur Mittel zu einem anderen
Zweck und dient als Verkleidung des Wirklichen, ohne den Zugang zu
einer ganz anderen Wirklichkeit zu eröffnen. Wenn bei José J. Veiga
Pferde lachen und Menschen fliegen, dann geschieht das alles, wie er
selbst sagt, »nicht, ohne dass dabei die Füße fest auf dem Boden bleiben.
Es sind Hilfsmittel, die die Kunst benutzt, um die Geschichte zu treffen«.
Anders Murilo Rubião (z.B. in *O Pirotécnico Zacarias*, 1974), dessen
Figuren vollständig den Boden unter den Füßen verlieren und sich in einer
Welt des Phantastischen wiederfinden, in der, wie in Träumen, nichts
unmöglich scheint, oder die sich, wie in Alpträumen, gegen jeglichen
Einfluss und gegen jeden Willen sperrt.

Die Großstadt

Bereits in den 60er Jahren greift João Antônio in seinen Erzählungen eine
Tradition wieder auf, die in Brasilien auf Aluísio Azevedo und Lima
Barreto und deren sozialkritische Tendenzen zu Beginn des Jahrhunderts
zurückgeführt werden kann. Seine erste Sammlung von Erzählungen, *Ma-
lagueta, Perus e Bacanaço* (1963), spielt im Milieu der kleinen Gauner und
Gangster von Rio de Janeiro. Obwohl inzwischen eine Reihe von anderen
Städten die Millionengrenze längst überschritten haben (Belém, Belo Ho-

*Die marginalisierte
und kriminalisierte
Großstadtwelt
bei João Antônio*

Kinoplakat für Babencos
Film *Pixote*

Ignácio de Loyola Brandão und der »Realismo violento«

Ignácio de Loyola
Brandão

rizonte, Brasilia, Curitiba, Fortaleza, Porto Alegre, Recife, Salvador), sind Rio de Janeiro und São Paulo nach wie vor bevorzugter Schauplatz der Stadtliteratur. João Antônios Erzählungen handeln immer wieder von Jugendlichen in der marginalisierten und kriminalisierten Großstadtwelt, wie sie dann in Héctor Babencos Film *Pixote* (1980) nach dem Roman *Infância dos Mortos* (1977) von José Louzeiro international bekannt geworden sind. Louzeiro gehört wie Ignácio de Loyola Brandão und Rubem Fonseca zu den Autoren des »Realismo violento«, des gewaltsamen Realismus. In Rio de Janeiro und in São Paulo konzentrieren sich die Konflikte und Spannungen des Landes: Zerstörung der Familienverbände, Arbeitslosigkeit, Obdachlosigkeit, Gewalt, Prostitution. Die Migranten aus dem Norden und Nordosten des Landes erfahren dort die Folgen des wildwüchsigen Modernisierungsprozesses am eigenen Leibe. Auf diese sozialen Umbrüche reagierte eine kritische Schriftstellergeneration, einmal indem sie die sozialen Probleme und Konflikte zum Thema ihres literarischen Schaffens machte, und zum anderen, indem sie literarische Techniken entwickelte und literarische Figuren entwarf, die eine Antwort auf diese neue Wirklichkeit darstellen sollten. Eine besondere Bedeutung kam in diesem Prozess dem Roman *Zero. Romance pré-histórico* von Ignácio de Loyola Brandão zu, der zwischen 1967 und 1969 geschrieben wurde, in der Zeit, in der die härtesten Repressionen einsetzten. José, ein ehemaliger Jurastudent und Intellektueller, verdient sich seinen Lebensunterhalt als Rattenvertilger. Die sozialen und politischen Umstände lassen ihn zum Terroristen werden. Er schließt sich einer organisierten Untergrundbewegung an, wird verhaftet, gefoltert und in der Wüste ausgesetzt. Ignácio de Loyola Brandão brach hier mit der traditionellen Romanform, er montierte unterschiedliche Textsorten, verzichtete auf eine einheitliche Erzählperspektive und löste das gewohnte Druckbild auf, indem er Texte parallel setzte, durch besondere Zwischenüberschriften hervorhob und graphische Elemente mitverwendete. In seiner Beschreibung sexueller oder gewalttätiger Szenen (Terror der Todesschwadronen, Folter) setzte sich der Text über bisherige literarische Tabus hinweg. Die Drucklegung des Buches wurde in Brasilien von den Verlagen zunächst abgelehnt, da ein Verbot des Romans vorhersehbar war. Diese Form der »freiwilligen« Selbstzensur prägte das literarische Leben dieser Jahre. Erst nachdem der Roman in Italien verlegt worden war (1974), erschien er auch ein Jahr später in Brasilien. Das Buch erhielt mehrere auch von der Regierung geförderte Literaturpreise und wurde dennoch wenige Monate später von der Zensur mit der Begründung, gegen die öffentliche Moral zu verstoßen, verboten. Erst im Zuge der allgemeinen Liberalisierung wurde dieses Verbot 1979 aufgehoben. Diese widersprüchliche Politik, literarische Texte auszuzeichnen und sie fast im gleichen Zug zu verbieten, war kein Ausnahmefall. Wenn auch *Zero* der experimentellste Roman dieser Jahre war, so steht er doch nicht vereinzelt, und das Experimentieren mit der traditionellen Romanform charakterisiert noch eine Reihe von anderen, nicht nur urbanen Romanen, wie zum Beispiel *A Festa* (1976) von Ivan Angelo, *Alvalovara* (1973) von Osman Lins oder *O Sargento Getúlio* (1971) von João Ubaldo Ribeiro. In *Não verás País nenhum* (1981) kehrt Ignácio de Loyola Brandão wieder zu einer traditionelleren Romanform zurück: Als negative Utopie hat dieser Roman ein São Paulo Ende des zweiten Jahrtausends zum Schauplatz, das durch den technischen Fortschritt und eine terroristische totale Administration, die von einer kleinen, höchst privilegierten Minderheit beherrscht wird, völlig enthumanisiert ist. Der ehemalige Geschichtsprofessor Souza trifft auf eine Gruppe, die – in dieser Situation aussichtslosen – Widerstand leistet. Trotz seiner Verhaftung kommt am Ende eine Spur von Hoffnung auf, und der Roman endet mit dem Galilei-Zitat: »Und sie bewegt sich doch.«

Die Erzählungen und Romane Rubem Fonsecas bewegen sich wiederum in dem gewalttätigen Szenarium Rio de Janeiros zwischen Raubüberfällen, Vergewaltigungen und Morden und den dazugehörigen Tätern und Opfern. Die politische und unmittelbar sozialkritische Dimension der Romane Ignácio de Loyola Brandãos ist hier der ästhetischen Herausforderung gewichen, die chaotische Gewaltszenerie der Großstadt literarisch zu bewältigen. Dem Vorwurf einer Ästhetisierung der Gewalt musste sich Rubem Fonseca deshalb wiederholt aussetzen. In seinen Romanen *A grande Arte* (1983), *Bufo & Spallanzani* (1985), *Vastas Emoções e Pensamentos imperfeitos* (1988) wird die äußere Realität zur Kulisse, zuweilen nur zum Vorwand, um einen spannenden und oftmals überraschenden Handlungsablauf zu schaffen. Die Häufung von Verbrechen ist bei Rubem Fonseca weder eine Frage der Ethik noch eine Frage des Realismus, sondern ein logistisches Problem der Erzählökonomie, das auf ästhetische Weise gelöst werden soll. Mit *Agosto* (1990), einem Polit-Thriller, der vierundzwanzig Tage des Monats August 1954 rekonstruiert und die Umstände des Attentats gegen den Journalisten Carlos Lacerda und den Selbstmord des brasilianischen Präsidenten Getúlio Vargas am 24. August 1954 zum Thema hat, greift der Autor ein Ereignis der brasilianischen Geschichte auf. Von seinen Erzählbänden *Os Prisioneiros* (1963), *Feliz Ano novo* (1975) und *O Cobrador* (1979) hat die Kritik behauptet, dass sie durch ihre Dichte, ihre präzise Beobachtung und ihre fesselnde Erzählweise den Romanen noch überlegen seien.

Ein ganz anderes Rio de Janeiro erscheint in dem Großstadtroman *Concerto Carioca* (1985) von Antonio Callado, der sich in einem engbegrenzten Raum und Personenkreis bewegt. Der Protagonist, Jaci, ein jugendlicher Indianer, flieht aus einem Erziehungsheim in den botanischen Garten, der für ihn und seine beiden Freunde, das Geschwisterpaar Naé und Bárbara, immer ein Ort paradiesischer Unbeschwertheit und Unschuld war. Doch wenn der Roman auf den ersten Blick als das Lob auf einen vorgesellschaftlichen und vorgeschichtlichen Zustand und als Zivilisationskritik erscheint, erweist eine genauere Lektüre, dass er gerade den Mythos von einem ursprunglichen goldenen Zeitalter und einem tieferen und wieder zu entdeckenden wahren Sinn der Dinge zerstört. Jede Geste, jeder Gegenstand ist immer schon einem gesellschaftlichen Sinnstiftungsprozess unterworfen, alles kann im Grunde alles bedeuten, es gibt keine unmittelbare, reine Wirklichkeit. Der Roman verlässt den Realismus, der die Stadtliteratur jahrzehntelang geprägt hatte, und legt frei, in welchem Maße jede Wirklichkeit immer schon symbolisch und allegorisch aufgeladen ist. Diese Tendenz lässt sich verallgemeinern: Der »gewaltsame Realismus« verlor in diesen Jahren deutlich an Bedeutung. Die Erzählliteratur konzentrierte sich mehr und mehr auf die Wirklichkeiten der Phantasie, die von unseren Ängsten und Wünschen beherrscht werden, auf die subjektive »conditio humana«, die in der Literatur erst ihre Sprache findet.

Rubem Fonseca

Antonio Callado

Wo ist Brasilien?

Folge des Modernisierungsprozesses in Brasilien waren die Zunahme der Migration und ein steigender Anteil der vor allem aus dem Nordosten stammenden ländlichen Bevölkerung in den Städten und Großstädten. Die Spannung zwischen Großstadt und Land, als Ergebnis des Widerspruchs zwischen industrieller Welt und landwirtschaftlichen Gebieten sowie zwischen Medienkultur und oraler Kultur, kurz, die Spannung zwischen urbaner Modernität und ländlicher Tradition, wurde zu einem der großen Themen der brasilianischen Literatur. Sowohl bei Clarice Lispector in *A Hora da Estrela* (1977) – wenngleich dort die Geschichte des Mädchens aus dem Nordosten untrennbar mit der Frage nach dem Schreiben und dem Selbstverständnis des Schriftstellers verbunden ist – wie auch bei Autran Dourado in *Uma Vida em Segredo* (1964), bei Antônio Torres in *Essa Terra* (1976) und *Carta ao Bispo* (1979), sowie in den ersten Romanen João Ubaldo Ribeiros, *Sargento Getúlio* (1971) und *Vila Real* (1979), leiden die Protagonisten daran, dass sie gleichsam zwischen diesen beiden Wirklichkeiten zermahlen werden.

Der Populismus und eine bisweilen ideologisierte Verehrung des Volkes und der Volkskultur hatten bereits in den 50er Jahren zu einer Wiederentdeckung regionaler Traditionen und damit zu einem Anknüpfen an den Regionalismus der 30er Jahre geführt. João Guimarães Rosas *Grande Sertão: Veredas* (1956) ragte als herausforderndes sprachliches Monument in die folgenden Jahrzehnte, ohne dass von einem der späteren Autoren ein vergleichbarer Impuls, was die Spracherneuerung und die Erzählweise betrifft, auf die brasilianische Literatur ausgegangen wäre. Hat durch die Romane, Novellen und Erzählungen João Guimarães Rosas der Sertão des Nordostens einen definitiven Ort in der brasilianischen Literatur gefunden, so schreibt Jorge Amado in den letzten vier Jahrzehnten des Jahrhunderts mit seinem großen Bahia-Zyklus die Welt des afrikanisierten Brasiliens fort: *O Sumiço da Santa* (1988) und *A Descoberta da América pelos Turcos* (1994). Jorge Amados Erzählen stellt stets Gestalten des einfachen Volkes, Schwarze und Mulatten, Dienstmädchen und Prostituierte, in den Mittelpunkt. Die afrikanischen Traditionen, die in Bahia bis heute fortleben, in den magisch-religiösen Praktiken des Candomblé, in den rhythmischen Kampfbewegungen der Capoeira, in den ekstatischen Tänzen, in der exotischen Küche, aber auch in der allgemeinen erotisierten Sinnlichkeit des Alltags, sind nicht nur Kulisse seiner Romane, sondern ihre Welt selbst.

João Ubaldo Ribeiro

Auch João Ubaldo Ribeiros bereits erwähnter großer Roman *Viva o Povo brasileiro* (1984) hat Bahia zum Schauplatz, allerdings mit einem weiteren historischen Horizont als die Romane Jorge Amados: Einzelne Episoden reichen bis ins 17. Jh. zurück, große Teile des Romans erzählen die phantastische Geschichte einer Volksbewegung aus dem 19. Jh. Sowohl thematisch wie auch durch die historischen Rollen, die Frauenfiguren zukommen, gewinnt João Ubaldo Ribeiros Erzählen eine politische Dimension, die die späten Romane Jorge Amados (ab 1958) nicht mehr kennen. Vom literarischen Blick auf das historische Bahia leben auch die beiden Romane Ana Mirandas, die der jüngeren Generation von Schriftstellerinnen angehört, *A Boca do Inferno* (1989; Höllenmaul, 1992) und *O Retrato do Rei* (1992).

Haben der Sertão und Bahia ihre großen Erzähler und ihre eindrucksvollen Romane gefunden, so schien das für eine andere, für Brasilien

charakteristische und zugleich mythische Landschaft, das Amazonasge- *Das Amazonasgebiet*
biet, nicht zu gelten. Márcio Souza behandelt zwar in *Galvez, o Impera-* *in der Literatur*
dor do Acre (1976) in burleskem und satirischem Stil die brasilianische
Besetzung der Amazonasregion Acre um die Jahrhundertwende, in *Mad*
Maria (1980) den Bau der Madeira-Marmoré-Eisenbahnlinie durch den
Amazonas-Urwald und versucht in *A resistível Ascensão do Boto Tucuxi*
(1982) eine Verbindung von Amazonasmythen und Sozialsatire, aber
dennoch kann keiner dieser Romane, die allesamt viele Auflagen erreicht
haben und in mehrere Sprachen übersetzt wurden, als der große Amazo-
nas-Roman gelten. Den hat, wenn überhaupt, wohl eher Dalcídio
Jurandir mit den zehn Bänden seines Zyklus' »Serie Extremo-Norte«, von
Chove nos Campos de Cachoeira (1941) bis *Ribanceira* (1978), geschaffen, die allerdings nach dem Tod des Autors 1979 völlig in Vergessenheit gerieten und erst um die Jahrtausendwende wieder »entdeckt«
worden sind.

Die Geschichte und Landschaft des brasilianischen Südens hat in Erico *Die Erzähler*
Veríssimos dreibändigem *O Tempo e o Vento* ein eindrucksvolles Epos *des brasilianischen*
gefunden. Von Josué Guimarães erschien 1972 *Tempo de Solidão*, der *Südens:*
erste Band seines auf drei Bände angelegten Zyklus *A Ferro e Fogo* (Mit *Josué Guimarães,*
Eisen und Feuer), der die Besiedlungsgeschichte des Staates Santa Cata- *Moacyr Scliar*
rina in schnellen Szenenwechseln erzählt. Schon sprachlich werden so die
Unruhe und Ungewissheit dieser Epoche wiedergegeben, die von einer
episch breiten Erzählhaltung verdeckt würden. Den deutschen Einwanderern kommt dabei eine bemerkenswerte und vor allem eine den allgemeinen Klischeevorstellungen widersprechende Rolle zu. Sein Roman
Camilo Mortágua (1980), der die Dekadenz einer Gaucho-Familie zum
Gegenstand hat, deren Macht unter den Umbrüchen der Modernisierung
zerfällt, erreichte nicht mehr die sprachliche Dichte und die erzählerische
Dynamik seiner vorhergehenden Romane. Eine besondere Stellung unter
den neueren Autoren des brasilianischen Südens nimmt Moacyr Scliar ein.
Selbst aus einer jüdischen Familie stammend, verwandelt er in seinen
Erzählungen und Romanen die Schicksale der jüdischen Einwanderer in
phantasie- und humorvolle Geschichten, voller Selbstironie und frei von
jeglichem Selbstmitleid (besonders in *O Exército de um Homem só*,
1973). In *O Centauro no Jardim* (1980) vermischen sich Anspielungen
auf die griechische Mythologie, auf den regionalen Pferdekult der Gauchos und auf die jüdische Stigmatisierung zu einer phantastischen Geschichte mit parabelhaften Zügen. In *A estranha Nação de Rafael Mendes*
(1983) wird ironisch eine Subgeschichte Brasiliens erzählt, in der, wie in
einer Verschwörung, die jüdische Tradition dominiert.

Die Frage nach der »brasilidade«, nach der nationalen Identität und der *Das Problem*
Bedrohung durch eine dominante europäische oder nordamerikanische *der »brasilidade«*
Importkultur, ist seit dem Modernismo immer wieder aufgeworfen wor-
den und gewann zu Beginn der 60er Jahre erneut an Aktualität. Sie steht
auch im Mittelpunkt von Antonio Callados umfangreichstem Roman,
Quarup (1967): Nando, ein junger katholischer Priester, macht sich auf,
um die Indianer im Inneren des Landes zu missionieren. Anstatt aber im
Zentrum, im (symbolisch) geographischen Mittelpunkt des Landes eine
intakte indianische Bevölkerung anzutreffen, findet er dahinsiechende
Restgruppen: Das Zentrum des Landes ist leer und bereits verwüstet.
Diese desillusionierende Erfahrung, zusammen mit seiner erotischen und
sexuellen Initiation durch eine langjährige Freundin, Francisca, verur-
sachen in ihm eine Wandlung und geben ihm ein politischeres Bewusstsein

für die wirkliche Situation des Landes (im Jahr 1964, dem Beginn der Militärdiktatur). Nando kehrt zurück in den Nordosten, nach Recife, und solidarisiert sich dort in urchristlicher Tradition und in einer nicht zu überlesenden literarischen Anspielung auf das Neue Testament mit der Welt der Ärmsten und Entrechteten. Er wird von den Militärs verhaftet, jedoch gelingt ihm die Flucht, wobei in der Schlussszene, dem Aufbruch in das Hinterland des Nordostens, offenbleibt, ob es der Weg in den realen Widerstand oder ein Rückzug in eine illusionäre Utopie ist. Antonio Callado kritisiert mit diesem Roman nicht nur die repressive Politik der Militärs, nicht nur den offiziellen Mythos vom wahren, großen Brasilien, sondern auch die dogmatischen Illusionen linker Revolutionäre. Die Entwicklung Nandos – die strukturellen Parallelen zum Bildungsroman sind offensichtlich – hat keinen Modellcharakter; Nando wird nicht zum positiven Helden stilisiert, der die einzig richtige Antwort auf die brasilianische Misere gäbe. In Callados Roman ist aber auch eine Einsicht der Studentenrevolte dieser Jahre präsent, dass nämlich selbstständiges politisches Handeln und sexuelle Emanzipation untrennbar voneinander sind.

Darcy Ribeiro:
der Ethnoroman
und seine spielerische
Selbstaufhebung

Die Destruktion des Mythos von einem authentischen Brasilien, das es gegen den Prozess der Modernisierung wiederzuentdecken und zu bewahren gälte, steht auch im Zentrum des Romanwerks des Ethnologen Darcy Ribeiro. *Maíra* (1976) stellt einen experimentellen Versuch über die Mythologie des fiktiven Stammes der »Mairum« im Amazonasland dar, der zugleich in Form einer parodistischen Kriminalgeschichte und einer »mythologischen Erzählung« das Scheitern einer »Aussteigerin« aus der westlichen Zivilisation (Alma) und eines »verwestlichten« Indio berichtet und damit die auf den Romantiker Alencar zurückgehende Vorstellung als Illusion entlarvt, dass das wahre Brasilien aus einer natürlichen Verbindung der weißen, europäischen Tradition mit der indianischen hervorgehen könnte; das Zwillingspaar, das Alma zur Welt bringt, wird tot geboren, und auch die Mutter stirbt bei der Geburt. Sechs Jahre später hat Darcy Ribeiro dasselbe Thema in *Utopia selvagem. Saudades da Inocência perdida* (1982) wesentlich humoristischer gestaltet. In einer Collage aus Anspielungen auf zahlreiche Texte der literarischen Tradition seit dem 16. Jh., in denen Amerika als europäischer Paradiestraum dargestellt wird, aber auch auf Mário de Andrades *Macunaíma* und die Träume der modernistischen »Anthropophagen«, spielt Ribeiro virtuos mit den Bruchstücken zerstörter Mythen, um letztlich doch optimistisch zu schließen: In einer riesigen, durch natürliche Drogen der Indios hervorgerufenen Orgie löst sich Brasilien als »Insel« ab und entschwebt in den Kosmos.

Erinnern als Rekonstruktion und Konstruktion

Die neuere
Memoirenliteratur

Neben der kritischen Auseinandersetzung mit der brasilianischen Wirklichkeit in den 60er und 70er Jahren, die sowohl in dokumentarischen und realistischen wie auch in fiktiven und parabelhaften Texten stattfand, entstand, als Folge der Zensur und der politischen und historischen Erfahrungen dieser Epoche, eine umfassende Memoirenliteratur mit Bekenntnischarakter. Besonderes Aufsehen erregte Fernando Gabeiras Autobiographie *O que é isso, Companheiro?* (1979), in der er selbstkritisch mit der brasilianischen revolutionären Linken abrechnete. Diese Memoirenliteratur betraf jedoch nicht nur die unmittelbar politischen Ereignisse, sondern umfasste im weiteren Sinn den erinnernden literarischen Blick auf die Vergangenheit, wie in den Memoiren Pedro Navas' (ab 1972) oder in Nélida Piñons *A República dos Sonhos* (1984). Das gilt selbst für poetische Texte: für Carlos Drummond de Andrades *Boitempo* (1968), für João Cabral de Melo Netos *A Escola das Facas* (1975–1980) oder für Ferreira Gullars *O Poema sujo* (1976). Erinnern ist in diesen Gedichten das immer wiederkehrende Thema. Die Spannung dieser autobiographischen Texte zwischen einer realistischen Wiedergabe von vorgegebenen Wirklichkeiten und realen Erfahrungen und ihrer erstmaligen Erschaffung im literarischen Akt wird schon früh selbst thematisiert, besonders in Sérgio Sant'Annas *Confissões de Ralfo. Uma Autobiografia imaginária* (1975) und in Silviano Santiagos *Em Liberdade: Uma Ficção de Silviano Santiago* (1981). Auch hier zeichnet sich also in der brasilianischen Literatur die Wende ab, die seit den 80er Jahren immer bestimmender wurde: die Befreiung der Literatur von der Aufgabe der Darstellung einer äußeren Wirklichkeit und die Neuentdeckung der fiktiven und imaginären Dimension des Literarischen. Daneben gibt es allerdings auch weiterhin eine wichtige Testimonialliteratur, wie Francisca Souza da Silvas *Ai de vós* (1983) oder Eliane Maciels *Com Licença, eu vou à Luta* (1983), die gerade von der Realitätsfiktion des Literarischen lebt.

Sowohl der sozialkritischen wie auch der Memoiren- und der intimistischen Literatur, von der bis jetzt die Rede war, lag vielfach die Vorstellung von einer »äußeren«, nicht-literarischen Wirklichkeit zugrunde (das können auch »innere« Erlebnisse sein), die vor jedem literarischen Text existiert und von ihm »wiedergegeben«, »in Worte gefasst« oder »versprachlicht« wird. Gegen ein solches Literaturverständnis haben sich bereits die Autoren der Konkreten Poesie gewehrt. Auch eine Anzahl von Erzählerinnen und Erzählern der Gegenwart wie z.B. Clarice Lispector, Nélida Piñon, Hilda Hilst, aber auch Silviano Santiago, Sérgio Sant'Anna oder Gilberto Noll stellen eine Literatur in Frage, die sich einem traditionellen Realismusbegriff unterwirft. Wegbereiter war auch hierbei das Werk João Guimarães Rosas, bei dem Sprache nie nur mimetischen Charakter hat, sondern selbst (poetische) Wirklichkeiten schafft. Auch für Clarice Lispector ist die Reflexion über das Schreiben und die Spannung zwischen der literarischen/poetischen Welt und der »äußeren«, alltäglichen Welt, ja vielfach sogar die Unvereinbarkeit dieser beiden Welten, ein immer wiederkehrendes Thema, bestimmt aber besonders ihren letzten Roman *A Hora da Estrela* (1977). Erst der literarische Akt, das Schreiben, öffnet eine Welt, die es ohne ihn nicht gegeben hätte. Macabéa, die Protagonistin dieses Romans, ist deshalb weniger die Migrantin aus dem Nordosten oder das Opfer machistischen Verhaltens als vielmehr eine literarische Gestalt, die dem (fiktiven) Schriftsteller Rodrigo S. die Möglichkeit bietet, über sich selbst und die Grenzen des Schreibens nachzudenken. Ähnliches gilt für den bereits erwähnten Roman *Em Liberdade* (1981) von Silviano Santiago. Auch hier wird der Realitätscharakter von Literatur in Frage gestellt, gerade indem sich der Text fälschlicherweise als autobiographisch ausgibt. Er ist eine fingierte Tagebuchaufzeichnung des Schriftstellers Graciliano Ramos, der, nachdem er 1937 aus der Haft entlassen wurde, »erlebt«, wie schwierig es ist, in Freiheit über seinen Gefängnisaufenthalt zu schreiben – eine Anspielung auf die reale Autobiographie Graciliano Ramos', *Memórias do Cárcere*, und auf die politische Situation Brasiliens, sowohl unter der Diktatur Getúlio Vargas' wie auch unter der Militärdiktatur. Diese Wendung zu einer Literatur, für die das

Die Literatur als »weltschaffender Akt« – Clarice Lispector, Silviano Santiago

naive Erzählen unmöglich geworden ist, die sich nicht mehr als Abbild einer Wirklichkeit verstehen will und die deshalb unentwegt auf die Aporien eines Erzählens hinweist, das von der Illusion lebt, die Fülle des Wirklichen zu erfassen, ist eine heute dominant gewordene Tendenz. Antonio Callados schon erwähntes *Concerto Carioca* ist deshalb für den Leser, der es als realistischen Stadtroman liest, eine Enttäuschung; Raduan Nassars *Um Copo de Cólera* (1978), Carlos Süssekinds *Armadilha para Lamartine* (1976), Sérgio Sant'Annas *Confissões de Ralfo*, die Romane Nélida Piñons und João Gilberto Nolls und die Gedichte von Hilda Hilst stehen für eine Literatur, die sich nicht dem Anspruch unterwirft, Realität wiederzugeben, sondern die realistische Elemente (Personen, Schauplätze, Handlungsabläufe) lediglich benützt, um ihre fiktive Welt zu entwerfen.

An der Schwelle zum
21. Jahrhundert (1989–2007)

Die 1990er Jahre und der Beginn des 21. Jahrhunderts in
Lateinamerika: Globalisierung und Krise um die
Jahrtausendwende

Wenn sich eine unbestreitbare Aussage zur jüngsten Geschichte Lateinamerikas machen lässt, dann wohl die, dass die Zeit des Exotismus, der abgetrennten Entwicklung des Subkontinents vorbei ist: In Zeiten der Globalisierung ist die Entwicklung Lateinamerikas mehr denn je auch die unsere. Die Generation von Autoren, aber auch von Politikern, die das letzte Jahrzehnt in Lateinamerika bestimmt hat, ist vor allem von den Ereignissen des Jahres 1989, von dem Zusammenbruch des »real existierenden Sozialismus« und dem damit zusammenhängenden Zusammenbruch der »großen Erzählungen«, der Ideologien und Utopien geprägt. Desillusioniert, zynisch oder sogar verzweifelt musste sie lernen, mit der großen Freiheit umzugehen, die aus dem etwa zur selben Zeit eintretenden Ende der meisten Diktaturen des Subkontinents zu resultieren schien, die aber zugleich auch durch die problematischen Folgen der Globalisierung gefährdet war, die sich in den meisten lateinamerikanischen Ländern in einer schrankenlosen Implantation des US-amerikanischen wirtschaftlichen und kulturellen Modells ausdrückte.

Das Jahr 1989 und
seine Auswirkungen

Andererseits hat sich in Lateinamerika mit Fidel Castros Regime – trotz des noch immer geltenden US-Wirtschaftsembargos und der daraus resultierenden Notsituation – dank einer geschickten Schaukelpolitik auch eine der letzten Bastionen dieses real existierenden Sozialismus an der Macht gehalten, ohne freilich noch wie in den 1960er und 1970er Jahren eine Vorbildwirkung für andere Länder entfalten zu können. Zu groß ist mittlerweile die Zahl der (keineswegs politisch »rechts« stehenden) Dissidenten im Inland wie im Exil geworden, und Fidel Castro, der 2006 wegen schwerer Erkrankung seine Macht größtenteils an seinen wenig charismatischen Bruder Raúl abtreten musste, scheint in eine ähnliche Rolle wie sein einstiger politischer Antagonist Francisco Franco hineinzuwachsen – alle warten ängstlich oder hoffnungsvoll auf den Tag, an dem nach seinem Tod die politische Landschaft neu gestaltet werden wird.

Fidel Castro – der
»Máximo Líder« kommt
in die Jahre

Freilich: Auch die aus ehemals rechten Diktaturen in die neue Freiheit gelangten Länder sind in den 1990er Jahren nicht in ein »Paradies« eingetreten. Der Ballast der überdimensionalen Auslandsschulden, zusammen mit einer traditionell schwachen staatlichen Infrastruktur und einem hohen Maß an Korruption, haben in einigen Ländern gerade um die Millenniumswende zu dramatischen Entwicklungen geführt, die noch nicht den Rückfall in den alten Teufelskreis von Militärputsch und Guerrillabewegungen bedeuten, jedenfalls aber eine große wirtschaftliche und politische Unsicherheit bewirkt und in manchen Fällen fast zur Auflösung der staatlichen Strukturen geführt haben. Die erste Entwicklung dieser Art fand im Dezember 1998 in Venezuela statt, wo der einstige Putschis-

Politische Krisen
rund um die
Jahrtausendwende:
Hugo Chávez in
Venezuela

tengeneral Hugo Chávez, der sich als Volkstribun im Stil Juan Peróns präsentierte, das »alte System« der christdemokratischen und sozialdemokratischen Partei, die sich in der Regierung abgewechselt hatten, mit einem überwältigenden Wahlsieg und sofort eingeleiteten Verfassungsreformen hinwegfegte. An seiner Popularität war zweifelsohne auch die wirtschaftliche Misere schuld, in die das Ölland Venezuela durch den Verfall der internationalen Erdölpreise geraten war. Im Anschluss danach war Chávez' Beliebtheit zunächst beträchtlich gesunken, im April 2002 wurde er sogar durch Massenproteste für wenige Tage zum Rücktritt gezwungen, dann setzte ein Meinungsumschwung bei den Militärs seine Rückkehr durch, und die hohen Erdölpreise der Jahre zwischen 2003 und 2007 ermöglichten es ihm, mit seiner »Bolivarianischen Revolution« die einst von Fidel Castro besetzte Stellung des sich den USA erfolgreich entgegenstellenden Revolutionärs einzunehmen und international durch medienwirksame Auftritte (etwa mit dem iranischen Präsidenten) Aufsehen zu erregen. Seit seiner klaren Wiederwahl 2006 kann Chávez mit geradezu autokratischer Macht regieren.

Der Sturz Alberto Fujimoris in Peru

Im Millenniumsjahr 2000 selbst ging im Andenstaat Peru ebenfalls eine Periode zu Ende: die Regierungszeit von Alberto Fujimori, der 1990 überraschenderweise die Präsidentschaftswahl gegen den Schriftsteller Mario Vargas Llosa gewonnen und den Quasi-Bürgerkrieg gegen die maoistische Guerrilla-Bewegung *Sendero Luminoso* siegreich beendet hatte. Fujimori hatte sich allerdings dabei und in der Folge nicht immer demokratischer Mittel bedient, wie rund um seine dritte Präsidentschaftskandidatur im Jahr 2000 aufgedeckt wurde. Videos, in denen die »graue Eminenz« von Fujimoris Regime, der in Drogengeschäfte verwickelte Präsidentenberater Vladimiro Montesinos, in sehr zwielichtigen Situationen erschien, brachten den Präsidenten in Gefahr, die Wahl gegen seinen Konkurrenten Alejandro Toledo zu verlieren. Der offensichtlich durch Manipulation erreichte Wahlsieg wurde dann endgültig zum Fiasko: Nach Protesten des In- und Auslands versprach Fujimori erst baldige Neuwahlen, sprang aber noch vor denselben im November 2000 als amtierender Präsident bei einem Staatsbesuch im Land seiner Vorfahren ab, erklärte von Tokio aus seinen Rücktritt, blieb einige Jahre im japanischen Exil, lebt jedoch seit 2005 in Chile, wo er bislang erfolgreich gegen seine Abschiebung nach Peru kämpft. Bei den späteren Wahlen siegte dann doch noch Toledo; bei den Wahlen 2006 schließlich kehrte der einst mit Schimpf und Schande als Korruptionist aus dem Amt gejagte frühere Präsident Alan García zurück, der sich gegen den von Hugo Chávez unterstützten Linkspopulisten Ollanta Humala durchsetzte.

2001: Argentinien am Rande des Abgrunds

Im Jahr 2001 geriet dann auch die argentinische Demokratie in eine apokalyptisch anmutende Krise, die letztlich in der aus den 80er Jahren stammenden Auslandsschuldenproblematik wurzelte. Hatte die peronistische Regierung unter Carlos Saúl Menem mit einem entschiedenen neoliberalistischen Kurs (der allen nationalistisch-sozialistischen Traditionen des Peronismus zuwiderlief) und einer starren Bindung der nationalen Währung an den US-Dollar ein Jahrzehnt hindurch die Illusion wirtschaftlicher Gesundung genährt, so ließen die Peronisten den ab 1999 amtierenden Präsidenten Fernando de la Rúa von der Unión Cívica Radical bei seinem Versuch, die Wirtschaftspolitik Menems weiterzuführen, im Stich: Die peronistisch geführten Gewerkschaften organisierten nicht weniger als sieben Generalstreiks, die peronistischen Provinzgouverneure boykottierten die Sparprogramme, und die Börsen- und Wirtschaftskrise nach dem 11. September tat ein Übriges: Das zahlungsunfähige Land musste die Sparguthaben der eigenen Bürger einfrieren (»corralito«), was zu Massenprotesten und schließlich zu de la Rúas Rücktritt am 21. Dezember führte. Der vom Kongress gewählte peronistische Übergangspräsident Rodriguez Sáa aus der Randprovinz San Luis musste nach nur einer Woche seinerseits demissionieren, weil ihn die eigenen Parteifreunde wieder fallen ließen; für zwei Jahre leitete danach der einst gegen de la Rúa unterlegene Peronist Eduardo Duhalde eine Regierung, die den Dollarkurs freigeben musste, was die Sparguthaben der Argentinier auf ein Drittel des Wertes fallen ließ; dadurch war die Regierung regelmäßig neuen Protesten und internationalem Druck ausgesetzt. Die Graffitis sprachen eine deutliche Sprache: »Stehlen verboten. Die Regierung will keine Konkurrenten« oder »Huren an die Macht, mit den Hurensöhnen hat's nicht geklappt« war in den Straßen von Buenos Aires zu lesen. Überfälle und Plünderungen durch Hungernde sind in dem einst drittreichsten Land der Welt zu einem Bestandteil des Alltags geworden. Seit den Wahlen 2003, die der von Duhalde zunächst unterstützte, dann aber bekämpfte Peronist Nestor Kirchner gewann, ist eine gewisse politische und wirtschaftliche Beruhigung eingetreten, aber die Verarmung breiter Schichten und die daraus resultierende hohe Kriminalitätsrate bleiben bestehen.

Start ins 21. Jahrhundert: Die neue »pragmatische« Sozialdemokratie in Südamerika und die Gefahr der »Verbannung an die Peripherie«

Kirchner zählt mit Brasiliens Präsident Lula da Silva und Uruguays Tabaré Vazquez im Mercosur sowie mit der neuen chilenischen Präsidentin Michelle Bachelet (amtierend seit 2006) zu der neuen Generation sozialdemokratischer Führer des Subkontinents, die zwischen dem Linkspopulismus von Hugo Chávez in Venezuela und der entschiedener auf Landreformen und Renationalisierung abzielenden Politik von Evo Morales in Bolivien einerseits und der Unterwerfung unter die Zwänge der »globalisierten Wirtschaft« und den Druck der USA andererseits einen Mittelweg suchen, der allerdings oft durch nationale Interessenskonflikte (selbst innerhalb des Mercosur) gefährdet wird. Chile scheint mit dem Tod des ehemaligen Diktators Augusto Pinochet im Dezember 2006 das Gespenst der Vergangenheit endgültig abgeschüttelt zu haben; Argentinien hat mit der Aufhebung der Generalamnestie für die früheren Militärs einen mutigen Schritt gesetzt; die völlige Aufarbeitung der Vergangenheit wird freilich dadurch erschwert, dass durch die politische Dominanz der peronistischen Partei eine Auseinandersetzung mit den Vorfällen während der Amtszeit Präsident Peróns und seiner zweiten Frau nur eingeschränkt möglich ist. In Brasilien wiederum ist die regierende Arbeiterpartei durch zahlreiche Korruptionsskandale geschwächt, und in vielen Bundesstaaten lassen die realen Machtverhältnisse konsequente Reformen nicht zu. Der politische Alltag führt also auch in dem nun seit zwei Jahrzehnten demokratisch regierten südlichen Teil des Kontinents nur zu oft zur Ernüchterung bezüglich der realen Möglichkeiten des Gestaltens.

Lula nach der Wahl zum Präsidenten Brasiliens (2002)

Dazu kommt die Tatsache, dass Lateinamerika zu Beginn des 21. Jhs. weitgehend aus der Aufmerksamkeit der internationalen Öffentlichkeit verschwunden ist: politisch, wirtschaftlich und kulturell ist der Kontinent an die »Peripherie« gerückt. In der globalisierten Welt sind die wirtschaftlich boomenden Regionen Asiens und die seit 2001 als Gefahr emp-

Schwindendes Interesse der Welt an Lateinamerika

fundene und damit ins Zentrum des Interesses gerückte islamische Welt wesentlich stärker präsent als der nunmehr weitgehend demokratisch regierte, aber immer noch von Korruption und Drogenkartellen beherrschte Subkontinent Lateinamerika, den die mit den eigenen Problemen im Zuge der EU-Erweiterung beschäftigten Europäer zunehmend dem US-amerikanischen Einfluss überlassen.

Mexiko: Das Ende einer 70-jährigen Herrschaft des PRI

In dem am stärksten diesem Einfluss ausgesetzten Mexiko ist im Jahr 2000 die mehr als 70 Jahre währende Herrschaft der »Institutionellen Revolutionspartei« PRI ohne Unruhen demokratisch zu Ende gegangen; die knappe Wahl des Nachfolgers von Präsident Fox von der konservativen Oppositionspartei PAN, seines Parteikollegen Felipe Calderón, führte 2006 jedoch zu massiven Wahlbetrugsvorwürfen des linken Gegenkandidaten López Obrador und zu lang andauernden Protesten der Bevölkerung.

Das politische Bild Lateinamerikas zu Beginn des 21. Jhs. ist daher uneinheitlich: unbestritten ist wohl die Tatsache, dass die Zeit der Diktatoren alten Stils vorüber ist, aber abgesehen von der fortdauernden wirtschaftlichen Krise ist der politische Alltag in vielen Ländern immer noch von Unsicherheit und Instabilität gekennzeichnet, am stärksten wohl in Kolumbien, wo nach dem Ende der Verhandlungen zwischen Regierung und Guerrilla in einigen Regionen immer noch offener Bürgerkrieg herrscht, obwohl es nach dem Wahlsieg des konservativen Präsidentschaftskandidaten Alvaro Uribe im Frühjahr 2002 (dem 2006 eine Wiederwahl folgte) gelungen ist, das Ausmaß der Gewalt wenigstens etwas zu reduzieren.

Emigration und US-Präsenz

All diese Entwicklungen haben dazu geführt, dass die in den 1970er und 1980er Jahren durch die Diktaturen ausgelöste Emigration der lateinamerikanischen Intellektuellen (nach Mexiko und direkt in die USA, aber auch in europäische Länder) nun aus wirtschaftlichen oder sozialen Gründen weitergeht. Immer mehr lateinamerikanische Intellektuelle werden in Zeiten der Globalisierung tatsächlich zu »globalen« Bürgern, lehren an US-amerikanischen oder europäischen Universitäten oder arbeiten dort in den Medien oder in der Filmindustrie. Aus der Exilliteratur ist so eine Art »Diaspora-Literatur« geworden, die die Verbindung zur lateinamerikanischen Heimat durch Internet und regelmäßige Reisen aufrechterhält. Aber auch in den lateinamerikanischen Staaten selbst hat sich die Alltagskultur bei einem ungebrochenen Trend zur Verstädterung durch die massiven Investitionen vor allem der USA in eine weitgehend globalisierte Kultur verwandelt, worauf sich auch die neuen, dem Magischen Realismus den Rücken kehrenden literarischen Gruppen (Crack oder McÔndo) programmatisch berufen.

Die neue Bedeutung der lateinamerikanischen Kulturtheorie

»Postkoloniale« und sonstige Hybriditätsmodelle

Lateinamerika ist damit zu Beginn des 21. Jhs. eine Weltgegend, in der die – für die Globalisierung und die Postmoderne ganz allgemein postulierte – Hybridisierung der Kultur in allen Bereichen besonders deutlich zu spüren ist. Das mag dazu beigetragen haben, dass lateinamerikanische Kommunikationswissenschaftler und Kulturtheoretiker gerade im letzten Jahrzehnt wesentlich stärker auch international präsent geworden sind. Das gilt besonders im Kontext der *Postcolonial Studies*, die in den USA in diesem Jahrzehnt eine immer dominierendere Position eingenommen haben. Diese ursprünglich für die britischen Ex-Kolonien entwickelten Ansätze eines Edward Said, Homi Bhabha oder einer Gayatri Spivak, in denen es um Hybridisierung der Kulturen, Machtverhältnisse zwischen Zentrum und Peripherie und sich neu herausbildende »Zwischeniden-titäten« (*In-Between Identities*) geht, erhalten im ganz anders gearteten lateinamerikanischen Kontext – etwa in den Ansätzen des argentinischen US-Professors Walter Mignolo – eine neue und komplexere Form.

Freilich: Manche lateinamerikanische Theoretiker lehnen den »post-kolonialen« Ansatz wegen der Unvergleichbarkeit mit der Situation der britischen oder französischen Ex-Kolonien grundsätzlich ab; aber selbst bei ihnen nehmen das Verhältnis von Zentren und Peripherien, die Fragen der kulturellen Hybridität sowie der Auswirkungen der Medienkultur in Zeiten der Globalisierung eine zentrale Stellung ein. Autoren wie Néstor García Canclini mit *Culturas híbridas. Estrategias para entrar y salir de la modernidad* (1989), Carlos Monsiváis, etwa mit seinem Buch *Aires de familia: cultura y sociedad en América Latina* (2000), Jesús Martín-Barbero mit *De los medios a las mediaciones* (1987) oder Beatriz Sarlo mit *Una modernidad periférica* (1988) oder *La máquina cultural* (1998) sind aus der internationalen kulturwissenschaftlichen Diskussion nicht mehr wegzudenken, obwohl sie aus der »lateinamerikanischen Periphe-rie« schreiben und nicht wie die oben angeführten Begründer der *Post-colonial Studies* an US-amerikanischen Universitäten lehren.

Néstor García Canclini, Beatriz Sarlo

Das neue Generationsgefühl: McOndo

Mit dieser Entwicklung hängt auch ein Wandel im Selbstverständnis der Autoren zusammen, der sich gerade in der Mitte der 90er Jahre vollzieht. Zwar waren auch schon in den 80er Jahren immer wieder Zweifel am Etikett des »Macondismo« formuliert und Distanznahmen ausgesprochen worden, aber das war meist in persönlicher Form durch einzelne Autoren geschehen und hatte das Bild der lateinamerikanischen Literatur – vor allem auf ihren »Exportmärkten« – kaum beeinflusst. Im Jahr 1996 schließlich bildeten sich unabhängig voneinander in Mexiko und in Chile zwei Gruppen junger, das heißt in den 60er Jahren geborener Autoren, die

Zweifel am »Macondismo«

Die Amerikanisierung der Städte: Santiago de Chile 1997

McOndo – eine Anthologie gegen den Exotismus

Alberto Fuguet y Sergio Gómez, eds.

McONDO

MONDADORI

Titelbild der Anthologie *McOndo*

Mala Onda (1991)

programmatisch gegen den Macondismo und den Magischen Realismus in seiner epigonalen Form auftraten.

Die chilenische Gruppe bestand von allem Anfang an aus Vertretern unterschiedlicher lateinamerikanischer Länder. Ihr *spiritus rector* Alberto Fuguet ist wie viele Vertreter dieser Gruppe eine Persönlichkeit mit einer »Zwischen-Identität«: Er wurde in Chile geboren, wuchs bis zu seinem elften Lebensjahr in Kalifornien auf und kehrte dann nach Chile zurück. Als seine Muttersprache gibt er Englisch an, schreibt aber ausschließlich in spanischer Sprache. In dem Prolog zu der gemeinsam mit Santiago Gómez herausgegebenen Anthologie *McOndo* (hinter deren Namen sich natürlich eine spöttische Anspielung auf García Márquez' Dorf Macondo aus *Hundert Jahre Einsamkeit* verbirgt) von 1996 erzählt Fuguet eine angeblich wahre Geschichte: Bei einer Schreibwerkstatt in Iowa werden drei junge lateinamerikanische Autoren aufgefordert, eine Kurzgeschichte für eine Zeitschrift zu verfassen. Zwei Geschichten werden dann jedoch abgelehnt, und zwar mit der seltsamen Begründung: »Diese Texte könnten in jedem Land der Ersten Welt geschrieben worden sein.« Diese entlarvend offene Zurückweisung der Lateinamerikaner auf ihren angestammten Platz als »Exoten« wird zum Ausgangspunkt für ein neues Selbstverständnis: »Unser McOndo ist so lateinamerikanisch und magisch (exotisch) wie das reale Macondo (das natürlich nicht real, sondern virtuell ist). Unser Land McOndo ist größer, überbevölkert und voll Umweltverschmutzung, mit Autobahnen, Untergrundbahn, Kabelfernsehen und Slums. In McOndo gibt es McDonald's, Mac-Computer und Eigentumswohnanlagen (cond*ominios*), und natürlich auch mit weißgewaschenem Drogengeld gebaute Fünf-Stern-Hotels und riesige Einkaufszentren.« Als Elemente der »bastardisierten, hybriden« Kultur Lateinamerikas werden dann Folklore wie der Fernsehsender »MTV latina« ebenso genannt wie Borges und die Auslandsschulden, vor allem aber erstmals seit langer Zeit wieder eine gemeinsame Generationserfahrung: »Wir teilen eine ähnliche Bastardkultur miteinander (...) Wir sind vor denselben Fernsehprogrammen festklebend aufgewachsen, haben für dieselben Filme geschwärmt und alles gelesen, was des Lesens wert war, in einer Synchronie, die es verdienen würde, magisch genannt zu werden.«

Dieses neue Selbstbewusstsein hat den McOndo-Leuten und allen voran Alberto Fuguet auch zu einer internationalen Medienpräsenz verholfen, wie sie in den letzten zwanzig Jahren für lateinamerikanische Autoren eher die Ausnahme war. Fuguet prangte im Mai 1998 auf dem Titelbild von *Newsweek* mit der Unterschrift: »Latin Literature's New Look«, wobei in zwei Artikeln dem Newsweek-Leser erklärt wurde, der Magische Realismus sei nun endgültig tot; und 1999 wählten die Zeitschrift Time und der Sender CNN den Autor gar zu einem der 50 »Leader des Kontinents im neuen Jahrhundert« – eine Ehre, die außer ihm im Bereich der Literatur nur noch der brasilianischen Autorin Patricia Melo zuteil wurde.

Ob Alberto Fuguets eigenes literarisches Werk diesem hohen Anspruch standzuhalten vermag, muss sich wohl erst zeigen. Sein Debütroman *Mala Onda* (1991), von Teilen der Kritik schlicht als »basura« (Müll) abgetan, ist ein Versuch, die Gefühlsarmut in der Jugendszene der chilenischen Oberschicht unter der Pinochet-Diktatur darzustellen. Das Leben besteht aus Drogen, Sex und Leere; Familienbindung gibt es keine, Ideale auch nicht. Die Sprache bemüht sich um einen Hyperrealismus, der aufgrund des Insider-Jargons bisweilen schwer verständlich wirkt. Dennoch erregte der Roman großes Aufsehen und wurde 1993 auch in einer Bearbeitung für die Bühne im Chilenischen Nationaltheater aufgeführt. Ein ähnliches Thema, diesmal mit etwas älterem Personal, behandelt auch der zweite Roman *Por favor, rebobinar* (1994), der im Sinne der *novela-testimonio* als Puzzle aus vorgeblich »echten« Erlebnisberichten der einzelnen Figuren auftritt.

Tinta roja (1996) ist bislang Fuguets anspruchsvollster Roman: die Geschichte des Journalisten einer Boulevardzeitung, der ständig mit den Sensationsgeschichten der Kriminalität Santiagos zu tun hat – was Fuguet ausreichend Raum zur Schilderung der von *McOndo* programmatisch in den Mittelpunkt gestellten »hybriden« Großstadtwelt gibt. Verknüpft ist das mit einer doppelten, jeweils gestörten Vater-Sohn-Beziehung, sodass die erzählte Handlung in der Gegenwart ständig mit der Jugend des Protagonisten parallel gesetzt wird. Der Roman wurde 2000 unter der Regie des Peruaners Francisco Lombardi verfilmt. Und auch Fuguet selbst ist dem Film eng verbunden: Er hat als Filmkritiker gearbeitet und 2000 seinen ersten Film *Dos hermanos (en un lugar de noche)* herausgebracht. Seither arbeitet er sowohl als Filmemacher als auch als Autor, und sein literarisches Oeuvre der ersten Jahre des 21. Jhs. ist davon deutlich geprägt: ein weitgehend autobiographischer Roman *Las películas de mi vida* (Die Filme meines Lebens, 2003), in dem eine deutlich autobiographisch gezeichnete Hauptfigur, ein chilenischer Erdbebenforscher mit US-amerikanischer Vorgeschichte, anhand seiner 50 Lieblingsfilme den »seismischen« Erschütterungen seines Lebens nachgeht, und der Zettelkasten *Apuntes autistas* (Autistische Notizen, 2007), in dem Texte verschiedenster Natur unter den vier Obertiteln »Reisen«, »Schauen«, »Lesen« und »Erzählen« vereint sind, wobei Gespräche mit Filmemachern von Woody Allen bis González Iñárritu eine wesentliche Rolle spielen.

Unter den weiteren Vertretern der McOndo-Gruppe ist vor allem der Bolivianer Edmundo Paz Soldán hervorzuheben, der als Universitätsprofessor in den USA lebt. Er hat mehrere Romane vorgelegt, die immer wieder um das Thema des künstlerischen Schaffensprozesses und der Täuschung kreisen, in letzter Zeit immer stärker geprägt von der Lust am Kontrast zwischen der elektronischen Cyberwelt und der archaischen Realität des Andenstaats: In *Río Fugitivo* (1998), dem ersten Buch, mit dem er den fiktiven Ort im Titel einführt, an dem auch die folgenden Romane spielen, geht es um die Geschichte eines Jugendlichen, der Kriminalerzählungen für seine Freunde schreibend nacherzählt, um dann in eine echte Thriller-Handlung hineinzugeraten. Mit *Sueños digitales* (2000) und noch mehr mit seinem Roman *La materia del deseo* (2001) zeigt Paz Soldán, dass auch bei McOndo-Leuten »alte« Themen wie die Aufarbeitung der Diktaturen nicht ganz passé sind: In dem ersten Roman geht es um einen Graphik-Designer, der im Dienst der politischen Machthaber mit neuester Technologie Bilder fälschen soll, im zweiten um einen bolivianischen Professor, der aus den USA zurückkehrt, um die Spuren eines von der Diktatur beseitigten Führers der Linken zu verfolgen. In *El delirio de Turing* (2003) kommt es in Paz Soldáns *Rio Fugitivo* zu einem durch Hacker organisierten Aufstand gegen eine Strompreiserhöhung, während gleichzeitig die Titelfigur, der unter dem Pseudonym »Turing« auftretende Dechiffrierspezialist Miguel Sáenz, im Auftrag der Regierung die politisch motivierten Computerkriminellen aufspüren soll. Außerdem zählt Paz Soldán zu den begabtesten Kurzgeschichtenschreibern dieser Generation; seine Erzählungen, für die er 1997 den Juan Rulfo-Preis erhielt, finden sich nicht nur in McOndo und anderen Anthologien, sondern sind auch in

Tinta roja (1996)

Alberto Fuguet – ein »Leader des neuen Jahrhunderts«?

Edmundo Paz Soldán

mehreren Bänden – wie *Amores imperfectos* (1998) und zuletzt *Desencuentros* (2004) – gesammelt erschienen.

Darüber hinaus hat sich Paz Soldán zusammen mit Fuguet auch als Anthologie-Herausgeber betätigt, und zwar mit einer Anthologie, die unter dem Titel *Se habla español. Voces latinas en USA* (2000) erstmals in einer zwischen den USA und Lateinamerika vermittelnden Perspektive spanischsprachige US-amerikanische Autoren vorstellt. Unter ihnen finden sich die beiden Herausgeber selbst, daneben aber eine Reihe von Autorinnen und Autoren, die ihre Identität nicht mehr *zwischen* den USA und einer lateinamerikanischen Kultur lokalisieren, sondern *in* der US-Kultur verwurzelt sind: eben in dem Bereich derselben, den man mittlerweile als »Latin«-Kultur bezeichnet.

Die Kultur der »Latins« in den USA

Das ist nun wesentlich mehr und auch etwas ganz anderes als die ursprüngliche mexikanisch-amerikanische Mischkultur der *chicanos*. Es ist tatsächlich so etwas wie ein hybrides Phänomen in Zeiten der Globalisierung, vergleichbar mit der anglo-pakistanischen Identität eines Salman Rushdie. Oft schreiben die Autoren längst in Englisch und übersetzen sich selbst oder werden übersetzt; ihre Themen haben meist nichts mehr mit den Ursprungsländern, sehr viel aber mit den Assimilationsproblemen in den USA zu tun – wie etwa in dem jüngsten Roman von Oscar Hijuelos, *Empress of the Splendid Season* (1999, in spanischer Sprache 2001), wo es um eine Kubanerin aus einer Patrizierfamilie geht, die sich in New York als Putzfrau durchschlagen muss, als ihr Mann krank wird. Die Tatsache, dass Hijuelos 1990 als erster spanischstämmiger Autor mit dem Pulitzer-Preis ausgezeichnet wurde, zeigt, dass auch die offizielle US-Kultur sich mehr und mehr für ihre »Hispanics« zu interessieren beginnt. Das gilt sowohl für in englischer Sprache über englische Themen schreibende Autoren wie Hijuelos als auch für noch mehr zwischen den Kulturen stehende, die sich für das Englische entscheiden wie den US-Guatemalteken Francisco Goldman, der mit *The Ordinary Seaman* (1997) auch internationale Beachtung fand (1998 in Deutsch als »Estebans Traum« erschienen), und sogar für im Original spanisch schreibende Autoren wie die aus Kuba stammende, in Puerto Rico aufgewachsene Mayra Montero, die mit *Tú, la oscuridad* (1995) an die Haiti-Thematik ihres Landsmanns Carpentier (*El reino de este mundo*) anzuschließen scheint. Auch bei ihr erschließt sich die magische Perspektive eines schwarzen Haitianers aus den Erzählungen, mit denen er einen europäischen Forscher auf der Suche nach einer vom Aussterben bedrohten Froschart begleitet. Wenigstens für »US-Lateinamerikaner« ist also offenbar der Magische Realismus noch nicht ganz vorbei.

Se habla español – Anthologie spanischsprachiger Autoren im US-Umfeld

Der Blick nach Europa: Die Crack-Gruppe

Wenn die McOndo-Gruppe also ihre Welt als US-amerikanisch geprägte »Bastardkultur« darstellt und daher ihre Blicke vor allem auf die Supermacht im Norden richtet, ist ihr Pendant in Mexiko etwas weniger stark an dem übermächtigen Nachbarn interessiert. Die Rede ist von den ebenfalls in den 60er Jahren geborenen Autoren, die sich hier 1996 unter der Bezeichnung »Crack« zusammengeschlossen haben. Gerade dieser Gruppe ist es um die Jahrtausendwende gelungen, ganz massiv über das spanische Verlagswesen nach Europa einzudringen; so sehr, dass die spanische Tageszeitung *El Mundo* am 2. 4. 2000 sogar von einer »Azteken-Invasion« sprach und einen neuen »Boom« am Horizont heraufdämmern sah. Die Dimensionen des »Booms« der 60er und 70er Jahre wird dieses Interesse am »Crack« wohl nicht erreichen, aber wie McOndo dürfte der Erfolg dieser Autoren zu einer neuen Aufgeschlossenheit auch des europäischen Leserpublikums für Alternativen zum »Macondismo« und damit hoffentlich auch zu einer weniger kolonial-exotistischen Konsumhaltung führen.

Die plötzliche Crack-Mode beweist aber auch, dass sich die Geschichte wiederholt: Wieder einmal wird eine Modewelle lateinamerikanischer Literatur durch den Erfolg in Spanien, durch spanische Verlage und spanische Literaturagenten ermöglicht – was man auch negativ sehen kann wie Alberto Fuguet, der in einer Kolumne vom 29. April 2007 vom »großen Filter« der spanischen Literaturagenten spricht, die wie zur Zeit des Boom »nur einen Autor pro Land« zur internationalen Präsenz zulassen würden. Wenigstens im Fall der Mexikaner scheint das allerdings nicht zu stimmen, denn die »Manifestunterzeichner« sind allein fünf: Der ursprüngliche Kern besteht aus drei Schriftstellern, von denen einer (Eloy Urroz) 1966, die anderen beiden, Jorge Volpi und Ignacio Padilla, im für die Vorgängergeneration »mythischen« Jahr 1968 geboren sind. Kein Wunder also, dass für sie nicht mehr die 68er-Nostalgie beziehungsweise das Trauma des Massakers von Tlatelolco in diesem Jahr bestimmende Erlebnisse darstellen, sondern vielmehr das Jahr 1989, der Fall der Mauer und der Zusammenbruch der Sowjetunion; nicht von ungefähr enden die beiden Romane, die die Gruppe mit einem Schlag in Spanien berühmt gemacht und den Premio Biblioteca Breve (1999) bzw. Primavera (2000) gewonnen haben, Volpis *En busca de Klingsor* und Padillas *Amphitryon*, in diesem Jahr 1989, erzählen aber Geschichten, die rund um den Ersten Weltkrieg ihren Ausgang nehmen und die ausschließlich im mitteleuropäischen Raum (Deutschland bzw. Österreich-Ungarn und die Nachfolgestaaten sowie die Schweiz) angesiedelt sind – ohne jeden Bezug zu Lateinamerika.

Erfolg durch Vermittlung Spaniens

Man kann diese bewusste Abkehr von »typisch lateinamerikanischen« Themen, wie das in der Boom-Kritik an Borges üblich war, als Verweigerung gegenüber der Realität des Subkontinents deuten, aber auch als neu gewonnenes Selbstbewusstsein des lateinamerikanischen Intellektuellen, der sich eben nicht mehr auf »eigene Themen« beschränken lässt; letztere Intention nehmen die Autoren jedenfalls programmatisch in Anspruch, wenn sie sich auf Borges' berühmte Aussage (in »El escritor argentino y la tradición«, 1932) berufen, der zufolge die Lateinamerikaner wie die Juden das Recht hätten, nicht über eine isolierte nationale Kulturtradition, sondern über die gesamte europäische Kultur zu verfügen. Das ist die positive Seite. Aber man muss auch die »Kehrseite« erwähnen: die Tatsache, dass die wichtigsten Crack-Autoren sozusagen »im Exil« berühmt geworden sind (die drei Autoren der Kerngruppe leben mittlerweile in Europa bzw. den USA), im Klima des mexikanischen Verlagswesens aber nicht reüssieren konnten (das wird in Biographien und Interviews deutlich, in denen von den schwierigen Bedingungen für die Veröffentlichung, von den Cliquen rund um bestimmte Zeitschriften und von der Feindseligkeit der Kritik die Rede ist).

Vorbild Borges

Ganz offensichtlich ist »Crack« auch nicht als ein einheitliches und fundiertes Programm entstanden, sondern an eine gute alte mexikanische Tradition anschließend, im Kaffeehaus: »1995 habe ich mich mit einigen Freunden im Kaffeehaus getroffen, wir haben ein paar Gemeinsamkeiten entdeckt und beschlossen, eine Reihe von Romanen unter der allgemeinen

Von »Boom« zu »Crack«

Bezeichnung »Crack-Romane« zu lancieren, denn wir wollten, dass sie sich von dem lateinamerikanischen »Boom« unterscheiden sollten«, erzählt Volpi 2000 in einem Interview. Dieser Bezug auf den Boom kann zunächst nur ironisch verstanden werden: Im rein Ökonomischen stellen die jungen Autoren dem Verkaufs-»Boom« ihren programmierten Misserfolg (»Crack«) gegenüber; etymologisch wiederum steckt in »Crack« das Schlüsselwort der Avantgarde (Bruch bzw. Riss), und auch darin ähneln die jungen Mexikaner der historischen Avantgarde, dass sie sich eben nur darüber, über den Bruch mit der Tradition, nicht aber über die Details der neuen Ästhetik einig sind. Womit gebrochen werden soll, das ist freilich auch nicht der historische Boom als solcher, sondern die Epigonen: »Wir haben ein Erbe mitbekommen, das uns direkt mit Autoren wie Gabriel García Márquez oder Mario Vargas Llosa oder Carlos Fuentes verbindet und uns von allen nachfolgenden Imitatoren trennt«, verkündet etwa Ignacio Padilla im Interview. Der für den Boom typische Anspruch auf experimentelle, anspruchsvolle Schreibweisen, das Verlangen nach einem »lector-cómplice« im Sinne Cortázars, soll also aufrechterhalten werden, von der nur eingespielten, mechanisierten Wiederholung immer derselben Themen und Schreibweisen, gemischt mit jener falschen Selbstcharakterisierung für den Export, die exotistische Vorstellungen von außen als Identitätsfindung ausgibt, distanzieren sich die fünf Crack-Mitglieder (neben den erwähnten Volpi, Urroz und Padilla noch Ricardo Chávez Castañeda und Pedro Angel Palou), als sie 1996 ein Manifest vorstellen (*Manifiesto del Crack*).

Das Crack-Manifest   In diesem Manifest wird der oben angedeutete lose Gruppencharakter schon rein äußerlich dadurch betont, dass es fünf völlig getrennte, individuell mit Namen gezeichnete Textstückchen sind, die auch eine ganz verschiedene Struktur und Perspektive aufweisen: Pedro Angel Palou etwa entwirft ein durchaus ernst zu nehmendes und nicht wie einst in der Avantgarde vor allem von Provokation des Lesers geprägtes poetologisches Konzept auf der Grundlage von Italo Calvinos *Sechs Vorschläge für das kommende Jahrtausend*, in dem unter anderem von der Bedeutung gerade der sprachlichen Form und dem hohen ästhetischen Anspruch die Rede ist. Eloy Urroz schreibt eine historische »Genealogie des Crack«, in der Augusto Yáñez und Juan Rulfo als Urväter des neuen mexikanischen Romans ebenso vorkommen wie die bedeutenden Romane von Fuentes und Fernando del Paso, aber auch Cortázars *Rayuela*, Onettis *La vida breve* und García Márquez' *Cien años de soledad*. Ignacio Padilla fügt den Namen dazu, der in den bislang vorliegenden Texten der Gruppe als Modell die größte Relevanz zu besitzen scheint: Jorge Luis Borges. Dazu kommt noch der Portugiese Fernando Pessoa; Padilla entwirft eine Art poetisches Programm des »In-between«, für das er den Begriff *estética de dislocación*, »Dislozierungs-Ästhetik« prägt, was er unter Verwendung von Begriffen Michail Bachtins wie folgt erklärt: »der Nicht-Ort und die Nicht-Zeit, alle Zeiten und Orte und zugleich keine.« Damit erteilt er der regionalistischen Orientierung des Magischen Realismus eine Absage.

Vorbild Mitteleuropa   Interessant ist auch, das unter den im Manifest und in den verschiedenen Interview-Texten angegebenen Vorbildern und Lektüren neben den großen französischen Erzählern Flaubert und Proust, die schon die Boom-Autoren im Munde führten, neben den Borges-Lektüren Chesterton, Kafka und Fritz Mauthner und neben dem Cortázar-Vorbild Robert Musil plötzlich eine Reihe von Namen mitteleuropäischer Autoren genannt werden, deren Kenntnis man in Mexiko nicht vermutet hätte: von Her-

Vorbild Calvino (margin note)

mann Broch ist da die Rede, von Max Brod und von Joseph Roth, um nur einige wenige zu nennen. Damit stimmt, wie oben gezeigt, auch die Wahl der Schauplätze in den neuesten Romanen überein. Offensichtlich durch eine von der Literatur (del Paso) und dem Journalismus (Pérez Gay) vorbereitete Welle des Interesses für die Kultur des früheren Mitteleuropa gibt es wenigstens in intellektuellen Kreisen Mexikos eine Art Faszination für diese für Lateinamerikaner »exotische« Welt. Dass das mittlerweile weit über Mexiko hinausgeht, beweist übrigens der brasilianische Roman *Budapeste* (2003) von Chico Buarque de Hollanda, der das metatextuelle Spiel eines literarische und andere Texte unter fremden Namen verfassenden Ghostwriters namens José Costa mit dem Kultur- und Sprachwandel von der Copacabana nach Budapest und vom Portugiesischen zum Ungarischen, »der einzigen Sprache, die bösen Zungen zufolge sogar der Teufel respektiert«, kombiniert. Costa schreibt zwar nach intensivem Sprachstudium in Budapest im Verborgenen einen Gutteil der neuesten ungarischen Literatur unter fremdem Namen, am Ende wird ihm selbst jedoch der vorliegende Roman offenbar von einem anderen Ghostwriter untergeschoben: Der einstige engagierte Liedermacher Chico Buarque zeigt, dass er sich nun auch auf anspruchsvolle »postmoderne« Spiegelspiele versteht.

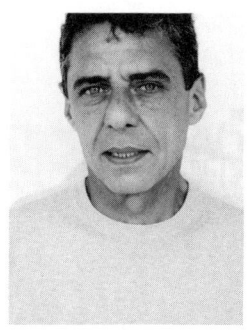

Chico Buarque

Auch die mexikanischen Crack-Autoren stellen hohe technische Ansprüche an ihre Texte und sind, wie sie selbst immer wieder betonen, erst auf dem Weg zu ihrer definitiven Ausdrucksform. Ignacio Padilla etwa hat die Idee, seine Geschichte der sich verlierenden Identität an eine Schachpartie anzuhängen, in der die eigene Existenz aufs Spiel gesetzt wird, ein faustisches Motiv wie das Wettsingen des mythischen Gauchos Santos Vega mit dem Teufel. In der Tradition der Detektiv-Romane unternimmt es sein *Amphitryon*, in vier von verschiedenen Figuren zu verschiedenen Zeiten und an verschiedenen Orten verfassten Texten diesem Identitätsverlust und der sich dahinter verbergenden wahren Realität auf die Spur zu kommen, verknüpft das, da es ja schließlich ums Böse geht, nicht nur mit dem Ersten Weltkrieg und dem daraus resultierenden Identitätsverlust, sondern auch mit der (Lateinamerika wenigstens peripher berührenden) Geschichte Adolf Eichmanns, und führt es von einer überraschenden Pointe zur anderen. Dabei geht es ihm keineswegs um Präzision der Darstellung – »ich habe mir mein München und mein Salzburg gemacht, wie ich es brauchte«, sagt der Autor im Interview –, sondern eben um eine literarische Verwendung der europäischen Kultur, ebenso wie im Boom ein stilisiertes Lateinamerika den Schauplatz abzugeben hatte.

Ignacio Padilla: Amphitryon *(2000)*

Noch schwieriger hat es sein Freund Jorge Volpi in einem allerdings auch wesentlich umfangreicheren Text: Sein *Klingsor* (seit 2001 in deutscher Übersetzung als »Das Klingsor Paradoxon« vorliegend) ist ein unerhört anspruchsvoller Roman, der sich – auf den Spuren von Borges und Bioy Casares – darum bemüht, eine Detektiv- und Verrats-Geschichte von einem *unreliable narrator* erzählen zu lassen. Der Autor verbindet das mit dem Anspruch, eine Art »Essay-Roman« auch auf dem Gebiet der Naturwissenschaften zu schreiben, denn es geht um die Ausforschung von Hitlers geheimem Berater im Bereich der Naturwissenschaften und um das Atombomben-Programm Nazideutschlands. Das erlaubt es, in einer Reihe von Befragungen fast alle bedeutenden Physiker des 20. Jhs. vorzuführen, in ihren Theorien und ihrer intellektuellen Brillanz wie in ihren menschlichen Schwächen.

Jorge Volpi: En busca de Klingsor *(1999)*

Das Thema des Bösen

Auch wenn man bei den hymnischen Äußerungen der Kritik ein paar Abstriche machen muss, ist manches am Klingsor-Roman zu bewundern, vor allem das, was Volpi ganz offensichtlich von seinem Vorbild Borges bezieht: die auf dem Verfahren des Kriminalromans aufbauende Technik von Überraschungen und Spannungsaufbau, die sich hier mit dem typischen Borges-Thema des Verrats verbindet und von daher auch wieder das alte Crack-Thema des Bösen ins Spiel bringt. Diesem Thema war nämlich schon die erste »Quasi-Anthologie« der Gruppe gewidmet, drei unter dem Titel *Tres bosquejos del mal* (»Drei Skizzen des Bösen«, 1994) zusammengefasste Erzählungen von Volpi, Padilla und Eloy Urroz. Verrat an der Nation oder an der Menschheit, Verrat an der Wissenschaft oder an der Ethik, Verrat an Freundschaft oder an der Liebe, das ist das auf verschiedenen Ebenen und in verschiedenen »Tonarten« durchgespielte Leitmotiv dieses Romans, der nicht von ungefähr auch auf Wagner und den *Parsifal* als eine weitere Folie der Handlungsvariationen rekurriert.

Ein »Millenniums-roman«

Volpi hat das Motiv des Bösen und des Verrats auch in einem virtuosen Millenniumsroman gestaltet: *El juego del Apocalipsis. Viaje a Patmos* (2000). Darin lässt er ein mexikanisches Pärchen bei einem Preisausschreiben einen Millenniums-Jahreswechsel-Aufenthalt auf der griechischen Insel gewinnen, auf der Johannes die Apokalypse schrieb. Auf der in dieser Jahreszeit verlassenen Insel geraten die beiden an einen mysteriösen Jachtbesitzer, der von einem englischen Professor für seine Gäste jeden Abend Vorträge zur Interpretation der Apokalypse halten lässt, bis es endlich in der Nacht des Jahrtausendwechsels zu einem überraschenden und verstörenden Ereignis kommt. Diese gelungene Mischung aus Unheimlichem und psychologischer Durchdringung der Figuren erinnert mehr noch als an den immer genannten Borges an Adolfo Bioy Casares und beweist, dass der Autor auf dem angedeuteten Weg zu einer eigenen Ausdrucksform schon recht weit gelangt ist.

Abrechnung mit 1968 als intertextuelles Spiel:
El fin de la locura

Als Volpi nach 2000 einige Jahre als Kulturattaché an der mexikanischen Botschaft in Paris tätig war, hat er diese Zeit genützt, um seinen nächsten intertextuellen Roman zu konzipieren. Waren es im *Klingsor*-Roman die Physiker, so sind es in *El fin de la locura* (Das Ende der Tollheit, 2003) die Psychoanalytiker, Philosophen und Literaturwissenschaftler des Strukturalismus und Poststrukturalismus rund um den Geist des Mai 1968, von Lacan und Althusser bis zu Foucault, Deleuze und Barthes, die als literarische Figuren mit teilweise authentischen Texten, teilweise parodistischen Imitaten auftreten. Ähnlich wie einst der Peruaner Bryce Echenique rechnet auch Volpi mit den Lebenslügen der 68er Generation ab, aber nun gleichermaßen bezüglich der lateinamerikanischen wie bezüglich der europäischen Intellektuellen und unter bewusster Einbeziehung der Texte und Biographien der Vordenker dieser Zeit. Protagonist und Spiegel der »Großen« ist ein mexikanischer Psychoanalytiker namens Aníbal Quevedo, der als Quijote-ähnliche Figur an das Gute im Revolutionär glaubt oder schlicht und einfach in die Revolutionärin Claire verliebt ist; er wird zum Assistenten, Gesprächspartner oder Analytiker so unterschiedlicher Figuren wie Jacques Lacan, Louis Althusser, Michel Foucault und Roland Barthes, reist seiner Claire in das Paradies der Revolutionäre, Kuba, nach und wird dort dazu verdammt, zunächst in der Jury des Literaturpreises der Casa de Las Américas politisch manipulierte Auszeichnungen zu vergeben und dann als Psychoanalytiker die endlosen Tiraden und Selbstdarstellungen des Máximo Líder Fidel Castro anzuhören, den er sogar nach Chile zu Salvador Allende begleitet, ehe er im Alter, nach Mexiko zurückgekehrt, an der alles vereinnahmenden Korruption des Partido Revolucionario Institucional scheitert. Volpi setzt in diesem letzten Teil zunehmend experimentelle, fragmentarische Erzählverfahren ein. Ähnlich wie in Roberto Bolaños *Detectives salvajes* stellt er Texte unterschiedlicher Sprecher/Schreiber unverbunden nebeneinander und erzielt damit eine starke Einbeziehung des Lesers, aber auch humoristische Effekte (etwa, wenn der Erzfeind und Hauptrezensent Quevedos in schöner Regelmäßigkeit alle paar Seiten dessen neuestes Werk als »schlechtestes Buch des Jahres« vorstellt – wobei der letzte Verriss dieser Art die von einem gewissen Jorge Volpi aus dem Nachlass herausgegebenen Papiere – also offensichtlich den Text, den man gerade liest – betrifft).

Jorge Volpi

Weniger geglückt erscheint Volpis nächster Roman, der die Tendenz zur globalisierten Romanwelt auf die Spitze zu treiben versucht. In *No será la Tierra* (»Es wird nicht die Erde sein«, 2006) werden drei parallele Frauenschicksale zwischen der Katastrophe von Tschernobyl 1986 und der Jahrtausendwende 2000 geschildert: das einer russischen Biologin, Ehefrau eines nach dem Vorbild Sacharovs gezeichneten Wissenschaftlers, der aus dem biologischen Waffenprogramm aussteigt, zum Dissidenten wird, in Sibirien fast umkommt und dann nach der Wende den amerikanischen Geschäftemachern Tür und Tor öffnet, um sich an den Kommunisten zu rächen, während die gemeinsame Tochter psychisch zugrunde geht und schließlich von einem koreanischen Mafioso in Wladiwostok umgebracht wird; das einer amerikanischen Vertreterin des Weltwährungsfonds (und ihrer in Umwelt- und Pazifismusgruppen engagierten Schwester sowie ihres geschäftstüchtigen und letztlich scheiternden Ehemanns) und das einer als Kind nach dem Westen geflohenen ungarischen Biochemikerin mit nymphomanischen Anlagen, die endlich von ihrem russischen Liebhaber, der sich als Autor des Romans outet, erschlagen wird; das ist alles zu viel an Stoff und an Dramatik und vor allem zu klischeehaft geschildert, als dass es wirklich berühren könnte. – Aber es zeigt sozusagen die logische Fortsetzung der Abkehr vom rein Lateinamerikanischen über das Europäische hin zur globalen Perspektive: nicht nur kein lateinamerikanischer Fokus ist hier auszumachen, sondern überhaupt keiner; die Simultaneität der vorhersehbaren Abläufe, die Konventionalität der Charaktere, die an das Computerspiel »SIMS« erinnert, könnten, wenn man Ironie vermuten darf, einer tatsächlich »globalisierten« Literatur entsprechen.

Ein »globalisierter« Roman

Ganz anders und auf höherem Niveau äußert sich der »lateinamerikanische Blick auf Russland« im Werk des mexikanischen Exilkubaners mit russischer Vergangenheit José Manuel Prieto, dessen experimenteller, eine Geschichte »zerschreibender« Roman *Livadia* (1999) zu einem internationalen Erfolg wurde, dem mit *Enciclopedia de una vida en Rusia* (1998) und mit *Rex* (2007) weitere experimentelle, mit Modellen moderner Thriller und der postkommunistischen russischen Geschichte spielende Romane zur Seite stehen.

Thema Russland: José Manuel Prieto

Die »Generation Bolaño«

Eine solche Tendenz zur »Globalisierung« bleibt aber nicht auf die beiden Gruppen McOndo und Crack beschränkt, die die sichtbarsten Beiträge zur Umgestaltung des Bildes der lateinamerikanischen Literatur geliefert haben. Sie zeigt sich auch in darüber hinausgehenden Anthologien wie

Roberto Bolaño 1953–2003

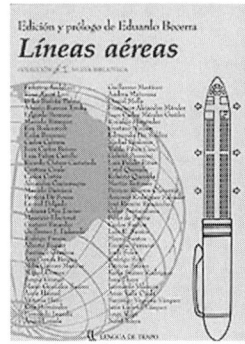

Cover der Anthologie
Líneas aéreas (1999)

Los detectives
salvajes – *Roman
einer Generation*

Julio Ortegas Lyrik-Band *Antología de la poesía latinoamericana del siglo XXI: el turno y la transición* (1997) und für die Erzählprosa in Eduardo Becerras Band *Líneas aéreas* (1999), der die Parallelen in den unterschiedlichen Ausprägungen sichtbar macht, die für die lateinamerikanische Literatur an der Wende zum 21. Jh. festzustellen sind. Allerdings ist die dort dokumentierte Entwicklung nur möglich gewesen, weil schon lange vor dieser Generation der in den 60er Jahren Geborenen Autoren neben, unter, gegen den Macondismo wesentliche Texte produziert haben, von denen in den vorangegangenen Kapiteln die Rede war. Im letzten Jahrzehnt des 20. Jhs. sind einige Vertreter der in den 50er Jahren geborenen »Zwischengeneration« zu internationaler Anerkennung gelangt, allen voran der Chilene Roberto Bolaño, der die meiste Zeit seines Lebens im mexikanischen Exil und später in Europa verbracht hat. Er begann erst 1993 Romane zu publizieren, eroberte dann aber die Literaturkritik im Sturm. Sein zweiter Roman, *La literatura nazi en América* (1996) ist ein durch und durch an Borges erinnerndes Werk: eine Sammlung von ironischen Porträts nicht existenter Autoren, die doch bekannte Züge zu tragen scheinen, mit einer stilistischen Perfektion, die das Vorbild Borges deutlich verrät.

Mit seinem vierten Roman, *Los detectives salvajes* (1998), hat Bolaño nicht nur den bedeutendsten lateinamerikanischen Literaturpreis, den Premio Rómulo Gallegos gewonnen (1999), sondern in gewisser Weise den Schlüsselroman seiner – zwischen Diktaturen und Exil entwurzelten – Generation vorgelegt. Die beiden Titelhelden, Ulises Lima und Arturo Belano, der allein durch die Namensähnlichkeit schon deutlich auf den realen Autor verweist, suchen in den als Rahmen den Mittelteil umspannenden Erzählabschnitten, die Mitte der 70er Jahre in Mexiko spielen, nach der mythisierten und letztlich auf ein inexistentes Werk reduzierten Autorin Cesárea Tinajero, die als einzige Frau Mitglied der Avantgardebewegung der *Estridentistas* gewesen sein soll und dann spurlos verschwand. Der erste Erzählabschnitt bricht dort ab, wo die Suche aus der metaphysischen Beschäftigung mit dem angeblich von ihr begründeten »Real visceralismo« (in etwa: »Eingeweide-Realismus«) zur realen Reise nach Nordmexiko wird. Dann schiebt der Autor eine lange Reihe von interviewartigen Erzählungen verschiedener Personen an verschiedenen Orten bis zur Gegenwart ein, die den weiteren Lebensweg der Protagonisten über Europa, Israel und Afrika nachzeichnen, wo Belano dann in den Wirren des liberianischen Bürgerkriegs den Weg in den sicheren Tod wählt, um seinerseits mysteriös zu »verschwinden«. Der Epilog nimmt die Ereignisse der 70er Jahre wieder auf und mündet in einen gewalttätigen und doch auch wieder banalen, desillusionierenden Schluss der damaligen Suche. All dies ist in bester Boom-Tradition vielfach gebrochen, aus zahlreichen, virtuos gehandhabten Perspektiven erzählt und vom Leser wie ein Puzzle erst zusammenzusetzen. Die in der Kritik geäußerte Prophezeiung, dieses Buch werde eine ähnliche Kultstellung erlangen wie einst Cortázars *Rayuela*, scheint angesichts dieser vielschichtigen und sprachlich wie strukturell beeindruckenden Komposition zumindest nicht ganz aus der Luft gegriffen zu sein.

Monsieur Pain;
Estrella distante

Dass Bolaño Literatur über Literaten macht, muss freilich nicht immer nur autobiographisch sein; in der fast lyrisch anmutenden Miniatur des Romans *Monsieur Pain* (1999, Erstfassung 1994) etwa führt er in das Paris des Jahres 1938, wo ein Mesmer-Schüler und Magnetiseur namens Pierre Pain einen sterbenskranken Südamerikaner (den peruanischen

Dichter César Vallejo) von seinem Schluckauf heilen soll und dann auf
mysteriöse Weise davon abgehalten wird; und in dem Kurzroman *Estrella
distante* (1996) erzählt er von einem tollkühnen Piloten und Lyrik-Schüler
mit dem deutschen Namen Wieder, der unter Pinochet zu einem Aushängeschild des Regimes wird und zugleich subversive Texte mit seiner Ma-
schine an den Himmel schreibt. Die weitgehend vollständige Ersetzung
ethischer durch ästhetische Maßstäbe macht die beklemmende Faszination dieses kurzen Romans aus.

Roberto Bolaño

Die dreizehn Kurzgeschichten umfassende Sammlung *Putas asesinas*
(2001) nimmt in zahlreichen dieser Erzählungen die Lebensbeschreibung
des Arturo Belano aus *Los detectives salvajes* wieder auf. Dann und wann
wird auch ein gewisser Roberto Bolaño selbst zur Hauptfigur. Auch in
dieser Tendenz zum Einschluss der realen eigenen Autorfigur zeigt sich
Bolaños enge Verwandtschaft mit Jorge Luis Borges; daneben ist in dem
Bekenntnis zum Erbe der Avantgarde und dem Motiv der Suche, das
Bolaños Romane durchzieht, aber auch eine deutliche Verwandtschaft mit
Julio Cortázar zu erkennen.

Wenn Roberto Bolaño in der zweiten Hälfte der 1990er Jahre zu einem
zentralen Autor für seine eigene und die nachfolgende Generation lateinamerikanischer Schriftsteller wurde, dann ist der Mythos spätestens mit
seinem tragischen frühen Tod 2003 perfekt: Er ist zum Modell der jüngeren Autorengeneration des Kontinents schlechthin geworden. Unter
dem Motto »Bolaño – Modell für das 21. Jahrhundert« finden Tagungen
statt, werden Sammelbände produziert. Nicht nur die engsten Freunde des
Verstorbenen – wie der Argentinier Rodrigo Fresán – bekannten sich in
den letzten Jahren explizit und/oder implizit zu dem »Modell Bolaño« als
Paradigma lateinamerikanischer Literatur zu Beginn des 21. Jhs. Angesichts der sehr unterschiedlichen Poetik der Bolaño-Fans ist es allerdings
nicht ganz einfach zu benennen, worin dieses Paradigma besteht. Zunächst ist da wohl die Diaspora-Situation lateinamerikanischer Autoren
zu erwähnen, die in großer Zahl in Spanien oder anderen europäischen
Ländern leben und sich »globalen« Themen öffnen – wie wir es schon für
die Gruppen MacOndo und Crack festgestellt haben. Dazu kommt eine
von Borges und Cortázar herrührende, über Bolaño vermittelte Disziplin
des Ausdrucks, eine Suche nach sprachlicher Präzision, die wichtiger
erscheint als der *plot* selbst; eine Mischung von spielerischer Intertextualität mit metaphysischen Fragen, und eine wohl dem Geist der Postmoderne
entsprechende Ironie, die oft in die Nähe des Zynismus gelangt.

*Bolaños Tod 2003:
Ein neues Modell
lateinamerikanischer
Literatur*

Diese Charakteristika finden sich jedenfalls in höchster Perfektion in
Bolaños literarischem Testament, dem Mammutroman *2666* (2004), der
nach dem Willen des Autors in fünf Teilbänden hätte erscheinen sollen,
schließlich aber doch als einheitliches Buch von fast 1200 Seiten publiziert
wurde. An der Entscheidung der Herausgeber zur Verbindung der fünf
Romanteile zu einem einzigen Buch entgegen Bolaños Anweisung kann
man durchaus Kritik üben, denn tatsächlich sind die fünf nur durch den
gemeinsamen Bezug zu den Massenmorden an Frauen in der hier als
»Santa Teresa« erscheinenden nordmexikanischen Stadt Ciudad Juárez
verbundenen Romane sehr heterogen: Der »Teil der Kritiker«, der humoristisch und intertextuell die Begeisterung von vier europäischen Kritikern
(ein Spanier, ein Franzose, ein an den Rollstuhl gefesselter Italiener und
eine Engländerin) für den rätselhaften deutschen Romancier Benno von
Arcimboldi schildert, was auch verschiedene amouröse Abenteuer und vor
allem eine satirische Betrachtung des akademischen Milieus einschließt,

*Bolaños literarisches
»Testament«: 2666*

ROBERTO BOLAÑO

2666

ANAGRAMA
Narrativas hispánicas

Titelblatt der Anthologie
2666

unterscheidet sich in Struktur und Tonfall doch beträchtlich von den beiden folgenden, in Santa Teresa spielenden und jeweils auf einen Protagonisten zentrierten Bänden: Der »Teil Amalfitanos« stellt wieder einmal ein alter ego, den aus Chile stammenden und nach Jahren in Barcelona nun in Santa Teresa lehrenden Literaturprofessor mit (neo-)avantgardistischem Hang zum Absurden Amalfitano, und seine Tochter in den Mittelpunkt, der »Teil Fates« die Geschichte eines afroamerikanischen Journalisten mit Verbindungen zur revolutionären Szene eines Malcolm X, durch die Bolaño nach der Öffnung gegenüber Europa in den ersten beiden Bänden die US-Kultur intensiv einbezieht. Der vierte Roman, »Der Teil der Verbrechen«, schildert in der Art der »Minimal Music« mit zermürbender Wiederholung von Polizeiprotokollen die schier unendliche Reihe der Frauenmorde und die Unfähigkeit der Polizei, in einem von Machtmissbrauch, Gewalt und Drogenkartellen beherrschten Kontext, diesen Einhalt zu gebieten, wobei ein mittlerweile die US-Staatsbürgerschaft besitzender Deutscher namens Klaus Haas als Massenmörder ins Gefängnis gesteckt wird und dort jahrelang auf seinen Prozess wartet, während die Morde ständig weitergehen. Dieser Klaus Haas erweist sich im letzten Band, dem »Roman Arcimboldis«, als Neffe des rätselhaften Autors, dessen eigene Lebensgeschichte die wohl poetisch gelungenste Variante der neuen Auseinandersetzung der Lateinamerikaner mit deutscher und europäischer Geschichte des Zweiten Weltkriegs darstellt. Die beklemmenden Bilder der Lebensgeschichte des Hans Reiter, wie Arcimboldi wirklich heißt, zwischen der preußischen Jugend als Hintersasse der Familie des Barons von Zumpe, den Kriegserlebnissen in Russland mit der »Berufung zum Dichter« durch das Auffinden des Manuskripts eines jüdischen Autors, der zwischen Stalinismus und Nazis zermalmt wurde, bis hin zu der deutlich auf Apollinaires pornographischen Roman *Les onze mille verges* anspielenden Kreuzigung des rumänischen Generals und »Übermannes« Entrescu durch die eigenen Truppen auf der Flucht vor der Roten Armee: Das alles ist wie die Santa Teresa-Kapitel völlig ungerührt, nüchtern und eben deshalb mit beeindruckender Wirkung erzählt; mehr als je zuvor wird hier lateinamerikanische Literatur zum authentischeren Spiegel der europäischen Geschichte, und insgesamt kann man in *2666* als unbestreitbares Meisterwerk die beste Antwort auf die immer wieder geäußerten Zweifel an der Berechtigung der mehrfach erwähnten Tendenz zur »Globalisierung« der lateinamerikanischen Literatur sehen.

Vertreter der »Generación Bolaño«

Die Vertreter der genannten Generation Bolaño sind in fast allen Ländern Lateinamerikas, vor allem aber in der erwähnten europäischen »Diaspora« anzutreffen. Starke Spuren hat Bolaño vor allem in seinem ersten Exilland Mexiko hinterlassen, das auch als Schauplatz in seinen Romanen eine prominente Rolle spielt. Hier können so unterschiedliche Autorenpersönlichkeiten genannt werden wie der Videokünstler, Verleger und Erzähler Guillermo Fadanelli, der sich selbst als Schöpfer der »mexikanischen Müll-Literatur« »literatura basura mexicana« definiert, mit seinem Roman *Lodo* (»Schlamm«, 2003) über einen kynischen Philosophieprofessor, der als Globalisierungsverlierer in der Megalopolis Mexiko-Stadt ums Überleben kämpft, oder der Kinderbuchautor, Journalist und Literaturprofessor Juan Villoro, dessen Roman *El testigo* (»Der Zeuge«, 2004) ein beklemmendes Dokument der »Heimkehr« eines lateinamerikanischen

Juan Villoro

Literaturprofessors aus der europäischen Diaspora in ein nicht mehr von der Einheitspartei PRI regiertes, aber umso mehr in die Netze von Drogen-kriminalität und halbkriminellen Seilschaften verstricktes Land, 2004 mit dem renommierten Premio Herralde ausgezeichnet wurde. Aber auch in den neuesten Werken der Crack-Autoren, wie Volpis oben angeführten Romanen *El fin de la locura* und *No será la Tierra* oder Pedro Angel Palous Romanen *Malheridos* (2003) und *Quien dice sombra* (2005) lassen sich Spuren von Bolaños Erzähltechniken nachweisen.

Zweifelsohne zur Bolaño-Generation lassen sich auch viele junge pe-ruanische Autoren zählen, die in Europa leben, wie Fernando Iwasaki (Sevilla), der mit dem auf einen Klassiker des spanischen Mittelalters anspielenden *Libro de mal amor* (2001) ein beeindruckendes Romande-büt feierte, in dem zehn Misserfolge seines jugendlichen Protagonisten in der Liebe humoristisch betrachtet werden, und der in seinem Roman *Neguijón* (2005) virtuos die Tradition des »neuen historischen Romans« mit intertextuellem Spiel verbindet, bei dem er sich ausdrücklich auf das Vorbild Borges beruft; aber auch Jorge Eduardo Benavides (Madrid) mit seinen Romanen, die das Klima der peruanischen Hauptstadt rund um die Machtübernahme von Fujimori schildern (*Los años inútiles*, 2002, und *El año que rompí contigo*, 2003), und auch der neueste »Star« der peruani-schen Literatur Santiago Roncagliolo, der nach dem kleinen Roman *Pu-dor* (2004), der in zynisch-bösartiger Weise die Kommunikationslosigkeit einer Durchschnittsfamilie bloßstellt, die es dem Vater nicht einmal mög-lich macht, seiner Familie mitzuteilen, dass er wegen einer Krebserkran-kung nur noch sechs Monate zu leben hat, für *Abril rojo* (einem Roman, der mit schwarzem Humor das Thema der Menschenrechtsverletzungen unter Fujimoris Krieg gegen den Terrorismus behandelt) mit dem Premio Alfaguara 2006 ausgezeichnet wurde. Dasselbe Thema verhalf auch einem daheimgebliebenen peruanischen Autor zu einer vergleichbaren Auszeich-nung: Der Limeñer Autor Alonso Cueto, vom Geburtsjahr her ein Genera-tionsgefährte Roberto Bolaños, erhielt für *La hora azul* (2005) den Pre-mio Herralde, nachdem er sich schon zuvor in *Las grandes miradas* (2003) mit dem Thema der Jahre unter Fujimori und Montesinos und dem Krieg gegen die Terrorgruppe »Sendero luminoso« auseinandergesetzt hatte.

Aber natürlich trifft die »Diaspora-Definition« für die Bolaño-Genera-tion nicht nur auf Peruaner in Spanien zu. Man kann das ebenso auf die in Paris lebende Kubanerin Karla Suárez anwenden, die nach *Silencios* (1999) mit *La viajera* (2005) einen Roman vorgelegt hat, der deutliche Anspielungen auf den wie sie in Paris schreibenden Julio Cortázar enthält, und natürlich auf Bolaños persönlichen Freund, den schon in der McOndo-Anthologie vertretenen Argentinier Rodrigo Fresán, der nicht nur theoretisch, sondern auch praktisch respektlos mit der großen Boom-Tradition abrechnet: In *Mantra* (2002) führt er am Ende eine bissige Parodie von Juan Rulfos Klassiker *Pedro Páramo* (1955) vor. Die den Erzähler auf den Weg schickende Mutter ist nun ein Computer mit kaputtgehender Festplatte, das Totenreich Comala ist das nach dem letz-ten Erdbeben zerstörte Mexico City, und die Erzählung des Ich-Erzählers, der durch einen sonderbaren Tumor in seiner Erinnerungsfähigkeit immer mehr eingeschränkt wird, wird über weite Strecken in Form eines al-phabetischen Stichwortverzeichnisses vorgetragen, oft im Rhythmus der Rap-Musik und in Bildern der Computerwelt: So bleibt von dem archa-isch-faszinierenden Comala nur noch eine hybride, schrille, kaputte Stadt,

Peruanische Romanciers in Spanien: Iwasaki, Benavides, Roncagliolo

Boom-Parodie in der virtual reality-Generation: Rodrigo Fresán

durch die den Erzähler P.P.MAC@rio am Schluss ein auf allen Vieren kriechender Mensch namens MTV (was nicht für den populären Fernsehsender, sondern für »Mata-Tortura-Viola«, »Töte-Foltere-Vergewaltige«, stehen soll) führt. Groteske Komik mischt sich solcherart mit bitterem Sarkasmus, der Gewalt und Zerstörung der Gesellschaft nicht verschweigt. Mit dem Roman *Los Jardines de Kensington* (Kensington Gardens, 2003), der die Lebensgeschichte des Peter Pan-Autors mit der Darstellung des Lebensgefühls der Londoner 1960er Jahre (und damit mit dem generationstypischen »Blick nach Europa«) verknüpft, hat sich der mittlerweile in Barcelona lebende Fresán unter den ersten Autoren seiner Generation etabliert, auch wenn der Superlativ »der bedeutendste Schriftsteller Lateinamerikas«, mit dem sein deutscher Verlag für ihn wirbt, etwas zu hoch gegriffen erscheint.

Alan Pauls: Adaptation der Rezepte Cortázars für das 21. Jahrhundert?

Von dem argentinischen Drehbuchautor und Romancier Alan Pauls (*1959) hatte Bolaño selbst einmal gesagt, er sei »einer der besten lebenden lateinamerikanischen Schriftsteller«. Zweifelsohne ist Pauls einer, der sich ebenso wie Fresán von dem essentialistischen »Lateinamerikanismus« der Boom-Generation losgemacht und zu den Vorbildern Borges und Cortázar bekannt hat. Mit seinem mit dem Premio Herralde 2003 ausgezeichneten Roman *El pasado* versucht Pauls jedenfalls ein Fortschreiben der Verbindung von absoluter (romantischer) Liebe, absurder Rebellion und experimentellem Neoavantgardismus in der Nachfolge von Cortázars *Rayuela*-Roman, dessen intertextuelle Präsenz hier auf jeder Seite spürbar ist. Und schließlich werden im Zeichen der »Bolaño-Generation« auch Autoren wiederentdeckt, deren Debüt in den 1970er Jahren kaum bemerkt wurde und die nun auch in Deutschland in Übersetzungen zugänglich gemacht werden, wie der aus Medellín stammende Kolumbianer Tomás González, der nach langen Jahren in New York kürzlich in seine kolumbianische Heimat zurückgekehrt ist. Sein 30 Jahre alter Roman *Primero estaba el mar*, der in geschickter Weise alle »exotistischen« Mythen der Boom-Generation unterläuft, wurde 2001 neu aufgelegt und bekam hymnische Kritiken. Im Gefolge wurden auch die weiteren Romane dieses zurückhaltenden, hintergründigen Stilkünstlers wie *Para antes del olvido* (1987), *La historia de Horacio* (1997) und *Los caballitos del diablo* (2003) sowie sein Gedichtband *Manglares* (2006) mit großer Begeisterung aufgenommen.

Weitere Vertreter der Zwischengeneration zwischen Boom und Jahrtausendwende

Ricardo Piglia: Plata quemada

Aber auch ältere, also in den 40er und sogar den 30er Jahren geborene Autoren, die erst nach der Boom-Phase den Durchbruch schafften oder sich gegen den Mainstream stellten, lassen sich in die erwähnte Zwischengeneration einordnen, auf deren Erfahrung die neuen Gruppen aufbauen. Das gilt vor allem für den Argentinier Ricardo Piglia, der auch für Bolaño ein wichtiger Bezugspunkt und Gesprächspartner geworden ist. Piglia hat in den letzten Jahren mit *Plata quemada* (1997) die preisgekrönte Darstellung eines überaus brutalen Raubüberfalls und der nachfolgenden Polizeiaktion vorgelegt. *Plata quemada*, zu deutsch »Verbrannter Zaster«, ist wie immer bei Piglia ein virtuoses Spiel mit literarischen Versatzstücken, bei denen die schwarze Kriminalromantradition eine wesentliche Rolle spielt. Der Roman beruht zudem auf einer wahren Kriminalgeschichte, die der Autor geschickt in einen in der Wahrnehmung wie in der sprachlichen Umsetzung durch die Perspektive der primitiven und durch Drogen benebelten Räuber verfremdeten Diskurs verpackt.

Ebenfalls in den Bereich des »gehobenen Kriminalromans« wechselt der Mexikaner Fernando del Paso, einer der prominentesten Vertreter des »neuen historischen Romans«, mit seiner einzigen Veröffentlichung der letzten Jahre, *Linda 67. Historia de un crimen* (1995).

In eine andere Richtung geht die Entwicklung des Chilenen Ariel Dorfman, der mit seinem Theaterstück *Der Tod und das Mädchen* internationales Aufsehen erregt hatte. Er ist mit seinen kritischen Essays zur Comic-Literatur einer der Vorläufer des Interesses für die Populärkultur (etwa *Para leer al Pato Donald*, 1971), das die McOndo-Generation bestimmt, die freilich sein politisches Engagement nicht teilt. 1998 hat er einen großen Memoirenband vorgelegt (*Rumbo al sur, deseando el Norte*), der nicht nur an ähnliche Versuche etwa eines Pablo Neruda (*Confieso que he vivido*) erinnert, sondern gerade auch durch die Thematisierung der In-Between-Identity (Dorfman lehrt seit vielen Jahren als Professor in den USA) eine repräsentative Funktion für die beschriebene Hybridisierung der lateinamerikanischen Kultur besitzt. Dorfmans Roman *Terapia* (1999) zeigt wieder ein, freilich kritisch-sarkastisches, Interesse für populäre Kultur: Diesmal geht es um eine als »Therapie« verschriebene Möglichkeit, eine »ganz normale« Familie beim Alltag rund um die Uhr zu beobachten – und damit natürlich um eine implizite Parodie auf die Reality-TV-Welle.

Ricardo Piglia

Ariel Dorfman: Memoiren eines Lebens zwischen Nord- und Südamerika

Neue Werke der Autoren der Boom-Generation

Über die jungen Gruppen und die Zwischengeneration darf man natürlich jene Autoren nicht vergessen, die in der Boom-Zeit Weltruhm erlangt haben und im letzten Jahrzehnt eine Reihe neuer Werke vorgelegt haben. Mario Vargas Llosa hat nach dem misslungenen Ausflug in die Politik (als Präsidentschaftskandidat 1990) den Weg zurück in die Literatur gefunden und in den letzten zehn Jahren eine Reihe von Romanen publiziert, die eine beeindruckende Wandlungsfähigkeit durch ein sehr breites Repertoire von Subgenres unter Beweis stellen: Von dem an die Anfänge der eigenen Boom-Literatur (*La casa verde*) anschließenden *Lituma en los Andes* (1993) über das erotisch-ästhetische Spiel in *Los cuadernos de Don Rigoberto* (1997) bis zum semi-historischen Diktatorenroman *La fiesta del chivo* (2000) und dem Roman *El paraíso en la otra esquina*, der die Paradiessuche des ausgehenden 19. Jhs. (Flora Tristán und Paul Gauguin) behandelt (2003), sowie in seinem jüngsten Buch *Travesuras de la niña mala* (2006), der Geschichte einer unmöglichen Liebe, die den Protagonisten durch die ganze Welt reisen und alle politischen und kulturellen Umbrüche der letzten Jahrzehnte erleben lässt, zeigt der peruanische Autor eine erstaunliche Vielfalt von virtuos gehandhabten erzählerischen Techniken. Der gerade hierzulande auch durch den Friedenspreis des deutschen Buchhandels (1996) in das Blickfeld einer breiten Öffentlichkeit gebrachte Vargas Llosa ist deshalb nicht bloß als Perpetuierer einer in Boom-Klischees zu fassenden Schreibweise präsent, sondern als jemand, der ständig neue Akzente setzt – vielleicht nicht immer völlig innovative (sowohl der Diktatorenroman als auch die *nueva novela histórica* haben ja durchaus bereits eine jahrzehntelange Tradition), aber doch persönliche, dass er sich nicht (oder nicht mehr) in eine bestimmte Schublade einordnen lässt.

Mario Vargas Llosa: eine Vielzahl von Romangenres

Carlos Fuentes:
Der Millenniums-
roman der Boom-
Generation

Mit gewissen Einschränkungen kann man das auch für Carlos Fuentes behaupten. Nach einer mehrjährigen Pause hat er mit *Los años con Laura Díaz* (1998) sozusagen das »Jahrhundertendebuch« vorgelegt, in dem, an der Lebensgeschichte der Protagonistin aufgehängt, ein Streifzug durch die Geschichte des zu Ende gehenden 20. Jhs. geboten wird, und (2001) erschien mit *Instinto de Inez* ein neuer Roman, in dem – ähnlich wie in der Literatur des »Crack« – zumindest als Schauplatz Europa und seine Musikwelt mit lateinamerikanischen Augen betrachtet werden. *La Silla del Aguila* (2003) ist dagegen ein satirisch-utopischer Roman über das Mexiko des Jahres 2020, und in der Erzählsammlung *Todas las familias felices* (2006) präsentiert der Altmeister des Boom 16 Variationen über archetypische Familienprobleme.

Und auch das Aushängeschild der Boom-Generation, der Nobelpreisträger Gabriel García Márquez hat nach langen Jahren des Schweigens wieder publiziert: zunächst seine mit großem Interesse aufgenommene Autobiographie *Vivir para contarla* (2002) und dann den von Kritik und Kollegen eher belächelten Altersroman *Memoria de mis putas tristes* (2004)

Isabel Allende und
Paulo Coelho –
Erfolg im Ausland
und Kritik der
Kollegen

Auch Isabel Allende hat in den letzten Jahren mehrere Bücher vorgelegt, darunter *Afrodita* (1997), *Hija de la fortuna* (1999) und historische Romane über eine Frauenrechtlerin des ausgehenden 19. Jhs., Aurora del Valle (*Retrato en sepia,* 2000), über die literarisch-historische Figur *El Zorro* (2005) und über die Mitbegründerin Santiagos im 16. Jh., die Konquistadorin Inés Suárez (*Inés del alma mía,* 2006). Die chilenische Autorin hat, was den Verkaufserfolg betrifft, auf dem europäischen und nordamerikanischen Buchmarkt weiterhin eine dominante Stellung, ist zugleich aber für ihre lateinamerikanischen Kolleginnen und Kollegen zum »Reibebaum« geworden: Mit einigen anderen (wie Luis Sepúlveda) wird sie von der Generation der Gruppen McOndo und Crack für »Erschöpfung« und »Ermüdung« der Literatur des Subkontinents verantwortlich gemacht, aus denen die von der jungen Generation entwickelten neue Schreibweisen herausführen sollen. Vergleichbar, ja überlegen sind nur die gigantischen Auflagen des brasilianischen Esoterik-Autors Paulo Coelho, der mit *O Alquimista* (1988), *Veronika decide morrer* (1998) und *O Zahir* (2005) in den letzten beiden Jahrzehnten allmählich zum meistverkauften lateinamerikanischen Autor aufgestiegen in Europa ist. So etwas wie einen »Boom lateinamerikanischer Autor(inn)en« in Europa gibt es also noch immer, nur das Segment hat sich ein wenig von der anspruchsvollen in Richtung kommerzielle Literatur bewegt – wenngleich Coelhos Erfolg auch die brasilianische Akademie dazu bewogen hat, den Lebenskünstler 2002 in den Kreis der »Unsterblichen« aufzunehmen.

Paulo Coelho

Wandlungen des »neuen historischen Romans«

Romane über
Eva Perón

Gegenüber der Mode vor dem Jubiläumsjahr 1992 scheint der »neue historische Roman« mit der Thematisierung lateinamerikanischer Geschichte im letzten Jahrzehnt ein wenig zurückgegangen zu sein. Mit Ausnahme der brasilianischen Literatur, wo das entsprechende Fünfhundertjahrjubiläum ja erst 2000 gefeiert wurde (José Roberto Torero, *Das Land der Papageien,* 2000) finden sich kaum mehr Texte, die wie in den frühen 90er Jahren lateinamerikanische Geschichte in oft spielerisch dekonstruierender Weise neu präsentieren – mit Ausnahme der Evita-Welle rund um den Madonna-Film Mitte der 90er Jahre. Da entstanden anspruchsvolle und bisweilen ironische historische Romane von Abel Posse (*La pasión según Eva*, 1994) und Tomás Eloy Martínez (*Santa Evita*, 1996), zu denen 1996 auch noch *La inmortalidad* von Juan Martini hinzukam. Die Faszination des Themas bleibt weiterhin bestehen: 2004 hat Carlos Gamerro wieder einen Roman vorgelegt, der den Mythos Evita behandelt – und einer grotesken Lächerlichkeit preisgibt: *La aventura de los bustos de Eva*, nachdem er zuvor mit einem ebenfalls argentinische Mythen ins Groteske verzerrenden Roman über den Malvinas- (Falkland-) Krieg, *Las islas* (1998), Aufsehen erregt hatte.

Geschichte und Geschichten – Palimpsestisches Erzählen

Wenn Geschichte im Mittelpunkt steht, dann ist sie selbst schon Text geworden und wird durch das palimpsestartige Überschreiben desselben zum Ausgangspunkt einer Beschäftigung mit der eigenen Gegenwart oder unmittelbaren Vergangenheit wie in *Butamalón* des Chilenen Eduardo Labarca (1994), wo ein nach Chile heimgekehrter Intellektueller an der Übersetzung eines alten Textes über einen zu den Indianern übergelaufenen Mönch scheitert, dabei aber seine eigene Identitätsproblematik im Chile nach der Diktatur aufarbeitet, oder in dem monumentalen Werk *La Historia* des Argentiniers Martín Caparrós (1999), das hauptsächlich aus den Kommentaren eines pedantischen, nationalistisch-marxistischen Philologen zu dem angeblichen Text eines Indio-Kaziken aus dem 16. Jh. besteht, aber auch aus diesem Text selbst, für den sich Caparrós geschickt eine Kunstsprache erfindet, und aus den Texten von zwei weiteren vermittelnden Personen, die »die Geschichte« letztlich zu *einer* Geschichte, ja sogar einer Geschichte über andere Geschichten werden lassen.

Diese Technik lässt sich freilich auch schon weiter zurückverfolgen: Sie kennzeichnete bereits den Roman *El mundo alucinante* des Kubaners Reinaldo Arenas (1969) und die zu Beginn der 90er Jahre entstandenen, bewusst die Frauenperspektive thematisierenden Romane *Son vacas, somos puercos* der Mexikanerin Carmen Boullosa über die Freibeuterinseln der Karibik, die einen holländischen Text des 17. Jhs. überschreibt, oder *La Isla de la Pasión* der Kolumbianerin Laura Restrepo von 1992, die die Geschichte der verlassenen Pazifikinsel Clipperton durch das Überschreiben eines Textes von Maria Teresa de Guzman erzählt. In beiden Fällen geht mit diesem Überschreiben auch eine Dekonstruktion der männlich-logozentrischen und/oder eurozentrischen Organisation des früheren Textes einher. Carmen Boullosa hat in den letzten Jahren weitere, den lateinamerikanischen Kontext überschreitende Beispiele dieser »nueva novela histórica femenina« vorgelegt, so mit dem Cleopatra-Roman *De un salto descabalga la reina* (2000) und mit der Geschichte der Soldatin und »Prä-Flamenco-Tänzerin« María la Bailaora, die mit ihren Fechtkünsten in der Schlacht von Lepanto neben Miguel de Cervantes zum Sieg des Abendlands über die Türken beiträgt (*La otra mano de Lepanto*, 2005), ähnlich wie Gioconda Belli aus Nicaragua, die nach ihrem Welterfolg mit dem in die Conquista-Zeit zurückführenden Roman *La mujer habitada* (1988) in *El pergamino de la seducción* (2005) Johanna die Wahnsinnige von Spanien, die Mutter Karls V., als Opfer des Ehrgeizes von Vater, Ehemann und Sohn darstellt.

Gioconda Belli

Diese Infragestellung des Eurozentrismus bestimmt auch Sylvia Iparraguirres Roman *La Tierra del Fuego* (1998), in dem die argentinische Autorin die Geschichte eines zwischen den Kulturen stehenden Seemannes, John Guevara, halb Engländer und halb Argentinier, erzählt, der einen Eingeborenen aus Feuerland nach England mitnimmt, ihm einen

Sylvia Iparraguirre: La Tierra del Fuego

englischen Namen gibt und ihn zu zivilisieren versucht. Ohne Erfolg, denn der Feuerländer kehrt nach einem Jahr zurück (übrigens ist auf dem Schiff auch ein gewisser Charles Darwin als Passagier unterwegs) und verwildert binnen kurzer Zeit wieder vollständig. Auch hier wird die Problematik der *In-Between-Identity* abgehandelt, nun aber aus historischer und durchaus ironischer Perspektive – ein Gleiches gilt für *La quimera y el éxtasis* (1996) des Peruaners José Antonio Bravo, der sozusagen die »historische Hybridität« der frühen Kolonialzeit zwischen schwarzer, indigener und europäischer Kultur nicht ohne Ironie nachzeichnet.

Federico Andahazi: Schreiben nach Borges

Noch mehr mit der Geschichte – aber wie bei den Vertretern der Crack-Gruppe mit der europäischen – haben die Romane eines der jungen »Stars« der argentinischen Literatur zu tun: Der 1963 geborene Federico Andahazi, ursprünglich Psychoanalytiker, wurde über Nacht bekannt, als er 1996 den hoch dotierten Literaturpreis der Stiftung Fundación Amalia Lacroze de Fortabat erhielt. Die hochbetagte Stifterin fand seinen Roman *El anatomista* unmoralisch, entzog ihm den Preis, jedoch nicht das Geld und sorgte dadurch für noch mehr Publicity. In der Folge wurde Andahazis Buch in 21 Sprachen übersetzt und zum weltweiten Bestseller (dt. *Das Land der Venus*, 1999). Der Autor führt den Leser darin in das Italien der Renaissance, wo ein Humanist namens Matteo Colombo wie sein berühmter Namensvetter auf Entdeckungsreise geht, aber nicht Amerika entdeckt, sondern den kleinen Blutkreislauf zwischen Herz und Lunge und vor allem die Klitoris als Sitz der weiblichen Lust, wodurch er Macht über alle Frauen, besonders über die von ihm verehrte Kurtisane Mona Sofia gewinnen will, zunächst aber bloß im Inquisitionsgefängnis landet. Die deutsche Kritik hat den Autor schnell mit Umberto Eco verglichen, was auch durch die in die Nähe des Pastiche kommende und zugleich ironische Sprache des Romans durchaus berechtigt ist. Betrachtet man jedoch die Technik und die phantastischen Elemente in Andahazis zweitem Roman, *Las piadosas* (1998; dt. Lord Byrons Schatten, 2001), dann wird deutlich, dass die Verwandtschaft noch eher wohl mit Ecos Vorbild Borges gegeben ist. Andahazi selbst räumt ein, die Bewunderung für Borges habe ihn lange am Schreiben gehindert, aber er habe nun dieses Trauma überwunden: »… es stimmt, dass man nicht besser schreiben kann als Borges – aber man darf sich (davon) auch nicht lähmen lassen.« In der Folge ist ihm mit *El secreto de los flamencos* (2002) ein weiterer meisterhaft Elemente des historischen Romans und der Kriminalerzählung verbindender Roman gelungen. In dem »musikalischen Roman« *Errante en la sombra* (2004) wendet sich freilich gerade der »Kosmopolit« Andahazi der argentinischen Mythologie des Tango zu und entfaltet in einem hybriden Genre zwischen Musikdrama und Roman die ironische Geschichte eines Tango-Liebhabers und einer Edelprostituierten, die im Erzählen fast von selbst zu gesungenen Tangotexten wird, die geschickt mit Klischees dieses Genres spielen. In dem mit dem Premio Planeta Argentina ausgezeichneten Roman *El conquistador* (2006) schließlich dreht auch er wieder einmal die Perspektive Europa/Lateinamerika um und lässt den Azteken Quetza als Entdecker der Neuen Welt im Osten über die seltsamen europäischen Eingeborenen berichten.

Federico Andahazi

Abelardo Castillo

Aus dem Schatten der Generation von Borges und Bioy Casares endgültig herausgetreten ist auch Abelardo Castillo, der mit *El Evangelio según Van Hutten* (1999) ein auf Borges-Themen (Gnosis, apokryphe Bibeltexte) zurückgehendes Thema in der großen Romanform gestaltet. Ein obskurer Forscher namens van Hutten hat unter den Schriftrollen vom Toten Meer ein völlig von den bekannten Bibeltexten abweichendes Evangelium gefunden, zieht sich aber in die argentinische Provinz zurück und widmet sich dem Schachspiel, anstatt seine Entdeckung bekanntzumachen.

Auch César Aira, eine der umstrittensten Figuren der neueren Literatur, der mit seiner »Poetik des Irrtums die mimetischen und gattungsgeschichtlichen Grundlagen der Literatur erschüttert« (Roland Spiller) und in rascher Folge (mehrere Romane pro Jahr) seine Kurzromane publiziert, arbeitet mit Borges-Motiven. So geht es in *Las curas milagrosas del doctor Aira* (1998) um die Fähigkeit der Titelfigur, mit einem metaphysischen Wandschirm Realitätselemente auszublenden. Bei Borges würde sich die Gefahr von parallelen, unterschiedlichen Universen ergeben (*La otra muerte*), bei Aira ordnet sich das Universum sofort wieder so, dass jede Inkongruenz beseitigt ist. Anders als bei Borges werden solche Themen bei Aira auch zum Ausgangspunkt eines bisweilen humorvollen, bisweilen an die Grenze des Peinlichen gehenden Feuerwerks von Assoziationen, absurden Ideen und ironischen Scherzen wie etwa in *El congreso de la literatura* (1999), wo er unter anderem auf die Idee verfällt, Carlos Fuentes klonen zu wollen, um dann die Welt mit einem Heer von »Übermensch-Intellektuellen« zu beherrschen.

Ähnlich wandelt auch der Filmemacher und Autor Juan Pablo Feinmann in seinem *Los crímenes de Van Gogh* (1994) Borges-Motive humoristisch ab, wenn er den erfolglosen Drehbuchautor Fernando Castelli plötzlich auf die Idee kommen lässt, er könne »die Wirklichkeit schaffen« – worauf ihn sofort Jack the Ripper in seiner Wohnung besucht. So entsteht wie schon in *El cadáver imposible* (1992) ein hintergründiger Thriller mit metaliterarischen Ansätzen, der sich damit in die Tradition des literarischen Kriminalromans einreiht, die in Argentinien auch Ricardo Piglia und Mempo Giardinelli gepflegt hatten. Feinmann hat in letzter Zeit in Filmen »Mythische« Gestalten der argentinischen Geschichte in Filmen porträtiert, so Borges in *El amor y el Espanto* (2001) und den Bruder Evitas, Juan Duarte in *Ay Juancito* (2004).

César Aira

Die »literarischen Thriller« und die Darstellung der allgegenwärtigen Gewalt von Brasilien bis Kuba

Die »schwarzen Kriminalromane« sind in den 90er Jahren überall zu einem wesentlichen Bestandteil der Mainstream-Literatur geworden: ihr kruder Realismus, die Großstadtthematik, die Darstellung der Gewalt, das alles harmoniert mit einigen generationstypischen Forderungen; dazu kommt die durch die Borges-Generation etablierte Modellwirkung des Genres Kriminalroman schlechthin. Besonders intensiv ist das Interesse für dieses Genre aber in den Ländern, in denen auch die reale Gewalttätigkeit die höchste Intensität erreicht. Das gilt vor allem für die aktuelle kolumbianische Literatur.

Hier hat Mario Mendoza (1964) mit seinem Roman *Satanás* (2002) den Premio Biblioteca Breve von Seix-Barral gewonnen. Das Buch basiert auf einer wahren Begebenheit, die etwa 15 Jahre zurückliegt. Es geht aber in dem geschickt fragmentierten Roman nicht oder nicht vordringlich um das Massaker, das der Vietnam-Veteran Campo Elías in einem Restaurant in Bogotá anrichtet, sondern auch und vor allem um die dichte Verknüpfung unheimlicher Vorgeschichten, in denen immer wieder das Böse fassbar wird: in dem Familienvater, der seine Familie ausrottet, um ihr

Die Kraft des Bösen: Mario Mendoza, Satanás

Kolumbianische Frauen
demonstrieren gegen die
tägliche Gewalt, Bogotá
im Juli 2002

Hungern zu beenden, in dem Maler, der beim Porträtmalen in eine Art
Trance verfällt und schreckliche, aber sich stets bewahrheitende Zukunftsvisionen malt (ein Krebsgeschwür, der Ausbruch einer AIDS-Er-
krankung, schließlich den eigenen Tod), und natürlich vor allem in dem
jungen Mädchen, das geradezu mittelalterlichen Exorzismus-Lehrbüchern
entstiegen zu sein scheint, wenn es mit verstellter Stimme und nach
Schwefel stinkend den Priester Ernesto in Versuchung führt. Sie alle
scheinen einem immer dichter werdenden Netz satanischer Emanationen
zu entstammen, und Ernesto versucht als einzig positive Kraft dem ganzen
zu entkommen, indem er sein Priestertum aufgibt, sich zu der Liebe zu
seiner Haushälterin Irene bekennt und diesen Neubeginn mit einem festlichen Essen im Restaurant feiern will – in dem sie dann Opfer des
Massenmörders werden. Dadurch bekommt auch der Schluss eine sehr
starke, fast zynische Desillusionswirkung, die an Sades *Justine* erinnert.

Fernando Vallejo:
Zynismus und
Groteske der Gewalt

    Mendozas Buch ist nur eines in einer langen Reihe von ähnlichen der
violencia gewidmeten Romanen. Unverzichtbar ist dabei die Erwähnung
Fernando Vallejos (1942), der schon als Filmemacher in Mexiko mit zwei
Arbeiten zur *violencia* in seinem Heimatland hervorgetreten war, *Crónica
Roja* (1977) und *En la tormenta* (1980). In dem Roman *La virgen de los
sicarios* (1994; dt. Die Madonna der Mörder) erzählt er die Geschichte
eines »Engelkillers«, eines jener jungen Burschen aus den Slums von
Medellín, die sich mit 12 bis 14 Jahren als Killer verdingen und wissen,
dass sie ihr 20. Lebensjahr nicht erreichen werden. Der mit autobiographischen Zügen versehene Ich-Erzähler präsentiert sich als älterer

Homosexueller, der mit dem Killer zusammenwohnt und ihn manchmal auf seinen Streifzügen begleitet. Die Banalität der Gewalt nimmt dabei fast grotesk-komische Züge an, wenn der Killer einen Taxifahrer tötet, weil der das Radio nicht leiser dreht, oder ein paar Menschenrechtsaktivisten über den Haufen schießt, weil sie bei ihrem Protest zu einem Polizisten nicht freundlich waren. Dieser zynische Nihilismus bestimmt auch Vallejos Roman *El desbarrancadero* (2001), der vom Sterben seines aidskranken Bruders erzählt.

Die AIDS-Thematik ist ebenfalls ein Leitmotiv der Literatur der letzten Jahre in Roman, Drama und Film. Aus ganz anderer Perspektive behandelt sie ein kurzer, meisterhaft gearbeiteter Roman des in Mexiko lebenden Peruaners Mario Bellatin, *Salón de belleza* (1994), in dem ein Transvestit vom Abstieg seines Schönheitssalons zum Aids-Sterbehospiz erzählt, wobei das wiederum in stark fragmentierter Weise geschieht. Die Veränderung des Salons spiegelt sich sozusagen in der immer wieder minutiös beschriebenen Veränderung des dortigen Aquariums und seiner Fischpopulation. Auch hier ist die Ausweg- und Perspektivenlosigkeit anzutreffen, die Vallejos Personen umgibt, aber die erzählerische Vermittlung ist viel behutsamer, streckenweise geradezu poetisch. Bellatins neueres Werk, das häufig mit japanischen Themen arbeitet (*El jardín de la señora Murakami*, 2000; *Shiki Nagaoka: Una nariz de ficción*, 2001) ist von einem hohen Maß meta- und intertextuellen Spiels und experimentellen Erzählverfahren geprägt.

Friseursalon und Aids-Sterbehospiz: Mario Bellatin, Salón de belleza

Die brasilianische Literatur um die Jahrtausendwende

Zu den interessantesten Stimmen der neueren brasilianischen Literatur zählt neben dem schon erwähnten Chico Buarque mit Sicherheit der aus dem Amazonas-Gebiet stammende Milton Hatoum, der in drei Romanen die – autobiographische – Verbindung orientalischer Wurzeln mit der Realität des brasilianischen Amazonaslandes in eindrucksvoller Weise gestaltet: *Relato de um certo Oriente* (1999), *Dois irmãos* (2000) und *Cinzas do Norte* (2005).

Orient im Amazonas: Milton Hatoum

Wie bei den hispanoamerikanischen Violencia-Romanen um die alltägliche Gewalt und den Werdegang eines Killers geht es dagegen in dem Erfolgsroman *O Matador* (1995) der wohl bekanntesten Vertreterin der jüngeren Autorengeneration in Brasilien, Patricia Melo, die ebenfalls 1999 von Time und CNN zu einer der »Leader«-Figuren des beginnenden Jahrhunderts gewählt wurde. In *O Matador* gleitet ein junger Mann in eine Killerkarriere hinein, ohne es recht zu wollen. Weil er eine Fußballwette verloren hat, muss er sich die Haare hellblond färben lassen. Urplötzlich ändert sich dadurch auch sein Charakter, er wird aggressiv und tötet einen kleinen Verbrecher. Kaum dass er das getan hat, sind ihm alle Leute dankbar und bieten ihm an, für sie noch weitere mehr oder minder »moralisch gerechtfertigte« Morde zu begehen. Patricia Melo entwirft hier in einem scheinbar humorvollen Ton ein erschreckendes Bild einer ebenfalls durch zunehmende Gewalt und »Sicherheitsdienste« mit Freiheit zum Töten gekennzeichneten Szenerie brasilianischer Großstädte, das sie in ihrem preisgekrönten jüngsten Roman *Inferno* (2001) über einen Heranwachsenden aus den Slums von Rio de Janeiro, inspiriert an dem Roman- und Filmerfolg *Cidade de Deus* von Paulo Lins (1997, überarbeitete Fassung 2002), noch weiter radikalisiert – allerdings unter Preisgabe der zynischen Ironie, die erst in der »Fortsetzung« des *Matador*,

Der junge brasilianische Roman: Patricia Melo

Patricia Melo

dem Roman *Mundo perdido* (2007), in dem der Serienkiller Máiquel seine entführte Tochter Samanta sucht, wiederkehrt.

Rodrigo Rey Rosa

Auch der Guatemalteke Rodrigo Rey Rosa hat sich international einen Namen mit einer Variante von Thrillern gemacht, in denen die *violencia* eine wesentliche Rolle spielt. In *El cojo bueno* (1996; dt. Die verlorene Rache, 2000) führt er das Thema allerdings zu einem überraschenden Ende: Als der Protagonist, der in Guatemala Opfer einer Entführung wurde und infolge der Folterungen ein steifes Bein davongetragen hat, viel später in Marokko seine Peiniger wiedererkennt und sich rächen könnte, verzichtet er auf die Rache, ohne darüber viele Worte zu machen – so etwas wie ein Hoffnungsschimmer in der Spirale der Gewalt.

Der interessanteste kubanische Beitrag zu dem Thema Gewalt und Thriller führt dagegen wieder in ein Horrorszenario zurück: Wie in Mendozas *Satanás* richtet in Eliseo Albertos *Caracol Beach* (1998) ein Kriegsveteran, diesmal der kubanischen Truppenpräsenz im angolanischen Bürgerkrieg, ein Massaker unter Studenten in Miami an.

Kubanische Literatur: Die andere Seite der Globalisierung

Freilich: Eliseo Alberto ist eine Ausnahme, und der Roman spielt in der exilkubanischen Szene von Miami. Denn im Allgemeinen gilt für das letzte Jahrzehnt mehr als früher: in Kuba gehen die Uhren anders. Während die junge Generation der lateinamerikanischen Autoren Szenarien der Globalisierung zu ihrem Hauptinhalt erhebt, haben sich wenigstens einige Vertreter der kubanischen Literatur nicht von der Orientierung am europäischen Geschmack gelöst, die den Macondismo geprägt hat.

Der Kuba-Boom im deutschen Sprachraum

Bemerkenswert ist der in den letzten Jahren in Europa und speziell in Deutschland festzustellende Kuba-Boom; das mag mit dem Erfolg eines Films wie *Buena Vista Social Club* (Wim Wenders, 1999) und der nachfolgenden Musikmode ebenso zusammenhängen wie mit einem gewissen politisch-voyeuristischen Interesse an der »dahinsiechenden letzten Bastion des realen Sozialismus« oder auch mit den nostalgischen Sehnsüchten der immer zahlreicheren Karibik-Touristen, die bis vor kurzer Zeit in Kuba nach Thailand ein neues Sex-Paradies entdeckt hatten. Wenigstens die Werbelinie der Verlage für einige Bücher aus Kuba scheint peinlicherweise letztere Vermutung zu bestätigen. Natürlich sind Slogans immer plakativ: aber wenn der Roman *Havanna Blues* (2001) von Daina Chaviano vom *Spiegel* mit dem Satz »Chaviano zeichnet Havanna mit leichter Hand, einem Stich ins Übersinnliche und sicherem Griff fürs Sinnliche« vorgestellt wird, dann gibt das schon zu denken. »Sinnlich« ist überhaupt, wenn man sich in deutschen Rezensionen umsieht, das wohl am häufigsten verwendete Adjektiv für kubanische Literatur.

Pedro Juan Gutiérrez: »schmutziger Realismus«

Freilich zeigen einige der neueren Werke tatsächlich eine Orientierung an einer voyeuristischen Leserhaltung. Allzu bereitwillig wird hier in allen Details ein Leben zwischen Versorgungsproblemen, Improvisationstalent und sinnlichen Freuden vorgeführt, wenn auch wenigstens andeutungsweise mit ironischen Untertönen wie in Zoé Valdes' Roman *La nada cotidiana* (1995) oder mit dem machistischen Zynismus des als »kubanischer Bukowski« apostrophierten Pedro Juan Gutiérrez in seiner *Trilogia sucia de Habana* (1998) und in *El Rey de Habana* (1999) sowie in *Animal tropical* (2000), *El insaciable hombre araña* (2002) und *Carne de perro* (2003). Gutiérrez mit seinem »schmutzigen Realismus« ist vielleicht der kubanische Autor, der der McOndo-Ästhetik am nächsten kommt und gerade dadurch deutlich macht, was die kubanische von der chilenischen, peruanischen, mexikanischen Literatur im Augenblick trennt: Der kubanischen Welt von Prostituierten, Transvestiten, Hunger, Sex und Gewalt steht immer noch wie eine Theaterkulisse das System gegenüber, das programmatisch für das Gegenteil dieser Realität steht; in den Ländern mit stärker globalisierter Kultur fehlt jeder Gegenentwurf zu der ernüchternden Realität.

In totalem Gegensatz sowohl zur voyeuristischen Ästhetik seiner Landsleute als auch zu jener der McOndo-Autoren steht der Erstlingsroman des 1954 geborenen Abilio Estévez, der sich selbst als Schüler Virgilio Piñeras bekennt, und seine Wurzeln in der großen Boom-Literatur – einschließlich des kubanischen Klassikers *Paradiso* von Lezama Lima nicht verleugnen kann. In *Tuyo es el Reino* (1997; dt. Dein ist das Reich 1999) finden wir uns wie einst bei Macedonio Fernández auf einem Landgut mit sprechendem Namen (»La Isla«, geteilt in die zwei Bereiche »Diesseits« und »Jenseits«), dessen schläfrige, allesamt ein wenig merkwürdige Bewohner eine indifferente Bedrohung fühlen, die sich dann in dem schönen Matrosen mit der Halswunde zu konkretisieren scheint, der plötzlich in der verlassenen Tischlerei, in eine kubanische Fahne gewickelt, auftaucht – und am Schluss historisch als Herannahen der kubanischen Revolution entlarvt wird. Estévez erzählt seine Geschichte mit deutlich magisch-realistischen Anklängen, lässt seinen Lehrer und Freund Virgilio Piñera als metaphysische Vorbildfigur auftreten, die den Weg ins »Jenseits« einschlägt, und teilt der Darstellung von Homosexualität eine prominente Rolle zu; aber die Versatzstücke einer »Macondo-Ästhetik« werden ironisch durchkreuzt, indem der Autor sich mit entwaffnend humorvoller Offenheit da und dort auch als »Schriftsteller-Handwerker«, den literarischen Kommunikationsprozess selbst thematisierend, in Erinnerung bringt. Als solcher sich selbst aufhebender letzter Versuch in der Boom-Schreibweise könnte *Tuyo es el Reino* tatsächlich an die »totalen« Romane der Boom-Größen anschließen, und der Autor scheint das durchaus ohne falsche Bescheidenheit auch zu empfinden, wenn er die großen Romane des Kontinents (den seinen sichtlich einschließend) als »unmögliche Versuche« bezeichnet, bei denen es – wie schon Lezama sagte – auf den »Pfeilschuss und nicht auf den Treffer im Ziel« ankomme. In seinem neuen Roman *Los palacios distantes* (2002) wird noch deutlicher die Suche nach der Vergangenheit vor dem Verfall der Gegenwart präsentiert, sodass dieser Text in der Kritik sogar als Allegorie des Scheiterns der kubanischen Revolution gelesen wurde.

Abilio Estévez:
Tuyo es el Reino

Abilio Estévez

Der lateinamerikanische Film: Armut als Stärke

Nur wenig ist bislang vom Theater die Rede gewesen, nicht deshalb, weil es im letzten Jahrzehnt an Bedeutung verloren hätte: die großen Avantgarde-Autoren vor allem Argentiniens wie Griselda Gambaro und Eduardo Pavlovsky, deren Werk zwischen politischem Engagement und grotesk-absurder Ästhetik als »nuevo grotesco criollo« bezeichnet worden ist, sind weiterhin aktiv; im letzten Jahrzehnt des 20. Jhs. war neben Roberto Cossa (*Los años difíciles*, 1997) vor allem Mauricio Kartún mit *Desde la lona* (1997) oder *Rápido Nocturno, aire de foxtrot* (1998) als Vertreter dieser Richtung präsent, wobei Kartún sich ganz im Sinne der auch von Sarlo und anderen vertretenen Kulturtheorie als »Müll-Verwerter« empfindet, der weggeworfene Wörter und Gesprächsfetzen zu

Theaterstücken verarbeitet. Die neueste Kreativität auf dem Theater verlagert sich auch mehr und mehr weg vom Text und hin zur Produktion, bei der ein Theatermacher – oft unter Verwendung von Motiven anderer Autoren – eine Produktion gestaltet, die als solche nicht wiederholbar ist. Einer der prominentesten dieser Theatermacher ist Alejandro Tantanian aus Buenos Aires, der 2007 unter dem Titel *La libertad* eine vielbeachtete Schiller-Produktion aus Buenos Aires bis nach Deutschland gebracht hat. Den Abschluss dieser Tour d'horizon soll aber ein Blick auf den Film bilden, der sich trotz der enormen wirtschaftlichen Schwierigkeiten der lateinamerikanischen Länder gerade in den letzten fünfzehn Jahren international etabliert hat. Natürlich können lateinamerikanische Filme nicht mit Hollywood konkurrieren, wie sich am Beispiel der konkurrierenden Evita-Projekte Alan Parkers (USA 1996 mit Madonna in der Titelrolle) und *Eva Perón* von Juan Carlos Desanzo nach einem Drehbuch von José Pablo Feinmann (Argentinien 1996) gezeigt hat. Die wesentlich differenziertere argentinische Verfilmung fand den Weg in europäische Kinos nur ausnahmsweise, aber auch der Madonna-Film wurde nicht zum geplanten Erfolg.

Amores perros

Im Allgemeinen gelingt es den lateinamerikanischen Filmemachern jedoch immer besser, trotz der Knappheit der Mittel künstlerisch so gelungene Streifen zu produzieren, dass diese auch international Widerhall finden – bis hin zur Oscar-Nominierung für *Amores perros*, den Film des Mexikaners Alejandro González Iñárritu nach einem Drehbuch des Romanciers Guillermo Arriaga (*Un dulce olor a muerte,* 1994; *Búfalo de la noche,* 1999) (1999). *Amores perros* ist ein Großstadtfilm über eine durch und durch hybride Kultur, der den ästhetischen Ansätzen McOndos entspricht, und er hat den Sprung zum internationalen Kultfilm geschafft, was seine Schöpfer in den nachfolgenden Jahren ebenfalls zu einer »Internationalisierung« zwang: *21 Grams*, ein Film, der ebenfalls als zentrale Episode einen Autounfall einschließt, wurde gleich in einer englischen Fassung gedreht, und *Babel* (2006), wie die beiden Vorgängerwerke dem Muster dreier unverbundener Geschichten, deren Zusammenhang sich dem Zuschauer erst im Nachhinein erschließt, folgend, zollt der Globalisierung dadurch Tribut, dass eine Geschichte in Mexiko/USA, die zweite in der Sahara und die dritte in Japan spielt, sodass der Zusammenhang bisweilen etwas gezwungen wirkt. Zudem haben sich González Iñárritu und Guillermo Arriaga nach der Zusammenarbeit an diesem Film endgültig im Zorn getrennt.

Aber auch wenn das mexikanische Kino sicherlich finanziell noch am besten ausgestattet ist – auch Argentinien, Brasilien, Chile und sogar Bolivien haben in den letzten Jahren des 20. Jhs. international beachtete Filme hervorgebracht. Dabei zeigen sich deutliche Parallelen zwischen den im Film und in der Literatur behandelten Themen. So sind etwa José Novoas *Sicario* (Venezuela 1995) und Victor Gavirías *La vendedora de rosas* (Kolumbien 1998) einem Babykiller aus Medellín beziehungsweise einem 13-jährigen Straßenmädchen aus derselben Stadt gewidmet. *Plaza de Almas* (Argentinien 1997) von Fernando Díaz wiederum setzt die Einsamkeit der jungen Leute und die schrillen Versuche sie zu betäuben in Szene, die die Generation der McOndistas thematisieren; in Adolfo Aristarains *Martín (H.)* (Argentinien/Spanien, 1997) kommt dazu noch das Thema der Homo- bzw. Bi-Sexualität zur Sprache, mit dem sich der allein gelassene Jugendliche konfrontiert sieht. In Chile hat in allerjüngster Zeit der 1979 geborene Jungregisseur Matías Belize mit *Juego en verano, En la*

Vendedora de rosas,
Filmplakat

cama (beide 2005) und *Lo bueno de llorar* (2006) auf sich aufmerksam gemacht, ebenso wie die argentinische Regisseurin Lucrecia Martel mit dem atmosphärisch dichten Film *La ciénaga* (2001), in dem ein beklemmendes Bild der Immobilität im heutigen Argentinien mit dem Symbol des langsam zur Schlammpfütze werdenden Schwimmbads entwickelt wird.

Wie in den 1960er Jahren das Theater, so sucht nun auch der Film bisweilen alternative Ansätze: so die peruanische Filmgruppe Warmi und Maria Barea, die 1992 den Film *Antuca* über eine indigene Frau aus den Anden, die nach Lima kommt, um sich als Hausangestellte in Lima durchzuschlagen. Der Film beruht auf genauen soziologischen Recherchen und ist größtenteils mit Laiendarstellern gedreht.

Dokumentarischer Realismus mit Laiendarstellern: die Gruppe Warmi

Auf der anderen Seite gelingt in Buenos Aires einem »Studentenkollektiv« der Filmuniversität unter der Leitung von Gustavo Mosquera 1996 ebenfalls ein alternativ, nämlich mit einem minimalen Budget angefertigter, ästhetisch jedoch völlig anders ausgerichteter Film. Der Streifen *Moebius* setzt Ideen aus Cortázar-Erzählungen um. In phantastischer Weise verschwindet spurlos zwischen zwei Stationen ein ganzer U-Bahn-Zug und der Film wird zum Thriller, der diesem Rätsel auf die Spur kommen soll, das Ganze in einer sehr suggestiven, atmosphärisch dichten Bildsprache. Dazu kommt, dass der Zug zuletzt in der Station Plaza de Mayo gehalten hat, und die »verschwundenen Passagiere« damit natürlich auch als Symbole der »desaparecidos« zu erkennen sind, nach deren Verbleib die Mütter von der Plaza de Mayo während des Militärregimes insistent gefragt hatten.

Ein verschwundener U-Bahn-Zug

Die stärkste Stellung hatte freilich zu Anfang der 1990er Jahre das kubanische Kino; mit dem offiziellen Bannfluch gegen die humorvolle Satire *Alicia en el pueblo de maravillas* (Jesús Díaz und Daniel Diaz Torres, 1991), der zum Exil des Schriftstellers Jesús Díaz führte, wurde die Bewegungsfreiheit für die kubanischen Filmemacher geringer. Dennoch sind dem sterbenskranken Filmemacher Tomás Gutiérrez Alea (*Fresa y chocolate*, 1993; *Guantanamera* 1995) noch sehr differenzierte Filme über die kubanische Gegenwart gelungen, und kurz vor der Jahrtausendwende hat Fernando Pérez, der sich nach eigener Aussage an dem Surrealisten René Magritte orientiert, mit *La vida es silbar* (1998) ein engagiertes Plädoyer für das Recht auf den eigenen Weg in einer »Suche nach der Glückseligkeit in Kuba am Ende dieses Jahrhunderts« durch die unberechenbare Zensur gebracht und zu einem internationalen Erfolg gemacht.

Der kubanische Film

Eine Bilanz?

So chaotisch, instabil, verzweifelt die wirtschaftliche und teilweise auch die politische Situation in den Ländern Lateinamerikas auch sein mag, die abgelaufene Dekade und die Jahre des beginnenden 21. Jhs. haben die ungeheure kulturelle Vitalität und Erneuerungsfähigkeit des Kontinents auf allen Gebieten bewiesen. Vielleicht ist es kein neuer Boom, den wir eben erleben, sicherlich aber ein neuer Aufbruch, in dem die Lateinamerikaner mit gestärktem Selbstbewusstsein an einer globalen Kultur als Akteure teilnehmen, die nicht mehr ein Klischee des eigenen verkaufen, sondern durchaus auch ihre Sicht der anderen – etwa die der europäischen Zivilisation in der Crack-Gruppe – einbringen wollen. Bemerkenswert ist dabei die »lateinamerikanische Rehabilitation« von Jorge Luis Borges, der

Das Vorbild Borges: neues lateinamerikanisches Selbstbewusstsein

für die jüngeren Gruppen zum wichtigsten Vorbild avancierte; das gilt sogar für manche neueren Lyriker wie den in den USA lehrenden Peruaner José Antonio Mazzotti (1961), dessen Gedichtauswahl der letzten 20 Jahre *El zorro y la luna* 1999 erschienen ist. Insgesamt nimmt im Bereich der Lyrik eine ähnliche Vorbildstellung jedoch der respektlose chilenische »Antipoet« Nicanor Parra ein, der mit seinem Pathosbruch im Gegensatz zum Vorbild der von Rap und Latin Rock geprägten neuen Lyrikergeneration wurde, etwa bei dem peruanischen McOndo-Poeten Jaime Bayly (*Aquí no hay poesía*, 2001). Schließlich ist gerade in den letzten Jahren auch der zuletzt etwas in Vergessenheit geratene Diaspora-Argentinier Julio Cortázar wieder zum Orientierungspunkt geworden; Impulse aus dem Werk dieser drei Persönlichkeiten konvergieren im Werk Roberto Bolaños, der, wie erwähnt, spätestens seit 2003 zum Mythos der neuen Autorengeneration avanciert ist. Dass Bolaño, der ursprünglich Lyrik schrieb, erst als Erzählautor international bekannt geworden ist, erscheint symptomatisch: Die Dominanz der Erzählliteratur in Lateinamerika hat sich in den letzten 25 Jahren noch weiter verstärkt, die Lyrik ist im Vergleich zu der Situation zu Beginn des Jahrhunderts, aber selbst zu der Boom-Zeit, als es mit Paz und Neruda weltweit präsente Lyriker gab, mehr in den Hintergrund getreten – und ist dennoch in Lateinamerika selbst durch die zahlreichen »Talleres« (Literaturwerkstätten) und Wettbewerbe nach wie vor sehr präsent und wenigstens in einigen Fällen (etwa Eduardo Chirinos' preisgekröntem Band *Breve historia de la música* 2001) zumindest in Spanien bekannt geworden. Eine mögliche Reaktion auf dieses Ungleichgewicht stellt die wachsende Mode der Prosa-Kurztexte dar, die Elemente von Prosagedicht und Erzählung in der neuen Gattung »Microrrelato« verbinden. In umfassender Form ist diese Gattung durch den argentinische Lyriker und Microrrelato-Autor David Lagmanovich 2005 in einer großen, auch spanische Autoren einschließenden Anthologie zugänglich gemacht worden (*La otra mirada. Antología del microrrelato hispánico*). Aber auch hier zeigt sich, wie etwa in der Kurztextsammlung des mexikanischen Lyrikers Marco Antonio Campos *El señor Mozart y un tren de brevedades* (2004), eine Tendenz zum Nicht-bloß-Lateinamerikanischen; der Blick auf Europa ist in diesen oftmals als Reiseskizzen konzipierten Texten omnipräsent.

Der Blick auf Europa   Gerade im Kontext der neu entfachten und wohl noch einige Zeit aktuell bleibenden Identitätsdebatte Europas könnten die Stimmen der Lateinamerikaner, die sich nicht scheuen, kritisch und vorurteilslos – bisweilen sogar etwas naiv – unser »Kulturerbe« zu betrachten, durchaus eine Hilfe und Orientierung darstellen, wenn es uns gelingt, den Automatismus eurozentrischer Abwehrgesten auszuschalten, der selbst dann, wenn er sachlich gerechtfertigt ist, doch auch eine gewisse Überheblichkeit ausdrückt. So werden wir eines Tages vielleicht doch noch zu einem freien geistigen Austausch *inter pares* gelangen, zu einer vielgesichtigen, reichen Literatur in einer Welt, in der sich eine neue Beziehung zwischen sich peripherisierenden Zentren und sich in periphere Zentren verwandelnden Peripherien etabliert hat.

*

Die lateinamerikanische Literatur hat in den letzten fünfzig Jahren eine so intensive weltweite Präsenz erreicht, dass sie endgültig aus der Vormundschaft der ehemaligen Kolonialländer Spanien und Portugal, aber auch aus der des »geistigen Mutterlandes« Frankreich herausgetreten ist. Lateinamerikanische Literatur ist ein voll anerkannter und bekannter Teil der Weltliteratur geworden, und das wird sie wohl auch in Zukunft bleiben. Für den europäischen Leser wird sich freilich manches ändern: Mit dem Bild Lateinamerikas als exotischer Traum des Magischen Realismus und als Arkadien des revolutionären Sozialismus scheint es vorbei zu sein. Wir werden nicht umhin können, uns mit diesem faszinierenden Kontinent und seiner konfliktreichen Mischung indigener, afrikanischer und europäischer Kulturelemente präziser und vorurteilsloser auseinanderzusetzen, als das in der Vergangenheit geschehen ist. Wir werden – mit den eingangs zitierten Worten Karl Vosslers – lernen müssen, »zuzuhören, anzunehmen, mit freundlichem Echo Anregungen zu geben«, anstatt – wie bisher allzu oft der Fall – zu konsumieren und zu bevormunden. Einen kleinen Anstoß in diese Richtung wollte die vorliegende Literaturgeschichte geben.

Die Mexikanerin Frida Kahlo hat mit ihrem Gemälde »Der verletzte Hirsch« (1946) ein Bild ihres Kontinents geschaffen, ein persönliches Vermächtnis an ihr Land – »Ich schreibe dir mit meinen Augen.«

Bibliographie

Geschichte, Kulturgeschichte, Literaturgeschichte,
Nachschlagewerke

Albourek, Aarón / Herrera, Esther, *Diccionario de escritores latinoamericanos*, Buenos Aires 1992

Alcina Franch, José (Hg.), *Indianismo e indigenismo en América*, Madrid 1990

Alcira Arancibia, J. (Hg.), *Literatura e identidad latinoamericana, siglo XX*, Buenos Aires 1991

Alegría, Fernando, *Historia de la novela hispanoamericana*, México ³1966

Anderson Imbert, Enrique, *Historia de la literatura hispanoamericana*, 2 Bde., México 1961

Balderston, Daniel / González, Mark (Hg.), *Encyclopedia of Latin American and Caribbean Literature: 1900–2003*. London 2004

Bellini, Giuseppe, *Historia de la literatura hispanoamericana*, Madrid 1985

Berg, Walter Bruno, *Lateinamerika. Literatur Geschichte Kultur. Eine Einführung*, Darmstadt 1995

Berg, Walter Bruno (Hg.), *Fliegende Bilder, fliehende Texte: Identität und Alterität im Kontext von Gattung und Medium*, Madrid/Frankfurt/M. 2004

Bernecker, Walther u.a. (Hg.), *Handbuch der Geschichte Lateinamerikas*, 3 Bde., Stuttgart 1992ff

Bethell, L. (Hg.), *Cambridge History of Latin America*, 8 Bde., Cambridge 1987ff

Beyhaut, Gustavo, *Süd- und Mittelamerika II. Von der Unabhängigkeit zur Krise der Gegenwart* (Fischer Weltgeschichte Bd. 23), Frankfurt/M. 1965

Blayer, Irene María / Anderson, Mark (Hg.), *Latin American Narratives and Cultural Identity: Selected Readings*, New York 2004

Bremme, Bettina (Hg.), *Movie-mientos. Der lateinamerikanische Film: Streiflichter von unterwegs*, Stuttgart 2000

Briesemeister, Dietrich (Hg.), *Del placer y del esfuerzo de la lectura: Interpretaciones de la literatura española e hispanoamericana*, Frankfurt/M. 2006

Castro-Klarén, Sara (Hg.), *Narrativa femenina en América Latina: Prácticas y perspectivas teóricas*, Madrid, Frankfurt/M. 2003

Chiampi, Irlemar, *El realismo maravilloso*, Caracas 1983

Cobo Borda, Juan Gustavo, *La otra literatura latinoamericana*, Bogotá 1982

Dill, Hans-Otto, *Geschichte der lateinamerikanischen Literatur im Überblick*, Stuttgart 1999

Eitel, Wolfgang (Hg.), *Lateinamerikanische Literatur in Einzeldarstellungen*, Stuttgart 1978

Ertler, Klaus-Dieter, *Kleine Geschichte des Lateinamerikanischen Romans*, Tübingen 2002

Ertler, Klaus-Dieter, *Kleine Geschichte des lateinamerikanischen Romans. Strömungen – Autoren – Werke*, Tübingen 2002

Fagg, J.E., *Latin America. A General History*, New York 1963

Fernández Ariza, Guadalupe (Hg.), *Literatura hispanoamericana del siglo XX: mímesis e iconografía*, Málaga 2003

Fernández Moreno, César, *América Latina en su literatura*, México 1972

Flores, Angel, *Historia y antología del cuento y la novela en Hispanoamérica*, New York 1959

Forster, D. W., *Handbook of Latin American Literature*, New York/London ²1992

Forster, Merlin H./Jackson, K. David, *Vanguardism in Latin American Literature. An Annotated Bibliograpical Guide*, New York u. a. 1990

Franco, Jean, *An Introduction to Spanish-American Literature*, Cambridge 1969

Franco, Jean, *Historia de la literatura hispanoamericana. A partir de la independencia*, Original englisch, Stanford 1973, spanische Version Barcelona ⁴1981

Franco, Jean, *The Modern Culture of Latin America. Society and the Artist*, London 1983

Fuentes, Carlos, *La nueva novela hispanoamericana*, México 1969

García Canclini, Néstor, *Las culturas populares en el capitalismo*, La Habana 1981

García Canclini, Néstor, *Culturas híbridas. Estrategias para entrar y salir de la modernidad*, México 1990

Goic, Cedomil, *Historia y crítica de la literatura hispanoamericana*, 3 Bde., Barcelona 1988

Goic, Cedomil, *Los mitos degenerados – Ensayos de comprensión de la literatura hispanoamericana*, Amsterdam/Atlanta 1992

Gómez-Gil, O., *Historia crítica de la literatura hispanoamericana*, New York 1968

González Echevarría, Roberto / Pupo-Walker, Enrique, *The Cambridge History of Latin American Literature*, Cambridge 1996

Grenz, W. (Hg.), *Deutschsprachige Lateinamerika-Forschung: Institutionen, Wissenschaftler und Experten in Deutschland, Österreich und der Schweiz; neuere Veröffentlichungen*, Frankfurt/M. 1993

Grossmann, Rudolf, *Geschichte und Probleme der lateinamerikanischen Literatur*, München 1969

Gullón, Ricardo, *Diccionario de literatura española e hispanoamericana*, 2 Bde., Madrid 1993

Gunia, Inke et al. (Hg.), *La modernidad revis(it)ada. Literatura y cultura latinoamericanas de los siglos XIX y XX* (Festschrift für Klaus Meyer-Minnemann), Berlin 2000

Gutiérrez Girardot, Rafael, *Modernismo*, Barcelona 1983

Halperin Donghi, Tulio, *Historia contemporánea de América Latina*, Madrid ¹⁴1994, dt. Version: Geschichte Lateinamerikas von der Unabhängigkeit bis zur Gegenwart, Frankfurt/M. 1994

Harmuth, Sabine / Ingenschay, Dieter, *Lateinamerikanische Literatur des 20. Jhs.*, Stuttgart 2005

Henríquez Ureña, Pedro, *Las corrientes literarias en la América hispana*, México 1949

Herlinghaus, Hermann, *Renarración y descentramiento: Mapas alternativos de la imaginación en América Latina*, Madrid, Frankfurt/M. 2004

Hofmann, Sabine (Hg.), *Lateinamerika: Orte und Ordnungen des Wissens. Festschrift für Birgit Scharlau*, Tübingen 2004

Hölz, Karl, *Das Fremde, das Eigene, das Andere. Die Inszenierung kultureller und geschlechtlicher Identität in Lateinamerika*, Berlin 1988

Ingenschay, Dieter (Hg.), *El pasado siglo XX: una retrospectiva de la literatura latinoamericana. Festschrift für Hans-Otto Dill*, Berlin 2003

Ingenschay, Dieter, *Desde aceras opuestas. Literatura/ Cultura Gay y Lésbica en Latinoamérica*. Madrid 2006

Iñigo Madrigal, Luis (Hg.), *Historia de la literatura hispanoamericana*, 2 Bde., Madrid 1982

Janik, Dieter, *Stationen der spanischamerikanischen Literatur- und Kulturgeschichte*, Frankfurt/M. 1993

Kahle, Günter (Hg.), *Lateinamerika-PLOETZ. Geschichte der lateinamerikanischen Staaten zum Nachschlagen*, Freiburg ²1993

Kindlers neues Literaturlexikon, 20 Bde., München 1988–92

Klengel, Susanne (Hg.), *Contextos, historias y transferencias en los estudios latinoamericanistas europeos. Los casos de Alemania, España y Francia*, Frankfurt/M. 1997

Kohut, Karl (Hg.), *Religiosidad popular en América Latina*, Frankfurt/M. 1988

Kohut, Karl (Hg.), *La invención del pasado. La novela histórica en el marco de la posmodernidad*, Frankfurt/M. und Madrid 1997

Konetzke, R., *Süd- und Mittelamerika I. Die Indianerkulturen Altamerikas und die spanisch-portugiesische Kolonialherrschaft* (Fischer Weltgeschichte Bd. 22), Frankfurt/M. 1965

Krumpel, Heinz, *Philosophie und Literatur in Lateinamerika – 20. Jh.: Ein Beitrag zu Identität, Vergleich und Wechselwirkungen zwischen lateinamerikanischem und europäischem Denken*, Frankfurt/M. u. a. 2006

Lagmanovich, David, *Códigos y rupturas. Textos hispanoamericanos*, Rom 1988

Lazo, Raimundo, *Historia de la literatura hispanoamericana*, La Habana 1968

Leenhardt, Jacques, *Littérature latinoaméricaine aujourd'hui*, Saint-Armand 1980

Links, Christoph (Hg.), *Lateinamerikanische Literaturen im 20. Jh.*, Berlin/Bern 1992

Llarena, Alicia, *Realismo mágico y lo real maravilloso: Una cuestión de verosimilitud*, Gaithersburg 1997

Lorenz, Günter W., *Die zeitgenössische Literatur in Lateinamerika. Chronik einer Wirklichkeit. Motive und Strukturen*, Tübingen/Basel 1970

Matzat, Wolfgang, *Lateinamerikanische Identitätsentwürfe. Essayistische Reflexion und narrative Inszenierung*, Tübingen 1996

Mendonça Teles, Gilberto / Müller-Bergh, Klaus, *Vanguardia Latinoamericana. Historia crítica y documentos*, Tomo 1: *México y América Central*, Frankfurt/M. und Madrid 2000

Meyer-Minnemann, Klaus, »Modernismo: significante, significado y significación«, in: *Acta literaria* 21/1996, Concepción/Chile, 45–54

Meyer-Minnemann, Klaus, *La novela hispanoamericana de Fin de siglo*, México 1997

Morales-Saravia, José (Hg.), *Die schwierige Modernität Lateinamerikas*, Frankfurt/M. 1993

Monsiváis, Carlos, *Aires de familia: Cultura y sociedad en América Latina*. Barcelona 2000

Navarro García, J.R., *Literatura y pensamiento en América Latina*. Zaragoza 1999

Navarro, Consuelo, *El mestizaje en la literatura latinoamericana del siglo XX*, Madrid 2003

Niemeyer, Katharina, *Subway de los sueños, alucinamiento, libro abierto: La novela vanguardista hispanoamericana*, Madrid 2004

Oviedo, José Miguel, *Historia de la literatura hispanoamericana*, Madrid 2002

Pedraza Jiménez, Felipe, *Manual de la literatura hispanoamericana*, 2 Bde., Berriozar (Navarra) 1991

Perillo, Carmen, *Historiografía y ficción en la narrativa hispanoamericana*, Tucumán 1995

Pollmann, Leo, *Geschichte des lateinamerikanischen Romans*, 2 Bde., Berlin 1982–84

Pollmann, Leo, *Der Neue Roman in Frankreich und Lateinamerika*, Stuttgart 1968

Pöppel, Hubert, *Las vanguardias literarias en Bolivia, Colombia, Ecuador, Perú. Bibliografía y antología Crítica*, Frankfurt/M. und Madrid 1999

Ramos, Julio, *Desencuentros de la Modernidad en América Latina: Literatura y política en el siglo XIX*, Santiago 2003

Reichardt, Dieter (Hg.), *Autorenlexikon Lateinamerika*, Frankfurt/M. 1992

Rodrigues-Moura, Enrique, *Von Wäldern, Städten und Grenzen: Narration und kulturelle Identitätsbildungsprozesse in Lateinamerika*, Frankfurt/M. 2005

Rogmann, Horst, »Bemerkungen zur Mystifikation lateinamerikanischer Literatur«, in: R. Kloepfer (Hg.), *Bildung und Ausbildung in der Romania*, München 1979

Roloff, Volker/Wentzlaff-Eggebert, Harald (Hg.), *Der hispanoamerikanische Roman*, 2 Bde., Darmstadt 1992

Ross, Waldo, *Nuestro imaginario cultural – Simbólica literaria hispanoamericana*, Barcelona 1992

Rössner, Michael, *Auf der Suche nach dem verlorenen Paradies*, Frankfurt/M. 1988

Rössner, Michael (Hg.), *Literarische Kaffeehäuser. Kaffeehausliteraten*, Wien/Köln/Weimar 1999

Ruíz Barrionuevo, Carmen / Real Ramos, César, *La modernidad literaria en España y en Hispanoamérica*, Salamanca 1996

Sanchez, Luis Alberto, *Historia comparada de las literaturas americanas*, 4 Bde., Buenos Aires 1973–76

Saz, Agustín del, *Literatura iberoamericana*, Barcelona 1978

Scharlau, Birgit (Hg.), *Lateinamerika denken. Grenzgänge zwischen Moderne und Postmoderne*, Tübingen 1994

Schmidt-Welle, Friedhelm, *Ficciones y silencios fundacionales: literaturas y culturas postcoloniales en América Latina (Siglo XIX)*, Madrid 2003

Schwartz, Jorge, *Las vanguardias latinoamericanas. Textos programáticos y críticos*, Madrid 1991

Shaw, Donald, *Nueva narrativa hispanoamericana Boom Postboom. Postmodernismo*, Madrid [6]1988

Shimose, Pedro (Hg.), *Diccionario de autores iberoamericanos*, Madrid 1982

Shimose, Pedro, *Historia de la literatura latinoamericana*, Madrid [2]1993

Siebenmann, Gustav/Casetti, Donatella, *Bibliographie der aus dem Spanischen, Portugiesischen und Katalanischen ins Deutsche übersetzten Literatur (1945–1983)*, Tübingen 1985

Siebenmann, Gustav, *Die neuere Literatur Lateinamerikas und ihre Rezeption im deutschen Sprachraum*, Berlin 1972

Siebenmann, Gustav, *Die lateinamerikanische Lyrik 1892–1992*, Berlin 1993.

Sifuentes-Jáuregui, Ben., *Transvestism, Masculinity and Latin American Literature: Genders Share Flesh*, New York 2002

Sosnowski, Sául (ed.). *La cultura de un siglo: América Latina en sus revistas.* Madrid 1999

Spielmann, Ellen (Hg.), *Der Blick des Axolote: Kultur- und Literaturtheoretische Essays: Lateinamerika, Spanien und Portugal*, Berlin 2004

Strausfeld, Mechthild (Hg.), *Zur lateinamerikanischen Literatur. Materialien*, Frankfurt/M. 1976

Strosetzki, Christoph, *Das Europa Lateinamerikas. Aspekte einer 500-jährigen Wechselbeziehung*, Stuttgart 1989

Strosetzki, Christoph, *Kleine Geschichte der lateinamerikanischen Literatur im 20. Jahrhundert*, München 1994

Strosetzki, Christoph, *Einführung in die spanische und lateinamerikanische Literaturwissenschaft*, Berlin 2003

Tobler, Hans-Werner, *Die mexikanische Revolution*, Frankfurt/M. 1984

Toro, Alfonso de / Toro, Fernando de (Hg.), *El debate de la postcolonialidad en Latinoamérica. Una postmodernidad periférica o cambio de paradigma en el pensamiento latinoamericano*, Frankfurt/M. und Madrid 1999

Torres-Rioseco, Arturo, *Nueva historia de la gran literatura hispanoamericana*, Barcelona 1967

Unruh, Vicky, *Latin American Vanguards: The Art of Contentious Encounters*, Berkeley 1994

Valbuena Briones, A., *Literatura hispanoamericana*, Barcelona 1967

Valbuena Prat, Angel, *Historia de la literatura española hispanoamericana*, Barcelona 1956

Vicens-Vives, J. (Hg.), *Historia de España y América, social y económica, Vol. V: Los siglos XIX y XX. América independiente*, Barcelona [2]1971

von Römer, Diana / Schmidt-Welle, Friedhelm (Hg.), *Lateinamerikanische Literatur im deutschsprachigen Raum*, Frankfurt/M. 2007

Ward, Philip, *The Oxford Companion to Spanish Literature*, Oxford 1978

Volek, Emil (2002): *Latin America Writes Back: Postmodernity in the periphery; an interdisciplinary perspective*. New York u. a. 2002

Yates, D. A. (Hg.), *Otros mundos, otros fuegos. Fantasía y realismo mágico en Iberoamérica*, East Lansing 1975

Young, Richard A. (Hg.), *Latin American Postmodernisms. Postmodern Studies*, Amsterdam/Atlanta 1997

Zea, Leopoldo, *Filosofía y cultura latinoamericanas*, Caracas 1976

Zea, Leopoldo, *El problema de la identidad latinoamericana*, México 1985

Zea, Leopoldo, *Signale aus dem Abseits*, München 1989

Kolonialzeit

(jeweils die ersten Bände der oben genannten Überblickswerke, dazu:)

Almeida, Palmira Morais Rocha de, *Dicionário de autores no Brasil colonial*, Lissabon 2003

Arias, Santa, *Mapping Colonial Spanish America: places and commonplaces of identity, culture and experience*, Lewisburg 2002

Benassar, Bartolomé, *La América española y la América portuguesa. Siglos XVI–XVIII*, Madrid 2001

Blanco, José J., *La literatura en la Nueva España*, México 1989

Burkholder, Mark A. / Johnson, Lyman L., *Colonial Latin America*, New York [6]2007

Kahle, Günter, *Lateinamerika in der Politik der europäischen Mächte 1492–1810*, Köln/Weimar/Wien 1993

Mills, Kenneth / Taylor, William B. / Lauderdale Graham, Sandra (Hg.), *Colonial Latin America. A Documentary History*, Oxford 2004

Olmos Sánchez, Isabel, *La sociedad mexicana en vísperas de la Independencia (1787–1821)*, Murcia 1989

Paz, Octavio, *Sor Juana Inés de la Cruz o Las trampas de la fe*, Barcelona 1998

Peña, Margarita, *Historia de la literatura mexicana. Período colonial*, México 1989

Picón Salas, Mariano, *De la Conquista a la Independencia. Tres siglos de historia cultural hispanoamericana*, México 1944

Pupo-Walker, Enrique, *La vocación literaria del pensamiento histórico en América. Desarrollo de la prosa de ficción: siglos XVI, XVII, XVIII, XIX*, Madrid 1982

Simson, Ingrid, *Amerika in der spanischen Literatur des Siglo de Oro. Bericht, Inszenierung, Kritik*, Frankfurt/M. 2003

Vega, Miguel Angel, *Literatura chilena de la Conquista y de la Colonia*, Santiago 1954

Wagner, Birgit / Laferl, Christopher F., *Anspruch auf das Wort. Geschlecht, Wissen und Schreiben im 17. Jh. Suor Maria Celeste und Sor Juana Inés de la Cruz*, Wien 2002

Mexiko

Alcantara, Manuel/Martínez, Antonia (Hg.), *México frente al umbral del siglo XXI*, Madrid 1992

Alvarez, María Edmée, *Literatura mexicana e hispanoamericana*. México 1987

Billeter, Erika (Hg.), *Imagen de México. Ein Beitrag Mexikos zur Kunst des 20. Jahrhunderts*, Frankfurt/M. 1988

Bonfil Batalla, Guillermo, *México profundo. Una civilización negada*, México 1987

Borsò, Vittoria, »Die Aktualität mexikanischer Literatur: Von der Identität zur Heterogenität«, *Iberoamericana* 46 (1992) S. 84–108

Briesemeister, Dietrich/Zimmermann, Klaus (Hg.), *Mexiko heute*, Frankfurt/M. 1992

Brushwood, John, *México en su novela*, México 1973

Brushwood, John S., *La novela mexicana (1967–1982)*, México 1985

Cárabes, Celia Miranda, *La novela corta en el primer romanticismo mexicano*, México 1985

Carballo, Emmanuel, *Diecinueve protagonistas de la literatura mexicana del siglo XX*, México 1965

Castellanos, Rosario, *La novela mexicana contemporánea y su valor testimonial*, México 1964

Cosío Villegas, Daniel (Hg.), *Historia general de México*, Bd. 4, México 1977

Dessau, Adalbert, *Der mexikanische Revolutionsroman*, Berlin 1967

Forster, Merlin H., *Las vanguardias literarias en México y la América Central. Bibliografía y antología Crítica*, Frankfurt/M. und Madrid 2001

Fuentes, Carlos, *Geografía de la novela*, México 1993

Glantz, Margo, *Onda y escritura en México*, México 1971

González Peña, Carlos, *Historia de la literatura mexicana*, México 1963

González Peña, Carlos, *Historia de la literatura mexicana. Desde los orígenes hasta nuestros días*, México 1984

Hölz, Karl (Hg.), *Literarische Vermittlungen: Geschichte und Identität in der mexikanischen Literatur*, Tübingen 1988

Hölz, Karl: »Göttlicher Nektar und Pulque. Klassizistischer Kunstwille und mexikanisches Denken«, *Romanische Forschungen* 103 (1991), S. 49–70

Iberoamericana 46, Länderschwerpunkt Mexiko, 1992

Kohut, Karl (Hg.), *La literatura mexicana de hoy. Del '68 al ocaso de la revolución*, Frankfurt/M. 1988

Kohut, Karl (Hg.), *La literatura mexicana hoy II. Los de fin de siglo*, Frankfurt/M. 1993

Martínez, José Luis, *La emancipación literaria de México*, México 1955

Martínez, José Luis (Hg.), *El ensayo mexicano moderno*, México 1986

Monsiváis, Carlos, »Notas sobre la cultura mexicana en el siglo XX«, in: Daniel Cosío Villegas (Hg.), *Historia general de México*, Bd. 4, México 1977, S. 303–476

Monsiváis, Carlos, *Entrada libre. Crónicas de la sociedad que se organiza*, México ³1988

Portal, Marta, *Proceso narrativo de la revolución mexicana*, Madrid 1977

Read, J. Lloyd, *The Mexican Historical Novel (1826–1910)*, New York 1939

Revueltas, José, *Ensayos sobre México*, México 1985

Teichmann, Reinhard, *De la onda en adelante. Conversaciones con 21 novelistas mexicanos*, México 1986

Mittelamerika

Arellano, Jorge Eduardo, *Panorama de la literatura*, Managua 1982

Gallego Valdés, Luís, *Panorama de la literatura salvadoreña*, San Salvador 1982

Menton, Seymour, *Historia de la literatura guatemalteca*, Guatemala 1960

Miró, Rodrigo, *La literatura panameña*, Panama 1976

Sandoval de Fonseca, Virginia, *Resumen de literatura costarricense*, San José 1978

Karibik

Armbruster, Claudius, *Das Werk Alejo Carpentiers, Chronik der »Wunderbaren Wirklichkeit«*, Frankfurt/M. 1982

Bueno, Salvador, *Historia de la literatura cubana*, La Habana 1963

Bueno, Salvador, *El negro en la novela hispanoamericana*, La Habana 1986

Bunke, Klaus, *Testimonio-Literatur in Kuba. Ein neues literarisches Genre zur Wirklichkeitsbeschreibung*, Pfaffenweiler 1988

Diccionario de la literatura cubana, hg. von Marina García, 2 Bde., La Habana 1980

Fleischmann, Ulrich/Phaf, Ineke, *El Caribe y America Latina. Col. 9. u. 10. Nov. 1984*, Frankfurt/M. 1987

Franzbach, Martin, *Kuba. Die neue Welt der Literatur in der Karibik*, Köln 1984

Gewecke, Frauke, *Die Karibik: Zur Geschichte, Politik und Kultur einer Region*, Frankfurt/M. 1988 (2., erw. Ausg.)

Kohut, Karl, *Rasse, Klasse und Kultur in der Karibik*, Frankfurt/M. 1989

Lazo, Raimundo, *La literatura cubana. Esquema histórico. (Desde sus orígenes hasta 1966)*, La Habana 1967

Rivera de Alvarez, Josefina, *Diccionario de la literatura puertorriqueña*, Univ. de Puerto Rico 1955

Sander, Reinhard (Hg.), *Der karibische Raum zwischen Selbst- und Fremdbestimmung. Zur karibischen Literatur und Gesellschaft*, Frankfurt/M. 1984

Souza, R.D., *Major Cuban Novelists. Innovation and Tradition*, Columbia/London 1976

Kolumbien und Venezuela

Balza, José, »Literatura venezolana: Notas para una historia parcial«, *Escritura: Revista de Teoría y Crítica Literarias* 15 (1983), S. 77–86

Cobo Borda, Juan Gustavo, *Letras de esta América*, Bogotá 1986

Gilard, Jacques, »Emergence et récupération d'une contre-culture dans la Colombie contemporaine«, *Caravelle* 46 (1986), S. 109–121

Iberoamericana Nr. 78/79 (Länderschwerpunkt Venezuela), Frankfurt/M. 2000

Jaramillo Uribe, Jaime (Hg.), *Nueva historia de Colombia*, Bogotá 1989

Lewis, Marvin A., *Ethnicity and Identity in Contemporary Afro-Venezuelan Literature: A Culturalist Approach*, Columbia/London 1992

Moreno-Durán, Rafael Humberto, *De la barbarie a la imaginación. La experiencia leída*, Bogotá 1976, [2]1988

Murciano, Carlos, *De letras venezolanas*, Caracas 1985

Osorio Tejeda, Nelson, *La formación de la vanguardia literaria en Venezuela (antecedentes y documentos)*, Caracas 1985

Pfeiffer, Erna, *Literarische Struktur und Realitätsbezug im kolumbianischen Violencia-Roman*, Frankfurt a.M./Bern/New York 1984

Picón Salas, Mariano, *Formación y proceso de la literatura venezolana*, Caracas 1984

Pineda-Botero, Alvaro, *Del mito a la posmodernidad. La novela colombiana de finales del siglo XX*, Bogotá 1990

Tulchin, Joseph S./Bland, Gary (Hg.), *Venezuela in the Wake of Radical Reform*, Boulder/London 1993

Uslar Pietri, Arturo, *En busca del nuevo mundo*, México 1969

Williams, Raymond L. (Hg.), *Ensayos de literatura colombiana*, Bogotá 1985

Andenländer

Arias, Augusto, *Panorama de la literatura ecuatoriana*, Quito 1971
Barrera, Isaac J., *Historia de la literatura ecuatoriana*, Quito 1977
Cornejo Polar, Antonio, *Los universos narrativos de José María Arguedas*, Buenos Aires 1973
Lazo, Raimundo, *La novela andina – presente y futuro*, México 1971
René-Moreno, Gabriel, *Estudios de literatura boliviana*, 2 Bde., Potosí 1955 f
Sacoto, Antonio, *La nueva novela ecuatoriana*, Cuenca/Ecuador 1981
Sánchez, Luis Alberto, *Introducción crítica a la literatura peruana*, Lima 1972

Cono Sur

Zanetti, Susana (Hg.), *Historia de la literatura argentina*, 4 Bde., Buenos Aires 1980–1986
Alegría, Fernando, *La poesía chilena. Origenes y desarrollo (del siglo XVI al XIX)*, México 1954
Benedetti, Mario, *Literatura uruguaya, siglo XX*, Montevideo 1969
Berg, Walter Bruno / Schäffauer, Markus Klaus (Hg.), *Oralidad y Argentinidad*, Tübingen 1996
Borello, Rodolfo A., *El peronismo (1943–1955) en la narrativa argentina*, Ottawa 1991
Ghiano, Juan Carlos, *Constantes de la literatura argentina*, Buenos Aires 1953
Guerra Cunningham, Lucía, *Texto e ideología en la narrativa chilena*, Minneapolis 1987
Orgambide, Pedro/Yahni, Roberto, *Enciclopedia de la literatura argentina*, Buenos Aires 1970
Pellettieri, Osvaldo, *Cien años de teatro argentino (1886–1990)*, Buenos Aires 1990
Romero, José Luis, *El desarrollo de las ideas en la Argentina del siglo XX*, México 1965
Rössner, Michael (Hg.), *¡Bailá! ¡Vení! ¡Volá!«: El fenómeno tanguero y la literatura*, Frankfurt/M. 2000
Spiller, Roland (Hg.), *La novela argentina de los años 80*, Frankfurt/M. 1991
Szmulewicz, Efraín, *Diccionario de la literatura chilena*, Santiago 1977
Viñas, David (Hg.), *Historia social de la literatura argentina*, 14 Bde., Buenos Aires 1989ff

Brasilien

AA.VV., *Literatura brasileira*, Rio de Janeiro 1977, 6 Bde ·
  – Alderaldo Castello, J., *Periodo colonial*
  – Soares Amora, Antônio, *O Romantismo*
  – Pacheco, João, *O Realismo*
  – Moisés, Massaud, *O Simbolismo*
  – Bosi, Alfredo, *O Pré-Modernismo*
  – Martins, Wilson, *O Modernismo*
Bernecker, Walther u. a., *Eine kleine Geschichte Brasiliens*, Frankfurt/M. 2000
Bosi, Alfredo, *História concisa da Literatura brasileira*, São Paulo 1970
Buarque de Hollanda, Sérgio, *História geral da Civilização brasileira*, 2 Bde., São Paulo 1960
Buarque de Hollanda, Sérgio, *Raízes do Brasil*, 2 Bde., Rio de Janeiro [5]1969
Cândido, Antônio, *Formação da Literatura brasileira*, São Paulo 1959
Cândido, Antônio / Castello, Aderaldo, *Presença da Literatura brasileira*, 3 Bde., São Paulo / Rio de Janeiro 1968
Carpeaux, Otto Maria, *Pequena Bibliografia crítica da Literatura brasileira*, Rio de Janeiro 1964
Coutinho, Afrânio (Hg.), *A Literatura no Brasil*, 6 Bde., São Paulo [5]1999/[6]2002

Coutinho, Afrânio / Sousa, J. Galante (Hg.), *Enciclopédia de Literatura Brasileira*. 2 Bde. Rio de Janeiro ²2001

Flusser, Vilém, *Brasilien oder die Suche nach dem Neuen Menschen* (Schriften, 5), Mannheim 1994

Furtado, Celso, *Brasilien nach dem Wirtschaftswunder*, Frankfurt/M. 1984

Helena, Lucia, *Modernismo brasileiro e vanguarda*, São Paulo 1986

Mertin, Ray-Güde / Kalwa, Erich / Schönberger, Axel: *Brasiliana. Studien zur Literatur und Sprache Brasiliens*, Frankfurt/M. 1991

Moisés, Massaud, *História da literatura brasileira*, São Paulo 1990

Ribeiro, Darcy, *Unterentwicklung, Kultur und Zivilisation. Ungewöhnliche Versuche*, Frankfurt/M. 1990

Skidmore, Thomas E., *Brazil: Five Centuries of Change*, New York 1999

Strausfeld, Mechthild (Hg.), *Brasilianische Literatur*, Frankfurt/M. 1984

Teles, Gilberto M., *Vanguarda européia e Modernismo brasileiro*, Petrópolis ⁶1982

Teyssier, Paul, *Dicionário de Literatura Brasileira*. Übers. ins Portugiesische von Eduardo Brandão, São Paulo 2003

Werneck-Sodré, Nelson, *História da Literatura brasileira*, Rio de Janeiro 1988

Personen- und Werkregister

Lebensdaten von Autoren und Erscheinungsdaten von Werken wurden nicht verzeichnet, wenn die verschiedenen Quellen widersprüchliche Informationen boten. – Für Werke, die in Übersetzung erschienen sind, verzeichnet das Register den deutschen Titel und das Erscheinungsjahr.

Bildquellen

Nicht in allen Fällen war es möglich, die Rechtsinhaber heute geschützter Bilder zu ermitteln. Selbstverständlich wird der Verlag berechtigte Ansprüche auch nach Erscheinen des Buches erfüllen.

AISA, Archivo Iconográfico 19, 45, 81, 158, 209, 299, 333
Archiv Casasola, Mexico City 204, 263, 264
Archivo de Espasa-Calpe y Gela, Madrid 3, 40, 43, 51, 63, 75, 108, 131, 132, 154, 158, 162, 166, 176, 184, 207, 209, 210, 213, 214, 218, 220, 221, 265, 266, 267, 287, 298, 311, 313, 325, 346, 348, 356, 357, 366, 370
Archivo de Fotos de la Cineteca Nacional, Mexico City 277
Archivo Proceso, Mexico City 407 (Foto: Andrés Garay)
Archivo Salmer 180, 165, 368
Bayerischer Schulbuch Verlag, München 104
Benteli-Werd Verlag, Zürich 227, 373 (Foto: Nair Benedicto), 382, 422 (Foto: Flor Garduño), 482 (Foto: Willy Spiller), 483 (Foto oben: Evandro Teixeira; unten: Willy Spiller)
Bibliographisches Institut, Mannheim/Wien/Zürich 5
Biblioteca Arcaya, Caracas 34 (Foto: Provenza)
Biblioteca del Palacio Real, Madrid 29 (Foto: Archivo Anaya)
Bibliothèque Nationale, Paris 4

Bildarchiv Preußischer Kulturbesitz, Berlin 15, 17, 38, 57, 99, 118
Brasilien-Bibliothek der Robert Bosch GmbH, Stuttgart 66, 95, 125, 197
Centro de Documentación Teatral, Madrid 475, 486
Centro Editor de America Latina, Buenos Aires 358
Coleção de Gilberto Ferrez, São Paulo 191
Coleção Paulina Nemirowsky, São Paulo 232
Collection Mariana Perez Amor 262
Deutsche Presse Agentur, Stuttgart 450, 503, 522
Diario El País, Madrid 305, 368
Diario La Nación, Buenos Aires 182
Ediciones Anaya, Madrid 6 (Foto: Oronoz), 12, 13 u. 14 (Foto: Edistudio), 18, 21,122 (Foto: Oronoz), 167 (Foto: Edistudio), 168, 260, 261 (Foto: Keystone/Nemes), 293, 345, 351 (Foto: E. Limbruner), 389, 395, 429, 432
Ediciones IDAP, Asunción (Paraguay) 474 (Colección Susanna Romero)
Edition diá, Berlin 463 (Foto: Jürgen Heinemann)
Editora Forense Universitaria, Rio de Janeiro 233
Edubanco, Lima (Peru) 85

Gruner & Jahr Fotoservice, Hamburg 381
Harper Collins Publishers 518
Adriano Heitmann, Stabio (Schweiz) 410/411
The Image Bank 301
Institut für Auslandsbeziehungen, Stuttgart 201, 208, 323, 355
Institut für Auslandsbeziehungen / Württembergischer Kunstverein, Stuttgart 2
Kimbell Art Museum, Fort Worth 11
Alberto Korda, Mailand 456
Lengua de trapo, Madrid 512
Metropolitain Museum of Modern Art, New York 314
Musée Gustave Moreau, Paris 211
Museo Diego Rivera y Frida Kahlo, Mexico City 14, 25, 156, 268, 529
Museu Nacional de Belas Artes, Rio de Janeiro 286
Museo de Zea, Medellin (Kolumbien) 317
Neue Gesellschaft für bildende Kunst, Berlin 138, 265, 203, 139
Isolde Ohlbaum, München 280, 362, 492
Palacio de Bellas Artes, Mexico City 254
Pinacoteca do Estado da Secretaria de Estado da Cultura de São Paulo 264

Prestel Verlag, München 232
Real Academia de Bellas Artes de San Fernando, Madrid 471
Revista Insula 300
Wolfgang Rössig, München 10, 13, 19, 21, 24
Salvat Editores de México, Mexico City 27, 60, 63, 71, 72, 73, 77, 112, 113, 117, 269
Sammlung Hack Hoffenberg, New York 46 (Foto: Benito Panunzi)
Städtische Kunsthalle, Mannheim, Artothek 139
Stiftung Deutsche Kinemathek, Berlin 51, 379, 491, 421
Ricardo Stuckert 501
Suhrkamp Verlag, Bildarchiv, Frankfurt am Main 44 (Foto: Peter Lilienthal), 275, 278, 282, 303, 365 (Foto: Sara Facio), 391, 382 (Foto: Zelia Amado), 386 (Foto: Madalena Schwartz), 392 (Foto: Mayer-Clason), 412 (Foto: Ekko von Schwichow), 437 (Foto: Birgit Kleber), 440 (Foto: Peter Lilienthal), 448 (Foto: Horst Tappe), 470, 479 (Foto: Alejandro Toro), 494 (Foto: Jerry Bauer)
Ullstein Bildarchiv, Berlin 352
Monika Varella 515
VG Bild-Kunst 243, 298 (Picasso)
WEA, Brasilien 489

J.B.METZLER

*»Das wahre Leben, das einzige
von uns wahrhaft gelebte Leben,
ist die Literatur.«*

Marcel Proust

Die Metzler Literaturgeschichten vermitteln ein lebendiges Bild der Literatur
und Kultur. Die prägenden Epochen, die wichtigsten Stilrichtungen, die
einflussreichsten Autoren und ihre Werke stehen im Mittelpunkt der Bände.

Beutin
Deutsche Literaturgeschichte
*6., verb. und erw. Auflage 2001. 727 S. 534 s/w Abb. Geb.
mit Schutzumschlag, € 29,90*
ISBN 978-3-476-01758-1

Emmerich (Hrsg.)
Chinesische Literaturgeschichte
2004. 440 S. Geb., € 39,95
ISBN 978-3-476-01607-2

Glauser (Hrsg.)
Skandinavische Literaturgeschichte
2006. 537 S. 280 s/w Abb. Geb., € 39,95
ISBN 978-3-476-01973-8

Grimm (Hrsg.)
Französische Literaturgeschichte
*5., überarb. und akt. Auflage 2006.
558 S. 300 s/w Abb. Geb., € 29,95*
ISBN 978-3-476-02148-9

Groß/Klooß/Nischik (Hrsg.)
Kanadische Literaturgeschichte
2005. 456 S. 133 s/w Abb. Geb., € 34,95
ISBN 978-3-476-02062-8

Grüttemeier/Leuker (Hrsg.)
Niederländische Literaturgeschichte
2006. 344 S. 156 s/w Abb. Geb., € 34,95
ISBN 978-3-476-02061-1

Kapp (Hrsg.)
Italienische Literaturgeschichte
3., erw. Auflage 2007. 464 S., 200 s/w Abb. Geb., € 29,95
ISBN 978-3-476-02064-2

Neuschäfer (Hrsg.)
Spanische Literaturgeschichte
3., erw. Auflage 2006. 469 S. 333 s/w Abb. Geb., € 29,95
ISBN 978-3-476-02168-7

Rössner (Hrsg.)
Lateinamerikanische Literaturgeschichte
3., erw. Auflage 2007. 592 S., 370 s/w Abb. Geb., € 29,95
ISBN 978-3-476-02224-0

Rusterholz/Solbach (Hrsg.)
Schweizer Literaturgeschichte
2007. 352 S., 200 s/w Abb. Geb., € 49,95
ISBN 978-3-476-01736-9

Seeber (Hrsg.)
Englische Literaturgeschichte
4., erw. Auflage 2004. 542 S. 200 s/w Abb. Geb., € 29,95
ISBN 978-3-476-02035-2

Städtke (Hrsg.)
Russische Literaturgeschichte
2002. 456 S. 194 s/w Abb. Geb., € 29,90
ISBN 978-3-476-01540-2

Zapf (Hrsg.)
Amerikanische Literaturgeschichte
2., akt. Auflage 2004. 601 S. 420 s/w Abb. Geb., € 29,95
ISBN 978-3-476-02036-9

Mehr Informationen:
www.metzlerverlag.de/
literaturgeschichten

Bequem bestellen: Fax gebührenfrei (08 00) 7 77 77 70 · Internet: www.metzlerverlag.de